実証の国際法学の継承

謹んで

安藤仁介先生に捧げます

一　同

―――〈執筆者一覧〉（掲載順）―――

坂元茂樹	同志社大学教授・神戸大学名誉教授	山形英郎	名古屋大学教授
薬師寺公夫	立命館大学特任教授	櫻井利江	大阪経済法科大学教授
小坂田裕子	中京大学教授	中谷和弘	東京大学教授
前田直子	京都女子大学准教授	森田章夫	法政大学教授
戸田五郎	京都産業大学教授	吉田 脩	筑波大学教授
初川 満	愛知学院大学教授	繁田泰宏	大阪学院大学教授
桐山孝信	大阪市立大学教授	岩本誠吾	京都産業大学教授
酒井啓亘	京都大学教授	楢林建司	愛媛大学教授
瀬岡 直	近畿大学准教授	新井 京	同志社大学教授
王 志安	駒澤大学教授	小畑 郁	名古屋大学教授
竹内真理	神戸大学教授	＊　＊　＊	
水島朋則	名古屋大学教授	大谷 實	世界人権問題研究センター理事長・前学校法人同志社総長
大森正仁	慶應義塾大学教授	柳井俊二	国際海洋法裁判所判事・国際法協会日本支部代表理事
坂田雅夫	滋賀大学准教授		
山田卓平	龍谷大学教授		
阿部達也	青山学院大学教授	兼原信克	前内閣官房副長官補兼国家安全保障局次長
御巫智洋	外務省国際法局参事官	嘉治美佐子	クロアチア特命全権大使
松井芳郎	名古屋大学名誉教授		
李 禎之	岡山大学教授	濱本幸也	外務省国際法局国際法課長
河野真理子	早稲田大学教授	＊　＊　＊	
兼原敦子	上智大学教授	芹田健太郎	神戸大学名誉教授・前京都ノートルダム女子大学学長
玉田 大	神戸大学教授		
森川俊孝	横浜国立大学名誉教授・成城大学名誉教授	†横田洋三	前人権教育啓発推進センター理事長
浅田正彦	京都大学教授	岩沢雄司	国際司法裁判所判事
植木俊哉	東北大学教授	森川幸一	専修大学教授
黒神直純	岡山大学教授	村田晃嗣	同志社大学教授・前同志社大学学長

安藤仁介先生

安藤仁介先生のご紹介

1935年8月6日京都府に生まれる。2016年12月6日逝去。

1959年京都大学法学部卒業後，京都大学大学院法学研究科修士課程・博士課程に進学，1962年フルブライト奨学生として米国フレッチャー・スクールに留学し，1971年フレッチャー・スクールより博士号取得。

1965年京都大学教養部講師，1968年同助教授，1981年神戸大学法学部教授を経て，1990年京都大学法学部教授，1998年同志社大学法学部教授。1998年京都大学より名誉教授の称号授与。2005年万国国際法学会(IDI)正会員。

1987年から2007年まで国連の自由権規約委員会委員（1993年から1994年まで同委員長），1993年から2016年まで国際通貨基金行政裁判所裁判官，1997年から2000年まで財団法人国際法学会理事長，2001年から2016年まで公益財団法人世界人権問題研究センター所長（後に名誉所長），2001年から2016年まで常設仲裁裁判所裁判官を歴任。1996年フルブライト50周年特別フェロー，2008年瑞宝重光章，2012年京都新聞文化学術賞，2015年京都府特別感謝状を受賞。

主な編著書として，*Surrender, Occupation, and Private Property in International Law: An Evaluation of US Practice in Japan*, 1991, Oxford University Press; *Japan and International Law : Past, Present and Future*, 1999, Kluwer Law International; *Towards Implementing Universal Human Rights*, 2004, Martinus Nijhoff.『日本の国際法事例研究(1) 国家承認』（日本国際問題研究所，1983年），『国際法2』（蒼林社，1986年），『日本の国際法事例研究(2) 国交再開・政府承認』（慶應通信，1988年），『日本の国際法事例研究(3) 領土』（慶應通信，1990年），『国際関係法辞典（第2版）』（三省堂，2005年），『日本の国際法事例研究(4) 外交・領事関係』（慶應義塾大学出版会，1996年），『日本の国際法事例研究(5) 条約法』（慶應義塾大学出版会，2001年），『21世紀国際社会における人権と平和――国際法の新しい発展をめざして（上巻）国際社会の法構造：その歴史と現状』（東信堂，2003年），『21世紀の国際機構：課題と展望』（東信堂，2004年），『日本の国際法事例研究(6) 戦後賠償』（ミネルヴァ書房，2016年）など。

実証の国際法学
の継承

安藤仁介先生追悼

編 集

芹田健太郎　坂元茂樹　薬師寺公夫
浅田正彦　酒井啓亘

信 山 社

はしがき

　安藤仁介先生は，2016年12月6日に逝去された。その時からすでに3年もの月日が過ぎようとしている。この間，先生のおられなくなった風景になんとか少しずつ慣れていく一方，何か事あるたびに，先生ならどのように考えられ行動されるだろうかと問い続けることは，いまだ止むことがない。

　先生は，優れた国際法学者であり，外交実務のよき理解者であり，そして若者にとってはよき教育者でもあった。それは，先生の輝かしいご経歴が示すところであり，ここで繰り返して述べるまでもない。私たち編集委員は，先生のご業績を後世に残すべきことが使命と考え，多くの編集協力者の方々のご尽力と信山社のご厚意を得たこともあり，先生の三回忌にあたる2018年12月に，先生の代表的論文を一冊にまとめた著作集『実証の国際法学』を刊行することができた。幸いにも，先生のこの著作集は学界に好評をもって迎えられ，先生の研究者としての偉大さがあらためて確認されたことは，私たち編集委員にとって，悲しさと寂しさの中にありながらも，喜ばしく，そして誇らしく感じられることでもあった。

　『実証の国際法学』の「あとがき」でも記したように，その出版作業の段階において，先生を追悼する論文集の企画も並行して進めていた。本書『実証の国際法学の継承』はその成果であり，当初の予定通り，先生の著作集が出版されて1年後に刊行することができた。この『実証の国際法学の継承』が予定通りに出版できたのは，先生のお人柄によるところであり，学界・官界を問わず，数多くの方々にご賛同とご協力を得ることができたおかげである。この場を借りて，ご協力いただいた方々にあらためて御礼を申し上げたい。

＊　　　＊　　　＊

　『実証の国際法学の継承』は2つの部で構成されている。
　前半部には，安藤先生を敬愛する研究者の学術論文がおさめられている。周知のように，安藤先生の学問的関心は国際法全般にわたる。実際，『実証の国

はしがき

際法学』では，先生の問題意識が広範であることを示すように，「国際法と日本」「人権」「承認と承継」「国家責任」「国際紛争と国際法」「戦後処理」の6部に分けてご業績を整理した。本書『実証の国際法学の継承』は，そうした先生の国際法学へのご関心とご貢献を，後進の研究者がさらに継承・発展させることを意図している。本書では，『実証の国際法学』における6部の分類を考慮しつつ，「人権」「国家」「国家責任」「国際紛争と国際法」「条約と国際機構」「領域と海洋法」「武力紛争法と戦後処理」という7つの部に再構成した。そして，各部における国際法の新たな展開を計36編の優れた学術論文が考察している。それぞれの論文はいずれも，個々の執筆者の関心に基づくものではあるが，それと同時に，安藤先生が真摯に扱われてきた問題意識を継承・発展したものともなっている。

本書の後半部では，安藤先生との公私にわたる交流や想い出が17編の追悼文により綴られている。先生がご活躍された神戸大学，京都大学，同志社大学での元同僚，世界人権問題研究センターや外務省その他各種機関を通じて先生が関与されたお仕事でのご友人，国際法学会をはじめとする学会関係でのお仕事でのご友人，そして先生の学問上のご指導を受けた研究者など，様々な方面の方々から先生の想い出について文章を寄せていただいた。いずれからも，先生の在りし日のお姿が偲ばれて，あらためて先生のお人柄がいかに素晴らしいものであったかがわかるような内容である。

*　　　*　　　*

『実証の国際法学の継承』という書名は，安藤先生が一貫して取り組まれていた『実証の国際法学』を継承しようとする決意表明である。

ご寄稿いただいた方々は，いずれもそうした先生の学問的姿勢に様々なかたちで接してこられており，このタイトルにご理解をいただけるものと信じている。そして，『実証の国際法学』と同様，『実証の国際法学の継承』も学界の共有財産として広く受け入れられることを願いたい。私たち編集委員はまた，本書が，執筆された方々のお気持ちとともに，先生のもとに届くことも強く願っている。

安藤先生は，本書をご覧になり，きっとあの柔和なお顔で，少しはにかみながら微笑まれることであろう。

はしがき

　最後になったが，出版事情の厳しい折，1000頁を超える大著の出版にご協力いただいた信山社の袖山貴氏，稲葉文子氏，今井守氏にあらためて感謝したい。

　2019年10月

編集委員
芹田健太郎
坂元　茂樹
薬師寺公夫
浅田　正彦
酒井　啓亘

　本書に追悼文をお寄せいただいた横田洋三先生は，本年6月12日にお亡くなりになり，本書をお目にかける機会が失われてしまったことは痛恨の極みである。
　謹んでご冥福をお祈りする。

目　次

はしがき

Ⅰ　人　権

1　国連平和に対する権利宣言の採択とその意義 ……〔坂元茂樹〕…5

 Ⅰ　はじめに (5)
 Ⅱ　国連平和に対する権利宣言採択の前史 (7)
 Ⅲ　国連人権理事会諮問委員会草案（2012 年）(12)
 Ⅳ　平和に対する権利宣言案をめぐる国連人権理事会における対立 (23)
 Ⅴ　政府間作業部会における審議 (24)
 Ⅵ　平和に対する権利宣言の意義
  ——平和の「法化」と国際法の「市民化」(33)
 Ⅶ　おわりに (38)

2　強制失踪事案に関する自由権規約委員会の先例法理の到達点と強制失踪委員会の課題 …………〔薬師寺公夫〕…43

 Ⅰ　はじめに (43)
 Ⅱ　強制失踪事案の事実的特徴と自由権規約委員会による審査の枠組み——S. D. シャルマ事件見解（2018 年）を手掛かりに (47)
 Ⅲ　強制失踪事案に関する自由権規約委員会の先例法理の到達点 (55)
 Ⅳ　強制失踪事案に対する強制失踪委員会の見解の特徴と課題 (74)
 Ⅴ　結びにかえて (86)

3　「先住民族の権利に関する国連宣言」の機能と課題——土地に対する権利を中心に ………………〔小坂田裕子〕…91

 Ⅰ　はじめに (91)
 Ⅱ　国内裁判所に対する影響 (92)

目　次

　　　Ⅲ　国際的及び地域的人権機関への影響（*95*）
　　　Ⅳ　国連機関及専門機関への影響（*104*）
　　　Ⅴ　先住民族権利運動に対する影響（*107*）
　　　Ⅵ　森林認証制度に対する影響（*109*）
　　　Ⅶ　お わ り に（*117*）

4　国連人権条約における国家報告審査の実効性
　　　――総括所見フォローアップ手続の課題 ……………〔前田直子〕…*121*
　　　Ⅰ　は じ め に（*121*）
　　　Ⅱ　人権条約体改革・強化の試みと締約国の批判的見解（*124*）
　　　Ⅲ　自由権規約委員会による条約解釈の法的重要性（*127*）
　　　Ⅳ　国家報告審査に関する実行の展開（*130*）
　　　Ⅴ　マンデートをめぐる自由権規約委員会と締約国の見解（*136*）
　　　Ⅵ　建設的対話への課題（*140*）

5　宗教の自由の制限と送還禁止
　　　――宗教を変更する自由との関連を契機として ……〔戸田五郎〕…*143*
　　　Ⅰ　問題の所在（*143*）
　　　Ⅱ　国際人権諸文書における宗教の自由と宗教の変更の自由（*146*）
　　　Ⅲ　宗教の自由の制限とノン・ルフールマンの原則（*152*）
　　　Ⅳ　宗教の自由の制限と「迫害」（*155*）
　　　Ⅴ　改宗者の処遇に関する国際・国内判例の動向（*159*）
　　　Ⅵ　お わ り に（*163*）

6　人権の歴史性について……………………………………〔初川　満〕…*167*
　　　Ⅰ　人権の特性（*167*）
　　　Ⅱ　権利と義務（*176*）
　　　Ⅲ　人権の限界性（*185*）
　　　Ⅳ　むすびとして（*196*）

―――――――　Ⅱ　国　　　家　―――――――

7　住民交換協定にみる国民国家形成と国際法の変容
　　　――20世紀初頭のバルカンの悲劇と自決原則………〔桐山孝信〕…*199*

Ⅰ　はじめに（199）
　　Ⅱ　ローザンヌ（1923年）への道：バルカン半島での住民交換（200）
　　Ⅲ　ローザンヌ条約：ギリシャ・トルコ住民交換（207）
　　Ⅳ　ローザンヌ以後（214）
　　Ⅴ　おわりに——現代へ先送りされた課題（218）

8 最近の国家実行における国家承認の「撤回」
　　について……………………………………………〔酒井啓亘〕…221
　　Ⅰ　はじめに（221）
　　Ⅱ　国家承認の撤回の理論的(不)可能性（222）
　　Ⅲ　最近の事例における国家承認の「撤回」とその意義（234）
　　Ⅳ　おわりに（252）

9 政府承認論の最近の展開
　　——「シリア人民の正統な代表」としての「シリア
　　国民連合」の承認の意味合い……………………〔瀬岡　直〕…255
　　Ⅰ　問題の所在（255）
　　Ⅱ　シリア紛争勃発からシリア国民連合の承認までの経緯（258）
　　Ⅲ　諸国家によるシリア国民連合の承認の意味合い（264）
　　Ⅳ　おわりに（276）

10 国際法における条約の国家承継
　　——行為主体の利益関心を基礎にした規範レジーム
　　　を探って……………………………………………〔王　志安〕…279
　　Ⅰ　はじめに（279）
　　Ⅱ　1978年条約の規範レジームに映し出される実行上の混沌（281）
　　Ⅲ　条約承継原理の窮地と再生（293）
　　Ⅳ　結びにかえて——利益関係者の視点を基礎にした
　　　規範構築への一試論（300）

11 国内法の拡張的適用を制約する判断枠組みに
　　ついての一考察——米国の外国腐敗行為法（FCPA）
　　　の実践を素材として………………………………〔竹内真理〕…307
　　Ⅰ　はじめに（307）

xvii

Ⅱ　FCPA の拡張的適用 (308)
Ⅲ　FCPA の拡張的適用を制約する判断枠組み (317)
Ⅳ　おわりに (322)

12　海外美術品に対する国の管轄権に関する法の形成過程について——2014 年の特別展「台北『國立』故宮博物院」が提起した問題を素材として ………〔水島朋則〕…323

Ⅰ　はじめに (323)
Ⅱ　外国の美術品に対する強制措置を禁止する主権免除規則 (325)
Ⅲ　借り受けた海外美術品一般への主権免除規則の拡張？ (329)
Ⅳ　おわりに (333)

Ⅲ　国 家 責 任

13　国際責任法の発展に関する一考察——2000 年〜2018 年……………〔大森正仁〕…337

Ⅰ　個 別 条 約 (338)
Ⅱ　判　　例 (345)
Ⅲ　法典化作業 (348)
Ⅳ　学界の動向 (350)
Ⅴ　結びにかえて (356)

14　国有企業の行為の国家への帰属——国有企業と外国人投資家の契約問題を中心として……………………………………………〔坂田雅夫〕…359

Ⅰ　はじめに (359)
Ⅱ　国有企業の行為の国家への帰属に関する国家責任条文の構造 (360)
Ⅲ　ふたつの理論的問題 (374)
Ⅳ　おわりに (384)

15 リビアに対する非軍事的措置
　　──「第三者対抗措置」の慣習法規則の形成に寄与
　　　しうるか……………………………………〔山田卓平〕…387

　　　I　はじめに（387）
　　　II　リビアへの措置の経緯（389）
　　　III　肯定論（390）
　　　IV　検討①：安保理決議を超える「独自措置」か（394）
　　　V　検討②：「第三者対抗措置」による正当化の法的信念が
　　　　あるか（406）
　　　VI　おわりに（423）

16 国家責任条文上の再発防止の保証および約束：
　　国際司法裁判所（ICJ）の最近の判例を踏まえて
　　　……………………………………………〔阿部達也〕…427

　　　I　はじめに（427）
　　　II　法的性格（428）
　　　III　内　容（443）
　　　IV　おわりに（457）

IV　国際紛争と国際法

17 係争地における軍事拠点の設置と国連憲章2条
　　3・4項………………………………………〔御巫智洋〕…463

　　　I　はじめに（463）
　　　II　コスタリカ対ニカラグア事件（465）
　　　III　国連憲章2条3項（467）
　　　IV　国連憲章2条4項（469）
　　　V　終わりに（474）

18 ニカラグア事件判決再考
　　──「政治的紛争」の司法的解決をめぐって………〔松井芳郎〕…477

　　　I　はじめに──なぜ，ニカラグア事件判決を再考する
　　　　のか（477）

目　次

　　　　Ⅱ　伝統的な「政治的紛争」論（483）
　　　　Ⅲ　ニカラグア事件裁判における「政治的紛争」論（493）
　　　　Ⅳ　「政治的紛争」の処理における国際裁判の役割（498）
　　　　Ⅴ　国際紛争の司法的解決を進めるために
　　　　　　──結びに代えて（505）

19　管轄権判断に対する「被告国の認識」の影響
　　　──近年における国際司法裁判所の判例動向
　　　　　　　………………………………………………〔李　禎之〕…509

　　　　Ⅰ　はじめに（509）
　　　　Ⅱ　紛争の認定と被告国の認識（511）
　　　　Ⅲ　管轄権基礎の解釈と被告国の認識（514）
　　　　Ⅳ　おわりに（520）

20　国際司法裁判所の勧告的意見手続と国家間の紛争
　　　──チャゴス諸島事件の勧告的意見を題材として
　　　　　　　………………………………………………〔河野真理子〕…523

　　　　Ⅰ　はじめに（523）
　　　　Ⅱ　チャゴス諸島事件の勧告的意見と人民自決の権利（524）
　　　　Ⅲ　勧告的意見手続におけるICJの管轄権と裁量権（530）
　　　　Ⅳ　結語に代えて──国家間の紛争が背景にある場合のICJの
　　　　　　勧告的意見手続の機能（538）

21　裁判管轄権と適用法の関係：
　　　国連海洋法条約における司法裁判および仲裁裁判
　　　　　　　………………………………………………〔兼原敦子〕…543

　　　　Ⅰ　はじめに（543）
　　　　Ⅱ　管轄権と適用法の関係に関わる諸問題（546）
　　　　Ⅲ　LOSC293条1項にいう「国際法」（560）
　　　　Ⅳ　法を「適用する」ことと「管轄権を行使する」こと（566）
　　　　Ⅴ　おわりに（579）

22　国連海洋法条約の紛争解決手続における
　　　客観訴訟の可能性 ………………………………〔玉田　大〕…583

         Ⅰ　はじめに（583）
         Ⅱ　前提的考察（584）
         Ⅲ　学説・判例の分析（588）
         Ⅳ　おわりに（602）

  23　ICSID条約仲裁廷の管轄権における国内法の
　　　適用の意味と役割について………………………〔森川俊孝〕…605
         Ⅰ　はじめに（605）
         Ⅱ　管轄権における適用法（607）
         Ⅲ　管轄権における国内法の適用の意味と役割（609）
         Ⅳ　終わりに（628）

Ⅴ　条約と国際機構

  24　条約法条約第18条に定める義務の不確実性
　　　——CTBTとの関係を素材に………………………〔浅田正彦〕…635
         Ⅰ　はじめに（635）
         Ⅱ　CTBTと条約法条約第18条（636）
         Ⅲ　条約法条約第18条の慣習法性（639）
         Ⅳ　条約法条約第18条の義務の存続期間（642）
         Ⅴ　おわりに（658）

  25　国際組織設立条約の解釈における「後に生じた
　　　慣行」の意義………………………………………〔植木俊哉〕…661
         Ⅰ　はじめに——条約の「解釈」をめぐる問題の意義と重要性（661）
         Ⅱ　条約解釈に関する条約法条約の規定と残された検討課題（662）
         Ⅲ　「後にされた合意及び後に生じた慣行」に関するILC
　　　　　「結論草案」の採択（664）
         Ⅳ　国際組織設立条約の解釈における「後に生じた慣行」の
　　　　　位置づけ（665）
         Ⅴ　条約解釈における「後に生じた慣行」
　　　　　——条約法条約第31条3項(b)及び第32条（667）
         Ⅵ　「後に生じた慣行」と「国際組織の慣行」
　　　　　——両者の異同とその相互関係（669）

目　　次

　　　　Ⅶ　「(国際)組織の関係規則」と「後に生じた慣行」の関係（672）
　　　　Ⅷ　おわりに——条約の「解釈」をめぐる国際組織の貢献の
　　　　　　一側面（675）

26　ILO 行政裁判所判決審査手続の廃止について
　　　　………………………………………………………〔黒神直純〕…677
　　　　Ⅰ　は じ め に（677）
　　　　Ⅱ　ILO 行政裁判所判決審査手続の設置と手続利用の実際（680）
　　　　Ⅲ　ILO 行政裁判所判決審査手続が抱えた問題点（697）
　　　　Ⅳ　お わ り に（700）

27　ASEAN の国際機構性と ASEAN Way　………〔山形英郎〕…705
　　　　Ⅰ　は じ め に（705）
　　　　Ⅱ　ASEAN Way の意義（707）
　　　　Ⅲ　ASEAN の国際機構性（710）
　　　　Ⅳ　ASEAN の国際法人格（717）
　　　　Ⅴ　お わ り に（722）

━━━━━━　Ⅵ　領域と海洋法　━━━━━━

28　領域の地位決定と人権
　　　　——境界画定により生ずる問題に関する一考察
　　　　………………………………………………………〔櫻井利江〕…727
　　　　Ⅰ　は じ め に（727）
　　　　Ⅱ　ウティ・ポッシデティス原則（729）
　　　　Ⅲ　国境画定に関する国際社会の実行（732）
　　　　Ⅳ　水域における伝統的権利（749）
　　　　Ⅴ　伝統的権利に関する国際社会の実行（753）
　　　　Ⅵ　結　　び（760）

29　コンドミニウムをめぐる国際法と外交　………〔中谷和弘〕…763
　　　　Ⅰ　は じ め に（763）
　　　　Ⅱ　コンドミニウムの特徴と分類（764）
　　　　Ⅲ　コンドミニウムの実例（770）

Ⅳ　省　察（781）

30　公海上の干渉行為に関する条約方式の原型
　　　――19世紀前半における奴隷取引取締条約の発展
　　　　………………………………………………〔森田章夫〕…787
　　　Ⅰ　はじめに（787）
　　　Ⅱ　19世紀前半の概況（790）
　　　Ⅲ　諸条約における主要な法的機能（794）
　　　Ⅳ　結　び（803）

31　いわゆるロックオール島紛争の史的考察
　　　――国連海洋法条約の締結とイギリス前廊理論の終焉
　　　　………………………………………………〔吉田　脩〕…807
　　　Ⅰ　はじめに（807）
　　　Ⅱ　ロックオール島を巡る国際紛争の史的展開（810）
　　　Ⅲ　イギリスの 'Roll-back' と国連海洋法条約第121条3項（813）
　　　Ⅳ　結びに代えて（818）

32　「海洋の衡平利用原則」の構想
　　　――2015年チャゴス仲裁と2018年チモール海調停を
　　　　手がかりに……………………………………〔繁田泰宏〕…821
　　　Ⅰ　はじめに――「海洋の衡平利用原則」を構想する意義（821）
　　　Ⅱ　チャゴス仲裁（826）
　　　Ⅲ　チモール海調停（835）
　　　Ⅳ　権利利益の衡量を本質とする「海洋の衡平利用原則」
　　　　――国際河川法からの類推（841）
　　　Ⅴ　おわりに――今後の展望と課題（846）

━━━━━　Ⅶ　武力紛争法と戦後処理　━━━━━

33　AIロボット兵器と国際法規制の方向性………〔岩本誠吾〕…853
　　　Ⅰ　はじめに――現状と問題の所在（853）
　　　Ⅱ　規制対象の限定化（857）

Ⅲ　LAWS の規制交渉過程（*859*）
　　Ⅳ　兵器規制に関する法原則の適用論争（*865*）
　　Ⅴ　LAWS 特有の問題点（*867*）
　　Ⅵ　人間と機械の相互作用（*872*）
　　Ⅶ　まとめにかえて——AI・ロボット兵器規制のアプローチ（*877*）

34 武力紛争下における文民の保護
　　——憲章第 7 章下で平和維持活動に与えられる任務と権限をめぐって……………………〔楢林建司〕…*881*
　　Ⅰ　はじめに（*881*）
　　Ⅱ　「文民の保護」と「保護する責任」の区別（*882*）
　　Ⅲ　平和維持活動による文民保護任務の履行促進にむけた議論（*889*）
　　Ⅳ　おわりに（*905*）

35 プロクシ（Proxy）を通じた占領……………〔新井　京〕…*907*
　　Ⅰ　はじめに（*907*）
　　Ⅱ　プロクシを通じた武力紛争・占領の可能性（*910*）
　　Ⅲ　プロクシを通じた占領に関する判例の動向（*913*）
　　Ⅳ　プロクシを通じた占領の条件（*923*）
　　Ⅴ　むすびにかえて（*941*）

36 日本の降伏および連合国による日本占領管理の法的性質——安藤仁介教授の理論の検討を通じて……〔小畑　郁〕…*945*
　　Ⅰ　はしがき（*945*）
　　Ⅱ　日本の降伏およびその占領についての安藤理論（*947*）
　　Ⅲ　連合国による日本占領管理体制の規範的枠組みと実態（*953*）
　　Ⅳ　おわりに——世界秩序構想の中の日本占領管理（*961*）

◆　追 悼 の 部　◆

1 安藤仁介先生追悼の記………………………………〔大谷　實〕…*967*

2 安藤仁介先生の想い出………………………………〔柳井俊二〕…*971*

目　　次

3　安藤仁介先生の思い出 …………………………〔兼原信克〕…*975*

4　三都物語──紐育，東京，寿府 ………………〔嘉治美佐子〕…*979*

5　安藤仁介先生と日本の国家実行 ………………〔濱本幸也〕…*983*

6　安藤さんのこと …………………………………〔芹田健太郎〕…*987*

7　国際法事例研究会における安藤仁介先生のご業績
　　………………………………………………………〔横田洋三〕…*991*

8　世人研所長の安藤仁介先生を偲んで …………〔坂元茂樹〕…*997*

9　ジュネーブ留学中の安藤先生の思い出 ………〔薬師寺公夫〕…*999*

10　安藤仁介先生と私 ………………………………〔岩沢雄司〕…*1003*

11　安藤先生との思い出さまざま脳裏をよぎるとき
　　そのお人柄を偲ぶ …………………………………〔森川幸一〕…*1009*

12　安藤仁介先生を偲んで …………………………〔浅田正彦〕…*1013*

13　安藤仁介先生の想い出 …………………………〔中谷和弘〕…*1017*

14　安藤先生からのメッセージ ……………………〔村田晃嗣〕…*1019*

15　安藤仁介先生との思い出 ………………………〔小坂田裕子〕…*1023*

16　一院生から見た安藤先生の同志社時代 ………〔坂田雅夫〕…*1027*

17　我が師，安藤仁介先生 …………………………〔瀬岡　直〕…*1029*

実証の国際法学の継承

I
人　権

1 国連平和に対する権利宣言の採択とその意義

坂 元 茂 樹

Ⅰ　はじめに
Ⅱ　国連平和に対する権利宣言採択の前史
Ⅲ　国連人権理事会諮問委員会草案（2012年）
Ⅳ　平和に対する権利宣言案をめぐる国連人権理事会における対立
Ⅴ　政府間作業部会における審議
Ⅵ　平和に対する権利宣言の意義――平和の「法化」と国際法の「市民化」
Ⅶ　おわりに

Ⅰ　はじめに

　2016年12月19日，国連総会は，ボリビア，中国，キューバ，北朝鮮，エクアドル，エルサルバドル，エリトリア，ニカラグア，スーダン，ベネズエラ及びベトナムが共同提案国となった，「国連平和に対する権利宣言」を賛成131ヶ国，反対34ヶ国，棄権19ヶ国で採択した[1]。国連の加盟国193ヶ国中，3分の2以上の国が賛成したことになる。同宣言は，2012年2月に国連人権理事会諮問委員会（以下，諮問委員会）が採択した「平和に対する権利宣言」を下敷きにするとともに，直接的には同宣言を基礎にコスタリカのクリスチャン・ギリェルメ・フェルナンデス（Christian Guillermet-Fernández）大使を議長に行われた政府間作業部会の宣言案を基礎とするものである。

　国連総会は，すでに1984年11月12日に，「われらの惑星の人民は平和に対する神聖な権利を有すると厳粛に宣言する」（主文1項）や「平和に対する人民の権利の保全とその実施の促進は，各国の基本的義務を構成すると厳粛に宣言する」等から成る「平和に対する人民の権利宣言」（決議（39/11））を採択し

（1）　Declaration on the Right to Peace, A/RES/71/189.

Ⅰ　人　　権

ている(2)。しかし，フェルナンデス大使によれば，両者には大きな相違があるという。1984年の宣言が採択された当時，各国は国連憲章第2条に含まれた一連の原則，すなわち，武力行使禁止原則，紛争の平和的解決，国内事項不干渉，国家間協力，自決権及び主権平等を効果的に実施し，尊重すべきであると提案していた。彼らは，こうした原則の尊重が戦争の惨劇を除去するのに役立つと考えていた(3)。しかし，今回の宣言は，そうした伝統的アプローチに代わる人権アプローチをとっているとする。2000年12月8日と9日にジュネーヴで開催された人権と平和に関する専門家セミナーで，国連人権高等弁務官事務所（OHCHR）によって準備された報告書は，「人権が，健全な社会的発展と紛争の予知及び防止そして紛争後の社会の再建及び復興を導く根本的な指針となるべきである」と結論していた。フェルナンデス大使によれば，今回の平和に対する権利宣言は，友好関係宣言に掲げられた国際法の諸原則とすべての者によるすべての人権の保護の均衡をとったものというのである(4)。

　今回採択された決議は，全文わずか5ヶ条の条文から成る。第1条は，「すべての者は，すべての人権が促進され，保護され，及び発展が完全に実現されるような平和を享受する権利を有する」と規定し，すべての人が平和を享受する権利（"right to enjoy peace"）を有することが承認されている。第2条は，「国は，平等若しくは無差別，正義若しくは法の支配を尊重し，実施し及び促進すべきであり，かつ社会内及び社会間の平和を構築する手段として恐怖と欠乏からの自由を保障すべきである」と規定した。国に対しては，義務を意味する "shall" の代わりに "should" を使い，努力義務の形式をとっているものの，国を義務保持者と捉えている。また第3条では，「国，国連及び専門機関，特にユネスコは，この宣言を実施するための適当な持続可能な措置をとるべきである。国際的，地域的，国内若しくは地方の機関及び市民社会は，この宣言の実施を支持し及び援助することが期待される」と規定し，宣言の実施主体を国以外の国際機関や地域的機関，さらには市民社会（civil society）にまで広げて

---

(2) Declaration on the Right of Peoples to Peace, A/RES/39/11, 12 November 1984.
(3) Christian Guillerment Fernández and David Fernández Puyana, "The adoption of the Declaration on the Right to Peace by the United Nations: a Human Rights Landmark," *Peace Human Rights Governance*, Vol.1 (2), 2017, p.277.
(4) *Ibid.*, pp.279-280 and 282.

いる。さらに第4条では、「平和教育の国際的及び国内的制度が、すべての人びとに寛容、対話、協力、連帯の精神を強化するために促進される。このために、国連平和大学は、教育、研究、卒後訓練及び知識の普及に携わることにより平和教育の非常に広範な任務に貢献すべきである」と規定する。そして最後に、第5条で、「この宣言のいかなるものも国連の目的と原則に反するものと解釈されてはならない。この宣言に含まれている諸規定は、国連憲章、世界人権宣言及び国によって批准された関連する国際文書及び地域文書に沿って理解されなければならない」と規定した[5]。本宣言は、後述する諮問委員会の草案と比較すると、極めて簡潔な内容になっている。権利主体を個人とし、個人の人権として平和を享受する権利が宣言されている点において、人民を権利の主体としていた1984年宣言とは異なっているといえよう。

　本章は、こうした宣言が採択された背景とその理由、同宣言の起草が各国にどのように評価されたのかを検討し、この宣言の意義について論じるものである。

II　国連平和に対する権利宣言採択の前史

　2003年3月20日に開始され、2011年12月15日に終結したイラク戦争は、世界的な反戦運動を惹起した。それにもかかわらず、この戦争を防ぐこともまた早期に終結させることもできなかった。20世紀末から21世紀初頭に生じた、コソボ危機を契機とするNATO諸国の対ユーゴ爆撃（1999年）や9.11テロを理由とする米国による自衛権に基づく対アフガニスタン攻撃（2001年）と同様に、大量破壊兵器廃棄義務の違反ないし査察義務の違反を理由とする英米による対イラク戦争（2003年）に共通するのは、国連憲章に基づく手続、すなわち、安全保障理事会の決議なしに個別国家の判断に基づく一方的な武力行使であったということである[6]。しかも、そのいずれにも、国連の常任理事国が関わっている。

　こうした単独行動主義に対して、2003年9月23日の第58回国連総会において、コフィー・アナン国連事務総長（当時）は、「国連憲章第51条は、いか

---

(5)　A/RES/71/189, pp.5-6.
(6)　松井芳郎「平和の構想力――国際法学の立場から」『長崎平和研究』第16号（2003年）66頁。

I　人　権

なる国も攻撃されたときには，固有の自衛権を持つと規定しています。しかし今では，国際平和と安全保障に対する広範な脅威に対処するために，国が自衛を超えて軍事力の行使を決定した場合，その国は国連だけが与えることができる正当性が必要だと理解されてきました。ところがいま，……こうした理解はもはや通用しないと考える国が出てきました。こうした国は，そのような攻撃が行われるのを待つべきではなく，加盟国には先制的に武力行使する権利と義務があると主張しています。他国の領土においてさえ，また攻撃に用いられる兵器システムがまだ開発中であるときでさえ，先制攻撃ができるというのです。この主張によると，各国は安全保障理事会が同意するまで待つ義務がなく，単独で行動したり，その場限りの連合を組んだりする権利があるということになります。この論理は，過去58年間，不完全とはいえ世界の平和と安定を保つ基礎となってきた原則に対する根本的な挑戦です。私が懸念するのは，このような考え方が採用されたならば，それが先例となり，正当な理由の有無にかかわらず，一方的かつ法を逸脱した武力行使の増大を招くことになるのではないかということです(7)」と演説し，これを非難した。

　こうした現状を踏まえ，スペインのNGOであるスペイン国際人権法協会（AEDIDH）は，「平和に対する権利」の問題に積極的に取り組み始めた。その後の展開を考えると，AEDIDHは，国際政治のコンストラクティビズムの理論に従えば，"transnational moral entrepreneur" であると同時に，"norm entrepreneur"（規範起業家）であり，"organizational platform" の役割を果たしたともいえる(8)。NGOによる国連の人権分野における規範創設的な役割の

---

(7) Available at ［https://www.un.org/webcast/ga/58/statements/sg2eng030923.htm］翻訳にあたっては国連広報センターの翻訳に依った。Available at ［https://www.unic.or.jp/news_press/messages_speeches/sg/1091/］
(8) 規範のライフサイクルにおける規範発生における "norm entrepreneur" の位置づけと "organizational platform" としてのNGOについては，Cf. Martha Finnemore and Kathryn Sikkink, "International Norm Dynamics and Political Change," *International Organizations*, Vol.52, No.4 (1998), pp.887-917 and Tatjana Puschkarsky, "Norm Entrepreneurs in International Politics – A Case Study of Global Footprint Network and the Norm of Sustainability," available at ［https://conservation-development.net/Projekte/Nachhaltigkeit/DVD_10_Footprint/Material/pdf/Puschkarsky_2009_GFN_Norm_of_Sustainability.pdf］コンストラクティビズムについては，大矢根聡編『コンストラクティビズムの国際関係論』（有斐閣，2013年）参照。

〔坂元茂樹〕　　　　　　　　　　　　　　*1*　国連平和に対する権利宣言の採択とその意義

一例とみなすことができる。

　AEDIDHが着目したのは，世界人権宣言第3条で，「すべての者は，生命，自由及び身体の安全についての権利を有する」と宣言され，国際人権規約の自由権規約第6条で，「すべての人間は，生命に対する固有の権利を有する」と生命権を保障されながらも，戦争においてはこの生命権が保障されないとの矛盾があるからである。周知のように，ヨーロッパ人権条約第15条は，「戦争その他の国民の生存を脅かす公の緊急状態の場合には，……この条約に基づく義務を免脱する措置をとることができる」（1項）としながらも，生命権に関する第2条の規定からのいかなる免脱も認めるものではないと規定している(9)。しかし，そこでも，合法的な戦闘行為から生ずる死亡の場合は除かれている。

　AEDIDHは，2005年から2006年に「平和に対する権利」の世界キャンペーンを開始した。同協会は，2006年10月にルアルカ宣言を採択した。そこでは，平和に対する人権（human right to peace）のあらゆる要素が，人権の普遍性，相互依存性，独立性及びグローバルな社会的正義を達成する圧倒的な必要性を効果的な方法で接合するよう起草されていた(10)。同協会は，このルアルカ宣言を，国連人権理事会（以下，人権理事会），諮問委員会，ユネスコその他の国際会議に送付した(11)。

　こうした活動の最中，2008年6月18日の人権理事会で，「平和に対する人民の権利」と題する決議8/9が採択された(12)。同決議は，「1984年11月12日

---

(9)　自由権規約の免脱条項第4条では「国民の生存を脅かす公の緊急事態の場合においてその緊急事態の存在が公式に宣言されているときは」と規定し，ヨーロッパ人権条約とは異なり，「戦争」の用語の使用を避けている。その背景には，国連憲章第2条4項で武力行使の禁止を定めている以上，条文で「戦争」を用いて「戦争」を容認しているかのような誤解を避けるためといわれている。

(10)　Nassir Abdulaziz Al-Nasser's Presentation, President of the sixty-sixth session of the General Assembly of the United Nations, Carlos Villan Duran and Carmelo Faleh Perez（eds.）, *The International Observatory of the Human Right to Peace*, SSiHRL, 2013, p.20.

(11)　ルアルカ宣言の詳しい内容とその後の人権理事会決議及び諮問委員会での審議については，前田朗「人民の平和への権利国連宣言のために」反差別国際運動日本委員会『平和は人権——普遍的実現をめざして』（解放出版社，2011年）55-60頁参照。

(12)　Promotion on the right of peoples to peace, A/HRC/RES/8/9. 同決議は，賛成32（中国，ロシア，キューバを含む途上国），反対13（日本を含む先進国），棄権2（インドとメキシコ）で採択された。

9

Ⅰ 人　　権

の『平和に対する人民の権利宣言』と題する国連総会決議（39/11）と国連ミレニアム宣言に留意して」，国連人権高等弁務官事務所（OHCHR）に3日間の平和に対する人民の権利に関するワークショップ開催を要請したが，実現しなかった。

　そこで，2009年6月12日，人権理事会は再び，「平和に対する人民の権利の促進」と題する決議（A/HRC/11/4）を採択し，2010年2月以前に，これまでの実行を考慮に入れ，世界中のあらゆる地域からの専門家の参加を得て，「(a)この権利の内容と範囲，(b)この権利を実現することの重要性の意識向上の手段の提案，(c)平和に対する人民の権利の促進において国，国際機関，NGOを活発にするための具体的な行動を提案する」ために「平和に対する人民の権利」の専門家ワークショップの開催をOHCHRに改めて要請した。同時に，決議において，その成果を人権理事会へ報告するようにとの要請が行われた。これを受けて，「平和に対する人民の権利に関する専門家ワークショップ」が2009年12月15日と16日の両日に国連欧州本部で開催された[13]。

　これと並行して，AEDIDHは，その後も，ビルボオ宣言（2010年2月），バルセロナ宣言（2010年6月），サンティアゴ宣言（2010年12月）を採択し，これに賛同する世界のNGOの数は1,795に達した[14]。AEDIDHの発意に基づく宣言とそれに賛同した1,795というNGOの存在に鑑みれば，市民社会による「公共の良心」の表明という性格がこれらの宣言にはあるように思われる。2010年12月10日に採択された「平和に対する人権に関するサンティアゴ宣言」は，

　「国連総会は，

　国連憲章の前文及びそこで確立された目的と原則に従って，平和は普遍的価値であり，同機構の存在理由であり，すべての者による人権の享受の前提条件であり，かつ結果であることを考慮し，

　国際法の統一的，非選択的及び適切な適用が平和の達成に不可欠であること

---

(13)　ワークショップの概要については，Report of the OHCHR on the outcome of the expert workshop, available at［https://www2.ohchr.org/english/issues/rule_of_law/workshop/index.htm］

(14)　これら一連の宣言，とりわけサンティアゴ宣言の詳しい内容については，笹本潤・前田朗編著『平和に対する権利を世界に──国連宣言実現の動向と運動』（かもがわ出版，2011年）130-149頁参照。

を考慮し，国連憲章第 1 条の機構の基本的目的が国際の平和と安全の維持であること，特にそれは人民の経済的若しくは社会的発展及びいかなる差別もなしに人権及び基本的自由の尊重を通じて達成されることを確認していることを想起し，

武力紛争の厳密な不在を超え，公的部門及び民間部門におけるあらゆる型の直接的，政治的，構造的，文化的暴力の除去に結びつく平和の積極的広がりを承認し，

……

すべての国が，平和を人権として承認し，その管轄の下にあるすべての個人が，人種，血統，国民的，民族的若しくは社会的出身，皮膚の色，ジェンダー，性的指向，年齢，言語，宗教，政治的意見その他の意見，経済的状況，遺産，多様な肉体的若しくは精神的機能，民法上の地位，出生若しくは他の条件によるいかなる差別もなしに，平和を享受することを確保することが緊急かつ必要であることを確信し」との前文に続いて，後に諮問委員会の草案に影響を与える，第 1 部平和に対する人権の要素として，A 節権利で 12 ヶ条の条文を，B 節義務で 1 ヶ条の条文を，そして宣言の実施と題する第 2 部で，2 ヶ条の条文と最終条項を採択した[15]。

これに先立つ 2010 年 6 月 14 日，人権理事会に，「平和に対する人民の権利の促進」に関する決議案が提出された[16]。決議案の共同提案国は，キューバを中心とした途上国（中南米諸国も多く参加している）であり，その中には北朝鮮，スーダン，アルジェリア，シリアなど人権侵害国とみられる国も多く名を連ねていた[17]。これを受けて，人権理事会は諮問委員会に「平和に対する人民の権利」宣言の起草を求める決議 14/3 を賛成 31（中国，ロシアを加えた途上国），反対 14（EU 諸国，米国及び日本など先進国），棄権 1（インド）で採択した[18]。

先進国は，人権理事会において，この主題に関して一貫して反対した。先進

---

(15) Duran and Perez (eds.), *supra* note 10, pp.444-460.
(16) A/HRC/14/L.12.
(17) 共同提案国は，アルジェリア，バングラデシュ，ベラルーシ，ブラジル，コンゴ，コートジボアール，キューバ，北朝鮮，エクアドル，エルサルバドル，ラオス，ニカラグア，ナイジェリア，スーダン，シリア，ベネズエラ，ベトナムである。
(18) Promotion of the right of peoples to peace, A/HRC/RES/14/3.

Ⅰ　人　権

国が，その反対理由として挙げたのは，①人権は個人の権利なのに，人民の権利という集団の権利を取り上げている。②国と個人の問題というより，国家間の関係を取り上げすぎだし，平和の不在は人権の尊重の不遵守を正当化しない（平和に対する権利宣言を支持する人権侵害国を意識した発言と思われる）。③国連総会はすでに1984年11月12日に「平和に対する人民の権利宣言」（決議39/11）を採択しており，この主題は国連人権理事会ではなく，安全保障理事会など他のフォーラムで議論するのがふさわしい，というものであった。もっとも，先のフェルナンデス大使の言明にあるように，1984年の国連総会の宣言は，「国際社会の平和と安全の強化を目指す努力に貢献する」（前文）という文脈の中での採択であり[19]，個人や人民が有する人権としての平和を扱おうとする国連人権理事会の「平和に対する権利宣言案」とは，その性格を異にしていたといえよう。

Ⅲ　国連人権理事会諮問委員会草案（2012年）

諮問委員会は，1つの研究について3会期（準備報告書，進展報告書及び最終報告書）で作業を終えることが要求されている。ただし，平和に対する人民の権利に関する報告書についていえば，すべて進展報告書（progressive report）という表現が用いられたが，3会期で作業を終了するという制約はそのままであった。起草部会に参加した経験から言えば，「平和に対する権利宣言」のような重要な主題をわずか3会期の審議で終えることには，そもそも無理があったように思われる。

こうした制約の中で，起草部会[20]の報告者となったハインツ（W. Heinz）委員が，AEDIDHが行ってきた作業，前述したサンティアゴ宣言（第1部平和に対する権利の諸要素と第2部「宣言」の実施の2部構成からなる15ヶ条）を基礎に，

---

(19)　Declaration on the Right of Peoples to Peace, *supra* note 2.
(20)　起草部会は，当初，報告者ハインツ（Wolfgang Stefan Heinz）委員，議長ズフィカ（Mona Zuficar）委員，鄭（Chinsung Chung）委員，ブロックマン（Miguel d'Escoto Brockmann）委員で構成されていたが，国際法の専門家がいないとして，坂元と現在ヨーロッパ人権裁判所の裁判官を務めているフセーノフ（Latif Hüseynov）委員が加わった。ただし，起草部会では国際法との整合性を詰める必要性を説く坂元らに対し，人権としての平和に対する権利宣言案を期限内に提出することの重要性に重点を置く傾向があった。

これを簡素化した宣言案を起草しようとしたのは時間的制約上無理からぬ点があった。しかし、サンティアゴ宣言の内容それ自体が平和を構成すると考えられる要素を単に羅列する形式をとっており、平和それ自体の定義、あるいは人権としての平和の定義など、宣言案の中核部分について大きな検討課題が残されていたこともたしかである[21]。

2011年1月17日から21日にかけて開催された諮問委員会の第6会期において、平和に対する権利宣言案に関する基本方針を示す進展報告書（A/HRC/AC/6/CPR.3）が提出された。そこでは、諮問委員会として、平和に対する権利を明確にし、その実施を向上させることに焦点を当てたアプローチをとるとともに、平和を単に国内又は国家間の組織化された暴力の不在のみでなく、差別や制約なしに、人権、ジェンダー平等、社会正義、経済的福利及び異なる文化的価値の自由で広範な表明の包括的かつ実効的な保護と考えるアプローチをとることが示された[22]。同時に、起草部会は、サンティアゴ宣言と同様に、平和に対する権利、軍縮、人間の安全保障及び環境、圧政に対する抵抗、平和維持、良心的兵役拒否の権利、民間軍事警備会社、教育、発展、被害者及び脆弱な人々、国の義務及びモニタリングと実施という、平和に対する人民の権利に関する宣言のためにそれを構成する要素と40を超える基準を示した[23]。

2011年8月8日から12日にかけて開催された諮問委員会の第7会期において、起草部会が提出した進展報告書（A/HRC/AC/7/3）には、初めて条文形式の草案が示された。全14ヶ条から成る「平和に対する人民の権利に関する宣言案」がそれである[24]。なお、この草案では、当初、「平和に対する人民の権利」という表現が用いられていたが、第1条の表題につき、より適切であるとして「平和に対する人権」という用語が使用された。この宣言案ついて、

---

(21) 平和研究にとってもっとも重要な概念は「平和」であるが、この自明性が逆に平和概念をめぐる理論研究を妨げている現状については、木部尚志「研究課題としての〈平和の批判〉」Peace Reports, International Christian University Peace Research Institute, Vol.9, No.1, p.1.

(22) Progress report on the right of peoples to peace, A/HRC/AC/6/CPR.3, p.5, paras.20-21.

(23) *Ibid.*, pp.5-6, para.22.

(24) The right of peoples to peace, Progress report prepared by the drafting group of the Advisory Committee, A/HRC/AC/7/3.

Ⅰ　人　　権

委員のみならず，各国政府[25]，国際機関[26]及びNGO[27]からの発言が行われた[28]。なお，ここで示された条文の多くは，第8会期に示された宣言案に引き継がれた。ここでは詳細については割愛する。

　2012年2月20日から24日にかけて開催された第8会期で諮問委員会が採択した宣言案は，全14ヶ条からなる。その第1条「平和に対する権利：原則」では，「個人及び人民は，平和に対する権利を有する」（1項）とし，「国は，個別に又は共同で，若しくは国際機関の一部として，平和に対する権利の主要な義務保持者である」（2項）とした。また，「平和に対する権利は，普遍的であり，不可分かつ相互依存的であって，相互に連関している」（3項）と規定した。そして，「国は，国際関係における武力の行使又は武力による威嚇を放棄する法的義務を遵守する」（4項）こととし，「すべての国は，国連憲章の諸原則に従って，みずからが当事者である紛争を解決するために平和的手段を用いる」（5項）と規定した。さらに，「すべての国は，国連憲章に掲げられた原則の尊重及び発展の権利及び人民の自決権を含む，すべての人権と基本的自由の促進に基づく国際体制における国際平和の確立，維持及び強化を促進する」と規定した[29]。なお，第7会期に提出した宣言案第1条では「平和に対する人権（Human Right to Peace）」という用語が使用されていたが，ここでは「平和に対する権利（Right to peace）」に修正されている。

　諮問委員会の宣言案は，個人及び人民を平和に対する権利保持者とし，国を義務保持者と位置付けている。この点では，サンティアゴ宣言の第1条1項及び2項の発想と同じである[30]。前述したように，第1条には，「平和」それ自

---

(25)　発言した国は，米国，ボリビア，キューバ，パキスタン，コスタリカ，アルジェリア，ウルグアイ，モロッコの8か国であり，米国を除く7か国は賛成の発言を行った。
(26)　傭兵使用に関する国連作業部会が賛成の発言を行った。
(27)　平和メッセージ都市国際協会，国際人権協会，国際人権活動日本委員会，国際民主法律家協会，良心と平和の税金インターナショナル，南アメリカインディアン協会の6団体である。なお，国際人権活動日本委員会は，名古屋高裁におけるイラク関連訴訟における平和的生存権に関する判例とジュネーヴ第1追加議定書第59条（無防備地区）と日本国憲法第9条を組み合わせた日本における平和都市宣言の運動を紹介した。
(28)　この会合の発言については，日本語訳も出版されている。『INTERJURIST』No.172（2011年）11-46頁。
(29)　Report of the Human Rights Council Advisory Committee on the right of peoples to peace, Annex, Draft Declaration on the rights to peace, A/HRC/20/31, p.3.
(30)　Duran and Perez (eds.), *supra* note 10, p.450.

体の定義が存在しない。また，国が国民を守るために自衛権を行使した場合，個人や人民が有する平和に対する権利を侵害したことになるのかどうかについても，必ずしも明確ではない。換言すれば，宣言案自体が絶対平和主義（absolute pacifism）の立場をとっているのか，国連憲章が，国の固有の権利として自衛権を認めるように，実際的平和主義（practical pacifism）の立場をとっているのか判然としない。さらに，平和に対する脅威や平和の破壊を認定し，時に強制措置を命ずる安全保障理事会との関係も明確ではない。つまり，どのような場合に平和に対する権利の違反が生ずるとされるのかが，本条では明らかでない[31]。この点は，この諮問委員会案を前提に議論が行われた，後述するopen-endedな政府間作業部会の第1会期において，国連憲章第51条が国の固有の権利として自衛権を認めていることを踏まえ，「国連憲章第51条に合致して，国際法並びに国連憲章によって導かれる，短く簡潔でかつ均衡のとれた宣言の起草を要求する[32]」国や，同第2会期における先進国による「国連憲章で認められている自衛権の行使や安保理との強制行動を含む，武力の行使の禁止の例外を認めることが重要である[33]」との批判を惹起することになった。

こうした国際法上の重要な問題が必ずしも十分に整理されないまま採択された背景には，時間的制約もさることながら，委員のバックグランドが必ずしも国際法の専門家ばかりではないために，人権の伸長に役立つのであればこれを推進しようとの発想が委員の間に根強く，細かな法的論点に拘泥しないところがあるからであった。その意味で，3会期で1研究を仕上げる方式の諮問委員会にはなじまない重い主題であったというのが，起草部会の委員として作業に関わった者の率直な感想である。こうした問題点は，他の条文案にも散見され

---

(31) Cecilia M. Baillet and Kjetil Mujezinovic Larsen, "Nordic Expert Consultation on the Right to Peace: Summary and Recommendation," pp.2-4, available at ［https://www.duo.uio.no/handle/10852/39053］この会議は，AEDIDHが"Expert Consultations on the Human Right to Peace"と題して，欧州，米国，カナダ，ブラジルなど世界中の大学で平和に対する権利に関する専門家協議のキャンペーンを始め，その第1回のオスロ大学での会議の成果である。なお，同会議では第1条3項の意味が判然としないと批判するが，この点は筆者も同感である。Ibid., p.4.
(32) Report of the Open-ended Inter-Governmental Working Group on the Draft United Nations Declaration on the Right to Peace, A/HRC/WG.13/1/2, p.6, para.24.
(33) Report of the open-ended intergovernmental working group on a draft United Nations declaration on the right to peace, A/HRC/27/3, pp.6-7, para.26.

Ⅰ 人　　権

る。

　第2条「人間の安全保障」では,「すべての者は,脅威及び欠乏からの自由,及び国際人権法に従って思想,良心,意見,表現,信念及び宗教の自由を含む,すべての積極的平和の構成要素たる人間の安全保障に対する権利を有する。欠乏からの自由は持続的な発展の権利及び経済的,社会的,文化的権利の享受を含意する。平和に対する権利は,市民的,政治的,経済的,社会的及び文化的権利を含む,すべての人権に関連する」(1項)と規定するとともに,「すべての個人は,あらゆる種類の暴力の対象とはならず,身体的,知的,道徳的及び精神的なすべての能力を全面的に発展させることができるように,平和に生きる権利を有する」(2項)と規定した[34]。

　これは国際法上の「平和的生存権」の考えを明記したものであり,香港ベースのNGOによるアジア人権憲章第1条に倣っている。その背後にあるのは,平和を単に戦争のない状態(消極的平和)と考えるのではなくて,平和学者のヨハン・ガルトゥングのいう「構造的暴力」のない状態[35],あるいは「人間の安全保障」が確保されている,公正かつ持続可能な平和の条件の存在を明らかにするとの考え(積極的平和)が基本にある[36]。松井芳郎教授がかつて指摘したように,「平和がたんに戦争のない状態と理解されるなら,それはさまざまな形で存在する支配や抑圧や搾取――いわゆる構造的暴力――をそのままにした,現状維持の別名に堕してしまうからである[37]」。

　同条は,他方で,「すべての者は,ジェノサイド,戦争犯罪,国際法に違反した武力行使及び人道に対する罪から保護される権利を有する。国がその管轄権内において生じるこれらの犯罪を防止できない場合には,国連憲章及び国際法を遵守しつつ,加盟国及び国連にその責任を実施するよう求めるべきである」(3項)と規定し,保護する責任の考えを導入した。

---

(34)　A/HRC/20/31, p.4.
(35)　ガルトゥングは,「構造的暴力の3つの主要な形態は,(政治的)『抑圧』,(経済的)『搾取』,(文化的)『疎外』」とし,「積極的平和とは構造的暴力の不在である」と定義する。ヨハン・ガルトゥング・藤田朋史『ガルトゥング平和学入門』法律文化社(2003年)117-118頁。
(36)　Progress report of the Human Rights Council Advisory Committee on the right of peoples to peace, A/HRC/17/39, p.4, para.17.
(37)　松井芳郎「平和のための国際法」『自由と正義』第34巻8号(1983年)17頁。

しかし，この諮問委員会草案提出（2012年2月）後の同年9月10日，国連総会は，「2005年世界サミットの成果文書の人間の安全保障に関する第143項のフォローアップ決議」において，人間の安全保障に関する共通理解として，「人間の安全保障の観念は，保護する責任及びその実施とは明確に区別される」（3項(d)）と宣言しており，諮問委員会草案の考え方は否定された[38]。他方で，「人間の安全保障は，武力による威嚇又は行使若しくは強制措置を伴わない。人間の安全保障は国の安全保障に代わるものでない」（同(e)）とするとともに，「すべての個人，とりわけ脆弱な人々は，恐怖と欠乏からの自由及びすべての権利を享受し，人間の可能性を十分に発展させる機会を等しく有する」（同(a)）こと，「人間の安全保障は，平和，発展及び人権の相互関係を承認し，市民的，政治的，経済的，社会的及び文化的権利を等しく考慮する」（同(c)）とフォローアップ決議で述べられており，「平和に対する権利宣言案」との親和性がみられる[39]。

なお，諮問委員会草案第2条4項と5項は，平和維持活動に対する考えが盛り込まれ，5項の最後には，「ジェンダーの視点が平和維持活動に組み込まれるべきである」と規定されている。そして6項には，「すべての者は，みずからの政府に，国際人権法及び国際人道法を含む，国際法規範の実効的な遵守を要求する権利を有する」との規定を置いた（7項，8項及び9項は省略）[40]。

第3条「軍縮」では，「国は，武器取引の厳格で透明性のある管理及び違法な武器取引の抑止に積極的に従事しなければならない」（1項）と規定するとともに，「すべての人民及び個人は，大量破壊兵器のない世界に生きる権利を有する」（3項）ことを規定している。1項は，翌2013年4月2日に国連総会で採択された武器貿易条約（ATT）の立法目的と軌を一にするが，3項はまさしく人々の渇望の声明として，立法論的性格をもつ条文である。また，「国は，平和地帯及び非核化地帯の創設及び促進を検討するよう要請される」（4項）こととも規定されている（2項及び5項は省略）[41]。

---

(38) この諮問委員会草案は，2010年4月6日に採択された人間の安全保障に関する国連事務総長報告書第24項に基礎を置いていた。Cf. Human security, Report of the Secretary-General, A/64/701, p.7, para.24.
(39) A/RES/66/290.
(40) A/HRC/20/31, p.4.
(41) *Ibid.*, pp.4-5.

Ⅰ　人　　権

　第 4 条「平和教育及び研修」では,「すべての人民及び個人が包括的な平和及び人権教育の権利を有する」（1 項）ことを規定する（2 項～5 項省略）[42]。松井教授が指摘するように，平和や人権という普遍的な価値にコミットする自覚的な市民を育成していく上で平和教育や人権教育が決定的な役割を果たすことはいうまでもない[43]。

　第 5 条「良心的兵役拒否の権利」では,「個人は，良心的兵役拒否の権利及びこの権利の実効的行使において保護されるべきである」（1 項）と規定した[44]。なお，第 2 項は,「国は，国連憲章，国際人権法又は国際人道法の原則及び規範に違反する，国際的か国内的かにかかわらず，侵略戦争又は他の武力活動に軍隊又は他の治安部隊の構成員が参加することを防止する義務を有する。軍隊又は他の治安部隊の構成員は，上記の原則及び規範に明白に違反する命令に従わない権利を有する。軍の上官命令に服する義務は，これらの義務の遵守を免れさせるものではなく，こうした命令の不遵守はいかなる場合にあっても軍事犯罪を構成しない」と規定する[45]。この第 2 項では，*jus ad bellum* と *jus in bello* が混在しており，さらに軍隊構成員に命令に従わない「権利」を認めており，とうてい国には受け入れがたい規定である。国際刑事裁判所規程（1998 年）第 33 条では，上官命令の抗弁が刑事責任を阻却する条件を定めているが，第 2 項のように命令に従わない権利を認めるのはいささか行き過ぎであろう[46]。

　いずれにしろ，ここでは「個人」が名宛されており，権利主体が集団ではなく個人であることは明らかである。「エホバの証人」の信者である韓国の Yoon 氏と Choi 氏が 2001 年と 2002 年に宗教上の信念と良心に従い兵役を拒否したことで，韓国の兵役法第 88 条 1 項 1 号により懲役 1 年半の有罪判決を受けたのは，韓国が締約国である自由権規約第 18 条に違反すると訴えた個人通報事例で，自由権規約委員会は，第 18 条（思想，良心及び宗教の自由）に関する一般的意見 22 (48) の「規約は明示に良心的兵役拒否の権利に言及してい

---

(42)　*Ibid.*, pp.5-6.
(43)　松井芳郎「平和と人権の国際法――その歴史と現状」季刊『人間と教育』第 36 号 85 頁。
(44)　良心的兵役拒否の問題一般については，Cf. OHCHR, Conscientious Objection to Military Service, United Nations Publication, New York and Geneva, 2012.
(45)　A/HRC/20/31, p.6.
(46)　同様の批判について，Cf. Baillet and Larsen, *supra* note 31, p.7.

ないが，委員会は，殺傷兵器を用いる義務が良心の自由及びみずからの宗教又は信念を表明する権利と深刻に抵触する限りは，このような権利は第18条から派生しうる[47]」ことを引用し，「委員会は，締約国［韓国］の法律の下で，兵役に対する良心的兵役拒否の手続が存しないことに注目する。締約国は，国の防衛能力を維持し，社会的結合を保持するために，この制限は公共の安全のために必要であると主張する。……国民徴兵制度を侵食することなく，代替的制度を持つことは理論的にも実際上も可能である。それを行わず通報者を有罪としたことは規約第18条1項に違反する[48]」(8.4項)との見解を示している。しかし，良心的兵役拒否を認めた諮問委員会草案第5条を支持した国はおらず，例外は軍隊を持たないコスタリカとNGOのみであったといえる[49]。そこには，国の論理として，国の安全あるいは国防の重要性の認識が垣間見られる。なお，人権理事会決議35/4により，2018年6月14日に開催された平和に対する権利宣言の実施を審議するワークショップで，モデレーターを務めた国連人権高等弁務官代理は，その閉会の辞において，人権教育の中に，宗教的寛容，戦争宣伝の禁止と並んで，良心的兵役拒否を含むように呼び掛けた[50]。

第6条「民間軍事警備会社」では，「国は，国の軍事及び治安機能を民間の請負人に外部委託することを慎まなければならない」(1項)と規定するが，サンティアゴ宣言にはない条文である[51]。先進国による軍事活動のアウトソーシングに反対する条文で，"shall"という強い用語を使用しており，民間軍事警備会社を使用している先進国にとっては受け入れがたい条文である。他方で，人権理事会における傭兵に関する作業部会は，民間軍事警備会社の使用に抑制

---

(47) CCPR/C/21/Rev.1/Add.4, General Comment 22 (48), para.11.
(48) ICCPR, Communication No.1321/2004 and No.1322/2004, para.8.4.
(49) もっとも，韓国の平和運動団体「戦争のない世界」は，「平和に対する権利宣言案」における良心的兵役拒否の取り上げ方について否定的評価を加えている。この点については，申鉉昉「韓国における良心的兵役拒否に関する考察——憲法裁判所の決定と国連諸機関における議論を中心に——」『立命館国際研究』第25巻1号 (2012年) 307-309頁参照。
(50) Summary of the intersessional workshop on the right to peace, Report of the United Nations High Commissioner for Human Rights (hereinafter, Summary), A/HRC/39/31, pp.13-14, para.74.
(51) A/HRC/20/31, p.7.

Ⅰ 人　　権

的な条約案を示しており，諮問委員会の本条文に支持を表明した[52]。

　第7条「抑圧に対する抵抗及び反対」では，「すべての人民及び個人は，抑圧的な植民地支配，外国の占領又は独裁的な支配（国内の抑圧）に対し，抵抗し及び反対する権利を有する」（1項）と規定するとともに，「すべての者は，侵略，ジェノサイド，戦争犯罪及び人道に対する罪，他の普遍的に承認された人権の侵害及び戦争を支持するあらゆるプロパガンダ又は暴力の扇動及び平和への権利の違反に反対する権利を有する」（2項）と規定した[53]。たしかに，「独裁的な支配」の概念は曖昧であり，自決権に止まらない範囲の拡大がなされており，適用上の困難は容易に想起されるが，起草時にはアラブの春が吹き荒れており，その影響を受けたものと思われる。

　第8条「平和維持」では，「平和維持の任務及び平和維持要員は，刑事的非行及び国際法に違反する場合には，被害者が法的手続及び救済を訴えることを許すために，免除の放棄を含む，職業行為に関する国連の規則及び手続を完全に遵守する」（1項）と規定する（2項は省略）。たしかに，平和維持部隊の構成員による現地の女性に対するレイプの問題が多発している。平和維持部隊派遣国が任務地における裁判権免除の適用を求める中で，武力紛争時における女性の人権の保護という観点から，こうした条文の考え方は必要だと思われる。

　第9条では「発展の権利」を取り上げ，「すべての人及び人民は，すべての人権及び基本的人権が十分に実現されうる，経済的，社会的及び政治的発展に参加し，貢献し及び享受する権利を有する」（1項）と規定し，さらに，「国は，平和と安全及び相互に連関し強化し，互いに基礎として役立つものとしての発展を追求するべきである」（4項）と規定した（2項及び3項省略）[54]。松井教授は，国際法における平和的生存権に関するその先駆的作業の中で，発展の権利と絡めて，人権・平和・発展の相互関係について，コスタリカの経済学者ホセ・グェレス（Jose Figueres）の「平和は発展を助けるであろう。発展は平和を確かなものにするであろう。それらは互いに条件であり結果である。それら

---

[52]　Working group on the use of mercenaries, Draft International Convention on the Regulation, Oversight and Monitoring of Private Military and Securities Companies, 17 July 2009.
[53]　A/HRC/20/31, p.6.
[54]　*Ibid.*, p.7.

は互いに強めあう。それらの共通の目的は人権の支配である」との言葉を紹介している[55]。本条文は，人権・平和・発展の不可分性を明確にした条文として，重要である。

　先進国は，人権は個人の権利なのに，「平和に対する権利宣言」では，人民の権利という集団的権利を取り上げていると批判する。しかし，こうした人権・平和・発展の不可分性を考慮したとき，国連総会第41会期で採択された「発展の権利に関する国連宣言」(1986年)が，その第1条で，「発展の権利は，譲ることのできない権利である。この権利に基づき，それぞれの人間及びすべての人民は，あらゆる人権及び基本的自由が完全に実現されうるような経済的，社会的，文化的及び政治的発展に参加し，貢献し並びにこれを享受する権利を有する」と規定していることを想起する必要がある[56]。2007年9月に国連総会第61会期で採択された「先住人民の権利に関する国連宣言」も，その第1条で，「先住人民は，集団として又は個人として，国連憲章，世界人権宣言及び国際人権法において認められるすべての人権及び基本的自由の完全な享受に対する権利を有する」と規定した。差別禁止に関する第2条の主語も，「先住人民及び先住人民の個人 (indigenous peoples and individuals) は，自由かつ他のすべての人民及び個人と平等であり，みずからの権利の行使において，……いかなる差別も受けない権利を有する」と規定する[57]。このように，発展の権利に関する国連宣言や先住人民の権利に関する国連宣言では，権利の享有主体として，個人と並んで人民や先住人民を挙げている。権利の性質によって，個人と集団の権利が掲げられていても何ら問題はないと思われる。

　実際，1981年6月21日に採択された「人及び人民の権利に関するアフリカ憲章（バンジュール憲章）」は，その第23条で，「すべての人民は，国及び国際の平和及び安全に対する権利を有する」(1項) と規定し，平和及び安全に対する権利の享有主体として，人民を認めている。また，2012年11月に第21回ASEAN首脳会議で採択されたASEAN人権宣言第38条は，「ASEANのすべての人及び人民は，この宣言に規定されている権利が十分に実現されるように，

---

(55)　松井芳郎「国際法における平和的生存権——一つの覚え書」『法律時報』第53巻12号11頁。
(56)　Declaration on the Right to Development, A/RES/41/128.
(57)　A/RES/61/295.

Ⅰ　人　権

安全及び安定，中立並びに自由という ASEAN の枠組みの中で，平和に対する権利を享受する（the right to enjoy peace within ASEAN framework of security and stability, neutrality and freedom）」と規定している[58]。こうした国際法の発展に照らしたとき，「平和に対する権利宣言」において，諮問委員会草案が権利の享有主体として個人と並んで人民を挙げることについて反対し，個人のみが人権の享有主体と主張し続けるのは，やや違和感を覚える。

第 12 条「難民及び移住者」では，「すべての個人は，人種，宗教，国籍若しくは特定の社会的集団の構成員であること又は政治的意見を理由に迫害を受けるおそれがあるという十分に理由のある恐怖を有するために，国籍国の外にいる者であって，その国籍国の保護を受けることができないもの又はそのような恐怖を有するためにその国籍国の保護を受けることを望まないもの及び常居所を有していた国の外にいる無国籍者であって，当該常居所を有していた国に帰ることができないもの又はそのような恐怖を有するために当該常居所を有していた国に帰ることを望まないものは，差別なく難民の地位を求め享受する権利を有する」と規定した。たしかに，世界人権宣言第 14 条は，「すべての者は，迫害からの庇護を他国に求め，かつ，これを他国で享受する権利を有する」と規定するものの，この規定は同宣言の中で唯一国際慣習法にならなかった条文と言われている。庇護権は国の権利であって個人の権利ではないとする現行国際法の立場を考えれば，個人の庇護権を認める第 12 条はまさしく人々の渇望の権利に過ぎないのであり，これを受け入れる国は多くないといえよう。

このほか宣言案は，第 10 条「環境」，第 11 条「被害者及び脆弱な集団の権利」，第 13 条「義務及び実施」及び第 14 条「最終規定」を置いたが，紙幅の関係上省略する[59]。

---

(58)　ASEAN Human Rights Declaration, Available at ［http://www.asean.org/news/asean-statement-communiques/item/asean-human-rights-declaration］ NGO のアジア人権委員会（Asian Human Rights Commission）によるアジア人権憲章（1998 年）では，「すべての者は，いかなる種類の暴力の標的にもなることなく，身体的，知的，道義的及び精神的能力を含むすべての能力を全面的に発達させることができるよう，平和に対する権利を有する」（4.1 項）と述べて，平和に対する権利の享有主体として個人を挙げている。Available at ［http://www.refworld.org/publisher,ASIA,RESOLUTION,,452678304,0.html］

(59)　詳しくは，Cf. A/HRC/20/31, pp.7-9.

Ⅳ 平和に対する権利宣言案をめぐる国連人権理事会における対立

　この「平和に対する権利宣言案」のように，人権理事会の場で先進国と途上国の間で研究主題の適切性について政治的に鋭い争いがあった主題はない。途上国が多数決で決議し諮問委員会に付託した結果，諮問委員会の審議が，各国代表に公開されていることもあり，各国代表による当該主題の適切性に関する自国の賛否の立場を繰り返す発言が目立った。キューバが主導したこの研究主題について，AEDIDH のような市民社会の動きとは別に，これを支持する途上国に政治的思惑があったことは事実であり，また，共同提案国の中に大規模な人権侵害を行っている国が多数含まれていることも手伝って，この研究主題に対して日本を含め先進国は極めてネガティブな態度をとり続けた。

　その結果，反対を表明する先進国は，「入り口論」，すなわち，この研究主題を人権理事会で取り上げることのフォーラムの適切性や人民の権利という集団的権利の承認の是非などで対抗し，批判の対象となっている事項に基礎を置く諮問委員会の草案に対して強く反対した。こうした対立の中で，人権理事会は，2012 年 6 月 29 日，「平和に対する権利の促進」決議を，賛成 34（途上国中心），棄権 12（EU 中心），反対 1（米国）で採択した[60]。しかし，そもそも「平和に対する権利」は独立した権利として国際法上存在しないとの立場をとる多くの反対国がある中で，それを前提にした諮問委員会がまとめた先の草案が人権理事会で成立する余地はほとんどなかった。もちろん途上国が強引に多数決で採択することはできたとしても，そのような「平和に対する権利宣言」は当初から権威性を欠き，やがて無視されることになるからである。

　そのこともあり，2012 年 7 月 5 日に人権理事会で採択された「平和に対する権利の促進」決議において，「平和に対する権利宣言案」起草のために「諮

---

(60)　賛成国は，アンゴラ，バングラデシュ，ベナン，ボツワナ，ブルキナファソ，カメルーン，チリ，中国，コンゴ，コスタリカ，キューバ，ジブチ，エクアドル，グアテマラ，インドネシア，ヨルダン，クウェート，キルギスタン，リビア，マレーシア，モルジブ，モーリタニア，メキシコ，ナイジェリア，ペルー，フィリピン，カタール，ロシア連邦，サウジアラビア，セネガル，タイ，ウガンダ，ウルグアイである。棄権国は，オーストリア，ベルギー，チェコ，ハンガリー，イタリア，ノルウェー，ポーランド，ルーマニア，スペイン，スイスのヨーロッパ諸国に加え，インド，モルドバ共和国である。Promotion of the right to peace, A/HRC/RES/20/15, p.2.

Ⅰ 人　権

問委員会によって提出された草案を基礎に，かつ関連する過去，現在及び将来の見解や提案を害することなしに，平和に対する権利に関する国連宣言案の漸進的交渉を任務とする open-ended な政府間作業部会を設置することを決定」（1項）するとともに，「政府間作業部会が人権理事会第 22 会期前に 4 日間の作業日程でその第 1 会期を開催することを決定」（2項）した[61]。

　棄権に回った EU を代表して，オーストリア政府が，「われわれは，この決議案で述べられている原則のいくつかを支持する。われわれは，平和と人権の享受との関係に関する実りある審議を希望する。しかし，『平和に対する権利』が，集団的権利であるか個人的権利であるかにかかわらず，国際法上存在することは認められない[62]」との投票理由の説明を行い，実質的な反対を表明した。イタリア政府も，「平和に対する権利という観念は，依然として曖昧であり欠陥がある。保護する責任と平和に対する権利の関係はいかなるものか[63]」という疑問を提示した。米国は，「人権は普遍的であり，個人によって保持され行使される。われわれは，集団的『平和に対する権利』を発展させようという試みには同意できない[64]」と発言し，先進国による反対の立場が変わらないことを感じさせた。open-ended な政府間作業部会の作業が困難なものであることは，誰の目にも明らかであった。

Ⅴ　政府間作業部会における審議

　第 1 回政府間作業部会は，2013 年 2 月 18 日から 21 日にかけて国連加盟国 82 カ国，非加盟国 2 カ国（バチカンとパレスチナ），AU，EU，イスラム協力機構やフランス語圏国際機構などの 4 つの国際機関，国連人口基金代表及び経済社会理事会との協議資格を持つ 30 の NGO が参加して開催された。政府間作業部会の第 1 会期では，諮問委員会の各条文を基礎に審議が繰り広げられた。諮問委員会からはズフィカ（M. Zulficar）委員が「平和に対する権利宣言案」

---

(61)　*Ibid.*, pp.1-2. paras.1-2.
(62)　Explanation of vote, "Promotion of the right to peace" (L.16), Statement by the delegation of Austria, p.1.
(63)　UNOG News Release, "Human Rights Council establishes working group to negotiate a draft declaration on the right to peace", 5 July 2012.
(64)　Explanation of vote "Promotion of the right to peace" (L.16), Statement by the delegation of the United States of America, p.3.

の起草部会の議長として出席し，一般的声明とコメントを行った[65]。

ここでも，先進国を中心として，「諮問委員会草案は，あまりにも広範で，その範囲及び内容も曖昧であり，テロリズムといった重要な問題を排除している[66]」し，「個別的権利であるか集団的権利であるかを問わず，平和に対する権利の法的基礎は存在しないのであり，宣言案は平和に対する権利を定義しようとしておらず，それを権利の一覧表で説明しようとしている[67]」と批判した。また，「宣言案に反映されている権利のカテゴリーの多くは，すでに国際的レベルでの既存のメカニズムや法的プロセス，たとえば軍縮は国連軍縮会議，平和維持活動については安全保障理事会，発展については，発展の権利に関する国連人権理事会の作業部会，平和教育についてはUNESCO，難民については国連難民高等弁務官事務所（UNHCR）などによって取り扱われている[68]」と述べて，草案に対し否定的な態度をとった。

かれらの発言を要約すれば，①平和は人権ではない，②集団の権利は認められない，③権利の概念が曖昧すぎる，④権利の法的基礎がない，⑤司法判断適合性がない，⑥人権理事会はフォーラムとして適切でない，というものであった。米国，EU，日本及び韓国といった先進国は，「権利」という文言の削除を要請し，諮問委員会草案を審議の土台とすることに反対した。

他方で，「いくつかの代表は平和に対する権利の法典化プロセスを支持し，作業部会の任務に従って宣言草案をさらに仕上げていくことに完全な支持を表明した[69]」。このように，第1回の政府間作業部会は，同草案に対する各国の基本的立場の応酬に終始した。

次の第2回政府間作業部会は，2014年6月30日から7月4日にかけて開催された。6月30日の第1回会合の冒頭に議長兼特別報告者に再選されたコスタリカのフェルナンデス大使は，コンセンサスによる採択を目指して，審議の土台として，諮問委員会が採択した原案（全14ヶ条）を放棄し，これとはまっ

---

[65] Report of the Open-ended Inter-Governmental Working Group on the Draft United Nations Declaration on the Right to Peace, A/HRC/WG.13/1/2, pp.3-4, paras.6-11.
[66] *Ibid.*, p.6, para.22.
[67] *Ibid.*, p.6, para.23.
[68] *Ibid.*, p.6, para.25.
[69] *Ibid.*, p.6, para.26.

Ⅰ　人　権

たく異なる条文草案を示した。その内容は，6月24日にすべての国に口上書の形で示された。議長によれば，第2回の作業部会の開催に向けて，2013年10月31日と11月1日に各国との間の第1回の非公式協議を，同月4日にNGO代表との第2回の非公式協議を，同月18日と19日に人権法の専門家を含むさまざまな国際機関との第3回の非公式協議を，そして2014年5月9日に各国とNGOとの別の非公式協議を行った後，この新条文草案を作成したとされる[70]。

第2回政府間作業部会には，58か国の国連加盟国とオブザーバーとしてバチカン市国が，経済社会理事会との協議資格をもつ26のNGOが参加した[71]。審議は，新条文の第1読（6月30日の第2回会合と7月1日の第3回会合）と第2読（7月2日の第4回会合と第5回会合）に分けて行われた[72]。各国代表は，議長が示した条文草案からほどなくしてこの政府間作業部会が開催されたこともあり，本国の訓令待ちであることを留保しながら発言を行った。

議長が示した新条文は，前文と4ヶ条から構成されていた[73]。まず第1条で，「すべての者は，すべての人権，平和及び発展が十分に実現される文脈において，すべての人権及び基本的自由，特に生命に対する権利の促進，保護及び尊重を受ける権利を有する（"Everyone is entitled to the promotion, protection and respect for all human rights and fundamental freedoms, in particular the right to life, in a context in which all human rights, peace and development are fully implemented."）[74]」と規定した。

先進国の集団の権利に対する反対を受けて，権利の主体を個人としていることがまず注目される。さらに，諮問委員会の草案第1条「平和に対する権利（原則）」にあった，「個人及び人民は，平和に対する権利を有する」（1項）の

---

(70) Report of the open-ended intergovernmental working group on a draft United Nations declaration on the right to peace, A/HRC/27/63, p.5, para.14, n.1. 政府間作業部会の審議の推移については，笹本潤「安全保障と人権における国連の意義と役割：平和への権利国連宣言の審議を通じて」日本国際連合学会編『変容する国際社会と国連』『国連研究』（2019年）98-102頁参照。

(71) *Ibid.*, p.4, paras.7-10.

(72) *Ibid.*, p.7, para.27 and p.11, para.59.

(73) Note verbale from the Secretariat circulating the new text proposed by the Chairperson-Rapporteur, available at [https://www.ohchr.org/Documents/HRBodies/HRCouncil/WGRightPeace/NV_new_text_Chairperson.pdf]

(74) *Ibid.*, Annex II, p.18.

部分は完全に抜け落ちている。また，人権としての「平和に対する権利」という観念も人民の権利という集団的権利の観念も放棄されている。代わって，人権と平和と発展をリンケージし，自由権規約第6条が規定する「生命に対する権利」を強調する条文になっている。この第1条が，起草に反対する先進国の立場にかなり配慮した内容になっていることは言うまでもない。議長の説明によれば，新条文の目的は生命に対する権利と平和との関係性を捉えるだけでなく，人権と発展との関係における生命に対する権利を詳しく述べることであるとする[75]。議長によれば，条文が基礎を置いた文書は，国連憲章，2つの国際人権規約及び世界人権宣言だという[76]。換言すれば，議長は，平和に対する権利宣言の起草にあたって人権アプローチを採用したことになる[77]。

また，第2条で，国に対しては，「国は，社会において平和を構築する手段として，恐怖と欠乏からの自由，平等と無差別，及び正義と法の支配の原則を向上させるべきである。この関連で，国は，特に人道的危機の状況にある困窮している人々のために，平和の条件をもたらし，維持しかつ向上させる措置に取り組むべきである」と規定し，法的義務を示す"shall"を用いず，努力義務を示す"should"の形式で起草した。

さらに，第3条で，「国，専門機関を含む国連，並びに他の利害を有する国際的，地域的，国内の若しくは地方の機関及び市民社会は，この宣言を実施し，強化し及び精緻化するために，国内制度及び関連する基盤の設立や向上を含む，すべての可能な行動をとるべきである」と呼びかけた。ここでも"should"が用いられ，法的義務としての性格が減じられている。

そして，第4条で，「この宣言に含まれている諸規定は，国連憲章，世界人権宣言及び国によって批准された関連する他の国際文書に照らして解釈されなければならない」との規定を置いた。

先進国にとっては，審議の土台としてふさわしいものとなったとの認識から，先進国を含む各国は議長提案の各条文に対して多くの提案を行った。他方で，当然のことながら，人権としての平和に対する権利を推進しようと考える途上

---

[75] *Ibid.*, p.6, para.16.
[76] *Ibid.*, p.9, para.41.
[77] Fernández and Puyana, *supra* note 3, pp.279-282.

I　人　権

　国や NGO からは修正提案がなされた[78]。たとえば，チュニジアは，「すべての者は，平和と尊厳のうちに生きる不可譲の権利をもつ」との修正案を提出した。インドネシア，キューバ，スリランカも，表現は異なるものの，同様の趣旨の提案を行ったが，米国，韓国及び EU が反対を表明した。先進国は，新条文の細かな表現の修正を求めるものの，基本的に議長提案への支持を表明した[79]。

　こうして，第1読会に続く第2読会でも，第1条に明示に平和に対する権利を含むかどうかに各国の議論が集中した。途上国は明示に言及することを要求し，先進国はこれに反発し，議長が提案した新たなアプローチを改めて支持した[80]。なお，Annex II に示された新条文のタイトルである国連平和に対する権利宣言は，括弧内に入れられており，平和に対する権利という用語が宣言に残るかどうかもこの段階では白紙とされた。

　NGO として参加した日弁連は，「すべての者は，すべての人権及び基本的自由，特に平和に対する権利（違法な武力の行使によって生命を奪われない権利を含む。）を促進し，保護し，尊重する権利をもつ[81]」との提案を行った。他の NGO も平和に対する権利や平和に生きる権利に言及する条文に修正すべきとの提案を行った[82]。

---

(78)　前文を含む，各条文についての各国と NGO の提案については，Cf. Compilation by the Chairperson-Rapporteur of proposals made during the second session of the open-ended intergovernmental working group on a draft United Nations declaration on the right to peace on his new text presented in accordance with Human Rights Council resolution 23/16, A/HRC/WG.13/2/CRP.1, pp.3-15.

(79)　*Ibid.*, pp.6-7.

(80)　A/HRC/27/63, p.12, paras.71-72.

(81)　A/HRC/WG.13/2/CRP.1, pp.12-13. 原文は，"Everyone is entitled to the promotion, protection and respect for all human rights and fundamental freedoms, in particular the right to peace, which includes the right not to be deprived of life by illegal use of force."

(82)　創価学会インターナショナルは，「平和に対する権利」という表現こそ用いないものの，次のような興味深い修正提案を行っている。"Everyone is entitled to the right to life in peaceful society where all human rights and fundamental freedoms are fully implemented and mutually respected among all people. Peaceful society requires the full realization of all human rights, sustainable development and safe environment as well as the elimination and prevention of humanitarian crisis." A/HRC/WG.13/2/CRP.1, p.13.

たしかに，議長提案第1条は，諮問委員会草案と比較した場合，かなり後退した印象を受ける。なぜなら，諮問委員会草案の第9条は「発展の権利」を真正面から取り上げ，「すべての者及び人民は，すべての人権及び基本的人権が十分に実現されうる，経済的，社会的及び政治的発展に参加し，貢献し及び享受する権利を有する」(1項)と規定し，人権と平和と発展の不可分性をより具体的に条文化していた[83]。これに対して，新条文では，「すべての人権，平和及び発展が十分に実現される文脈において」という表現に代わっており，ややトーンダウンした印象はある。しかし，必ずしもその三者の関係性が放棄されているわけではない。

　1978年の国連総会決議33/73「平和的生存の社会的準備に関する宣言」は，その前文の冒頭で，「個人，国及びすべての人類が平和のうちに生きる権利を再確認」した後，「すべての国及びすべての人は，人種，信条，言語又は性のいかんにかかわらず，平和に生きる固有の権利を有する。他の人権と同様に，この権利の尊重は，すべての分野における大小を問わずすべての国の進歩の不可欠の条件であり，全人類の共通利益である」(1項)と宣言していた[84]。注目されるのは，この決議では，「平和に生きる固有の権利」の享有主体としては，人のみでなく国が挙げられていた。さらに前述したように，1984年の国連総会決議39/11の「平和に対する人民の権利に関する宣言」では，「われわれの惑星の人民は，平和に対する神聖な権利を有することを宣言する」(1項)と規定していた[85]。2014年7月に示された議長提案の本条文は，こうした国連総会決議よりも後退していると捉えられかねないものであった。

　諮問委員会草案第1条は，「国は，個別に又は共同で，もしくは国際機関の一部として，平和に対する権利の主要な義務保持者である」(2項)と規定し，個人及び人民を平和に対する権利保持者とし，国を義務保持者と位置付けていた。しかし，議長提案第2条は，「国は，社会において平和を構築する手段として，恐怖と欠乏からの自由，平等と無差別，及び正義と法の支配の原則を向上させるべきである。この関連で，国は，特に人道的危機の状況にある困窮し

---

[83] Report of the Human Rights Council Advisory Committee on the right of peoples to peace, A/HRC/20/31, p.7
[84] Declaration on the Preparation of Societies for Life in Peace, A/RES/33/73.
[85] Declaration on the Right of Peoples to Peace, Annex, A/RES/39/11.

Ⅰ　人　権

ている人々のために，平和の条件をもたらし，維持しかつ向上させる措置に取り組むべきである[86]」と規定した。「平和に対する権利」を承認しない以上，これに対応する国の義務に言及する必要はないとしても，新条文で国に求められている内容は，多くは既存の法的枠組みにとどまるとともに，「すべきである」との努力義務として起草されている。

　各国のコンセンサスを得るために，議長提案の新条文がかなり曖昧な部分を多く残した諮問委員会の草案から離れることは致し方ないとしても，同草案の第2条「人間の安全保障」の2項にあった「すべての個人は，あらゆる種類の暴力の対象とはならず，身体的，知的，道徳的及び精神的なすべての能力を全面的に発展させることができるように，平和に生きる権利を有する」との規定とか，同条3項の「国，国際機関，とりわけ国連及び市民社会は，紛争の防止，管理及び平和的解決において，女性の積極的かつ持続した役割を促進しなければならない。また，紛争後の平和構築，統合，及びその維持に対する女性の貢献を促進しなければならない。国，地域及び国際機関，そしてこれら地域の機関の意思決定のあらゆる段階で，女性の代表を増やすべきである。平和維持活動にジェンダーの視点が取り入れられるべきである」という平和構築における女性の役割の規定とか，同草案第4条の「すべての人民及び個人は包括的な平和及び人権教育の権利を有する」との平和教育や人権教育の規定など，字句の修正はやむを得ないとしても政府間作業部会の宣言に盛り込むべき規定があったように思われる。諮問委員会草案の当該内容が各国のコンセンサスを得がたい内容とは思えないからである。

　もちろん，「平和に生きる権利」という表現には先進国の反発が予定されるが，個人が平和に生きる権利を理念としても保障されない社会は，それはそれで問題があるといえないだろうか。なぜなら，既存の人権条約はすべて当該条約が目指す人権や基本的自由の実現のためには平和を条件としているからである。名古屋高裁のイラク派兵差止訴訟判決における表現を借りれば，平和はその意味でまさしく「基底的権利」であるからだ[87]。人権理事会決議というソフト・ローの採択にあたって，「現実主義」の名の下に，国際法の発展的要素

---

(86)　Note verbale, *supra* note 73.
(87)　建石真公子「平和的生存権と国際人権法――自衛隊イラク派兵差止訴訟における『基底的権利』保護をめぐって――」『国際人権』第 21 号（2010 年）73-79 頁参照。

を何ら盛り込まないということになれば，決議採択の実質的意義が薄らぐように思える。

　第 2 回政府間作業部会の最終日の 2014 年 7 月 4 日の第 8 回会合で，議長は人権理事会に，宣言の条文を仕上げるために，人権理事会の第 28 会期の前に第 3 回政府間作業部会を開催すること，また今回の審議と第 3 回政府間作業部会前の非公式協議に基づいて改訂条文を議長に委ねることを勧告した[88]。なお，議長は，審議の進め方として，「すべてが合意されるまでは，何も合意されない（nothing would be agreed upon until everything was agreed upon）」との方針を繰り返し述べた[89]。果たして第 3 回政府間作業部会でコンセンサスに到達できるかどうか予断を許さない状況にあった[90]。

　2015 年 4 月 20 日から 24 日にかけて開催された第 3 回政府間作業部会で，作業部会議長は第 2 回政府間作業部会の各提案を踏まえた改訂条文を提出した[91]。議長によれば，改訂条文は，国，政府間機関，国連機関，市民社会，学界など広範なステークホルダーとの協議の結果であり，短く簡潔であり，平和に対する権利それ自体の独立した定義を提供することを目指すものではなく，むしろ人権理事会によってすでに認定されてきた平和に対する権利を構成する要素に焦点を当てたと説明した[92]。

　第 1 条では「すべての者は，平和及び安全，人権及び発展を享受する権利を有する（"Everyone is entitled to enjoy peace and security, human rights and development"）」と規定した。途上国の多くは，平和に対する権利及び平和の実現は経済的，社会的発展及びすべての人権の享受にとって基本的なものであ

---

(88)　A/HRC/27/63, p.15.
(89)　*Ibid*., p.7, para.27.
(90)　第 2 回政府間作業部会の批判的な検討については，武藤達夫「平和への権利に関する宣言国連作業部会第 2 会期における討議についての一考察」『関東学院大学』第 24 巻 4 号（2015 年）61-79 頁参照。そこでは，議長が目指したコンセンサス方式による採択が，「平和に対する権利」に反対する少数の先進国による多数の途上国の賛成意見を押しきる役割を果たしたとの批判が展開されている。同 71 頁参照。
(91)　Revised text prepared by the Chairperson-Rapporteur pursuant to Human Rights Council 27/17 of 25 September 2014, available at ［https://www.ohchr.org/EN/HRBodies/HRC/RightPeace/Pages/thirdsession.aspx］
(92)　Report of the open-ended intergovernmental working group on a draft United Nations declaration on the right to peace on its third session, A/HRC/29/45, p.5, para.16.

Ⅰ　人　　権

るとして，平和に対する権利（right to peace）への明示の言及が必要であると述べた[93]。他方，先進国は，平和に対する権利は個別的権利であれ集団的権利であれ，国際法上法的基礎を持たないとの彼らの確信を繰り返し，明示の言及に反対した[94]。このように，議長がコンセンサスを得ようと努力している姿勢にはお互いに感謝を表明しながら，両者の溝は埋まらなかった。NGO は安全への言及は，人間の安全なのか，国の安全なのか曖昧だとして削除を要請した[95]。結局，最終日の 2015 年 4 月 24 日に示された修正条文では，「すべての者は，安全が維持され，すべての人権が促進され，保護され，及び発展が完全に実現されるような平和を享受する権利を有する（"Everyone has the right to enjoy peace such that security is maintained, all human rights are promoted and protected and development is fully realized."）」との条文が提示され，当初の修正提案の表記 "be entitled to" に代わって「平和を享受する権利（"right to enjoy peace"）」が明示に用いられた[96]。この表現は，ASEAN 人権宣言の文言と同様であるが，「権利」性の承認に反対する先進国は最後まで反対した。そのため，議長は，コンセンサスでの採択を放棄せざるを得なかった[97]。

　第 2 条では，「国は，平等と無差別，正義と法の支配を尊重し，実施し及び促進し，かつ社会内及び社会間での平和の構築手段として恐怖と欠乏からの自由を保障するべきである」と規定した。

　第 3 条は，「国連及び専門機関，並びに国際的，地域的，国内若しくは地方の機関及び市民社会は，この宣言の実現にあたって行動し，この実現を支援し，これに協力するために適当な持続可能な措置を講じるべきである」と規定した。第 2 回政府間作業部会で，旧条文にあった「実施（implementing）」は法的含意を含むのでこうした用語の使用は問題だとの発言がある国からなされたこともあり[98]，この用語が削除され，「適当な持続可能な措置を講じるべき」に修正され，法的義務が緩和されている。

　第 4 条では，「この宣言のいかなるものも，国連の目的と原則に反するもの

---

(93)　*Ibid.*, p.6, para.24 and p.11, para.59.
(94)　*Ibid.*, p.6, para.25 and pp.11-12, para.59.
(95)　*Ibid.*, p.12, para.63.
(96)　*Ibid.*, Annex.
(97)　*Ibid.*, p.15, paras.80-81.
(98)　A/HRC/WG.13/2/CRP.1, p.13, para.80.

32

と解釈されてはならない。この宣言の諸規定は，国連憲章，世界人権宣言及び国によって批准された関連する国際文書及び地域文書に沿って理解されなければならない」との規定を置いた。第2回政府間作業部会における，当初の「解釈されなければならない（shall be interpreted）」という文言に代えて，米国が「理解される（are to be understood）」との提案（宣言からできるだけ法的義務の要素を取り除こうとの趣旨と思われる）を行い，これが取り入れられている[99]。

その後，第32回人権理事会において，ボリビア，中国，キューバ，北朝鮮，エルサルバドル，エリトリア，ベトナムに，非理事国のエクアドル，ニカラグア，スーダン，ベネズエラを加えた11ヶ国の共同提案により，作業部会の議長案に基づく，「平和を享受する権利」を盛り込んだ条文案が人権理事会に提出され，2016年7月1日，賛成34ヶ国（共同提案国に加え，ロシア，インド，インドネシア，メキシコ，ナイジェリア，サウジアラビア，南アフリカなどの地域大国を含む），反対9ヶ国（ベルギー，フランス，ドイツ，ラトビア，オランダ，韓国，スロベニア，マケドニア，英国），棄権4ヶ国（アルバニア，ジョージア，ポルトガル，スイス）で採択された[100]。

以上のような経過を経て，人権理事会における共同提案国と同じ11ヶ国による共同提案で，2016年12月19日，国連総会で，冒頭に紹介したような5ヶ条から成る「国連平和に対する権利宣言」が賛成131ヶ国，反対34ヶ国，棄権19ヶ国で採択された。最後に，こうした国連平和に対する権利宣言の試みの意義について検討してみよう。

Ⅵ 平和に対する権利宣言の意義——平和の「法化」と国際法の「市民化」

先進国は，人権は個人の権利であり，人民の権利という集団的権利を認めることはできないとの立場を一貫して主張した。ウェストファリア条約の平等な主権国家と自由な市民を前提に，法の主体を「国家」と「個人」のみと考え，人権理事会における「平和に対する人民の権利」決議における「人民」を権利の主体と捉える考え方に強く反対した[101]。

---

(99) A/HRC/WG.13/2/CRP.1, p.8.
(100) A/HRC/32/L.18, pp.1-5.
(101) 2008年6月の人権理事会決議8/9，2010年6月の人権理事会決議14/3，2011年6月の人権理事会決議17/16，2012年7月の人権理事会決議20/15において，いずれも

I　人　権

　この問題を考えるにあたっては，アジア，アフリカというかつて植民地支配下にあった人びとが，前述のバンジュール憲章やASEAN人権宣言で平和に対する権利を積極的に認め，また権利の主体として個人のみでなく人民も認めようとしていることに注目する必要がある。こうした現象に対して，武者小路公秀教授は，「『平和に対する権利』は，ウェストファリア条約の平等な主権国家と自由な市民を前提にした『人権』ではなしに，非西欧の植民地主義的な権力関係のもとでの反植民地主義的な人権の系統に属する[102]」と述べ，平和に対する権利の歴史的位置づけを試みる。なお，先に紹介した，理事会決議11/4に従い，OHCHRが2009年12月15日と16日に開催した専門家ワークショップでは，平和に対する権利は，(a)存在するのか，(b)生まれつつある権利なのか，(c)希望として表明されているのか，が議論されたが，明確な結論には達しなかった[103]。出発点となった諮問委員会は，その作業にあたって，平和に対する権利の法的地位の問題はそれほど重要ではないとし，人権理事会が宣言を作成するよう要請している以上，ソフト・ローの基準を強化しようという政治的意思の存在があるとして，作業にあたっては，平和に対する権利の内容を明確化し，その実施を向上させるというアプローチをとることにした[104]。

　周知のように，1948年の世界人権宣言の前文は，「人類社会のすべての構成員の固有の尊厳及び平等で奪い得ない権利を認めることが世界における自由，正義及び平和の基礎をなすものである」（国際人権規約の前文も同様の表現を採用）と述べて，人権の保障が平和の基礎・条件であると位置づけていた。その後の1968年のテヘラン宣言も，「平和は人類の普遍的な熱望であり，平和と正義は人権と基本的自由の完全な実現にとって不可欠である」ことを再確認した[105]。人権理事会による今回の試みは，平和を人権保障の条件とするこれま

「平和に対する人民の権利の促進（Promotion on the right of peoples to peace）」として，「人民」を権利の主体とする決議が採択された。Cf. A/HRC/RES/8/9, A/HRC/RES/14/3, A/HRC/RES/17/16, A/HRC/RES/20/15.
[102]　武者小路公秀「平和に対する権利と『平和的生存権』――人権の第四世代の形成期を迎えて――」笹本・前田編著『前掲書』（注14）40頁。
[103]　詳しくは，Cf. Report of the OHCHR on the outcome of the expert workshop, *supra* note 13, pp.1-16.
[104]　Progress report, *supra* note 22, p.4, para.16.
[105]　松井「前掲論文」（注55）10頁。

での議論とは異なり，平和に対する権利を人権として措定しようという野心的な試みであった。

　こうした人権理事会の試みは，これまでの国連の議論にまったく足場を置かない議論であるかといえば，そうではない。前述したように，1978年の国連総会決議33/73の「平和的生存の社会的準備に関する宣言」は，その前文の冒頭で，「個人，国及びすべての人類が平和のうちに生きる権利を再確認」した後，「すべての国及びすべての人は，人種，信条，言語又は性のいかんにかかわらず，平和に生きる固有の権利を有する。他の人権と同様に，この権利の尊重は，すべての分野における大小を問わずすべての国の進歩の不可欠の条件であり，全人類の共通利益である」（1項）と宣言した[106]。平和に生きる権利を「固有の（inherent）」，すなわち最上の権利と位置づけるとともに，国の進歩や発展（この決議の段階では，"advancement" が使用されている。）のための基底的権利であることが確認されていた。1979年の国連総会決議34/88の「軍縮のための国際協力に関する宣言」でも，その前文で，「すべての国とすべての人が平和のうちに生きる不可譲の権利を強調」するとともに，「その厳格な遵守は人類の最高の利益であり，人類の完全な発展のための不可欠な前提である」ことが確認されていた[107]。そして，1984年の国連総会決議39/11の「平和に対する人民の権利に関する宣言」の「われわれの惑星の人民は，平和に対する神聖な権利を有することを宣言する」（1項）に結実するのであった[108]。大きな相違は，これらの宣言がもっぱら国連憲章の文脈で論じられたのに対し，今回の宣言は世界人権宣言や国際人権規約といった人権の文脈で論じられた点である。

　いずれにしろ，東澤靖教授が指摘するように，平和に対する権利のように，「平和という一定の状態の実現を求める権利」を，個別の権利として実定法化することはたしかに容易ではない[109]。しかし，人民であれ個人であれ，人権として「平和に対する権利」を構築しようという試みの背後にあるのは，世界

---

(106)　Declaration on the Preparation of Societies for Life in Peace, A/RES/33/73.
(107)　Declaration on International Co-operation for Disarmament, A/RES/34/88.
(108)　Declaration on the Right of Peoples to Peace, Annex, A/RES/39/11.
(109)　東澤靖「国連人権理事会における『平和に対する権利宣言』の起草──その意義と課題──」『明治学院大学法科大学院ローレビュー』第17号（2013年）68頁。

I 人　権

人権宣言以後の人間の尊厳に対する人権観念の発展が,「人間は永続的な平和を享受する権利がある」との考えを生み出しているからである。第2次世界大戦後,ドイツと日本の戦争指導者は,ニュルンベルグや東京の国際軍事裁判所によって「平和に対する罪」によって処罰された。最上敏樹教授が指摘するように,「平和に対する罪」が存在する以上,少なくともそこには何らかの法益が存在するはずであり,それが「権利」につながっていく可能性は否定されない。もっとも,最上教授は,「平和に対する罪」が「侵略戦争ないし国際法違反の戦争の計画・準備・開始・遂行」を問題としている以上,国の国際法上の権利若しくは利益に関する事柄であって,直ちに個人の権利若しくは利益と同一化されないとする。そこで,彼は,「平和に対する権利」を「渇望の規範」と呼び,実定法化しておらず,「（文化）規範化」していると述べた[110]。

「平和に対する権利宣言」は,その法規範化をめざす試みである。オバマ大統領は,そのノーベル平和賞受賞演説（2009年12月16日）の中で,概ね,われわれは,われわれの生涯において暴力的紛争を根絶できないという厳しい事実を認めることから始めなければならない。国は,個別に又は共同で行動するにせよ,武力行使を必要とする場合のみでなく道徳的にもそれを正当化できる場合があると述べている[111]。こうした演説の根底にあるのは,戦争か平和かという問題を政策の問題と捉える考えである。武力行使禁止原則が成立している現代においても,安保理の常任理事国は,その拒否権によって,「戦争決定の自由」をもつ特別の存在である。「平和」は政策の問題であり,国際法の規律対象ではないという考えもあるかもしれないが,実はすでに「平和」は国際法の規律対象になっている。「平和」を破壊する武力行使がどのような場合に許されるかという問題は,国際法では *jus ad bellum* という形で論じられており,自衛権や国連憲章第7章に基づく強制措置のみが許容される武力行使とされている。その意味で,個人であれ集団であれ,「平和に対する権利」を認めることになれば,国の自衛権や国連による強制行動との関係を整理する必要がある。促進する側には,このむずかしい作業が残されている。いずれにしろ,平和に対する権利を人権として捉えようとの動きが始まっていることは確かで

---

(110)　最上敏樹「平和に対する権利」『自由と正義』第40巻5号（1989年）34-37頁。
(111)　Available at ［http://www.huffingtonpost.com/2009/12/10/obama-nobel-peace-prize-a_n_386837.html］

ある。しかし，国家権力から尊重されるべき人民あるいは個人の基本的人権としての「平和に対する権利」概念の設定は，国家主権の属性たる戦争権（自衛権）に真正面から衝突する権利概念であり，容易に答えが出る問題ではない。

9.11テロが無辜の人々を襲ったように，戦争は軍隊やテロリストだけでなく，無辜の人々の上にも降りかかってくる。自由権規約第6条が規定するように，「すべての人間は，生命に対する固有の権利を有する」。シリア政府の自国民に対する武力行使の現実を前に，ロシアと中国による拒否権行使の結果に対して，国連安保理が機能不全に陥った際に，コスタリカ，ヨルダン，リヒテンシュタイン，シンガポール及びスイスが「安保理の説明責任，透明性及び実効性の向上」（A/66/L.42/Rev.1）と題する決議を提案しようとしたが挫折した。同決議は，拒否権の行使について，「ジェノサイド，戦争犯罪，人道に対する罪を防止し，又は終了させることを目的とする理事会決議を妨げるための拒否権行使を慎むこと」（20項）をその内容としていた[112]。残念ながら，この決議は，国連総会で採択されなかった。

みずからの生命権を脅かされている人々にとっての一縷の望みは，国際人権法の考えに裏打ちされた国際法の存在それ自体である。400万人を超える難民を生み出したシリアの実情をみるとき，平和に対する権利は市民レベルで続けていく価値のある議論である。現在の状況下で，われわれは，少なくとも国際法の「市民化」の実現をAEDIDHの運動にみることができる。「国連平和に対する権利宣言」は，平和の「法化」と国際法の「市民化」という二つのキーワードで捉えることができる現象である。第2次世界大戦で唯一の地上戦を経験した沖縄には，「命どぅ宝（命こそ宝）」という言葉がある。この言葉を，「生き残る権利」と言い換えると，生命に対する権利の考え方につながる。しかし，個人や人民が自己の生命を戦争の惨禍から守ってもらう権利を持つことを認めよと国に迫ると，国の権利との抵触が生じる。なぜかといえば，国は戦争に訴える権利を自衛権として保持しているからである。

日弁連は，「平和の問題は，専ら国連安全保障理事会によって取り扱われるべきだとする見解もある。しかし，平和の破壊によってその影響を最も受ける

---

(112) Enhancing the accountability, transparency and effectiveness of the Security Council, A/66/L.42/Rev.1, Annex recommendations to the Security Council, p.5, para.20.

Ⅰ 人　　権

のは，何よりもまず個人であるところ，安保理は諸国家の間における平和の維持や実現を協議・決定する機関であって，個人の立場や利益が直接に反映される場ではない。また，平和に対する権利を個人の権利として保障することは，平和を求める個人の意思が民主的な過程を通じて平和を実現することを可能とするという重要な意義を有する」との意見書を諮問委員会に提出した。まさしく，この問題を人権理事会で取り上げる理由は，ここにこそある。実際，世界人権宣言は，「すべての者は，この宣言に規定する権利及び自由が完全に実現される社会的及び国際的秩序についての権利を有する」（28条）と規定する。個人や人民の生命権が平和の破壊によって容易に脅かされるのではなく，それが保障されるような国際秩序を求める権利を市民一人ひとりが持っているとすれば，こうした議論を行う場として，人権理事会はふさわしいフォーラムだったといえる。

Ⅶ　おわりに

「未来への期待」に根ざすこの「平和に対する権利」は，先進国のNGOであるAEDIDHによって運動が展開された。そこでは，市民社会が，グローバリゼーションの進展する21世紀の世界の中で，国によっていとも容易に武力が行使される現状に異議を唱えている。そして，平和の問題を政策の問題ではなく，法的権利として捉えようとした。これは重大な問題提起といえる。なぜなら，個人や人民が平和に対する権利をもつと措定すると，各国政府は安易にこれを多数決で奪うことはできないことになり，各国政府にとっては大きな政策的足かせになるからである。AEDIDHの「平和に対する権利宣言案」の運動は，平和に対する権利を人権として国によっても犯しえない権利にしようとの動きであり，国と個人のそれぞれの権利の間に極度の緊張関係をもたらす。

　国の政策をしばるような，人権としての平和の権利の構築は，前述したように，自衛権や国連の強制措置との関係を国際法上明確にしない限り，たしかに現段階では困難のように思われる。なぜなら，国の安全もまた国にとって重要な課題であるからだ。その意味で，現実的な目標として目指すべきは，「国連憲章の枠組の中での平和に対する権利」ということになろう。仮にこうした現実的な目標を設定したからといって，ただちに平和に対する権利の否定論になるとは思えない。なぜなら，国連は，憲章第1条1項の目的に沿って集団安

全保障システムにより消極的平和を目指すだけの組織ではなく，同条2項で「世界平和を強化するために他の適当な措置をとること」を規定し，積極的平和の実現をも目指しているからである[113]。

いずれにしろ，今回の国連平和に対する権利宣言のように，平和を人権の視点から見直すことには意味があると思われる。また，今回の宣言は第1条で，改めて人権と平和と発展の相互関係を我々に想起させた。世界人権宣言が述べるように，人権は平和の基礎であり，また平和でなければ人権の保障や発展が望めないことは明らかである。どうやって戦争のない世界を構築するか，今回の宣言はわれわれ一人ひとりの課題の出発点となっているといえよう。

2016年に国連総会で採択された国連平和に対する権利宣言は，その第1条ですべての者が平和を享受する権利を，第2条で国による恐怖からの自由の保障を求めている。しかし，国際人権規約をはじめとする人権条約においては，「恐怖からの自由」が法規範化されることはなかった。人間が恐怖から自由であるためには，国が戦争を行わないことを求める権利，国が始めた戦争に個人が巻き込まれない権利，紛争の予防や平和的解決のために国が行動するよう求める権利，そして戦争によって受けた被害の救済を受ける権利などの諸権利が法規範化される必要がある。しかし，それら平和的生存権ともいうべき内容の権利は，国際人権法の中では，これまで法規範化されなかった。

この宣言は，21世紀を「人権の世紀」とするために，国家主権と個人の人権はどのように折り合えるのかという壮大かつ長期的課題をわれわれに示している。その答えは今後長い時間をかけてわれわれが見出すべき課題である。平和への権利は「見果てぬ夢（impossible dream）」かもしれないが，一番重要なのは，こうした壮大な試みの種子をつぶさないことである。要は現段階でどのアプローチがもっとも現実的で，平和への権利の実現のためのステップとなりうるかという評価の問題である。

人権理事会における議論はその後も続いている。国連総会決議採択の翌2017年6月22日，アルジェリア，ボリビア，キューバ，北朝鮮，エジプト，エルサルバドル，ハイチ，ニカラグア，シリア，ベネズエラの10ヶ国が「平和に対する権利の促進」に関する決議の共同提案国となり，賛成32ヶ国，反

---

(113) 山田哲也「国連は普遍的平和を目指せるか」日本平和学会編『平和をめぐる14の論点』（法律文化社，2018年）102-104頁参照。

I　人　権

対 11ヶ国（ベルギー，クロアチア，ドイツ，ハンガリー，日本，ラトビア，オランダ，韓国，スロベニア，英国，米国），棄権 4ヶ国（アルバニア，ジョージア，ポルトガル，スイス）で採択された。このように，この宣言を主導している国の中には，独裁体制や権威主義的体制の下で人権を侵害している国が多く，そうした国々が人権アプローチに基づく平和に対する権利宣言を支持するというパラドックスが生じている。その限りにおいて，平和に対する権利宣言が普遍的な支持を獲得するのは困難であろう。

　先の決議は，「国連人権高等弁務官事務所の支援を受けて，人権理事会の第 37 会期と第 38 会期の間に，平和に対する権利に関する半日のワークショップを開催し，平和に対する権利宣言（国連総会決議 71/189, annex）の実施を議論することを決定[114]」（4 項）した。2018 年 6 月 14 日にワークショップが開催され，60ヶ国を超える国，国連の専門機関，NGO などが参加した。出席した国連人権高等弁務官代理は，平和に対する権利宣言と表題に関してコンセンサスに到達できるように最大限の努力と創造性を発揮するように国際社会に求めると同時に，2030 年の持続可能な開発目標（SDGs）は，社会の共有されたビジョンを構築することによって，平和に対する権利宣言を実施する文脈において用いられるべきであるとした。併せて市民社会の活動に対する支持を求めた[115]。このように，平和に対する権利宣言の議論は未だ続いている。

　武力紛争が長引くアフガニスタンでは，政府軍と国連アフガン支援団（UNAMA）の攻撃による民間死者数は 2019 年 1 月〜3 月で 305 人（前年同期から 99 人増加），タリバーンの攻撃で同時期に 227 人（前年同期の半分以下）にのぼっているとされる[116]。平和に対する権利宣言の政府間作業部会の議長が採用した犠牲者指向アプローチの重要性を再確認させる数字である[117]。他方で，スウェーデンのストックホルム国際平和研究所（SIPRI）は，2019 年 4 月 29 日，2018 年の世界の軍事費が前年比 2.6％増の 18220 億ドル（約 203 兆円）だったと発表した。1988 年に統計を取り始めて，過去最高水準という[118]。こうした

---

(114)　Promotion of the right to peace, A/HRC/35/L.4, p.2. para.4.
(115)　Summary, *supra* note 50, p.13, paras.67-68.
(116)　『朝日新聞』2019 年 4 月 29 日朝刊 4 面。
(117)　Fernández and Puyana, *supra* note 3, p.276.
(118)　『朝日新聞』2019 年 4 月 30 日朝刊 7 面。

中で，米国のトランプ大統領は，2019年4月26日，大型通常兵器を中心にその移転を規制する武器貿易条約の署名を撤回した。米国オバマ政権が掲げた国際協調主義の時代は2010年以来軍事費の増加を抑制してきたが，一国主義のトランプ政権では軍事費の拡大が続いている。さらに米国は，2019年2月1日に中距離核戦力全廃条約（INF条約）の破棄をロシアに通告し，これを受けてロシアも条約義務の履行停止を宣言した。その結果，2019年8月2日に同条約は失効した。同月9日，米国は地上発射型の中距離弾道ミサイル（SLBM）の発射実験を行い，両国は再び核軍拡競争に突入した。

市民社会はその意味で，絶望や悲観ではなく，未来の子どもたちのためにも，「平和に対する権利」の作業に対して協働の意思を示し，今後とも協力していく必要があろう。国もまた誠実に向き合う必要がある。核兵器時代における戦争は，ひとたび始まってしまえば，制御不能である。2005年9月16日に国連総会で採択された2005年の世界サミットの成果文書で，「我々は，国連憲章の目的と原則に従い，世界に公正で永続的な平和を打ち立てることを決意する」（5項）と誓うとともに，「我々は，平和と安全，発展及び人権が国連体制の柱であり，集団的安全保障と福利の基礎であることを承認する。我々は，発展，平和と安全及び人権は相互に連関し，相互に補強しあうことを承認[119]」（9項）したことを忘れてはならない。

---

(119) 2005 World Summit outcome, A/RES/60/1, p.1, para.5 and p.2, para.9.

2 強制失踪事案に関する自由権規約委員会の先例法理の到達点と強制失踪委員会の課題

薬師寺公夫

Ⅰ はじめに
Ⅱ 強制失踪事案の事実的特徴と自由権規約委員会による審査の枠組み
　──S.D. シャルマ事件見解（2018 年）を手掛かりに
Ⅲ 強制失踪事案に関する自由権規約委員会の先例法理の到達点
Ⅳ 強制失踪事案に対する強制失踪委員会の見解の特徴と課題
Ⅴ 結びにかえて

Ⅰ　はじめに

　「強制失踪からのすべての者の保護に関する条約」（強制失踪条約）は，すべての人が強制失踪の対象とされない権利を有することを確認し，強制失踪を防止すること，強制失踪犯罪についての不処罰を許さないこと，強制失踪の被害者に司法手続及び賠償についての権利を保障すること（条約前文）を目的として，2006 年に採択され，2010 年に効力を発生した。北朝鮮による日本人の拉致はまさに強制失踪に該当するが，強制失踪条約第 2 条によれば「強制失踪」とは，「国の機関又は国の許可，支援若しくは黙認を得て行動する個人若しくは集団が，逮捕，拘禁，拉致その他のあらゆる形態の自由のはく奪を行う行為であって，その自由のはく奪を認めず，又はそれによる失踪者の消息若しくは所在を隠蔽することを伴い，かつ，当該失踪者を法律の保護の外に置くものをいう」と定義されている。強制失踪が人間の尊厳を蹂躙し一定の場合には人道に対する犯罪を構成する極度の重大性を有する人権侵害であるにも拘わらず，2019 年 8 月末現在強制失踪条約の締約国は未だ 61 カ国に過ぎない。同条約は上記の目的を達成するための条約実施手続の一つとして個人通報手続を設けて

Ⅰ　人　権

いるが，同手続を受諾した国は未だ 22 カ国と少数で，その殆どが欧州と南米諸国となっている。同手続で本案まで検討された個人通報事件は，まだ 1 件にとどまっている。

　しかし，このことは，国際手続によって救済を必要としている強制失踪事件が少ないことを決して意味しない。欧州人権裁判所，米州人権裁判所などの地域的人権裁判所並びに国連の自由権規約委員会（以下 HRCttee）等にはこれまでに強制失踪に関する多数の個人通報事案が係属してきたし，国連「強制又は非自発的失踪に関する作業部会」（WGEID）には夥しい数の強制失踪に関する個人請願が寄せられてきた。筆者は，強制失踪条約によって設置された強制失踪委員会（以下 CED）の元委員の一人として，先人の努力により設置された強制失踪条約の個人通報手続がより多くの諸国に受け入れられ，一人でも多くの強制失踪被害者の実効的救済に役立つことができるようになることを願っている。その立場から，本稿では，強制失踪事案に関する HRCttee の先例法理の今日までの到達点を確認する作業と，同事案に対する CED の対応の特徴と課題についてささやかな考察をすることによって，長年 HRCttee の委員を務められた安藤仁介先生から頂いた学恩に感謝したいと思う。

　国連人権文書に基づき強制失踪事案を扱う個人通報又は個人請願手続の代表的なものには，既に自由権規約に基づく HRCttee の個人通報手続と 1992 年の強制失踪宣言に基づく WGEID の個人請願手続がある。複数の個人通報制度間では重複審査を避けるために，HRCttee でも CED でも同一の事案が他の国際的調査又は解決の手続の下で「現に検討されていない」こと（自由権規約選択議定書第 5 条 2 項(a)，強制失踪条約第 31 条 2 項(c)）が通報の受理要件となるが[1]，同一の事案が HRCttee と CED に相前後して係属することも現実にはあまりないだろう。また最近の数値からは次のことが見て取れる。自由権規約の締約国は現在（2019 年 8 月 31 日現在）173 カ国で，その内個人通報手続を受諾してい

　＊筆者は，2011 年から 2017 年 6 月まで強制失踪委員会の委員を務めたが，本稿は個人の見解を述べたものであって，委員当時の委員会の意見を表明するものではなく，本稿に記載した内容については筆者個人に責任がある。

（1）　WGEID の個人請願手続は，人道的目的による失踪者の所在及び消息を確認する緊急行動を作業部会に要請する手続で，条約義務の違反の有無を認定し勧告を行う個人通報手続とは性質を異にする。したがって，個人通報手続から見た場合には，同一事項に関する「他の国際的調査又は解決手続」とはみなされていない。

る国が116カ国あり，HRCttee は1977年以降2017年3月末までに，92カ国2970件の通報を受理し1200件の見解を採択し[2]，それには強制失踪に関する見解が多数含まれている。強制失踪条約の全締約国の内キューバを除く58カ国が自由権規約締約国で，強制失踪条約個人通報手続の全受諾国の内スイスを除く21カ国が自由権規約個人通報手続の受諾国である[3]。つまり，HRCttee は，自由権規約議定書の116の締約国については，自由権規約に基づいて強制失踪事案を審査することができ，現に多数の強制失踪事件を扱ってきた。しかも強制失踪条約第35条が，CED の時間的管轄権を「この条約の効力発生（2010年12月23日）後」又は「この条約が当該国について効力を生じた後」に「開始された強制失踪」に限定しているから，2010年12月以前に開始されていた強制失踪事件の被害者は，CED ではなく HRCttee に通報を提出せざるを得ない。以上のような事情から，強制失踪事件の多くは引き続き HRCttee によって審査されると予測され，強制失踪条約に基づいて新たに強制失踪に関する個人通報事件を扱うようになった CED と HRCttee は，互いの見解が一定の整合性を保つようにすることを求められる。

　これは，次のような事情からも要請される。強制失踪条約には，遅くとも2016年末までに締約国会議を開き強制失踪条約監視の任務を CED から他の機関に移譲することの適否を決定することを定めた第27条と，CED に他の条約実施機関特に HRCttee と「それぞれの見解（observations）及び勧告の整合性を確保するため」協議することを義務づけた第28条2項という特異な条文が

---

[2]　CCPR/C/119/3 (2017), para. 3.
[3]　強制失踪条約の61締約国の内，強制失踪条約と自由権規約の双方の個人通報手続を受諾しているのは，アルバニア，アルゼンチン，オーストリア，ベルギー，チリ，チェコ，エクアドル，フランス，ドイツ，リトアニア，マリ，モンテネグロ，オランダ，ペルー，ポルトガル，セルビア，スロバキア，スペイン，ウクライナ，ウルグアイ，ボスニア・ヘルツェゴビナの21カ国。強制失踪条約の個人通報手続は受諾していないが自由権規約の個人通報手続は受諾している国は，アルメニア，ベニン，ボリビア，ブラジル，ブルキナ・ファソ，中央アフリカ，コロンビア，コスタ・リカ，ガンビア，ギリシャ，ホンジュラス，イタリア，カザフスタン，レソト，マラウィ，マルタ，メキシコ，モンゴル，パナマ，パラグアイ，セネガル，セイシェル，スリランカ，トーゴ，チュニジア，ザンビアの26カ国で，反対に強制失踪条約の個人通報手続のみ受諾している国はスイス1国，いずれの条約の個人通報も受諾していない国は，ベリーズ，カンボジア，キューバ，ドミニカ，フィジー，ガボン，イラク，日本，モーリシャス，モロッコ，ニジェール，ナイジェリア，サモアの13カ国である。

Ⅰ　人　権

置かれている。強制失踪条約起草過程では，人権条約実施機関の増設に批判的な国から，強制失踪条約を自由権規約の附属議定書として採択しその履行監視をHRCttee又はその小委員会に委ねるべきだとする意見が出されたこともあり，とりあえずCEDを設置するが上記第27条と第28条2項を条約規定に入れることになった[4]。第27条に定める締約国会議は2016年12月に開催され，CEDを恒常的な履行監視機関とすることをコンセンサスで決定したので，第27条の役割は終わった[5]。しかし，自由権規約が強制失踪に関係する多くの条文を有し，実際にHRCtteeが多数の強制失踪事件を扱ってきていることに鑑みれば，自由権規約と強制失踪条約の条文上の差違を踏まえた上でなお，強制失踪という極度の重大性を有する人権侵害に対する基本的スタンスに齟齬があってはならないと思われる。

そこで本稿では，まずⅡで強制失踪の事実的特徴と強制失踪事件に対するHRCtteeの対処方法の特徴を示す最近の典型的1例を抽出して強制失踪事案のHRCtteeによる審査の全体像を素描する。続くⅢでは，強制失踪事案に関するHRCtteeの先例法理の今日の到達段階を強制失踪事件に係る主要論点に関して概観する。それらを踏まえてⅣでは，まだ1件ではあるが，CEDに係争した最初の個人通報事件を取り上げて強制失踪条約に基づくCEDの審査方法の特徴点を示し，HRCtteeの先例法理とも対比しながら，CEDの個人通報検討における若干の課題についても言及してみたいと思う。

---

(4) HRCtteeは，長期間にわたり第6条，第7条及び第9条の下で強制失踪事件を審査してきたことから，同委員会の手続規則の改正により強制失踪条約が新設する権限にも対応可能だと主張された。当時のHRCttee委員長のAmorも，条約実施機関を増設すれば委員会の決定に一貫性の欠如をもたらすおそれがあると指摘していた。CEDと，HRCttee又はその小委員会，WGEID等との関係については次の準備文書を参照されたい。E/CN.4/2005/66（2005), paras. 134, 137, 147-168; E/CN.4/2006/57（2006), paras. 34-37, 52-59, 69-84. アンゴラ，カナダ，オランダ，イランは，最後まで強制失踪条約を自由権規約の選択議定書として採択する案を支持した。

(5) 第1回条約当事国会議は，2016年12月19日に開催され，コンセンサスで，CEDが強制失踪条約第28条から第36条に定める任務に従って引き続き条約の監視にあたることを決定した。See documents CED/CSP/2016/2; CED/CSP/2016/4; CED/CSP/SR.1, available <http://www.ohchr.org/EN/HRBodies/CED/Pages/1stConferenceSP.aspx>

II 強制失踪事案の事実的特徴と自由権規約委員会による審査の枠組み
── S.D. シャルマ事件見解（2018年）[6]を手掛かりに

　以下では，強制失踪事案の事実的特徴を示すために失踪者が生還した最近のネパールのS.D. シャルマ事件を素材に，強制失踪事件に対するHRCtteeの見解の基本的な枠組みを示すことにより強制失踪事件に対する委員会の審査の基本枠組みをまず示しておきたい。以下，個人通報が提起された相手国を被告国と表示し，失踪者及び通報者の敬称は略す。

1 事実概要と当事者の主張[7] ── 強制失踪事件の事実的要素 ──

　1996年2月のマオイストの武装蜂起後，ネパールでは20年に及ぶ内戦が続いた。2001年11月に緊急事態を宣言した政府は，テロリスト破壊活動法を制定し，テロ活動容疑者を最大90日間拘禁する権限を軍に付与し，これ以降同国では，強制失踪を含む重大な人権侵害の事態が発生し，この状況は2002年8月の緊急事態解除後も続いた。2003年と2004年，WGEIDによればネパールは世界最大の強制失踪多発国となった。

　2003年10月20日，マオイスト派の全ネパール独立学生連合（革命派）書記長H. シャルマの妹S.D. シャルマは，私服の治安部隊要員によりカトマンズのマハラジガンジ軍兵舎に連行され，以後2004年8月25日に所在が確認されるまで失踪状態が続き，さらに最終的に解放される2005年6月30日まで拘禁が続いた。強制失踪状態に置かれた最初の4-5カ月，彼女は常に手錠と目隠しの状態で，食事・水を制限され，昼夜にわたり訊問，拷問（falanga等），強姦の脅しを受け，2004年3月には潜水という拷問により嘘の自白を強要された。それ以後拷問はなくなったが，劣悪な拘禁条件の下，同年6月に重体となり9月まで陸軍病院に収容された。8月25日同病院で偶然友人に出会い，バイラプナス大隊兵舎に収容されていること，報復のおそれがあるのですぐには同情報を公開しないことを記載したメモを渡した。この間シャルマの夫は，2003年10月27日に妻の監禁につき国内人権委員会に申請し，最高裁へ人身保護令

---

(6) *S.D. Sharma et al. V. Nepal*（No. 2364/2014），Views of 6 April 2018, CCPR/C/122/D/2364/2014.

(7) See *ibid*., paras. 2.1-2.23, 3.1-3.23, 4.1-4.5, 5.1-5.7 and 6.1-6.3.

Ⅰ　人　　権

状を請求したが，関係諸当局が関与を否定したため，最高裁は 2004 年 6 月に証拠不十分として請求を却下した。同年 11 月に上記学生連合がシャルマの所在につき記者会見を行ったため，シャルマは訊問され約 1 週間パイプで殴打されたが，2005 年始めに独房に移され，同年 4 月に国内人権委員会の仲介で夫と息子が面会を許された。同年 6 月に夫の人身保護令状の再請求に基づき最高裁がシャルマの即時釈放を命じたので，シャルマは 6 月 30 日に釈放された。ただし，兵士が裁判等に訴えないよう脅迫したために 2 人とも訴訟を提起できなかった。2006 年 4 月政府とマオイスト間の包括的和平合意が署名された後，真実と和解に関する委員会の設置が決められたが，調査手続も刑事・懲戒手続もとられなかった。2009 年，シャルマの強制失踪の事実が政府により確認され，同人に 25000 ルピー（250 ＄）の暫定的救済と傷害に対する 50000 ルピー（500 ＄）の補償金が支払われたものの，責任者の刑事訴追を求める 2013 年のシャルマの告訴は首都警察当局により受理されず，同年 7 月に提起した拷問補償法に基づく補償請求も訴訟期限（釈放後 35 日以内の請求提出）を理由に拒否された。そこで，シャルマは，2003 年 10 月 20 日から 2004 年 8 月 23 日までの期間，強制失踪による自由権規約第 6 条，第 7 条，第 9 条 1 項－ 4 項，第 10 条 1 項，第 16 条及び第 2 条 3 項の違反と，それ以降釈放までの期間の恣意的拘禁，拷問及び虐待による同規約第 7 条，第 9 条 1 項－ 4 項，第 10 条及び第 2 条 3 項の違反とを訴えて HRCttee に通報した。また夫と長男は，第 7 条，第 17 条，第 23 条 1 項，第 24 条 1 項及び第 2 条 3 項の違反を訴えた。委員会見解の時点で，シャルマが受け取った暫定補償金は，国及びパルバット地域行政事務所からの計 246000 ルピーで，シャルマは受けた苦痛に比べて十分な賠償にはほど遠いものだと主張した。

　他方，被告国は，拷問補償法上の手続に登録しなかった国内的救済の不完了を理由に受理許容性を争うとともに，シャルマは緊急状態が発令されていた時期にテロリスト破壊活動法に従い拘禁され，拘禁中人道的に処遇され，医療上の便宜を与えられ，家族との面会が許され記録に残されていると主張し，拷問の証拠が示されておらず，仮に拷問が行われたとしても拷問補償法に基づく救済を追求すべきであり，憲法及び包括的和平協定に従い，議会が「失踪，真実及び和解委員会法」を制定して，「強制失踪調査委員会及び真実と和解委員会」を設置する道を示したのだから HRCttee の手続を継続するのは適当でな

いと主張した。

2 自由権規約委員会の受理許容性決定と本案見解
(1) 受理許容性の決定[8]
委員会は，拷問又は強制失踪のような重大な人権侵害の場合には，司法的救済が必要であるというのが先例法理であるところ，2014 年の「失踪者の調査，真実及び和解に関する委員会法」が設置した移行期正義の諸機関は，司法的救済を提供できる司法機関とはいえず，拷問補償法に基づく救済も拷問又は釈放から 35 日以内に請求を提出しなければならない点で犯罪の重大性と全く適合せず，通報者が利用できる手続ではなかったと判断した。また委員会は，通報者は受けた侵害について数度にわたり当局に報告し，2 度最高裁に訴えを提起しようとして受理されなかったことに鑑みれば，尽くすべきすべての手段は尽くしているとみなした。委員会は，通報者が受理許容性に関する限り信頼できる陳述により十分に主張を疎明したと判断して，通報を受理許容できると決定した。

(2) 本案に関する見解
(a) 挙 証 責 任
委員会は，被告国の最高裁が拘禁の違法性を認め，国内人権委員会及びカトマンズ地区行政機関がシャルマの強制失踪を認定したことに留意して，シャルマの逮捕はテロリスト破壊活動法の規定に基づくものだったとする被告国の主張に対して次のように述べた。先例法理に従えば，「通報者と被告国が常に証拠に対して平等にアクセスできるわけではなく，しばしば被告国のみが関係情報にアクセスすることができることを特に考慮して，委員会は，挙証責任を専ら通報者に課すことはできないという立場を再確認する。(個人通報)議定書第 4 条 2 項には，被告国が同国又はその代表に対してなされた規約違反のすべての主張に対して誠実に調査し，及び，入手できる情報を委員会に提供する義務を負うことが黙示されている。通報者が信頼できる証拠により証明される主張を被告に対して提出し，かつ，それ以上の解明が専ら被告国の手中にある情

---
(8) *Ibid.*, paras. 8.3-8.5.

Ⅰ 人　　権

報に依存する場合には，被告国が提出する満足のいく反対の証拠又は説明がない場合には，通報者の主張が証明されたと考えることができる」[9]。

　強制失踪に関する挙証責任は，専ら通報者が負うわけではなく，事実に関する情報及び証拠の多くが被告国の手中にあるという実情に鑑みて，委員会は，通報者が一応信頼できる証拠に基づく主張を展開した場合には，挙証責任を転換させ，被告国が納得のいく反対の証拠又は説明をしない限り通報者の主張が証明されたものとみなす。この挙証責任の配分原則の採用はHRCtteeの事実認定における特徴点であり，事実認定に多大な影響を与える。

(b)　「強制失踪」該当性の確認

　委員会は，「規約のどの条文も『強制失踪』という文言を明示に使用していないが，強制失踪が，規約で認められたさまざまな権利の継続的な侵害を表示する独特で統合された一連の行為を構成することを想起する」と述べて，本件事実を次のように性格づけた。被告国はシャルマをテロリスト破壊活動法に従って逮捕したと主張するが，いつ，どの規定に基づき，いかなる理由で彼女を逮捕したかを説明しなかったし，2003年10月23日の逮捕が恣意的だという通報者の主張に反論しなかった。委員会は，夫がシャルマの失踪に気づき，直ちに国内人権委員会に申立てをし，最高裁に人身保護令状を請求したこと，シャルマのマハラジガンジ軍兵舎での拘禁が他の被拘禁者の陳述で証明されたこと，Malego委員会が本件事実を強制失踪と認定したこと，人身保護令状手続においてバイラプナス大隊その他のすべての当局がシャルマの拘禁を否定したこと，アムネスティ・インターナショナルの照会に政府が回答しなかったこと，病院で出会った友人に渡した秘密メモによってのみ夫がシャルマの所在を知ったこと等に留意する。しかし，被告国当局はシャルマの所在をつきとめることができたかもしれないいかなる証拠も提示しなかった。したがって委員会は，「2003年10月23日から2004年8月25日までのシャルマの自由のはく奪は，それに続き当局が自由のはく奪を認めることを拒否し及び彼女の消息を隠蔽したことで，強制失踪を構成する」と評価した[10]。

　自由権規約には強制失踪されない権利という独自の範疇はないが，HRCtteeは，強制失踪を，規約で認められたさまざまな権利の継続的な侵害をもたらす

---

(9)　*Ibid.*, para. 9.4.
(10)　*Ibid.*, paras. 9.5-9.6.

独特で統合された一連の行為と性格づけ，特殊な範疇の人権侵害と位置づける。委員会は，明言しないものの，強制失踪第2条の強制失踪とは「自由のはく奪を行う行為であって，その自由のはく奪を認めず，又はそれによる失踪者の消息若しくは所在を隠蔽する」ものをいうと定めた定義に実質上従って，多くの事件において，主張された事実が「強制失踪」に該当するか否かを真っ先に認定することを審査の特徴としてきた。主張された事実の「強制失踪」該当性を認定した委員会は，続いて侵害された自由権規約上の権利を特定するが，本件でも強制失踪事件で共通して取り上げられる権利侵害の有無を順次審査した。

(c) 自由権規約上の人権侵害の認定

まず生命権について，委員会は先例を援用して「強制失踪事件では，自由のはく奪が，それを認めることの拒否又は失踪者の消息の隠蔽を伴うことにより，人を法律の保護の外に置き，並びに，その者の生命を重大で恒常的な危険のもとにさらすことになり，そのことに対して国は責任を負う」と述べた。そこで「本件では，2003年10月20日から2004年8月25日までシャルマが外界との連絡を断つ拘禁（incommunicado detention）の下に置かれていた間，締約国が生命を保護する義務を履行したことを示す証拠を提示しなかったため，規約第6条1項に違反してシャルマの生命を保護する義務を怠った」と結論づけた[11]。

続いて拘禁とその後の強制失踪がそれ自体第7条違反の取扱いに該当するという通報者の主張について，委員会は，「外界との連絡なしに無期限に身柄を拘束することに伴う苦痛の程度を認める。締約国は外界との連絡を断つ拘禁を禁止する規定を設けるべきだと勧告した拷問その他の残虐な，非人道的な又は品位を傷つける取扱い又は刑罰の禁止に関する一般的意見20（1992年）を想起する」という定型句をまず援用した。そのうえで委員会は，上記の期間シャルマが外界との連絡を断つ拘禁の下に置かれ，その間拷問を受けたと主張していること，並びに，2004年8月25日から2005年6月30日の期間，手錠と目隠しをされ独房に置かれるなどシャルマの拘禁条件が引き続き苛酷であったことに加え，2004年11月に彼女の夫宛のメモが公開されたときにシャルマに対して報復が行われたと主張していることに留意した。これに対して被告国は，シャルマに対して外界との連絡を断つ拘禁が行われた事実を争わず，拘禁中の

---

(11) *Ibid.*, para. 9.7.

Ⅰ　人　　権

彼女の取扱いに関する事実を明らかにする証拠を提供しなかったことに留意して，委員会は，「シャルマの強制失踪及び外界との連絡を断つ拘禁，彼女が受けた拷問行為と拘禁状態は，規約第7条の単独のかつ累積的な違反を示す」と認定した。この結論に到達したので第10条1項の違反については検討しないとした[12]。

　第3に，逮捕状なしに行われた2003年10月20日の逮捕が第9条1項-4項に違反するという通報者の主張について審査した委員会は，「彼女がバイラプナス大隊の兵舎で非公認の外界との連絡を断つ拘禁状態に置かれ，司法権を行使する裁判官等の面前に連行されず，拘禁の合法性について裁判所の前で異議を申し立てる手続に訴えることも認められなかった事実に対して，被告国が反駁をしなかった」こと，並びに，「入院後も拘禁条件は変わらず，裁判官の面前に連行されることもなく，弁護人に相談することもできなかったのでシャルマの入院後の拘禁は引き続き恣意的であったとする通報者の立場に留意し」て，シャルマの強制失踪及び2004年8月25日から釈放までの恣意的拘禁が規約第9条1項-4項違反に該当すると認定した[13]。

　第4に，第16条違反について検討した委員会は，「法の保護からの人の意図的な排除は，特にその人の近親者の効果的な救済を求める努力を系統的に侵害する場合には，その人を法の前で人として承認することの拒否を構成する」とした以前の見解を援用しつつ，「シャルマの強制失踪は，第16条に違反して彼女から法の保護と法の前に人として承認される権利を奪った」と認定した[14]。

　第5に，委員会は，シャルマの強制失踪期間中，夫が働きながら，2人の子どもを養育し，シャルマの所在を探し釈放を求めなければならなかったこと，父子は自らの安全を脅かされ，兵士が自宅前に頻繁に現れたことで恐怖が増幅したことに留意するとともに，他方締約国が，シャルマの夫及び息子の受けた苦痛に関する主張に何らの反論も行わなかったことに留意した。そこで委員会は，本件の事情の下では，委員会に提示された事実はシャルマの夫と息子につき第7条違反を構成すると認定し，この認定をしたので，通報者の第17条，第23条1項及び第24条1項に関する主張については審査しないと決定し

---

(12)　*Ibid.*, para. 9.8.
(13)　*Ibid.*, para. 9.9.
(14)　*Ibid.*, para. 9.10.

た(15)。

　最後に，規約上の権利を侵害された者に対して効果的な救済を確保する第2条3項の義務違反に関する通報者の主張に対して，委員会は，一般的意見31（2004年）が「人権侵害の主張について締約国が調査を怠ることは，それ自体で，規約の別個の違反を生じさせる」と述べたことに言及し，本件でシャルマは，拘禁中も釈放後も効果的な救済にアクセスすることができなかったと認めた。委員会は，彼女の拘禁中，夫が国内人権委員会に申立てを行い，最高裁に人身保護令状を提出したが，最高裁は2004年6月にこれを棄却し，2005年6月8日に夫が再提出した人身保護令状に対して最高裁が同月28日になって釈放を命じた事実，並びに，彼女の釈放後，シャルマが強制失踪させられたという国内人権委員会及びカトマンズ地方行政庁の認定，並びに，政府に調査と失踪被害者への適正な賠償を命じた最高裁の業務執行命令にも拘わらず，シャルマの拘禁と強制失踪をめぐる事情を明らかにするためのいかなる徹底的で効果的な調査もなされず，実行者を訴追するいかなる刑事手続も行われなかった事実に留意した。さらに委員会は，暫定的救済としてシャルマが受け取った24万6千ネパール・ルピーは，重大な侵害に相当する妥当な救済ではなく，夫と息子はいかなる形態の賠償も未だ受け取っていないと認めた。したがって委員会は，これらの事実が，シャルマについては第6条，第7条，第9条1項-4項，第16条と併せ読んだ第2条3項の違反を構成し，夫と息子については第7条と併せ読んだ第2条3項の違反を構成すると認定した(16)。

　以上の本案に関する検討を通じて，HRCttee は，本件事実に係る情報から，シャルマについて自由権規約第6条，第7条，第9条1項-4項及び第16条の単独の違反とこれらの諸条文と併せ読んだ第2条3項の違反があったと認定し，他方，シャルマの夫と息子については，第7条の単独の違反と同条と併せ読んだ第2条3項の違反があったと認定した(17)。

　HRCttee の違反認定の対象となった行為は，いうまでもなく，2003年10月20日のシャルマの拘束から2005年6月30日の釈放までのすべての被告国の自由権規約違反の行為であり，強制失踪に係る違反認定は全違反認定の一部を

---

(15) *Ibid.*, para. 9.11.
(16) *Ibid.*, para. 9.12.
(17) *Ibid.*, para. 10.

Ⅰ　人　　権

構成するに過ぎない。

(d)　自由権規約違反に対する勧告

　委員会は，規約違反を認定した結果として違反国に対して，自由権規約第2条3項(a)に基づき，人権を侵害された個人に特に次のような効果的救済を提供する義務があるとした。すなわち，(a)シャルマの拘禁及び拘禁中に受けた取扱いに関する事実の徹底的で効果的な調査を行うこと，(b)なされた人権侵害に責任を負う者の訴追，裁判及び処罰並びにそれらの措置の公表，(c)調査結果についての詳細な情報の通報者への提供，(d)通報者への必要かつ十分な心理的なリハビリテーションと医療処置が提供されることの確保，(e)通報者への受けた侵害に対する十分な金銭賠償と適切な満足措置を含む効果的な賠償の提供，である。同時に委員会は，将来の同様の違反の再発防止の保証として次の義務を負うとした。すなわち，(a)拷問及び強制失踪の刑事犯罪化及び犯罪の重大性に対応する適正な制裁及び救済の提供，(b)これらの事案につき迅速，公平かつ効果的な調査が行われることの保障，(c)犯罪に責任を負う者の刑事訴追を認めること，(d)国際基準に従って拷問に対する賠償請求の35日の期限を修正すること，である[18]。

　自由権規約上の権利侵害を認定した場合，被害者に対する効果的な救済の付与と再発防止の保障に言及することはHRCtteeの一貫した実行であるが，被害者救済及び再発防止の保障について，本件のような細かい勧告を常に委員会が行ってきたわけではない。強制失踪事件の場合に，細かい勧告を行うこともHRCtteeの特徴の一つである。

　以上のように，強制失踪事件に対するHRCtteeの見解は，一つの定型化した形式に沿って作成されている。通報で提示された事実が「強制失踪」に該当するかどうかがまず検討され，強制失踪に該当すると委員会が認定した場合には，ほぼ共通して自由権規約第7条（拷問等の禁止），第9条（恣意的拘禁の禁止），第16条（人として認められる権利）及びしばしば第6条（生命の恣意的はく奪の禁止）の違反の有無について審査され，違反を認定した場合には，詳細な被害者の救済と再発防止の保障に関する勧告を出すというパターンである。そこでこうした強制失踪に特有のHRCtteeの見解は，どのような理由に基づ

─────────
(18)　*Ibid.*, para. 11.

いて形成されてきたのか，次節では，強制失踪に関する HRCttee 見解の先例法理となっているいくつかの規約解釈について，その今日における到達点を確認しておきたいと思う。

Ⅲ　強制失踪事案に関する自由権規約委員会の先例法理の到達点

HRCttee は，強制失踪という用語こそ使用しなかったが，ウルグアイ軍事政権下の重大な人権侵害に関する最も初期の個人通報事件から一貫して強制失踪に該当する事件を審査してきた。I. ブレイエル事件見解（1982年）[19]は，HRCttee が強制失踪事案につき自由権規約第7条，第9条及び第6条違反を認定したおそらく最初の見解と思われるが，通報者の父が1975年10月末にウルグアイ当局により逮捕状なく逮捕され，外界との連絡を断つ拘禁の後，1976年8月以降失踪した事件である。ウルグアイに同規約及び選択議定書が発効した1976年3月23日以降も継続し又は新たに発生した出来事に対して管轄権を行使できるとした委員会は，通報者の父が反乱罪容疑で指名手配（逃亡）中だとする同国の主張をしりぞけて，同国当局による父の逮捕と拘禁は，彼の名前がモンテビデオ陸軍被拘禁者リストに記載され彼の家族が衣服交換のために通ったという政府が反駁しなかった事実，並びに，同国拘禁センターで父を見たという他の被拘禁者の証言から確認されるとし，さらに父が拷問を受けていたという数名の証言があることから，これらの情報は，自由権規約第7条，第9条及び第10条1項の違反を示すとともに，第6条の究極的違反が実行されたと信ずる重大な理由があると認定した[20]。本見解は，未成熟ながら，隠蔽を本質とする強制失踪案件に対する HRCttee の対応の仕方の基本的骨格を提示していたと思われる。すなわち委員会は，①通報者の父の外界との連絡を断つ拘禁とそれに続く失踪を一体の出来事と見てその全体につき生命権の侵害の推定を含む上記規約諸条項の違反を認定し，②この認定に際し，前述（49-50頁）の挙証責任の配分に関する定式にふれ，通報者が提示した「圧倒的な情報（overwhelming information）」及び被告国が *audiatur et altera paras* の原則に基

---

(19) *I. Bleier L. & R.V. de Bleier v. Uruguay* (No. 30/1978), Views, 29 March 1982, HRCom, *Selected Decisions 1* (1985), pp. 109-112.
(20) *Ibid.*, p. 110, para. 7 (b), p. 111, para. 9, p. 112, paras. 13.4 & 14.

Ⅰ 人　権

づき与えられた反証の機会を利用しなかった事実を援用し[21]，③被告国に対し，真相の調査，父の失踪・虐待又は死亡に責任を負う者の訴追，失踪者と家族に対する補償を三位一体とする救済措置と再発防止の保証を勧告した[22]。そこで以下では，I.ブレイエル事件見解以降今日に至る個人通報事件の審査と見解を通じて HRCttee がどのような先例法理を形成するに至ったのか，その到達点を確認しておきたいと思う。

1　挙証責任の配分と事実認定並びに国の責任認定の根拠

　委員会は，I.ブレイエル事件以降の強制失踪事件で上記挙証責任の配分原則に一貫して言及してきたが，それによって常に通報者の主張した事実をそのまま肯定してきたわけではない。強制失踪事件では委員会の情報要請に対して被告国はしばしば非協力的であり，一切回答しないか，受理非許容の抗弁のみを行うか，事実につき不知又は国家機関の関与はないという一般的回答に終始することが多い。このため委員会の事実認定には常に困難が伴うが，I.ブレイエル事件のように，通報者が被収容者の目撃証言等の有力な証拠を提示したにも拘わらず被告国が説得力ある反証をしない場合には，委員会は挙証責任の配分原則を援用することによって，国家機関による失踪者の拘禁，拷問，殺害に踏み込んだ事実認定を行うことがある。ベネズエラ大使館敷地内に逃げ込んで庇護を求めた通報者の娘が複数の目撃者の面前で現職のウルグアイ警察官に連行された後失踪した M.キンテロス事件でも，同国の軍収容所で虐待を受けた彼女の姿を見たという元被収容者の証言があったことから，委員会は，ウルグアイの主張を退け，通報者の娘はウルグアイ警察軍の構成員を含む者たちによりベネズエラ大使館敷地内で逮捕され軍収容施設に拘禁され拷問されたと事実認定して，規約第7条，第9条及び第10条1項違反と判断した[23]。

　被告国の人権委員会や行政・司法機関の一部が国家機関による失踪への関与を認定した場合には，委員会は，それに依拠して事実認定を行うことがある。例えば，F.アンドレウ事件で委員会は，コロンビアの National Delegation for

---

(21)　*Ibid.*, p. 112, paras. 13.1-13.3.
(22)　*Ibid.*, p. 112, para. 14-15.
(23)　*M.C.A. de Quinteros v. Uruguay*（No. 107/1981），Views, 21 July 1983, HRCttee, *Selected Decisions 2*（1990），p. 142, paras. 11, 12.1-12.3, 13 & 16.

〔薬師寺公夫〕　2　強制失踪事案に関する自由権規約委員会の先例法理の到達点と強制失踪委員会の課題

Human Rights が N. バウチスタの失踪と殺害事件について同国軍当局者の懲戒を求める決定を行い，また地方行政裁判所判決が国に被害者家族に対する賠償を命じたことを援用して，「当事国は N. バウチスタの失踪及びその後の殺害について直接責任を負う」と結論した[24]。実行者の行為が権限逸脱行為であっても国は責任を負う。S. J. サルマ事件で，スリランカは，陸軍による LTTE 掃討作戦中に通報者の息子を連行し失踪させた伍長らの行為は権限外の行為で刑事手続をとっているから同国に責任はないとする国の主張をしりぞけた[25]。

　他方，国家機関又はその構成員が強制失踪行為に関与したことを示す有力な証拠がなくても，委員会が挙証責任の配分原則を援用して国家機関の失踪への関与を肯定したと思われる見解もいくつかあるが，国の責任の根拠については慎重な表現を用いている。例えば，通報者の息子 2 名が 1982 年にコロンビア警察部隊により失踪させられたと通報された E.A. ペレス事件で，旧国家警察諜報部隊長等の懲戒に関する調査が継続中とのコロンビア政府の回答に対して，委員会は，政府調査には失踪が「政府職員以外の者により実行されたことを示すものはなかった」と述べたものの，失踪者の生命及び身体の安全に対する権

---

[24]　*F. Andreu v. Colombia* (No. 563/1993), Views, 27 October 1995, HRCttee, *Selected Decisions 6* (2006), pp. 103-109, paras. 2.1-2.12, 4.1-7.9, 8.1-9. 失踪者バウチスタは，コロンビア軍の拘禁から釈放後，1987 年 8 月 30 日に自宅で武器を携帯する 8 人の私服の男に誘拐され，家族から直ちに捜索願や検察局への訴え等がなされたが，同年 9 月 12 日に他地域において射殺体で発見された女性が同人であることが 1990 年になって確認された。1991 年に軍諜報部隊の 1 軍曹の証言から上記の手続がとられた。委員会は，コロンビアの 2 つの国内決定を一定評価しつつも，これらだけでは第 2 条 3 項の効果的救済には不十分であるとして刑事訴追の促進や再発防止等を勧告した。1990 年 11 月 28 日に政府との会合に臨むためにボゴタに向かった 3 人のアルアコ先住民指導者が途中で武装した男たちに誘拐され失踪後，12 月 2 日に拷問後射殺体で発見されたヴィジャファネ兄弟ほか事件でも，コロンビア検察庁人権部門の提起した事件に関与した軍部隊の将校の懲戒手続で裁判所の免職決定が確定したが辞職願が受理されたこと，軍事裁判所で行われた刑事手続では証拠不十分で起訴不相当が決定されたこと等に基づき，委員会は，先住民指導者 3 人の失踪と殺害につき国家機関に責任があると認め，被告国の自由権規約第 6 条，第 7 条，第 9 条の違反を認定した。*J. Vicente and A. Villafañe et al* v. Colombia (No. 612/1995), Views, 29 July 1997, HRCttee, *Selected Decisions 6*, pp. 137-141, paras. 4.1-4.4, 7.2-7.5, 8.1-8.6. 類似の事件として See, *J.A. Colonel et al. v. Colombia* (No. 778/1997), Views, 24 October 2002, HRcttee, *Selected Decisions 8* (2007), pp. 60-66, paras. 2.1-2.15, 4.1-4.4, 7.1-7.5, 9.1-9.7.

[25]　*S.J. Sarma v. Sri Lanka* (No. 950/2000), Views, 16 July 2003, HRCttee, *Selected Decisions 8*, pp. 213-216, paras. 7.1-7.11 & 9.2.

Ⅰ 人　　権

利が同国により「効果的に保護されなかった」ことのみを違反認定するにとどめた。捜査上の諸困難を考慮すれば私人による失踪の可能性が残されている調査段階での委員会の結論は行き過ぎだとする安藤委員の意見が影響したものと思われる[26]。ラファエルが1990年5月の深夜に組合事務所付近で正体不明の男たちとタクシーに同乗しているところを目撃されて以降失踪したB.モヒカ事件でも，委員会は，ラファエルがドミニカ軍大尉等から共産主義者として殺害の脅迫を受けていたとする通報者の主張に被告国が反駁しなかったので，「彼の失踪は政府の治安部隊に所属する個人により引き起こされた」と事実認定したものの，被告国はラファエルの身体の安全を確保することを怠ったとして第9条1項違反を，また，生命に対する権利が効果的に保護されなかったとして第6条1項違反を，さらに「脅迫を含む彼の失踪をめぐる事情は彼が拷問又は残虐で非人道的な取扱いを受けた強い推定を生じさせ」るから「失踪は不可避的に第7条違反に達する取扱いと結びつく」として7条違反を認定した[27]。失踪の実行者が国家機関の構成員であることを認定しつつも，国家の不作為を根拠に国の責任を認定する傾向が認められ，事実認定の難しさを示すものとなっている。反政府ゲリラ，センディエロ・ルミノソの拘束から逃げ帰った通報者の娘アナが1992年8月の深夜に同女の寝室に侵入した正体不明の軍服姿の者たちに誘拐されその後失踪したB.ラウレアーノ事件でも，委員会は，同地域に駐留する軍又は特別警察が失踪に責任を負っているかもしれないとするHuacho民事裁判所の1判事が下した結論に被告国ペルーが反駁していないこと，反政府ゲリラ部隊がアナを誘拐したとするペルー政府の主張を支持する物的証拠が提出されなかったこと，特に同誘拐事件の1週間前に同地域に展開する政府軍部隊がアナをゲリラへの協力容疑で拘束していたがHuacho民事裁判所が未成年者を理由に祖父の監護下に置く仮釈放を命じていた事実並びにAmbar軍事基地の大尉が以前にアナと家族に対して命を奪うと脅迫しアナの祖母にアナは既に殺されたと告げたことに言及したものの，見解は「第2条1

---

[26] *E. Arévalo Pérez v. Colombia* (No. 181/1984), Views, 3 Nov. 1989, HRCttee, *Selected Decisions* 3 (2002), pp. 127-129, paras. 7.1-11. Individual opinion submitted by Mr. Nisuke Ando, *ibid.*, pp. 129-130.

[27] *B. Mojica v. Dominican Republic* (No. 449/1991), Views, 15 July 1994, HRCttee, *Selected Decisions* 5 (2005), pp. 70-71, paras. 2.1-2.5, 5.1-5.7.

〔薬師寺公夫〕　2　強制失踪事案に関する自由権規約委員会の先例法理の到達点と強制失踪委員会の課題

項と併せ読んだアナの第 6 条に定める生命の権利が被告国により効果的に保護されなかった」と認定するにとどまった。同様に身体の自由についてもアナは 1992 年 8 月 13 日に「武装した国家機関のメンバー」により逮捕状等によらず彼女の家から暴力的に連行されたと述べつつも，第 2 条 1 項と併せた第 9 条 1 項の違反があったと認定するにとどまった[28]。状況は異なるが，ネパール軍に投降したマオイスト兵士が 2002 年 1 月に拘束されていた兵舎（通報者である妻が同兵舎にいることを目撃）から失踪した Y. シャルマ事件で，軍当局はシャルマが同月 23 日に逃亡し河で溺れて死亡したと主張したが，正確な死亡の事情や関連する出来事について一切説明せず，被告国も何らの回答もしなかったので，委員会は，挙証責任配分原則を援用して「通報者の夫は被疑国に捕らわれている間に失踪しおそらく死亡した」と認定し，失踪につき政府の説明がないので第 7 条及び第 10 条の違反があると判断したが，通報者が夫の生還を強く望んでおり，同事件に対する公的調査がされていないので，夫の死亡について判断したと見えるのは適切でないとして第 6 条について判断を行わなかった[29]。

以上，強制失踪事案における挙証責任の配分原則，委員会による事実認定，及び委員会による規約違反認定の根拠づけについて，若干の例を挙げて検討してみた。どの事件でも共通して認められるように，委員会は，被告国が本案に関する通報者のすべての主張に対して誠実に調査し入手した情報を委員会に提供する義務があることを前提として，国からの説得力ある説明がない場合には，通報者の主張に適正な重み（due weight）を与えなければならないという被害者の立場に立った挙証責任の配分原則を一貫して採用してきた。フェアメーレンは，HRCttee の以上のような事実認定の仕方について，委員会は被害者の主張する事実を評価する上で被告国からの情報不提供または同国が提供した情報の不十分さに大きな比重を置いてきており，この点でヨーロッパ人権裁判所が採用してきた「合理的な疑いを超える」基準よりも，蓋然性のバランスの基

---

(28)　*B. Laureano Atachahua v. Peru*（No. 540/1993），Views, 25 March 1996, *Selected Decisions 6*, pp. 63-67, paras. 2.1-2.13, 4.1 and paras. 8.1-8.7. なお見解は，第 2 条 1 項と併せた第 7 条及び第 24 条 1 項の違反も認定している。

(29)　*Y. Sharma v. Nepal*（No. 1469/2006），Views, 28 October 2008, CCPR/C/94/D/1469/2006, paras. 2.1-2.19, 4.1, 7.3-7.10; see aslso, *L. Bousroual v. Algeria*（No. 992/2001），Views, 30 March 2006, CCPR/C/86/992/2001, paras. 9.5 & 9.11.

Ⅰ　人　　権

準に傾斜しているように見えると評価する[30]。しかし委員会は，国の反証がなければ常に通報者の主張が証明された（substantiated）とみなすわけではなく，挙証責任の配分原則には「通報者の主張が十分に証明された（sufficiently substantiated）場合には」という条件が付されている。正体不明の者によりある日忽然と拉致されたという場合を除けば，強制失踪の多くの事件では国家機関（警察や軍の部隊）による逮捕，拘禁の後に失踪が生じており，発見された失踪者の証言がある場合，被告国の国家機関又は独立機関が失踪の一部事実を認定した場合，逮捕，拘禁時又はその後の収容施設での拘禁や拷問等につき目撃証言のある場合などは，委員会は，通報者の主張が十分に立証されたとみなして，反証のない限り，国家機関による失踪，拷問等の虐待，場合によっては殺害をも認定して国家自身の積極的違反行為に対する責任を認定している。誘拐者が正体不明であっても事前に国家機関の構成員による脅迫，警告，事前に行われた取調べ又は武装活動団体や少数者部族等に対する軍や警察部隊の作戦活動などの状況証拠に基づいて国の関与が認められるような失踪の場合にも，被告国の反証がない場合には，国家機関による失踪，拷問，殺害等を推定したケースもないではない。しかし，委員会は十分な裏付け情報のない事実の認定については慎重であり，そういう場合には，通報者の主張に被告国が全く反駁しない場合であっても，国家機関による積極的な失踪や虐待を認定するのではなく，そうした行為を効果的に防止することを怠ったことにつき違反と責任を認定する傾向が強い。しかし，国の積極的な義務違反であれ，消極的な義務違反であれ，国の規約違反と責任を認定する上で挙証責任の配分原則が，強制失踪事件における被告国の責任を認定する上で極めて重要な役割を果していることは疑いない[31]。

（30）　Marthe L. Vermeulen, *Enforced Disappearance: Determining State Responsibility from Enforced Disappearance* (Utrecht University School of Law, 2012), pp. 221-222. Cf. Helen Keller and Olga Chernishova, Disappearance Cases before European Court of Human Rights and the U.N. Human Rights Committee: Convergences and Divergences, *Human Rights Law Journal*, Vol. 32, No. 7-12 (2012), pp. 243-244.
（31）　最近の事例として例えば，次の見解を参照。*A. Millis v. Algeria* (No. 2398/2014), Views, 10 March 2018, CCPR/C/122/D/2398/2014, paras. 2.1-2.6, 4.2-4.3, 5.1, 7.3, 7.5-7.10; *U. Zakharenko and E. Zakharenko v. Belarus* (No. 2586/2015), Views, 17 March 2017, CCPR/C/119/D/2586/2013, paras. 2.1-2.11, 7.2-7.3; *S. Neupane and N. Neupane v. Nepal*, Views, *supra* note 31, paras. 2.1-2.15, 4.4, 7.3, 10.2-10.10; *Y. Almegayaf and H.*

2 「強制失踪」の認定，自由権規約上の権利の重層的侵害の宣言及びその根拠

I. ブレイエル事件やB. ラウレアーノ事件に関する初期の見解より失踪（disappearance）の語が用いられ，F. アンドレウ事件やC.A. イノストローサほか事件[32]では強制失踪（forced disappearance）又は強制及び非自発的失踪（enforced and involuntary disappearance）の語も使用されたが，これらは事実を表示する概念として使用され，委員会として独自の定義又は法的意味が与えられていたわけではない。しかし委員会では，強制失踪の要素を内包する事件についてはほぼ共通して，第6条，第7条，第9条及び第10条等の自由権規約諸条項の重層的な違反を認定する実行が積み重なった。次いで，2000年代に入るとS.J. サルマ事件見解（2003年）のように，国際刑事裁判所（ICC）規程第7条2項(i)の強制失踪の定義をそのまま援用した後，「いかなるこのような失踪も，身体の自由及び安全に対する権利（第9条），拷問又は残酷な，非人道的な若しくは品位を傷つける取扱い又は刑罰に服さない権利（第7条）及び自由を奪われたすべての者が人道的に及び人間の固有の尊厳を尊重される権利（第10条）を含む規約の多数の権利の違反を構成する。それは，生命に対する権利を侵害し又は重大な脅威を構成する（第6条）」[33]といった定型句を用いて強制失踪の性格づけを行う実行が暫く続き，2010年の見解では一時ICC規程第7条2項(i)の定義に代えて強制失踪条約第2条の定義が援用されたものの[34]，間もなくこれらの条約の定義をそのまま援用することは止めて，以前のように直ちに自由権規約各条項の審査を行う見解が一般的となったが，

Matar v. Libya, Views, 21 March 2014, CCPR/C/110/D/2006/2010, paras. 2.1-2.16, 5, 7.2-7.8.

(32) *C.A. Inostroza et al v. Chile*（No. 717/1996）, Decision, 23 July 1999, *Selected Decisions* 7 (2006), para. 5.5.

(33) *S.J. Sarma v. Sri Lanka*（No. 950/2000）, Views, *supra* note 25, p. 216, para. 9.3; See also, *F. Z. Boucherf v. Algeria*（No.1196/2003）, Views, 30 March 2006, CCPR/C/86/D/1196/2003, para. 9.2; *F. M. El Alwani v. the Libyan Arab J.*（No.1295/2004）, Views, 11 July 2011, CCPR/C/90/D/1295/2004, para. 6.2; *Y. Sharma v. Nepal*, Views, *supra* note 29, para. 7.2.

(34) *A.W. El Abani v. Libyan Arab J.*（No.1640/2007）, Views, 26 July 2010, CCPR/C/99/D/1640/2007, para. 7.3; *N. Benaziza v. Algeria*（No.1588/2007）, Views, 26 July 2010, CCPR/C/99/D/1588/2007, para. 9.3.

I　人　権

　若干の見解では生命権に言及する箇所で，「強制失踪事件では，自由のはく奪が，それを認めることの拒否又は失踪者の消息の隠蔽を伴うことにより，人を法律の保護の外に置き，並びに，その者の生命を重大で恒常的な危険にさらすことになり，そのことに対して国は責任を負う」[35]という定式が使用された。しかし，2015年の見解から再び委員会は，扱っている事件が強制失踪事案であることをまず確認し「規約は，『強制失踪』という文言を明示的には使用していないが，強制失踪は規約で認められたさまざまな権利の継続的な侵害を表示する独特で統合された一連の行為を構成することを想起する」という定型句を用いて強制失踪の一般的性格づけを行った後で，自由権規約各条項の違反の有無を審査する実行に回帰している[36]。HRCttee が ICC 規程第7条2項(i)又は強制失踪条約第2条の「強制失踪」の定義に言及した事例はいくつかあったが，強制失踪事件への自由権規約の解釈・適用に当たって委員会に，これらの条約の定義のいずれかを厳格に適用する意図があったわけではないだろう。委員会は，これらの条約の強制失踪の定義を援用することによって，強制失踪行為が一般的に自由権規約上のさまざまな権利の継続的な侵害を生じさせる独特の統合された一連の行為を構成するというその独特の性格を強調したものと思われる。したがって，HRCttee としては，強制失踪の構成要素につき重要な相違点のある二つの条約のいずれかの定義をそのまま援用することは避けて，強制失踪の独特の性格を示す共通の要素だけにふれて，自由権規約上の権利侵害を認定する上で即決処刑や拷問及び虐待行為とは区別された独特の重大な人権侵害形態であることを強調するようになったものと思われる。

　このように HRCttee は，「強制失踪は規約で認められたさまざまな権利の継続的な侵害を表示する独特で統合された一連の行為を構成する」独特の重大な

---

(35) *Y. Almegaryaf and H. Matar v. Libya*（No.2006/2010），Views, 21 March 2014, CCPR/C/99/D/2006/2010, para. 7.4; *S. Tripathi v. Nepal*（No. 2111/2011），Views, 29 October 2014, CCPR/C/112/D/2111/2011, para. 7.2; *T. Shikhmuradova v. Turkmenistan*（No.2069/2011），Views, 17 October 2014, CCPR/C/112/D/2069/2011, para. 6.3.

(36) *Y.K. Katwal v. Nepal*（No. 2000/2010），Views, 1 April 2015, CCPR/C/113/D/2000/2010, para. 11.3; *R.M. Serna v. Colombia*（No.2134/2012），Views, 9 July 2015, CCPR/C/114/D/2134/2012, para. 9.4; *A. Boudjema v. Algeria*（No.2283/2013），Views, 30 October 2017, CCPR/C/121/D/2283/2013, para.8.4; A. *Millis v. Algeria*, Views, *supra* note 31, para.7.4.

人権侵害形態であることを認めて，強制失踪が疑われる事件では，通報者によって主張された事実が「強制失踪」に該当することを認定する実行を積み重ねてきた。ただし，Ⅳで検討するCEDとは権限が異なり，HRCtteeが審査対象とするのはあくまで通報者によって主張された事件の事実の全体である。Ⅱで検討したS.D.シャルマ事件でも，委員会は，強制失踪と認定された期間の失踪者の処遇だけでなく，彼女の所在が明らかになって以降の当局による取扱いをも一体のものとして審理し，第7条及び第9条の違反を認定した。この点は，HRCtteeとCEDの個人通報事件に対するアプローチの重要な相違点であるが，それはともかく，以下ではHRCtteeが強制失踪事件において，ほぼ共通して違反を認定する第7条，第9条，第16条，第6条を中心に，どのような点に着目してこれらの条文の違反を認定してきたかを簡潔に示しておきたい。

(1) 自由権規約第7条の違反

委員会は，当初，強制失踪の対象とされた者が拷問及び残虐又は非人道的な取扱い（以下「拷問及び虐待」）を受けたと認定した場合に第7条違反を認定していたが，現在では，人の自由をはく奪しその消息又は所在を隠蔽することそれ自体が，少なくとも外界との連絡を断つ拘禁（incommunicado detention）に該当し，第7条違反を構成するという認識に立っているといってよい。1992年の委員会の一般的意見20(44)は，外界との連絡を断つ拘禁を禁止する規定を設けるべきだと勧告したが[37]，ザイールのモブツ大統領と対立していたツィセケディ首相の軍警備官のツィシンビが1993年夜自宅外出後誘拐され行方不明となったA.ンゴヤ事件で，委員会（1996年見解）は，被害者の除去と家族及び外界との連絡の遮断が残虐で非人道的な取扱いに当たることを認定した[38]。L.ブースルーアル事件見解（2006年）では，「委員会は，外界との連絡なしに無期限に身柄を拘束することに伴う苦痛の程度を認める。この文脈で，委員会は，規約第7条に関する一般的意見20(44)を想起する。同意見は，当事国が外界との連絡を断つ拘禁を禁止する規定を設けるべきだと勧告している。この

---

(37) HRCttee, General Comment No. 20: Article 7, para. 11, A/47/40 (1994), p. 194.
(38) *A. N'Goya v. Zaire* (No. 542/1993), Views, 25 March 1996, CCPR/C/56/D/542/1993, paras. 2.1-2.5, 5.5. See also *B. Laureano A. v. Peru* (No. 540/1993), Views, *supra* note 28, p. 8, para. 8.5.

Ⅰ　人　権

事情の下で，委員会は，通報者の夫の失踪ならびに家族及び外界との連絡の遮断は，規約第7条の違反を構成する」と述べた[39]。一般的意見20の委員会勧告を主要根拠として第7条違反を導くことには疑問があるが，起源の定めのない incommunicado detention はそれ自体虐待に該当し第7条違反になるという解釈は，S.D. シャルマ事件見解でも見たとおり，既に委員会の一貫した先例法理として定着している[40]。委員会で検討された近年の強制失踪事件の大半が1993年から1996年頃失踪して以降現在まで続くアルジェリアの強制失踪事案と1999年から2005年頃失踪して以降現在まで続くネパールの失踪案件であることを考慮すれば，これほど長期に及ぶ強制失踪を第7条により禁止された incommunicado detention と解することには異論はあるまい。ただし強制失踪事案そのものではないが，サラ・ジョセフとメリサ・カスタンは，委員会には，1ヶ月以上外界との連絡を断つ拘禁を第7条違反とした事例（看守による集団暴行事件のあった矯正施設の閉鎖後1ヶ月間家族と弁護士との面会を禁止したB. マッカラム事件2010年見解）がある反面，40日間の incommunicado detention それだけでは第7条違反まで認定しなかった事例（テロ容疑で令状なく逮捕され40日間所在不明の状態で取調べ及び虐待が行われた A. ボイムロドフ事件2005年見解）があり，一貫した実行は未確立だと指摘する[41]。強制失踪ついても ICC 規程第7条2項(i)のように「長期間法律の保護の下から排除する意図もって」行われる自由のはく奪と定義しているものがあるため，どの程度の期間の incommunicado detention が第7条違反を構成するかについて統一した解釈は未だない。またサラ・ジョセフらは，強制失踪を incommunicado detention の加重された形態と性格づけているように思われるが，委員会自体が強制失踪と imcommunicado dtetion の関係をどのように理解しているのか

---

(39)　*L. Bousroual v. Algeria* (No. 992/2001), Views, 30 March 2006, *supra* note 29, para. 9.8.

(40)　See also e.g. *A. Medjnoune v. Algeria* (No. 1297/2004), Views, 11 June 2006, CCPR/C/87/D/1297/2004, para. 8.4; *F.M.El Alwani v. the Libyan Arab J.*, Views, *supra* note 33, para. 6.5; *A. Millis v. Algeria*, Views, *supra* note 31, para.7.6.

(41)　Sarah Joseph and Melissa Castan, *The International Convention on Civil and Political Rights*, 3rd ed. (Oxford University Press, 2013), pp. 282-283, [9.142-9.144]. See also, *B. McCallum v. South Africa* (No.1818/2008), Views, 25 October 2010, CCPR/C/100/D/1818/2008, para. 6.5; *A. Boimurodov v. Tajikistan* (No.1042/2001), Views, 20 October 2005, CCPR/C/85/D/1042/2001, para. 7.3.

は定かではない[42]。

　HRCtteeが強制失踪については失踪者だけでなくその家族についても一貫して第7条違反を認定してきたことも，同委員会の重要な先例法理である。例えばM.キンテロス事件見解（1983年）が「娘の失踪及び彼女の運命と所在の不確実性の継続によって母親に引き起こされる苦痛とストレスを理解する。通報者は娘に何が起こったかを知る権利を有している。この点で，通報者も娘が被った規約違反特に第7条違反の被害者である」と述べ，L.ブースルーアル事件見解（2006年）が「夫の失踪及びその運命と所在の不確実性の継続によって通報者に引き起こされる苦痛とストレスに注目する。委員会は，したがって，本件事実が通報者の夫とともに通報者自身に関して規約第7条違反を示すという意見である」と述べたように[43]，失踪者の所在及び消息について知らされることなく不確実な状態が続くことにより家族が被る肉体的・精神的苦痛及びストレスは，第7条違反に達する虐待と解釈するのが，委員会の確立した先例法理となっている。

　なお委員会は，強制失踪事件につき第7条の違反を認定した場合には，これに加えて第10条違反に関する通報者の主張について検討する必要はないと宣言する場合が多い。

(2) 自由権規約第9条の違反

　強制失踪事案は，令状及び理由告知のない逮捕・誘拐・拘禁，裁判所への連行の拒絶と司法審査請求権の剥奪など，殆どの場合に自由権規約第9条各項の違反を伴っている[44]。第9条違反の逮捕・拘禁の後，暫く所在が明らかだった者が失踪した場合，失踪前の逮捕・拘禁は強制失踪の範囲には入らないが，

---

(42) Sarah Joseph and Melissa Castan, *supra* note 41, p. 283 [9.145]. See also Helen Keller and Olga Chernishova, *supra* note 30, pp.244-245.

(43) *Maria del C.A. de Quinteros v. Uruguay*, Views, *supra* note 23, p. 142, para. 14; *L. Bousroual v. Algeria*, Views, *supra* note 29, pp. 9-10, para. 9.8. See also, *Z. Madoui v. Algeria* (HRCom No. 1495/2006), Views, 28 October 2008, CCPR/C/94/D/1495/2006, para. 7.5; *F.M.El Alwani v. the Libyan Arab J.*, Views, *supra* note 33, para. 6.6.

(44) See, e.g. *R.C. Laureano v. Peru*, Views, *supra* note 28, para. 8.7; *F. Andreu v. Colombia*, Views, *supra* note 24, p. 109, para. 8.4; *J.A. Colonel et al. v. Colombia*, Views, *supra* note 24, p. 66, para. 9.4.*A. Medjnoune v. Algeria*, Views, supra note 40, paras. 8.5-8.7; *Z. Madoui v. Algeria*, Views, *supra* note 43, para. 7.6.

Ⅰ　人　　権

自由権規約の守備範囲であることに変わりはなく，委員会は逮捕・拘禁から失踪に至る一連の行為に対して，第 9 条各項の違反の有無を認定するのが通例である[45]。これは自由権規約諸条項に基づきあらゆる角度からの違反審査が行える HRCttee の強みである。ところで強制失踪を防止するには第 9 条 3 項の司法当局の面前に迅速に連行される手続的権利の保障が不可欠である。この点で委員会の先例法理は，同手続が 2 又は 3 日（a few days，なお現在は 48 時間）を超えてはならず，外界との連絡を断つ拘禁はそれ自体で第 9 条 3 項に違反することがあり，例えば司法警察による 33 日間の外界と連絡を断つ拘禁の結果弁護士との接見が認められず，拘禁の合法性審査を請求できなかった事実は，第 9 条 3 項及び 4 項の違反を構成するという解釈を採るに至っている[46]。つまり incommunicado detention は，それ自体で第 7 条及び第 9 条 3 項及び 4 項違反を構成する。

(3)　自由権規約第 6 条の違反

強制失踪後，失踪者の遺体が発見され又は遺体が発見されていなくても，殺害に国家機関が関与したことが国内裁判所等の認定，目撃者の証言，通報者による事実の詳細な陳述等によって裏付けられる場合には，HRCttee は，挙証責任の配分原則を適用して被告国国家機関が関与した失踪者の殺害を認定し（状況により即決処刑の事案として）又は推定することにより第 6 条違反を宣言してきた[47]。ただし，ここまで認定できない場合も，委員会は，被疑国による効果的保護がなされなかったことを理由に被疑国の第 6 条 1 項違反を認定する実行を積み重ねてきた[48]。最近では，「強制失踪事件では，自由のはく奪が，

---

[45]　See e.g. *Y. Sharma v. Nepal*, Views, *supra* note 29, para. 7.3. See also Helen Keller and Olga Chernishova, *supra* note 30, p. 244.

[46]　*L. Bousroual v. Algeria*（No. 992/2001），Views, *supra* note 29, paras. 2.1-2.8, 6, 9.3-9.7.

[47]　*F. Andreu v. Colombia*, Views, *supra* note 24, pp. 6-7, paras. 8.3; *J. Vicente and A. Villafañe et al v. Colombia*, Views, *supra* note 24, p. 140, para. 8.3; *J.A. Colonel et al. v. Colombia*, Views, *supra* note 24, p. 66, para. 9.3. See also *U. Zakharenko and E. Zakharenko v. Belarus*（No.2586/2015），Views, *supra* note 31, para. 7.3; *R. Belamrania v. Algeria*（No.2157/2012），Views, 27 October 2016, CCPR/C/118/D/2157/2012, paras. 6.2-6.5.

[48]　See e.g. *B. Mojica v. Dominican Republic*, Views, *supra* note 27, p. 71, paras. 5.5-5.6;

それを認めることの拒否又は失踪者の消息の隠蔽を伴うことにより，人を法律の保護の外に置き，並びに，その者の生命を重大で恒常的な危険のもとにさらすことになり，そのことに対して国は責任を負う」という先例法理が確立し，長期失踪状態に対して被告国が生命を保護する義務を履行したことを証明しない限り，第6条1項違反を認定するのが委員会の基本的実行となっている[49]。委員会の一般的意見36（2018）も，これを確認し，強制失踪は，生命に対する重大な脅威を示す独特かつ統合された一連の作為及び不作為を構成すると性格づける[50]。

なお，前述のY.シャルマ事件見解が示したように（59頁），生死不明の失踪者に関して通報者が生還の可能性について希望を捨てていない場合，委員会は第6条違反の有無については判定しない場合がある。

(4) 自由権規約第16条の違反

強制失踪事案ではしばしば第16条の法律の前に人として認められる権利の侵害が認定されるのが特徴である。その根拠を比較的詳細に説明したZ.マドゥイ事件の委員会見解（2006年）は，次のように述べる。「強制失踪が被害者を法の前に人として認めることの否定になるかどうか，またいかなる条件の下でそうなるかの問題が生ずる。被害者が最後に目撃されたときに国家当局の手中に置かれ，かつ，司法的救済手段を含む潜在的な効果的救済手段（第2条3項）を利用しようとする親族の努力が系統的に損なわれる場合には，人を長期間法の保護から意図的に除外することは，その人を法の前に人として認めることを否定することに該当しうる，と委員会は指摘する。このような場合には，失踪者は実際には規約上の他のすべての権利を含めて法に基づく権利を行使する能力ならびに可能な救済へのアクセスを国の行為の直接の結果として奪われており，これは被害者に法の前で人として認められることを否定するものと解

E. Arévalo Pérez v. Colombia, Views, *supra* note 26, pp. 128-129, paras. 10-11; *R.C. Laureano v. Peru*, Views, *supra* note 28, p. 66, paras. 8.3-8.4.

(49) *A. Millis v. Algeria*, Views, *supra* note 31, para. 7.5; *M.El Boathi v. Algeria* (No.2259/2013), Views, 17 March 2017, CCPR/C/119/D/2259/2013, para. 7.5; *S. Neupane and N. Neupane v. Nepal*, Views, *supra* note 31, para. 10.6.

(50) General Comment No.36（2018）adopted on 2 November 2018, CCPR/C/GC/36, para. 58.

Ⅰ 人　　権

釈しなければならない」[51]。要するに国家当局による人の自由はく奪があり，家族等による効果的な救済の訴えに対して国が失踪者の消息や所在を明らかにせず又は調査の状況や結果を知らせないなど系統的に阻害する場合には，人を長期間法の保護から故意に外すことによって，失踪者が法の前に人として認められることを否定したことになるというのである。この説明は，ICC 規程第 7 条 2 項(i)の強制失踪の定義に従って第 16 条違反の要件に「長期間」という時間的要素（本件では失踪以降 11 年以上経過）及び「意図的に」という主観的要素（本件で故意性の認定はされなかった）を課しているが，強制失踪条約第 2 条は強制失踪の定義からこれらの要件を除外した。そこで最近では時間的要素を除外した「特に潜在的に効果的な救済手段を利用しようとする親族の努力が系統的に損なわれる場合には，人を法の保護から意図的に除外することは，その人を法の前に人として認めることの否定となる」という定式を用いる見解もあるが，未だ双方の定式が用いられており第 16 条違反の認定に意図性及び時間的要素がどの程度必要なのかについては未だ基準が定まったようには思われない[52]。

(5)　自由権規約の諸条項と併せ読んだ第 2 条 3 項の違反

自由権規約第 2 条 1 項は国に権利侵害を慎む消極的義務だけでなく権利を確保する（ensure）積極的義務も課しており，この積極的義務が事実の隠蔽を本質的要素として実行される強制失踪事件においても重要な役割を果してきたことは生命を保護する国の義務で見たとおりである。しかし，これとは別に規約第 2 条 3 項が，他の条項と併せ読むことにより強制失踪事件において特別重要な役割を果すことが認められるようになっている。2004 年の一般的意見 31(80) は，「第 2 条 3 項は，規約上の諸権利の効果的な保護に加えて，個人がこれらの権利を擁護するために利用可能で効果的な救済手段を有することを締約国が確保しなければならないことを要求する。……違反の主張を調査することを締

---

(51)　*Z. Madoui v. Algeria*, Views, *supra* note 43, pp. 11-12, para. 7.7. See also *A.W. El Abani v. Libyan Arab J.*, Views, *supra* note 34, para. 7.9.

(52)　*A. Millis v. Algeria*, Views, supra note 31, para. 7.10; *A. Boudjema v. Algeria*, Views, supra note 36, para. 8.10; *S. Neupane and N. Neupane*, Views, *supra* note 31, 10.10. cf. *M. El Boathi v. Algeria*, Views, *supra* note 49, para. 7.10.

約国が怠ることは，それ自体が規約の別個独自の違反を生じさせうる（15項）。……15項の調査が規約上の一定の権利の侵害を示す場合には，当事国は，責任者を裁判に付すことを確保しなければならない。調査の怠りと同様に，このような侵害の実行者を裁判に付すことを怠ることは，それ自体で規約の別個の違反を生じさせる。これらの義務は，拷問及び残虐な，非人道的な及び品位を傷つける取扱い（第7条），即決及び恣意的処刑（第6条）並びに強制失踪（第7条，第9条及びしばしば第6条）といった特に国内法上又は国際法上の犯罪と認められている違反について生じる（18項）」と宣言した[53]。委員会は，生命権，拷問及び虐待の禁止，恣意的逮捕・拘禁の禁止については，国は実体的権利を保護し確保する義務だけでなく，それらの侵害の主張を適正に調査し，被害者に適正な賠償を提供し，人権侵害の実行者を訴追・処罰する別個独自の義務（ヨーロッパ人権裁判所判例法がこれらの条項の「手続的側面（procedural limbs）」[54]と呼ぶ義務に照応する）を負うことを，第6条，第7条及び第9条と第2条3項を併せ読むことによって導き出す解釈を採用した。委員会は，これ以降一般的意見31を援用して，失踪者の家族等による調査及び救済の要請に対して被告国が適正な調査や訴追を怠ったと認める場合には，失踪者につきこれらの諸条文と併せ読んだ第2条3項の独自の違反並びに通報者につき主に第7条と併せ読んだ第2条3項の違反を認定する実行を積み重ね，今や先例法理として確立している[55]。最近の見解では，国が迅速，徹底的，効果的及び強

---

(53) HRCom, General Comment No. 31 (80) adopted on 29 May 2004, CCPR/C/21/Rev.1/Ad.13, paras. 15 and 18.

(54) See Kimio Yakushiji, Jurisdiction *ratione temporis* over a continuing violation and a violation of procedural obligation under the International Covenamt on Civil and Political Rights, *Reciprocite et universite: sources et regimes du droit international des droit de l' homme, Melanges an l' honnair du professeur Emmanuel Decaux*, (A. Pedone, 2017), pp. 434-438; Helen Keller and Olga Chernishova, *supra* note 30, p. 244 and pp. 245-247.

(55) See e.g., *L. Bousroual v. Algeria*, Views, *supra* note 29, paras. 2.2-2.8 and 9.12; *F.Z. Boucherf v. Algeria*, Views. *supra* note 33, paras. 2.1-2.14 and 9.9; *F.M. El Alwani v. the Libyan Arab J.*, Views, *supra* note 33, paras. 2.1-2.4 and 6.9; *Z.S. Traoré v. Côte d'Ivoire* (No. 1759/2008), Views, 31 October 2011, CCPR/C/103/D/1759/2008, paras. 2.1-2.13 and 7.6-7.7; *A. Boudjema v. Algeria*, Views, supra note 36, paras. 2.1-2.6 and 8.13; *S.D. Sharma v. Nepal*, Views, *supra* note 6, paras. 2.1-2.23 and 9.2. 実体規定の直接の違反が認定できず調査および訴追義務の違反のみが認められたケースもある。*A. Amirov v.*

Ⅰ　人　　権

行可能な（enforceable）な調査を怠ること，長時間の経過にも拘わらず調査又は容疑者捜査の経過又は結果を家族等に知らせていないこと，国内法令で司法機関への救済申立てを禁止すること（特にアルジェリアの法令）等が上記諸条項と併せ読んだ第 2 条 3 項違反と認定されている[56]。

　これに関連して今一つ確認しておくことは，強制失踪事件の真実を調査し責任者を訴追する国の義務については，委員会は，非国家主体による広義の強制失踪該当行為にも適用されるという立場をとっていることである。1992 年旧ユーゴスラビアでの武力紛争中にボスニア・ヘルツェゴビナ（BH）で行われたセルビア系共和国軍（VRS）及びボスニア領域防衛軍等の非国家主体により実行された文民に対する大規模な攻撃と強制失踪行為に関する一連の事件において，委員会は，これらの行為が国に帰属しないことを確認しつつも，黙示的に，又は，強制失踪概念は被告国（BH）とは独立の又はそれと敵対する武装組織により実行された失踪にも拡大して使用される（ICC 規程第 7 条 2 項(i)）と述べて，強制失踪事件を調査し（遺体の発見，発掘，身元確認，返還を含む）責任者を訴追する国の義務が，非国家主体が実行した強制失踪にも国家機関によるそれと同じように適用されるとする解釈を事実上採用してきた[57]。ただし，委員会は，「強制失踪の主張を調査し及び犯罪者を裁判に付す義務は，結果の義務ではなく方法の義務であって，当局に不可能又は均衡を失した負担を課さないように解釈しなければならないと委員会は思料する。したがって，失踪した通報者の親族の運命と所在が未だに明らかになっていないこと及び犯罪人が未だに裁判に付されていないことによる失踪者及び通報者の苦痛の重大性を認

Russian Federation（HRCom No. 1447/2006), Views, 2 April 2009, CCPR/C/95/D/1447/2006, paras. 2.1-2.30 and 11.6.

(56)　U. Zakharenko and E. Zakharenko v. Belarus, Views, *supra* note 31, para. 7.3; *S. Neupane and N. Neupane v. Nepal*, Views, *supra* note 31, para. 10.11; *A. Millis v. Algeria*, Views, *supra* note 31, para. 7.11.

(57)　See e.g. *F. Prutina et al v. Bosnia and Herzegovina (BH)*（Nos. 1917, 1918 and 1925/ 2009 and 1953/ 2010), Views, 28 March 2013, CCPR/C/107/D/1917, 1918,1925/2009 & 1953/2010, paras. 9.2-9.4; *N. Durić and N. Durić v. BH*（No. 1956/2010), Views, 16 July 2014, CCPR/C/11/D/1956/2010, paras. 9.2-9.4; *N. Hamulić and H. Hodžić v. BH*（No. 2022/2011), Views, 30 March 2015, CCPR/C/113/D/2022/2011, paras. 9.2-9.4. 被告国 BH に自由権規約選択議定書が発効するのは 1995 年 6 月 1 日であるが，BH は強制失踪事件を調査し責任者を訴追する義務に関する通報の時間的管轄権を一切争っていない。

めつつも，本件通報の特別の事情の下では，それ自体のみで規約第2条3項の違反を認定するには十分ではない」と述べることにより[58]，複雑な武力紛争過程の国家以外の主体による強制失踪事件の調査の多大な困難性には配慮している。しかしそれにも拘わらず，委員会は殆どの事件で，BH国が，事件以降長期間の経過にも拘わらず，またBH国最高裁の決定があるにも拘わらず，事件の調査及び捜査に関して家族に必要な連絡をとらず，調査状況及び結果の具体的情報を家族に詳しく伝えず，情報の不注意な取扱いを行うなどの調査の瑕疵や決定の不実行につき，あるいは，調査継続中といいながら社会給付等の要件として失踪者の死亡宣告を求める行為等について失踪者に対する第2条3項と併せ読んだ第6条，第7条，第9条の違反を，また通報者に対する第2条3項と併せ読んだ第7条違反を認定してきた[59]。BH国に関する見解では，第2条3項と併せ読んだ第6条，第7条の違反を指摘するものが多いが，この併せ読む条文の順番を入れ替えた表現にどのような意味があるのかは定かではない。

なお非国家主体による強制失踪該当行為について，調査及び訴追義務以外の点で自由権規約の締約国がどのような人権確保の義務を負うのかについて，まだ委員会の実行は必ずしも十分確立しているとはいえないが[60]，例えばコロンビア軍による訓練や武器供与等の支援を受けて行動する準軍事組織が軍の黙認の下に実行したと見られる強制失踪該当行為の場合は，R.M. セルナ事件見解が示すように，委員会は，その行為を国家に帰属する行為とみなした上，軍が強制失踪防止のための適切な措置をとらなかったことも含めてコロンビアの第6条，第7条，第9条及び第16条違反を認定し，さらに，当該事件に対する迅速かつ効果的な調査・訴追を行わなかった点についても，これらの条文と

---

[58] See e.g. *F. Prutina et al v. BH*, Views, *supra* note 57, para. 9.5; *N. Durić and N. Durić v. BH*, Views, *supra* note 57, para. 9.5; *M. Mandić v. BH*（No.2064/2011）, Views, 5 November 2015, CCPR/C/115/D/2064/2011, para. 8.3.

[59] See e.g. *F. Prutina et al v. BH*, Views, *supra* note 57, para. 9.6; *N. Durić and N. Durić v. BH*, Views, *supra* note 57, paras. 9.6-9.7; M. Mandić v. BH, Views, supra note 57, paras. 8.4-8.5; V. Lale and M. Blagojević v. BH（No.2206/2012）, Views, 17 March 2017, CCPR/C/119/D/2206/2012, paras. 7.5-7.6.

[60] 拙稿「強制失踪における非国家主体の人権侵害行為と締約国の責任」坂元茂樹・薬師寺公夫編『普遍的国際社会への法の挑戦』（芹田健太郎古希記念，信山社，2013年），518-522参照。

Ⅰ 人　　権

併せ読んだ第2条3項の違反を認定した例がある[61]。

3　強制失踪の被害者の範囲及び国の義務違反の法的効果

　既にこれまでの検討で明らかなように，強制失踪行為の場合には，失踪者はもちろんのこと，失踪者の家族も必ず被害者として認定されてきた。失踪者の場合には，第6条，第7条，第9条及び第16条の単独及び第2条3項と併せ読んだ違反の被害者として認定され，その家族の場合には第7条単独または第2条3項と併せ読んだ違反が認定されるのが通例であるが，それには必ずしも限定されない。

　委員会は，Ⅲ2にで述べた自由権規約の違反を認定した場合，被害者に規約第2条3項に従って効果的な救済措置を提供するよう求めてきたが，強制失踪事案の被害者については，効果的な救済措置の中にI.ブレイエル見解以降一貫して，失踪者の消息の調査，失踪に責任ある者の訴追と処罰，失踪者及びその家族への妥当な補償の3つの要素を入れることを原則とし，これに再発防止の保障を加えて4種類の勧告を行ってきた[62]。最近の見解では，事案の事情及び必要に応じて上記3つの要素の内容をより詳細に規定する場合も増えている。例えば，失踪者の消息の徹底的で公平な調査に関連しては，通報者等家族への接触と調査経過及び結果の通報者等家族に対する十分な通知，生存者の即時解放と，死亡している場合の遺体・遺品の発見と返還が，また責任者の訴追・処罰については，和解や恩赦に関する法令による免責のある国についてはその適用排除及び法令改正が，失踪者及び家族に対する妥当な補償については金銭補償だけでなく心理的ケアを含むリハビリテーション，公式の陳謝その他の満足などが具体的に勧告されている[63]。なおBHにおける強制失踪意見で

---

(61)　*R.M. Serna et al v. Colombia*（No.2134/2012), Views, 9 July 2015, CCPR/C/114/D/2134/2012, paras. 2.1-2.22 and 9.3-9.8.

(62)　See e.g. *I. Bleier L. & R.V. de Bleier v. Uruguay*, Views, *supra* note 19, p. 112, para.15; *M.C.A. de Quinteros v. Uruguay*, Views, *supra* note 23, pp. 142-143, para. 15; *B. Laureano*, Views, *supra* note 28, p. 67, para. 10; *J.A. Colonel et al v. Colombia*, Views, *supra* note 24, p. 66-67, para. 10; *L. Bousroual v. Algeria*, Views, *supra* note 29, para. 11; *Y. Sharma v. Nepal*, Views, *supra* note 29, para. 9; *N. Benaziza v. Algeria*, Views, *supra* note 34, para. 11; *M. Mandić v. BH*, Views, *supra* note 58, para. 10; *A. Millis v. Algeria*, Views, *supra* note 31, para. 9.

(63)　See e.g. *N. Benaziza v. Algeria*, Views, *supra* note 34, para. 11; *M. Mandić v. BH*,

は VRS 等の非国家主体による強制失踪事件についても BH に被害者に対する妥当な補償の確保が勧告されている[64]。

　これらの勧告に対する被告国のフォローアップ（FU）の状況は自由権規約委員会第 113 会期までのまとめによれば，コロンビアとペルーの大半の事件，ネパールの一部の事件では一応被告国からフォローアップ報告がなされているものの大半が対話継続中に印が付され，アルジェリア，リビア，BH，ウルグアイ（殆どが無印）の事件では殆ど報告すらなされていない状況にあった[65]。委員会は，被告国により多少項目が異なるが，所在又は消息の確認の努力，責任者の訴追，妥当な補償の確保，見解の公表，再発防止等の項目を立てて被告国による勧告の実施を段階評価している。2015 年以降の委員会の FU 報告を見ると，BH における遺体発見，責任者の訴追等のあった事件については実質的措置が取られているが追加情報を要する，ないし満足の評価がなされたものがあり，ネパールにおけるいくつかの事案で妥当な補償に関連して暫定見舞金を一定評価する B2 若しくは B 評価（一定の措置をとり始めた）がなされた例もあるが，他方，アルジェリアについては殆どの事案で不回答又は勧告に反する D 又は E の評価がなされているように，一部の国を除き進展は見られていない[66]。

　残念ながら，今日に至るも強制失踪という重大な人権侵害は後を絶たず，しかも HRCttee に個人通報される事件は WGEID の年次報告で指摘される多数の強制失踪事件の数に比べればそのごく一部に過ぎないことがわかる。国連人権条約実施機関に課された課題はまだまだ多いといわなければならないが，そういう現実の中で，個人通報制度発足以来強制失踪事案に関わってきた HRCttee は，さまざまの制約の中で自由権規約関連諸条項の発展的解釈を通じて強制失踪に対処するための先例法理を発達させてきた。強制失踪を規約で認められたさまざまな権利の継続的な侵害を表示する独特で統合された一連の

　　　Views, *supra* note 58, para. 10; *A. Millis v. Algeria*, Views, *supra* note 31, para. 9. See also HRCom, General Comment No. 31 (80), *supra* note 53, p. 6, paras. 15-18; Guideline on measures of reparation under Optional Protocol to the ICCPR (2010), CCPR/C/158.
(64)　See e.g. *F. Prutina et al v. BH*, Views, *supra* note 57, para. 11.
(65)　See CCPR/C/113/3 (2015), Annex II.
(66)　See e.g. CCPR/C/113/3, CCPR/C/115/3, CCPR/C/116/3, CCPR/C/118/3, CCPR/C/119/3, CCPR/C/121/R.1, CCPR/C/122/R.2.

Ⅰ 人　　権

行為を構成すると性格づけ，強制失踪事案では特に第6条，第7条，第9条及び第16条の単独並びに第2条3項と併せ読んだ違反を認定し，違反国に迅速，公平，徹底した調査，責任者の訴追，被害者への妥当な賠償及び再発防止の保障を勧告する実行がそれである。このHRCtteeの先例法理の到達点を十分に踏まえた上で今後の強制失踪事件に対応していくことは，HRCttee自身にとって重要であるだけでなく，CEDにとっても重要な事項だと考える。

Ⅳ　強制失踪事案に対する強制失踪委員会の見解の特徴と課題

　本稿の検討の最後に，強制失踪に関する個人通報事件に対するCEDの対応の特徴点と課題について検討してみたい。とはいえ，強制失踪条約は発効（2010年12月23日）後未だ10年足らずで，個人通報手続を受諾した国も欧州及び南米主体の未だ22カ国（強制失踪が発生している国が個人通報手続を受諾していない）にとどまっていること，CEDの時間的管轄権が同条約の効力発生後に「開始された」強制失踪事件にしか及ばないこと（第35条），CEDの事項的管轄は「この条約の規定に対する違反」に及ぶ（第31条1項）ものの条約の実体条文の殆どが同条約第2条に定義する「強制失踪」に関する規定であるため実質上「強制失踪」に対してのみ事項管轄を有することなどにより，現時点ではCEDに強制失踪事件が提起される可能性はまだそれほど大きくない。実際にCEDに提起された個人通報は未だ2件（アルゼンチン1件，チェコ1件）に過ぎず1件は途中で事実上撤回されたため（CEDは不継続を宣言）[67]，本案見解に進んだ事件はアルゼンチンの1件しかなく，しかも強制失踪に該当するか否かが微妙な案件であった。したがって，強制失踪に関する個人通報案件に対するCEDの取り扱い方を評価するのは未だ時期尚早であり，本稿では，むしろ最初の個人通報事件に対してCEDがどのような特徴を持つ見解を採択したのか，それが前述したHRCtteeの先例法理と比較してみてどのような特徴と課題をもつかという点にしぼって検討してみたいと思う。

---

(67)　See M.JI. v. Czech Republic, Decision of 30 May 2018, CED/C/14/D/2/2017, paras.1-4.

1　E.D.イルスタ及び A.V.イルスタ事件に対する強制失踪委員会の見解（2016年）[68]の構成と特徴

⑴　事実概要と当事者の主張——本件の事実的要素の特徴——

　R.A.イルスタは，武器使用の強盗等により2005年12月に8年の拘禁刑を言い渡され，アルゼンチンのコルドバ州の刑務所で服役したが，長期にわたり刑務所職員に拷問及び虐待を受けたため，2012年に刑務所職員を州裁判所に訴え，拷問の事実をテレビ番組で公表した。このために彼に対する刑務所職員の拷問や虐待がひどくなり，殺されることをおそれたイルスタは，家族が住むサンチアゴ・デル・エステル州の刑務所への移送を刑務所当局に要請した。しかし，彼は2013年1月16日にサンタフェ州の刑務所に移送され，懲罰房に収監され，再び拷問や虐待が行われた。家族が刑務所当局に何度も彼の所在について情報を求めたが，回答がなく，この状態が7日間以上続いた後，イルスタから家族に電話があり，彼は懲罰房で毎日拷問及び虐待を受けていたことを話した。しかし恩赦による釈放が4ヶ月後となった同年2月7日，刑務所当局から家族にイルスタが房内で首つり自殺をしたと連絡があり，翌日家族に遺体が引き渡された。遺体には多数の傷跡があり，首筋に自殺の形跡が認められなかったので，家族は調査等の救済を要求したが救済が得られなかったとして，2013年9月に彼の姉妹がCEDに個人通報を提出し，アルゼンチンによる強制失踪条約第1条から第3条，第12条1項及び2項，第15条，第17条2項(c)及び(d)項，第18条，第20条，第23条及び第24条の違反を訴えた[69]。強制失踪条約上，第1条，第12条1項及び2項，第15条，第24条は「強制失踪」に適用される規定ぶりになっているのに対して，第17条2項(c)項及び(d)項，第18条及び第23条は，これより広く，「自由をはく奪された者」一般に適用される規定ぶりとなっている。

　他方，被告国は，イルスタの死因に関する司法手続がサンタフェ刑事捜査裁判所第6部で開始されていることなどから国内的救済手続が尽くされていないと主張した[70]。

---

(68)　*Estela D. Yrusta and Alejandra del V. Yrusta v. Argentina* (No. 1/2013), Views of 11 March 2016, CED/C/10/D/1/2013.
(69)　*Ibid.*, paras. 2.1-2.5 & 3.1.
(70)　See *ibid.*, paras. 4.1-4.3 and 6.1-6.7.

Ⅰ　人　　権

(2)　強制失踪委員会の事項的管轄

　条約第31条2項(b)が「条約の規定と両立しない」通報を受理できない旨定めているため，委員会は，まず事項的管轄について検討し，イルスタの同意なしに行われた移送，刑務所での拷問行為と虐待，イルスタの死亡と死因調査に関連する請求は委員会の事項的権限の範囲内にないと決定した。他方，イルスタのサンタフェ移送後の7日以上の失踪，家族への移送情報の不提供による連絡の遮断，イルスタ及び家族の裁判所へのアクセス権の事実上の否定，家族の強制失踪事件捜査への参加資格の否定，及び，強制失踪に対する調査の欠如に関して，通報者が同条約第1条，第2条，第12条1項及び2項，第17条，第18条，第20条及び第24条の違反を主張した部分については事項的権限が及ぶと決定した[71]。

　CEDはHRCtteeに比べて審査できる対象事項が，強制失踪条約の規律事項に限定されているため，当然であるが，純然たる恣意的な生命のはく奪（刑務所での不審死）又は拷問及び虐待に関する個人通報部分はCEDの審理対象から受理許容性審査の段階で外されることになる。ただし，後述するように拘禁条件及び拘禁情報に関するアクセスについて規定した第17条から第20条の規定については解釈が分かれる可能性がある。なお本件では，イルスタの失踪に直接関係した家族に利用できる救済手続は存在しなかったとする通報者の主張に被告国が反論しなかったことを理由に，委員会は，被告国による国内的救済不完了の抗弁をしりぞけたが，この点の詳細は省略する[72]。

(3)　本案に関する見解

(a)　挙証責任の配分

　被告国が通報の本案についていかなる所見も提出しなかったので，委員会は「通報者の請求について，それらが証明（have been substantiated）された限りで，適正な重みを与えなければならない」と判断し，通報者の主張した事実を事実として認定し，それに基づいて条約違反の有無を審査した[73]。強制失踪条約には拷問等禁止条約第22条4項のような規定はないが，挙証責任の配分

---

(71)　*Ibid.*, paras. 8.3-8.4 and 8.9.
(72)　*Ibid.*, paras. 8.5-8.8.
(73)　*Ibid.*, para. 10.1.

原則については，HRCttee と基本的に同じスタンスを採ったものと思われる。

(b) 「強制失踪」の構成要件及び「強制失踪」該当性の確認

委員会は，まず，「通報者の請求は通報者が援用した条約条文に関係するので当該請求の検討に進む前に，委員会は，イルスタが受けた諸行為が条約第2条の意味での強制失踪を構成するかどうかを決定しなければならない」と述べた。次いで委員会は，本件では，①イルスタも家族も移送先を知らされず，家族は，刑務所へ照会したにも拘わらず1週間以上彼の所在情報を知らされなかったことでイルスタが失踪させられたと主張していること，②家族及び代理人が閲覧できた刑務所登録簿にはイルスタを正しく特定できるものがなく拘禁場所ごとに3つの異なる氏名が記載されていたこと，③同登録簿には移送を命じた当局，移送の理由，移送の日時，移送先に関する情報が記載されていなかったことに留意した[74]。続いて強制失踪の定義を検討した委員会は，まず「第2条に従えば，強制失踪は逮捕，拘禁，拉致その他のあらゆる形態の自由のはく奪により開始されることを想起する。したがって，強制失踪は，不適法な拘禁により，又は，当初は適法な逮捕若しくは拘禁により，本件のように移送のときに開始されることがある」と述べた。続いて委員会は，「強制失踪を構成するには，自由のはく奪は，それに続いてその自由のはく奪を認めず又は失踪者の消息若しくは所在を隠蔽することを伴い，かつ当該失踪者を法律の保護の外に置くものでなければならない。ただし，このような自由のはく奪又は隠蔽の期間は問わない」という解釈を示した[75]。この定義を本件事実にあてはめた委員会は，「イルスタの所在に関する彼の家族の情報要求に対する刑務所当局の不回答，並びに，イルスタの所在が不明であった7日を超える期間何が起こったのかについての情報の欠如は，彼の消息又は所在の隠蔽を構成すると思料する。情報の欠如又は自由のはく奪を認めないことは，第2条の適用上隠蔽の一形態を構成する。加えて，その期間を通じて，イルスタは誰と連絡することも，訪問を受けることもできず，彼も彼の家族もイルスタが以前に収監されていた刑務所から移送されたときの状況の合法性について遅滞なく決定を行うことのできる裁判所に対してアクセスできなかった。人を法律の保護の外

---

[74] *Ibid.*, para. 10.2.
[75] *Ibid.*, para. 10.3. CED は，これらの解釈の主な根拠として，WGEID の強制失踪の定義に関する一般的意見7項から9項を引用している。

Ⅰ 人　　権

に置くことは，逮捕され又は拘禁された人の所在を隠蔽することの結果であると考える。このような事例では，拘禁された人は，失踪の結果として，本件におけるように，裁判所が自由のはく奪の適法性に関する決定を行うことを確保するために関係当事国の法律が被拘禁者の利用に供している救済手段を利用することを妨げられるときに，法律の保護の外に置かれる。以上に照らせば，イルスタ氏のサンタフェからの移送に続いて7日以上の期間彼に課せられた行為は，第1条と第2条違反の強制失踪を構成する」と結論した（傍線筆者）[76]。

　本見解の最も重要な点は，イルスタの「強制失踪の対象とされない」固有の権利が侵害されたと（第1条違反）認定したことである。そのため本案審査では，本件事実の「強制失踪」該当性が最大の焦点であったが，被告国は本案については沈黙し通報者の主張を争いもしなかった。この事情下で，CEDは，今後委員会の先例法理となりうる2点の重要な条約解釈を行ったといえる。第1に，強制失踪条約諸条文の違反の有無を審査するに先だって，委員会は，まず，主張された事実が第2条に定義する「強制失踪」に該当することを確認することが必要だという前例をつくった。これは，CEDが，通報者が主張する人権侵害の内，専ら「強制失踪」に該当する事実と主張のみを抽出して審査する事項的管轄しか有していないことを示唆する。第2に，条約第2条の「強制失踪」の定義について，委員会は，①「自由のはく奪又は隠蔽の期間は問わない」こと，具体的には失踪者の家族による所在又は消息の照会に対する国家機関による情報の提供拒否が7日以上に及べば当該自由のはく奪とそれに続く隠蔽が「強制失踪」を構成すること，並びに，②「失踪者を法律の保護の外に置く」とは，所在が隠蔽される結果失踪者が自由のはく奪の適法性につき法律の定める救済手続を利用できなくなることを意味し「強制失踪」の追加的構成要件ではないこと，まして失踪者を法律の保護の外に置く意思の証明を必要としないことを，明らかにした。3要件説（国家機関の関与，自由のはく奪，自由はく奪の否認又は所在若しくは消息の隠蔽）を採用する立場を明確にすることにより，「強制失踪」の認定を簡潔明良化した。

(c)　強制失踪条約上の個別的人権侵害の認定

　本件事実の強制失踪該当性を認定した委員会は，強制失踪に適用される各条

---

[76]　*Ibid.*, para. 10.4.

約規定の違反の有無を審査した。

　本件では被告国がイルスタの死亡の原因と事情及び責任については捜査を開始したものの，7日間以上の失踪（強制失踪それ自体）については特別の調査を行わなかったことを示す。このためCEDは，強制失踪の申立を迅速かつ公平に検討し，必要な場合には十分かつ公平な調査を遅滞なく行うことを定めた条約第12条1項第1文，強制失踪の「被害者」を「失踪者及び強制失踪の結果として被害を受けた個人」と定義した第24条1項，被害者の「真実，調査の進展及び結果並びに消息を知る権利」を定めた同2項，並びに，失踪者の捜索・発見及び解放等に関する同3項の規定をそのまま引用して，「本件では，イルスタの家族構成員が調査手続に参加する権利の問題について決定するのに1年以上を要したという単なる事実が，それ自体で，第12条1項，第24条1項，2項及び3項の違反を生じさせる。このように長時間の経過により，（被害者が）手続において積極的かつ効果的な役割を果たす可能性は大幅に減殺され，被害者の真実を知る権利に違反して同権利の侵害を回復不可能なものにしてしまった。被告国から満足のいく説明がない状況の下では，委員会に提示された事実は，第12条1項，第24条1項，2項及び3項の違反を示している」と認定した[77]。このように強制失踪条約は，締約国に強制失踪の申立てについて迅速，公平かつ十分な検討及び調査を義務づけるとともに，強制失踪の被害者の概念を失踪者だけでなく失踪の結果として被害を受けた個人に広げ，この定義に該当する被害者が，真実，調査の進展と結果及び失踪者の消息について知る権利を有すること，並びに，被害回復を受け及び，迅速，公正かつ適正な賠償を受ける権利を有することを認めている。強制失踪の場合には失踪者以外の家族も自由権規約第7条違反の被害者として効果的な救済を受ける権利を有するというのがHRCtteeの先例法理であるが，CED見解は強制失踪の被害者概念を強制失踪条約第24条の明文規定に基づかせ，効果的な救済に対する権利の内容を一層精緻化した。

　他方，強制失踪条約第17条，第18条及び第20条の違反に関する主張について，委員会は，本通報の原因となった出来事が生じたときイルスタは禁固刑に服しており，「このような場合には，締約国は，自由をはく奪された者に対

---

(77)　*Ibid.*, para. 10.9.

Ⅰ　人　権

して行使する支配の程度から，それらの人々の権利を保護する特別の義務を負って（おり）」，「自由をはく奪された人の条約上の権利を擁護し，及び，特に自由のはく奪がいかなる場合にも秘密拘禁又は強制失踪にならないように確保する効果的措置をとる特別の義務を負う」ことをまず確認した。その上で委員会は，イルスタが彼の望んだサンチャゴ・デロ・エステロ・プロヴィンスに移送されているという印象の下でサンタフェに移送された事実，国のどの機関もイルスタの代理人，家族及び彼自身に対して彼の移送に関するいかなる情報も提供しなかった事実，イルスタが独房に収監され7日以上誰とも連絡できなかった事実に留意した。以上から委員会は，次の認定をした。「第17条によれば，『何人も秘密拘禁の状態に置かれない』こと，並びに，締約国は，人の自由のはく奪及び拘禁に関する関連情報を詳細かつアクセス可能な登録簿で入手できることを確保する義務を負うこと」，さらに「第18条によれば，締約国は，『正当な利益を有する者（例えば，自由をはく奪された者の親族，その代理人若しくは弁護人）に対して少なくとも，自由をはく奪された者の所在（他の拘禁施設に移送された場合には，その移送先及びその移送について責任を有する当局を含む。）に関する情報を入手する機会を保障する』こと」が定められている。しかし，「イルスタの家族は，彼の所在についていかなる情報も受けておらず，彼が他の刑務所に移送されたことさえ告げられていない。人の逮捕及び拘禁場所に関する情報を取得する家族の権利は制限できるが，この制限は第20条1項に定める厳格な条件に服する。この点で，当事国は制限に関する自国の国内法の状態に関するいかなる主張もしていないし，いかなる説明もしなかった。以上から見て，「イルスタとその家族（通報者を含む）が7日を超える期間情報を奪われていた事実は，<u>それ自体で（in and of itself）</u>第17条1項，第18条及び第20条1項の違反である」（傍線筆者）[78]。同様に「第20条2項によれば，『当事国は，個人の自由のはく奪の合法性についての考慮を妨げることなく，第18条1項に規定する者に対し，同条1項に規定する情報を遅滞なく入手するための手段として，持続かつ効果的な司法上の救済措置についての権利を保障する。この救済措置についての権利は，いかなる事態においても，停止され又は制限されてはならない』ことを想起する。事件簿に含まれている情報及び

---

(78)　*Ibid*., paras. 10.5-10.6.

当事国からの意見がない状況の下では，委員会は，当事国が第20条2項の義務の履行を怠ったと思料する」[79]。

　第17条1項（秘密拘禁の禁止），第18条（正当な利益を有する者への情報を入手する機会の保障），第20条1項（情報についての権利の制限事由）及び2項（情報取得に係る司法的救済）の各規定は，強制失踪に言及することなく，「自由をはく奪された者」及びその者に「正当な利益を有する者」一般を権利の名宛人としている。CEDの見解は，これらの諸条項の単独の違反を問いうることを示唆する。委員会は，秘密拘禁と強制失踪の関係をどのように見ているのかについて明瞭には説明してはいない。しかし，強制失踪の効果的防止の視点から，これらの諸条項の単独の違反を認定できることを示唆したCEDの解釈は，条約目的に適合しており，1992年の強制失踪宣言第10条に起源を有するこれらの条項の起草作業[80]とも整合していると思われる。第1に，強制失踪宣言第10条や司法行政会期中作業部会の1998年条約草案は「公に認められ（及び規制され）た拘禁場所」以外での拘禁の禁止，並びに，被拘禁者の司法当局の面前への迅速な連行と審査を求めるだけの規定であったが，2002年のノバック報告では「外界との連絡を断つ拘禁（incommunicado detention）」の絶対的禁止，人身保護請求に対する効果的権利，強制失踪の疑いのある場合には迅速，簡単かつ効果的な救済を求める家族の権利を追加することが提案され，条約案起草会期間作業部会での度重なる検討作業を経て，まず秘密拘禁の禁止という基本原則を定めた上で，秘密の拘禁場所での拘禁の禁止，外界との連絡・交通権の保障，権限ある当局による拘禁場所への立入り検査，被拘禁者及び強制失踪の疑いのある場合には正当な利益を有する者が拘禁の合法性につき裁判手続をとる権利の保障，並びに，各収容施設と国が保持すべき全被拘禁者の記録簿の最低記載事項などを定めた現行第17条の規定が最終的に合意された[81]。第2に，

---

(79)　*Ibid.*, para. 10.7.

(80)　See, T. Scovazzi and G. Citroni, *The Struggle against Enforced Disappearance and the 2007 United Nations Convention* (Martinus Nijhofff Publishers, 2007), pp. 329-342.

(81)　See, A/RES/47/133, 18 December 1992, article 10; General comment on article 10 of the Declaration, E/CN.4/1997/34, 1996, paras. 23-24, 28-29; Report of the sessional working group on the administration of justice, E/CN.4/Sub.2/1998/19, articles 20, 21 and 22; Report submitted by Mr. Manfred Nowak, E/CN.4/2002/71, para. 83; Report of the intersessional open-ended working group to elaborate a draft legally binding

Ⅰ　人　　権

　自由はく奪について詳細な情報を請求する「正当な利益を有する者」の権利並びに当該権利の許容される制限についても，起草当初は拘禁場所の迅速な通知と最新情報への更新を求める程度の規定であったが，準備作業の進展に伴い，自由はく奪の日時・場所，拘禁施設収容の日時・場所，自由はく奪を命じた当局，監督責任当局，被拘禁者の健康状態等の詳細について情報提供を求める第18条の精緻な規定となった[82]。他方若干の代表が，被拘禁者のプライバシー若しくは身体の安全の保護，刑事捜査の妨害排除，公共の安全の維持等の必要がある場合に「正当な利益を有する者」への情報提供を制限できる旨の規定を設けることを提案し，反対に制限事由の濫用を懸念する代表が少なくとも強制失踪の疑いのある行為についてはいかなる情報制限も認められないこと，並びに，「正当な利益を有する者」が情報提供につき司法的手続に訴えることができることを求めた結果，第20条1項及び2項は相当複雑な規定ぶりとなっている[83]。これらの起草過程から窺われるように，第17条から第20条の規定は，強制失踪を防止するためすべての自由のはく奪を規律対象としており，自由権規約第9条が定める人身の自由についてさらに細目に渡り保護規定を設けたものといえる。将来これらの規定が単独で個人通報の対象となる可能性がある。

　以上の結果，CEDは，ロベルト・イルスタ自身については，第1条，第2条，第12条1項，第17条，第18条，第20条及び第24条1項から3項の違反を認定し，他方通報者については第12条1項，第18条，第20条，第24条1項から3項の違反を認定した[84]。

---

　　　normative instrument for the protection of all persons from enforced disappearance (hereinafter referred to as Report of the intersessional WG), E/CN.4/2003/71, paras. 66-70, 73-74; Report of the intersessional WG, E/CN.4/2004/59, paras. 116-117; Working Paper (Inter-sessional WG, 2004), E/CN.4/WG.22/WP.2, articles 16, 16 bis, 17; Report of the intersessional WG, E/CN.4/2005/66, paras. 75-79, 80-81, 82-87; Working Paper (Inter-sessional WG, 2005), E/CN.4/2005/WG.22/WP.1, articles 17,18, 19, 20; Report of the intersessional WG, E/CN.4/2006/57, paras. 129-136.

(82)　同上のほか，E/CN.4/1997/34, paras. 25-27; E/CN.4/2004/59, paras. 118-121.

(83)　E/CN.4/2003/71, para. 71-72; E/CN.4/2004/59, paras. 122-127; E/CN.4/2005/66, paras. 88-94; E/CN.4/2006/57, paras. 134-135.

(84)　*E.D. Yrusta et al. v. Argentina*, Views of 11 March 2016, *supra* note 68, para. 11.

(4) 強制失踪委員会の勧告事項

委員会は，上記の違反認定の結果，アルゼンチンに対して，(a)通報者の被害者としての地位を認め，イルスタの死亡と強制失踪に対する調査に効果的な参加を認めること，(b)イルスタの事件に関する調査が彼の死亡の原因に限定されず，コルドバからサンタフェへの移送時の彼の失踪に関する徹底的で公平な調査を行うように確保すること，(c)犯された違反に責任を有する者を訴追し，裁判し，処罰すること，(d)通報者に対して第24条4項及び5項に従ってリハビリテーション並びに迅速，公平かつ適正な補償を賠償として提供すること，(e)第24条5項(d)に定める再発防止の保障を実行するためのあらゆる必要な措置（条約の要件に適合する登録簿を作成し及び維持することを含む），並びに，第17条及び第18条に定めるように正当な利益を有するすべての者が関連する情報を利用できるよう確保するためにあらゆる必要な措置をとること，を勧告した[85]。

なお，同勧告のフォローアップ手続においてアルゼンチンは，期限を相当経過した後に，(a)につき通報者が刑事訴訟法の制限範囲内で証拠収集等の捜査段階では参加していること，(b)につき連邦最高裁の命令により強制失踪に関する調査が連邦裁判所で行われていることなどを回答したため，委員会は勧告全体につき，B2（最初の行動はとられたが追加の措置と情報が必要だ）とする評価を行った[86]。

2 強制失踪事件に関する自由権規約委員会と強制失踪委員会の見解の異同と課題

HRCttee は，直接的には自由権規約に基づきつつも，時々に ICC 規程及び強制失踪条約等の規定内容も取り込む形で，強制失踪に関する先例法理を形成・蓄積してきた。S.D. シャルマ事件（以下シャルマ事件）見解は，その今日的到達点を示す。反対に強制失踪条約自身，強制失踪の防止と保護・救済については強制失踪に関する HRCttee の先例法理の内容を発展的に具体化し精緻化しており，不処罰との闘いについては国際刑事条約の諸原則も採り入れることで条約独自の規則を発展させている。この強制失踪条約に基づく CED の

---

(85) *Ibid.*, para. 12.
(86) CED/C/13/2 (September 2017), pp. 3-6.

Ⅰ　人　　権

E.D. イルスタ及び A.V. イルスタ事件（以下イルスタ事件）見解も基本的にはシャルマ事件の HRCttee 見解と整合性のとれた見解となっているように思える。

　例えば，強制失踪の事実認定に当たって HRCttee が確立してきた挙証責任の配分原則はイルスタ事件 CED 見解でも共有されており，強制失踪該当性を自由のはく奪並びにそれに続く国家当局による自由のはく奪の否認及び失踪者の消息の隠蔽に基づかせたシャルマ事件見解は，若干の点を除き基本的にはイルスタ事件見解が示した強制失踪該当性の基準と同じ方向性を有している。さらに，強制失踪事件では失踪者だけでなくその家族もまた被害者として認められること，強制失踪に対して被告国は，迅速，公平，徹底的な調査，責任者の訴追と処罰，被害者に対する妥当な補償を含む十分な賠償を 3 本柱とする効果的救済措置が勧告されることといった点でも，HRCttee の見解と CED の見解は，基本的な整合性を保っているといえよう。

　もっとも，審査の根拠となる条約規定に差違があるために両委員会の見解には，異なる部分も認められる。

　第 1 に，CED のイルスタ見解は，強制失踪条約第 2 条の「強制失踪」の定義について 3 要素説の立場を明確にし，強制失踪の要素から時間的要素（長期性）と故意の要素を除外するとともに，「法律の保護の外に置く」とは失踪者の所在又は消息が隠蔽される当然の結果として生ずる失踪者の自由のはく奪が迅速に審理されない状態をさすという解釈を採用した。しかし，HRCttee が 7 日を超えた程度の自由のはく奪で強制失踪該当性を認めた事例はまだない。ICC 規程第 7 条 2 項(i)の強制失踪の定義が長期間「法律の保護の外に置く」意図を強制失踪の要件と定めており，無意識的に長期性に言及する委員会意見も時々見られることから，HRCttee が CED が採用した基準をどのように評価するかは現時点では不明であり，両委員会の解釈は同一でない可能性がある。

　第 2 に，まだ CED の見解は存在しないが，非国家主体による強制失踪該当行為に対する対応が異なる可能性がある。HRCttee の先例法理は，BH の VRS 等による強制失踪事件に関連して，特に被害者救済の視点から ICC 規程第 7 条 2 項(i)が「政治的組織」による強制失踪もカバーしていることにもふれて，これらの組織による強制失踪の調査，責任者の訴追並びに被害者への賠償の点で，強制失踪条約第 3 条の締約国の義務を上回るとも解釈できる義務を被

告国に要請する見解を採用してきている。CED が第 3 条の下で強制失踪条約の実体規定をどこまで非国家主体の強制失踪該当行為に準用するのかは今後の課題となろう。

第 3 に，もし HRCttee がイルスタ事件の事実を検討したとすれば，委員会は，強制失踪該当性が認定された事実の部分だけでなく，刑務所における拷問と虐待の規約第 7 条違反該当性及び刑務所での不審な死亡に係る第 6 条違反該当性についても審査を行ったであろう。これに対して CED は，強制失踪と関係しない拷問及び生命の剥奪については事項的管轄権がないため，受理許容性の段階で非許容を宣言するほかなく，この点は今後も変わりないと思われる。CED は焦点を強制失踪に当てる点では優れているが，主張された事件事実の全体を人権の視点で評価することには限界がある。

とはいえ，3 で検討したアルジェリア，リビア，ネパールにおける典型的な強制失踪事件を例にとれば，強制失踪条約は，何人も強制失踪の対象とされない権利（第 1 条），強制失踪の訴えについて迅速，公平かつ十分な調査を行い，親族・弁護人を不利な扱い又は脅迫から保護し（第 12 条），失踪者を捜索，発見，解放し又は遺体を発掘，特定及び返還する（第 15 条）国の義務，並びに，調査の進展と結果及び失踪者の消息を含め被害者の真実を知る権利並びに公正かつ適正な賠償を受ける被害者の権利を保障し，社会保障等の分野における親族の法的地位についても適当な措置をとる（第 24 条）国の義務について詳細な規定を設けており，CED の個人通報手続は，強制失踪に関する限り，これらの条文に基づく詳細で具体的な請求及び救済を可能にする手続となっている。しかし，以上のようなさまざまな点を考慮した上で，二つの個人通報手続のいずれが主張された事件の事実により適合的な手続として利用されるかは，通報者が当該事実を通じていかなる人権侵害につきどのような救済を求めるのかによっても異なると思われる。

なおイルスタ事件の CED 見解は，イルスタとその家族が 7 日を超える期間彼の所在に関する情報を奪われていた事実が，それ自体で第 17 条 1 項，第 18 条及び第 20 条 1 項の違反となることを認定した。これは，秘密拘禁の禁止をはじめとする第 17 条の義務及び自由のはく奪に正当な利益を有する者の情報へのアクセス権を定めた第 18 条から第 20 条の義務については，CED が強制失踪とは単独に違反の有無を審査できる可能性を示唆している。強制失踪条約

Ⅰ 人　　権

　第17条から第20条は，秘密拘禁を初めて明示的に禁止した国連人権条約であり，自由権規約第9条及び第10条には定められていない拘禁条件，拘禁記録，拘禁情報へのアクセス権とその制約事由などについて極めて詳細な規定を定めている。これらの規定が，強制失踪該当性に関する通報とは独立して秘密拘禁からの自由の保障を求めるための個人通報手続として活用できるか否かも今後の検討事項であろう。さらに強制失踪条約第16条のノン・ルフールマン原則に関連した個人通報も今後CEDに係属する可能性があるが，HRCtteeは，自由権規約第6条及び第7条の発展的解釈を通じて，生命の恣意的剥奪並びに拷問及び虐待のおそれが認められる国への送還は禁止されるという先例法理を確立してきており，この分野でもCEDとHRCtteeの見解の内容が整合性を保っていくことが要請されるだろう[87]。

　他方，強制失踪の国内犯罪化義務，刑事裁判権の設定義務，容疑者所在地国が負う引き渡すか又は訴追するかの義務などを定めた強制失踪条約第4条から第14条の国際刑事法の性格を有する諸規定は，自由権規約には対応する規定のない強制失踪条約独自の規定である。これらの規定の違反が個人通報手続で問われることはあまりないと思われるが，拷問等禁止条約の個人通報手続では，チャドのアブレ元大統領の訴追又は引渡しを行うセネガルの義務違反が問われ，CATが拷問等禁止条約第5条及び第7条の違反を認定したS.グェングェンほか対セネガル事件の決定の例[88]がある。したがって，こうした通報は，HRCtteeでは扱いきれないので対象が強制失踪又は拷問のいずれに関係するかによりCEDやCATで対処することになろう。

Ⅴ　結びにかえて

　本稿で検討したように，HRCtteeは，潜在的に116カ国の選択議定書受諾国から強制失踪に関する個人通報を受理する権限を有し，個人通報制度発足以来積み重ねてきた自らの判例法理に基づき，今日においても強制失踪に関係す

---

(87)　拙稿「ノン・ルフールマン原則に関する拷問等禁止委員会および自由権規約委員会の先例法理」平覚・梅田徹・浜田太郎編集代表『国際法のフロンティア──宮崎繁樹先生追悼論文集』（日本評論社・2019），101-152頁参照。

(88)　See S. Guengueng v. Senegal (No. 181/2001), decision of 17 May 2006, CAT/C/36/D/181/2001.

る個人通報の主要な受け皿として機能している。Ⅱ及びⅢで見たように，HRCttee は，自由権規約に基づき築き上げてきた自らの先例法理に従って強制失踪案件を処理するとともに，強制失踪条約をはじめとする国連人権文書及び地域人権文書の内容を参照しながら，この分野における自由権規約関連条項の発展的解釈を行ってきている。他方，CED の強制失踪条約に基づく個人通報の検討は，まだようやく事件が係属し始めたところであり，強制失踪という重大な人権侵害を防止し，責任者を訴追し，被害者を救済する国連条約実施機関としての今後の役割が期待される。両者の見解は，細部では条約規定の差違にもより，異なるところがあるが，強制失踪から人を保護し妥当な救済を提供するという本質部分においては相互に親和的なものとなっていることはⅣの検討で見てきたとおりである。HRCttee に提起された強制失踪事件の相当部分が，強制失踪条約非締約国又は同条約の個人通報手続を受諾していない国に関係する強制失踪条約発効以前に開始された事件であり，強制失踪条約第 30 条に基づく CED の緊急行動要請が 2012 年 3 月以降 2019 年 4 月 4 日までに既に 569（メキシコ 355 件，イラク 162 件，コロンビア 21 件，ホンジュラスの 14 件等）にのぼっていることから[89]，やがて CED に提起される個人通報の数も，徐々に増えていくことが予測される。しかし現時点では，これらの国は CED の個人通報手続を受諾しておらず，強制失踪条約締約国の倍増と個人通報受諾国の増加が急務とされるゆえんである。残念ながら強制失踪は未だ少なからぬ国で発生しているというのが現実であり，その解決のために HRCttee 及び CED は，他の国際人権機関と協力しながら，それぞれ異なる角度から強制失踪個人通報に取り組まなければならない状況が暫く続かざるを得ず，基本点において両者の見解の調和と整合性を維持していくことが重要かと思われる。

　これに関連して最後に強制失踪条約第 30 条の緊急行動の要請手続が果している重要な役割について一言言及しておきたい。強制失踪条約は，個人通報手続とは別個に WGEID の個人請願手続と類似の失踪者の捜索・発見手続である緊急行動手続を備えている。同手続によれば，2019 年 4 月までに 15 カ国から 569 の要請が登録され，これらの被要請者の中には生きて釈放又は拘禁中の状態で発見された人，残念ながら遺体で発見された人もそれぞれ若干数あるが，

---

[89] See CED/C/16/2 (6 de mayo de 2019), pp. 1-6.

Ⅰ　人　　権

圧倒的多数の人が依然として失踪状態にあるという現実がある[90]。同手続の主要な目的は CED に緊急行動の要請のあった失踪者につき関係国に迅速に通報・要請をして失踪者の捜索と発見を行うことであり，失踪者の所在又は消息が判明した段階で原則として同手続は終了（close）又は中断（discontinued：拘禁されている再失踪の危険が除去されていない場合等）される。同手続は，失踪者の捜査・発見のために必要なあらゆる措置を要請する手続で，強制失踪事件の調査・責任者の訴追・被害者の救済等を行う手続ではないが，それでも必要に応じて失踪者の捜索・発見に関して強制失踪条約第12条，第14条，第16条などの条約規定の遵守を要請する手続となっている。通常関係国の常駐代表部を通じて要請を行う同手続の下でも，期限内不回答と重なる督促が行われているのが実情である[91]。例えばメキシコでは多数の事案で迅速な捜索開始がされず，病院や拘禁場所に文書照会がなされても親族が行動をとらない限り無視されるか場当たりの断片的で無計画な捜査方針しか立てられておらず，検察当局が現場に行くことは稀で調査も実施されないことが多く，時には事件関係者の捜索妨害が行われ，これに縦割り及び連邦と州間の権限の調整不足による非効率が加わり，被害者家族への国からの支援もないことが報告されている[92]。イラクの場合，緊急行動の要請で CED が提示した以上の情報を把握できていないものが極めて多く，当局側が被害者にイラク内務省の人権部局に正式に届け出をさせるために CED に請願者名を提供するよう求める有様で，IS による失踪又はテロリスト容疑者の失踪者には関知しないという回答がなされたことが指摘されている[93]。こうした状況の下で CED は，例えば，ホンジュラスの捜査当局に対して条約第14条に定める国際司法共助提供のための取り組みができていない点を指摘し必要な措置をとることを要請したり，カザフスタンによるトルコへの追放後の失踪につき条約第14条から第16条を援用して捜索のための追跡の義務に言及するなど[94]，条約規定に従った捜査・発見の義務に

---

(90) CED, Urgent actions registered by the Committee (March 2012 to 13 June 2018), available at <https://www.ohchr.org/EN/HRBodies/CED/Pages/CEDIndex.aspx>.
(91) 原則回答期限は2週間で，3回の督促による各2週間毎の延長後，協力の意思がないとみなして公表される。CD/C/13/3, para. 6.
(92) Ibid., paras. 9; CED/C/14/2, paras. 7-8; CED/C/15/2, paras. 7-13.
(93) CED/C/13/2, paras. 10-16; CED/C/14/2, paras. 9-11; CED/C/15/2, paras. 14-16.
(94) CED/C/15/2, paras. 25 and 26.

加えて調査義務を履行するよう求め、さらに「失踪者の捜索のための指導原則」を採択して捜索のあり方について締約国に一定の基準を示した[95]。捜索・発見という限られた範囲ではあるが、個人の緊急行動要請という枠内で、第12条、第14条、第15条、第16条の履行が求められており、これは第17条から第20条の秘密拘禁の禁止、情報へのアクセス、第24条2項の知る権利についても、いえることである。強制失踪の防止に関連した規定は、その違反が生じてからではなく強制失踪を未然に防ぐことにこそ意義があり、第30条手続でその履行が要請されることが期待される。それでも不幸にも強制失踪事件に立ち至ったときは、被害者に第31条の個人通報手続が提供されるべきで、第30条手続がなされた事件であれば、そこでの全記録が重要な証拠となっていくであろう。

---

(95) See CED/C/15/2 and CED/C/7 (16 de abril de 2019, Spanish only).

3「先住民族の権利に関する国連宣言」の機能と課題──土地に対する権利を中心に

小坂田裕子

I はじめに
II 国内裁判所に対する影響
III 国際的及び地域的人権機関への影響
IV 国連機関及び専門機関への影響
V 先住民族権利運動に対する影響
VI 森林認証制度に対する影響
VII おわりに

I　はじめに

　2007年9月,国連総会において「先住民族の権利に関する国連宣言」(以下,国連宣言)が,賛成143,反対4,棄権11で採択された。22年にも及ぶ国連宣言の起草作業で,最も論争を呼んだ権利の一つが土地に対する権利である。国連宣言に反対票を投じたアメリカ,オーストラリア,カナダ,ニュージーランド(CANZUS)は,その主な理由の一つに土地に対する権利の実行不可能性をあげており,国連宣言によって自国で長年かけて確立してきた先住民族の権利や利益保護に関する取り決めが覆されることを危惧していた[1]。

　その後,CANZUSはいずれも国連宣言支持を表明しているが,これらの国の支持声明を見ると,土地に対する権利についてはいずれも国内法の枠内で受諾することを表明しており,国連宣言の当該権利に対する懸念が解消されたわけではないことが分かる[2]。実際,採択から10年以上がたった現在も,国連

---

(1) U.N. Doc. U.N. GA/10612 (2007).
(2) 例えば,オーストラリアは国連宣言支持表明において,「宣言の支持によって,土地権や先住権原に関するオーストラリア法は変更されない」と述べている (Jenny Macklin MP, Minister for Families, Housing, Community Services and Indigenous Affairs, Statement on the United Nations Declaration on the Rights of Indigenous Peoples, 3 April 2009)。See also Announcement of U.S. Support for the United

Ⅰ　人　　権

　宣言が関係国において先住民族の土地に対する権利に関し，国内法や政策を直接的に転換させた事例をあげることは難しい[3]。

　その一方で，国連宣言が先住民族の土地に対する権利に関して，政府以外の様々な国内及び国際機関や先住民族自身に影響を与えているという事実には，これまで必ずしも十分な関心が払われず，ほとんど研究されてこなかった[4]。そのため本稿では，土地に対する権利に関連して国連宣言の影響を認めることのできる主なもの――国内裁判所，国際的及び地域的人権機関，国連機関及び専門機関，先住民族の権利運動，森林認証制度――を対象として，国連宣言が現在，果たしている機能を明らかにするとともに，その課題について考察をおこなう。

Ⅱ　国内裁判所に対する影響

　国連宣言が影響を与えた国内裁判所判例については，先住民族の権利に関する専門家メカニズム（Expert Mechanism on the Rights of Indigenous Peoples: EMRIP）が国連宣言10周年に出した報告書でいくつか簡単に紹介されており[5]，

　　Nations Declaration on the Rights of Indigenous Peoples, January 12, 2011; Canada's Statement of Support on the United Nations Declaration on the Rights of Indigenous Peoples, November 12, 2010; John Key, Prime Minister, National Govt to support UN rights declaration, April 20, 2010. 詳しくは，拙著『先住民族と国際法――剝奪の歴史から権利の承認へ』信山社，2017年，42-43頁参照。

(3) 　国連宣言を国内法化した例としては，2007年11月にボリビアが宣言規定に同国内における法的効力を承認する法を採択したことがある（John L. Hammond, "Indigenous Community Justice in the Bolivian Constitution of 2009", *Human Rights Quarterly*, Vol.33 (2011), pp.649-681）。さらにボリビアは2009年新憲法で先住民族共同体の自治を承認し，当該地域における天然資源の管理も認めた。当時のボリビアは先住民族出身のMoralesが大統領で，しかも先住民族が国民の多数派を占めており，他の多くの国と事情を異にすることに留意する必要があるものの，これらは国連宣言が国内法政策に影響を与えた先例として評価しうる。

(4) 　土地に対する権利に限定していないが，そのような研究の例として，Felipe Gómez Isa, "The Role of Soft Law in the Progressive Development of Indigenous Peoples' Rights", in Stéphanie Lagoutte *et al.* (eds.), *Tracing the Roles of Soft Law in Human Rights*, Oxford UP, 2016, pp.185-211.

(5) 　EMRIP, *Ten years of the implementation of the United Nations Declaration on the Rights of Indigenous Peoples: good practices and lessons learned – 2007-2017*, U.N. Doc. A/HRC/EMRIP/2017/CRP.2, pp.10-12.

その中には土地に対する権利に関するものも含まれる。そのうち，ここでは原典にあたることができたベリーズ最高裁判所（第1審）2007年判決とカナダ・オンタリオ州裁判所2017年判決，また国際法協会（International Law Association: ILA）の先住民族の権利の実施に関する国際委員会がおこなっている国連宣言の各国での実施状況の調査に関して提出された報告書で詳細に紹介がおこなわれているチリ・バルディビア高等裁判所2010年判決について概観する。

2007年，ベリーズ最高裁判所（第1審）[6]は，慣習的土地保有に基づく先住民族の土地に対する集団的権利（用益権）を認め，それがベリーズ憲法で保護される「財産」を構成するとして，政府に先住民族の土地の境界画定及び公的な権利付与をおこなうよう命じるというベリーズ史上初の画期的判断をおこなった。その判断過程で，ベリーズ最高裁判所は，国連宣言に法的拘束力はないとしつつ，それが国際法の一般原則を含む場合は「国家はそれらを無視することを期待されていない」とした。そして，国連宣言第26条に言及し，それが先住民族の土地及び資源に関するコンセンサスの高まりと国際法の一般原則を反映しているとした。さらに，ベリーズは国連宣言に賛成票を投じたことを忘れてはならないと述べている。その上で，裁判所は，憲法と国際法の両方から，被告であるベリーズは，Maya先住民共同体の構成員としての原告達の土地に対する権利を尊重しなければならないと結論づけている（paras.131-134）。本件では，先住民族の土地に対する慣習的保有に基づく集団的権利を保護する要請が憲法のみならず，国連宣言を含む国際法からも導かれることを根拠として，政府に対して境界画定と公的権利付与が命じられている。なお，当該事件は最終審であるカリブ裁判所でもMaya民族の慣習的土地権が確認され，それを保護するための積極的措置の要請が政府になされたが[7]，2018年5月時点で実施はおこなわれていない[8]。

次は，カナダ・オンタリオ州裁判所2017年判決についてである[9]。Batchewana

---

(6) Supreme Court of Belize, Claim No.171 of 2007, Judgement of 10 October 2007.

(7) Caribbean Court of Justice, Judgement of 30 October 2015, CCJ Appeal No. BZCV2014/002, [2015] CCj15 (AJ).

(8) AMANDALA Newspaper, *At UN Forum on Indigenous Peoples, Maya Leaders Alliance Urged GOB to Respect the Rule of Law*, 19 May 2018.

(9) Ontario Court of Justice, R. v. Sayers (2017), Court File No.: Sault Ste. Marie 08-

Ⅰ　人　権

　First Nation の構成員である 4 人の被告は，許可なく国有林で伐採をおこなった罪で起訴されたが，1850 年 Robinson 条約に基づいて，伐採がおこなわれた土地に対する先住権（aboriginal title）を有しているとして，無罪を主張していた。これを受け，原告である国は，本裁判所が先住権の問題を扱う最適なフォーラムでないとしつつ，起訴の取り消しを求めたが，被告達は条約や先住権の問題を争いたかったため，起訴取り消しに同意しなかった。本件で，オンタリオ州裁判所は，起訴取り消しが公共の利益にかなうことを原告が示したことに満足していると述べた後，国連宣言第 3 条，第 8 条 2 項(b)，第 26 条，第 28 条，第 32 条，第 40 条に言及して（paras.49-50），「これらの起訴の取り消しは，国連宣言に合致する」（para.67）として結論を強化した。本件で裁判所は，390,000 カナダドルの裁判費用の支払いを原告に命じたが，被告達が希望した 1850 年条約や先住権の問題には踏み込まなかった。

　最後に，2010 年チリ・バルディビア高等裁判所判決[10]は，以下の通りである。国家環境委員会の 2010 年 4 月 5 日の決議 No.041 に対して，Lanco-Panguipulli Mapuche 共同体が Amparo 訴訟を提起した。この決議は，先住民共同体の土地に隣接した地区における固形廃棄物の処分を許可したもので，先住民族側はそのような廃棄は自らの儀式の場を破壊しうると主張していた。裁判所は，廃棄物処分プロジェクトの許可が出る前におこなわれた会社との会合では，会社は廃棄場と先住民共同体との距離に関して虚偽の情報を提供していたことから，決議は違法で恣意的であると判断した。また裁判所は，このプロジェクトの実現は，疑いなく，先住民共同体の生命とその身体的及び精神的完全性に影響を与え得たことも指摘している。さらに裁判所は，国連宣言第 25 条を考慮すれば，関連先住民共同体と周辺環境の間には確かに結びつきがあったと認めた。当該判決は 2011 年 1 月に最高裁によって支持されている[11]。

　このように国連宣言の土地に対する権利条項は，国内裁判所の結論を強化す

528, 529, 530.

(10)　Court of Appeal of Valdivia, Decision of 26 May 2010, Causa Rol No.243-2010. See also Alexandra Tomaselli and Rainer Hofmann, "Case study: Land and water rights in Chile", available at http://www.ila-hq.org/index.php/committees（Committee: Implementation of the Rights Indigenous Peoples), pp.8-9 (accessed on 29 September 2018).

(11)　Supreme Court, Decision/Rol No. 6062/2011, 4 January 2011.

るために用いられる場合もある。

Ⅲ　国際的及び地域的人権機関への影響

1　国際人権条約実施監視機関による国連宣言への言及

　国際人権条約の実施監視機関は，報告審査において先住民族の土地に対する権利に関連して国連宣言に言及する場合がある。以下では，その具体例を概観する。

　まず，社会権規約委員会の報告審査において国連宣言に言及した例として，次のようなものがある。ガイアナに対する最終所見は，アメリインディアン（Amerindian）が自らの土地権の取得にあたって直面している問題や影響を受ける共同体の事前の自由なインフォームド・コンセント（FPIC）のない採掘活動を支持した裁判所判決等に懸念を表明し，「2006年アメリインディアン法や他の関連諸法の解釈及び実施において先住民族の権利に関する国連宣言を考慮に入れることを確保するために，締約国が適切な措置をとる」よう勧告している[12]。

　人種差別撤廃委員会は，アメリカに対する最終所見（2014年）で，ネイティブ・アメリカンにとって精神的及び文化的に重要な領域で実施される，又は計画される活動——核実験，有毒で危険な廃棄物貯蔵，採掘又は伐採等——の報告に懸念を表明し，「宣言が先住民族に関する条約上の締約国の義務の解釈を導くために使われるべき」ことを勧告している[13]。

　子どもの権利委員会のケニアに対する最終所見（2016年）は，先住民族が自らの土地から開発や資源保全の名目で立ち退きを強いられていることが，先住民族の子供の権利の深刻な侵害につながっていることに懸念を表明し，「ILO

---

[12]　Concluding observations for Guyana, U.N. Doc. E/C.12/GUY/CO/2-4 (2015), paras.16 and 17(c). See also concluding observations for Philippines, U.N. Doc. E/C.12/PHL/CO/5-6 (2016), para.14(a); Concluding observations for Honduras, U.N. Doc. E/C.12/HND/CO/2 (2016), para.12(b); Concluding observations for Uganda, U.N. Doc. E/C.12/UGA/CO/1 (2015), para.13.

[13]　Concluding observations for United States of America, U.N. Doc. CERD/C/USA/CO/6 (2008), para.29. See also concluding observations for Guatemala, U.N. Doc. CERD/C/GTM/CO/12-13 (2010), para.11; Concluding observations for Suriname, U.N. Doc. CERD/C/SUR/CO/13-15 (2015), para.24; Concluding observations for Paraguay, CERD/C/PRY/CO/4-6 (2016), 18(b).

Ⅰ　人　　権

第169号条約の批准し，先住民族に関する国連宣言を正式に承認することを検討する」よう締約国に促している[14]。

　女性差別撤廃委員会のフィリピンに対する最終所見（2016年）は，「女性の権利と，1997年先住民族の権利法令及び国連宣言に規定される非ムスリム先住民族の権利，並びにムスリム（Bangsamoro）共同体の権利が合致することを確保するような土地管理に関する革新的な解決策を特定し，実施するためにBangsamoroと非ムスリムの先住民共同体と十分に協議する」よう勧告している[15]。

　このように複数の国際人権条約実施監視機関が報告審査において，先住民族の土地に対する権利に関連して，国内法や人権条約の解釈において国連宣言を参照すべきこと，更には国連宣言自体の実施を勧告している。2014年9月に開催された世界先住民族会議の成果文書は，人権条約機関に「それぞれのマンデートに従って宣言を考慮するよう」勧告していたが[16]，上記に見る実施監視機関の実行はその要請にかなうものである。その一方で，人権条約実施監視機関が国連宣言自体の実施を勧告することは，締約国が認めた権限を逸脱するものという批判もありうる。また，人権条約実施監視機関が，人権条約の解釈において国連宣言を参照することには，国家が明示に引き受けていない義務を解釈という手段を使って課する結果になるという疑問もありうる[17]。実際，後に見るように，アメリカ政府は先住民族の権利に関する特別報告者とのやり取りの中で，国連宣言を自国が当事国となっている人権条約の解釈に利用する実行を批判している。

---

(14)　Concluding observations for Kenya, U.N. Doc. CRC/C/KEN/CO/3-5(2016), para.68. See also concluding observations for South Africa, U.N. Doc. CRC/C/ZAF/CO/2 (2016), para.66.

(15)　Concluding observations for Philippines, U.N. Doc. CEDAW/C/PHL/CO/7-8 (2016), para.46(c).

(16)　U.N. General Assembly, Outcome document of the high-level plenary meeting of the General Assembly known as the World Conference on Indigenous Peoples, U.N. Doc. A/RES/69/2 (2014), para.29.

(17)　坂元茂樹「条約解釈の神話と現実——解釈学説対立の終焉が意味するもの——」『世界法年報』第22号（2003年），44頁。

2　UPR における国連宣言への言及

　国連人権理事会の普遍的定期審査（UPR）において，国連人権高等弁務官事務所（OHCHR）が作成する国連文書に関する締約国情報の中には，人権条約実施監視機関の最終所見等に加えて，特別報告者の国別現地調査に基づく報告書の勧告——その中には，国連宣言に依拠したものもある——が含められている。こうした情報に基づいておこなわれる UPR では，先住民族の土地に対する権利に関連して，国連宣言の実施が求められる場合もある。

　例えば，OHCHR によるアメリカに関する締約国情報には，人種差別撤廃委員会の次のような最終所見を掲載していた。「ネイティブ・アメリカンが自ら影響を受ける決定に参加し，彼／彼女らの土地におけるあらゆる活動を採択及び実施する前に，彼／彼女らと誠実に協議する権利を認めなければならず，先住民族に関する条約上の義務を解釈するための指針として国連宣言が利用されなければならない[18]」。その結果，UPR では，イラン，ボリビア，リビア，フィンランド，ガーナ，ニュージーランド，ニカラグアから国連宣言を承認し，実施するよう勧告を受けている[19]。

　ただし，勧告に対しては被審査国がそれを支持するかどうかの確認がおこなわれており，そこで被審査国から反論がおこなわれる場合もある。被審査国がUPR での勧告を支持するかの確認において，国連宣言に基づく勧告に対して，被審査国が支持しない場合がしばしばある。筆者のこれまでの研究によれば，その理由としてあげられることが多いのは，自国には先住民族は存在しないと主張する例，国連宣言の法的拘束力のなさを指摘する例，さらに国連宣言の原則や一般的な実施は支持する一方で，宣言の無条件の実施は受け入れられないとする例がある。また，勧告を支持するが，自国の政策等が国連宣言と合致していることを主張する例もある[20]。

3　国連特別報告者による国連宣言への言及

(1)　先住民族の権利に関する特別報告者による言及

　先住民族の権利に関する国連特別報告者は，その任務である国別現地調査及

---

(18)　U.N.Doc. A/HRC/WG.6/9/USA/2 (2011), para.64.
(19)　U.N. Doc. A/HRC/16/11 (2011), 92.200-92.206.
(20)　詳しくは，拙著・前掲書注(2), 83-89 頁。

Ⅰ 人　　権

び通報審査の中で，事実の評価や勧告において国連宣言にしばしば言及しており，これらの制度に国連宣言の実施監視機能を事実上もたせようとする傾向を認めることができる。元特別報告者の Anaya は，就任後，最初の通報審査に関する報告書（2008 年）において，当該制度における国連宣言の役割を次のように述べている。「2007 年 9 月 13 日に総会で採択された国連宣言は，今や参照のための重要な規範的枠組（normative frame of reference）を提供する。適切な場合に，特別報告者は，申し立てられている人権侵害を扱うため，さもなければ先住民族の権利の尊重を促進するため，政府や他の者とコミュニケーションをとる際に，他の適用可能な人権文書に加えて，宣言の関連条項に注意を喚起する。このようにして，特別報告者は，「適切な場合に，国連宣言及び先住民族の権利の向上に関わる国際文書を促進する」（第 1 条(g)）という，人権理事会により特定された任務の他の側面も促進する[21]」。

　以下では，アメリカ合衆国と元特別報告者 Anaya の通報制度でのやりとりが，既存の条約を国連宣言の観点から解釈することの可否に関連して興味深いので，紹介する。通報は，地元の先住民族により神聖な場所と見なされてきた土地で，商業スキーの運営のために下水を再利用して人工雪を製造することを合衆国の森林局が許可したことに関するものであった。特別報告者は，この問題に関する勧告において，「政府機関による行為又は決定は，国内法だけでなく，ネイティブ・アメリカンの宗教的慣行を実践し，維持する権利を保護する国際基準にも合致するように確保する必要」を強調している[22]。勧告では国際基準がどの文書に基づいているかは示されていないが，その検討過程では，自由権規約第 18 条 1 項及び第 27 条，人種差別撤廃条約第 5 条に言及した上で，国連宣言第 12 条及び第 25 条を引き合いに出し，「平等な立場で宗教を自由に実践する権利を確保する国家の義務は，神聖な場所において先住民族の宗教的伝統を実践するためのセーフガードを採択する義務を含む」と結論づけている[23]。

　アメリカ政府は，2011 年 11 月 17 日の返答の中で，次のように特別報告者の所見に異議を唱えた「合衆国は，条約の明確な文脈で交渉されておらず，後の，非拘束的で願望を示した文書を，そのような条約の下での当事国の義務を

---

(21)　U.N. Doc. A/HRC/9/9/Add.1 (2008), p.4, para.3.
(22)　U.N. Doc. A/HRC/18/35/Add.1 (2011), para.27.
(23)　U.N. Doc. A/HRC/18/35/Add.1 (2011), paras. 16-19.

再解釈するために，利用することは適切でないと信じている[24]」。これに対して，Anaya は自らの所見の中で，次のように反論している。「特別報告者は合衆国に対して，国連宣言は自らが当事国となっている条約の解釈に利用されてはならないという立場を放棄するように求める。特別報告者は，当該立場は，合衆国の国連宣言是認と合致しないし，法的に不合理であると考える。合衆国が国連宣言に具体化される先住民族の権利の諸原則を支持する限り，先住民族に関連する条約の適用において，国連宣言がかなり有益であると，どのようにしたら考え得ないのか理解するのは困難である。さらに合衆国の立場は，人権諸条約はダイナミックな方法で解釈されるという国際人権法及び実行の傾向（略）と対立するものである[25]」。

なお，現特別報告者の Tauli-Corpuz は，就任以来，通報制度に関する報告書を提出していないが，国別現地調査では，Anaya 同様，その報告書の勧告において国連宣言に言及する場合がある。例えば，ブラジルに対する勧告（2016 年）では，「先住民族代表と協力し，先住民族の自決権に従って，先住民族世界会議でのブラジルの誓約を守り，先住民族の権利に関する国連宣言の実施に向けた国家行動計画を発展させる」よう求めている[26]。

(2) 他の特別報告者による国連宣言への言及

他の国連特別報告者によっても，先住民族の土地に対する権利に関連して，国連宣言は言及されるようになっている。例えば，極度の貧困と人権に関する特別報告者は，チリ訪問調査に関する報告書において，「単に法的拘束力がないという理由で先住民族の権利に関する国連宣言の適用可能性を否定する官僚の傾向は，過度に単純化しすぎで役に立たない。宣言は，これらの問題を扱う適切な枠組に関する国際コンセンサスを示しており，その諸規定は政策形成において考慮されなければならない。特別報告者は，チリ政府に宣言をその国内法制度に統合するよう」勧告した上で，「チリ政府は，関連する全ての集団と協議して，先住民族の貧困を削減するための包括的戦略を準備するよう，社会開発省に要求すべきである。……土地権の問題を扱うことは，先住民族の貧困

---

(24) Reply of the United States of America, 23 November 2011, p.5.
(25) U.N. Doc. A/HRC/21/47/Add.3 (2012), p.22, para.80.
(26) U.N. Doc. A/HRC/33/42/Add.1 (2016), para.98(a).

を削減するために中心的である」と述べている[27]。他にも，適切な住居に関する特別報告者[28]，食料の権利に関する特別報告者[29]，人権と多国籍企業の問題に関する作業部会[30]，人権擁護者の状況に関する特別報告者[31]等の報告書においても，先住民族の土地に対する権利に関連して，国連宣言は言及されている。

4　地域的人権機関による国連宣言への言及
(1)　米州人権裁判所

米州人権裁判所は，先住民族の土地に対する権利に関して先駆的な判断を多く出しているが，その判断の中で国連宣言に言及する場合がある。なお，米州人権条約第29条(d)は，同条約の解釈において「米州人権宣言又はその他の同じ性格の国際的文書が持つことのある効果を排除し又は制限すること」を禁止している。そのため，米州人権条約の解釈において国連宣言を考慮することに争いはない。

初期のケースとして，2007年のSaramaka族対スリナム[32]をあげることができる。本件ではアフロ系共同体の1つであるSaramaka族の同意なく，その先祖伝来の領域における森林伐採及び金採掘のコンセッションを国家が付与したことが問題となった。米州人権裁判所は，米州人権条約第21条に関して判例上確立している制約事由に加えて，先住民族又は部族の先祖伝来の領域に存在する天然資源の調査又は採集のためのコンセッションを付与する場合には，先住民族又は部族としての彼／彼女らの生存を否定しないために次の3つのセーフガードを遵守しなければならないとした。第1に，開発計画の初期段階において同意に達する目的で先住民族又は部族との効果的協議がなされなければならず，第2に，領域内のあらゆる計画について彼／彼女らに利益配分する保証をおこない，第3に，独立かつ技術的能力のある実体が国家の監視の下で

---

(27)　U.N. Doc. A/HRC/32/31/Add.1 (2016), paras.74-75.
(28)　U.N. Doc. A/71/310 (2016), para.56.
(29)　U.N. Doc. A/HRC/31/51/Add.1 (2015), para.37.
(30)　U.N. Doc. A/71/291 (2016), para.9.
(31)　U.N. Doc. A/71/281 (2016), para.68.
(32)　Inter-American Court of Human Rights, The Case of the Saramaka People v. Suriname, Judgement of 28 November 2007.

事前の環境及び社会影響評価を実施するまで領域内でのいかなるコンセッションも発布しないよう確保しなければならない（para.129）。その後，米州人権裁判所は，これらのセーフガードが自由権規約委員会の見解や複数の国際文書の条文，複数の条約締約国の実行と両立することを指摘し（para.130），国連宣言第32条に言及している（para.131）。本件で米州人権裁判所は，先住民族又は部族の権利制限に対するセーフガードを正当化する根拠として，国連宣言に言及したといえる。なお，本判決ではSaramaka族の領域の境界画定及び権利付与が命じられていたが，2018年9月時点でスリナム政府によって実施されていない[33]。

2015年のKaliña族及びLokono族対スリナム[34]も，以下のように国連宣言に言及している。本件では，Kaliña族及びLokono族が先祖伝来の領域の返還を求めているが，その一部は自然保護区となっているため，Kaliña族及びLokono族の集団的権利と公共の利益（public interest）としての環境保護との比較衡量が問題となった（para.168）。米州人権裁判所は，生物多様性条約第8条j項・第10条c項，環境と開発に関するリオ宣言第22原則，国連宣言第29条・第25条・第18条等に言及し，これらから「原則として，自然地区の保護と先住民族及び部族の領域における天然資源の保護に対する彼／彼女らの権利は両立しうる」と述べ，Saramaka族対スリナムで示された3つのセーフガードがこの両立性を達成する上で重要な基準となるとした（paras.173-181）。このように本件で米州人権裁判所は，集団的権利と公共の利益の比較衡量に際して，国連宣言の諸条項等に言及することで，両者が両立可能であることを示した。なお，本判決ではKaliña族及びLokono族の伝統的領域の境界画定と権利付与が命じられていたが，2018年9月時点で実施はされていない[35]。

---

(33) Order of the Inter-American Court of Human Rights, 26 September 2018, Monitoring Compliance with Judgement of the Saramaka People v. Suriname.
(34) Inter-American Court of Human Rights, The Case of the Kaliña and Lokono Peoples v. Suriname, Judgement of 25 November 2015.
(35) U.S. Department of State, Bureau of Democracy, Human Rights, and Labor, Country Reports on Human Rights Practices for 2016 (3 March 2017).

I 人　　権

(2)　アフリカ人権委員会及びアフリカ人権裁判所

　アフリカ人権委員会は，2010年のEndorois事件[36]において，米州人権裁判所の判例を多数引用して，それに影響を受ける形で，「人及び人民の権利に関するアフリカ憲章」（バンジュール憲章）に基づき，先住民族の土地及び天然資源に対する権利を認める画期的判断をおこなった。その際，次に見るように，国連宣言にも言及している。Endorois共同体は，数世紀にわたってケニアのBogoria湖地区に暮らしてきたが，1973年及び1978年の2つの動物保護区の創設を通じて，移住を余儀なくされ，1978年以来，土地へのアクセスを禁じられてきた。Bogoria湖周辺はEndoroisが営む牧畜に適した肥沃な土地で彼／彼女らの宗教及び伝統的慣行の中心でもあった。その後，Endorois共同体の先祖伝来の土地の一部は国家から第三者に売却されたり，2002年には共同体の先祖伝来の土地におけるルビー採掘のコンセッションが私企業に付与されたりしている。申立人達は，Endoroisの土地の回復と彼／彼女らの権利侵害に対する補償を要求して，アフリカ人権委員会（ACHPR）に通報をおこなった。

　本件で，ACHPRはEndoroisを先住民族と認め，さらに共同体の先祖伝来の土地における権利及び利益がバンジュール憲章の財産権条項（第14条）の「財産」を構成するとした（para.187）。そして，国連宣言を引用し，「もし国際法がアクセスを認めるのみであるならば，先住民族は国家や第三者による更なる侵害／剥奪に脆弱なままであるだろう」として，公的な土地の権利証書がなくても法律上の所有権を認める必要があることを指摘している（paras.204 and 207）。

　また本件において第14条違反が認められるか，すなわち，財産権の制限が「公共の利益」のために「適切な法に従って」おこなわれたか，の審査において，後者は「協議」と「補償」を要請しているとした上で，「補償」の要件に関して，国連宣言案第27条（現第28条）に言及した。そして，土地の返還権が存在することが証明された場合は，国家は当該土地を先住民族に返還するために必要な行為をとらなければならないが，それが客観的かつ合理的な理由に基づき不可能な場合には，先住民族との同意によって選ばれた規模及び質にお

---

(36)　African Commission on Human and Peoples' Rights, Centre for Minority Development (Kenya) and Minority Rights Group International on behalf of Endorois Welfare Council v. Kenya, Communication 276/2003, 4 February 2010.

いて同等の土地を引き渡さなければならないとし，本件でEndoroisに渡された土地は同等の質ではなかったと述べている（paras.232-234）。最終的にACHPRは，第14条違反を認定している。

　本件における国連宣言への言及のうち前者は，バンジュール憲章の解釈において国連宣言を参照した例である。後者は，判例上確立している権利制限の要件について，国連宣言を参照してさらに具体化した。バンジュール憲章第60条は，ACHPRが同憲章の解釈において，世界人権宣言や国際連合によって採択された他の文書の規定を考慮することを認めている。そのため，ACHPRがバンジュール憲章の解釈において国連宣言を考慮することに争いはない。なお本決定は，Endoroisの先祖伝来の土地に対する所有権を認め，土地を返還するよう勧告しており，ケニア政府は決定の実施を約束したが，2014年に対策本部を設置した以上のことは，2018年4月時点でおこなっていない[37]。

　アフリカ人権裁判所も2017年のOgiek事件[38]において，国連宣言に言及している。2009年10月にケニア森林局は，Mau森林が保護された集水域であることを理由に，Ogiekや他の住民に対して同森林から退去するように通告した。アフリカ人権裁判所は，Ogiekが先住民（indigenous populations/communities）であることを認めた上で（para. 112），本件がOgiekの財産権（バンジュール憲章第14条）の侵害を構成するかの検討をおこなった。裁判所は，「憲章第14条は特に国連による適用可能な諸原則の観点から解釈されなければならない」として（para.125），国連宣言第26条を引用し，そこから先住民族の先祖伝来の土地に対する権利は多様であり，必ずしも処分権を含む，伝統的な意味での所有権を含むものではないと述べる（para.127）。そして，先住共同体であるOgiekは，国連宣言の観点から解釈した憲章第14条に基づいて，先祖伝来の土地を占有し，使用し，享受する権利を有するとする（para.128）。もっとも，第14条は，公共の利益に基づき必要性かつ比例性（均衡性）を満たす制限は認められうるが，「OgiekのMau森林へのアクセスの継続的な拒否と退去は，

---

(37) Kenya National Commission on Human Rights, *Latest on Endorois Case*, 24 April 2018, available at: http://www.knchr.org/Articles/ArtMID/2432/ArticleID/1022/Latest-on-Endorois-Case.

(38) African Court of Human and Peoples' Rights, American Commission on Human and Peoples' Rights v. Republic of Kenya, Application No. 006/2012, Judgement of 26 May 2017.

Ⅰ　人　権

Mau 森林の自然エコシステムの保全という意図された正当化を達成するために必要でも均衡してもいない」として，第 14 条違反を認定した（paras.130-131）。また，裁判所は，発展の権利（バンジュール憲章第 22 条）についても，国連宣言第 23 条の観点から解釈される必要があると述べ（para.209），Ogiek は被告により効果的な協議なく，Mau 森林から継続的に退去させられてきたとして，第 22 条違反も認定している（paras.209-211）。本件でアフリカ人権裁判所は，バンジュール憲章の財産権や発展の権利の解釈において国連宣言を参照した。なお本判決の実施に関してケニア政府は，2017 年 11 月 10 日に対策本部を設置したが，それ以上の措置は取られていない[39]。

Ⅳ　国連機関及び専門機関への影響

国連宣言第 41 条，第 42 条が，国連諸機関及び専門機関に対して宣言を尊重し，その完全実現に貢献するよう要請していることを受けて，国連機関や専門機関の中には，国連宣言をその政策やガイドラインに取り入れるものも出てきている。さらに世界先住民族会議の成果文書が国連宣言の諸目的を達成するために一貫したアプローチを確保する「国連システムの行動計画」(system-wide action plan: SWAP) を発展させることを要請したことを受け[40]，「先住民問題に関する機関間支援グループ」（Inter-Agency Support Group on Indigenous Issues: IASG）[41]が加盟国，先住民族，国連諸機関代表等との協議を経て，2015 年に SWAP を作成した[42]。SWAP は以下の 6 項目からなる。①国連宣言及び先住民問題への意識を高めること，②特に国家レベルでの，国連宣言実施を支

---

[39] Minority Rights Group international, Press Releases, *Kenyan Government Task Force to Implement African Court's Ogiek Judgment Deeply Flawed, MRG and OPDP Say*, 13 November 2017.

[40] U.N. Doc. A/RES/69/2, 22 September 2014, para.31.

[41] Julian Burger, "Making the Declaration Work for Human Rights in the UN System", Claire Charters and Rodolfo Stavenhaven (eds.), *Making the Declaration Work: The United Nations Declaration on the Rights of Indigenous Peoples*, IWGIA, 2009, p.309-310.

[42] System-wide action plan for ensuring a coherent approach to achieving the ends of the Declaration on the Rights of Indigenous Peoples, available at https://www.un.org/development/desa/indigenouspeoples/wp-content/uploads/sites/19/2015/11/System-wide-action-plan.pdf (accessed on 24 August 2018).

援すること，③2030年持続可能な開発のための2030アジェンダの実施及び再検討において先住民族の権利の実現を支援すること，④機会と格差を明らかにすべく，国連及び多国間制度における既存の制度，基準，ガイドライン，行動，資源及び能力の洗い出しをおこなうこと，⑤あらゆるレベルでの国家，先住民族，市民社会，国連職員の能力を開発すること，⑥先住民族に影響を与えるプロセスにおける彼／彼女らの参加を支援すること。SWAPの目的は，その職務において先住民族の権利と福祉を扱う国連システムの一貫性を高めることにあり，その究極の目標は，先住民族の効果的参加を得て，あらゆるレベルで国連宣言を実施することにある。

国連諸機関及び専門機関における先住民族の権利のメインストリーム化というべき動きを受け，複数の機関が様々な対策をおこなっている[43]。紙面の都合上，すべてを紹介することはできないが，以下，先住民族の権利のメインストリーム化が相対的に進んでいると評価できる国連食糧農業機関（FAO）の取組を概観する。

国連専門機関であるFAOは，国連宣言採択後，早い時期から機関内における先住民族の権利のメインストリーム化に取り組んでいる。具体的には，2010年にFAOは「先住民族及び部族に関するFAO政策」を発表した[44]。これは先住民族代表や先住民族問題に関する常設フォーラム（Permanent Forum on Indigenous Issues: UN PFII），IASG，FAOの専門家機関の構成員達との協議プロセスを経て準備されたもので，その内容は国連宣言等の国際法文書に基づいており，先住民族が関連するFAOの業務を手引きする枠組を提供することを目的としている。この政策は，先住民族が世界の食糧不安のかなりの割合を占めていること，及び先住民族の知識，文化，伝統的慣行の尊重が持続可能で衡平な開発に貢献することに動機づけられている。またそれは，UN PFII，国連諸機関，先住民族自身によっておこなわれた明示の要求に対応するものであ

---

[43] For further information, see the website of the IASG, available at: https://www.un.org/development/desa/indigenouspeoples/about-us/inter-agency-support-group.html (accessed on 24 August 2018).

[44] FAO, *FAO Policy on Indigenous and Tribal Peoples*, 2010, available at: http://www.fao.org/fileadmin/user_upload/newsroom/docs/FAO_policy.pdf (accessed on 27 August 2018).

Ⅰ　人　　権

る(45)。

　FAO政策は，国連宣言や他の国際法文書の中心をなす中核原則をあげ，先住民族と業務をおこなう場合に取り組まれなければならず，この分野におけるFAOの業務の基礎をなさなければならないとする(46)。中核原則とは，自決，アイデンティティを伴った開発，FPIC，参加と包摂，土地及び他の天然資源に対する権利，文化権，集団的権利，ジェンダー平等である。中でも，土地及び他の天然資源に対する権利は，「先住民族が自らの起源への精神的結びつきを感じており，生存のために天然資源に共通して依存していることから，特に重要である」と述べている(47)。

　FAO政策では，「先住民族と協働する目的」として以下の項目をあげている(48)。「FAOは，先住民族及びその伝統的農業，食料，生活システムに影響を与え，又は支援する業務の規範及び運用分野に，先住民族問題を統合する」，「FAOは，先住民族に影響を与える現行及び将来のFAO計画，活動に，先住民族の直接的及び効果的参加を促進させる。（略）」「FAOは，先住民族と協働する手段を確立し，先住民族に悪影響を与える事業を阻止する。先住民族問題に直接影響を与えるか，関連する場合には，FPICと結びつく国連宣言の諸規定に従う。」「先住民族に影響を与えるFAOの活動は，（略）人権に基づく開発アプローチを指針とする。それは特に，この政策文書に表明されている中核原則や国連宣言によって導かれる」。

　FAOは2015年に「環境・社会管理ガイドライン」を発表したが，その中の環境・社会基準（Environmental and Social Standard: ESS）9は「先住民族及び文化遺産」と題し，前述の政策をFAO業務の指針として具体化している(49)。ESS9の目的は，「国連宣言がFAOのすべてのプロジェクト及び計画で尊重されることを確保すること」と明記している。ESS9は，先住民族に影響を与えうるすべてのプロジェクトについて事前の影響評価をおこなわなければならず，先住民族の権利，土地，資源等に影響を与えるプロジェクトや計画を採択及び

---

(45)　*Ibid.*, pp.1-3.
(46)　*Ibid.*, pp.4-6.
(47)　*Ibid.*, pp.5-6.
(48)　*Ibid.*, pp.12-13.
(49)　FAO, *Environmental and Social Management Guidelines*, 2015, available at: http://www.fao.org/3/a-i4413e.pdf (accessed 27 August 2018).

実施する前に，先住民共同体による同意を確保することを要求している（paras.5-9）。また，FPIC原則の下で先住民族の参加を確保した監視に関する協定が結ばれることも求めている（para.22）。

このように複数の国連諸機関及び専門機関が，その活動において国連宣言を尊重する目的で政策やガイドラインを作成又は改訂し，先住民族の権利のメインストリーム化をおこなっている。

V 先住民族権利運動に対する影響

国連宣言採択の前後から，先住民族は国連宣言の下で連帯し，環境など，人権以外の分野においても，土地に対する権利等の実現を求めて権利運動をおこなってきている。以下では，簡単にその具体例を紹介する。

第1に，名古屋議定書の起草作業では，先住民族は生物多様性の分野における国連宣言の権利の尊重を求めた。具体的には，生物多様性条約（CBD）に関する先住民族組織の集まりである「国際先住民族フォーラム」(International Indigenous Forum on Biodiversity: IIFB) は，CBD第10回締約国会合（COP 10）に公式オブザーバーとして参加し，国連宣言で認められた自決権を中心とする諸権利が生物多様性条約の文脈でも認められることを次のように要求した。IIFBはCBD COP10の開会時の声明で，国連宣言に言及し，「私達は自決権を有しており，このことは，私達が自らの土地，領域，水域及び天然資源へのアクセスに関して，私達自身で決定をおこなう権利を有することを意味する。私達は，自らの領域の所有者であり，その領域に存在する生物多様性，生物に由来する物質と資源について全面的な責任を有している。私達は……自らの領域や資源が利用される場合，事前の自由なインフォームド・コンセントの権利を有している。……私達は，先住民族の権利，利益，必要が，本会議におけるすべての決定を通じて考慮され，組み込まれるようCOP10に要請する。私達は，計画及び意思決定，実施のすべてにおいて，最初から全面的かつ効果的に参加しなければならない。そしてこの役割は合意文書に明確に反映されなければならない」と述べていた[50]。先住民族の権利運動の結果として，同議定書の前文には「『先住民族の権利に関する国連宣言』に留意し，この議定書のいかな

---

(50) International Indigenous Forum on Biodiversity, *COP10 Opening Statement*, October 18, 2010.

Ⅰ　人　権

る規定も，先住民の社会及び地域社会の既存の権利を縮小又は消滅させるものと解してはならないことを確認し」という文言が挿入された。

　第 2 に，先住民族は気候変動の文脈においても国連宣言が尊重されるべきことを繰り返し主張してきた。先住民族は，特に，クリーン開発メカニズム（CDM）や REDD プラスの実施にあたって，政府が森林保護を理由に，正式な土地権を保有していない自分達を森林から排斥するのではないかと懸念している。例えば，2009 年には，気候変動に関する先住民族の世界サミットがアラスカで開催され，そこで採択されたアンカレッジ宣言では，国連宣言を掲げた次のような要求がおこなわれた[51]。「先住民族の権利に関する国連宣言で確認された，固有の基本的な人権と先住民族の地位が，気候変動に関するすべての意思決定プロセス及び活動において完全に承認及び尊重されなければならない。このことは，国連宣言 25－30 条に規定されてる，私達の土地，領域，環境，天然資源に対する権利を含む，特定のプログラム及び計画が，私達の土地，領域，環境及び天然資源に影響を及ぼす場合，先住民族の自決権が承認及び尊重されなければならず，拒否権を含む，事前の自由なインフォームド・コンセントの権利を強調する。国連気候変動枠組関連諸条約及び諸原則は，国連宣言に含まれる精神及び最低基準を反映しなければならない」。

　また，パリ協定の採択がおこなわれた気候変動枠組条約（UNFCCC）COP21 の開始直前に発表された気候変動に関する先住民族国際フォーラム（International Indigenous Peoples Forum on Climate Change）による提言も，国連宣言に基づく次のような記述を含んでいた[52]。「パリ協定の本文及び COP の決定は，国連宣言，ILO 第 169 号条約並びに他の国際人権基準及び義務で認められた先住民族の権利を尊重し，保護し，促進し，充足することを締約国に明確に要求しなければならない」。パリ協定の本文における先住民族の権利を含む人権の尊重等を求めるフレーズは起草過程で削除されたが，前文に「気候変動が人類の共通の関心事であることを確認しつつ，締約国が，気候変動に対

---

(51) The Anchorage Declaration, 24 April 2009, available at: http://unfccc.int/resource/docs/2009/smsn/ngo/168.pdf (accessed on 29 August 2018).

(52) International Indigenous Peoples Forum on Climate Change, Our Proposals to COP21 and Beyond, 29 November 2015. Available at: https://www.forestpeoples.org/sites/fpp/files/news/2015/12/IP%20Political_statement.pdf (accessed on 29 August 2018).

処するための行動をとる際に，人権，健康についての権利，先住民族，地域社会，移民，子ども，障がい者及び影響を受けやすい状況にある人々の権利並びに開発の権利に関するそれぞれの締約国の義務の履行並びに男女間の平等，女性のエンパワーメント及び世代間の衡平を尊重し，促進し，及び考慮すべきであり」というフレーズが入れられた。

ここにあげた例では，いずれも条約の前文に国連宣言や先住民族の権利尊重への言及がおこなわれているが，それは必ずしも先住民族の権利運動の勝利を意味しない。これらの条約の場合，先住民族の権利の問題は前文に限定され，もしくは本文に記述がある場合でも国内法の問題とされてしまっており，先住民族の権利の観点から不十分さが指摘されている。このことは，名古屋議定書のように先住民族代表が条約交渉に公的に参加できるようになっていた場合でも，最終的な意思決定者が国家であることに変わりはないという事実を示すものである。もっとも，先住民族の権利運動自体に焦点を当ててみた場合，国連宣言は，世界の多様な先住民族の連帯を可能にし，その主張を分かりやすく提示するという機能を果たしていると評価することもできる。

VI　森林認証制度に対する影響

森林認証制度とは，独立した第三者機関が環境・経済・社会に関する一定の基準をもとに適切な森林経営がおこなわれている森林又は経営組織等を認証し，認証された森林から生産される木材及び木材製品にラベルを付けて流通させることで，持続可能な森林経営を支援する仕組みをいう。国際的に普及している森林認証制度としては，FSC®（Forest Stewardship Council）と PEFC（Programme for the Endorsement of Forest Certification Schemes）とがある。FSC は自ら環境・経済・社会に関する 10 の原則と 70 の基準の国際規格を定めているが，国際規格から逸脱しない範囲で，国や地域の実情に応じた国内規格を定めることができる。国内規格は，各国の基準の一貫性と質を向上させるべく，2015 年に FSC 理事会が承認した国際標準指標（International Generic Indicators: IGI）[53]に基づいて作成される。これらの規格に沿って，FSC が認定した認証機関が審査を実施している[54]。これに対して PEFC は，個別の森林

---

(53) FSC, International Generic Indicators, FSC-STD-60-004 V1-0 EN.
(54) The website of FSC Japan, available at: https://jp.fsc.org/jp-jp（accessed on 21

Ⅰ 人　権

管理について PEFC が直接認証をおこなうのではなく，149 カ国が集まって策定された「政府間プロセス」という基準を満たしていると PEFC が認めた場合，その国独自の森林認証制度を PEFC が承認するという活動をおこなっている。日本では，2003 年に国内認証制度として創設された SGEC（一般社団法人「緑の循環認証会議」: Sustainable Green Ecosystem Council）が，2014 年に PEFC に加盟し，2015 年から PEFC 国際認証制度との相互承認の申請をおこなっていたが，2016 年にこれが認められた[55]。以下では，FSC と PEFC/SGEC の森林認証規格に対する国連宣言の影響について，土地に対する権利に焦点を当てながら，概観する[56]。

1　FSC

FSC の 10 原則のうち，原則 3 は先住民族の権利に関するものである。より具体的には，2012 年 2 月に承認された「FSC の原則と基準（第 5-0 版）」（以下，P&C V5-0）は，認証取得又は申請をしている個人や事業体（以下，組織）は，「管理活動により影響を受ける土地，領域及び資源の所有，利用，管理に関する先住民族の法的及び慣習法的な権利を特定し，尊重しなければならない」と規定している[57]。さらに P&C V5-0 には，1993 年に承認された「FSC の原則

September 2018).
[55] The website of SGEC, available at: https://www.sgec-eco.org/index.php?SGEC%E8%AA%8D%E8%A8%BC%E5%88%B6%E5%BA%A6 (accessed on 21 September 2018).
[56] 以下には，筆者が ILA の「先住民族の権利に実施に関する国際委員会」のメンバーとして，桐山孝信教授と共同で同委員会に提出した，日本における国連宣言の実施状況に関する報告書の筆者担当箇所の和訳も含まれる。同報告書については，Takanobu Kiriyama and Yuko Osakada, "The Ainu in Japan – The Ainu and International Law –", *Journal of Law and Politics of Osaka City University*, Vol.63 No.4（2017）, pp.111-116. 国連宣言の森林認証制度への影響を指摘するものとして，他にも，上村英明「声を上げた日本の先住民族──国際連合での運動がもたらした成果と課題」深山直子他（編）『先住民からみる現代世界──わたしたちの〈あたりまえ〉に挑む』昭和堂，2018 年，62-65 頁；落合研一「先住民族の尊重を重視する国際森林認証制度のインバウンド化と課題」『開発こうほう』第 663 号（2018 年），32-36 頁；Fumiya Nagai, "Implementing the rights of indigenous peoples in Japan: implications and challenges of forest certification for the Ainu", *The International Journal of Human Rights*, Vol.23, Issue 1-2（2019）, pp.249-266 がある。
[57] FSC, FSC International Standard: FSC Principles and Criteria for Forest

と基準（第 4-0 版）」[58]には存在しなかった国連宣言への言及が次のようにおこなわれている。

> 「3.4　組織は，先住民族の権利に関する国連宣言（2007 年）及び ILO 第 169 号条約（1989 年）の規定に従い，先住民族の権利，慣習，文化を認め，尊重しなければならない」。

なお，FSC の IGI は，「この基準は国連宣言を承認しておらず，及び／又は，ILO 第 169 号条約を批准していない，国家や管轄区域にも適用される」ことを明確にしている[59]。

つまり FSC の認証を取得又は申請している組織は，保有する森林の管理活動により影響を受ける先住民族について，たとえ政府が国連宣言を承認せず，先住民族の土地に対する権利を認めていなくても，その慣習的権利を特定し，尊重しなければならない。また FSC の認証を取得又は申請している組織は，国連宣言の法的拘束力のなさを理由に，その尊重を拒否することは出来ないのである。

また，IGI は，先住民族の FPIC により具体的に言及しており，注目される。

> 「3.2.4　特定された先住民族がもつ権利に影響を与える管理活動の実施前に，以下を含むプロセスを通じて，先住民族から FPIC を得る。
> （略）3）　自らの権利，資源，土地及び領域を保護する必要がある限りにおいて，提案された森林施業に同意を与えない，又は修正する権利を先住民族が有することを通知して（略）[60]」

FSC ジャパンは，IGI に沿って国内規格を起草し，本部理事会による承認を得たため，同規格は 2019 年 2 月 15 日に発効した。先住民族の権利に関する国内規格の作成にあたっては，FSC ジャパンは，北海道アイヌ協会を含むステークホルダーや専門家との協議をおこなった。日本国内規格によれば，北海道において「影響を受け得る地域のアイヌ民族の特定が難しい場合は，北海道アイヌ協会や地区アイヌと協働すること」や先住民族の法的及び慣習的な権利の組

　　Stewardship, FSC-STD-01-001（V5-0）EN, 2012, p.14.
(58)　FSC, FSC International Standard: FSC Principles and Criteria for Forest Stewardship, FSC-STD-01-001（version 4-0）EN, 1996.
(59)　FSC, International Generic Indicators, FSC-STD-60-004 V1-0 EN, 2015, p.24.
(60)　*Ibid.*, p.23.

Ⅰ　人　　権

織による「侵害の有無は，(略) 特定された先住民族，先住民族団体との協議により行う」ことが規定されている[61]。

　北海道では，これまで3組織がFSC認証を取得してきたが，アイヌの土地の慣習的権利を正式に特定したものはない。ただし，三井物産は2010年4月に平取アイヌ協会と協定を締結して，アイヌ文化の保全及び促進に配慮した森林管理をおこなっている[62]。また，2010年9月には，北海道平取町とも協定を締結し，同町が行う「イオル再生事業」や産業振興に協力している[63]。さらに，2017年度には，北海道社有林の近隣地域に所在するアイヌ協会5団体を訪問し，「三井物産の森」での施業や活動に関し意見聴取をおこなっている[64]。筆者が2017年5月10日に平取アイヌ協会会長におこなった電話インタビューでは，三井物産による協定実施に満足しているとの回答を得た。

2　PEFC/SGEC

　PEFCは，その評議会の要求事項に合致する国内森林認証制度を承認している。国内森林認証制度は，PEFC評議会の要求事項に基づく定期的な審査に服する。先住民族の権利に関して，2010年11月に承認されたPEFC国際規格は次のように規定している。

　　「5.6.4　森林管理行為は，権利者のFPIC（事前の自由なインフォームド・コンセント）なしに侵害されてはならない，ILO第169号条約及び先住民族の権利に関する国連宣言に規定された法的，慣習的，伝統的諸権利の確立された枠

---

(61) The FSC National Forest Stewardship Standard of Japan, FSC-STD-JPN-01-2018 V1-0 (2018), pp.22-23.
(62) 具体的には，アイヌ民族の代表的な衣服である樹皮衣「アツシ（アットゥシ）」の素材となるオヒョウの木が減少傾向にあることから，オヒョウの木を沙流山林に植栽し，大切に育てていくこと。また，伝統家屋である「チセ」の復興のため，建築に必要なミズナラ，イタヤ，アオダモを中心に，ヤチダモ，アサダ，エンジュ，コブシ，ハルニレ，クルミ，ミズキなどの樹種の木材を沙流山林から提供している。さらに，沙流山林内にある文化遺跡の調査にも協力している。社有林内には現在「オキクルミチャシ」「ウンチャシ」「ペンケトコム・パンケトコム」の3つのチャシと「ムイノカ」と呼ばれる伝承地が確認されている（The website of Mitsui & Co., available at: https://www.mitsui.com/jp/ja/sustainability/contribution/environment/forest/culture/index.html (accessed on 21 September 2018)。
(63) *Ibid.*
(64) 三井物産株式会社「サステナビリティレポート2018」58頁。

組——該当する場合は補償条項も含む——を認めた上で，実施されなければならない。権利の範囲がいまだ解決していない，又は紛争中である場合は，正当で公正な解決のためのプロセスが存在すること。そのような場合，森林管理者は，当面の措置として，認証に関わる政策や法律が定めるプロセス，役割，責任を尊重しながら，関係者が森林管理の意思決定に参加できる効果的な機会を提供しなければならない」[65]。

2012年に，PEFC評議会はその要求事項に基づいてSGEC相互承認申請文書の独立かつ公正なアセスメントを実施する機関として，TJConsulting社を選任した。2015年12月16日に公表された最終評価報告書案の中で，TJConsultingは先住民族の権利に関する軽微な不適合を次のように特定した[66]。

「——ILO第169号条約と国連宣言の義務的性格が明確でない。尊重されることが期待される，批准している，あるいはしていない『国際条約』の中にあげられている（第2-5章）。しかし，第2-5章は，森林管理者はそのような条約に関連する分野の国内法令に従わなければならないと述べる。そして第5-1章は，『批准された条約』についてのみ遵守されなければならないと述べている。ILO第169号条約は批准されていない。国連宣言は国際条約ではないし，それ自体として批准されえない。それゆえ第2-5章と第5-1章／第5-1-1章との間に不明瞭さがあり，ILO第169号条約と国連宣言が尊重又は遵守されなければならないか不明確である。
　　——第5-2-5章の注1が認証の前に自由で開かれた方法での先住民との対話を想定しているにも関わらず，文書は『事前の自由なインフォームド・コンセント』に関する条項を含んでいない[67]」。

PEFC評議会の要求事項に対するSGEC制度の評価に従い，TJConsulting社は，その評価により特定された軽微な不適合を解決する条件を付して，理事会がSGEC制度を承認することを提言した。その条件の中には，次のようにアイヌに関するものが含まれた。

「SGECは，SGEC森林管理基準においてアイヌ民族の権利を認める相互に受

---

(65) PEFC, Sustainable Forest Management – Requirements, PEFC ST 1003:2010（2010）.
(66) SGEC「PEFCとの相互承認申請文書のアセスメントの経緯」2頁（available at: https://sgec-eco.org/swfu/d/PEFC_SougoShoninShinseiBunsho_Assessment_Keii_M.pdf (accessed on 24 September 2018).
(67) TJConsulting, *Assessment of the SGEC forest certification scheme against the requirements of the PEFC Council, Final Report*, 4 April 2016, p.66.

Ⅰ　人　権

け入れ可能な解決策を策定するために，北海道アイヌ協会と積極的に連携すること[68]」。

　SGECの相互承認は，最終評価報告書に基づきPEFC専門家パネルで審議がなされ，その結果を踏まえて，2016年4月開催のPEFC理事会で審議され，同年6月に開催されたPEFC総会において正式に認められた[69]。先に見た条件は，PEFC総会で動議7として採択され，制度の承認後6カ月以内に達成されることが求められた。これを受けて，SGECは北海道アイヌ協会と協議をおこない，森林認証基準等の改正作業をおこなってきた。その結果，まず2016年10月のSGEC理事会で決議された「森林認証基準・指標・ガイドライン」の改正をPEFC評議会に報告した。新森林管理認証基準5-1-5は，以下のように，国連宣言に言及している。

　　「森林管理者は，日本列島北部周辺とりわけ北海道に先住するアイヌの人々に関し，言語，宗教や文化の独自性を有する先住民族であるとの認識の下で，地域の森林管理の立場から，ILO169号及び「先住民族の権利に関する国際連合宣言」を尊重し，「アイヌ文化の振興並びにアイヌの伝統等に関する知識の普及及び啓発に関する法律（以下「アイヌ文化振興法」という。）」及び人種差別撤廃条約を遵守するとともに，「アイヌ政策の在り方に関する有識者懇談会の報告書（以下「報告書」という。）」に基づくアイヌ政策の推進に配慮しなければならない。

　　北海道にあっては，アイヌの人々が居住する地域の森林管理者は，ステークホルダー（利害関係者）であるアイヌの地域の組織に対し，当該森林の管理について，FPICに従い，説明会若しくは通信手段等を用いて意見を聴き，協議する手順・仕組を持たなければならない。また，協議については，前記国際条約及び国際宣言等を尊重・遵守しつつ，公正な解決を図るための手順・仕組を併せて持たなければならない。

　　この場合，北海道内のアイヌの地域の組織については，必要に応じて関係市町村，関係団体等で情報を得た上で対応することとする[70]」。

　さらにSGECは北海道アイヌ協会との協議を継続し，2017年9月には「基

---

(68)　*Ibid.*, p.5.
(69)　SGEC「PEFCとの相互承認申請文書のアセスメントの経緯」3-4頁。
(70)　SGEC森林管理認証基準5-1-5の新旧対照表については，「PEFC総会動議7決定された相互承認の条件に対するためのSGEC文書3「森林管理認証基準・指標・ガイドライン」の改正」参照（Available at: https://sgec-eco.org/swfu/d/SGEC-doc3_revised_to_PEFC_General_Assembly_Movement-7.pdf（accessed on 24 September 2018））。

準5-1-5」に係る認証審査手順の「認証審査プロセス」を次のように改正した。

「(1)　森林の管理者（以下「森林管理者」という。）は，当該地域に所在するアイヌの人々の地域組織をステークホルダー（利害関係者）として特定しなければならない。
　地域組織の特定に当たっては，関係市町村や北海道アイヌ協会等の関係団体に照会する等，必要な調査を実施しなければならない。
(2)　森林管理者は，前項で特定されたアイヌの人々の地域組織に対し，認証を取得する森林に係る森林管理計画（立木の伐採，林道開設等の計画）について，説明会若しくは通信手段等により説明し，協議しなければならない。また，森林管理者は，当該森林の管理に当たって，以下の事項について特に配慮しなければならない。
①　当該森林内における狩猟，染料や食料とする草木採取等，アイヌの人々の慣習の保全。
②　当該森林内におけるチノミシリ（祈りの場）等，アイヌの人々の心のよりどころとなっている場所の保全。
③　その他当該森林に係るアイヌ民族の文化，慣習等の保全。
(3)　前項の協議がまとまらない場合は，市町村等の関係機関に助言等を求めると共に，必要に応じて現地調査，文献調査等を実施して補足説明を行う等，協議が公正にまとまるよう努めなければならない。（略）[71]」。

　先に見たFSCの認証規格と比較したとき，SGECの認証規格は先住民族の慣習的な土地権への言及がないことが分かる。この点についてSGECは，北海道アイヌ協会との協議の過程で，「明治時代，即ち，100数十年前に決められた土地所有権等の問題については，現状においては国際慣習法上「生成されつつある権利」として認めることは困難であるとの見解もあり，土地所有権等については本規格では規定しない」と述べている[72]。また，FPICについてもFSCが先住民族の同意を与えない権利を明記していたのに対して，SGECでは協議と同義で用いているように見える。

---

(71) 「「基準5-1-5」に係る認証審査手順の新旧対照表」1-2頁参照（Available at: https://sgec-eco.org/swfu/d/Revision_of_indigenous_AINU_related_operation_standard_26_sep_2017.pdf (accessed on 24 September 2018))。
(72) 「SGEC文書3　SFEC森林管理認証基準・指標・ガイドラインの改正の経緯」2017年9月29日，5頁（Available at: https://sgec-eco.org/swfu/d/Revision_history_of_indigenous_AINU_related_operation_standards_26_sep_2017.pdf (accessed on 24 September 2018))。

Ⅰ　人　　権

　一連の改正に関し，北海道アイヌ協会は協議において，未批准のILO第169号条約と国連宣言について「『尊重する』としたことは，その扱いが曖昧であり，『遵守する』とするべきである」ことや，「更に，FSCの規格と比較検証して決めるべきである」と不満を表明してきた[73]。SGECは，今後も北海道アイヌ協会や環境NPO，学識経験者等によって構成される作業部会を設置し，より実態に即した認証審査手順の策定に向けて努力するとしつつも，「今回設置を予定する作業部会の審議については，専門部会における審議経過からみて，ILO169，及び先住民に関する国際連合宣言の遵守を強く求めており，土地や森林資源の所有権の問題にまで及ぶことは必至で，国内法はもとより国際若しくは国内慣習法の範囲を超えることが予測される。従って，作業部会の審議に当たっては，認証機関の認証審査状況，各界の識者からの意見の聴取，関係国内法令の動向等を勘案しつつ審議する必要があり，短期間で各委員の理解と納得を得た合意を得ることは難しい場合も考えられる。また，各委員の意見のとりまとめに当たって，全員の合意は得られず小数意見（原文ママ）を付すことにならざるを得ない場合も考えられる[74]」と述べ，警戒感を示している。

　北海道の森林面積の19%が森林認証を取得しており，そのうち北海道ではSGECを取得している割合が最も高い[75]。SGECの森林認証を取得しているものの中には，国有林や道有林等の公有林も含まれており[76]，SGECの認証規格の改正は国有林や公有林の管理に影響を及ぼすことになる。そのような背景から，国がアイヌ民族の土地権を認めていない段階で，SGECの認証規格でアイヌ民族の慣習的土地権の特定を要求することには慎重な態度をとっているように思われる。

---

(73)　「SGEC文書3　SFEC森林管理認証基準・指標・ガイドラインの改正の経緯」2017年9月29日，4頁。

(74)　「SGEC文書3　SFEC森林管理認証基準・指標・ガイドラインの改正の経緯」2017年9月29日，0-1頁。

(75)　北海道庁「北海道内の森林認証取得状況（2018年3月31日時点）」（Available at: http://www.pref.hokkaido.lg.jp/sr/srk/ninnsyousyutokujoukyou_180331.pdf（accessed on 24 September 2018））。

(76)　北海道森林管理局「北海道国有林の森林認証取得について（2014年1月20日）」（Available at: http://www.rinya.maff.go.jp/hokkaido/press/keikaku/140120.html（accessed on 24 September 2018））。

3 小　括

　以上に見たように，国連宣言は森林認証制度の認証規格の見直しに影響を与え，FSC 及び PEFC では，森林管理行為において国連宣言で認められた法的及び慣習的諸権利——土地に対する権利を含む——の尊重が認証を取得した，あるいは申請をおこなっている組織に求められている。これらで注目されるのは，国連宣言の非拘束的性格は不遵守の抗弁として認められておらず，国が国内法上，先住民族の権利を認めていなくても，その慣習的権利の尊重が組織に対して求められることである。これに対して，PEFC により相互認証された SGEC の森林管理認証基準は，国連宣言の尊重又は遵守の要件が明確でなく，PEFC 評議会の要求事項に満たないことが指摘され，規格の改正がおこなわれてきたが，アイヌ民族の慣習的土地権の特定を要求することには慎重な態度をとっている。

Ⅶ　おわりに

　本稿は，先住民族の土地に対する権利に関連して，国連宣言が次のような機能をはたしていることを明らかにした。第 1 に，法的拘束力のある国内裁判所及び地域的人権裁判所の判決において既存の法的文書の解釈指針として，または裁判所の判断を強化や正当化する根拠として，国連宣言が用いられる場合がある[77]。第 2 に，法的拘束力はないが，国際人権条約の実施監視機関や国連特別報告者が出す勧告や報告書に，国連宣言が言及される場合がある。すなわち，国際人権条約の実施監視機関がおこなう報告審査において，条約の解釈指針として用いられたり，国連宣言の実施を求める勧告がおこなわれたりしている[78]。また，国連の特別報告者が国別現地調査及び通報審査の中で国連宣言に基づく勧告をおこなったり，報告書の中で国連宣言に言及したりしている。第 3 に，複数の国連諸機関及び専門機関が，その活動において国連宣言を尊重する目的で政策やガイドラインを作成又は改訂し，先住民族の権利のメインス

---

(77)　Felipe Gómez Isa, *supra* note 4, p.190.
(78)　自由権規約委員会は，2019 年 2 月の個人通報審査で，フィンランドのサーミ議会の選挙人名簿登録に関する決定をめぐる問題において，同規約第 27 条を同第 1 条及び国連宣言の観点から解釈をおこなった（Communication No.2668/2015（U.N. Doc. CCPR/C/124/D/2668/2015（2019））and Communication No.2950/2017（U.N. Doc. CCPR/C/124/D/2950/2017（2019））。本見解については，別稿での検討を予定している。

Ⅰ 人　権

トリーム化を実施している。第4に，国連宣言は世界の多様な先住民族の連帯を可能にし，その主張をわかりやすく提示するという機能を果たしている。第5に，森林認証に関するNGOが国連宣言に基づく認証基準を作成し，認証取得者又は申請者である企業，国，地方自治体等に国連宣言の尊重を求めるようになっている。

　はじめでも見たように，国連宣言が関係国の国内法や政策の転換に直接的に結びついた例はわずかである。また，筆者が別稿で明らかにしたように，国連宣言が他の国際条約の形成に与える影響も，国連宣言や先住民族の権利への言及が前文のみにとどまったり，本文に影響を与えても肝心な箇所は国内法に委ねられていたりと，限定的である[79]。その意味で，国連宣言が政府の枠組の中で行使している影響力が限定的なことは否定できない。しかし，本稿が明らかにしたところから分かるのは，国連宣言が政府の枠組の外での基準形成や人権条約の解釈の発展により大きな影響を及ぼしており，それが政府の行為に今後，影響を与える可能性があるということである。

　その一方で本稿は，第2の機能に関して，人権条約実施監視機関が国連宣言自体の実施を勧告することは，締約国が認めた権限を逸脱するものという疑問もありうることや，人権条約実施監視機関が，人権条約の解釈において国連宣言を参照することには，国家が明示に引き受けていない義務を解釈という手段を使って課す結果になるという批判もあることも確認した。ただし，後者については，必ずしも目新しいものではなく，人権条約実施監視機関の実行において散見される発展的解釈の一例として位置づけられうるものといえる[80]。現在，不支持だった国家のすべてが国連宣言を承認したとはいえ，それは宣言の非拘束性を前提とした上のことであることは複数の国家の発言から明らかであり[81]，人権条約の国連宣言に基づく発展的解釈により，国家が自ら意図しなかった義務を負うことになることは間違いない。しかし，他方で，なぜこのような発展的解釈が世界先住民族会議で推奨され，現に複数の人権条約実施監

---

(79) 拙著・前掲書注(2)，234-250頁。
(80) 人権条約の発展的解釈について詳しくは，坂元茂樹「人権条約の解釈の発展とその陥穽」芹田健太郎他編『講座国際人権法1　国際人権法と憲法』信山社，2006年，149-181頁。
(81) 詳しくは，拙著・前掲書注(2)，42-43頁参照。

視機関でおこなわれるのかといえば，先住民族が多くの場合，マイノリティであり，民主的な国家においても国家の意思を尊重していたのでは権利保護が実現されにくいこと，現に国連宣言はその支持を表明した政府によっても積極的には実施されていないからに他ならない。なお，国連宣言が条約法条約第31条3項(b)の「後に生じた慣行」にあたるとする見解も存在する[82]。

最後に，本稿が明らかにした機能は，国連宣言の土地に対する権利に関する国内及び国際平面における規範面での発展を導いているが，その一方で，今後，法と現実が乖離していくことが懸念されることを指摘したい。ベリーズ最高裁判所（第1審），米州人権裁判所，アフリカ人権委員会，アフリカ人権裁判所が，国連宣言に言及して，先住民族の土地に対する権利を認める判決や決定を行っているが，本稿で見た事例については，いずれも実施に至っていない。この事実は，先住民族の土地に対する権利が，法的拘束力の有無にかかわらず，実現に困難さを抱えていることを示している[83]。ただし，判決等の実現に向けた先住民族の権利運動は，国内外のNGOや研究者等のサポートを得て，継続しており，今後の展開に注目したい。

＊本稿は，平成30年度科学研究費補助金（基盤研究B　研究課題番号18H00810　研究代表者　松本（小坂田）裕子）による研究成果の一部である。

---

[82] Mattias Åhrén, *Indigenous Peoples' Status in the International Legal System*, Oxford UP, 2016, p.77 ; Stefan Oeter, "The Protection of Indigenous Peoples in International Law Revisited-From Non-Discrimination to Self-Determination", in Holger P. Hestermeyer *et al.* (eds.), *Coexistence, Cooperation and Solidarity*, Brill, 2012, p.498.

[83] 先住民族の土地に対する権利の実現困難さの背景について，詳しくは，拙著・前掲書注(2)，138-141頁。

4 国連人権条約における国家報告審査の実効性
―― 総括所見フォローアップ手続の課題

前 田 直 子

I　はじめに
II　人権条約体改革・強化の試みと締約国の批判的見解
III　自由権規約委員会による条約解釈の法的重要性
IV　国家報告審査に関する実行の展開
V　マンデートをめぐる自由権規約委員会と締約国の見解
VI　建設的対話への課題

I　はじめに

　国連人権諸条約を柱とする国際的人権保障制度の拡大は，普遍的な人権保障という目標の達成に資する一方で，人権規範をめぐる多様な見解やそれらの相違など実質的側面と，人権条約体運営など機構的側面にかかわる様々な課題に直面している。

　学界でも，懐疑論とそれに対する批判や期待論が交錯している[1]。前者の論客として Posnar が，その著書 *The Twilight of Human Rights Law*（2014）[2] において，次の3点の主張を展開している。①国際人権法がその発展の過程において，多くの権利に対象を拡大しすぎたことにより，人権に対する多様な価値観をうまく包摂できなくなっていることから，人権法で保障する基本的な権利カタログを絞り込むべきである。②国家が人権法を無視するのは法が厳格に

＊本稿は，国際法学会第119年次研究大会（2016年）第2回小田滋記念レクチャーにおける筆者の報告を纏めた拙稿（注14）を大部分の基礎とし，その後の進捗等について加筆を行ったものであることを予めお断りする。

(1) Georg Nolte, Chapter 5 Human Rights Treaties in *Treaties and Their Practice - Symptoms of Their Rise or Decline (Collected Courses of the Hague Academy of International Law, Volume 392), 2018, pp. 272-291.*
(2) Eric A. Posner, *The Twilight of Human Rights Law*, Oxford University Press, 2014.

Ⅰ　人　権

すぎ，非現実的な要求を国家に課すからであり，国際人権法および一般国際法における国家裁量をより認めるべきである。③人権条約の実施にかかる機構強化（予算や人員，権限の拡充など）は喫緊の課題であるが，様々な意図を有する国家群の対立・調整のなかで，厳密な法的枠組みは溶解するかもしれない。

このような国際人権法に対する懐疑的な見解は，以前から常に存在したかもしれない。しかし，彼は人権の価値を理解せず，その見解は根拠に乏しく国際人権法やその制度の功績について正当に評価していないというSheltonらの厳しい批判[3]もまた当然のものとも言えよう。

国連では現在18の人権諸条約・議定書が採択されており，各条約に設置された委員会（以下，総称して「人権条約体」という。）が，各締約国の条約実施状況を監視している。

なかでも本稿が対象とする自由権規約委員会（以下，「委員会」ともいう。）は，1976年にその活動を開始し，国家報告審査や個人通報審査での規約の解釈・適用を通じて，非差別原則[4]，先住民族の権利[5]，公正な裁判を受ける権利[6]，外国人の送還や死刑存置国への引渡しの可否[7]，中絶[8]，域外適用[9]，留保の

---

(3)　Dinah Shelton, [Recent Books of International Law](book review), *American Journal of International Law*, vol. 109 (2015), pp. 228-234. Kathryn Sikkink, Evidence for Hope: Making Human Rights Work in the 21st Century, Princeton University Press, 2017.

(4)　*Broeks v. the Netherlands* (Communication No. 172/1984, U.N. Doc. CCPR/C/OP/2 at 196 (1990)). See, Nisuke Ando, "The Evolution and Problems of the Jurisprudence of the Human Rights Committee's Views concerning Article 26," in Nisuke Ando, ed., *Towards Implementing Universal Human Rights: Festschrift for the Twenty-Fifth Anniversary of the Human Rights Committee* Martnus Nijhoff, 2004, pp. 205-224.

(5)　Sarah Joseph and Melissa Castan, *The International Covenant on Civil and Political Rights; Cases, Materials, and Commentary* (3rd ed.), Oxford University Press, 2013, pp. 832-866.

(6)　General Comment 32 (Article 14: Right to equality before courts and tribunals and to a fair trial, U.N. Doc. CCPR/C/GC/32 (2007).

(7)　Joseph and Castan, *supra* note 5, pp. 189-203. 村上正直「外国人の追放と家族の権利の保護――規約人権委員会の実行を中心に」『研究紀要』（世界人権問題研究センター）第7号（2002年）145-174頁。坂元茂樹「死刑廃止国に対する新たな義務――ジャッジ体カナダ事件（829/1998）をめぐって」『研究紀要』第11号（2006年）1-26頁。

(8)　Joseph and Castan, *supra* note 5, pp. 243-245. 自由権規約委員会は，2016年3月の第116会期において，アイルランドに対する個人通報事例（*Mellet v. Ireland*, U.N. Doc. CCPR/C/116/D/2324/2013）を審査し，中絶を禁止する憲法及び関連法は規約第7, 17,

許容性[10]などに関する法理を発展させてきた[11]。

選択的な個人通報や国家通報とは異なり，国家報告審査はすべての締約国に一律にかつ義務的に課される点に意義があることから，本稿では，国家報告審査の総括所見（concluding observation）フォローアップ手続を題材に，その実効性や法的正当性を考察する。

自由権規約委員会は条約実施の実効性確保を目指し，規約規定の改正ではなく，手続の新規導入あるいは方式変更などにより様々な実行を積み重ねてきた[12]。しかし条約体の在り方やその作業方法に関する近年の議論[13]では，それまで本問題に関心を示さかったロシアや中国等が，条約体の新しい実行（practice）は彼らに与えられたマンデートを逸脱していると，厳しい批判を展開するようになった。この批判自体に懐疑的・批判的な意見は多いが，ロシアや中国の意見の妥当性を検討することは，国連人権諸条約の国際的・国内的実施に関する課題を展望するうえで有益である。

Ⅱ章ではまず1990年代後半以降の人権条約体改革・強化の議論経緯とそこでの論点を整理し，Ⅲ章では，自由権規約委員会による同規約の有権的解釈及

26条違反であると認定し，アイルランド政府に対し法改正を勧告した。
(9) 坂元茂樹「条約実施機関の解釈権能——自由権規約2条1項の解釈をめぐって」坂元茂樹編『国際立法の最前線』（有信堂，2009年）137-163頁。Concluding Observations of the Human Rights Committee: The United States of America, U.N. Doc. CCPR/C/USA/CO/3/Rev.1 (2006), para. 10. Marko Milanovic, *Extraterritorial Application of Human Rights Treaties: Law, Principles, and Policy*, Oxford University Press, 2011, pp. 222-227.
(10) 薬師寺公夫「自由権規約と留保／解釈宣言」杉島正秋・桐山孝信・船尾章子編『転換期国際法の構造と機能』（国際書院，2000年）237-288頁。
(11) Dominic McGoldrick, *The Human Rights Committee; Its Role in the Development of the International Covenant on Civil and Political Rights*, Clarendon, 1994; Yogesh Tyagi, *The UN Human Rights Committee: Practice and Procedure*, Cambridge University Press, 2011.
(12) 安藤仁介「特別講演：自由権規約および選択議定書と規約人権委員会——同委員会委員20年の体験から」『国際法外交雑誌』第107巻1号（2008）1-14頁。岩沢雄司「自由権規約委員会の監視活動の展開」『国際人権』21号（2010）95-99頁。
(13) Christen Broecker and Michael O'Flaherty, Policy Brief: The Outcome of the General Assembly's Treaty Body Strengthening Process: An Important Milestone on a Longer Journey (Universal Rights Group, 2014), *available at* <http://www.universal-rights.org/urg-policy-reports/the-outcome-of-the-general-assemblys-treaty-body-strengthening-process-an-important-milestone-on-a-longer-journey/>

び留保の許容性審査にかかる条約解釈の法的重要性を題材として，人権条約体による実行の法的位置づけを考察する。続くⅣ章では，自由権規約における国家報告審査フォローアップ（総括所見フォローアップ）に焦点をあて，当該手続の法的根拠を検討する。さらに，そこで得られた仮説が，自由権規約委員会のマンデートに含まれるものであるかをⅤ章において検討する。同じくⅤ章の後半では，総括所見フォローアップをめぐる自由権規約委員会と締約国との間の緊張関係の一端を，ロシアと日本の近年の総括所見フォローアップの事例を通して明らかする。

Ⅱ　人権条約体改革・強化の試みと締約国の批判的見解

1　1990年代後半からの議論経緯と現況

国連人権条約体の改革・強化に関し，初期の議論（1980年代半ばから2000年代初頭）の詳細については別稿[14]に譲り，本稿では，2009年以降のダブリン・プロセスから，2018年国連総会までの議論をとりあげる。

2009年からの新しい議論枠組みである「ダブリン・プロセス」[15]の議題は多岐にわたったが，本稿の主題であるフォローアップ制度については，条約の実効的な国内的実施にとって，また「建設的対話（constructive dialogue）」にとって，非常に重要であるとの認識が示された[16]。他方，条約体の権限強化を指向する議論に警戒感を感じた数カ国が，政府間プロセスの立ち上げを要請し[17]，2011年の国連総会では，ロシアが主提案国として「人権条約体制度の実効的機能の強化・向上に関する国連総会政府間プロセス」決議案を上程した[18]。

---

[14]　Naoko MAEDA, "Forty Years' Practice of the UN Human Rights Committee for Implementation of the Covenant: A Universal Model for the Protection and Promotion of Human Rights" *Japanese Yearbook of International Law*, vol.60（2017）, pp. 212-242.

[15]　人権条約体強化に関する関連文書は，OHCHRウェブサイトより入手可能。<http://www.ohchr.org/EN/HRBodies/HRTD/Pages/TBSConsultations.aspx#tb>.

[16]　*The Strengthening of the Human Rights Treaty Bodies: Report of the United Nations High Commissioner for Human Rights*, U.N. Doc. A/66/860（2012）, p. 37 *et seq.*

[17]　*Letter from Mikhail Levedev, Deputy Permanent Representative of the Russian Federation, to Ibrahim Salama, Director, Human Rights Treaty Division*（October 12, 2011）, available at <http://www2.ohchr.org/english/bodies/HRTD/docs/submissions2011-12/states/RussiaFederation.pdf>.

[18]　The *Intergovernmental Process of the General Assembly on Strengthening and*

ロシアが条約締約国の議論参加の重要性を主張したのに対し，半数の国は条約体の独立性を尊重すべきとし，議論に過度に関与することには消極的であった。しかし最終的には，同決議案は多数決により採択され[19]，政府間プロセスは2年間開催されることとなり，2014年の国連総会において，「人権条約体制度の実効的機能の強化・向上」決議（A/RES/68/268）がコンセンサス採択された[20]。

同決議は国連事務総長に対し，2016年，2018年と2年ごとに人権条約体制度の現況と進展についての報告書を総会に提出するよう求め[21]，遅くとも2020年までには最終報告書を作成し，持続可能な制度構築のためにとられた措置の実効性を検証するとともに，適当な場合には，さらなる強化・向上のための行動に関する決定を行うとした[22]。

2016年[23]，2018年[24]の2度にわたり，国連総会に事務総長報告書が提出されているが，それらの内容は，各条約体の年間審査数（国家報告，個人通報），報告提出遅延（overdue）や審査待ち（backlog），稼働日数，予算などの視点から，人権条約体をとりまく状況を統計的に分析し，活動強化の具体的方策についての提言を纏めるものとなっている。2014年総会決議では，事務総長に対し，「相応の財政的及び人的資源の提供」[25]を要請しているが，現実には，追加が必要な作業日数をこなすだけの職員配置が予算上不可能であるため，作業日数の増加が根本的解決につながらないことが，2016年報告書で明記されている[26]。

2018年報告書でも再び，国家報告と総括所見フォローアップに関する統計として，各条約体の作業時間は減少しており，その背景には，2014年総会決議で作業日数の追加は認められたものの，他方でその作業をサポートする職員

Enhancing the Effective Functioning of the Human Rights Treaty Body System, U.N. Doc. A/RES/66/254（2012）．

(19) 賛成85，反対0，棄権66により採択。
(20) *Strengthening and Enhancing the Effective Functioning of the Human Rights Treaty Body System*, U.N. Doc. A/RES/68/268（2014）．
(21) *Ibid.*, para. 40. 2016年事務総長報告書：*Report of the Secretary-General, Status of the Human Rights Treaty Body System*, U.N. Doc. A/71/118（2016）．自由権規約委員会はじめ人権条約体は追加の作業日を与えられた。
(22) *Ibid.*, para. 41.
(23) U.N. Doc. A/71/118（2016）．
(24) U.N. Doc. A/73/309（2018）．
(25) U.N. Doc. A/RES/68/268（2014），*supra note* 20, para.26.
(26) U.N. Doc. A/71/118（2016），*supra note* 23, paras. 39-44.

I 人　権

にかかる人件費が要求の半分以下しか承認されなかったことが付記されている(27)。年々各条約の締約国数は増加しており，審査対象国増，個人通報件数増などに，予算上の制約が深刻な影響を及ぼし始めている。

2　条約体の実行に対する締約国の批判的見解

　政府間プロセスの冒頭，ロシアは，総括所見の実施に関しては，国内的実施にかかる具体的な措置や形態については条約で規定されておらず，どのような手段・方法や形態を用いるかは，締約国が決定すべき事項であるとの書簡(28)を事務総長に送付している。さらにフォローアップ制度は条約規定に根拠がなく(29)，次回報告の提出までの間に要請される中間報告（interim reports）は，国家の「義務」ではなく「権利」であると主張した(30)。人権条約体がその実行に合法性や正当性があるとするのであれば，条約規定の修正あるいは選択議定書などの追加的文書の採択が必要であるとの立場を明確にした。この意見は必ずしも広い支持を得なかったが，パキスタンや中国他7カ国はロシア主導のもと，地域を超えたグループを結成した(31)。

　こうした批判的意見は，2014年決議に色濃く反映されている。例えば同決議には，「条約体が，当該委員会の特定性・特殊性と自らのマンデートの範囲内において，作業を強化することを奨励する」という表現が散見される(32)。次章では，この「自らのマンデート」とは何を指すのかについて，自由権規約委員会の解釈権をめぐる議論を通じて考察する。

---

(27)　U.N. Doc. A/73/309 (2018), *supra note* 24, paras. 72-76.

(28)　*Letter Dated 21 September 2012 from the Permanent Representative of the Russian Federation to the United Nations Addressed to the Secretary-General*, U.N. Doc. A/67/390 (2012).

(29)　*Ibid.*, para. 36.

(30)　*Ibid.*, para. 39.

(31)　Christen Broecker, The Reform of the United Nations' Human Rights Treaty Body, *ASIL Insights* (American Society of International Law), Vol. 18, No. 16 on August 8, 2014, *available at* <https://www.asil.org/insights/volume/18/issue/16/reform-united-nations%E2%80%99-human-rights-treaty-bodies>.

(32)　GA resolution 68/268 (2014), *supra note* 20, paras. 6 and 9.

III 自由権規約委員会による条約解釈の法的重要性

本章では，自由権規約委員会による条約解釈の法的重要性をめぐる議論について，本稿の問題意識の文脈で簡潔に整理したい。

1 留保の許容性審査権

自由権規約委員会は，締約国との議論を経て，一般国際法上の留保に関する事項，とくに留保の許容性審査権についての実行を定着させたと言えよう。この問題は，先行研究[33]が多く存在し，筆者の別稿[34]にも委ねるが，委員会の留保審査権は，委員会が負う審査機能とも密接に関係しており，条約解釈の基礎となることから，委員会マンデートの根拠のひとつ[35]となりうるだろう。米・英・仏から反対されたが[36]，2011年には国際法委員会（ILC）が条約に対する留保に関する実行ガイドライン[37]を採択し，人権条約体はその権能の範囲において，締約国が条約に付した留保についてその両立性を判断することができると明記した（Guide 3.2）ことは，人権条約体から歓迎された。

---

(33) 岩沢雄司「自由権規約の留保——国際法委員会と自由権規約委員会の協働」江藤淳一『国際法学の諸相——到達点と展望』（信山社，2015）273-298頁。Kaoru Obata, "Overview of a Half Century of International Covenants on Human Rights: Inter-State Cooperation as the Original Infrastructure and Autonomous Institutionalization," *Japanese Yearbook of International Law*, Vol. 59 (2016), pp. 1-13.

(34) Maeda, *supra note* 14, pp. 222-225.

(35) General Comments No. 24(52), General Comment on Issues Relating to Reservations Made upon Ratification or Accession to the Covenant of the Optional Protocols thereto, or in Relation to Declarations under Article 41 of the Covenant, UN Doc. CCPR/C/21/Rev.1/Add.6（1994），para.18.

(36) 薬師寺「前掲論文」（注10）262頁以降参照。Martin Scheinin, "Impact on the Law of Treaties," in Kamminga and Scheinin, eds., *The Impact of Human Rights Law on General International Law* (2009), pp. 34-36.

(37) Text of the guidelines constituting the Guide to Practice, followed by an annex on the reservations dialogue (*A/66/10, para. 75*), in International Law Commission, *Report on the Work of Its Sixty-Third Session*, UN GAOR, 66th Sess., Supp. No. 10, U.N. Doc. A/66/10/Add.1 (2011).

Ⅰ　人　　権

2　条約法条約の視点からの有権的解釈：後にされた合意・後に生じた慣行

　人権条約体による条約解釈の法的意義については様々な場で議論されてきたが，ディアロ事件[38]で国際司法裁判所（ICJ）は，自由権規約の解釈については，同条約の適用を監督する独立的な機関（自由権規約委員会）が採択した解釈を尊重すべきと示した[39]。条約法条約の視点から，委員会の条約解釈の有権性が認められており[40]，国際法協会（ILA）は「国連人権条約体による決定のインパクト」に関する2004年最終報告書[41]において，①国連人権条約体による判断・決定は，条約法条約第31条(b)の「後に生じた慣行」を構成あるいは一般化するものであり，条約法条約第32条に定める条約解釈の補足的手段である[42]，②人権条約体の判断・決定自体は，国家実行（あるいは条約法条約第31条にいう「実行」）ではないが，そうした決定に対する個々の締約国あるいは締約国全体としての積極的あるいは支持的反応は，条約解釈に関する締約国の合意を形成するとみなすことができる[43]，という2点を確認するに至った。

　この問題は，2008年以降，国際法委員会（ILC）においても「条約解釈に関連する後にされた合意と後に生じた慣行」のなかで研究対象となり[44]，研究

---

(38)　*Ahmadou Sadio Diallo (Republic of Guinea v Democratic Republic of the Congo): Merits, Judgement*, I.C.J. Reports 2010, pp. 639-694.

(39)　*Ibid.*, para. 66; Yuji Iwasawa, *Domestic Application of International Law* (Collected Courses of the Hague Academy of International Law, Vol. 378) (2016), pp. 232-236.

(40)　岩沢「前掲論文」（注33）273-298頁。坂元「前掲論文」（注7）137-163頁。薬師寺公夫「国際人権法の現代的意義――『世界法』としての人権法の可能性？」『世界法年報』第29号（2010）36-38頁。

(41)　International Law Association, Committee of International Human Rights Law and Practice, *Final Report on the Impact of Findings of the United Nations Human Rights Treaty Bodies (2004)*.

(42)　*Ibid.*, para. 20. 岩沢雄司「自由権規約委員会の規約解釈の法的意義」『世界法年報』第29号（2010）59-71頁。

(43)　*Final Report on the Impact of Findings of the United Nations Human Rights Treaty Bodies., supra* note 41, para. 21.

(44)　U.N. Doc. A/RES/63/123（2009）, para. 6. 本研究議題は，ILC第60会期（2008年）に「時間が経過した条約」（Treaties over Time）として作業計画に追加され，第61会期（2009年）にNolte委員を議長とする研究部会が設置された。第64会期（2012年）に，翌第65会期（2013年）より，ノルテ委員を特別報告者として，「条約解釈に関連する後にされた合意と後に生じた慣行」（Subsequent Agreements and Subsequent Practice in

128

グループ[45]による第2報告書では，解釈手段としての「後に生じた慣行」は，条約法条約第31条3項(a)と同項(b)との間に位置付けられる（国家により形成される慣行ではないという点で(a)には該当しないが，すべての締約国の合意が反映された既存の実行であることが求められるわけではないという点で(b)ほど限定されているとは考えていない）と述べている[46]。

人権条約機関による解釈は，基本的には条約法条約の規則に則っていると結論づけている[47]が，この見解が広く支持・共有されている訳ではないことにも留意が必要である。ILC「条約解釈に関連する後にされた合意と後に生じた慣行」結論草案の作成過程においても，米国や英国等の国家からのコメント[48]のみならず，委員会内部においても，人権条約体などの条約専門家機関の宣明（pronouncements of expert treaty bodies）（結論草案13）に関し，条約体による条約解釈が後の合意や後の慣行とみなしうること（同草案3項），条約体の条約解釈に対する各種決定・見解・コメントの宣明の有用性（同草案4項），の是非をめぐって賛否両論が提起された[49]。

留保の審査権限や，条約体の実行が条約法上の「後に生じた慣行」を形成するかという議論を通じて，人権条約体は，自らの自立性と審査権能を示し，委員会の判断・決定はそれぞれの条約に関する有権的解釈であるという結論を定着させることを試みてきた。

Relation to Interpretation of Treaties）と題目に変更して結論草案を起草することが決定された。検討・作成作業が進められ，第73回（2018年）国連総会第6委員会において，結論草案は決議（A/C.6/73/L.23）として投票なしで採択された。概要等については，国際法委員会研究会「国連国際法委員会第70会期の審議概要」『国際法外交雑誌』第117巻4号（2019年）151-154頁。

(45) Report 2: *Jurisprudence under Special Regimes Relating to Subsequent Agreements and Subsequent Practice.* This report is reproduced in Georg Nolte, ed., *Treaties and Subsequent Practice*（2013），pp. 210-306.

(46) *Ibid., III. Human Rights Regimes, 3.4 Conclusion*（p. 281）．

(47) Jonas Christoffersen, "Impact on General Principle of Treaty Interpretation," in Kamminga and Scheinin, eds., *The Impact of Human Rights Law on General International Law*（2009），pp. 60-61.

(48) UN Doc. A/CN.4/712, A/CN.4/712/Add.1.

(49) 国際法委員会研究会「国連国際法委員会第70会期の審議概要」『国際法外交雑誌』第117巻4号（2019年）151-154頁。

I 人　権

IV　国家報告審査に関する実行の展開

　条約体改革議論でも指摘されてきたように，人権条約体の監視活動において，作業方法の改善と，それに伴う締約国への実質的な新たな義務の付加は，峻別が困難である場合も多い[50]。国家報告審査の発展が法的根拠に裏付けられているものかを検証するために，必要な範囲で，自由権規約第40条に関する起草過程[51]と今日までの実行の変遷を振り返る[52]。

1　自由権規約起草時の第40条の射程

　（現行）第40条に基づく国家報告制度は，起草過程の最終段階で追加された手続であった[53]。個人通報制度が選択的なものとなり，国家報告審査が，自由権規約委員会のほぼ唯一の活動となった結果，総意で国家報告審査の導入が認められた。ここでは，考察に必要な次の3点（(a)～(c)）のみ取り上げる。

(1)　報告の性質

　規約起草過程において，定期報告の性質は論点の1つであった[54]。自由権規約は，報告書の形式は明確に規定していないが，第2条と第40条，そして手続規則第66条[55]を合わせ読むと，(a)この規約において認められる権利の実現のためにとった措置，(b)これらの権利の享受についてもたらされた進歩，(c)締約国によるこの規約の実施に影響を及ぼす要因，(d)これらの権利の実施に影響を及ぼす障害，の4つの要素を含めなければならない。これは自由権と社会

---

(50)　GA resolution 68/268 (2014), *supra* note 20, para. 9.

(51)　Marc J. Bossuyt, *Guide to the "Travaux Préparatoires" of the International Covenant on Civil and Political Rights* (1984), pp. 615-633. 芹田健太郎『国際人権規約草案註解』(1981) 213-215頁.

(52)　Walter Kälin, "Examination of state reports," in Helen Keller and Geir Ulfstein, eds., *UN Human Rights Treaty Bodies: Law and Legitimacy* (2012), pp. 35-51.

(53)　Annotation on the text of the draft International Covenants on Human Rights (prepared by the Secretary General), GAOR, 10th Session, Annexs Agenda Item 28 (Part II), U.N. Doc. A/2929. 芹田，前掲書（注51）4-20頁.

(54)　小畑郁「国家報告書審査制度における自由権規約委員会の複合的機能――起草過程を手がかりとして」安藤仁介・中村道・位田隆一編『21世紀の国際機構：課題と展望』（東信堂，2004年）441-462頁.

(55)　*Rules of procedure of the Human Rights Committee* (CCPR/C/3/Rev.1), *Rule 66*:

権が相互依存的で不可分であることの現れであり、規約上の権利の射程が発展すれば、とられた措置だけでなく進歩や要因・障害について、報告に含めることは必然であり、定期報告手続は複合的な手続である[56]。

2001年に採択された委員会の報告ガイドライン[57]では、委員会に、締約国の国内法や実効がどの程度規約と適合的かを提示することが目的であると定められており[58]、少なくともその時点では、報告手続は、規約違反の認定手続とは位置づけられていなかったと言える[59]。

(2) 委員会の役割

起草過程の国連人権委員会および国連総会第3委員会での議論[60]では、カナダ代表が、委員会の役割権限（authority）は、国家報告を単に検討（study）することではなく、審査分析し、評価すること（examine, analyse, appraise, and evaluate）でとの提案を行った[61]。他方社会主義の国々は、委員会のそのような役割には懐疑的で、あくまで締約国の同意が前提の報告であり、調査（investigation）ではないとの立場をとり、最終的にカナダ提案は否決された。このような委員会の権限の性質に関する議論は、次の(c)とも関係する。

(3) 「一般的な性格を有する意見」の個別性・一般性

自由権規約第40条4項における「一般的な性格有する（general）」意見という文言の挿入は、国連総会において各国意見の隔たりが埋まらなかった結果である[62]が、国家は、一般的か個別的かという点に関して、理解を明確に述べ

---

(56) Kälin, *supra* note 52, p. 37. 小畑、前掲論文（注54）、456頁。
(57) *Consolidated Guidelines for State Reports under the International Covenant on Civil and Political Rights*, U.N. Doc. CCPR/C/66/GUI/Rev.2 (2001). This *guideline* was replaced by the *Guidelines for the Treaty Specific Document to be submitted by States Parties under Article 40 of the International Covenant on Civil and Political Rights*, U.N. Doc. CCPR/C/2009/1 (2010).
(58) *Consolidated Guidelines (2001), Ibid.*, p. 3 [D.1 General].
(59) Michal O'Flaherty, "The Concluding Observations of United Nations Human Rights Treaty Bodies,", *Human Rights Law Review*, Vol. 27, No. 6 (2006), p. 33.
(60) Tyagi, *supra* note 11, pp. 59-60.
(61) U.N. Doc. A/CN.3/SR.1426, para. 22.
(62) Bossuyt, *supra* note 51, p. 630.

Ⅰ 人　　権

ることはこれまでほとんどなかった。しかし「一般的な性格を有する意見」が，今日の総括所見を想定していなかったことは明らかとも言える。1978年，委員会が活動を開始した直後，その性質を巡り，東西諸国の意見の違いが明らかになり，東欧諸国は，「意見」は特定国に対するものでも，評価を示すものでもないとの解釈を表明した[63]。冷戦終結以降，委員会は「一般的意見（ジェネラル・コメント）」を，国別で個別的な「総括所見」から切り離し，すべての締約国に共通の規範的ガイドラインとしての性格や意義を付与した。

　総括所見を個別性のあるものとして，規約第40条4項の文言のみから特定することはやや困難だが，第40条4項を同条5項と合わせ読めば，個別的性質も導くことが可能であろう[64]。しかし今日では，性質が異なる「一般的意見」と「総括所見」は同じ規定を根拠としているが，少なくとも規約の起草過程においては，国家報告審査は，国内実施状況と規約の整合性を「一般的に」評価するものと解するのが妥当であろう。

2　総括所見フォローアップの導入

　国家報告審査では当初，委員が銘々の意見を述べるにとどまっていた。東欧諸国選出委員は，「一般的意見」を個別的具体的評価とすることに否定的であった[65]ためであるが，冷戦終結の1992年頃には，具体的評価手段として「総括所見」を採択することに合意した[66]。

　委員会は総括所見フォローアップを2001年に開始し，2003年には条約体間委員会（inter-committee of treaty bodies）が，他の条約でもフォローアップを導入するよう推奨した。2009年にはフォローアップは報告審査手続と一体であると位置付けられ，自由権規約委員会では規則やガイドライン，手続形態について整備を進めた[67]。フォローアップの検討事項は①締約国の手続への協

---

(63)　Helen Keller and Leena Grover, "General Comments of the Human Rights Committee and Their Legitimacy," Helen Keller and Geir Ulfstein, eds., *UN Human Rights Treaty Bodies: Law and Legitimacy*, Cambridge University Press, 2012, pp. 121-127. U.N. Doc. CCPR/C/SR. 50 (1978), paras. 13 and 20.
(64)　安藤「前掲論文」（注12）13-14頁。
(65)　安藤「前掲論文」（注12）6-8頁，Keller and Grover, *supra* note 63, pp. 121-127.
(66)　*Report of the Human Rights Committee*, U.N. Doc. A/36/40 (1981), pp. 101 *et seq.*
(67)　*Note by the Human Rights Committee on the Procedure for Follow-Up to Concluding*

調度，②勧告（総括所見）実施のための措置の性質と影響，の2点とされていたが，2011年10月には一層詳細に，締約国フォローアップ回答に対し，A（回答・措置に満足）～E（勧告に反する措置）の5段階，さらにB（回答・措置に部分的に満足），C（回答・措置に不満足），D（委員会に非協力的）は細かく2段階ずつ（B1，B2……）に分ける計8段階評価を決定する実行を開始した[68]。評価は委員会フォローアップ報告書に纏められ，委員会から国連総会に定期的に提出されている（しかし2016年10月の第118会期において委員会は，「フォローアップ回答の新評価」[69]を採択し，B～D内での2段階分けをやめて，A～Eの5段階に戻した）。

国家報告審査義務は各人権条約に定められているが，総括所見フォローアップやその実施措置の選択に関わる義務は，どの規定を根拠とするのであろうか。

(1) 規約第40条1項(b)

締約国のフォローアップ回答提出を，規約第40条1項(b)「……その後は委員会が要請するときに，この規約において認められる権利の実現のためにとった措置及びこれらの権利の享受についてもたらされた進歩に関する報告を提出することを約束する」に求めれば，同条を総括所見フォローアップの法的根拠とすることは可能かもしれない[70]。しかし過去の実行をみると，イラク（1990），旧ユーゴスラビア（1991）などでの紛争下での重大な人権危機に関する特別報告（special reporting）しか，明示的に当該規定を根拠にした例がなかった点に留意が必要であろう[71]。

Observations, U.N. Doc. CCPR/C/108/2 (2013).

(68) A: Reply/action satisfactory; B1&B2: Reply/action partially satisfactory; C1&C2: Reply/action not satisfactory; D1&D2: No cooperation with the Committee; E: The measures taken are contrary to the recommendations of the Committee. See *Note by the Human Rights Committee on the procedure for follow-up to concluding observations*, U.N Doc. CCPR/C/108/2 (2013), para. 17.

(69) 当該情報は，次のURLより入手可能。<http://tbinternet.ohchr.org/_layouts/TreatyBodyExternal/FollowUp.aspx?Treaty=CCPR&Lang=en>。

(70) 同種の規定として，欧州人権条約第52条は欧州評議会事務総長による要請がある場合には，自国の国内法がこの条約の諸規定の効果的実施を確保する方法について説明しなければならないとしている。

(71) 安藤「前掲論文」（注12）9-10頁。

Ⅰ 人　　権

(2)　規約第 40 条 4 項

フォローアップ回答や（次回定期報告書前に提出する）中間報告書を，第 40 条 4 項の「締約国の提出する報告」と解釈する可能性はある。しかし仮にそうだとしても，自由権規約委員会が，フォローアップ回答を 5 段階評価することや，締約国に追加的対応を要請する法的根拠と位置付けることができるかは明確ではない[72]。

この点ロシアは政府間プロセスにおいて，総括所見フォローアップ回答の提出は，締約国の権利であって義務ではないと主張し，回答提出を義務化するのであれば，条約規定の改正が必要であるとした[73]。この意見は他の多くの国に支持されたわけではない。しかし自由権規約委員会がその手続規則の改正をもって，フォローアップ実行を発展させてきた[74]こと，強制失踪条約は第 29 条 4 項にフォローアップに関する規定を置いていることから，検討なしに排除することは適当ではないし，同時にフォローアップ実行の積み重ねを，逸脱行為であると安易に結論づけることもできないであろう。

3　実行の発展と自由権規約委員会マンデートの射程

それでは委員会マンデートは何かを検討するため，関連する規約規定について，次の 3 点(a)〜(c)から考察する。

(1)　条約改正の可能性（第 51 条）

新しい実行に法的正当性を与えるには，条約規定の改正が最も簡明な方法であろう。規約第 51 条 1 項は条約規定改正には「締約国による改正案の審議及び投票のための締約国会議の開催」が必要としているが，現在まで，自由権規約の締約国会議は第 30 条 4 項に定められた自由権規約委員の選挙の場としてしか機能しておらず[75]，改正案の審議及び投票のために締約国会議が開催さ

---

[72]　Regarding the functions of the Special Rapporteur for follow-ups to concluding observations, see U.N. Doc. CCPR/C/108/2 (2013), paras. 1-2.

[73]　*Letter Dated 21 September 2012 from the Permanent Representative of the Russian Federation to the United Nations Addressed to the Secretary-General, supra* note 28, para. 39.

[74]　*Rules of procedure of the Human Rights Committee*（CCPR/C/3/Rev.1）, *Rule 71, 72.*

[75]　Geir Ulfstein, "Individual Complaints," in Helen Keller and Geir Ulfstein, eds., *UN*

れたことはない。

　モニタリング委員会の独立性という視点からは望ましい状況であるとも言える反面，委員会により生み出された実行が，条約法条約第31条3項(b)の「条約の適用につき後に生じた慣行」にあたるかどうかは明確ではない状態ではあるが，そのことは，多数国間条約の枠組みにおいて，民主的な意思決定過程の欠如であるとも受け取られかねない。

　仮に，人権条約体の権限や実行に黙示的権限論（doctrine of implied power[76]）が適用可能かどうかを検討するとすれば，独立した個人専門家により構成される人権条約体を国際機構と同列に扱うことができるかには留意が必要ではあるものの，適用の余地はあろう[77]。その際，人権条約体の「目的」と「手続」を達成する上で必要な機能が黙示的権限として付与されることが認められ，条約体が自ら採択・改正する手続規則は，関連する条約規定と整合する範囲で，要する能力・権限（competence）[78]の法的根拠となるとも考えられる。黙示的権限論それ自体一様ではないが，主体の「趣旨及び目的」に照らして，その黙示的権限が構成されうるとの理解で，次に，自由権規約委員会の目的（以下(b)）と同委員会手続規則の趣旨（以下(c)）について考察する。

(2)　自由権規約委員会の設置目的規定の不存在

　自由権規約委員会の設置目的は，その役割と深く関連し，条約起草過程でも議論されたことである。ヨーロッパ人権条約と比較すると，同条約は第19条で，ヨーロッパ人権裁判所設立の目的を，「この条約及び条約の議定書において締約国が行った約束の遵守を確保するため」と規定している。一方，自由権規約第28条は，「委員会は……この部に定める任務を行う」とはあるが，委員会の目的について明確に記した文言や規定はない。

　　Human Rights Treaty Bodies: Law and Legitimacy, Cambridge University Press, 2012, p. 87.
(76)　*Certain Expenses of the United Nations (Article 17, paragraph 2, of the Charter), Advisory Opinion, I.C.J. Reports 1962*, p. 151 *et seq.*
(77)　Ulfstein, *supra* note 75, pp. 88-89.
(78)　ロシア政府が，人権条約体改革の政府間プロセスにおいて，"competence"ではなく，授権を前提とする"mandate"という言葉を選択し用いた点は，非常に興味深い。

Ⅰ　人　権

(3)　**自由権規約委員会の手続規則の趣旨**（第39条2項）

　次に自由権規約委員会の手続規則の目的や範囲は，どうであろうか。

　自由権規約において「手続規則」という文言は，第39条2項にしか見当たらない。第39条は役員（ビューロー）選出規定であり，同条1項では任期と再選が可能であることが定められ，2項では，手続規則は，委員会の意思決定方法のみを対象としていることがわかる。拷問等禁止条約（1984年採択）も同様の規定ぶりである（同第18条2項）。

　その他の条約での規定ぶりは多様である。人種差別撤廃条約は，委員会の運営全般に関する手続規則の採択と解釈でき（同第10条），児童の権利条約では，同第43条1項において，児童の権利委員会の設置目的（「この条約において負う義務の履行の達成に関する締約国による進捗状況を審査するため」）が明記され，さらに，同第43条8項で，自らの手続規則を採択する権能が独立して規定されている。強制失踪委員会も強制失踪条約第26条6項で，自らの手続規則を（事項について制限なく）採択する権能が与えられている。

　このように人権条約諸条約に照らし，各委員会の目的や手続規則にかかる権能を比較すると，自由権規約に関しては他の人権諸条約よりも不分明であるとも言えよう。黙示的権限論に基づき委員会やその手続規則の趣旨及び目的を求めるとしても，生来的な規定上の弱点がある。

Ⅴ　マンデートをめぐる自由権規約委員会と締約国の見解

1　国家報告審査に関するマンデートと個人通報審査に関するマンデートの相違

　自由権規約第40条は，フォローアップ制度に関する条約体のマンデートを包含していると結論づけることは可能であるものの，他方で，その決定が拘束力を有しない委員会が，フォローアップ手続に関して追加的に締約国に要求してきた措置の正当性はなお明らかにする必要がある。その措置とは，①委員会が，締約国の回答内容に満足するまで，繰り返し追加の情報提供を要請すること，②締約国に対し，委員会の評価にそった分析を行い，それを広く一般に周知することを要請すること，である。

　委員会手続規則72は，締約国の回答を検討し，次回報告書へのデータ提供を含め，適当な措置を決めるための手続を確立しなければならないと定めてい

る。実施措置の進展を判断するに集約データやその分析は有効であるが、規則を文言どおり読めば、それら一連の手続は次回報告のためのものとなる[79]。

また委員会マンデートに関して、国家報告審査に関するマンデートと個人通報に関するマンデートの異同を検討する必要があろう。

個人通報では、（第一）選択議定書の批准により当該締約国は、規約違反が存在するか否かを決定する委員会の権能を承認し、権利侵害を認定された場合には、規約第2条3項(a)による効果的な救済を通報者（被害者）に付与しなければならない。個人通報選択議定書上の義務に関する一般的意見33[80]においても同じく、締約国は、その領域あるいは管轄下のすべての個人に対し規約上保障された権利を確保し、権利侵害に際しては、実効的な救済を付与する義務を負うとしている。この一般的意見33は「見解」の非拘束性にも拘わらず広く受け入れられており、委員会は個人通報制度では、具体的な規約違反の有無について判断し、かつ一定の範囲で、規約第2条の義務に基づき、具体的にどのような措置をとるべきか、また、どのような救済を付与すべきかについても勧告を与えるマンデートを有していると解釈できる[81]。

規約上の国家義務は単なる結果の義務ではなく、第2条に基づく義務は具体的措置を実施する義務に分類することができ、委員会には、例えば国内裁判所における救済のあり方について検討する権能があると理解できる[82]。しかしなお、ロシアが政府間プロセスで表明した見解にも反映されているように、実施措置の具体的方法・形態の決定は、各国の主権裁量であるという国際法上の一般原則との抵触が問題となる。

個人通報審査と国家報告審査のマンデートは同一なのであろうか。自由権規

---

[79] SHIN Hae-Bong, "Toward a Holistic Understanding and Implementation of Human Rights: Development of Norms and Practice under the International Covenant on Economic, Social and Cultural Rights," *Japanese Yearbook of International Law*, Vol.59 (2016), pp. 70-73.

[80] Human Rights Committee, General Comment No 33: The Obligations of States Parties under the Optional Protocol to the International Covenant on Civil and Political Rights, U.N. Doc. CCPR/C/GC/33 (2008).

[81] *Ibid.*, para. 14.

[82] 薬師寺公夫「国際法学からみた自由権規約の国内実施」芹田健太郎他編『国際人権法と憲法』（信山社、2006年）98-101頁。

Ⅰ　人　　権

約委員会は，両者のフォローアップ手続は分けている[83]が，周知のとおり，総括所見やそのフォローアップのなかで，個人通報事案やその進捗について触れることもある[84]。しかし元来異なる趣旨・目的により設置された2つの手続が，その性質・機能の点で相違点を解消したとすることは説得的ではない。2つの手続の違いは，おのずと委員会が有するそれぞれの制度・手続におけるマンデートの相違にも通ずるのではないかと考える。

2　総括所見の国内的実施にかかる措置：日本第5回報告及び第6回報告

　総括所見フォローアップに関し，締約国と委員会の間でどのようなやりとりが行われているのかについて，実証的観点から，日本の例をとりあげたい。日本は，複数の条約体から繰り返し同様の勧告を与えられることが多く，おのずとフォローアップ手続が長期化する傾向にあった。主要人権諸条約を批准しそれぞれに国家報告審査を受けねばならない日本にとって，総括所見フォローアップのあり方を考えることは，実務上の要請でもある。（条約体改革の議論を先導したロシアに関する現況も興味深いが，別稿[85]を参照願いたい。）

　日本は，2008年の第5回報告審査[86]総括所見[87]において，①死刑囚の再審請求権や弁護人との面会権の保障（パラ17），②代替収容制度（代用監獄）等刑事収容施設における被収容者の処遇の改善（パラ18），③警察における取調べの可視化や自白強要の禁止（パラ19），④死刑確定者の独房での長期収容の中止（パラ21）の4項目の勧告について，フォローアップ回答を求められた。

---

(83)　安藤仁介「自由権規約選択議定書に基づく『見解』の実効性確保について──規約人権委員会による『見解』のフォロー・アップ手続の発展」『同志社法学』第54巻3号（2002）1-18頁（同『実証の国際法学』（信山社，2018年）179-192頁再掲）。前田直子「オーストリアの個人通報事例──違反認定事例に対するフォローアップ手続」『研究紀要』第10号（2005）237-276頁。林陽子「女子差別撤廃条約の個人通報「見解」のフォローアップ」『国際人権』第23号（2012）111-115頁。

(84)　坂元茂樹「トリニダード・トバゴの個人通報事例──フォローアップの観点から」『研究紀要』第7号（2002年）116-118頁。

(85)　Maeda, *supra note* 14, pp. 236-240.

(86)　日本第5回審査：2008年10月15-16日実施，同月30日総括所見採択。第6回審査：2014年7月15-16日実施，同月23日総括所見採択。

(87)　U.N. Doc. CCPR/C/JPN/CO/5 (2008).

提出したフォローアップ回答[88]において，①については，弁護人にも上訴権を有すること，再審請求に死刑執行停止の効力はないが，執行命令の発付にあたり諸状況を斟酌していること，再審開始が決定した死刑確定者と弁護人の面会は刑務所職員の立会いなしに行われていること，②については，勾留場所は裁判官が決定しており，代替収容施設は被疑者，弁護人，家族らとの面会等に資する運用であることを説明している。また③については，2009年2月以降，裁判員裁判対象事件のうち自白事件については全件で録音・録画を実施していること，国選弁護制度の対象事件が拡大されていることなどを回答し，④については，死刑確定者の心情の安定のために単独室に収容しているが，民間の篤志家による面接や宗教教誨の機会付与，ビデオやテレビの視聴機会の付与の取り組みを説明している。

2014年第6回報告審査総括所見[89]では，⑤死刑制度の廃止検討や死刑確定者の処遇改善（パラ13），⑥「慰安婦」に対する性奴隷慣行に関する司法的救済付与や公的謝罪のための立法府及び行政府による措置の確保（パラ14），⑦外国人技能実習生の労働状況の改善（パラ16），⑧代替収容制度の廃止及び自白強要の禁止（パラ18）に関する勧告4項目について，フォローアップ回答を求められた。

まず⑧については，第5回審査総括所見の②と共通しており，日本政府の回答内容[90]も第5回のそれと類似であったため，委員会のフォローアップ評価では，特に代替収容制度が廃止されていないことに関してC2（Reply/action not satisfactory）と評価された。

⑤については，第5回審査総括所見の①と重複する事項が多かったが，第5回では優先フォローアップ事項ではなかった死刑制度自体の廃止検討が，第6回では優先対象項目となっており，政府回答へのフォローアップ評価では，日本は報告に記載した以上のことは情報提供していないと，最も厳しいE（The measures taken are contrary to the recommendations of the Committee）評価であったことは注目しなければならない。さらに⑥に関しては，慰安婦問題についての勧告は第5回審査の総括所見（パラ22）にも含まれていたが，第6回審

---

(88) U.N. Doc. CCPR/C/JPN/CO/5/Add.1 (2010).
(89) U.N. Doc. CCPR/C/JPN/CO/6 (2014).
(90) U.N. Doc. CCPR/C/JPN/CO/6/Add.1 (2015).

Ⅰ　人　権

査の総括所見では，政府がとるべき措置について前回よりもより具体的な要請が列挙されたこと，フォローアップ対象項目に指定されたことも大きな変化であり，委員会のフォローアップ評価では，2015年12月の日韓合意を歓迎してB2 (Reply/action partially satisfactory) としているものの，(a)責任者の訴追・処罰に関する調査，(b)被害者その家族への賠償，(c)入手可能な証拠の開示，(d)被害者への抽象や慰安婦を否定する試みの批判，(e)教科書での言及を含めた学生への教育，について引き続き，とられた措置についての情報提供を要請した[91]。

その後日本政府はフォローアップ回答を2度追加提出[92]したが，委員会の評価は大きく変わらなかった[93]。これと関連してか日本政府は，国連総会決議68/268に関する第3回事務総長報告書準備のための各国へのコメント提供要請に対し，人権条約体はそれぞれの権能（competence）に則した活動を行うこと，事前質問表にあげていない事項を対面審査で持ち出さないこと，総括所見には明らかな事実誤認も含まれており，防止策として締約国と十分に対話を持つこと等を提言している[94]。

Ⅵ　建設的対話への課題

総括所見フォローアップをめぐる一連の動向は，人権条約上の国家義務の射程およびその履行措置の特定に関し，締約国と人権条約体の間に生ずる見解の相違を浮き彫りにした。各締約国の規約履行に際しての一般的評価や改善点を指摘することを目的とした国家報告審査が，総括所見フォローアップ手続の導入・実行の積み重ねや変更の過程で，具体的で詳細な実施措置・方法を締約国に要請し，それらがそのとおり実施されなければ，「満足」評価を与えないと

---

(91) Follow-up Letter on 19 April 2016 by Special Rapporteur for Follow-up to Concluding Observations, Human Rights Committee.
(92) 追加の2回分の回答については，国連文書番号は付されていないが，OHCHRウェブサイト Treaty Bodies Database より入手可能である。
(93) Report on Follow-up to Concluding Observations of the Human Rights Committee, UN Doc. CCPR/C/120/2.
(94) 日本を含め，各国から提出された意見は，次のOHCHRウェブサイトから入手できる。<https://www.ohchr.org/EN/HRBodies/HRTD/Pages/3rdBiennialReportbySG.aspx> Japan: III Remaining challenges and some practical ideas for improvement, (3) and (4).

いう，個別具体的な性質が加わったように見受けられる。

　人権条約体の勧告には透明性や一貫性が不可欠であり，その確保も課題である。人権条約体による条約解釈が，条約上の権利や国家義務の射程を広げれば，勧告内容また質量ともに広範なものとなり，それに対する締約国の同意が得られなければ，新しいマンデートの不当な拡大と批判される。国家の同意が改めて重視される傾向は，各国が（人権条約体を支持してきた欧州や豪州諸国でさえ）「報告疲れ（reporting fatigue）」を訴え，勧告受諾の是非を自ら選択できるという点からも，政府間枠組みに拠る国連人権理事会普遍的定期的審査（UPR）に傾倒している[95]ことにも表れている。

　自由権規約委員会は，2017年秋の第121会期において，総括所見フォローアップの作業方法を見直し，フォローアップ回答の提出期限を1年から2年に延長，フォローアップ手続（回答提出，評価，追加情報要請等のやりとり）は1往復に限定，当時継続中の手続は一旦打ち切り，追加情報は次回の国家報告に含めるよう依頼することを決定した。締約国の意見や規約規定との整合性を意識したこれらの方針転換は，本稿での問題提起と重なる。

　普遍的人権条約に基づく国際的人権保障の制度や手続が，建設的対話の実現を目指して持続的に発展するために，今回の人権条約体強化をめぐる国連総会決議を1つの契機として，実質的議論が深まることを期待したい。

---

(95) Jasper Krommendijk, "The (In)Effectiveness of UN Human Rights Treaty Body Recommendations," *Netherlands Quarterly of Human Rights*, Vol. 33, No. 2 (2014), p. 222.

5　宗教の自由の制限と送還禁止
――宗教を変更する自由との関連を契機として

戸 田 五 郎

　Ⅰ　問題の所在
　Ⅱ　国際人権諸文書における宗教の自由と宗教の変更の自由
　Ⅲ　宗教の自由の制限とノン・ルフールマンの原則
　Ⅳ　宗教の自由の制限と「迫害」
　Ⅴ　改宗者の処遇に関する国際・国内判例の動向
　Ⅵ　おわりに

Ⅰ　問題の所在

　周知のように，人権条約では宗教の自由は内心の自由としての信仰を持つ自由と，自らの信仰を表明する自由を区別し，前者については絶対的保障を要請している。宗教の表明に当たっては一定の制限が可能であるとされるが，信仰を持つことがすなわち一定の実践を伴う，少なくとも外界へのその発露を要求するとするならば，宗教の実践は信仰を持つこと自体と不可分の関係にあるということができる。とすれば，例えば，改宗の強制を伴うような布教活動や，異教徒や異端を対象とするヘイトスピーチのような，他者に対して攻撃的な宗教の表明の規制は別として，宗教の自由の制限には慎重な対応が必要となる。また，市民的及び政治的権利に関する国際規約（自由権規約）4条2項が18条全体を緊急時において停止（デロゲーション）できない条項として掲げていること，すなわち宗教の自由は生命権，人身の自由と並んで人権の核のひとつとなっているということにも注意が必要である。

　宗教の自由は外国人の送還と関連して主張されることがある。送還先で自らの宗教の自由が重大な程度に侵害されるおそれがあるという理由で退去命令等の無効等が主張されるのである。とりわけ近時，その場面でしばしば問題と

Ⅰ　人　権

なっているのが，イスラム教から他宗教への改宗者の事例である。

　それはイスラム法上，棄教者（apostate）はイスラムを捨てたということに基づいて死刑に処せられるとされていることと関連している⁽¹⁾。イスラムは異教に対し一定程度の寛容を示してきたといわれる。現代イスラム国家においても，たとえばイラン憲法では，宗教的少数者のうちゾロアスター教徒，ユダヤ教徒及びキリスト教徒のみについては「法の制限内において」礼拝と宗教的組織の形成を許されるとしている。しかしイスラムからの改宗者は除かれる。イスラム法（シャリア）においては，「棄教者が棄教に固執する場合はまず悔い改める機会を与えられる。そのために棄教者は自らの状況につき省みるために3日間拘禁される。それでもなお悔い改めない場合には，その者は殺害されるべきである」（レバノンのイスラム法学者（Mufti）による布告（Fatwa），1989年）との解釈がなされているといわれる⁽²⁾。

　ところで，難民の地位に関する条約（難民条約）は迫害の理由として掲げる5項目の中に宗教を含めている。宗教を理由とする迫害が宗教の自由の制約乃至侵害を伴うことは言うまでもないが，例えばハサウェイ（James C. Hathaway）は，デロゲーションが許されない一連の権利を人権中の核に置き，それらの権利を「確保しないことは迫害に相当するとみなすのが適当である」としている⁽³⁾。EUの，いわゆる「資格指令（第三国国民または無国籍者の国際的保護の受益者としての資格，難民または補完的保護の対象となる者の統一的地位及び付与される保護の内容についての基準に関する指令）⁽⁴⁾」9条は，迫害行為を

---

(1)　ムスリムの立場からこの状況を批判的に論じた書物として，Abdullah Saeed & Hassan Saeed, *Freedom of Religion, Apostasy and Islam*, Routledge, 2016.
(2)　https://answering-islam.org/Hahn/2statements.htm.（最近閲覧：2019年5月31日）。法律がイスラムの教義に服することが，時に憲法上も規定される。例えばアフガニスタン憲法2条は「アフガニスタンイスラム共和国の国教は聖なる宗教たるイスラムである。他宗教の信仰者は法律の規定の範囲内において，自由にその信仰を実践し，宗教儀式を行うことができる。」と規定する一方，3条は「アフガニスタンにおいては，いかなる法律も，聖なる宗教たるイスラムの信仰と規定に反してはならない。」としている。www.afghanembassy.com.pl/afg/images/pliki/TheConstitution.pdf.（最近閲覧：2019年5月31日）
(3)　ジェームス・C・ハサウェイ（平野裕二・鈴木雅子訳）『難民の地位に関する法』現代人文社（2008年）129頁。
(4)　DIRECTIVE 2011/95/EU OF THE EUROPEAN PARLIAMENT AND OF THE COUNCIL of 13 December 2011 on standards for the qualification of third-country

定義して,「基本的人権,特に,欧州人権条約第15条2項に基づきいかなる逸脱もできない権利の重大な違反を構成する」行為を第一に挙げている。このような,緊急時におけるデロゲーションが認められない権利の侵害を迫害行為の定義とつなげるという構成が欧州人権条約15条と対応する規定である自由権規約4条についても有効であるとすれば,宗教の自由に対する自由権規約違反を構成するような介入はそれ自体迫害を構成する,という解釈も可能となるだろう。本稿では,ハサウェイのこのような見解に照らし,宗教を理由とする迫害の認定(不認定)にかかる事例を検討して課題を抽出することを試みたい。宗教の自由の制限が生命の剥奪や拷問あるいは身体的自由の制約を伴う場合,それが迫害となることは当然として,では,宗教の自由の制限そのものが迫害を構成し,あるいは宗教の自由の制限が直接に送還禁止(ノン・ルフールマン)の根拠となりうるのだろうか。生命や人身の自由の剥奪が迫害にあたることには異論はないとして,より広く,核となる人権の「持続的または組織的否定」[5]が迫害を構成するという議論をここでは下敷きに,検討を加えていきたい。

　先に挙げたイスラム教から他宗教への改宗者の処遇は,ある意味で宗教的不寛容が最も端的に表れる事例であるとも言え,それは改宗者の信仰の表明だけでなく実質的にその保持も否定し,極端な場合には死をもって報いるという点で宗教の自由に対する明らかに正当化されない介入と位置づけられうる。難民認定申請という場面においてはしばしば,出身国を出た後に改宗を行ったという,いわゆる後発難民としての主張がなされる。たとえ元来改宗を望んでいたとしても本国ではそれを行うことができず,外国に逃れて初めて行うことができるという事情もあると考えられる一方,在留の理由を強いて作るため便宜的に改宗が主張される場合があることも否定できず,申請審査の場では,改宗が真正になされているのか否かがまず慎重に検討される必要があるが,いずれにしても改宗が真正であると認められる場合,申請者が出身国に送還された場合にどのような状況に直面するか,かつ当該状況を迫害の恐れとの関連でどのよ

---

nationals or stateless persons as beneficiaries of international protection, for a uniform status for refugees or for persons eligible for subsidiary protection, and for the content of the protection granted.

(5) ハサウェイ・前掲注(3)128頁。

うに評価するかが問題となる。本稿での検討は，このような実務上の課題をも視野において行うことになる。

以上の検討に先立ち，国際人権諸文書における宗教の自由の内実，とりわけ宗教を変更する自由をめぐる議論の状況について見ておくことは，イスラム諸国における改宗者に対する上記の（ときに苛烈な）処遇が，これら諸国の宗教を変更する自由への基本的態度に基づいていることを確認するうえで有益であろう。

II　国際人権諸文書における宗教の自由と宗教の変更の自由

国際人権諸文書の起草に当たって，宗教の自由に関しては他の権利・自由に比べて議論が少なかったともいわれる。しかしそれは，当該自由の内実について諸国に共通の認識があったことの結果であるとは言い難い[6]。以下に見るように，とりわけ宗教の変更の自由に関する議論においては，それを認めがたいとするイスラム諸国の態度がかなり鮮明に表れたということができる。

世界人権宣言18条第1文は，「すべての者は，思想，良心及び宗教の自由についての権利を有する。」と規定している。思想，良心，宗教のうち宗教は国連人権委員会での起草の最終段階で加えられたものであり，それ以前には「個人の思想及び良心の自由，信念を有し（hold）変更する自由は，絶対的かつ神聖な権利である。」という体裁になっていた。この条文案に対しては，一方で「神聖な」という文言が使われていることから，専ら宗教にかかわる規定であるという解釈がなされ，他方では，宗教が抜けていることから専ら世俗的自由に関する規定であるという解釈もなされたため，「神聖な」を除き「宗教」を追加し，現行の第2文に続く修正が施された[7]。

審議の場が国連総会第3委員会に移った後，サウジアラビア代表から，当該条文は「すべての者は思想，良心又は宗教の自由を有する。」というものにと

---

(6) Malcolm D. Evans, *Religious Liberty and International Law in Europe*, Cambridge University Press, 1997, p. 183. 以下本章の記述は，本書の整理に多くを負っている。

(7) それまで，現行の第2文に相当する条項は2項として「すべての者は単独で又は同志と共同して及び公に又は私的に，礼拝，儀式，教導及び行事においてその信念を表明する権利を有する。」との規定になっていた。信念に宗教を加え，更に宗教又は信念の変更の自由への言及を追加したものがほぼ現在の第2文となっている。E/800, p. 12.

どめるべきであるという修正案が提示された[8]。その趣旨は，草案が信念及び宗教の変更の自由のみ認め，東西のイデオロギー対立を背景に思想及び良心の変更の自由に言及しないのは均衡を欠くということであった。しかし，思想及び良心の変更の自由を付け加えることによってではなく，信念及び宗教の変更の自由を削除することによって均衡をとるという主張であって，実質的には宗教の変更の自由への言及を取り除くのがその眼目であった[9]。

サウジアラビア案は結果的に採用されなかったが，宗教の変更の自由の問題は，議論の場が総会に移った後，エジプト代表により異なった角度から提起された。エジプト代表は，宗教を変更する権利に完全に賛成とはいえないとして，当該権利の承認が，中東地域（Orient）において，民衆を容赦なく自らの信仰へと変更させるべく活動していることでよく知られている宣教使節の陰謀を奨励することになりかねないという懸念を表した[10]。このように，イスラム諸国は宗教を変更する権利そのものに正面から反対を表明するということはしないものの，世界人権宣言で当該権利が明記されることには様々な論点を提起して難色を示したということが覗える。むしろ，上記のエジプト代表の見解に賛同したパキスタン代表のように，イスラム教は一貫して良心の自由を宣明しており，信仰や宗教的実践の問題においていかなる類の強制にも反対を表明してきた，と述べて，イスラム教の問題として宗教の変更の自由明記に反対しているのではないという旨を強調する発言も見られた[11]。しかし，この発言についてはイスラム教国の自国民に対する態度と矛盾しているとして，不誠実な発言と評する向きもある[12]。

世界人権宣言18条とは異なり，市民的及び政治的権利に関する国際規約（自由権規約）18条には，宗教を変更する自由は明記されていない。自由権規約の最初の草案は1948年の国連人権委員会第3会期に提出されていたが，実質的な審議が開始されたのは世界人権宣言採択後の第5会期以後のことになった。当時の草案中，宗教の自由に関する16条1項は「何人も思想，信念，良心及

---

(8) A/C.3/247.
(9) Evans, op. cit., p. 189, Bhiyyih G. Tahzib, *Freedom of Religion or Belief: Ensuring Effective International Protection*, Martinus Nijhoff, 1996, pp. 73-74.
(10) General Assembly, Official Records, Third Session, Part I, p. 913.
(11) Ibid., p. 891.
(12) Evans, op. cit., p. 192.

I 人　権

び宗教の自由を否定されない。この自由には，宗教的またはその他の信念を有し（hold），信念を変更する自由を含む。」となっていた[13]ため，宗教の変更の自由への言及がないことが再び問題となった。世界人権宣言採択以前の草案がそのまま審議の対象になった以上，上記の議論が再燃するのは致し方ないともいえよう。そのため，世界人権宣言18条を議論の基礎とすることが合意された。そこでエジプト代表から，再び宗教の変更の自由の削除案が提出された[14]。その趣旨は，世界人権宣言18条に関する総会第3委員会での同代表の提案とほぼ同じであって，宗教を変更する自由は宗教の自由において既に含意されており，それを明記することは改宗を強制する動きを奨励するおそれがある，というものであった。エジプト案は再び退けられ，自由権規約18条1項は世界人権宣言18条と同一の文言で採択されたが，一つの妥協として，変更と同じ重みをもつ「維持し（maintain）」をそれまでの「有し（hold）」に代えて挿入することにより宗教を変更する権利を強調するニュアンスを緩和すること[15]，及び，「何人も，自己の宗教又は信念を維持し（maintain）または変更する自由を侵害するおそれのある強制を受けない。」という規定を2項として入れることが合意された[16]。以上の議論の結果，自由権規約草案18条1項，2項は以下のような形で採択され，経済社会理事会を経て総会へと送られることになる[17]。

1　すべての者は，思想，良心及び宗教の自由についての権利を有する。この権利には，自己の宗教又は信念を維持しまたは変更する自由並びに，単独で又は他の者と共同して及び公に又は私的に，礼拝，儀式，行事及び教導によってその宗教又は信念を表明する自由を含む。

2　何人も，自己の宗教又は信念を維持しまたは変更する自由を侵害するお

---

[13]　E/CN.4/95.
[14]　E/CN.4/253.
[15]　E/CN.4/L.187.
[16]　2項は当初，「何人も，事故の宗教又は信念を維持し（maintain）または変更する自由を侵害するおそれのあるいかなる形態の強制も受けない。」という体裁で提案されたが，知的議論を通じた説得まで排除するものと受け取られるおそれがあるとの指摘により，「いかなる形態の」が削除された。しかし，この修正も2項が禁ずる強制の範囲を明確にするものではなかった。Evans, op. cit., p. 198.
[17]　A/2929, p. 136, 芹田健太郎（訳）『国際人権規約草案注解』有信堂（1981年）104頁。

〔戸田五郎〕　　　　　　　　　　　　　　　　**5　宗教の自由の制限と送還禁止**

それのある強制を受けない。

　宗教の変更の自由をめぐる議論は，総会の場でも続けられた。第3委員会においてサウジアラビアは，「自己の宗教又は信念を維持しまたは変更する自由」の削除を再び提案した。それに対しフィリピンとブラジルが以下のような妥協案を提議した[18]。つまり，問題の個所を「自己の選択する宗教又は信念を有する（have）自由」と改めるというもので，これを受けてサウジアラビア案は撤回された。しかし，宗教の変更の自由を支持する立場からは，「有する」という表現は受動的なもので弱いとの懸念が表明され，英国が提案した「自己の選択する宗教又は信念を有し又は受け入れる（adopt）自由[19]」の文言が採用されることにより，議論は終結した。

　以上のように，自由権規約18条1，2項は文言上での妥協を重ねる形で確定したということができる。しかし，宗教をもつ自由と変える自由とを同じ比重で規定するという妥協によって，宗教の変更の自由をめぐるイスラム諸国と他の諸国との見解の相違が解消したわけではなく，イスラム諸国の宗教を変更する自由に対する消極的姿勢が改められたわけでもなかった。問題が解決したわけではないことは，1981年に成立することになる「宗教及び信念に基づくあらゆる形態の不寛容および差別の撤廃に関する宣言」をめぐる議論にも表れた。

　同宣言の基礎となったのは，差別及び少数者保護小委員会（当時。以下，小委員会）の特別報告者であったインド出身のクリシュナスワミ（Arcot Krishnaswami）が1960年に作成した，「宗教上の権利と実践における差別に関する研究（A Study on the Discrimination in the Matter of Religious Rights and Practices）」と題する報告書[20]と，それに基づいて小委員会が作成し，同報告書に附属した原則案であった。同原則案には「何人も自己の宗教又は信念を維持し又は変更する自由を侵害する物理的又は精神的強制を受けない。」との一文が含まれていた[21]。

---

(18)　A/C.3/L. 877.
(19)　自由権規約の公定訳では「受け入れ又は有する自由」と，正文とは語順が逆になっている。
(20)　E/CN.4/Sub.2/200/Rev. 1, 1960.
(21)　Draft Principles on Freedom and Non-Discrimination in the Matter of Religious Rights and Practices, Part I, Para. 3, ibid., p. 71.

Ⅰ　人　　権

　同報告書及び原則案を受け，総会は 1962 年に，宗教的不寛容の撤廃に関する宣言案及び条約案を人権委員会に作成させるよう経済社会理事会に求める決議を採択した。それは同様に人種差別撤廃宣言案と条約案の作成を求める決議の採択と同日のことであり，検討の優先順位は人種差別撤廃宣言及び条約に与えられた[22]。宗教的不寛容撤廃宣言及び条約に関する総会での審議は 1967 年の第 22 会期から，同年に作成された条約案と 1964 年に作成されていた宣言案に基づいて開始されたが，同会期の第 3 委員会で条約前文と 1 条が採択されて以降，審議は進まなかった。総会は条約の審議よりも宣言を先行させることを決めたうえで，宣言についてなお研究が必要であるとして，1973 年に，人権委員会での宣言案作成を経済社会理事会に求める決議を採択した。宣言案は，1981 年になって反対なし（棄権 5。いずれも東側諸国）で成立し，総会第 3 委員会での修正を経て「宗教又は信念に基づくあらゆる形態の不寛容及び差別の撤廃に関する宣言」として 1981 年 11 月 25 日に総会本会議で採択された[23]。

　1973 年の総会決議から，人権委員会でおよそ 8 年をかけて成立した宣言案も，総会第 3 委員会でイスラム諸国からの修正主張に直面することになった。すなわち，前文第 2 段落の，「世界人権宣言及び市民的及び政治的権利に関する国際規約が……自己の宗教または信念を選択し，表明し，変更する権利を含む，思想，良心，宗教または信念の自由についての権利を表明していることを考慮し，」の表現から「自己の宗教または信念を選択し，表明し，変更する権利を含む」の部分を削除することが強く求められ，認められたのである。もっともそれは，「この宣言のいかなる規定も，世界人権宣言及び国際人権規約に定義されるいかなる権利も制限しまたは停止するものとして解釈してはならない。」という 8 条の規定を追加することによる妥協の結果であった[24]。しかしそれが何かを解決したとはいえず，むしろ同条項は，世界人権宣言と国際人権規約の審議における対立の実質的不解消をそのまま引き継ぐものであったといえよう。実際，宣言採択後の演説においてイラク代表は，イスラム諸国会議を代表する形で，宣言中，イスラム法（シャリア法）に反する規定の適用について留

---

(22)　欧米諸国は宗教的不寛容の問題を人種差別と同一の国際文書で取り扱うことを主張したが，人種別撤廃を第一に考えるアジアアフリカ諸国の主張が優先された。
(23)　国連総会決議 36/55。
(24)　A/36/684。

保を表明しているのである(25)。

　以上から確認できるように，宗教の自由が自由権の重要な一部であることについては諸国の間で広範なコンセンサスがある一方，宗教を変更する自由に関する限り，イスラム諸国の消極的態度は一貫している。上記のイラク代表の声明に対応するように，1990年8月5日のイスラム諸国外相会議で採択されたイスラム人権宣言（カイロ宣言）が，「本宣言に規定されるすべての権利及び自由はイスラムシャリアに服する」（24条）と規定していることに注意すべきであろう(26)。

　しかし，上記諸文書に規定される宗教及び信念の自由が，それを変更する自由を含むことについては，自由権規約18条に関する自由権規約委員会の一般的意見(27)でも表明されていることであるし，宗教的不寛容撤廃宣言履行に関して国連人権委員会で特別報告者を務めたアモール（Abdelfattah Amor）は，イランの現地調査に基づいて，「……改宗及び棄教に関して，特別報告者は人権分野における国際的に承認された基準，とりわけ宗教を変更する自由及び宗教または信念を表明する自由を尊重する必要がある，実際ムスリムの他宗教への改宗はいかなる場合にも……改宗者に対する圧力，禁止または制約を生じさせてはならない」と述べている(28)。宗教の変更の自由を制限乃至否認するイスラム諸国の実行は，国際人権基準に反する疑いが強いが，「すべての権利及び自由はイスラムシャリアに服する」との姿勢を貫く国も多いといわねばならない。以下では送還に関連して，国際人権法及び難民法の観点からこの問題を検討してみよう。

---

(25) Tahzib, op. cit., p. 186.
(26) Cairo Declaration on Human Rights in Islam, 5 Aug. 1990, A/CONF.157/PC/62/Add.18 (1993).
(27) General Comment No. 22: The right to freedom of thought, conscience and religion (Art.18), CCPR/C/21/Rev.1/Add.4, para. 5.
(28) IMPLEMENTATION OF THE DECLARATION ON THE ELIMINATION OF ALL FORMS OF INTOLERANCE AND OF DISCRIMINATION BASED ON RELIGION OR BELIEF: Report submitted by Mr. Abdelfattah Amor, Special Rapporteur, in accordance with Commission on Human Rights resolution 1995/23, Addendum: Visit by the Special Rapporteur to the Islamic Republic of Iran, E/CN.4/1996/95/Add.2, para. 116.

I　人　権

III　宗教の自由の制限とノン・ルフールマンの原則

　個人が送還先国で人権条約に違反する処遇を受ける蓋然性乃至実質的危険が認められる場合，もし送還を行えば送還国において条約違反が生ずる，という判断は，欧州人権裁判所のゼーリンク事件をリーディング・ケースとして，自由権規約委員会においても行われている。送還先国でのどのような侵害の危険性が送還禁止の効果を生じさせるのかについては，その外縁は必ずしも明示に画されているわけではないが，これまでの先例においては，生命に対する権利（欧州人権条約2条，自由権規約6条）と拷問，非人道的取扱い等を受けない権利（欧州人権条約3条，自由権規約7条，拷問等禁止条約3条）の侵害の危険がある場合以外にこれが明示に適用されたことはほぼなく，またこれら条項以外の違反が主張された事例も，以下の例外を除きほぼない。自由権規約とノン・ルフールマンの原則の関係に関する自由権規約委員会の一般的意見31は，規約2条に基づく義務として規約とノン・ルフールマンの原則との関係に言及し，送還先国において「規約6，7条で想定されるような回復不可能な損害を被る現実の危険があると信じる実質的根拠がある場合」，締約国は当該個人を引き渡してはならず，送還又は追放してはならないと述べている[29]。但し，その危険は個別的なものでなければならず，回復不可能な現実の危険の実質的根拠の証明には高い閾があるというのである。

　上記のような例外として挙げられるのは，自由権規約委員会が2014年3月26日に見解を出したX対デンマーク事件である[30]。通報人はエリトリア国籍のペンテコステ派キリスト教徒で，エチオピアで1987年に出生，母とアジスアベバに居住していたが，1999年から2000年にかけてエリトリア，エチオピア間で武力紛争が起こると，母がエリトリアに送還された。その後身を寄せていた叔父も後にエリトリア政府を支援した疑いで逮捕されたため出国を決意し，2010年2月にデンマークに到着，直ちに庇護申請を行った。しかし申請は退

---

(29)　Human Rights Committee, General Comment No. 31: The Nature of the General Legal Obligation Imposed on States Parties to the Covenant, 29 March 2004, CCPR/C/21/Rev.1/Add. 13, para. 12.

(30)　X v. Denmark, Communication No. 2007/2010, 26 March 2014, CCPR/C/110/D/2007/2010.

〔戸田五郎〕　　　　　　　　　　　　　　　　　5　宗教の自由の制限と送還禁止

けられ，退去命令を受けるに至って自由権規約委員会に通報を行い，送還された場合にデンマークが規約7，18条に違反することになると主張した(31)。主張によれば，ペンテコステ派は武器を持つことを禁じているため，信仰に基づき兵役を拒否することになるが，エリトリアでは良心的兵役拒否は認められておらず，兵役忌避者は最高14年の禁固に処せられる可能性があり，拘禁中は拷問を受けるおそれがある。

　自由権規約委員会は，エリトリアにおいて不法出国者，外国で庇護を得られなかった者及び兵役忌避者が帰国後虐待を受ける危険性があることを認定したうえ，通報人自身について，合法的に出国したことを証明するのが困難であること，そのことにより庇護を拒否された者とみなされる可能性があること，兵役義務を履行していない者又は良心的兵役拒否者とみなされる可能性があることを挙げて，締約国は通報人が帰国後に直面する7条に反する処遇の現実の危険を認識していないとの理由で，通報人を送還すれば規約7条違反が生ずると結論した(32)。

　自由権規約委員会は，良心的兵役拒否が強制労働を禁ずる規約8条の問題であるにとどまらず規約18条の問題でもあることを夙に明らかにしており(33)，本件では規約18条のノン・ルフールマンとの関係での適用も考えられたが，委員会はあくまで7条を適用した。

　ここで注目されるのは，委員会の見解に賛成の立場から書かれたニューマン（Gerald L. Neuman）委員の個別意見である(34)。同委員は，見解が7条を適用しつつ18条の論点に触れていないことを指摘したうえで，敢えてノン・ルフールマンの原則との関係における18条の適用可能性を検討しているのである。

　ニューマンは，18条に係る主張につき見解が「規約7条の下での主張と切

---

(31) 通報人は併せてデンマークの難民上訴委員会（Refugee Appeals Board）の手続が公正でないとして14条違反も主張したが，自由権規約委員会は出入国管理に係る手続が14条の適用を受けないとの理由で不受理としている。Ibid., para. 8.5.
(32) Ibid., para. 9.3.
(33) Yoon & Choi v. Republic of Korea, Communication No. 1321, 1322/2004, 3 November 2006, A/62/40, Vol. II, p. 195.
(34) CCPR/C/110/D/2007/2010, pp. 11-13.

Ⅰ　人　権

り離せない」[35]としているのは，ノン・ルフールマンの義務が6, 7条以外に由来するか否かの問題の解決を避けるため委員会が繰り返し用いている手法であると指摘する。本件では，通報人が18条の下における思想，良心及び宗教の自由に対する実質的危険のゆえにエリトリアに送還されるべきではないという議論は，難民条約33条の下での，宗教を理由とする迫害に直面する国への送還禁止に通じており，通報人が実際に虐待を受ける危険を有しているとすれば，彼が受けるおそれがある苦痛は疑いなく難民条約の意味における迫害のレベルに達しているといえる。この結論は，18条の難民条約に照らした解釈により，あるいは規約の下での個人の権利を侵害しない国家の義務は常に個人の権利が侵害される実質的危険がある国に個人を送還しない義務を含むという抽象的議論によって支持されるだろうけれども，「これらの議論は表面的には魅力的だが，いずれも厳密に見れば重大な問題を提起する。」

そのうえでニューマンは，委員会がノン・ルフールマンの義務を認めてきたのは，絶対的義務としてであることを指摘し，それと併せて18条が，絶対的な権利とそうでない権利をともに規定していることに留意して，送還禁止が絶対的である以上，根拠となる権利がそうでなければ矛盾が生ずると論ずる。

18条がノン・ルフールマンの原則との関係で問題となるのは，同条が絶対的なものとして規定する権利に関してに限られるとしても，更にそのような権利への介入がノン・ルフールマンの義務の賦課を正当化するのかが問題となる。その点，委員会は従来，被侵害者が回復不可能な損害を被るおそれがあることを要件としてきており，18条との関係でもそれが適用されることになるとすれば，少なくとも損害賠償等による事後的な救済が可能な侵害は除外されることになろう。

以上のニューマン委員の個別意見は，規約18条を直接ノン・ルフールマンの義務の根拠として用いることの困難を指摘し，18条が問題となりうるような事案においても，ノン・フルールマンの義務との関係では実質的に6条乃至7条の問題に包摂されることになると間接的には結論している。敢えて18条に関する論点を提起することでニューマンは，委員会が見解において18条の論点を避けたことを批判するというよりも支持しているように思われる。

---

(35)　X v. Denmark, para. 8.4.

IV 宗教の自由の制限と「迫害」

　難民条約において宗教の定義はそれ自体特になされておらず，起草過程においてもそのような作業は行われていない[36]。国連難民高等弁務官事務所（UNHCR）は，国際的保護に関するガイドライン6[37]において，難民条約が掲げる迫害理由の一つとしての宗教の問題を取り扱っている。

　同ガイドラインは，難民条約における宗教の概念は世界人権宣言18条，自由権規約18条及び27条等いわゆる国際人権基準における概念と共通に解釈されるべきものであって，その点で宗教は思想良心及び信念の自由を含み，宗教を拒否する権利，宗教を持たない権利を含むとしている。「宗教的信念，アイデンティティまたは生き方は，人間のアイデンティティにとってあまりに根本的であるから，人は迫害[38]を避けるために信仰を隠したり，変えたり，放棄したりすることを強制されてはならない。仮に迫害対象者が迫害主体の意に沿わないことを避けるために合理的またはその他の手段をとらねばならないということが必要だとすれば，難民条約は宗教に基づく迫害からの保護を与えていないのと同じことになる。」[39] ガイドラインは宗教を理由とする迫害の例として，ある宗教的コミュニティの構成員となることの禁止，他の者と共同で行う公的または私的な礼拝の禁止，宗教的教導の禁止，自身の宗教を実践することや特定の宗教的コミュニティに属することもしくは属するとみなされることあるいは改宗したことを理由に個人に課せられる深刻な差別的措置を挙げている。ここで挙げられているのが，主として礼拝や教導その他の実践といった宗教の表明にかかわる活動の禁止乃至制限であることに注意すべきである。例えば自由権規約18条3項は，宗教又は信念の表明の自由について，同項の規定に従

---
(36) UNHCR, GUIDELINES ON INTERNATIONAL PROTECTION: Religion-Based Refugee Claims under Article 1A(2) of the 1951 Convention and/or the 1967 Protocol relating to the Status of Refugees, 28 April 2004, HCR/GIP/04/06, para. 4.
(37) Ibid.
(38) ガイドラインは，宗教に基づく迫害は種々の形態をとりうるとして，宗教的コミュニティの構成員となることの禁止，他の者と共同で行う公的または私的な礼拝の禁止，宗教的指導の禁止，または，自身の宗教を実践すること，特定の宗教的コミュニティに属することもしくは属するとみなされること，あるいは改宗したことを理由に個人に課せられる深刻な差別的措置，を例示している。Ibid., para. 12.
(39) Ibid., para. 13.

Ⅰ　人　権

う限り制限を課すことができると定めている。しかし，宗教の自由を内心の自由と表明の自由に峻別し，後者について，例えば公の秩序の維持といった広範にも解釈されうる理由のために必要な制限を認めるについては，他の自由の制限の場合に増して慎重であるべきである。それは，ガイドラインも言及するように，「宗教的信念は多くの場合，言葉と行動によるその吐露を伴うものである」からである。

　では，宗教の自由への介入はどのような場合に迫害を構成することになるのだろうか。それを検討した欧州司法裁判所（CJEU）の先行判決を題材に検討してみよう。同事件はイスラム教から他宗教への改宗者に関するものではなく，イスラム教の異端への迫害にかかわるものであったが，この2つの問題は，イスラム教乃至その主流派にとっていわば「裏切り」を行った者の処遇の問題として共通点を有し，共通の論点を提起しているように思われる。

　ここで取り上げるのは，CJEUのドイツ対Y及びZ（2012年9月5日大法廷判決）事件判決である[40]。YとZはいずれもパキスタンのアハマディアムスリム教会の構成員（アハマディ）であり，故郷の村でその宗派に属するがゆえに投石を受けたり殴打されたりした等の主張を行った。事実の概要は以下の通りである。

　Yは2004年1月，Zは2003年8月にドイツに入国し難民申請を行った。

　両人は，上記教会に加わっていることから他のイスラム教徒から危害を加えられたり（Yの場合），アハマディが自らをムスリムであると主張するか，その信仰をイスラムであると記述するか，その信仰について説教または宣伝するか他者にその信仰を受け入れるよう求める場合には3年以下の懲役または罰金刑を科す旨規定したパキスタン刑法298C条に基づき投獄されたりした（Zの場合）と主張し，更には預言者ムハンマドの名を汚す者に死刑又は終身刑を科す同法295C条の適用を受ける可能性があるとした。

　ドイツ連邦移民難民局（Bundesamt für Migration und Flüchtlinge）は，両事案について証拠が十分でないとして難民不認定と送還を決定したので，両名は行政訴訟を提起し（Yはライプチヒ，Zはドレスデンの各行政裁判所），Yについては難民該当性を認める判断がなされたがZの訴えは退けられた。しかし控訴

---

(40) Germany v. Y and Z, 5 September 2012, C-71/11 and C-99/11.

審のザクセン高等行政裁判所は，Yに関して国側の控訴を棄却し，Zについては難民条約 33 条 1 項に対応したノン・ルフールマンの原則を規定する「連邦領域における外国人の在留，経済活動及び統合に関する法律（在留法）」60 条 1 項の要件を満たしているとして，パキスタンへの送還を禁ずる判断を行った。

同裁判所によれば，両事件の判断に当たり重要なのは，両名がパキスタンを離れる前に個人的に迫害の恐れを有していたか否かではなく，彼らがアハマディアムスリム教会の構成員として，パキスタンに帰国した場合在留法 60 条 1 項の意味における集団的迫害を受ける恐れがあるか否かである。「パキスタンにおいて敬虔なアハマディにとって，その宗教的信念は，その信仰が公に生きるべきであるという確信を伴って」[41]おり，信仰を公に実践することがそれ自体彼らの宗教的アイデンティティの保持に不可欠なのであって，パキスタンにおける状況に照らせば，彼らは実質的にすべての公的な礼拝を差し控えるほかないと認められるので，帰国した場合彼らの宗教の自由が重大な侵害を受けるおそれがある。

国側は，高等行政裁判所の判断が，従来のドイツ国内判例に基づいてきた基準に拠っていないとして連邦行政裁判所に上告した。すなわち，従来の判例では，宗教の自由への介入が難民の資格要件と関連して迫害とみなされるには，宗教の自由の「核の部分」への介入がなければならず，信仰を公に実践することの制限はその「核の部分」には当たらないとされてきたのであって，本件ではそのような「核の部分」への介入の証明がなされていないというのである。

連邦行政裁判所は，欧州連合（EU）の資格指令，とりわけ同指令中，難民の資格に関し難民条約 1 条 A 項の意味における迫害行為の要件について規定している 9 条の，1 項 a（（当該行為が）特に人権及び基本的自由の保護に関する欧州条約 15 条 2 項の下で停止することができない権利のような基本的な人権の重大な侵害を構成するという性質を有すること又はそれが反復にして行われることにより十分に重大であることを迫害行為の要件として規定）の，欧州人権条約 9 条の保障する宗教の自由との関係に関して，以下の諸点につき先行判決を求めた。

1 資格指令 9 条 1 項 a は欧州人権条約 9 条に違反する宗教の自由へのあらゆる介入が必ずしも同号の意味における迫害を構成するわけではなく，基

---

(41) Ibid., para. 39.

Ⅰ　人　　権

本的人権としての宗教の自由の重大な侵害は宗教の自由の核となる部分が侵害された場合にのみ生ずる，と解釈すべきか。
2　1への回答が肯定である場合に，
(a)　宗教の自由の核となる部分は自宅及び近隣の範囲における信仰の実践に限られるのか，あるいは指令9条1項aの意味における迫害は，出身国において公に信仰を守ることが生命，身体または自由の危険を生じさせ，申請者がそのためにこのような実践を放棄するような場合にも生じうるのか。
(b)　宗教の自由の核となる部分は一定の宗教的実践を公に守ることも含むのか。であるとすれば，宗教の自由の重大な侵害は申請者がそのような信仰の実践がその宗教的アイデンティティを保持するために不可欠であると感じていさえすれば生ずるのか，あるいは申請者が属する宗教コミュニティがそのような信仰の実践がその教義の中核を構成するとみなしていることがさらに必要なのか，あるいは他の状況，例えば出身国の一般的状況の結果としてさらなる制約が生ずるのか。
3　1の回答が肯定である場合に，申請者が出身国に帰還後，生命，身体または自由の危険が生ずるにもかかわらず核の部分に当たる以外の一定の宗教的実践を行うであろうことが立証されたならば，指令2条cの意味における十分に根拠のある迫害の恐れがあるといえるのか，あるいは申請者がそのような実践を放棄することが合理的に期待されうるのか[42]。

CJEUはまず，宗教の自由が民主社会の基礎の一つであるとして，宗教の自由に対する介入は，欧州人権条約15条2項で言及される場合と同様に取り扱われるほどに重大なものとなりうるとの見解を示した。資格指令9条1項aが，欧州人権条約15条2項で緊急事態においても停止できないと明示している権利以外にも，その制限が難民条約にいう迫害に該当する権利がありうる旨規定しているとの解釈に基づいて，宗教の自由の制限が迫害に該当する場合がありうるとの判断を行ったのである。ただ，宗教の自由に対するあらゆる介入が迫害を構成するのではない。重大性において欧州人権条約15条2項所定の権利の侵害行為に相当することが必要である。他方で，迫害該当性の判断において

---

(42)　Ibid., para. 45.

公の宗教活動を含まない宗教の自由の「核となる部分」への介入を，そうでない介入と区分することは必要ではない。迫害該当性は，介入を受けている宗教の自由の特定の側面に基づいてではなく，個人に対し加えられる抑圧の性質とその結果に基づいて判断されねばならない。宗教の自由に対する権利への介入が迫害を構成するか否かの決定に際して，権限ある当局は，関係個人の個別的事情に照らして，当該個人が出身国において当該自由を行使した結果訴追されるか非人道的または品位を傷つける取り扱いまたは刑罰を受ける真の危険にさらされるのか否かを確認しなければならない。一定の宗教的実践を放棄することによって危険を回避できるという事実は，原則として関係がない。すなわち，当局は庇護申請者が宗教的実践を放棄するのを期待することはできないのである。

本件では，諮問裁判所が，庇護申請者が帰国しても，いわばひっそりと信仰を守っていくことができていれば宗教の自由への介入があっても迫害を構成することはないのではないかと尋ねたのに対し，CJEUはそれを否定し，あくまで個別事例ごと，個人ごとの検討が必要であると回答している。それは3つ目の諮問事項への回答とつながっており，認定に当たって申請者が信仰の実践を放棄することを前提としてはならないとしている。CJEUはここで，端的に言えばあらゆる事案において申請者が帰国後何をしようとしているのかを基準に（出身国の状況の判断に基づいて）評価を行うことを求めている。信仰の実践が信仰者であることの義務である，アイデンティティそのものである，あるいは信仰者として生活を送るのに当然に付随してくるものである，という宗教の自由の本質的側面を承認したうえで迫害認定に臨むべしというCJEUの基本的態度は資格指令解釈として正当であると思われるし，それは既述のUNHCRの基本的認識と相通ずるものである。

V 改宗者の処遇に関する国際・国内判例の動向

このような基本的立場，すなわち，信仰を隠す，あるいはこっそりと信仰を維持していく限りにおいて迫害の恐れはないとしても，それを庇護申請者に求めることはできないのであって，本人がその信仰を現在どのように実践し，また帰国後にどのように実践しようとしているのかを考慮すべきである，という立場は他地域の判例においても同様のものがみられる。

I　人　権

　オーストラリアの判例は，申請者に信仰の実践の放棄を求めることはできないという基本的態度において共通しているし，そもそも迫害を免れるために信仰の実践の放棄が必要であるならば，そのことで迫害の恐れに十分な根拠が認められると述べた判決も多くある(43)。庇護申請者がもつ信仰によっては，不利な結果は本人が問題の信仰を保持しているという事実を隠せば回避されると宣告することは，保護の申請に対する答えになっていないとする判決もある(44)。「庇護申請者の信仰（オーストラリアに入国後イスラム教からキリスト教福音派に改宗：筆者註）は，他者との共同体における信仰の表明と実践を必然的に伴っている。申請者が low profile を保ち，「静かに」「慎重に」または「用心深く」礼拝するならば，ということは，申請者に対し，彼が積極的に布教活動をしたりイスラムを侮辱したりすることはないにしても彼の信仰のある次元を否定することになる。」(45)

　もっとも，オーストラリアの判例は，管見の限りでは改宗者の送還からの保護の姿勢において，以下に述べるニュージーランドの最近の傾向と並び，際立っている（但し，オーストラリア移民法は，5J条6項において，難民認定手続における十分に理由のある迫害の恐怖の有無の決定にあたり，申請人がオーストラリア国内でとったいかなる行動も，それが難民の主張を強化する目的でとられたのではない旨の立証がなされない限りは考慮されないと規定しており，オーストラリア国内での改宗に基づく後発難民としての主張は難しくなっている(46)）。ニュージーランドでは，イスラムからキリスト教への改宗は死刑の対象であるが，執行は実際上1990年代半ば以降なされていないこと，公に布教活動を行わない棄教者は嫌がらせの対象となるが長期の拘禁等の迫害を受ける危険は薄く，目立たない限りにおいて危険を回避することができることが，改宗者の難民性認定のための事実的基礎とされてきた(47)が，近年では「アラブの春」以来の，とく

---

(43)　Woudneh v MILGEA, unreported, Gray J. G86 of 1988, 16 September 1988.
(44)　Appellant S395/2002 v MIMA; Appellant S [2003] HCA 71 (2003) 78 ALJR 180 203 ALR 112 78 ALD 8.
(45)　Farajvand v MIMA [2001] FCA 795, a sur place claim based on conversion from Islam to Christianity in Australia, the Federal Court.
(46)　Migration Act 1958, §5J(6). (2001年の改正により挿入) 浅川晃広『オーストラリア移民法解説』日本評論社（2016年）262-263頁。
(47)　例えば High Court, F. v. Refugee Status Appeals Authority and Minister of

に家庭教会（House Church）摘発事例の増加等を反映して，帰国後，布教等積極的宗教活動に従事すると認められない場合においても難民性を認めた事例がある[48]。

　欧州についてはどうだろうか。欧州人権裁判所は，イラン人改宗者の事例をいくつか取り扱っている。スウェーデンに入国後イスラム教からキリスト教に改宗したイラン人に関する事例である FG 対スウェーデン[49]では，申立人はスウェーデン入国後ほどなくして洗礼を受け改宗したが，庇護手続においては政治的意見を理由とする迫害のおそれを主張し，宗教を理由とする迫害のおそれについては当初，信仰の問題は私的な問題であり，また，自らの信仰を，送還を免れるという矮小化した目的に利用したくないとして主張しなかった。しかし，第 1 審（移民委員会）で難民の地位が認められなかったため，上訴審（移民裁判所）では宗教を理由とする迫害のおそれを主張したが，移民裁判所は，欧州人権裁判所の認定によれば，「改宗，スウェーデンにおけるキリスト教信仰の表示の仕方，退去強制命令が執行された場合に彼がイランで信仰をどのように示そうとしているのか，送還により改宗がどのような問題を彼に生じさせるのか，に関する問題をそれ以上検討しなかった。」これは申立人が一旦行った宗教を理由とする迫害の主張を撤回したことにもよるものであったが，欧州人権裁判所は，第 1 審では申立人が主張に含めなかったにもかかわらず宗教を理由とする迫害のおそれについて検討がなされていること（迫害のおそれは認めず），申立人が上訴審で主張を撤回する際，「『しかしこれは明らかに送還後問題となる』と付け加えた」ことを重視した。申立人は再び宗教を理由とする迫害の主張を含めて移民控訴裁判所に上訴許可を求めたが棄却され，更に退去強制命令の執行停止を求めたが「新たな事情なし」として却下された。以上の過程において「スウェーデン当局は申立人が改宗の結果遭遇する危険の評価をついぞ行っていない。2 条と 3 条の絶対的性質に鑑みれば関係個人がそのもとで与えられる保護を求めないことは考えられない。よって，申立人の行動のい

　　Immigration, 28 May 2008, NZHC 788, para. 17.
(48)　Immigration and Protection Tribunal, BT (Iran), [2012], NZIPT 800188. Bruce Burson & David James Cantor (eds.), *Human rights and the Refugee Definition: Comparative Legal Practice and Theory*, Brill, 2016, pp. 44-45.
(49)　F.G. v. Sweden, 23 March 2016 [GC], Reports of Judgments and Decisions 2016.

Ⅰ　人　　権

かんにかかわらず，権限ある国内当局は職権により，送還の決定に先立って，提出された情報すべてを評価する義務を負う。」よって欧州人権裁判所は「申立人がスウェーデン当局により改宗の結果に関する個別的な (ex nunc) 評価なしにイランに送還されたならば，条約2条及び3条の違反となる」と結論した[50]。

　欧州人権裁判所のその後の事例における判断は，FG事件を踏襲して，基本的に国内当局が申立人の個別の事情について精細に検討したか否かを基準としており，その結論の可否を必ずしも直接問うことはせず結論が下されている[51]。もとより，迫害のおそれを通じた難民の地位の認定は欧州人権条約の範囲外の問題であり，事案はここでは条約2条及び3条による保障の手続的側面の問題として取り扱われている。もっとも，FG事件判決に個別意見を付した4人の裁判官[52]のように，人権条約の枠内で，宗教の自由への介入とノン・ルフールマンの関係について踏み込んだ見解を表明する向きもある。すなわち，申立人が帰国後，「目立たず，こっそりと，あるいは秘密裏に信仰に携わる限りにおいてイランで迫害を免れる」という推定に基づくスウェーデン第1審の判断は，信仰の対外的表明が宗教の自由の不可欠の要素であるだけでなく，少なくともキリスト教徒にとっては信仰を他者に示すことが「すべてのキリスト教徒とすべて教会の不可欠の任務であり責任である」ことからして受け入れ難い。また，申立人の退去強制命令は，「申立人を宗教の自由と刑事法の諸原則を重大な形で侵害している刑事法の下で裁かれる重大な危険にさらすもの」であってその執行は「ノン・ルフールマンの原則の深刻な違反に該当する」というのである。

　英国の国内判例は，通常の目立たない改宗者とより活動的な改宗者，教会指導者，宣教師等を区別し，後者にのみ帰国した場合の迫害の実質的おそれを認定する傾向にある[53]。迫害の実質的おそれを認定した事例は多くないが，改

---

(50) Ibid., para. 158.
(51) 例えば M.O. v. Switzerland, 20 June 2017, Application no. 41282/16, para. 80, A. v. Switzerland, 19 December 2017, Application no. 60342/16, para. 45.
(52) Joint Separate Opinion of Judges Ziemele, De Gaetano, Pinto De Albuquerque and Wojtyczek.
(53) FS and Others v. Secretary of State for the Home Department, CG [2004] UKIAT 00303. イランに関し，この基準は，2008年頃，同国刑法に棄教の罪が規定され

宗してアフマディとなったパキスタン人男性で，その信仰を広げることを意図していると認定されたものについて，難民の地位を認めた事例が挙げられる[54]。スイスについてもほぼ同様で，迫害のおそれは布教活動その他により本人が公の注意を惹き，当局が本人の改宗を知るようになるような場合にのみ認められるとされる。ただ，英国の判例からは，信仰と信仰の実践との関係において一定のきめ細かな配慮が及んでいることが読み取れる。すなわち，上記のように英国では一般的に，指導者的な立場にあったり布教活動に従事していたりというような，特に活動的で当局に知られる立場にある者についてのみ，帰国後に迫害を受ける実質的なおそれが認定されるといえ，他者に影響を及ぼすような目立つ活動をしない者には，迫害の実質的おそれは認定されない可能性が高いのであるが，その一方で，以下のような事例も存在する。

庇護申請者 JM はイスラム教からローマ・カトリックに改宗したイラン人であったが，裁判所は，キリスト教徒，特にカトリック教徒は信仰と教会との結びつきが強い点に着目した。すなわち，イランにはカトリック教会がほとんどなく，JM は帰国した場合に，その信仰の実践がそれ自体妨げられることになる。移民上訴裁判所は，「彼から，教会とのあらゆる意味のある結びつきを奪い，ローマ・カトリックという秘跡（sacrament）の宗教のあらゆる不可欠の要素を奪うことは，彼に対し，受忍が合理的に期待され得ない生活を要求することになる。それはある意味において彼の宗教的アイデンティティの抑圧である。」として，JM に難民の地位を認定しているのである[55]。

VI おわりに

以上の検討を整理して，まとめに代えたい。

宗教の自由に，宗教を変更する自由が含まれることについては，国際社会の多数の国により支持されている一方，イスラム諸国からは根強い反対があり，

　　る可能性が出てきたときに一時留保が付されたが，この刑法改正はなされておらず，現在も維持されていると考えられる。SZ and JM v. Secretary of State for the Home Department, CG [2008] UKAIT 00082, Home Office, Country Policy and Information Note, Iran: Christians and Christian Converts, Version 5.0, May 2019, para. 2-4-8.

(54)　Secretary of State for the Home Department v Ahmed [1999] EWCA Civ 3003.
(55)　SZ and JM v. Secretary of State for the Home Department, CG [2008] UKAIT 00082, UK AIT/IAA, 12 November 2008.

Ⅰ 人　　権

　自由権規約18条では，宗教を変更する権利への明示の言及が避けられている。イスラム法（シャリア法）は棄教者に死を与えるべきことを規定しているという解釈はなお有力であり，国内法はしばしばシャリア法の適用を留保し，また裁判官に対して，シャリア法に則った判断を許容する。人権条約にはシャリア法と両立しない条項を適用しない旨の留保が付されることがある[56]うえ，1980年カイロ宣言からも分かるように，イスラム諸国にとって人権概念はシャリア法に服するという意識が強い。

　その一方，自由権規約委員会の一般的意見での明示の承認に見られるように，宗教を変更する自由が宗教の自由の構成要素として国際人権基準の一部を構成していることに疑いはないといってよいだろう。そして既述のように，自由権規約のデロゲーション条項である4条がその2項に18条を含んでいることは，宗教の自由が生命に対する権利や人身の自由と並んで人権の核をなしていることを示している。このことは，EU資格指令が欧州人権条約のデロゲーション条項である15条の2項に言及して迫害を定義していることに照らしても，難民条約の枠内における宗教を理由とする迫害の認定に当たって考慮すべき要素となるはずである。その際には，信仰を持つ自由は内心の自由として絶対的に保障されること，宗教を表明する自由は一定の要件の下に制限が許されるが，宗教の自由においては，信仰がそれ自体実践と深く結び付き，宗教の表明の自由の制限が信仰者としての「宗教的アイデンティティの抑圧」となる場合がありうることを念頭に置くべきであろう。

　しかし，自由権規約委員会は宗教の自由の制限を国家のノン・ルフールマンの義務と結びつけることを避けており，宗教の自由がかかわる事案においてもあくまで生命や人身の自由の恣意的剥奪（規約6，7条）のおそれがあることを根拠に当該義務を認定している。欧州人権裁判所も基本的には同じ立場であり，かつ，出入国管理に係る国家の裁量を前提として，国内手続で当局が個々の事案につき当該個人の利益を十分に考慮したうえでの決定を行うことを求め，それが行われていると認められる場合には必ずしも実体的判断に踏み込まないという姿勢を示している。

---

(56)　例えば自由権規約18条について，バーレーンとモーリタニアがシャリア法に係る留保を付している。

〔戸田五郎〕　　　　　　　　　　　　　　　　　　　*5* 宗教の自由の制限と送還禁止

　イランをはじめとするイスラム諸国では，イスラム教から他宗教への改宗者は棄教者としてシャリア法により処罰される可能性がある。しかし，実際には改宗の事実が本人の宗教的活動を通じて当局に把握され，目をつけられることがない限りは平穏に生活を送ることができるということが想定されるという基本的な姿勢が，以上概観してきた国内判例の中にも見られる（欧州に関しては，欧州人権裁判所がこのような国内当局の判断を一定の要件の下に実質的に追認している）。これは，国際人権法の角度から見れば国家のノン・ルフールマンの義務の認定を生命権，拷問等を受けない権利の侵害のおそれの場合に限定することと通じ，難民法の角度から見れば，難民条約上の迫害の概念を最も限定的にとらえることに基づいている。

　それに対し欧州司法裁判所は，資格指令において迫害に当たるのは生命権，拷問等を受けない権利の侵害のおそれの場合に限られず，宗教の自由の制限も迫害に該当するということを認めつつ（但し「重大性において欧州人権条約15条2項所定の権利の侵害行為に相当すること」を求めている），宗教の自由の核をなす部分（絶対的に保障されるべき部分）とそうでない部分を分けることの意味を否定している。つまり，内心の問題としての信仰とその表明を分け，表明を避けている限り迫害のおそれは問題とならないという考えを退けているのであって，「一定の宗教的実践を放棄することによって危険を回避できるという事実は，原則として関係がない。すなわち，当局は庇護申請者が宗教的実践を放棄するのを期待することはできないのである。」これは上記のオーストラリアでの判例の傾向や，英国のJM事件判決の基本的態度と通じるものであるということができる。

　本稿で設定した問題，すなわち宗教の自由の制限そのものが迫害を構成し，あるいは宗教の自由の制限が直接にノン・ルフールマンの根拠となりうるのか，という問いに関して，その回答は，現状では基本的に否定に傾くことになるだろう。CJEUは上記の判決で，宗教の自由の制限が迫害を構成する可能性を認めつつ，個人に加えられる措置の重大性が欧州人権条約15条2項所定の権利の侵害行為に相当することが必要であるとしている。この事件で意見を提出したボット（Yves Bot）法務官が，迫害該当性は物理的行為とその客観的性質によって判断すべきであって，そうでなければ恣意性がそこに侵入してくる，と

165

Ⅰ 人　権

述べているのは，正鵠を射た見識であろう[57]。ただ，上記で明らかになったように，CJEU その他が示している，宗教の自由の制限は信仰の表明を避けることによって生命や人身の自由の剥奪を避けることができるとしても，表明が信仰そのものに不可欠の要素をなすのであれば，表明を避けることを個人に要求することはできないという姿勢は一定の評価に値する。それが，信仰そのものとその表明とが不可分であることを認めることを通じ，生命や人身の自由の剥奪のおそれに関する判断において，宗教の自由の絶対的自由としての側面の考慮を求めるものであるからである。

---

(57) Opinion of Advocate General Bot delivered on 19 April 2012: Joined Cases C-71/11 and C-99/11, para. 40-47.

6 人権の歴史性について

初 川　満

　　I　人権の特性　　　　　　III　人権の限界性
　　II　権利と義務　　　　　　IV　むすびとして

I　人権の特性

1　人権とは

　権利（right）の概念は，その権利の保有者ではない他の誰かに課される相補的義務が存在していなくてはならないという，一般原則を有している。例えば，車の運転者は，他者に害を与えないよう運転する義務を有しているから，もしその義務に反して他者を害したならば，その犠牲者は補償を受ける権利を得ることとなる。こうした権利や義務のすべては，売買，契約，相続，事故の発生などといった何らかの行為や出来事により，獲得され作り出される。更に，これらの権利は，他の行為あるいは出来事により譲渡され，処分され，あるいは無効とされ得る。また，権利は，常にそうした権利を尊重する義務がある他者に対する命令を含むものでもある。

　しかるに人権は，人間の生来的権利であって，すべての権利の通常の性質を共有しているとはいえ[1]，以下の二点において，他の権利とは区別される[2]。

　まず人権は，いかなる行為や出来事によろうとも獲得され得ないし，譲渡されることも処分されることも，果たまた無効とされることも無い。人権は，人間であるという点に基づいてのみ，その人生を通してすべての人間に普遍的に

---

(1) M. C. Galuppo, M. S. Lopes etc. eds, "Human Rights, Rule of Law and the Contemporary Social Challenges in Complex Societies" (2015), p. 90 参照。
(2) P. Sieghart, "International Law of Human Rights" (1983), p. 17 参照。

Ⅰ　人　権

　備わって（inhere）いるのであって，不可譲（inalienable）である。そして，人権の主な推力は，国家の義務の創設であり，人権の主な相補的義務のすべては国家及び公権力にあるのであって，個人には無い。言い換えれば，人権の義務者は国家及び公権力であって，個人ではない。

　こうしたことから，人権は，その特徴として，普遍的で，不可侵で，人間に固有のものである，といった性質を有しているといわれている。ではここで，日本国憲法を例にこれらを見て行くこととしよう[3]。

　人権の普遍性は平等性ともいわれ，11条において「国民は，すべての基本的人権の享有を妨げられない。」と規定されている。これは，人権というものは，人種とか男女といった性あるいは社会的身分といった人間に存在する事実上の違いによって差別されることなく，人間が人間である以上当然に享有することのできるものであるという，人権の普遍的性格を表わしたものである。一言でいえば，人権は，人間であれば平等に享有するものと言えよう。

　人権の不可侵性は，11条が「侵すことのできない永久の権利」と規定しているように，公権力によって侵されることのない人間の権利という意味である。もっとも，これは，絶対無制限であるという意味ではなく，社会の進展により人権に一定の限界があることを否定するものではない。

　人権の固有性とは，11条が「現在及び将来の国民に与えられる。」とし，また97条が「現在及び将来の国民に……信託されたものである。」とするように，人間が人間であるという理由のみで有する，すなわち人権が人間に固有の権利であることを意味する。そして，これから，生まれつき有するという生来性や，放棄も譲渡もできないという不可譲性が導き出される。なお，この人権の固有性から，憲法に規定されていなくとも，社会の進展に伴ってある利益が人権として保障していかなくてはならないとか保障することが望ましいといった状況になったときは，新しい人権として憲法上の保障が受けられる場合があり得ることとなる。こうした例としては，プライヴァシーの権利とか環境権といった新しい権利が主張され，人権の固有性を憲法上の理論的根拠として，裁判により認められるようになっていることを挙げることができる。

---

[3]　渋谷秀樹『憲法〔第三版〕』（有斐閣，2017 年）97 頁〜100 頁。

2　人権の普遍性について

　人間に固有の特性としての尊厳（dignity）という基本的な概念は，381年にはローマ帝国の国教となったキリスト教にその起源があるとされている[4]。キリスト教は，人は皆人種，性，出生，地位に関係なく神に似たものとして創られたとして，人間に特別の価値を認めることを強調した。そこに，人権の普遍性の萌芽を見ることができよう。もっとも，イスラム教や仏教などにおいても似たような思想を見い出すことが出来るのであり，たとえ人間の尊厳性を保障する方法は文化により異なろうとも，すべての文化は人間のそれを尊重しているということができよう[5]。

　今日支配的である進化論的な見方では，人権というものは，人間の本性における動物的側面を抑制するためのメカニズムとして，普遍的であるとされる。人類の進化は，病人や障害者を殺害することを禁じ，更には殺人一般の禁止といった規範へと導びいてきた。こうした野蛮な行為の抑制といった規範，言い換えれば文明の基準の適用は，西欧文化への服従ではなく，人間の尊厳性から出てくるものであり，普遍性がある。また，例えば幾つかの非西欧文化において特有の特徴とされる，宗教の役割とかパターナリズムあるいは為政者の支配的役割などといったものも，過去の絶対主義の時代に西欧に存在したものに類似している。よって，こうした進化論的見方では，特定の文化の基準としての人権も，すべての文化がある時点において到達するであろう基準と考え得るのであり，その意味では普遍性を有するものということができよう[6]。

　なお，人間としての尊厳が認められたとしても，その尊厳性を無視する弾圧者と対峙する権利というものが与えられなければ，人権にとっては不十分と言わざるを得ない。よって，ここに自律的個人[7]という考えが加えられることが必要となる。この個人の自律性の程度は，文化によって様々であろう。しかし，

---

(4)　W. Kälin & J. Künzli, "The Law of International Human Rights Protection" (2009), p. 22 参照。
(5)　W. Osiatyński, "Human Rights and Their Limits" (2009), p. 160 参照。
(6)　W. Osiatyński, 同上，p. 162 参照。
(7)　この自律的個人という概念は，中世からルネッサンスにかけのスコラ哲学に起源を有するとされ，St Thomas Aquinas によると，人間の尊厳は，人間は生まれながらにして自由かつ自律しているという事実から演繹される。St Thomas Aquinas, "Sunmma Theologica", 11/11q. 64a. 2 ad. 3 参照。

Ⅰ　人　権

何らかの個人の自律性というものもまた，普遍性があるといえる。

　人間の権利としての人権は，私人間における力の行使を禁止し権力の行使を国家の独占とする近代国家の概念に，密接かつ直接的に結びつけられる。なぜならば，こうした国家においては容易に権力の乱用を招くこととなるから，国家による独占的な権力の使用への対抗策として，基本的な個人の権利という形態が位置付けられてきたからである。そして，今日では国民国家（nation state）のモデルが世界中に広がっているため，人権は普遍的な有効性を主張し得ることとなる[8]。

　人権の普遍性は，20世紀になると「人権の普遍的な特性」として認められるようになった。例えば，第二次大戦後作られた世界人権宣言は，この宣言に含まれる基本的価値や原則は普遍的性質のものであるとの信念に基づき，性，人種，国籍，宗教，富などに関係なく，すべての人間にその保護を広げた。

　今日では，いかなる政府も，もはや人権の有効性を疑いはしないのであり，人権に関する議論は普遍的なものとなっている。とはいえ，例えば，非差別原則は同性間関係までも保護するのか否かといった特定の内容について，または社会権は自由権よりも重要か否かといった異なる権利の相対的地位について，あるいは民主的社会を破壊するような意見の表明は禁止されるべきか否かといった人権の規制について，国家が同意することが出来ないといった場合には，常に人権の普遍性の承認の問題が起きることとなる[9]。

　では，以下において，人権の普遍性に対する批判について，主なものを見て行くこととしよう。

3　人権の普遍性への批判

　人権の普遍性については幾つかの批判がなされているが，ここでは主な批判として，歴史的視点からのものと文化相対主義からのものを見ることとしよう。

　まず，歴史的視点からの批判としては，以下のような主張がなされている。

　そもそも国家による人権に向けられた目的は，歴史的発展による産物の一つである。たとえ西欧諸国においてであれ，人権の進歩というものは，その国家に特有の社会的政治的文化的状態の発達に伴い徐々に達成されたものである。

---

(8)　W. Kälin & J. Künzli, 前掲注(4), p. 30 参照。
(9)　W. Kälin & J. Künzli, 前掲注(4), p. 21 参照。

例えば，マルクスが，私有財産への権利は，ある特定の歴史的発展の段階においてはブルジョワジー社会の利害を守ることに奉仕したと述べているように，条件が未だ充たされていない国々には，充たされた国々の到達点としての人権は無条件には適用され得ない[10]。ここで同旨の主張として，1993年ウィーン会議において中国代表が行った演説を，引用しておくこととしよう。「人権の概念は，歴史的発展の産物の一つである。それは，具体的な社会的，政治的，経済的条件と，ある特定の国家の特有の歴史，文化及び価値観と密接に結びついている。異なる歴史の段階は，異なる人権の必要性を有する。異なる発展のレベルや異なる歴史的伝統とか文化的背景を有する国は，また人権について異なる理解や実行を行う。それ故に，幾つかの国の人権基準とかモデルを唯一の適切なものとして，他の全ての国に従うよう要求すべきではないし，またそう考えることもできない。」[11]

こうした歴史的視点からの批判は，いわば歴史相対主義とでもいうべきものであり，次の文化相対主義からの批判と重なるところが多い。

次に，文化相対主義からの批判を見て行くこととしよう。

一言でいって，普遍主義と文化相対主義間の重要な争点は，個人とその共同体の関係に関するものである。

多くの非西欧諸国における伝統においては，人間は個人としてではなく，家族，部族，あるいは民族集団の一員と見做されるのであり，社会的存在としてまず共同体への義務を有するとされる。すなわち，個人を集団の上に置く西欧文化における人権思想とは異なり，個人は，主体性，安全あるいは幸福の意識といったものを構成員に与える集団に従属している。こうした社会においては，人間は，その人が含まれている社会関係により形成される存在である[12]。ここでは，個人ではなく集団がまず重要であるから，社会秩序は個人の権利の基礎ではなく，むしろ義務の基礎となり続けることとなろう[13]。

ではここで，こうした視点に立脚した経験的知識に基づいた批判の例として，

---

(10) W. Kälin & J. Künzli, 前掲注(4), p. 25 参照。
(11) Speech of Liu Huaqiu, Head of the Chinse Delegation, Vienna 15 June 1993. cited in K. Boyle, "Stocktaking on Human Rights : The World Conference on Human Rights, Vienna 1993", (1995) XLⅢ Political Studies, p. 86 参照。
(12) W. Kälin & J. Künazli, 前掲注(4), p. 25 参照。
(13) W. Osiatyński, 前掲注(5), p. 170, 注 91 参照。

I　人　権

　1947年米国人類学学界理事会が世界人権宣言を起草していた国連人権委員会に提出した声明文を挙げておこう。「そもそも基準や価値というものは，それらが出現した文化に関連しているのであって文化的に特有なものであるから，ある文化の基本的原理や価値というものは，異なる歴史的発展の程度において異なる人権を求める。そしてまた，異なる歴史的発展の段階とか異なる歴史的信念や文化的背景を有する国は，異なる人権の理解とか実行を行っている[14]。よって，幾つかの国における人権の基準やモデルを，唯一の適切なものとして考えるべきではないし考えることもできないのみならず，他の国々にこれを適用するよう要求することも出来ない。」[15]

　この声明に対しては，UNESCOの哲学者グループにより，以下のような反論がなされた。「たとえ異なる哲学的原則に基づく表現によるものであれ，異なる政治的経済的システムを背景とするものであれ，基本的な人権というものは共通の確信に基づいているのであって，幾つかの基本的原則は広く様々な文化や宗教により共有されている。」[16]

　なお，その後人類学学会が人権の普遍性に対する反対の立場を修正したことにより，この議論は一応終息し，人権の普遍性は維持された[17]。

　とはいえ，人権及びその内容というものは，結局のところ西欧にのみ限定されるのではないかといった疑問は，提起され続けている。例えば，冷戦期における社会主義国は，経済的社会的目的のためには，国家は個人の権利を切り捨てることが出来ると主張した。また，冷戦崩壊後の1990年代には，それまでの東側に対する西側のイデオロギー的攻撃手法の一つとしての人権に対する批

---

[14] 言い換えれば，ある社会において人権とされるものは，他の社会にとって，あるいは時代が違えば，反社会的なものと見做され得といえる。M. E. Winston ed., "The Philosophy of Human Rights" (1989), p. 119 参照。

[15] American Anthropological Association, "Statement on Human Rights by the Executive Board" (1947), 47 American Anthropologist, pp. 543 ff."

[16] M. A. Glendon, "A Word Made New : Eleanor Roosevelt and the UDHR" (2001), p. 222 参照。

[17] K. Engle, "From Skepticism to Embrace : Human Rights and the American Anthropological Association from 1947 to 1999," in R. A. Shweder, M. Minow, H. R. Markus eds., Engaging Culture Difference : the Multicultural Challenge in Liberal Democracies, (2002), p. 347 参照。

判が，いわゆるアジア的価値の論争をもたらした[18]。

ここにいうアジア的価値とは，マレーシアのマハティール（Mahatir Mohammed, 1925～ ）やシンガポールのリー（Lee Kwan Yew, 1923～2015）といった東南アジアの指導者たちにより定式化された文化相対主義の概念であり，以下のような主張をその内容とした。「アジアにおいて支配的な価値システムは，自由に関心を持つより秩序と規律に関心を持つ。その結果として，人権特に市民的政治的権利は，西側世界よりもアジアにおいては問題とされない。問題となるアジア的価値は，秩序と規律に加え，権利よりも義務，衝突よりも社会的安定及び調和，家族や地域共同体への個人の従属，そして国家への服従といったものを含んでいる。」[19]

なお，こうした文化相対主義は，多くのアフリカの政治家や学者の間にも広がっていった[20]。そもそも人権という思想概念は，非西欧文化の多くにとっては馴染みのないものであったのであり，こうした文化においては，人間の尊厳の概念は普遍的であるとしても，これは権利よりもむしろ義務によって守られてきたといえよう[21]。

こうしたアジア的価値の主張は，冷戦の終結が，民主主義と人権の促進という手段を通して新たな文化帝国主義による覇権的世界秩序の構築の引き金を引くこととなる，との認識に依ったものといってよかろう。西側の見解からは普遍的な人権のための高度なキャンペーンであると思われたものが，アジア的見解では文化的帝国主義と解されたのである[22]。

これらのアジア的価値の賛同者は，アジアにおいては独裁的な政府が発展を促進するという長所があると堅く信じ，その根拠として1970年代及び80年代

---

[18] アジア的価値及び文化的相対主義の概念は，日本を顕著な例外として，アジアの支配層によりしばしば主張された。E. Brems, "Human Rights: Universality and Diversity"（2001），p. 509 参照。

[19] W. Osiatyński, 前掲注(5)，p. 150 参照。

[20] なお，アジア・アフリカ・中近東のNGOは，人権の普遍性を強調する。A. E. Mayer "Islam and Human Rights: Tradition and Politics"（4th ed., 2007），p. 19 参照。

[21] 多くの非西欧社会は，一定の社会保障が人間の尊厳を実現するために重要であることを認め，人間の尊厳の保護のために作られた精巧な人間の義務のシステムを有している。J. Donnelly, "Universal Human Rights in Theory and Practice"（1989），p. 50 参照。

[22] M. Freeman, "Human Rights: Asian and the West", in T. H. Tang ed., Human Rights and International Relations in the Asia-Pacific（1995），p. 14 参照。

における急速な経済成長を引用した。しかし，90年代以降における経済の停滞は，こうしたアジア的価値の主張を色あせるものとしていった。また，現実的政治状態を分析することにより，独立により新国家を動かした新しい指導者たちは次第に自己的でかつ圧政的となっていき，その圧政の正当化の理論として反帝国主義と共に文化相対主義を主張した，と分析する者もいる[23]。

4 人権の平等性について

現代の権利を基礎とした民主主義というものが，平等を本質的な規範の一つとして用いるようになったことを理解するには，古代ギリシャまで遡る必要があろう。例えば，テキジデス（Thucydides, 460?〜400? B.C.）は，平等ということは，法が民主主義においていかに機能すべきかを規範的に示している，と述べている[24]。アリストテレス（Aristotle, 384〜322 B.C.）の「似たものは似たように扱われなくてはならない。」[25]との換言は，暗に必然の結果として，似ていないものは各々の相違に従って適切に扱われるべきである，ということを含んでいる。更に，キケロ（Cicero, 106-43 B.C.）は，自由（liberty）は，すべての人にとり平等である時にのみ存在する，と述べている[26]。

もっとも，こうした古代ギリシャの思想における平等は，もっぱら平等の手続的な形態に重きを置いていたのであって，普遍性という基本的人権原則を含む現代の人権規範において不可欠な多くの特質を欠いていた。例えば，国家における市民間の平等については考察していたが，市民と非市民間における平等については考察することはなく，平等の概念は，政治的地位により異なる人々に対しては異なって適用された。つまり，そこには，国際人権法や憲法が今日追求している普遍的な市民権という考えは，欠落していた[26]。

そもそも平等の概念は，あらゆる時代のあらゆる文化において，社会思想家や哲学者などの心を奪ってきた。今日あらゆる文化は，その保護の体制は異なりはするものの，人間の尊厳性というものを尊重しているのであり，正義とか

---

(23) W. Osiatyński, 前掲注(5), p. 50 参照。
(24) G. L. Abernethy, "Introduction to the Idea of Equality : An Anthology" (1959), p. 38 参照。
(25) Aristotle, "Ethica Nicomaches", J. L. Ackrill & J. O. Urmason, eds. (1980), pp. 112〜117 参照。
(26) G. L. Abernethy, 前掲注(24), p. 18 参照。

誠実あるいは相互の尊敬といった概念を理解している。また，様々な文化においても，階級というものは存在しているにもかかわらず，社会的調和とか人類愛あるいは兄弟愛というものは普遍的であるし，何らかの個人の自律というものもまた普遍的であろう[27]。その意味では，平等概念は普遍性を内在している。

特にキリスト教における平等の思想にとって，普遍性は重要である。例えば，トーマス・アキナス（St Thomas Acquinas, 1225?～1274）は，幸福という共通の紐の中に，神の導きの下で誰もを結びつける平等への手法というものを強調し，神の法の概念として，すべての人は共通の神の愛において結ばれることを求めているとした[28]。ここでは，彼は，平等原則の適用をある社会秩序における構成員に限定した古代ギリシャの哲学者たちとは対照的に，神の構想と法によって平等の原則はあらゆる人に適用されるということを前提としたといえよう。

その後，自然法の理論家たちは，平等の原則の中に，今日理解されている平等の概念というものを形作る知識を加えていった。例えば，ホッブス（Thomas Hobbes, 1588～1679）は，肉体的精神的素質に関する個人の違いは避けることは出来ないとはいえ，そうした差異はそれだけで異なる扱いを伴うべきではない，と述べている[29]。また，ジョン・ロック（John Locke, 1632～1704）は，自然の法においては，他の者の意志とか権威に従属することなく当然に有する自由への平等な権利を有するという意味で，人は皆平等であると主張した。とはいえ，年令とか徳というものは人に優位な地位を与えるであろうし，資質や能力の優秀さは一般的レベルよりも上位に置くであろうとして，人は皆すべてにおいて平等であるとは述べなかったが[30]。

こうして，平等な自由といった思想は，法の一般原理の中に示されるようになった。そして，法の一般原理は法の統一的適用を伴うといったこの哲学的所見は，それまでの特権階級にのみ限定されていた中世の自由とは対照的に，特にフランス革命以後多くの国内人権憲章に見い出される「法の前の平等」にとってのみならず，啓蒙運動の人権概念にとっての基礎となるものを含んでい

---

(27) W. Osiatyński, 前掲注（5），p. 160 参照。
(28) G. L. Abernetyh, 前掲注（24），p. 73 参照。
(29) Thomas Hobbes, "Leviathan"（1651），p. 84 参照。
(30) John Locke, "Second Treatise of Government"（1689），p. 31 参照。

Ⅰ　人　権

た[31]。

　米国憲法修正14条の1868年の採択以来，法の前の平等な保護の原則は各国の国内憲法に取り入れられていったが，その過程において，平等の原則は，法を適用する行政機関にのみ向けられていた形式的原則から，立法機関をも実質的に拘束する原則へと，徐々に変容していった。そして今や，特に政治的社会的分野においては，実質的平等は現代の民主主義の要（かなめ）の一つとなっている。

　とはいえ，平等は法により実現され得るという民主主義の基本原理は，平等と正義についての哲学的政治的理解が異なるため，非常に曖昧なものとなっている[32]。例えば，「平等」（equality）は，「同じような人々（like people）」は「等しく（alike）」扱うということを告げはするが，「同じような人々」とは何を意味するのかについてはまったく沈黙しているから，単なるトウトロジーであって完全に循環するものだと主張する者もいる[33]。

　平等原則の否定的側面としての権利や差別を特別に禁止することは，法と実践の中に深く根ざした不平等というものを特に打ち消すという目的を実現するための政治的必要性から生じてきたことは，経験が示している。それ故に，20世紀になると，一定の属人的特徴を理由としての差別の禁止が，国内法と国際法の両分野において，平等原則の実質的構造における最も重要な要素となってきた。もっとも，区別の基準として禁じられる個人的特徴のカタログというものは，歴史的由来から時代の要請に応じ変化してきているが。

Ⅱ　権利と義務

1　人間の権利と義務

　人間の権利（human rights）というものは，そもそもは財産権を嚆矢として，より多くの個々の自由を，そしてより少ない政府の干渉を求めるものとして，当初は主張された。しかし社会というものが，財産権を保障するための社会契約の一形態という訳ではなく，人間が分け合うべき共有財産というものを追求

---

(31)　M. Nowak, "UN CCPR-CCRR Commentary"（2nd revised ed., 2005), p. 598 参照。
(32)　D. L. Shelton ed., "The Oxford Handbook of International Human Rights Law"（2013), pp. 424〜426 参照。
(33)　C. J. Peters, "Equality Revisited"（1997), 110 HLR 1211 参照。

する複合体であると考えられるようになると、権利は社会的義務を受け入れることを通してのみ効果的となるということを人々は知るようになった[1]。すなわち、権利は、人と人との関係を規律するルールから導びき出されるのであって本質的に社会的なものとして、解されるようになったといえる。

それぞれ各個人は、自身の人格を十分に形成し発展させ得るよう行動することには、自由でなくてはならない。しかるにこの自由は、他者もまた同じことを行うことが出来るということを前提としていることから、他者が同じ行動を取ることを認めるという個人の義務により、制限され得ることとなる[2]。よって、権利は、その相互関係としての義務を内包しているのであり、もしある人が権利を有しているならば、他者はそれを受け入れる義務を負っていると言えよう。

要するに、社会の一員であるということは、世界人権宣言が29条1項において、「すべての者は、その人格の自由かつ完全な発展がその中にあって可能である社会に対して義務を負う」と述べ、また両国際人権規約が、その前文第5節において、「個人は他人及びその属する社会に対して義務や責任を負う」と認めているように、単なる権利のみならず、他者への特別の義務や責任をも負うことである。

言い換えれば、我々のすべてが何らかの権利を有するならば、我々はすべてが他者のその権利を尊重する義務というものを負うこととなる。その意味では、権利と義務は相応しているのであり、不可分であるといってよかろう。そして、誰かが主張する権利は、誰によっても主張され得るものであるから、それに共通する義務というものを受け入れることによってのみ、事実上も獲得し得ることとなる。つまり、世界人権宣言が、他人の権利の保障のためには正統な目的に合致する権利への制限を許すと述べているように[3]、「権利の宣言は、事実上義務の宣言でもある[4]。」から、権利のシステムは必然的に義務のシステムでもあるといってよいであろう[5]。

---

(1) UNESCO ed., "Human Rights Comments and Interpretations" (1947), p. 56 参照。
(2) 同上、pp. 40, 41 参照。
(3) 世界人権宣言29条2項。
(4) UNESCO, 前掲注(1), p. 21 参照。
(5) M. Freeman, "Human Rights" (2002), p. 26 参照。

Ⅰ　人　権

　しかし，「通常の権利」に関する政府の機能と「人間の権利（"human" rights）」に関する政府の機能とは異なっている点に，留意しなくてはならない。

　前者の権利においては，政府への唯一の関心事といえるものは，誰に対し，どのような状況において，誰がいかなる権利を有しているか，ということを明確に定めるための国内法の適切な体制というものを提供してくれることといえる。

　それに対し，後者の権利における関心事は，公権力による干渉から自由でいたいとか，何らかの特別の方法により行動することを求めるといった，主に国家の公的機関それ自体に対しての要求である。それ故に，いかなる人権にとっても相関的関係にある義務は，まず初めに国家自体の機関にあるのであって，社会の他のメンバーにある訳ではない[6]。つまり，人間の権利としての人権は，それに対応した義務というものを含んではいるが，そうした義務は国家がまず負うべきものであり，市民の義務と混同してはならない[7]。その意味では，人権はもっぱら国家に対して行使し得るものと見做され，国家は人権を尊重し，保護し，充足させる主要な責任を有するものと見做されている[8]。

　さて，今日において，義務よりも権利を強調することは，人権における義務の存在を忘れあるいは過小評価するものであり利己主義を助長することとなるのではないかといった批判が，根強く存在している。そして，義務という一般概念を人権法の中に組み入れようとする提案も，最近では幾つか為されてもいる[9]。

　しかし，そもそも権利を強調することは，他者への義務というものを必然的に伴う人間の道徳的側面を重視することである。しかるに，人権の保障というものは，両当事者間における不平等な権力の力学を含む国家と個人の関係に依

---

[6]　P. Sieghart, "International Law of Human Rights"（1983），p. 20 参照。
[7]　市民の義務は，米国独立宣言にも米国憲法にも，更には1789年のフランス人権宣言にも入れられていない。これは，1795年のフランス憲法に初めて現われた。W. Osiatyński, "Human Rights and Their Limits"（2009），p. 38 参照。
[8]　例えば，国際人権両規約においては，規約の締約国のみが義務を約束する（2条）。
[9]　例えば2003年に，国連人権委員会に対し，Inter Action Council は，以下の二つの草案を提案した。"The Declaration on Human Social Responsibilities"．"The Norms on the Responsibilities of Transnational Corporations and Other Business Enterprises with Regard to Hunan Rights"

拠せざるを得ない。よって，国家による権力の乱用による潜在的な個人の利益への侵害の危険性こそが，人権法により国家の干渉や権力の乱用から個人を守ることの，まさに根拠そのものとなる[10]。

人権条約は，人権に関し幾つかの義務を個人に課し，その実施を政府に委ねている[11]。しかしこれは，あくまでも義務を特定しかつ十分に規定しているにすぎないのであって，個人が社会に対して負う一般的義務というものとはまったく異なるものである。ヨーロッパの歴史においても，時の政府により特定されない一般的・抽象的義務の概念というものが人権の恣意的制限のために用いられてきたことは，容易に先例を見い出すことができる。それが故に，義務という概念が権利を制限する口実として用いられる可能性を可能な限り小さくするためにも，義務はできるだけ具体的に規定することが人権の保護のためには重要といえる。一言でいって，権利を制限する根拠として義務の概念を用いることには，慎重であらなければならない。

2　権利の核（core of a right）と核となる権利（core rights）について
(1) 権利の核

そもそも人権の保護においては，「権利の核」となるもの，つまり，どのような状況下においても保護しなくてはならない当該人権の本質的に核となる部分といったものの存在を，認めることができるであろう。言い換えれば，あらゆる人権というものは，いかなる侵害をも許さない核心的部分，すなわち制限や例外の対象とされることのない本質的な要素というべきものを，含んでいるということができる。

これについて自由権規約人権委員会は，権利には何らかの本質的に核となる不可侵的な部分というものが存在するということを，その総括所見（General Comments）において認めている。例えば，自由権規約において制限が規定されている権利や自由[12]に関しての制限条項により許容される制限について初

---

(10)　M. Ssenyonjo, "Economic, Social and Cultural Rights in International Law" (2016), p. 24 参照。
(11)　例えば，人種差別撤廃条約における人種差別の禁止の国家の義務，自由権規約20条の戦争宣伝の禁止の国家の義務など。
(12)　自由権規約の12条（移動の自由），18条（思想，良心，宗教の自由），19条（表現の自由），21条（集会の自由），22条（結社の自由）の各条項。

Ⅰ　人　　権

めて解釈した，12条（移動の自由）に関する総括所見において，同委員会は，本質（the essence）という概念を用いて，「制限はその権利の本質的部分を損ってはならない」ことを強調した[13]。そしてその後も，締約国に課される一般的義務の性質に関する総括所見において，「いかなる場合においてであれ，規約の権利の本質を損うような方法で，制限が適用されたり実施されたりしてはならない[14]。」と述べ，また，19条（表現の自由）についての総括所見において，意見の表明の自由（freedom of opinion）を当該条項における本質的核となる部分と認め[15]，「すべての者は，干渉されることなく意見を持つ権利を有する。」という19条1項の規定は，「干渉されることなく意見を有する権利の保護を求めているのであり，この権利は，自由権規約がいかなる例外も制限も許さない権利の一つである。」と述べている[16]。

　要するに，あらゆる人権は，その権利や自由の本質的部分というものを有しているのであり，それが害されるならば，その権利や自由それ自体の価値というものが問われることとなる。そして，こうした人権の本質的部分の不可侵性というものは，その核となる部分を取り巻くより拡い人権についての制限というものが許容されるかどうかを評価するための，重要な第一歩といえよう[17]。

　なお，例えば自由権規約17条（私生活及び名誉の保護）のように，私生活のみならず家族，住居，通信，名誉及び信用といった，相互に深く関連しているとはいえ多様な人権を規定するものは，各々異なる独立した要素とか特性を含んでいるものもあるから，各々においてそれ自体核となる領域を論じる必要があるということができよう。

(2)　核となる権利

　では，人権には，「核となる権利」というものは存在するのであろうか。
　そもそも，幾つかの人権は，他の人権と比べるとより基本的でありより神聖

---

(13)　G. C. No. 29, Freedom of Movement（Art. 12），(1993), para. 13 参照。
(14)　G. C. No. 31, The Naturs of the General Legal Obligations Imposed on States Parties to the Covenant,（2004），para. 6 参照。
(15)　G. C. No. 34, Freedom of Opinion and Expression,（Art. 19），(2011), para. 5 参照。
(16)　同上，para. 9 参照。
(17)　D. L. Shelton ed., "The Oxford Handbook of International Human Rights Law"（2013），p. 535 参照。

なものであるとの主張は，説得力があると同時に疑問も含んでいる。

　幾つかの人権は，生命の維持のため及び人間の尊厳を支えるためにより重要であるから，他の権利よりも高次の扱いをすべきであるといった主張がしばしばなされている。例えば，生命への権利や拷問の禁止あるいは人間の尊厳への侵害の禁止は，人権の本質について共有された普遍的理解というものをその背景とするから，特別な地位を与えられる有力な候補とされる。なお，こうした核となる権利の概念が，人権の順位付けとか階層化を推定させることは事実である。なぜならば，順位付けは，本来重要な権利に内在しているのであり，また，国家や非国家主体に対しては，それに対応する核となる義務を必然的に伴うからである[18]。

　歴史的には，法的に拘束する人権の道徳的基礎として，すべての人権を唯一のあるいは幾つかの道徳的価値から演繹しようとする努力が為されてきた。例えば，他の権利にとっての前提の一つとして確固として樹立されたが故に基本的ではない権利との関係で優越性を要求する，限定された一連の基本的権利というものを特定する考え[19]や，自由や財産といった市民的権利に特別の地位を与える考えがあった[20]。

　こうした理論の多くは，限定された数の人権を核となる権利として認めるか，あるいは派生的な人権と非派生的な人権の二つのカタログ間に違いを認めるという結果となろう。ここでは，非派生的な人権は，人権思想の背景にある核となる道徳的価値を守るのに対し，派生的な人権は，非派生的な人権を守るという役割を果たすといえよう。そして，こうした手法から考えられる結果の一つとして，人権を支える道徳的価値に優先順位を創り出して，それにより人権間に階層というものを，言い換えれば，少くとも相対的優先順序を産み出すこととなる。なお，こうした階層は，例えば，階層的に優位な権利に優先権を与えることにより，人権間の衝突を解決する際に頼りとされ得る[21]。

　これに対し，すべての人権は普遍的でかつ基本的であるべきであり，それ故

---

[18]　D. Moeckli, S. Shah, S. Sivakumaran, eds., "International Human Rights Law" (2010), p. 187 参照。

[19]　H. Shue, "Basic Rights: Subsistence, Affluence, and US Foreign Policy" (1980), pp. 18-20 参照。

[20]　例えば，John Locke, "Two Treatises (1689), pp. 366, 7 参照。"

[21]　D. L. Stelton ed. 前掲注[17], p. 528 参照。

Ⅰ 人　権

に，幾つかの人権を特別の地位に置くことは人権のより巾広いカタログの規範としての力を弱めることとなろう，との有力な主張がなされている。国内人権法のように，憲法を頂点とする法により具現化されている国家の価値観が明確である場合には，すなわち特定の価値観に基づく基本的人権というものを前提とするならば，人権の序列化ということは可能である。しかし，国際社会は，文化，歴史，社会体制等の異なる，すなわち価値観の異なる多くの国家により構成されている。それ故に，多数の国家により成る国際社会における共通の人権を論ずるには，特定の価値観に基づく人権の序列化は望ましくないのみならずそもそもが不可能といえる。

　こうした理由から，世界人権宣言以降の多くの人権文書は，国際あるいは地域を問わず，核となる権利のカテゴリーとか人権間における階層的序列の存在というものを支持することなく，むしろ全ての人権の普遍性，不可侵性及び平等な価値ということに，より積極的に賛同してきている[22]。例えば，自由権規約と社会権規約が共に，前文において「これらの権利が人間の固有の尊厳に由来する」と言及しているように，多くの人権条約が，人間の尊厳については，これを人権の一つとして宣言するのではなく前文において言及するという手法を採ることにより，人間の尊厳を一個の人権ではなく，すべての人権にとって本質的な共通の価値という地位に持ち上げている。また，緊急時における「停止できない権利」とか「絶対的権利」というものを認め，これにより核となる権利の存在を肯定し，権利間に階層があると主張する意見に対しては，どちらも権利の重要性の階層化を必然的に伴うものではないとの解釈が，人権条約機関により行われている。

3　核となる又は最小限の責務 (core or minimum obligation) について

　人権法においては，国家が人々の人権に関する義務の保有者 (duty-bearer) である。では，こうした国家の責務の中には，他のそれと比べより差し迫った，より直接的な，あるいはより強制的な義務というものが存在するのであろうか。すなわち，核となるまたは最小限の国家にとって必須の責務というものが認められ得るのであろうか。

---

(22)　1993年ウィーン人権宣言第五節参照。

人権法における国家の責務の類型としては，積極的責務（positive obligation）と消極的責務（negative obligation）の二分類と，尊重（obligation to respect），保護（obligation to protect）及び充足（obligation to fulfil）の責務の三分類[23]の手法が両立して用いられているのが一般的である。そして，人権を侵害しないという消極的責務は，人権を尊重する義務（duty）と密接に結びつけられ，もっぱら市民的政治的権利において存在している。他方，充足する責務に関係する積極的責務は，主に経済的社会的文化的権利を扱う場合に重点が置かれている。

では，後者の国家の責務の三分類について，いわゆる自由権と社会権における国家の責務の違いを念頭に置きつつ，主に社会権規約を例に見て行くこととしよう。なお，これらの責務の三分類については，主に社会権について論じられてきているのであり，自由権に関してそれをどこまで広げて行くことが有用かについては，未だ論争がある[24]。

そもそも自由権規約は，国家の自発的批准により発効するとはいえ，そこに規定する人権の直接的かつ完全な遵守を求める[25]のに対し，社会権規約は，法的に拘束力を有する条約として発効しても，利用可能な手段を最大限に用いることによる漸進的な実現ということを許している[26]。つまり，前者は，国家の絶対的かつ即時的な履行責務の存在を前提としていると言えるのに対し，後者は，国家の相対的かつ漸進的な履行責務を認めているにすぎないと言えよう。

ではあるが，社会権規約人権委員会は，社会権規約2条における権利の漸進的実現条項とその利用可能な手段への言及についての解釈において，規約の条文解釈において文理解釈の枠を超えて社会権規約における最小限の核となる責務というものを定義しようと試みている[27]。

例えば，その総括所見において，最小限の核となる責務を，少なくとも各権

---

(23) 三分類については，A. Eide, "The Right to Adequate Food as a Human Rights", E/CN. 4/Sub. 2/1987/23（1987）参照。なお，両分類及びその関係については，申恵丰『国際人権法〔第2版〕』（信山社，2016年），155頁以下を参照のこと。
(24) O. De Schutter, "International Human Rights Law"（2nd ed. 2014），p. 279 参照。
(25) 自由権規約2条1項。
(26) 社会権規約2条1項。
(27) D. L. Stelton ed., 前掲注(17), pp. 536, 537 参照。

I 人　権

利の最小限の必須のレベルにおける満足を保障するものと述べ，生きていくのに不可欠な食糧，主な医療，基本的な住居，最も基本的な形態の教育を，特定の社会権規約における権利に関する例として挙げている[28]。これはすなわち，委員会は，あるものを最小限の核となる責務の一つとして認める場合には，社会権規約における権利のこうした特性というものはその実施手段が欠けていることに関係なく即時的かつ直接的に適用されさえする，と主張していると解するべきであろう[29]。

　また，2条1項の利用可能な手段への言及に関連して，同委員会は，こうした核となる責務を果たすことの失敗を正当化するに際しては，国家に重い義務というものを課している。すなわち，締約国が，少なくとも最小限の核となる責務を果たすことに失敗したのは利用可能な手段を欠いていたことが原因であると主張するためには，これらの最小限の責務を果たすために全ての手段を尽して努力したことを示さなくてはならない[30]。言い換えれば，全ての手段を尽すという最小限の核となる責務は，当該国家の利用可能な手段あるいは他の要素とか困難というものに関係なく，適用されるといってよかろう[31]。とはいえ，すべての国家は，少なくともこの最小限の核となるものとして定義される個人の基本的必要物（Basic needs）を充たすことを期待されはするが，いかにして，またはいかなるスピードで，そうした最小限の保障を超えての保障を行うかについては，かなりの柔軟性を付与されていると言ってよい。

　個人の権利に対してよりも国家の責務に焦点を合わせると，核となる責務というものを認める考えは，各人権が例外とか制限といったものの対象とならない本質的に核となる内容を含んでいるという考えと現実にはほとんど一致するといってよかろう[32]。なお，様々な人権の本質的に核となる内容を確認する

---

(28)　社会権規約人権委員会, G. C. No. 3, The Nature of States Parties' Obligations (Art. 2 (1)) (1990), para. 10 参照。

(29)　核となる責務の概念の詳細な分析としては，K. G. Young, "The Minimum Core of Economic and Social Rights: A Concept in Search of Content" (2008), 33 Yale Jounal of International Law, p. 113 以下参照。

(30)　社会権規約人権委員会，前掲注(28), para. 10 参照。

(31)　The Maastricht Guidelines on Violations of Economic, Social and Cultural Rights (1997), para. 9 参照。

(32)　D. L. Shelton ed., 前掲注(17), p. 538 参照。

ことは，人権条約においては，各条約機関における確定された解釈によるということができる。そして，様々な人権の核となる部分を確定する際には，これらの核となる部分が互いに衝突することのないよう考慮しなくてはならない。また，こうした核となる内容間に衝突が起きそうな場合には，各々の核となる権利や責務の適用の適切な範囲を再定義することにより，考え得る限り衝突を回避し得るよう配慮し，すなわち人権の適切な理解と適用に努めて，解決されなくてはならないのである。

III 人権の限界性

1 人権の限界性について

(1) 人権概念について

人権の限界性を考えるに当っては，先ず保護すべき人権とはいかなるものかについて，考えておく必要があろう。

歴史的に，人権概念の起源については様々な見解が存在しているのであり，自然法，法実証主義，マルクス主義，正義と人間の尊厳などといったものに依拠した，多くの理論や概念が主張されてきている[1]。更には，「人間の神による創造によるのみである。」とすら述べる者までいる[2]。とはいえ，基本的な権利における主要な部分が今日我々が理解するようなものとなったのは，13世紀初期のヨーロッパにまで遡るものであるとも言われているように[3]，人権の核となる概念というものがヨーロッパのキリスト教的価値観に強い影響を受けていることは，否定することのできない事実である。今日我々が理解している人権の概念の起源というべきものは，何世紀にも渡って自由更には権利といった概念に言及してきたヨーロッパにおける哲学的著述の中に見い出すことができるのであり，ヨーロッパにおいてこの概念はまさに発展してきたと言えよう。例えば，人権 (human rights) という表現は，1700年頃には既に英国において見い出すことができる[4]。

---

(1) J. Shestack, "The Jurispruderce of Human Rights", in T. Meron ed., Human Rights in International Law: Legal and Policy Issues (1984), Ch. 3 参照。
(2) 例えば，M. Freeman, "Human Rights" (2002), p. 26 参照に紹介されている。
(3) R. K. M. Smith, "Textbook on International Human Rights" (3rd. ed. 2007), p. 5 参照。
(4) 同上，p. 5 参照。なお，世界人権宣言は，前文第三節に，「法の支配によって人権を

I 人　権

　もっとも，これはあくまでも西欧的人権観というものが，「人間は一個の人として扱われるべきである」といった大命題を最も深く考察してきたからにすぎないのであって，いかなる文化における人権観においても共通した保護すべき権利とか自由というものは存在している。つまり，人間の権利としての人権概念の起源は，様々な文化や宗教の中に見い出すことが出来るのであり，人権の概念が西欧的人権観の強い影響を受けているからといって，その人権観が他のそれに優越するということを意味するわけではない。

　例えば，社会における行動準則としてのきまりや規則を具体化した主な宗教における教義というものは，キリスト教のそれに限らず，人権の基礎としての権利の内容とその限界を示すものであるといえる。あらゆる宗教における基本的な教義は，しばしば宗教的おきて——いわゆる戒律あるいは宗教法（canon）——として，人々の行為の限界を定めていた。なお，こうした宗教のいわば法規範としての側面は，多くの回教国におけるイスラム法（Shari'ah）がそうであるように，今日でもなお適用されてきている。もっとも，こうしたおきてとしての教義は，しばしば義務を強調する傾向があるといえるが。

　こうした宗教的慣行に加え，中世のアンシャン・レジームの時代から宗教改革そして産業革命といった社会の進展に伴い，新たな政治的慣行として，被支配者の私生活あるいは財産に対する支配者の干渉権限を制限するということが，行われるようになった。この初期の例として，貴族や地主のみを対象としたとはいえ，法の前の平等や財産権といった今日の人権に含まれる原則の幾つかを明文により宣言したマグナ・カルタを挙げることができる。もっともこれは，契約による権利の獲得と保障そしてその確認であったといえるから，契約による人権の保障ということによる限界というものを内包していた。

　その後，ヨーロッパにおいては，人権の概念は，君主や議会による権力の行使というものを内在的に制限するものとしての憲法概念である法治主義——自然法と宗教的教義に結びつけられる法による権力の制約——の概念に結びついていった[5]。そしてこの法治主義は，法の枠の中で，法の手続に従って権力の行使が行われることを求め，権力による恣意的な処理すなわち人権侵害を防ぐ

───────────

保護することが肝要」とし，ヨーロッパ的概念であることを明示している。
(5)　G. Sharma, "Human Rights and Legal Remedies" (2000), p. 574 参照。

ことへ寄与していった[6]。ここにおいて人権は、統治者の人民の行為への干渉権限というものを制限する被統治者である人民の権利、というものを含むものとなったのである。

(2) 人権の限界性について

そもそも人権は、他者の出現により初めて論ずる必要性が生じるのであって、社会における存在としての人間を前提とするものであるから、社会システムの中でのみ主張し得るものである。しかるに、社会システムの形成の過程において権利や自由はその内容が確定してくることから、産業革命をきっかけとしていわゆる自由権が出現したように、あらゆる権利や自由とその内容自体が歴史の産物であるということを忘れてはならない。ここに、権利や自由は、その形成過程から生じた内容自体の限界、言い換えれば、権利や自由それ自体に「生来的に内在する限界」というものを内包することとなる。

例えば、当初主張された自由権は、国家権力の恣意性からいかに自由を確保するかを目的とする、いわば国家に対する権利というべきものであった。よって、そこでは、権利そのものに内在する限界性すなわちいかなる性質のいかなる内容の自由なのかといったことに起因する、権利それ自体が形成の過程において内包するに至った限界といったものが存在することとなる。しかし、ここではあくまでも、当該権利あるいは自由それ自体の性質や内容から生じた権利や自由の限界を考えているのであって、こうした権利の第三者に対する主張、すなわち権利の行使によって生じる個人と個人の利害の衝突という、権利や自由の後発的原因というものによる制限といったことは考えられなかった。なぜならば、ここでは絶対的権力を有する封建領主に対する戦いとして、どこまで自由を勝ち取ることが出来るか、自由をどこまで拡げることが出来るか、といったことが主らの争点であったのであり、勝ち取った権利の行使の制限を論ずる段階には未だ至っていなかったからである。そもそも自由権は、抑圧への抵抗、抑圧からの解放というものの結果として誕生したものであるから、当初

---

[6] なお、「法の適正手続」(due process of law) の目的は、権力への制限手段を創設するためではなく、政府権限の行使を受容された手続に限定することにあった。E. A. Daes, "The Individual's Duties to the Community and Limitations on Human Rights and Freedoms under Art. 29 of UDHR" (1983), p. 118 参照。

Ⅰ　人　権

は権利や自由の制限という発想が生ずる余地はなかったといってよかろう。

　しかるに，産業革命による市民階級の台頭に伴って，レセ・フェールの盲目的崇拝が消え福祉国家が登場してくると，個人はいかなる意味でも絶対的なあるいは束縛されない権利というものを有することはできないのであって，集合的社会の一員としての個人の福祉は個人として有する権利と属する社会の利益間の適切な妥協の中に存するということが，よく知られるようになっていった。ここにおいて，他者との利害の調整的機能をもつものとして，人権の制限が考えられるようになったと言ってよかろう。

　このように，人権には，その権利や自由の性質や形成過程から生じた，すなわち，その人権自体の特性から生じたまたはその人権の内容に付随し密接に関係した限界というものが，そもそも存在するといえる。これは，社会的産物としての権利や自由のそれ自体の「特性から生じる（内在する）限界」といってよかろう。

　しかるに，共同体としての社会というものは，複数の個人によって構成される。そして，こうした社会において，人々が平穏な社会生活を営むためには，何らかの秩序というものが必要となってくる。ここにおいて，個人と他者ひいては社会との間に生ずるであろう主に行使により引き起こされる利害の調整を目的として，積極的に個人の権利の行使に対し何らかの制限を行うことの必要性が生じるといえる。すなわち，ここにおいて，他者との関係における権利の行使の限界性が生じるのである。これは，社会における利害調整機能としての「人権の制限」であり，社会的必要性から生ずる行使の限界としての制限といってよかろう。

　なお，ここでの制限は，あくまでも例外的でかつ必要最小限のものであることを前提としていることは，言うまでもない。そして，国家による個人の私生活に対する干渉すなわち人権の制限を規制しようとする意図における個人と国家の関係については，コモン・ロー法系における，個人が恣意的な国家の干渉から自由であることを求める理論と，市民法システムにおける，国家が尊重しなくてはならない人民の生来の権利に基づいた理論が，今日では存在している[7]。

----

(7)　R. K. Smith, 前掲注(3), p. 6 参照。

2 人権の限界と制限
(1) 限界と制限の相違

 そもそも人権は，前述のように，他者の出現により初めて論ずる必要性が生じるにすぎない。例えば，ロビンソン・クルーソーは，フライデーの出現により初めて権利や自由というものを有することとなった。その意味では，人権は，「他者の存在を前提としてのみ主張され得る人間の権利」ということができるであろう。

 こうしたことから，そもそも人権はまずそれ自体が，他者の存在によって発生することから生じる何らかの限界というものを，生来的に内包しているといえる。これは前述したように，人権自体に内在する限界といえるものであり，「権利の特性から生じる限界性」，言い換えれば権利の生来的な限界ということができる。なお，権利自体に内在する限界には，場合によっては，権利自体を形成する要素として，行使の態様というものも含まれることがあろう。そして国家は，人権の擁護義務者として限界の画定を行うこととなる。

 しかしまた，多数の人より成る複雑な社会に生きている現代人は，本源的に他者の権利，ひいては集団としての社会の利益との衝突ということを予期せざるを得ない。よって，個人の権利というものが，特にその行使において，他者の権利との関係において何らかの制約を受け得ることは，自明のことといえよう。言い換えれば，社会生活においては，国家システムを前提としての外的な権力により作り出される，人権特にその行使への制限というものが必要となってくる。人権の擁護者としての国家は，構成員たる他者の人権の保護という全体の利益のために，個人の人権に対し何らかの制限を行わざるを得ないのであり，個人は，その一員である全体のために，何らかの制限を甘受せざるを得ない。すなわち，人権に対する国家による制限というものは個人の人権に対する侵害であるとはいえ，個人の人権を保護するという国家の義務を果たすためには，あえてこれを行わざるを得ない場合があるといえよう。

 人権の擁護者としての国家の責務として，人権の保護が最も重要であることは言うまでもない。そして，国家にとって，人権の保護の促進において最も重要な任務の一つは，個人の利益と他者の利益ひいては社会の利益の間に，適切な調和を保つことである。よって，個人の権利や自由は，場合によっては，「民主的社会における道徳，公の秩序及び一般の福祉といったまさに目的を満

Ⅰ 人　　権

たす」[8]といった，国家の重要な必要性に道を譲らなくてはならない。その意味では，権利に内在する限界を超えての社会的な調整の必要から行われる制限の余地というものは，特にその行使に関しては認めることができよう。とはいえ，これについては，国家による恣意性を可能な限り排除するべく，民主的手段に基づく厳格な判断が必要とされる。

(2)　限界性の画定手法について

人権の限界性については，前述のように，権利や自由の特性から生じる人権自体に内在的に存在する人権の限界と，社会的必要性から生じる調整的機能としての人権の制限に，分けて考えることとしよう。

前者については，国際人権条約における条文の規定においては，「合理的な（reasonable）」，「即時的に（promptly）」，「合法的に（legally）」などといった，当該権利や自由それ自体の内容を規定する用語が用いられる場合が多い[9]。典型的な例としては，集会の自由が，「平和的な（peaceful）」ものであることを，その権利自体の特性として定義していることを挙げることができる[10]。

後者については，国際人権条約においては，「恣意的な（arbitrary）」[11]といった用語により規定するとか，いわゆる制限条項（limitation clause）のように，権利や自由自体の制限のみならずその行使をも直接制限する手法が用いられる場合が多い[12]。そして，人権に対する調整的機能（特に行使についての）としての制限は，歴史性や社会性をもつものであるから，個別の人権の性質，歴史的・社会的背景等により制限の手法や程度といったものも異なることとなる。

そもそも人権の制限は，権利や自由自体の制限というよりもむしろその行使を制限するものであるから，「あらゆる権利や自由の制限においては，必要性

---

(8)　世界人権宣言 29 条 2 項。
(9)　自由権規約 14 条 3 項（公正な裁判を受ける権利）及び 12 条 1 項（移動及び居住の自由）など。
(10)　自由権規約 21 条。
(11)　自由権規約 17 条 1 項（プライヴァシーの権利）。
(12)　A. Conte & R. Burchill, "Defining Civil and Political Rights" (2nd ed. 2009), p. 54 参照。
　　なお，これは人権の制限手法の一つである。これについては，例えば初川満「緊急事態における人権の制限」坂元茂樹・薬師寺公夫編『普遍的国際社会への法の挑戦』（信山社，2013 年），282 頁以下を参照のこと。

と比例性が不可分の要素である」[13]といえよう。しかし，人権の制限が社会的必要性に基づくとはいえ，必要性の判断において国家の裁量の余地があまりに大きくなることは，人権というものの根本的な価値を損するものである。利益に対する正しい規制措置というものが存在しないならば，権利自体の保護というものは存在しないとさえいえる。なお，また人権の制限は，あくまでも必要最小限度のものでなくてはならないことは言うまでもなかろう。

　なお，いわば歴史的形成の経緯から産まれた人権の限界はさておき，利益の調整機能としての人権の制限は，社会のその時々の要請に基づき公権力が実行するものであるから，その社会における価値判断に基づき行われることとなる。しかるに，国内においては，特定の国家における価値判断の表明が憲法により示されていることから，権利や自由の衡量とか序列化は，憲法の解釈により可能となる。だが，国際社会においては，未だ統一的価値観というべきものは存在していないのであり，多様な価値観が併存しているのが現実である。よって，国際社会における人権の制限の議論は，もっぱら比例性や国際社会における必要性に基づく判断に依拠することとなろう。そのため，国際社会における人権の制限の判断に際しては，いかなる権利や自由を，誰が，どのような手続で，何のために，どこまで制限するのか。そして，こうした要件のチェックは誰が行うのかなどの諸点についての，客観的な規定と実行についての慎重な判断が求められる。

3　人権享有主体としての「人間」の拡大
(1)　初期の「人間」

　人間の法的権利としての人権は，産業革命以降，まず自由権が主張され，その後社会権が主張されるようになって，今日に至った。また，こうした権利や自由が，もっぱらヨーロッパを舞台として主張され議論され人々が獲得していったことも，歴史的事実といってよかろう。こうした歴史的な発展の経緯から，国際的に人権は，理論においても実践においても，西欧諸国における必要性，関心そして価値観というものに，強い影響を受けている。このように，今日の人権概念の中心的部分はヨーロッパの歴史において作り出されたものであ

---

(13)　Eva Brems, "Human Rights: Universality and Diversity" (2001), p. 509 参照。

Ⅰ　人　権

るといえることから，人権の享有主体についてもヨーロッパの歴史の文脈において考える必要がある。

もっとも，西欧とは異なる非西欧諸国における必要性，関心そして価値観というものが，国際人権において低く評価されがちであったという事実は，人権の普遍性の主張を弱める大きな一因となっている。人権が真に普遍的であるためには，非西欧諸国における必要性等を反映するようにより人権概念が拡大されなくてはならない，と言ってよかろう[14]。

では以下において，ヨーロッパの歴史の文脈における位置付けに主ら着目して，人権の享有主体である人間という概念について考えてることとしよう。なおこれは，人権というものが誰の権利であったか，そしてその誰とはいかなる人間をいうのか，を問うものであるともいえよう。

なお，近世における産業革命により，中世的な身分制度の打破による市民階級の政治的登場とそれによる統一国家システムの確立がおこり，今日のような国民概念が形成された。その結果，「国民」とその対比としての「外国人」の区分が生じてきた。しかし，これは国家概念と密接に関係していることから，本節では扱わないこととする。

また，戦後資本主義の発達により，法人その他の団体にも，人権享有主体としての地位が認められるようになってきた[15]。しかし，これは，こうした団体が，その社会的活動の性質上どの人権を自然人と同様に享受することが妥当か，言い換えれば，どの人権について自然人と同様の享有主体として認めるかの問題であり，法人その他の団体を人権享有主体としての「人間」と考えるものではない。よって，これも本節の対象ではない。

本節で扱う「人間」とは，あくまでも「自然人」に限ることを，お断りしておきたい。

そもそも自由と寛大という考えが，ヨーロッパの殆んどの歴史において昔から受け入れられてきていることは，間違いないところである[16]。とはいえ，

---

[14]　W. Osiatyński, "Human Rights and Their limits"（2009), p. 155 参照。

[15]　ドイツを例に挙げておこう。ワイマール憲法下では，法人が基本的享有主体になることは否定的であった。しかし，戦後ボン基本法は，19条3項において，「基本法は，その性質上国内法人に適用されうるかぎり，これにも適用される」と規定している。

[16]　P. Slottee, M. Halme-Tuomissari, eds., "Revisiting the Origins of Human Rights"（2015), p. 107 参照。

他者への主張としての権利は，当初殆んどの人々には付与されてはいなかった。例えば，マグナ・カルタが宣言する権利は，貴族や土地所有者といった特権階級のみがその対象であったにすぎない。すなわち，貴族階級に属するほんの一握りの――当然のことながら白人であった――成人男性のみが，幾つの権利特に政治的権利に関しての享有主体としての人間であった[17]。

その後，18世紀になると，権利というものが個人に対し向けられたものと理解されるようになったため，個人の権利という表現で現わされ得るようになり，権利主体は広がっていった。とはいえ，これは未だ今日我々が考えている人間の権利ではなかった。18世紀の権利は，出現した市場経済の必要性によって明確にされ，結果的に市民的自由と政治的権利に限定されたのである[18]。これらは，絶対的権力者による介入からの保護と権力そのものへの参加資格を得ることを切望するブルジョワジーにとって必要なものであったからであり，もっぱら限定された個人すなわち白人成人男性の土地所有者などに対してのみ用意されたものにすぎなかった[19]。言い換えれば，こうしたいわゆる自由権の享有主体は，新しく台頭してきた市民階級に属する人々に拡大されたにすぎなかった。ここでの個人の権利の概念は，非白人又は白人であろうとも女性，子供あるいは貧者といった者たちの権利というものには関心がなかった西欧社会におけるブルジョワジーのためのものであって，搾取とか不平等というものを防ぐものではなかったのである。

(2) 人権の享有主体としての「人間」の拡大

しかるに，産業革命の進展につれて，土地所有者などの白人成人男性のみであった権利の享有主体としての人間は徐々にその対象を拡げていき，19世紀に入ると，有産階級の白人成人女性が，次いで労働力としての評価を得た労働者階級の白人成人男性が，人権の享有主体としての人間として扱われるようになっていった。

ここで，白人女性の人権についての米国における議論を見て行くこととしよう。

---

(17) W. Osiatyński, 前掲注(14), p. 67 参照。
(18) 同上, pp. 26, 27 参照。
(19) 同上, p. 63 参照。

I　人　権

　米国では19世紀になると，奴隷制度反対運動の一環として，女性の「人権」に焦点を合わせた女性の権利獲得の活動が活発となった[20]。こうした社会の動きは，多くの州において既婚女性に自分の名前で財産を保有する権利を与える立法の成立を促進し[21]，その結果，女性の権利は人権として考えられるようになっていった。例えば，米国の各州において，1848年から1870年にかけて18もの女性の権利に関する会議が開催され，そこでは人権と女性の権利が，各々別の権利としてではなく，同一のコインの裏表というべきものとして語られるようになっていった[22]。言い換えれば，これらの会議においては，人権は，男性ではない大規模かつ多様な社会集団に対する権利としてと同時に，人間性（personhood）の新しい形態を定義するのにきわめて有用な道具の一つとなった。人権は，女性の権利を男性の権利と同じ位置におく，均等化する表現の一つであった。すなわち，こうした表現は，1850年にオハイオ州サレムで開催された会議において，「すべての権利は人権であり，性別に関係なく人間に付随する」との決議に示された[23]ように，女性を男性——男性を女性——とは異なり得るものと認め，それでいて男性と等しいとするものであった[24]。

　このように，19世紀中頃の米国において既に女性の権利に関する会議における決議や演説は，人権は男性の権利とか女性の権利といったものを超えた主張であるとして，「人間としての女性の権利」のより完全な主張を考えることを参加者に求めたのであった。

　19世紀末になると，電話交換手，事務員，店員などといった女性の新しい職業領域が生まれたことから，女性は自立するようになって行った。ここに，フェミニズムの具体的課題として，経済的自立ということに加え，法の前の平等，政治的権利の獲得などが挙げられることとなる。例えば，英国では1882

---

(20)　K. K. Sklan, "Women's Rights Emerge within the Antislavery Movement: a Short History with Documents, 1830-1870" (2000), pp. 110〜152 参照。
(21)　T. A. Murphy, "Citizenship and the Origins of Women's History in the USA" (2013) 参照。
(22)　P. Slottee, 前掲注(16), p. 163 参照。
(23)　Proceedings of the Ohio Women's Convention, Held at Salem, 19-20 April 1850 (Smead and Cowles Press, 1850), p. 6 参照。
(24)　同上，pp. 174, 175 参照。

年に既婚女性財産法(25)が施行され，既婚女性に夫とは独立に財産権を持つことを認め，妻たる女性に新しい法的地位を与えた。なお，女性の参政権は，既に18世紀末に論じられてすらいた(26)。もっとも，これは，19世紀末から第一世大戦後にかけて，やっと多くの国において認められるようになったにすぎなかったが(27)。

では次に，労働者の人権の例として，労働者への選挙権——すなわち政治的権利——の付与の歴史を見て行くこととしよう。

そもそも選挙については，近代初期までは財産や収入などによる制限選挙が行われていた。しかし，労働者階級の台頭と民主主義の進展に伴い，19世紀中頃より，財産や収入による制限の撤廃を内容とした男子普通選挙が，ヨーロッパでは一般的となっていった。こうした潮流の先がけは，1848年のフランスの普通選挙法であり，英国においても1867年には選挙法が改正され，まず都市労働者に選挙権が与えられた。もっとも，性別による制限の撤廃を含む普通選挙は，第一次大戦後実施され始めたにすぎないが(28)。

こうして，19世紀から20世紀にかけて，労働者階級の白人成人男性及び成人女性が，人権の享有主体としての人間に含まれるようになっていった。

そしてまた，南北戦争を大きな契機として，例えば米国では1870年に黒人に選挙権が認められたように，黒人を含む非白人の成人男性そして成人女性が，遅ればせながらも人間としての地位を得ていくこととなる。

とはいえ，子供が人権の享有主体として議論の対象となるには，第一次大戦後に国際連盟により「子供の権利に関する宣言(29)」が採択されるまで待たなくてはならなかった。この1924年に採択された宣言は，いわゆるジュネーヴ宣言とも国際連盟の子供憲章(30)ともいわれ，第一次大戦の被害者である子供

---

(25) Married Women's Property Act, 1882.
(26) 例えば，M. W. Godwin, "A Vindication of the Rights of Women"（1792）参照。また，T. A. Murphy, 前掲注(21)，pp. 55-6 参照。
(27) 全国選挙において女性の参政権が認められたのは，1893年のニュージーランドが最初であり，次いで1902年にオーストラリアで認められた。
(28) 英国では，1918年の男子普通選挙制の導入により，一部の女性へも参政権が認められたが，男女平等の普通選挙法の施行は1928年まで待たなくてはならなかった。
(29) League of Nations, Declaration of the Rights of the child, 1924.
(30) League of Nations, Official Journal, Special Supplement, No. 23 (Records of the Fifth Assembly), Geneva 1924, p. 177 参照。

Ⅰ　人　権

の救済に主眼をおくものであった。その後1959年には，国連総会において「子供の権利に関する宣言」が採択され[31]，1989年には「子供の権利に関する条約」が採択された[32]。ここに，子供も，性別や人種に関わらず等しく人権の享有主体としての人間として，扱われることとなったのである。

　こうして今日，人権の享有主体としての人間は，人種，性別，老幼，社会的地位に関係なく，「現に生存する人」と解されることとなった。

Ⅳ　むすびとして

　人権は，まさに歴史の産物である。これは，社会生活を前提とした，言い換えれば，他者の存在を前提とした権利や自由であり，社会というそれを産み出し育てたものに影響される。すなわち，人権がいかなるものであるかは，その形成過程と時代に大きな影響を受けている。よって，いかなる権利が，いかなる時代に，いかなる社会において，いかなる内容のものとなったかは，その理解にとり欠かすことができない。

　とはいえ，今や人権は，人間の法的権利として，人間が人間であるが故に享受できるものとなっている。にもかかわらず，国際社会は未だ国境により分断され，ある国の国民若しくは住民が享受する人権が，他国のそうした人々とは異なるという現実が厳然として存在する。つまり，人間としては同じであるにもかかわらず，たまたまある国に産まれ若しくは住んでいるが故に，異なる人権の享受に甘んじざるを得ない。

　こうした現実を直視し，真の人権の普遍性を追求するためにも，人権の歴史性を問い直すことが必要であろう。

---

(31)　G. A. Res. 1386（ⅩⅣ），UN Doc. A/4354, pp. 19, 20.
(32)　UN Convention on the Rights of the Child. 詳しくは，S. Detrick, "A Commentary on the UN Covemtion on the Rights of the Child（1999）.

II
国　家

7 住民交換協定にみる国民国家形成と国際法の変容
——20世紀初頭のバルカンの悲劇と自決原則

桐 山 孝 信

I　はじめに
II　ローザンヌ（1923年）への道：バルカン半島での住民交換
III　ローザンヌ条約：ギリシャ・トルコ住民交換
IV　ローザンヌ以後
V　おわりに
　　——現代へ先送りされた課題

I　はじめに

　戦争の違法化現象に照らして古典的国際法から現代国際法への転換を表現することが一般的に行われているが，転換が始まった同じ時期に，民族自決原則も国際社会の俎上にのぼったこともよく知られている。第1次世界大戦後に，ロシア，ハプスブルグそしてオスマンといった帝国の崩壊によって，中東欧地域で新国家が成立し，国民（民族）国家で構成される国際社会という実態が現れはじめるようになった。

　新国家誕生は多数派住民の民族自決を実現したものの，少数派住民の「自決」は抑圧の対象とならざるを得なかった。そこで，問題解決の方法の一つとして取られたのが新国家によるマイノリティ保護の誓約であったが，それと矛盾するようなマイノリティの追放，虐殺そして住民交換も「解決」方法として取られたのである。特にバルカン諸国は民族マイノリティの数が多く，彼らに対する抑圧は想像を絶するものがあったといわれている。こうして，20世紀の自決運動は国家の誕生を正当化する場合もあり民族の名の下で抑圧を行うといったような，さまざまな功罪が刻印されることになる。

　本稿は，1910年代から1920年代にかけて，バルカン半島・トルコを舞台に行われた「住民交換（exchange of populations）」を素材にして，現在の国際体

Ⅱ 国　　家

制を支えている国民国家形成の一断面を捉え，民族自決原則の理論と実際を振り返ることで国際法の変容を考察するものである。

　国際法学における人民の自決権論は，住民交換や住民移動などの現象を無視，ないし否定例として捉えてきた。抑圧された人民による解放の法的根拠として自決権が認められるのであり，合法的（この場合国家間の合意をその頂点とする）であれ，意思に反した住民の移動は今日ではジェノサイド条約や自由権規約等でも禁止されているからである。のみならず，人道的見地からも，これまでの生活世界から離れて「故郷」に帰国させられる住民の立場から許されるものではない。しかし，民族自決の補強措置としての民族浄化の試みは，第 1 次世界大戦後には，国際平和と国内安定に寄与するものと評価されていたとの認識もある[1]。しかも，第 2 次世界大戦終了後もこうした実行が続けられ，民族自決の観点からも根拠づけられたことには注意を払うべきであろう。そこで本稿では，そうした住民交換が実行された経緯およびその実態を検討することを通じて，現代国際法への変容を考察する。

Ⅱ　ローザンヌ（1923 年）への道：バルカン半島での住民交換[2]

1　バルカン戦争と 2 つの住民交換構想
(1)　ブルガリア・オスマン間の住民交換

　そもそも住民交換や住民移動，追放といった出来事は，近代になってから現

---

[1]　国際政治学者の吉川元は，『国際平和とは何か――人間の安全を脅かす平和秩序の逆説』（中央公論新社，2015 年）のなかで（31 頁），住民交換が民族紛争の予防策の一つとして実施されることになったことに着目し，国家間の平和創造の一環ではあるが，双方向の民族浄化であったことを，自決権のパラドクスとして批判的に言及する。

[2]　バルカン半島での住民交換については，早くには S. P. Ladas, *The exchange of minorities Bulgaria, Greece and Turkey*, (Macmillan, 1932) という（ギリシャ側にかなり偏ったと評されている）浩瀚な書物が刊行されており本稿も多くを負っている。またハーグアカデミーでの講義もある。S. Seferaides, "L'echange des Populations," *Academie de Droit International, Recueil des Cours*, 1928, Vol.24. 第 2 次大戦終了後は，ナチスドイツによる住民交換政策とドイツ敗戦に伴うドイツ人の追放問題に関わるテーマが論じられた。例えば，I. Claude, Jr. *National Minorities: An international problem* (HarvardUP, 1955). 冷戦下では関心も薄れていたようだが，1990 年代以降，再び脚光を浴びている。なお，U. Özsu, *Formalizing displacement: International Law and Population Transfers* (OUP, 2015) は国際法の観点を含めた本格的な研究であり，大いに参考にさせていただいた。またこの著作には膨大な量の文献が列挙されているが，文献一覧を一瞥するだけ

れたものではない[3]。しかしギリシャの独立に始まるバルカン半島，東欧でのナショナリズムの高まりと民族国家の誕生や，20世紀初めのオスマン帝国崩壊は，新しい国際秩序形成の一端を示すものであり，その渦中で行われた住民交換は，その一こまを象徴するものであるといえる。しかし，オスマン帝国では，トルコ当局が1878年にトルコ人住民とブルガリア人住民の交換を提案したとされており，この時には提案は拒否されたという[4]。

オスマン帝国では「青年トルコ人運動」と呼ばれる，専制の打倒と憲政の復活を目指した運動が沸き上がり，いわば「近代化」と並行して「トルコ民族主義」が興隆していたが，1908年には，名目上自治国であったブルガリアがオスマン帝国からの完全独立を宣言した。また，オーストリアは軍事占領していたボスニア・ヘルツェゴビナを，ギリシャはクレタ島を併合する事態が生じた。さらに1911年にはイタリアがリビアに侵攻し，1912年には，セルビア，ブルガリア，モンテネグロそしてギリシャが同盟してオスマン帝国と戦う第1次バルカン戦争が勃発した。オスマン軍は敗北を重ねていたが，その後のブルガリア対ギリシャ，セルビアのバルカン諸国間での抗争（第2次バルカン戦争）によりブルガリアが敗北したことでオスマン帝国は崩壊を免れ，1913年のブカレスト条約によって一時的に安定を取り戻すことができた[5]。

1913年の第2次バルカン戦争を終了させた条約の中で，住民交換の考え方を定式化した議定書が作成された。議定書では，ブルガリアとオスマン帝国の両国政府は，国境沿いの15キロまでの地帯に居住するブルガリア人とムスリ

で時代と主題との相関関係を知ることができる。日本ではこの問題についてほとんど関心がなかったようだが，バルカンの歴史を扱う場合には必ず言及がある。芝宜弘『図説バルカンの歴史』（河出書房新社，2011年），村田奈々子『物語近現代ギリシャの歴史：独立戦争からユーロ危機まで』（中公新書，2012年）などは，歴史学の立場からこの問題に触れている。さらに最近では，国際機構の活動や国際協調主義の思想を歴史的に位置づけて評価しようとする，マーク・マゾワーの一連の書物が翻訳されている。マーク・マゾワー（池田年穂訳）『国連と帝国：世界秩序をめぐる攻防の20世紀』（慶応義塾大学出版会，2015年），同（中田瑞穂・網谷龍介訳）『暗黒の大陸——ヨーロッパの20世紀』（未来社，2015年），同（井上廣美訳）『バルカン——「ヨーロッパの火薬庫」の歴史』（中公新書，2017年）。

(3) C. A. Macartney, *National State and National Minorities*, (OUP, 1934) p.430.
(4) マゾワー『バルカン』前掲注(2)，204頁。
(5) 小笠原弘幸『オスマン帝国：繁栄と衰亡の600年史』（中公新書，2018年）266-267頁。

Ⅱ　国　　家

ムの任意の相互交換を促進することに合意したのである。その後混合委員会が「住民交換に関する条約」を作成し，交換し得る人々の財産評価と清算を進めることに合意した。そして，ムスリム，ブルガリア人双方約5万人のリストが作成されたが，第1次世界大戦の勃発により実施されることはなかった[6]。

　この交換条約の重要な点は，条約が締結された社会的背景であり，この条約は現実には既成事実の追認にすぎなかったことである。ブルガリア軍が展開した地域のムスリムはすでにトルコ領に逃げ出していた。他方でトルコ領内にいたブルガリア人も流出し，庇護を求めていた。つまり，条約の対象は地理的にも住民の数においても小さなものにすぎなかったというのである[7]。もう一つ留意しておきたいのは，オスマン帝国の時代を通じて，宗教的共同体が自他を分ける最もはっきりした基準であり，人種や言語の違いはほとんど意識されなかったという点であり[8]，以下に述べる住民交換でも共通する点である。つまり民族的マイノリティはそれほど意識されないで，むしろ宗教的マイノリティとしての地位が注目されていたのである。それが，住民交換という「実行」を通じて民族性（ナショナリティ）が意識されることとなり，オスマン帝国の崩壊を経てトルコ共和国へと移行する過程で明確になる。

(2)　ギリシャ・オスマン間の住民交換（1914年）

　第1次バルカン戦争によってヨーロッパ地域からオスマン帝国の勢力は消えた。「青年トルコ人」はイスタンブールで権力を掌握すると，オスマン帝国から少数民族を排除し同質的なトルコ国家を形成することを決断した。1914年には，11万5千人のギリシャ人がトルコの東トルキアから追放され，同じ地域から8万5千人のギリシャ人が小アジアの内陸部へ移送された。さらに15万人のギリシャ人が西アナトリア沿岸地方からギリシャの海岸地方へ追いやられた。他方，トルコから追放されたギリシャ人にとって代わるという観点から11万5千人のムスリムがギリシャを離れた。さらに13万5千人のムスリムが，トルコ民族国家を形成するという宣伝にしたがってギリシャ以外のバルカン諸

---

(6)　S. P. Ladas, *supra note 2*, pp.18-20.
(7)　D. Pentzopoulos, *The Balkan Exchange of Minorities and its Impact on Greece*, (Hurst&Company, 1962 reprint ed., 2002) pp.54-55.
(8)　柴宜弘・前掲注(2), 98頁。

国からも流出した[9]。またこの時期，アルメニア人に対する大量殺戮やクルド民族の独立を阻止する活動も行われていたが，これも同質的なトルコ国家を形成するための手段とみられた。

　こうした住民追放の状況を受けてトルコはギリシャに対して，マケドニアのトルコ人とスミルナのギリシャ人とを，「自発的かつ相互的に」交換することを提案した。提案の特徴は，中立的な第3者による混合委員会を設置して，履行にあたっての責任を負うものとしたこと，ムスリムもギリシャ人も自発的な移動が確保されなければならいということ，さらに政府による財産の補償が考えられていたこと，そして紛争の際の仲裁について予定されていたことであり，いわば「公的な」交換を構想した[10]。しかしこれも第1次世界大戦勃発により停止されたが，住民移動が国際法による国民国家形成を容易にし，かつ公式化する明確なテクニックとして意識されたと評される[11]。

2　ギリシャ・ブルガリア間の「自発的」交換協定（1919年）
(1)　平和条約の一環としての「自発的」住民交換

　上記の事例は，いずれも第1次世界大戦によって中断された。他方，最も野心的な先例とされたのは，大戦後の1919年に結ばれたギリシャとブルガリア間の「自発的」マイノリティ交換協定である。これは，第1次世界大戦後に主たる同盟および連合国とブルガリアの間で締結されたヌイイー条約中の「マイノリティ保護」の関連規定を実施するためのものであった[12]。

　1919年11月27日に署名されたヌイイー条約は第3部「政治条項」の第4節「マイノリティの保護」の表題の下，ブルガリアのすべての住民に対して「生命及び自由」を保護し，「信仰と礼拝の自由」を保障すること，すべてのブルガリア国民は「法の前における平等」を保障すること，特に「人種，言語または宗教上少数者に属するブルガリア国民」に対して他の国民と法律上および事実上同一の待遇と保障を与えることを国家に義務づけるなどが規定されている。これらは同時期に締結されたマイノリティ保護条約や平和諸条約中のマイ

---

(9)　S. P. Ladas, *supra note 2*, pp.15-16.
(10)　Macartney, *supra note 3*, pp.434-435.
(11)　Özsu, *supra note 2*, p.56.
(12)　Ladas, *supra note 2*, pp.27-29.

Ⅱ 国　　家

ノリティ保護規定とほぼ同じ内容である[13]。

　ヌイイー条約が他の条約と異なった規定をしているのが，56条である。

　56条1項　ブルガリアはこの条約またはドイツ，オーストリア，ハンガリー，ロシアまたはトルコと同盟および連合国との間で締結された条約に基づき人がブルガリア国籍を回復するか否かを選択することができる権利の行使をいかなる方法でも妨げないことを約束する。

　2項　ブルガリアは主たる同盟および連合国が人種的少数者に属する者の相互のおよび自発的な転出（emigration）に関する機会を審査することができるような諸規定を承認することを約束する。

　この56条2項を受けて同日に署名されたのが「ギリシャとブルガリアの間の相互の転出に関する条約」である[14]。その第1条では，締約国が人種的，宗教的または言語的少数者に属する者がそれぞれの領土から自由に転出する権利を認めることを規定し，2条でこの権利の行使を容易にするための便宜を図るとされた。また転出の権利が認められるのは18歳以上であり，転出の便宜を図るための混合委員会（mixed commission）の設置から2年とした（4条）。

---

(13)　第1次世界大戦後に作成されたマイノリティ保護に関する合意は，①新独立国・領土拡大国と主要連合国との間で締結されたマイノリティ保護条約，②敗戦国のマイノリティ保護義務に関する講和条約，国際連盟加盟に際して署名された一方的宣言，④マイノリティ保護のための二国間条約，に分類されるが，重要なことは，それらの実態的内容は最初に締結された主要連合国とポーランドとの間に条約をモデルにしていた。西平等「連盟期少数民族保護条約の意義」，孝忠延夫ほか編『多元的世界における「他者」（上）』（関西大学マイノリティ研究センター，2013年）112-114頁。

　　こうした特徴を見て，祖川武夫は少数者保護制度の現実的機能の特殊性を指摘していた。ふつう，この制度については自国民中の少数者に対する領土国の差別的取扱が，とりわけ少数者母集団国からの介入を招き，ヨーロッパの平和が危うくされるのを防ぐという政治的効果が説かれている。しかし，①対象国が中東欧に限定され米国内の黒人や日本支配下の朝鮮民族，植民地諸民族は対象外とされていること，②住民一般にまで人権保障の対象に組み込んだこと，から見て，基本的機能は，「ソヴィエト革命の結果広大なロシア市場を喪失した資本主義諸国が，その代償を，市民的権利状況において立ち遅れている東・中欧諸国の開発強化にもとめ，それに適合的な安定した投資環境の政治的条件整備を，少数者をいわば質駒とした人権保障の義務づけをつうじて果たそうとする点にこそあると解すべきであろう。」祖川武夫『国際法と戦争違法化──祖川武夫論文集』（信山社，2004年）「第3章　人権の国際的保障と国際法の構造転換」，40頁。

(14)　"Convention entre la Grece et la Bulgarie relative a l'emigration reciproque," Ladas, *supra note 2*, pp.739-743.

そして8条から13条まで混合委員会の任務等に係る規定がなされた[15]。

この条約は1920年8月9日に批准され、条約が発効した3か月後に混合委員会が設置されたが、その活動は1930年まで続いた。この時期に、この協定の意図について強調されたのは、これがマイノリティの「権利」を保護しつつバルカン半島の平和を促進し確保すること、民族マイノリティの「転出する権利」を承認し、その権利を行使することを容易にするのが目的であって、転出を実施することが第一の目的ではないとされた点であった[16]。

そのことは、この協定実施を支援した国際連盟も認めていた。1930年7月31日に出された「ギリシャとブルガリアのコミュニティ」に関する常設国際司法裁判所の勧告的意見で確認されている。つまりこの協定は、同盟および連合国とブルガリアとの間の平和条約56条の実施のためのものであるが、同条はマイノリティの保護に関する規定の一部を構成すること、このマイノリティ保護の精神において、同盟および連合国は、ギリシャとブルガリアの相互移住を規律するのが適当であると考えたこと、したがって条約の一般的目的は、相互移住によって、バルカンにおける分離運動の拠点を除去することにある。そこで、移住を容易にするために、移住によって財産上の損害の生じるのを防止する規定が設けられたという[17]。

このように、国内のマイノリティを移住させることを平和維持との関係で意義づけ、国内のマイノリティ保護とマイノリティの移住とを補完関係において捉えていることが見て取れるのである[18]。

(2) 住民交換の実態

では、ギリシャとブルガリアの間では実際には何が生じたのか。実はギリ

---

(15) 混合委員会の詳細な解説は、Ladas, *supra note 2*, pp.49-74.
(16) *Ibid.*, pp.39-41.
(17) "The Greco-Bulgarian 'Communities'", Advisory Opinion, PCIJ Rep., Series B No. 17 (1930), pp.19-20.
(18) マゾワーは次のように言う。「パリの講和会議出席者にとって、マイノリティ問題を地図だけで解決できないことはすでに明らかだった。東欧のエスニシティの分布状況はあまりに複雑で、どんな専門的にひかれていようと、国境線を受け付けるものではなかった。イギリス外務省ではE・H・カーが、自分の国民国家への移住をマイノリティに促すよう提案した。」マゾワー『暗黒の大陸』前掲注(2)、79頁。

Ⅱ 国　　家

シャ，ブルガリア間の移動は，バルカン戦争中およびその直後から始められていた。それ以前の時期でさえ，ブルガリアの黒海沿岸からギリシャへの相当数の転出が，ブルガリアでの1906年の反ギリシャ運動の結果として行われていた。この時期に3万5千人が難民化したが，なお4万5千人のギリシャ人がブルガリアに残っていた。バルカン戦争の結果，ブルガリアが東マケドニアと西トラキアを初めて占領し，そこから8万人のギリシャ人が転出し，6万人のブルガリア人がギリシャのマケドニアから転出した。第1次世界大戦中の1916年にはブルガリア軍が東トラキアを占領したためにギリシャ人が転出したが，1918年にはギリシャと同盟国軍が東マケドニアと西トラキアを奪還したためギリシャ人がその地に戻ってきた。大戦後の交換協定の下で，1923年から1928年までにブルガリアのすべてのギリシャ人がブルガリア領を立ち去る意思を表明し，4万6千人全員が条約を利用した。しかしそのうちの1万6千人は条約発効以前にすでに転出していた。また9万2千人のブルガリア人がギリシャを去ったが，そのうち3万9千人は条約発効以前に去っていた。これらの事実は，彼らが必ずしも条約の便益を求めて転出したのではないことを物語っている。また少なくとも3万人のブルガリア人が条約をボイコットした[19]。

他方で，マッカートニーによれば，この住民交換については，当事者間で認識の食い違いが見られるという。ギリシャは，自国内のブルガリア少数民族を追い出す道具とみていたが，ブルガリア側は彼らに対する一方的行為がとられないための保障措置とみていた。自発的，相互的交換のゆえに，1923年までにわずか197のギリシャ人家族と166のブルガリア人家族との間で移住宣言がされたのみであった。事態が変化したのは，ギリシャ政府が軍事的必要の名のもとにトラキアから何千ものブルガリア人家族を追放したことから，「相互」の交換が増大した。混合委員会が取り扱ったのは，全体で約15万人を超えるものだったが，そのうちの10万人はブルガリア人，5万人ほどがギリシャ人だった。この作業は1932年でも終了しなかったが，特徴的なのは，ギリシャ人がほぼすべてギリシャに「帰国」したのに対して，ブルガリア人は8万2千人もギリシャにとどまったことである[20]。また上に見たブルガリア人による条約履行のボイコットにも見て取れる。つまり，民族国家の純化を精力的にめ

---

(19) Ladas, *supra note 2*, pp.121-123.
(20) Macartney, *supra note 3*, p.439.

ざしたのは，ギリシャということになる。

しかしこのような住民交換協定に加えて，「多民族国家内のマイノリティを法的に保護するという，1919 年の少数者保護諸条約を導く論理の完全な転換」[21]を意味したのは，次に見るギリシャとトルコの住民交換条約であった。

Ⅲ　ローザンヌ条約：ギリシャ・トルコ住民交換

1　「強制的」交換へ

(1)　ローザンヌ条約の締結

　第1次世界大戦は終了したものの，バルカン半島での戦争は終結していなかった。否，「東欧，中欧，南東欧の各地に暮らしていた人びとには平和はなく，ただひたすらに暴力が続いた」[22]のである。第1次世界大戦で戦勝国側になったギリシャが，未回収の土地を回復するという理念に動かされてオスマン帝国内に相当数のギリシャ人が住むアナトリアを自国領に包摂すべく軍事侵攻した。これに対してスルタン政府軍は防衛能力もなかったために，トルコ革命政府軍が抵抗運動を組織し，最終的に軍事的勝利を収め，ギリシャに占領されていた地域を奪還し 1922 年 10 月に両国間で休戦協定が締結された。この 1920 年から 22 年にかけての戦争で，ムスタファ・ケマルの下でトルコ共和国が誕生し，ここにオスマン帝国は消滅した。この結果，第1次世界大戦で敗北したオスマン帝国に押し付けられたセーブル条約は無効となり，同盟および連合国が直接トルコと新たな条約交渉を始めた。それがローザンヌ会議であり，タフな交渉の末締結されたのがローザンヌ条約である[23]。

　ローザンヌ会議では，いったんは 1923 年 2 月 4 日に合意に達したと思われたが，同日，トルコ代表がこの提案を拒絶したため，さらに交渉が重ねられることになった。ようやく最終的な平和的解決案が成立したのは，1923 年 7 月 24 日であった。この条約でも，マイノリティ保護の諸規定が基本法として関連国内法に優位すると位置づけられ（37 条），トルコ政府に対してすべての住

---

(21)　R. Gerwarth, *The Vanquished: Why the first world war failed to end?* (Macmillan, 2016). R. ゲルヴァルト（小原淳訳）『敗北者たち――第一次世界大戦はなぜ終わり損ねたのか 1917-1923』（みすず書房，2019 年），346 頁。
(22)　ゲルヴァルト，同上，18 頁。
(23)　ギリシャとトルコ間の戦争の経緯については，同上，323-346 頁。

II 国　　家

民の無差別，信仰の自由の保障を義務づけ，非イスラム教徒が，すべてのトルコ国民と同じく完全な移動および転出の自由を享受することを認め（38条），非イスラム教徒のマイノリティとムスリムとの同権など（39条），定型的に規定されていた。この限りで，ローザンヌ条約もまた，トルコ国内のマイノリティ保護を講和の条件として受け入れるという，いわゆるヴェルサイユ体制に従ったものと位置づけられる。

しかしながら本稿の観点からはローザンヌ会議のもっとも重要な結果は，これに先立って1923年1月30日に署名された「交換条約」といえる[24]。

「交換条約」の1条は，1923年5月1日以降，トルコ領に定住する（established）ギリシャ正教徒のトルコ国民とギリシャ領に定住するムスリムのギリシャ国民との強制的交換を行うものとし，これらの人々はそれぞれトルコ政府またはギリシャ政府の許可なくトルコまたはギリシャで生活するために帰還することはできないとされた。

ただし，2条で例外規定を設け，休戦協定の日の1918年10月30日以前にすでに定住していたすべてのイスタンブールのギリシャ住民と1918年に規定された国境の東地帯の西トルキアのムスリム住民は，交換の対象とならないこととされた。

また3条は，1912年10月18日以降，それぞれ交換されるべきギリシャおよびトルコ住民ですでにその領域を去った人々は，1条に規定する交換に含まれるものとみなした。

交換を容易にするために，転出国の国籍の喪失と転出先の国籍の取得を承認し，転出にあたって財産の移動を認め，残された財産については転出国政府が補償を行うことを認めた。これらを監督し評価するために，第3者を含む混合委員会を設置することも認められた。

しかもこの条約については早々に合意されていたのである。むしろ，和平交渉とは別に，難民問題も含んだ処理のために早く合意すべきと考えられており，すでに1922年10月段階で想定されていた[25]。

---

[24] Convention concerning the exchange of Greek and Turkisk populations, Ladas, *supra note 2*, pp.787-794.

[25] O. Yildirim, *Diplomacy and Displacement: Reconsidering the Turco-Greek Exchange of Populations, 1922-1934*, (Routledge, 2006), p.42.

(2) 交換条約をめぐる討議

　この交換条約をめぐる論点としては大きくは3つあった。第1は，住民の移動を自発的なものに任せるか，強制的なものにするかということであった。先に見たギリシャ・ブルガリア間の交換協定に似てはいるが，実態はどうであれ，決定的に違うのが「強制的」な交換であるということ，交換後は帰国を許可しないことを明示したことにある。第2の論点は，イスタンブールのギリシャ人と西トルキアのトルコ人を交換の例外にするかどうかということであった。これについては住民交換の例外とすることで規定されたが，のちに紛糾する。第3は，マイノリティの権利を承認することと住民交換との関係であった。とくに多数の人々の「強制的」移転がマイノリティ問題を解決するための方法として「公的に」認めたことと，マイノリティ保護を条約で義務づけることとの整合性について争われた[26]。いずれにせよ，ローザンヌ条約およびその付属書である交換条約は，近代ヨーロッパ史上先例のないものであった。

(i) 自発的交換か強制的交換か

　討議は，1922年12月1日の領土・軍事委員会第8回会合で始まった。もっとも，住民交換の問題については，すでにトルコ，ギリシャ両国との交渉の窓口として国際連盟が難民高等弁務官であるナンセンを任命していた。そしてこの会合でナンセンのステートメントが読まれた。

　ステートメントは，ナンセンが当事国との交渉，現地調査を踏まえてギリシャ人とトルコ人との交換について提案していた。戦争の結果，何十万人もの難民が発生していることを踏まえ，早期の締結を提案していたのである。また，大国がこの提案に賛成しているのは，近東の住民を混住させずマイノリティ住民を交換することが，すでに生じている大規模な住民移動から生じるに違いない重大な経済的結果を処理するために最も早く最も効果的な方法であると信じているからである，という。もちろん，100万人以上の人々を未知の国に移送することの困難さは自覚しているが，それらの人々に何もしないよりも交換によって課される困難のほうがましだと考える，等々。そして，ギリシャ―ブル

---

[26] LAUSANNE CONFERENCE ON NEAR EASTERN AFFAIRS (1922-1923), *Records of Proceedings and Draft Terms of Peace, Cmd.1814* (London, 1923). Hereafter referred to as Lausanne Conference. また，ローザンヌ会議の分析については，O. Yildirim, *supra note 25*, pp.29-84, Ozsu, *supra note 2*, pp.70-98.

Ⅱ 国　　家

ガリア交換協定をモデルとして実施すべきことを提案した[27]。

　トルコの代表としてローザンヌに来ていたイスメット・パシャは，事前に聞いていなかったこの問題に驚いたが，関心をもって聞き，彼もまたトルコにおけるマイノリティ問題の解決につながっていると考えた[28]。

　ギリシャ代表のヴェニゼロスも，ナンセンが提案した原則に賛成した。彼が望んだのは，早期の解決であった。すでに何千もの人々が東トラキアから離れていたからである[29]。

　この時点で，東トラキアとアナトリアについては合意ができたが，イスタンブールのギリシャ住民の移動については，ギリシャ側は強く反対した。またヴェニゼロスは，交換が自発的なものか，強制的なものにするかを審議する用意があると述べた。可能であれば自発的なものが好ましいことは明らかであるが，彼は自発に任せれば実施に至るまでに何か月もかかること，ギリシャ人の住居を他の地域から流れてくる難民に提供することになること，強制的に立ち退かされた人びとには放棄された財産に対する補償も容易になること，などを挙げて強制的交換の可能性を強調した[30]。

　イギリス代表のカーゾン卿は影響を受ける人々の数を引用して問題の重大さと緊急性を以下のような形で示した[31]。

　統計によれば，1914年時点でトルコ在住のギリシャ人は160万人で，1914年から18年までに30から40万人が減少した。1919年春から1922年夏までに20万人以上が死亡ないし流出したと信じられている。別の統計では，少なくとも50万人が，1922年の9月と10月にイオニア半島からギリシャに到達したとされる。したがって，1914年に160万人いたトルコのギリシャ人のうち，100万人から110万人は流出したか死亡したと推定される。残る50万人のうち，16歳から50歳までの男子は道路工事その他の危険な作業に従事させている。これに関連して，トルコ政府はそれ以外の小アジアにいるすべてのキリスト教徒を11月30日（少なくと12月15日）までに立ち去り，彼らが残した財産を

---

(27)　Lausanne Conference, *supra note 26*, pp.113-117.
(28)　*Ibid.*, p.117.
(29)　*Ibid.*, p.119.
(30)　*Ibid.*, p.121.
(31)　*Ibid.*, pp.121-124.

ムスリムに売却するよう要請した。
　(ii)　交換される住民の例外
　次にイスタンブールのギリシャ人の取り扱いを問題とした。そこには1914年時点で30万人のギリシャ人が居住していた。22年時点では40万人に増加した。これらの人々の問題も討議対象とすべきか考えたが，カーゾン卿は，トルコ自体に降りかかる深刻な経済上，産業上の損失を考慮して，引き続きとどまらせるよう説得した。また，ギリシャのムスリムは45万人から48万人が居住し，東トラキアに30万人いたが，今やすべてが流出したと述べた。
　その後，住民交換についての討議は，1923年1月10日[32]と1月27日[33]に行われ，すでに述べたように1月30日には合意を見た。ここで強調しておかなければならないのは，この住民交換条約でも，対象となる住民の基準は，いわゆるエスニシティではなく宗教であったことである[34]。
　(iii)　住民交換とマイノリティの権利
　では，住民交換とマイノリティの権利との関係はどのようなものだったか。条約規定上，トルコ，ギリシャそれぞれの国に居住する双方のマイノリティが「強制的に」交換されるとした約束は，明らかにマイノリティの法の前での平等原則と矛盾するのであって，ギリシャ・ブルガリア間の住民交換協定のような，補完関係を語ることはできないように思われるからである。
　マイノリティ保護に関する討議は，12月12日にカーゾン卿が口火を切り，連合国が締結した他の平和条約と同じ内容を盛り込むことを提案した[35]。
　これに対してトルコは，トルコ人少数民族12万4千人は西トルキアで保護されるのかどうか，住民交換の例外としたイスタンブールのギリシャ人の扱いはどうか，クルド族についてはどうか，さらにアルメニア人については特別の

---

(32) *Ibid.,* pp.313-328. この討議に先立って行われた小委員会の報告書については，pp.328-337.
(33) *Ibid.,* pp.408-412.
(34) 「宗教が弁別の指標とされたために，トルコ語を話す何千人もの正教徒の村人たちが，ギリシャ語を全く話せないのにもかかわらず，小アジアからギリシャへと追放され，家族の多くがイスラムに改宗しているギリシャ人ムスリムはトルコへと旅立った。これが，多宗教帝国の終焉を合理化しようとしたときの，ヨーロッパのナショナリズムの論理だったのである。」マゾワー『暗黒の大陸』前掲注(2)，89頁。
(35) Lausanne Conference, *supra note 26*, pp.173ff.

Ⅱ 国　　家

考慮が必要だと主張したのである[36]。

　連合国側は，トルコ，ギリシャ両国に残るマイノリティにとっても保障措置は必要であること，他のヨーロッパ条約で保護される一般的なラインの保護に加えて，両国間では，一般的な恩赦，兵役と課税の関係，西トラキアでの移動の自由問題，など特殊な事項で保護の意味があると述べた[37]。

　ギリシャ側は，マイノリティ保護義務を引き受けるとした。住民交換が適切に遂行されても，トルコに残留するギリシャ人，アルメニア人にとって重要だというのがその理由であった[38]。

　こうした議論に対してトルコのイスメット・パシャは長文のステートメントを読み上げることで猛烈に批判した[39]。彼はマイノリティの保護を口実としてこれまでトルコが被ってきた外部からの干渉の歴史をとうとうと述べ，国際連盟の制度によっても，この欠陥が改善されていないことを指摘し，マイノリティ保護の扱いについては，まず，トルコとギリシャの住民交換を進めることを実効的にするのが唯一の目的であり，また相互の交換は，その国の法律に従って遂行されるのが最善の方法だとした。

　トルコによる批判にもかかわらず，結果的には他の平和条約に見るのと同じようなマイノリティ保護義務を含んだ条約が締結されたことはすでにみた。問題は住民交換が実施されることとマイノリティ保護がどのように履行されたかという問題である。

2　実　　施
(1)　難民問題解決とナンセンの活躍

　先にナンセンのステートメントを紹介したが，「強制的」住民交換というアイデアは，ローザンヌ会議開始以前のギリシャ，トルコとナンセンとの交渉で方向づけられていた。というのも，彼らが交渉を始めるはるか前から，「何十万ものギリシャ人がトルコの進軍から逃れるために小アジアをあとにしていたのである。彼らは実際，戦争によって生じた大量の難民の波の一部であり，

---

(36)　*Ibid.*, pp.177-178.
(37)　*Ibid.*, p.179.
(38)　*Ibid.*, p.184.
(39)　*Ibid.*, pp.190-204.

そこには革命を逃れた百万のロシア人，ポーランド人，バルト人，東欧を追われたドイツ人，三十五万のアルメニア人，その他にも多くの難民がいた」からである[40]。したがって連盟の関与は，ギリシャ，トルコ二国間の問題の処理だけではなく，こうした難民の救援政策の一環として位置づけられるのである。

ナンセンの活躍が期待されたのも無理はない[41]。1940 年に出版されたナンセン伝によれば，「トルコ支配下領域からのギリシャ人の救出，50 万人のトルコ人をマケドニアから他へ移して，そのあとへギリシャ人を入れる。マケドニアに住むトルコ人は，その隣人のギリシャ人とうまくいっていない，……ギリシャとトルコとの間の平和を保障する唯一の道は，トルコ人をトルコに，ギリシャ人をギリシャに置くにある」と考えていたという[42]。

(2) 住民交換の実施と PCIJ の勧告的意見

住民交換は，ローザンヌ条約が発効したのち実施され，小アジアに住むギリシャ人の出発は遅れたものの 1924 年 10 月には完了した。その数は 12 万 5 千人を超えないものであったが，ギリシャ人のほとんどは，すでに難民としてギリシャに到達していたからである[43]。また早くも 1924 年には，イスタンブールに居住するギリシャ人および西トルキアに居住するトルコ人に対する両政府の取り扱いが極めて不十分であることが判明したが，これらのマイノリティについてギリシャが条約規定によって住民交換から免除されていることを理由に連盟理事会の関与を要請し，連盟理事会はそれについて常設国際司法裁判所（PCIJ）に勧告の意見を求めた（1924 年 12 月 13 日，連盟理事会決議）[44]。

勧告的意見は 1925 年 2 月 21 日に出されたが，問題は交換条約 2 条にいう「定住」の意義に関するものであり，国際法上の論点としては，条約規定の解釈にあたって国内法がいかなる役割を果たすのかという点であった。トルコの

---

(40) マゾワー『暗黒の大陸』前掲注(2)，90 頁。
(41) B. Cabanes, *The Great War and the origins of Humanitarianism:1918-1924*, (Cambridge, 2014), pp.133-188, especially, pp.173-179.
(42) A. G. ホール（林要訳）『ナンセン傳』（岩波新書，1942 年）185-188 頁。もっとも，「強制交換」のアイデアについてナンセンがイニシアティブをとったかどうかはわからない。
(43) Ladas, *supra note 2*, p.430.
(44) J. Stone, *International Guarantees of Minority Rights*, (OUP, 1932), pp.133.

Ⅱ　国　　家

主張は，定住する者に関するトルコの法律があり，すべての住民に平等に適用されているのであるから，条約によってそれが変更または中止されない限り適用されるべきものであるとした。これに対して勧告的意見は，条約上の定住という言葉は国内法を準則としておらず国際法が決定すべきものであるとして，ある人が住民であると考えられるためには，その居住が永続的性質のものであることを要し，かつ，問題の時にそうであったことを要することを強調するためであるという。したがって，その時に単なる訪問客としてのみ居住していたに過ぎない人は交換から免除されうるとした(45)。

　他方で，強制的住民交換という先例のない事件に関わって例外を設けた理由を，裁判所は以下のように認定する。つまり，イスタンブールの住民に関して言うと，イスタンブールでの生活において最も重要な経済的，商業的要素の一つを構成する住民の一部が流出した結果，被った損失からイスタンブールを救うためである(46)。

　その後1925年6月21日にアンカラ協定が締結され，ギリシャの主張に沿って「定住」の文言が確認されただけでなく，財産の補償・清算の指針も確定された。この協定で「住民」問題は当面解決された一方，財産の清算問題はペンディング状態となっていたが，1930年10月30日のアンカラ条約で，住民交換は公式に終了し，放棄された財産はそれぞれの政府に法的に委譲された。ギリシャでは，ヴェニゼロスを支援していたこれら難民たちが離反し，共産主義のようなより過激な政治思想を支持するようになった(47)。

Ⅳ　ローザンヌ以後

1　住民交換の評価

　以上の検討から，住民交換については次のように評価することができよう。
　第1に，住民交換が講和の一環で取り組まれたこと，したがって戦争の後始末とどのように取り組むかということであって，基本的には戦争で難民化した

---

(45) "Exchange of Greek and Turkish Populations (Lausanne Convention Ⅵ, January 30th, 1923, Article 2)," Advisory Opinion, PCIJ Rep., Series B No.10 (1925), pp.25-26.
(46) *Ibid.*, p.18. 吉川は，この住民交換が紛争予防という面に加え，戦後復興をにらんだ経済対策という現実的な面もあった，と分析している。吉川・前掲注(1)，64頁。
(47) Yildirim, *supra note 25*, pp.116-117. 村田・前掲注(2)，173頁。

人々を受け入れるという現状追認であったこと，そして将来の紛争予防策として正当化したことにあった。

　第2は，住民交換の自発性と強制性に関わる。転出が自発的であれば，個人と集団とのアイデンティティを確認することができ，その限りで個人の権利と集団の権利は補完関係になる。ギリシャ・ブルガリア住民交換協定が，その実態はともかくとしても，形式的には補完関係と評価することが可能である。他方で，強制的移動となれば個人の意思は尊重されず，個人が属するとされる集団の権利が優先されることになる。現在の国際人権法の発展からみて，強制移動の合法性は認められず，許されるものではないだろう。

　第3は，交換される人の基準について，ギリシャ・トルコ交換協定では宗教（イスラム教徒かそうでないか）がとられたことに関わる。当時でもまだ，民族的アイデンティティは希薄であったことを示している。むしろ住民交換の実行を通じて，民族的アイデンティティが生成したと言えよう。

　第4は，住民交換協定とマイノリティ保護との関係に関わる。国民国家では，多数派の自決が尊重されることになった。しかし少数派が相対的に多い中東欧諸国ではマイノリティ保護義務が課され，少数派は自決が認められないことの代償として国民の同権の保障が認められた。しかし民族的アイデンティティに目覚めた多数派にとって，少数派は社会の不安定要因以外の何物でもなく，可能な限り弱体化すべき対象となった。

　マッカートニーは，民族国家の枠組みを維持することを前提とすれば，マイノリティ問題の可能な解決策として，国境線の改訂や住民交換があったことを指摘しそれらを検討したのち以下のように述べた。「マイノリティ問題を，マイノリティを排除することによって解決しようとするあらゆる試みは，まったくもってがっかりさせられるものであることが分かった。国境の改訂は一定の事例にのみ適用することができる。交換は大きな犠牲を払っていかがわしい結果にしかならなかった。同化はマイノリティが同化されなかったことからまったくの失敗であった」[(48)]。

　もちろん肯定派もいる。肯定派は，エーゲ海域の平和を確保し，ギリシャ・

---

(48)　Macartney, *supra note 3*, p.450. マッカートニーはこうした実験に代わる解決方法として，ソビエト型の非－民族国家（un-national state）の可能性を論じている。*Ibid.*, p.450ff.

Ⅱ　国　　家

トルコ紛争を終了させたことを挙げる。政治学や国際関係の観点からは，安全保障問題が第一に考慮されるべきもので，この観点からは，住民交換は必要なステップであるとする。また，条約はギリシャ・トルコ関係を安定化させるに当たりうまく法的枠組みを作った。そして，政治的，領土的分裂を終わらせたというのである[49]。またトルコ政府による異質な集団の排除は，絶対的な主権独立を達成し，オスマン帝国を近代国民国家に転換させるために必要な前提とみることもできる[50]。

しかしナイマークも言うように，「多様な国民から成る帝国の崩壊と民族自決に基づく国民国家の出現によって，支配的な国民による国家形成のイデオロギー攻撃を受けやすい民族的・人種的マイノリティが見捨てられることになった。ヴェルサイユ条約に付随したマイノリティ保護条約も，ウィルソン主義者が構想した民族自決概念の根本的な弱点をほとんど変えることはなかった。つまり，新たな国家政策が誰の民族自決の権利によって決定されるのかということが問題だった」[51]。

2　繰り返される「実行」

こうした批判にもかかわらず，ギリシャ・ブルガリア間，ギリシャ・トルコ間の住民交換が国家間の合意に基づいて行われたことによって，マイノリティ問題の正当な解決として国際的承認を提供する危険な先例となった[52]。1920年代から40年代の第2次世界大戦をはさむ時代に，国家間合意として住民交換が，あるいは一方的追放による住民移動が行われた[53]。1925年には，トル

---

[49]　R. Hirshon, "'Unmixing Peoples' in the Aegean Region," R. Hirshon ed., *Crossing the Aegean: An Appraisal of the 1923 Compulsory Population Exchange Between Greece and Turkey* (Oxford, 2003), pp.9-11.

[50]　Pentzopoulos, *supra note 7*, pp.52-53. 吉川も，民族自決の補強措置としての民族浄化の試みは，当時としては国際平和と国内安定に寄与するものと評価されていたという。吉川元『民族自決の果てに』（有信堂高文社，2009年），73頁。

[51]　ノーマン・M・ナイマーク（山本明代訳）『民族浄化のヨーロッパ史──憎しみの連鎖の20世紀』（刀水書房，2014年）32頁。

[52]　R. Hirshon, *supra note 49*, p.11.

[53]　荻原直「住民交換」，伊東孝之ほか監修『【新訂増補】東欧を知る事典』（平凡社，2001年）188-189頁の一覧表を参照。また，川喜多敦子「住民移動・民族浄化・ジェノサイド──急進化する排除の時代としての20世紀」，石田勇治・武内進一編『現代世界とジェノサイド』（勉誠出版，2011年）119-139頁。

コとブルガリア間で，再度交換協定が締結され，1921年から40年までの間に，ブルガリアからトルコに23万人が移動した。また，1936年には，トルコとルーマニア間で合意によって，トルコへ13万から17万人が移動し，1938年にはトルコとユーゴスラビアとの間でも協定が締結されたが，第2次世界大戦の勃発により実施されなかった。

さらに，1939年7月23日の南チロルからのドイツ少数民族の移動に関する独伊協定，以後，1939年から41年にかけて，これをモデルに広範なプログラムを開始した[54]。「居住地域を分けることで民族的に均質な国民国家を創出するという発想は，バルカン以外の地域にも拡大し，さらに大規模に実行に移されていった。その規模と影響，強制性と暴力性が極めて大きかったのが，ナチ体制下で実行された民族移住政策だった」[55]。ナチス政権は隣国との「協定」を通じて極めて冷酷に住民移動を実施したのであった[56]。そして第2次大戦末期から，今度は，ドイツ系住民の無差別な追放が東欧各地で発生し，1500万人もが追放され，戦後ドイツの領域内にたどり着いた者は約1200万人だった[57]。

ヤコブ・ロビンソンがいうように，「ヨーロッパのマイノリティ問題は，連盟の保護によって解決されたのではなく，自発的もしくは強制的な本国送還によって，大規模追放によって，大規模殺戮によって，大部分は解決されたのである。……結果として究極の理想は達成された。すなわち，それぞれのナショナリティが自分たち自身の国家を持つことになった。中東欧におけるナショナリティの境界線は，大部分新しいものであり，マイノリティにとって致命的な影響をもたらすものである」[58]。

第2次世界大戦後でも，独立にあたってのインド・パキスタン間の住民交換をはじめ，イスラエル独立時のパレスチナ・アラブ人の追放の事例もある。1990年代にはいると，ユーゴスラビア連邦の解体過程でバルカンの悲劇が再

---

(54) Yildrim, *supra note 25*, p.12.
(55) 川喜多敦子『東欧からのドイツ人の追放――20世紀の住民移動の歴史の中で――』（白水社，2019年）35-36頁。See also, I. Claude, *supra note 2*, pp.93-96.
(56) ナイマーク・前掲注(51)，29-30頁。
(57) 川喜多・前掲注(55)，9頁。
(58) J. Robinson, "International Protection of Minorities: A Global View," *Israel Yearbook on Human Rights*, Vol.1 (1971) pp.83.

Ⅱ 国　　家

現された。2度のバルカン戦争は，その後の数十年間に大陸中に広がった暴力の形を予期させるものであった[59]。

Ⅴ　おわりに——現代へ先送りされた課題

　情報も少なく，それほど関心が向けられているわけではないが，ソ連邦解体後の黒海周辺ではアブハジアや南オセチアから，ロシアの支援を受けてグルジア民族とされる人の追放が行われ，進行中のナゴルノ・カラバフ紛争に関わり，アルメニアとアゼルバイジャンとの間の住民交換があり，バルカンではコソボからセルビアへのセルビア人の移動という事態が進行している。しかもこうした事例をひそかに民族問題の「解決」とみなしているのである[60]。とすれば，住民交換の問題は歴史の中に埋もれさせるわけにはいかない。

　20世紀初頭は，国際法の主要な担い手であった帝国が終焉を迎え，国民国家がそれに取って代わろうとする時代であり，住民交換協定は「帝国の国際法から国民国家の国際法へ」転換を遂げつつあった時期の象徴とみることができる。つまり，ギリシャ，トルコは国民国家の強化政策として住民交換を捉えることができたという意味での「国民国家の国際法」現象の一コマであり，国際法が「住民」という国家の「内実」に目を向けるようになったことが注目される。周知のように「帝国の国際法」は第2次世界大戦後の英仏などの植民地帝国の崩壊によって終焉を迎える。その際，植民地帝国における支配民族と被支配民族の対抗関係において後者の民族自決を支持する法的＝理論的根拠を提供し，「国民国家の国際法」への転換を終えたのである。住民交換は，法的権利としての自決権に至るまでの過渡期と捉えることもできる。

　しかし同じく民族自決という論理を使って，民族浄化を住民交換の延長線上に位置づける見方も成立することにも留意する必要がある[61]。確かに「多数派の国民を代表する政治エリートは，マイノリティの権利を制限し，その影響力を妨げることによって応えようとした。支配的な民族と従属させられた民族両方のナショナリストのイデオロギーに対して，人種主義が強力な影響を与え

---

(59) ゲルヴァルト・前掲注(21)，28頁。
(60) Matthew Lister, "Self-determination, Dissent, and the Problem of Population Transfers", in Teson ed., *Theory of Self-determination* (2016, Cambridge), pp.145-165.
(61) 柴・前掲注(2)，100頁。

たため，戦争や内戦にいたらずとも，民族紛争は避けられないものとなった」[(62)]。ここには「国民国家の国際法」の負の側面が鮮やかに示されている。しかし既にみたように，住民交換の実行に国際機関が関与し，それを難民問題解決の一手段として捉えていたことを踏まえると，人道主義的観点から，国際社会全体で少数派民族を「包摂」するという可能性も示唆されうる。ここに着目して，国家による集団の「排除」を克服して国際（グローバル）社会による「包摂」へと道筋をつけることが可能なのかどうか，個人の権利と集団の権利の相克や，集団・国家・国際社会の三面関係を国際法の中で問い直すという課題が提起されよう。

とすれば「国民国家の国際法」をより人間的なものに変えていくための教訓として，住民交換の実行は十分に検証すべき対象となり得るのである。まさしく，現代にまで先送りされた課題を私たちのものとして引き取らなければならない。本稿はそうした課題の一端を示しただけであり，今後も検証していかなければならない。

---

(62) ナイマーク・前掲注(51), 32頁。

8 最近の国家実行における国家承認の「撤回」について

酒 井 啓 亘

I　はじめに
II　国家承認の撤回の理論的
　　(不)可能性
III　最近の事例における国家承
　　認の「撤回」とその意義
IV　おわりに

I　はじめに

　国際社会においてある実体が国家として成立した場合，既存の国家はこれに対して明示的または黙示的に国家承認を行うのが通例である[1]。そして，こうした国家承認は，一度行われると法理論上撤回できないものと考えられてきた[2]。
　しかし，近年，国家承認が「撤回」または「凍結」「停止」される事例も現れている。ここでは特に，非植民地化の文脈において独立が宣言され，それに

---

(1)　安藤仁介によれば，「現行国際法上の国家承認は，新国家の成立に際し，国際社会の既存国家がそれぞれ個別的に前者の国家性を認める行為であり，その効果も相対的であって，承認国と被承認国との関係にのみ及ぶ。」という。安藤仁介『実証の国際法学』（信山社，2018年）217頁。国家承認の効果は個別的，相対的なものであり，承認国と被承認国との間にのみ発生するが（芹田健太郎『普遍的国際社会の成立と国際法』（有斐閣，1996年）75頁），承認の機能として，「国家性を認める行為」が，国際法人格を付与する意味か（創設的効果説），国家性の要件がすでに満たされていることを単に確認するに過ぎない意味か（宣言的効果説）については見解が分かれる。

(2)　王志安『国際法における承認 その法的機能及び効果の再検討』（東信堂，1999年）51-52頁。ただし，後述するように，いわゆる事実上の承認の場合には国家承認の撤回が許されるとされる。山本草二『国際法【新版】』（有斐閣，1994年）186頁。なお，法律上の承認と対比される事実上の承認という形式は，創設的効果説を前提とした国家承認方式であることには留意すべきであろう。高林秀雄・山手治之・小寺初世子・松井芳郎編『国際法Ⅰ』（東信堂，1990年）62頁（松井芳郎・執筆）。

Ⅱ 国　　家

対する国家承認とその「撤回」が行われたサハラ・アラブ民主共和国（SADR）と，既存国家からの分離の文脈において独立が宣言され，それに対する国家承認とその「撤回」が行われたコソボ共和国とを例に取り上げて，現代の国際法における国家承認の「撤回」の意味を検討したい[3]。国家承認は原則として撤回できないという伝統的な理論での通説とは異なるように思われる実行が最近生じていることに鑑み，国家承認の「撤回」が有する役割，さらにそうした「撤回」が行われる国家承認自体の機能に接近することにする。

この小論では，まず国家承認の撤回がこれまで不可能とされてきた理論的状況を確認する。その上で，SADRとコソボ共和国に対する承認と，それを「撤回する（withdraw / revoke / retirer）」「凍結する（freeze / geler）」「停止する（suspend / suspendre）」実行を検証し[4]，現代国際法の承認に関する規則において「撤回」等が有する意義を考察する。

Ⅱ　国家承認の撤回の理論的(不)可能性

1　国家承認の性格付けと撤回可能性への影響

(1)　創設的効果説における国家承認の撤回

国家承認の意義について，古くはオッペンハイムにより，国家は承認によってのみ国際人格になるとされた[5]。国家承認制度が整備されていく中で，その

---

(3)　その他の最近の国家承認の撤回事例としては，アブハジアに対して，ヴァヌアツによる国家承認の撤回（"Georgia, Vanuatu Establish Diplomatic Ties", *Civil.ge*, 15 July 2013. https://old.civil.ge/eng/article.php?id=26273）とツバルによる国家承認の撤回（"Tuvalu Retracts Recognition of Abkhazia, South Ossetia", *Radio Free Europe/Radio Liberty*, 31 March 2014. https://www.rferl.org/a/tuvalu-georgia-retracts-abkhazia-ossetia-recognition/25315720.html）もある。ただし，ヴァヌアツは政権交替後に行われたアブハジアとの「外相」会談において，承認の撤回はないと述べたという。V. Chirikba, "There was no Withdrawal of Recognition of Independence of Abkhazia by the Republic of Vanuatu", *Abkhaz World*, 7 April 2015. https://abkhazworld.com/aw/current-affairs/1401-there-was-no-withdrawal-of-recognition-of-independence-of-abkhazia-by-the-republic-of-vanuatu-chirikba

(4)　本稿では，時間的な制約から，国家承認やその「撤回」「凍結」「停止」に関する国家実行を，基本的にはインターネット上の情報から抽出した。なお，本稿に引用しているウェブサイトはすべて2019年8月26日に確認済である。

(5)　L.Oppenheim, *International Law. A Treatise. Vol.I* (Longmans, Green and Co., 1912), pp.116-117.

初期の段階に登場したこうした考え方によれば、政治的共同体は、既存の国家がこれを国家として承認することによって、国家という国際法主体性が認められると同時に、文明諸国により構成される社会の一員として扱われることになる。また、承認国と被承認国との間の法的関係の安定性を重視し、いったん既存国家が承認した以上は、当該承認を撤回することはできないという[6]。しかし、既存国家の意思が被承認国の法的存在の基礎となるという創設的効果説の前提からすると、既存国家のこうした権限が承認付与に限られることはなく、承認を拒否し撤回することも可能なはずで、承認の撤回は不可能であるという見解は維持できないとも考えられる[7]。ただ、いずれにせよ、このようないわば古典的な創設的効果説の見方は、時代遅れの意思主義的見解を表すものと否定的に評価され、その効果としては国際法主体としての国家の相対性を認めることになるなど批判も多い[8]。

こうした古典的な創設的効果説に対しては、国家性の要件に他国による国家承認を加えず、むしろそうした要件の充足を各国に委ねた結果を国家承認制度の特徴ととらえるローターパクトのように[9]、創設的効果説を修正したかたち

---

[6]   Ph.M.Brown, "The Recognition of New States and New Governments", *A.J.I.L.*, Vol.30 (1936), p.694. ストルップによれば、承認は国家の一方的行為ではあるが、条件を何も付けなければ、撤回は不可能であり、この撤回不可能性は、非論理的としながらも、慣習国際法規範であるという。K.Strupp, *Éléments du droit international public universel, européen et américain, 2e édition, revisée et amplement augmentée* (Les Éditions Internationales, 1930), p.84.

[7]   承認の撤回は、宣戦布告に等しい重大な行為だが、否定はされないという。F.C.Stowell, *International Law. A Restatement of Principles in Conformity with Actual Practice* (Henry Holt, 1931), pp.47-48. 創設的効果説で承認の撤回が不可能な場合は承認を行う法的義務がある場合に限られるが、そのような義務は存在しないという見解として、K.Marek, *Identity and Continuity of States in Public International Law* (Droz, 1968), p.149.

[8]   S.Talmon, "The Constitutive versus the Declaratory Theory of Recognition: Tertium Non Datur?" *B.Y.B.I.L.*, Vol.LXXV (2004), pp.102-103.

[9]   ローターパクトによると、国家は、他国による承認とは無関係に、国際法主体としての国家の要件が充足すれば国家として成立し物理的に存在すると一方、国際社会にはそうした要件の充足を認定する有権的な機関がない以上、既存の国家が国際法上の機関として承認を与える役割を果たすことになるという。そして、この場合の国家承認の機能は、新しい国家が成立しているという既に存在する事実を宣言することになるとともに、承認を行う国家と承認される国家との間で後者の完全な国家性に伴う国際法上の権利義務関係を創設するというものでもある。ローターパクトは、こうした承認行為の機

Ⅱ 国　　家

でとなえる見解が登場する。ここでは，国家性の要件の充足を確認する一方，承認国と被承認国との間の権利義務関係の創設を承認の効果に求めることから創設的効果が維持されることになる[10]。

　修正された創設的効果説の立場からは，国家承認の撤回は不可能であるという。この場合の国家承認の役割は承認される国家が国家としての要件を備えていることを確認することであり，それによって国家の国際法的地位は客観的に確定されるからである[11]。国家承認によって国際法上の国家は確定的に成立するのであり，承認が撤回されていったん成立した国際法上の国家が消滅することはない[12]。この立場から国家承認の撤回が認められるのは，後述するように，いわゆる事実上の承認についてである。

(2)　宣言的効果説における国家承認の撤回の意味

　ある実体が国家性の要件を充足して国家として存在すれば，それは法的にも

　能の2つの側面のうち，新国家の国際法上の権利義務の創設の面を強調して承認の創設的性格を認め，自らの見解を創設的効果説に位置付けるのである。H.Lauterpacht, *Recognition in International Law* (Cambridge U.P., 1948), p.6.
(10)　ローターパクトの考えに影響を与えたとされるケルゼンは，国際社会の分権的構造を考慮しつつ，国家承認とは国家性の要件ではなく，既存の国家によって行われる国家性の要件充足の認定であるとして，承認には，承認を受ける実体が国際法上の国家であることを確認することと，承認国がそうした承認を受ける国と政治的その他の関係を結ぶ意向を表すことの2つの機能があり，前者のみが法的な意味での承認であるとする。H.Kelsen, "Recognition in International Law. Theoretical Observations", *A.J.I.L.*, Vol.35 (1941), p.608; idem, *Principles of International Law. 2nd ed.* (Holt, Rinehart and Winston, Inc., 1967), pp.390-391. なお，ケルゼンによる創設的効果説の再構成に対する詳しい検討について，田畑茂二郎『国際法における承認の理論』（日本評論新社，1955年）31-43頁参照。
(11)　田畑茂二郎『国際法Ⅰ【新版】』（有斐閣，1973年）233頁。この点は，次に述べる宣言的効果説と異なるものではない。多喜寛『国家（政府）承認と国際法』（中央大学出版部，2014年）93頁。
(12)　高野雄一『国際法概論上【全訂新版】』（弘文堂，1985年）146頁。ただし，問題の国家が国家性の要件を充足した後，時間が経過し事実としてその条件を満たさなくなったことを理由に，いったん与えた国家承認を撤回する場合はあり得る。R.Jennings & A.Watts (eds.), *Oppenheim's International Law, 9th ed., Volume 1* (Longman, 1996), pp.176-177. しかし，実際には条件を満たしているにもかかわらず承認を撤回すれば，承認国の権利を侵害することになり，当該撤回行為は国際違法行為として争われることになるという。H.Kelsen, *supra* note 10 ("Recognition"), p.611.

国家として成立しているのであり，既存国家による国家承認は，当該実体が国家として存在することを確認する機能を有するにすぎないというのが，いわゆる宣言的効果説である[13]。したがって，「国家の政治的存在は，他の国家の承認に依存しない。承認前でも，国家は，その完全性及び独立を守り，その存続及び繁栄を図る権利を有する」ことになる[14]。

　この説の立場からは，原則として，承認の撤回は不可能とされる[15]。承認は既存の事実を確認するにすぎず，国家性の要件が満たされたことを確認するのが国家承認の機能である以上，国家性の要件が1つでも満たされなくなると，国家が存在しなくなるとともに，承認もまたその意義を失うことになるからである[16]。国家承認の撤回不可能性については，1934年の国の権利及び義務に関する条約（モンテビデオ条約）もその第6条で，「承認は無条件であり，かつ，

---

[13] T.-C.Chen, *The International Law of Recognition. With Special Reference to Practice in Great Britain and the United States* (Frederick A.Praeger, INC., 1951), pp.14-17.

[14] "The political existence of the State is independent of recognition by other States. Even before being recognized, the State has the right to defend its integrity and independence, to provide for its preservation and prosperity,....", Article 13, Charter of the Organization of American States. http://www.oas.org/en/sla/dil/docs/inter_american_treaties_A-41_charter_OAS.pdf 訳文は，中村道『国際機構法の研究』（東信堂，2009年）452頁参照。s. M.Herdegen, *Völkerrecht, 14.Auf.* (C.H.Beck, 2015), S.78.

[15] 藤田久一『国際法講義Ⅰ 国家・国際社会【第2版】』（東京大学出版会，2010年）185頁。ただし，新国家に一定の責務や制約を課す条件付き承認の場合には撤回可能とする見解もある。A.Rivier, *Principes du Droit des Gens, Tome Premier* (Arthur Rousseau, 1896), p.60. See also, J.M.Ruda, "Recognition of States and Governments", M.Bedjaoui (ed.), *International Law: Achievement and Prospects* (Martinus Nijhoff Publishers, 1991), p.453. Cf. Lauterpacht, *supra* note 9, pp.362-363.

[16] L.Cavaré, *Le droit international public positif* (Pedone, 1951), p.310. Ph.C.Jessup, A *Modern Law of Nations -An Introduction-* (Macmillan, 1952), p.58. コモン・ロー上のエストッペルと同様に，承認も，いったん行われれば，その後の一方的行為によっては撤回されえないとする見解として，see, J.F.Williams, "Some Thoughts on the Doctrine of Recognition in International Law", *Harvard L.R.*, Vol.47 (1934), pp.793-794; A.Cassese, *International Law, 2nd ed.* (O.U.P., 2005), p.74. また，国家承認が当該被承認国との関係で国家性を確定的ならしめる法的効果（既判力）を有するという観点からは（多喜『前掲書』注11，121頁。），承認の撤回は困難となろう。なお，住民や領域の喪失などを事情変更の原則の例として，国家承認の撤回の禁止の例外と位置付ける見解として，see, D.Högger, *The Recognition of States. A Study on the Historical Development in Doctrine and Practice with a Special Focus on the Requirements* (LIT, 2015), p.33.

Ⅱ 国　　家

撤回することができない。」としている[17]。

　しかし，宣言的効果説においても，実際に承認の撤回が行われることは排除されないと主張されることがないわけではない[18]。国家の不存在が承認の撤回に先行し，これを確認するのが承認の撤回の役割となるからである。また，こうした承認の撤回可能性は，承認行為の一方的性格に依存しているにすぎず，一方的に承認できるのであれば一方的に撤回は可能であるということを示しているとされることもある[19]。いずれにせよ，ここでの問題は，承認が撤回可能か否かにかかわらず，承認の時点で確認されていた国家性の不可欠の要素の1つでも消滅した場合には，承認の効果も自動的に終了するのであり，この効果の終了は承認の撤回という任意の行為で生じるものではないということである。すなわち，承認の撤回と客観的な事実による承認の効果の終了とは区別されなければならない[20]。形式としては承認の「撤回」を行えるとしても，承認の効果まで無効とすることは，既存国家の任意の意思による「撤回」によってはできないのである。

2　承認行為の形式と承認の撤回可能性
(1)　法律上の承認と事実上の承認の区別

　承認の直接の効果は当該承認行為が行われて完成したことで生じるものである以上，そのような承認はおよそ撤回不可能であるとされる[21]。そうだとすると，逆に，何らかの行為を行ってもそれが完全な承認としては完成しない行為であれば，すなわち国際法人格を創設しない承認であれば，破壊的な効果を

---

[17]　"Recognition is unconditional and irrevocable." Montevideo Convention on the Rights and Duties of States, Art.6, *L.N.T.S.*, Vol.165, p.19. See also, V.Lowe, *International Law* (O.U.P., 2007), p.161.

[18]　F.von Liszt, *Das Völkerrecht, 12 Auf.* (Springer, 1925), S.92. 承認が，単に確認のための行為であっても，それを行う国家による自由で任意の行為でもあるならば，撤回できないとすることは困難といえる。P.Fauchille, *Traité de droit international public, Tome I, Première Partie* (Librairie Arthur Rousseau, 1922), pp.328-329.

[19]　J.Charpentier, *La reconnaissance internationale et l'évolution du droit des gens* (Pedone, 1956), p.275.

[20]　J.Verhoeven, *La reconnaissance internationale dans la pratique contemporaine. Les relations publiques internationales* (Pedone, 1975), p.657.

[21]　R.Erich, "La naissance et la reconnaissance des États", *R.C.A.D.I.*, Tome 13 (1926), p.487.

〔酒井啓亘〕　　*8* 最近の国家実行における国家承認の「撤回」について

もたらすことなくこれを撤回することは可能となろう[22]。承認が国際法人格を創設するとする創設的効果説からは，この不完全な行為を一種の「承認」とすることで，「承認」の撤回可能性が理論的には論じられうる。それが，法律上の（*de jure*）承認と事実上の（*de facto*）承認の区別である。両者の区別は，法律上の承認は承認の効果を最終的確定的とするのに対し，事実上の承認は暫定的な効果を有するのみとされるところに存する。そして，承認の撤回可能性を認める論者は，後者の事実上の承認のみ撤回が可能であると主張する[23]。逆に言えば，万国国際法学会がブリュッセル会期で採択した「新国家及び新政府の承認」第5条で示されているように[24]，法律上の承認は撤回できないということになる[25]。

事実上の承認という実行は主として第1次大戦後から現れ始め[26]，実際には，特に政府承認の文脈で行われてきた。すなわち，承認の対象となる国家や政府がその成立要件を十分には充足していない場合，とりわけ実効性に欠ける場合に，さしあたり暫定的に承認を行い，後に成立要件を満たした段階であらためて承認するというような実行が行われたのである。その意味で，承認を行おうとする国は，暫定的な状況に対して暫定的に承認を与え，問題となる要件の充足が確認されて状況が確定的となると，承認も確定的に与えることになり，逆に要件が充足されないことが確定すれば，暫定的な承認を撤回するということ

---

(22) J.F.Williams, "Recognition", in *Transactions of the Grotius Society, Vol.15, Problems of Peace and War* (The British Institute of International & Comparative Law, 1929), p.67.

(23) Lauterpacht, *supra* note 9, p.340; N.Mugerwa, "Subjects of International Law", in M.Sørensen (ed.), *Manual of Public International Law* (Macmillan, 1968), p.279;

(24) "La reconnaissance *de jure* est irrevocable." Institut de Droit International, Session de Bruxelles (1936), La reconnaissance des nouveaux Etats et des nouveaux gouvernements, Art.5. *Annuaire de l'Institut de Droit International, Session de Bruxelles, Avril 1936, Volume II* (1936), p.301. 委員のほとんども，法律上の承認については撤回ができないという点では一致していた。*Ibid.*, pp.208-216.

(25) ただし，先述の通り，宣言的効果説でも承認の撤回が認められる見解があることから，承認の撤回の問題は，事実上の承認の場合と無条件の承認の場合で検討されてきたという。J.L.Kunz, *Die Ankennung von Staaten und Regierungen im Völkerrecht* (W.Kohlhammer, 1928), S.98-99.

(26) Ch.Rousseau, *Droit international public. Tome III. Les compétences.* (Sirey, 1977), p.552.

Ⅱ 国　　家

になる。

　もっとも，あらゆる承認は法的効果をもたらすのだから「法律上」の承認でなければならず，また国家は，事実として存在するのであれば，第三者の評価とは独立にすべて法上存在する以上，そもそも「事実上の」国家は存在しないとする立場からは，「法律上」「事実上」として区別されるのは承認そのものではなく，承認が与えられる「状態」である[27]。「法律上」と「事実上」の区別は，承認についてではなく，承認が与えられるべき国家の状態について関係するという点については，多くの学説でも共有されているのであり[28]，ここでの「事実上の」承認は，流動的な事実状況に対する確定的「承認」ということになる[29]。

　国家が「事実上」の承認を行う理由を，国家の成立要件の充足が不十分な状態であることとすると，事態の推移による要件充足をもって法律上の承認を行うに至る[30]。典型的な事例とされるのは，米国によるイスラエルの承認で，1948年5月14日にイスラエル暫定政府をイスラエル国の事実上の当局として承認を行った後[31]，1949年1月25日にイスラエルで恒久的な政府のための選挙が実施されたのを受けて，同31日に法律上の承認を行っている[32]。これとは逆に，事態が推移しないまま，あるいは事態が推移したことを理由に，事実上の承認が撤回されることはありうるのであろうか[33]。

---

(27)　*Ibid.*, pp.529-530, 536.
(28)　J.L.Brierly, *The Law of Nations*, 6*th* ed. (O.U.P., 1963), p.147.
(29)　これに対して，現実の「事実上」の承認では，暫定的状況の「確定的」承認と確定的状況の「暫定的」承認とが混同されており，後者のみが暫定的な承認であるという見方もある。J.Verhoeven, *supra* note 20, p.640. See also, Williams, *supra* note 22, p.66.
(30)　国家の成立方法や手段について国際法上の適法性に疑義がある場合も，同様に事実上の承認が用いられうる。R.L.Bindschedler, "Die Anerkennung im Völkerrecht", *Archiv des Völkerrechts*, Bd.9 (1962), S.381.
(31)　"Press Release Announcing U.S. Recognition of Israel (1948)". https://www.ourdocuments.gov/doc.php?flash=true&doc=83
(32)　"De Jure Recognition Extended to Israel", *The Department of State Bulletin*, Vol. XX, No.502 (1949), p.205. ただし，ここで「事実上」にかかるのはイスラエル当局であり，承認ではなく，したがって，事実上の承認と法律上の承認は区別されていないという見解として，see, Ch.L.Cochran, "De Facto and De Jure Recognition: Is There a Difference?" *A.J.I.L.*, Vol.62 (1968), pp.457-460. See also, M.M.Whiteman, *Digest of International Law*, *Vol.2* (US Department of State Publication, 1963), pp.168-169.
(33)　創設的効果説の立場から，撤回できないのは法律上の承認だけでなく，現実には，

〔酒井啓亘〕　　**8 最近の国家実行における国家承認の「撤回」について**

　形成途上にある国家（State *in statu nascendi*）では，時間を経るにつれてその国家性が強化されると事実上の承認が法律上の承認に代わることが起こり得るというのであれば，逆に，完全な独立を達成できなかった場合には事実上の承認は撤回され得るという見方も成り立ちえよう[34]。しかし，事実上の承認を行った後，事態に変化がなければ承認の撤回は可能であるという見解は，必ずしも国家実行により確認されていないという[35]。

(2)　承認行為の政治性と承認の撤回可能性

　そもそもこうした法律上の承認と事実上の承認との区別が有意義かどうかについては批判もある。「法律上」の承認といいつつ，それ自体は承認の合法・違法を問題としているのではなく，あくまで国家性の要件充足に関する事実への確定的な判断で承認を行っているにすぎないのだとすれば，「事実上」の承認との差はそれほど大きくはなく，両者の違いは承認することについて政治的に是認され受容される程度の違いにすぎないということになるからである[36]。また，事実上の承認と法律上の承認では承認の効果や意味において変わりがないにもかかわらず，事実上の承認についてのみ撤回が認められることについても確かな根拠がないとの批判がある[37]。さらに，国家承認をめぐる国家実行では，法律上の承認と事実上の承認のこうした区別はその意義を失っていると

　　　新たな展開が生じないのであれば事実上の承認も撤回できないとする見解として，J. F.Williams, "La reconnaissance en droit international et ses développements récents", *R.C.A.D.I.*, Tome 44,1933-II, p.262.
(34)　Ngyuen Quoc Dinh, P.Daillier, M.Forteau et A.Pellet, *Droit international public, 8e edition* (L.G.D.J., 2009), p.629. s. A.Verdross und B.Simma, *Universelles Völkerrecht, 3.völlig*, (Duncker & Humblot, 1984), S.603.
(35)　J.A.Frowein, "Recognition", in R.Wolfrum (ed.), *The Max Planck Encyclopedia of Public International Law, Volume VIII* (O.U.P., 2012), p.658.
(36)　I.Brownlie, "Recognition in Theory and Practice", in R.St.J.Macdonald & D.M.Johnson (eds.), *The Structure and Process of International Law: Essays in Legal Philosophy Doctrine and Theory* (Maritinus Nijhoff Publishers, 1986), p.636.
(37)　杉原高嶺『国際法学講義【第2版】』（有斐閣，2013年）215頁。法律上の承認がなされた後でも，被承認国がその実体を失った場合には承認の撤回が可能であるとする見解として，柳原正治・森川幸一・兼原敦子編『プラクティス国際法講義【第3版】』（信山社，2017年）88頁。

Ⅱ　国　　家

いう見解さえ示された(38)。このため，事実上の承認であれば撤回可能である一方，法律上の承認の場合は撤回不可能だとする区別は，法的というよりむしろ政治的な区別であることから(39)，国家が承認の撤回について政治的理由があり，そうすることが好機だと判断するのであれば，これを妨げることはできないということも主張されている(40)。

　だが，承認の撤回が政治性の強い一方的な行為だとしても，少なくとも20世紀半ばまでの国家実行では撤回の事例はほとんど存在しない(41)。フランスが1918年にフィンランドの承認を撤回した例が挙げられることがあるが(42)，実際には政府承認の撤回であるとの批判もある(43)。確かに，1930年代のイタリアとアビシニア（エチオピア）の関係とその後の推移との関連で，1938年に英国がアビシニアの承認を撤回したことや(44)，イタリアによるアビシニア征服の法律上の承認を1940年に英国が撤回したことも(45)，国家承認の撤回の例として挙げられることがある(46)。しかし，これらが国家承認の撤回に該当す

---

(38) J.A.Frowein, "Recognition", in R.Bernhardt (dir.), *Encyclopedia of Public International Law, Vol.10* (Elsevier North-Holland, 1987), p.342. 実務の立場から同様の評価として，小松一郎『実践国際法【第2版】』(信山社，2015年) 69頁．

(39) A.Cavaglieri, "Règles générales du droit de la paix", *R.C.A.D.I.*, Tome 26, 1929-Ⅰ, p.351.

(40) D.P.O'Connell, *International Law, Second Edition, Vol.I* (Stevens, 1970), p.159. See also, S.Rosenne, *The Perplexities of Modern International Law* (Brill, 2004), pp.245-248. 政治的要素の変化によって承認の撤回は可能としつつ，なお，事実上の承認の撤回と法律上の承認の撤回を区別する見解として，see, M.N.Shaw, *International Law, 8th ed.* (Cambridge U.P., 2017), pp.345-346.

(41) H.M.Blix, "Contemporary Aspects of Recognition", *R.C.A.D.I.*, Tome 130, 1970-Ⅱ, p.602; The American Law Institute, *Restatement of the Law, Second, Foreign Relations Law of the United States* (American Law Institute Publishers, 1962), p.310.

(42) Fauchille, *supra* note 18, p.239. 浅田正彦編著『国際法【第4版】』(東信堂，2019年) 98頁（王志安・執筆）．

(43) Erich, *supra* note 21, p.488-490; Lauterpacht, *supra* note 9, p.350, n.2; Rousseau, *supra* note 26, p.540.

(44) Jennings & Watts (eds.), *supra* note 12, p.177; Lauterpacht, *supra* note 9, pp.351-352. イタリアによるアビシニアの併合の法律上の承認をアビシニアの国家承認の黙示の撤回とみるものとして，voir, Charpentier, *supra* note 19, p.276.

(45) Chen, *supra* note 13, pp.262-264. See also, Azazh Kebbeda Tesema and Others v. Italian Government, Palestine, Supreme Court, December 11, 1940, *Annual Digest, Vol.9 (1938-40), Case No.36,* p.93.

(46) 法律上の承認も撤回が繰り返されてきたという指摘について，s. B.J.Meissner,

るかどうかはともかく[47]，いずれにしても事実上の承認が撤回されたわけではない。

　最近の国家実行における国家承認の「撤回」や「凍結」「停止」もまた，これからみるように，必ずしも事実上の承認に限定して行われているのではない。実行上は，国家承認の撤回についても事実上の承認と法律上の承認の区別を前提として行われているわけではないのである。それでは，政治的理由を根拠に国家承認の撤回が行われているとすれば，そこにはいかなる国家の意図が働いているのかを明らかにすることこそが重要であろう。

3　伝統的な承認理論において撤回される承認の役割とその前提

　国家承認をめぐっては，一方で，ヨーロッパ国家システムの地域的拡大を歴史的基盤として意思主義に基づく法実証主義と親和的な創設的効果説が唱えられ[48]，他方では，その創設的効果説が内包する，国家の主権平等に反する姿勢へのイデオロギー批判と国家の事実としての存在の実効性を重視する宣言的効果説が主張された。前者は承認により新国家に国際法主体性を付与して，既存の国家意思に新国家の法的存在を依拠させるものである。これに対して後者は，国家性の獲得により新国家は国際法主体性を有することになり，そのメカニズムに国家承認は無関係であって，承認行為はただ新国家の存在を確認するにすぎないものであるとする。また，修正された創設的効果説は，国家性の獲得は承認行為から独立する点で宣言的効果説の視角を取り入れつつ，国家間の個別的な権利義務関係の成立には承認行為による創設的効果を認めるものであったこともすでに指摘したとおりである。

　そして，これらの理論において，多くの論者はいずれもそれぞれの理論的根

Formen stillschweigender Anerkennung im Völkerrecht (Carl Heymanns Verlag, 1966), S.10.

(47)　グッゲンハイムは，承認の撤回が，承継国の承認の結果として生じるように間接的なかたちでしか行われないとして，スイスがエチオピアにおけるイタリアの主権を承認することでエチオピアの承認を中止したことをその例として挙げている。P.Guggenheim, *Traité de droit international public. Avec mention de la pratique international et Suisse* (Librairie de l'Université, 1953), p.194, n.2.

(48)　国際法の適用地域の拡大と国家承認制度の展開過程について，たとえば広瀬善男『国家・政府の承認と内戦 上 ——承認法の史的展開——』（信山社，2005年）63-205頁参照。

Ⅱ　国　　家

拠から承認の撤回には消極的な議論を展開してきた。創設的効果説からは，いったん主権国家体制への新国家の受容を認めた承認を撤回することは，当該新国家の国家としての存在を否定し国際社会から放逐することを意味するが[49]，相互的互酬的で対等な主権国家関係が成立した後で承認国の側がそうした行為を一方的に行うことは原理的に不可能とされたためである[50]。そして創設的効果説の論理的帰結である国家性の要件の充足と国家承認との一致を裏返すかたちとなる，国家性の要件の不充足と国家承認の撤回（または保留）との一致を維持するために考案されたのが，効果としては法律上の承認との違いがみられないにもかかわらず，その暫定的性格から撤回可能とされる事実上の承認という形式であった[51]。

　他方で，宣言的効果説及び修正された創設的効果説はともに，国家の形成過程と国家承認の実践過程とを区別し，承認行為が国家の成立を確認する役割を有するとしている。両者の違いは，国家が成立すればこれを所与として事実を確認し，この事実に基づく通常の効果を受け入れるための意思表示が承認であるとするのが宣言的効果説であるのに対し，修正された創設的効果説によれば，承認は，国家の成立を確認することで法的効果をもたらす法律行為であり，国際法上の国家の成立には承認が必要とされるということである。とりわけ宣言的効果説においては，承認行為を通じた国家成立の確認により，当該新国家の存在は承認国以外の国家に対しても対抗可能となり，一般国際法上の効果を有することになるがゆえに，承認国の撤回は不可能であるとか，あるいは仮に撤回したとしても新国家が有する権利義務にはいかなる効果ももたらさないとさ

---

[49]　この問題については，see, G.Schwarzenberger, *International Law and Totalitarian Lawlessness* (Jonathan Pape, 1943), pp.99-105.

[50]　あらゆる法関係の基礎には主体の同意が存在し，承認は「合意は守られなければならない」という規則に基づき結ばれた合意（pacte）に他ならないとして国家の意思を重視するアンチロッティにとって，国際法人格を終了させる手段である，承認の撤回や法主体間の有効な規範をすべて廃棄する合意は，純粋な理論的仮説にすぎない。D. Anzilotti, *Cours de droit international* (1929, R.Sirey), p.178.

[51]　ただし，事実上の承認という制度で留意されるべきは，時間という評価軸の観点から，国家性の要件の充足という瞬間的な評価に代わって，国家形成プロセスという時間的経過に基づく評価という要素が承認制度の中に取り込まれているところである。こうした特徴は，現代の国家承認制度が，「形成途上にある」国家の承認において，人民の自決権や人権の尊重，少数者保護，民主主義の擁護などを考慮する国家性判断についてのプロセス重視の傾向を有していることと実質的に呼応しているとも考えられる。

〔酒井啓亘〕　　*8* 最近の国家実行における国家承認の「撤回」について

れるのである[52]。

　実は，これらの理論は相互に排他的ではなく，承認の対象となる特定の事実を分析する視点を提供している点では共通している[53]。言い換えると，ある実体が国家性を獲得する歴史的事実を国際法上の事実として受け入れる際に，いずれの学説も，この歴史的事実を国際法の規律に先行するものとして把握しているのである。国家を成立させる事実は法以前の歴史的事実であることから，国際法秩序は国家を基礎づけるのではなく，国家の存在を前提とする[54]。つまり，新国家の形成過程を国際法は規律することなく，国際法が新国家の成立をもってその体系内への新国家の受容を認めることが前提となっているのである。国家性の確立と，それを法的に評価または単に確認する行為とが結びつく「瞬間」があり，その「瞬間」においてのみ国家承認の行為はその機能を果たすことになる[55]。創設的効果説からは，国家性を確認するメカニズムは実定法上認められず，宣言的効果説や修正された創設的効果説では，国家性の確立は歴史的社会的事実で十分であり，それを法的に確認する説明は不要とされる。

　このように，伝統的な国家承認理論はいずれも，国家性の確立に関する新国家の形成過程とその評価・確認メカニズムを法の埒外に置き（または置かざるを得ず），国家性の確立とその確認行為が交錯する「瞬間」に承認行為が行われ，その時点で国家承認の作用が完結するように論じている。その「瞬間」を過ぎてしまえば，一度完結して任務を果たした承認行為を撤回することは原理的に不可能とされるか，撤回することに意義は認められない。ここでは，国家性の確立とその評価・確認を国際法が規律しないことを前提として，国家承認やその撤回が検討されているのである。

---

(52)　É.Wyler, *Théorie et pratique de la reconnaissance d'État. Une approche épistémologique du droit international* (Bruylant, 2013), p.278.

(53)　Th.D.Grant, *The Recognition of States. Law and Practice in Debate and Evolution* (Praeger, 1999), p.73.

(54)　Ch.de Visscher, *Théories et réalités en droit international public, 4è éd.* (Pedone, 1970), p.185. Voir aussi, G.Abi-Saab, "Cours general de droit international public", *R.C.A.D.I.*, Tome 207, 1987-VII, pp.68-69; M.Forteau, "L'État selon le droit international: Une figure à géométrie variable ?" *R.G.D.I.P.*, Tome 111 (2007), p.739.

(55)　王志安「国家形成と国際法の機能——国家承認の新たな位置付けをさぐって——」『国際法外交雑誌』第102巻3号（2003年）382頁。

Ⅱ 国 家

　しかし，現代の国際法においては，国家性の確立に，自決権の行使や人権の尊重，少数者の保護，民主主義の擁護など，実効的支配以外の要素も考慮されるようになっている[56]。すなわち，国家性の確立に対して関係する国際法規則の規律が及ぶようになっているのであり，国家性が確立していく状況とその評価・確認が国際法規則により一連のプロセスとして規律される基盤が生まれつつあるのである。これは，伝統的な国家承認理論が前提としていた状況とは異なるものといえよう。そのような新たな状況の下で，国家承認に対する「撤回」が行われている現実をあらためて検討する必要がある。この小論において，非植民地化の文脈で国家承認とその「撤回」が行われたSADRに関する事例と，冷戦後に主権国家からの分離独立を求める過程で国家承認の「撤回」が行われたコソボ共和国に関する事例を取り上げる理由がそこにある。

Ⅲ　最近の事例における国家承認の「撤回」とその意義

1　サハラ・アラブ民主共和国（SADR）への国家承認とその「撤回」
(1)　SADRの独立とその後の経緯

　サハラ・アラブ民主共和国（Sahrawi Arab Democratic Republic: SADR）は，西サハラの民族解放団体であるポリサリオ戦線が1976年2月27日に樹立を宣言した「国家」である[57]。西サハラは，1963年からスペインの非自治地域として国連の非植民地化の審議の対象となり，1966年に採択された国連総会決議2229（XXI）では，西サハラに対する領有権を主張していたモロッコとモーリタニアを含め，スペインに対して地域住民が自決権を行使するため国連の後援の下で行われる住民投票の方式を決定することが求められた。スペインは政策を転換して1974年に国内法令を公布し1975年に住民投票を行うことを予定したところ，モロッコとモーリタニアは西サハラに関する地位につき国際司法裁判所（ICJ）に紛争を付託するよう国連総会に求め，1974年に国連総会はICJに勧告的意見を要請した。特にモロッコは西サハラに対する自国の領域主

---

[56]　J.Dugard & D.Raič, "The Role of Recognition in the Law and Practice of Secession", in M.G.Kohen (ed.), *Secession. International Law Perspectives* (Cambridge U.P., 2006), pp.96-97.

[57]　Y.H.Zoubir, "The Western Sahara Conflict: A Case Study in Failure of Prenegotiation and Prolongation of Conflict", *California Western I.L.J.*, Vol.26 (1996), p.177.

権が認められることを期待していたが，ICJ は 1975 年の勧告的意見で西サハラ人民の自決権を基礎とした非植民地化を支持して，西サハラにはモロッコやモーリタニアと領土主権の結びつきがないことを確認した[58]。しかしモロッコは，この勧告的意見が西サハラをモロッコ領として認めたものと独自に解釈し，約 35 万人のモロッコ人民を動員していわゆる「緑の行進」を実施し西サハラに対する実効的支配を進めたほか，スペイン，モーリタニアとともに同年 11 月 14 日にマドリッド協定を締結して，モロッコとモーリタニアの軍隊がスペインに代わってそれぞれ西サハラの北部・東部と南部に進駐し，アルジェリアの支援を受けたポリサリオ戦線と衝突することになった。こうした中，SADR が独立を宣言したのである[59]。

その後，1979 年にモーリタニアが西サハラに対する領有権の請求を放棄したことから[60]，西サハラをめぐってはモロッコと SADR との間の争いとなった[61]。他方，国連は西サハラ問題の解決に向けて，独立か，それともモロッコへの統合かを住民投票により決することを目指し，1991 年にはモロッコとポリサリオ戦線の間で停戦合意を成立させ，国連西サハラ住民投票監視団（MINURSO）を現地に展開させてその準備を進めてきたが，未だに住民投票は実現していない[62]。

---

(58) *Sahara occidental, avis consultative, C.I.J.Recueil 1975*, p.68, par.162. これは，黙示的にではあるが，サハラ人民がそのように望めば，独立国家を形成する権利を有するということを意味するという。P.Wrange, "Self-Determination, Occupation and the Authority to Exploit Natural Resources: Trajectories from Four European Judgments on Western Sahara", *Israel L.R.*, Vol.52（2019），p.6.

(59) 以上につき，桐山孝信「自決権行使と領有権問題（一）——西サハラ事件を手がかりにして——」『法学論叢』第 117 巻 1 号（1985 年）72-77 頁参照。

(60) 1979 年 8 月 10 日にモーリタニアとポリサリオ戦線との間で協定が結ばれたことによる。UN Doc.A/34/427-S/13503.

(61) A.Cassese, *Self-Determination of Peoples. A Legal Reappraisal*（Cambridge U.P., 1995），p.216.

(62) *The Blue Helmets. A Review of United Nations Peace-Keeping, 3rd ed.*（United Nations, 1996），p.271. たとえば 2010 年時点で，ポリサリオ戦線は，独立を含む複数の選択肢を提示した住民投票を主張したのに対し，独立に反対するモロッコは，西サハラを交渉により自治地域としたうえでこれを唯一の選択肢として住民投票で確認することを主張したことから，両当事者間の交渉は袋小路に陥ったという。UN Doc.S/2010/175, at 4. なお，国連安保理による西サハラ問題の取扱いについては，see, Ch.Chinkin, "The Security Council and Statehood", in Ch.Chinkin & F.Baetens (eds.), *Sovereignty,*

Ⅱ　国　　家

　SADR は，1982 年にアフリカ統一機構（OAU）に国家として加盟することが OAU 外相会議により決定された[63]。OAU 憲章はその第 1 条 2 項で，「機構は，アフリカ大陸諸国，マダガスカル及びその他のアフリカ周辺諸島で構成される。」としており[64]，OAU が SADR をアフリカ大陸の主権国家と認めたことは明らかである。OAU を発展的に改組して設立されたアフリカ連合（AU）についても，SADR はその設立文書である AU 設立規約に他の 26 か国とともに署名し[65]，批准手続を経て AU に参加している。なお，モロッコは，SADR の OAU 加盟に抗議するかたちで 1984 年に OAU からの脱退を表明したが（1985 年 11 月に脱退の効力発生）[66]，2017 年 1 月に AU に「復帰」した[67]。

(2)　SADR に対する国家承認の「撤回」及び「凍結」の理由

　SADR に対しては，これまでに 80 以上の国連加盟国が国家承認を与えたとされているが，そのほとんどはアジア・アフリカ・カリブ海・中南米の諸国であり，先進国は含まれていない。しかも，実際にこれまで承認を維持しているのはそのうち半数ほどにすぎず，残りの半数は承認を「撤回」し，または承認

　　　Statehood and State Responsibility. Essays in Honour of James Crawford（Cambridge U.P., 2015），pp.157-160.
(63)　ただし，実際の加盟は 1984 年のことである。Zoubir, *supra* note 57, pp.186-187. 他方，モロッコをはじめとして SADR の OAU 加盟に反対する諸国も多く存在し，OAU は分裂の危機を迎えたという。S.Oeter, "Die Entwicklung der Westsahara-Frage unter besonderer Berücksichtigung der völkerrechtlichen Anerkennung", *Z.a.ö.R.V.*, Bd.46 (1986), S.62-64.
(64)　Charter of the Organization of African Unity, Art.I.2. "The Organization shall include the Continental African States, Madagascar and other Islands surrounding Africa." *U.N.T.S.*, Vol.479, p.39. 日本語訳は，香西茂・安藤仁介編集代表『国際機構条約・資料集【第 2 版】』（東信堂，2002 年）443 頁に依拠した。
(65)　M.Bedjaoui, "Brief Historical Overview of Steps to African Unity", in A.A.Yusuf & F.Ouguergouz（eds.），*The African Union: Legal and Institutional Framework. A Manual on the Pan-African Organization*（Brill, 2012），p.20.
(66)　Zoubir, *supra* note 57, pp.189-190.
(67)　*Africa Research Bulletin*, Vol.54, No.2 (2017), pp.21313-21314. モロッコの AU 加盟が SADR の黙示の承認にならないことについては，voir, D.L.S.Tehindrazanarivelo et M.M.Mbengue, "L'Union africaine et la reconnaissance du statut d'Etat à des entités contestées", in Th.Garcia（dir.），*La reconnaissance du statut d'Etat à des entités contestées: Approches de droits international, regional et interne*（Pedone, 2018），pp.197-198.

の決定を「凍結」するに至った[68]。

　SADR を国家として承認した国は SADR の OAU 加盟時までに 50 か国を超えていたが，すでに 1980 年代からモロッコにより，こうした承認国に対して承認の撤回を求める働きかけが行われていたという。そうした運動が功を奏してか，1996 年から 97 年にかけて 11 か国が国家承認の「撤回」や「凍結」を行い，そのうちの 9 か国がアフリカ諸国であった。たとえば，1996 年 6 月 5 日に承認を「撤回」したブルキナファソは，「自決プロセスの明確化を懸念して」この決定を行ったとしたほか[69]，トーゴもまた，この地域の将来に関する住民投票の結果を待つとして 1997 年 6 月 28 日に承認を「撤回」した[70]。各国に承認の撤回を促すこうしたモロッコの動きに対し SADR は反発したものの[71]，承認「撤回」の流れは止められず，2000 年にはインドのほか[72]，ツバル，キリバス，ナウル，ヴァヌアツの太平洋島嶼国[73]が承認の「撤回」や「凍結」を表明した。その後も承認の「撤回」を行う国は増え続け，2010 年にはドミニカ国，グレナダ，セントクリストファー・ネービス，アンティグア・バーブーダというカリブ海諸国[74]がこぞって承認を「撤回」している。

---

(68) 非公式なデータではあるが，see, Centro de Estudos do Sahara Occidental da Universidad de Santiago de Compostela, "Recognitions of the SADR". http://www.arso.org/03-2.htm

(69) "Sahara occidental – Actualités hebdomadaires, semaine 23, 03-09.06.1996", http://www.arso.org/01-f96-23.htm

(70) *Africa Research Bulletin*, Vol.34, No.6（1997），p.12731.

(71) T.de Saint Maurice, *Sahara occidental 1991-1999. L'enjeu referendum d'autodétermination*（L'Harmattan, 2000），pp.73-79. なお，このようなモロッコの動きの背後にはフランスの影響があるという。高林敏之「「アフリカ連合」の発足と西サハラ問題」『アフリカレポート』No.35（2002 年）25-27 頁参照。

(72) "India De-Recognises SADR", *The Hindu*, June 28, 2000. https://www.thehindu.com/todays-paper/tp-miscellaneous/tp-others/india-de-recognises-sadr/article28029488.ece

(73) "Vanuatu no Longer Recognizes Whimsical SADR", *Arabic News*, December 8, 2000. https://web.archive.org/web/20080725124510/http://www.arabicnews.com/ansub/Daily/Day/001208/2000120818.html

(74) "Quatre Etats de la région des Caraïbes ont décidé de retirer leur reconnaissance de la pseudo "rasd"", Royaume du Maroc, Ministère des Affaires Etrangères et de la Coopération Internationale, 16 août 2010. https://www.diplomatie.ma/articledetails.aspx?id=5549

Ⅱ　国　　家

　SADR の国家承認の「撤回」や「凍結」についてその理由が不明確な事例もあるが，それ以外の事例では，ほとんどの「撤回」国や「凍結」国が国連安保理や事務総長による政治的解決に向けての努力に言及してきた。ただ，国連の和平プロセスの存在を前提としながらも，各国の「撤回」「凍結」理由にはニュアンスがある。
　一方では，モロッコの主張を支持し，モロッコの主権及び領土保全の尊重を理由に，承認を「撤回」「凍結」した諸国が存在する。シエラレオネ（2003年7月16日「凍結」）やセルビア・モンテネグロ（2004年10月26日「撤回」当時），チャド（2006年3月17日「撤回」），エルサルバドル（2019年6月15日「撤回」）などのほか[75]，特にモロッコの主権下で西サハラに自治を与えるモロッコ提案が行われた後は，ギニア・ビサウ（2010年3月30日再「撤回」），ドミニカ国（2010年7月22日「撤回」），南スーダン（2018年9月28日「撤回」），バルバドス（2019年6月21日「撤回」）がモロッコ提案を支持して SADR への承認の「撤回」や「凍結」を行った[76]。
　他方で，同じく国連の和平努力に留意しつつ，中立的な立場にとどまるため

---

(75) "La Sierra Leone gèle sa reconnaissance de la prétendue «rasd»", Royaume du Maroc, Ministère des Affaires Etrangères et de la Coopération Internationale, 16 juillet 2003. https://www.diplomatie.ma/articledetails.aspx?id=1541; "Entretiens à Belgrade de M. Benaissa avec plusieurs responsables de Serbie-Monténegro", Royaume du Maroc, Ministère des Affaires Etrangères et de la Coopération Internationale, 26 octobre 2004. https://www.diplomatie.ma/articledetails.aspx?id=1983; "Le Tchad retire sa reconnaissance de la pseudo "rasd"", Royaume du Maroc, Ministère des Affaires Etrangères et de la Coopération Internationale, 17 mars 2006. https://www.diplomatie.ma/articledetails.aspx?id=3090;

(76) "La Guinée-Bissau met un terme à sa reconnaissance de la fantomatique RASD et soutient l'autonomie", *Maghess*, 30 mars 2010. https://www.maghress.com/fr/mapfr/6397; "Le Commonwealth de la Dominique décide de retirer sa reconnaissance de la pseudo "RASD"", Royaume du Maroc, Ministère des Affaires Etrangères et de la Coopération Internationale, 22 juillet 2010. https://www.diplomatie.ma/articledetails.aspx?id=5527; "South Sudan does not Recognize Western Sahara Independent State: FM", *Sudan Tribune*, 30 Sep.2018. http://www.sudantribune.com/spip.php?article66342; "Le Gouvernement de la Barbade décide de retirer sa reconnaissance de la pseudo "rasd"", *Agence Marocaine de Presse*, 21 juin 2019. http://www.mapexpress.ma/actualite/opinions-et-debats/gouvernement-barbade-decide-retirer-reconnaissance-pseudo-rasd/

〔酒井啓亘〕　　**8**　最近の国家実行における国家承認の「撤回」について

に，SADRへの国家承認を「撤回」「凍結」した諸国も存在する。たとえば，その理由として「中立」に明示に言及したのは2016年3月9日に承認を「撤回」したスリナムで，承認を「撤回」して自らが中立的な立場となることにより，スリナムが国際社会を国連による平和的解決の達成努力で一つにするシグナルを紛争当事者に示すことになることを表明した[77]。同様に，ジャマイカは承認の「撤回」の際に，マダガスカルは承認の「凍結」の際に，そしてザンビアは承認の再「撤回」で，それぞれ自国の中立的な立場に言及したという[78]。

しかし，その他の「撤回」や「凍結」の多くは，モロッコにも与せず，また「中立的」ということにも言及せずに，国連等の和平努力と紛争の平和的解決，さらには住民投票の結果待ちを理由として行われた。たとえばブルンジは，2010年10月25日に承認を「撤回」する際，国連による和平プロセスとモロッコによる自治提案でのその活性化を奨励する配慮を理由として挙げていたし[79]，ハイチもまた，承認を撤回する2013年10月2日付コミュニケにおいて，国連安保理による問題の解決プロセスと国連事務総長の努力を支持するとともに，モロッコによる自治案で動き出した交渉を当事者が誠実に追求することを勧奨している[80]。その他，トーゴ（1997年6月16日「撤回」），インド（2000年6月26日「撤回」），ヴァヌアツ（2000年11月24日「撤回」），カーボベルデ

---

(77) "Suriname Supports the UN Efforts in Finding Peaceful Solutions to the Western Sahara Conflict", *Republiek Suriname*, March 9, 2016. https://web.archive.org/web/20171107025305/http://gov.sr/ministerie-van-buza/actueel/suriname-supports-the-un-efforts-in-finding-peaceful-solutions-to-the-western-sahara-conflict.aspx

(78) "Jamaica Withdraws its Recognition of the Self-proclaimed "Sahraoui Rebublic"", *The Moroccan Times*, Sep.16, 2016. http://themoroccantimes.com/2016/09/20702/jamaica-withdraws-its-recognition-of-the-self-proclaimed-sahraoui-rebublic "Texte du Communiqué conjoint Moroco-Malgache", Royaume du Maroc, Ministère des Affaires Etrangères et de la Coopération Internationale, 6 avril 2005. https://www.diplomatie.ma/articledetails.aspx?id=2147 "Once again, the Zambian Foreign Ministry Withdraws its Recognition of SADR", *Yabiladi*, 2 March 2018. https://en.yabiladi.com/articles/details/62357/once-again-zambian-foreign-ministry.html

(79) "Le Burundi retire sa reconnaissance à la "rasd"", Royaume du Maroc, Ministère des Affaires Etrangères et de la Coopération Internationale, 25 octobre 2010. https://www.diplomatie.ma/articledetails.aspx?id=5664

(80) "Retrait de la decision de reconnaitre République arabe sahraouie démocratique", *SCRIBD*. https://www.scribd.com/doc/173518192/Retrait-de-la-decision-de-reconnaitre-Republique-arabe-sahraouie-democratique

Ⅱ　国　　家

(2007年7月27日「凍結」)，セーシェル諸島 (2008年3月17日「撤回」)，モーリシャス (2014年1月17日「撤回」) なども同様である[81]。

　注目されるのは，「撤回」や「凍結」の理由として，SADRの国家性への疑義を表明した国がおそらくはないということである。実際には，SADRに対する国家承認とその「撤回」を考えるうえで重要なのは，SADRがいわゆる国家性の要件を満たしているかどうかということであった[82]。国家を構成する住民との関係で西サハラにおける自決権を行使する主体としてのサハラ人民とはだれかという問題もそうであるが[83]，SADRが西サハラにおいて実効的な政府を有するかどうかがもっとも大きな問題であったからである[84]。しかし，

---

(81)　"Togo Withdraws Recognition", *Africa Research Bulletin*, Vol.34 No.6 (1997), p.12731; "L'Inde annonce officiellement le retrait de sa reconnaissance", *Le Matin du Sahara et du Maghreb*, 27 juin 2000. https://web.archive.org/web/20030308031501/http://www.mincom.gov.ma/french/reg_vil/regions/sahara/actualite/archive/2000/270600.htm; "Le Governement de la Republique de Vanuatu retire sa reconnaissance de la RASD", *Wayback Machine*, 7 décembre 2000. https://web.archive.org/web/20021006091231/http://www.maec.gov.ma/comm/comm034.htm; "La République du Cap Vert annonce le gel de sa reconnaissance de la prétendue RASD", Royaume du Maroc, Ministère des Affaires Etrangères et de la Coopération Internationale, 27 juillet 2007. https://www.diplomatie.ma/articledetails.aspx?id=3951; "Seychelles withdraws recognition for SADR", *Afrik-News*, 18 March 2008. http://www.afrik-news.com/news11537.html; "La République de Maurice retire sa reconnaissance de la pseudo-rasd", Royaume du Maroc, Ministère des Affaires Etrangères et de la Coopération Internationale, 15 janvier 2014. https://www.diplomatie.ma/Politiqueétrangère/Afrique/tabid/136/vw/1/ItemID/9746/language/fr-FR/Default.aspx

(82)　モロッコがSADRのOAU加盟に反対した理由は，SADRがOAU憲章第4条 (「いずれの独立主権アフリカ国家も，機構の加盟国となる権利を有する。」) の条件を満たさないからということであった。J.Naldi, "The Organization of African Unity and the Saharan Arab Democratic Republic", *Journal of Africa Law*, Vol.26 (1982), p.153.

(83)　西サハラにおける住民投票の実施にとって大きな障害の1つは，その意思を確認しなければならない住民の範囲であった。E.Milano, *Unlawful Territorial Situation in International Law. Reconciling Effectiveness, Legality and Legitimacy* (Brill, 2006), pp.168-169.

(84)　SADRは西サハラ領域の約5分の1を実効的に支配しているに過ぎない。P.P.Leite, "Independence by *fiat*: A Way out of the Impasse – the Self-determination of Western Sahara, with Lessons from Timor-Leste", in D.Kingsbury (ed.), *Western Sahara. International Law, Justice and Natural Resources* (Routledge, 2016), p.113. このため，中谷和弘によれば，承認の「撤回」や「凍結」の主な理由は，モロッコによる政治的影

国家実行により領域の実効的支配が国家承認にとって基本的な要件となっているにもかかわらず[85]，SADRへの国家承認については，「撤回」国や「凍結」国は，おそらく慎重にも国家性の要件の不充足には言及することなく，国連を中心とした紛争解決プロセスの推移とサハラ人民の真正の意思を反映した住民投票の結果を見守ることを理由として当該行為を行った。領域の実効的支配が疑わしい場合であっても，自決権の行使の結果として独立を達成する可能性は否定されていないのであり[86]，西サハラ問題でも同様のことが示されているのである。

2　コソボ共和国への国家承認とその「撤回」

(1)　コソボ共和国の独立宣言と他国による国家承認

コソボは，ユーゴスラビア連邦共和国の解体過程において1991年に「コソボ共和国」として独立を宣言していたが[87]，コソボの独立問題が国際社会に大きく取り上げられたのは1998年から1999年にかけてのコソボ紛争とそれに続き1999年3月から6月にかけて行われた北大西洋条約機構（NATO）による空爆などの武力衝突であった[88]。その後，同年に安保理が決議1244を採択

響力の行使や経済援助という政治的要因のほか，SADRが国家の資格要件（特に実効的支配を確立した政府の要件）を満たしていないとの判断であるという。また，国家承認は撤回できないというのが国際法の基本原則であるとして，その「撤回」や「凍結」はこれに相反する行動であるとするが，「尚早の承認を撤回した」と考えることができるのであれば，整合的な理解が可能であろうとする。中谷和弘「西サハラにおける鉱物・漁業資源と国際法」江藤淳一編『村瀬信也先生古稀記念　国際法学の諸相 到達点と展望』（信山社，2015年）180-181頁。

(85)　J.Crawford, *The Creation of States in International Law*, 2nd ed. (O.U.P., 2006), pp.4-6.

(86)　Y.Onuma, *International Law in a Transcivilizational World* (Cambridge U.P., 2017), p.201.

(87)　コソボの主権独立国家樹立の要求へと至る過程とそこでの自決権の問題について，孫占坤「自決と主権・領土保全の対立は乗り越えられるか——コソヴォにおける「自治」制度の構築——」『国際学研究』第21号（2002年）61-63頁参照。当時は，アルバニアを除き，コソボを国家承認する国は存在しなかったという。M.Fabry, *Recognizing States* (O.U.P., 2010), p.202.

(88)　この問題については，see, Ch.Tomuschat (ed.), *Kosovo and the International Community. A Legal Assessment* (Kluwer Law International, 2002). Voir aussi, O.Corten et B.Delcourt (éds.), *Droit, legitimation et politique extérieure: l'Europe et la guerre du Kosovo* (Bruylant, 2000).

Ⅱ　国　　家

し，コソボがユーゴスラビア連邦共和国の領土の一部であることを確認するとともに，コソボには国連コソボ暫定統治機構（UNMIK）が導入され，国連による暫定統治が行われることとなった[89]。さらに，2001 年 5 月 15 日には国連事務総長特別代表がコソボ暫定自治政府の責務を定める「コソボ暫定自治政府のための憲法上の枠組み」（「憲法上の枠組み」）に署名し，2005 年からはアハティサーリ元フィンランド大統領が国連事務総長特使として和平交渉に携わった。アハティサーリ特使は 2007 年に包括的和平案をセルビアに提案したが，受け入れられず，安保理でも決議採択に至らなかったため[90]，米国，欧州連合（EU），ロシアの三者が仲介する和平プロセスが開始されたが，これも 2007 年 12 月に成果を上げられず終了した[91]。

こうした状況下で独立を求めるアルバニア系住民を中心としてコソボでは暴動が激しくなり，コソボの安定化を危惧した米国をはじめとする先進国がコソボ独立を容認する方向に進むことを背景として，2008 年 2 月 17 日にコソボ議会はセルビアからの「独立宣言」を採択した[92]。これに対してセルビアはこの「独立宣言」の国際法上の適法性を争い，ICJ による判断を求める決議案を国連総会に提出し，2008 年 10 月 8 日に国連総会は「コソボ暫定自治政府による一方的独立宣言は国際法に適合するか」について ICJ に勧告的意見を求める決議を採択している[93]。これを受けて ICJ は，2010 年 7 月 22 日に勧告の意見を与え，コソボの「独立宣言」は，一般国際法，安保理決議 1244，「憲法上の枠組み」のいずれにも違反しないと判断した[94]。

---

[89] 安保理決議 1244 の内容とコソボにおける暫定統治とその法的地位の問題についてはさしあたり，see, D.S.Smyrek, *Internationally Administered Territories – International Protectorates?* (Duncker & Humblot, 2006), pp.177-216.

[90] アハティサーリ特使の包括的和平案の内容とその検討について, see, J.d'Aspremont, "Regulating Statehood: The Kosovo Status Settlement", *Leiden J.I.L.*, Vol.20 (2007), pp.649-668.

[91] 安保理決議 1244 採択以降のコソボの法的地位をめぐる関係者間の交渉過程の概観については，see, M.Weller, *Contested Statehood. Kosovo's Struggle for Independence* (O.U.P., 2009), pp.179-239.

[92] コソボの「独立宣言」の内容やその背景と検討について, C.Warbrick, "Kosovo: The Declaration of Independence", *I.C.L.Q.*, Vol.57 (2008), pp.675-690.

[93] UN Doc.A/RES/63/3. GAOR Sixty-third Session, Supplement No. 49 (A/63/49), Vol.I, p.12.

[94] *Accordance with International Law of the Unilateral Declaration of Independence*

〔酒井啓亘〕　*8　最近の国家実行における国家承認の「撤回」について*

　国家承認については，セルビアからの「独立」を宣言したコソボ共和国に対して，「独立」宣言の数日以内に米国を含む多くの西側先進国が国家として承認し(95)，110を超える諸国が国家承認を与えていることがわかる(96)。他方，同時期までにコソボに対して与えた国家承認を「撤回」し，または国家承認の決定を「停止」する国家も存在する。国家承認を「撤回」して現在に至っているのは，スリナム，ブルンジ，パプア・ニューギニア，レソト，コモロ，ソロモン諸島，マダガスカル，中央アフリカ共和国(97)，国家承認の決定を「停止」したのはドミニカ国，グレナダ，パラオである。これら11か国が国家承認（の決定）を「撤回」または「停止」したのは，いずれも2017年から2019年にかけてという比較的最近のことであることも注目に値しよう。

(2)　「撤回」及び「停止」の理由とその帰結
　先に行ったコソボに対する国家承認を「撤回」したり，その決定を「停止」したりする理由にはいくつかある。
　まず，セルビアの領土保全の尊重を重視してコソボの国家としての地位を否定することをその理由とした承認の「撤回」事例である。コソボの国家承認を初めて正式に撤回したのはスリナムであるが(98)，2017年11月2日にセルビアで同国の副首相兼外相と会見したスリナム内務相は，内政不干渉原則の重要性

---

　in Respect of Kosovo, Advisory Opinion, I.C.J.Reports 2010, pp.437-438, para.81, p.452, paras.119-121.
(95)　M.Sterio, *Secession in International Law. A New Framework*（Edward Elgar, 2018）, p.122.
(96)　コソボ共和国外務省によると，これまで114か国がコソボ共和国を国家承認しているという。"International Recognitions of the Republic of Kosovo", Republic of Kosovo, Ministry of Foreign Affairs. http://www.mfa-ks.net/en/politika/483/njohjet-ndrkombtare-t-republiks-s-kosovs/483
(97)　中央アフリカ共和国については，国家承認の「撤回」ではなく，そもそもコソボを国家として承認をしていなかったという見方もあり得る。"Dacic: Central African Republic Has Withdrawn Recognition of Kosovo's Independence", *b92*, July 27, 2019. https://www.b92.net/eng/news/politics.php?yyyy=2019&mm=07&dd=27&nav_id=107067
(98)　2017年10月30日付スリナム国連代表部によるセルビア国連代表部宛書簡参照。"South American Country Revokes Recognition of Kosovo - FM", *b92*, Oct.31, 2017. https://www.b92.net/eng/news/politics.php?yyyy=2017&mm=10&dd=31&nav_id=102684

Ⅱ 国　　家

に鑑みて，コソボが一方的に宣言した独立を承認したことを「撤回」する決定がこの原則にかかわる問題であることを強調したという(99)。この立場は，コソボがセルビアの一部であることを認めるものであり，セルビア側の主張に与するかたちとなる(100)。

また，コソボの独立宣言が安保理決議1244に反することを理由に挙げた国家もある。ブルンジは，2018年2月15日付同国対外関係・国際協力省によるセルビア外務省宛口上書において，コソボの独立宣言が，セルビアとの政治的解決の外で行われ，安保理決議1244が設定したメカニズムに反することを理由に，2012年1月16日に行ったコソボに対する国家承認を「撤回」した(101)。

しかし，他のほとんどの事例で共通して強調されているのは，セルビアとコソボとの間の交渉を重視して，コソボの法的地位に対して中立的な立場に立つために，以前コソボに与えた国家承認を「撤回」するということである。

コモロは，2018年11月1日付同国外務・国際協力省によるセルビア外務省宛の書簡の中で，ブルンジと同様に，コソボの独立宣言が安保理決議1244に反することを承認「撤回」の理由として挙げている。しかし，コモロは，ブルンジの場合と異なり，「二当事者がコソボの地位に関する問題について正当で衡平かつ持続的な政治的解決に到達するように」，コソボの国家承認を「撤回」することとした(102)。レソトもまた同様に，コソボの独立宣言がヘルシン

---

(99) "Serbia's Gratitude for Suriname's Decision to Revoke Recognition of the Unilaterally Declared Independence of Kosovo", Ministry of Foreign Affairs of the Republic of Serbia, 2 Nov. 2017. http://www.mfa.gov.rs/en/press-service/statements/17134-serbias-gratitude-for-surinames-decision-to-revoke-recognition-of-the-unilaterally-declared-independence-of-kosovo

(100) その背景には，様々な側面でセルビアとの協力関係を強化したいという思惑があったことは否定できない。両国は，2018年2月及び7月に各種協定・覚書に調印し，政治，経済，教育など包括的な協力関係を築くことで合意したという。*MENA Report*, July 24, 2018.

(101) "Note Verbale", Ministère des Relations Extérieures et de la Coopération Internationale, le 15 février 2018. http://mfa.gov.rs/sr/images/slike/desktop/17022018_nota_01.jpg

(102) 2018年11月1日付け文書については，"Union of the Comoros Revokes Kosovo's Recognition", Ministry of Foreign Affairs of the Republic of Serbia, 7 Nov. 2018. http://www.mfa.gov.rs/en/press-service/statements/18331-union-of-the-comoros-revokes-kosovos-recognition

キ最終議定書や安保理決議1244に反することを確認したうえで，EUが促進するセルビアとコソボとの間の対話プロセスで永続的な政治的解決に到達するように，2018年10月16日に承認を「撤回」したという(103)。

それ以外の諸国は，コソボの独立宣言が安保理決議1244に反するかどうかに言及することなく，当事者間で進行中の交渉を理由として承認の「撤回」を行っている。パプア・ニューギニアは，承認の撤回をセルビアに通告した公文書において，EU主催によるセルビアとコソボとの間の交渉が終結するまで，中立的な立場をとることを示したという(104)。ソロモン諸島も，EUが仲介する交渉が完了するまで，コソボの国家承認を「撤回」する決定を維持するとしたという(105)。マダガスカルもまた，コソボの将来の地位がセルビアとの交渉の結果次第であることに留意して，承認を「撤回」した(106)。

同様の理由で，しかし承認の「撤回」ではなく，承認を含めたコソボの地位に関する一連の決定の「停止」を行った諸国もある。ドミニカ国は，両当事者間の対話の結果が出るまでの間，独立国としてのコソボを承認する立場を「停止」するとし(107)，グレナダもまた，セルビアとコソボの対話が終了するまで

---

(103) "Kingdom of Lesotho Revoked Recognition of Kosovo", Ministry of Foreign Affairs of the Republic of Serbia, 16 Oct. 2018. http://www.mfa.rs/en/press-service/statements/18252-kingdom-of-lesotho-revoked-recognition-of-kosovo

(104) "Papua New Guinea Revokes Kosovo Recognition", Ministry of Foreign Affairs of the Republic of Serbia, 5 July 2018. http://www.mfa.gov.rs/en/press-service/statements/17942-papua-new-guinea-revokes-kosovo-recognition

(105) "Another State Withdrew Recognition of Kosovo, and This Paper Made Albanians Furious (PHOTO)", *Telegraf*, Dec.3, 2018. https://www.telegraf.rs/english/3012625-another-state-withdrew-recognition-of-kosovo-and-this-paper-made-albanians-furious-photo ただし，コソボはこの通知を受領していないという。"Dacic Confirms, Pristina Denies New Recognition Withdrawal", *b92*, Dec.3, 2018. https://www.b92.net/eng/news/politics.php?yyyy=2018&mm=12&dd=03&nav_id=105658

(106) "Withdrawal of Recognition of Kosovo", European Parliament, Parliamentary Questions, 20 Dec. 2018. http://www.europarl.europa.eu/doceo/document/E-8-2018-006438_EN.html

(107) "Commonwealth of Dominica Revokes Recognition of Kosovo", Ministry of Foreign Affairs of the Republic of Serbia, 2 Nov. 2018. http://www.mfa.gov.rs/en/press-service/statements/18306-commonwealth-of-dominica-revokes-recognition-of-kosovo ドミニカ国外務省のセルビア政府宛て2018年10月30日付文書について，https://pbs.twimg.com/media/DrA79mcWsAEQGun.jpg:large

Ⅱ　国　　家

コソボの地位についていかなる決定も行われるべきではないとして，この対話の結果を尊重するために，これまでコソボの地位に関して行われた決定をすべて「停止」するとした(108)。パラオも両当事者間の対話の結果が出るまでコソボを承認した以前の決定を「停止」している(109)。

　コソボの国家承認とその「撤回」をめぐっては，情報が入り乱れて必ずしも確定的ではないところもあるが(110)，入手可能な記録が示すところによれば，以上のように，承認の「撤回」または「停止」を行った諸国の多くは，コソボ

---

(108) "Grenada Revokes Recognition of Kosovo", Ministry of Foreign Affairs of the Republic of Serbia, 4 Nov. 2018. http://www.mfa.gov.rs/en/press-service/statements/18307-grenada-revokes-recognition-of-kosovo

(109) "Palau Suspends Previous Decision to Recognize Kosovo", *b92*, Jan. 21, 2019. https://www.b92.net/eng/news/politics.php?yyyy=2019&mm=01&dd=21&nav_id=106029

(110) オマーンとサントメ・プリンシペは，それぞれ 2011 年 2 月 4 日と 2012 年 3 月 12 日にコソボを国家承認したが，その後，いずれも承認した事実自体を否定したとされる。"Serbia Claims Countries Cancelling Kosovo Recognition", *Balkan Insight*, Sep. 9, 2011. https://balkaninsight.com/2011/09/09/serbia-claims-two-nam-countries-revoking-kosovo-recognition/ "Principled position of Sao Tome and Principe concerning the Respect of International Law and Non-Recognition of Kosovo", Ministry of Foreign Affairs of the Republic of Serbia, 20 Sep. 2017. http://www.mfa.rs/en/press-service/statements/16946-principled-position-of-sao-tome-and-principe-concerning-the-respect-of-international-law-and-non-recognition-of-kosovo また，2011 年 1 月 10 日にコソボを国家承認したギニア・ビサウは，2017 年 11 月 17 日の記者会見で承認していないことを明らかにしたが（"Prime Minister of the Republic of Guinea-Bissau Denies that the Country Has Recognized Kosovo", Ministry of Foreign Affairs of the Republic of Serbia, 17 Nov. 2017. http://www.mfa.gov.rs/en/statements-archive/statements2017/17186-prime-minister-of-the-republic-of-guinea-bissau-denies-that-the-country-has-recognized-kosovo），翌 2018 年 2 月 2 日にはコソボの独立主権国家としての承認を再確認したという。"Foreign Ministry Receives Note Verbale from Guinea-Bissau Reconfirming its Recognition of Kosovo as an Independent Country", Republic of Kosovo, Ministry of Foreign Affairs, 2 Feb. 2018. http://www.mfa-ks.net/en/single_lajmi/2607 なお，リベリアは，2008 年 5 月 30 日に承認した後，当事者間での対話開始を理由として承認を通知した書簡を無効としたとされるが（"Liberia Annuls Letter of Recognition of Kosovo", *b92*, June 20, 2018. https://www.b92.net/eng/news/politics.php?yyyy=2018&mm=06&dd=20&nav_id=104444），その 5 日後にリベリア外務省がその報道を否定してコソボとの外交関係の維持を再確認した。"Liberia Reaffirms Bilateral Ties with Kosovo", Government of the Republic of Liberia, Ministry of Foreign Affairs. http://www.mofa.gov.lr/public2/2press.php?news_id=3108&related=7&pg=sp

〔酒井啓亘〕　　*8*　最近の国家実行における国家承認の「撤回」について

による国家性の要件の不充足を問題視したのではなく，コソボの地位をめぐる和平プロセスで中立的な立場に立つことをその理由としていることを示している。SADRの事例と同様に，コソボの国家承認を「撤回」した事例の多くは，コソボの国家性の要件の不充足を明示に認めたわけではないのである。この点については，創設的効果説でも宣言的効果説でも説明はつかない[111]。

さて，このような承認の「撤回」または「停止」は，コソボとの関係でいかなる効果をもたらしたのであろうか。確認できるのは，コソボへの国家承認を「撤回」または「停止」した結果，こうした承認「撤回」国及び「停止」国は，法的には，当該行為によりいずれもコソボとの外交関係を維持しなくなったということである[112]。ただし，承認「撤回」「停止」国の多くはアフリカ諸国・太平洋島嶼国・カリブ海及び中南米諸国であることから，もともと現地で大使館を開設した例がそれほど多くないとすれば，外交関係の終了は，実際には名目的な意義にとどまるのかもしれない。

3　最近の事例における国家承認の「撤回」等の特徴
(1)　「撤回」等の形式の選択と効果

SADRとコソボ共和国に対する国家承認とその「撤回」「凍結」「停止」において，まず指摘できるのは，確認できる限りではあるが，いずれも「撤回」等の対象が事実上の承認ではないということである。すなわち，承認「撤回」国はいずれも，確定的な法律上の承認を「撤回」したことになる。そうだとすると，承認の「撤回」は，理論的には，SADR及びコソボ共和国の国家性の否定，または国家性の要件の不充足の確認により，SADRもコソボ共和国も国家ではないことを意思表示したことを意味する。ただ，承認から「撤回」ま

---

(111)　承認の撤回の効果が国家性の要件の不存在自体に依存するのだとすれば，承認の撤回は，そうした要件が存在しなくなったという事実を指し示すにすぎないことになり，承認のこうした撤回可能性の見方からすると，創設的効果説と宣言的効果説にさほどの違いはない。Chen, *supra* note 13, pp.260-261.

(112)　国家承認に関する国際法規則では外交関係の開設が黙示の国家承認の典型的な例とされており（Meissner, *supra* note 46, S.16.），承認により確認された国家としての存在が外交関係の開設の前提となる。外交関係の終了は承認の撤回を意味しないが，外交関係を原則として国家間に限定すれば，国家としての存在を否定する国家承認の撤回によって，外交関係は必然的に終了することになる。Chen, *supra* note 13, pp.261-262.

247

Ⅱ　国　　家

での承認「撤回」国と SADR またはコソボ共和国との間の法的関係がどのように処理されたのかは不明なところが多い[113]。せいぜい確認できるのは両者の間の外交関係が終了したことくらいである。

　また，承認の「撤回」のほかに，SADR とコソボ共和国のいずれの事例においても「凍結」や「停止」という実行がみられるのは，法律上の承認を「撤回」することができるか国家にとっても確かではないからということもあると考えられる。実際，承認の「凍結」や「停止」をした後，しばらく経ってからまた外交関係の再開を行う例もあり[114]，「凍結」や「停止」には，もとの承認の効力をそのまま維持しておく承認国の意図がみられるからである。

　他方で，承認決定の「凍結」や「停止」が承認の「撤回」に至る段階性を示す行為とされる場合もある。バルバドスは，2019 年 6 月 21 日に SADR への承認を「撤回」したが，それ以前の 2013 年 2 月 11 日に承認を「凍結」する決定を行った[115]。ブルンジも，2006 年 5 月 5 日に SADR への承認を「凍結」した後，2008 年 6 月 16 日にこの「凍結」を解除したことを公表したが，さらに 2010 年 10 月 25 日に今度は承認を「撤回」したことを発表している[116]。こう

---

(113)　SADR への承認の「撤回」については法的帰結がまだ不明であり，承認の撤回不可能性の不明確なままであるという見解として，voir, Wyler, *supra* note 52, p.159.

(114)　たとえば，ニカラグアによる SADR への承認の「凍結」(2000 年 7 月 22 日) と外交関係の再開 (2007 年 1 月 12 日) の事例がある。"Nicaragua Vice-President Confers with Moroccan Officials", *Arabic News.com*, July 22, 2000. https://web.archive.org/web/20120208155443/http://www.arabicnews.com/ansub/Daily/Day/000722/2000072223.html "Nicaragua and the Saharawi Republic Declare the Reestablishment of Diplomatic Relations", *Sahara Press Service*, 12 January 2007. https://web.archive.org/web/20140117193055/http://archives.spsrasd.info/en/infos/2007/01/sps-e120107.html

(115)　"Communiqué : La Barbade a décidé de geler sa reconnaissance de la pseudo «rasd»", Royaume du Maroc, Ministère des Affaires Etrangères et de la Coopération Internationale, 12 février 2013. https://www.diplomatie.ma/Politiqueétrangère/Amerique/tabid/186/vw/1/ItemID/7673/language/en-US/Default.aspx

(116)　"La République du Burundi gèle sa reconnaissance de la prétendue "RASD"", Royaume du Maroc, Ministère des Affaires Etrangères et de la Coopération Internationale, 10 mai 2006. https://www.diplomatie.ma/articledetails.aspx?id=3242 ; "Burundi: SADR Recognition Reaffirmed", *Sahara Occidental*, juin 17, 2008. http://saharaoccidental.blogspot.com/2008/06/burundi.html; "Le Burundi retire sa reconnaissance à la "rasd"", Royaume du Maroc, Ministère des Affaires Etrangères et de la Coopération Internationale, 25 octobre 2010. https://www.diplomatie.ma/

〔酒井啓亘〕　　*8*　最近の国家実行における国家承認の「撤回」について

した承認の「凍結」は，そして承認の「停止」も[117]，現実の法的効果は外交関係の一時停止を意味することになろう。

　承認の「撤回」「凍結」「停止」には外交関係の終了や一時停止といった法的効果のほかに，少なくとも「撤回」国の主観としては，一定の政治的効果がもたらされることが期待されていた。それが，承認の「撤回」等による紛争の平和的解決への貢献である。

(2)　和平プロセスにおける国家承認とその「撤回」

　西サハラ問題でもコソボ問題でも，紛争の解決のために国連が何らかのかたちで関与してきた。そのほか地域的機関としては，西サハラ問題ではAUが，コソボ問題ではEUがそれぞれ和平交渉の促進に尽力してきたことはすでにみたとおりである。いずれの事例でも，承認の「撤回」「凍結」「停止」を行った諸国の多くは，関係者間の和平プロセスの進展状況に応じてその決定を行ったようにみえる。西サハラ問題では，国連による住民投票提案，モロッコによる自治提案などを契機として，各国がSADRに対する国家承認の見直し政策を進めたように思われるし，コソボ問題で近年の承認「撤回」「凍結」の増加傾向は，明らかにEUによるセルビアとコソボのEU加盟問題を絡めた和平交渉の進展が影響を与えている。西サハラ問題ではモロッコとSADRとが，コソボ問題ではセルビアとコソボ共和国とが，それぞれ対等な立場で交渉に臨むことができるようにという配慮があったとされたのである。

　もっとも，承認の「撤回」や「凍結」「停止」は，それが紛争解決等の政治

---

articledetails.aspx?id=5664

(117)　たとえば1986年6月24日にSADRを国家承認したドミニカ共和国は，モロッコとの2002年5月23日付共同コミュニケにおいて，SADRの承認を「停止」する決定を明示している。"Royaume du Maroc - République dominicaine Communiqué Commun", https://web.archive.org/web/20020615090708/http://www.maec.gov.ma/comm/comm282.htm　2005年6月26日にSADRを承認したケニアは，2006年10月19日に外交関係を停止し（"Communiqué", Royaume du Maroc, Ministère des Affaires Etrangères et de la Coopération Internationale, 19 octobre 2006. https://www.diplomatie.ma/articledetails.aspx?id=3551），2007年6月26日にはこれが承認の「凍結」であることを再確認して（"Kenya gèle sa reconnaissance de la pseudo "RASD" (communiqué conjoint)", Royaume du Maroc, Ministère des Affaires Etrangères et de la Coopération Internationale, 26 juin 2007. https://www.diplomatie.ma/articledetails.aspx?id=3902），承認の「凍結」が実際には外交関係の停止であることを認めている。

249

Ⅱ　国　　　家

　プロセスに貢献し得る政策的効果への期待とは別に，その機能の性質上，とりわけ被承認国が分離独立を主張している場合には，いわゆる母国の主権尊重・領土保全への支持を意味することになる。したがって，SADR やコソボ共和国への承認の「撤回」は，それぞれモロッコとセルビアの主張を強化する結果となろう。すなわち，承認には，有力国や多数の国が国家承認することによりその国家性の有力な証拠となるという証拠機能や，国際的に承認する国の増加で独立を宣言した国の国際的正統性が高めるという正統性強化機能があるといわれるが(118)，承認の「撤回」は逆に，問題の実体の国家性や国際的正統性を揺るがせ，その法的地位で対立する相手国の主張に利することになりかねない。もちろん，承認の「撤回」等が，たとえば国内統治に関する実効性に乏しい SADR に対して比較的多くの国家が承認していることに対する中和的効果を狙った政治的行為であるという主張はできるであろうし，その限りで和平プロセスにおける当事者間の平等確保に貢献しているとの見方もできないわけではない。ただ，承認の付与と承認の「撤回」は，それぞれ関係当事者の目標（主権国家としての存在か自国領域主権の下におかれるか）に直結し，当事者の対立の妥協点を提供できるわけではないということにも留意する必要があろう。

　さらに，承認の「撤回」等が和平プロセスの文脈で行われることの意義を確認しておきたい。

　第 1 に，ここでの承認の「撤回」等により，国家の成立要件に照らして SADR やコソボ共和国がその国家性を喪失したと法的に確認されたのではなく，紛争の平和的解決の一条件として，国家ではなく非国家的実体としての交渉への参加者という地位にあることが政治的に判断されたという点である。すなわち，これらの事例における承認の「撤回」等は，国家の成立プロセスと法的に結びつくものではなく，国家の成立要件の充足・不充足とは関わりがない。承認が国家の成立要件の充足の確認であったことからすると，ここでの国家承認と国家承認の「撤回」等の関係は，「撤回」等が必ずしも国家の成立要件の充足の否定ではないという意味で非対称の位置にある。

---

(118)　奥脇直也・小寺彰編『国際法キーワード【第 2 版】』（有斐閣，2006 年）41 頁（小寺彰・執筆）。承認にはその他，既存国家による新国家の選考機能，法律行為の帰属認定機能，既存国家と新国家との間の関係の明確化・安定化・正常化機能，新国家成立の国際化・有効化機能などがあるという。Wyler, *supra* note 52, pp.185-201.

〔酒井啓亘〕　　*8*　最近の国家実行における国家承認の「撤回」について

　第 2 に，すでに行われた国家承認に対する「撤回」や「凍結」「停止」が，国連や EU が主導する和平プロセスの進展に与える影響である。先にも述べたように，「撤回」国が増えれば，承認の証拠機能や正統性強化機能が弱まり，国連や EU 自身が当該新国家の国家性を認めることに消極的となる可能性もある。ただ，こうした機能が作用する程度は，承認「撤回」国の数だけでなく，いわゆる大国も「撤回」するかどうかといった状況に依存する。とりわけ国際機構が政治的に紛争を処理しようと試みる過程では，関係する大国の動向が決定的となるであろう[119]。「撤回」等を行っている国のほとんどが中小国にとどまり，特に五大国が承認・不承認の両陣営に明確に分かれているコソボ問題では，「撤回」等が独立宣言国以外に有利に働くような和平プロセスに与える影響は限定的と考えるべきである。なお，和平プロセスの結果，独立宣言国を国家として認めることに関係者が合意できれば，国連への加盟に道が開かれ，「撤回」国は再び外交関係の開設も含めた関係の正常化を検討せざるを得ないであろうし，国家としては認められないという解決が受け入れられるのであれば，「撤回」を行った諸国以外の国は，すでに行った承認の維持をすることを再検討せざるを得なくなるであろう[120]。

　第 3 に，承認の「撤回」による国際法上の国家の地位の否定は，SADR との関係ではサハラ人民の自決権に対して，コソボ共和国との関係では本国からの分離権に対して，それぞれ和平プロセスの円滑な実施という政策的目的に基

---

(119) *Ibid.*, pp.298-299.
(120) 前者の場合には一種の集合的承認が必要となるかもしれない。B.B.Jia, "The Independence of Kosovo: A Unique Case of Secession?" *Chinese J.I.L.*, Vol.8 (2009), p.43. 後者の場合は，国連が加盟国に対して事実上独立宣言国に対する不承認を要請することと等しくなる。過去においては，独立を宣言した南ローデシアや北キプロス共和国を国連安保理が国家として承認しないように加盟国に要請する集団的「不承認」も行われたが，それは国家の成立過程において国際法上違法な手段が用いられたことをその理由とされた。コソボの場合も，NATO による武力介入がコソボ共和国の設立と関係し，この武力介入が国際違法行為であればコソボ共和国に対する「不承認」が問題とされる余地があるとされるが（A.Orakhelashvili, "Statehood, Recognition and the United Nations System: A Unilateral Declaration of Independence in Kosovo", *Max Planck UNYB*, Vol.12 (2008), pp.29-31. Cf. O.Corten, "Déclarations unilatérales d'indépendence et reconnaissances prématurées: Du Kosovo à l'Ossetie du sud et à l'Abkhazie", *R. G.D.I.P.*, Tome 112 (2008), pp.747-749.)，和平プロセスの成果による「不承認」はこれと異なる根拠となる。

Ⅱ 国　　家

づく承認「撤回」行為が優位することになりかねない。特にSADRのように実効的支配の不十分さが自決権によって補われているような場合には[121]，自決権の内容の解釈とその行使の具体的形態にもよるが，自決権と国家の成立過程や承認の実践過程との関係のみならず，承認の「撤回」行為との関係にも留意する必要がある。分離権については，コソボ問題のように本国が否定する場合に国際法がこれを許容しているかどうかが問われようが[122]，自決権の場合と同様，分離権をめぐる規則と国家承認及び承認の「撤回」に関する規則との関係の検討が求められよう[123]。

最後に，承認の「凍結」「停止」を行った国のほか，承認の「撤回」国も，和平プロセスの円滑な促進を理由とする以上，独立宣言国の国家「未満」の国際法上の地位を否定するものではないことも確認しておきたい。承認が実質的にいわゆる「国際法共同体」への加盟の「許可」を意味することになるとしても，その「撤回」は個別的な国家間関係の終了のみであって，必ずしも「国際法共同体」からの「追放」を意味するわけではない。むしろ，自らが支持する和平プロセスに限ってのことではあるが，少なくとも独立宣言国に非国家的実体としての限定的な国際法上の法的地位を認めることにつながる可能性を示しているということはいえよう。

Ⅳ　お わ り に

承認の「撤回」は，法的には，「撤回」国との間での外交関係も含めた国家間関係の終了という効果をもたらす。そして政治的には，承認が新国家の成立

---

(121) Oeter, *supra* note 63, S.68.
(122) M.G.Kohen, "Introduction", in Kohen (ed.), *supra* note 56, pp.19-20.
(123) 人権尊重，少数者保護，民主主義など，伝統的な国家性の要件以外の考慮要因を理由に国家承認の撤回を認めるべきとする見解に対して，国際社会の安定性の観点から国家の存在の強い推定を主張する見方がある。C.Ryngaert & S.Sobrie, "Recognition of States: International Law or Realpolitik? The Practice of Recognition in the Wake of Kosovo, South Ossetia, and Abkhazia", *Leiden J.I.L.*, Vol.24 (2011), p.488. 本国が分離独立に反対している場合，承認の適法性は，新国家が国家性の要件を満たしているか，新国家が領有を主張している領域を有する国の領土保全原則が遵守されているかなどにかかっており，外的自決権も関係してくるという見解として，R.Wilde, "Self-Determination, Secession, and Dispute Settlement after the Kosovo Advisory Opinion", *Leiden J.I.L.*, Vol.24 (2011), p.153.

〔酒井啓亘〕　　8　最近の国家実行における国家承認の「撤回」について

を促進してその基盤を強化する効果を持つといわれるのに対し[124]、この承認の「撤回」は、個別の関係で当該新国家の国際法上の国家としての地位を否定することにより、「撤回」国の数と質次第では、国家成立の基盤を逆に弱体化させることが意図されている。この小論で考察したSADRとコソボ共和国の事例でも、法的及び政治的効果については同じことが当てはまる。

　他方で、ここで検討した承認の「撤回」の多くが和平プロセスの促進と当事者の平等化を理由としている。国家承認においては事実としての国家の形成が承認という手法によって法的に確認されたのに対して、承認の「撤回」は国家性の要件の不充足をその正当化根拠とする必要がなく、それ以外の考慮要因により「撤回」が行われうるという実行がみられるのである。承認の「撤回」は、したがって、「撤回」国により一方的かつ政治的に実施されるのであり、その実施基準も確固たるものが既に存在するわけではない。このため、新国家と対立する国との関係を考慮して、承認とその「撤回」を取引手段のように使用する例さえ生じ得る。本来、同じ国家が、その時々により、他国の存在を承認し、その後当該承認を撤回し、さらにまた承認を与えるといった異なる態度をとるようでは、承認は、国家の同一性及び継続性の基準としては全く役に立たない[125]。しかし、実際のところ、特にSADRに対する国家承認問題では、承認とその「撤回」が繰り返されるような事態も生じている[126]。この場合には、

---

(124)　小寺彰『パラダイム国際法 国際法の基本構成』（有斐閣、2004年）87頁。
(125)　Marek, *supra* note 7, p.133.
(126)　たとえばマラウィは、1994年11月16日にSADRを承認した後、2001年6月26日に承認を「撤回」したが（*Western Sahara Weekly News*, 01.-07.07.2001. http://www.arso.org/01-e01-27.htm）、2002年3月24日に外交関係を再樹立した（"La RASD et le Malawi établissent des relations diplomatiques", *Sahara Press Service*, 25 mars 2002. https://web.archive.org/web/20140118072958/http://archives.spsrasd.info/sps-250302.html）。その後も、承認の「撤回」（2002年12月27日、2008年9月16日、2017年5月5日）と外交関係の再樹立（2008年2月1日、2014年3月6日）を繰り返している。*Western Sahara Weekly News*, 22.-28.12.2002. http://www.arso.org/01-e02-52.htm "Résumé February 2008", *Western Sahara - News*. http://www.arso.org/01-e08-02.htm "Le Malawi retire sa reconnaissance de la prétendue RASD", Royaume du Maroc, Ministère des Affaires Etrangères et de la Coopération Internationale, 16 septembre 2008. https://www.diplomatie.ma/articledetails.aspx?id=4503 "SADR Ambassador Presents Credentials to President of Malawi", *Sahara Press Service*, 6 mars 2014. https://web.archive.org/web/20140312022956/http://www.spsrasd.info/en/content/sadr-ambassador-presents-credentials-president-malawi "The Republic of Malawi

Ⅱ　国　　家

「撤回」だけが政治的に行われるのではなく，再び行われる「承認」もまた政治的行為であるといわなければならない。

　こうした国家承認とその「撤回」という実行が国家承認にかかる国際法規則にいかなる影響を及ぼし得るかは，当該実行の数的広範さ，「撤回」国の特徴，「撤回」の動機，関係国の反応等を考慮に入れて総合的に判断される必要がある。ここで検討したSADRとコソボ共和国の問題が「特殊な（*sui generis*）」事例であるとすれば，これまで明確にされてきた国家承認規則にそれほど大きな変化をもたらすような実行ではないのかもしれない。しかし，国家承認理論を現代国際法の枠内に定位し直すには，現代のこうした国家実行の実証的検討は不可欠である。もっとも，この小論は，多元主義的な視角を通じて，現代の国際法世界における国家承認をめぐる理論と実践の関係をあらためて検証し直す作業の一部を構成するものにすぎない。

　Withdraws its Recognition of the so-called SADR", Kingdom of Morocco, Ministry of Foreign Affairs and International Cooperation, 5 May 2017. https://www.diplomatie.ma/en/Politique%C3%A9trang%C3%A8re/Afrique/tabid/2795/vw/1/ItemID/14675/language/en-US/Default.aspx

9 政府承認論の最近の展開
——「シリア人民の正統な代表」としての「シリア国民連合」の承認の意味合い

瀬 岡 直

 I 問題の所在
 II シリア紛争勃発からシリア
  国民連合の承認までの経緯
 III 諸国家によるシリア国民連
  合の承認の意味合い
 IV おわりに

I 問題の所在

 2011年3月に勃発したシリア紛争は、既存政府たるアサド政権と複数の反体制派の対立という基本的構図に加えて、アメリカ、ロシア、イラン、トルコなどの諸外国や、イスラム国、アルカイダといった非国家主体が介入することによって泥沼化し、9年を経過した今も解決には至っていない。シリア紛争は国際法上さまざまな問題を提起しているが、その一つとして本稿で取り上げるのが、政府承認論からみたアサド政権と反政府組織の地位をめぐる問題である。
 政府承認とは、「既存国家の内部で革命やクーデターにより政府が非合法に変更した場合に、新政府が当該国家の正式な政府であると外国が認めること」[1]と定義される。一般に、政府承認の判断基準としては、当該国家領域における実効的支配の確立を重視する立場（事実主義）や、新政府の政権奪取手段、国民の支持、国際義務遵守の意思などを重視する立場（正統主義）が主張されてきた[2]。しかし、政府承認はこれを与える国家の政策に左右されやすく、それゆえ内戦やクーデターが生じている国家との関係が悪化することが少なく

---

(1) 安藤仁介「政府承認」国際法学会編『国際関係法辞典（第2版）』（三省堂、2005年）520頁。
(2) 王志安『国際法における承認——その法的機能及び効果の再検討——』（東信堂、1999年）188頁。M. J. Peterson, *Recognition of Governments: Legal Doctrine and State Practice, 1815-1995* (Macmillan Press Ltd, 1997), pp. 28-85.

Ⅱ　国　　　家

ない。これを回避するため，1930 年にメキシコ外相エストラーダは，内政干渉につながりやすい外国の政府承認を廃止し，今後は外交関係を継続するか否かのみを決定する旨を宣言した[3]。このエストラーダ主義を契機として，政府承認そのものを回避ないし廃止しようとする傾向が強まり，とくに第 2 次世界大戦後，「国家は承認するが，政府は承認しない」慣行や，新政府と何らかの関係に入る際に「承認」という表現を避ける慣行（以下，これを政府承認廃止・回避論と呼ぶ）が一般化してきたのである[4]。

　ところが，「アラブの春」に伴って 2011 年 3 月に勃発したリビア紛争やシリア紛争においては，こうした政府承認廃止・回避論を採用してきた諸国家が，人権侵害を行う既存政府の速やかな退陣を繰り返し要求するとともに，反政府組織を明確に承認する声明を公式に発表したのである[5]。本稿がとくに注目するのは，これまで政府承認を廃止・回避してきた諸国家が，アサド政権はすべての正統性を喪失したので即時退陣すべきであるといういわゆる Assad must go doctrine を明確に主張したこと，さらに加えて反政府組織の連合体である「シリア国民連合」（National Coalition for Syrian Revolutionary and Opposition Forces）を「シリア人民の正統な代表」（the legitimate representative of the Syrian

---

(3)　"Estrada Doctrine of Recognition," *American Journal of International Law*, Vol. 25, Supplement (1931), p. 203.

(4)　安藤仁介「政府承認に関する最近の傾向について」国際法事例研究会『国交再開・政府承認』（慶應通信，1988 年）255 頁～269 頁（安藤仁介『実証の国際法学』（信山社，2018 年）243 頁～256 頁所収）。芹田健太郎『普遍的国際社会の成立と国際法』（有斐閣，1996 年）156 頁～157 頁。政府承認廃止・回避についての諸国家の立場については，L. T. Galloway, *Recognizing foreign government*, (American Enterprise Institute for Public Policy Research, 1978), pp. 156-187 を参照。なお，政府承認廃止・回避論が黙示の承認といかなる関係にあるのかがしばしば問題とされるが，本稿の焦点はシリア国民連合に対する明示の承認の意味合いを明らかにすることにあるため，この問題は取り扱わない。

(5)　リビア紛争における国民暫定評議会（NTC）の承認に関しては，拙稿「保護する責任と体制転換のジレンマに関する一考察──リビア紛争におけるカダフィ政権の政府性をめぐって──」『国際法外交雑誌』第 117 巻第 2 号（2018 年）135 頁～163 頁を参照。なお，リビア紛争は多くの国家が集合的にエストラーダ主義から明確に逸脱した事例であることを指摘するものとして，J. Vidmar, "States, Governments, and Collective Recognition," *Chinese (Taiwan) Yearbook of International Law and Affairs*, Vol. 31 (2013), p. 136, 156.

people）として明示的に承認したことである[6]。

　では，シリア紛争におけるこうした動きは，多くの国家が，一定の条件の下では，重大な人権侵害を行う既存政府に対抗する反政府組織を人民の正統な代表として明確に承認し，当該政府の体制転換又は弱体化を図っていこうという立場を提唱しようと試みていることを示唆するものなのか。こうした一見したところ従来の政府承認廃止・回避論とは異なる最近の実行は，政治的には，内政不干渉を重視する「国家中心の平和」から人権保障を重視するいわゆる「人間中心の平和」がより一層重視されつつあるという国際社会の大きな流れに呼応するものなのか。もしそうであるとしても，多くの国家がアサド政権の即時退陣を繰り返し主張するとともに，シリア国民連合をシリア人民の正統な代表として明示的に承認したことには，一体，いかなる法的な意味合いがあるのか，とりわけこうした承認は，国際法上，既存政府たるアサド政権の代表権にいかなる影響を及ぼすものなのか。

　こうした問題意識のもとに，本稿は，これまで政府承認廃止・回避の立場を提唱してきた諸国家がシリア国民連合をシリア人民の正統な代表として明示的に承認した法的意味合いを検討するものである。以下では，まず第1章において，シリア紛争の勃発から諸国家がシリア国民連合を承認するまでの経緯を概観する。第2章では，諸外国がいかなる意図を持ってシリア国民連合を承認したのかを詳しく検討する。そして最後に，アラブの春を契機に生まれつつあるこうした実行の今後の展望について若干の見解を述べることにしたい。なお，紙幅の関係上，本稿は，シリア紛争勃発から諸外国によるシリア国民連合の承認までの期間に焦点を当てるものであって，その後の展開については，必要な限りにおいてふれるに留めたい。また，本稿は政府承認論そのものに焦点を当てるものであるため，諸外国により承認を付与された反政府組織に対する軍事援助の合法性をめぐる問題は，検討の対象から外すことにする[7]。

---

(6) S. Talmon, "Recognition of Opposition Groups as the Legitimate Representative of a People," *Chinese Journal of International Law*, Vol. 12 (2013), pp. 219-253; T. Tzimas, "Examination of the 'Assad Must Go' Doctrine: Evaluation of Regime Legitimacy and De-Legitimisation from an International Law Perspective," *International Community Law Review*, Vol. 19 (2017), pp. 485-517.

(7) この問題については，たとえば，T. Ruys, "Of Arms, Funding and "Non-lethal Assistance" – Issues Surrounding Third-State Intervention in the Syrian Civil War,"

Ⅱ　国　　　家

Ⅱ　シリア紛争勃発からシリア国民連合の承認までの経緯

1　反政府組織の形成と安保理審議の行き詰まり（2011 年 3 月～2012 年 10 月）

　2011 年 3 月に勃発したアラブの春の余波を受けて，シリア各地でもアサド政権を批判する暴動が頻発するようになっていった。これに対して，アサド政権は政治犯の釈放など改革の姿勢を示しながらも反体制運動を弾圧し続けたので，同年 4 月に国連人権理事会は，シリア当局による暴力の行使を批判する決議を採択した[8]。しかし，8 月には，アサド政権が市民による抗議デモを徹底弾圧する「血のラマダーン」という事件が再び発生する。こうした弾圧に対抗する形で，同月，トルコ領域内に本拠地を置いて活動していたシリア軍の脱走兵が自由シリア軍（Free Syrian Army）の結成を表明した[9]。さらに 10 月には，シリア国外の反体制活動家が中心メンバーとなってシリア国民評議会（Syrian National Council）が公式に結成を宣言した。この評議会の目的は，アサド政権の打倒を目指す数ある反体制組織の中で対外接触の窓口になることであった[10]。その一方で，欧米諸国を中心に，アサド政権はすべての正統性を喪失したので，もはやシリアを代表して行動できないとの主張が急速に高まっていく[11]。

　こうした展開を受けて，2011 年 10 月 4 日には，シリア紛争に関する初めての安保理決議案が提示された。その基本的な内容は，シリア当局による重大かつ組織的な人権侵害を強く非難し，全当事者に対して暴力を即時に終了するこ

Chinese Journal of International Law, Vol. 13 (2014), pp. 13-53.

(8)　A/HRC/RES/S-16/1, 29 April 2011.

(9)　"Guide to the Syrian rebels," *BBC News*, 13 December 2013, at https://www.bbc.com/news/world-middle-east-24403003 (as of 27 February 2019).

(10)　"Establishment of opposition government-in-exile – Continued protests," *Keesing's Record of World Events*, Vol. 57, No. 1 (October, 2011), p. 50739.

(11)　Joint UK, French and German statement of Syria, 18 August 2011, https://www.gov.uk/government/news/joint-uk-french-and-german-statement-on-syria (as of 27 February 2019); "Continued anti-government protests," *Keesing's Records of World Events*, Vol. 57, No. 8 (August, 2011), p. 50623. なお，「正統性」（legitimacy）は様々な意味で用いられるが，ここでは「国家を統治する権限」（a right to rule a country）という一般的な意味で用いられていると思われる。K. Odendahl, "National and International Legitimacy of Governments," *ESIL Reflections*, Vol. 4, Issue 5 (2015), p. 3.

とを要請するものであった。本稿の観点からは，「包括的なシリア主導の政治プロセス」を要求している点が注目される[12]。しかし，この決議案は，賛成9，反対2（中露），棄権4（ブラジル，インド，南アフリカ，レバノン）で否決される。これは中露がシリア紛争において投じた最初の拒否権であった。中露両国は，NATO空爆の結果生じたカダフィ政権の崩壊を念頭に置きつつ，シリアが「第2のリビア」になることを強く懸念したのである[13]。なお，この中露の拒否権の後，アラブ連盟は暴力の停止や反体制派との対話などを呼びかける行動計画を提示したが，アサド政権が弾圧を止めなかったため，12月には，シリアの加盟資格の停止と経済制裁を決定している[14]。

翌2012年1月には，シリア・レバノンで活動するイスラム教スンニ派の反政府組織ヌスラ戦線（Nusra Front）がアラウィ派のアサド政権打倒と厳格なイスラム法に基づく支配を目指して結成を宣言[15]，2月には，アルカイダ指導者のザワーヒリーがアサド政権打倒を主唱する[16]。こうした中，2月4日に，再び安保理決議案が提出された。この決議案で注目すべきは，カダフィ政権崩壊に対する中露の懸念を踏まえて，安保理による強制措置につながりうる要素はすべて排除したうえで，「多元的，民主的な政治制度に向けてのシリア主導の政治移行の実現」に関するアラブ連盟の行動計画を支持する内容が盛り込まれていたことである[17]。その結果，この決議案には，13ヶ国が賛成票を投じた。

---

(12) S/2011/612, 4 October 2011, paras. 1, 2, 4, 5, 11.
(13) S/PV. 6627, 4 October 2011, pp 4-5. 拙稿「国際連合における拒否権の意義と限界──シリア紛争における中露の拒否権行使に対する批判的検討──」日本国際連合学会編『ジェンダーと国連』（国際書院，2015年）166頁〜167頁。なお，N. Seoka, "The Gradual Normative Shift from 'Veto as a Right' to 'Veto as a Responsibility': The Suez Crisis, the Syrian Conflict, and UN Reform," in E. Yahyaoui Krivenko (ed.), *Human Rights and Power in Times of Globalisation* (Brill, 2018), pp.196-224; 拙著『国際連合における拒否権の意義と限界──成立からスエズ危機までの拒否権行使に関する批判的検討──』（信山社，2012年）も参照。
(14) "Arab League intervention," *Keesing's Records of World Events*, Vol. 57, No. 11 (November 2011), p. 50739.
(15) "Profile: Syria's al-Nusra Front," *BBC News*, 10 April 2013, at https://www.bbc.com/news/world-middle-east-18048033 (as of 27 February 2019).
(16) "Veto of UN Security Council resolution by China and Russia," *Keesing's Record of World Events*, Vol. 58, No. 2 (February 2012), p. 50957.
(17) S/2012/77, 4 February 2012, para. 7.

II 国　　家

しかし，この決議案も2度目の中露の拒否権によって否決された。中露は，外部からシリアの政治変革への圧力を掛けるべきではない，また，アサド政権と反体制派の扱いが公平ではないと主張したのである[18]。なお，安保理でのこうした展開を受けて，2月下旬，アサド大統領に反対する70ヶ国以上がチュニジアで会合を開き，仏主導でFriends of Syriaというグループが発足する[19]。こうして，シリア移行政権におけるアサド政権の進退をめぐる議論の中心は，徐々に，安保理審議から安保理の外へ，つまり，安保理から個別国家または個別国家のグループの対応へ移っていったのである[20]。

2012年4月，Friends of Syriaの第2回会合がトルコのイスタンブールにて開催された。そこでは，80ヶ国を超える代表が，アサド政権の正統性喪失と速やかな退陣を要求しつつ[21]，シリア国民評議会を「すべてのシリア人民の正統な代表であり，複数のシリア反政府組織の上部組織」（a legitimate representative of Syrian people and an umbrella organization for Syrian opposition groups）と承認した[22]。さらに，これらの国家代表は，シリア国民評議会を「シリアの反政府組織の中の国際社会との主要な対話の担い手」（the leading interlocutor of the Syrian opposition with the international community）として位置づけた[23]。こうした展開の中，6月末には，ジュネーブI会議が開催される運びとなった。国連事務総長，アラブ連盟，英米仏などの欧米諸国，そして中露が一堂に会することになったこの会議では，アサド政権の存続が最大の焦点であった。そして，これまでの安保理審議では平行線をたどっていた常任理事国を含む諸国家がこの会議において初めてシリアの政治的移行プロセスの大枠について合意す

---

(18)　S/PV.6711, 4 February 2012, p. 9.
(19)　"Veto of UN Security Council resolution by China and Russia," *Keesing's Record of World Events*, Vol. 58, No. 2（February 2012）, p. 50957.
(20)　なお，中露の拒否権によって否決された安保理決議とほぼ同内容のアラブ連盟の行動計画を支持する総会決議の採択については，A/RES/66/253, 21 February 2012を参照。
(21)　たとえば，クリントン米国務長官の発言については，"Hillary Rodham Clinton, Secretary of State Speaks on Intervention to the Friends of the Syrian People," *Targeted News Service*, 1 April 2012.
(22)　"Annan peace plan," *Keesing's Record of World Events*, Vol. 58, No. 4（April 2012）, p. 51070;"Syrian opposition wins more support at Istanbul meeting," *Xinhua News Agency*, 1 April 2012.
(23)　Ibid.

るに至った。しかし、会議の最終文書は、アサド政権の進退という最大の問題について解釈の余地を大いに残すものとなった[24]。

このジュネーブⅠ会議のおよそ1ヶ月後の7月19日、安保理においてはじめて国連憲章7章の決議案が提示された。その基本的な内容は、紛争当事者に対して先のジュネーブⅠ合意の履行を要求するとともに、10日以内に停戦・撤退を完了しなければ憲章41条の措置を科すというものであった[25]。ところが、この決議案も中露の3度目の拒否権により否決された[26]。中露の決議案反対の理由は、ジュネーブⅠ合意には賛同するが、この決議案に対する違反があった場合の安保理による強制措置に反対するというものであった[27]。こうして、安保理の対応が後手に回る中、戦闘が急速に激化・拡大し、7月から9月にかけて、自由シリア軍がアサド政権側の拠点である首都ダマスカスやアレッポを攻撃するまでに至った[28]。10月には、ブラヒミ国連特別大使の調停に基づきいったんは停戦合意がなされたものの、ヌスラ戦線による自爆テロなどもあって、彼の調停の試みは失敗に終わった[29]。12月には、自由シリア軍などの反政府組織が着実に支配領域を拡大し、ダマスカスの郊外にまで迫る勢いであった[30]。こうして、多くの国連加盟国の間で、安保理は機能不全の状

---

(24) この合意文書には、「移行政権への明確なステップ」として、完全な行政権限を行使する移行政権には、現政府と反政府組織が含まれうること、そして、相互の合意（mutual consent）に基づき組閣されることが定められた。その一方で、シリアのすべての集団及び派閥が国民対話プロセス（National Dialogue process）に参加できるようにしなければならず、さらに、憲法の起草案の結果は人民の承認（popular approval）に服するだろうとも規定された。Action Group for Syria Final Communiqué, 30 June 2012, at http://www.un.org/News/dh/infocus/Syria/FinalCommuniqueActionGroupforSyria.pdf (as of 27 February 2019); "Syria crisis: Geneva talks sound death knell for Assad regime," *The Guardian*, 1 July 2012 at https://www.theguardian.com/world/2012/jul/01/syria-crisis-geneva-talks-assad (as of 27 February 2019).

(25) S/2012/538, 19 July 2012, paras 1-4, 10, 14.

(26) 投票結果は、賛成11、反対2（中露）、棄権2（南アフリカ、パキスタン）であった。

(27) S/PV. 6810, 19 July 2012, pp. 8-9.

(28) "Progress of civil war," *Keesing's Record of World Events*, Vol. 58, No. 9 (September 2012), p. 52243.

(29) "Failed ceasefire attempt," *Keesing's Record of World Events*, Vol. 58, No. 10 (October 2012), p. 52297.

(30) "Recognition of new opposition coalition – Diplomatic developments," *Keesing's Records of World Events*, Vol. 58, No. 12 (December 2012), p. 52407.

Ⅱ 国　　家

態に陥ったという理解が共有されていったのである。

2　諸外国による「シリア国民連合」の承認（2012 年 11 月～2013 年 1 月）

2012 年 11 月 11 日，アラブ諸国の中でもとくにアサド政権に反発していたカタールで開催された会議において，シリア国民評議会と他の反政府組織が「シリア国民連合」（National Coalition for Syrian Revolutionary and Opposition Forces）の結成に合意した[31]。この合意文書によれば，会議に出席していたすべての反政府組織の代表は，アサド政権を打倒すること（to bring down the regime）に合意し，アサド政権といかなる対話又は交渉も行わないことを約束した。さらに，この文書は，シリア国民連合が国際的な承認を受けた後に暫定政府を形成することになるとも定めている[32]。かくして，この合意がなされてからほんの数ヶ月の間に，多くの国家が同連合の承認に次々と踏み切るのである。

こうした承認の口火を切ったのは，湾岸協力理事会（the Gulf Cooperation Council）の加盟国であった。すなわち，シリア国民連合結成の翌日には，サウジアラビア，バーレーン，UAE，オマーン，クウェート，そしてカタールが同連合を「同胞のシリア人民の正統な代表」（the legitimate representative of the brotherly Syrian people）として承認したのである[33]。また 13 日には，フランスが同連合を「シリア人民の唯一の正統な代表，したがって，民主的なシリアの将来の政府」（the sole legitimate representative of the Syrian people and as the future government of a democratic Syria）として承認した[34]。なお，オランド仏大統領は，同連合の代表に新たなシリア大使を任命することにも合意

---

[31] "New opposition coalition," *Keesing's Record of World Events*, Vol. 58, No. 11 (November 2012), p. 52356.

[32] "Agreement on the Formation of the National Coalition of Syrian Revolutionary and Opposition Forces," in S. Talmon, *supra* (n. 6), p. 252.

[33] "News Analysis: Recognition of opposition coalition may aggravate Syria crisis," *Xinhua News Agency*, 13 November 2012.

[34] "France recognizes new Syrian opposition coalition," *Reuters*, 13 November 2012, at https://www.reuters.com/article/us-syria-crisis-france/france-says-too-early-to-recognize-syrian-opposition-coalition-idUSBRE8AC09P20121113 (as of 27 February 2019).

した(35)。続いて，イギリスも11月20日，同連合を「シリア人民の唯一の正統な代表」(the sole legitimate representative of the Syrian people) として承認した(36)。

その後，11月中旬から12月初旬にかけて，トルコ，イタリア，スペイン，デンマーク，ノルウェーが「シリア人民の正統な代表」として同連合を承認すると発表した(37)。12月12日には，アメリカが，シリア人民にとって十分に包括的かつ代表的な組織となったとして，「シリア人民の正統な代表」として同連合を承認した(38)。さらに，デンマーク，エストニア，フィンランド，アイスランド，ラトビア，リトアニア，ノルウェー，スウェーデンも「シリア人民の正統な諸代表」(legitimate representatives of the Syrian People) として同連合を承認した(39)。同日，Friends of Syria も，およそ110ヶ国の代表が集うモロッコでの第4回会合において，「シリア人民の正統な代表」として同連合を承認する決定を下している(40)。こうして，2013年1月までに，およそ140ヶ

---

(35) もっとも，フランスは，シリア大使館をシリア国民連合に明け渡しわけではない。なぜなら，オランド仏大統領は，「現シリア大使館がシリア政府の財産であるため，シリア国民連合によって新たに任命される大使のために住居と事務所を探すことになるだろう」と述べているからである。S. Erlanger, "France to Let Syria Council Establish Ambassador," *The New York Times*, 17 November 2012, at https://www.nytimes.com/2012/11/18/world/middleeast/syrian-opposition-council-to-establish-envoy-in-france.html (as of 27 February 2019).

(36) "UK: Syrian opposition 'sole legitimate representative' of the people", *The Guardian*, 20 November 2012, at https://www.theguardian.com/world/2012/nov/20/uk-syrian-opposition-sole-legitimate-representative-people (as of 27 February 2019); "Table of Recognition of the Syrian Opposition Coalition," S. Talmon, *supra* (n. 6), p. 253.

(37) Ibid.

(38) "Obama Recognizes Syrian Opposition Group," *ABC news*, 11 December 2012, at https://abcnews.go.com/Politics/OTUS/exclusive-president-obama-recognizes-syrian-opposition-group/story?id=17936599 (as of 21 February 2019).

(39) "Table of Recognition of the Syrian Opposition Coalition," S. Talmon, *supra* (n. 6), p. 253.

(40) "2nd LD: "Friends of Syria" recognizes opposition coalition as legitimate representative of Syrian people," *Xinhua News Agency*, 12 December 2012. その他にも，12月中旬から2013年1月にかけて，オーストラリア，ハンガリー，スロベニア，クロアチアが「シリア人民の（唯一の）正統な代表」としてシリア国民連合を承認した。また，ベルギー，オランダ，ルクセンブルグのベネルクス3国も「自由かつ民主的なシリアに至るまでの暫定期間におけるシリア人民の正統な代表」(the legitimate representative

II 国　　家

国が，アサド政権打倒を掲げるシリア国民連合を，ある程度の文言の違いはあるものの[41]，個別的又は集合的にシリア人民の正統な代表として承認するに至ったのである。この時点では，国際社会の大きな流れは，シリア国民連合の承認の方向に向かって進んでいたように思われる。

しかし，他方で，こうした多数国家の動きに強く反発する国家の存在も見過ごすことはできない。たとえば，Friends of Syria に参加していないロシアは，シリア国民連合を承認するアメリカの動きに反発したうえで，もしアサド政権が崩壊すれば，イスラム過激派が権力を掌握しうる危険性を強調した[42]。さらに，ロシア外相ラブロフは，アメリカの動きは，すべてのシリア人のための，政府と反体制派代表の対話の出発点としてのジュネーブ合意と矛盾すると批判した[43]。また，BRICS 諸国の一員たるブラジルを含むいくつかの国家も，個別国家又は Friends of Syria によるシリア国民連合の承認は国際連合による平和的解決のイニシアチブを損なうとの立場から，その承認を拒絶している[44]。

III　諸国家によるシリア国民連合の承認の意味合い

第1章で見たとおり，安保理審議が行き詰まりを見せる中，2012年末頃になると，これまで政府承認廃止・回避論の立場をとってきた諸国が保護する責

---

　　of the Syrian people in this transition period leading to a free and democratic Syria) として承認している。なお，ドイツは，「シリア人民の正当な利益を代表する連合」(a coalition that represents the legitimate interests of the Syrian people) として，また，アルバニアは，「シリア人民及びシリア国家の唯一の正統な当局」(the sole legitimate authority of Syrian and Syrian nation) として承認している。S. Talmon, *supra* (n. 6), p. 253.

(41)　タルモンは厳密にはシリア国民連合の承認に関して以下の6つの言い回しがあることを指摘している。すなわち，(i) a legitimate representative for [of] the aspirations of the Syrian people; (ii) legitimate representatives of the aspirations of the Syrian people; (iii) a legitimate representative of the Syrian people; (iv) legitimate representatives of the Syrian people; (v) the legitimate representative of the Syrian people; (vi) the sole legitimate representative of the Syrian people である。S. Talmon, *supra* (n. 6), p. 227.

(42)　"United States/Syria: US stops short of legal recognition of Syrian rebels," *Asia News Monitor*, 16 December 2012.

(43)　"Roundup: Syrian opposition coalition gains broader recognition," *Xinhua News Agency*, 12 December 2012.

(44)　S. Talmon, *supra* (n. 6), p. 251.

任の観点を強調していわゆる Assad must go doctrine を繰り返し提唱するようになった。そればかりか、数ある反政府組織の連合体たるシリア国民連合を、基本的にシリア人民の正統な代表として承認さえするに至った。ブラウンリーが指摘するとおり、一方的行為としての承認は政治性がきわめて強いため、具体的な承認行為の法的効果については、承認する側の国家の意図（intention）が重要になってくる[45]。この指摘を念頭に、以下では、とくに第2次世界大戦後、政府承認廃止・回避の傾向が強まっている中で、多くの国家がシリア国民連合をシリア人民の唯一の正統な代表として承認するにいたった意図はどこにあったのかを検討していきたい。

1 シリア国民連合の承認形式の新規性

まず指摘すべきは、たしかにシリア国民連合は多くの国家によってシリア人民の正統な代表として承認されるに至ったとはいえ、その一方で、諸国家は、同連合をシリア新政府として承認することを示す発言や行為、さらにシリア政府代表としてのアサド政権の承認を撤回するような発言や行為を行うことを控えていることである[46]。

もちろん、国際法における承認の特徴はその相対性であって、同連合をシリアの新政府として法的に承認したと評価しうる国家が全くなかったわけではない。実際、カタールは同連合を「同胞のシリア人民の正統な代表」として承認したおよそ3ヶ月後の2013年2月に、首都ドーハのシリア大使館を同連合に明け渡すとともに、同連合の新大使に完全な外交的地位を付与したのである[47]。

---

(45) I. Brownlie, *Principles of Public International Law* (Oxford University Press, 2008), p. 91; I. Brownlie, "Recognition in Theory and Practice," *British Yearbook of International Law*, Vol. 53 (1982), p. 199.

(46) 承認に関する国際法協会（ILA）の報告書は、オーストラリア、日本、スロベニア、オランダ、イギリスを具体例として挙げている。International Law Association, *Johannesburg Conference (2016), Recognition/Non-recognition in International Law, Third Report*, p. 10.

(47) "Syria crisis: Qatar handing embassy over to opposition," *BBC News*, 13 February 2013, at https://www.bbc.com/news/world-middle-east-21442871 (as of 27 February 2019). なお、カタールにおけるシリア国民連合の大使館は2013年3月27日に開設されたが、これはアラブ連盟が同連合にシリアの議席を認めた翌日のことであった。"Syrian opposition opens first embassy, says world lets it down," *Reuters*, 27 March 2013, at https://www.reuters.com/article/us-syria-crisis/syrian-opposition-opens-first-

Ⅱ　国　　家

　しかし，このように同連合をシリア新政府として法的に承認する意図が明確に読み取れる国家は，筆者の知る限り，カタールのみである。カタールは，2012年11月にシリア国民連合が結成された会議を主催するなど，イスラム教スンニ派の湾岸諸国の中でもイスラム教アラウィ派のアサド政権やシーア派のイランなどとの敵対関係を鮮明にしていた。このことが，カタールによるスンニ派を中心とする同連合の承認の積極性となって現れているように思われる。

　要するに，カタールを別にすれば，ほとんどの国家は，シリア国民連合を承認するに当たって，同連合をシリア新政府と見なす旨の言動を慎んでいたのである。それどころか，その承認はシリア新政府の承認を意味しない旨をはっきりと宣言する国家も存在したことが注目される。たとえば，2012年12月のFriends of Syriaの会合において米国務省は，「米国はシリア国民連合をシリア人民の正統な代表として承認する。米国は同連合をシリア政府として承認していない」[48]と明言している。では，シリア国民連合を新政府として承認しない立場をとる一方で，諸外国はいかなる意図を持って，同連合をシリア人民の正統な代表として明示的に承認したのだろうか。

　ある国家の内戦において，限定的な実効的支配を及ぼしている反政府組織の承認に関しては，伝統的な承認論における「交戦団体」(belligerency)の承認や「事実上の政府」(de facto government)の承認が想起される。しかし，交戦団体の承認は，今日ほとんど行われておらず，シリア国民連合の承認がこれに該当するとは言い難い。また，事実上の政府は，一般に，「革命やクーデター等の非合憲的手段によって成立し，実効的支配を有している政府のこと」[49]と定義される。しかし，この概念は，伝統的な政府承認を前提にした概念であり，

---

embassy-says-world-lets-it-down-idUSBRE92Q0KI20130327?feedType=RSS&feedName=worldNews&rpc=69 (as of 27 February 2019); H. Drouhi and R. Goldstone, "Syrian Opposition Joins meeting of Arab League," *The New York Times*, 26 March 2013, at https://www.nytimes.com/2013/03/27/world/middleeast/syrian-opposition-group-takes-seat-at-arab-league.html (as of 27 February 2019).

(48)　US Department of State, *Digest of United States Practice in International Law*, 2012, p. 281.

(49)　王志安「事実上の政府」国際法学会編『国際関係法辞典（第2版）』（三省堂，2005年）429頁。もっとも，「事実上の政府」はこれまで様々な意味で用いられてきたことに関しては，S. Talmon, *Recognition of Governments in International Law: With Particular Reference to Governments in Exile*, (Oxford University Press, 1998), p.60を参照。

〔瀬岡　直〕　　　　　　　　　　　　　　　***9*** 政府承認論の最近の展開

第2次世界大戦以降その傾向がより一層強まっている政府承認廃止・回避論の文脈でなされたシリア国民連合の承認と同一視することは疑問である。たしかに，先にふれたとおり，政府承認廃止を公言してきたフランスは「民主的なシリアの将来の政府」としてシリア国民連合を承認するのみならず，実際に，同連合の代表に新たなシリア大使を任命することを認めた。そして，保護する責任の観点からアサドの即時退陣を最も強く主張していたフランスのこうした対応は，シリア国民連合をシリアの事実上の政府として暫定的に承認したと言えなくもない。しかし，ほとんどの国家は，同連合をあくまでもシリア人民の正統な代表という言い回しを用いて承認するにとどまり，同連合をシリアの事実上の政府として暫定的に承認したと受け止められるような言動は慎んでいるのである[50]。

　また，シリア国民連合を人民の自決権の文脈での民族解放団体の一類型と位置づける考え方もある。たとえば，諸国家がパレスチナ解放機構（PLO）をパレスチナ人民の代表として承認していることが先例として挙げられている[51]。しかし，PLOと同じように，シリア国民連合がシリア人民の代表として自決権を行使できる法的な主体と言えるかどうかは難しい問題である[52]。本稿はこの問題に深入りしないが，ここでは，承認する側の国家の意図が重要であること，そして，国際人権両規約1条のような自決権の法的権利に言及しながら

---

(50) なお，類似の動きとして，2011年11月20日，イギリスは，シリア国民連合に対して「政治的代表」（a political representative）を指名することを認めた。"Syria conflict: UK recognizes opposition, says William Hague," *BBC News*, 20 November 2012, at https://www.bbc.com/news/uk-politics-20406562 (as of 27 February 2019). また，アメリカは，2014年5月5日，シリア国民連合の代表を米国法の下で「外交使節団」（foreign mission）として承認したが，これは同連合をシリア政府として承認することを意味しないと述べている。"U.S. recognizes Syria opposition offices as "foreign mission"," *Reuters*, 6 May 2014, at https://www.reuters.com/article/us-syria-crisis/u-s-recognizes-syria-opposition-offices-as-foreign-mission-idUSBREA440R220140505 (as of 27 February 2019).

(51) S. Talmon, "Recognition of the Libyan Transitional Council," *ASIL Insights*, Vol. 15, Issue 16 (2011).

(52) この点を肯定的に評価しうる可能性に言及するものとして，D. Akande, "Self Determination and the Syrian Conflict – Recognition of Syrian Opposition as Sole Legitimate Representative of the Syrian People: What Does this Mean and What Implications Does it Have?," *ejiltalk.org*, 6 December 2012. 他方で，この点を否定的に解釈するものとして，S. Talmon, *supra* (n. 6), pp. 234-237.

Ⅱ　国　　家

シリア国民連合を承認した国家は管見の限り存在しないことを確認しておきたい。このように見てくると，シリア国民連合をシリア人民の正統な代表として承認するという方式には，これまでの政府承認制度や自決権の概念のいずれにも該当しない，新しい側面が見られることは否定できないように思われる[53]。

とはいえ，ここで留意すべきは，シリア国民連合の承認にはいかなる国際法的な意味合いも有さないと主張している国家が少なくないことである。たとえば，アメリカは，同連合をシリア人民の正統な代表として承認した後，この承認の意味合いについて，「これは政治的なステップである。これは法的なステップではない」[54]と明言している。同様に，オランダは，「ある組織を人民の正統な代表として承認することは，国際法の意味合いがない政治的な問題（a political matter without international law implications）である」[55]と述べている。オーストラリアも，同連合の承認は「特定の集団に対する単なる政治的な支持表明にすぎない」[56]と指摘している。なお，国際法における承認に関する国際法協会（ILA）の2016年度の第3報告書も，シリア国民連合に関するこれらの国家の発言を検討した上で，結論として，現時点では「人民の正統な代表」という表現の正確な意味は不明瞭なまま，国家実行が積み重ねられている分野であると述べている[57]。

以上の検討を踏まえれば，諸国家が行ったシリア国民連合の承認の行為そのものには，一定の法的な意味合いが伴っていない，あるいは，法的意味合いが不明瞭であると評価できよう。では，なぜ諸国家は同連合の承認に一定の法的意味合いを付与することに対してかくも慎重な態度を取っているのだろうか。

---

[53] アカンデは，リビア紛争において多くの国家がNTCをリビア人民の正統な代表として承認したことに関して，これが政府でもなく，民族解放運動でもなく，反徒でもない国際法上の新たな地位のようなものの創設に向けての動きを示すものかを慎重に見守る必要があると主張している。D. Akande, "Which Entity is the Government of Libya and Why does it Matter," *ejiltalk.org*, 16 June 2011. なお，リビア紛争におけるNTCの承認のユニーク性に関しては，拙稿，前掲論文（注5）155頁。

[54] US State Department, Daily Press Briefing, 12 December 2012; "United States/Syria: US stops short of legal recognition of Syrian rebels," *Asia News Monitor*, 16 December 2012.

[55] ILA, *supra* (n. 46), p. 19.

[56] Ibid.

[57] Ibid.

この点を明らかにするために，以下では，シリア紛争の複雑性を示す2つの側面に焦点を当てることにしたい。すなわち，ひとつは，離合集散を繰り返す反政府組織という側面であり，もうひとつは，流動的な紛争が続く中での諸国家とアサド政権との関係維持の必要性という側面である。

2 シリア国民連合の承認の政治性：シリア紛争の複雑性の観点から
(1) 離合集散を繰り返す反政府組織

諸外国の慎重な姿勢の理由としてまず挙げられるのは，数多くの反政府組織が相互に対立しあっているために，シリア人民の正統な代表はシリア国民連合であるというコンセンサスが未だに確立するに至っていないと判断されたことである。つまり，反政府組織がアサド政権打倒に向けて一枚岩になりきれなかったために，諸外国はシリア国民連合とも一定の距離を置かざるを得なかったのである。以下では，その詳しい経緯を明らかにしていきたい。

前章で見たとおり，中露が3度目の拒否権を行使して安保理が迅速かつ十分な対応を取れないことが浮き彫りになりつつあるのと期を一にするかのように，2011年7月から2012年7月までのわずか1年間に，自由シリア軍，シリア国民評議会，ヌスラ戦線など，いくつかの反政府組織が立て続けに結成されている。さらに，中露が3度目の拒否権を投じた2012年7月には，自由シリア軍が急速に勢力を拡大し，それは首都ダマスカスやアレッポに迫る勢いであった。こうした情勢の下，諸国家は，勢力を大きく拡大しつつある反体制派のいずれかと一定の関係を構築する道を模索しはじめる。たとえば，Friends of Syria は，既述のように，2012年4月には，シリア国民評議会を「すべてのシリア人民の正統な代表であり，複数のシリア反政府組織の上部組織」と承認する立場を表明していたのであるが，数多くの反体制派の離合集散を目の当たりにするうち，戦場で影響力が乏しかった同評議会を，a legitimate representative と，あくまでも数ある反政府組織の中での一つの代表としてのみ是認するようになったのである。つまり，同評議会はシリア人民の唯一の正統な代表として承認されたわけではなく，ましてやシリアの新政府として承認されたわけでもなかった。

ところが，2012年の終わり頃になると，アサド政権の実効性の大幅な低下，同政権退陣の要求の一層の高まりとともに，反体制派のある程度の組織化・結

Ⅱ 国　　家

束が生まれてくる。加えて，アサド体制の退陣要求問題に関する安保理の行き詰まりを背景に，国連の外での個別国家による反体制派承認の動きがより一層強まっていく。140ヶ国以上が立て続けに，2012年11月発足のシリア国民連合をシリア人民の唯一の正統な代表として承認していった背景にはそうした事態の進展があった。そして，各国によるシリア国民連合の承認は，さきのシリア国民評議会の承認よりも一歩踏み込んだものであった。なぜなら，相当数の国家が，同連合を「シリア人民の唯一の正統な代表」と，「唯一の（the, the only, the sole）」代表として承認するに至ったからである。この点は，決して見過ごしてはならない。そして，ここに，同連合に対する支持を明確に表明することによって，もはやシリア人民の正統な代表とは言えないアサド政権の弱体化を積極的に図っていこうとする意図を読み取ることも決して難しいことではないであろう。このことは，同連合の目的の一つがアサド政権の打倒をうたっていることを踏まえれば，より一層重要かつ注目すべき動きである。

　しかしながら，主要な反政府組織の連合として誕生したこのシリア国民連合でさえも，いくつかの反政府組織から強い反発を受けていたのみならず，諸国家の間でも同連合がシリア人民の唯一の正統な代表であるかどうかをめぐって必ずしも十分なコンセンサスがあったわけでなかった。そして，こうした反政府組織や諸国家の足並みの乱れは，2014年1月22日に開催されたジュネーブⅡ会議で現実のものとなったのである。この会議での基本的な対立軸は，アサド政権退陣を議論すること自体を拒絶するシリア政府と，アサド大統領は移行政権においていかなる役割も果たすべきでないと主張するシリア国民連合であった。ただし，ここで注目すべきは，欧米諸国や湾岸諸国の圧力でシリア国民連合はなんとか参加を表明したものの，同連合の3分の1の議席を占める最大の派閥であったシリア国民評議会が，あくまでもアサド政権の退陣が交渉参加の前提であると主張し，会議からの撤退を表明したことである[58]。その他にも，自由シリア軍，民主変革のための国民調整委員会（National Coordination Committee for Democratic Change），イスラム戦線（Islamic Front）なども，アサド大統領の退陣が交渉の前提であるとして，ジュネーブⅡ会議に不参加を表明した。なお，クルド人グループは会議に参加を表明したものの，それはシリ

---

(58) "What is the Geneva Ⅱ conference on Syria?," *BBC News*, 22 January 2014, at https://www.bbc.com/news/world-middle-east-24628442 (as of 27 February 2019).

ア国民連合とは別の代表を送ることが前提であった[59]。

ジュネーブⅡ会議では，こうした反政府組織の分裂により，イスラム国の台頭などを念頭にテロとの戦いを前面に押し出し始めたアサド政権の優位が再確認されたと言われている。実際，これ以降，Friends of Syria がシリア国民連合を「シリア人民の唯一の正統な代表」と呼ぶことはなくなり，その周縁化は決定的となったという評価も下されている[60]。要するに，主要な反政府組織の中心とも言えるシリア国民連合さえも広範な支持を獲得するに至っていないような状況では，諸外国は，アサド政権打倒を目指すシリア国民連合に対する政治的な支持表明という意図を持って同連合をシリア人民の正統な代表として承認しながらも，その承認に何らかの法的な意味合いを付与することには慎重にならざるを得なかったと言える。まして，こうした状況下で，アサド政権から求心力が不確かな同連合へと政府承認の切り替えを行うことは，正式な外交関係を結んでいるシリアに同国を代表する政府が存在しなくなるという異常な状況をもたらしかねないという考慮が多くの国家の間で働いたと言えよう。アメリカが，シリア国民連合の承認にはシリアの新政府としての承認を意味しないと明言していたことはその証左であろう。

(2) 流動的な紛争におけるアサド政権との関係維持の必要性

諸外国がシリア国民連合をシリア人民の正統な代表として承認するにとどめて，それに法的な意味合いを付与するのにとりわけ慎重であった第2の理由としては，シリア紛争においては人権侵害，化学兵器廃棄，テロ問題が相互に複雑に絡み合い，紛争の構図や主体がきわめて流動的であるため，求心力が不確かなシリア国民連合との関係強化よりも，化学兵器，テロ問題解決に向けてアサド政権との協力関係を優先せざるを得ないという状況判断を下していったことが指摘できる。以下では，こうしたシリア紛争の流動的な経緯によっていかに諸国家がアサド政権との関係を維持せざるを得なくなっていったのか，そして，そのことが諸国家によるシリア国民連合の承認に対する消極的な姿勢にど

---

(59) Ibid. なお，アサド政権の主要な同盟国たるイランは，当初，潘基文国連事務総長の招集よりこの会議に加わる予定であったが，シリア国民連合の強硬な反発にあったため，この試みは失敗に終わった。

(60) 青山弘之『シリア情勢──終わらない人道危機』(岩波新書，2017年) 114頁。

Ⅱ 国　　家

のようにつながっていったのかを見ていきたい。

　まず，シリア紛争勃発直後においては，欧米諸国を中心とする多くの国家は，自国民に対して重大かつ組織的な人権侵害を行っているアサド政権に対して，同政権はすべての正統性を喪失したがゆえに，速やかに退陣すべきであるという Assad must go doctrine を繰り返し行っていた。とくに，シリアの移行政権におけるアサド政権の位置づけをめぐって安保理事国の基本的な対立が埋まらない中で，この点を何よりも強調していたのが Friends of Syria であった。一方，伝統的に外国による反政府組織の承認に否定的な中露や中小国は，シリア紛争勃発当初から内政不干渉原則を強調し，外部からの圧力を排する自発的な体制移行を支持することによって，アサド政権の正統性を完全に否定してはいない。こうした立場は，たとえば，安保理決議案やジュネーブⅠ合意における多元的，民主的な統治に向けてのシリア主導の政治プロセスの解釈に見ることができる。欧米諸国や反体制派は「シリア主導の政治プロセス」という文言をアサド政権の即時退陣を意味すると解釈していたのに対して，とくに度々拒否権を投じていた中露は，重大な人権侵害に懸念を表明しながらもそれ以上に内政不干渉原則を強調することによって，アサド政権の存続を前提とした長期的な体制移行の第一歩としてこの文言を解釈していた。その意味で，アサド政権の正統性喪失の実質的な意味合い，つまりそれが同権の退陣を意味するかどうかについては，当初から理事国間，とくに英米仏と中露の間で大きな隔たりがあった。

　ところが，2013 年半ばになると，シリアの化学兵器禁止条約の加入をめぐって，それ以前には人権侵害の文脈でアサド政権の即時退陣を要求していた欧米諸国でさえ同政権の正統性を完全に否定できない状況が生まれていった。2013 年 8 月にダマスカス郊外のグータ地方で化学兵器使用疑惑の事件が発生して以来，シリア紛争において化学兵器の問題が急速にクローズアップされることとなった。そして，同年 9 月 14 日，アサド政権が化学兵器禁止条約の加入文書を国連事務総長に寄託し，翌月，シリアが化学兵器禁止条約に正式に加入したのである[61]。ケリー米国務長官は，こうした展開はアサドの正統性を認める

---

(61) OPCW, "Syria's Accession to the Chemical Weapons Convention Enters into Force," 14 October 2013, at https://www.opcw.org/media-centre/news/2013/10/syrias-accession-chemical-weapons-convention-enters-force（as of 9 March 2019）.

立場に一切与しないのであって，アサド政権は依然としてシリア統治の正統性を完全に喪失していることを強調した[62]。さらに，ハート米国務省副報道官も，アサド政権が化学兵器を管理しているのは単なる事実の問題であり，したがって，化学兵器禁止機関（OPCW）及び国連が同政権と協力して化学兵器廃棄の作業を行うことは，同政権に何らかの正統性を付与することを意味しないと述べている[63]。しかし，こうした展開が，それまでの Assad must go doctrine の説得力を弱めていった可能性を完全に否定することは困難であって，実際，アサド政権を退陣させるという究極の目的を犠牲にして，化学兵器廃棄という短期的な目標を追求しているのではないかという疑問が呈されている[64]。こうして，アサド政権下でシリアが化学兵器禁止条約に加入したことは，実際のところ同政権が依然としてシリアを代表する合法的な政府であることを示すことになったばかりか，同政権に以前よりもより大きな正統性を付与する結果となったとも言えるように思われる[65]。

さらに，こうしたアサド政権の正統性の回復とも呼びうる動きは，テロとの戦いという文脈も加わるにつれて，より一層強まっていったと言える。2013年頃から，アサド政権の退陣要求がシリアにおける力の空白を生み出し，このことがかえってイスラム国などのテロ活動を助長させるという懸念が現実味を帯び始めるのである。現にアメリカは，2012年12月，イラクで活動するアルカイダと密接な関係にあったヌスラ戦線をテロ組織と認定し[66]，さらに，2014年5月には，ISIL をテロ組織として認定している[67]。こうして，多くの国家は，それまでのアサド政権に対する明確な退陣要求のトーンを徐々に弱め

---

(62) "Remarks With French Foreign Minister Laurent Fabius and UK Foreign Secretary William Hague," *State Department Documents*, 16 September 2013, p. 4.

(63) "Daily Press Briefing," *State Department Documents*, 7 October 2013, p. 10.

(64) "Remarks With French Foreign Minister Laurent Fabius and UK Foreign Secretary William Hague," *State Department Documents*, 16 September 2013, p. 6.

(65) "Framework of Syria Peace Talks Divides Interested Parties," *NPR*, 21 January 2014, at https://www.npr.org/2014/01/21/264399945/framework-of-syria-peace-talks-divides-interested-parties（as of 27 February 2019）.

(66) "Recognition of new opposition coalition – Diplomatic developments," *Keesing's Records of World Events*, Vol. 58, No. 12（December 2012）, p. 52407.

(67) U.S. Department of State, "Terrorists Designations of Groups Operating in Syria," 14 May 2014, at https://www.state.gov/j/ct/rls/other/des/266556.htm（as of 21 February 2019）.

Ⅱ　国　　家

ていかざるをえず，かわりにテロ問題解決に向けて同政権と一定の関係を維持する姿勢をも見せていくのである。こうした展開は，多くの国家にとっての意図せざる結果として，国際社会におけるアサド政権の正統性を高めていくことになっていったように思われるのである。

　以上のような諸外国から見たアサド政権の正統性の分析に加えて，国内のシリア人民の視点から見た正統性についても，一定の考察が必要である。なぜなら，アサド政権の重大かつ組織的な人権侵害にもかかわらず，必ずしもすべての国民が同政権に対して強硬に反発しているわけではないからである。その基本的な理由の一つがシリアの宗教対立である。およそ2000万人の人口を抱えるシリアでは，約7割がイスラム教スンニ派であるけれども，アサド大統領は人口の1割ほどを占めるにすぎないイスラム教アラウィ派の出身である。そのため，アラウィ派は，シリアの軍隊や政治の分野で重要な役割を担ってきており，彼らとしては，スンニ派を中心とする新政権が発足して自らの特権が失われることを恐れている。また，シリアには，イスラム教ドルーズ派やキリスト教徒，クルド人などの少数派も存在しており，彼らも，多数派のスンニ派政権が誕生して自らに弾圧が加えられることを危惧していると言われている。こうした思惑から，これら少数派の人々は，アラウィ派を中心とするアサド政権の重大な人権侵害を問題視しながらも，同政権への支持を多かれ少なかれ維持している[68]。このことは，シリア紛争勃発後の選挙結果にも示されている。たとえば，2012年2月27日，アサド政権は，国民投票で90％近くの信任票を得て新憲法を公布し，政治的多元主義の原則を定めた[69]。また，2014年6月の大統領選挙では，はじめて複数の立候補者が出馬したが，アサド大統領が89％という圧倒的な票を獲得し再選を果たした。いずれも反政府組織やスンニ派の人々の多くがボイコットしたため投票率は50％程度であったが，それでもなお，これらの選挙結果は，アサド政権の国内における正統性が完全に喪失

---

(68)　U. S. Department of State, "Syria 2012 International Religious Freedom Report," at https://www.state.gov/documents/organization/208624.pdf（as of 21 February 2019）; D. Strashun, "The Recognition of the Syrian National Coalition under International Law: Whether the National Coalition Can Receive Arms," *Law School Student Scholarship*, paper 312（2013）, pp. 20-21.

(69)　"Veto of UN Security Council resolution by China and Russia," *Keesing's Records of World Events*, Vol. 58, No. 2（February 2012）, p. 50957.

したとは言い切れないことを示している。

　他方，アサド政権の実効性喪失についてはどうか。2012年末頃に入ると，自由シリア軍などがダマスカスやアレッポに迫り，同政権の実効的支配はシリア領域の3分の1にも満たない状況になりつつあった。しかし，見方を変えれば，アサド政権は依然として首都ダマスカスを死守していたとも言えるのであって，同政権を支持するロシアやイラン，レバノンのヒズボラなどの軍事援助も踏まえれば，事態の推移は予断を許さないものであった。また，この文脈では，当時アメリカの法律顧問であったコーの発言が重要なものとして想起される。すなわち，彼は，国際法における政府承認の問題は実効的支配という事実の問題であると位置づけて，依然として領域を支配している既存政府に対して承認を取り消す（derecognize）ことはためらわれると述べ，そのような承認の取り消しは，現に支配している地域で生じた行為に対する当該政府の責任を免除することになってしまうからであると説明している。したがって，諸国家がアサド政権の承認撤回を行わなかった理由の一つとしては，依然としてダマスカスを含め実効的支配を維持していた同政権に対して，重大な人権侵害などの国際法違反の結果生ずる国家責任を負わせる必要があったことも指摘できよう[70]。

　こうして，欧米諸国を中心とする多くの国家は，紛争初期においてはもっぱらアサド政権による重大な人権侵害に基づく正統性の完全な喪失による即時退陣の観点からシリア紛争を捉えていたけれども，2013年に入ると，化学兵器の問題に徐々に議論の焦点が移っていった。さらに，イスラム国の台頭によりテロとの戦いという文脈が重層的に加わった結果，多くの国家は，このままアサド政権退陣の圧力を加えることがかえって化学兵器の拡散やイスラム過激派の台頭を助長させうるという懸念を共有していき，最終的に，未だ実効的支配を喪失していない同政権との協力関係を維持せざるを得ない状況に直面することになっていったのである。

　以上，要するに，こうした複雑かつ流動的なシリア紛争におけるアサド政権

---

(70) U. S. Congress, Senate, Committee on Foreign Relations, *Libya and War Powers: Hearing before the Committee on Foreign Relations*, 28 June 2011. Congress 112, session 1 (US Government Printing Office, 2011), p. 39, at https://fas.org/irp/congress/2011_hr/libya.pdf (as of 27 February 2019).

Ⅱ 国　　家

との協力関係の必要性ゆえに，同政権の即時退陣を繰り返し要求していた欧米諸国でさえ，政権打倒を掲げるシリア国民連合の承認に何がしかの法的意味合いを付与することによってアサド政権を必要以上に弱体化させることに慎重にならざるを得ず，まして同政権の代表権を否定してシリア国民連合をシリアの新政府として承認することには否定的にならざるを得なかったと言えよう。このことは，たとえば，多くの国家が，アサド政権側の大使館の活動停止や外交官の退去要請を行っているものの[71]，シリア国民連合の代表に自国領域内のシリア大使館を明け渡す決定を下すまでには至らず，したがって，同政権の代表権の完全な否定にまでは至っていないことに示されていると言えよう。その意味では，フランスとカタールのような例外を除けば，諸外国によるシリア国民連合の承認に法的な意味を見出しがたいのと同様に，多くの国家が提唱するAssad must go doctrine も基本的に保護する責任に沿った政治的な主張であって，アサド政権の承認撤回を意味するとは言い難いように思われる[72]。

Ⅳ　おわりに

本稿の目的は，これまで政府承認廃止・回避の立場を提唱してきた諸国家を含む多くの国家がシリア国民連合をシリア人民の正統な代表として明示的に承認した意味合いを検討することにあった。検討の結果，以下の3点が明らかとなった。

第1に，諸国家は，シリア国民連合をシリアの新政府として法的に承認する発言や行為を控えており，なかにはアメリカのように，シリア政府として承認してはいないことを明確にしている国家も存在する。その一方で，相当数の国家がアサド政権打倒を標榜するシリア国民連合を「シリア人民の唯一の代表」

---

(71) たとえば，2012年5月のホウラでの虐殺に対して，アメリカ，カナダ，オーストラリア，イギリス，フランス，ドイツ，スペイン，イタリア，オランダ，ブルガリア，スイスなどがシリアの外交官を国外退去させた。"Houla massacre," *Keesing's Records of World Events*, Vol. 58, No. 5 (May 2012), p. 52026. また，2014年3月に米国務省は，シリア大使館に対して活動を即時に停止して，大使館員を退去させるように通告した。U.S. Department of State, "U.S. Relations with Syria," 23 July 2018, at https://www.state.gov/r/pa/ei/bgn/3580.htm (as of 27 February 2019).

(72) シリア国民連合に対する政治的な承認の合法性の問題については，S. Talmon, *supra* (n. 6), pp. 246-250.

として明示的に承認したことは注目される重要な動きであったと言える。ただし，フランスとカタールのような例外はあるものの，そうした国家は概してこのような承認に法的意味合いがないことを付言しているため，基本的には政治的な意味合いを有するにすぎないと評価せざるを得ない。また，シリア国民連合の承認の法的効果について沈黙している国家の場合は，当然ながら，その承認の意図が不明瞭であると言わざるを得ない。

第2に，諸国家がシリア国民連合の承認についてこのように慎重に対処していた主たる理由として，本稿は，シリア紛争の構図の顕著な複雑性，とくに反政府組織がシリア国民連合を中心としつつも離合集散を繰り返していたこと，そして人権侵害・化学兵器の使用・テロ問題というシリア紛争の流動的な経緯ゆえにアサド政権の必要以上の弱体化を避ける必要があったこと，を明らかにした。シリア国民連合の承認に法的な意味合いを付与しないこうした諸外国の慎重な対応は，政府承認廃止・回避論の根拠，すなわち内戦やクーデターのような非憲法的な政府の変更に伴う複雑な紛争に柔軟に対応するという根拠と重なるものである。その意味では，シリア紛争において，多くの国家は，これまでの政府承認廃止・回避論から大きく逸脱する意図はなく，基本的にこれまでの立場を踏襲しようとしていたと評価できよう。

第3に，諸国家がアサド政権打倒を明確な目標に掲げるシリア国民連合をシリア人民の代表として明示に承認したことは，同連合の立場を強化するとともにアサド政権を弱体化させる政治的な効果があったと言える。つまり，人権侵害を行う既存政府の退陣要求と人民の正統な代表としての反政府組織の承認という個別国家の言動は，政治的には当該政府の体制転換ひいては民主化の動きを促進させる契機となり得るようにも思われる[73]。アラブの春を契機に生ま

---

(73) タルモンは，「いったん反政府組織を人民の正統な代表として承認すると，承認した諸外国は当該組織が敗北するのを認めることができなくなり，その意味で，承認は体制転換への黙示のコミットメント（an implicit commitment to regime change）である」と述べている。S. Talmon, *supra* (n. 6), p. 251. また，ウォーブリックは，「外国が目指しているのは，反政府組織による『正統でない』体制の転覆であり，これらの国家は承認を用いることでこのプロセスを促進しようとしている」と指摘する。C. Warbrick, "British Policy and the National Transitional Council of Libya," *International and Comparative Law Quarterly*, Vol. 61 (2012), p. 258. 同様の指摘として，J. Crawford, "Recognition in International Law: An Introduction to the Paperback Edition 2013," in H. Lauterpacht, *Recognition in International Law*, (Cambridge University Press, 1947),

Ⅱ　国　　家

れつつあるこうした注目すべき実行は，これまでの国家中心の平和から人間中心の平和へという国際社会の大きな流れと期を一にした動きであると言えるかも知れない。

　しかし，他方で，諸国家による体制転換に結びつきうるようなこうした政治的な承認の意味合いを過大評価することは厳に慎まなければならないだろう。というのも，リビア紛争における国民暫定評議会（NTC）を人民の正統な代表として承認する多くの国家の動きは，安保理の許可に基づくNATO空爆の結果としてカダフィ政権が崩壊していくプロセスをある程度促進させたと評価しうるのに対して[74]，シリア紛争におけるシリア国民連合の同様の承認は，アサド政権の崩壊を促進させるどころかえって諸国家の承認の政治性と相対性を露呈させる結果となっているからである。この点についてはとくに中露やイランなどが，自国の利害関係や内政不干渉原則に基づく国家中心の平和を相対的により重視して，アサド政権の退陣要求と反政府組織の承認という動きに強く反発していることも忘れてはならない。したがって，人権侵害を行う既存政府と対立している反政府組織を人民の正統な代表として承認するという実行は，一定の方向に収斂して何らかの法規則を生み出していくというよりはむしろ，今後も，人間中心の平和と国家中心の平和のいずれに重心を置くかという個別国家の立場や，各紛争における利害関係国の動向，さらには歴史的な経緯などに大きく左右されながら展開していくことになるだろう。したがって，アラブの春を契機に生まれつつある政府承認論のこうした実行の今後の展開についても，承認の政治性と相対性を十分に考慮したうえで，慎重に検討していくことが肝要であろう[75]。

---

　　　p. liv.
(74)　拙稿，前掲論文（注5）160頁〜163頁．
(75)　J. d'Aspremont, "Regimes' Legitimacy Crises in International Law: Libya, Syria and Their Competing Representatives," in R. Grote and T. Roder (eds.), *Constitutionalism, Human Rights, and Islam after the Arab Spring* (Oxford University Press, 2018), pp. 68-69.

10 国際法における条約の国家承継
――行為主体の利益関心を基礎にした規範レジームを探って

State Succession of Treaty in International law: searching for a new normative regime based upon the concerns of the involved actors

王　志　安

I　はじめに
II　1978 年条約の規範レジームに映し出される実行上の混沌
III　条約承継原理の窮地と再生
IV　結びにかえて――利益関係者の視点を基礎にした規範構築への一試論

I　はじめに

　1990 年代以後の国家実行を踏まえ，条約の国家承継を研究しようとしているものにとって，1978 年条約の国家承継に関する条約（以下，1978 年条約）が現実の社会に機能していないことにすぐ気付くのであろう。この条約は，慣習国際法の法典化ではなく，国際法の漸進的発展であるが[1]，数少ない締約国を有するにとどまり，国家承継の事情を抱えた諸国に国際法上の信頼できる規範または規範的指針を提供していないのである[2]。

　承継国に該当する締約国は主に 1990 年代東欧で新しく誕生した 10 か国である。旧ユーゴから生まれた諸国は，先行国の条約締結に対する承継の形で締約国となる一方，チェコとスロバキアは，承継問題を意識し，先行国の条約署名を承継し，条約を批准した。ウクライナとエストニアは，旧ソビエトから独立した後条約に参加した。他方，「新独立国」該当と思われる締約国，例えばチュニジア，セントビンセント・グレナディーンなどもあるが，条約への参加は，独立してから相当な歳月が経った後のことであり，条約に基づいた条約承

---

(1) Anthony August, *Modern Treaty Law and Practice*, 2nd ed. (Cambridge University Press, 2007), p. 369.

(2) David Bederman, *International Law Frameworks*, 3rd ed. (Foundation Press, 2010), p. 60.

Ⅱ 国　　家

継の処理がなされたとはいえない[3]。1996年の条約発効を踏まえて考えると，条約の効力と適用あるいはその影響と妥当性を検証するには，1990年代旧ユーゴ及び旧ソビエトの崩壊で誕生した諸国に関連する実行が極めて重要なウェートを占めることとなる。しかし，後の検証からわかるように，そうした諸国の条約承継の実行が条約規範の実効性またはその指針的機能を確かめるものではなく，むしろその批判または再検討に大きな刺激を与えるものとなった。条約の機能喪失または法典化の無駄すら論じられ[4]，しかも，そうした困惑を前にして，条約承継の規範レジームをどのように構築してゆくかに関して，方向性を見いだせない状況が次第に明らかとなった[5]。

　本論考は，条約承継の国家実行及び理論の検証を通して，1978年条約の機能喪失についてその規範レジーム構造上の原因を明らかにする一方，条約承継にかかわる行為主体の利益関心という視点から条約承継の規範レジームを構築する可能性と必要性を試論することを目的とする。第1節では，国家実行を踏まえ，領域主権変動の類型化を基礎にした承継規範レジームの構造とその自動的継続有効原則を中心とした1978年条約のコア規定という2つの側面から当該条約の抱える問題の深刻さを分析する。第2節では，承継理論の対峙や論争の影響に対する批判的分析を通して，条約承継の規範レジームが歪んだ基盤構造をもっていること，すなわち行為主体の利益関心をあまりにも単純に捉え多様で複雑な利益関心に対する調整機能を備えていない，性格上全く異なる規範レジームが分断的に利用されている事実を明らかにする。これらの分析を踏まえ，最後に，条約承継に関して行為主体の利益関心を基礎にした規範レジームの意義を解明し，それを中心とした新しい条約承継の規範レジームの構築に必要とされる基本的視点を探ってみる。

---

(3) 1978年条約の締約国状況について，See *Multilateral Treaties Deposited with the Secretary-General*, Status as at 26-11-2018.

(4) Arman Sarvarian, "Codifying the Law of State Succession: A Futile Endeavour?", *European Journal of International Law*, Vol.27 (2016).

(5) 国家承継の法は相当混迷した状況に陥っており，安易な解明をなかなか許容されないと指摘されている。Matthew Craven, *The Decolonization of International Law: State Succession and the Law of Treaties* (Oxford University Press, 2007), p. 11.

II 1978年条約の規範レジームに映し出される実行上の混沌

国家実行上、1978年条約の国家承継の定義や12条（境界制度以外の領域的制度）及び4条（国際組織の設立文書）の規定が広く援用され確認されてきたのであるが、条約のコア規定の多くは、主に国家承継にかかわる問題の議論に関して一つの比較分析の源泉または起点として扱われてきたにすぎない[6]。多くの規範及び制度は、条約承継の取扱いに関して機能していないところか、多様な承継実行を前にして困惑を引き起こす原因となっている。国際法協会（ILA）の国家承継委員会は、その2008年報告で、国家承継の事例は事案ごとに異なる側面を呈しており、一般的な結論を引き出すことが困難であるという認識に至った[7]。換言すれば、条約の規範と実行の乖離が鮮明となり、そうした乖離は、条約承継の取り扱いにおける諸国間の相違だけでなく、個別の国家に関しても異なる条約に対する異なる対応からも確認でき、条約規範の実効性または機能を語ることを不可能にしている。

1 領域主権変動の類型化または性格付けと承継現実の乖離

1978年条約の最大な特徴の一つは、領域変動の類型化と性格付けに応じて承継の実体法的規範を措定するという理念を具現したことである。新独立国家、領域割譲及び領域の分離・結合という3つの事態を特定し、それぞれクリーンスレート原則、条約境界移動のルール及び条約継続有効原則という3つの異なる規範レジームを設定した。3つの規範レジームは、並列的に存在し、適用対象に属さない領域変動の条約承継の処理にはいかなる適用性も有しない。異なるレジームが用いられていることに関して、関連する法主体の基本的利益関心に対するその取り扱いから容易に解析することができる。クリーンスレートは明らかに歴史的救済の考慮をもって植民地からの独立に対応し、「新独立国」の利益関心を中心としたものである。条約境界移動は、対象領域の支配統治に

---

(6) Mohamed S. Helal, "Inheriting International Rivers: State Succession to Territorial Obligations, South Sudan, and the 1959 Nile Waters Agreement", *Emory International Law Review*, Vol.27 (2013), pp. 954-955.

(7) International Law Association Report, *Aspects of the Law of State Succession*, Conference, Vol.73 (2008), p. 251.

Ⅱ　国　　家

対する承継国の新たに確立した決定的地位をそのまま受け止めた上，愚直に想定された規範である。そして，条約継続の原則は，国際法秩序の安定に対する国際社会全体の強い関心を全面的に受け入れたものとなる。

　しかし，国家実行上，条約における領域主権変動の類型化と性格付けに応じた条約承継の実体法規範の措定という思考様式が深刻な課題を抱えていることが浮き彫りになった。類型化の想定の不十分さがまず露呈されたのである。ジェノサイド条約適用事件で，旧ユーゴは，国連におけるその加盟国地位あるいは国家の同一性が国連を中心に拒絶されたため，もはや当該条約の締約国でなくなったと主張したが，ICJ は，国家同一性の問題を回避し，条約の締約国の地位を維持するユーゴ側の意思表示を根拠に，その条約締約国の地位を確認した[8]。ユーゴ側の主張の後ろには，国家同一性の否定が条約の承継にどのような影響を与えるかについて，1978 年条約がそもそも想定していないという問題が存在する[9]。また，ドイツ統合における条約承継の処理は 1978 年条約規範から大きく乖離したことが広く論じられてきたが，その原因の一つは，ドイツにおける領域主権変動の様態をはめる概念が条約上想定されていないところにある。つまり，国家結合または領域割譲に関する条約上の類型は，一国による他国の吸収合併を特徴とするドイツのような領域変動を明確に想定しておらず，それゆえ条約上適用該当の規定は存在するかどうかという入り口の論争が生じたのである[10]。

　他方，香港をめぐる条約承継は条約上想定されている領域主権変動の類型からは理解できないような形で行われ，例えば国際人規約の承継は実用主義を基礎に，条約の香港への継続適用が確保され，その高度な自治が条約承継の取扱いに決定的影響を与えたと解される。つまり，領域の割譲に適用される条約境

---

(8)　Application of the Convention on the Prevention and Punishment of the Crime of Genocide, Preliminary Objections, Judgment, *ICJ Reports* (1996), p. 610 at para.17.

(9)　そうした問題意識からの研究について，Matthew C.R. Craven, "The Problem of State Succession and the Identity of States under International Law", *European Journal of International Law*, Vol.9 (1998), 142-162.

(10)　Stefan Oeter, "German Unification and State Succession", *Zeitschrift für Ausländisches Öffentliches Recht und Völkerrecht*, Vol.5(1991) p. 368; Journal Note, "Taking Reichs Seriously: German Unification and the Law of State Succession", *Harvard Law Review*, Vol.104(1990), pp. 590-592.

界移動の原則ではなく，イギリスによって締結された条約のうちどの条約が継続有効であるかが香港の高度な自治という法的地位を考慮に入れ中英の交渉を通して決定されたのである[11]。

　国家実行を踏まえ，ILA は，1978 年条約の定義に留意しながら，それを補充・改善する視点から領域主権変動の類型をより厳密に措定する必要があるとして，次のような諸事情を特定した。①ある国家の領域の一部またはある国家がその国際関係に関して責任をもつがその自らの領域一部ではないあらゆる領域が他国の領域の一部となる場合，あるいはそうした一国の領土が当該国により他国に移譲される場合。②新独立国家が誕生する場合であるが，しかし，一部の国連加盟国が国家承継に関してこの特別なレジーム適用の正当性について疑問を表明したがゆえに，かかる承継事情は他の異なるレジームに該当するまでとは特定されていない。③二または二以上の国家が結合し，一つの承継国家を形成する場合であるが，その際，承継国家は新国家であるかどうか，またはその法人格が結合した二または二以上の国家の一つの法人格と同一であるかどうかにかかわらない。④ある国家の領域の一部または幾つかの部分が一つまたは一つ以上の国家のために分離された場合であるが，その際，先行国が解体の場合を含む，引き続き存続するかどうかにかかわらない[12]。

　明らかに，こうした領域主権変動の事情の細分化にドイツの統合や旧ユーゴの解体が大きく影響した。ただ，こうした改善提案があるとしても，バルト三国にかかわる条約承継の実行は依然として 1978 年条約やこれまでの条約承継理論の想定外の出来事として捉えざるを得ない事情に該当する。先行国たるソビエトの条約をバルト三国が承継すべきかどうかに関して，1978 年条約の適用性は最初から排除されている。条約締約国であるかどうかではなく，国家性の復活という特殊性は，1978 年条約の国家領域変動の類型だけでなく ILA の改善提案で拡大された領域変動の類型にも該当せず，その適用または規範的参照の可能性を事実上排除しているからである[13]。にもかかわらず，実行上，

---

(11) Peter K. Yu, "Succession by Estoppel: Hong Kong's Succession to the ICCPR", *Pepperdine Law Review*, Vol.27 (1999), p. 105. なお，香港に関する条約承継については，王志安「国際法における高度の自治権をもつ地域としての香港――その条約関係の移転を中心に（上）（下）」『外交時報』1992 年 3 月号 85-105 頁，4 月号 73-88 頁。

(12) International Law Association Report, *supra* note 7, pp. 252-253.

(13) Sari T. Korman, "The 1978 Vienna Convention on Succession of States in Respect

II 国　　家

　バルト三国政府は、ソビエトによって締結された多くの条約に対して友好的な姿勢をとり、条約の存続・遵守を求める国際社会の圧力もあって、主権国家に対する国際社会の承認を強く意識したことから、多くの条約の承継はスムーズに進められてきた。そこには、主権国家による自発的な条約の受け入れが展開され[14]、形式的議論を抑え、条約の実質的内容の存続を確保する方法が広く採用された。エストニアとスウェーデンの国境と海洋境界画定にかかわる問題の処理やエストニアとフィンランドの同様の問題処理に、基本的に領域関連の条約が継続有効であるという前提で、実用主義の視点下で承継交渉が進められ[15]、ソビエトとの旧協定は、暫定適用または事実上その内実を受け入れる国内立法を通して処理された[16]。

　そのほか、近年の政府変更に伴う国内法秩序の乱れと再生について国家の国際的責任の移転という視点から考えた場合、国家承継と政府承継を分け、全く異なるものとして取り扱う理論的範式が強く疑われるようになった。特に国家の商業的国際義務に関して、グローバル化の影響もあって、政府承継は、国家の同一性原理に服従するのではなく、国家承継と同様、より現実的な理論的分析の下で捉えられるべきだとされる。それはつまり、国家の同一性という従来政府承継に関して信じられてきた主権的事情変動の性格認定に基づいた承継問題の処理が疑われ、国家承継と同様な原理あるいはより実用主義的な原理が適用されるべきだと主張するものである[17]。興味深いことに、安藤先生は光華寮事件で政府承継について国家同一性に基づいた全部の承継がある一方、国家同一性原理から乖離する政府の部分的承継も現実に存在しうるとして、後者の認定をもって中国における政府変更に伴う政府承継についてより現実近い視点を取るべきだと主張していた[18]。こうした認識もまた領域変動や政府変更の

---

　　　　of Treaties: an inadequate response to the issue of state succession", *Suffolk Transnational Law Review*, Vol.16（1992）, pp. 176-177.
(14)　*Ibid.*, p. 199.
(15)　Erik Franckx, "The 1998 Estonia-Sweden Maritime Boundary Agreement: Lessons to be Learned in the Area of Continuity and/or Succession of States", *Ocean Development & International Law*, Vol.31（2000）, p. 270.
(16)　*Ibid.*, p. 273.
(17)　Tai-Heng Cheng, *State Succession and Commercial Obligations*（Transnational Publishers, 2006）, p. 3.
(18)　安藤仁介「光華寮事件をめぐる国際法上の諸問題」香西茂・山手治之・林久茂編集

形態や性格から硬直的な承継規範を想定する思考様式に対する批判として評価されるべきであろう。

このように，条約承継にかかわる領域主権変動の類型化または性格付けに応じる実体法規範の措定が1978年条約の最大な特徴であると同時に，その機能喪失の大きな原因ともいえる。条約規範適用のためには，類型化または性格付けの特定がまず重要となるが，現実では，多くの類型の認定は，法規範に従って決定されるというより，政治的事情に基づいて決定されるのである。その意味で，領域主権変動の類型に関するILAの改善提案が1978年条約の問題性を指摘する程度での意義しかもたないものである。旧ユーゴ，ドイツ，香港及びバルト三国の例で明らかになったように，そもそも領域変動の法的意義とりわけその条約承継との関係は，予め規範的に措定できるものではなく，関係諸国の政治的意思とりわけ領域統治に係る規範的希求によって決められるものである[19]。その結果，領域主権変動の類型に応じて異なる承継規範レジームを構築する思考様式は，法定の類型化と性格付け自身の欠缺または不完全さを容易に回避できないだけでなく，領域主権変動類型と条約承継の取扱いとの関連性を恣意的な実体法規範で固めるというその内在的欠陥も免れない。国家実行上，領域主権変動による条約関係の影響を評価する際，変動の類型は重要な要素ではなく，新たな領域統治に対する法秩序への主権国家の利益関心こそ，決定的な意義を有するからである。

2　条約のコア規定の規範的機能の喪失

上記の分析にも密接にかかわることであるが，実例として多く見られる分離独立や国家の結合という領域主権変動の類型を基礎に編み出した条約のコア規定は，条約の継続有効原則を基礎にしたものであるが，実行上，これらのコア規定が規範的有効性または規範的機能をもつものとは受け止められていなかった。まず，承継国の基本姿勢及び実行についての比較研究から異なる事例においては条約承継の処理に大きな差がみられる。次に，一つの国の承継実行から

代表『国際法の新展開』（東信堂，1989年）239頁以降。
(19)　ドイツは，基本的に条約境界移動のルールをもって条約承継の課題を解決する手法を採った。ドイツの全領域に統一的な統治及び法規範の実施を重要な政治的目標としたことがその最大な原因と考えられる。Stefan Oeter, *supra* note 10, p. 355.

Ⅱ　国　　家

見れても，コア規定に関して一貫とした姿勢を特定することが多くの場合困難である。そして，コア規定の規範的機能喪失の背後には，実体法的規範の遵守確保に関しては大きな手続上または制度上の不備も明らかとなり，コア規定の適用を確保するメカニズムの欠落は，その実効性に対する懐疑を一層深めているのである。

　1978年条約上，条約継続有効の原則は，自動的承継を意味し，多数国間条約を念頭に提唱され，法秩序の安定に対する国際社会の基本関心に基礎を置き，普遍的承継原理をそのまま実体法的規範と読み替えらせたものである。ここでの自動的承継とは，承継国の意思作用の如何を問わず，しかもそれによって何らかの施策を取ることも要求せず，法的に発生する承継のことであり，黙示的承継であると同時に，義務的承継でもある。その効果は，条約権利及び義務の移転は承継国の意思の結果ではなく，国際法の機能を基礎にするものとなる。法律上の承継であり，そうした義務を確認するために，例えば外交公文の送付などのいかなる要式行為も必要としない[20]。1978年条約の31条や34条がそのような性格をもつものとして解される。

　前にも指摘したように，これらのコア規定は，条約秩序の安定を強調し，国際社会全体の利益を最大限取り込んだが，逆にいえば，承継国の利益関心をほとんど考慮に入れていないのである。実行上，その有効性と妥当性に対する承継国からの強い抵抗と批判的姿勢が当然のように示された。そもそも，これらのコア規定は，法典化によって確定されたものであるにすぎず，慣習国際法上の規範ではない。ガブチコボ・ナジマロシュ計画事件で，ハンガリーは1978年条約34条について普遍的承継を定めたものとして理解する一方，一般国際法を反映するものではないと主張した[21]。それに対して，ICJは34条について慣習法規範であるかどうかの確認を回避した[22]。理論上，34条を投機的規範（speculative provision）として批判する見解もみられる[23]。特に，1990年以

---

(20)　Akbar Rasulov, "Revisiting State Succession to Humanitarian Treaties: Is There a Case for Automaticity?", *European Journal of International Law*, Vol.14 (2003), pp. 149-150.
(21)　GabCikovo-Nagymaros Project (Hungary/Slovakia), Judgment, *ICJ Reports*, 1997, p. 70 at par. 119.
(22)　*Ibid.*, p. 71 at par. 123.
(23)　See Matthew Craven, *supra* note 5, 2007, p. 15. ただし，旧ユーゴの承継に関する

後の国家実行上，現実的な課題となった人権条約の承継をめぐって自動的承継の規範としての機能的限界が次第に明確となった。

　旧ユーゴやソビエトの崩壊に対応するため，ECが国連憲章の遵守，人権や少数者保護を国家承認との関連で強く求めたことや，ジェノサイド条約適用事件に代表されるように，武力紛争に関連して人道・人権条約の適用の課題が具体的に浮上したこともあって，人権・人道条約の承継の取扱いがまず確認されなければならない事態が起こった。そうした事情の下，人権・人道条約の普遍的承継を主張する考えは，人権の不可逆的発展説や個人の既得権理論を使って展開されるようになった[24]。その認識によれば，1990年代の国家実行は，人権・人道条約上の義務は国家承継の事実に影響されないという認識を強く支持するものであり，自動的承継は，条約の留保，宣言及びデロゲーションを含む先行国が受け入れたすべての義務に適用されることなる[25]。しかも，こうした条約の継続は当然のことであり，承継国はこれを確認する必要も義務もない。ただ，理論上，自動的承継は，他の多数国間条約に関して明確に確認することが困難であるということもあって，人権・人道的条約に関しては一つの特殊な国家承継の規範レジームとして機能するものとされている。学者らの主張と並行して，ジェノサイド条約適用事件で，WeeramantryやShahabuddeen判事もこのような主張を支持した[26]。

　確かに，人権・人道条約は，国際法上，一定の特性をもつ条約に分類されるが[27]，そこから自動的に承継されるべきという主張は実行上裏付けられたも

　　仲裁委員会の意見を踏まえ，普遍的承継原則が国家承継に関する慣習法として適用されたという分析もある。Enver Hasani, "The Evolution of the Succession Process in Former Yugoslavia", *Thomas Jefferson Law Review*, Vol.29 (2006), pp. 146-147.
(24)　Menno T. Kamminga, "State Succession in Respect of Human Rights Treaties", *European Journal of International Law*, Vol.7 (1996), pp. 469-473.
(25)　*Ibid.*, pp. 482-483.
(26)　GabCikovo-Nagymaros Project (Hungary/Slovakia),Judgment, *ICJ Reports*, 1997, Separate Opinion of Judge Shahabuddeen, pp. 635-636; Separate Opinion of Judge Weeramantry, pp. 645-652.
(27)　具体的にその特殊性は次のように論じられている。①人道的条約は国家に対してではなく，個人に対して負っている義務を定める条約として分類される。②人道的条約の締約国は，自らの利益を有せず，条約に内包される基準の実現という人類共通の利益しか有しない。③人道的条約は国際的救済措置への直接のアクセスを個人に提供するものである。④人道的条約の遵守は相互主義の原則を免れるものである。人道的条約は，二

Ⅱ　国　　　家

のとはなっていない。まず，多数国間条約の承継に関して，チェコとスロバキアの条約承継処理という僅かな例外を除く，諸国家の実行に現れる非類似性は非常に鮮明である[28]。人権条約の承継に関しても，これまで，1990年代のソビエト崩壊から生まれたすべての承継国が一方的に承継対象とする特定の人権・人道的条約のリストを公式に宣告した。このような承継の行動様式は，明らかに選択的アプローチを反映したものであり，行為主体の利益関心からしか解されないような特徴をもち，法規則の適用ではなく政治的意思決定に基づいたものである。しかも，幾つかの条約に関して，承継国は承継通知とともに留保を付することを選択した。例えば，児童の権利条約に対するスロベニアとボスニアの承継である。留保を出すこと自体は，承継通知が人権・人道的条約に関して創設的効果をもつものであるという承継国の確信を明らかにしたものであるとされる[29]。こうした国家実行を踏まえ，結論として人権条約を自動的承継とするように行動する承継国はほとんど存在しないと主張された。実際，安藤先生は，領域の一部移転，国家結合及び併合，主権回復ないし分離独立，国家分裂にかかる条約承継とりわけ自由権規約の承継問題に対する詳細な実証分析を踏まえ，自由権規約継続有効の原則を否定する結論に至り，人権条約だからその承継に関する特別な取り扱いがなされるべきだという見解が維持できないと指摘した[30]。

辺的条約のウェーブではなく国家集団間の公共秩序を創出するものである。⑤人道的条約は他の当事国の重大な違反を理由に終了させることができないものである。⑥人道的条約は終了条項を含めていない。⑦人道分野における協力の普遍性が参加の普遍性を要件とするものであるため，締約国の増加がすべての人道的条約の目的及び趣旨に内包されるものである。⑧人道的条約に対する留保に特別な規則が適用される。Akbar Rasulov, *supra* note 20, pp. 151-155.

(28)　Arman Sarvarian, *supra* note 4, p. 790.
(29)　Akbar Rasulov, *supra* note 20, pp. 158. ただし，Kammingaは，承継国の承継通知は，確認的でなく創設的性格を有するがゆえに，人権条約の自動的承継の性格に適合しないという認識を疑問視している。彼の認識では，承継国に対して国連人権実施機関による人権条約義務の確認の呼びかけは，承継通知の創設的機能を認めたことを意味するわけではない。Menno T. Kamminga, "Human Rights Treaties and State Succession (Preliminary Report)", Unidem Seminar, The Status of International Treaties on Human Rights, Coimbra (Portugal), 7-8 October 2005, *CDL-UD(2005)013*, p. 9.
(30)　安藤仁介「第4章　条約承継条約と最近の国家実行——とくに自由権規約の承継に関して——」『実証の国際法学』(信山社，2018年) 278-280頁。

288

次に，承継国の実行と法意識から読み取るそうした結論と同様に，人権条約の実施機関の行動からも条約の自動的承継の現実性を確認することができなかった。むしろ，それについて異議を惹起するような行動形態すら認められる。実際，1993年4月5日国連人権委員会が「国際人権条約に関する国家承継」を題とする決議1993/23を公表した。決議において，委員会は，承継国に対して適切な条約寄託者に関連の条約に対するその自らの承継を確認するよう求めた。また，1994年2月25日及び1995年2月25日，委員会はこうした要望を繰り返した。そして，1993年人種差別撤廃委員会も一般勧告 XII(42)を採択し，あらゆる人種差別撤廃条約に対する承継をまた確認していないすべての承継国に対して自らの確認を行うよう求めた。そのほか，1994年12月各種人権委員会の長の会合でも，承継国に対する同様な要望が言及された。自由権規約委員会は，通常の方法をもって条約の承継を明確にするよう承継国に求めていることからわかるように，自動的承継のいかなる考え方も拒絶する立場を取り続けてきた[31]。換言すれば，人権実施機関のそうした積極的行動の背後には，国際法上，人権条約の承継といっても承継国の具体的な行動によって確認される必要があるという現状認識が明らかに働いている。

　さらに，条約承継にかかわる条約寄託者の行動からみても，自動的承継が認められているとはいえない。そもそも1978年条約上，自動的承継を担保する具体的な法制度は存在せず，また自動的承継を拒絶する理由が34条2項の例外に該当しない場合，そうした拒絶の法的意義を判断するメカニズムも存在しない。特に，条約の寄託者がすべての締約国を代表し条約の自動的承継を宣言するというやり方は妥当ではないと認識されている[32]。むしろ，上記人権条約実施機関の積極的な呼びかけと同様な現状認識をもち，条約寄託者も，条約の承継について承継国に対して何らかの積極的な行動を自ら起こす権限を有するわけではなく，承継国からの承継通知の受理をもって寄託者としての機能を果たしただけである。一定の実体法と手続法規範に基づいて条約国家承継の課題を解決できない以上，諸国家は結果として事案ごとに特定の承継国との条約

---

(31) そうした人権条約の実施機関の動きについて，Akbar Rasulov, *supra* note 20, p. 157.
(32) ただし，Kamminga によると，欧州審議会の閣僚委員会は，チェコとスロバキアに関して，それらの独立日に遡って欧州人権条約の締約国であると決定した。*Supra* note 24, p. 475.

Ⅱ　国　　家

関係を確認しなければならない。特に承継国は，多数国間条約の受け継ぎが一般に求められているにもかかわらず，その承継に必要な措置を条約寄託者に対して講じない場合が多い。その結果，条約の当事国地位に関する諸国家の認定も大きな差をもつ[33]。他方，多くの多数国間条約の寄託者としての国連事務総長は，条約の承継に関して承継国から承継の通知を受けて初めて承継による締約国として記録し，それ以外に関しては具体的な行動を採っているわけではない。条約寄託としてのスイスに関しても，同様な状況がみられる。スイスは，新ユーゴに関して国家の同一性と継続性をめぐる対立が存在していることを踏まえ，その寄託下の条約の締約国リストの表記をどう取り扱うかについて決定できないとした[34]。結局，寄託者は，条約の継続を強制するのではなく，承継通知をまってそれを確認するものであるにすぎない。

ちなみに，自動的継承有効の原則は，二国間条約の承継に関してその実体法的規範としての適用可能性が一層疑われる。二国間条約は，境界画定及びその他の領域的制度にかかわる処分的性格のものを除き，先行国がもはや元来の条約の当事国でなくなる場合，条約が消滅するともなり得るので，法的に承継国を拘束しないと考えられる[35]。特に，承継国と先行国の他，条約の相手国は，条約の承継に大きな関心と利益をもつ。

国連国際法委員会（ILC）は，クリーンスレート原則を定める文脈で，二国間条約の継続についてはすべての締約国の同意が重要であるという立場をとっていた。他方，31条や34条約の議論の過程で，二国間条約の取り扱いはほとんど議論されず，あたかも二国間条約の継続に関する同意の要請は新独立国に限る問題として取り扱われた。ILCの認識では，二国間条約の当事者の平等からすれば，ある領域に適用される二国間条約に対する国家の従前の受諾から，承継事態後その領域一部の完全な新主権者との関係で，当該条約を引き続き適

---

(33) Andrea Gordon, "New States: Chained to Old Treaty Obligations or Clean Slate?", *North Carolina Journal of International Law*, Vol.41 (2016), pp. 548-549.

(34) Paul R. Williams, "The Treaty Obligations of the Successor States of the Former Soviet Union, Yugoslavia, and Czechoslovakia: Do they Continue in Force?", *Denver Journal of International Law and Policy*, Vol.23 (1994), pp. 17-18.

(35) Marco A. Martins, "An Alternative Approach to the International Law of State Succession: Lex Naturae and the Dissolution of Yugoslavia", *Syracuse Law Review*, Vol.44 (1993), pp. 1035-1036.

用させる当該国の意思を自動的に引き出すことが当然のこととしてできるというわけではない[36]。この考えは，本来領域変動の類型化や性格に関わりなく，一般的適用性をもつはずであるが，なぜか条約上では，新独立国以外の場合，二国間条約に関して自動的承継が規範として定められている。つまり，分離独立及び国家崩壊に関して，承継国は当然の事実として先行国の条約に拘束されるという条約自動的継続原則の適用だけ規定されている[37]。合意による二国間条約の取扱いはむしろ自動的承継の例外とされているにすぎない（31条2項(C)，34条2項(a)）。妥当な取扱いではないことが明白である。

このように，二国間条約の承継に同意原則を十分に考慮に取り込む必要があり，承継国の同意だけでなく，先行国とその締約相手国の利益関心も重要となるのである。換言すれば，すべての二国間条約は，最終的には両当事国の明示または黙示の合意の結果として捉えられるべきである[38]。

実行上，諸国は二国間条約の承継に関して多様な立場をとってきたが，外交交渉を通して条約承継を処理する実行が広く認められ，それゆえ自動的継続有効の考えは原則的意味をもつとしても，規範としては認められていないことが明らかである[39]。特に条約の相手国の立場からみても，条約継続有効あるいは条約継続を規範として一般に認めることができないのである。東ヨーロッパ諸国との二国間条約について，アメリカは一貫した立場を取ったわけではないが，交渉を通して二国間条約の処理が広く遂行されてきた[40]。日本に関しては，条約継続の原則を前提とする一方，新しい事態に合わせ，条約内容の修正または存在の意味を有しないものとする条約承継の処理が旧ユーゴと旧ソビエトから独立する諸国との間に，交渉を通して行われてきた[41]。条約のそうした実

---

(36) Patrick Dumberry, "An Uncharted Question of State Succession: Are New States Automatically Bound by the BITs Concluded by Predecessor States Before Independence?", *Journal of International Dispute Settlement*, Vol.6(2015), pp. 78-79.

(37) Patrick Dumberry, "State Succession to Bilateral Treaties: A Few Observations on the Incoherent and Unjustifiable Solution Adopted for Secession and Dissolution of States under the 1978 Vienna Convention", *Leiden Journal of International Law*, Vol.28 (2014), pp. 3-31.

(38) Patrick Dumberry, *supra* note 36, pp. 79-80.

(39) *Ibid.*, p. 82.

(40) Paul R. Williams, *supra* note 34, pp. 12-17.

(41) 森川俊孝「国家の継続性と国家承継」『横浜国際経済法学』第4巻2号（1996年）

Ⅱ　国　　家

行を踏まえて，二国間条約の承継に関して，次のような主張が展開されている。①承継国は先行国の条約の継続を拒絶する権原を明らかに有するといえない一方，そうした条約の義務をすべて引き継ぐ義務を有するとも明確ではない。②条約の権利義務の継続が一般に推定されるが，この推定は，承継国と他の締約国の合意または承継国の拘束力のある行動を通して確認されなければならない(42)。換言すれば，条約継続の原則を前提に，行為主体の利益関心についての適切な調整が必要不可欠である。

　他方，二国間条約の承継に関して条約継続の原則と同意原則の協働が一応不可欠である以上，条約承継に対する締約国の立場が宣告されていないまたは交渉で一致を見せない場合，かかる条約の法的地位は不確実となる。そうした不確実性を埋めるための手続法規範や制度が強く求められている。実行上，二国間条約承継の不確実性は，投資保護条約の実務において影響を及ぼすようになっている。投資保護条約（BITs）の承継は，冷戦終結後の新国家の誕生に伴う条約承継の一つの新たな課題となり，理論だけでなく，実行上その重要性が次第に認識されている。関係国の同意で明確に確認されていない場合，BITの承継が以下のように具体的な課題として浮上する。①外国投資家がBITに基づき独立後の新国家に対する仲裁裁判の申し立てを行った場合。②外国投資家は，独立国となった後新国家が一定の行為又は不作為を行い，しかも，そうした作為又は不作為は，承継期日の前に先行国と他国との間に締結されたBITに違反していると主張した場合。換言すれば，ここでの問題は，新国家がその先行国によって締結された条約に拘束されるかどうかにかかわっている(43)。多くの案件において，条約の継続が認められたが，十分な理由が説明されたとはいえず，不確実性への懸念が強く意識されている。とりあえず安定した現状の背後には，被告となった投資受け入れ国は，条約の継続を否定し裁判所の管轄権に異議を捉えるようなことをしなかったのが大きく影響したとされている(44)。

　　197-198頁。
(42)　Paul R. Williams, *supra* note 34, p. 20.
(43)　Patrick Dumberry, *supra* note 36, pp. 82-83.
(44)　*Ibid.*, p. 96.

III　条約承継原理の窮地と再生

　国家承継に関する国際法は，実行上の混沌とした状況を呈しているだけでなく，理論上も混迷を極めており，条約承継の原理とりわけ条約承継に対する規範レジームの探求が次第に方向性を失いつつある。もともと国家承継理論に普遍的承継原理とクリーンスレート原理が対峙してきたが，1990年以後多様性を呈した国家実行は，そうした伝統的な原理対立を解消するところか，むしろ根底からそうした原理を基盤にした実体法規範としての無力さあるいはそうした規範への転換の難しさを示唆するようになったのである。1978年条約に映し出されてきた理論及び実行の混迷状況を明確に捉え，その規範レジームの構造的欠陥の内在的原因を特定することは，条約承継の適用可能で現実的な規範レジームを探求するために，あるいは条約承継に関して規範的思考の可能性及び具体的様式を見出すために，必要不可欠の第一歩である。

　条約の承継をめぐって従来から対峙してきた2つの原理は，植民地の独立に伴う条約の承継を背景に一層激しく対立し，1978年条約の成立をもって奇妙にもそれぞれ極端の形で併存することとなった。O'Connellに代表される国際法秩序の安定性を強調する普遍的承継原理とBedjaouiに代表される自決権や永久的主権を根拠に古い国際法秩序との断絶を主張するクリーンスレート原理が条約の規範レジームの構築に成敗を分け合ったのである[45]。新独立国の承継に関して，クリーンスレート原理が規範として確立され，その以外の国家の独立に関して，条約の普遍的承継原理が規範として貫徹されたのである[46]。つまり，条約承継の規範レジームは，非植民地化とりわけ植民地を否定する歴史的感情に大きく影響された一方，あたかもクリーンスレート原理の規範としての条約入りに抵抗したかのように普遍的承継原理を基礎にした条約継続の原則が確実な論証を経ることなく承継の実体法規範として安易に導入されたのである[47]。

---

(45)　両学説の対峙及び1978年条約への影響に対する分析について，Matthew Craven, *supra* note 5, pp. 80-90.

(46)　Jean d'Aspremont, "Decolonization and the International Law of Succession: Between Regime Exhaustion and Paradigmatic Inconclusiveness", *Chinese Journal of International Law*, Vol.12(2013), 321-337.

(47)　*Ibid.*, pp. 325-328.

II　国　　家

　問題は，二つの対峙的原理を条約に導入したこと自体ではなく，それぞれを基礎にして構築された規範レジームは実行上規範的機能を全く果たしていないことである。クリーンスレート原理は，その限定的導入であるため，1990年代の国家成立には全く適用されていないだけでなく，その主権国家の思考に適したとされるその本質をも批判とともに埋没されたのである。他方，条約34条に代表される，通常の国家分離・結合に適用される条約の自動的承継も，実行上実定法規範としてだけではなく規範的機能をもたないものとしても抵抗または無視されてきた。この現実は，1978年条約の思考様式の動揺及びその規範レジームの危機を象徴する一側面でもある。

　換言すれば，1978年条約を取り巻く問題は，国家承継の国際法全体における基本的思考様式の不確実性（fundamental paradigmatic inconclusiveness）に根を下ろすものである。そうした危機の表面化は，1978年条約の機能喪失が領域主権変動の類型を基礎にした承継規範レジームの破綻によるのではなく，より深刻な原因をもつのではないかと示唆している。Jean d'Aspremontは，条約規範と国家主権・国家主体性の確立に関わる政治的側面との乖離をもってその深層原因を探るべきとした。それによると，そもそも，国家成立または国際法主体に関する決定は，法によって形式的に規律できるものではなく，国際社会の政治的現実に委ねられるべきものであり，条約承継も，そうした法主体決定の課題と同質性を有するので，正当性及び国際的承認こそ，決定的意義をもつこととなる[48]。この批判は，条約承継の法典化に関する一つの重要な問題を明確に特定したといえる。それはつまり，国家承継の国際法の複雑性を実体法規範の平面で完全に取り込むことが不可能であるということである。換言すれば，条約承継の問題解決は，国家の政治的性格に対する適切な理解に依存するものであり，その最大な難問は，国家の政治的性格を十分認識しながら条約承継の課題に取り組むところにある[49]。

　しかし，そうであるとしても，条約承継の規範レジームの構築に悲観的になる必要はない。筆者の認識では，1978年条約によって惹起された基本的な思考様式の不確実性の背後に，普遍的承継とクリーンスレート原理をただ単に異なる事情に適用できる実体法規範として並行的に導入しただけで，両者を対峙

---

(48)　*Ibid.*, pp. 333-336.
(49)　Marco A. Martins, *supra* note 35, pp. 1023-1024.

的または交錯的に捉えそれゆえ均衡のとれた調整を必要とするものとして盛り込んでいないという真の原因が潜んでいる。換言すれば，法秩序の安定への国際社会の利益関心と領域統治の最善選択への承継国の利益関心の間に均衡を図ることを通して，条約承継の規範レジームを構築するために必要とされる新たな思考様式を固めることができる。そうした認識から，ここでは，まず承継原理の困窮の実際を解析しつつ，条約承継に関する規範構築の新たな方向性を探るためのヒントを得たい。

1 領域主権変動の類型化を基礎にした規範レジームへの反省

　1978年条約の最大の特徴は，伝統的な理論的対峙を批判的に取り込むことなく，領域主権変動の形態に応じてそうした原理を基礎に承継の規範レジームを組み立てたことである。そして，そうした規範が国家実行上うまく機能していない現実を前に，その根底にある思考様式への懐疑と動揺が次第に深まった。前にも触れたよう，ILA国家承継問題委員会がここ十数年の国家実行の検証を踏まえ，国家承継の類型に関する分類は国家実行に完全に合致するものではないという一つの結論を出した。つまり，1978年条約は，領域主権の変動を特定の形態にわけ，それに対応する承継規則を定めるような規範レジュームを採用しているが，これまでの国家実行に関して一つの確実な結論を引き出すことができるとすれば，それは，承継国は，領域主権変動の形態をほとんど気にすることなく，その変動に伴う領域の政治統治の現実に適した秩序希求に既存の条約関係がどのようにかかわってゆくべきかという課題に焦点を当て，それぞれの利益関心から条約承継を処理する姿勢を明確にし，関連行為主体の理解または相互理解を得てきたということとなる。

　つまり，実行上，条約の承継は領域主権変動の形態に応じて処理されたのではなく，むしろ領域主権変動に伴って領域統治の現実に妥当とされる法主体の法規範への訴求を中心に行われた。ドイツの統合は条約承継に関して2つの面で国際法システムに挑戦したといわれる。一方では，1978年条約における安易な領域変動の分類化を否定し，吸収合併や合併による承継という古典的例と異なり，ドイツの統合はそうした国際法理論の構造に明白なギャップを引き起こした。他方では，ドイツの統合は，条約法は条約解釈基準の源として，国家承継法の曖昧さを解消するものとなっておらず，むしろそれを別の形で叙述す

Ⅱ 国　　家

ることにとどまっていることを示した[50]。その過程で，ドイツの統合に伴う国家統治の基本方針及びそれに対する国際社会の容認が条約承継の処理にとって決定的な意味をもつ。そして，すでに指摘した香港，バルト三国の条約承継もそうした行為主体の関心を中心としたアプローチからより適切に捉えられる。

　1978年条約上，国際社会の利益関心だけ重要視している継続有効の原則は，承継国の利益を全く配慮しておらず，結果として，承継国の利益主張はすべて当該原則への批判・抵抗という形で表れる。承継国の利益関心は本質上条約継続有効の原則ではなく，むしろクリーンスレート原理に近親性をもつものである。この2つの対峙的原則について均衡の取れた視点の条約上の欠落は，承継国にとって明らかに許容できるものではない。

2　クリーンスレート原理の魅力の再発見

　よく知られるように，かつて，国家承継は，ローマ法の相続観念に従って処理され，先行国の権利と義務は，法的に当然承継国に引き継がれるものとされた。やがて普遍的承継の考えは，自然人の財産承継に適用される原則に起源をもつものであり，国際法にそのまま導入することが果たして妥当であるかどうかが大きく疑問視されてきた。主権を強く意識する承継国にとって，先行国の条約関係は，領域に関する他者の行為の存在であるにすぎず，承継国の義務を創出するものではない。19世紀になって，そうした一般国際法上認められた普遍的承継の原理がクリーンスレート原理の挑戦に直面することとなった[51]。この点は，重要な意味をもつ。つまり，クリーンスレートの原理はもともと1978年条約の所産ではなく，領域主権変動に関して具体的に目覚められた国家主権原理の延長線にあるものである。

　しかし，1978年条約上，クリーンスレート原則が新独立国に限って導入され，国境・領域的条約及び二国間条約を除き，ほぼすべての多数国間条約の承継に関して選択的権利を認めるものとなっている。だた，実行上，16条が実定法または妥当な規範的基準として援用された形跡は薄いほど見当たらないだけで

---

(50)　Journal Note, *supra* note 10, pp. 590-592.
(51)　Mark E. Villiger, *Commentary on the 1969 Vienna Convention on the Law of Treaties* (Brill, 2009), p. 898.

なく[52]，新独立国の条約承継を概観する原理としても妥当なものであるとはいえない。

　本来，クリーンスレート原理は，普遍的承継原理に対抗するものであり，原理的には国際社会の関心というより，承継国という行為主体の関心を基礎にしたものである。これまで，このレジームに対する批判の重点は，承継国の利益関心を着目したそのレジームの特性を意識せず，もっぱら承継国の自由選択を意味するクリーンスレートの原則に向けられてきた。そうした批判は，植民地支配の歴史に対する救済という感情的側面またはイデオロギー的側面を暴露し，新独立国家の条約承継にもクリーンスレートの原則が現実においてあまり機能していないことを積極的に検証することを通して，このレジームの歴史的限界を明らかにすることに十分成功した。それゆえ，このレジームは，まず1978年条約の失敗の重大原因の一つとされ，その歴史的使命の終焉とともにいずれ将来の国家承継法体系から排除すべきものとされている。しかし，問題は，そうした間違ってはいないが偏った批判の裏で，この条約承継の規範レジームに内包されている承継国の利益関心を基礎にした思考様式も結果として葬られたことである。

　厳密にいえば，条約上のクリーンスレート原則は，条約承継におけるそうした新国家の植民地支配に対する歴史的救済への利益関心しか捉えておらず，領域支配にかかわる法秩序に対する新独立国家の真の関心には全く配慮を示していなかったのである。それゆえ，植民地支配を否定する彼らの精神的追求を満足させたとしても，領域統治にかかわる彼らの利益に寄与することができなかったのである。この現実は，承継国の利益関心を基礎にした条約承継レジームの存在を見失うには十分重いものであるが，そうしたレジームの真価を否定するものとなってはならない。

　確かに，クリーンスレート原則は，徹底される場合，国際法システムの存続に大きな混乱をもたらすに違いない。もし国家承継の文脈で条約が完全に解消できるものとされた場合，条約に規定される権利義務の安定性及び存続性が不安定の状況に置かれる。結局，この原理は，法的義務の継続を否定し，秩序の

---

(52) 条約採択後の現実において，植民地事情をもつ国家承継の事案があるとしても，いわゆる新独立国たる条約締約国が皆無であり，そうした条約規範の実効性を証明できる素材がほとんど現れていない。Jean d'Aspremont, *supra* note 46, p. 331.

Ⅱ　国　　家

　ある国際関係の構築にとって欠かせない条約に対する信頼性を大きく損なうものとなり，結果として国際関係における法の可能性を否定するものとなる[53]。

　ただ，現実においてクリーンスレート原則の加護を得た新独立国は，決して他の諸国と大きく異なる姿勢で条約承継に取り組んだわけではない。条約関係の評価，どの条約が引き継がれるべきかに関する諸国家の決定に柔軟性を保てることが重要視された。少なくとも，二国間条約の承継に関して，新独立国の多くは明らかに，その自らの利益関心から実用主義に基づいた政策判断に基づいて処理してきた[54]。

　理論上，普遍的承継を提唱するO'Connelでさえ，承継国の利益関心を見失うべきではないと認識している。つまり，国家承継に関する国家の政策は，かかる条約が変更した事情において機能する可能かどうかということを念頭に決定されたものであり，機能すると認識すれば，統治者はその効力の存続を受け入れる用意をもつが，もし歪められた形でしか機能しない場合，統治者はそれに対して違った立場を取ることになるのである[55]。同様に，Crawfordの認識では，すべての承継理論は，国家に関する一般認識から見た場合，一方では国家及びその国内秩序と，他方では国家の共同体の法秩序及び国際法秩序との関係を基礎に置くものである。しかも国家はその国内秩序に密接な関心をもち，続いて国際法秩序に関心をもつものである[56]。

---

(53)　Mohamed S. Helal, *supra* note 6, pp. 939-940.

(54)　Nyerere Doctrineと知られる方法による約承継の処理が今日でも高く評価されている。条約の承継に関して，当時のタンザニーカ（現タンザニア）首相が国連事務総長に次のような自国の決定を伝えた。「タンガニーカ領域のためイギリスによって締結された，またはイギリスによって当該領域への適用拡大された二国間条約に関して，タンガニーカ政府は，すでに事前の双方の合意によって廃止または修正されたものを除き，相互主義の原則に基づき，独立の日から二年間（すなわち1963年12月8日まで）これらのすべての条約の条項をその領域内において継続適用する用意をもつ。この期日が満期となる際，これらの条約は，慣習国際法適用によって存続するものと見なされない場合，すべて終了するものとする。上記の二年間において，通常の外交交渉を通してこれらの条約の継続または修正の可能性について関係諸国との間に満足できる合意が得られるよう，タンガニーカ政府が真摯に期待している。」U.N. Secretariat, United Nations Legislative Series, Materials On Succession Of States, at 177, U.N. Doc. T/Leg/Ser.B/14, U.N. Sales No. E/F.68.V.5 (1968).

(55)　D.P. O'Connell, "Reflections on the State Succession Convention", *Zeitschrift für Ausländisches Öffentliches Recht und Völkerrecht*, Vol.39 (1979), 738.

(56)　James Crawford, "The Contribution of Professor D.P. O'Connell to the Discipline

3　事情変更原則と条約の国家承継の関連性

　条約法に関する条約の起草過程で，条約承継問題の存在が強く意識されながら，最終的にはそれに対する取組を放棄し，条約承継についての一切の予断も排除する規定を設けることが結果として表れた[57]。他方，1978年条約においては，条約法原理としての事情変更原則について取り組んでいないだけでなく，それに対する適切な配慮も示されていない。そもそも1978年条約は，領域主権の変動が当然条約承継の問題を引き起こすという基本認識から出発しているのである。

　実際のところでは，条約承継を論じる前に，領域主権の変動が条約の存続にどのような影響を与えるかについて適切に捉える必要がある。しかも，そうした影響の評価は，承継国にとって領域統治に関して先行国の条約が機能するかどうかを判断する際，重要な意義をもつ。実行上，領域主権の変動は条約終了の原因として解されるかどうかが現実の問題として提起されている。条約法条約は，事情変更を条約終了の原因の一つとして規定しており，論理的には，領域主権の変動が条約終了の原因としての事情変更に該当するとされる場合，条約承継の問題が生じないこととなる。

　少なくとも，そうした可能性はICJにおいては否定されていない。ガブチコボ・ナジマロシュ計画事件で，ハンガリーが条約の相手国における領域主権変動を事情変更に該当するものとして捉え，条約の終了を主張した。これに対して，ICJは，問題提起の妥当性を否定せず，条約法条約の規定を基準に，当該事件において領域主権変動が条約の終了を引き起こすような事情変更になっていない結論を出した。つまり，深刻な政治的変化，特定建設プロジェクトの経済的効果の低下，環境認識の進展及び国際関環境法の新たな発展が合わせて該当プロジェクトを定めた2国間条約の中止そして廃棄を正当化できることには十分な事情の根本的変更を構成するものであるというハンガリーの主張は，認められていなかったのである[58]。

　それだけでなく，国家実行上，条約承継を事情変更の範疇内で捉え処理する

---

　　　of International Law", *British Yearbook of International Law* (1980), p. 22-23.
(57)　1969年条約法に関するウェイン条約73条。
(58)　GabCikovo-Nagymaros Project (Hungary/Slovakia), Judgment, *ICJ Reports*, 1997, pp. 64-65 at par. 104.

Ⅱ 国　　家

傾向もみられた。ドイツ統合に関しては，本来，条約承継法からまずいずれかの国の条約が旧東ドイツの領域に適用されるかを解決し，その上，条約法に基づきこれらの条約が主権の変動により終了とされるべきかどうかを解決するはずであった。しかし，この二つの課題はしばしば崩れ一つの問題とされる。つまり，国家は，ある条約がそもそも国家にとって拘束力のある義務に属するものであるかどうかを決定する前に，当該条約を終了させまたはそこから脱退することができるかどうかを決定してしまうのである。実際，ドイツは，旧東ドイツの領域にいずれの国の条約が適用するかを判断する前に，統合により領域に適用される条約の目的が消滅したかどうかを検証することができるとされる(59)。そのほか，オーストラリアとソビエトとの間にソビエト崩壊の直前に締結された漁業協定の取扱いに関して，事情変更の原則及び廃棄状態の理論が有益な分析視点を提供するものであると解されている(60)。

Ⅳ　結びにかえて──利益関係者の視点を基礎にした規範構築への一試論

これまで明らかにしてきたように，1978年条約の規範的機能喪失の真の原因は，条約上の規定は国家実行から帰納的に得られた結論を踏まえたのではなく，未経験の法的期待から対峙的な承継原理を一切調整されることなく実体法規範として条約条文に盛り込んだところにある。一方的では，植民地支配に絡んだ領域主権の変動に関しては，クリーンスレートの原則をもって領域変動の形態にかかわらず規範的な縛りを外し，新独立国家の自由な選択を規範的に肯定した。それは結果的に，条約法発展の歴史的な一断面だけを捉え，それを特定の時間的枠かつ特定のイデオロギー的背景に閉じ込めることしかできず，実行からの裏付けを得ることはなかった。他方では，植民地色彩を有しない領域主権の変動に関しては，法秩序の安定に対する国際社会の期待にすべて賭け，条約継続の原理を自動的承継の規範として導入しただけで，その遵守確保についての具体的な措置が全く構築されていなかったあるいは構築できなかった。結局，条約継続の原則が原則としての機能を果たしてきたとしても，その実体

---

(59) Journal Note, *supra* note 10, pp. 595-596.
(60) Kwame Mfodwo, "Last Tango with Moscow: A Political and Jurisprudential Analysis of the Australia--USSR Fisheries Access Agreement of 1990", *Melbourne Journal of International Law*, Vol.6 (2005), pp. 400-401.

法規範としての役割は認められておらず，それを担保する制度的メカニズムも存在しない。

　領域主権の変動は，その領域に生活する住民に大きな影響を与えるものであり，それゆえ，歴史上，領域移転に伴う法的課題処理に関しては，関係諸国家がその相互の国境や条約を含む既存の法秩序と権利義務について協議を通して達成した合意による互いの利益関心の調整を繰り返し行ってきた[61]。そうした調整は，関連行為主体の責務であると同時にその権利でもある。そうした権利を制限する法は予め想定され当然存在すべきものであると考えるのは妥当であるとはいえない[62]。強い利益関心をもつ行為主体の積極的な行動及び誠意のある調整こそ，条約承継処理の結果として現れ，法秩序の安定と持続を可能にするものといえる。そうした主権国家の政治意識に密接にかかわる国家承継は，O'Connell の表現を借りれば，漸進的発展は言うまでもなく，法典化に全く適しない課題であると言える[63]。

　そうした視点の欠落は，1978 年条約の盲点とその機能喪失の原因でもある。つまり，条約承継にかかわるステークホルダーの立場あるいは関連行為主体の利益関心が十分取り込まれておらず，そうした多様性のある立場を調整し条約承継の法規範を組み立てることの必要性が全く認識されていないのである。条約承継に関して，先行国と承継国だけでなく，国際社会及び二国間条約の相手国も重要なステークホルダーである。そうした行為主体の行動形態を適切に規範的思考の視野に入れなければならない。つまり，領域主権変動の様式は，条約承継に適用される実際のルールに関して周辺的事実であるにすぎず，決定的要素とはならない。むしろ新しい領域主権の下に入った領域にどのような法秩序が展開されるべきかに対する条約承継にかかわるすべてのステークホルダーの利益関心こそ最も重要で，しかも細心の注意を払ってそうした多様な関心に

---

(61) 居住民のいる領域に対する領域主権の移転を含む，平和的な国境変更により国家承継が取り扱われる事案は数多く存在し，ヨーロッパ国家による植民支配からの 200 年余りの歴史において，こうした案件が 350 件もあるとされた。Arie Marcelo Kacowicz, *Peaceful Territorial Change* (University of South Carolina Press, 1994), pp. 62-88.

(62) Yoram Rabin, Roy Peled, "Transfer of Sovereignty over Populated Territories from Israel to a Palestinian State: The International Law Perspective", *Minnesota Journal of International Law*, Vol.17 (Winter 2008), pp. 65-67.

(63) D. P. O'Connell, *supra* note 55, p. 726.

Ⅱ　国　　家

内在する対立を調整することを最も必要としており，それゆえ法規範の展開に意義をもたらすものである。特に，そうした関心は，領域主権変動の様式に応じて当然の如く一つも変化しないようなものではなく，むしろ特定の条約承継事案に応じて絶えず変化するものである。それゆえ，条約承継の規範的探求は，行為主体の利益関心を中心に，実体法規範の平面では一定の一般的原則を確認することにとどまり，それを前提に遂行可能な手続法規範を定めることを自らの方向性とするべきである。こうした利益関係者の視点で探る条約承継の規範的思考について，以下の点を提示しておきたい。

第1に，承継国にとって，クリーンスレートが幻想であり，領域主権の変動に伴ってまず当該領域のためにすでに構築されていた条約の法秩序にどう向き合うべきかという当面の政治的・法的課題の解決は避けられないものである。承継国は，この現実に直視し，既存の条約関係に対して具体的にどのような利益関心を持っているかを適切に捉え，国際社会に説明する義務をもつ[64]。

確かに，領域主権の変動はまず，国内法秩序の更迭である。つまり，領域の変化がどのように起こったかに関わりなく，その領域において先行国の法律秩序が承継国の法律秩序に取って代われることとなっており，主権原則を強調することが重要である。すなわち，承継国は先行国の主権の継続者ではなく，むしろそれと同様，自らの国際的法人格をもち，領域統治について自らの主体的判断を行うものである。

他方，国際社会はこの更迭によって大きな影響を受けるため，その具体的内実及び結果に関心をもつ。つまり，条約義務の中断は，国際社会に不安定な影響をもたらすものである。この点に関して，条約の普遍的承継の原則としての意味合いを十分に吟味すべきである。Crawfordの認識では，国際共同体は，

---

(64) これに関連してコソボ独立宣言における条約承継の立場表明が興味深い例である。独立宣言9と12項で，コソボは，国連コソボ暫定行政ミッション（UNMIK）によってコソボのために受諾した国際義務及びウイーン外交と領事関係条約を含む，旧ユーゴの構成部分としてのコソボを拘束する旧ユーゴの条約及び他の義務を遵守するという立場を明確にした。こうした立場の表明は，一方的宣言とされ，関連条約及び義務の受け入れに関してコソボを拘束する法的性格をもつ一方，コソボを国家として承認した国を含む，条約の他の締約国にとってそうした条約や義務の継続の約束が当然法的効果をもつわけではない。Qerim Qerimia1 SuzanaKrasniqi, "Theories and Practice of State Succession to Bilateral Treaties: The Recent Experience of Kosovo", *German Law Journal*, Vol.14(2013), p. 1659.

長い期間をかけて構築してきた法的関係の重要な一部に対する拒絶を許容できるものではない。国家の崩壊または国家からの分離独立といった困難なプロセスを理由にしたとしても、国際義務及び責任を簡単に選択的に切り捨てるようなことが許容されるべきではないというのである[65]。その意味で、領域主権の変動によって先行国の条約関係は当然終了するものではないという意味での条約継続の原則が慣習国際法の性格をもつ。

第2に、当該領域に適用されるすべての条約について承継国はその存続あるいは承継を認める権利をもつ。多数国間条約に関して、承継の権利は自動的に認められるものであり[66]、二国間条約に関しては条約の相手国との合意が条件となる。承継通知の制度または実行の存在は、ある意味で条約の承継について新国家が一定の権利をもつことを示唆している。条約承継の権利は場合によっては重要な意義をもつ。ジェノサイド条約適用事件で、ICJがボスニアによる当該条約の適用要請を認めたことは、そうした承継権利の存続を暗黙に認めたと解することができる。確かに、国際法上、承継権利に関する明確な規則が存在するわけではない。また、ICJは確かに明確な形でボスニアによる条約の承継を認めたわけではないが、条約の加入が事実として確認されていない以上、結果としてボスニアによる条約の援用は、条約に対する承継の権利からしか説明ができないのである[67]。ICJは、1978年条約34条についてその慣習法規則としての地位を確認することなく、国連へのボスニアの加盟、ジェノサイド条約への承継手続を基礎に、ジェノサイド条約の裁判条項を管轄権の基礎として認めることが可能であると判断したのである。そもそも、原理的に、承継の権利は、既得権理論に適したものであると同時に、条約法原理にも当然容認されるものである。

他方、承継国は、国際法関係において先行国がなした従来の決定に拘束されるものとは解されてはならず、先行国によって確立された国際法秩序をすべて受け入れる義務を有するわけではない。すでに明らかにしてきたよう、普遍的

---

(65) Akbar Rasulov, *supra* note 20, pp. 148-149.
(66) 森川も、そうした多数国間条約の承継の権利が国家慣行からすれば新独立国だけではなく新国家一般に認められる慣習国際法上の権利として確立したものになった証拠が十分であると認識している。森川俊孝・前掲注(41)203頁。
(67) これに関連して、承継の権利だけでなく、承継についての選択の権利まで読み込む考えもみられる。Matthew C. R. Craven, *supra* note 9, pp. 148-149.

Ⅱ　国　　家

　承継原理を基礎にした条約継続有効のコア規定は，領域主権変動の形態に応じて設けられ，実行上，事情想定不十分の欠陥を抱えるだけでなく，国家承継にも規範的指導の役割を果たせなかった。諸国はほぼ批判または干渉を受けることなく，自国の領域統治の必要性に応じて条約に対する選択的な承継または不承継を行ってきた。こうした現実を踏まえ，普遍的承継を規範として追求する意味が本当にあるかどうか，そして条約によってもたらされる法秩序の真の安定を追求するためには，どのような妥当な施策があるべきであろうかを究明する必要がある。条約承継は，法的原理の下で処理されるべきである一方，具体的な事情を十分に取り込む必要がある。しかも，多くの場合，法的規則に従って処理されるというよりも，むしろ事情依存の側面が強くなる[68]。承継義務に関する実体法規範の創設に関して慎重でなければならない。

　第3に，条約承継の処理に関連して承継国が直面する法的・政治的課題の解決に関しては，他の条約の利益関係者が積極的に関与すべきである。しかもそうした関与行動に関する手続的制度及び規範の構築が重要である。条約義務が存続するか否かに関して承継の関係国の誠実な協力，事情変更の影響が大きな意義をもつと考えられる。具体的には，多数国間条約の承継について，新国家は，条約継続の原理を前提に，領域統治の利益関心から既存の条約の承継処理に関して宣言を出すべきであり，条約の締約国はそうした承継宣言に対して反対意見を表明することができる[69]。承継国は，その先行国の条約の拘束の受諾を望んでいるかどうかを明確にする必要がある。承継国に相当な政治的裁量を認めるものであるが，条約承継における実用主義は，慣習国際法における広く利用された原理であったし，現在でもそうである[70]。

　そして，国際社会または条約の他の締約国は，条約存続の可否に強い関心をもち，条約寄託者を通して条約承継処理を促し確認する権利をもつ。そもそも，一定の国際的約束を維持することなど，旧国際秩序の維持に承継国が一定の利益を見出す可能性がある。国際社会の利益も，条約の適用範囲の縮小で大きく

---

(68)　Enver Hasani "The Evolution of the Succession Process in Former Yugoslavia", *Thomas Jefferson Law Review*, Vol.29（2006），p. 146-147.
(69)　Paul R. Williams, *supra* note 34, pp. 18-19.
(70)　Christina Leb and Mara Tignino, "State Succession to Water Treaties: Uncertain Streams", in Laurence Boisson de Chazournes et al. eds., *International Law and Freshwater: The Multiple Challenges*（Edward Elgar Publisher, 2013），pp. 424-426.

損なわれると判断するのは必ずしも妥当なものではない。条約は国家間の合意によるものであるという現実を再吟味すべきである。換言すれば，条約が承継されるべきかどうかというよりも，条約承継の最終的でかつ明確な処理に国際社会が関心をもつべきである。このような利益関心を担保できるような手続的制度の構築こそ肝要である。

11 国内法の拡張的適用を制約する判断枠組みについての一考察
―― 米国の外国腐敗行為法（FCPA）の実践を素材として

竹　内　真　理

　Ⅰ　はじめに　　　　　　　Ⅲ　FCPA の拡張的適用を制約する判断枠組み
　Ⅱ　FCPA の拡張的適用　　Ⅳ　おわりに

Ⅰ　はじめに

　今日では，国境を越えた人や物の移動が増大するのに伴って一国の領域内で完結しない行為が増加し，あるいは国際社会の組織化に伴って個別国家の利益に還元できない共同体利益が観念されるようになっている。その結果，諸国家は，一定の場合に領域外の行為に対して自国法を適用できるように法を整備している。このような国内法の適用範囲の拡大現象を巡って，国際法学は，管轄権の基礎は国際法により与えられるとし，各国に共通して採用されている連結素を反映した管轄権の行使基準（属人主義や保護主義など）を，国際法上の許容規則とみなす見解が一般的である[1]。もっとも，グローバル化の進展・深化を反映して，各国が採用する連結素は多様化し，共通の行使基準とはいえないものも増加している。たとえば，居住（residence）[2]といった，伝統的な国籍基準では説明できない連結素が採用されるようになっているのは，その一例である。
　一見して新奇な根拠に基づく国内法の拡張的適用に対しては，効果理論に基づく米国の競争法の域外適用に対する諸外国の抗議・対抗立法の導入や，国際犯罪に対する普遍管轄権の行使に対する諸外国の反発のように，かつては，国家間での衝突・緊張を生む事例が見られ，またそれを通じて一定の調整が図ら

---

(1) Roger O'Keefe, *International Criminal Law* (2015), p.9; Alex Mills, "Rethinking Jurisdiction," *British Yearbook of International Law*, Vol.84 (2014), p.199.

(2) See, UK Sexual Offence Act 2003, Section 72.

Ⅱ 国　　家

れてもいた⁽³⁾。

　しかしながら，近時の事例の中には，適用対象たる個人や事業者の国籍国からの表立った抗議がないままに，極めて広範囲にわたって国内法の適用が拡張されるものも現れている。その顕著な例として挙げられるのが，米国による外国腐敗行為法 (Foreign Corruption Practice Acts。以下本文中ではFCPAと略記)⁽⁴⁾の域外適用である。同法の下では，国内法規定の柔軟な解釈や，共謀のような国内法上の概念を通じて，米国とはほとんど関連のない外国人の外国での行為に対して国内法が適用されてきている。国際法学説が，国家と適用対象との間の関連を，管轄権の合理的な分配の指標であると考えてきたことからすれば⁽⁵⁾，このような現象は，一見して，管轄権の制約原理としての国際法の機能に再考を迫るものであるといえよう。他方で，米国の近時の判例の中には，国内法上の判断枠組みを用いながら，FCPAの適用に制約を課すものも現れており，その位置づけや国際法に対するインパクトが注目される。そこで以下では，まずFCPAの拡張的適用の背景やその根拠を確認した上で（第１章），国内判決において用いられた判断枠組みの意義を検討することとしたい（第２章）。

Ⅱ　FCPAの拡張的適用

1　FCPAの立法の経緯と規律内容

　腐敗は，従来から各国で犯罪行為とされてきた。しかしながら，国内での規制の目的は，主として自国公務の公正を保護することにあり，それゆえ諸国家は，他国公務員らに対する贈賄等については，たとえそれが自国領域内で，又は自国民により行われたとしても，規制を行わないのが通例であったとされる⁽⁶⁾。

　しかしながら，米国においては，1970年代に自国の大手航空会社ロッキー

---

(3) たとえば，普遍管轄権をめぐる衝突と調整について，M. Takeuchi, "Universal Jurisdiction in a Context: From Dialectic to Dialogue," in S. Hamamoto, A. Shibata & H. Sakai eds., "*L'être situé*", *Effectiveness and Purposes of International Law: Essays in honour of Professor Ryuichi Ida* (2015), pp.89-111.

(4) United States Foreign Corrupt Practices Act of 1977, Pub L No 95-213,91 Statutes at Large 1494 [1977].

(5) F.A.Mann, "The doctrine of jurisdiction in international law," *Recueil des Cours*, tome.111 (1964-I), p.83; C. Ryngaert, *Jurisdiction in International Law* (2nd ed, 2015), p.38.

(6) 嶋矢貴之「国際的な汚職の規制（一）」『神戸法学雑誌』54巻4号（2005年）243頁。

ド社による，日本を含む外国の政府高官への贈賄が発覚し，さらに米国企業による同種の贈賄慣行が広範に存在することが明らかになったことをきっかけに，1977年に外国腐敗行為法（FCPA）が制定された。同法は外国公務員への贈賄禁止条項と，会計・内部統制条項により構成されるが，本稿の目的からは，前者に焦点を当てる。

　FCPAの贈賄禁止条項は，商取引を獲得・維持する目的での外国公務員に対する贈賄行為を規制している。禁止条項の人的範囲は，1977年の制定当初は，①米国で有価証券を上場している者等（FCPA上は「発行者（issuer）」），及びその役員・従業員・agent，②米国企業・米国民等（FCPA上は「国内関係者（domestic concerns）」），及びその役員・従業員・agentであり，①②の双方について，外国公務員への利益供与行為を促進するために米国の州際通商手段を利用する行為が禁止される。

　FCPAの制定当初，米国以外に外国公務員に対する贈賄を禁止する国家はなく，同法は，米国企業を国際競争において不利な状況に置くことになるとの批判にさらされることになった。同法の制定と前後して，米国政府は，国連やGATTにおいて多数国間条約による対応を模索したが奏功せず[7]，しばらく米国の単独の規制が続くこととなった。

　こうした状況を受け，FCPAの最初の改正に当たる1988年改正は，米国企業の競争力の低下を防ぐために贈賄罪成立の範囲を一定程度縮小するとともに，政府に対して，外国公務員贈賄を禁止する国際条約の交渉をOECDで行うことを要請している[8]。さらに，2度目の改正に当たる1998年改正は，1997年にOECDで採択された外国公務員贈賄防止条約（以下，OECD条約）の国内実施法としての側面をもつ。

　OECD条約の犯罪化義務の対象は，「国際商取引において商取引又は他の不当な利益を取得し又は維持する」ために，外国公務員に対して金銭その他の利益を供与することであり，その共犯（教唆，ほう助又は承認を含む）も犯罪化の対象に含まれる（条約第1条1・2項）。これらは，利益提供側の行為のみを犯

---

[7]　H. Lowell Brown, "Extraterritorial Jurisdiction under the 1998 Amendments to the Foreign Corrupt Practices Act: Does the Government's Reach Now Exceed its Grasp," *North Carolina Journal of International Law and Commercial Regulation*, Vol. 26 (2001), pp.260-264.

[8]　1988 Trade Act, Section 5003(d)(1).

Ⅱ　国　　家

　罪化の対象とする点で米国のFCPAと類似の規定であり[9]，競争条件を平準化することで公正な競争市場を確保するという，条約策定の背後にある目的をよく反映しているといえる[10]。管轄権に関しては，第1に，自国領域内で行われた外国公務員への贈賄行為を犯罪化することを義務づける（属地主義）とともに，第2に，自国民の国外犯処罰規定を有する国については[11]，自国民が外国で行った贈賄行為を犯罪化することを義務づける（属人主義）。

　このようなOECD条約の義務を受け，1998年改正は，以下のような形で，適用対象を拡大している。まず，OECD条約の属人主義に関する義務に対応する形で，発行者，国内関係者に関する規定がそれぞれ修正され，①米国の発行者，並びにその役員，従業員，及びagent[12]である米国民，②米国民及び米国企業（United States person）については，それらが米国領域外で行った外国公務員への贈賄行為が，州際通商手段の利用の有無にかかわらず，FCPAの適用対象とされた[13]。さらに，属地主義に関する義務に対応する形で規定が追加され，③発行者等，国内関係者等に該当しない者であっても，米国領域内にいる間に（while in the territory of the United States）外国公務員への贈賄行為を促進する行為がFCPAの対象とされた[14]。

　以上の改正の結果を受けた現行のFCPAの適用範囲を，ここで今一度整理しておこう。

　第1に，発行者及び国内関係者，並びにそれらの役員，従業員，及びagent等に関しては，外国公務員への利益供与行為を促進するために米国の州際通商

---

[9]　ただし，OECD条約の犯罪化の対象は，外国公務員の範疇に国際機関の職員等を含める点ではFCPAよりも広い。

[10]　嶋矢，前掲注(6)247頁。なお，このような規制対象の偏向は，条約が締約国として想定するのが，OECD加盟国を中心とする先進国──利益供給側とされる──に限られているということによっても，説明されよう。条約中には加盟条件を定める規定は存在しないが，実際には，締約国はOECDの加盟国及びその他の経済先進国に限られている。See, C. Rose, *International Anti-Corruption Norms* (2015), p.67.

[11]　この限定は，厳格な属地主義（犯罪はそれが行われた場所で処罰されるべき）を採用し，自国民の国外犯処罰を原則として採用しない国のあることを想定したものであったが，少なくともOECD条約の対象とする諸国家は，何らかの形で自国民の国外犯処罰を採用しているため，もはやあまり意味を持たないともされる。

[12]　米国法上のagentは支配者・従属者の関係により説明される概念である。詳細は第1章第2節の本文を参照。

[13]　Lowell Brown, *supra* note 7, pp.260-264.

[14]　Ibid.

〔竹内真理〕　*11* 国内法の拡張的適用を制約する判断枠組みについての一考察

手段を利用する行為が適用対象となる（1977年当初の規定）[15]。

　第2に，米国の発行者又は国内関係者は，上記に加えて，米国領域外で行う外国公務員への利益供与促進行為についても，州際通商手段の利用の有無にかかわらず，適用対象となる（OECD条約の属人主義に対応した規定）[16]。

　第3に，発行者又は国内関係者以外の者，及びその役員，従業員，agent──すなわち外国企業，外国人を広く含む──は，米国領域内での（while in the territory of the United States），外国公務員への利益供与行為を促進する行為が，適用対象となる（OECD条約の属地主義に対応した規定）[17]。

　これらは，一見すると，OECD条約の義務に対応する拡張に留まっており，広範な拡張的適用の根拠となる規定ぶりであるかどうかは，直ちに明らかではない。そこで次節では，FCPAの拡張的適用の根拠を，運用の実態に即して確認することとしたい。

2　FCPAの拡張的適用・運用を支える根拠

　FCPAは，腐敗防止関係の国内法の中でも最も射程が広い（long-arm）ものとされ，また米国の司法省により，外国人・外国企業が外国で行った行為の訴追のために積極的に運用されてきた[18]。このようなFCPAの拡張的適用・運用を支える根拠・手法は大きく分けて3つある。

　第1に，FCPAの規定上の「州際通商手段の利用」という関連を柔軟に解することによる拡張である。上に見たように，FCPAは外国人の発行者やその役員・従業員（及びそのagent）であっても，外国公務員への利益供与行為を促進するために米国の州際通商手段を利用していれば，FCPAの適用対象となるとしている。そして，米国司法省が2012年に発行した指針[19]によれば，

---

(15)　15 U.S.C. §78dd-1(a), §78dd-2(a).
(16)　15 U.S.C. §78dd-1(g), §78dd-2(i).
(17)　15 U.S.C. §78dd-3(a).
(18)　Brandon L. Garrett, "Globalized Corporate Prosecutions," *Virginia Law Review* Vol.97 (2011), p.1831-1833.
(19)　The Criminal Division of the U.S. Department of Justice and the Enforcement of the U.S. Securitis and Exchange Commission, FCPA: A Resource Guide to the U.S. Foreign Corrupt Practices Act [hereinafter, FCPA Guide] (2012), p.11. なお，司法省は，米国経由の電子メールの存在を，州際通商手段としてではなく，「領域内にある場合に」という属地的関連の要素に含める意図を示したことがあり，FCPAの無制約な拡張の根拠となることが懸念されていた。もっとも，上記指針ではそうした意図は採用さ

II 国　　家

この州際通商手段には，米国へ向けた又は米国を経由する (through) 1本の電話，1本の電子メール，テキスト・メッセージ及びファックスや，米国の銀行との間での電信送金，その他米国の銀行制度を利用する行為，米国経由での移動が含まれるとされる[20]。

　第2に，第1の点とも関連するが，agent 理論を通じた拡張である。米国法上の agent とは，他者の支配 (control) の下で，当該他者のために行動することを授権されている者をさす。この概念は，親会社 (=principal) に対して，支配の下にある子会社 (=agent) の行った行為に関する責任を負わせる場合等に用いられることが多いが[21]，FCPA は，支配下にある agent の側にも責任を負わせる規定ぶりになっていることが特徴的である。この理論を用いると，外国の発行者の agent である外国人——したがって agent 自身は米国との間に何ら属人的な関連を有しない——に対して，州際通商手段の利用があれば——上記司法省の説明によれば電話1本，メール1本でよいということになる——FCPA が適用できるということになる。

　第3に，FCPA の規定上にはないが，一般原則としての共謀 (conspiracy) 理論を用いた拡張である。米国司法省は，共謀理論を FCPA に適用するという立場を明確にしており，司法省の指針においては，外国人及び外国企業は，発行者又は国内関係者への幇助，及びそれらへの共謀に関しては，米国内で行為を行ったかどうかにかかわらず，FCPA の適用対象となることが明記されている[22]。

　米国法上の共謀とは，2以上の者が犯罪を行う目的で合意することであり，いずれかの共謀者が実行行為 (overt act) に至れば，全ての共謀者の起訴が可能になる[23]。また判例上は，実行行為の認定が緩やかであり，共謀の結果として合理的に予想できる違法行為が行われていれば足るとされる[24]。共謀理

　　　れていない。
(20)　FCPA Guide, p.11.
(21)　Pacific Can Co. v. Hewes, 95 F.2d 42, 46 (9th Cir. 1938) ("Where one corporation is controlled by another, the former acts not for itself but as directed by the latter, the same as an agent, and the principal is liable for the acts of its agent within the scope of the agent's authority.").
(22)　FCPA Guide, p.12.
(23)　18 U.S.C. §88. See also, Sidney M. Jr. Blitzer, "Conspiracy," *Louisiana Law Review*, Vol. 28 (1968), p.538.
(24)　Pinkerton v. United States, 328 U.S. 640, 648 (1946).

〔竹内真理〕 **11 国内法の拡張的適用を制約する判断枠組みについての一考察**

論をFCPAに適用すると，外国人や外国企業が，発行者や国内関係者との間で贈賄計画に合意し，いずれかの者が実行行為に至れば，合意の場所がどこであろうとも，当該外国人・外国企業を起訴することが可能になる。さらに，一部の共謀者のみの起訴・処罰も可能であり，それゆえ，主犯者や他の共犯者が米国の管轄外にいて，捜査，逮捕・収監が困難な場合であっても，起訴できるということになる[25]。

　第1の拡張類型（州際通商手段の柔軟な運用）や第2の拡張類型（agentによる州際通商手段の利用）のいずれかに依拠するだけでも，FCPAは，外国人・外国企業の行為に対して広く適用されうる。もっとも，発行者に関しては，米国で有価証券を上場しているという点で米国市場との関連を有し，agentに関しては，国内関係者や発行者の支配下にあるという点で——かなり希薄であるとはいえ——一定の関連を有しているといえる。それに加えて，これらの類型においては，州際通商手段の利用という連結点が維持されており[26]，また利益提供行為には，腐敗の意図（corruptly）が伴っていることが必要とされるため，効果理論に類似する一定の要素を見出すことができる[27]。

　これに対して，第3の拡張類型である共謀理論の下では，共謀者である外国人にFCPAを適用するにあたって，当該外国人が，発行者や国内関係者との間での贈賄計画に合意していればよく，それ以外の関連は要求されない。

　実際にも，司法省の実行においては，共謀理論（及び幇助理論）を適用することで，米国とはほとんど関連をもたない外国人・外国企業の米国外での行為にFCPAが適用されてきている。たとえば，ナイジェリアのBonny Islandにおける天然ガス開発計画をめぐる贈賄事案（Bonny Island事案）においては，日本企業である日揮（JCB）が，米国のKellogg Brown & Root, Inc.（KBR），

---

(25) 内田芳樹「米国海外腐敗行為防止法（FCPA）の域外適用と各国の対応」『日本国際経済法学会年報』24号（2015年）153頁。

(26) Brandon L. Garrett, "Globalized Corporate Prosecutions," *Virginia Law Review* Vol.97（2011），p.1830．既に見たように，国内関係者や米国人・米国企業である発行者については，OECD条約において自国民の国外犯に対する管轄権設定義務が定められていることに対応して，州際通商手段という連結点が撤廃されている。

(27) 効果理論は，周知のように米国のアルコア事件で採用された理論で，①外国企業が米国市場に影響を与える意図を有しており，かつ②実際に影響を与えたことを，反トラスト法の適用基準とするものである。FCPAのケースは，腐敗の意図を伴っているという点では効果理論に類似しているが，利益提供が直接影響を与える市場が必ずしも米国市場ではない点で，効果理論そのものとは言えない。

Ⅱ　国　　家

　フランスの Technip S.A., オランダの Snamprogetti Netherlands N.V. との間で設立した合弁事情 TSKJ によるナイジェリア政府高官への賄賂支払いについて，FCPA 違反に対する共謀（及び幇助）の罪を認め，罰金を支払っている[28]。本件では，国内関係者である KBR が贈賄計画に関するファックスやメールをテキサスの本社から送っていたことや，agent らによるオランダの銀行からスイスの銀行への電信送金がニューヨークを経由していたことが FCPA 違反の事実（＝州際通商手段の利用）として挙げられる[29]一方で，共謀者である日揮自体は発行者でも国内関係者でもなく，また贈賄計画の合意も米国外でなされていることから，FCPA の拡張的適用の顕著な例として注目されている[30]。

　留意すべきは，このように米国との関連がほとんどない状況での FCPA の適用事案の多くが，司法取引（Plea Agreement），起訴猶予合意（Deferred Prosecution Agreement：DPA），不起訴合意（Non Prosecution Agreement：NPA）のような，正式な裁判を経ない取引によるものであるという点である。正式の裁判手続を経ないため，直接対決方式による事実確認が行われず，また罪状の認定も当事者の合意に依存することになってしまう。その結果，米国との関連がほとんどない事案に国内法を適用できるかという問題について，司法判断がなされないままに，適用案件が積み重ねられてしまってきたのである。

　ここで，裁判外の取引の類型について確認しておきたい。① Plea Agreement とは，連邦刑事手続規則 11 上の制度であり，被告が起訴事実，罪状を認めることと引き換えに刑の軽減などを求めるもので，裁判所による許可を経て有罪が確定する。② DPA とは，検察と被告の間の合意であり，合意の下で，検察は裁判所に起訴状を提出する一方で，被告が合意内容を遵守することを条件として起訴を猶予する。一般に DPA は，被告に対する罰金の支払い，時効の放

---

(28)　Deferred Prosecution Agreement, United States v. JCG Corp., Case No.4:11-dr-00260, (S.D. Tex Apr. 6, 2011), available at https://www.justice.gov/sites/default/files/criminal-fraud/legacy/2011/04/27/04-6-11jgc-corp-dpa.pdf. 日揮は司法省との間の取引に応じ起訴猶予合意（Deferred Prosecution Agreement：DPA）を締結したため，正式の裁判による認定ではない。もっとも DPA は，裁判所の許可を必要とし，Information（略式起訴状）とともに内容が公表されるので（いずれも司法省のウェブサイト上で閲覧可），少なくとも当事者が合意した罪状を知ることができる。

(29)　Ibid., Attachment A.

(30)　Lauren Ann Ross, "Using Foreign Relations Law to Limit Extraterritorial Application of the Foreign Corrupt Practices Act," *Duke Law Journal*, Vol.62 (2012), p.447.

棄，政府への協力，コンプライアンス改善の受入れ要求を含み，その内容は司法省のウェブサイト上で公開される。一定の期間の内に合意内容が完遂されれば，検察は起訴を取り下げる[31]。③ NPA とは，検察と被告との間の合意であるが，DPA とは異なって，裁判所に起訴状は提出されず，合意内容も通常は公表されない。NPA の下で，検察は起訴の権限を留保しているが，一定期間，その行使を控えることになる。被告の側に改善が見られれば，検察は起訴状を提出しない[32]。

従来，FCPA 違反の刑事処分には，裁判外の取引は用いられていなかった[33]。DPA や NPA が多用されるようになったのは，司法省が 2003 年に，企業責任の追及に関連して，裁判外の取引を訴追政策として考慮する方針を打ち出してからである[34]。その結果，2000 年の前半までは，年に数件程度であった FCPA の適用案件が[35]，2004 年以降徐々に数を増やし，2007 年以降は，司法省の抱える刑事案件だけでも平均して年に 20 件近くが立件されるようになっている[36]。企業の側も，司法省との紛争が報道され，それが長引けば，自社の株価の下落を招いたり，CSR 問題を重視する取引先から取引制限を受けたりするリスクが高まる上に，裁判で敗訴した場合の費用は膨大な額に上るため，積極的に取引に応じる傾向がある[37]。

こうして，米国とはほとんど関連のない外国人の外国での行為について，共謀理論に基づく FCPA の適用が事実上行われてきた。もっとも，かつての米国の競争法の域外適用の事案においては，当初多くの国が反発し，対抗立法を

---

(31) FCPA Guide, p.74.
(32) Ibid., p.75.
(33) なお，一般に，個人の被告との間の取引は Plea Agreement の形を取ることが多いとされ，これに対して企業との間の取引には DPA や NPA が用いられることが多いとされる。もっとも，Plea Agreement は，制度上は個人と企業の双方について用いられうる。実際に上記 Bonny Island 事案においては，米国企業である KBR が Plea Agreement を締結している。
(34) Karen Woody, "Declinations with Disgorgement in FCPA Enforcement," *University Michigan Journal of Law Reform*, Vol.51 (2018), pp.280-281.
(35) 1977 年の制定時から数年間は，そもそも FCPA の適用案件自体がなかった。
(36) Woody, *supra* note 34, p.278.
(37) 内田，前掲注(25)，161-162 頁。なお，DPA や NPA は，起訴猶予と引き換えに，企業をコンプライアンス計画に服させる内容を含むため，企業の内部統制の改善にも役立つとされる。Brandon L. Garrett, "Structural Reform Prosecution," *Virginia Law Review*, Vol.93 (2007), p.859.

Ⅱ 国　　家

制定するなどの措置を講じたのに対して[38]，FCPAの適用事案に関しては，諸外国からの表立った抗議や対抗立法の動きは見られない。腐敗事案に関しては，OECD条約やその他の地域条約に加え，2003年には国連腐敗防止条約も締結されており，その害悪が国際的に承認されていることも，一国による規制の拡大に対して，他の国が意義を唱えにくい状況を生み出しているといえるだろう。

とはいえ，自国とほとんど関連のない行為について，一見して無制約とも見える国内法の拡張的適用がなされているという現象は，管轄権の制約原理としての国際法の機能に再考を迫るものである。またFCPAの域外適用により広範な腐敗の存在が明らかになったことで，国内制度の大幅な改革を迫られる例もあり，形を変えた米国の覇権主義につながりかねないとの示唆もなされている[39]。さらには，FCPAによる規制強化の結果，企業や個人が制裁を恐れて，賄賂等を要求する国家への投資を控えることで，当該腐敗国家に対する「事実上の」制裁効果がもたらされるともされており[40]，必ずしも国内法が意図しなかった形でこうした事実上の制裁効果がもたらされることの問題も指摘されるようになっている[41]。

こうした状況のもとで，注目されるのは，最近のHoskins事件（United States v. Hoskins, 902 F.3d 69 (2018)）において，米国第2巡回裁判所が，FCPAは一般原則としての共謀理論の適用を排除していると判示したことである。これは，共謀理論を用いたFCPAの拡張に歯止めをかける判断として注目される。そこで以下では，章を改めて，Hosking事件で示された判断枠組みとその意義について検討することとしたい。

---

(38) このような対抗立法については，A. V. Lowe, *Extraterritorial jurisdiction: an annotated collection of legal materials* (1983).

(39) E. Gutterman, "Extraterritoriality as an analytic lens: Examining the global governance of transnational bribery and corruption," in D. S. Margolies, U. Ozsu, M. Pal, and N. Tzouval eds., *The Extraterritoriality of Law* (2019), p.193.

(40) C. Cater, "Corruption and Global Governance," in Sophie Harman and David Williams eds., *Governing the World?: Cases in Global Governance* (2013), p.69.

(41) A. B. Spalding, "Unwitting Sanctions: Understanding Anti-Bribery Legislation as Economic Sanctions against Emerging Markets," *Florida Law Review*, Vol.62 (2010), p.396.

III　FCPAの拡張的適用を制約する判断枠組み

1　Hoskins事件判決

本件で問題となったのは、米国企業（Alstom U.S.）によるインドネシア政府への贈賄計画に関連して、発行者でも国内関係者でもなく、またそれらの役員や従業員でもない外国人のHoskins氏を、FCPA違反の共謀の罪の責任に問えるかであった。Hoskins氏は、Alstom U.S.の親会社でフランスに本拠地を持つAlstom S.A.の従業員であったが、Alstom U.S.との直接の関係はなく、また贈賄計画の進行中に米国に滞在したこともなかった。控訴審である第2巡回裁判所は、共謀に関する部分については地裁と同様の判断を示し[42]、FCPAの直接の適用対象となっていない米国外の者については、共謀罪の責任を問えないと判示した。

第2巡回裁判所の判決の要点は以下の通りである。まず、一般論として、正犯とはなりえない者に対しても、当該犯罪行為の共謀の責任を問うことができる。しかしながら、Gebardi v. United States[43]で判示されたように、立法府が特定の範囲の者（certain class of individuals）を法律の処罰対象から除外する意図を有していた場合には、行政府が立法府の意思を覆す形で、当該法律違反行為への共謀を理由に当該特定の者の責任を問うことはできない（なぜならば立法府はもともと当該特定の者に刑事責任を負わせる意図を有していなかったからである）。

以上を踏まえて、裁判所は、①FCPAの文言、構造、及び起草過程から、特定の者（ここでは米国外にいる外国人）をFCPAの処罰対象から除外するという議会の積極的な立法政策（affirmative legislative policy）を確認できるか、②仮にそうした政策を確認できないとしてもなお、国内法は一般に国内の事案に適用されるという「反域外性推定（presumption against extraterritoriality）[44]」の原理に照らして、この推定を覆すに足る議会の明確な意思を確認できるか、の2点について検討している。重要な論点を含むため、以下では少し詳細に紹

---

[42]　他方で、第2巡回裁判所は、Hoskins氏のagentとしての地位を否定する地裁の判断を退け、政府にはagentとしての地位について議論する余地が認められるべきであるとしており、agent理論を通じた拡張的適用の可能性は依然として残っている。

[43]　287 U.S. 112 (1932).

[44]　反域外性推定については、William S. Dodge, "Understanding the Presumption Against Extraterritoriality," *Berkeley Journal of International Law*, Vol.16 (1998), p.85.

Ⅱ　国　　家

介していきたい。
　まず，①議会の積極的な立法政策について，裁判所は，FCPA の文言と構造のいずれも，FCPA の適用対象となるべき者を注意深く特定していることを確認し，続いて，起草過程の詳細な検討に移る。一方で，1977 年の制定時における当初の上院草案では，規定上は企業を直接の適用対象とし，個人については，企業の違法行為に対する共謀や幇助を通じて責任を問うことが構想されていた[45]。しかしながら，このようなアプローチは，適正手続の保護の要請や，外国人にとっての規則の明確性の観点から問題があるとされ，最終的に，個人と企業の双方について，規定上で適用対象を特定するアプローチが採用されたのである。
　他方で，1998 年の改正時においては，OECD 条約上の義務に対応する形で，FCPA の適用範囲が拡張されている。これとの関連で，政府は，まず，OECD 条約第 1 条 1 項が，「ある者（any person）」が外国公務員に対して利益提供を行う行為を犯罪化することを義務づけており，ここには米国とは直接の関連を有しない外国人が広く含まれうると主張する。しかしながら，改正時の議会の意思は，同規定の義務の履行には，領域内にいる外国人の行為を含む程度の拡大で足るということを示している。次に，政府は，OECD 条約第 1 条 2 項後段が，「外国公務員に対する贈賄の未遂及び共謀については，自国の公務員に対する贈賄の未遂及び共謀と同一の程度まで，犯罪とする」と規定していることを想起する。政府によれば，連邦の贈賄関係規定は，米国公務員に対する贈賄行為に関して，域外の外国人による共謀をも対象としており，したがって，外国公務員に対する贈賄行為について定めた FCPA についても，域外の外国人による共謀が含まれるべきである。しかしながら，OECD 条約第 1 条 2 項は犯罪化されるべき行為という実体規定の内容を定めたものであって，管轄権の側面については別途条約第 4 条が扱っている。政府のような立場を取ると，全ての行為が外国で行われているような共謀についてまで犯罪化が求められていることになるが，それは OECD 条約の要求するところではない。さらに，政府は，OECD 条約第 4 条 1 項が「自国領域内で外国公務員に対する贈賄の全部又は一部が行われた場合」に備えて裁判権を設定することを義務づけていることを想起し，領域との関連がいかに希薄であろうとも，犯罪の何らかの部

---

(45)　Mike Koehler, "The Story of the Foreign Corrupt Practices Act," *Ohio State Law Journal*, Vol.73 (2012), p.996.

〔竹内真理〕　*11* 国内法の拡張的適用を制約する判断枠組みについての一考察

分が行われている限りは，裁判権の設定が義務づけられているのだと主張する。これに対して裁判所は，同条約の公式コメンタリーが「管轄権の属地的根拠は広く解されるべきであり，（領域と）贈賄行為との広範な物理的関連（an extensive physical act）までは必要ではない[46]」と述べていることに触れ，条約は，広範ではないとしても，少なくとも何らかの物理的な関連は想定しているとし，このことは議会の意思においても共有されているという。

この部分の裁判所の判断は，Gerardi 事件で示された判断枠組みに依拠し，立法意思を探求するという前提に立ちながら，立法意思に反映された規則の明確性の要請――これは米国の秩序に服しているわけではない外国人にとっては重要な要請である――や，OECD 条約の規定及びその構造に反映された管轄権の配分のあり方といった，外国や外国人の利益に関わる諸要素を判断に取り入れている点で注目される（この点については後述する）。

続いて裁判所は，②「反域外性推定」について検討する。反域外性推定の判断枠組みは，RJR Nabisco 事件最高裁判決[47]において示されており，第1段階として，制定法が明確で確定的な域外適用の意図を示しているかどうかを検討し，域外性の推定が覆された場合には，さらに第2段階として，事案が国内的な適用に関わるものか――すなわち制定法の焦点とする要素（focus）が国内で生じているか――を検討する。

RJR Nabisco 事件では，反域外推定判断の第1段階で，関連する制定法（RICO Act）の実体規範が域外適用を意図していることが確認された。しかしながら最高裁は，ある規定が域外適用を予定している場合，反域外性推定の働きにより，域外適用の効果が及ぶのは当該規定にのみであるという。そして実体法違反の救済に関わる規定――同事件では請求権の根拠となる私的請求権――の域外適用可能性は別途検討されねばならないとし，結局救済に関わる規定の域外適用を否定した[48]。換言すれば，実体規範が域外適用を予定しているとしても，その違反の効果・救済にかかわる規定は，それに連動して当然に域外

---

(46) M. Pieth, et al eds., *The OECD Convention on Bribery : A Commentary* (2nd ed., 2010), p.322.
(47) RJR Nabisco, 136 S.Ct. 2100 (2016).
(48) 最高裁は，この判断を行うにあたり，制定法の解釈と並んで，「外国の行為に対して私的な救済の権利を与えることは，単に実体規定を当該外国の行為に適用することを超えて，国際摩擦を惹起する可能性がある」と述べている。RJR Nabisco, 136 S.Ct. 2100, 2106 (2016).

Ⅱ 国　　家

適用されるわけではないということである。

　第2巡回裁判所は，この最高裁の判断枠組みが，共謀のように，自ら犯罪行為を定めるのではなく，他の違反行為に付随して責任を惹起する規定にも当てはまるとしている。すなわち，FCPAは，一定の規定の域外適用を予定しているが，反域外性推定の働きによりその効果は当該規定に留められる。そして，共謀については独立した検討が必要であるとし，既に立法政策の探求の箇所で確認したように，FCPAは，発行者・国内関係者及びそれらの役員・従業員・agentでない外国人の行為については，それらが域内で行われていない限り，責任を問わないことを意図していると述べる。

　以上により，第2巡回裁判所は，FCPAの下で直接規律対象とされていない外国人の外国での行為に対して，共謀理論を用いてFCPAを拡張的に適用することは排除されていると結論した。

2　Hoskins事件判決の判断枠組みの意義

　Hoskins事件判決の第1の意義は，FCPAは一般原則としての共謀理論の適用を排除していると判示したことであろう。他の巡回裁判所が同様の判断を採用するか否か，またこの司法判断が，司法省と企業との間のDPAやNPAにおける共謀理論の採用の歯止めとなるかは，未知数である。しかしながら，判決の論旨は明快であり，少なくとも今後の判断はHoskins事件判決を何らかの形で参照しなければならないであろう。

　もっともHoskins事件判決の意義はそれにとどまるものではないと考えられる。すなわち，同判決の採用した判断枠組みは，立法意思の探求を通じて，立法機関の意図を超える行政の運用を抑制するという三権分立の要請に応えるものであると同時に，そうした立法意思の中に，外国国家や外国人の利益の保護・それらと自国の利益との調整を読み込むことで，合理的な管轄権行使の射程を探求しようとするものになっていると考えられるのである。

　これまでにも，米国の裁判所は，制定法の解釈原理（canon of statutory interpretation）を通じて，内国的な利益と外国の利益との調和を図ってきた。中でも，反域外性推定は，コンテクストに応じてその焦点を変えながら，諸利益を調和する機能を果たしてきたとされる[49]。

　　(49)　John H. Knox, "A Presumption Against Extrajurisdictionality," *American Journal of international Law*, Vol.104（2010）, p.352.

〔竹内真理〕 *11* 国内法の拡張的適用を制約する判断枠組みについての一考察

　反域外性推定は，一方では，いわゆる Charming Betsy 原則（議会の法は，他の可能な解釈が示されない限り，国際法に反するように解釈されてはならない）と親和的に用いられることで，属地主義や属人主義といった管轄権の諸原則の範囲内に国内法の適用範囲を抑制するように機能しうる。もっとも，管轄権の諸原則自体は，領域や国籍などを連結素とした極めて概括的なものに留まっており，また共謀のように，他の違反行為に付随して責任を惹起する原則に基づく拡張的適用にどのように作用するかは未知数である。他方で，Hoskins 事件の判断枠組みにおける反域外性推定は，域外適用を予定する規定の効果を当該規定に留めるように作用し，共謀については独立した検討を必要とすることで，共謀理論に基づく無制約な拡張的適用を間接的に抑制する効果を生み出している。
　このような反域外性推定の法理に加えて，Hoskins 事件では，国際条約である OECD 条約の法構造が注意深く検討に付され，条約の国内実施法を制定した議会の立法意思を通じてではあるが，国内法の拡張的適用に歯止めをかける機能を果たしていることが注目される。とりわけ，共謀罪については，一方で，OECD 条約は，「自国の公務員に対する贈賄の……共謀と同一の程度」の犯罪化を求めており，米国のように，広い範囲で自国の公務員に対する共謀罪を処罰対象とする国にとっては，一見して広い範囲での処罰が求められるようにも見える。しかしながら，第 2 巡回裁判所の指摘するように，管轄権設定義務は別の規定の下で扱われており，実体規定とは連動していない。むしろこのように実体規定とは切り離され，かつ属地主義と属人主義という伝統的な管轄権の基礎に限定されることで，管轄権設定義務に関する規定は，却って国内法の拡張的な適用を抑制する効果を生んでいる。
　以上のように，Hoskins 事件の判断枠組みは，全体として，制定法が直接規律していない外国人の外国における行為に対して，共謀理論に基づいて国内法が拡張的に適用されることを排除している。これは，法の予見可能性という観点から，とりわけ意義のある判断であるといえる。すなわち，一国の領域外にいる外国人については，当該国の法秩序に直接服しているわけではないから，当該国の法に関する予見可能性を期待することができない。共謀理論のようなコモンローに特有の法理については，いっそうこのことが当てはまろう。この点で Hoskins 事件の判断枠組みは，一方では，反域外性推定を適用して，域外適用の効果を，制定法に規定されている範囲にとどめることで，制定法上は予見のできない法適用を排除するように機能している。他方で，国内法の適用

Ⅱ　国　　　家

範囲を，条約の管轄権設定義務の下で合意の得られたものに留めることで，条約の国内実施法である FCPA の 1998 年改正により採用されているとは考えられない管轄権行使を排除することに貢献している。国際条約中の管轄権設定義務をめぐっては，主としてテロ関係条約を中心に，それが管轄権行使を許容するものであるかという観点から論じられてきた[50]。しかしながら，管轄権設定義務に関する規定は，同時に，条約交渉により合意の得られた管轄権の基礎を各国の国内法に採用させることで，少なくとも条約当事国の国民にとって，かかる管轄権の基礎を予見可能なものとすることに貢献している。

　法の予見可能性は，法適用対象たる個人の利益の保護にかかわるものであり，法の内容に関する予見性に加えて，どの国の管轄権に服することになるかという手続の予見性も含む[51]。Hoskins 事件の判断枠組みは，一方では国内制定法の解釈を通じて法の内容に関する予見性を確保し，他方で，条約の法構造の探求を通じて，手続に関する予見可能性を確保することを可能にするものであり，管轄権法理にとって注目すべき判断であるといえよう。

Ⅳ　おわりに

　米国の FCPA をめぐる実践は，国内法の柔軟な解釈や運用を通じた拡張的適用の顕著な例を提供するとともに，他方で，国内法の解釈を通じて，行き過ぎた拡張に一定の歯止めがかけられることをも示している。

　そもそも管轄権行使は，第一義的には国内機関による法の制定・適用・執行なのであり，これまで国際法上の制約とされてきた原理も，現実には，そうした国内機関による解釈適用を経て国内法秩序に取り込まれているのだといえる。米国の反域外性推定や立法意思の探求を通じた条約の法構造の国内法への反映は，国際法と国内法の相互作用を通じて構築される管轄権法理のあり方の一端を示しているように思われる。

---

(50) とりわけ争いの多かった受動的属人主義に関しては，テロ関連条約に取り入れられることによって，国際法上許容されるようになったと評価されることが多い。竹内真理「域外適用法理における受動的属人主義の理論的位置づけ」浅田正彦編『安藤仁介先生古稀記念：21 世紀国際法の課題』（有信堂，2006 年）64 頁。
(51) 管轄権行使における法の予見可能性の問題については，竹内真理「国際法における国家管轄権行使に関する基本原則」鶴田順編『海賊対処法の研究』（有信堂，2016 年）93-94 頁。

12 海外美術品に対する国の管轄権に関する法の形成過程について

——2014年の特別展「台北『國立』故宮博物院」が提起した問題を素材として——

水 島 朋 則

Ⅰ　はじめに
Ⅱ　外国の美術品に対する強制措置を禁止する主権免除規則
Ⅲ　借り受けた海外美術品一般への主権免除規則の拡張？
Ⅳ　おわりに

Ⅰ　はじめに

　安藤先生のご研究の中に，国際連合における中国代表権問題や光華寮事件等との関連で，中華民国ないし台湾に関するものが含まれることは，周知のとおりである[1]。改めて確認するまでもなく，台湾と日本との関係については，1972年の「政府承認の切り替え後も，両者間の非公式・私的な諸関係は継続して［おり，］台湾と日本との船舶・航空機の往来，私的な交易，それらに伴う人の交流や相互訪問などは，民間協定の形態でそれまでと変わりなく続いている」[2]。台北にある（國立）故宮博物院から借り受けた美術品の展覧会が，2014年6月24日から東京国立博物館で開催されることになったのも，そのような関係を示す1つの例であったと言えよう。

　ところが，この展覧会をめぐっては，開催の数日前に，開催の中止も危ぶまれる事態が生じていた。この展覧会のために作成されていた一部のポスター等において，正式名称である「國立故宮博物院」ではなく，「國立」を含まない

---

(1) 例えば，安藤仁介「中国代表権の交代と国際法上の諸問題——日中・日華関係を中心に——」，同「光華寮事件をめぐる国際法上の諸問題」『実証の国際法学』（信山社，2018年）231頁，521頁。
(2) 安藤仁介「台湾，人権，自決——個人的体験をとおして」『アイヌ・台湾・国際人権』（世界人権問題研究センター，2011年）33頁。なお，安藤先生が台湾を初めて訪れたのは，光華寮事件の提訴がなされた翌1968年のことであると書かれている。同上，23頁参照。

Ⅱ　国　　家

「台北　故宮博物院」等の表記がなされていることに対して，台湾側から抗議がなされたためである[3]。日本側の修正作業が評価され，当初の予定どおり展覧会は開催されたが[4]，「國立」を表記しないことにした背景として，日本が台湾を「国」として承認していないという国際法問題に関わる事情があったであろうことは，想像に難くない[5]。

また，このような承認に関する国際法問題に加えて，そもそもこの展覧会の開催が可能になった法的背景として，日本における国内法の整備——具体的には「海外の美術品等の我が国における公開の促進に関する法律」（以下，海外美術品公開促進法）[6]の制定——があったことも確認しておく必要があろう。2011年4月に公布され，同年9月から施行されている同法は，「我が国において公開される海外の美術品等のうち，国際文化交流の振興の観点から我が国における公開の円滑化を図る必要性が高い……ものとして文部科学大臣が指定したもの」について，強制執行・仮差押え・仮処分から免除することを定めている（第3条1項1文）。そこでの「海外の美術品等」とは，「我が国における公開のために要する期間を除き海外に在る」絵画等と定義されているが（第2条），台湾の國立故宮博物院の美術品については，2014年4月に同法に基づいた指定がなされ[7]，それを前提として，東京国立博物館においてこの展覧会が開催されたのである[8]。

---

(3) 例えば，「国際問題月表 2014年6月1日-30日」『国際問題』第634号（2014年）50頁参照。

(4) 東京国立博物館での展覧会は2014年9月15日に終了しているが，同館のホームページにおいて，「東京国立博物館では，『國立』表記のないチケットについて，ご入場の際に，表記のあるものと交換の上ご使用いただけます」との注意書きがなされていた。〈https://www.tnm.jp/modules/r_free_page/index.php?id=1647〉参照。

(5) 例えば，『日本経済新聞』2014年6月21日朝刊38頁参照。

(6) 同法の紹介として，例えば，『法学セミナー』第678号（2011年）139頁，『時の法令』第1885号（2011年）18頁（佐々木壮勇），『自由と正義』第62巻8号（2011年）96頁（佐々木壮勇），『慶應法学』第20号（2011年）187頁（島田真琴），『法令解説資料総覧』第364号（2012年）32頁参照。

(7) 文部科学省告示第69号 2014(平成26)年4月28日〈http://www.bunka.go.jp/seisaku/bunka_gyosei/shokan_horei/bunkazai/kaigaibijutsu_sokushin/shitei/pdf/69_j.pdf〉。

(8) その後，2014年10月7日から11月30日まで，九州国立博物館において同じく特別展「台北國立故宮博物院」が開催された。〈https://www.kyuhaku.jp/exhibition/exhibition_s37.html〉参照。

このような海外美術品の扱いに関しては，2014年に国際法協会（ILA）が「文化的，教育的または科学的目的のために一時的に外国にある文化財の裁判権および執行免除に関する条約草案」（以下，ILA文化財免除条約草案）[9]を採択しているが，そのこととも合わせて，特別展「台北　國立故宮博物院」は，この分野における国際法と国内法の相互作用について考えるための興味深い素材を提供しているように思われる。本稿の目的は，この問題について，外国の一定の財産に対する強制的な措置を禁止する主権免除の国際法の観点から考察し，現代社会における法の形成過程について検討することにある[10]。

II　外国の美術品に対する強制措置を禁止する主権免除規則

1　慣習国際法

国は，領域主権に基づいて，その領域にある物に対して管轄権を行使することができ，必要であれば，そのような物に対して強制的な措置をとることができる。また，国際法上，この原則に対してはいくつかの例外があり，例えば，外交官の一定の財産は不可侵であるとされ，強制的な措置からの免除を享有することになっている[11]。

同様に，慣習国際法の原則とみなされている主権免除によって，国は，外国の一定の財産に対して強制的な措置をとることが禁止されている。主権免除の国際法は，裁判権からの免除についてだけではなく，強制的な措置からの免除（執行免除）についても，制限免除主義から絶対免除主義に移行したと説明されることが多いが，執行免除に関する制限免除主義によれば，国は，外国が公的目的のために使っている財産に対して強制的な措置をとることが禁止されるということになる[12]。

---

(9) "Convention on Immunity from Suit and Seizure for Cultural Objects Temporarily Abroad for Cultural, Educational or Scientific Purposes," *I.L.A. Report*, Vol. 76 (2014), p. 34.

(10) 本稿は，Mizushima Tomonori, "Law-Making Process concerning State Jurisdiction over Artworks Loaned from Abroad: Implications of the Exhibition of 'Treasured Masterpieces from Taipei'," *Chinese (Taiwan) Yearbook of International Law and Affairs*, Vol. 33 (2015), p. 11 を基礎としたものである。

(11) 外交関係条約第30条2項参照。Eileen Denza, *Diplomatic Law: Commentary on the Vienna Convention on Diplomatic Relations* (4th ed., 2016), pp. 229-230 も参照。

(12) 例えば，Hazel Fox and Philippa Webb, *The Law of State Immunity* (3rd ed., 2015),

Ⅱ　国　　家

　問題は，外国が公的目的のために使っており強制的な措置から免除される財産と，免除されないその他の財産とをどのように区別するかである。私人が所有する美術品は，通常は強制的な措置からの免除を享有せず，領域主権に基づいて所在国における強制的な措置の対象となり得ることに鑑みれば，外国が所有する美術品も，執行免除の対象とならない財産に分類されるように思われる。しかしながら，「［国の］裁判所は，問題となっている財産が公的目的のために使われていると主張する［外］国の裁量を尊重しがち」であり[13]，したがって免除を与えがちであるという点には注意する必要があろう。

　そのような「公的目的のために使われている財産」の拡張解釈は，主権免除事件における国際司法裁判所（ICJ）の2012年判決[14]にも見ることができると言えそうである。第2次世界大戦中のドイツ軍によるギリシャでの殺人等をめぐる民事訴訟において賠償の支払をドイツに命じたギリシャの裁判所の判決を執行するために，イタリアの裁判所がドイツの財産に対して裁判上の抵当権を設定したことが争われた本事件において，ICJ は，次のように述べて当該財産について執行免除を認めた[15]。

　　本事件において，問題となっている強制的な措置の対象である財産が，商業的性格をもたない公的目的の活動，したがってドイツの主権的任務に属する活動の必要のために利用されていることは明らかである。実際，［当該財産］は，ドイツとイタリアの間の文化交流を促進するための文化センターの所在地である。この文化センターは，1986年4月21日の交換公文の形式で当該2政府間で結ばれた合意に基づいて組織され，運営されているものである。当裁判所において，イタリアは［それを］「研究・文化・教育の分野における伊独協力のための最高水準センター」と呼び，また，「両国によるその特別な運営構造」にイタリアが直接的に関わってきたことを認めている。

　このICJ判決の後は，イタリアの裁判所も，当該財産がドイツによって公的目的のために使われていることを理由として，強制的な措置の対象にならない

---

　　p. 491 参照。
(13)　James Crawford, *Brownlie's Principles of Public International Law* (8th ed., 2012), p. 503.
(14)　Immunités juridictionnelles de l'État (Allemagne c. Italie; Grèce (intervenant)), *C.I.J. Recueil*, 2012, p. 99.
(15)　*Ibid.*, p. 148 (para. 119).

〔水島朋則〕　*12* 海外美術品に対する国の管轄権に関する法の形成過程について

としている[16]。しかしながら，後で見る国連主権免除条約が，執行免除を与えるべき財産の例として挙げているものと比較しても，文化センターが公的目的のために使われている財産である（したがって，執行免除の対象とすべき）ことが「明らかである」ようには決して思われない。むしろ，本事件でイタリアが，抵当権の抹消をICJが命ずることに異議はないとし[17]，この点を特に争わなかったことに照らしても，実態としては，公的目的のために使われている財産ではないが執行免除を与えることに両国が（黙示的に）合意した結果と捉えるのが適当と言えよう[18]。

2　国連主権免除条約

2004年に採択された国連主権免除条約は，次のように定め，外国の美術品に対する強制的な措置に関わり得る規則を明確化しようとしている。

> 第19条　いずれの国の財産に対するいかなる判決後の強制的な措置（差押え，強制執行等）も，他の国の裁判所における裁判手続に関してとられてはならない。ただし，次の場合は，この限りでない。
> 　……
> 　(c)　当該財産が，政府の非商業的目的以外に当該国により特定的に使用され，……かつ，法廷地国の領域内にあることが立証された場合。
> 　……
>
> 第21条1　国の財産のうち特に次の種類の財産は，第19条(c)に規定する政府の非商業的目的以外に当該国により特定的に使用され……る財産とは認められない。

---

(16)　Regione Stereá Ellada c. Presidenza del Consiglio dei ministri e Repubblica federale di Germania, *Rivista di diritto internazionale*, Vol. 101 (2018), p. 1022 (Corte di cassazione) 参照。なお，当該財産の執行免除の問題には直接影響していないが，イタリアの憲法裁判所は2014年の判決において，ICJ判決の履行を目的とする2013年の法律の規定が一定の範囲でイタリア憲法に違反するとしている。このイタリア憲法裁判所判決については，例えば，水島朋則「欧州における『過去の克服』の現在——独伊戦後賠償に関わる国際司法裁判所判決の履行を違憲とするイタリア憲法裁判所判決を素材として」『法律時報』第87巻10号（2015年）28頁参照。

(17)　Immunités juridictionnelles de l'État, *supra* note 14, p. 109（para. 17）参照。

(18)　国連主権免除条約第26条も参照。

327

Ⅱ 国　　家

　　……
　(d)　当該国の文化遺産の一部又は公文書の一部を構成する財産であって，販売されて……いないもの
　(e)　科学的，文化的又は歴史的に意義のある物の展示の一部を構成する財産であって，販売されて……いないもの

　国連主権免除条約はまだ発効しておらず[19]，第21条1項(e)については，慣習国際法となっていると言うのは尚早であろうという指摘もある[20]。しかしながら，他方で，欧州評議会の一部の加盟国は，2013年以降，次のような「国が所有する文化財の管轄権免除に関する宣言」[21]に署名をしている（強調は水島）。

　　[加盟国は，国連主権免除条約]において法典化されているような国家免除に関する慣習国際法を基礎として，他の国において公開展示されている国有文化財に適用可能な国際法の枠組を再確認する必要性を意識し，共同して次のように宣言する。
　　[国連主権免除条約]において法典化されているような慣習国際法に従って，当該国の文化遺産の一部もしくは公文書の一部を構成する財産または科学的，文化的もしくは歴史的に意義のある物の展示の一部を構成する財産であって，販売されて……いないものは，他の国におけるいかなる強制的な措置（差押え，強制執行等）にも服さない……。

　したがって，国連主権免除条約の採択に伴い，外国の美術品に対して国が強制的な措置をとることを禁止する慣習国際法規則が（確立しているとはまだ言えないとしても）形成されつつあると考える余地はあるのかもしれない。Ⅱの1

---

(19)　国連主権免除条約の発効には30国の批准等が必要であるが（第30条1項），採択から15年近くが経過した2019年8月6日の時点で，批准国は日本（2010年5月11日受諾）を含めて22国である。〈https://treaties.un.org/Pages/ViewDetails.aspx?src=TREATY&mtdsg_no=III-13&chapter=3&clang=_en〉参照。
(20)　Roger O'Keefe and Christian J. Tams (eds.), *The United Nations Convention on Jurisdictional Immunities of States and Their Property: A Commentary* (2013), p. 347 (Chester Brown and Roger O'Keefe) 参照。
(21)　Declaration on Jurisdictional Immunities of State Owned Cultural Property, 〈https://rm.coe.int/declaration-on-immunities-en/168071bb2d〉。この宣言は，「ある種の国の財産（展示されている文化財）が管轄権免除を享有するという基本的な規則についての法的信念に関する共通理解を表明する法的に非拘束的な文書として作成された」ものである。〈https://www.coe.int/en/web/cahdi/immunities〉。

での分析もふまえれば，国は，国連主権免除条約を批准しているかどうかにかかわらず[22]，外国の美術品に対して強制的な措置をとることを控えることが予想されると言えそうである。

III 借り受けた海外美術品一般への主権免除規則の拡張？

外国が所有する美術品に関して国が強制的な措置からの免除を与えるとすれば，私人が所有する美術品を展示の目的で国外から借り受けた場合に，その美術品が一時的に領域内に所在することになる国が管轄権を行使し，強制的な措置をとることを正当化することは，困難になるように思われる。それは，国のコレクションの中から国外の美術館や博物館に貸し出される美術品の脈絡においては，国のコレクションはその国が所有しているのではなく，私人である所有者から国が借り受けて管理しているにすぎない場合がよくあると指摘されるためである[23]。近年，日本を含むいくつかの国が，国外から借り受けた美術品について，その所有者を問わずに免除を与える法律を制定していることは[24]，そのような背景に照らして理解することができるかもしれない。IIIの2で確認するように，ILA文化財免除条約草案も，文化財の所有者が外国である場合と私人である場合とを区別をしていないのである。

1 日本の国内制定法

海外美術品公開促進法の制定よりも前の2009年に，日本では「外国等に対する我が国の民事裁判権に関する法律」（以下，対外国民事裁判権法）が公布さ

---

(22) 条約法条約第18条は，次のように定めている。
いずれの国も，次の場合には，それぞれに定める期間，条約の趣旨又は目的を失わせることとなるような行為を行わないようにする義務がある。
(a) 批准，受諾若しくは承認を条件として署名し……た場合には，その署名……の時から条約の当事国とならない意図を明らかにする時までの間
(b) 条約に拘束されることについての同意を表明した場合には，その表明の時から条約が効力を生ずる時までの間。……
(23) O'Keefe and Tams (eds.), *supra* note 20, p. 345 (Brown and O'Keefe) 参照。
(24) 英国の国内制定法について，Anna O'Connell, "The United Kingdom's Immunity from Seizure Legislation," *The Modern Law Review*, Vol. 72 (2009), p. 783 参照。より一般的に，Nout van Woudenberg, *State Immunity and Cultural Objects on Loan* (2012), pp. 107-366 参照。

Ⅱ　国　　　家

れ，2010年から施行されている[25]。概ね国連主権免除条約に準拠している対外国民事裁判権法は，「外国等は，当該外国等により政府の非商業的目的以外にのみ使用され……ている当該外国等の有する財産に対する民事執行の手続について，裁判権から免除されない」と定める一方で（第18条1項），「科学的，文化的又は歴史的意義を有する展示物」であって，販売されていないものについては，そのような政府の非商業的目的以外にのみ使用されている財産には含まれないものとし（第18条2項），したがって民事執行手続からの免除を享有することになる[26]。

しかしながら，台湾の財産については，たとえ「科学的，文化的又は歴史的意義を有する展示物」であると認められたとしても，対外国民事裁判権法に基づく民事執行手続からの免除は享有しないことになる。それは，同法にいう「外国等」には──少なくとも同法の立案担当者の説明によれば──日本政府によって国として承認されていない台湾等は含まれないとされるためである[27]。台湾が，「外国」それ自体には該当しないとして，外国の「行政区画」（最終的に制定された対外国民事裁判権法で言えば第2条2号）にも当たらないのかどうかについて，対外国民事裁判権法の立案に関わった法制審議会主権免除法制部会で問題提起がなされたが，この点についても否定の回答がなされている[28]。このような日本の国内法政策については別の機会に批判的に検討しており[29]，本稿ではそれを繰り返さない。ただし，安藤先生が，光華寮事件における最高裁判決[30]について，「各国の国内法廷の判例のなかには，当該国家の政府が承認していない外国政府や事実上の政府……に対して裁判免除を与えたりしたものが，少なくない」ことなどを指摘された上で，「日中共同声明による中国の政府承認の切り替えの結果，中華民国が日本の国内裁判所における一切の訴訟

---

(25) 対外国民事裁判権法について，一般的に，飛澤知行編著『逐条解説　対外国民事裁判権法──わが国の主権免除法制について』（商事法務，2009年）参照。
(26) これらの規定は，国連主権免除条約で言えば，それぞれ第19条(c)と第21条1項(e)に対応する。
(27) 水島朋則『主権免除の国際法』（名古屋大学出版会，2012年）74頁参照。
(28) 法制審議会主権免除法制部会第5回（2008(平成20)年12月12日）議事録〈http://www.moj.go.jp/content/000012208.pdf〉2頁参照。
(29) 水島『前掲書』（注27）73-90頁参照。
(30) 最判平成19・3・27民集第61巻2号711頁。本判決の解説として，例えば，水島朋則「光華寮訴訟」『国際法外交雑誌』第109巻4号（2011年）99頁参照。

について，自働的に訴訟当事者能力を否定されるべきであるとする最高裁判決が妥当でないことは明らかであろう」と評価されていることは，確認しておく必要があろう[31]。

いずれにせよ，対外国民事裁判権法の立案担当者の理解を前提とする限り，台湾の美術品が，同法の下で日本における強制的な措置から免除される保証はないということになる。台湾の美術品に対象を限ったとしても，対外国民事裁判権法の制定後も海外美術品公開促進法のような法律が日本において必要とされたのは，1つにはそのような事情によるのである。「はじめに」で見たとおり，海外美術品公開促進法は，対象となる海外美術品に対して，対外国民事裁判権法の下で与えられるのと同様の免除を与えることにしている。日本がこのような海外美術品公開促進法を制定し，台湾から借り受ける美術品を同法の下で強制的な措置から免除される対象として指定してはじめて，台湾側は日本への美術品の貸し出しに同意し，展覧会の開催が実現したというわけである。

日本の文化庁は，対外国民事裁判権法と海外美術品公開促進法との関係について，問題となる美術品の所有者が日本の政府によって国として承認されている場合は，対外国民事裁判権法に従って強制的な措置から免除されるため，海外美術品公開促進法の対象外と解しているようである[32]。しかしながら，次のような理由から，そのような解釈には疑問を提起することができる。そもそ

---

(31) 安藤仁介「判例批評：最高裁2007（平成19）年3月27日判決」『民商法雑誌』第137巻6号（2008年）562-563頁。Nisuke Ando, "The Khoka-ryo Case and International Law: A Critique of the Japanese Supreme Court Decision," *Japanese Yearbook of International Law*, Vol. 53 (2010), p. 1 も参照。なお，台湾について承認の面で日本と同様の状況にあるフランスにおいて，台湾が民事裁判権免除を享有することや国内法上の法主体性をもつことを認めた2014年の2つの破毀院判決がある。Strategic technologies c. Procurement Bureau of the Republic of China Ministry of National Defence, *Revue général de droit international public*, Vol. 119 (2015), p. 276; République populaire de Chine c. République de Chine (Taïwan), *Revue général de droit international public*, Vol. 119 (2015), p. 278. 民事裁判権免除に関する前者について，Pascale Ricard, "La question des immunités étatiques accordées par les juridictions internes aux États non reconnus comme tels – étude du cas de Taiwan," in Denys Simon (ed.), *Le Droit international des immunités: constantes et ruptures* (2015), p. 105 も参照。

(32) 文化庁「海外美術品等公開促進法等」〈http://www.bunka.go.jp/seisaku/bunka_gyosei/shokan_horei/bunkazai/kaigaibijutsu_sokushin/〉参照。

Ⅱ 国　　家

も，海外美術品公開促進法の文言上，外国が所有する美術品が同法の適用対象外とされているわけではない。また，海外美術品公開促進法の下で強制的な措置からの免除が与えられるのは，文部科学大臣の指定の効果であるのに対し，対外国民事裁判権法の場合は，そのような指定の手続は規定されていない。したがって，問題となる美術品を外国（として日本の政府によって承認されているもの）が所有している場合——文化庁の解釈によれば海外美術品公開促進法の下での免除は与えられない——であっても，日本の裁判所が，「科学的，文化的又は歴史的意義を有する展示物」とは認められないとして，対外国民事裁判権法（第18条2項）の下での免除を与えない可能性は——実際上は想定しがたいとはいえ——否定することができないのである。そのような事態を防ぐためには，海外美術品公開促進法およびその下での指定の手続は，外国が所有する美術品についても適用すべき（また，その前提として，適用可能であるというべき）であろう。

2　ILA 文化財免除条約草案

ILA 文化財免除条約草案は，「文化的，教育的または科学的目的のために一時的に借受国にある文化財は，当該国における強制的な措置からの免除を享有する」と定めているが（第3条），外国が所有する文化財と私人が所有するものとを区別しておらず[33]，いずれにも適用されるものと解されている[34]。その限りで，この草案の下では，海外美術品公開促進法の下では起こり得る強制的な措置からの免除に関する（外国所有財産と私人所有財産との間の）差別的扱いという問題は生じないことになる。

対象となる文化財の指定の問題については，ILA 文化財免除条約草案は自己指定手続とでも呼び得るものを採用しており，具体的には，同条約における「『文化財』」とは，宗教的理由によるか否かを問わず，国が考古学上，先史学上，

---

(33)　ILA 文化財免除条約草案第1条は，次のように定めている。
　　本条約は，文化的，教育的または科学的目的のために一時的に接受国にある文化財の強制的な措置からの免除について定める。ただし，次の場合を除く。
　　(a)　当該文化財が，販売されて……いる場合，または
　　(b)　当該文化財が，接受国または接受国に居住する自然人もしくは法人によって所有［等］されている場合
(34)　*I.L.A. Report*, Vol. 76 (2014), p. 775 参照。

史学上，文学上，美術上または科学上重要なものとして特に指定した物件をいう」と定めている（第2条1項，強調は水島）。一見したところ，そこでいう「国」がどの国を指しているのか必ずしも明らかではないが，この規定が1970年の文化財不法輸出入等禁止条約を基にしていることから判断すれば[35]，そこでいう指定をする国が送出国，すなわち，「関係する文化財が恒久的に，または通常所在している締約国」（第2条5項）ということになろう。

ILA文化財免除条約草案が定めるような規則を含む条約が国際社会において採択されることになるかどうかは，もちろん分からない。いずれにせよ，この条約草案が「広がりつつある一般的な実行の法典化と国際法の漸進的発達への貢献」[36]となり得るとは言えるのかもしれない。

Ⅳ　おわりに

現在の主権免除の国際法が，外国が所有する美術品について強制的な措置をとることを禁止しているようには思われない。しかしながら，上で指摘したように，そのような慣習国際法規則が形成されつつあるとは言えそうであり，国は，国際法（あるいはそれを反映した国内制定法）を根拠として，展示のために借り受けた外国の美術品について強制的な措置からの免除を与えることが予想される。美術品は，同様に私人によっても所有することができ，展示のために貸し出されることが当然あり得ることからすれば，私人が所有する美術品について国が同様の扱いをしないことを正当化するのは困難である。しかしながら，私人が所有するものを含めて，国外から借り受けた美術品一般についてそのような免除を与える国際法は今のところ存在していない。

日本の海外美術品公開促進法や他の一部の国が制定している同様の法律は，そのような法的空白を埋め，私人（および未承認国）が所有する美術品にも強制的な措置からの免除を拡張するものとして理解することができるかもしれない。また，ILA文化財免除条約草案は，そのような国内法の規則を内容の面

---

[35] *Ibid.*, p. 40 参照。文化財不法輸出入等禁止条約第1条は，同様に，「この条約の適用上，『文化財』とは，宗教的理由によるか否かを問わず，各国が考古学上，先史学上，史学上，文学上，美術上又は科学上重要なものとして特に指定した物件……をいう」と定めている。

[36] *I.L.A. Report*, Vol. 76 (2014), p. 34.

Ⅱ 国　　家

で反映する国際法規則が形成される契機となる可能性をもっていると言えよう。

　他方で，国外から借り受けた美術品に対する国の管轄権に関しては，上で指摘したような主権免除の国際法の拡張とは異なる別のアプローチも考えられるように思われる。具体的には，安藤先生がご研究の１つの柱とされてきた国家責任に関する国際法[37]——とりわけ，国家責任に関するかつての議論が主に対象としてきた外国人法[38]——からのアプローチである。自国の領域内に受け入れた外国人およびその財産の扱いについて，そのような外国人法の観点からの制約があることに鑑みれば，外国人が所有する財産（美術品）を展示の目的で一時的に自国の領域内に受け入れた場合に，その財産が所在することを別の目的で利用し，強制的な措置をとることは，国際法に違反すると考える余地があると言えよう。そのような国際法違反から生ずる国家責任を追及する国籍国が（日本から見た台湾のように）違反国の政府によって国として承認されていない場合の国際法問題については，別の機会に検討することとしたい。

---

(37)　例えば，安藤『前掲書』（注1）「Ⅳ　国家責任」所収の論文参照。
(38)　国家責任に関するかつての議論は「主として外国人の処遇に関する国家責任のみを対象とし」，「ある国家の領域内で外国人の身体や財産が損害をこうむった場合に，その国家は国際法上どのような責任を負うか，という問題のみが議論されてきた」。小川芳彦他『国際法2』（蒼林社，1986年）152頁（安藤仁介）。

III
国家責任

13 国際責任法の発展に関する一考察
——2000 年〜2018 年

大 森 正 仁

  Ⅰ 個 別 条 約   Ⅳ 学界の動向
  Ⅱ 判 例   Ⅴ 結びにかえて
  Ⅲ 法典化作業

　国際法において国際責任法という分野が学問的分類としてばかりでなく「全分野を横断的に」[1] 実定的な規範と具体的な内容を兼ね備えるようになったのはそれほど古いことではない。本稿では最近の発展を条約，判例，法典化，学界の分野で検討することにより，その動向を明らかにしようとするものである。
　ここで発展というのは，国際法の規範が生成，発達，変更，消滅という過程を辿ることを念頭に置いている[2]。条約であれば，締結，遵守・適用・解釈，改正，無効・終了等がウィーン条約法条約に規定されているが，このような状況はある時点での静的な分析ではなく，時間軸に沿った動的な検討が必要であることを意味している。なお，これまでに制定された国際責任法に関する一般条約は存在していないものの，各分野で締結されている条約中に国際責任に関する条項が入れられることがある。
　また，多くの問題を抱えながら，長期間にわたる法典化作業ののちに 2001

---

(1) 安藤仁介「国際法における国家の責任」芦部信喜ほか編『基本法学5 責任』109 頁（岩波書店，1984 年）。（責任に関する主要論文が安藤仁介『実証の国際法学』（信山社，2018 年）に再録されているが，今回は出版年を明記するために初出の資料を使用させていただいた。）
(2) 国際法の理解をするための方法論的な問題には詳しく言及できないが，最近の文献として，2点だけを挙げておきたい。Andrea Bianchi, International Law Theories, xiv, 320pp（Oxford: Oxford University Press, 2016）; Siegfried Wiessner ed., General Theory of International Law, xiii, 534pp（Leiden ; Boston : Brill/Nijhoff, 2017）.

Ⅲ　国家責任

年に作成された国際法委員会の条文草案[3]がその後の各分野にどのような影響を与えたのかを判断することは，国際法における国際責任法の発展を理解するためには不可欠であると考えられる。ここではこの影響を検討するために必要と思われる基本的作業の一部を行うこととする。

Ⅰ　個 別 条 約

締結された条約規定の中に責任に関連する条項を有しているものについて特徴的な条約規定を個別の分野ごとに検討をしてゆきたいと思う。

1　南極環境保護議定書第 6 附属書

南極に関しては，1959 年 12 月 1 日に署名された南極条約が中心となり，海洋生物資源の保存や環境保護のための条約・議定書が作成されてきた。1991 年 10 月 4 日にマドリッドで署名された環境保護に関する南極条約議定書は南極を平和及び科学に貢献する自然保護地域（第 2 条）としており，科学調査を除くほか，鉱物資源に関するいかなる活動も禁止している。

環境保護議定書と第 1 附属書から第 5 附属書まではすでに発効している[4]。第 1 附属書は環境影響評価，第 2 附属書は動物相・植物相の保存，第 3 附属書は廃棄物の処分・処理，第 4 附属書は海洋汚染防止を対象としており，議定書とともに採択された。第 5 附属書は南極特別保護地域を取り上げているが，1991 年の第 16 回南極条約協議会で採択された。

第 6 附属書は「環境の緊急自体から生ずる賠償責任」[5]（英文 Liability Arising From Environmental Emergencies；仏文 Responsabilité découlant de situations critiques pour l'environnement）に関するもので，2005 年にストックホルムの

---

(3)　英文では State responsibility articles とされ「責任条文」呼ばれているが，ここでは条約として採択されているのではないことを明確にするために「条文草案」としておきたい。ただし，条約として採択するのかどうかを含め最終的な形式は決定されていないことに留意すべきである。

(4)　日本について，1992 年 9 月 29 日署名，1997 年 4 月 3 日国会承認，12 月 15 日受諾書寄託，1998 年 1 月 14 日発効。

(5)　附属書の概要及び日本語訳については臼杵知史「南極環境の緊急事態から生じる賠償責任」『同志社法学』60 巻 2 号（327 号）910-899 頁（2008 年）；松井芳郎ほか編『国際環境条約・史料集』235-239 頁（東信堂，2014 年）。

338

第28回南極条約協議会で採択された。この附属書は環境保護議定書の規定に基づいて作成されているが，同議定書第16条では，締約国は南極の環境保護という議定書の目的に従って，南極条約地域で実施され議定書の適用を受ける活動から生ずる損害についての責任（英文 liability, 仏文 responsabilité）に関する規則・手続を作成することに合意している。なお，その規則・手続を附属書の形式で採択することが予定されていた。

第6附属書が規律の対象とするのは，環境上の緊急状態であり，これは附属書の発効後に発生し，南極の環境に重大で有害な影響をもたらす事故を意味している。このような事故として考えられているのは，観光船の運航，タンカーの航行，科学調査に伴う事故などである。

これらの活動を行うのは「事業者 operator」であるが，附属書では，自然人または法人で，政府・非政府を問わず，南極条約地域でなされる活動を組織するものとされている。これには被雇用者，請負契約者，下請負契約者，代理人，使用人は含まれない。また，国家事業者の請負契約者，下請負契約者たる法人も含まれないとされている（第2条(c)）。

附属書第6条に言う賠償責任は，環境上の緊急事態に対して本来迅速で実効的な対応行動をとるべき事業者がそれを怠った場合に，諸締約国が取った対応行動の費用を支払うことを求めている。例えば，観光船の運航者が当該船舶の座礁事故により燃料が流れ出した場合に，それへの対応行動を取らない状況が生じた際において，他の締約国が対応行動を取ったような事例が考えられる。このような場合には対応行動の費用を観光船の運航者が支払うことを求めることになる（第6条1項）。

また，国家事業者がとらなければならない対応行動を行わず，他の締約国も対応行動を取らなかった場合には，国家事業者は第12条に定める基金にとるべきであった対応行動の費用を支払うものとしている（第6条2項(a)）。同様に非国家事業者が支払うべき金額にも言及している（同項(b)）。

第6条3項では，このような賠償責任は厳格責任であると明記している（英文 Liability shall be strict. 仏文 La responsabilité est absolue.）のは大きな特徴であろう。

損害賠償の金額に関しては，制限が定められており（第9条），各締約国は事業者に対して保険及びその他の財政的保証（insurance and other financial

Ⅲ 国家責任

security[6]）を維持するように求められている（第11条）。また，締約国が対応行動をとる場合に負担することとなる合理的で正当な費用を償還するための基金を南極条約事務局が維持・管理することとしている（第12条）。

　国家の責任との関係では，第10条に国家の賠償責任（英文 State Liability, 仏文 Responsabilité de l'Etat）の規定が置かれている。締約国はこの附属書の遵守を確保するためにその権限内で適切な措置を講ずる場合には，その限度において対応措置を事業者が取らなかったことに対して賠償責任を負うものではないとする。この適切な措置には法令の制定，行政上の行動，執行措置が含まれるとされており，また，ここでの事業者には国家事業者は含まれないとする。

　この第6附属書の規定を受けて，各国は対応する国内法を制定している[7]。これには，オーストラリア，フィンランド，ドイツ，ノルウェー，ウクライナ，英国，ウルグアイが含まれている。

　なお，第6附属書については，発効要件が満たされておらず，未発効である。

2　生物多様性

　近時の発展がめざましい分野の一つは国際環境法であろう。対象とする範囲の「環境」は明確ではなかったが，条約ではないものの2006年の「有害な活動から生ずる越境危害の場合の損失の配分に関する原則」[8]第2原則(b)に定義規定が置かれた。また，1993年の欧州で採択された「環境に対する危険な活動から生ずる損害の民事責任に関する条約」第2条10項において環境に含まれるものについての規定が置かれていた。それによると，天然資源で非生物及び生物のものであり，これらには大気，水，土壌，動物相，植物相，が入れられている。文化遺産や景観も含まれている。これまでに作成された個別条約は，海洋，生物多様性，オゾン層，有害廃棄物など広範囲に及んでいる。

　その中で条約規定として注目されるのは，2010年の「バイオセーフティに関するカルタヘナ議定書の責任（liability）及び救済に関する名古屋・クアラル

---

(6)　「その他の財政的保証」には，銀行または類似の財政的組織の保証（guarantee）が含まれている。

(7)　https://eies.ats.aq/Ats.IE/Reports/rptNRLs.aspx?Topic=7（4 August 2019 accessed）

(8)　Principles on the allocation of loss in the case of transboundary harm arising out of hazardous activities, Annex to A/RES/61/36（4 December 2006）.

ンプール補足議定書」である[9]。2000年のカルタヘナ議定書は，いわゆる遺伝子組換え生物等の改変された生物による生物多様性への悪影響を未然に防止することを目的としていた。

　カルタヘナ議定書第27条は締約国会議が改変された生物の国境を越える移動に関して生ずる損害を巡り，責任（liability）と救済に関する規定を制定するプロセスを採択し，第1回会合から4年以内での実施を目標とした。クアラルンプールでの第1回会合が2004年に開催され，2008年を目指して交渉がなされたが合意には至らなかった。その後も引き続き交渉がなされ，2010年の名古屋での会合で採択されることとなった。

　このように名古屋・クアラルンプール補足議定書は，カルタヘナ議定書の規定を受けて採択されているが，遺伝子組換え生物等の国境を越える移動により生物多様性に損害が発生した場合の対応措置を規定している。これに対する日本の考え方は，以下の通りである。

　本補足議定書が発効すれば，遺伝子組換え生物等の国境を越える移動によりもたらされる可能性のある生物多様性への悪影響について，カルタヘナ議定書に基づく未然の防止に加えまして，損害発生後の対応に至るまでの一貫した国際的な枠組みが完成することとなります。この結果，遺伝子組換え生物等の安全な利用のための国際協力の一層の推進に貢献することが期待されます。

　本補足議定書の締結のために必要な国内担保措置としましては，先般，カルタヘナ法の改正を御承認いただいたわけでございますが，同改正法の下で，遺伝子組換え生物等の使用により我が国の生物多様性に損害が発生した場合，使用者はその復元等の措置を命じられる可能性が新たに生じることとなります。

　一方，同改正法では，復元措置が命じられる対象はあくまでも違法に遺伝子組換え生物等を使用した者とされているわけでございまして，したがって，遺伝子組換え生物等を合法に使用している限りにおいてはその使用者に新たな負担を求めることにはなりません。

　したがって，本補足議定書の締結によって，産業界，学術界の活動に支障が及ぶことはないと考えております。

---

(9) 日本について，2012年3月24日署名，2017年5月10日国会承認，12月5日受諾書寄託，2018年3月5日効力発生。

Ⅲ　国家責任

　　　　　（平成 29 年 05 月 09 日　参議院・外交防衛委員会　政府参考人）

　補足議定書はその前文において，リオ宣言第 13 原則に言及している。この原則によると，各国は，汚染及びその他の環境悪化の被害者への賠償責任及び補償に関する国内法を策定しなければならない。さらに，各国は，迅速かつより断固とした方法で，自国の管轄権内あるいは支配下における活動によりその管轄権の範囲を越えた地域に及ぼされた環境悪化の影響に対する賠償責任及び補償に関する国際法を，さらに発展させるべく協力しなくてはならない，と定められている。ここでは被害者の救済が主な目的であり，国家の役割はそのための制度を準備することにある。

　補足議定書は遺伝子組換え生物等が国境を越えて来た場合にどのような損害が生ずるのか，また，それに対してどのような対応措置を準備するのかについて示している。規律の対象は限定をされているが，損害と改変された生物との間の因果関係は国内法により立証されるとの規定を置いている（補足議定書第 4 条）。

　これらの規定に関する責任規定の根拠は主に国内の民事責任に関する規定となっている。特別法を制定するか既存の民事責任に関する一般法の制度を適用するかは各国に委ねられているが，国内法で民事上の賠償責任についての法令を制定する場合には，損害，賠償責任の基準（厳格責任または過失責任を含む），適当な場合には賠償責任の所在，請求を行う権利，という要素を取り扱うものとしている（第 12 条 3 項）。

　これらの規定は主に民事上の責任を意味するものであり，管理者[10]と損害を被った者との関係となるが，管理者が対応措置を取れない場合には権限ある当局がこれを行うことが規定されている。このことは，適用される賠償責任の基準が国に関しても適用される可能性を有していることを意味している。

　第 10 条には，締約国が自国の国内法令により財政上の保証（financial security）を定める権利を有しているとの規定が置かれているが，保証のメカニズムの態様，提供する主体等について包括的研究をするよう求めている。

---

(10)　管理者とは，許可を受けた者，改変された生物を市場取引に付した者，開発者，生産者，通告をした者，輸出者，輸入者，運送者，供給者を含むことができる，とされている（第 2 条 2 項(c)）。

342

なお，第11条の国家責任との関係を規定している条文では，補足議定書は国際違法行為より生ずる国家責任に関する一般国際法に基づく権利・義務に影響を及ぼすものではないと規定する。この条項は，カルタヘナ議定書及び補足議定書の規定する賠償責任及び救済は，国家責任条文草案の適用を妨げるものではないこと，また，それとは異なる内容の規定を有しているものであることを含意していると解される。

賠償という観点からこの補足議定書を眺めると，改変された生物（遺伝子組み換え生物等）がもたらした損害に対応措置を取ることとされているが，その中には生物多様性を損害の発生する前の状態あるいは最も近い状態に復元，あるいは復元が可能ではない場合には代替場所において他の構成要素によって喪失を埋め合わせるとの規定がある（第2条2(d)(ii)b）。これは国家責任条文草案の賠償の中で第35条の原状回復を想起させる条項と言えるが，類似のものにより喪失を埋め合わせると言うのは条文草案には明文としてはない規定である。

3 有害廃棄物

1989年3月にスイスのバーゼルで採択された「有害廃棄物の国境を越える移動及びその処分の規制に関するバーゼル条約」[11]は1970年代から行われていた有害廃棄物の越境移動，1980年代の欧州からアフリカへの廃棄物による環境汚染の事件を通じて，国境を越える有害廃棄物の規制の必要性が唱えられたことに対応をしている。また，1987年には国際連合環境計画（UNEP）管理理事会が有害廃棄物の環境上適正な処理のためのカイロ・ガイドライン及び原則を採択している。ここでは有害廃棄物に対する賠償責任，保険，金銭賠償（liability, insurance and compensation）についての国内法を制定し，それらの両立性や調和を確保するために必要な方向に進むべきとしていた[12]。

バーゼル条約の第12条は有害廃棄物の越境移動及び処分から生ずる損害に対する責任及び賠償の分野で，適当な規則及び手続を定める議定書をできる限り速やかに採択するために協力することと規定した。

---

(11) 日本について，1992年12月10日国会承認，1993年9月17日加入書寄託，1993年12月16日発効。

(12) UNEP/GC.14.17, Annex II, p.12.（https://www.informea.org/en/cairo-guidelines-and-principles-environmentally-sound-management-hazardous-wastes）

Ⅲ 国家責任

　これを受けて1999年12月の第5回締約国会議（バーゼル）において，「有害廃棄物の国境を越える移動及び処分から生ずる損害の賠償責任及び金銭賠償に関する議定書」(Protocol on Liability and Compensation for Damage Resulting from Transboundary Movements of Hazardous Wastes and Their Disposal) が採択された。前文ではリオ宣言第13原則に言及している。
　このバーゼル損害賠償責任議定書は，有害廃棄物が国境を越えて移動をする際に事故等により発生する損害に適用されるが，これは輸出国の国家管轄権内で交通手段に積み込まれた時から廃棄物の処理が完了したと通告される時までとされている（第3条）。
　廃棄物の輸出者は処分者が廃棄物を受領するまで厳格責任を，また処分者はそれ以降厳格責任を負うこととされている（第4条1項）。なお第5条には過失責任の条項が置かれている。
　損害を被った者が，その過失により損害を発生させたか，損害発生に寄与していた場合には賠償責任は減額または却下させるとの規定が置かれている（第9条）。
　この議定書に基づく損害賠償の請求については第13条において期限が定められており，事故の日から10年以内あるいは請求者が損害を知った日から5年以内とされている。
　第4条の厳格責任に基づく請求に関しては限度額が定められている（第12条1項）。その具体的な金額は附属書Bに定められている。これに対して第5条の過失責任に基づく場合には限度額はないものとされている（第12条2項）。
　厳格責任により賠償責任を負う者は，定められた最低限度額以上の金額についての保険，保証金，その他の財政的保証 (insurance, bonds or other financial guarantees) を設定し維持するものとされている（第14条1項）。このようにして設定された保険，保証金，その他の財政的保証を提供する者に対して，議定書上の請求を直接に行うことができるとしている（第14条4項）。
　国家責任に関しては，規定を議定書に盛り込もうとする意見もあったようであるが，最終的には議定書の規定により影響を受けないとの条項が入れられている（第16条）。このことは，議定書で採用された賠償責任及び金銭賠償 (liability and compensation) がこれまでの国家の国際責任についてなされてきた作業と近いものではあるが異なることを含意していると解される。

なお，議定書の発効要件は20番目の批准書等を寄託者が受領した後90日目となっているが，2019年4月現在で12カ国であり，発効していない[13]。

以上の3つの分野での条約規定を見ると，国際違法行為より生ずる国家責任とは別の制度を作り出していることがわかる。それぞれの規定の中にはこれまでの責任の規定が適用されることを確認する条項を有するものもあり，また，影響を及ぼさないという条項を挿入している場合もある。

取り上げた国際環境法の特徴のひとつは，枠組条約の方式にあるが，責任に関する条項にも条約本体で責任に関する規定が合意できない場合には，引き続き検討を行い，議定書あるいは附属書にて合意をする方式が取られている。その意味では，枠組条約の方式が責任条項に関しても適用されているように思われる[14]。

II 判 例

1 国際司法裁判所

国際司法裁判所の2000年以降の判決で責任に関連する内容を有しているものがいくつか存在しているが，賠償について注目されるのは以下の判決である。

ジェノサイド条約適用事件の2007年判決ではジェノサイド条約に基づく義務違反を認定している。ただし，救済措置として金銭賠償や再発防止の保証を命ずることは適切ではなく，判決による宣言がサティスファクションとなるとしている[15]。

ディアロ氏事件では，先決的抗弁に関する2007年5月24日の判決[16]で裁判所の取り扱う範囲を決定し，本案に関する2010年11月30日の判決[17]では人権関連規定の違反より生ずる損害を認め，その後の両国の間で金銭賠償額が合意できなかったので，2012年6月19日の判決[18]で金銭賠償額を決定した。

なお，2016年6月14日にイランが米国に対して提起した訴えでは，米国の

---

(13) 現在までのところ最後に受諾したのは2019年4月10日のパレスチナである。
(14) 空間区分と責任法については，国際法学会『日本と国際法の100年 第2巻 海・空・宇宙』270-289頁（三省堂，2001年）。
(15) ICJ Reports 2007, p.239.
(16) ICJ Reports 2007, p.582.
(17) ICJ Reports 2010, p.639.
(18) ICJ Reports 2012, p.324.

Ⅲ　国家責任

国内裁判所がイランの銀行，企業等に出した判決により生じた損害を賠償することを求めている。請求金額についてはいずれ詳細に評価してとされているが，他の救済方法にも言及している[19]。

2　国連海洋法裁判所

判決ではないが，国際海洋法関連では深海底に関して，国連海洋法裁判所が2011年2月1日に勧告的意見を出している[20]。これは国際海底機構の理事会が要請したもので同裁判所の初めての勧告的意見であるが，機構の活動に伴う保証国の保証責任と義務についての意見である。

契約企業との関係では，当該企業が関連規定を遵守するよう"相当の注意 due diligence"の義務を負い，それに基づいて国内法上の規則・行政措置をとることとされている。また，その基準は"合理的に適切な reasonably appropriate"ものでなければならないとする[21]。

また，独立した義務として，(a)国連海洋法条約第153条4項の海底機構を援助する義務，(b)リオ宣言第15原則に反映され，マンガン団塊規則及び硫化鉱物規則に定められた事前防止アプローチの適用義務，(c)硫化鉱物規則に定められた最高の環境対策（the best environmental practices）を適用する義務，(d)海洋環境を保護するために機構により出される緊急命令を保証するための措置をとる義務，(e)金銭賠償に訴えることを提供するための義務，がある。

なぜここで「相当の注意」を用いたのだろうか。せっかく方向として国際的な義務の具体的な内容に言及しているのであれば，それ以上にこのような概念を避ける方向に責任論は発展してきたように思える。ただし，その内容が相当の注意を具体化するという方向，例えば環境についての事前防止アプローチとしているところは高く評価することもできよう。

なお，この勧告的意見は2017年のガーナ対コートディボアールの事件で判決において引用されている[22]。

---

(19)　ICJ Press Release 2016/19.
(20)　ITLOS/Press 161 (1 February 2011).
(21)　Advisory Opinion, 1 February 2011, ITLOS Reports 2011, p.74.
(22)　ITLOS, Delimitation of the marine boundary in the Atlantic Ocean (Ghana/Côte d'Ivoire), Judgement of 23 September 2017, para 558.

3　裁判所等の傾向

国連事務総長が準備した資料に国際裁判所等が行った判決を分析した資料がある[23]。これは，2001年1月1日から2016年1月31日までの公開された163件の事例と決定における条文草案への392回の言及，さらに紛争当事国の請求提起の157の事例において792回の条文草案への言及を分析したものである。

国際司法裁判所における条文草案への言及は総計で490回であり，そのうち，第11部の第34条に14回，第35条に25回，第36条に15回，第37条に9回，第38条に2回，となっており，第39条への言及はない。

この中に年代順に行なっている分析がある。これを表に纏めると次のようになる。2001年以降では変動はあるものの，条文草案への言及は増加傾向にあることが良くわかる。なお，2016年は1ヶ月の分なので表からは省いている。

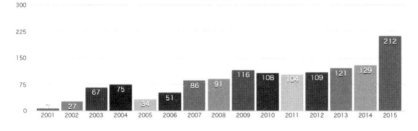

---

(23)　A/71/80/Add.1（20 June 2017）.

Ⅲ　法典化作業

　国際法委員会が 2001 年に責任草案を採択して以降の法典化の動向について述べることとしたい。

　国連では，第 56 会期の 2001 年に総会決議[24]が採択され，条文草案がアネックスとして付されているが，その後も定期的に継続してこの問題を取り上げてきている。決議ではいずれ草案を検討し条約を採択するための全権会議を開催する可能性について判断すべきであるという国際法委員会の勧告に留意して，将来条約を採択するかその他の形式を取るかの判断を妨げることなく各国政府の条文草案への注意を喚起した。また，「国際違法行為に対する国家の責任」という名称で第 59 会期の議題とすることを決定した[25]。

　2004 年の第 59 会期で採択された決議[26]では，事務総長に条文草案に対する各国政府の将来の行動についての書面によるコメントを招請するよう求めており，また，国際裁判所その他の機関の条文草案に言及している決定の収集作業，各国の実行の情報収集を求めている。そして第 62 会期でこの問題を扱うことを決定している。

　2007 年の第 62 会期には事務総長により作成された関連文書[27]が提出された。また，総会決議では[28]，収集した資料を更新することを事務総長に求め，第 65 会期でこの問題を扱うのに，第 6 委員会の枠組みで条文草案を条約とするかその他の行動を取るかの問題を検討することを決定した。

　2010 年の第 65 会期にも事務総長準備をした文書が提出されている[29]。総会決議では前回とほぼ同様の要請及び決定がなされ，第 68 会期の議題とされている[30]。

　2013 年の第 68 会期でも事務総長の作成した関連文書[31]が提出されている。

---

(24)　A/RES/56/83 (12 December 2001).
(25)　Id., paras 3 and 4.
(26)　A/RES/59/35 (2 December 2004).
(27)　A/62/62 and Corr.1 (1 February 2007) and Add.1 (17 April 2007).
(28)　A/RES/62/61 (6 December 2007).
(29)　A/65/76 (30 April 2010); A/65/96 (14 May 2010) and Add.1 (30 September 2010).
(30)　A/RES/65/19 (6 December 2010).
(31)　A/68/72 (30 April 2013); A/68/69 (27 March 2013) and Add.1 (28 June 2013).

総会決議では相当数の国際裁判所等の決定が条文草案に言及していると認めているが，これまでとほぼ同様の内容となっており，第71会期の議題とすることが決定されている[32]。

2016年の第71会期においても事務総長の作成した文書[33]が提出され，総会決議[34]がなされている。この決議では，これまでと同様の内容とともに，第71会期中に条文草案に言及している国際裁判所等の決定をリスト化して提出することを求め，第74会期にあらゆる手続的な選択肢の情報を事務総長が国連総会にもたらすことを求める可能性があることを認めている。さらに第71会期における第6委員会での建設的な対話を評価し，国連総会第74会期までの期間に非公式に実質的対話を行うことを全ての加盟国に推奨している。なお国連総会決議がなされる前には，本件の場合には第6委員会（法律）がこの問題を検討することとなっている。

国家責任法に関する国連での活動は条文草案採択以降も引き続き3年に一度国連総会にて取り上げていることになる。

事務総長が国家責任に関連して作成した資料には，各国政府のコメント，判例の情報，実行の収集がある。2016年の文書[35]では，条文草案が最終的にどのような形式をとるべきかについていくつかの政府の立場が述べられている。条約として法的拘束力のあるものにすべきであるとコメントしているのは，オーストリア，エルサルバドル，メキシコ，ポルトガルである。これに対して，オーストラリア，フィンランド，英国は条約としての採択に反対をしている。なお，チェコは従前の立場を維持するとしており，かつては，条文草案を条約とする充分なコンセンサスはないが，その重要性に鑑み国連総会の決議で採択されることは，慣習法上の性格を考慮する際に法的信念の存在を証明するものとして多数の国家により受け入れられるというコメントを寄せていた[36]。

米国も2007年にこの問題についてのコメントをしているが，国際法委員会の条文草案が現在の拘束力のない形で各国の指針になっており，条約の形式に

---

(32) A/RES/68/104 (16 December 2013).
(33) A/71/80 (21 April 2016).
(34) A/RES/71/133 (13 December 2016).
(35) A/71/79 (21 April 2016).
(36) A/62/63 (9 March 2007).

Ⅲ　国家責任

して得るものは何もないこと，実際には条約交渉が国際法委員会の重要な作業を損なう危険性があること，出来上がった条約を相当の国が批准しないことを考えると，これ以上の活動は必要ない，としていた[37]。

　この国家の国際責任法の法典化と同様に，国際機構に関する国際責任法も国際法委員会がその対象としてきた。2011 年には条文草案が付された総会決議が採択されており，その後に 2014 年，2017 年に総会決議で引き続きこの問題を検討することが求められている。

　また，責任法との関係では，外交的保護に関する法典化作業が注目される。

　最近の動向としては，「国家責任についての国家承継」の問題を国際法委員会の作業対象にすることを 2017 年に決定している[38]が，それに伴い事務局に関連する条約の情報を収集したメモランダムの作成を準備するよう依頼する国連総会決議が採択されている[39]。

Ⅳ　学界の動向

　アンスティテュの 1997 年ストラスブール会期で採択された決議「環境損害に対する国際法上の責任及び賠償責任」(Responsibility and Liability under International Law for Environmental Damage)[40] では，国際責任 (international responsibility)，危害のみより生ずる責任 (responsibility for harm alone)，民事賠償責任 (civil liability) を取り上げている。報告者はオレゴ・ビキューニャ教授である。

　第 1 の国際責任については，環境保護義務の違反から生ずる国の責任で，元々の状況を再現する義務あるいは金銭賠償を支払う義務を伴うものである（第 1 条）。この責任に関して，相当の注意が用いられる場合には客観的な基準に従って判断されなくてはならず，主観的であってはならないとされる（第 2 条）。

　第 2 の危害のみにより生ずる責任は，この金銭賠償を支払う義務が，危害ま

---

(37)　A/62/63/Add.1（12 June 2007）.
(38)　Report of I.L.C., A/72/10, p.203.
(39)　Report of I.L.C., A/73/10, paras 364-365; A/RES/73/265, para 26（14 January 2019）.
(40)　67-II Annuaire de l'Institut de Droit International, 486-513（1998）.

たは侵害のみから生ずる，特に過度に危険な活動のような，厳格責任（strict responsibility）のことを意味している（第1条）。これに関連して国が適切な規則を作成しないこと等は，もしその結果として危害が発生するのであれば，同様の責任を発生させることになる。請求を裏付けるのに必要な証明を容易にする方法が考慮されるべきとされている（第4条）。

第3は，民事賠償責任（civil liability）であり，これは事業者が国内法または国際法により，環境損害をもたらす場合には，当該活動の合法性に関わらず負うことになる（第1条）。国内立法では，民事賠償責任について過失，厳格，絶対の基準が用いられているが，環境制度については事業者の厳格責任が望ましく，危害という客観的事実に依存する。ただし，適切な例外と賠償責任の限度は認められるとされている（第5条）。また，保険制度，補償基金，その他の救済を含む国内法における民事賠償責任を確立し施行する義務に従わない国の国際責任の問題を害するものではないとする（第6条）。

この3類型を前提に，それぞれに固有の問題を環境の分野において詳しく条文としている。連帯責任（several and joint liability），集団的賠償，予防措置としての通告・協議・定期的情報交換・環境影響評価，対応行動，免除事項，賠償としての停止・原状回復・金銭賠償・サティスファクション，懲罰的損害賠償の否定，紛争予防，環境高等弁務官（A High Commissioner of the Environment），国際協力，国家免除の放棄などに及んでいる。

学界の活動で国際責任法に関連する著述は主要な教科書，単行本，論文など多岐にわたるが，ここでは定期的に行われているハーグアカデミーでの一般講義に注目してその一部を取り上げることとする。これにより国際責任法がどのように理解されてきたかを経年で捉えることが可能ではないか，と考えているからである[41]。

毎年オランダのハーグで開催されているアカデミーでの一般講義は，国際法の全体像をその年の講師がどのように取り扱うのかを垣間見ることができ興味深いものである。主に学生対象の講義であるが，国際責任法という観点からは，個別のテーマを取り上げた講義とともに，英語と仏語で隔年に交互に行われる一般講義での取り扱い方はそれぞれに異なるものの，独立の章として言及がな

---

(41) 本来であれば，責任法の中でも特定の条項に焦点を当てるべきであるが，ここでは概要を見るのにとどめ，次の機会に賠償を中心に検討したい。

Ⅲ 国家責任

されるようになってきているのは共通点である。

1999年から2016年までの一般講義は以下の通りである。フランス語と英語とで隔年で行われており、出版は少し遅れてなされることがある。出版年により講義のなされた年以降についての補足が行われている場合もある。

1999 Tomuschat, Christian, International Law: Ensuring the Survival of Mankind on the Eve of a New Century, 281 RdC 9-438 (2001)

新世紀となる前の最後の一般講義は、3部11章から構成されており、第8章で国際責任と賠償責任（International responsibility and liability）を取り上げている[42]。後者は国際法により禁止されていない行為に対する厳格賠償責任（strict liability）である。

2000 Dupuy, Pierre-Marie, L'unité de l'ordre juridique international : Cours général de droit international public (2000), 297 RdC 9-489 (2003)

2000年の講義は2003年に出版されている。導入部分と4部12章で構成されており、責任部分は第3部第5章「国際責任とユス・コーゲンス：豊かな出会いか逃した約束か」で主に扱われている[43]。

2001 Rosenne, Shabtai, The Perplexities of Modern International Law : General Course on Public International Law, 291 RdC 9-471 (2002)

2001年の講義であるが、出版は翌年の2002年となっている。全体は13章で構成されており、第11章が「責任と救済 responsibility and remedies」[44]に当てられている。

2002 Verhoeven, Joe., Considérations sur ce qui est commun : Cours général de droit international public (2002), 334 RdC 9-434 (2009)

2002年の講義であるが、2009年に出版されている。全体は導入部分と5章から構成されており、責任に関しては第2章「法の尊重」の第2節Bで「損害の賠償：責任の諸問題」の題名のもとで扱われている[45]。

---

(42) 281 RdC, pp.268-303.
(43) 297 RdC, pp.354-395.
(44) 291 RdC, pp.382-416.
(45) 334 RdC, pp.174-226.

2003 Meron, Theodor, International Law in the Age of Human Rights : General Course on Public International Law, 301 RdC 9-489（2004）

　メロンの講義は，一般講義としては特異であるかもしれない。全体は7章から構成されており，第1章を戦争の人道化にあてているのは特徴的である。責任に関しては第4章で扱っているが，「国際責任の人道化——二国間主義から共同体の関心事へ——」という題がつけられている[46]。

2004 Bedjaoui, Mohammed, L'humanité en quête de paix et de dévelopment (I) et (II). Cours général de droit international public, 324 RdC 9-529, 325 RdC 9-542（2008）

　元国際司法裁判所長官による一般講義は，2巻に分かれ，3部15章から構成されており，第一部で平和（戦争）の問題を，第2部で開発の問題を取り上げている。責任に関しては独立した記述はなされていない。

2005 Trindade, Antônio Augusto Cançado, International Law for Humankind : Towards a New Jus Gentium (I) and (II) : General Course on Public International Law, 316 RdC 9-439, 317 RdC 9-312（2006）

　ブラジルのカンサード・トリンダーデによる一般講義は，2巻に渡る大部なものであるが，8部27章で構成されている。責任に関しては第15章で取り扱っている[47]。

2006 Dominicé, Ch., La société internationale à la recherche de son équilibre. Cours général de droit international public (2006), 370 RdC 9-392（2015）

　均衡を求める国際社会という2006年の一般講義は2015年に出版されている。全体は2部7章で構成されており，責任に関しての記述は第4章のC節で取り扱われている[48]。

2007 Reisman, W. Michael, The Quest for World Order and Human Dignity in the Twenty-first Century: Constitutive Process and Individual Commitment. General Course on Public International Law, 351 RdC 9-381

---

(46)　301 RdC, pp.249-315.
(47)　316 RdC, pp.412-439.
(48)　370 RdC, pp.219-238.

III 国家責任

(2012)

イェール大学のリースマンによる一般講義は，全体で15章の構成であり，いわゆるイェール学派の特徴を備えている。責任に関連しては独立の章立てはなく，第11章の人権に関して記述する部分で国内救済完了とカルヴォ条項に言及するのみである[49]。

2008 Mahiou, Ahmed, Le droit international ou la dialectique de la rigueur et de la flexibilité : Cours général de droit international, 337 RdC 9-516 (2009)

国際法あるいは厳格性と柔軟性の対話という講義全体は16章から構成されており，責任に関しては第14章において「法典化を求める国際責任」の題名のもとで取り扱っている[50]。

2011 Gaya, Giorgio, The Protection of General Interests in the International Community, General Course on Public International Law, 364 RdC 9-186 (2014)

国際司法裁判所の裁判官であるガヤによる一般講義は，国際共同体における一般利益に焦点を当てている。全体は14章の構成であるが，一般利益の保護という観点から考察をしているために，責任に関連する部分の記述は，第8章の国際共同体に負っている義務（erga omnes）の遵守確保，第9章の対世的義務（obligations erga omnes）の履行の手続的側面，第10章の対世的義務の重大な違反に対する責任，第11章の強行規範上の義務の違反に関する請求についての外国国家の管轄権免除など，分散している[51]。

2012 Sur, Serge, La créativité du droit international. Cours general de droit international public, 363 RdC 9-331 (2014)

国際法の創造性と題されたこの一般講義は，17章から構成されているが，責任に関する独立した章立てはされていない。第12章が国際的な法的義務と題されており，その中で第一次的義務と第二次的義務の説明をする際に国際法委員会の条文草案を参照しているのが特徴的である[52]。

---

(49)　351 RdC, pp.282-289.
(50)　337 RdC, pp.408-473.
(51)　364 RdC, pp.97-151.
(52)　363 RdC, pp.213-226.

2013 Crawford, James, Change, Order, Change: The Course of International Law, General Course on Public International Law, 365 RdC 9-390 (2013)

ケンブリッジ大学のウェーウェルプロフェッサーであったクロフォードによる一般講義は3部15章の構成となっているが、責任に関しての独立の章はなく、第2部のシステムとしての国際法の下に置かれた第8章の多元主義の不可能性の一部で取り上げられている[53]。

2016 Bennouna, M., Le droit international entre la lettre et l'esprit. Cours général de droit international public (2016), 383 RdC 9-231 (2017)

一般講義は「文字と精神」という前文から始められており、全体は2部12章と結論から構成されている。責任に関しては第6章で「国際犯罪に対する国家の責任」の題名で論じられているのは印象的である[54]。

以上のハーグの一般講義[55]から垣間見られる国際責任法の発展は講義における個人差もあり一定の法則があるわけではない。有意な数字であるとは思わ

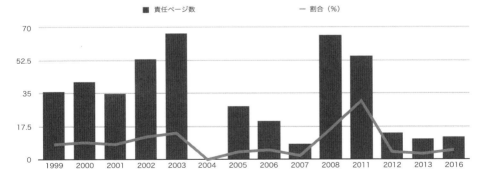

それぞれの年の講義の比較

	1999	2000	2001	2002	2003	2004	2005	2006	2007	2008	2011	2012	2013	2016
講義ページ数	430	480	463	426	481	1055	735	384	373	408	178	313	382	223
責任ページ数	36	41	35	53	67	0	28	20	8	66	55	14	11	12
割合(%)	8	9	8	12	14	0	4	5	2	16	31	4	3	5

---

(53) 365 RdC, pp.194-204.
(54) 383 RdC, pp.111-122.
(55) これ以外では、2009 Bruno Simma, 2010 Luigi Condorelli, 2014 Djamchid Momtaz,

Ⅲ　国家責任

れないが，講義録全体の中に責任部分が占める割合を示すと上記の通りである。グラフには責任に割かれたページ数と全体の中での割合を示した。

　条文草案の採択された当初は，その説明をすること自体に意義があったと考えられる。他方，その後はむしろ条文草案が一般的になるに連れて説明自体は不要になったとも理解できるが，詳しくはそれぞれの講義の内容を詳細に吟味することが必要であろう。

　責任の問題を取り扱った最近の単行本としては，以下のものが注目される。

Robert Kolb, The International Law of State Responsibility, x, 284pp (Cheltenham: Elgar, 2017)

　萬歳寛之『国際違法行為責任の研究――国際責任論の基本問題――』xi, 343pp（成文堂，2015 年）

　国際責任の分野を取り扱った論文は枚挙に遑がないが，いずれの活動や文献についてもその中には，いわゆる lex ferenda と lex lata とが混在しており，そのことは国際責任法の発展，変化という観点からは積極的に評価できることと考えられる。

V　結びにかえて

　責任に関する個別の条項が条約中に置かれることはまだそれほど多くはない。他方で紛争解決条項は多くの条約規定の中に挿入されている。また，常設国際司法裁判所規程及び国際司法裁判所規程の第 36 条は，義務的管轄権の範囲として違反，賠償をあげている。この意味では紛争解決を通じて責任に関する規定が発展をすることもありうるため，それぞれの条約をめぐる紛争がどのようなものであるかが注目される。紛争が責任に関するものである場合には，当該条約の違反に関して判断がなされることがある。

　国際環境法の分野における国際責任法関連規定の機能を取り上げて分析している立場からは，国家のみが請求，共有地域の環境保護が困難，越境環境損害の費用の金銭賠償を分担するのに効果的でない，条約制度の発展，などの理由

　2015 Tullio Treves, 2017 Edith Brown Weiss, 2018 Alain Pellet がなされているが，未見である。

から国家責任法が重大な欠点を有しているとされている[56]。ただし，その上で，慣習法を執行するのには国際責任法以外にないこと，民事賠償責任は有効ではあるが欠点を有しておりそれを補うのは国際請求の選択肢の維持が必要なこと，不遵守手続はいつも効果的には働かないこと，から国家責任が引き続き重要性を有しうるとしている[57]。

国際責任の観点からは，国際環境法における実行が，金銭賠償を伴う状況における財政的保証，基金の設立，保険など参考となる諸制度の積み重ねをそれぞれの分野において行ってきたことをどのように評価し，いかなる関係を構築するのかを考えることが求められている。

国連の国際法委員会が条文草案を採択してから約20年が経過した。この文書をこれからどのようにするのかについては意見の分かれているところであるが，国際責任法の観点からは一通過点と感じられる。法典化が国際社会の要請を反映するものであるとすれば，今後ともどのような事象を受けて国際責任法が発展・変化して行くのかを注視する必要がある。

＊安藤仁介先生には国際法事例研究会を含め大変お世話になった。まだ大学院の学生であった頃から責任の問題についてお話を伺う機会が持てたのは研究者として幸いなことであった。先生の追悼論文集に寄稿させていただいて，もう少し勉強しなさいと言われているように感じている。このような機会を与えて下さった編集委員の方々にも深く感謝する次第である。

---

[56] Patricia Birnie et al, International Law and the Environment, 236-237 (Oxford U.P., 3rd ed., 2009).
[57] Id., 237.

14 国有企業の行為の国家への帰属
―― 国有企業と外国人投資家の契約問題を中心として

坂 田 雅 夫

I　はじめに
II　国有企業の行為の国家への帰属に関する国家責任条文の構造
III　ふたつの理論的問題
IV　おわりに

I　はじめに

　筆者は，かつて安藤の古希を祝した論文集で国家契約の違反を巡る問題を分析したことがあった[1]。本稿は，その続編にあたる。国家が外国人投資家と結んだいわゆる国家契約の国際法上の扱いについては様々な意見が対立している。さらに近年では国有企業が外国人投資家と結んだ契約の問題が投資協定上の紛争として仲裁に付託される事例が相次いでおり，国有企業の契約締結行為および契約違反行為が国家に帰属するのか否かが激しく争われてきている。

　国有企業の行為の国家への帰属が争われる背景は次のようである。そもそもは前世紀における国家の役割の増大がある。その極めて大きくなった国家による不効率を是正するために，前世紀末より国家事業の民営化が活発になされるようになってきた。民営化の第一段階として，まず国家から切り離した国有企業とし，続いてその株式を売却する形がとられることが多い。さらに最近になると話が複雑化し，国家が出資した投資ファンドが間接投資目的で民間企業の株式を所有することが増え，また中央銀行も市場の安定化を目指して株式を組み込んだ投資を行うようになってきた[2]。

---

(1)　坂田雅夫「投資保護条約の傘条項が対象とする国家契約の違反行為――最近の判例・学説に見られる『主権的行為論』の根拠の検討を中心として――」『同志社法学』第58巻2号491頁（2006年）。
(2)　日本銀行は東証一部上場企業の多くで大株主となっている。政府が大きな影響力を

Ⅲ　国家責任

　かかる社会的背景の下で，国家が株主となっている企業の行為に関する国家の義務または責任が問題となってきた(3)。本稿では，国有企業が結んだ外国人投資家との契約問題を念頭において，まずは国有企業の行為の国家への帰属の問題一般を，国家責任条文採択後の仲裁動向(4)を確認する形で概観し，それに続いて国有企業と外国人投資家との間の契約問題に潜むふたつの理論的課題，ひとつは傘条項（義務遵守条項）のこの種の契約への適用可能性と国家責任帰属規則の関係について，もうひとつは主権的権限（sovereignty prerogative）もしくは公権力（puissance publique）の行使を伴う行為しか投資協定は問題にしていないという見解について，それぞれ検討を加える。

Ⅱ　国有企業の行為の国家への帰属に関する国家責任条文の構造

　国際法委員会による国家責任条文は帰属に関して8個の条項を設けている。それらの条項は「慣習国際法の諸原則の権威的な反映であると一般的に受入れられ(5)」ており，多くの仲裁において異議なく適用されてきている。国有企業の行為に関連して問題となるのは，特に次の4条項である。

　　行使している公的年金も合わせると，我が国の大企業のほとんどは国が株主として圧倒的存在になってきている。「日銀，来年末にも日本株最大株主に，公的年金上回る」『日本経済新聞』2019年4月17日朝刊3面。
(3)　典型例はWTO政府調達規則を巡る議論であろうが，どちらかといえば政治的議論の対象となっている問題であり，またかなりの分析も既に存在しているので，ここでは検討の対象から外している。Sue Arrowsmith & Robert D. Anderson, *The WTO Regime on Government Procurement : Challenge and Reform* (Cambridge University Press, 2011); Simon J. Evenett & Bernard Hoekman, *The WTO and Government Procurement* (E. Elgar, 2006) を参照。また国有企業を巡っては，かかる団体が私人が利用することを想定した投資協定仲裁において原告となりえるのかという論点も提起されてきているが，その論点は本稿では取り上げない。Mark Feldman, "State-Owned Enterprises as Claimants in International Investment Arbitration," *ICSID Review - Foreign Investment Law Journal*, vol. 31, no. 1, p. 24 (2016) を参照。
(4)　2010年までの仲裁動向については，西村弓「投資紛争における行為の国家への帰属」小寺彰編『国際投資協定』（三省堂，2010年）175頁を参照。
(5)　*Unión Fenosa Gas, S.A. v. Arab Republic of Egypt*, ICSID Case No. ARB/14/4, Award (31 August 2018), para. 9. 90; *Tulip Real Estate and Development Netherlands B.V. v. Republic of Turkey*, ICSID Case No. ARB/11/28, Award (10 March 2014), para. 281.

1 第 4 条　国家機関の行動

第 4 条の条文は次の通りである。

(1) The conduct of any State organ shall be considered an act of that State under international law, whether the organ exercises legislative, executive, judicial or any other functions, whatever position it holds in the organization of the State, and whatever its character as an organ of the central government or of a territorial unit of the State.

(2) An organ includes any person or entity which has that status in accordance with the internal law of the State.

第 4 条は，国際司法裁判所がかつて確認したように，「確立した規則」であり，「慣習国際法のひとつ」[6]であると一般的に見なされている。国家機関の行為は，その機関の国内法上の地位にかかわらず全て国家に帰属するという原則を確認するものであり，今日ではこの原則に反論はない。しかし本条には前提となる根本的問題が存在している。それは国家機関とは何かである。同条 2 項は「国内法に従ってその地位を有する」ものを「含む」と規定している。このことから国家機関たる地位は，まずは国内法が定めるものとされる。そして国内法の定める「法令上の (de jure) 国家機関」以外にも，「事実上の (de facto) 国家機関」があると理解される。これにより，国内法で国家機関たる地位を否定するだけで国家が責任を免れることがないようにされている[7]。

それでは国家機関とは何か。通常我々が国家機関として想定する，立法，行政，司法の各機関については，その行為の国家への帰属が争われることはまずない。例えば Busta 事件仲裁は，「警察権力の作為・不作為に関して被告が責任を負うことについて，国際法の観点から，障害は見いだしえない[8]」と述べており，警察権力の国家機関性について争いがないことを確認している。

---

(6) *Application of the Convention on the Prevention and Punishment of the Crime of Genocide (Bosnia and Herzegovina v. Serbia and Montenegro), Judgment, I.C.J. Reports 2007*, p. 43, p. 202, para. 385.

(7) James Crawford, *The International Law Commission's Articles on State Responsibility: Introduction, Text and Commentaries* (Cambridge University Press, 2002), p. 98.

(8) *I.P. BUSTA & J.P. BUSTA v. Czech Republic*, Stockholm Chamber of Commerce, ARBITRATION CASE V 2015/014, FINAL AWARD (10 March 2017), para. 400.

Ⅲ　国 家 責 任

　問題となるのは，国有企業のように国内法上国家とは切り離された別法人となっている存在である。投資仲裁の事例を見ていこう。国家責任条文第 4 条に関する限り，当該国の国内法が団体を国家機関として扱っている場合には問題は生じない。この国内法による国家機関としての認定がない場合であるが，そうであっても，事実上の国家機関の問題が残るはずである。しかしながら専ら国内法の規定のみを適用して国家機関であることを否定した判断例が何件かある。Bayindir 事件仲裁は，パキスタンの国立高速道路機関が同国法の下で「別の法人格を持つことから，国家責任条文第 4 条における国家機関に該当する可能性はない」[9]と述べている。EDF 事件仲裁は，国有の空港保持会社と国立航空会社は，「それらがルーマニア法の下で国家とは切り離された別の法人格を持っており」，両機関を「国家機関の地位にあると認める法がない以上，このふたつの機関は前述の条項（すなわち国家責任条文 4 条）にいう国家機関とは考えられない」[10]と述べている。Oostergetel 事件仲裁は，「スロバキア法の下では保全管理人および破産管財人は，その行為について国家が責任を負う国家機関ではない」[11]としている。

　国家機関を明示的に定義する国内法がないカナダが被告となった場合には，次のような判断が下されている。「国際法委員会国家責任条文第 4 条 2 項の意味におけるオンタリオ州政府の機関を定義するオンタリオ州法は存在していない。しかしながら原告は，OPA が政府機関であるとする主張を裏付けるものとして，いわゆる『全当局リスト（All Agencies List）』に依拠している。このリストは Mesa（原告：筆者注）の主張を裏付けていない。全当局リストはオンタリオ州の公採用局が政府当局またはその他の諸団体（con-classified entity）への就職を希望する人に情報を提供するために作成されたものである。それは，OPA, Hydro One, そして IESO を『その他の諸団体』，すなわち州政府機関ではない団体として記述している[12]」。このように明示的な国内法が

---

(9) *Bayindir v. Pakistan*, ICSID Case No. ARB/03/29, Award (27 August 2009), para. 119.

(10) *EDF (Services) v. Romania*, ICSID Case No. ARB/05/13, Award (8 October 2009), para. 190.

(11) *Jan Oostergetel and Theodora Laurentius v. The Slovak Republic*, UNCITRAL, Final Award (23 April 2012), para. 155.

(12) *Mesa Power Group, LLC v. Government of Canada*, UNCITRAL, PCA Case No.

ない場合であっても，公的機関への就職案内のような文書の存在のみを根拠として，「仲裁は国際法委員会国家責任条文第4条の下で，OPA，Hydro One，そしてIESOがカナダの機関であると判断する根拠を持たない[13]」としている。これらの例は専ら国内法（文書）のみを根拠として国家機関性を否定しており，その意味で第4条に関連して事実上の国家機関の存在を考慮していない。

　もちろん事実上の国家機関について触れる投資仲裁[14]もある。法令上の国家機関を認定する基準が国内法であるのに対して，事実上の国家機関の認定基準は「実質的に国際法[15]」となる。事実上の国家機関を巡っては，国際司法裁判所は1986年ニカラグア事件において当該団体の国家への「完全な依存[16]」というべき関係が無ければならないとし，さらに2007年のジェノサイド条約適用事件において「個人もしくは団体を，それらが国内法の下で国家機関の地位にない場合に，国家機関と同一視することは例外的でなければならず，それには国家による個人・団体への支配がかなりの程度にまで達しており，上述の裁判所の判例（ニカラグア事件：筆者注）が『完全な依存』と明示的に述べた関係にあることの証明が必要である[17]」と述べて，見解を繰り返した[18]。

　投資仲裁も，事実上の国家機関について触れる際には，この国際司法裁判所の立場を踏襲している。例えばAlmas事件仲裁は「中央政府への日々の直接的な従属，もしくは業務上の自律の完全な欠如[19]」が必要だと述べ，事実上の国家機関と認めるに足る従属のレベルを極めて高く捉えている。Ulysseas事件仲裁は，「当該団体がエクアドルの公的部門の一部をなし，当該団体の権能の範囲内の事項について公益の観点から国家による体系的支配に服している

2012-17, Award（24 March 2016），para. 344.
(13)　*Ibid.*, para. 345.
(14)　国家責任条文第4条の事実上の国家機関を認めた例としては，*Flemingo DutyFree Shop Private Limited v the Republic of Poland*, UNCITRAL, Award（12 August 2016），para. 422.
(15)　柳原正治・森川幸一・兼原敦子編『プラクティス国際法【第3版】』（信山社，2017年）175頁（兼原敦子執筆章）。
(16)　*Military and Puramilitary Activities in und aguinst Nicaragua (Nicaragua v. United States of America), Merits, Judgment, I.C.J. Reports 1986*, p. 14., p.
(17)　*Supra* note 6, *I.C.J. Reports 2007*, p. 205, para. 393.
(18)　この基準は，後述する第8条の議論でも同様に繰り返されることになる。
(19)　*Mr. Kristian Almås and Mr. Geir Almås v. The Republic of Poland*, PCA Case No 2015-13, Award（27 June 2016），para. 207.

Ⅲ 国家責任

状況でも，当該団体を国際法委員会国家責任条文第4条のいうエクアドルの国家機関とみなすことはできない[20]」と述べている。

Hamester事件仲裁は，国家機関であるか否かはまずはガーナ国内法を確認しなければならないとした上で，「ガーナ・ココア委員会は，それがガーナ法の下で国家機関とは分類されていない」と述べて，同委員会が法令上の国家機関ではないという結論を導き，続いて事実上の国家機関の可能性について議論を進める。仲裁は，「第1に，第32条（ガーナの関連する国内法：筆者注）は，政府がガーナ・ココア委員会に『一般的性格の指導』を行うことができると規定している。第2に，この一般的な政策指示は，ガーナ・ココア委員会の『経営陣または取締役会との協議の後に』行うことが出来る。第3に，この一般的性格の指示は，ガーナ・ココア委員会の『契約上もしくはその他の義務と両立しない』ものであってはならず，契約その他の取引で他の経済主体との間でガーナ・ココア委員会がなした約束は政府の指示に優先する[21]」ことを理由として，事実上の国家機関という原告の主張を却下している。

このように，国家責任条文第4条を根拠として，単純に国家が株主である事実のみで，国有企業の行為を国家に帰属させるのは難しいようである。「民間の親会社も自らの従業員をその完全子会社の取締役会の構成員に任命するのが通常だが，だからといって株主として責任から免責される地位を失っているわけではない[22]」のであるから，ある意味当然かもしれない。

実際，仲裁判決の多くでは，続いて検討していく国家責任条文第5条以下が主な問題となることが多い。Devas事件仲裁は，「国有企業の法的地位の決定が国内法に支配される問題であるとしても，かかる企業の行為が国家の国際責任を導くことはありうる。この企業の行為は，事件ごとに，国際法委員会国家責任条文第5条および第8条に照らして，国家に帰属しうる国際法違反を構成するか否かを決定するために審査されることになる[23]」と述べている。国家

---

(20) *Ulysseas, Inc. v. The Republic of Ecuador*, UNCITRAL, Final Award（12 June 2012), para. 135.

(21) *Gustav F W Hamester GmbH & Co KG v. Republic of Ghana*, ICSID Case No. ARB/07/24, Award（18 June 2010), para. 184, 187.

(22) *Unión Fenosa Gas, S.A. v. Arab Republic of Egypt, supra* note 5, para. 9. 106.

(23) *CC/Devas (Mauritius) Ltd., Devas Employees Mauritius Private Limited and Telecom Devas Mauritius Limited v. India*, PCA Case No. 2013-09, Award on

責任条文に付されたコメンタリーは,「企業体は,国家によって所有され,その意味で支配を受けていたとしても,別個の存在と考えられるのであるから,第5条の意味における統治権能の要素を行使していない限りは,企業活動を行う行為は一見して国家には帰属しない[24]」と述べている。

2 第5条 統治権能の要素を行使する人または団体の行為

続いて国家責任条文第5条について概観してみよう。第5条は次のように規定している。

> The conduct of a person or entity which is not an organ of the State under article 4 but which is empowered by the law of that State to exercise elements of the governmental authority shall be considered an act of the State under international law, provided the person or entity is acting in that capacity in the particular instance.

第5条に基づく帰属の認定は2段階でなされる。ひとつは当該個人または団体が国内法により統治権能(governmental authority)の行使を認められていること。もうひとつは,問題となる行為が,その統治権能の行使に関わるものであること。この認定構造は,後述のMaffezini事件仲裁の用語法を借りて,構造・機能審査と称されることもある。国家責任条文のコメンタリーは,端的に「国際責任のために国家の行為と見なされるためには,団体の行為が統治権能に関わるものでなければならず,当該団体が行っている私的もしくは商業的行動に関わるものであってはならない[25]」と説明している。

投資仲裁でもこの2段階審査は踏襲されている。Tulip Real Estate事件仲裁は,不動産投資信託団体であるEmlakの行為の帰属について,「(1)Emlakがトルコ法により統治権の要素を行使することを授権されていること,および(2)原告が問題視するEmlakの行為が統治権の要素の行為に関わっているこ

Jurisdiction and Merits (25 July 2016), para. 273.
(24) James Crawford, *supra* note 7, p. 112. 特別報告者クロフォードは別の書において「国家による団体の単なる所有だけで,自動的に当該団体を国家機関へと変換されることはない」と述べている。James Crawford, *State Responsibility: The General Part* (Cambridge University Press, 2013).
(25) James Crawford, *supra* note 7, p. 112.

Ⅲ　国家責任

と⁽²⁶⁾」と述べている。Bayindir 事件仲裁は，高速道路機関が統治権能の要素の行使を一般的には授権されていることを認めた上で，「しかしながら，かかる一般的な権能だけでは第 5 条において事件を付託するのに十分ではない。この条項の下での帰属は，加えて当該事件における具体的手段が統治権能の範囲内で行使されたことが必要となる⁽²⁷⁾」と述べている。

　第 5 条で検討すべき課題は，「統治権能[28]」とは何かである。国家責任条文自体は統治権能の範囲を正確に確定しようとはしていない。なにが「統治」であり「政府」なのかは，その社会の歴史や伝統によって変わると認識していたからである[29]。ただし，統治とみなされるものの中核について共通理解があるのも確かである。国家責任条文に付されたコメンタリーは「統治権能」の具体例として，鉄道会社が行使する警察権限を挙げている。「特定の警察権限が認められた鉄道会社の行為は，その行為が他の諸活動（例えば切符の販売や車両の購入）には関係しておらず，当該権限の行使に関係するものである場合には，国際法上国家の行為と見なされる[30]」。このように極めて限られた意味で「統治権能」を理解するなら，それは他者への法律上の強制権限を意味する。WTO は農業協定第 9 条に関連して「政府（government）」の通常の意味を，法律用語辞典を引用しつつ，「個人を『規制』，『支配』もしくは『監督』する有効な権限を持ち，または合法的権限を行使して，個人の行動を『抑制』する[31]」ことと纏めている。

　投資仲裁判例も，「統治権能」についてそれほど明確な基準は与えてくれていない[32]。まず統治を判断する対象が当該行為の目的か性質かを巡って，最

---

(26)　*Tulip Real Estate and Development Netherlands B.V. v. Republic of Turkey*, supra note 5, para. 292.

(27)　*Bayindir v. Pakistan*, supra note 9, para. 122.

(28)　仏文では prérogatives de puissance publique なのだが，仲裁判例ではどちらの用語も並列して用いられることも多く，すべてを「統治権能」と表記すると混乱するので，便宜上，（prerogatives de）puissance publique は「公権力」と訳しておく。

(29)　James Crawford, *supra* note 7, p. 101.

(30)　*Ibid.*

(31)　*Canada – Measures Affecting the Importance of Milk and the Exportation of Dairy Products*, WT/DS103/AB/R, WT/DS113/AB/R, WTO Appellate Body（13 October 1999）.

(32)　第 5 条を引用して帰属を認めた先例としては，*UAB E energija (Lithuania) v. Republic of Latvia*, ICSID Case No. ARB/12/33, Award of the Tribunal（22 December

初期の Ceskoslovenska Obchodni Banka 事件仲裁は，「統治機能を行使したか否かの決定にあたって注目すべきは，当該行為の性質であって目的ではない[33]」とし，明確に性質説の立場に立った。「統治権能」の中核にある他者への合法的な強制という点については，United Parcel Service 事件仲裁が Canada Post の法的性質を巡って，関税の徴収は統治権能の行使としたが，設備の活用や他社と競合しているサービス業務は統治権能の行使に当たらないと判断している[34]。このように法により他者に何かを強制する行為は疑いようがなく，さらにいえば他の私人が行使できない[35]という条件を満たす場合には統治権能が認められる可能性が強いといえるが，それを超えてどこまで統治権能が認められるかは争いがある[36]。

Maffezini 事件はアルゼンチン人 Maffezini とスペイン政府との間の紛争である。国家責任条文採択前の事件ではあるが，前提となる Ago 草案を踏まえた裁定であった。また国有企業の複数の行為に分けて帰属を議論してくれているために，議論の素材を提供してくれる。それらの理由から，この事件は帰属に関する有力な先例のひとつとして扱われており[37]，ここで少し詳しく取り

2017), paras. 806-811; *Ioannis Kardassopoulos & Ron Fuchs v. Republic of Georgia*, ICSID Case Nos. ARB/05/18 & ARB/07/15, Award (3 March 2010), paras. 276-280; *Toto Costruzioni Generali S.p.A. v. The Republic of Lebanon*, ICSID Case No. ARB/07/12, Decision on Jurisdiction (8 September 2009), paras. 53, 60 も参照。最終的には問題となった行為が統治権能の範囲外の私的行為として帰属を認めなかったが，国立大学について，国有財産であるキャンパスの維持管理の権限を与えられているから「統治権能」を有する団体と判断した例がある。*Bosh International, Inc and B&P Ltd Foreign Investments Enterprise v. Ukraine*, ICSID Case No. ARB/08/11, Award (25 October 2012), para. 174.

(33) *Ceskoslovenska Obchodni Banka, A.S. v. The Slovak Republic*, ICSID Case No. ARB/97/4, Decision of the Tribunal on Objections to Jurisdiction (24 May 1999), para. 20.

(34) *United Parcel Service of America Inc. v. Government of Canada*, ICSID Case No. UNCT/02/1, Award on the Merits (24 May 2007), paras. 77f.

(35) 電力会社の行為の帰属に関連して，他の民間企業でも電力の売買ができたことを根拠として統治権能の要素が否定された例として，*Energoalians TOB v. Republic of Moldova*, UNCITRAL, Award (23 October 2013), para. 375 を参照。

(36) Georgios Petrochilos, "Attribution", in Katia Yannacha-Small (ed.), *Arbitration Under International Investment Agreement: A Guide to the Key Issues* (Oxford University Press, 2010), p. 287, pp. 301ff.

(37) Abby Cohen Smutny, "State Responsibility and Attribution: When Is a State

Ⅲ 国家責任

上げておきたい。Maffezini はスペイン国内で化学工場の運営を展開しようとした。スペイン政府は国内での起業活動を支援するために企業を設立していた。問題となったのはガルシア州内での起業活動支援を担当していた，SODIGA 社である。SODIGA 社は起業を考える人へのコンサルや資金援助を行っていた。Maffezini が投資した EAMSA 社は資金繰りの困難から事業から撤退することになった。Maffezini は ICSID の仲裁にスペイン政府を相手取って訴えを提起した。SODIGA 社のコンサル内容に問題があった等の主張に関連して，SODIGA 社の行為がスペイン政府に帰属するのか否かが争われた。本案判決はそれぞれの行為の帰属について次のように判断を下した[38]。

問題とされた行為の第 1 は，SODIGA 社が誤った助言を行ったことである。予定される経費について助言が為されていたが，事業にはその 3 倍に及ぶ経費がかかった。仲裁は，助言を行うにあたって「SODIGA 社はいかなる公的機能も果たしていない (para. 62)」として行為の帰属を否定した。それに対して，SODIGA 社が Maffezini の銀行口座から現地会社の口座へと送金を行ったことに関しては，次のように述べて帰属を肯定した。「SODIGA 社は産業振興に関連して政府政策を実施する任を負った団体であり，普通の商業企業は通常行使できない，多くの機能を行使していた。代金の支払いを受けることなく，EAMSA 社の口座の操作，支払いおよび融資の管理，スペイン当局に EAMSA 社の代理として介入することを行っており，これらは SODIGA 社の公的性質・責任に対応する要素全てである (para. 78)」。

Al Tamini 事件仲裁では合衆国・オマーン間の自由貿易協定が問題となった。この協定では国有企業の行為について，当該行為が「規制，行政，もしくは統治権能」を行使している場合には国家が責任を負うと規定していた。問題となった国有企業の行為は鉱山に関する貸借契約の破棄であった。仲裁は「規制，行政もしくは統治権能の行使を伴って為されたという証拠がない」，「貸借契約

　　Responsible for the Acts of State Enterprises? -Emilio Agustín Maffezini v. The Kingdom of Spain," in Todd Weiler (ed.), *International Investment Law and Arbitration: Leading Cases from the ICSID, NAFTA, Bilateral Treaties and Customary International Law* (Cameron May, 2005), p. 17.

(38) *Emilio Agustin Maffezini v. The Kingdom of Spain*, ICSID Case No. ARB/97/7, Award (13 November 2000).

は単なる商業的貸借であった」として行為の国家への帰属を否定した[39]。

　EDF 事件では，空港関連の事業に関わる紛争で，空港を運営していた AIBO 社の行為がルーマニアに帰属するかが争われた。仲裁は国家責任条文 5 条を根拠として，問題となった行為は「委任された統治権能を行使していない」と判断し，その判断理由を次のように説明している。「運輸大臣とのコンセッション条件の下で AIBO 社が所有運営する空港の公的財産（滑走路，駐機場，誘導路）についての法制度と，AIBO 社自身の財産（空港の小売りやその他の商業スペース）を含む AIBO 社の私有財産についての法制度との間には区別がある」，「後者については，ルーマニアにおける他の商業企業が為しているのと同様に，AIBO 社が自らの会社内で決断している[40]」。一見するともっともな理由付けにも思えるが，実はこの理由付けには大きな疑問が残る。この判決は，「ルーマニア法では」，当該空港の滑走路などの運営は運輸大臣が厳しく管理しており，公法管轄事項である，ということを理由としており，それ以上の一般性はない。また国家責任条文第 5 条の統治権能の解釈を当該国家の国内法上の公法と私法の区分のみに依存することには条文の構成からいっても疑問が残る。

　Jan de Nul 事件[41]はスエズ運河の浚渫工事を巡る紛争である。問題となったのはスエズ運河の管理を委ねられていた SCA 社である。仲裁は，SCA 社が統治権能の行使を委ねられていた事実を確認する。SCA 社は「運河の航行に関する命令（decree）を発する」権限があり，また「運河の航行・通過に際して料金を徴収する」権限も与えられていた（para. 166）。続いて仲裁は，問題となった運河の浚渫工事に関する入札に際して，かかる統治権能の行使が伴っていなかったとして，SCA 社の行為の国家への帰属を否定している。問題となった入札にはエジプトの公的調達に関する法が適用されていたが，仲裁は「問題となるのは『公的サービス』要素ではなく，『公権力もしくは統治権能』の行使である（para. 170）」と述べていて，統治権能の解釈に当たってエジ

---

(39)　*Adel A Hamadi Al Tamimi v. Sultanate of Oman*, ICSID Case No. ARB/11/33, Award (3 November 2015), para. 334.

(40)　*EDF (Services) Limited v. Romania*, *supra* note 10, para. 195.

(41)　*Jan de Nul N. V. and Dredging International N. V. v. Arab Republic of Egypt*, ICSID Case No. ARB/04/13, Award (6 November 2008), paras. 163-166, 169, 170.

Ⅲ　国家責任

ト国内法上の公法私法の区分に依拠することを避けた。

　Noble Ventures 事件[42]仲裁判断は少し毛色が変わっている。仲裁は，国家責任条文第5条が慣習国際法を反映しているとする。問題となったのは公益団体 SOF とその後継団体 ASAPS である。仲裁は，この両団体が法令上の国家機関ではないとしても，「関連する期間中，常に自らの権限を定めるルーマニア法に基づいて行動してきている (para. 70)」とする。その上で両機関の行動の根拠となった法令を引用し，SOF と ASAPS は権限の範囲内で行動していたというに止まらず，「投資家と契約を締結する際に民営化法の下で授権された公的機関として行動しており，政府の代理 (agency) でもあった。SOF 社および ASAPS 社が民営化法の下で授権された公的機関として行動している際には，仲裁廷の判断においては SOF 社および APAPS 社と政府省庁との間に区別は存在していない (para. 79)」と述べている。さらに仲裁は続けて，「統治の行為」と「商業行為」を区別し，後者は国家に帰属しないという被告の主張に関して，「この区別は主権免除の領域では重要な役割を果たしている」が，「責任の分野では確認できない」，「国家責任条文はこの区別を採用も支持もしていない」，「ある行為が統治的か否か定義することは困難である」(para. 82) と述べている。ここで我々は奇妙な矛盾に突き当たる。仲裁は，SOF に委ねられた国家責任条文第5条の「統治権能」を認定していたのではなかったのか，それなのに「統治」を定義するのが困難とはいかなる立場なのか。私見では，この判例は国家責任条文第5条ではなく，第4条を前提とした議論を行っていたように思える。「統治の行為」と「商業的行為」[43]の区別を帰属の要件としないのは第4条の解釈でよく聞かれるものであり[44]，また「権限内での行為というに止まらず，政府の agency であった」「政府省庁と法的に区別できない」という先述の箇所の表現も事実上の国家機関と認定していたと理解することが可能である[45]。

---

(42)　*Noble Ventures, Inc. v. Romania*, ICSID Case No. ARB/01/11, Award (12 October 2005).

(43)　ここで主権免除の「権力的行為 (*acta jure imperii*)」と「業務管理的行為 (*acta jure gestionis*)」という用語を用いないのは，ひとまずは責任の帰属の議論と主権免除の議論を区別するために便宜であって，両者の異同に結論をつけるものではない。

(44)　Crawford, *supra* note 7, p. 96.

(45)　国家責任条文第5条を引用している仲裁の立場を尊重しつつ整合的に解釈する立場

3 第8条　国により指揮または命令された行為

第8条は次のように規定している。

> The conduct of a person or group of persons shall be considered an act of a State under international law if the person or group of persons is in fact acting on the instructions of, or under the direction or control of, that State in carrying out the conduct.

Jan de Nul 事件仲裁判決はこの第8条を引用して，次のように続けている。「国際判例は，個人もしくは団体の行為を国家に帰属させるに当たって，とても高い要件を求めている。それは，国家による当該個人もしくは団体への一般的支配と，帰属が問題となっている行為への国家の特別な支配の両方を求めるものであり，いわゆる「実効的支配」基準と知られるものである[46]」。ここで実効的支配基準として引用されるのは国際司法裁判所ニカラグア事件である。こうなると第8条が第4条の事実上の国家機関の議論とどう区別されるのかが疑問になる。ジェノサイド条約事件において国際司法裁判所は「後者の問題（事実上の国家機関としての帰属問題：筆者注）への回答は，先述の通り，個人が国家への完全な依存の関係にあり，国家機関ではないと見なしえないほどであり，それゆえにその権能内での全ての行為が国際責任の観点から国家に帰属する，といえるまでにいたっているかによる。この問題への解答が否定的なものであったとしても，裁判所は次に全く異なる問題を検討する。すなわち，スレブレニツァの出来事に関する特定の状況において，ジェノサイドの加害者が被告の指示に基づき，またはその指揮もしくは支配の下で行動していたか否かである[47]」として，続いて国家責任条文第8条の議論を行っている。つまり第8条の議論は特定の文脈に限られた個別具体的な議論をするものだという認識である。それでは個別具体的な行為への「実効的支配」とはどのように認定されるのだろうか，若干の仲裁判例[48]を見ていこう。

としては，西村弓「前掲論文」（注4）185頁を参照。
(46) *Jan de Nul NV and Dredging International NV v Egypt, supra* note 41, para. 173. この事件自体は，具体的指示の証拠が確認できないとして行為の帰属を否定している。
(47) *Supra* note 6, *I.C.J. Reports 2007*, p. 207, para. 397.
(48) 紹介した判例以外の第8条認定事例としては，*Bayindir v. Pakistan, supra* note 9, para. 125; *Unión Fenosa Gas, S.A. v. Arab Republic of Egypt, supra* note 5, para. 9. 118; *Hulley Enterprises Limited (Cyprus) v. The Russian Federation*, UNCITRAL, PCA

Ⅲ　国家責任

　Ampal事件仲裁では国有企業EGPC社と国有企業EGAS社が天然ガスの売買契約を破棄したことが問題となった。仲裁は，国家責任条文第8条に基づく帰属を認定するに当たって，被告エジプトの行政文書やEGAS社の取締役会議事録などを証拠として取り上げ，「EGPC社とEGAS社は，国家責任条文第8条の意味での，国家による指揮もしくは支配の下に常に在り，それゆえに両社の行為がエジプト国家に帰属することは明らかである[49]」と述べている。上記の諸文書を取り上げた後に仲裁はさらに続ける。「ガスの売買契約の締結および終了に関するEGPC社とEGAS社の決定がエジプト政府の最高位者による祝福を受けていたことを示す極めて多くの証拠が存在していると仲裁は認定する。EGPC社とEGAS社は特定の行為に関連して被告の『指示に基づき，または国による指揮もしくは支配の下で事実上行動していた』ために，国家責任条文第8条によって被告にかかる行為は帰属する（para. 146）」。このように通常の企業であれば，重要な行為を決定するには取締役会の議決が必要であり，またその議事録が残るので，その意味で国有企業の行為の帰属に関して第8条の適用の可否は比較的容易に認定できるように思われる。

　会社の行動に関する議事録等の証拠書類は，もちろん帰属を否定する証明にも用いることができる。White Industories事件仲裁[50]は，Coal India社（問題とされた国有企業）の経営陣の任命がインド政府によりなされていた，また商品の販売価格について政府と頻繁に相談していたという原告の主張を「会社の構造上のもの」として，国家責任条文第8条には「ほとんど関係ない（para. 8. 1. 6）」と述べる。仲裁は「国家責任条文第8条の文言が暗に示すように，個人または団体の行為を国家が『支配』または『指揮』していたかという問題に関わる国際公法上の基準は高い要件を含有している（para. 8. 1. 10）」と続ける。結論として仲裁は，証拠からインド政府による具体的指示がなかったとして帰属を認めなかった（para. 8. 1. 19）。

　　　　Case No. AA 226, Final Award（18 July 2014）, para. 1474（同内容の原告違いでYukos事件およびVeteran Petroleum事件もある）を参照。
（49）　*Ampal-American Israel Corporation and others v. Arab Republic of Egypt*, ICSID Case No. ARB/12/11, Decision on Liability and Heads of Loss（21 February 2017）, para. 140.
（50）　*White Industries Australia Limited v. The Republic of India*, UNCITRAL, Final Award（30 November 2011）.

4 第11条 国家により自己の行為として認められかつ採用された行為

第11条は次のように規定している。

> Conduct which is not attributable to a State under the preceding articles shall nevertheless be considered an act of that State under international law if and to the extent that the State acknowledges and adopts the conduct in question as its own.

第11条は有名なテヘラン事件国際司法裁判所判決の影響を色濃く受けた条文である。国家責任条文のコメンタリーは「『当該行為を自己の行為として認めかつ採用した』という文言は，単なる支援または授権という事例から，認識採用の事例を区別する意図にある[51]」と説明している。私人の行為は国家には帰属しないという原則の例外を定めるという性質上，「認めかつ採用する」ことを示す言説は「明確で疑いようのないものでなければならない[52]」。

この11条に基づいて帰属が認められた投資仲裁判例[53]は余り多くはない。国有企業の行動に関して，問題となる行為を後から認める事例が少ないからだと思われる。基本的には，事前の指揮命令が問題となる第8条と事実関係が時系列で続くために「検討すべき問題は国家責任条文第8条に関する箇所で含まれている[54]」とされてしまうことが多い。Ampal事件は第11条に基づく帰属を認定したのだが，関係箇所はたった1文だけであり，会社の議事録などから，被告国家の最高位の国家機関の経営への参加を根拠に，それに基づいて第8条の指揮命令を認定した後に付け足しのようになされており，ほぼ事実関係の説明は第8条のものに包含されてしまっている[55]。

---

(51) Crawford, *supra* note 7, p. 122.

(52) *InterTrade Holding GmbH v. The Czech Republic*, UNCITRAL, PCA Case No. 2009-12, Final Award (29 May 2012), para. 199. この仲裁は後任の大臣が前任の大臣の行為を謝罪したというだけでは，認めかつ採用したことにはならないと判断している (para. 201)。

(53) *Ron Fuchs v. The Republic of Georgia*, ICSID Case No. ARB/07/15, Award (3 March 2010), para. 274; *Saint-Gobain Performance Plastics Europe v. Bolivarian Republic of Venezuela*, ICSID Case No. ARB/12/13, Decision on Liability and the Principles of Quantum (30 December 2016), paras. 461ff; *Bilcon of Delaware et al v. Government of Canada*, PCA Case No. 2009-04, Award on Jurisdiction and Liability (17 March 20105), para. 324.

(54) *Unión Fenosa Gas, S.A. v. Arab Republic of Egypt*, *supra* note 5, para 9. 121.

(55) *Ampal-American Israel Corporation and others v. Arab Republic of Egypt*, *supra*

III ふたつの理論的問題

　国有企業の行為の帰属に関して，国家責任条文の構造　およびそれに関わる最近の投資仲裁の動向について整理したのだが，その上でふたつの理論的課題を検討しておきたい。ひとつは，投資協定の傘条項（義務遵守条項）への国際法（国家責任条文）帰属規則の適用可能性という根本的問題であり，もうひとつ国家契約の違反が投資協定上の問題となる条件として主張されるいわゆる主権的行為論の内容および適用根拠についてである。

1　傘条項（義務遵守条項）に関する国家責任条文帰属諸条項の適用可能性

　傘条項（義務遵守条項）とは，国家が投資家との間の合意の遵守を約束するものである。この条項によって本来国内法上の問題である投資家と国家との間の合意の違反が，同時に投資協定のかかる条項の違反となり，国際法上の問題としても処理されることになる。例えばエネルギ憲章第10条1項は「締約国は，他の締約国の投資家又は他の締約国の投資家の投資財産との間の契約上の義務を遵守する」と規定している。この傘条項（義務遵守条項）に関して，国有企業と投資家との間の契約が対象に含まれるのか，が問題となる。その問題は，理論的には国家責任の帰属規則の傘条項への適用可能性という問題へと繋がる。傘条項（義務遵守条項）の適用可能性に関してややこしい問題となるのは，契約違反行為の帰属だけでなく，そもそもの契約締結行為，そして契約上の義務を誰が負っているのかが問題となるからである。すなわち傘条項（義務遵守条項）の違反は「国家が国家として負っている義務」に違反しなければ成立しないという点に理論的な困難が横たわる。

　傘条項（義務遵守条項）への国際法上の帰属原則の適用可能性について，Crawford & MertensKötter はみっつの異なる立場が存在するとしている[56]。

---

note 49, para. 146.

(56)　James Crawford & Paul Mertenskötter, "The Use of the ILC's Attribution Rules in Investment Arbitration, in Meg Kinnear et al. (eds.), *Building International Investment Law: The First 50 Years of ICSID* (Kluwer Law International, 2016), pp. 30ff.

第1は国際法委員会国家責任条文が適用されるとする立場である。第2は，帰属に関して国際法委員会国家責任条文はそのまま適用されないが，それ以外の国際法が適用されるとする立場である。第3は国家契約の準拠法に従い帰属が決定されるとする立場である。

　もっとも単純な見解は，第3の立場であろう。国家契約は，それ自体としては国際法上の約束ではないのだから，当該契約の準拠法に従い，契約上の義務者が特定される，とする見解である。Vivendi事件ではアルゼンチンの地方自治体であるトゥクマン州と投資家との間の契約が問題となった。この事件の仲裁裁定無効委員会は次のように述べている。「二国間投資協定の違反の有無と，契約違反の有無は別の問題である。これらの請求はそれ自体の準拠・適用法規に従って決定される，すなわち二国間投資協定の場合は国際法に，コンセッション契約の場合はその準拠法，つまりはトゥクマン州法によってである。例えば，条約に基づく請求の場合，帰属に関する国際法が適用され，国家としてのアルゼンチンがその地方自治体の行為について国際的な責任を負う。それに対して，国家としてのアルゼンチンはトゥクマン州が締結した契約の履行に関して責任は負わない，トゥクマン州法により当該州が別の法人格を有しており，この契約の履行に責任を負っているからである[57]」。さらにCMS事件仲裁裁定無効委員会は次のように述べている。「傘条項の効果は，依拠されている義務をその他の何かへと変更するものではない。義務の内容は，その準拠法に従ったままであり，変更されないのである。そうだとすれば，義務の当事者（すなわち，それによって拘束され，それに依拠する権利を持つ人）は傘条項を理由としても変更されない[58]」。

　ここで引用した二つの意見を出した委員会には，国際法委員会において国家責任の特別報告者をつとめたCrawfordが委員として両方に含まれており，この意見は彼の見解が影響していることが想像される。実際，国家責任条文に付されたコメンタリーは第3の立場にかなり親和的な見解を示していたし，先述

---

(57) *Compañiá de Aguas del Aconquija S.A. and Vivendi Universal S.A. v. Argentine Republic*, ICSID Case No. ARB/97/3, Decision on Annulment (3 July 2002), para. 96.

(58) *CMS Gas Transmission Company v. The Republic of Argentina*, ICSID Case No. ARB/01/8, Decision of the ad hoc Committee on the Application for Annulment of the Argentine Republic (25 September 2007), para. 95.

III 国家責任

の Crawford & MertensKötter による 2016 年の論文も結論としてはこの第 3 の立場を肯定している[59]。

しかしながら，私見としては，この第 3 の立場を単純に肯定することには疑問を感じている。ただここでは私見を述べる前に，まずは先述の第 1 と第 2 の立場を説明していこう。先に整理したように，投資協定仲裁の多数は国家責任条文の帰属に関する条項を慣習国際法の反映だとみなし，議論の根拠として用いている。つまり収用条項や公正衡平待遇条項に関しては国家責任条文が何の問題もなく用いられている。第 1 の立場は，国家責任条文が他の条項と同様に傘条項（義務遵守条項）にもそのまま適用されるとする。Bosh 事件仲裁は「傘条項の『当事国』という用語は当事国が国家として行動しているあらゆる状況を指している。これは，ある団体の行動が当事国に（例えば，国際法委員会国家責任条文の第 4 条，第 5 条，もしくは第 8 条の下で）帰属可能な場合に，当該団体は第 2 条 3 項 C（傘条項（義務遵守条項）：筆者注）の下で『当事国』とみなされることを意味している[60]」と述べている。

第 2 の立場は，国家責任条文の帰属規則は傘条項（義務遵守条項）には適用されないが，それ以外の何らかの国際法規則が適用されるとするものである。この立場は，帰属に関する国家責任条文草案第 2 章に付されたコメンタリーが「この章で規定されている帰属に関する規則は，この特定の目的のために作成されたのであって，国家や政府を定義することに必要な他の目的のために作成されたのではない[61]」と述べていることに影響を受けている。濱本は 2015 年の論文の中で，投資仲裁判例を分析して，傘条項（義務遵守条項）に国家責任条文帰属規則を適用することに多くの判例が必ずしも肯定的ではなかったことを明らかにしている[62]。ただこの第 2 の立場は，国家契約の締結の場面で国

---

(59) Crawford, *supra* note 7, p. 92; Crawford & MertensKötter, *supra* note 56, p. 35. また次の諸判例も参照，*Georg Gavrilovic and Gavrilovic d.o.o. v. Republic of Croatia*, ICSID Case No. ARB/12/39, Award (25 July 2018), paras. 850ff, 1159;

(60) *Bosh International, Inc and B&P Ltd Foreign Investments Enterprise v. Ukraine*, *supra* note 32, para. 246.

(61) Crawford, *supra* note 7, p. 92.

(62) Shotaro Hamamoto, "Parties to the 'Obligations' in the Obligations Observance ('Umbrella') Clause", *ICSID Review- Foreign Investment Law Journal*, vol. 30, no. 2 (2015), pp. 449, 459ff.

家を代表するものの範囲を確定する，国家責任条文に代わる新たな規則の根拠付けを打ち出せてはいないのが現状である(63)。

　私見としては，第1と第2の立場を肯定する。まず第3の立場を単純に肯定しえない理由としては，契約がその準拠法に従いその契約上の権利義務者を特定するという立場は疑いようがないが，それと同時に契約に関連して国際法が国家に義務を負わせることを契約は法理上排除しえないからである。国際法が国内法上の契約に関連して，国家の範囲を国内法とは別に指定し，国家に独自の義務を負わせることは可能であって，これは国際法の問題として確定されるべきものとして残っているように思う。

　第3の立場を否定する根拠としてはさらに，次のようなものがある。国家契約の違反は，そもそも伝統的議論においては収用や裁判拒否などの概念を通して国際法の問題に引き上げられていた（次節参照）。今日の投資紛争においては，国家契約の違反は，傘条項（義務遵守条項）の問題であると同時に，収用条項や（裁判拒否を含む）公正衡平待遇条項の問題としても議論されている。そして収用条項や公正衡平待遇条項に関しては，国家責任条文の帰属規則が適用されるのが判例の多数であるから，傘条項（義務遵守条項）だけ国家責任条文が適用されないということの実質的意義はどこにあるのだろうか。実際，最近の判例では，国家責任条文に基づき帰属を認め，さらに問題とされる行為が収用条項もしくは公正衡平待遇条項の違反を構成していると認定すると，傘条項（義務遵守条項）などのその他の条項については事実関係で同様の議論になるとして，全く判断していない判例が多い(64)。

---

(63) Michael Feit, "Attribution and the Umbrella Clause – Is There Way out of the Deadlock?", *Minnesota Journal of International Law*, vol. 21（2012），p.21 は法の一般原則に根拠づけおり，Albert Badia, *Piercing the Veil of State Enterprises in International Arbitration*（Kluwer Law International, 2014）は人権法や外交的保護の分野を参照しながら法人格否認の法理を組み立てようとしている。

(64) *Karkey Karadeniz Elektrik Uretim A.S. v. Islamic Republic of Pakistan*, ICSID Case No. ARB/13/1, Award（22 August 2017），paras. 564-597; *Ampal-American Israel Corporation and others v. Arab Republic of Egypt*, supra note 49, para. 348; *Murphy Exploration & Production Company International v. Republic of Ecuador*, PCA Case No. 2012-16, Partial Final Award（6 May 2016），para. 294; *Hochtief AG v. The Argentine Republic*, ICSID Case No. ARB/07/31, Award（19 December 2016），para. 291.

Ⅲ　国家責任

　さらに，投資協定で特別な規定をしている場合，第3の立場と整合しないこともある。例えば日本が最近締結した投資保護に関する一連の協定では，傘条項（義務遵守条項）そのものは設置していないが，「投資に関する合意」の違反自体を根拠として仲裁に付託できる旨を規定するものがある。そしてこの「投資に関する合意」に関して，2018年12月に署名されたアルゼンチンとの投資協定の第1条は「『投資に関する合意』とは，一方の締約国の中央政府の当局と他方の締約国の投資家又はその投資財産であって当該一方の締約国の区域にある企業であるものとの間の書面による契約であり，当該投資家又は当該投資財産が当該一方の締約国における投資財産の設立又は取得に当たり依拠するものをいう」と定義しており，さらに「中央政府の当局」について，注として次のように規定している[65]。

　　この定義の適用上，『中央政府の当局』とは，省庁級の当局をいう。省庁級の当局とは，中央政府の個別の省庁その他これに類する当局をいい，次のものを含まない。

　　　(a)　締約国の憲法又は特定の法令に基づいて設立された政府の機関又は組織であって，当該締約国の法令に基づき個別の省庁その他これに類する当局と異なる法人格を有するもの（当該政府の機関又は組織の日常的な運営が，当該個別の省庁その他これに類する当局によって指揮され，又は管理されている場合を除く。）

　　　(b)　専ら特定の地域又は州について行動する政府の機関又は組織

(a)の内容は国家責任条文第5条の事実上の国家機関を想起させる文言が含まているし，この規定は明確に国際法において国家契約の当事者としての国家の範囲を規定しており，専ら国家契約の準拠法により決定されるとする第3の立場と整合しえない。

　第1の立場と第2の立場についていずれを採るべきかだが，現時点では第1の立場と第2の立場は，実はそれほど明確に分かれないのではないかと考えている。それはまだ第2の立場がいうところの別の帰属（代表）規則が明確ではなく，現時点で出されている法人格否認の法理などの議論は，国家責任条文第

---

[65]　「投資の促進及び保護に関する日本国とアルゼンチン共和国との間の協定」（2018年12月1日署名）第1条，TPP11にも同様の文言がみられる "Comprehensive and Progressive Agreement for Trans-Pacific Partnership", Article 9.1.

5条および第8条の解釈として組み立てることが可能に思えるからである。ただ第2の立場の国家責任条文とは異なる帰属（代表）規則については，日・アルゼンチン協定のように，投資協定の中で明確に規定していけば解決していく問題である。こうした規定は国家責任条文の立場から見ても優先的に適用されるべき特別法となるのであって，今後傘条項（義務遵守条項）などの諸規定の文言の改善が進めば，第2の立場が強化されていくことになるのであろう。

2 公権力の行使とは何か

　第5条の「統治権能（governmental authority, prerogatives da puissance publique）」の行使について，投資協定仲裁で同じ，または類似した用語が別の文脈で用いられるので，それらの異同について整理しておきたい。それは同じ用語を用いてはいるが，それらの根拠が異なるもの，または不明なものがあると思われるからである。

　投資協定仲裁では，契約の違反が投資協定上の問題となるには，国家による主権的権限（sovereign prerogatives）もしくは公権力（puissance publique）の行使を伴う行為が必要になる（以下：主権的権限論）というのが今日の通説である。例えば最近のCasinos事件仲裁は「投資家対国家の契約の終了に関係する事例において，その終了が条約上のものか契約上のものかを区別するために，私人も含むあらゆる契約当事者でもなしうる商業的行為であるのか否か，または当該行為が投資協定の待遇標準の違反を構成すると考えられる公的権能（public authority）の行使を構成しているのか否かに依拠するのは，投資協定仲裁の確立した判例の流れである[66]」と述べている[67]。

　そして，国家責任条文第5条の「統治権能」と投資協定の違反に関わる実体条件としての「主権的権限」や「公権力」といった用語や概念は，そもそも区別なく同じ用語が用いられており，さらにいえば主権免除に関する「権力的行為（acta jure imperii）」といった用語も，仲裁実務上では明確に区別されずに

---

(66)　*Casinos Austria International GmbH and Casinos Austria Aktiengesellschaft v. Argentine Republic*, Decision on Jurisdiction (29 June 2018), para. 221.
(67)　もちろん主権的権限論を否定する，またはそれに触れない最近の判例もある。*Eureko B.V. v. Republic of Poland*, Partial Award (19 August 2005), paras. 244-260; *Garanti Koza LLP v. Turkmenistan*, ICSID Case No. ARB/11/20, Award (19 December 2016), paras. 329f.

Ⅲ　国家責任

相互互換的に用いられてもいる[68]。

　ここで問いたいのは，これらの用語を混同して良いのかである。それが用いられる様々な文脈で，この用語が適用される理由は同じなのだろうか，違うのだろうか。違うとすれば，これらの用語が持つ意味も変わってくるのではないだろうか。主権免除については，既に膨大な先行研究[69]もあるし，本稿の紙幅の都合もあるので，今回は検討の対象から外し，国家責任条文第5条の「統治権能」と投資協定実体条項の違反要件としての「主権的権限」「公権力」に話を絞ることにする。

　国家責任条文第5条の「統治権能」は，先に述べたように明確には定義されていない。しかしながら，中核となる部分について意見の一致はある。どのような政府であっても本質的に持っている業務として，警察行為などが中核的業務として想定されている。この警察行為の特徴として，合法な強制権限の存在も指摘されることが多い。また私人では行使しえない，と説明されることも多い。仲裁判例などを見ると，ただ単に補助金の分配業務や，または国有財産の維持管理などまで統治権能の範囲に含めることもあるので，仲裁実務上ではかなり融通無碍に用いられている用語となっているが，中核部分は「私人は行使しえない，他者への合法的強制」という点にあると思われる。

　それでは投資協定の違反を巡る実体的要件としての主権的権限論について見ていこう。投資協定の違反に関して，主権的権限に類似する用語が見られるようになったのはいつか。2003年までの判例では，明示にこれらの用語に依拠するものがないように思える。例えば，2003年1月のADF事件仲裁は「行為や措置が慣習国際法上の要件に反すると判断するためには，単なる違法性や権

---

(68) *Karkey Karadeniz Elektrik Uretim A.S. v. Islamic Republic of Pakistan*, supra note 64, para. 359. その他にも，*Koch Minerals Sàrl and Koch Nitrogen International Sàrl v. Bolivarian Republic of Venezuela*, ICSID Case No. ARB/11/19, Award (30 October 2017), para. 7. 50; *AWG Group Ltd. v. Argentine Republic*, UNCITRAL, Decision on Liability (30 July 2010), para. 153; *Adel A Hamadi Al Tamimi v. Sultanate of Oman*, supra note 39, para. 323; *Sergei Paushok, CJSC Golden East Company and CJSC Vostokneftegaz Company v. The Government of Mongolia*, UNCITRAL, Award on Jurisdiction and Liability (28 April 2011), para. 592 も参照。

(69) とりあえずは国連国家免除条約に関する議論を参照。Roger O'Keefe & Christian J. Tams, *The United Nations Convention on Jurisdictional Immunities of States and Their Property : A Commentary* (Oxford University Press, 2013).

限の欠如以上の何かが必要である[70]」と述べていて，国内法上の違法行為が投資協定上の問題となるためには，何かさらに必要であると述べているに止まり，その何かを明言していない。2003年8月のSGS（Pakistan）事件仲裁は，当該事件において国家契約の違反が投資協定傘条項（義務遵守条項）の違反とはならないと判断して傘条項を巡る論争の口火を切った判例だが，傘条項（義務遵守条項）の適用対象を制限しようとするのに，主権的権限に類する用語や概念を判断の根拠に用いていなかった。仲裁は，ただ単に「一般国際法の下では，国家が他国の投資家と結んだ契約の違反は，それ自体では国際法の違反とはならないという広く受け入れられた原則[71]」とだけ述べて判断根拠の1つとしている。

2003年末頃から多くの判例が，これらの用語を用い始める。2003年12月のRFCC事件仲裁が，収用について，当事者の議論で挙げられている先例が「問題とされる措置が公権力（prérogatives de puissance publique）の名において行使された」もので，収用となるには「国家が契約当事者としてではなく，公的当局として行使した措置」の対象であると証明されなければならない[72]，としたのが最初の例のように思える。これ以降，多くの判例で同種の用語・概念が用いられてきており，その議論も投資協定の傘条項（義務遵守条項），収用，公正衡平待遇，または投資協定上の全実体義務を対象とし，様々な場面で為されてきている。

この主権的権限論の根拠は何だろうか。今日の投資協定仲裁において，協定違反成立の実体的条件としての主権的行為論はどのような根拠付けが為されてきているのかを見ていこう。

収用については，そもそも収用の成立時点がいつかという事実が問題となる。国際法上補償が義務付けられる収用は，その性格上財産の剥奪が一時的なものではなく永続的なものである必要がある。そのために行政当局が外国人財産を

---

(70) *ADF Group Inc. v. United States of America*, ICSID Case No. ARB (AF)/00/1, Award, para. 190.
(71) *SGS Société Générale de Surveillance S.A. v. Islamic Republic of Pakistan*, ICSID Case No. ARB/01/13, Decision of the Tribunal on Objections to Jurisdiction (6 August 2003), para. 167.
(72) *Consortium RFCC v. Royaume du Maroc*, ICSID Case No. ARB/00/6, Sentence Arbitrale (22 December 2003), para. 65.

Ⅲ　国家責任

剝奪したとしても，それが行政の下部機関による恣意的な行為に過ぎず，行政の上位機関や国内の裁判所で救済を与えられる可能性が存在すれば，財産の剝奪が永続的なものではない，といえる。そうすると，国内の裁判所で救済を求める可能性が事実上なくなった時点で，初めて収用の存在が認定されることになる。例えば Siemens 事件仲裁判決は，「仲裁裁判所は，アルゼンチンが執った一連の措置が，契約に基づく措置ではなく，その公権力の行使に基づくものであると考える。これらの措置の中でも，669/91 命令は，それ自体単独で，収用的行為と見なされうる。それは契約に基づくものではなく，2000 年の緊急事態法に基づくものである。それは恒久的な措置であって，契約を終了させる効果を持つものであった[73]。(下線筆者)」これとは逆に，国内裁判所で救済の可能性があったのに国内救済に訴え出なかった場合には，「投資家が訂正を求めて合理的な努力をしなかったことから，収用に等しい行為という現実そのものが疑わしくなる[74]」と判断されることになる。

　収用以外の規定ではどのように理解されるのだろうか。公正衡平待遇に関しては，その具体的内容として今日有力な「正当な期待」の保護に絡めて，全ての契約違反が投資協定上の保護されるべき期待に関係するわけではないと説明される。例えば Saluka 事件仲裁は「政府による，……法律や規則へのあらゆる違反を罰するためのものと解釈されてはならない，それらに対して投資家は通常投資受入国の国内裁判所で救済を求めることができるからである[75]」と述べている。同様に Parkerings 事件仲裁は「全ての希望が国際法の下での期待に該当する訳ではないのは明らかである。……契約上の期待に不満を抱いている当事者は，国内裁判所において救済を求めるべきである[76]」としている。Arif 事件仲裁は「投資家が投資契約の遵守が締約国の法と，当該国の裁判所の管轄に服すると約束しているならば，違反に当たって公権力や主権的権限の

---

(73) *Siemens A.G. v. The Argentine Republic*, ICSID Case No. ARB/02/8, Award (6 February, 2007), para. 271

(74) *Generation Ukraine, Inc. v. Ukraine*, ICSID Case No. ARB/00/9, Award (16 September 2003), para. 20. 30.

(75) *Saluka Investments B.V. v. The Czech Republic*, UNCITRAL, Partial Award (17 March 2006), para. 442.

(76) *Parkerings-Compagniet AS v. Republic of Lithuania*, ICSID Case No. ARB/05/8 Award (11 September 2007), para. 344.

要素といった,悪化要因がない限りは,契約の不履行は公正衡平待遇の範囲外の問題である[77]」としている。

　国家側が負うあらゆる義務の遵守を約束する傘条項（義務遵守条項）ではどうだろうか。初期の判例は,先述のように,慣習国際法もしくは一般国際法上の国家契約の違反を巡る国家責任の議論を引用して,投資協定にもそれを適用しているように思える。Impregilo 事件仲裁判決は,主権的権限論について述べた箇所に一般国際法における国家契約問題を扱った Schwebel の論文を注として付している[78]。ここで伝統的国際法における主権的権限論の根拠について検討せねばならないのだが,その問題は既に別稿[79]で論じたことがあるので,ここではその概要のみを示すことにしたい。

　伝統的国際法では,国家契約の違反が国際法違反となるのか,様々な議論が為されてきた[80]。通説的理解によれば,国家契約の違反それ自体は国際法違反行為とならない。それゆえに,国際法違反となる別の理由付け,裁判拒否や補償を伴わない収用などの理由に国家契約の違反が該当する必要が生じる。

　国家契約の違反を裁判拒否の観点から論じる見解では,次のように説明される。「国家が立法行為によって一方的に外国人との契約を変更ないし取消す場合,国家の当該立法行為に対する国内的な司法的救済（local judicial remedies）が存在しない。従って,国家が外国人に対して契約の破棄ないしその申し立ての決定のための真性な司法的手続への実効的な訴えを拒否する場合,裁判拒否としての国際法違反が存在するということについて学説上合意が存在するとい

---

(77) *Mr. Franck Charles Arif v. Republic of Moldova*, ICSID Case No. ARB/11/23, Award (8 April 2013), para. 536.

(78) *Impregilo S.p.A. v. Argentine Republic*, ICSID Case No. ARB/07/17, Decision on Judisdiction (22 April 2005), p. 85, note. 118. 引用されている文献については,Stephen M. Schwebel, "On Whether the Breach by a State of a Contract with an Alien is a Breach of International Law", in: *Justice in International Law*, 425 (1994) を参照。

(79) 坂田「前掲論文」（注1）511頁。

(80) 最近の議論については,Jean Ho, *State Responsibility for Breaches of Investment Contracts* (Cambridge University Press, 2018); Ivar Alvik, *Contracting with Sovereignty* (Hart Publishing, 2011); Charles Leben, "La théorie du contrat d'état et l'évolution du droit international des investissements", *Recueil des Cours*, vol. 302, p. 197 (2002); Leila Lankarani El-Zein, *Les contrats d'état à l'épreuve du droit international* (Editions Bruylant, 2001) を参照。

Ⅲ 国家責任

われる[81]」。

　国家契約の違反を，補償の支払いを伴わない収用として国際法違反とする見解では，先述の投資協定収用条項と同様の議論がそのまま成立していた。つまり，収用はその措置が永久的なものでなければならないので，国内の他機関の判断で当該措置が取り消される可能性がある場合には，まだ収用行為そのものが成立していないとする理解である。

　いずれの理屈付けによっても，国家契約の違反で，主権的権限の行使を伴うもののみが国際法上問題になるという見解の根拠としては，実効的な国内救済の可能性の有無があったのである。Amerasinghe は，主権的権限の行使が単なる契約違反と区別される，という見解について，次のように述べている。「この区別は，国家が主権的権限を行使する形で行動する場合には，自国の司法手続に国家が服さないことが一般的であり，国家がその（契約上の）義務から逃れうるのに対して，国家が私的な資格で行動する場合には，国内の裁判所において救済を与えられるのが一般的である，という考えに基づいている[82]」。

　伝統的な国際法においても，また今日の投資協定の公正衡平待遇もしくは傘条項（義務遵守条項）に関しても，以上のように，国内裁判所（他機関）による救済の可能性が，主権的権限論の根拠となっているように思える[83]。そうすると「本質的に国家の行為であって，本来は私人では行使しえない，他者への合法的強制」という国家責任条文第5条の「統治権能」と，投資協定違反成立の実体的条件としての主権的権限論は，公正衡平待遇もしくは傘条項（義務遵守条項）に関しては，同じ用語で全く異なる議論をしていると思われる。

Ⅳ　おわりに

　本稿では，国家契約をめぐる議論の一環として，国有企業が外国人投資家と結んだ契約の問題について分析した。分析の結果，次のことが明らかになった。まず投資協定仲裁は国際法委員会による国家責任条文規則を慣習国際法の反映

---

(81) 川岸繁夫「コンセッションと国有化（二）」『神戸学院法学』第9巻1号73頁（1978）。
(82) Chittharanjan F. Amerasinghe, "State Breaches of Contracts with Aliens and International Law", *American Journal of International Law*, vol.58, p. 881, p. 884 (1964).
(83) もちろん，この根拠自体の妥当性も問われるであろう。坂田「前掲論文」（注1）参照。

とみなし，それを国有企業の行為の国家への帰属の問題を処理するにあたって積極的に適用してきており，国家責任条文の内容を明確にするのに有意義な素材を提供している。傘条項については，国家責任条文帰属規則を適用することに理論的な問題が指摘されてきていたが，現時点では収用や公正衡平待遇と区別して，傘条項にだけ別の帰属（代表）規則を設定することの実質的利益は薄いし，今後は傘条項を含む諸条項の規定方法を改善することにより，理論的課題も消滅していくと思われる。国家契約をめぐっては，国家責任条文第5条に定める帰属要件としての「統治権能」「公権力」という用語と，国家契約の違反が投資協定上の問題となる実体的条件としての「主権的権限」「公権力」という同一のまたは類似した用語が用いられているが，分析の結果，国家責任条文第5条の「統治権能」と，違反成立の実態的条件としての類似した諸概念が，実は根拠が全く異なるものであり，適用の実態もおのずから異なりえることを明らかにした。

15 リビアに対する非軍事的措置
―― 「第三者対抗措置」の慣習法規則の形成に寄与しうるか

山 田 卓 平

I　はじめに
II　リビアへの措置の経緯
III　肯 定 論
IV　検討①：安保理決議を超える「独自措置」か
V　検討②：「第三者対抗措置」による正当化の法的信念があるか
VI　おわりに

I　はじめに

1　問題意識[1]

　国内社会と比べて組織的でなく集権化されていない国際社会では，違法状態を是正して合法状態を回復し，もって国際法秩序の維持を図るために，被害を受けた国による自助行為に相当程度頼らざるを得ない。そこで国際実践において認められてきたのが，復仇や対抗措置である。国連国際法委員会（ILC）の国家責任条文[2]によれば，対抗措置は，賠償や違法行為停止などの責任国義務の遵守を誘導するために，当該責任国に対して被害国がとる非武力の措置である。

　それでは，一般利益保護に関わる国際義務の違反から生じる責任の場合，直接的に被害を受けていない国（または国際組織）による対抗措置（本稿では第三者対抗措置（Third-party countermeasures）と呼ぶ）が許容されるか。理論的に

---

[1] 問題意識についてより詳しくは，山田卓平「対ジンバブエ制裁――「第三国対抗措置」の慣習法規則の形成に寄与しうるか――」『龍谷法学』50 巻 3 号（2018 年）257-272 頁。

[2] Responsibility of States for internationally wrongful acts, A/RES/56/83（28 January 2002）.

Ⅲ 国家責任

は，一般利益保護に関わる義務の違反には対世的性格があるので，直接的に被害を受けていない国（または国際組織）も遵守への誘導のために対抗措置をとれると説明されうる。実際上も，多数の国による措置の方が責任国の遵守誘導により効果がある。経済制裁は，多数の国が協調して包囲網を作って実施する方がより効果的である。しかし，そもそも対抗措置は先行違法行為の存在などを措置国の判断に委ねる点で，特に強国による濫用のおそれが懸念されるところ，直接的に被害を受けていない国が多数参加する可能性がある第三者対抗措置については，その懸念がさらに大きいとの批判がある。加えて，第三者対抗措置は国連安保理の権限を侵食しかねないとの批判もある。このように，第三者対抗措置を認めるかどうかには，賛否両論がある。国家責任条文の起草過程では，まさにこの対立が現れた。その結果，国家責任条文54条（被害国以外の国によりとられる措置）は，以下のような保留条項にとどまった。

　「本章は，第48条［＝「被害国以外の国による責任追及」］1項により他国の責任を追及できる国の，違反停止および被害国や違反義務の受益者の利益のための賠償を確保するために当該他国に合法な措置をとる権利を害しない（does not prejudice）。」

加えて，特に一般国際法の強行規範に基づく義務の深刻な違反に対して第三者対抗措置が認められるかについても，41条3項で「国際法上引き起こしうるさらなる結果を害しない」と規定するだけで，結論は示されなかった。以上より，ILC は，第三者対抗措置の可否について結論を示さなかった[3]。

しかし，第三者対抗措置の可否は，安保理決議がない場合のまたはある場合でもそれを超える独自措置の広がりを背景として，近年さらに重要な課題となっている[4]。それでは，第三者対抗措置は，現在の慣習国際法において認め

---

(3) ILC 国際組織責任条文は，責任を負う国際組織への対抗措置について51～57条で規定し，被害を受けていない国または国際組織による責任国際組織への第三者対抗措置については，国家責任条文54条と同様の保留条項をおいた（57条）。Responsibility of international organizations, A/RES/66/100 (27 February 2012). 他方，同条文は国際組織による責任国への対抗措置の合法条件を規定せず，国家責任条文49～54条の類推適用に委ねている（国際組織責任条文22条注釈パラ2。*Yearbook of the International Law Commission, 2011*, Vol. II, Part 2, p. 72）。したがって，被害を受けていない国際組織による責任国への第三者対抗措置は，国家責任条文54条の類推適用により結論が保留されたと言える。

(4) 本課題の紹介として，岩月直樹「第三国による対抗措置」『法学セミナー』63巻10

られているだろうか。この問題は，特に国家責任条文採択（2001年）の後の国家実行の調査により検証される必要がある。

2　本稿の射程

以上の問題意識に基づく実証研究の一つとして，本稿では，2011年以降のリビアに対する非軍事的措置を検討する。まず第1に，リビアに対する措置の経緯を確認した上で（Ⅱ），第2に，第三者対抗措置の肯定論者による対リビア措置の評価を紹介する（Ⅲ）。その上で，対リビア措置が第三者対抗措置を認める慣習法規則の形成に寄与しうるかを検討し（Ⅳ，Ⅴ），結論を述べる（Ⅵ）。

Ⅱ　リビアへの措置の経緯

リビアは1951年にイタリアの植民地支配から王国として独立したが，1969年にムアンマル・カダフィ（カッザーフィー）ら青年将校が無血クーデタに成功して王政を廃し，カダフィを議長とする革命評議会のメンバーが政治運営を始めた。しかし政権内部での抗争の末，次第にカダフィの個人支配体制となり[5]，彼の出身部族が治安・軍事関係の重要ポストに登用されるようになった。リビアは世界各地の民族解放運動を支援し，自らもテロに関与してきた。1988年12月の米国の民間航空機パンナム103便の爆破（ロッカービー事件）などのテロ事件の被疑者引渡しの拒否などにより，1992年より国連安保理決議による非軍事的強制措置の対象となった[6]。しかし，テロ事件の被疑者引渡しや被害者遺族への補償などにより，2003年9月には安保理決議による強制措置の終了が決定された[7]。2003年12月に，リビアは核兵器を含む大量破壊兵器の開発計画の存在を認めた上で放棄を表明した。2004年9月に，米国はリビア

　号（2018年）49-55頁。岩月直樹「重大な人権侵害が問題とされる場合における第三国による非軍事的な一方的強制措置の法的性質──「第三国による対抗措置」についての批判的考察──」岩沢雄司他編『国際法のダイナミズム』（2019年）135-142頁も参照。
(5)　カダフィが政権を安定させた理由の分析として，田中友紀「現代リビア政治における「部族」と「地域」──カッザーフィー政権移行期の支配アクターに着目して」『イスラーム世界研究』10号（2017年）131-151頁参照。
(6)　S/RES/748 (31 March 1992); S/RES/883 (11 November 1993).
(7)　S/RES/1506 (12 September 2003).

Ⅲ　国家責任

への経済制裁を解除した[8]。

しかし，2011年にチュニジアに端を発した一連の反体制運動（「アラブの春」）は，リビアにも波及した。2011年2月15日にリビア第2の都市ベンガジでのカダフィ政権打倒を訴える小規模デモ，2月17日には北東部の都市で大規模デモが起こり，政権側と反政府側による内戦状態に陥った。2月27日には，ベンガジを拠点とする暫定政府として国民暫定評議会（National Transitional Council（NTC））の創設が宣言された。当初は，武力に勝るカダフィ政権側の空爆や傭兵の投入などにより，反政府側の劣勢が目立ち始めた。そこで，フランス，イギリス，レバノンの共同提案による安保理決議1973が3月17日に採択された[9]。本決議は，文民の保護および飛行禁止区域の実施のために「必要なすべての措置」を国連加盟国に許可する（パラ4，8）。本決議に基づき，3月19日に仏英米が空爆を開始した。3月31日には指揮権が米軍からNATOに移された[10]。NATO軍による支援を受けて，8月23日には国民暫定評議会軍が首都トリポリを制圧し，カダフィ政権は崩壊した。10月20日にはカダフィが殺害された。10月31日，NATOの事務総長が軍事行動の終了を宣言した。

Ⅲ　肯定論

周知の通り，2011年のNATOによる軍事行動は，「保護する責任（Responsibility to Protect（R2P））」の実践とみなせるかの観点から広く議論されてきた[11]。他方，本稿の関心からは，リビアへの非軍事的措置が検討の中

---

(8)　以上について，川西晶大「リビアに対する経済制裁とその帰結」『レファレンス』平成19年11月号（2007年）108-127頁参照。

(9)　S/RES/1973（17 March 2011）.

(10)　NATOの軍事行動の展開について，山本健太郎「サルコジ政権における軍事介入：リビアとコートジボワールを事例として」『法と政治』64巻1号（2013年）49-54頁参照。

(11)　Alex J. Bellamy & Paul D. Williams, "The New Politics of Protection? Côte d'Ivoire, Libya and the Responsibility to Protect," *International Affairs*, Vol. 87(4) (2011), pp. 825-850; Alex J. Bellamy, "Libya and the Responsibility to Protect: The Exception and the Norm," *Ethics & International Affairs*, Vol. 25(3) (2011), pp. 263-269; 松井芳郎「国連における「保護する責任」論の展開——議論から「実施」へ？」『法学教室』375号（2011年）49-51頁；Nils Andersson et Daniel Lagot, *Responsabilité de protéger et guerres « humanitaires » : le cas de la Libye* (2012); 上田秀明「「保護する責

心となる。それでは，リビアへの非軍事的措置は，第三者対抗措置を認める慣習法規則の形成に寄与するだろうか。

第三者対抗措置についての先行研究は数多いが，ILC 国家責任条文の採択後に発表された研究のうち，質量ともに最も優れているのが，2017 年に刊行されたダビドビッチの著書である。そこで以下，特に彼の著書での評価を中心に紹介する。リビアへの措置を，第三者対抗措置を認める慣習法規則の形成に寄与すると評価する彼は，次のように時系列的にリビアへの独自措置を含む諸事実を紹介しつつ，その一部について分析を加える[12]。

任」の履行，リビアの事例」』『産大法学』45 巻 3/4 号（2012 年）812-803 頁；清水奈名子「国連安保理による重大且つ組織的な人権侵害への対応と保護する責任——冷戦後の実行とリビア，シリアの事例を中心として」『法律時報』84 巻 9 号（2012 年）66-71 頁；「特集　保護する責任の実践——NATO によるリビア介入を事例に」『社会と倫理』27 号（2012 年）1-120 頁；掛江朋子『武力不行使原則の射程——人道目的の武力行使の観点から』（2012 年）249-252 頁；Aidan Hehir and Robert Murray (eds.), *Libya, the Responsibility to Protect and the Future of Humanitarian Intervention* (2013)；小沼史彦「2011 年のリビア干渉について——国際法の観点から——」『成蹊大学法学政治学研究』39 号（2013 年）1-16 頁；水口章「国際秩序と『アラブの春』——リビアへの国際介入を事例として」『敬愛大学総合地域研究』3 号（2013 年）43 頁，山本「前掲論文」（注 10）73 頁；高嶋陽子「国連安全保障理事会と武力紛争下の文民保護——リビアの事例を中心に——」『専修総合科学研究』21 号（2013 年）107-122 頁；Kjell Engelbrekt, "Why Libya? Security Council Resolution 1973 and the Politics of Justification," in Kjell Engelbrekt, Marcus Mohlin, and Charlotte Wagnsson (eds.), *The NATO Intervention in Libya: Lessons learned from the campaign* (2014), pp. 57-58; Fredrik A. Holst and Martin Fink, "A legal view on NATO's campaign in Libya," *ibid.*, pp. 70-71; Robert Egnell, "Conclusion: Lessons and Consequences of Operation Unified Protector," *ibid.*, pp. 231-233；小松志朗『人道的介入：秩序と正義，武力と外交』（2014 年）229-277 頁；高橋良輔・大庭弘継編『国際政治のモラル・アポリア——戦争／平和と揺らぐ倫理』（2014 年）49-53 頁；大庭弘継「規範の軋轢——リビア介入後の 4 年間における保護する責任と文民保護の動向」『グローバル・ガバナンス』2 号（2015 年）30-47 頁；Thomas G. Weiss, "Libya, R2P, and the United Nations," in Dag Henriksen & Ann Karin Larssen (eds.), *Political Rationale and International Consequences of the War in Libya* (2016), pp. 228-244; Sigmund Simonsen, "The Intervention in Libya in a Legal Perspective: R2P and International Law," *ibid.*, pp. 245-265；澤喜司郎「リビア空爆と保護する責任」『山口経済学雑誌』64 巻 6 号（2016 年）903-922 頁．

(12) Martin Dawidowicz, *Third-Party Countermeasures in International Law* (2017), pp. 217-219.

Ⅲ　国家責任

＜2011年2月21日－スイス＞
リビア中央銀行および国家元首のカダフィを含む，文民の暴力的抑圧に関与する複数のリビア高官の資産を凍結することを決定[13]。

＜2011年2月22日－アラブ連盟理事会＞
・アラブ連盟理事会が，全会一致で「リビアのアラブ連盟の加盟資格を停止する (suspend Libya from its membership in the Arab League)」ことに合意（この決定は，国連安保理および総会により「歓迎」された）。
・分析：「アラブ連盟規約18条は，『本規約から生じる義務を履行しないいかなる国についても』，（標的となる国を除く）全員一致の票決で加盟資格の停止が可能である (membership suspension is possible) と規定する」。しかし，本規約は国際人権法および人道法の遵守義務に言及していない。そうすると，「リビアの資格停止決定は，実体的な条約上の正当化根拠を欠くように見えるので，一見して違法である (the decision to suspend Libya was *prima facie* wrongful as it seemingly lacked a substantive treaty-based justification)」。とはいえ，停止決定はアラブ連盟の公的機関（理事会）によるものであり，手続き的には有効である。関連事例が少ないので不明確ではあるが，リビアの違法な資格停止は［ILCの］国際組織責任条文58条2項により，個別加盟国とは別の国際組織に帰属すると考えるべきである。リビアの資格停止は国際組織責任条文57条の意味での第三者対抗措置に該当するように見える。加盟国は資格停止に支持を表明したので，「アラブ連盟の全加盟国がそのような状況での第三者対抗措置の発動を受け入れていることが合理的に想定されうる (it may reasonably be assumed that all Arab League Member States accept the use of third-party countermeasures in such circumstances)」。

＜2011年2月25日－米国＞
リビアの治安を悪化させ安定に深刻な危険を与えるような，非武装の文民に対する戦争兵器，傭兵，理不尽な暴力の使用を含むリビア人民への過激な措置

---

(13) Le Conseil fédéral suisse, Ordonnance instituant des mesures à l'encontre de certaines personnes originaires de la Libye du 21 février 2011 (Etat le 24 février 2011), https://www.admin.ch/opc/fr/classified-compilation/20110418/201102240000/946.231.149.82.pdf. 本稿脚注で示すURLの最終閲覧は，すべて2019年5月15日である。

へ の 対 応 と し て, 中央銀行およびカダフィと側近の資産の凍結を決定。

＜2011年2月25日－国連人権理事会＞
決議採択（A/HRC/S-15/1）：「一部は人道に対する犯罪にも該当しうるような，文民への無差別の武力攻撃，司法手続きを経ない殺害，平和的なデモ参加者の恣意的な逮捕，拘留，拷問を含む最近の重大かつ組織的な人権侵害」を非難。恣意的な逮捕，表現および集会の自由の否定を含むすべての人権侵害の停止を要請し，国際人権法の違反を調査する国際調査委員会を設置。

＜2011年2月26日－国連安保理＞
決議1970を採択[14]：「平和的なデモ参加者の抑圧を含む重大かつ組織的な人権侵害」を非難し「文民の死に深い懸念を表明し，リビア政府上層部による文民に対する敵対行為および暴力の教唆を明白に拒絶する」。同様に，表現および集会の自由の尊重の必要を強調し，「人権および国際人道法の深刻な侵害」を非難し，「文民に対する広範かつ組織的な攻撃は人道に対する犯罪に該当しうる」と考える。それに対して，国際刑事裁判所（ICC）への付託，武器禁輸，カダフィを含む政府高官への渡航禁止および資産凍結により，強制行動をとることを決定。

＜2011年3月1日－国連総会＞
決議採択（A/RES/65/265）：「重大かつ組織的な人権侵害」の場合に国連人権理事会のメンバーの資格を停止できるとの以前の決議（A/RES/60/251（15 March 2006））第8項により，リビアの資格を停止。

＜2011年3月17日－国連安保理＞
決議1973を採択：「恣意的な拘留，強制失踪，拷問，即決での執行を含む重大かつ組織的な人権侵害」を非難し，人道に対する犯罪が行われていることを再び強調した上で，民間航空の禁止，飛行禁止区域の設定，資産凍結の拡大，文民保護のための攻撃許可。

＜2012年1月12日－国際調査委員会（国連人権理事会が設置）＞
報告書（A/HRC/17/44）を国連人権理事会に提出：国際人権法・人道法の違

---

[14] S/RES/1970 (26 February 2011).

III 国家責任

反を確認。リビア政府上層部の政策決定の結果，政府軍により人道に対する犯罪と戦争犯罪が行われたと結論。

＜結論＞

以上のような事実および分析を踏まえて，ダビドビッチは次のように結論する。

> 「要するに，出来事の経緯が示すに，国連憲章7章による安保理の強制措置の前に，スイスと米国が，カダフィとリビア中央銀行の資産凍結により，リビアに対する第三者対抗措置をとった。少なくとも，アラブ連盟の加盟国もまた，アラブ連盟での加盟資格を停止すること（suspending its membership in the Arab League）（この決定は安保理および国連総会により歓迎された）によるリビアへの［アラブ連盟による］第三者対抗措置の発動に，支持を表明した。これらの第三者対抗措置は，主に，次のようなリビアの国際人権法および人道法違反への対応としてとられたように思える。(1)拷問からの自由（自由権規約7条），(2)身体の自由および安全の権利（自由権規約9条），(3)表現の自由（自由権規約19条），(4)集会の自由（自由権規約21条），(5)人道に対する犯罪，(6)戦争犯罪[15]。」

したがって，彼は，国連諸機関の認定を主な根拠にしてリビア政府による国際人権法および人道法違反を確認した上で，2011年2月26日採択の安保理決議1970よりも早く開始された以下の3つの措置を，第三者対抗措置とみなした。

①スイス・米国によるカダフィの資産凍結
②スイス・米国によるリビア中央銀行の資産凍結
③アラブ連盟理事会による加盟資格の停止決定

なお，国連人権委員会のメンバー資格の停止を挙げつつ，これを第三者対抗措置に数えないのは，以前の国連総会決議に根拠があるのでそもそも合法だと判断したからであろう。

IV 検討①：安保理決議を超える「独自措置」か

それでは，ダビドビッチによる評価は正しいだろうか。まず前提的に，ある

---

(15) Dawidowicz, *supra* note 12, p. 220.

〔山田卓平〕　　　　　　　　　　　　　　　*15* リビアに対する非軍事的措置

措置を第三者対抗措置と評価するためには，それが安保理決議の実施ではない「独自措置」とみなされる必要がある。安保理決議の実施であれば，対抗措置による正当化は不要だからである。そこで，上記①～③の措置が安保理決議の実施ではなく独自措置か検討する必要がある。その作業の前提として，リビアに対する安保理決議の措置の内容を確認しておこう。

1　安保理決議の措置
(1)　決議 1970（2011 年 2 月 26 日）
2011 年 2 月 26 日に採択された安保理決議 1970 は，次のような内容である。

＜前文＞
・文民への暴力および武力行使を非難。
・平和的デモの抑圧を含む重大かつ組織的な人権侵害を非難，文民の死亡を懸念，文民への敵対行為および暴力の教唆を拒絶。
・アラブ連盟，アフリカ連合，イスラム会議機構事務局長による人権および国際人道法の深刻な違反の非難を歓迎。
・リビアでの文民への広範かつ組織的な攻撃は人道に対する犯罪に当たりうると思料。
・人民を保護するリビア当局の責任を想起。
・平和的な結社の自由およびメディアの自由を含む表現の自由を尊重する必要性を強調。

＜1項＞
暴力の即時停止と人民の正統な要求を実現するための行動を要請。

＜2項＞
リビア当局に以下を要請。
・最大限自制した行動，人権および国際人道法の尊重，国際的な人権監視者による即時アクセスの許可。
・すべての外国人およびその財産の安全確保，退去希望者の出国促進。
・人道および医療物資，人道機関および従事者の安全な通過の確保。
・すべての形式のメディアへの制限の即時解除。

Ⅲ　国家責任

＜3〜8項：国際刑事裁判所（ICC）への付託＞
・2011年2月15日以降のリビアでの事態をICC検察官に付託することを決定。
・リビア当局のICCおよび検察官への協力義務を決定。
・すべての国および関係する地域的・国際組織に協力を要請。

＜9〜14項：武器の禁輸＞
・全加盟国が，武器および関連物資，技術支援，訓練，財政支援のリビアへの提供，売却または移転を防止するのに必要な措置を即時にとる義務を決定。
・リビアが武器および関連物資の輸出を停止する義務，全加盟国がリビアから当該品目を調達することを禁ずる義務を決定。
・すべての国（特に隣国）に，禁輸貨物と信じる合理的な根拠がある場合に自国領内で国際法に従って検査することを要請。
・禁輸品目を発見した場合の押収・処分義務を決定。

＜15〜16項：渡航禁止＞
・全加盟国が本決議附属書Ⅰが挙げるまたは24項により設置される委員会が指定する個人の入国または通過を防止するのに必要な措置をとる義務を決定。

＜17〜21項：資産凍結＞
・「全加盟国が，本決議附属書Ⅱが挙げるもしくは24項により設置される委員会が指定する個人もしくは団体，またはそれらの代理もしくは指示で行動する個人もしくは団体，またはそれらが所有もしくは支配する団体が，直接または間接的に所有または支配する自国領内のすべての資金，他の金融資産，経済資源を遅滞なく凍結することを決定する」（パラ17前段）。
・いかなる資金，金融資産または経済資源も，指定個人または団体のために利用可能となることのないよう確保する義務を決定。
・凍結資産を後にリビア人民のために利用可能とする意図を表明。

＜22〜23項：指定基準＞
　渡航禁止および資産凍結が，制裁委員会に指定される以下の個人および団体に適用されることを決定[16]。

---

(16) 指定リストは以下で閲覧可。https://www.un.org/securitycouncil/sanctions/1970/materials.

- リビアの人民への深刻な人権侵害の命令，統制，指示，実行に関与または加担するもの。それには，文民および民用施設への空爆を含む国際法違反の攻撃の計画，指揮，命令，実行への関与または加担を含む。
- または，上記のような個人または団体の代理または指示で行動するもの。

＜24〜25項：新しい制裁委員会＞
- 制裁委員会の設置を決定。

＜附属書Ⅰ：渡航禁止＞
カダフィ，その子供8名，軍・治安当局7名の計16個人を指定。

＜附属書Ⅱ：資産凍結＞
カダフィ，その子供5名（Aisha; Hannibal; Khamis; Mutassim; Saif al-Islam）の計6個人を指定。

(2) 決議1973（2011年3月17日）
さらに，3週間弱後の2011年3月17日に採択された安保理決議1973は，次のような措置を追加した。

＜4〜5項：文民の保護＞
- ベンガジを含むリビアにおいて攻撃の威嚇の下にある文民を保護するために必要なすべての措置を加盟国に許可。
- 本地域での国際の平和および安全の維持に関するアラブ連盟の重要な役割を承認。国連憲章第8章に留意して，アラブ連盟加盟国に上記措置の実施について他の国連加盟国と協力することを要請。

＜6〜12項：飛行禁止区域＞
- 文民を保護するためにリビア領空でのすべての飛行の禁止を決定。
- 飛行禁止の遵守強制のために必要なすべての措置を加盟国に許可。

＜13〜15項：武器禁輸の実施＞
- 決議1970の武器禁輸実施のために，自国領内および公海で検査することを要請。検査実施のために状況に見合うすべての措置を加盟国に許可。

Ⅲ 国家責任

＜17項：フライト禁止＞
・リビアで登録された，もしくはリビアの国民または会社の航空機に離陸・着陸・上空飛行を許可しない義務を決定。

＜19〜21項：資産凍結＞
・決議1970の資産凍結が，「委員会が指定するリビア当局者，またはそれらの代理もしくは指示で行動する委員会指定の個人もしくは団体，またはそれらが所有もしくは支配する委員会指定の団体が，直接または間接的に所有または支配する自国領内のすべての資金，他の金融資産，経済資源」に適用されることを決定（19項前段）。

＜附属書Ⅱ：資産凍結＞
新たに7個人（DORDA, Abu Zayd Umar; JABIR, Major General Abu Bakr Yunis; MATUQ, Matuq Mohammed; QADHAFI, Mohammed Muammar; QADHAFI, Saadi; QADHAFI, Saif al-Arab; AL-SENUSSI, Colonel Abdullah），5団体（Central Bank of Libya; Libyan Investment Authority; Libyan Foreign Bank; Libyan Africa Investment Portfolio; Libyan National Oil Corporation）を指定。

以上のように，本決議は，文民の保護および飛行禁止区域実施のために必要なすべての措置を加盟国に許可した。この許可を根拠としたNATO諸国によるリビアへの軍事行動は，周知のように，保護する責任論との関係で注目されてきた。しかし，すでに述べたように，本稿の関心はむしろ資産凍結などの非軍事的措置にある。

(3) 措置の終了または緩和

カダフィ政権が崩壊すると，安保理の関心は平和構築に移っていく。2011年9月16日に採択された安保理決議2009[17]は，民主的で独立し統一したリビアを設立するためのリビア人主導での移行および再構築プロセスを支援する国際社会の努力を，国連がリードすることを再確認し（前文），治安回復，法の支配，政治的対話，国民和解，人権保護，移行期正義などの支援を任務とする，国連リビア支援ミッション（United Nations Support Mission in Libya（UNSMIL））

---

(17) S/RES/2009 (16 September 2011).

の設立を決定する（12項）。その上で，武器禁輸，資産凍結措置を緩和し（13～19項），フライト禁止を終了した（21項）[18]。2011年10月27日採択の安保理決議2016[19]は，文民保護と飛行禁止区域実施のために必要な措置，すなわち武力を含む措置の許可を終了した（5～6項）。それにより，NATOの軍事行動は終了した。

リビアへの軍事行動が終わると，人々のリビア情勢への関心は薄れ，報道量も大きく減った。安保理の関心も平和構築により集中する[20]。2015年12月17日に，国連主導でリビア政治合意（Libyan Political Agreement）が署名されたところ，安保理は決議2259（2011年12月23日）で本合意を歓迎するとともに，「国民合意政府（Government of National Accord）」を唯一の正統政府として支持するローマ共同コミュニケ（2015年12月13日）に支持を表明した[21]。

(4) 内戦再発後の措置

しかし，2011年内戦から3年後の2014年頃から，複数の政治勢力の対立が深まった。現在でも国民合意政府（首都トリポリ）の政治・軍事基盤は脆弱であり，その他に，2012年から14年までの制憲議会・暫定的立法府であり西部で一定の影響力を持つ「国民議会（General National Congress）」（2016年から「国家高等評議会（High State Council）」として活動），2014年から16年までの立法府でありながらリビア政治合意を拒絶した東部トブルク拠点の「代表議会（House of Representatives）」，そして政府の軍・警察をしのぐ軍事力を持ち東部を実効支配する「リビア国民軍（Libyan National Army）」などが存在する[22]。さらに，民兵組織やイスラム過激派勢力も活発化している[23]。

---

(18) 資産凍結については，2011年12月までにすべての団体について原則解除された（Libyan Investment AuthorityとLibyan Africa Investment Portfolioのみ2011年9月16日までの凍結分が未解除）。
(19) S/RES/2016 (27 October 2011).
(20) 関連決議として，S/RES/2022 (2 December 2011); S/RES/2040 (12 March 2012); S/RES/2095 (14 March 2013).
(21) S/RES/2259 (23 December 2015), preamble & para. 3.
(22) 小林周「「断片化」するリビア情勢と大統領・議会選挙──選挙は実施可能か，安定をもたらすのか」『中東研究』533号（2018年）86-87頁。小林周「政変後リビアの情勢不安定化における国内要因」『海外事情』63巻9号（2015年）73-74頁も参照。
(23) 以上のような最近の混迷の紹介および分析として，小林周「不安定化の「連鎖」：

Ⅲ　国家責任

　そこで，安保理決議2146（2014年3月19日）[24]は，国連が認める国民合意政府以外の勢力によりリビア最大の資金源である原油が違法に輸出されている現状を懸念して，指定船舶について加盟国に公海上での検査を許可した上で（5項），原油を積載・輸送しないよう指示する旗国の義務（10項(a)），入港および燃料などのサービス提供を禁ずるために必要な措置をとる全加盟国の義務（10項(b)(c)）を定めた[25]。それにより，2016年に1隻，2017年に2隻が指定された（現在ではいずれも解除[26]）。

　資産凍結などの措置も，カダフィ政権関係者のみならず，平和構築を妨げる個人および団体にも適用されることになった[27]。それにより，2018年6月以降に越境違法売買ネットワークや民兵組織の8個人が指定されている。

2　独自措置の抽出

　以上が安保理決議による措置である。それでは，リビアへの非軍事的措置のうち，どの部分が安保理決議の実施を超える独自措置か。

リビアから「イスラーム国」への戦闘員流出」『中東研究』522号（2015年）44-54頁；佐々木伸「リビアが「第2のシリア」に：混迷の度深まる中東・アフリカ」『インテリジェンス・レポート』79号（2015年）4-23頁；小林「前掲論文（政変後〜）」（注22）72-85頁；福富満久「リビアで何が起きているのか──欧州を狙うリビアISと国家分裂──」『海外事情』64巻9号（2016年）46-62頁；小林周「移民の「経由地」と「目的地」としてのリビア──内戦後の情勢流動化が与えた影響」『中東研究』528号（2016年）39-49頁；小林周「リビアの地政学リスクとイスラーム過激派の動向：「非統治空間」への着目」山内昌之編『中東とISの地政学』（2017年）119-146頁；福田邦夫「リビア　果てしなき泥沼」『季刊アラブ』161号（2017年）30-32頁；小林周「リビアにおける「非統治空間」をめぐる問題とハイブリッド・ガバナンスの可能性」『KEIO SFC Journal』18巻1号（2018年）256-273頁；小林「前掲論文（「断片化」〜）」（注22）85-99頁；小林周「リビアを中心とした北アフリカ地域の治安・テロ動向──ISとアルカーイダの国境を越えた活動によって高まる脅威──」『インテリジェンスレポート』2018年12月号（2018年）83-89頁。外務省HP（https://www.mofa.go.jp/mofaj/area/libya/index.html）も参照。

(24)　S/RES/2146（19 March 2014）.
(25)　これらの措置は以下で現在まで期間延長。S/RES/2208（5 March 2015），para. 1; S/RES/2213（27 March 2015），para. 14; S/RES/2278（31 March 2016），para. 1; S/RES/2362（29 June 2017），para. 2; S/RES/2441（5 November 2018），para. 2.
(26)　Security Council Press Release, SC/12362（12 May 2016）; SC/13303（18 April 2018）; SC/13322（29 April 2018）.
(27)　S/RES/2174（27 August 2014），para. 4.

まず，EU などが課す武器禁輸や貨物検査，禁輸品の押収処分[28]は，安保理決議の措置と重なる。

他方で，前述の通り，ダビドビッチは，①カダフィの資産凍結，②リビア中央銀行の資産凍結，③アラブ連盟理事会による加盟資格の停止決定の3つを独自措置と位置づける。そこでまず，国際組織の措置と資産凍結について検討しよう。

(1) 国際組織による措置

安保理決議は国際組織の措置について定めていないので，アラブ連盟理事会の措置は独自措置である。この措置は 2011 年 8 月 27 日まで続いた[29]。なお，国連総会において人権理事会のメンバー資格も停止され，2011 年 11 月 18 日まで続いた[30]。これも独自措置と言える。

(2) 資産凍結

資産凍結は安保理決議が命じているが，安保理決議の実施を超える者を指定すれば，その部分は独自措置となる。なお，日本は安保理決議での指定に従うのみであり，独自指定はない[31]。

(i) 安保理決議 1970 の指定者について

2011 年 2 月 26 日に採択された安保理決議 1970 が事実上の国家元首であるカダフィ（およびその子供5名）を指定する一方で，スイス[32]および米国[33]は

---

(28) たとえば，Council Decision 2011/137/CFSP of 28 February 2011, OJ L 58, 3.3.2011, pp. 53-54（Articles 1-4）.
(29) Mervat Rishmawi, "The League of Arab States in the Wake of the "Arab Spring"," p.56, https://www.cihrs.org/wp-content/uploads/2013/09/Arab-Leage.pdf.
(30) Resolution adopted by the General Assembly on 18 November 2011: Restoration of the rights of membership of Libya in the Human Rights Council, A/RES/66/11 (2011).
(31) 経産省HP「対リビア制裁関連」(https://www.meti.go.jp/policy/external_economy/trade_control/01_seido/04_seisai/libya.html)。
(32) Le Conseil fédéral suisse, *supra* note 13.
(33) Executive Order 13566 of February 25, 2011, *Federal Register*, Vol. 76, No. 41 (March 2, 2011), p. 11318.

Ⅲ　国家責任

彼らをより早く指定している（スイスの指定は，ダビドビッチが言うように2011年2月21日だが，発効は2月24日）。

しかし，安保理の指定より前とはいえ，スイスは2日前（2011年2月24日），米国については前日（2011年2月25日）に過ぎない。EUによる指定は安保理指定の2日後（2011年2月28日）である[34]。これは，北朝鮮への措置において，国連安保理および制裁委員会が未だに指定していない金正恩氏を，米国が2016年7月から独自に指定し続けているのとは明らかに異なる[35]。指定から金融機関などの現場での凍結措置までの時間を考慮すれば，カダフィ（およびその子供5名）への資産凍結は，実質的には安保理と協調して同時になされたものとみなすべきであり，独自措置と言うべきではない。

(ⅱ)　安保理決議1973の指定者について

それから3週間弱の2011年3月17日に採択された安保理決議1973は，前述したように，デモ参加者への暴力などを理由としてカダフィの他の子供や防衛大臣をはじめとする軍・治安幹部の7個人，カダフィ政権の資金源との疑いを理由としてリビア中央銀行や国家ファンドおよびリビア国営石油会社の5団体を指定する。他方で，EUは7個人を2月28日[36]，5団体のうち中央銀行および国家ファンドの4団体を3月10日に指定しているので[37]，7個人は3週間弱，4団体は1週間先んじたことになる。リビア中央銀行については，米国がカダフィらと同時の2011年2月25日に指定している[38]。そうすると，これらの措置は，2011年3月17日までは独自措置に見える。

しかし，すでに紹介したように，安保理決議1970（2011年2月26日）17項は，資産凍結の対象者として次の3つのカテゴリーを定めていた。

① 「本決議の附属書Ⅱが挙げるもしくは24項により設置される委員会が指定する個人もしくは団体（the individuals or entities listed in annex Ⅱ of this

---

(34)　Council Decision 2011/137/CFSP, *supra* note 28, p. 60.
(35)　山田卓平「日本による北朝鮮への独自措置——日本の国際義務に適合するか——」『龍谷法学』51巻3号（2019年）158頁参照。
(36)　Council Decision 2011/137/CFSP, *supra* note 28, pp. 61-62.
(37)　Council Implementing Regulation (EU) No. 233/2011 (10 March 2011), OJ L 64, 11.3.2011, p. 14.
(38)　Executive Order 13566, *supra* note 33, p. 11315-11316.

resolution or designated by the Committee established pursuant to paragraph 24 below)」
② 「それら（＝①の指定者）の代理もしくは指示で行動する個人もしくは団体（individuals or entities acting on their behalf or at their direction）」
③ 「それら（＝①の指定者）が所有もしくは支配する団体（entities owned or controlled by them）」

つまり，これから制裁委員会を設置することもあり，カダフィを含む決議1970指定者の指示や支配の下にある未指定の個人・団体の資産凍結も，加盟国に義務づけていた。

その後，安保理決議1973（2011年3月17日）19項は，資産凍結の対象者を次の3つのカテゴリーと定める。

① 「委員会が指定するリビア当局者（the Libyan authorities, as designated by the Committee）」
② 「それら（＝①の指定者）の代理もしくは指示で行動する委員会指定の個人もしくは団体（individuals or entities acting on their behalf or at their direction ..., as designated by the Committee）」
③ 「それら（＝①の指定者）が所有もしくは支配する委員会指定の団体（entities owned or controlled by them, as designated by the Committee）」

つまり，安保理決議1973は，資産凍結対象を制裁委員会の指定者に限定した[39]。

したがって，各国による2011年3月17日までの資産凍結は，カダフィを含む安保理決議1970での指定者の代理や指示，支配の下の個人・団体に対するものである限りは，安保理決議1970第17項の実施に過ぎず，独自措置ではない。

そこで，軍幹部や，中央銀行および国家ファンドについて考えれば，明らかにカダフィらの指示や支配の下なので[40]，それらの資産の凍結は安保理決議

---

(39) それに対して，北朝鮮への措置では，安保理決議での資産凍結義務の対象は指定者に限定されていない。山田「前掲論文」（注35）140頁。
(40) 特に，1100億ドル（リビアのGDPの1.6倍）の外貨準備を保有する中央銀行および，資産規模650億ドルと言われるリビア投資庁（Libyan Investment Authority）の2機

Ⅲ 国家責任

1970 の実施に過ぎず，独自措置ではないことになる。ゆえに，リビア中央銀行の資産凍結は独自措置ではない。

(ⅲ) 2011 年 3 月 17 日から 2012 年の対象者について

しかし，2011 年 3 月 17 日以降に，制裁委員会がまだ指定していない個人・団体を資産凍結の対象とすれば，それは独自措置とみなされる。それは多数に上るが，主な個人では，首相（AL-MAHMOUDI, Baghdadi）や外務大臣（KOUSSA, Moussa Mohamad）を含む閣僚[41]，および駐チャド大使（AL QADHAFI, Quren Salih Quren）[42]がそれに当たる。団体では，カダフィ政権の資金源との疑いや安保理決議 1973 が指定した 5 団体の子会社であることなどを理由として，多数の国有企業が対象となっている[43]。

関は，カダフィ政権の最大の資金源だという。中嶋猪久生「リビア：主要国によるカダフィ一族の資産凍結」『中東調査会 かわら版』2011 年 3 月 25 日（No. 47）（https://www.meij.or.jp/members/kawaraban/20110325154827000000.pdf）。

(41) Council Implementing Regulation (EU) No. 272/2011 (21 March 2011), OJ L 76, 22.3.2011, pp. 33-34; Le Conseil fédéral suisse, Ordonnance instituant des mesures à l'encontre de la Libye du 30 mars 2011 (Etat le 31 mars 2011), https://www.admin.ch/opc/fr/classified-compilation/20110556/201103310000/946.231.149.82.pdf; Office of Foreign Assets Control (OFAC), Changes to List of Specially Designated Nationals and Blocked Persons since January 1, 2011, https://www.treasury.gov/ofac/downloads/sdnew11.pdf.

(42) Council Implementing Regulation (EU) No. 360/2011 (12 April 2011), OJ L 100, 14.4.2011, p. 17; Le Conseil fédéral suisse, Ordonnance instituant des mesures à l'encontre de la Libye du 30 mars 2011 (Etat le 24 juin 2011), https://www.admin.ch/opc/fr/classified-compilation/20110556/201106240000/946.231.149.82.pdf.

(43) *See* Council Implementing Regulation (EU) No. 233/2011, *supra* note 37; Council Implementing Regulation (EU) No. 272/2011, *supra* note 41, pp. 34-35; Council Decision 2011/178/CFSP (23 March 2011), OJ L 78, 24.3.2011, pp. 34-36; Council Implementing Regulation (EU) No. 360/2011, *supra* note 42, pp. 17-21; Council Implementing Regulation (EU) No. 502/2011 (23 May 2011), OJ L 136, 24.5.2011, p. 25; Council Decision 2011/332/CFSP (7 June 2011), OJ L 149, 8.6.2011, p. 11; Council Implementing Regulation (EU) No. 804/2011 (10 August 2011), OJ L 206, 11.8.2011, p. 20; Le Conseil fédéral suisse, Ordonnance instituant des mesures à l'encontre de certaines personnes originaires de la Libye du 21 février 2011 (Etat le 11 mars 2011), https://www.admin.ch/opc/fr/classified-compilation/20110418/201103110000/946.231.149.82.pdf; Le Conseil fédéral suisse, *supra* note 41; Le Conseil fédéral suisse, *supra* note 42; Le Conseil fédéral suisse, Ordonnance instituant des mesures à

(iv) 2016年以降の対象者について

さらに，内戦が再発すると，2016年から個人，2018年から団体への新たな資産凍結が見られる。これらは，リビアでの平和構築の阻害を理由とする。そのうち，2018年6月以降に制裁委員会が指定した越境違法売買ネットワークや民兵組織の8個人以外への資産凍結は，独自措置となる。該当者は大きく分けて以下の2つのカテゴリーである。

第1が，代表議会（House of Representatives）または国民議会（General National Congress）の指導者3名である[44]。彼らは，リビア政治合意を拒絶し，国連が正統と認める政府（国民合意政府）と対立する政治勢力の指導者である。もっとも，同じく国民合意政府と対立関係にあるリビア国民軍（Libyan National Army）の指導者は指定されていない。同組織は東部を実効支配し，エジプト，UAE，サウジアラビア，ロシア，フランスなどから支援を受けている[45]ことが一因かもしれない。

第2が，2018年2月に米国が指定した，マルタ拠点の原油の違法輸出者とその関連団体である[46]。

(3) 渡航禁止

個別国家による措置としては，資産凍結に加えて，渡航禁止でも安保理または制裁委員会がまだ指定していない個人を対象とすることがある。安保理決議

---

l'encontre de la Libye du 30 mars 2011 (Etat le 6 septembre 2011), https://www.admin.ch/opc/fr/classified-compilation/20110556/201109060000/946.231.149.82.pdf; OFAC, *supra* note 41.

[44] EUが2016年3月31日に指定した (Council Implementing Regulation (EU) 2016/466 of 31 March 2016, OJ L 85, 1.4.2016, pp. 4-5)。その後，スイスが2017年5月8日に指定 (*see* https://www.seco.admin.ch/seco/fr/home/Aussenwirtschaftspolitik_Wirtschaftliche_Zusammenarbeit/Wirtschaftsbeziehungen/exportkontrollen-und-sanktionen/sanktionen-embargos/sanktionsmassnahmen/massnahmen-gegenueber-libyen.html)。

米国は，3名中2名を2016年4月19日および5月13日に指定。OFAC, Changes to the Specially Designated Nationals and Blocked Persons List since January 1, 2016, https://www.treasury.gov/ofac/downloads/sdnnew16.pdf.

[45] 小林「前掲論文（「断片化」～）」（注22）87頁。

[46] OFAC, Changes to the Specially Designated Nationals and Blocked Persons List since January 1, 2018, https://www.treasury.gov/ofac/downloads/sdnnew18.pdf.

Ⅲ　国家責任

1970（2011 年 2 月 26 日）は，安保理または制裁委員会が指定する個人の入国または通過を防止するのに必要な措置をとる義務を決定し（15 項），附属書Ⅰで 16 名（カダフィ，その子供 8 名，軍・治安当局 7 名）を指定する。他方で，たとえば EU は，2011 年 2 月 28 日にその 16 名を渡航禁止対象とするとともに[47]，それ以外にも 10 名を対象としており[48]，後者は独自措置となる。

3　小　括

以上の検討より，ダビドビッチが第三者対抗措置とみなす 3 つの措置のうち，リビア中央銀行の資産凍結は独自措置ではなく，カダフィの資産凍結も実質的には独自措置とみなされない。これらは安保理決議の実施に過ぎないからである。したがって，第三者対抗措置の実行とみなすことはできない。

しかし，アラブ連盟理事会と国連人権理事会の措置は，独自措置である。さらに，ダビドビッチが挙げていないその他の措置，すなわち，首相および外務大臣を含む閣僚，駐チャド大使，国有企業，より最近ではリビア政治合意を拒絶した政治勢力の指導者と原油の違法輸出者への資産凍結も，独自措置となる。加えて，渡航禁止でも独自措置は存在する。そこで，これらは第三者対抗措置の実行とみなされる可能性が残る。

Ⅴ　検討②：「第三者対抗措置」による正当化の法的信念があるか

1　法的信念の認定基準

しかし，たとえ独自措置であっても，どの措置国も自らの措置を「対抗措置」と明言していないにもかかわらず，第三者対抗措置についての法的信念を導けるか[49]。ダビドビッチ自身も，「正面から取り組まなければならない問題は，第三者対抗措置についての実行が，国家が自らの行動の根拠として本概念に明示的に言及してなくても，本当に法的意味で意義があると言えるかどうかである[50]」と述べ，この問題を自覚している。

---

(47)　Council Decision 2011/137/CFSP, *supra* note 28, pp. 57-58.
(48)　*Ibid.*, p. 59.
(49)　この問題点につき，山田「前掲論文」（注 1）291-294 頁参照。岩月もダビドビッチらの議論を「結論を先取りした推論」と批判する。岩月「前掲論文（重大な人権侵害～）」（注 4）149-150 頁。
(50)　Dawidowicz, *supra* note 12, p. 252.

この問題について，彼はどのようにして解決を図っているのか。まず彼は，慣習国際法の要件である法的信念について次のように論ずる。

> 「もし政治的考慮を動機とする国家実行がア・プリオリにしりぞけられてしまうのであれば，法が国際問題に寄与する可能性は小さくなるだろう。政治的動機での実行についてなお法的分析や評価が可能であり，慣習規則の貴重な証拠となりうる。……重要な問題は，実行が法を超えた考慮（extra-legal considerations）のみに動機づけられているかどうかである。……確かに，ICJ は国家実行が確定的でないとみなされる場合には法的信念の具体的証拠を探し，その際に厳格な規準を適用してきた。しかし，非規範的な意図（法的でない信念）（non-normative intent（*opinio non juris*））の証拠がない場合には，ICJ はしばしば，一貫した実行に規範的な意図（法的信念）（normative intent（*opinio juris*））が伴うと推定してきた。学説では，このような法的信念の推定に長く支持がある。このことは，特に，許容規則（a permissive rule）に基づく行為の場合に当てはまるように思える[51]。」

つまり，国家慣行があり，かつ特に許容規則（義務ではなく権利を与える規則）の場合には，非法の考慮のみに基づくことが証明されない限り，法的信念があると推定されるという。

以上のような法的信念についての一般論から，彼は，対リビア措置（を含めた 21 もの検討実行）について，以下のように評価する。

> 「たとえ諸国家が明示的に第三者対抗措置概念を主張しなくても，……検討した実行は，諸国家が実質的に（in substance）それに依拠してきたことを証明している。すなわち，諸国家は，公然の法的根拠，つまり（当事国間）対世的義務の執行に基づいて（based on an explicit legal rationale; namely, the enforcement of obligations *erga omnes (partes)*），一見して違法な一方的強制措置（*prima facie* unlawful unilateral coercive measures）をとってきた。この根拠は，法的カテゴリーとしての第三者対抗措置にぴったりと対応する（This rationale neatly corresponds to third-party countermeasures as a legal category）。……ある国による純然たる第三者対抗措置の発動は，そうするための法的権限の承認を伴うと推定されうる（it may be presumed that the sheer adoption of a third-party countermeasure by a State entails recognition of the legal power to do so）[52]。」

---

(51) *Ibid.*, pp. 252-253.
(52) *Ibid.*

Ⅲ　国家責任

　したがって，彼は，措置国が「対世的義務の執行」という「公然の法的根拠」に基づいて「一見して違法」な一方的措置をとったという外形的事実から，第三者対抗措置の法的権限の承認という法的信念を推定するのである。
　確かに，彼が述べるように ICJ で法的信念が常に厳格に要求されてきたわけではなく，学説でも（彼が脚注に挙げる）カージスの sliding scale 論[53]など，一貫した国家実行がある場合は法的信念の立証レベルを下げる議論がある[54]。しかし，推定論を採用するにしても，対抗措置の慣習法規則生成のためには，「一見して違法」という外形的事実の存在のみならず，当該状況に照らして，関係国による「本来なら違法かもしれない」という認識が推定されることも必要なはずである。そのような認識がなければ，対抗措置による正当化を意識することがないはずだからである。
　以上のような立場を踏まえつつ，第1に，リビアへの独自措置の「公然の法的根拠」が「対世的義務の執行」であったかを検討する。もしそうであれば，第2に，それらの措置が「一見して違法」だったかを検討する。もし違法部分があったとすれば，第3に，関係国が違法の可能性を認識していたと推定できるかを検討する。

2　措置の「公然の法的根拠」が「対世的義務の執行」か

　確かに，特に NATO の軍事行動の動機の一つには，カダフィ政権を倒すというレジーム・チェンジの欲望があったとの批判がある[55]。この批判は，非軍事的措置にも当てはまるかもしれない。

---

(53) Frederic L. Kirgis, "Custom on a Sliding Scale," *American Journal of International Law*, Vol. 81 (1987), pp. 146-151.
(54) 小寺彰他編『講義国際法［第2版］』(2010年) 46-47頁（小森光夫執筆）参照。*See also* Brian Lepard, *Customary International Law: A New Theory with Practical Applications* (2010), p. 8. しかし，当事者に法的拘束力ある判決を下す権限を有しかつ法内容の宣明よりも紛争解決を第一義的任務とする ICJ などの国際裁判での法的信念の立証基準を，そのような権限も任務も有さない研究者の議論にそのまま適用できるかには疑問がある。
(55) *See* Geir Ulfstein & Hege Christiansen, "The Legality of the NATO Bombing in Libya," *International and Comparative Law Quarterly*, Vol. 62, No. 1 (2013), pp. 159-171. フランスが介入の早い段階でレジーム・チェンジを想定していたとの指摘として，山本「前掲論文」（注10）219頁。

しかし，前述したように，安保理決議は前文で，リビア政府による文民への暴力や抑圧が国際人権法と国際人道法などの違反や人道に対する犯罪に当たると非難する。

EU については，理事会が，文民への暴力・武力行使および平和的デモ参加者への抑圧を非難し，文民への国際法違反の攻撃を含む深刻な人権侵害の関与者への措置を始める安保理決議1970に言及した上で，「リビアの状況の深刻さを考慮して（In view of the seriousness of the situation in Libya）」（安保理決議を超える）追加的な制限的措置を課す必要があると考えると述べる[56]。ここでの「状況の深刻さ」とは，文民への国際法違反の攻撃を含む深刻な人権侵害が行われている状況であろう。

スイスについて，2011年2月21日の命令は，憲法第184条「外国との関係」の3項の規定（「国益の保護に必要な場合は（Lorsque la sauvegarde des intérêts du pays l'exige），連邦参事会は命令を採択し，必要な決定をすることができる。」）に基づく[57]。この点だけ見ると，あくまでもスイスの国益保護が理由であるように見える。しかし，発効日（2月24日）の報道発表においては，連邦参事会（内閣に当たる）がリビア統治者（＝カダフィ）による人民への武力行使を強く非難し，犠牲者家族に哀悼を表明した上で，「そのような情勢を考慮して（In view of the developments/Au vu des événements/Angesichts der Entwicklungen）」，スイスにあるカダフィと側近の資産を即時に凍結することを決定したという[58]。

米国については，行政命令において，オバマ大統領が，合衆国憲法，国際緊急経済権限法（International Emergency Economic Powers Act（IEEPA））および国家緊急事態法（National Emergencies Act（NEA））などの法律による権限に基づいて，資産凍結を開始した。その前提として，「カダフィ，その政府，側近が非武装の文民に対して戦争兵器，傭兵，理不尽な暴力の使用を含むリビア人民への過激な措置をとっている」，さらに，「リビアの国家資産がカダフィ，政府構成員，家族，側近に横領される深刻な危険がある」と判断する。その上

---

(56) Council Decision 2011/137/CFSP, *supra* note 28, p. 53.
(57) Le Conseil fédéral suisse, *supra* note 13.
(58) Le Conseil fédéral suisse, Press release, 24 February 2011, https://www.admin.ch/gov/en/start/dokumentation/medienmitteilungen.msg-id-37795.html.

Ⅲ　国家責任

で,「このような状況,長引く攻撃,攻撃から他国に逃げるリビア人の増加は,リビアの治安を悪化させ,その安定に深刻な危険を与える」と述べ,「それにより,合衆国の国家安全保障と外交政策への稀で異常な脅威を構成する」と認定して,国家緊急事態を宣言する[59]。直接の理由は米国の安全保障・外交政策への脅威だが,その原因としてカダフィ政権によるリビア人民への暴力などに言及する。

　以上のように,措置国側は,文民への暴力や抑圧を主たる理由として挙げる。そして EU が示唆するように,それは国際人権法や国際人道法などの国際法に違反すると認識されていたと思われる。

　しかも,これは,必ずしもカダフィ政権と長く対立してきた欧米諸国の勝手な認識というわけではない。アラブ連盟の理事会声明（2011 年 2 月 22 日）[60]やイスラム会議機構（現イスラム協力機構）の事務局声明（2011 年 2 月 22 日）[61]は,文民への暴力への懸念を表明する（安保理決議 1970 前文参照）。アフリカ連合平和安全保障理事会のコミュニケ（2011 年 2 月 23 日）も,「人権および国際人道法に反する無差別かつ過剰な武力と致死的武器の使用を強く非難する」と述べる[62]。国連人権理事会決議（2011 年 2 月 25 日）は,リビアでの重大かつ組織的な人権侵害を強く非難する[63]。カダフィによる人権侵害自体には疑いがなかったからこそ,リビアへの軍事行動が「保護する責任」論との関係で広く議論されたのである。

　したがって,国際人権法や国際人道法という「対世的義務の執行」が「公然の法的根拠」だったと言える。なお,以上の状況は,かつて筆者が検討したジンバブエへの措置の場合と異なる。ジンバブエへの措置国は,民主主義原則や

---

(59)　Executive Order 13566, *supra* note 33, p. 11315.
(60)　Rishmawi, *supra* note 29.
(61)　"OIC General Secretariat Condemns Strongly the Excessive Use of Force against Civilians in the Libyan Jamahiriya," https://www.oic-oci.org/topic/?t_id=4947&ref=2081&lan=en.
(62)　African Union, Communiqué of the 261st Meeting of the Peace and Security Council, 23 February 2011, PSC/PR/COMM（CCLXI）, http://www.peaceau.org/uploads/psc-communique-on-the-situation-in-libya.pdf. *See* Linnéa Gelot, "The Role and Impact on the African Union," in Henriksen & Larssen, *supra* note 11, p. 276.
(63)　UN Human Rights Council, Situation of human rights in the Libyan Arab Jamahiriya, A/HRC/S-15/1（25 February 2011）.

法の支配の阻害という，それ自体では必ずしも具体的な国際違法行為を構成しない事態も理由として強調していたのであり，措置国がジンバブエによる国際法違反を措置の主たる理由としていたとは思われない。そういう事情で，アフリカ諸国は欧米の措置の動機について懐疑的で，制裁に非協力的だった[64]。

3 措置が「一見して違法」か

それでは，独自措置は「一見して違法」だったか。すでに確認したように，以下のような独自措置が実行された。

- アラブ連盟理事会および国連人権委員会の措置
- 資産凍結措置の一部（首相および外務大臣を含む閣僚，駐チャド大使，国有企業，リビア政治合意を拒絶した政治勢力の指導者，原油の違法輸出者）
- 渡航禁止措置の一部

そこで，それぞれについて検討しよう。

(1) 国際組織による措置

(i) 国連人権理事会

国連総会による国連人権理事会でのリビアのメンバー資格の停止は，総会決議前文が言及するように，そしてダビドビッチも認めるように，国連人権理事会の設立を定める2006年3月15日の国連総会決議（A/RES/60/251）が法的根拠である。同決議第8項は，総会が，3分の2の多数決で，「重大かつ組織的な人権侵害を犯す［国連人権］理事会構成国の理事会構成員の権利を停止できる」と定める。したがって，リビアの資格停止は明らかに合法である[65]。

(ii) アラブ連盟

他方で，より検討が必要なのが，ダビドビッチが「一見して違法」とみなすアラブ連盟理事会の措置である。まず指摘すべきことに，彼の分析には正確でない部分がある。

---

(64) 以上について，山田「前掲論文」（注1）294-296頁。
(65) *See* Henry G. Schermers & Niels M. Blokker, *International Institutional Law: Unity Within Diversity* (6th ed., 2018), p. 966.

Ⅲ　国家責任

　第1に問題となるのは，彼が言うように，理事会はリビアの加盟資格を停止したのかである。当時の報道は次のようなものである。

- アル・ジャジーラ「アラブ連盟事務総長のアムル・ムーサーが，理事会およびそのすべての機関の会議へのリビア代表の参加を停止する（discontinue the participation of the Libya delegation in the meetings of the council and all its institutions）ことを決定した[66]」
- ロイター通信「アラブ連盟が，カイロに本部がある当該機関へのリビア代表の参加を停止した（has suspended the Libyan delegation's participation in the Cairo-based body）[67]」
- The Guardian「アラブ連盟はカイロでの特別会合で会議を開き，リビアを会合から停止する（it was suspending Libya from its sessions）と語った[68]」
- The New York Times「アラブ連盟がリビアの会議への参加を停止した（suspended Libya's participation in its meetings）[69]」
- The Wall Street Journal「アラブ連盟がリビアの会議への出席を禁じた（has barred Libya from attending meetings）[70]」
- Bloomberg（米国の通信社）「アラブ連盟が理事会会議へのリビアの参加を停止した（suspended the participation of Libya in its council meetings）[71]」
- Haaretz（イスラエルの新聞）「アラブ連盟がリビアを会合から出席停止に

---

(66)　Al Jazeera, "Nations condemn Libyan crackdown," 23 February 2011, https://www.aljazeera.com/news/africa/2011/02/201122214042786138.html.
(67)　Reuters, 23 February 2011, https://www.reuters.com/article/libya-protests-league/arab-%C2%ADleague-suspends-libya-delegation-tv-idUSLDE71L2GK20110222.
(68)　The Guardian (Ian Black, Middle East editor), "Gaddafi urges violent showdown and tells Libya 'I'll die a martyr'," 22 February 2011, https://www.theguardian.com/world/2011/feb/22/muammar-gaddafi-urges-violent-showdown.
(69)　The New York Times, "Editorial: Libya's Butcher," 22 February 2011, https://www.nytimes.com/2011/02/23/opinion/23wed2.html.
(70)　The Wall Street Journal, "Arab League Bars Libya From Meetings," 23 February 2011, https://blogs.wsj.com/dispatch/2011/02/23/arab-league-bars-libya-from-meetings/.
(71)　Bloomberg (Ola Galal), "Arab League Bars Libya From Meetings, Citing Forces' 'Crimes'," 23 February 2011, https://www.bloomberg.com/news/articles/2011-02-22/arab-league-bars-libya-from-meetings-citing-forces-crimes-.

した（suspended Libya from its sessions）[72]」

したがって，アラブ連盟理事会は，リビアについて加盟資格そのものを停止したわけではなく，代表の会議への出席を停止したに過ぎない[73]。このような出席停止措置は，しばしば同様の制裁で用いられ，筆者が過去に検討した中では，たとえば2002年3月にコモンウェルスの各評議会へのジンバブエの出席資格が1年間停止されたことがある[74]。

仮に出席停止は加盟資格停止と違いがないとしても，第2に，彼が言及するアラブ連盟規約18条は，加盟資格の停止について定めた規定なのかが問題となる。

アラブ連盟規約の正文はアラビア語だが，国連に登録する際に主導国のエジプト政府が英仏訳も付した。そこでの第18条の条文は以下の通りである（太字強調は筆者）[75]。

1. If one of the member States intends to **withdraw** from the League, the Council shall be informed of its intention one year before the withdrawal takes effect.
2. The Council of the League may consider any State that is not fulfilling the obligations resulting from this Pact as **excluded** from the League, by a decision taken by a unanimous vote of all the States except the State referred to.
1. Tout Etat-Membre peut, après un préavis d'un an, **se retirer** de la Ligue.
2. Le Conseil de la Ligue peut **exclure** tout membre qui n'a pas rempli les engagements résultant du présent Pacte. **L'exclusion** est prononcée à l'unanimité des votes, non compris celui de l'Etat visé.

条文を見る限り，確かに彼が言うように，18条2項はアラブ連盟規約から

---

(72) Haaretz, "Arab League suspends Libya as deadly crackdown persists," Feb. 23, 2011, https://www.haaretz.com/1.5126567.
(73) 同じ認識として，Rishmawi, *supra* note 29; 北澤義之『アラブ連盟　ナショナリズムとイスラームの交錯』（2015年）118頁。
(74) 山田「前掲論文」（注1）285-286頁。
(75) Pact of the League of Arab States, 22 March 1945, *United Nations Treaty Series*, Vol. 70, pp. 258-259.

Ⅲ　国家責任

生ずる義務の不履行を条件とする。しかし，以下の理由より，第2項は加盟資格の停止ではなく，除名の規定と解される。

　第1に，第2項の"exclude/exclure"は，資格停止というよりは除名の意味である。第2に，第1項は自発的な脱退についての条項なので，第2項は対として自発的でない脱退，すなわち除名の規定が設けられていると解するのが自然である。第3に，国連からの除名を定める国連憲章6条は，"expelled from the Organization/exclu de l'Organisation"という語を用いている。第4に，論者により18条2項は除名規定と解されている。たとえば，Max Planckの国際法辞典の「アラブ連盟」の項では，18条2項は「除名 (exclusion)」を規定すると述べる一方で，「加盟国のアラブ連盟での [加盟資格の] 停止はアラブ連盟憲章で明確に規定されていないプロセスである (suspension of a Member State from the LAS is a process that is not expressly regulated by the LAS Charter)」と述べられている[76]。

　したがって，アラブ連盟理事会の措置が，単にリビア代表による会議出席の停止であればもちろん，リビアの加盟資格の停止であったとしても，アラブ連盟規約18条が適用される場合ではないため，同条が規定する条件の不充足を問題にするのは失当である。

　以上示したように，ダビドビッチの分析には正確でない部分がある。しかし，だからといって，「条約上の正当化根拠を欠く」との彼の見解が間違いとは限らない。規約3条は，理事会が加盟国の代表により構成され，各国は1票を有することを規定する。他方で，規約には，加盟資格の停止や会議出席の停止についての規定がない[77]。したがって，明示規定がないにも関わらず会議出席（または加盟資格）を停止する措置が，第3条の権利を侵害することにならない

---

(76)　Mervat Rishmawi & Marina Comandulli, "League of Arab States (LAS)," *Max Planck Encyclopedia of Public International Law*, pp. 749 and 757. 他にも18条2項を除名規定と位置づける論者として，Schermers & Blokker, *supra* note 65, p. 124; Konstantinos D. Magliveras, *Exclusion from Participation in International Organisations: The Law and Practice behind Member States' Expulsion and Suspension of Membership* (1999), pp. 95-96.

(77)　他方で国連憲章では，第5条が，安保理の防止行動または強制行動の対象国について，総会が加盟国としての権利・特権を停止できることを規定する。さらに，第19条が分担金の支払延滞国について，総会での投票権を認めないことを規定する。

かが問題となる。これは，アラブ連盟規約の解釈，すなわち，対象国の同意がなくても他の加盟国が一致すれば会議出席や加盟資格の停止が許されるかの解釈問題である。

　一般的に，国際組織の設立文書に規定がなくても加盟資格停止などが許されるかについては，賛否両論がある[78]。一方で，賛成論者は，設立文書が生きた文書であるとの認識により，加盟国内で広範な合意があれば許されうると主張する[79]。他方で，否定論者は，国家は明示の同意の範囲内でのみ拘束されるという原則に基づき，国際組織には設立文書に規定されていない制裁を加盟国に科す権利がないと主張する[80]。したがって，アラブ連盟規約の解釈次第では，本件での措置が同規約に抵触する可能性がないわけではない[81]。

(2) 資 産 凍 結

すでに確認したように，以下を対象とする資産凍結は独自措置とみなせる。

・首相および外務大臣を含む閣僚
・駐チャド大使

---

(78) Jan Klabbers, *An Introduction of International Institutional Law* (3rd ed., 2015), p. 108; Jerzy Makarczyk, "Legal Basis for Suspension and Expulsion of the State from an International Organization," *German Yearbook of International Law*, Vol. 25 (1982), pp. 487-488. *See also* Alison Duxbury, *The Participation of States in International Organisations: The Role of Human Rights and Democracy* (2011), pp. 273-274.

(79) 実際に，国際組織が加盟国に設立文書に明文規定のない制裁措置をとる例がある。Schermers & Blokker, *supra* note 65, pp. 956-957. なお，理論上は明示規定なき場合に資格停止の権限が黙示的に認められるか疑わしいが，除名の明示規定がある場合は，それより軽い資格停止の権限が認められるとの見解として，C. F. Amerasinghe, *Principles of the Institutional Law of International Organizations* (2nd ed., 2005), p. 117. その背景には，多くの国際組織において，加盟国への制裁として除名よりも加盟資格停止が好まれる傾向がある。*See* Duxbury, *supra* note 78, p. 219.

(80) Nagendra Singh, *Termination of Membership of International Organisations* (1958), pp. 79-80; Charles Leben, *Les sanctions privatives de droits ou de qualité dans les organisations internationales spécialisées* (1979), p. 265; Magliveras, *supra* note 76, pp. 254-257.

(81) Magliverasは，アラブ連盟規約の起草者が加盟資格停止を規定しなかった事実は，その権限を連盟に与えないとの意図的な決定だったと解釈すべきと主張し，1979年のエジプトの加盟資格停止は連盟の権限外だったと述べる。Magliveras, *supra* note 76, p. 98.

Ⅲ　国家責任

・国有企業
・リビア政治合意を拒絶した政治勢力の指導者
・原油の違法輸出者

(ⅰ)　投資協定に抵触するか

　リビアは，独自の資産凍結措置をとった国の一部と投資協定を結んでいる。そこでは，投資に関連する資本などの移転の自由を保障する規定がある[82]。

　スイスとの投資協定（2003年12月8日署名，2004年4月28日発効）の第5条「自由な移転（Free transfer）」の1項は，次のように規定する。

> 各締約国は，他の締約国の投資家に，それらの投資に関連する特に以下のものの支払いを，自由に交換可能な通貨で遅滞なく移転することを保障する。(a)収益，(b)投資についての債務または他の契約上の義務に関係する支払い，(c)投資の全体または部分的な売却または清算の収益（起こりうる値上がりを含む），(d)投資を維持または増加させるための初期資本および追加出資。

　EU加盟国では，たとえばフランスとの投資協定（2004年4月19日署名，2006年1月29日発効）の第6条「自由な移転（Libre transfert）」の1項および2項は，次のように規定する。

1. 各締約国は，自国領域で他の締約国の国民または団体が投資を行った場合，その国民または団体に以下のものの自由な移転を認める。a) 資本，利子，配当，利益，その他の経常収益，b) 第1条1項(d)(e)にいう無体財産権から生じるロイヤリティー，c) 定期的に契約された債務の償還のためになされる支払い，d) 投資の全体または部分的な譲渡または清算の収益（投資資本の値上がりを含む），e) 第5条2項，3項が規定する占有剥奪または損失の補償金。
2. 合意された投資の名目で他の締約国の領域で働くことを許可された各締約国の国民は，報酬の適当な分を出身国に移転することも許される。

　他のEU加盟国との同様の規定として，イタリアとの投資協定（2000年12月13日署名，2004年10月20日発効）の第5条「資本，利益および収入の自由な移転（Libero trasferimento di capitale, profitti e proventi）」やスペインとの投資協定

---

[82]　リビアの投資協定は以下で参照した。https://investmentpolicyhubold.unctad.org/IIA.

(2007 年 12 月 17 日署名, 2009 年 8 月 1 日発効) の第 7 条「移転 (Transferencias)」などがある。

　独自措置とみなせる上記の資産凍結は，投資に関連する資本などの移転を妨げうる。したがって，これらの条約規定との抵触がありうる。

(ⅱ) 免除規則に抵触するか

　さらには，一般国際法上の免除規則にも抵触するか。本件の資産凍結対象のうち，抵触の検討が必要なのは，個人では，首相および外務大臣を含む閣僚と駐チャド大使，団体では国有企業である。2016 年以降の対象者である最後の 2 種は，平和構築を阻害するとみなされた人々であり，いずれも免除規則が適用されるような公的地位ではない。

① 個　　人
＜駐チャド大使＞

　EU が 2011 年 4 月 12 日，スイスが同年 6 月 24 日に資産凍結対象に加えた駐チャド大使は，安保理決議 1973（2011 年 3 月 17 日）で渡航禁止対象とされたものの，その後も安保理では資産凍結対象に指定されていない。したがって，同人への資産凍結は独自措置となる。それでは，同措置は国際義務と抵触するか。

　リビアも当事国である外交関係条約の 30 条は，次のように規定する。

1. 外交官の個人的住居は，使節団の公館と同様の不可侵及び保護を享有する。
2. 外交官の書類，通信及び第三一条 3 の規定による場合を除くほか，その財産も，同様に，不可侵を享有する。

　したがって，本件措置に適用されるのは，30 条 2 項の財産不可侵の規定である。本件は 31 条 3 項[83]が言及するような訴訟の場合ではないので，原則通り不可侵が求められる。ゆえに，駐チャド大使の資産の凍結は，外交関係条約 30 条 2 項に反すると思われる。

　ただし，同人は，少なくとも安保理決議 1973 で渡航禁止対象になった時点（2011 年 3 月 17 日）で，すでにチャドを離れてリビア国内に戻っていたようで

---

[83] 「外交官に対する強制執行の措置は，外交官の身体又は住居の不可侵を害さないことを条件として，1 (a)，(b)又は(c)に規定する訴訟の場合にのみ執ることができる。」

Ⅲ　国家責任

あり[84]，外交官としての地位がいつまで続いていたか不明である。いずれにせよ，2011年9月には国民暫定評議会が正統政府として国際社会から承認されたことにより[85]，カダフィ政権下での外交官としての地位は失われたと思われ，少なくともその時点で違法状態は終了している。

＜首相，外務大臣，その他の閣僚＞

それでは，首相，外務大臣，その他の閣僚についてはどうか[86]。

現在の国際法においても政府高官の免除規則は未だ確定していない上に，議論の多くは刑事管轄権からの免除についてであり，資産凍結をめぐる問題はほとんど議論されていない。そういうわけで，確たる議論を展開するのは難しいが，国家元首，政府の長および外務大臣は，一般国際法上，少なくとも外交官が有する程度の免除を享受するとの見解が有力である[87]。

(84)　渡航禁止指定の説明では，「（リビア中部の）セブハに向けてチャドを離れた」という。S/RES/1973 (17 March 2011), Annex I: Travel Ban.

(85)　2011年9月16日に国民暫定評議会のリビア代表権が国連総会で承認された（A/66/PV.2）。瀬岡直「保護する責任と体制転換のジレンマに関する一考察——リビア紛争におけるカダフィ政権の政府性をめぐって——」『国際法外交雑誌』117巻2号（2018年）160-161頁も参照。

(86)　リビアについて注意すべきことに，「首相（Prime Minister）」や「外務大臣（Minister for Foreign Affairs）」などの閣僚の役職名は，EUなどが指定の際にそれに相当するポストの人物と認定したものであり，公式の役職名ではない。リビアは，1977年以来，直接民主制（ジャマーヒリーヤ体制）を採っていて，国民の政治的権利は平等とされているので，名目上は，政府，内閣，議会，国家元首は存在しない。さらに，21世紀になるとカダフィの家族が政財界で力を持つようになった。だからこそ，カダフィ本人および家族がいち早く措置の対象とされたのだが，彼らは閣僚などのポストについていない。例えば次男のサイフ・イスラーム（QADHAFI, Saif al-Islam）はカダフィ開発基金というNGOの総裁であって政治的ポストについていないものの，2000年代前半の制裁解除のための交渉において重要な役割を果たし，次期後継者として権力を持っていた。以上について，田中「前掲論文」（注5）31, 33-34頁，塩尻和子『リビアを知るための60章』（2006年）89-96, 168-183頁参照。

(87)　See Arthur Watts & Joanne Foakes, "Heads of Governments and Other Senior Officials," *Max Planck Encyclopedia of Public International Law*, pp. 756-757; 浅田正彦編『国際法［第4版］』（2019年）157頁（村上正直執筆）。さらに，国家元首について，Watts & Foakesは次のように述べる。「国家元首の財産に付随する不可侵の他に，国家元首が公務目的のために（for official purposes）外国で所有する財産は，おそらくは当該国の財産とみなされ，それ自体国家財産に適用される法制度に服し，仮差押え（attachment），仮処分（arrest）または執行の措置からの広い免除が与えられる（国連国家免除条約18-21条参照）」Watts & Foakes, *supra* note 87, p. 762.

リビアについて見れば，国家元首および政府の長は事実上カダフィであり，すでに述べたように，彼の資産の凍結は安保理決議の実施として正当化されうる。そうすると，外務大臣への資産凍結のみが一般国際法上の免除規則に反すると主張されうる。ただし，外務大臣は早くも2011年3月末にチュニジア経由で英国に亡命し，辞任を表明したため[88]，実際に凍結対象とされたのは極めて短い期間である。

② 団　体

それでは国有企業の資産凍結についてはどうか。以下，国連国家免除条約に照らして論ずる[89]。第18条（判決前の強制的な措置からの免除）は以下のように規定する。

> いずれの国の財産（property of a State）に対するいかなる判決前の強制的な措置（仮差押え，仮処分等）（pre-judgment measures of constraint, such as attachment or arrest）も，他の国の裁判所における裁判手続に関連してとられてはならない。（以下略）

ILCでの注釈（1991年）によれば，ここでの「判決前の強制的な措置」とは総称的な用語であり，資産凍結も含む[90]。したがって，18条は「国の財産」を他国が凍結することを原則として禁ずる。

それでは，国有企業の財産は「国の財産」と言えるか。同条約2条1項(b)によれば，「国」とは以下の4つである。「(i)国家及びその政府の諸機関，(ii)連邦国家の構成単位又は国家の行政区画であって，主権的な権能の行使としての行為を行う権限を有し，かつ，それらの資格において行動しているもの，(iii)国家の機関若しくは下部機関又は他の団体（これらが国家の主権的な権能の行使とし

---

(88) "News story: Foreign Secretary on Musa Kusa's resignation," https://www.gov.uk/government/news/foreign-secretary-on-musa-kusas-resignation.

(89) 本条約は未発効だが，主権免除についての重要な法典化条約である上に，リビアと経済的繋がりが強いイタリア，スペイン，フランスが締約国であり，英国も署名済である。

(90) Commentary on Draft Articles on Jurisdictional Immunities of States and Their Property, *Yearbook of the International Law Commission 1991*, Vol. II, Part 2, pp. 55-56; Chester Brown and Roger O'Keefe, "Article 18," in Roger O'Keefe, Christian J. Tams and Antonios Tzanakopoulos (eds.), *The United Nations Convention on Jurisdictional Immunities of States and Their Property: A Commentary* (2013), p. 300.

Ⅲ　国家責任

ての行為を行う権限を有し，かつ，そのような行為を現に行っている場合に限る。）(agencies or instrumentalities of the State or other entities, to the extent that they are entitled to perform and are actually performing acts in the exercise of sovereign authority of the State), (iv)国家の代表であってその資格において行動しているもの」。

したがって，リビア中央銀行については，国家の通貨主権の行使において重要な役割を果たし，主権的権能を行使するゆえに，2条1項(b)(iii)の「（主権的権能を行使する）国家の機関若しくは下部機関又は他の団体」に含まれる（現在 ICJ で係争中のイラン資産事件でも，原告イランは，同条項を参照して，中央銀行自体およびその財産は慣習国際法上の裁判権免除を享受すると主張する[91]）。ゆえに，その資産の凍結は，18条に抵触すると主張できる[92]。

しかし，すでに述べたように，リビア中央銀行の資産凍結は安保理決議1970の実施にすぎない。それでは，国有企業についてはどうか。独自に指定された国有企業のほとんどはカダフィ政権の資金源ゆえである。したがって，「国家の主権的な権能の行使としての行為を行う権限」を有するとは必ずしも言えず，これらにまで18条の規則の適用を広げるのは難しい（ICJ においてイランは中央銀行以外の国有企業についても免除を主張するが，本案で認められるかは不明である）。ゆえに，国有企業の資産凍結は国連国家免除条約18条に反するとは言い難い。

---

(91)　Memorial of the Islamic Republic of Iran (1 February 2017), paras. 3.23-3.25.
(92)　中央銀行の資産の凍結が慣習国際法上の免除規則に抵触しうるとの立場として，Denis Alland, *Justice privée et ordre juridique international: Etude théorique des contre-mesures en droit international public* (1994), pp. 168-170; Geneviève Burdeau, "Le gel d'avoirs étrangers," *Journal du droit international*, Vol.124, No. 1 (1997), p. 39; Emanuel Castellarin, "Le gel des avoirs d'une banque centrale étrangère comme réaction décentralisée à un fait internationalement illicite: rétorsion ou contre-mesure?," *Hague Yearbook of International Law*, Vol. 25 [2012] (2013), pp. 190, 197; Jean-Marc Thouvenin, "Gel des fonds des banques centales et immunité d'exécution," in Anne Peters, Evelyne Langrange, Stefan Oeter & Christian Tomuschat (eds.), *Immunities in the age of global constitutionalism* (2014), p. 215; 浅田正彦「EU の対イラン独自制裁と安保理決議」『国際商事法務』44巻5号（2016年）752頁参照。

(3) 渡航禁止

一般国際法上，外国人の入国や通過の禁止は国家の裁量の範囲内であり，合法である。

(4) 小　　括

以上の検討により，アラブ連盟理事会の措置は，アラブ連盟規約の解釈によっては抵触の可能性がないわけではない。資産凍結については，国連国家免除条約が規定する規則には抵触しないと思われるものの[93]，投資協定上の義務とは抵触しうる。さらに，駐チャド大使の資産凍結は外交関係条約30条2項に抵触すると思われ，外務大臣の資産凍結もごく短期間だったとはいえ，一般国際法上の免除規則との抵触の可能性がある。

4　関係国が違法の可能性を認識していたと推定できるか

以上より，リビアへの非軍事的措置の中には，国際義務との抵触が疑われるものがある。

しかし，本件の状況から見て，関係国が違法の可能性を認識していたと推定できるだろうか。本件の状況を見る限り，それは難しいように思われる。なぜなら，非軍事的措置を批判する国が皆無であって，措置国側が国際義務に抵触する可能性について緊張感を全く感じていなかったからである。極めて特殊なことに，本件では，リビアを代表する資格を有する者がカダフィ政権から離反し，むしろリビア人民保護のためとして措置発動を支持した。国連安保理の議論では，リビアの国連大使は次のように述べて，むしろ措置を要求した[94]。

>「国連よ，どうかリビアを救って下さい。殺戮にはノーを。罪のないの人々の殺害にはノーを。私たちは，迅速かつ断固とした勇気ある決議を望んでいます。」

---

[93]　その他，IMF協定や財産権の侵害ともみなされないことについて，山田「前掲論文」（注35）152-161頁参照。他方で，国籍国の行為を原因としたその国民・企業の在外資産の凍結は外国人保護に関する一般国際法に反するとの主張として，岩月「前掲論文（重大な人権侵害〜）」（注4）132頁。

[94]　Security Council, Sixty-sixth year, 6490th meeting, Friday, 25 February 2011, 3 p.m., S/PV.6490, p. 5.

Ⅲ　国家責任

　リビアが属するアラブ連盟も，措置を支持した[95]。欧米諸国による制裁に反対することが多い中国およびロシアも，決議1970には賛成し，武力行使をも認めることになる安保理決議1973についてさえ，軍事的措置への慎重意見を述べつつも，非軍事的措置については支持し，投票では反対ではなく棄権にとどまった[96]。ゆえに，非軍事的措置については全く異論がなく，異例なことに，それはリビア国連大使自身も要請していたのである。

　とはいえその後，安保理決議を超える行動への批判があった。2011年5月4日の討議で中国代表は次のように述べる。

> 「我々は，安保理決議の恣意的な解釈または安保理がマンデートするものを超えるいかなる行動にも賛成しません[97]。」

　しかし，批判の焦点はあくまでも軍事的措置についてだったと思われる。直前に発言したロシア代表は，次のように述べていた。

> 「我々は，今一度，リビアでの連合軍の武力行使は決議1973を厳格に遵守して実行されるべきと強調します。当該決議が定めるマンデートを超えるいかなる行為も，またはいかなる無差別の武力行使も，受け入れられません[98]。」

　9月16日の討議でも，ロシア代表は次のように軍事行動を批判した。

> 「残念ながら，リビアでの作戦実施についての安保理のマンデートは無視され，民用施設を標的にして市民を殺す空爆に至りました[99]。」

---

(95)　アラブ連盟の支持こそが安保理制裁を後押ししたとの指摘として，Ranj Alaaldin, "Libya & the Arab League," in Henriksen & Larssen, *supra* note 11, pp. 113-114. アラブ連盟の支持の一因として，議長国カタールの積極姿勢があった。Kristian Coates Ulrichsen, "The Rationale and Implications of Qatar's Intervention in Libya," *ibid.*, p. 123. アラブ連盟理事会の出席（または加盟資格）停止措置がリビアの反対なく採択された背景には，リビア代表（Abdel-Moneim al-Honi）が，政府によるデモ取り締まりに抗議して措置2日前の2011年2月20日に辞任していたこともある。*See* Haaretz, *supra* note 72.

(96)　ロシアが棄権に回った背景分析として以下を参照。Ann Karin Larssen, "Russia: The Principle of Non-Intervention and the Libya Case," in Henriksen & Larssen, *supra* note 11, pp. 74-79.

(97)　Security Council, Sixty-sixth year, 6528th meeting, Wednesday, 4 May 2011, 10 a.m., S/PV.6528, p. 10.

(98)　*Ibid.*, p. 9.

(99)　Security Council, Sixty-sixth year, 6620th meeting, Friday, 16 September 2011, 3.55 p.m., S/PV.6620, p. 3.

すなわち，安保理決議を超えるとして批判されたのは軍事的措置であり，非軍事的措置についてではなかった。

したがって，たとえリビアへの非軍事的措置の中に国際義務と抵触する行為が含まれていたとしても，このような当時の状況に照らして，関係国が違法の可能性を認識していたと推定するのは難しい。

以上より，(第三者としてかどうかに関わらず) 対抗措置による正当化の法的信念を推定することはできない。

Ⅵ おわりに

本稿は，第三者対抗措置が現在の慣習国際法において認められているかを検討するための実証研究の一つとして，2011年以降のリビアに対する措置を分析した。本稿の検討内容を要約すれば以下の通りである。

第1に，ある措置を第三者対抗措置と評価するためには，それが安保理決議の実施ではない独自措置であることが前提となるが，リビア中央銀行の資産凍結は独自措置ではなく，カダフィの資産凍結も実質的には独自措置とみなされない。しかし，アラブ連盟理事会と国連人権理事会の措置は，独自措置である。さらに，首相および外務大臣を含む閣僚，駐チャド大使，国有企業，リビア政治合意を拒絶した政治勢力の指導者と原油の違法輸出者への資産凍結も，独自措置となる。加えて，渡航禁止でも独自措置は存在する (Ⅳ)。

しかし第2に，第三者対抗措置についての法的信念を導けるか。法的信念の推定論を採用するにしても，第三者対抗措置の慣習法規則の形成に寄与するとみなされるためには，①措置国が「対世的義務の執行」という「公然の法的根拠」に基づいて，②「一見して違法」な措置をとっており，かつ③関係国が違法の可能性を認識していたと推定できる必要がある (Ⅴ1)。本稿での検討の結果，本件では国際人権法や国際人道法という「対世的義務の執行」が「公然の法的根拠」だったと言える (Ⅴ2)。さらに，アラブ連盟理事会の措置は，アラブ連盟規約の解釈によっては同規約に抵触する可能性がないわけではない(100)。資産凍結については，投資協定上の義務と抵触しうる。さらに，駐

---

(100) 措置の決定は形式的にはアラブ連盟理事会によるが，発議および決定したのは実質的にはリビア以外の加盟国である点に鑑みれば，各加盟国にも措置が帰属する可能性がある。たとえ帰属しなくても，一定の責任を負う可能性がある (ILC 国際組織責任条

Ⅲ　国家責任

　チャド大使の資産凍結は外交関係条約 30 条 2 項に抵触すると思われ，外務大臣の資産凍結もごく短期間だったとはいえ，一般国際法上の免除規則との抵触の可能性がある（Ⅴ 3）。しかし，非軍事的措置を批判する国が皆無であって，措置国側が国際義務に抵触する可能性について緊張感を全く感じていなかったことに加え，極めて特殊なことに，本件ではリビアを代表する資格を有する者がカダフィ政権から離反し，むしろリビア人民保護のためとして措置発動を支持していた。その後も，批判されたのはあくまでも軍事的措置についてだった。このような当時の状況に照らせば，非軍事的措置が違法となる可能性を関係国が認識していたと推定するのは難しい（Ⅴ 4）。ゆえに，（第三者としてかどうかに関わらず）対抗措置による正当化の法的信念を推定することはできない。

　以上の分析により，リビアに対する措置の実行は，第三者対抗措置の慣習法規則の形成に寄与すると評価することはできない[101]。

文 59 条「国際組織による国際違法行為の実行についての国家による指揮および統制」など参照）。以上は，いわゆる共有責任論に関わる論点である。山田卓平「書評：André Nollkaemper & Ilias Plakokefalos (eds.), Principles of Shared Responsibility in International Law: An Appraisal of the State of the Art (Cambridge University Press, 370 pp., December 2014)」『龍谷法学』50 巻 4 号（2018 年）807-871 頁参照。

[101] 本稿では検討の必要がなかったが，たとえ関係国が違法の可能性を認識していたと推定される場合でも，その正当化について，原則としてあらゆる国際義務違反の正当化という広い射程を持つ対抗措置ではなく，特定の国際義務にのみ適用される例外規則への依拠を想定していたのではないかも検討しなければ，対抗措置についての規範形成に寄与する実行か否かを結論できない（山田「前掲論文」（注 1）294, 302, 304-305 頁参照）。本件での資産凍結の理由は，駐チャド大使についてはカダフィ政権のために傭兵のリクルートおよび調整に直接関与したこと，外務大臣についてはデモ参加者への暴力に関与したことだった。だとすれば，対抗措置の議論に飛躍する前に，彼らへの措置が国際人権法・人道法違反に関与した場合の免除例外の規則の形成に寄与しないかを議論する必要がある。
　それに加えて，アラブ連盟理事会の措置については，国際組織が当該組織の規則に違反してとった加盟国への措置を，対抗措置として正当化しうるかの問題がある。ILC 国際組織責任条文の 22 条 2 項(b)は，国際組織による加盟国への措置を対抗措置として正当化する条件の一つとして，「当該対抗措置が当該組織の規則に反するものではない」ことを規定する。さらには，たとえ対抗措置による正当化の可能性があっても，加盟国であるリビアへの措置が「第三者」対抗措置となるかが問題となる。ILC 国際組織責任条文の注釈が国際組織による第三者対抗措置として挙げているように見える例は，非加盟国ミャンマーでの深刻かつ組織的人権侵害を理由とした EU 理事会の措置（2000 年）である。*Yearbook of the International Law Commission, 2011*, Vol. II, Part 2, p. 96. 明示の根拠規定なき加盟資格停止を対抗措置で正当化する可能性を指摘する次の論者も，

＊本稿は，科研費・基盤研究(c)16K03332による助成の成果を含む。

「第三者」対抗措置まで想定に入れているかは不明である。*See* Magliveras, *supra* note 76, pp. 241-254; Philippe Sands & Pierre Klein, *Bowett's Law of International Institutions* (6th ed., 2009), pp. 549-550.

16 国家責任条文上の再発防止の保証および約束：国際司法裁判所（ICJ）の最近の判例を踏まえて

阿 部 達 也

I はじめに　　　　　Ⅲ 内　容
Ⅱ 法的性格　　　　　Ⅳ おわりに

I　はじめに

　本稿の目的は，国家責任条文上の再発防止の保証および約束を取り上げて，その法的性格と内容について，国際司法裁判所（以下，「ICJ」）の最近の判例を踏まえて考察することにある。

　国家責任法は安藤仁介先生が研究生活において一貫してご関心を持たれていた分野である。安藤先生は，国連国際法委員会（以下，「ILC」）における法典化作業を批判的に考察しつつ（「国家責任に関するアマドール案の一考察」，「国連国際法委員会の法典化作業の近況」，「国家責任に関する国際法委員会の法典化作業とその問題点」，"Some Critical Observations of the ILC's Draft Articles on State Responsibility"），国家責任法の主要な論点について国家責任法全体を俯瞰する視座でご論稿を発表されてきた（「国際法における国家の責任」，「国際法上の国家責任にかかわる『過失』の実体」[1]）。

　ILCにおける法典化作業は2001年の国家責任条文を持って完成した。一般論として，同条文は，「ある法」としてすでに存在する慣習国際法を成文化した狭義の法典化の規定と，「あるべき法」として国際法の漸進的発達の規定の両方を含むものである。もっとも，特定の規定が狭義の法典化と漸進的発達のいずれに該当するかは必ずしも定かではない。他方で，今日では，個別の規定

---

(1) 安藤仁介『実証の国際法学』（信山社，2018年）所収。

が国際裁判において慣習国際法として援用され適用される場面も増えている。このような現状を安藤先生はどのように考えられていたのだろうか。

本稿では安藤先生からいただいた学恩にわずかばかりでも報いるべく，安藤先生がご関心を持たれていた国家責任法の分野の中から，国家責任条文上の再発防止の保証および約束に焦点を絞って考察してゆきたい。以下では，再発防止の保証および約束の法的性格と内容について理論的な側面に関する検討を行い，その実証性を分析する。

II 法 的 性 格

再発防止の保証および約束はいかなる法的性格を持つのだろうか。まず，国家責任条文においてどのような機能を与えられているかについて，また，実定法上の「義務」として確立しているかについて，それぞれILCにおける議論と学説の状況を踏まえた上で，その実証性を具体的な裁判における訴訟当事国（勧告的意見手続の参加主体を含む）の主張とICJの態度に基づいて分析する。

1 国家責任条文における機能
(1) 議論の状況
(a) ILCの作業

再発防止の約束がILCの国家責任に関する議論で初めて一般的な文脈で取り上げられたのは，第1読作業における1981年の特別報告者Liphagen第2報告書だった。同報告書はこれを賠償の形態である満足の1つの形式として位置づけた（「陳謝の形式および違反を再発させない適当な約束の形式で被侵害国に満足を提供する」（第4条3項））[2]。この立場は1988年の特別報告者Arangio-Ruiz暫定報告書で踏襲され[3]，翌年の第2報告書に関連する条文が盛り込まれた（「陳謝，通常のまたは懲罰的な損害賠償，責任者の処罰または再発させない約束もしくは保証の形式またはその組み合わせの形式で被侵害国に適当な満足を提供

---

(2) Second Report on the content, forms and degrees of internationally wrongful act (part 2 of the draft articles) by Mr. Willem Liphagen, Special Rapporteur, ILC Yearbook 1981, Vol. II (Part One), p.101.

(3) Preliminary report on State responsibility by Mr. Gaetano Arangio-Ruiz, ILC Yearbook 1988, Vol. II (Part One) p.11, para.21.

〔阿部 達也〕　　**16** 国家責任条文上の再発防止の保証および約束

する」（第10条1項））[4]。

　もっとも，その後の起草委員会では，満足と再発防止の約束には違法行為の結果としての損害との関係において大きな相違があるため両者は別個の条文に規定すべきということになった。具体的には，賠償の形態として原状回復，金銭賠償，満足ならびに再発防止の保証および約束が列挙され（第6条 bis），再発防止の保証および約束に関する独立の規定が導入されたのである（第10条 bis）[5]。ここにおいて，再発防止の保証および約束は，満足とは異なる賠償の形態としての位置づけになった[6]。両条文は最終的に第42条と第46条として確定した[7]。

　第2読作業で特別報告者を務めた Crawford は，再発防止の保証および約束を賠償の概念から切り離して違法行為の停止の側面として扱うことを提案した。その理由として挙げられたのは，再発防止の保証および約束と違法行為の停止の共通点――違反された法的関係の継続を前提とし，義務の将来の履行に関係し，違反によって害された法的関係に対する信頼の回復と強化に関連している――だった[8]。再発防止の保証および約束は，停止（第36条 bis 2項(a)）と抱き合わせる形で規定されることになり（同2項(b)）[9]，最終的には，「事情により必要な場合には」と限定する修正を経て第30条(b)として確定した。このように，再発防止の保証および約束は，賠償ではなく，「違反によって影響を受け

---

(4) Second report on State responsibility by Mr. Gaetano Arangio-Ruiz, ILC Yearbook 1989, Vol. II (Part One), p.56. See also *ibid.*, pp.42, 47, paras.148, 163; ILC Yearbook 1990, Vol. I, p.142, para.33.
(5) ILC Yearbook 1992, Vol. I, pp.215, 217, 220-221, paras.5, 27, 52.
(6) コメンタリーには，過去の状況の再設定を求める賠償のその他の形式とは異なり，再発防止の保証および約束は未来志向であり，それゆえ，救済的機能よりも防止的機能を持つこと，満足その他の賠償とは区別される *sui generis* な救済であることが明記されている（ILC Yearbook 1993, Vol. II (Part Two), pp.81-83, paras (1), (5)）。ただし，特別報告者 Arangio-Ruiz は，満足の形式に関して，賠償の問題としてのみ求められるものと再発防止の約束として機能するものとの区別が難しいことを認めている（Seventh Report on State responsibility by Mr. Gaetano Arangio-Ruiz, Special Rapporteur, ILC Yearbook 1995, Vol. II (Part One), p.10, para.29, footnote 7）。
(7) ILC Yearbook 1996, Vol. I (Part Two), p.63.
(8) Third Report on State Responsibility by Mr. James Crawford, Special Rapporteur, ILC Yearbook 2000, Vol. II (Part One), pp.23, 24-25, 40, paras.53, 54, 57, 121.
(9) *Ibid.*, p.39.

429

Ⅲ　国家責任

た法的関係の継続および修復という側面」をもつ自律的な法的帰結として位置づけられることになった[10]。

　もっとも，一部の委員は，ラグラン事件判決を念頭に置きつつ，再発防止の保証および約束が満足として位置づけられるとの立場を崩さなかった[11]。この点に関して，起草委員会は，一定の場合には，再発防止の保証および約束が満足という救済の一部を構成し，柔軟な性格をもって様々な形式となりうることに合意した[12]。そして，コメンタリーには，「再発防止の保証または約束が満足（違反を生じさせることになった立法措置の撤回など）の方法により求められる場合があり，それゆえ実行上両者には重複がある」という記述が含められた[13]。

(b)　学　　説

　再発防止の保証および約束の機能は学説の立場からどのように理解されているのだろうか。これは，多かれ少なかれ，ILC の作業——とくに，再発防止の保証および約束と賠償の関係——をどのように評価するかに左右される。

　ILC が作業の過程で再発防止の保証および約束を賠償の形態から切り離して違反の停止と結びつけたことについて，学説の立場から一定の批判が寄せられている。まず，そもそも，再発防止の保証および約束は伝統的に満足の形式として用いられてきたことが指摘されている[14]。また，再発防止の保証およ

---

(10)　Commentaries to the draft articles on Responsibility of States for internationally wrongful acts (2001), Article 30, para.(11).

(11)　ILC Yearbook 2001, Vol. I, p.239, paras.68-70. なお，Pellet 委員によれば，ラグラン事件判決が再発防止を認めたものであるかそれとも満足に言及したものであるかについて委員の間で見解が分かれている（ILC Yearbook 2001, Vol. I, p.212, para.27）。ICJ の Guillaume 裁判所長は，ICJ は再発防止の問題を重要だとみなさなかったため，この点について触れなかったと述べつつ，自らの考えでは再発防止の約束は満足の要素としてとらえられる傾向があるという（ILC Yearbook 2001, Vol. I, p.213, para.32）。

(12)　ILC Yearbook 2001, Vol. I, p.239, para.66.

(13)　Commentaries to the draft articles on Responsibility of States for internationally wrongful acts (2001), Article 30, para.(11). See also *ibid.*, Article 37, para.(5).

(14)　Dinah Shelton, "Righting Wrongs: Reparations in the Articles on State Responsibility," *American Journal of International Law*, Volume 96, No. 4 (2002), p.837, footnote 23; Patrick Daillier and Alain Pellet, *Droit international public*, 8e édition (L.G.D.J., 2009), p.889, para.488; Sandrine Barbier, "Assurances and Guarantees of Non-Repetition," in James Crawford, Alain Pellet, and Simon Olleson (eds.) *The Law of State Responsibility* (Oxford 2010), p.555. 杉原高嶺『国際法学講義（第 2 版）』（有斐閣，

び約束を満足の形式として明示する論者も多い[15]。Kolb によれば，実際のところ「再発防止の保証と満足の区別は時として希薄である」。満足は口頭の陳謝によって構成することができ，これには一定の再発防止の保証または措置が加えられる場合も十分考えられるし，他方で，満足は新たな国際違法行為を回避するためにとられる措置としての再発防止の保証にまで及ぶ場合があるからだという[16]。この批判を別の角度からとらえ直せば，再発防止の保証および約束を国際違法行為の自律的な法的帰結と位置づけるにはその根拠が脆弱だということになる[17]。もっとも，前述のとおり ILC は最終的にコメンタリーにおいて再発防止の保証および約束と満足との間の重複を認めた。この記述によって，第2読作業の過程で論理的な整理が試みられてきたはずの両者の関係は曖昧なものになってしまった[18]。

　ILC の第2読作業中に ICJ がラグラン事件判決を下した。この判決には学説から大きな関心が寄せられた。ICJ は，米国による陳謝が不十分であることを認めた上で，領事関係条約に基づく義務の履行のための措置に関する米国の約束（commitment）がドイツの要請する再発防止の保証に合致するとしており，ここにおいて再発防止の保証および約束と陳謝──満足の1つの形式である──さらには賠償との関係が問題となるからである[19]。たしかに，Tams のように，再発防止の保証および約束を得る国家の権利を初めて認めることによって，「新しいだけでなく伝統的に受け入れられた賠償の方法とは質的に異なる救済

2013年）540頁，山形英郎編『国際法入門〔第2版〕』（法律文化社，2018年）374頁（湯山智之執筆）。

(15) James Crawford, *Brownlie's Principles of Public Internatioanl Law*, 8th edition (Oxford University Press, 2012), p.574. 山本草二『国際法【新版】』（有斐閣，1994年）659頁，小松一郎『実践国際法』（信山社，2011年）339頁。

(16) Robert Kolb, *The International Law of State Responsibility: An Introduction* (Edward Elgar Publishing, 2017), p.152. ILC の特別報告者を務めた Crawford らは「［再発防止の］保証および約束は一定の場合において満足の1つの形式とみなされうる」ことを認めている（James Crawford, Jacqueline Peel, and Simon Olleson, "The ILC's Articles on Responsibilities of States for Internationally Wrongful Acts: Completion of the Second Reading," *European Journal of International Law*, Volume12. No. 5 (2001), p.985)。

(17) Barbier, *supra note* 14, p.555.

(18) *Ibid.*, p.556.

(19) 国際司法裁判所判例研究会（酒井啓亘）「判例研究・国際司法裁判所　ラグラン事件（ドイツ対米国）(判決・2001年6月27日）」『国際法外交雑誌』第106巻4号（2008年）93頁。

Ⅲ　国家責任

を受け入れた」として判決を肯定的に評価する論者もある[20]。しかし、論者の多くは、再発防止の保証および約束と満足の関係について、また再発防止の保証および約束が国際違法行為の自律的な帰結と位置づけられるかについて、ICJ は何も明らかにしなかったと捉えている[21]。

以上のような学説の状況を踏まえると、Higgins が指摘するように、ILC の条文案もラグラン事件判決も、再発防止の保証および約束に関する問題をすべて解決するものではない。それゆえ、再発防止の保証および約束は引き続き多大な注意をもって扱われる必要があると思われる[22]。

(2) 実証性の分析
(a) 訴訟当事国の主張

それでは、個別具体的な事件において、訴訟当事国（勧告的意見手続の参加主体を含む）は再発防止の保証および約束の機能についてどのような認識を示しているのだろうか。書面手続および口頭手続から明らかなことは、多数の訴訟当事国――再発防止の保証および約束を要請する側に加えて要請される側も――が ILC の関連規定を援用しているということである。

まず、第1読の第10条 bis または第46条を引用しまたはこれを参照している国として、ハンガリー（ガブチコヴォ＝ナジマロシュ計画事件）[23]、スロヴァキア（同）[24]、スペイン（漁業管轄権事件）[25]、ドイツ（ラグラン事件）[26]、コン

---

(20) Christian J. Tams, "Recognizing Guarantees and Assurances of Non-Repetition: LaGrand and the Law of State Responsibility," *Yale Journal of International Law*, Vol. 27 (2002), p.443.

(21) Barbier, *supra note* 14, p.556. 山田卓平「ラグラン事件」杉原高嶺・酒井啓亘編『国際法基本判例50』（第2版）（三省堂、2014年）93頁、柳原正治、森川幸一、兼原敦子編『プラクティス国際法講義［第3版］』（信山社、2017年）187頁（兼原敦子執筆）。

(22) Rosalyn Higgins, "The International Court of Justice: Selected Issues of State Responsibility," in Maurizio Ragazzi (ed.), *International Responsibility Today: Essays in Memory of Oscar Schachter* (Martinus Nijhoff Publishers, 2005), pp.279-280.

(23) Hungary, Memorial, May 2, 1994, p.257, para.8.51. 満足とは区別される賠償の形態という位置づけである (*ibid.*, pp.253-257, paras.8.33-8.52)。

(24) CR 97/11, p.51, para.15 (Pellet); CR 97/15, p.52, para.7 (Pellet).

(25) CR 98/9, p.20, para.9 (Pastor Ridruejo).

(26) Germany, Memorial, September 16, 1999, paras.6.61, 6.77.「満足の形式としての違法性の宣言」とは区別される賠償の形態という位置づけである (*ibid.*, paras.6.47-6.77)。

ゴ民主共和国（コンゴ領域軍事活動事件判決）[27]，ボスニア・ヘルツェゴヴィナ（ジェノサイド条約適用事件）[28]がある。これらの諸国は，再発防止の保証および約束が満足とは区別される賠償の形態であることを認めていると考えられ，再発防止の保証および約束の要請にはそのような理解が反映されている。ただし，ドイツ，コンゴ民主共和国，ボスニア・ヘルツェゴヴィナの場合は裁判手続が第 2 読作業をまたいで進行したために注意が必要である。とくにドイツに関しては，第 2 読の作業中だった ILC が ICJ の判断を待つような状況であった。

興味深いことに，ドイツは，1999 年 9 月 16 日に提出した陳述書の中で第 1 読第 46 条を明示的に引用するものの，再発防止の保証および約束が「満足および賠償一般と異なり（Unlike satisfaction and reparation in general），過去ではなく未来を見据えたものである」と述べている[29]。これは，ILC の第 2 読作業において再発防止の保証および約束の機能の変更が議論されていることを踏まえた主張ととらえることができる。ドイツ（Simma）はさらに，2000 年 11 月 13 日の口頭弁論において，再発防止の保証および約束が「未来に向けられた自律的な法的帰結」と「満足を提供する『他の適切な形態』」という 2 つの異なる法的根拠に基づいて申し立てられていると発言している[30]。

次に，第 2 読第 30 条を引用しまたはこれに言及したのは，メキシコ（アヴェナその他メキシコ国民事件）[31]，パレスチナ（パレスチナの壁に関する勧告的意見）[32]，ジブチ（刑事司法共助問題事件）[33]，フランス（同）[34]，リヒテンシュタ

---

(27) République démocratique du Congo, Mémoire, juillet 6, 2000, p.269, paras.6.79-6.80. 満足とは区別される賠償の形態という位置づけである（*ibid.*, pp.234-270, paras.6.01-6.83）。

(28) Bosnia and Herzegovina, Reply, April 23, 1998, pp.888-889, para.7. 満足とは区別される賠償の形態という位置づけである（*ibid.*, pp.871-889）。

(29) Germany, Memorial, September 16, 1999, para.6.61.

(30) CR 2000/27, p.30, para.20（Simma）．

(31) Mexico, Memorial, June 20, 2003, pp.166-167, 169, 170-172, paras.391, 398, 403-404. 賠償とは区別された救済の形態と位置づけられているように思われる（*ibid.*, pp.146-173, paras.346-406）。

(32) Palestine, Written Statement, January 30, 2004, p.273, para.593. 賠償とは区別された救済の形態と位置づけられている（*ibid.*, pp.273-290, paras.591-630）。

(33) Djibouti, Mémoire, mars 15, 2007, p.60, para.164; CR 2008/3, p.25, para.26（van den Biesen）．賠償とは区別された救済の形態と位置づけられている（*ibid.*, pp.58-65, paras. 155-180）。

(34) France Contre-Mémorial, juillet 13, 2007, pp.69-70, para.5.14.

Ⅲ　国家責任

イン（所有権事件）[35]，ボスニア・ヘルツェゴヴィナ（ジェノサイド条約適用事件）[36]，メキシコ（アヴェナその他メキシコ国民事件2004年3月31日判決の解釈要請事件）[37]，コスタリカ（航行および関連する権利に関する紛争事件）[38]，ニカラグア（同）[39]，アルゼンチン（ウルグアイ川製紙工場事件）[40]，ウルグアイ（同）[41]，マケドニア（1995年9月13日の暫定協定適用事件）[42]，ギリシア（同）[43]，ニカラグア（サンフアン川沿いのコスタリカにおける道路建設事件）[44]，ソマリア（インド洋における海洋境界画定事件）[45]，イラン（イラン資産事件）[46]，アフリカ連合（1965年のチャゴス諸島のモーリシャスからの分離の法的帰結事件）[47]である。これらは，再発防止の保証および約束が賠償とは区別された自律的な機能を持つ——ただし，コメンタリーと併せて読むことにより，一定の場合に賠償の形式をとることが排除されない——救済手段であるとの立場に立っていると考えられる。実際に，メキシコは，再発防止の保証および約束が「違反によって影響を受けた法的関係の継続および修復」の助けになるという[48]。アルゼンチ

---

(35) Liechtenstein, Memorial, March 28, 2002, p.181, para.7.12. 賠償とは区別された救済の形態と位置づけられている（*ibid.*, pp.176-185, paras.7.1-7.20）。
(36) CR 2006/11, p.37, para.22 (Pellet).
(37) Mexico, Further Written Explanations, September 17, 2008, paras.80-85.
(38) Costa Rica, Memorial, August 29, 2006, p.143, para.6.18. 賠償とは区別された救済の形態と位置づけられている（*ibid.*, pp.137-145, paras.6.01-6.24）。
(39) Nicaragua, Counter-Memorial, May 29, 2007, p.244, para.7.1.11.
(40) Argentine, Mémoire, janvier 15, 2007, p.363, para.8.32. 賠償とは区別された救済の形態と位置づけられている（*ibid.*, pp.354-366, paras.8.9-8.40）。See also CR 2009/15, p.45, para.3 (Pellet)
(41) CR 2009/19, pp.57-58, para.33 (Condrelli).
(42) Macedonia, Memorial, July 20, 2009, p.115, para.6.8. 賠償とは区別された救済の形態と位置づけられている（*ibid.*, pp.112-121, paras.6.1-6.25）。
(43) Greece, Rejoinder, October 27, 2010, pp.210-211, para.9.10.
(44) Nicaragua, Memorial, December 19, 2012, p.234, 237-238, parsa.6.18, 6.24. 賠償とは区別された救済の形態と位置づけられている（*ibid.*, pp.228-243, paras.6.9-6.34）。
(45) Somalia, Memorial, July 13, 2015, p.141, para.8.29. 賠償とは区別された救済の形態と位置づけられている（*ibid.*, pp.141-145, paras.8.29-8.35）。
(46) Iran, Memorial, February 1, 2017, p.120, para.7.10. 賠償とは区別された救済の形態と位置づけられている（*ibid.*, pp.120-125, paras.7.10-7.26）。
(47) Written Statement of the African Union, March 1, 2018, p.58, para.232. 賠償とは区別された救済の形態と位置づけられている（*ibid.*, pp.54-63, paras.217-246）。
(48) Mexico, Further Written Explanations, September 17, 2008, para.80.

ンのいう「二国間の法律関係と相互信頼の修復」[49]と，コスタリカのいう「継続的な関係における信頼の回復」[50]も同じ趣旨と考えられる。

(b) ICJ の態度

これに対して，ICJ は再発防止の保証および約束と満足との関係に必ずしも明確な態度を示していない。たしかに判例の中には，満足の1つの形式に言及して，その関係において再発防止の保証および約束を指示すべきか否かを検討したと思われるものがある。すなわち，ラグラン事件判決では，「米国の約束（commitment）がドイツの要請する一般的な再発防止の保証に合致するものとみなさなければならない」と判示するのに先立って，陳謝だけでは不十分であるという見解が表明されている[51]。逆に，ジェノサイド条約適用事件判決では，再発防止の約束を指示しない理由の1つとして，継続的な処罰の義務に関しては，セルビア・モンテネグロがジェノサイドの容疑者の移送義務を負うとの宣言判決で十分であることを挙げている[52]。これらの判決は他の救済手段の存否が再発防止の保証および約束の指示に影響を与えうるという意味で大変興味深いものの[53]，再発防止の保証および約束が満足の1つの形式として他の形式のものと代替関係または補完関係にあるのか，それとも賠償とは切り離された自律的な機能を有するのかについては何も語っていない。

そして，再発防止の保証および約束が認められたとされる判決を注意深く読むとき，その取り扱い方自体はそもそも消極的であり，再発防止の保証および約束を満足の1形式ととらえているのか，それとも自律的な機能を有するものとして位置づけているのかははっきりしない。ICJ は，ラグラン事件判決とアヴェナその他メキシコ国民事件では，領事関係条約第36条1項(b)に基づく義務の履行について取られた特定の措置の実施を確保するという「米国の約束」に，コンゴ領域軍事活動事件判決では，「3者協定に基づいてウガンダが負う

---

(49) Argentine, Mémoire, janvier 15, 2007, p.364, para.8.37.
(50) Costa Rica, Reply, January 15, 2008, pp.196-198, para.5.12.
(51) *LaGrand (Germany v. United States of America), Judgment, I.C.J. Reports 2001*, p.512, para.123.
(52) *Application of the Convention on the Prevention and Punishment of the Crime of Genocide (Bosnia and Herzegovina v. Serbia and Montenegro), Judgment, I.C.J. Reports 2007*, pp.235-236, para.466.
(53) Barbier, *supra note* 14, p.558.

Ⅲ　国家責任

約束」に着目して，それぞれが相手当事国——すなわち，ドイツ，メキシコおよびコンゴ民主共和国——の要請する再発防止の保証および約束に合致するものとみなさなければならないと判示している[54]。判決の書きぶりから窺えるのは，訴訟当事国によって主張された定式を受けて，ICJがこれに対応するような表現で要請に回答したにすぎないということである[55]。要するに，ICJは，再発防止の保証および約束の機能について自らの立場を明らかにしていないのだ。

2　実定法上の「義務」？
(1)　議論の状況
(a)　ILCの作業

再発防止の保証および約束の実定法上の性格に関する突っ込んだ議論はILCにおいてほとんど行われていない。第1読作業では，1985年にSucharitkul委員とBalanda委員が否定的な見解を示し[56]，1998年にドイツが疑問を呈したにとどまる[57]。実際には，ILCは，再発防止の保証および約束に関する規則を国際法の漸進的発達という認識の下に議論していたようである。「再発防止の保証の今日的な具体例を1つでも挙げられないのであれば規則の有効性が問題となるだろう」というMikulka委員の発言を受けて，特別報告者Arangio-Ruizは，「再発防止の約束の今日的な具体例を挙げることはできない」と明言した上で，委員会の作業は「国際法を法典化することだけでなく，これを漸進的に発達させることもある」旨を委員会に想起させた[58]。これに対して，委員からは特段の異論が表明されることはなかった。

---

(54) *LaGrand (Germany v. United States of America), Judgment, I.C.J. Reports 2001*, pp.513, para.124; *Avena and Other Mexican Nationals (Mexico v. United States of America), Judgment, I.C.J. Reports 2004*, p.73, para.153 (10); *Armed Activities on the Territory of the Congo (Democratic Republic of the Congo v. Uganda), I.C.J. Reports 2005*, p.256, para.257.
(55) Barbier, *supra note* 14, p.556. この点をとらえて，Crawfordは，ラグラン事件判決以降に国際司法裁判所が再発防止の保証および約束を提供するよう求めた決定はないと評価する (James Crawford, *State Responsibility* (Cambridge 2013), p.473)。
(56) ILC Yearbook 1985, Vol. I, p.90, para.35; *ibid.*, p.113, para.36.
(57) ILC Yearbook 1998, Vol. II (Part One), p.145.
(58) ILC Yearbook 1993, Vol. I, p.164, para.29.

第 2 読作業でも状況はそれほど変わらなかった。2000 年の会期において消極的な姿勢を示したのは Pellet 委員だけだった。同委員は，再発防止の保証および約束を提供する一般的な義務について懐疑的であり，そのような抽象的な概念を表現することが難しく，国際法に基礎をほとんど置いていないとして，現実的ではないと主張した[59]。これに対して，特別報告者 Crawford は，第 36 条 2 項(b)の維持は多数の委員によって支持されていること，第 1 読で採択された際に第 46 条の削除を提案した政府がいなかったこと，再発防止の保証および約束は義務の違反に対して政府がしばしば与えてきたものであることを指摘している[60]。

　2001 年の会期はラグラン事件判決後に開催されたことから，判決が ILC の議論にどのような影響を及ぼすかに注目が集まった。結果的に判決は条文の規定ぶりに変更をもたらすものにはならなかった。起草委員会委員長 Gaja によれば，第 30 条(b)の維持を支持するものとして判決を解釈する委員がある一方で，ICJ は再発防止の保証および約束を提供する義務に関して明確な立場を示さなかったと考える委員もあり，ラグラン事件判決は重要であるものの，再発防止の保証および約束の問題について決定する唯一の基礎ではないことに起草委員の間で合意が見られたという[61]。なお，Pellet 委員は，再発防止の保証および約束を削除すべきという留保を撤回している[62]。

　もっとも，ラグラン事件判決の当事国であった米国は，再発防止の保証および約束に関する第 30 条(b)を削除すべきだと主張した。その理由として挙げられたのは，この規定は慣習国際法を法典化するものではないこと，委員会自体においてさえ再発防止の保証および約束を提供する法的な義務が存在しうるかについて根本的な懐疑があること，国に再発防止の保証および約束を与えるよう命じた裁判事例は存在しないこと，政治的な約束とみなされる国家実行を法的な要請とみなしうるか否かは疑問であること，特別報告者の第 3 報告書において再発防止の保証および約束を義務として正しく定式化できるかについて問

---

(59) ILC Yearbook 2000, Vol. I, p.12, para.10.
(60) *Ibid.*, p.28, para.20.
(61) ILC Yearbook 2001, Vol. I, p.239, para.65.
(62) *Ibid.*, p.239, para.71.

Ⅲ　国家責任

題のあることが認識されていることなどである[63]。ラグラン事件の裁判手続で示された立場であるとはいえ，従来の議論においてこのような意見は表明されておらず，やや唐突の感は否めない。米国の主張に関して，起草委員会は，「再発防止の保証および約束に関する規定が規範的な根拠を持つか疑問視する政府がある一方で，テキストを含めることに異議を示さない政府があった」と了解するにとどめ[64]，条文自体を見直すことはなかった。

(b)　学　　説

再発防止の保証および約束の実定法上の性格は学説の立場からどのように捉えられているのだろうか。学説の立場を分けているのはラグラン事件判決を含む判例——別途改めて取り上げる——をどのように理解するかである。

肯定説の立場を取る論者として Barbier と Palmisano と挙げることができる。Barbier は，再発防止の保証および約束に関する ILC の作業が慣習法の法典化というよりも国際法の漸進的発達だったことを認めながらも，ラグラン事件判決において ICJ が初めて再発防止の約束を与えたと解し，ラグラン事件判決以降の5つの事件において再発防止の約束が要請され ICJ によって問題にされなかったことなどを指摘して，再発防止の約束が今や国際違法行為の法的帰結の一部になったことに疑いはないという[65]。Palmisano は，再発防止の保証および約束がラグラン事件に限らず他の事件でも訴訟当事国によって援用されていること，ILC の法典化作業において再発防止の保証および約束に関する規定は多数の諸国から支持を受けたこと，今日までに有力な学説が肯定的な立場をとっていることなどを理由に，この規則が存在することはもはや確立しているという[66]。

これに対して，ラグラン事件判決が再発防止の保証および約束を初めて与えたと解釈しつつも，その過大評価を戒める論者がある。たとえば，Tams は，ラグラン事件判決について「国際法違反によって侵害を受けた国が違反の繰り返されないことの保証および約束を違反国に要求できると認めた」と評価しつ

---

(63)　ILC Yearbook 2001, Vol. II (Part One), pp.57-58.
(64)　ILC Yearbook 2001, Vol. I, p.239, para.64.
(65)　Barbier, *supra note* 14, pp.552-555.
(66)　Giuseppe Palmisano, "Les garanties de non-répétition entre codification et realization juridictionnelle du droit: à propos de l'affaire LaGrand," *Revue générale de droit international public*, Tome 106 (2002), pp.780-781.

つ,驚くべきことに,なぜ保証および約束が必要なのか,そのような判断を下す権限があるのかについて説明する必要性を裁判所は感じていなかったと思われると述べている[67]。また,酒井啓亘は,「違法行為の再発防止の保証を当該違法行為国に対して求める国家の権利を裁判所が認めたのは本件が初めてである」としつつ,「実際には,裁判所は,米国の措置が一般的な保証にあたるとしただけで,この再発防止の保証に関する一般規則の存在やその適用条件などを説明していない」と指摘する[68]。山田卓平も,ラグラン事件判決を「ICJ(PCIJ も含めて)の歴史上はじめて不反復保証について判示した例」と理解するものの,本判決ではそもそも米国が不反復保証の義務を負っていたとは述べられておらず,その後のアヴェナ事件,コンゴ領域ウガンダ軍事活動事件2005年判決でも違法行為の法的効果として再発防止の保証に関する「義務」が生じると明言したわけではないという[69]。

さらに,ラグラン事件判決を慎重に解釈することで,ICJ がそもそも再発防止の保証を命じたかについて疑問を呈する論者もある。たとえば,西村弓は,「領事関係条約上の義務を越えるような保証義務は認められないとのアメリカの反論を前提とすると,判示の根拠を責任法に求めているのか,領事関係条約の解釈に求めているのかについては明確でなく,判決が国家責任の帰結として再発防止の保証を命じたか否かについては疑問も残る」という[70]。なお,Stern は,ラグラン事件判決には触れることなく,再発防止の保証に関して,「一方でこの義務の実定法の規則としての地位について,他方で違法行為の法的帰結としての性格について,一定の疑問があるかもしれない」との見解を示している[71]。

---

(67) Tams, *supra note* 20, pp.441, 443.
(68) 国際司法裁判所判例研究会(酒井啓亘)「前掲論文」(注19) 91, 93頁。
(69) 山田「前掲論文」(注21) 385頁。
(70) 西村弓「国家責任法の妥当基盤──違法性の根拠と手続的基盤の視点から──」『国際法外交雑誌』第102巻2号(2003年) 62頁注57)。
(71) Brigitte Stern, "A Plea for 'Reconstruction' of International Responsibility based on the Notion of Legal Injury," in Maurizio Ragazzi (ed.), *International Responsibility Today: Essays in Memory of Oscar Schachter* (Martinus Nijhoff Publishers, 2005), p.104.

Ⅲ 国家責任

(2) 実証性の分析
(a) 訴訟当事国の主張

ICJ を利用する訴訟当事国は訴訟手続の中で再発防止の保証および約束を積極的に援用してきた。実際の訴訟手続で訴訟当事国によって援用されているということは，当該訴訟当事国が再発防止の保証および約束を実定国際法上の規則だと認識していることに他ならない。その中でも，とくに，再発防止の保証および約束が慣習国際法または国際法の規則であると明示的に述べている国がある。ハンガリー（ガブチコヴォ＝ナジマロシュ計画事件）[72]，スペイン（漁業管轄権事件）[73]，ドイツ（ラグラン事件）[74]，カメルーン（カメルーンとナイジェリア間の領土海洋境界事件）[75]，メキシコ（アヴェナその他メキシコ国民事件，同事件 2004 年 3 月 31 日判決の解釈要請事件）[76] である。いずれも，ILC の関連条文を引用した上で，慣習国際法または国際法の規則である旨に言及している。このような言及がなくても，先述のとおり，ILC の関連条文が引用される場合は，実定国際法上の義務としての性格を黙示的に認めたものと理解することができる。さらに，ILC の条文は引用しないものの，国際違法行為の結果として発生した責任の救済の文脈において再発防止の保証および約束を求める申し立てを行った国もある。具体的には，パラグアイ（領事関係に関するウィーン条約事件）[77]，ドイツ（国の管轄権免除事件）[78]，コスタリカ（国境地帯における活動事件）[79]，オーストラリア（南極捕鯨事件）[80]，カタール（人種差別撤廃条約適用事

---

(72) Hungary, Memorial, May 2, 1994, p.257, para.8.51. スロヴァキアは再発防止の約束が国家責任法に基づく義務であることは否定せず，自らの国際違法行為を否定した (Slovakia, Counter-Memorial, December 5, 1994, pp.362-363, paras.12.20-12.22)。
(73) CR 98/9, p.20, para.9 (Pastor Ridruejo).
(74) Germany, Memorial, September 16, 1999, paras.6.15, 6.61, 6.77; CR 2000/27, p.32, para.23 (Simma).
(75) Cameroon, Mémoire, mars 16, 1995, p.647, para.7.53; Cameroun, Replique, avril 4, 2000, p.474, para.10.35.
(76) Mexico, Memorial, June 20, 2003, pp.166-167, para.391; Mexico, Further Written Explanations, September 17, 2008, paras.80-85.
(77) *Vienna Convention on Consular Relations (Paraguay v. United States of America), I.C.J. Reports 1998*, p.251, para.5.
(78) Germany, Memorial, June 12, 2009, p.82, para.131.
(79) Costa Rica, Memorial, December 5, 2010, p.297, para.7.2.
(80) Australia, Memorial, May 9, 2011, p.278, paras.7.11-7.12.

件)[81]，イラン（1955年友好条約違反事件)[82]，パレスチナ（米国大使館エルサレム移転事件)[83]である。これらの国も再発防止の保証および約束が実定国際法上の義務であることを黙示的に認めているといえよう。このような多数の援用の事例においてさらに重要なことは，1か国を除いて相手当事国からの反論がなかったという事実である。

その1か国——すなわち，ICJを利用する訴訟当事国の中で再発防止の保証および約束が慣習国際法でないと主張した国——は米国であった。米国は，まずラグラン事件において，再発防止の保証および約束が「国家実行における非法的な約束」にすぎず，「慣習法の一部ではなく」，「慣習法の法典化ではない」などと主張した[84]。続くアヴェナその他メキシコ国民事件でも，国家責任条文第30条(b)は「慣習国際法を反映したものではない」という立場を鮮明にし[85]，また，再発防止の約束に関するメキシコの主張の法的基礎は非常に脆弱であると指摘した上で，停止および再発防止の約束はまだ萌芽の段階であって裁判所は国際立法者によって規定されていない段階でそのような法を適用できないと主張した[86]。もっとも，アヴェナその他メキシコ国民事件2004年3月31日判決の解釈要請事件では，再発防止の約束を与える命令はせいぜい「国際法に基づく例外的な救済」にすぎないと述べて[87]，強硬な反対論は取り下げられた形になっている。

以上を踏まえると，再発防止の保証および約束を提供する義務の存在は多数の諸国の間で受け入れられていると言って差支えないように思われる[88]。

(b) ICJの態度

訴訟当事国はICJにおける訴訟手続の中で再発防止の保証および約束が実定国際法上の義務であることを前提としてこれを請求してきたのに対して，ICJ

---

(81) Qatar, Application, June 11, 2018, p.52, para.66.
(82) Iran, Application, July 16, 2018, p.19, para.50.
(83) Palestine, Application, September 28, 2018, p.12, para.53.
(84) CR 2000/29, pp.14-15, paras.5.23-5.24 (Mathias); CR 2000/31, p.27, para.5.6 (Mathias).
(85) United States, Counter-Memorial, November 3, 2003, pp.205-206, para.8.45.
(86) CR 2003/27, p.32, para.10.20 (Zoller); CR 2003/29, p.39, para.5.20 (Zoller).
(87) United States, Further Written Observations, October 6, 2008, para.47.
(88) Barbier, *supra note* 14, p.555.

Ⅲ 国家責任

は再発防止の保証および約束そのものについて消極的な態度である。

何よりも，再発防止の保証および約束を命令することに大きな躊躇がみられる[89]。まず，判決において再発防止の保証および約束の要請があった旨に言及があるものの，これに正面から応えていない場合がある（ガブチコヴォ＝ナジマロシュ計画事件判決[90]，パレスチナの壁に関する勧告的意見[91]，刑事事件共助問題事件[92]）。これらの判決は，実定国際法上の義務であるかどうかを明らかにする以前の段階にとどまるものである。

次に，再発防止の保証および約束の要請を審理する場合であっても，実際にはその多くにおいて要請を斥けている（カメルーンとナイジェリア間の領土海洋境界事件判決[93]，ジェノサイド条約適用事件判決[94]）とくに，後述のとおり，航行および関連する権利に関する紛争事件判決において信義誠実の推定に依拠した「特別の事情」基準が確立して以降は，再発防止の保証および約束を認めない判例が踏襲されており，そもそも再発防止の保証および約束を提供する義務の存在を問わなくても結論が導かれるという状況が続いている（航行および関連する権利に関する紛争事件判決[95]，ウルグアイ川製紙工場事件判決[96]，1995年9月13日暫定協定適用事件判決[97]，国の管轄権免除事件判決[98]，南極捕鯨事件判

---

(89) Crawford, *supra note* 55, p.479; Kolb, *supra note* 16, pp.151-152.
(90) *Gabčíkovo-Nagymaros Project (Hungary/Slovakia), Judgment, I.C.J. Reports 1997*, pp.74, 75, paras.127, 129.
(91) *Legal Consequences of the Construction of a Wall in the Occupied Palestinian Territory, Advisory Opinion, I.C.J. Reports 2004*, p.196, para.145.
(92) *Certain Questions of Mutual Assistance in Criminal Matters (Djibouti v. France), Judgment, I.C.J. Reports 2008*, pp.184-185, 187, paras.16-17, 18.
(93) *Land and Maritime Boundary between Cameroon and Nigeria (Cameroon v. Nigeria: Equatorial Guinea intervening), Judgment, I.C.J. Reports 2002*, p.452, para.318.
(94) *Application of the Convention on the Prevention and Punishment of the Crime of Genocide (Bosnia and Herzegovina v. Serbia and Montenegro), Judgment, I.C.J. Reports 2007*, pp.235-236, para.466.
(95) *Dispute regarding Navigational and Related Rights (Costa Rica v. Nicaragua), Judgment, I.C.J. Reports 2009*, p.267, para.150.
(96) *Pulp Mills on the River Uruguay (Argentina v. Uruguay), Judgment, I.C.J. Reports 2010*, p.105, para.278.
(97) *Application of the Interim Accord of 13 September 1995 (the former Yugoslav Republic of Macedonia v. Greece), Judgment of 5 December 2011, I.C.J. Reports 2011*, pp.692-693, para.168.
(98) *Jurisdictional Immunities of the State (Germany v. Italy: Greece intervening),*

〔阿部達也〕　*16* 国家責任条文上の再発防止の保証および約束

決[99]，国境地帯における活動事件・サンフアン川沿いのコスタリカにおける道路建設事件[100]）。

　より重要なことは，ICJ が，再発防止の保証および約束を提供する義務の法的根拠を議論したこともなければ，「義務」の存在を明言したこともなく，また，国家責任に関する ILC の文書を引用したこともなければ，第 1 読第 46 条または第 2 読第 30 条(b)などの条文に明示的に言及したこともないということである[101]。そして，このことは再発防止の保証および約束の要請を認めたと思われる判決（ラグラン事件判決[102]，アヴェナその他メキシコ国民事件判決[103]，コンゴ領域軍事活動事件判決[104]）についても同じことが言えるのである[105]。要するに，ICJ は，再発防止の保証および約束の実定国際法上の地位についても沈黙したままなのである。

Ⅲ　内　　容

　国家責任条文第 30 条(b)は，「事情により必要な場合には，再発防止の適当な保証および約束を提供すること」と規定する。再発防止の保証および約束の内容として，まず，「事情により必要な場合」という用語に着目し，この用語が確立するまでの ILC における議論の変遷を概観した上で，具体的な事件においてどのように適用されたかを議論する。次に，2009 年の航行および関連す

　　 Judgment, I.C.J. Reports 2012, p.154, para.138.
(99)　*Whaling in the Antarctic (Australia v. Japan: New Zealand intervening), Judgment, I.C.J. Reports 2014*, p.298, para.246.
(100)　*Certain Activities Carried Out by Nicaragua in the Border Area (Costa Rica v. Nicaragua) and Construction of a Road in Costa Rica along the San Juan River (Nicaragua v. Costa Rica), Judgment, I.C.J. Reports 2015*, p.717, para.141.
(101)　Barbier, *supra* note 14, p.552; Crawford, *supra* note 55, pp.473-474.
(102)　*LaGrand (Germany v. United States of America), Judgment, I.C.J. Reports 2001*, pp.512-513, para.124. Crawford, Peel, and Olleson, *supra* note 16, p.987; James Crawford, *The Interntional Law Commission's Articles on State Responsibility: Introduction, Text and Commentaries*（Cambridge University Press, 2002），p.33
(103)　*Avena and Other Mexican Nationals (Mexico v. United States of America), Judgment, I.C.J. Reports 2004*, p.73, para.153（10）．
(104)　*Armed Activities on the Territory of the Congo (Democratic Republic of the Congo v. Uganda), I.C.J. Reports 2005*, p.256, para.257.
(105)　山田「前掲論文」（注 21）385 頁．

Ⅲ　国家責任

る権利に関する紛争事件判決で示された「特別の事情」という新しい判断枠組を取り上げて，この判断枠組に関する ICJ の考え方を明らかにした上で，同事件判決以降の判例においてどのように適用されてきたかを考察する。

1　「事情により必要な場合」

(1)　定式の確立

(a)　ILC 第 1 読作業：第 46 条

前述のとおり，再発防止の保証および約束は，1981 年の特別報告者 Liphagen 第 2 報告書から 1989 年の特別報告者 Arangi-Ruiz 第 2 報告書までの間は満足の形式として規定されていた。しかし，1992 年の起草委員会において，再発防止の保証および約束に関する規定は満足から切り離されて独立の条文となり，さらに，「被侵害国は，適当な場合には（where appropriate），国際違法行為を行った国から違法行為の再発防止の保証または約束を得る権利を持つ」（第 10 条 bis）という文言に変更され[106]，第 46 条として確定した。コメンタリーによれば，第 1 に，違反国は，被侵害国からの請求に基づきかつ「事情が認める場合に（when circumstances so wattant）」，当該約束を提供する義務を負う。第 2 に，考慮される事情には，再発の現実のリスクおよび違法行為の結果として請求国が被った侵害の重大性が含まれる。第 3 に，「適当な場合には」という用語の含意は，請求の可否を決定するのが裁判官（その他規則を適用することの求められる第 3 者）だということである[107]。

(b)　ILC 第 2 読作業：第 30 条(b)

第 2 読作業では規定ぶりが変わった。再発防止の保証および約束は違反の停止と結びつけられ，また救済に関する規定が被侵害国の権利ではなく責任国の義務の観点から定式化されることになった。特別報告者 Crawford は，第 3 報告書において，「再発防止の保証および約束を提供すること」に「適当な」を加え，「再発防止の適当な保証および約束（appropriate assurances and

---

(106)　ILC Yearbook 1992, Vol. I, p.215.
(107)　ILC Yearbook 1993, Vol. II (Part Two), p.83, commentary (5). See also ILC Yearbook 1992, Vol. I, p.222, para.64; ILC Yearbook 1993, Vol. I, pp.163-164, para.17. なお，特別報告者 Arangi-Ruiz は，「適当な場合」の判断は，裁判官または第 3 者仲裁人だけでなく，調停者，政治的機関および関係国自らによっても行われるという (ILC Yearbook 1993, Vol. I, p.164, para.19)。

〔阿部達也〕　*16* 国家責任条文上の再発防止の保証および約束

guarantees of non-repetition) を提供すること」(第36条 bis 2 項(b)) という文言を提案した。要求された保証および約束が極めて厳格な場合もあれば、単なる約束で十分な場合もあることが理由とされた[108]。他方で、Simma 委員は、第46条の「適当な場合には」を「事情により必要な場合には (if circumstances so require)」に修正することを提案した。違反者が単なるに陳謝する以上のことを求められる事情があるからだという[109]。結局これらの提案が受け入れられ、最終的に「事情により必要な場合には、再発防止の適当な保証および約束を提供すること」(第30条(b)) という文言となった。

　コメンタリーによれば、再発防止の保証および約束は、義務の効力の継続を前提とするものであり、従来の状況の単なる回復が自らを十分に保護するものではないと考える理由のある場合に求められることが多い[110]。「事情により必要な場合には」という用語が意図するのは、再発防止の保証および約束の例外的な措置としての性格であって、再発防止の保証および約束は要求されたとしても常に適当であるとは限らず、多くは義務の性質および違反の性質を含む事案の事情に左右される。そして、過去の再発防止の保証および約束の要求が濫用されまたは過剰であったことに鑑みて、これを防止するために柔軟な文言で定式化されているという[111]。コメンタリーには言及されていないものの、再発防止の保証および約束が適当なのは違法行為が再発する可能性のある場合に限られると考えられる[112]。

　以上のような注釈はあるものの、再発防止の保証および約束が提供されるのがいかなる事情の場合であるかについては何ら具体化されておらず[113]、第1読のコメンタリーに比べて曖昧になっていることを指摘しないわけにはいかない[114]。この点はその後の国家実行および判例に委ねられることになったので

---

(108) ILC Yearbook 2000, Vol. I, p.6, para.25.
(109) *Ibid.*, pp.13, 23, para.21, 46.
(110) Commentaries to the draft articles on Responsibility of States for internationally wrongful acts (2001), Article 30, paras.(1), (9).
(111) *Ibid.*, Article 30, para.(13); Crawford, *supra note* 56, p.476.
(112) ILC Yearbook 2000, Vol. I, p.388, para.13; Crawford, Peel, and Olleson, *supra note* 16, p.987; Crawford, *supra note* 100, p.34; Barbier, *supra note* 14, p.557; Crawford, *supra note* 55, pp.469, 476.
(113) 山田「前掲論文」(注21) 383頁。
(114) Barbier, *supra note* 14, p.558.

Ⅲ 国家責任

ある。

(2) 判断基準
(a) 訴訟当事国の主張

それでは，訴訟当事国は第1読第46条または第2読第30条(b)を引用しつつ，再発防止の保証および約束に関して具体的にどのような主張を展開したのだろうか。

一方で，再発防止の保証および約束を要請する側は，違反の重大性，損害の重大性，賠償による救済の不十分性，違法行為の継続または再発のリスクなどを根拠としている。これらはILCのコメンタリーに言及された要素である。たとえば，ラグラン事件においてドイツは，再発のリスクおよび侵害の重大性についてそれぞれの存在を詳細に論じ[115]，また，第36条違反に続く死刑判決およびその執行は陳謝または冊子の配布では救済しえず，米国の国内法および実行の変更を伴う実効的な救済が必要であると主張した[116]。カメルーンとナイジェリア間の領土海洋境界事件においてカメルーンは，独立直後に発生したナイジェリアとの国境紛争の継続，両国間で交わした取り決めのナイジェリアによる継続的な不履行による国境の緊張の常態化，1981年と1994年の大規模な軍事対立を含む治安部隊の衝突の多発などを挙げた[117]。アヴェナその他メキシコ国民事件においてメキシコは，米国のプログラムの非実効性[118]，手続的懈怠原則と不遡及原則の適用を原因とした領事関係条約に関する請求の不受理[119]，ラグラン事件判決に基づく判決再検討義務の不履行[120]，陳謝または口頭による再発防止の保証の不十分性などを理由とした[121]。パレスチナの壁事件においてフランスは，本件において違反の重大性と再発の可能性が認められ

---

(115) Germany, Memorial, September 16, 1999, paras.6.72-6.76.
(116) CR 2000/27, p.38, para.32 (Simma).
(117) Cameroun, Memoire, mars 16, 1995, pp.646-648, para.7.51-7.57.
(118) Mexico, Memorial, June 20, 2003, pp.167-169, paras.392-396; CR 2003/24, p.24, para.69 (Gómez-Robledo); CR 2003/25, pp.49-50, paras.411-412 (Prager).
(119) Mexico, Memorial, June 20, 2003, p.169, para.397.
(120) CR 2003/25, pp.50-51, paras.413-415 (Prager).
(121) Mexico, Memorial, June 20, 2003, pp.171-172, para.404.

ると述べた⁽¹²²⁾。特定財産事件においてリヒテンシュタインは、本件の事情が［リヒテンシュタインの主権及び中立の尊重ならびにリヒテンシュタイン国民の権利の侵害という］行為の法的性質に鑑みて再発防止の保証および約束を必要とするものだと主張した⁽¹²³⁾。コンゴ領域軍事活動事件においてコンゴ民主共和国は、2003年5月に軍が撤退したことに伴う脅威を理由に挙げた⁽¹²⁴⁾。ジェノサイド条約適用事件においてボスニア・ヘルツェゴヴィナは、本件における再発のリスクの証拠として、ユーゴスラビア連邦共和国が提訴の後も2つの暫定措置命令の発出後も、今日に至るまでジェノサイド条約の違反を継続していることを想起せざるを得ないとし⁽¹²⁵⁾、また、義務の重要性、違反の重大性、重大な脅威の存在（「セルビア・モンテネグロにおいてジェノサイドを求める動きが消滅したかどうかに関する懸念を払拭できない最近の出来事」）、ジェノサイドに関与した主要人物の未逮捕、裁判の遅延戦術、暫定措置命令の軽視などを指摘した⁽¹²⁶⁾。刑事事件共助問題事件においてジブチは、フランスがBorrel事件の書類を送付する約束を何ら説明することなく、書類の送付を明示的に拒否する前に取消したことを理由とした⁽¹²⁷⁾。アヴェナその他メキシコ国民事件2004年3月31日判決の解釈要請事件においてメキシコは、自国および自国民に対して「侵害を生じさせる再発の現実のリスクがある」として、とくに、米国の措置の実効性の欠如、判決再検討義務の不履行、米国国内裁判所が違法な刑の執行を認める蓋然性を指摘した⁽¹²⁸⁾。航行および関連する権利に関する紛争事件においてコスタリカは、ニカラグアによる継続的な権利侵害を理由とした⁽¹²⁹⁾。

他方で、再発防止の保証および約束の要請を斥けるよう主張する側は、自らが国際違法行為を行っていないかまたはすでに是正のための措置をとっている

---

(122) France, Written Statement, January 30, 2004, p.16, para.68.
(123) Liechtenstein, Memorial, March 28, 2002, p.181, para.7.12.
(124) CR 2005/5, p.54, para.15 (Salmon).
(125) Bosnia and Herzegovina, Reply, April 23, 1998, p.889, para.8.
(126) CR 2006/11, pp.38-42, paras.26-33 (Pellet).
(127) Djibouti, Mémoire, mars 15, 2007, p.61, para.167.
(128) Mexico, Further Written Explanations, September 17, 2008, pp.22-24, paras.80-85.
(129) Costa Rica, Memorial, August 29, 2006, p.144, para.6.22; Reply, January 15, 2008, pp.196-198, paras.5.12, 5.14.

Ⅲ　国家責任

ことを強調する傾向がある。たとえば，米国は，ラグラン事件において，すでに適当な保証を提供しているとして本件の事情において裁判所が保証の提供を命ずることの不適切さを主張した(130)。アヴェナその他メキシコ国民事件においても，領事通報に関する情報提供を改善する取り組みが継続しており目に見える成果を挙げていること，領事条約に基づく義務の実施を確保する約束が守られていることを指摘した(131)。さらに，アヴェナその他メキシコ国民事件 2004 年 3 月 31 日判決の解釈要請事件においても，アヴェナ事件判決を実施するよう取り組んでいるとの米国の度重なる声明に言及した(132)。また，刑事事件共助問題事件においてフランスは，再発の可能性が示されていないこと，違反があったとしても重大性を欠くものであること，フランスとジブチは良好な関係を維持していることなどを挙げて，再発防止の保証および約束に関する条件が充たされていないとした(133)。

(b)　ICJ の態度

再発防止の保証および約束の要請の妥当性に関する訴訟当事国の間の議論を受けて，ICJ はどのような基準によって判断を下してきたのだろうか。要請を認めたと言われている判決とこれを明らかに斥けた判決を分けて検討する。

一方で，再発防止の保証および約束の要請を認めたと言われている判決で共通するのは，違反の重大性，損害の重大性，賠償による救済の不十分性，違法行為の継続，再発のリスクなど，訴訟当事国によって示された要素に加えて，再発防止の保証および約束を要請された国による——自発的なものであれ条約上の義務であれ——義務の履行の約束（commitment）を重視している点である。

まず，ラグラン事件判決では，「外国人に対して領事関係条約第 36 条 1 項に基づく権利が遅滞なく伝達されずかつ長期にわたり拘禁されまたは重大な刑を宣告されている」ことを理由に「本件では陳謝だけでは不十分である」とし

---

(130)　CR 2000/29, pp.13-22, paras.5.18-5.43 (Mathias).
(131)　United States, Counter-Memorial, November 3, 2003, pp.200-202, 205-215, paras.8.35-8.38, 8.44-8.58; CR 2003/27, p.32, para.10.20 (Zoller); CR 2003/29, p.39, para.5.20 (Zoller).
(132)　United States, Further Written Observations, October 6, 2008, para.48.
(133)　France Contre-Mémorial, juillet 13, 2007, pp.69-70, para.5.14; CR 2008/5, p.60, para.17 (Pellet).

た⁽¹³⁴⁾。その上で，米国が領事関係条約第36条の義務の履行のために詳細なプログラムを実施していることに着目し，一般論として「国が本裁判所における手続きにおいて条約に基づく義務の履行を達成するために実施している実質的な活動に繰り返し言及する場合，これはこの点に関する取り組みを最後までやり遂げるという約束（commitment）の表明である」と述べた上で，「［領事関係条約］第36条1項(b)に基づく義務の履行についてとられた特定の措置の実施を確保するという米国の約束（commitment）がドイツの要請する一般的な再発防止の保証に合致するものとみなさなければならない」という判断を下した⁽¹³⁵⁾。次に，アヴェナその他メキシコ国民事件では，米国による違反の「継続的な」パターンがあるというメキシコの主張には証拠がないとしながらも，義務の履行されていない事案が引き続き多数存在することに懸念を示しつつ，他方で，米国が義務の実施に誠実に取り組んでいることを評価し，ラグラン事件判決を引用した上で，「再発防止の保証および約束に関するメキシコの請求に関する限り，ラグラン事件の引用箇所に述べたことが引き続き適用可能である」として⁽¹³⁶⁾，「［米国の］約束（commitment）がメキシコ合衆国による再発防止の保証および約束についての要請に合致するとみなさなければならない」と判示した⁽¹³⁷⁾。さらに，コンゴ領域軍事活動事件判決では，「国が国際協定に基づいて協定の他の当事国の主権および領土保全を尊重する義務（一般国際法に基づいても存在する義務）を負い，当該義務を履行するために協力することを約束する場合，これはいかなる違法行為も繰り返さないという明白な法的拘束力のある約束を示すものであると考える」という一般論を述べた後に，「3者協定に基づいてウガンダが負う約束（commitments）は再発防止の保証および約束についてのDRCの要請に合致するものとみなさなければならない」との見解を示した⁽¹³⁸⁾。

---

(134) *LaGrand (Germany v. United States of America), Judgment, I.C.J. Reports 2001*, p.512, para.123.
(135) *Ibid.*, pp.512-513, para.124.
(136) *Avena and Other Mexican Nationals (Mexico v. United States of America), Judgment, I.C.J. Reports 2004*, p.68, paras.149-150.
(137) *Ibid.*, p.73, para.153 (10).
(138) *Armed Activities on the Territory of the Congo (Democratic Republic of the Congo v. Uganda), I.C.J. Reports 2005*, p.256, para.257.

Ⅲ　国家責任

　このように，いずれの判決も，訴訟当事国によって示された要素と再発防止の保証および約束を要請された国の約束（commitment）の存在を判断基準としていると考えられる。もっとも，ラグラン事件判決とアヴェナその他メキシコ国民事件では米国の一方的な約束（commitment）が重視されたのに対して，コンゴ領域軍事活動事件判決ではウガンダの条約上の約束（commitments）であることに鑑みれば，少なくとも後者については「合意は守られなければならない（*pacta sunt servanda*）」（条約法条約第26条）ということに他ならず[139]，それゆえ，後述の信義誠実の推定に依拠することも論理的には可能であるように思われる。

　他方で，再発防止の保証および約束の要請が明らかに斥けられた判決において共通するのは，ICJの確定的な判断をもって十分だとされているという点である。まず，カメルーンとナイジェリア間の領土海洋境界事件判決では，判決が両国間の領土海洋境界線を確定的かつ義務的な表現で特定していることを指摘した上で，「この点に関するあらゆる不確定性をもってしても，裁判所は，自国の軍および警察ならびに行政機関が他国の領域から撤退した後に，いずれかの当事国が相手国の領土保全を尊重しないような状況を想定することはできない」と述べて，カメルーンが申し立てた再発防止の保証および約束の要請を斥けた[140]。また，ジェノサイド条約適用事件判決では，原告国の示唆する「セルビア・モンテネグロにおいてジェノサイドを求める動きが消滅したかどうかに関する懸念を払拭できない最近の出来事」は再発防止の約束を求めるための十分な根拠にならないと述べ，被告国の継続的な処罰の義務に関しては，本判決中の裁判所の宣言で十分であるとして再発防止の約束を指示することは適切でないとの見解を示した[141]。

---

(139)　ICJは，コンゴ領域軍事活動事件判決において，再発防止の保証および約束についての判断を示した後のパラグラフで，「当事国が当該協定および一般国際法に基づく義務を尊重し履行することを期待し要求する」と述べている（*Armed Activities on the Territory of the Congo (Democratic Republic of the Congo v. Uganda), I.C.J. Reports 2005*, p.256, para.257）。

(140)　*Land and Maritime Boundary between Cameroon and Nigeria (Cameroon v. Nigeria: Equatorial Guinea intervening), Judgment, I.C.J. Reports 2002*, p.452, para.318.

(141)　*Application of the Convention on the Prevention and Punishment of the Crime of Genocide (Bosnia and Herzegovina v. Serbia and Montenegro), Judgment, I.C.J. Reports 2007*, pp.235-236, para.466.

〔阿部達也〕　*16* 国家責任条文上の再発防止の保証および約束

いずれの判決も，紛争当事国によって主張されたさまざまな要素にはほとんど言及がなく，ICJ の確定的な判断をもって十分であり，再発防止の保証および約束は不要だとした。ジェノサイド条約適用事件判決にはやや不明確な点があるものの，カメルーンとナイジェリア間の領土海洋境界事件判決について言えばその内容は信義誠実の推定に他ならない。

このように見てくると，要請を認めたと言われている判決とこれを明らかに斥けた判決の中には，信義誠実の推定という要素を読み込む限りにおいて，実質的な内容のそれほど異ならないものが含まれていたと考えることもできるのではないだろうか。そうであれば，ICJ が信義誠実の推定という考え方を明確化するのは何ら不思議なことではない。

2　「特別の事情」
(1)　新たな判断枠組
(a)　信義誠実の推定

ICJ は，2009 年の航行および関連する権利に関する紛争事件判決において，信義誠実の推定を前提とし，「特別の事情」がない限り再発防止の保証および約束を命ずることはないという新たな判断枠組を提示した。

>　「……裁判所は，過去にそうしたように，国際違法行為に責任を有する国に対して被侵害国に再発防止の保証および約束を提供するよう命ずることができるものの，裁判所がそうするのは事情が認める場合に限られ，それは裁判所の評価に委ねられる。一般的な規則として，裁判所によって違法と宣言された行為または行動を行った国が将来において当該行為または行動を繰り返すと想定することに理由はない。その信義誠実が推定されなければならないからである（1928 年ホルジョウ工場事件本案判決 63 頁，1974 年核実験事件（オーストラリア対フランス）判決 272 頁 60 項，1974 年核実験事件（ニュージーランド対フランス）判決 477 頁 63 項および 1984 年ニカラグア事件管轄権受理可能性判決 473 頁 101 項）。それゆえ，本件において裁判所が承知していない特別の事情における場合を除き，コスタリカから要請された措置を命ずる理由はない。」[142]

本判決で引用された先例のうち，まずホルジョウ工場事件本案判決については，「裁判所は判決が履行されないという偶発事態を考慮できないし考慮すべ

---

(142)　*Dispute regarding Navigational and Related Rights (Costa Rica v. Nicaragua), Judgment, I.C.J. Reports 2009,* p.267, para.150.

Ⅲ 国家責任

きでない」という箇所が該当する[143]。この箇所はウインブルドン号事件判決を引用したものであると同時に[144]、本判決で引用のあるニカラグア事件管轄権受理可能性判決において直接引用されている[145]。次に、核実験事件両判決については、「約束が履行されないことを考慮するのは裁判所の任務ではない」という箇所が該当する[146]。これらの先例は、前者は判決の履行についてであり、後者は法的拘束力のある一方的な約束の履行についてであるという点で異なるものの、要するにその趣旨は信義誠実の推定であって、これを表現したものとして扱われている。そして、再発防止の保証および約束の義務を課す「特別の事情」基準を導入するにあたって——ICJ が「事情により必要な場合には」という国家責任条文第 30 条(b)の文言をどれだけ意識したかは別として——重要な役割を果たしている。なお、これらの先例は本件の被告国であるニカラグアの訴答書面に登場したものであることを付言しておきたい[147]。

いずれにしても、新たな判断枠組は、信義誠実の推定を前提とし、これを覆すための「特別の事情」の存在を求めるものである[148]。再発防止の保証および約束の要請が認められるためのハードルはかなり高くなったと言わざるをえない[149]。

(b) 提 示 方 法

ICJ は、航行および関連する権利に関する紛争事件判決に加えて、同判決以降の 5 つの事件（ウルグアイ川製紙工場事件判決[150]、1995 年 9 月 13 日の暫定協定

---

(143) Case concerning the Factory at Chorzów (Claim for Indemnity) (Merits), PCIJ, Series A, No 17, pp.62-63.
(144) S.S. Wimbledon, PCIJ, Series A, No 1, p.32.
(145) *Military and Paramilitary Activities in and against Nicaragua (Nicaragua v. United States of America), Jurisdiction and Admissibility, Judgment, I.C.J. Reports 1984*, p.437, para.101.
(146) *Nuclear Tests (Australia v. France), Judgment, I.C.J. Reports 1974*, p.272, para.60; *Nuclear Tests (New Zealand v. France), Judgment, I.C.J. Reports 1974*, p.477, para.63.
(147) Nicaragua, Counter-Memorial, May 29, 2007, pp.244-245, para.7.1.13; Nicaragua, Rejoinder, July 15, 2008, p.316, para.6.37.
(148) 山田「前掲論文」（注21）383 頁。
(149) Kolb, *supra note* 16, p.152.
(150) *Pulp Mills on the River Uruguay (Argentina v. Uruguay), Judgment, I.C.J. Reports 2010*, p.105, para.278.

適用事件判決[151]，国の管轄権免除事件判決[152]，南極捕鯨事件判決[153]，国境地帯における活動事件・サンフアン川沿いのコスタリカにおける道路建設事件判決[154]）すべてにおいて，再発防止の保証および約束の要請を斥けた。南極捕鯨事件判決を除く4つの判例は，新しい判断枠組を明示的に踏襲したものである。ただし，その提示の方法には若干の相違がある。

　すべての判決で共通して言及されているのは，信義誠実の推定に関する箇所（「裁判所によって違法と宣言された行為または行動を行った国が将来において当該行為または行動を繰り返すと想定することに理由はない。その信義誠実が推定されなければならないからである。」）である。航行および関連する権利に関する紛争事件判決から国の管轄権免除事件判決までは，この箇所の冒頭に「一般的な規則として，」という文言が付されていたものの，国境地帯における活動事件・サンフアン川沿いのコスタリカにおける道路建設事件判決ではこの文言が含まれなかった。

　次に，「特別事情」については——これに言及のなかった1995年9月13日の暫定協定適用事件判決を除いて——いずれの判例においても上述の信義誠実の推定を示した箇所に続く形で触れている。まず，航行および関連する権利に関する紛争事件判決では，「それゆえ，本件において裁判所が承知していない特別の事情における場合を除き，コスタリカから要請された措置を命ずる理由はない。」と述べられており[155]，「特別の事情」は再発防止の保証および約束の要請を斥ける結論の部分で言及されていることが分かる。これに続くウルグアイ川製紙工場事件判決は，航行および関連する権利に関する紛争事件判決の該

---

(151) *Application of the Interim Accord of 13 September 1995 (the former Yugoslav Republic of Macedonia v. Greece), Judgment of 5 December 2011, I.C.J. Reports 2011*, pp.692-693, paragraph 168.

(152) *Jurisdictional Immunities of the State (Germany v. Italy: Greece intervening), Judgment, I.C.J. Reports 2012*, p.154, para.138).

(153) *Whaling in the Antarctic (Australia v. Japan: New Zealand intervening), Judgment, I.C.J. Reports 2014*, p.298, para.246.

(154) *Certain Activities Carried Out by Nicaragua in the Border Area (Costa Rica v. Nicaragua) and Construction of a Road in Costa Rica along the San Juan River (Nicaragua v. Costa Rica), Judgment, I.C.J. Reports 2015*, p.717, para.141.

(155) *Dispute regarding Navigational and Related Rights (Costa Rica v. Nicaragua), Judgment, I.C.J. Reports 2009*, p.267, para.150.

Ⅲ　国家責任

当箇所を全面的に引用するものの,『それゆえ,特別の事情における場合を除き,……［再発防止の保証および約束の提供を］を命ずる理由はない。』(本文中の括弧は原文のママ)と個別具体的な文脈を削除することによって[156],「特別の事情」をより一般化して扱っている。さらに,国の管轄権免除事件判決では,「それゆえ,裁判所は,国際違法行為に責任を有する国に対して被侵害国に再発防止の保証を提供するよう命じまたは違法行為が繰り返されないよう確保する特定の措置を命ずることができるものの,裁判所がそうするのはこれを正当化する特別の事情がある場合に限られ,それは裁判所のケースバイケースに基づく評価に委ねられなければならない。」として,「特別の事情」の評価における裁判所の役割が明示されている。もっとも,国境地帯における活動事件・サンフアン川沿いのコスタリカにおける道路建設事件判決では,「それゆえ,再発防止の保証および約束は『特別の事情において』のみ命じられる」という簡潔な書きぶりに変わっている。

(2)　判断基準
(a)　訴訟当事国の主張

新しい判断枠組が導入されたことにより,訴訟当事国はこれに従って,再発防止の保証および約束が必要であることまたはこれらが必要でないことを積極的に主張しなければならなくなった。特に問題となるのは,信義誠実の推定を覆すような「特別の事情」がどのような場合に認められうるかという点である。それでは訴訟当事国は実際にどのような主張を展開したのだろうか。

一方で,再発防止の保証および約束を要請する側は,義務違反が繰り返されていること,さらにはそこに悪意があることを再発防止の保証および約束を要請する理由として挙げている点でほぼ共通する。たとえば,ウルグアイ川製紙工場事件で,アルゼンチン (Pellet) は,ウルグアイの義務違反は「繰り返され,体系的かつ意図的な性格」のものであることを指摘した[157]。1995年9月13日の暫定協定適用事件判決では,マケドニアが,ギリシアによる義務の履行の継続した拒否とNATO以外の機関における同様の立場の維持を理由に挙げ

---

(156)　*Pulp Mills on the River Uruguay (Argentina v. Uruguay), Judgment, I.C.J. Reports 2010*, p.105, para.278.
(157)　CR 2009/15, p.54, para.25 (Pellet).

た(158)。国の管轄権免除事件判決において、ドイツは、「第二次世界大戦の不正義に対する賠償を求める民間の行動に5年以上対応しており、次から次へと新しい請求が提出されている」と述べた(159)。国境地帯における活動事件・サンフアン川沿いのコスタリカにおける道路建設事件判決では、一方で、コスタリカが、ニカラグアにはコスタリカ領域を越えて境界河川の位置を変えることを強制的にかつ権利を示すこともなく求めたという悪意があると主張し(160)、他方でニカラグアは、コスタリカによる「複数から成る繰り返された国際違法行為」、二国間協議の拒否、中米司法裁判所の決定の無視などを挙げて、再発防止の約束を命令する「特別の事情」が存在すると主張した(161)。係属中のイラン資産事件では、イランが「米国議会は条約によって保障される［イランの］権利を認めない累積的な措置を長期間にわたって継続的に取ってきたことに言及した(162)。

　他方で、再発防止の保証および約束の要請を斥けるよう主張する側は、自らが誠実に行動しており、国際違法行為は行っていない旨を強調する。たとえば、ウルグアイ川製紙工場事件において、ウルグアイ（Condrelli）は、河川の水質調査を頻繁かつ綿密に行っており、国内法とウルグアイ川行政委員会の要求の完全な履行が保証されると述べた(163)。1995年9月13日の暫定協定適用事件判決では、ギリシアは、現在のNATOに関する違反の主張と将来の他の機関に関する違反の主張とでは事実および法の関係が大きく異なること、そもそもギリシアは国際違法行為を行ってないことなどを主張した(164)。国境地帯における活動事件・サンフアン川沿いのコスタリカにおける道路建設事件判決では、一方で、ニカラグアは、条約に基づく権利を行使しており、それゆえ国際違法行為は行っていないと述べており(165)、他方でコスタリカは、コスタリカの国

---

(158) Macedonia, Reply, June 9, 2010, p.190, para.6.20.
(159) Germany, Memorial, June 12, 2009, p.82, para.131.
(160) Costa Rica, Memorial, December 5, 2011, p.300, para.7.10.
(161) Nicaragua, Memorial, December 19, 2012, pp.234-237, paras.6.19, 6.20, 6.23.
(162) Iran, Memorial, February 1, 2017, p.122, para.7.15.
(163) CR 2009/19, p.59, para.36 (Condrelli).
(164) Greece, Rejoinder, October 27, 2010, pp.210-212, paras.9.10, 9.12; CR 2011/12, p.57, para.30 (Pellet).
(165) Nicaragua, Counter-Memorial, August 6, 2012, p.413, para.8.17.

Ⅲ　国家責任

際違法行為がニカラグアによって証明されていないこと，命令に必要な「特別の事情」が示されていないこと，コスタリカは道路建設にあたって信義誠実に行動してきたことなど挙げてと反論した[166]。

(b)　ICJ の態度

上述の紛争当事者による主張に対して，ICJ はどのような判断を示してきたのだろうか。その態度は実に素っ気ない。そもそも再発防止の保証および約束を認める判断を示しておらず，その際には再発防止の保証および約束を命ずる必要はないとの結論を述べるだけで，判断基準の要素めいたものは何ら示されていないからである。

たとえば，航行および関連する権利に関する紛争事件判決では，「本件において裁判所が承知していない特別の事情における場合を除き，コスタリカから要請された措置を命ずる理由はない」[167]。ウルグアイ川製紙工場事件判決では，「裁判所は本件において，アルゼンチンが求めるような措置を命ずることを必要とする特別の事情を認めない」[168]。1995 年 9 月 13 日の暫定協定適用事件判決では，「裁判所は原告が要請するように，被告に対して暫定協定第 11 条 1 項に基づく義務の違反となる行為を将来差し控えるよう命ずることが必要だとは考えない」[169]。国の管轄権免除事件判決では，「本件において，裁判所はそのような事情が存在すると考える理由はない」[170]。このようにいずれの判決でも，結論が示されるだけで，「特別の事情」を具体的に検討した形跡はない。結論を導く理由があるとすれば，それは一般論としての信義誠実の推定ということになる。

---

(166)　Costa Rica, Counter-Memorial, December 19, 2013, p.132, paras.6.7-6.8; Costa Rica, Rejoinder, February 2, 2015, pp.124-126, paras.4.11, 4.14; CR 2015/13, p.48, para.17 (Ugalde)).

(167)　*Dispute regarding Navigational and Related Rights (Costa Rica v. Nicaragua), Judgment, I.C.J. Reports 2009*, p.267, para.150.

(168)　*Pulp Mills on the River Uruguay (Argentina v. Uruguay), Judgment, I.C.J. Reports 2010*, p.105, para.278.

(169)　*Application of the Interim Accord of 13 September 1995 (the former Yugoslav Republic of Macedonia v. Greece), Judgment of 5 December 2011, I.C.J. Reports 2011*, pp.692-693, paragraph 168.

(170)　*Jurisdictional Immunities of the State (Germany v. Italy: Greece intervening), Judgment, I.C.J. Reports 2012*, p.154, para.138.

国境地帯における活動事件・サンフアン川沿いのコスタリカにおける道路建設事件判決も同様に,「特別の事情」に関する具体的な検討はない。ICJ は,「ニカラグアは 2011 年命令に基づく義務を履行しなかったものの,『紛争地域における浚渫その他の活動を差し控え』『民間,警察または治安の要員を紛争地域から移動させる』という 2013 年 1 月 22 日の命令で示された要求をニカラグアが履行したという事実を考慮する必要がある。ニカラグアは,本判決の結果としての法的状況に関して,とくに,紛争地域の領域主権の問題が解決したという事実に鑑みて,同様の態度を取ることが期待される」[171] と述べており,ここに,ニカラグアの信義誠実な態度に照らして将来の信義誠実な行動を推定する旨明記されていることが分かる[172]。

Ⅳ　おわりに

本稿では,国家責任条文上の再発防止の保証および約束を取り上げて,その法的性格と内容について,ICJ の最近の判例を踏まえて実証的な考察を行った。議論をまとめると次のようになる。

まず,法的性格については,その機能と実定国際法上の地位について議論した。機能に関しては,ILC によって国家責任条文の関連規定において明示された立場が訴訟当事国によって受け入れられている。実定国際法上の地位については,ILC の立場は曖昧であるものの,訴訟当事国は,一部の例外を除いて,国際法上の義務であることを前提にしていると考えられる。これに対して,ICJ はいずれの論点についても慎重な態度を崩さず,明確な立場を示していない。

---

(171) *Certain Activities Carried Out by Nicaragua in the Border Area (Costa Rica v. Nicaragua) and Construction of a Road in Costa Rica along the San Juan River (Nicaragua v. Costa Rica), Judgment, I.C.J. Reports 2015*, p.717, para.141.

(172) なお,南極捕鯨事件判決において,ICJ は,オーストラリアによる言及がなかったためか「特別の事情」には一切触れていないものの,再発防止措置を求めるオーストラリアの要請に対して,「当該義務はすでにすべての締約国に適用されている」として,「措置を命ずる必要性を見出さない」と判断し,さらに,将来日本が許可書を与える可能性を検討する際には「判決の理由づけおよび結論を考慮することが期待される」と述べた (*Whaling in the Antarctic (Australia v. Japan: New Zealand intervening), Judgment, I.C.J. Reports 2014*, p.298, para.246)。ここでも,信義誠実な行動の推定を読み取ることができよう。

Ⅲ　国家責任

　次に，内容については，「事情により必要な場合」と「特別の事情」に着目して検討を行った。「事情により必要な場合」は国家責任条文第 30 条(b)に盛り込まれた定式である。ILC の法典化作業を通じて言及された要素の多くが訴訟当事国によって援用されているのに対して，ICJ は多くを語らず，紛争の一方当事国が求める再発防止の保証および約束は他方当事国の約束と合致するという受け身の判断をするにとどまった。他方で，「特別の事情」は ICJ が 2009 年の航行および関連する権利に関する紛争事件判決で導入した新たな判断枠組である。ICJ はこの判断枠組の前提に信義誠実の推定を置くことを明確にした。結果的には，これまでに裁判当事者による「特別の事情」の存在の主張が認められたことはない。

　このように見てくると，再発防止の保証および約束という概念それ自体およびこの形式の救済の付与に対する ICJ の消極的な姿勢は極めて明白だといえる[173]。その理由はどこにあるのだろうか。この点に関するいくつかの私見を述べることをもって本稿のむすびに代えることとしたい。

　第 1 に，国家責任条文第 30 条(b)には理論上の問題があるからではないだろうか。ILC は法典化作業の過程で再発防止の保証および約束の機能を賠償の形態——とくに満足の形式——から賠償とは切り離された別の「自律的な」ものへと大きく変更した。それにもかかわらず，コメンタリーには再発防止の保証および約束と満足の間の重複に言及がある。要するに理論上の整合性が取れていないのである。このような状況において，ラグラン事件でドイツが 2 つの異なる法的根拠に基づいて再発防止の保証および約束を要請したのは必然的なことであったように思われる。そして，このようなドイツの主張に対して ICJ がこれを正面から取り扱わなかったことはある意味で賢明な選択だったと言えるだろう。

　第 2 に，国家責任条文第 30 条(b)には実証性の面でも問題があるからではないだろうか。たしかに，この規定が慣習国際法を反映したものであると明示的に主張する訴訟当事国があり，また，この規定を援用する訴訟当事国は当該規定が慣習国際法を反映したものであることを黙示的に認めていると解釈することができる。しかし，いずれの訴訟当事国も結論を述べるだけでその根拠は示

---

(173)　Kolb, *supra note* 16, pp.151-152.

していない。とくに，慣習国際法の存在を支える一般慣行はほとんど示されず，専ら ILC の作業に依拠するにとどまるのである。要するに，慣習国際法の存在を積極的に肯定しうるような実行は存在しないのであり，このことは ILC の作業を通じても明らかになっている[174]。また，米国が ICJ において（ILC においても）慣習国際法の存在を強く否定したことも影響を及ぼしていると考えられる。訴訟当事国のいずれか一方がその存在を否定する場合に，それにもかかわらず ICJ が慣習国際法の存在を認定することは極めて稀だからである。

このように，ILC の法典化作業を通じてまとめられた国家責任条文第30条(b)は「国際法の漸進的発達」としての性格を色濃くしており，さらに近年の ICJ では ILC 委員経験者がそのほぼ過半数を占めていることも踏まえると，ICJ が同規定を慣習法を反映するものと言い切ってしまうことに躊躇しても不思議なことではない。もっとも，ICJ は消極的な姿勢ばかりであるというわけではなかった。再発防止の保証および約束を認めない積極的な理由を示すようになったからである。それが信義誠実の推定であり，これを前提とする「特別の事情」という判断枠組の提示である。ICJ は信義誠実の推定を導くにあたり常設国際司法裁判所（PCIJ）と自らの先例に依拠した。再発防止の保証および約束をあくまでも既存の実定国際法の枠内でとらえる手堅い手法である。もちろん，「特別の事情」に該当する状況があり得るのか，あり得るとすればどのような状況なのか，などの問題は残る。しかし，ICJ は，信義誠実の推定を前提とする「特別の事情」基準を判断枠組として提示することによって，国家責任条文第30条(b)の理論上および実証面での問題を回避しうる方法を確立したと言えるのではないだろうか。そして，おそらく，これが再発防止の保証および約束をめぐる国際法の現状ということになるように思われるのである。

---

(174) ILC Yearbook 1993, Vol. I, p.164, para.29; ILC Yearbook 2000, Vol. I, p.18, para.60.

Ⅳ
国際紛争と国際法

17 係争地における軍事拠点の設置と国連憲章2条3・4項

御巫智洋[1]

Ⅰ　はじめに
Ⅱ　コスタリカ対ニカラグア事件
Ⅲ　国連憲章2条3項
Ⅳ　国連憲章2条4項
Ⅴ　終わりに

Ⅰ　はじめに

　国際司法裁判所（ICJ）やその他の国際法廷に付託される領土紛争の中には，係争地に一方当事者が軍隊を派遣したり軍事拠点を設置したりし，それにより紛争が深刻化するケースがみられる。そうしたケースにおいて国際法廷は，他方の当事者からの要請により暫定措置命令を出し，係争地からの軍隊の撤退を求めることがあり，2011年7月のプレア・ビヘア寺院事件判決の解釈要請に関する暫定措置命令[2]は，比較的注目された事例であろう。プレア・ビヘア寺院事件ほど我が国では注目されなかった事件ではあるが，ICJは同年3月のコスタリカ対ニカラグア事件暫定措置命令においても係争地からの軍隊の撤退等を命ずる暫定措置命令を出している[3]。

　この後者の事件の判決においてICJは，係争地がコスタリカに帰属すると認めつつ，ニカラグアによる係争地における軍事拠点の設置がコスタリカの主権

（1）　外務省国際法局参事官。なお，本稿の内容はケンブリッジ大学ラウターパクト国際法研究所客員フェロー（2017-19）としての研究に基づく筆者の個人的な見解である。
（2）　*Request for Interpretation of the Judgment of 15 June 1962 in the Case concerning the Temple of Preah Vihear (Cambodia* v. *Thailand)* (Provisional Measures, Order of 18 July 2011) ICJ Reports 2011, 555, para 69.
（3）　*Certain Activities Carried out by Nicaragua in the Border Area (Costa Rica v Nicaragua)* (Provisional Measures, Order of 8 March 2011) ICJ Reports 2011, 27, para 86.

Ⅳ　国際紛争と国際法

侵害に当たるとはしつつも国連憲章2条4項に違反するかについては判断を控えた[4]。ICJ はその理由として，2002年のカメルーン対ナイジェリア事件判決を引用しつつ，判決自体と係争地からの軍隊等の撤退によりコスタリカの被った損害はいずれにせよ十分に手当てされると述べた[5]。

　この事件におけるニカラグアの行為は軍事力の実際の行使による破壊や殺傷を伴わないものであったが，係争地における軍事拠点の設置は，それ自体が軍事力の実際の行使による破壊や殺傷を伴わないものであっても，他の当事者が当該地域に近づくことを抑止し，係争地の現状を当該当事者に有利な方向に変更するものであり，それにより紛争を悪化させ，更には武力紛争に至るリスクを高めるものである。ICJ がコスタリカ対ニカラグア事件等において係争地からの要員の撤退を命ずる暫定措置命令を出したのもこのような考慮によるものであると思われる。国際法廷に付託される領土紛争は世界の領土紛争の一部に過ぎず，多くの領土紛争においては一方または双方の当事者が国際法廷の管轄権を認めず，解決の見通しが立っていないのが現実である。コスタリア対ニカラグア事件のように当事国が国際裁判の管轄権を何らかの形で受け入れており，その結果 ICJ 等で紛争解決が図られた領土紛争については，当事国が紛争の平和的解決に対する一定のコミットメントを示しているとも言え，そのコミットメントに免じてあえて国連憲章2条4項違反について判断しないということも紛争の平和的解決の手段としての国際裁判という観点からはあり得るかもしれない。一方，国際裁判等による平和的な紛争解決を受け入れない当事者についてそのような考慮は妥当しないであろう。

　世界各地における未解決の領土紛争が深刻化し武力紛争に至ることを防止する観点からは，軍事力の実際の行使による破壊や殺傷を伴わない形で静かに係争地に軍事拠点を設置する行為について国連憲章2条4項との関係でどう評価すべきかにつき検討することは，現実的な意義をもつものと思われる。また，国連憲章2条3項については，国際裁判においては，その裁判自体が紛争の平

---

(4)　*Certain Activities Carried out by Nicaragua in the Border Area (Costa Rica v Nicaragua) and Construction of a Road in Costa Rica along the San Juan River (Nicaragua v Costa Rica)* (Merits, Judgment of 16 December 2015) ICJ Reports 2015, 740, para 229.

(5)　ibid, para 97. *Cameroon* v. *Nigeria*, I.C.J. Reports 2002, p.452, para. 319.

和的解決の手段であることもあり独立の論点として提起されることは多くないようであるが，特に国際裁判に付託されない事例においては，紛争の平和的解決を促進する観点からあわせて検討すべきではないかと思われる。このような問題意識に立ち，2017年秋以降ラウターパクト国際法研究所客員フェローの立場で若干の検討を行い，その時点での成果を昨年 ICLQ に投稿した[6]。本稿においては，ICLQ 掲載の拙稿の内容を踏まえつつ，これまでにいただいた様々なコメントを勘案しながら国連憲章2条3・4項の解釈について更に検討を試みることとしたい。以下では，まず，軍事力の実際の行使による破壊や殺傷を伴わない係争地[7]における軍事拠点の設置[8]について，最近の関連判例として2015年のコスタリカ対ニカラグア事件判決を簡単に紹介し，その上で，ウィーン条約法条約31条の枠組みを参照しつつ，国連憲章2条3・4項の解釈について検討することとしたい。

II　コスタリカ対ニカラグア事件

1　判　決

「国境地帯におけるニカラグアによる行為」（コスタリカ対ニカラグア）事件は，「コスタリカにおけるサンフアン川沿いの道路建設」（ニカラグア対コスタリカ）事件と併合され，2015年12月16日に本案判決が出された。コスタリカは，

---

(6) Tomohiro Mikanagi, *Establishing a Military Presence in a Disputed Territory: Interpretation of Article 2(3) and (4) of the UN Charter*, ICLQ 2018.

(7) エチオピア・エリトリア請求委員会はエチオピアのバドメにおける支配を「peaceful administration」と呼び，エリトリアによるバドメに対する攻撃を国連憲章2条4項違反とした（Eritrea-Ethiopia Claims Commission, Partial Award, Jus ad Bellum: Ethiopia's Claims 1-8(19 December 2005) 26 RIAA 465, para 15-6.）。同委員会は「peaceful administration」について明確に定義をしているわけではないが，例えば，ある国が他国から抗議を受けずにある領域を支配してきているような場合は「peaceful administration」ととらえられる余地があると思われる。そのような場合にはそもそも領土紛争の対象という意味での係争地であるか否かについても争いが生じうるが，いずれにせよ以下においては，一方当事国の支配に対して他方当事者が当初より抗議等を行っている等「peaceful administration」が確立されていないケースを念頭に置いて検討することとする。

(8) 軍以外の実力部隊の拠点の設置についても下記と同様の要件を満たす場合には同様に2条3・4項違反となることはあり得ると思われるが，本稿では典型的な事例として軍の拠点の場合について検討することとする。

Ⅳ 国際紛争と国際法

サンフアン川河口の係争地に対する主権の認定を求めつつ，同係争地におけるニカラグアによる軍事拠点の設置が国連憲章2条4項に違反するとの判断を求めた。判決においてICJは，係争地がコスタリカの主権に属することを認め，ニカラグアによる軍事拠点の設置がコスタリカの主権を侵害したことも認めた[9]。一方，国連憲章2条4項違反については，「ニカラグアがその活動が自国領土で行われたと認識していたという事実は当該活動が違法な武力行使であると認定する可能性を排除するものではない」としつつも，上述の通り，「これらの活動の違法性はすでに確立されており，裁判所はこの付託事項をこれ以上検討する必要はない」とし，カメルーン対ナイジェリア事件判決を引用しつつ，この判決自体と係争地からの撤退によりコスタリカの被った損害はいずれにせよ十分に手当てされると判断した[10]。

2 個別意見

小和田判事は個別意見において，裁判所としてはさらに踏み込んでニカラグア当局によるこれらの国際違法行為が国連憲章2条4項違反を構成すると宣言するのが適当であったのではないかと述べた[11]。また，ロビンソン判事の個別意見は，1970年の「友好関係原則宣言」を引用しつつ，国境の位置が裁判の主題となっていたことに鑑みれば，ニカラグアの use of force は「国際紛争を解決する手段として」のものと見ることができ，武力不行使に関する確立された慣習法規に反するとした[12]。ロビンソン判事はさらに，国際判例により非暴力的な武力行使（non-violent use of force）は武力行使の禁止から排除されていないことは確立されていると述べ，コルフ海峡事件に言及した[13]。

---

(9) *Certain Activities Carried out by Nicaragua in the Border Area (Costa Rica v Nicaragua) and Construction of a Road in Costa Rica along the San Juan River (Nicaragua v Costa Rica)* (Merits, Judgment of 16 December 2015) ICJ Reports 2015, 740, para 229.
(10) ibid, para 97.
(11) Separate opinion of Judge Owada, *Costa Rica v Nicaragua and Nicaragua v Costa Rica*（Merits, Judgment of 16 December 2015）paras 11, 12.
(12) Separate opinion of Judge Robinson, *Costa Rica v Nicaragua and the Nicaragua v Costa Rica,*（Merits, judgment of 16 December 2015）para 51.
(13) 他方，コルフ海峡事件においてICJは，英国海軍のアルバニア領海内における活動がアルバニアの主権を侵害したとは判断したが，国連憲章2条4項違反を直接的に認定

Ⅲ　国連憲章2条3項

1　文脈及び趣旨・目的に照らした文言の解釈

　国連憲章2条3項は,「すべての加盟国は,その国際紛争を平和的手段によって国際の平和と安全並びに正義を危うくしないように解決しなければならない。」と定める。ウィーン条約法条約31条は,「条約は,文脈によりかつその趣旨及び目的に照らして与えられる用語の通常の意味に従い,誠実に解釈する」と定めている。国連憲章は前文冒頭において,「我々連合国の人民は,われらの一生のうちに二度まで言語に絶する悲哀を人類に与えた戦争の惨害から将来の世代を救」うとしつつ,1条の国際連合の目的の第一として「国際の平和及び安全を維持すること,そのために,平和に対する脅威の防止及び除去と侵略行為その他の平和の破壊の鎮圧とのため有効な集団的措置をとること並びに平和を破壊するに至る虞のある国際的の紛争又は事態の調整又は解決を平和的手段によって且つ正義及び国際法の原則に従って実現すること。」に言及している。これらは2条3項を解釈する上で重要な文脈及び趣旨・目的であり,係争地における軍事拠点の設置が2条3項に違反するかどうかを検討する上ではこれらに照らして解釈すべきである。係争地における軍事拠点の設置は,軍事力の実際の行使による破壊や殺傷を伴わないものであっても平和的な行動ではなく,実力行使の手段を配備することにより他の当事者が当該地域に近づくことを抑止し,係争地の現状を当該当事者に有利な方向に変更するものであり,また,それにより紛争を悪化させ,更には武力紛争にいたるリスクを高めるものである。そのため,国連憲章前文や1条1項に照らして2条3項を用語の通常の意味に従い解釈すれば,そのような行為は国際紛争を平和的手段によって国際の平和と安全並びに正義を危うくしないように解決する義務に反するように見受けられる。

2　後にされた合意・慣行

　ウィーン条約31条3項は,文脈と共に「条約の解釈又は適用につき当事国の間で後にされた合意」と「条約の適用につき後に生じた慣行であって,条約

したわけではなかった (*Corfu Channel (United Kingdom v Albania)* (Merits, judgment of 9 April 1949) ICJ Reports 1949, 35.)。

Ⅳ　国際紛争と国際法

の解釈について当事国の合意を確立するもの」を考慮するとしている。これらの後にされた合意と慣行についてはノルテ委員を特別報告者として国際法委員会（ILC）でも議論が行われており，採択されたコメンタリーにおいては国連憲章に関する後にされた合意と慣行の一例として「友好関係原則宣言」に言及している[14]。

「友好関係原則宣言」[15]の2条3項に関する部分には，以下の記述がある。

> 紛争当事国は，前記の平和的手段のいずれかによって解決が得られない場合には，合意する他の平和的手段によって紛争の平和的解決を引き続き求める義務を負う。
> 国際紛争の当事国及び他の国は，事態を悪化させ，かつ，国際の平和と安全の維持を危うくするおそれのあるいかなる行為も慎むものとし，国際連合の目的と原則に従って行動する。

この二つのパラグラフは国連憲章2条3項の下での加盟国の義務の二つの側面，すなわち(a)平和的手段によって紛争解決を求める作為義務と(b)紛争を悪化させる行為を慎む不作為義務を示すものと思われる。係争地における軍事拠点の設置は平和的ではない手段で領土紛争を解決しようとするものであり，また，それにより紛争を悪化させ武力紛争に至るリスクを高めるものであるため，後者の紛争を悪化させる行為を慎む不作為義務に反するように見受けられる[16]。

紛争の平和的解決に関するもう一つの重要な国連総会決議として，1982年に全会一致で採択された「国家間の紛争の平和的解決に関するマニラ宣言」

---

(14) 'Draft conclusions on subsequent agreements and subsequent practice in relation to the interpretation of treaties with commentaries' (A/73/10) 99 パラ 20, n 545.
(15) 国連総会決議 2625(XXV).
(16) 比中仲裁裁判所は，中国による仲裁係属中の浚渫・建設活動が紛争を悪化・拡大し国連海洋法条約（UNCLOS）279条（「締約国は，国際連合憲章第2条3の規定に従いこの条約の解釈又は適用に関する締約国間の紛争を平和的手段によって解決するものとし，このため同憲章33条1に規定する手段によって解決を求める」）に違反したと判断した（*The South China Sea Arbitration (Philippines v PRC)* (Merits, Award of 12 July 2016), para 1203 B (16))。同仲裁裁判所は，「紛争解決手続に参加する当事者が紛争解決手続の間当該紛争を悪化又は拡大させることを控える義務は，（中略）裁判所や法廷による紛争の悪化や拡大を控えるべしとの命令とは独立して存在し，紛争解決の目的とかかる手続の当事者としての当該国の地位に起因するものである。」とした（para 1169）。2017年及び2018年の東アジア首脳会議（EAS）議長声明は，紛争の平和的解決等を確認しつつ非軍事化の重要性を強調している（2017年パラ37，2018年パラ34）。

(マニラ宣言)[17]がある。マニラ宣言は，前文であらゆる紛争を平和的手段のみ (exclusively) により解決するために最大限の努力を払い軍事行動 (military action) と敵対関係を避ける必要性を確認した上で，主文2において「すべての国は国際紛争を平和的手段のみ (exclusively) により国際の平和と安全及び正義が害されないように解決しなければならない」としている。この前文は，軍事行動と平和的手段を相容れないものと捉えているように見え，主文2とも相俟って，紛争を悪化させる行為を慎む不作為義務の内容を明確にするものと見ることができる。これらを考慮すれば，係争地における軍事拠点の設置は軍事行動であって平和的手段ではなく国連憲章2条3項の下での紛争の平和的解決の義務に反するとの解釈が強化されるように思われる。

IV 国連憲章2条4項

1 文脈及び趣旨・目的に照らした文言の解釈

国連憲章2条4項は「すべての加盟国は，その国際関係において，武力による威嚇又は武力の行使を，いかなる国の領土保全又は政治的独立に対するものも，また，国際連合の目的と両立しない他のいかなる方法によるものも慎まなければならない。」と定める。ここでいう「武力の行使 (use of force)」の定義についてランデルゾッファーとドールは国連憲章のコメンタリーにおいて，ここで言う force には経済的圧力は入らず armed force に限られるとしている[18]。国連憲章前文及び1条1項に照らせば，軍事力の実際の行使による破壊や殺傷を伴わない係争地における軍事拠点の設置も，軍隊の使用という意味では use of force に当たり，また，国際の平和と安定を害するリスクがあるため，2条4項で禁止される use of force に含まれると解釈することも可能なように思われる。一方，ランデルゾッファーとドールは，armed force の「行使」に軍事力の実際の行使による破壊や殺傷を伴わないものが含まれるかどうかについては言及していない[19]。

---

(17) 国連総会決議 'Manila Declaration on the Peaceful Settlement of Disputes between States' (UNGA Res/37/10).

(18) B Simma et al (ed), *The Charter of the United Nations: A Commentary* (3rd edn, Oxford University Press 2012) 208.

(19) 一方，コスタリカ対ニカラグア事件判決の個別意見においてロビンソン判事が非暴力的な武力行使 (non-violent use of force) は武力行使の禁止から排除されていないと

Ⅳ　国際紛争と国際法

　コスタリカ対ニカラグア事件におけるニカラグアの係争地における活動は軍事力の実際の行使による破壊や殺傷を伴うものではなかったが，係争地に対するコスタリカのアクセスを排除し，ニカラグアによる係争地の支配を固定化する効果があった。係争地への軍隊の派遣が軍事力の実際の行使による破壊や殺傷を伴わない場合について国際裁判等の第三者機関による国家間の紛争解決手続が2条4項との関係につき判断を直接的に示した例は今のところ見当たらない。2007年のガイアナ対スリナムの仲裁判断においては，境界未画定の海域におけるスリナム海軍艦艇の派遣とその際の言動が違法な武力による威嚇に該当すると判断されたが[20]，これはあくまで武力の行使ではなく威嚇に関する判断であり，またこの判断においては海軍の派遣そのものよりスリナム海軍側の言動が決定的な判断材料となっていたように見受けられる[21]。

　侵略の定義に関する国連総会決議3314（XXIX）は，第1条において侵略は国家による他の国家の主権，領土保全若しくは政治的独立に対する，又は国際連合の憲章と両立しないその他の方法による use of armed force であるとした上で，必ずしも軍事力の実際の行使による破壊や殺傷を伴わない形で行われる侵略行為に言及している。例えば，第3条(e)は具体的な侵略行為の一つとして「受入国との合意に基づきその国の領域内に駐留する軍隊の合意に定められた条件に反する使用又は当該合意終了後の右領域内における当該軍隊の駐留の継続」に言及している。第3条(e)のケースは駐留する領域の主権について争いがないケースであり，主権につき争いがあるケースにおいてはこの規定を直接適用することはできないが，2条4項で禁じられる武力行使についても必ずしも破壊や殺傷を伴う必要がないことを示唆するものではあるように思われる[22]。

2　後にされた合意・慣行

　後にされた合意・慣行としてはやはり「友好関係原則宣言」が最も重要であ

　　の見方を示したことは上述の通りである。
(20)　*Maritime Delimitation (Guiana v Suriname)* (Merits, Award of 17 September 2007) (2008) 47 ILM 166, para 488.
(21)　係争地における軍事拠点の設置が武力による威嚇に当たるかどうかも重要な論点ではあるが，本稿では武力の「行使」に対象を絞ることとする。
(22)　Constantinos Yiallourides et al, *The Use of Force in relation to Sovereignty Disputes over Land Territory* (BIICL 2018), 40-42.

ろう。「友好関係原則宣言」の2条4項に関する部分には以下の記述がある。

> いずれの国も，その国際関係において，武力による威嚇又は武力の行使を，いかなる国の領土保全又は政治的独立に対するものも，また，国際連合の目的と両立しない他のいかなる方法によるものも慎む義務を負う。このような武力による威嚇又は武力の行使は，国際法及び国際連合憲章に違反するものであり，国際問題を解決する手段としては決して使用してはならない。（中略）
> いずれに国も，他国の現行の国境線を侵すような又は領土紛争及び国の境界に関する問題を含む国際紛争を解決する手段としての武力による威嚇又は武力の行使を慎む義務を負う。（中略）
> 国の領域は，憲章に違反する武力の行使から生ずる軍事占領の対象としてはならない。国の領域は，武力による威嚇又は武力の行使から生ずる他国による取得の対象としてはならない。武力による威嚇又は武力の行使から生ずるいかなる領土取得も合法的なものとして承認してはならない。

この最後の部分は武力による領土取得の禁止に関するものであるが，この原則については国連安保理及び総会が他の決議においても何度となく確認してきている[23]。また，この原則については，ICJ が「壁」事件の勧告的意見において検討を加えており，「国際連合の主要な司法機関」である ICJ による勧告的意見には一定の重みがあると思われる。

「壁」事件の勧告的意見は，「戦争又は軍事征服による領土取得の禁止」に言及する安保理決議242号及び298号を引用した上で[24]，憲章2条4項と「友好関係原則宣言」を引用し，武力による領土取得の禁止を国連憲章に取り入れられた武力の行使に関する原則として認めた上で，「壁」の合法性を武力による領土取得の禁止と民族自決の原則の文脈で検討している[25]。その中で勧告的意見パラ121は，「裁判所は，壁の建設とそれに関連する体制は，恒久的になりうる現場における『既成事実 (*fait accompli*)』を創出し，その場合，イス

---

(23) Repertory of Practice of United Nations Organs, Supp. No. 6 (1979-84), vol. I, Article 2(4), para. 16(p.72), para.24 (p.74), para 72-73(p.84) and para.76 (p.85), Supp. No. 7(1986-88), vol. I, Article 2(4), para.7 (pp. 6-7), Supp. No. 8(1989-94), vol. I, Article 2(4), para.6 (pp.5-8), para.8 (pp.10-11), Supp. No. 9(1995-99), vol. I, Article 2(4), para.6 (pp.5-6), para. 8(pp.7-8), Supp. No.10 (2000-09), vol. I, Article 2(4), para. 6 (pp.4-7), para. 8(pp.8-9).
(24) *Legal Consequences of the Construction of a Wall in the Occupied Palestinian territory* (Advisory Opinion of 9 July 2004) ICJ Reports 2004,166, paras 74 and 75.
(25) ibid 171, para 87 and 181-4, paras 115-122.

Ⅳ　国際紛争と国際法

ラエルによる公式な性格付けにかかわらず，事実上の併合に等しくなると考える。」と述べている。この勧告的意見は国連憲章2条4項違反には明示的に言及しておらず，この部分の趣旨は必ずしも明確ではないが，この部分の記述は，武力による領土取得の禁止の原則を占領地におけるイスラエルによる「壁」の建設に当てはめているように見える。また，ICJがここで議論しているのは1967年の占領開始当初の軍事行動の違法性ではなく，その後の壁の建設という，それ自体は軍事力の実際の行使による破壊や殺傷によらない既成事実化の違法性であるように見える。そうであれば，ICJは，軍事力の実際の行使による破壊や殺傷を伴わないがプレゼンスを強化して他の紛争当事者による支配への挑戦を排除する行為自体が国連憲章2条4項で禁止される武力による領土取得に当たり得ることを示しているように見える。この考え方に基づけば，係争地における軍事拠点の設置も，他の紛争当事者が原状回復を試みた場合に当該拠点を利用して軍事力が行使され人的・物的損害を生じるリスクを高めることにより他の紛争当事者による挑戦を排除して支配を既成事実化するものであり，同様に国連憲章2条4項で禁じられる武力による領土取得を構成し得ると考えることができる。

3　「coercion」[26]

ロビンソン判事はコスタリカ対ニカラグア事件の個別意見において，武力行使の禁止においてはcoerciveな効果が重要であると指摘している[27]。同判事が引用するドールのマックスプランク国際法辞典における武力不行使原則に関する解説は，「武力行使の禁止を特徴づける不可欠の特徴は軍隊のcoercionの手段としての使用である」としている[28]。

国際法上のcoercionという概念は，例えばウィーン条約法条約の51条及び52条に条約の無効事由として出てくる。51条が国家の代表に対するcoercionである一方，52条は他国に対するcoercionであるが，同条約のコメンタリー

---

(26)　coercionの訳については「強制」「威圧」「強迫」等が考えられるが本稿においては英語のニュアンスを正確に伝える観点から英語のまま表記することとする。

(27)　Separate opinion of Judge Robinson, *Costa Rica v Nicaragua and the Nicaragua v Costa Rica*, (Merits, judgment of 16 December 2015) para 56.

(28)　O Dörr, Use of Force, Prohibition Of, Max Planck Encyclopaedia of Public International Law, June 2011, para 18.

においては，coercion の概念を国連憲章の原則に反する武力による威嚇又は武力の行使と同様としているのみであり，coercion の定義についてそれ以上踏み込んだ説明はしていない[29]。

一方，ILC の国家責任条文草案においては，18条において他国の行為に対する責任の文脈で coercion という言葉が使われている。18条のコメンタリーはここでいう coercion は23条の不可抗力と同じ本質的性格を有していると説明している[30]。そこで23条のコメンタリーを見ると，不可抗力の状況を構成する要素として義務を履行することを「実質的に不可能 (materially impossible)」にする効果に言及している[31]。

係争地における軍事拠点の設置は，他の紛争当事者が原状回復を試みた場合に人的・物的損害を生じるリスクを高め，支配を既成事実化するものであり，他の紛争当事者による原状回復の試みを「実質的に不可能」にし得る。上述の通り，「壁」事件の ICJ の勧告的意見の考え方を参考にすれば，この係争地における原状回復を人的又は物的損害なしに実現することを実質的に不可能にして支配を既成事実化するという効果こそが，係争地における軍事拠点の設置が国連憲章2条4項により禁じられた武力による領土取得を構成する上での重要な要素と考えることができ，ILC の国家責任条文のコメンタリーを参考にすれば，このような効果を coercion と呼ぶことができるだろう[32]。

また，この解釈はカメルーン対ナイジェリア事件やコスタリカ対ニカラグア事件で ICJ が国連憲章2条4項違反について判断を控えたこととも一定の整合性があると思われる。というのも，これらの事件では，当事国は ICJ 規程36条2項の下での宣言やボゴタ条約を通じて ICJ の管轄権を受諾しており，国際

---

(29) Draft Articles on the Law of Treaties with Commentaries, Yearbook of the International Law Commission, 1966, Vol. II, p246.

(30) J Crawford, *The International Law Commission's Articles on State Responsibility* (Cambridge University Press 2002) 156.

(31) ibid 170. なお，1986年ニカラグア事件 ICJ 判決は，不干渉義務違反の要件として coercion に言及している（判決パラ205）が，その定義には言及していない。

(32) 武力不行使原則の要素として coercion という用語を使用することは，上述のロビンソン判事やドールの見解とも整合的である。なお，これはあらゆる2条4項違反が coercion を要件とするとの趣旨ではなく，領土紛争の一方当事者による軍事拠点設置が2条4項に禁じられる武力による領土取得に当たる要件として coercion に着目するものである。

Ⅳ 国際紛争と国際法

法に基づく紛争解決の手段を受け入れていたため，係争地における原状回復を人的又は物的損害なしに実現できる可能性があったともとらえ得るからである。当事国がICJ等の紛争解決手続を受け入れており，係争地における原状回復を人的・物的損害なしに実現することは可能であれば当該当事国の行動についてcoercionの要素が弱まり，国連憲章2条4項違反を構成する可能性が低下するという解釈も可能になる[33]。

なお，軍事拠点の設置にも様々な態様があり得，そのような例を具体的に想像するのは容易ではないものの，理論的には，規模が非常に小さく一時的なもので武装のレベルも低い等，人的・物的損害を伴わずに抗議や交渉により排除することができ，支配の既成事実化に必ずしもつながらない場合もありうるかもしれない。したがって，係争地における軍事拠点の設置が2条4項違反となるかを検討するにあたっては，個別具体的な状況において，その軍事拠点の設置が，原状回復を人的・物的損害なしに実現することを実質的に不可能にして支配を既成事実化するcoercionの効果を有するかどうかが重要な要素となると思われる。

Ⅴ　終わりに

係争地における一方の紛争当事者による軍事拠点の設置が他の紛争当事者に対するcoercionにあたり2条4項違反に当たるのであれば，そのような行為は当然2条3項違反にも当たると思われる[34]。一方，仮に係争地における紛争当事者による軍事拠点の設置が一時的で規模が非常に小さく武装のレベルが低いため支配の既成事実化につながらず他の紛争当事者へのcoercionに当たらないという場合があるとすれば，そのような軍事拠点の設置は2条3項違反にはなりうるであろうか。そもそもそのような具体的事例を想像するのは容易ではないが，概念的には，2条4項違反の方が2条3項違反に比べて適用可能な違法性阻却事由が限定されているのであれば，2条4項違反に2条3項違反

---

[33] ただし，国際裁判のような国際法に基づく紛争解決手続を受け入れていない間に係争地に軍事拠点を設置し，後から国際裁判の管轄権を受諾するような場合には，管轄権受諾前の行為についてcoercionととらえることを否定するものではない。

[34] トムシャットは，国連憲章2条3項のコメンタリーにおいて，2条4項違反の措置は平和的とは言えないのは当然であると述べている。(B Simma et al (ed), *The Charter of the United Nations: A Commentary* (3rd edn, Oxford University Press 2012) 196.)

よりも厳格な要件を適用することに一定の合理性があるように思われる[35]。そうであれば，2条3項違反については4項違反より緩やかな要件を適用し，係争地における軍事拠点の設置は，仮にcoercionとは言えない場合があったとしてもいずれにせよ平和的ではない手段により紛争を悪化させるものであり2条3項違反である，と解釈することにも一定の合理性があるように思われる。ただし，この点については一層の検討を要するであろう。

　係争地における軍事拠点の設置が国連憲章2条3・4項違反に当たるかについては，コスタリカ対ニカラグア事件における二人の判事のように2条4項違反を肯定する有力な意見があることは確かであるが，これまで十分明確に議論されてきたとは言い難い。国連憲章2条3・4項という国際社会の基本的なルールに基づいて領土紛争をエスカレートさせずに平和的に解決していく上でこの問題は重要であると思われ，国連憲章の目的に立ち返りつつ冷静に議論を進めていくべきと思われる。

---

(35)　2条3項違反であって4項違反ではない場合には自衛権以外にnecessity等による違法性阻却の余地も出てくる可能性がある。

18 ニカラグア事件判決再考
――「政治的紛争」の司法的解決をめぐって

松 井 芳 郎

```
I  はじめに――なぜ，ニカラグ      Ⅳ 「政治的紛争」の処理におけ
    ア事件判決を再考するのか         る国際裁判の役割
II  伝統的な「政治的紛争」論      V  国際紛争の司法的解決を進
III ニカラグア事件裁判におけ         めるために――結びに代えて
    る「政治的紛争」論
```

I　はじめに――なぜ，ニカラグア事件判決を再考するのか

　1984年11月26日に管轄権と受理許容性に関する判決[1]が，1986年6月27日には本案判決[2]が下されたニカラグア事件は，国際司法裁判所（以下ICJという）の事件のうちで，もっとも注目を集めもっとも多く論じられてきたものの一つであるといえる。判決から30年以上を経過した現在，これらの判決を再考する理由は，それらがその後のICJの決定と国際法とに与えた大きな影響にあることはいうまでもない[3]。

---

(1) *Case concerning Military and Paramilitary Activities in and against Nicaragua (Nicaragua v. United States of America), Jurisdiction and Admissibility*, Judgement of 26 November 1984, *I. C. J. Reports 1984*, p.392. 本稿では管轄権判決と略称する。なお，この判決に先立って仮保全措置を指示する決定があるが，本稿ではこれに触れることはできない。See, Order of 10 May 1984, *ibid.*, p.169.

(2) *Case concerning Military and Paramilitary Activities in and against Nicaragua (Nicaragua v. United States of America), Merits*, Judgement of 27 June 1986, *I. C. J. Reports 1986*, p.14. 本稿では本案判決と略称する。

(3) はじめに両判決の内容を略述するべきであるが，スペースの関係でとりわけ以下のような優れた判例評釈の参照をお願いしたい（執筆者名と掲載誌等のみを挙げる）：管轄権判決については，小和田恆『国際法外交雑誌』第85巻4号，1986年）；関野昭一（波多野里望・尾崎重義編著『国際司法裁判所　判決と意見』第2巻（1964-93年）国際

Ⅳ　国際紛争と国際法

1　その後の ICJ の決定への影響

　これら両判決は，たとえば以下のような ICJ の諸決定において先例として引用された。管轄権判決は，選択条項の受諾は任意の一方的な約束であり，受諾国はこれに留保を付する自由を有すると述べ，これはカナダ漁業管轄権事件などの管轄権判決で援用された[4]。管轄権判決はまた，規程第 36 条 2 の相互主義は受諾宣言における約束の終了などの形式的要件には適用されず，不確定期限の宣言の終了については条約法が準用されて合理的な予告期間が必要だと判示したが，このくだりはカメルーン・ナイジェリア事件の先決的抗弁判決で依拠された[5]。先決的抗弁が専ら先決的性格を有するものではないと判断された場合について定める裁判所規則第 79 条 7 ［現行規則第 79 条 9］は 1972 年の改正で導入され，管轄権判決は米国の受諾宣言におけるいわゆる多数国間条約留保がこうした性格を有すると認定した[6]が，本案判決はこの規定について詳細な検討を行い，これはロッカービー事件先決的抗弁判決などで援用されて[7]，規則第 79 条 9 に関する判例となると思われる。

　ところで本件では，証拠の認定と評価について以後の判決に影響を与えるいくつかの重要な判示がある。例えば米国は進行中の武力紛争がかかわる紛争について，証拠の入手困難などを理由に請求は受理不許容だと主張したが，これに対して管轄権判決は，事実の挙証責任を負うのはその証明を望む当事者であって，証拠が入手できなければ請求は棄却されるが，証明がないことを予測

　　書院，1996 年）；内ヶ崎善英（『国際法判例百選〔第 2 版〕』，別冊 Jurist，No.204，2011 年 9 月）；本案判決については，杉原高嶺（『国際法外交雑誌』第 89 巻 1 号，1990 年）；広部和也（波多野・尾崎編著『前掲書』）；浅田正彦（『国際法判例百選』前掲）；両判決を扱うものとして，東泰介（松井芳郎編集代表『判例国際法』第 2 版，東信堂，2006 年）。

(4) *Supra* note (1), p.418, para.59; *Fisheries Jurisdiction Case (Spain v. Canada), Jurisdiction of the Court*, Judgment of 4 December 1998, *I. C. J. Reports 1998*, pp.455-456, para.54.

(5) *Supra* note (1), pp.419-420, paras.62-63; *Affaire de la frontière terrestre et maritime entre le Camaroun et le Nigéria (Camaroun c. Nigéria), exceptions préliminaires*, arrêt du 11 juin 1998, *I. C. J. Reports 1998*, p.299, para.43; p.295, para.33.

(6) *Supra* note (1), pp.425-426, para.76.

(7) *Supra* note (2), pp.29-31, paras.37-41; *Case concerning Questions of Interpretation and Application of the 1971 Montreal Convention arising from the Aerial Incident at Lockerbie (Libyan Arab Jamahiriya v. United Kingdom), Preliminary Objections*, Judgment of 27 February 1998, *I. C. J. Reports 1998*, pp.27-28, para.49.

して不許容とされるべきではないと判示した。この個所は多くの判決が先例として引用し、ペドラ・ブランカ／プラウ・バツ・プテー等に対する主権事件判決はこれを「裁判所の判例によって確認された法の一般原則」だという[8]。さらに本案判決は、当事者の平等の尊重と健全な司法運用の確保を目的に掲げて証拠と証人の取り扱いについて詳細な認定を行ったが、こうした判断はとりわけ事実認定が争われたコンゴ領域における武力行動事件判決などにおいて、繰り返して援用された[9]。

　実体法についても、後の決定に影響を与えた判断が少なくない。法源論に関して本案判決は、1970年の総会決議「友好関係原則宣言」(決議2625 (XXV) 附属書) は慣習国際法を反映したものだと認定し、これはコソボ独立の国際法適合性に関する勧告的意見で引用される[10]。国家責任に関しては本案判決は、非国家行為体の行為が国に帰属するためにはその国が当該の行為に対して実効的支配を及ぼすことが必要だと判示し、ジェノサイド条約適用事件(ボスニア・ヘルツェゴヴィナ対セルビア)判決はこれを援用した[11]。さらに本案判決主文(12)が判示した国際違法行為を止める国の義務は、占領下パレスチナにおける壁建設の法的帰結勧告的意見において、一般国際法の原則であり裁判所が幾度となく確認してきたものだとして引用される[12]。

　本件の中心的な争点だった武力行使と自衛権についても、後に影響を与えた

---

(8) Supra note (1), p.437 para.101; Case concerning Sovereignty over Pedre Branca/Pulau Batu Puthe, Middle Rocks and South Ledge (Malaysia/Singapore), Judgment of 23 May 2008, I. C. J. Reports 2008, p.31, para.45.

(9) Supra note (2), pp.39-44, paras.59-73; Case concerning Armed Activities on the Territory of the Congo (Democratic Republic of the Congo v. Uganda), Judgment of 19 December 2005, I. C. J. Reports 2005, p.201, para.61, p.203, para.65, p.206, para.78.

(10) Supra note (2), pp.101-103, paras.191-193; Accordance with International Law of the Unilateral Declaration of Independence in Respect of Kosovo, Advisory Opinion of 22 July 2010, I. C. J. Reports 2010, p.437, para.80.

(11) Supra note (2), p.62, paras.109-110, pp.64-65, para.115; Case concerning Application of the Convention on the Prevention and Punishment of the Crime of Genocide (Bosnia and Herzegovina v. Serbia and Montenegro), Judgment of 26 February 2007, I. C. J. Reports 2007, pp.204-205, para.391, pp.207-208, paras.398-399.

(12) Supra note (2), p.149, para.292 (12); Conséquences juridiques de l'édification d'un mur dans le territoire palestinien occupé, avis consultative du 9 juillet 2004, I. C. J. Reports 2004, p.197, para.150.

Ⅳ 国際紛争と国際法

多くの判示がある。本案判決において最も注目された判示事項の一つである「武力行使の最も重大な諸形態」と「それほど重大ではない諸形態」との間の区別と，集団的自衛権行使の要件としての被害国による攻撃を受けたことの自認と援助の要請という認定は，オイル・プラットフォーム事件判決で依拠された[13]。本案判決は，他国の反政府勢力を支持する干渉は不干渉原則に違反し，また直接または間接に武力行使を含む場合には武力不行使原則にも違反すると判示したが，この点はコンゴ領域における武力行動事件判決で援用される[14]。

2 諸国と学説の対応

(1) アジア・アフリカ諸国の ICJ に対する態度の転換

ニカラグア事件判決が，発展途上国とりわけアジア・アフリカ諸国の ICJ に対する態度に大きな影響を与えたという指摘は少なくない。たとえばマッキーニー（Edward McWhinney）は判決直後の著作で，ニカラグア事件判決を契機として「ICJ とその裁判官たちは第 3 世界諸国の間で新たな人気を獲得しつつあるように見える」と述べた[15]。またグレイ（Cristine Gray）は，ニカラグア事件における米国の不出廷とその後の選択条項受諾宣言の廃棄は ICJ を傷つけたのではないかと危惧されたが，むしろ逆が真実であって，「裁判所の係属事件数から見て，ニカラグア事件判決以後発展途上国は裁判所の利用により積極的になったように見え [,] 西欧びいきというかつての非難は姿を消した」という[16]。

かつて太寿堂鼎は，アジア・アフリカ諸国の ICJ に対する不信の理由として裁判所の構成と裁判基準がこれら諸国に不利である事実を挙げた[17]。しかし

---

(13) *Supra* note (2), p.101, para.191, p.105, para.199; *Case concerning Oil Platforms (Islamic Republic of Iran* v. *United States of America)*, Judgment of 6 November 2003, *I. C. J. Reports 2003*, pp.186-187, para.51, pp.191-192, para.64.

(14) *Supra* note (2), pp.109-110, para.209; *supra* note (9), *I. C. J. Reports 2005*, p.227, para.164.

(15) Edward McWhinney, *The International Court of Justice and the Western Tradition of International Law* (Martinus Nijhoff, 1987), p.94.

(16) Cristine Gray, "The Use and Abuse of the International Court of Justice: Cases concerning the Use of Force after Nicaragua", *EJIL* Vol.14 (2003), p.885.

(17) 太寿堂鼎「国際裁判の凋落とアジア・アフリカ諸国」『法学論叢』第 89 巻 6 号 (1971 年)。

裁判所の構成については，1946年の発足当初は西欧とラテンアメリカが優位を占めていたが，1969年の選挙以来安保理事会における議席配分と同一とされるようになった。裁判基準についていえば国際法の法典化が進んだだけでなく，「友好関係原則宣言」などの総会決議が国連憲章の有権的解釈ともいうべき新しい解釈を示した。慣習国際法についても，その形成と発展に発展途上国が大きな影響を及ぼすようになってきたことは周知の事実である。ニカラグア事件判決は，こうした変化の結果としてICJが裁判所規程第9条にいう「世界の主要文明形態及び主要法系」により敏感になってきた事実を明らかに示したのである。このような変化がアジア・アフリカ諸国のICJに対する態度を目に見えて積極化した事実は，たとえばこれら諸国が一方的にあるいは付託合意によって共同して提訴した事件数や，これら諸国による選択条項受諾宣言受諾（旧宣言の改正および更新を含む）の著増等に表れている[18]。

(2) 学説上の関心の焦点

ニカラグア事件判決は当然のことながら，国際法学界でも大きな注目を集めた。ここでは『米国国際法雑誌』の特集「ニカラグア対米国事件（本案）に関するICJ決定の評価」や注(3)に挙げた判例評釈などを手掛かりとして，どのような論点が学界で注目されているかを概観することとしよう[19]。

裁判所の管轄権については，ニカラグアの1929年の選択条項受諾宣言が規程第36条5にいう「なお効力を有するもの」であるかどうか，そしてICJや国連の刊行物が同国を受諾宣言国に含めたことをニカラグアが黙認してきた事実が管轄権受諾の意思表明とみられるかどうかが論じられた。また，ニカラグアによる提訴の直前に米国が中米に関わる紛争を管轄権から除外する書簡を発したことの効力も議論を呼んだ。さらに，米国の受諾宣言に含まれるいわゆる多数国間条約留保の適用可能性と解釈も論点だった。ニカラグアの請求の受理許容性については後に立ち入って検討するが，これとの関連で裁判所は管轄権

---

(18) 具体的な数字を挙げることができないが，*Report of the International Court of Justice, 1 August 1985-31 July1986*, A/41/4；*ibid.*, *1 August 2017-31 July 2018*, A/73/4によった。

(19) See, "Appraisals of the ICJ's Decision: Nicaragua v. United States (Merits)", *AJIL*, Vol.81 (1987), p.77, et seq. なお，ニカラグアが管轄権の追加的基礎として援用した友好通商航海条約の裁判条項に関わる論点には，触れることができない。

Ⅳ　国際紛争と国際法

を確認した場合でさえその行使を差し控えるべき場合があるかどうかも，重要な論点だった。

　本案段階では，米国の不出廷に直面した裁判所の証拠の扱いと進行中の武力紛争に関わる事実認定については多くの議論がある。適用法規については，裁判所は慣習法の認定に当たって伝統的な「二要素説」に依拠するとしながら，法的信念の表明を国連総会決議に求めて賛否両論の対象となった。実体法に関してもっとも議論を呼んだのが，武力不行使原則と自衛権とりわけ集団的自衛権に関する裁判所の判断だったことはいうまでもない。これについては，裁判所による武力攻撃を構成する「武力行使の最も重大な諸形態」とそれ以外のものとの峻別が注目された。不干渉原則については，反徒に対する兵站支援が「武力攻撃」に該当して集団的自衛権の発動を可能とするかどうかと，それがこの敷居に達さない場合に被害国はどのように対応できるかという点が論じられた。他方で，反徒の行為がこれを支援する外国に帰属する要件として裁判所が示した「実効的支配」については，国家責任法において多くの議論がある。さらに，ニカラグアにおける反徒である"contras"の人道法違反行為への米国の関与についても，多くの論点が提起された。

　このようにニカラグア事件判決は手続法上・実体法上の多様な論点を含むが，ここですべての論点を「再考」することはできないので，次のような理由によってテーマを「政治的紛争」論に絞りたい。すなわち国際法学会1987年度秋季研究大会は，「国際裁判の現状と課題」という統一テーマの中で本判決を取り上げて，判決に対して賛否の報告者を対置するという企画を立てたが，ここで「アメリカの立場にそくして」報告された安藤仁介先生（以下，学術論文の通例にならい敬称は省略する）に対して，松井は「判決にそくして」報告する役割を仰せつかった[20]。後にこの報告を活字化した安藤論文は論点を「政治的紛争」論に絞ったので，本稿ではニカラグア事件判決における「政治的紛争」論を再考することによって，安藤から受けた学恩に報いることとしたいと考えたのである。

---

(20) 報告要旨は『国際法外交雑誌』第86巻6号（1988年）に掲載。各報告に基づく論文としては，安藤仁介「ニカラグア紛争と司法的解決」『国際問題』第339号（1988年）；松井芳郎「国際社会における力の支配と法の支配――国際司法裁判所のニカラグア事件判決をめぐって――」『アジア・アフリカ研究』1988年第1号。

II 伝統的な「政治的紛争」論

1 伝統的な「政治的紛争」論の展開

　ニカラグア事件判決をめぐる「政治的紛争」論に立ち入る前に，これまで国際法学界においてさまざまに論じられてきた，法律的紛争と非法律的ないしは政治的紛争の種別に関する議論について，簡単に復習しておくことが必要である。この議論は，義務的仲裁裁判が国際社会の現実的な課題とされるようになった19世紀後半から本格的に登場したもので，当初は仲裁義務から除外されるべき紛争を明らかにすることをおもな目的とした。そこでは，法律的紛争は仲裁可能な紛争であるのに対して，非法律的（政治的）紛争には政治的解決がふさわしいと論じられ，両者の種別については以下の三説があったという(21)。

　最も早く登場したのは紛争の政治的重要性によって区別する説で，政治的に重要な紛争は非法律的紛争でそうでなければ法律的紛争だと理解する。しかしこの説は当時から，実定法上の根拠を欠くと批判された(22)。また，この説は当事国の主観的判断を基準とするから，それでは当事国は容易に仲裁義務を免れることができると批判され，紛争の法的性格という客観的基準の適用が主張された。すなわち，当該の紛争に適用される国際法規が存在すればそれは法律的紛争であって裁判による解決が可能であるが，そうでなければそれは非法律的紛争であって政治的解決に委ねるほかはないという。しかしこの説にもさまざまな批判があり，とりわけ適用される国際法規の有無は裁判を行って初めて明らかになるのであって，これは「裁判可能な紛争」の基準とはなりえないと指摘された。こうして，紛争当事者の法への志向を基準とする第3の説が通説

---

(21) この問題については日本でも論文が多いが，ここではとりわけ以下を参照した：祖川武夫「国際調停の性格について」（初出1944年），祖川武夫論文集『国際法と戦争違法化——その論理構造と歴史性——』（信山社，2004年）66-84頁；同『国際法Ⅳ』（法政大学通信教育部，1950年）221-229頁；田岡良一『国際法Ⅲ〔新版〕』（有斐閣，1973年）181-199頁；藤田久一「国際紛争処理のメカニズム」関西大学経済政治研究所紛争処理研究班『紛争処理のメカニズム』（関西大学，1992年）所収；山形英郎「国際法における伝統的な政治的紛争理論の再検討」岡山商科大学法経学部創設記念論集『現代法学の諸相』（法律文化社，1992年）所収。

(22) See, e.g., Agreement between France and Great Britain for the Settlement by Arbitration of Certain Classes of Questions which may arise between the two Governments, *Consolidated Treaty Series*, Vol.194, p.194.

Ⅳ　国際紛争と国際法

的な地位を占めるようになる。この説は 1925 年にドイツがベルギー等の国と各別に締結したロカルノ仲裁条約[23]の第 1 条が，「締約国が [⋯] 互いに権利を争うすべての紛争」であって外交的手段によって解決できなかったものは仲裁裁判または PCIJ に付託すると規定したことを出発点とする。当事者が「互いに権利を争う」，つまり現行国際法を適用した解決を求めれば法律的紛争であるのに対して，当事者が何らかの根拠により現行法は不当だと主張して法を動かす解決を求めれば非法律的（政治的）紛争となるとされるのである。

　なお，第 1 次世界大戦以後の種別論はおもにおのおのの紛争をその性質に応じて別個の解決手続に「振り分ける」機能を果たした。すなわち法律的紛争は PCIJ による司法的解決か国際法を適用する仲裁裁判に，政治的紛争は連盟理事会による処理または調停もしくは「衡平及び善」を適用する仲裁裁判へという図式が成立したのである。この説も第 1 の説と同様に裁判の可否を当事者の態度に依存させる主観的基準説だと指摘され[24]，したがってそれは裁判義務の回避を容易にすると批判された。しかし，一当事者が紛争の過程で法的な主張を行うなら，相手方当事者は同時に政治的な主張を行うことがあっても，前者の法的な主張には法的な反論を行うことが通例で[25]，さもなければ後者は前者の法的な主張を黙認したと見なされかねない。したがって，裁判所が管轄権に関して判断を行うに際しては，当事者が紛争の過程で自らの主張をどのように定式化したかという客観的事実が決定的に重要となることに留意する必要がある[26]。

　以上のような紛争の種別論は，二つの文脈において議論された。一つは実定法においてどのような紛争が裁判に付託されるべきものとされているかという解釈論であり，もう一つはどのような紛争が裁判による解決に適するかという立法論ないし政策論であって，これらは峻別が必要だとされる[27]。解釈論の

---

(23) Allemagne et Belgique, Convention d'arbitrage, faite à Locarno, 16 octobre 1925, *League of Nations Treaty Series*, Vol.54, p.303.
(24) たとえば，山形，前掲論文，注(21)，210 頁。
(25) 祖川「国際調停の性格について」，前掲注(21)，77 頁；田畑茂二郎『国際法新講・下』（東信堂，1991 年），115 頁。
(26) 田岡良一「法律紛争と非法律紛争の区別――ラウターパハト説と其批判――（二・完）」『法学』第 7 巻 7 号（1938 年），68-69 頁。
(27) 田岡，同上論文，70-72 頁；同『国際法Ⅲ』，前掲注(21)，181-182 頁。

レベルでは，問題は裁判義務を設定する条約の解釈によって決まるものであり，学説上の理解としては上記の第3説にほぼ異論がなくなっている。政策論のレベルでは，どのような紛争が裁判による処理に適しているかは論者の国際裁判観ないしは国際法観によって決まることで，一義的な答えを与えうるような問題ではない。解釈論としてはほぼ決着が付き，政策論としては一義的な答えが不可能だとすれば，紛争の種別論は現在ではすでにその意味をなくしたといえるかもしれない。しかし，ここでこの種別論になおこだわるのは，ここにはさらにもう一つのレベル，すなわち国際紛争の独自の性格の理解に関わる認識論のレベルがあると考えるからである。祖川武夫や田畑茂二郎が紛争の種別論を取り上げたのはこのような問題意識においてだった[28]。

2　国際紛争の構造と紛争の種別論

祖川と田畑が手掛かりとしたのは，若き日のモーゲンソー（Hans Morgenthau）が提起した国際的対立の「緊張（tensions）」と「紛争（différends）」とからなる二層構造だった。「緊張」とは，一方ではその国の真の勢力および要求と，他方では現存の法的状況との間に存在する不一致を対象とする国際的対立であって，合理的に規制されずその存在は外交的・法的な行動の下に潜在する。これに対して「紛争」では，両当事者の要求は明確に定式化されて，実定国際法その他の一般的に適用可能な規範によって解決に導くようなものでなければならない。「緊張」では，不一致は実定国際法に関わるのではなく現存の法的状況が正義にかなうかどうかであって，一方の国は法的状況の変更を主張するのに対して相手国はその維持に固執するから第三者解決は不可能となる，という[29]。

---

(28) 祖川「国際調停の性格について」，前掲注(21)，59頁；田畑茂二郎「国際裁判に於ける政治的紛争の除外について——その現実的意味の考察——」『法学論叢』第33巻5号（1935年），805頁。

(29) Hans Morgenthau, *La notion du "politique" et la théorie des différends internationaux* (Recueil Sirey, 1933), esp. pp.65-78. See also, Hans Morgenthau, translated by Maeva Vidal, *The Concept of the Political* (Palgrave Macmillan, 2012). なお，以下も参照：Martti Koskenniemi, *The Gentle Civilizer of Nations: The Rise and Fall of International Law 1870-1960* (Cambridge University Press, 2001), pp.440-465; 西平等『法と力：戦間期国際秩序思想の系譜』（名古屋大学出版会，2018年），第4章2。

Ⅳ　国際紛争と国際法

　以上のようなモーゲンソーの議論を手掛かりとした祖川と田畑の国際紛争の構造分析(30)を，筆者なりに敷衍して要約すれば次のようにまとめることができよう。モーゲンソーのいう国際的対立の二層構造は，「動的紛争」と「静的紛争」の種別に導く。すなわち，国際社会においては三権分立が確立しておらず，法の解釈・適用をめぐる紛争は裁判所へ，法の制定・改廃をめぐる運動は立法機関へという，国内社会のような分業は成り立たない。他方で，近現代の国際社会においては国は対外的には市民社会を総括する形で立ち現れ，市民社会の成長と発展を擁護することを最大の政治的任務とするが，市民社会の不均等発展の結果，現存の法的状況と諸国間の現在の力関係との間には常に矛盾が生じ，この矛盾の解決をめぐって諸国間には基本的な対立・緊張関係が伏在する。

　このような諸国間の基本的な対立・緊張関係が国際関係の表面に現れる場合には，国際紛争の形で具体化する。ところがこのような国際紛争は，国内社会におけるように公的な立法闘争の形をとることはできないから，当事者間の私的な権利・利益をめぐる紛争として現れざるを得ない。諸国間の基本的な対立・緊張関係に関係づけられたこのような国際紛争には，市民社会の現在の利益と将来の発展可能性とがかかっているから，これらを対外的に護持することを任務とする国は，これを独立した個人からなる第三者機関による解決に委ねることはできない。とりわけ現行法を適用して判決を与える裁判は，たとえ訴訟技術的にはすべての紛争を処理することが可能だとしても，そのような判決は現行法を正義に反すると考える当事者を納得させて紛争を解決することはできない。このような紛争が「動的紛争」である。これに対して，諸国間の基本的な対立・緊張関係には関係づけられない紛争が「静的紛争」であって，このような紛争であれば現行国際法その他の一般に適用可能な規範を適用する第三者解決によって処理することができる。「動的紛争」であっても，意図的にこれを「脱政治化」することによって「静的紛争」として処理することが不可能ではないが，この「脱政治化」も当事国の政治的な決断にかかる。

---

(30)　祖川「国際調停の性格について」，前掲注(21)，75-100頁；同『国際法Ⅳ』，前掲注(21)，227-231頁；田畑，前掲論文，注(28)，827-837頁。

3　紛争処理手段の体系に関する「複線構造」論

　国際法教科書では通例，国際紛争の処理手段について，交渉から始まって周旋，仲介，審査，調停，仲裁裁判から司法的解決に至るという整理が行われる。これは，紛争をめぐる法と事実についての当事者による主観的検証から，第三者が関与する客観的検証へという一連の系列をなしており[31]，法を適用して拘束力ある判決を下すことができる裁判を最も優れた紛争処理手続とみなす，国内法アナロジーに基づく「単線構造」論である。ところが，国際紛争が上述のように「動的紛争」と「静的紛争」に区別されるとすれば，国際法はその各々に適合する二系列の紛争処理手続を用意しなければならない。「動的紛争」についていえば，上に見たような性格の「動的紛争」を個人的資格の裁判官ないし委員から構成され，したがって政治的影響力を欠く裁判や調停によって解決することは期待できず，それは「政治的責任の地位にある者によって，関連のある他のあらゆる国際・国内諸問題をあわせて考慮しながら，ひとつの政治的決断としてはじめて行われる」と祖川はいう[32]。

　「動的紛争」に第三者が関与する場合，それは当該紛争に利害関係を有する大国・強国による仲介の形をとることが多く，欧州国際社会では神聖同盟や欧州協調による集団的仲介として行われた。このような集団的仲介を組織化したのが国際連盟，国連といった国際機構による紛争処理であり，これらを国際紛争の動的処理の代表的な制度とみることができる。国際機構によるこのような紛争処理は，「さまざまな形の圧力によって紛争当事者が合意に達するように誘う」ことを目的として，「可能であれば公正に，しかしいずれにしても平和的に」当事者の対立する主張を調整する営みであるという[33]。このような紛争の動的処理については，次の点に留意する必要がある。第1に，紛争の動的処理は法を動かす解決を目指すものであるが，紛争処理に当たる機関がどの程

---

(31)　祖川『国際法Ⅳ』，前掲注(21)，217-221頁。ただし，これは一般的な理解の祖川による整理であって，祖川自身の見解ではない。

(32)　祖川，同上書，231頁；See also, E. H. Carr, *The Twenty Years' Crisis 1919-1939: An Introduction to the Study of International Relations* (1939: reissued in 2001, Palgrave), p.187；原彬久訳『危機の二十年——理想と現実』（岩波文庫，2001年），388-389頁。ただし，引用は邦訳にはよらない。

(33)　Julius Stone, *Legal Control of International Conflict: A Treatise on the Dynamics of Dispute‐and War‐Law* (Stevens & Sons, 1954), p.165.

Ⅳ 国際紛争と国際法

度「法を動かす」権限を有するかは，具体的には当該の国際機構の設立文書や慣行によって定められる。第2に，国際機構による紛争の動的処理はまさにその政治的性格からして，機構の加盟国とりわけ大国・強国の利害を色濃く反映し，したがって必ずしも公正な解決に導くとは限らない。ここに，国際機構による紛争処理のもっとも重大な問題点があることを忘れてはなるまい。

これに対して，諸国間の基本的な対立・緊張関係に関係づけられない静的紛争には，現存の法を適用しあるいは当事者の理性に働きかける，紛争の静的解決手段が適用可能である。審査や調停においては紛争処理機関は独立した個人から構成される委員会であり，その結論が紛争解決をもたらすことができるとすれば，それはこの結論が当事者の利害のバランスを適切に考慮することによって彼らの説得に成功するからに他ならない。他方で，仲裁と司法的解決とは，調停とは違ってその判決が法的拘束力を有するとはいっても，原則として現行国際法を判断基準とするから，当事者が法を動かすことを求める動的紛争の処理にはやはりなじまず，その有効性は静的紛争に限られると見なければならない。

こうして国際法における紛争処理手段は，「動的紛争」に対応する動的解決手段――国際機構による紛争処理を典型とする――と「静的紛争」を処理する静的解決手段――審査，調停，仲裁裁判および司法的解決がこれに当たる――の二系列からなる，「複線構造」を示すとみなければならない。前述のように「単線構造」論は基本的には国内法アナロジーに依拠するものだったが，これに対して「複線構造」論は，国際紛争のあり方に分析のメスを加えることによって，国際社会に独自の紛争処理論を確立することに成功した。

4　大戦間平和構想における「政治的紛争」論
(1)　連盟期平和構想と紛争の平和的解決

以上に見てきた国際紛争の種別論は，国際連盟の平和構想の不可分の一部だった。日本の国際法学界ではこれまで，連盟の平和構想は国連憲章の武力行使禁止原則と集団安全保障に至る第一歩と位置付けられ，そこでは紛争の平和的解決の仕組みはほとんど注目されなかったといってよい。こうした状況を批判して西平等は，連盟期には実効的な紛争解決手続の整備こそがもっとも重視されていたのであり，この時期の平和構想は紛争の平和的解決を軸として捉え

直さなければならないと強調した[34]。実際，当時の平和構想においては紛争の平和的解決が重要な地位を占めていた。たとえば横田喜三郎は1934年に，「現在の平和機構は安全保障，紛争の平和的解決（特に国際裁判），軍備縮少を三つの基本原則とする」のであって，「これらのいずれか一つを欠いても，平和機構は完全でなく，平和は十分に確保されない」と論じた[35]。そしてこのような平和構想は，連盟期に起草された国際文書に反映された。たとえば，1924年に連盟総会が採択したジュネーヴ議定書（未発効）[36]は，PCIJ規程第36条2が定めるすべての紛争について強制管轄権を受諾することを義務づける（第5条）とともに，紛争の平和的解決に関する連盟規約の規定を強化してすべての紛争が何らかの形で拘束力ある決定の対象とされるように定めた（第4条）。同議定書はまた，連盟の安全保障を改善する（第11～14条）とともに軍縮についても規定を置いており（第17～21条），当時の平和構想の三つの「基本原則」を体現するものだったということができる。

　ところで祖川武夫は，「安全保障と国際裁判との内面的連関」を指摘した。連盟の安全保障制度は違法な戦争と適法な戦争との区別を基礎とするが，この区別の基準は手続的なもので，紛争の平和的処理手続に違背して行われる戦争が「侵略」と考えられた。この決定が一義的になされるためには，紛争の平和的処理手続が一切の国際紛争を包括して紛争を終結させなければならない。そしてこのためには，何よりも包括的な国際裁判義務を設定することが求められたのである[37]。1924年ジュネーヴ議定書はこのための試みでもあって，連盟規約または本議定書に含まれる約束に反して戦争に訴える国は侵略者であり，紛争の平和的解決手続に協力せずその結論を遵守しない国は，理事会が全会一致によって別段の決定を行わないなら侵略者と推定される，と定めた（第10条）。

　ジュネーヴ議定書の失敗の後に作成された1928年の国際紛争平和的解決一

---

(34) 西，前掲書，注(29)，120頁以下。
(35) 横田喜三郎「安全保障問題」『国際法外交雑誌』第33巻1号（1934年），53頁。
(36) Protocol for the Pacific Settlement of International Disputes, in, League of Nations, *Official Journal, Special Supplement*, No.24 (1924) Annex 18. 高橋通敏『安全保障序説』（有斐閣，1960年），57-70頁；西，前掲書，注(29)，126-132頁；田岡，前掲書，注(21)，65-68頁，参照。
(37) 祖川「国際調停の性格について」，前掲注(21)，60-63頁。

Ⅳ　国際紛争と国際法

般議定書[38]は，第1次世界大戦後の裁判・調停条約を集大成したものとされ，外交によって解決できなかったすべての紛争は調停へ（第1条；第2条），当事者が互いに権利を争うすべての紛争は仲裁裁判所またはPCIJへ（第17条）という「振り分け」を規定するとともに，非第17条紛争で調停によって解決されなかったものは終局的には仲裁によって解決される仕組みを設けた（第21条）。こうして一般議定書は，動的紛争を含めてすべての紛争を最終的には仲裁裁判所が――場合により「衡平及び善」を適用して――解決する道を開いたように見える。しかし，連盟総会における一般議定書の起草過程では，動的紛争についてこのように法を動かす解決を与える権限を裁判官に付与することは，「意識的に拒まれた」という。それは，国際関係の基礎そのものを動かす権限を与えることになるからである。そしてこのような場合に開かれている唯一の道は，連盟理事会に訴えることだとされた[39]。

当時ブライアリー（James Leslie Brierly）は，法的権利に関わらないすべての紛争を法規則を適用する仲裁裁判所に等し並みに付託するという一般議定書の図式を厳しく批判したが，他方で彼は連盟理事会が行う「調停」の「顕著な優越性」を強調した[40]。実際，連盟理事会が規約第11条と第15条に依拠して行った「調停」は，紛争解決においてかなりの成果を収めたという[41]。

「法を動かす」課題に応えるものとしては，「平和的変更」論が注目された。この議論の根拠は，国際関係の変化に対応できない国際法の保守性に求められた。たとえばカー（E. H. Carr）は，第1次世界大戦以前の国際法は現存秩序の変更のために戦争に訴えることを認めていたが，戦後の国際法は侵略戦争を違法化したにもかかわらず平和的手段によって変化をもたらす国際的仕組みを設けなかったことによって，かつて知られていなかったほど現存秩序の防波堤となったと指摘した。カーは，国際政治における「平和的変更」の課題は必要

---

(38)　General Act (Pacific Settlement of International Disputes), Geneva, September 26, 1928, *League of Nations Treaty Series*, Vol.93, p.343.
(39)　祖川「国際調停の性格について」，前掲注(21)，79-81頁。
(40)　James Leslie Brierly, "The General Act of Geneva, 1928" (1930), in, *The Basis of Obligation in International Law and Other Papers* (Clarendon Press, 1958), pp.163-166, 172-173.
(41)　西，前掲書，注(29)，135-140頁。See also, Carr, *supra* note (32), p.198; 邦訳, 409-410頁。

な変化を戦争によらずにどのように実現するかだ,という⁽⁴²⁾。連盟規約において,このような期待に応えるように見える規定は第19条だった。同条は,連盟総会は連盟国に対して適用不能となった条約の再審議またはその継続が世界の平和を危うくするかもしれない国際状態の審議を随時「慫慂スルコトヲ得（may［…］advise）」と定める。しかしこの規定の下で総会が行うことができたのは,条約または事態の(再)議議を勧告することだけだった⁽⁴³⁾。平和的変更の課題を重視したカーも,変更によって失うものがある国が圧力なしにそれに従うだろうというのは,規約第19条の不思議な幻想の一つだったという⁽⁴⁴⁾。

(2)「国際法の完全性」論

連盟期の平和構想において,「動的紛争」に対応する動的解決手段の重要性を強調した以上のような見解のいわば対極に位置したのが,国際紛争の種別論を否定してすべての紛争は裁判によって解決できるとする立場だった。この立場は「国際法の完全性」を論拠とするが,この「完全性」には二様の理解があった。ケルゼン（Hans Kelsen）は,実定法秩序はいかなる紛争についても常に適用可能だという。法秩序は一方の当事者に他方が請求するように行動することを義務づけるか義務づけないかのいずれかであって,前者の場合であれば請求は容認され後者の場合には棄却される。いずれの場合にも法規則の適用は可能であって,法律的紛争でも政治的紛争でも実定法を適用する裁判判決によって解決できる,とケルゼンは説いた⁽⁴⁵⁾。

このような国際法の完全性に関するケルゼンの形式的理解に対してローターパクト（Sir Hersch Lauterpacht）は,国際法の実質的な完全性を主張する。『国際社会における法の機能』において彼は,制定法にも慣習法にも欠缺がありうるが,「全体として理解された法体制には,欠缺は存在しない」という⁽⁴⁶⁾。

---

(42) Ibid., pp.175-176, 191-192; 邦訳,364-365, 395頁。
(43) 規約第19条については以下を参照：立作太郎『国際連盟規約論』（国際連盟協会,1932年),297-306頁；田岡良一「連盟規約第十九条と事情変更（二・完）」『法学』第1巻11号（1932年）。
(44) Carr, *supra* note (32), p.196; 邦訳,405頁。
(45) Hans Kelsen, "Compulsory Adjudication of International Disputes", *AJIL*, Vol.37 (1943), pp.401-404.
(46) Sir Hersch Lauterpacht, *The Function of Law in the International Community*

Ⅳ　国際紛争と国際法

　ローターパクトによれば，裁判所が法に規定がない新しい状況に直面したときには，国際法の特定の規則を類推する，国際法の一般原則に依拠する，法の一般原則を適用するといった方法で欠缺を埋めることができる[47]。彼もまた，国際法の静的な性格と国際社会の変化にそれを適合させることの重要性を認めるが，これを立法機関に委ねることの限界を指摘し，連盟規約第19条にも大きな期待を抱かない。彼はこの点について，むしろ国際裁判の役割を強調する。国際社会では立法は不完全であり慣習法の発展も緩慢だから，国際法では司法上の解釈と理由付けによって法を発展させる司法立法がとりわけ重要である，と彼は主張した[48]。

　国際法の完全性に依拠する議論は，結局のところ理想論ないしは立法論に行きつくという指摘は，当時から広く行われていた[49]。実際，「国際法の完全性」論に立ってすべての紛争の裁判可能性を説く論者も，そうして得られる判決が不満足なものかもしれないことを認めていたのである[50]。田岡良一は，「法の欠缺」には法がある種の紛争についてこれを解決するべき法規を欠くという意味と，ある紛争を現存法規によって解決することが形式的には不可能ではないが，その解決は実質上法の社会目的に合致せず，この意味で法規の不十分性が認められるという意味の，二つの意味があるという[51]。そして祖川武夫は，この問題について以下のように論じた。すなわち，いわゆる欠缺は「実定法とより善くより正当なと考へられた秩序との差異」に他ならない。紛争については静的解決の原理と動的解決の原理が対立するが，法律的紛争と非法律的紛争との種別はこの対立を法の欠缺論に基づいて「裁判内的に」捉えようとするものであり，静的紛争と動的紛争との種別はそれを紛争当事者の法への志向に基づいて「裁判外的に」捉えようとするものである，と[52]。こうして議

　　　(1933: reprint 2011, Oxford University Press). p.72.
(47)　*Ibid.*, pp.118-135.
(48)　*Ibid.*, pp.262-265.
(49)　例えば以下を参照：田岡，前掲論文(一)(二・完)，注(26)，『法学』第7巻6号，7号（1938年）；Carr, *supra* note (32), pp.183-187; 邦訳，378-388頁；Stone, *supra* note (33), pp.158-159.
(50)　See, Kelsen, *supra* note (45), p.404; Lauterpacht, *supra* note (46), pp.108-109.
(51)　田岡，前掲論文(一)，注(26)，19-20頁。
(52)　祖川「国際調停の性格について」，前掲注(21)，81-83頁。

論は一巡して，ローターパクトらが否定した紛争の種別論に立ち返ることになる。

ところで以上のような平和構想については，その欧州的な性格に留意したい。そこで論じられた国際法は，欧州起源の伝統的国際法の影響を色濃く残していた。平和的変更論で意識されていたのはおもに条約上の権利義務であって，伝統的国際法の枠組み自体の「変更」が主張されたわけではない。平和構想の主要な舞台だった国際連盟については，これに席を置いたことがあるのは63か国であるが，そのうちアジア・アフリカ諸国は英帝国の一部だった2か国を除けば10か国に過ぎない。PCIJについては，1932年段階で規程の署名議定書を批准していた47か国のうちアジア・アフリカ諸国は6か国であり，それが下した判決ではトルコがフランスと合意提訴したロチュース号事件は別として，これら諸国が原告となった事件は日本がヴェルサイユ条約等の関連条約に従って共同原告となった2件を除けば皆無だった。しかも，勧告的意見も含めてこれらの事例の大部分は何らかの意味で第1次世界大戦の戦後処理にかかわるものだった。つまりPCIJはほとんど「欧州」裁判所だったのであり，平和構想は欧州において議論された欧州の問題だったのである。

III　ニカラグア事件裁判における「政治的紛争」論

1　当事者の主張
(1)　被告国米国

ここで，本稿の主題であるニカラグア事件裁判における「政治的紛争」論に立ち戻ろう。米国はその答弁書において，ニカラグアの請求の受理許容性について以下の5点の抗弁を行った[53]。第1に，ニカラグアの請求を裁判すればその権利義務がかかわることになる，「不可欠の当事者」が出廷していない。第2にニカラグアの主張は，米国の同国に対する行為が「平和に対する脅威，平和の破壊又は侵略行為」に該当するという単一の主張に帰するのであって，これは憲章上政治的機関とくに安保理事会の排他的権限に属するものだという。

---

(53) ICJ, *Pleadings, Oral Arguments, Documents, Case Concerning Military and Paramilitary Activities in and against Nicaragua (Nicaragua* v. *United States of America)* (hereafter, cited as *I. C. J. Pleadings*), Vol.II, Counter-Memorial of the United States of America (Question of Jurisdiction and Admissibility), pp.133-176.

Ⅳ　国際紛争と国際法

第3に，裁判所は憲章上他の機関に委ねられている事項については当該機関に譲るべきだと主張された。また，国連機関である裁判所は憲章第51条が固有の権利とする自衛権について審理することによってこれを毀損してはならない，ともいう。第4に，司法は進行中の武力紛争を解決する能力は持たないとも主張された。進行中の武力紛争の流動的な状況においては裁判所は裁判過程で必要とされる法的に関連ある事実を得ることができず，また，判決は事後の展開には対処できないのであって，当事者は判決を実施することができないかもしれないと主張された。そして第5に，ニカラグアの請求は国連と米州機構の政治的機関が中米問題の適切な解決手段と認めたコンタドーラ・プロセスを完了していないので受理不許容だと主張された。ニカラグアは国連と米州機構の憲章によって地域の平和と安全に関する問題については地域的解決を追求するよう求められており，コンタドーラ・プロセスは憲章第52条1にいう地域的取極であるという。

　口頭手続においては，補佐人である2人の国際法学者が受理許容性に関して論じた。ソーン（Louis B. Sohn）は，「法律的紛争」の定義をめぐる長年の論争を踏まえて，憲章の起草者たちはニカラグアが主張する進行中の違法な武力行使の問題が裁判所規程第36条2に含まれるとは決して考えず，憲章はこのような問題を政治的機関とりわけ安保理事会の排他的権限としているという。他方でムーア（John Norton Moore）はコンタドーラ・プロセスに関して，本件の裁判は交渉全体のバランスを崩す，その実施と検証に干渉する，交渉に必要な柔軟性を損なうという三つの懸念があるという。裁判所のコンタドーラへの干渉は安保理事会の決定を損なうもので，事件の当事者のみを拘束する判決がすべての加盟国に義務を課する安保理事会の決定と矛盾することを避けるべきだ，とされた[54]。

(2)　原告国ニカラグア

　本稿のテーマに関連しては，ニカラグアの申述書は次のように主張した[55]。

---

(54)　Argument of Professor Sohn, *I. C. J. Pleadings*, Vol.III, pp.235-250; Argument of Professor Moore, *ibid.*, pp.258-265.
(55)　Memorial of Nicaragua (Question of Jurisdiction and Admissibility), *I. C. J. Pleadings*, Vol.I, pp.409-422.

すなわち，同国の請求は古典的な意味における法律的紛争を表し，請求の基礎にある紛争は裁判所規程第36条2にいう4種類のカテゴリーのすべてに該当するという。裁判所は付託された法律的紛争がより広範な政治的紛争の一要素だからといって争点となっている法律的紛争の解決を拒むことはできないというのは，裁判所の「確立した判例」である。また，中米の状況が政治的機関によって検討されていることは，裁判所がニカラグアと米国との間の法律的紛争を裁判することを妨げないと主張された。本件手続でニカラグアが求めているのは法律的紛争の法的解決であって，国連と米州機構の政治的機関は政治的な問題に取り組んでおり法的な関係を確立することはできない。米国が不参加のコンタドーラ・プロセスは，ニカラグアと米国との間の法律的紛争を解決することはできないとも主張された。

ニカラグアの補佐人を務めたペレ（Alain Pellet）は，進行中の武力紛争を解決することは司法にとっては不可能であるという米国の主張に対して，米国は裁判所は流動的な状況には対処できないというが判決は当事者の権利を将来に向けて定めることを任務とするという。同じくチェイェス（Abram Chayes）は，米国は憲章第39条に依拠したがニカラグアの請求は直接に第2条4に基礎をおいており，第39条が政治過程を樹立するのに対して第2条4は法的義務を定義するという。安保理事会に専属するのは第Ⅶ章の「行動」を決定する権限であって政治的決定であり，法的には裁判所の決定と安保理事会の行動とは別物であると指摘された[56]。

2 ICJの判断
(1) 判　決
ICJの受理許容性に関する判決を，上で紹介した米国の抗弁に沿って略述するなら，以下の通りである。第1の抗弁について裁判所は，裁判所が判決を下すのは原告国の請求主題についてであって規程第59条により当事国間についてだけ拘束力を有し，これによって影響を受けるかもしれないと考える国は別個の訴えを提起するか参加手続を用いることができると述べた。規程にも国際

---

(56) Plaidoirie de M. Pellet, *I. C. J. Pleadings*, Vol.III, pp108-115；Argument of Professor Chayes, *ibid.*, pp.130-136.

Ⅳ 国際紛争と国際法

裁判所の慣行にも,「不可欠の当事者」規則を見出すことはできないという(57)。裁判所は第2の抗弁と第3の抗弁を合わせて扱い,テヘラン米大使館事件判決を援用して「事態が安保理事会で審議されている事実は裁判所がそれを取り上げることを妨げてはならず,両手続は並行して実施することができる」という。憲章第24条が平和の維持に関して安保理事会に付与するのは「主要な責任」であって排他的な責任ではなく,理事会が政治的性格の任務を有するのに対して裁判所は司法的な役割を果たすのであって,「両機関は同一の事態に関して別個のしかし相補う任務を果たす」のである(58)。

第4の抗弁について裁判所は,挙証責任を負うのは事実を証明しようとする当事者であって,証拠が示されなければ請求は判決では証明なしとして退けられるだろうが,予測される証明の欠如を理由として受理不許容とされてはならないという。判決の実施可能性については,この段階で紛争解決への司法の貢献を排除することはできず,裁判所は判決が遵守されない事態を想定するべきではないとされた(59)。そして第5の抗弁については,交渉が進行中であることは法的には裁判所の司法的な任務の実施の妨げにはならず,裁判所への付託にとって地域的な交渉の完了を要件とすることはできないという(60)。

(2) 反対意見

ニカラグアの請求の受理を許容する管轄権判決の主文(2)は,全員一致で決定された(61)。すべての争点について判決への反対の見解を表明したシュウェーベル(Stephen M. Schwebel)裁判官でさえ,この項には賛成票を投じたのである(62)。したがって,この点に関しては本判決には反対意見は存在しないが,本案段階で小田裁判官とシュウェーベル裁判官は,本件請求の受理許容性を否定する以下のような反対意見を付した。

小田裁判官は,裁判所規程第36条2の詳細な歴史的分析に基づいて,本件はそこにいう「法律的紛争」ではなく,米国はそう明言しなかったとしても本

---

(57) *Supra* note (1), p.431, para.88.
(58) *Ibid*, pp.433-436, paras.93-98.
(59) *Ibid*, pp.437-438, para.101.
(60) *Ibid.*, pp.439-441, paras.105-108.
(61) *Ibid.*, p.442, para.113 (2).
(62) Dissenting Opinion of Judge Schwebel, *ibid.*, p.562.

件は「法律的紛争」ではないと考えていたことは明らかであって，管轄権を任意に受諾するに際してこのような理解が裁判所によって尊重されることを正当に期待したはずだと説いて，本件は受理不許容だという。小田裁判官はまた，国連憲章における法律的紛争と政治的紛争のパラレリズムによれば，武力紛争がかかわる紛争は安保理事会のような政治的機関による解決に適するもので必ずしも裁判可能なものではなく，また証拠が不十分であるために裁判所が描く本件の紛争像は不完全で，こうした状況の下では司法の適切性の観点から請求は受理不許容とされるべきだったという[63]。他方でシュウェーベル裁判官は，米国の受理許容性に関する主張はいくつかの点で支持できないが，裁判所が現在知りうる事実からは当事国の動機やその行動の合理性について判断することはできず，事件の核心的な争点は現時点では裁判可能ではないと判断するべきだったと主張した[64]。

3 ニカラグア事件判決と紛争の種別論の衰退

　ニカラグア事件の裁判過程における以上のような「政治的紛争」論の特徴については，以下の点が指摘できる。時にはそのように誤解されるが，米国はここでは伝統的な「政治的紛争」論を主張したわけではない。ソーン補佐人は，「米国の目的は，ニカラグアの請求は「法律的」問題とは対比される「政治的」問題を示すから退けられなければならないと論じることではない」と述べ，判決もこのことを認めた[65]。つまり，ここで主張された「政治的紛争」論は，伝統的に主張されたそれよりは狭いものだったのである。小田裁判官もシュウェーベル裁判官も異口同音に，自分は武力行使にかかわる問題は「政治的問題」であって裁判不可能だという見解を支持するものではないと断っていた[66]。

　こうして米国の受理不許容の抗弁は，「すべて全員一致でにべもなく退けられた」のである[67]。それでは，ニカラグア事件判決はいわゆる政治的紛争論にとどめを刺したのだろうか。グレイはニカラグア事件以後も，いくつかの事

---

(63) Dissenting Opinion of Judge Oda, *supra* note (2), pp.219-246.
(64) Dissenting Opinion of Judge Schwebel, *ibid.*, pp.284-295.
(65) *Supra* note (54), p.235；*supra* note (1), pp.436-437, para.99.
(66) Dissenting Opinion of Judge Oda, *supra* note (2), p.237; Dissenting Opinion of Judge Schwebel, *ibid.*, p.284.
(67) Gray, *supra* note (16), pp.869-870.

Ⅳ　国際紛争と国際法

件で当事者が類似の主張を行ったという(68)。杉原高嶺も具体的な事件名を挙げて、こうした抗弁が跡を絶たないことはICJの司法積極主義がどこまで諸国に受容されているかについて疑義を残すと指摘する(69)。他方でグレイは、こうした態度は「原則に基礎を置くというよりも戦術的で」あって、諸国は裁判所の管轄権を逃れるためにはどのような議論でも利用する用意があることを示すという理解を示唆する(70)。ただし、諸国の態度に関する評価がどうであれ、この点に関して一つだけ確実にいえることは、こうした政治問題の抗弁はICJを説得することは決してできないだろうということである。ニカラグア事件判決以後も、この問題については同判決と同様の判断が繰り返されてきた(71)。こうした裁判所の態度は、両大戦間にはあのように盛んに論じられた法律的紛争と政治的紛争との種別論が、現在では解釈論としては意味を持たなくなっていることを反映するものかもしれない。たとえば国連法務部の編纂によって1997年に刊行された『国家間紛争の平和的解決に関する便覧』は、具体的な裁判条約等を紹介する個所を別としてこうした種別論には触れていない(72)。

Ⅳ　「政治的紛争」の処理における国際裁判の役割

1　ニカラグア事件裁判における平和構想の相克

西平等はこれまでも引用してきた近著の終章において、ニカラグア事件判決では政治的紛争の問題は平和構想の中心にある問題としてではなく、裁判所の管轄権の範囲に関する訴訟法上の技術的問題とされていると論じた(73)。本稿

---

(68)　*Ibid.*, pp.876-881.
(69)　杉原高嶺「国際裁判の機能的制約論の展開――政治的紛争論の検証――」『国際法外交雑誌』第96巻4・5号（1997年）、167-168頁。杉原は他方では、安保理事会決議の司法審査については司法積極主義を支持した。杉原「国際司法裁判所の役割と展望」、国際法学会編『日本と国際法の100年（第9巻）紛争の解決』（三省堂、2001年）所収、参照。
(70)　Gray, *supra* note (16), pp.870, 874, 877.
(71)　See, e.g., *Legality of the Threat or Use of Nuclear Weapons*, Advisory Opinion of 8 July 1996, *I. C. J. Reports 1996*, p.234, para.13; *Accordance with International Law of the Unilateral Declaration of Independence in Respect of Kosovo*, *supra* note (10), p.415, para.27.
(72)　Office of Legal Affairs・Codification Division, *Handbook on the Peaceful Settlement of Disputes between States* (United Nations, 1992).
(73)　西・前掲書，注(29)，290-291頁。

では西のこの力作に多くを教えられたが，この評価にはいささかの疑問を提起しなければならない。ニカラグア事件判決では，平和構想は問われなかったのだろうか？結論を先にいえば，両大戦間とはその意味が異なるとはいえ，ニカラグア事件裁判でもある意味では平和構想が問われたように思われる。西は国連における平和構想の中心は武力行使禁止原則と集団安全保障であり，それに伴って平和維持における裁判所の位置づけがあいまいになったという[74]が，ニカラグア事件裁判では国連の平和構想における裁判所の位置が問われたのである。

　上述のように，米国は進行中の武力行使がかかわる問題は憲章上は政治的機関とりわけ安保理事会の排他的権限に属するもので裁判所の役割は認められていないと主張したが，このことは国際法の関連性を否定するものではなく，進行中の武力紛争の解決への憲章規定の適用は「別の機関の責任だということを意味するに過ぎない」という[75]。そしてムーア補佐人は，問題は法の支配の強化のそれであって，「法の支配」とは「国際法が規定する構造上の権限配分」を支持して集団的行動を取る諸国の意思をも意味すると述べた[76]。このように米国は，ある意味では伝統的な紛争の種別論に依拠したが，この種別論は単なる「振り分け」論にとどまらず，さまざまな要素を含む多面的な紛争はその多面的性格のゆえにその一部を構成する法律的紛争の司法的解決を不可能とするというものだった。

　このような米国の立場をより直截に述べたのは，ロストウ (Eugene V. Rostow) である。彼によれば，憲章第94条1にいうICJ判決遵守の「約束」は強制されるのでなければ法的義務ではなく，その実施可能性は同条2によって安保理事会の権限とされる。理事会は必要とみなす場合にこの権限を行使することが「できる」のであるから，ICJの判決は「終結」（規程第60条）ではなく安保理事会の裁量に従属する。したがって憲章第94条1が定める加盟国の義務は条件付きのもので，常任理事国にとってはまったく無価値である。ニカラグア事件において裁判所は理事会の責任の範囲内の行為に対して管轄権を主張したが，これは国連の全構造の礎石である常任理事国の拒否権を無効とす

---

(74)　同上書，292頁。
(75)　Counter-Memorial of the United States of America, *supra* note (53), p.169.
(76)　Argument of Professor Moore, *supra* note (54), p.271.

Ⅳ　国際紛争と国際法

るものである。憲章第24条にいう安保理事会の「主要な責任」はICJが誤解したように並行的な管轄権を認める「主要な管轄権」ではなく，国連の他のすべての機関の平和維持の努力に対して理事会は必然的に統括を及ぼす。ロストウは，このように論じた[77]。

　グレイは，安保理事会の常任理事国が，ニカラグア事件におけるように自ら理事会の行動を阻止したときに，事態は裁判所ではなく理事会が扱うべきだと主張することは「明らかに不誠実だ」と述べた[78]。しかし問題は，訴訟戦術における「不誠実」を超えてより一般的であるように思われる。ロストウ論文が歯に衣を着せずに主張したように，米国は拒否権を有する安保理事会の絶対的な権限を通じて自らが世界を支配する「米国の平和（pax Americana）」を追求するのである。ベトナム戦争のさなかにモーゲンソーは，このような米国外交の世界観（a global conception）を大略以下のように評した。

　米国の世界観は，多様な諸国からなる世界において発展してきた国際法と国際機構の性格とは両立しがたい。伝統的な国際法と国際機構は，国家システムの複数主義的で相対的な考えに由来する。米国の外交政策の世界観にとって適切な国際法秩序は，複数主義的で相対的ではなく一元主義的で絶対的なものであろう。米国の世界観は，その内容を米国が定義し米国の外交政策の目的を反映する，単一の法秩序の存在を想定するからである。こうして米国の世界観は，必然的に「米国の平和」または米国帝国主義に行きつく[79]。

　ニカラグア事件判決は，米国のいう平和と安全の問題に関する安保理事会の排他的な権限を否定してICJの役割を主張することによって，米国の世界観を事実上正面から批判する。本件の管轄権判決は，テヘラン米大使館事件判決の一節を引用して次のよう述べた。「裁判所に付託された法律的紛争が政治的紛争の一側面に過ぎないという理由で，裁判所は当事者間で争われている法律的問題を当事者のために解決することを拒否するべきだという見解［…］の根拠

---

(77)　Eugene V. Rostow, "Disputes Involving the Inherent Right of Self-Defense", in, Lori Fisler Damrosch, ed., *The International Court of Justice at a Crossroads* (Transnational Publisher/Dobbs Ferry, 1987), pp.270-277.
(78)　Gray, *supra* note (16), p.881.
(79)　Hans J. Morgenthau, "Emerging Problems of United State Foreign Policy", in, Karl W. Deutsch and Stanley Hofmann, eds., *The Relevance of International Law* (Schenkman Publishing Company, 1968), pp. 55-56.

を，憲章または裁判所規程のどこにも見出すことはできない。もしも裁判所が確立した判例に反してこのような見解を採用しなければならないとすれば，それは国際紛争の平和的解決における裁判所の役割に広範かつ正当化されない制約を課すことになろう。」[80] さらに本案判決は，モーゲンソーがいう複数主義的で相対的な国際法秩序を擁護することによって，米国の世界観を根源的に批判した。すなわち同判決は，ニカラグア政府が「全体主義的な共産主義独裁」に向かいつつあるという米国の主張に関して，次のように述べた。「国が特定の教義を信奉することは，慣習国際法の違反を構成するものではない。そうでなければ，国際法全体がそれに依拠する国家主権の基本原則と，国の政治的，社会的，経済的および文化的体制を選択する自由とは無意味とされるであろう。」[81]

しかし，裁判所がこうしてニカラグアの請求を受理して管轄権を行使したことは，米国が本案段階で出廷しなかっただけでなく選択条項受諾宣言を廃棄し，さらには本案判決を遵守しないという結果を招いた。このような経過は紛争解決における裁判所の役割を損ない長期的には「法の支配」に悪影響を及ぼすかもしれないという危惧は，日本でも少なくない[82]。こうした危惧にはそれなりの根拠があると思われるが，それにもかかわらずこれについては少なくとも次の2点のコメントが必要だと思われる。第1に，米国にとっては前述のように「国際法が規定する構造上の権限配分」を支持することが「法の支配」の要素だった。裁判所と安保理事会の「権限配分」が憲章に規定されていることを思えば，こうした主張に理由がないわけではないが，だからといって判決の不遵守が「法の支配」の名のもとに正当化されることにはなるまい。

第2に，こうして危惧される「法の支配」とは誰にとっての「法の支配」かと問うことが許されるであろう。かつてカーは，国際政治の論者が法の支配に最高の道義的善を見出すときに，「われわれは，どのような法なのか？そして

---

(80) *Supra* note (1), pp.439-440, para.105, citing *Case concerning United States Diplomatic and Consular Staff in Tehran (United States of America* v. *Iran)*, Judgment of 24 May 1980. *I. C. J. Reports 1980*, p.20, para.37.
(81) *Supra* note (2), p.133, para.263.
(82) たとえば，安藤，前掲論文，注(20)，36頁；杉原「国際裁判の機能的制約論の展開」，前掲注(69)，168頁。

Ⅳ 国際紛争と国際法

誰の法なのか？と問う資格を有する」と述べた[83]。ここで想起されるのは，米国が本件手続からの離脱を声明するに当たって，管轄権判決は「司法的自制という［裁判所の］伝統からの離反」だと非難して，裁判所が国連自体と同様に「西欧民主主義の利益に反する政治化」の道を進むことになれば，それは「法の支配の目的にとって目に余る禍であろう」と述べたことである[84]。つまり米国がいう「法の支配」とは，「西欧民主主義の利益」に即したものだった。こうしてこの裁判では，裁判所が依拠した憲章第2条4を柱とする国連の平和構想と，平和と安全の問題に関する安保理事会の排他的権限の主張を軸とする「米国の平和」の構想とが対峙したのである。

2 国際紛争の多面的性格と裁判の役割

ニカラグア事件判決において ICJ は，国際の平和と安全の問題についても国際法にかかわる限りでは自らが役割を果たすことができると主張したが，これは両大戦間において司法の万能を説いたローターパクトの見解に与するものではない。ICJ が主張する役割は，より限定的で現実的なものだった。たとえばテヘラン米大使館事件判決は，「主権国家間の法律的紛争はその性格自体からしておそらくは政治的文脈において生じるものであり，しばしば関係国間のより広範で長年にわたる政治的紛争の一要素に過ぎないものである」が，「紛争当事者間で争点となることがある法律的問題を解決することは，国連の主要な司法機関である裁判所がなすべきことであり，裁判所によるこのような法律的問題の解決は当該紛争の平和的解決を促進する重要な，時には決定的な要素でありうる」と述べた[85]。つまり裁判所はここで，多面的な要素を含むことが少なくない国際紛争について，それを裁判によって一刀両断に解決できると主張するのではなく，自らの役割をその法律的側面の解決にいわば自己限定したのである。

これは，かつての紛争の種別論における「振り分け」の主張ではない。かつ

---

(83) Carr, *supra* note (32), p. 165; 邦訳，343 頁。
(84) Statement on the U. S. Withdrawal from the Proceedings Initiated by Nicaragua in the International Court of Justice, January 18, 1985, *International Lega Materials*, Vol.24 (1985), p.248.
(85) *Supra* note (80), p.20, para.37; p.22, para.40.

ての種別論は，おのおのの紛争それ自体を法律的／非法律（政治的）と性格付け，この性格を裁判義務からの除外の，あるいは解決手段への「振り分け」の根拠とするものだった。これに対して，上の裁判所の認識のような立場は，個々の紛争には法と政治以外にも多様な側面がありうることを認めて，各々の側面についてそれにふさわしい解決の手段を用いる可能性を認めるものなのである。このような解決の諸手段の組み合わせについては，エーゲ海大陸棚事件判決におけるラクス（Manfred Lachs）裁判官の個別意見が次のように述べた。すなわち，紛争主題の性格からして交渉以外の解決手段が存在しない紛争があるのは明らかである。しかし多くの紛争では，諸手段の組み合わせが解決を促進するだろう。今日諸国が直面する問題の前例のない性格は，そこに含まれる複雑かつ多面的な争点を解決するためには，できるだけ多くの手段が用いられることを必要とする。時には，いくつかの手段を同時にまたは継続的に用いることが望ましいこともある。したがって国が用いることがある多様な諸手段はすべて相互補完的であって，両立しないものと見てはならない，という[86]。

　実際ニカラグア事件判決も，同じ考え方に立っていたとみることができる。繰り返して指摘したように，本件判決は一方では武力行使にかかわる紛争であってもその法的側面を解決することは裁判所の役割であることを強調しながら，他方では安保理事会が同じ紛争について政治的役割を果たすことを指摘してきた。さらに判決は受理許容性の文脈ではその関連性を否定したコンタドーラ・プロセスについて，大略以下のように述べる。すなわち，憲章第33条にいう紛争の平和的解決の原則は慣習法の原則でもあり，同条は利用可能ないくつかの平和的手段を示している。裁判所はすでに，コンタドーラ・プロセスとして知られる外交交渉に留意してきた。この努力は，「当該の地域における困難な状況の解決のための類のない貢献として十分な尊重と考慮に値する」。コンタドーラ・グループの作業は，微妙かつ困難な交渉を憲章の精神に従って促進することができる。裁判所は両当事者に対して，中米における最終的かつ永続的な平和を求めるにあたって，コンタドーラの努力に協力する必要性に注意を促す，という[87]。

---

(86) *Aegean Sea Continental Shelf Case (Greece v. Turkey)*, Judgment of 19 December 1979, Separate Opinion of Judge Lachs, *I. C. J. Reports 1978*, p.52.
(87) *Supra* note (2), p.145, paras.290-291.

Ⅳ 国際紛争と国際法

　紛争の多面的な性格に対応して各種の解決手段を組み合わせて用いるというこうした考えは，かつては主流だった司法的解決を最も優れた解決手段とみる立場に対して，友好関係原則宣言や紛争の平和的解決に関するマニラ宣言（総会決議37/10附属書）に見られるように，手段選択の自由を強調する現代国際法にはより適合的な見方だということができる。紛争の性格に応じてどのような手段をどのような組み合わせで用いるのかも，この手段選択の自由によって紛争当事国が合意するべきことはいうまでもない。

　それではこのような考え方は，前述の複線構造論とは矛盾しないのだろうか？山形英郎は，戦争違法化による国際法の構造転換に伴って伝統的な政治的紛争論は存在基盤を失ったと主張する興味深い論文において，松井は一方では伝統的な政治的紛争論を残存させながら，他方では混合紛争論を採用するという「矛盾に満ちた紛争解決論」を唱えたと批判した[88]。また山形は，松井が祖川にならって国際機構の政治的機関による解決を「動的紛争」に当てはめたことを批判して，政治的紛争の解決のためは事実上の政治権力が必要であり，憲章第Ⅵ章ではなく第Ⅶ章の下で当事国を拘束する圧倒的力が必要だという[89]。彼がいうように，国の戦争に訴える自由が伝統的な政治的紛争論を担保していたことは間違いないが，「動的紛争」と「静的紛争」の各々に対応する二系列の解決手段があるという認識を，戦争違法化が否定するという主張には，にわかには同意しがたい。国際機構による紛争の動的処理にかかわる問題点については先に触れたが，紛争処理手続として当事国を拘束するものだけを，そしてそこで働く「力」について憲章第Ⅶ章の強制措置を，それぞれ想定している点では彼の議論は狭きに失すると思われる。

　ところで，紛争の動的解決手段と静的解決手段の各々に複数の手段が含まれ

---

(88) 山形英郎「伝統的な政治的紛争理論と戦争違法化──国際法の構造転換に対する一視座──」山手治之・香西茂編集代表『21世紀における人権と平和：国際法の新しい発展をめざして(上)国際社会の法構造：その歴史と現状』（東信堂，2003年），とくに142頁。
(89) 同上論文，134-135頁。加藤陽も政治的紛争の解決のために法的拘束力ある決定の重要性を強調するが，彼自身が認めるように法的拘束力ある決定が必ずしも紛争解決を保障しないことは国際裁判の経験からも明らかである。加藤陽「国際機構の法的拘束力を有する決定による政治的紛争の解決──冷戦後の国連安保理における新たな展開──(一)(二・完)」『法学論叢』第165巻2号，5号（2009年），(一)104-105頁；(二)104頁。

ることに留意するなら，複線構造論と紛争の多面的な性格の認識が「矛盾」するとはいえないが，これにニカラグア紛争を当てはめることには困難があることを認めなければならない。米国の弁論をそのまま受け入れなくても，ニカラグア紛争が圧倒的な政治的含意を有したこと自体は否定できず，そうだとすればこの紛争は政治的紛争であって司法的解決には適さないという結論になりそうである。しかし米国の主張は，第2条4，第24条1，第39条，第51条といった憲章規定の解釈論に終始しており，同国は法を動かす動的な解決を求めたわけではない。そうだとすればその限りにおいて，米国の主張は裁判可能な紛争に含まれると論じることができたのである。

V 国際紛争の司法的解決を進めるために——結びに代えて

　かつて多くの国際法学者は，国際法を適用して拘束力ある判決を下すことができる国際裁判を，最も優れた紛争解決手段だとみなしていた。このような見方は国内法アナロジーに由来するもので，国際社会の構造を正しく反映するものだったとはいえないが，しかし他方では，国際裁判とりわけICJによる裁判が優れた紛争解決手段の一つであることも否定できない。国際裁判はとくに，力関係においては劣位にある弱国・小国の国際法上の権利の保護のためには，少なくない役割を果たすことができると思われる。「紛争が裁判所に付託されたとき，当事者間の力の相違は関連性をもたないことが前提となる。法は，法的権利の相違以外のいかなる不平等も認めない」[90]からである。

　もちろんそのためには，裁判所が適用する国際法が一部の国の個別的利益ではなく，国際社会の一般的利益ないしはすべての国の共通利益を反映した公正なものであることが必要である。両大戦間の平和構想でもこの問題は意識されており，いわゆる「平和的変更」が重要な課題とされていた。しかしそこで「変更」の対象とされていたのはおもに不平等な条約規定であって，その枠組をなしていた伝統的国際法は所与のものだった。また，「変更」の主張を主導したのは，おもにドイツをはじめとする敗戦国だった。これに対して第2次世界大戦後の伝統的国際法への批判はその枠組自体への総体的批判であり，これを担ったのはおもにアジア・アフリカの発展途上国とかつての社会主義国だっ

---

(90) Carr, *supra* note (32), p. 187; 邦訳，388-389頁．

IV 国際紛争と国際法

た。このような批判を背景として武力行使禁止原則と人民の自決権を基軸とする現代国際法が形成されてきたのであって，こうした経緯を踏まえることは平和構想における裁判の位置づけを考える上でも不可欠だと思われるのである[91]。

それでは，国際裁判による紛争解決を推し進めるためにはどのような方策が考えられるのだろうか。この目的のために，国際法学者はさまざまな制度改革を提言してきたが，それにもまして重要なのは次の点だと思われる。伝統的な紛争の種別論では，裁判による解決が可能な法律的紛争とは当事者が国際法の適用による解決を求めるものだと理解されていた。そして紛争の裁判付託のためには，当事国が何らかの形でその管轄権を受諾していることが必須の条件である。したがって，裁判による紛争解決を進めるためには何よりも，国が裁判義務を受諾しまたは個々の紛争について裁判付託に合意するように促さなければならない。両大戦間においてこの目的のために注目されたのは，世論の役割だった。ローターパクトは，主権主張に固執する諸国に裁判条約の締結を余儀なくさせたのは，国際交流の必要性と「世論の圧力」だったという[92]。

裁判付託を促した「世論の圧力」の近年における例は，1996年の核兵器使用の合法性に関するICJの勧告的意見に見ることができた。この意見は国連総会が要請したものだったが，その背後には多数の反核NGOsの運動があったことはよく知られている。また，この勧告的意見は国際裁判の結果のフォローアップのためにも「世論の圧力」が働くことを示した。同意見が，「全面核軍縮に向けての交渉を，誠実に実施しおよび完結させる義務」を認めた（主文(2)F）ことを受けて，総会はすべての国が多国間交渉を通じて「この義務を直ちに実施するように」要請する決議を繰り返し，このような動きがさまざまな曲折を経てのことであるが，2017年7月の「核兵器の禁止に関する条約」の採択に導いたのである。この条約の作成にあたっての世論の役割は，条約前文が明記するところだった。

ここで，国連の平和構想における国際裁判の位置づけについて感想を述べ

---

[91] この意味で，第2次世界大戦後の国際法の構造変化をもっぱら戦争違法化に伴うその規範論理構造の変化の観点からだけ見るのは不十分で，田畑茂二郎が主唱した国際社会の構造変化の議論にも再度注目する必要がある。たとえば，田畑『国際法（第2版）』（岩波書店，1966年），第1章第3節；同『現代国際法の課題』（東信堂，1991年），を参照。

[92] Lauterpacht, *supra* note (46), p.5.

ことによって，本稿を閉じることにしたい。両大戦間の平和構想では，安全保障，紛争の平和的解決および軍縮が三つの基本原則とされており，連盟の安全保障制度の下で侵略概念を確定するためには包括的な国際裁判義務を設定することが求められた。これに対して国連の平和構想の下では，武力行使の禁止は絶対的なものであって紛争の平和的解決義務に従属させられてはおらず，国際裁判は連盟の平和構想におけるような重要な位置づけを必ずしも与えられているわけではない。ところが，戦争違法化を軸とする憲章における現代正戦論が「自己の戦争の正当化，戦争手段の極端化，戦争規模の拡大として機能するのみ」だった冷戦期に石本泰雄は，「いかにして侵略の認定の客観化と，侵略への対抗の純粋化を保証するか」を現代正戦論の「最大の課題」として設定し，このためには違法な戦争に対する法的効果よりも「戦争違法化の多角的な実効的保障」が重要であって，この意味で「軍縮・紛争の平和的解決・集団安全保障の三位一体」が強調された連盟における討論が「現在一層新鮮な意味を与えられねばならない」と指摘した[93]。石本がいう現代正戦論の病弊が冷戦期にも増して顕著である現状を目の当たりにするにつけても，われわれは，半世紀以上も前のことになる石本の上のような提言に改めて思いを致して，「軍縮・紛争の平和的解決・集団安全保障の三位一体」の現代的意義を再検討し，その中における紛争の平和的解決とりわけ国際裁判の位置づけにも新しい光を当てるべきだと思われるのである。

---

[93] 石本泰雄「戦争と現代国際法」（初出1965年），石本『国際法研究余滴』（東信堂，2005年），41-42頁。

19 管轄権判断に対する「被告国の認識」の影響
―― 近年における国際司法裁判所の判例動向

李　禎之

I　はじめに
II　紛争の認定と被告国の認識
III　管轄権基礎の解釈と被告国の認識
IV　おわりに

I　はじめに

　国際裁判の機能を如何に理解すべきなのかという問題は学説上も議論のあるところであるが[1]，裁判機能の中核に「紛争解決」を据えることについては概ね共通理解があるように思われる。そして，その点（紛争解決機能）に大きな制約が存するが故に，国際裁判の機能を論ずる必要性（すなわち，「紛争解決」に役割を果たさないとしても裁判に意義が認められるべきとの主張）が生じているといえるのかもしれない。とりわけ，そうした紛争解決機能に対する制約として，伝統的に，高度に政治性を帯びた紛争の解決に裁判が適するのか否か，という問題（政治的紛争の裁判適格性）が論じられてきた点は周知の通りである。
　この問題に関連して，安藤仁介は，ニカラグア事件を論じた論稿にて国際裁判における「被告国の認識」に着目した議論を展開した[2]。そこで安藤は，欠席裁判の事案において，国際司法裁判所（ICJ）が「自己の強制的管轄権を積極的に活用する姿勢を示した」と評価したうえで，こうした姿勢が「短期的に

---
(1) 例えば，J. E. Alvarez, "What are International Judges for? The Main Functions of International Adjudication", in Romano *et al.* (eds), *The Oxford Handbook of International Adjudication* (Oxford U.P., 2014), pp. 158-178; 李禎之「国際裁判の機能――国際社会における『客観的』判断の役割」『法学セミナー』765 号（2018 年）43-48 頁を参照。
(2) 安藤仁介「ニカラグア紛争と司法的解決――政治的紛争と ICJ」『国際問題』339 号（1988 年）36 頁。

IV 国際紛争と国際法

は各事件の解決にとって，長期的には裁判所の機能と司法的解決の有用性，ひいては国際社会における法の支配にとって，どのような影響を与えるか」，という点に疑問を呈している(3)。すなわち，安藤は，国際裁判が国際紛争の解決，ひいては国際社会における法の支配に資するためには，裁判所が被告国の意思に十分な配慮を行うべきであり，その結果として，裁判所が判断を差し控えるべき場合（司法自制）もあり得る，と主張しているように思われるのである。

確かに，近年のICJにおいて国家による欠席戦術は必ずしも一般的に行われておらず(4)，その限りでは安藤の懸念が欠席裁判という形で現実の問題として顕在化している訳ではないが，その指摘の根底にある「裁判の過程で被告国の意思をどの程度考慮するのか（又は，しないのか）」という問題が国際裁判の機能や有用性を考察するにあたって重要な考慮要因となり得ることは，現在においても全く変わりはないように思われる。しかし同時に，義務的管轄権制度を欠く国際裁判において被告国の主観的な認識を考慮するということは，その手法や程度によっては個別の裁判による具体的な紛争の処理に対して極めて否定的な影響を及ぼし得ることにも留意しなければならないであろう。

以上の認識を背景として，本稿は，上述した安藤の問題提起を受ける形で，近年における管轄権判断（先決的抗弁）の分析を行うことによって，被告国の主観的認識を，裁判所が①如何にして，そして，②どの程度考慮しているのか（又は，していないのか）について，近年の判断傾向を考察することをその目的とする。この考察により，国際裁判の意義とその限界に対する国際司法裁判所の自己認識の一端を明らかにし，それに対する一定の評価を試みたいと考える。

(3) 同上，36頁。
(4) 現在でも，1899年10月3日の仲裁判断事件（ガイアナ対ベネズエラ）において，被告ベネズエラは管轄権基礎の欠如を理由として訴訟手続への不参加を明言している（欠席戦術をとっている）という例はある（*See* Arbitral Award of 3 October 1899 (Guyana *v.* Venezuela), Order of 19 June 2018, Order of 19 June 2018）。なお，国連海洋法条約（UNCLOS）に基づく紛争解決手続，とりわけ義務的手続，においては被告欠席の事案がみられる。そうした例として，具体的には，UNCLOS附属書VII仲裁について，アークティック・サンライズ号仲裁事件（被告ロシア欠席。*See* Note Verbale from the Russian Federation to the PCA dated 27 February 2014）および南シナ海仲裁事件（被告中国欠席。*See* Note Verbale to the PCA on 1 August 2013）があり，国際海洋法裁判所の暫定措置について，ウクライナ軍艦3隻の抑留に関する事件（被告ロシア欠席。*See* Note verbale from the Embassy of the Russian Federation in the Federal Republic of Germany of 30 April 2019）が挙げられる。

それでは以下，被告国の認識が影響する段階を紛争認定の段階（Ⅱ）と管轄権基礎の解釈の段階（Ⅲ）に分けて，それぞれ分析していくことにしよう。

Ⅱ 紛争の認定と被告国の認識

まず，国際司法裁判所は，その裁判の前提となる「紛争」の認定に際して，被告国の認識を考慮し得るものと解される。こうした考慮方法は，核軍備競争の停止と核軍備の縮小に関する交渉事件（マーシャル諸島対英国）の先決的抗弁判決[5]において，「紛争」の存在に「被告の認識（awareness）」を要求しているという点にみいだすことができよう。

本件で被告国・英国は，原告国・マーシャル諸島の提訴時に裁判可能な紛争が存在しなかった（第1抗弁）と主張していることから[6]，被告国の主観的な認識として紛争の存在を否定するものであったといえる。こうした主張に対して，裁判所は，紛争の存否について，判例に基づく定義や認定手法等を確認したうえで，紛争が存在するのは，「自国の見解が原告によって『明確に反対されている（positively opposed）』」ことを被告が認識していたか，または認識していなかったことはあり得ない（*was aware, or could not have been unaware*）」ことが証拠に基づいて証明されたときである[7]，という枠組みを提示したのであった。そして，この枠組みを本件事実に当てはめるべく，裁判所は，被告の認識可能性を検討するが[8]，それら可能性を否定すること[9]によって管轄権

---

(5) Obligations concerning Negotiations relating to Cessation of the Nuclear Arms Race and to Nuclear Disarmament (Marshall Islands *v.* United Kingdom), Preliminary Objections, Judgment, *I.C.J. Reports 2016*, p. 833.
(6) *Ibid.*, p. 847, para. 29.
(7) *Ibid.*, pp. 850-851, para. 41 [emphasis added].
(8) *Ibid.*, pp. 852-856, paras. 46-57. 検討対象になったのは，第1にマルチの場におけるマーシャル諸島自身の発言，第2に請求訴状の提出および本件手続において表明された両当事国の立場，第3にマルチの場における核軍縮に関する英国の投票記録，第4に提訴前後における英国の行為，である（*see ibid.*, p. 852, para. 46）。
(9) 英国の行動に関連しては，①提訴後の訴訟行為は，紛争の範囲を明確にする等の関連性を持ち得るが，紛争を新たに作り出すことはできない（*see ibid.*, pp. 854-855, para. 54），②英国による総会決議への投票行動のみでは当該国の立場を示しているとみることはできず，ましてや決議内容に関する法的紛争の存在を示しているとみることはできない（*see ibid.*, p. 855, para. 56），③マーシャル諸島の発言は英国の項に関する特定を欠いているため，自国の義務違反に対する主張であると英国が認識するには不十分である

Ⅳ　国際紛争と国際法

を否認したのである[10]。

　この「被告の認識」要件については，それが紛争認定に関する新規の要件なのか否かという点に判事間でも見解の相違が確認できる。すなわち，そこでの争点は，こうした考慮手法自体の位置付けが先例や裁判所権限と整合するのかという点にあったといえるであろう。

　この点，一方では，「被告の認識」要件は紛争判断に際しての前提であり，新規要件ではないとの立場（前提条件説）がある。例えば，小和田判事は，先例で明示されていないとはいえ，「様々な事件の共通項が『認識』の要素である」と述べているし[11]，アブラハム判事は人種差別撤廃条約適用事件（ジョージア対ロシア）以降，とりわけ訴追か引渡しかの義務事件（ベルギー対セネガル）において紛争概念に認識要件が認められてきたという[12]。学説上も，サールウェイは，「請求を認識していないのならば，積極的な否認は不可能ではないか」[13]ということや「論理的観点からは，紛争は双方性がある」[14]ということを根拠として，認識要件の新規要件性を否定する立場を示している。すなわち，こうした前提条件説の立場は，「被告の認識」は，判例上，紛争の認定に論理的前提として組み込まれて判断されてきたのであり，被告の認識が別途の独立要件として取り扱われているのではない，と考えているものといえる。

　他方，こうした立場（前提条件説）に対しては，紛争認定に「被告の認識」を求めるのは新規の要件であるとして，様々な批判がある。その中でも，本稿の問題意識から注目すべきは，「被告国の認識」要件と裁判所の紛争認定権との関係についての批判であろう[15]。すなわち，被告国の「認識」という主観

　　（see ibid., pp. 855-856, para. 57），と判断された。
(10)　Ibid., p. 856, para. 58.
(11)　Ibid., Separate opinion of Judge Owada, p. 881, para. 13.
(12)　Ibid., Declaration of President Abraham, p. 858, paras. 1-3.
(13)　H. Thirlway, "Establishing the existence of a dispute: A response to Professor Bonafé's criticisms of the ICJ", QIL, Zoom-out 45 (2017), p. 55.
(14)　Thirlway, ibid., p. 61.
(15)　Obligations concerning Negotiations relating to Cessation of the Nuclear Arms Race and to Nuclear Disarmament, supra note 5, Dissenting Opinion of Vice-President Yusuf, pp. 864 and 866, paras. 15 and 23; Separate Opinion of Judge Sebutinde, p. 1055, para. 31; Dissenting Opinion of Judge Robinson, p. 1071, para. 22; Dissenting Opinion of Judge ad hoc Bedjaoui, p. 1117, para. 31.

的要件を用いることは，裁判所による紛争の「客観的」認定権と矛盾すると指摘されているのである。ただし，この点に関しては，「認識」という主観的要素を客観的に審査すること自体は不可能でない，とも指摘されていることに留意しなければならない[16]。実際，クロフォードは，「客観的認識（objective awareness）」という用語を用いており，被告の「認識」が裁判所による客観的認定に服する概念であることを示唆していると解することができるであろう[17]。

とはいえ，被告の主観的認識を客観的に認定するという問題は，その認定手法に曖昧さや恣意性を残すことは確かである[18]。したがって，こうした認定の困難性から，被告の認識の「客観的」認定の内実は，詰まるところ被告認識に関する証明の難度に還元されるのかもしれない。この点は，紛争の存在には請求の「事前通告（notice）」が手続上要求されるという英国の主張[19]と関連していると見ることができる。すなわち，これは「事前通告」要件（国家責任条文第43条2項）の「認識」要件による代置と理解することができるのであり[20]，実際，ベジャウィ判事[21]やロビンソン判事[22]の反対意見でもこの点が指摘されているのである。そして，本件での「認識」要件は，実質的には「事前通告」要件と同等の効果を持ったと評価することもできよう[23]。これらの点を考えあわせると，裁判所は，通告等手続の存否から推測される「被告国の認識」をもって紛争の認定をなし得ると解釈することができるであろう。

---

(16) 国際司法裁判所判例研究会（浅田正彦・玉田大執筆）「判例研究・国際司法裁判所核軍縮競争の停止と核軍備の縮小に関する交渉義務事件（マーシャル諸島対英国）（先決的抗弁・2016年10月5日）」『国際法外交雑誌』第116巻第2号（2017年）106頁。
(17) Obligations concerning Negotiations relating to Cessation of the Nuclear Arms Race and to Nuclear Disarmament, *supra* note 5, Dissenting opinion of Judge Crawford, p. 1094, para. 4; 国際司法裁判所判例研究会（浅田・玉田）「前掲評釈」（注16）106頁。
(18) 国際司法裁判所判例研究会（浅田・玉田）「前掲評釈」（注16）106頁。
(19) Obligations concerning Negotiations relating to Cessation of the Nuclear Arms Race and to Nuclear Disarmament, *supra* note 5, p. 846, para. 27.
(20) 国際司法裁判所判例研究会（浅田・玉田）「前掲評釈」（注16）108頁。
(21) Obligations concerning Negotiations relating to Cessation of the Nuclear Arms Race and to Nuclear Disarmament, *supra* note 5, Dissenting Opinion of Judge *ad hoc* Bedjaoui, pp. 1116-1117, para. 30.
(22) *Ibid.*, Dissenting Opinion of Judge Robinson, p. 1072, para. 24.
(23) 国際司法裁判所判例研究会（浅田・玉田）「前掲評釈」（注16）108頁。

以上から，「被告の認識」を考慮する手法自体の位置付けについて裁判所内部で必ずしも一致が見られないとはいえ，裁判所による「客観的な」紛争の認定を介しても被告国の認識が考慮され得る，という点は判例上で確認することができる。

III 管轄権基礎の解釈と被告国の認識

また，管轄権の前提をなす紛争認定の段階ではなく，管轄権基礎（各種条約中の裁判条項や選択条項受諾宣言）の解釈において被告国の認識が考慮された，と評価し得る事例も見られる。そこで本稿では，とりわけ当該条項に規定される手続的要件を解釈するに際して，被告国の認識が考慮されている事例を取り上げて，以下で検討してみることにしたい。

1 「交渉」の存在

管轄権基礎の解釈において，「交渉」の存在という手続的要件は，従来の判例においては比較的柔軟に判断されてきた，と指摘されている[24]。しかしながら，ここで問われるべき問題は，どの程度の交渉が行われれば，裁判所への付託が可能となるかであり，本稿の問題設定からは，その際に被告国の認識が影響を与えているのか否かという点にある。この点については，人種差別撤廃条約適用事件（ジョージア対ロシア）の先決的抗弁判決[25]での判断が注目に値するものといえよう。

本件において管轄権の基礎を提供すると主張されたのは人種差別撤廃条約

---

[24] *See* M.G. Kohen, "Interaction between Diplomatic and Judicial Means at the Initiation of Proceedings", in L. Boisson de Chazournes, M.G. Kohen and J.E. Vinuales (eds.), *Diplomatic and Judicial Means of Dispute Settlement* (Brill, 2013), p. 23; 河野真理子「条約の紛争解決条項に基づく国際司法裁判所の管轄権に関する一考察——人種差別撤廃条約事件と訴追か引渡の義務に関する問題事件を手掛かりとして——」『国際裁判と現代国際法の展開』（三省堂，2014 年）41 頁；国際司法裁判所判例研究会（酒井啓亘執筆）「判例研究・国際司法裁判所 人種差別撤廃条約適用事件（ジョージア対ロシア）（仮保全命令・2008 年 10 月 15 日）（先決的抗弁・2011 年 4 月 1 日）」『国際法外交雑誌』第 116 巻第 1 号（2017 年）94 頁。

[25] Application of the International Convention on the Elimination of All Forms of Racial Discrimination (Georgia *v.* Russian Federation), Preliminary Objections, Judgment, *I.C.J. Reports 2011*, p. 70.

(CERD) であり，同条約第22条は，「交渉又はこの条約に明示的に定められている手続によって解決されない」紛争についてICJの管轄権設定を認めるものである。そのため，本件では，人種差別撤廃条約の解釈又は適用に関する「紛争」の存在のみならず，当該裁判条項（第22条）にいう「交渉」の存否が問題になったのであった。実際，本件で被告国・ロシアは第一に「紛争の存在」を否定しており（第1抗弁），紛争の存在自体も問題となったが，この点については紛争の存在自体が容認されている[26]。それ故，本件は，事前の交渉という条件が満たされなかったことを唯一の理由として裁判所が自らの管轄権欠如を認定した初めての事件であるという点に特徴が指摘されるのである[27]。

人種差別撤廃条約第22条の手続的要件の充足について，裁判所はまず，「交渉によって解決されない」ということの意味，すなわち，同条が裁判所への付託の法的条件を定めるものといえるのかどうか，という点を検討する。この問題について裁判所は，同条が裁判付託の権利を制限するものであり，付託前に満たされるべき前提条件であると判断したのであった[28]。こうした理解を前提として，本件は人種差別撤廃条約第22条における条件の未充足を理由として管轄権を否定する（被告の第2抗弁を容認）という結論に至るのであるが，以下では，手続的条件未充足の実質的な根拠とされた人種差別撤廃条約上の「交渉の存在」が否認された点に焦点を絞って分析してみることにしよう。

ここでの問題は，判決において「交渉の存在」について裁判所はどのように判断をし，その際に被告国の認識は如何に位置付けられるのか，という点にある。この点につき，判決においては，一般的な考察の枠組が以下のように提示される。すなわち，裁判所によると，「交渉」は単なる抗議や討論とは区別さ

---

(26) *Ibid.*, pp. 117-120, para. 106-113. ただし，本件での紛争は，非常に限定的な範囲（2008年8月8日から12日の間のみ）で認定され，その手法に対しても認定基準に対しても批判がある（*See* 国際司法裁判所判例研究会（酒井）「前掲評釈」（注24）90-91頁）。なお，前節でみた核軍備競争の停止と核軍備の縮小に関する交渉事件（マーシャル諸島対英国）の先決的抗弁判決との連続性については，国際司法裁判所判例研究会（酒井）「前掲評釈」（注24）92頁も参照されたい。

(27) Application of the International Convention on the Elimination of All Forms of Racial Discrimination, *supra* note 25, Joint Dissenting Opinion, p.161, para. 63; 国際司法裁判所判例研究会（酒井）「前掲評釈」（注24）92頁。

(28) Application of the International Convention on the Elimination of All Forms of Racial Discrimination, *supra* note 25, pp. 125-128, paras. 132-141.

Ⅳ 国際紛争と国際法

れ，「交渉」という概念は「紛争」という概念とも異なり，「相手方紛争当事者と議論を行う純粋の試み（a genuine attempt）」が求められるという[29]。そして，交渉の内容については，「裁判条項にいう交渉」という条件が満たされるためには，当該交渉が「当該条約の主題と関連していなければならない」というのであった[30]。つまり，手続的要件を充足する「交渉」というためには，交渉の主題が当該条約中の実体的義務に関係していなければならないのである[31]。

以上の枠組みを設定した後，裁判所は同枠組みに本件事実をあてはめていくことになる。この「交渉の存否」に関する被告国・ロシアの主観的な認識は「人種差別撤廃条約に関する交渉は存在しない」というものであった。ロシアの主張によると，二国間でも両国を含む多国間のいずれの交渉でも人種差別問題は扱われておらず，したがってジョージアが主張する人種差別撤廃条約の下での紛争についての交渉はまったく存在しないというのである[32]。

この点に対して裁判所は，上述した通り，2008年8月9日から2008年8月12日の期間（4日間）にのみ紛争を認定していたことから[33]，当該期間中の「交渉」の有無を検討するという。そして，裁判所による「人種差別撤廃条約の解釈又は適用に関する交渉」の存否に関する判断に際しては，2008年8月12日のロシア外相（被告国）の声明が決定的な重要性を持ったと考えられる[34]。なぜなら，同声明は，「民族浄化が両当事国間の交渉の主題とはなっていなかった」ことを示す記録である，と裁判所によって解されたからである[35]。裁判所は，同声明を根拠として，「交渉の主題が人種差別撤廃条約に関する義務遵守ではなかった」ために，当該交渉は人種差別撤廃条約とは関係しておらず[36]，「民族浄化に関する主張の対立は人種差別撤廃条約の解釈又は適用に関する紛争の存在を示す証拠であるかもしれないが，それは交渉の試みではな

---

(29) *Ibid.*, p. 132, para. 157.
(30) *Ibid.*, p. 133, para. 161.
(31) *Ibid.*
(32) *Ibid.*, p. 135, para. 166.
(33) *Ibid.*, p. 135, para. 168.
(34) *Ibid.*, p. 138, para. 176.
(35) *Ibid.*, p. 138, para. 178.
(36) *Ibid.*, p. 139, para. 180.

い」と認定したのであった[37]。それ故に，結論として，裁判所は「2008年8月9日から12日の間，ジョージアはロシアと人種差別撤廃条約に関する事項について交渉を試みず，結果として，ジョージアとロシアはCERDに基づく義務のロシアによる履行について交渉に入らなかった」と判断したのである[38]。

本件では，一旦開始された交渉が失敗したのではなく，人種差別撤廃条約における裁判条項上の手続要件である「交渉」を構成し得る「最低限の外交的接触」自体が存在しなかったと判断されたのであり[39]，その根拠は，交渉の内容について，被告国の声明に具現した認識を証拠として，管轄権の根拠となる条約（人種差別撤廃条約）との関連性が欠如していたという点に求められた，と解される。すなわち，そこでは，被告国の認識が管轄権基礎をなす条約の主題と関連性を有するか否かを判断する際に考慮されているとみることができるのであり，その点において「交渉の存在」に関する判断に被告国の認識が介在していることを確認することができる。

そして，この点，裁判条項において交渉が裁判所への紛争付託の前提条件となっている場合には，交渉中に特定の条約に言及していなくても，被告国が原告国の主張を認識していれば裁判付託の障害とされることはなかったことに鑑みると[40]，本件は交渉主題に対する「被告国の認識」を考慮したという点でこれまでの先例にない厳しい解釈をとったものと評価することができるであろう[41]。

2 「他の紛争解決方法」の存在

管轄権基礎における手続的要件の解釈に際して，「被告国の認識」に対する考慮がなされるという実行は，「交渉」以外の手続についてもまた観察するこ

---

(37) *Ibid.*, p. 139, para. 181.
(38) *Ibid.*, pp. 139-140, para. 182.
(39) See Karel Wellens, *Negotiations in the Case Law of the International Court of Justice: A Functional Analysis* (Ashgate, 2014), p. 178.
(40) E.g. Military and Paramilitary Activities in and against Nicaragua (Nicaragua *v.* United States of America), Jurisdiction and Admissibility, Judgment, *I.C.J. Reports 1984*, pp. 428-429, para. 83; Oil Platforms (Islamic Republic of Iran *v.* United States of America), Judgment, *I.C.J. Reports 2003*, pp. 210-211, para. 107.
(41) 国際司法裁判所判例研究会（酒井）「前掲評釈」（注24）97-98頁。

IV 国際紛争と国際法

とができる。そうした事例として，選択条項（ICJ規程第36条2項）受諾宣言に付された留保の解釈，とりわけ，「他の紛争解決方法」の存在が問題となった，インド洋における海洋境界画定事件（ソマリア対ケニア）の先決的抗弁判決[42]を次に取り上げることにしたい。

本件での被告国・ケニアは，管轄権基礎とされた選択条項受諾宣言に関連して，以下の主張を行っていた[43]。それは，国連海洋法条約（UNCLOS）第XV部の紛争解決手続[44]，とりわけ附属書VII仲裁手続が[45]，同国の選択条項受諾宣言中の留保にいう「他の紛争解決方法」に該当するため，当該留保によりICJの管轄権が否定されるべきである，というものである。ケニアによると，当該留保は，UNCLOS第XV部の紛争解決手続に特別法（*lex specialis*）及び事後法（*lex posterior*）として選択条項受諾宣言に対する優越性を与えているのであり[46]，留保のない選択条項受諾宣言はUNCLOS第282条に基づき第XV部第2節の強制的手続の代わりに適用される手続へ付託する合意になり得るが，選択条項がそのような合意となる可能性は当該留保により排除されている，という[47]。

こうした主張に対して，裁判所は，以下のような理由付けによってケニアの主張を退けたのであった。まず前提として，UNCLOS第XV部の構造について以下のような理解をとる。それは，すなわち，同部第2節の強制的手続は，

---

(42) Maritime Delimitation in the Indian Ocean (Somalia v. Kenya), Preliminary Objections, Judgment, *I.C.J. Reports 2017*, p. 3.

(43) ケニアによる選択条項受諾宣言（1965年4月19日）には，「紛争当事国が他の紛争解決方法に付託することに合意したか又は合意する紛争（Disputes in regard to which the parties to the dispute have agreed or shall agree to have recourse to some other method or methods of settlement)」を除外するという留保が付されていた。*Ibid.*, p. 16, para. 31.

(44) 本件で「他の紛争解決方式」として援用されたMOU（了解覚書）の解釈については（*Ibid.*, paras. 36-106.），本稿の分析視点（被告国の認識）との関連性が薄いため，割愛する。

(45) ケニアによると，UNCLOS第287条1項にしたがって当事国は，UNCLOSの解釈又は適用に関する紛争を解決する手段を宣言することができるが，このような宣言がない場合（本件はこの場合に該当する）は第287条3項に従い附属書VII仲裁を受け入れているものとみなされる，という。*Ibid.*, p. 43, para. 108.

(46) *Ibid.*, p. 43, para. 109.

(47) *Ibid.*, pp. 43-44, para. 110.

第1節の手続により紛争が解決されないときにのみ適用でき，UNCLOS第282条に該当する手続は第2節の手続の代わりに適用される[48]，という理解である。そして，裁判所はUNCLOS第282条の解釈はこの文脈で解釈されなければならないといい，同条の「その他の方法 (otherwise)」に選択条項受諾宣言による合意を含むと判断したうえで，この解釈は起草過程からも確認できる，というのである[49]。

しかしながら，問題は，こうした解釈が当該宣言にケニアの留保が含まれていても妥当するかにあるため，裁判所は次にこの点を検討するという[50]。その際，ICJは，半数以上の選択条項受諾宣言に「他の紛争解決方法に合意したか又は合意する紛争」を除外する留保が付されていたにもかかわらず，UNCLOS第282条の起草過程ではこのような留保を含む宣言を第282条の範囲から除外する意図は示されていなかったことを理由として[51]，選択条項受諾宣言による管轄権への合意はケニアのような留保を含むものであっても第282条の範囲内である[52]，と結論付けたのであった。

上記の判断に関連して，本稿の観点から重要なポイントは，このようにUNCLOS規定の体系的な条文解釈で得た結論に関して，ケニアの留保意図という観点からICJ自身の管轄権行使を補強した点である。すなわち，裁判所によると，留保に反映されたケニアの意図は，紛争が「いずれかの解決手段に付託されればよい」というものであるという。曰く，

　　「裁判所が管轄権を有するという判断は，本紛争が何らかの紛争解決手段に付されることを確保すること ［ensuring that this dispute is subject to *a method of dispute settlement*］によって，ケニアの宣言に反映されている意図 ［*the intent reflected in Kenya's declaration*］に効果を与えることになる[53]」（強調引用者）。

---

(48)　*Ibid.*, pp. 46-48, paras. 121-125.
(49)　*Ibid.*, pp. 48-49, paras. 126-128.
(50)　*Ibid.*, p. 49, para. 129 ［emphasis added］.
(51)　*Ibid.* ただし，この点に関して「包含する」という意図も確認できないのであり，起草過程における"議論の欠如"を如何に評価するのかという点でICJの解釈に牽強付会の感があることは否めない。*See also ibid.*, Dissenting Opinion of Judge Robinson, pp. 75-76, paras. 30-31.
(52)　*Ibid.*, p. 50, para. 130.
(53)　*Ibid.*, p. 50, para. 132.

Ⅳ　国際紛争と国際法

なるほど本件においては，裁判所も認めるよう，ICJ が管轄権行使を拒否する場合に，こうしたケニアの宣言意図が実現されるかは明らかでない[54]。事実，ケニアは先決的抗弁判決直前の 2017 年 1 月 24 日に UNCLOS 第 298 条 1 項(a)(i)に基づいて第 XV 部の強制的紛争解決手続から海洋境界紛争を除外する宣言を行っていることから[55]，当該宣言に基づいて本件紛争は UNCLOS の紛争解決手続からも除外されてしまう結果になる。ICJ においては本紛争をUNCLOS 上の紛争処理手続に付託すべきと主張（留保に該当すると主張）する一方で，UNCLOS の紛争処理手続からも除外するというケニアの言動に鑑みると，選択条項受諾宣言中の留保に示されるケニアの"実際の意図"は必ずしも明らかではない。とはいえ，本判決においては裁判所によって解釈された被告国（ケニア）の認識が，留保の条件を判断するにあたって当該留保の適用を否定する形で考慮されているという点に留意する必要があろう。

Ⅳ　おわりに

本稿の検討から，ICJ は管轄権段階での判断に際して，被告国の認識をその判断に反映させているということを確認することができる。そして，そうした反映は，「紛争」の存在，裁判条項等における「交渉」や「他の紛争解決方法」といった，法的概念や用語を解釈するに際して被告国の認識を考慮するという形態においてなされているのであった。

ここで留意しなければならないのは，裁判所は被告国の主観的な"ナマの認識"を直接的に考慮しているのではない，という点である。具体的には，①紛争の存在における被告の主観的な認識が裁判所により「客観的」に評価され（マーシャル諸島対英国事件），②交渉の主題との関連性が被告国の認識にそった形で裁判所によって判断され（ジョージア対ロシア事件），③他の紛争処理手続の存在にかかる留保の内容が裁判所によって解釈された被告国の認識に基づい

---

(54) Ibid., p. 50, para. 132. なお，ロビンソン判事は，ケニアの留保文言の明確性を理由に附属書 VII 仲裁手続が管轄権を有する可能性が高いと理解しており，こうした多数意見の認識を厳しく批判している（see ibid., Dissenting Opinion of Judge Robinson, p. 77, para. 35）。

(55) UNITED NATIONS CONVENTION ON THE LAW OF THE SEA MONTEGO BAY, 10 DECEMBER 1982 KENYA: DECLARATION UNDER ARTICLE 298, Reference: C.N.26.2017.TREATIES-XXI.6 (Depositary Notification).

て位置づけられている（ソマリア対ケニア事件）のである。すなわち，これら実行からは，裁判所の解釈によって一定程度客観化された被告国の認識が考慮されていることを確認できるのである。

　ただし，こうした判断手法には，裁判所による被告国の認識の「解釈」という部分に，裁判所の政策的配慮を必然的に介在させることになるという問題が内在していると考えられる[56]。この点，裁判所が事件の審理をすべきか否かという政策的な判断を先行して行っているのではないか，という疑念が強ければ裁判に対する信頼を揺るがせるであろうし，そうした政策的判断は「裁判所自身の解釈を通じて確認される被告国の認識」が「実際の国家（被告国）の主観的認識」から乖離していく可能性を高めるようにも思われる。そして，こうした手法は，「被告国の認識」だけでなく「裁判所の認識」にも依存しているという点で二重の意味で主観的な判断が「客観性」を持ち得るのか，という理論的な問題をも惹起するものと思われる。

　しかし，以上のような問題を孕んでいるとはいえ，本稿で検討したICJによる「被告国の認識」の考慮手法は肯定的にも評価することが可能であると考える。その際，「はじめに」で挙げた前掲論文における安藤の指摘は示唆に富むものであるといえよう。そこで安藤が指摘した通り，「国際社会の現状は国家を超える全世界的な権威の不在」であり[57]，紛争解決手続が当事者の合意に基礎づけられているということは，この問題を考えるにあたって忘れてはならない視点である。この点に鑑み，政治性の強い問題に対する司法自制は「現在の国際社会においても必要ではなかろうか」[58]，と述べた安藤の問題提起は，司法自制を国際裁判の紛争解決機能に対する否定的な評価と関連付けて理解するのみではなく，国際社会の現実を反映した国際裁判の機能のあり方として再定位すべきという認識に基づいていると理解できるように思われる。そして，その観点からみるならば，本稿で見た裁判所の"客観的"な判断を介在させつつも「被告の認識」へと正当化根拠を還元していく手法は，裁判所の裁量による柔軟な運用（本稿で見たように，「被告の認識」に対する考慮は必ずしも司法自制に

---

(56) 人種差別撤廃条約適用事件（ジョージア対ロシア）に関連して同旨の見解を示すものとして，国際司法裁判所判例研究会（酒井）「前掲評釈」（注24）98頁を参照。
(57) 安藤「前掲論文」（注2）37頁。
(58) 安藤「前掲論文」（注2）38頁。

Ⅳ　国際紛争と国際法

帰結するわけではない）を可能にしつつ，そうした再定位を具現する一方策である，と肯定的に位置付けられるように思われるのである。

　［付記］本稿はJSPS科研費（18H00799, 19K01314）の助成を受けた研究の成果を含むものである。

20 国際司法裁判所の勧告的意見手続と国家間の紛争
―― チャゴス諸島事件の勧告的意見を題材として

河野真理子

I　はじめに
II　チャゴス諸島事件の勧告的意見と人民自決の権利
III　勧告的意見手続における

ICJ の管轄権と裁量権
IV　結語に代えて ―― 国家間の紛争が背景にある場合のICJ の勧告的意見手続の機能

I　はじめに

　2019 年 2 月 15 日，国際司法裁判所（以下，ICJ）は，1965 年のモーリシャスからのチャゴス諸島の切り離しの効果に関する事件（以下，チャゴス諸島事件）の勧告的意見を出した。この意見では，1968 年のモーリシャス独立前に，チャゴス諸島が切り離され，依然として英国の施政の下にあることが人民自決の原則の違反であることが認定された。本件の勧告的意見は，人民自決の権利に関する ICJ の先例として注目されていくことになる要素を含んでいる。人民自決の原則は，国連総会決議と ICJ の勧告的意見や判決を通じて，その内容が発展し，明確化されてきた歴史を持っており，本勧告的意見も，その歴史に新たな要素を加え，かつ議論を喚起するものとなると考える。
　しかし，この意見は，国際裁判の機能に関する議論を提起するものであるようにも感じる。人民自決の原則のような対世的な性格を持つ国際法規則の違反が問題になる状況での，ICJ の勧告的意見手続の機能に関する論点をも提起しているのではないかと考えるのである。ICJ 自身，本件で勧告的意見が諮問された背景に，英国とモーリシャスの間のチャゴス諸島をめぐる紛争があることを十分に意識した上で，勧告的意見を出す決定をしており，さらに，少数意見を付した多くの裁判官が，勧告的意見手続における二国間の紛争の位置づけを

論じていることに，問題の本質が反映されているように思われる。

本稿では，本件の勧告的意見の内容を踏まえ，二国間の紛争が背景にある法律問題についての勧告的意見が要請される場合，そのような二国間の紛争に勧告的意見がどのような意味を持つのかを考察してみたい。

II チャゴス諸島事件の勧告的意見と人民自決の権利

1 総会が諮問した問題

国連総会は，2017年6月22日に採択した決議71/292により以下の2点についての勧告的意見を求めた。

(a) 1968年，チャゴス諸島の切り離しの後，及び国連総会決議1514（XV）（1960年12月14日）（以下，決議1514），2066（XX）（1965年12月16日）（以下，決議2066），2232（XXI）（1966年12月20日），及び2357（XXII）（1967年12月19日）を含む国際法を考慮して，モーリシャスが独立を達成したとき，同国の非植民地化過程は，合法的に完了したのか。

(b) 上記の諸決議に反映された義務を含む国際法の下で，モーリシャスが，その国民特にチャゴス人のチャゴス諸島での再定住のための計画を実施できないことに関するものを含む，英国の継続的なチャゴス諸島の統治から生じる効果は何か[1]。

2 勧告的意見

上記の2つの問題についてのICJの意見は以下の通りである。

まず，(a)について，総会が，モーリシャスの非植民地化過程をチャゴス諸島がモーリシャスから切り離された1965年から同国が独立した1968年までの期間と位置づけていることから，この期間の非植民地化過程に適用される国際法の規則を特定することが必要であるとICJは述べた。また，1965年から1968年の期間に焦点を絞ることによって，特に慣習国際法の規則を認定する際，国連憲章と決議1514以降の自決についての国際法の発展を考慮することは妨げられることはなく，この期間後に採択された法的文書についても，それらが既存の法または原則を確認するものであったり，解釈するものであったりする場

---

(1) *Legal Consequences of the Separation of the Chagos Archipelago from Mauritius in 1965, Advisory Opinion, 25 February 2019*, para. 1.

合，それらにも依拠しうると述べている[2]。

　ICJは，まず，国連憲章第1条2項により，人民の自決の原則の尊重が国連の目的の一つであり，第73条に規定される，「人民がまだ完全に自治を行うに至っていない地域の施政を行う責任を有し，又は引き受ける国際連合加盟国は」，それらの人民が「自治を発達させる」義務を負うことから，第11章の「非自治地域に関する宣言」はこの目的に関連するものであると述べている。そして，この非自治地域という法制度は，関連する住民（populations）が自決の権利を行使するよう導くための制度の漸進的発達を示す規定であるとした。人民自決の権利がいつ慣習国際法として結晶化したかを確認する必要があると述べた[3]。ICJは，決議1514は非植民地化についての国家実行の確立に決定的な役割を果たしたとし，1960年代に非自治地域が人民自決の権利を行使し，独立を達成したことに言及し[4]，決議1514は，形式的には勧告であるものの，その内容と採択の状況からみて人民自決の権利が慣習法規範であることを宣言する性格のものであったと判断した[5]。ICJは，1970年にコンセンサスで採択された総会決議2625（XXV）に添付された諸国家の友好関係原則宣言で，「国または領域（country）の国民的統一及び領土保全」の尊重を含む人民自決の権利の性質及び範囲が繰り返されており，この宣言は人民自決の権利を国際法の基本原則の一つとして承認することによって，この原則の慣習国際法の下での規範的な性格を確認したと指摘した[6]。ICJは，自決の権利の行使には総会決議1541（XV）に示された3つの選択肢があるものの，どの選択肢を選ぶかについて，関係する人民の自由かつ真正な意思の表明がなければならないという点を指摘した。ただし，西サハラ事件の勧告的意見が，「人民自決の権利の実現のための形式と手続に関しては，国連総会の裁量に委ねられている」としたことを指摘している。ICJは，慣習国際法の下で，人民自決の権利によって，すべての事例でその権利の実施のために一つの特定のメカニズムが義務とされているわけではないとし[7]，人民自決の権利と非自治地域の領域保全（領域と

---

(2) *Ibid.*, paras. 140-143.
(3) *Ibid.*, paras. 146-148.
(4) *Ibid.*, para. 150.
(5) *Ibid.*, para. 152.
(6) *Ibid.*, paras. 154-155.
(7) *Ibid.*, paras. 156-158.

Ⅳ 国際紛争と国際法

しての一体性，territorial integrity）の関係について，非自治地域の人民は人民自決の権利を，それらの人民の領域全体に対して行使する権利を有し，施政を行う国はその保全（一体性）を尊重しなければならず，したがって，非自治地域の一部の施政を行う国による分離は，当該領域の人民の自由に表示された真正な意思に基づくものでなければ，人民自決の権利に反するものであると述べた[8]。ICJ は，以上のような内容の人民自決に関する法が 1965 年から 1968 年の間の時期に適用される国際法規則であると判断した[9]。

　ICJ は，決議 1514 の採択以降，総会が非植民地化に決定的な役割を果たしてきており，問題(a)は，モーリシャスの非植民地過程に適用されうる国際法を分析し，総会決議 2066，2232，及び 2357 に示された義務を検討することを ICJ に要請するものであると述べている[10]。そして，モーリシャスの非植民地化過程において，総会が施政を行う国である英国に国際法の下での義務を遵守するよう要請することによって，総会は憲章の枠組み，及び自決の権利の適用を監視する機能の範囲で行動したと述べた[11]。

　ICJ は，以上のような国際法規則と総会の活動についての判断から，チャゴス諸島のモーリシャスからの分離に関する事情を検討することとした。ICJ が最初に判断を示したのは，独立以前のモーリシャスの法的地位である。1814 年のパリ条約締結以降，「モーリシャス島及び」チャゴス諸島を含む「モーリシャスに付属する領域」について英国が継続的に施政を行っており，英国自身，チャゴス諸島を含むモーリシャス全土について，憲章第 73 条に従って現状の資料を送付していた。これらにより，1965 年の分離の時点で，チャゴス諸島がこの非自治地域全体の一部をなしていたことは明らかである。1965 年 9 月 23 日のランカスター・ハウス合意は，チャゴス諸島はいかなる第三者にも譲渡されず，後にモーリシャスに返還されることを条件として，モーリシャスの代表者によって与えられたものだった。なお，当時英国もこれらの条件を受け入れた[12]。この時点で，モーリシャスは英国の施政下の植民地であり，その

---

(8) *Ibid.*, para. 160.
(9) *Ibid.*, para. 161.
(10) *Ibid.*, paras. 163-166.
(11) *Ibid.*, para. 167.
(12) *Ibid.*, paras. 170-171.

人民の代表者達は，真の立法権や行政権を行使することを認められていなかったとICJは述べている。そして，英国にチャゴス諸島を譲渡したとされるモーリシャスは英国の施政下にあったのであるから，国際的な合意についての協議をすることはできなかったとの意見をICJは示した。また，新たな植民地の創設のために非自治地域の一部が切り離される状況における同意の問題については，最も注意深い検討が必要であると述べた上で，当時の状況から見れば，ランカスター・ハウス合意に基づくチャゴス諸島の分離は，関係する人民による自由かつ真正な意思の表示に基づくものではなかったと判断した[13]。チャゴス諸島の分離の2，3週間後に採択された決議2066において，総会は，モーリシャスの領土保全（一体性）を尊重するという施政を行う国としての英国の義務を想起することが適切であるとの立場を示した。ICJは，国際法の下で生じる，及びモーリシャスの非植民地化過程において採択された総会の諸決議に反映された義務によって，施政を行う国としての英国は，チャゴス諸島を含むモーリシャスの領土保全（一体性）を尊重しなければならないと判断した。そして，ICJは，チャゴス諸島を違法に分離し，新たな植民地に編入したことの結果として，モーリシャスが1968年に独立を達成した時点で，その非植民地化の過程は合法的に完了しなかったとの結論に至ったのである[14]。

3 問題 (b)

問題(a)についての判断を受けて，ICJは問題(b)で意見が求められた，英国がチャゴス諸島に継続的に施政を行っていることの国際法の下での効果を検討した。ICJは，モーリシャスの非植民地化は人民自決の権利に反するものであり，チャゴス諸島の引き離しの結果として生じた継続的な性格の違法行為であると指摘し，したがって，英国は，チャゴス諸島についての違法な施政をできるだけ早期に終了させ，モーリシャスが人民自決の権利に従った方法で自国の領域の非植民地化を完了できるようにする義務を負うとした。ICJは，モーリシャスの非植民地化の完了を確保する方法は，非植民地化に関する総会の機能の行使として，総会の権限に委ねられていると述べ，さらに，人民自決の権利は対世的な義務であり，すべての国がこの権利の保護に法的利益を有するとの意見

---

(13) *Ibid.*, para. 172.
(14) *Ibid.*, paras. 173-174.

Ⅳ 国際紛争と国際法

を示している。ICJ は，モーリシャスの非植民地化の完了を確保するための方法の判断は総会に委ねられるものの，すべての国連加盟国はその方法が実効的になるよう協力しなければならないとも述べた。そして，チャゴス諸島に起源を持つ人々を含むモーリシャス国民の再定住について，これはそれらの人々の人権の保護に関するものであって，モーリシャスの非植民地化の完了までの間，総会による取組がなされなければならないとしている。ICJ は，英国はチャゴス諸島の施政をできる限り早期に終了する義務を負っており，国連の他の加盟国はモーリシャスの非植民地化の完了のために協力しなければならないとの結論を示した(15)。

4 勧告的意見の内容の特色
(1) 人民自決の権利の内容についての判断

今回の勧告的意見で ICJ も指摘しているように，人民自決の権利の内容は，国連総会決議と ICJ の勧告的意見，及び判決を通じて発展してきたと言ってよい(16)。

本勧告的意見がこの権利の法的性質について新たに意見を示した点として注目されるのは，第一に，決議1514が人民自決の権利に関する既存の慣習国際法を宣言したものであるという判断である。

第二に，決議1541で示されているように人民自決の権利の実現には3つの選択肢があり，その選択に際して，関係する人民の自由かつ真正な意思の表明が必要であるとした上で，その意思の表示について，1965年のランカスター・ハウス合意は，当時のモーリシャスを代表する人々の自由かつ真正な意思の表明とは言えないとの意見を示したことが注目される。ICJ は，1965年のランカスター・ハウス合意が，当時のモーリシャスを代表する人々の自由かつ真正な

---

(15) Ibid., paras. 177-182.
(16) クロフォードは，東ティモール事件判決までの争訟事件と勧告的意見事件で人民自決に関するものを詳細に分析している (J. Crawford, "The General Assembly, the International Court and self-determination," V. Lowe and M. Fitzmaurice (eds.), *Fifty Years of the International Court of Justice* (1996), pp. 585-605)。東ティモール事件以降の先例としては，特にパレスティナの壁事件の勧告的意見で，東ティモール事件が，人民自決の権利を対世的権利としたことを受けて，これを侵害するイスラエルの壁建設の法的効果についての意見が示された。

意思の表明とはいえないとの意見を示している。本勧告的意見は，この「自由かつ真正な意思の表明」の方法について ICJ が見解を示したものであり，人民自決の権利の行使の方法に関する先例となると考えられる。

　第三に，ICJ が人民自決の権利は，関係する領域のすべてについて達成されなければならないとし，この権利と領土保全（一体性）の原則の関係を示した点も注目される。ICJ は，人民自決の権利は，1 つの非自治地域全体に対して行使されるべきものであるとし，この判断に基づき，モーリシャスの独立以前からの領域にチャゴス諸島が含まれていたのであるから，チャゴス諸島が分離された状態では，モーリシャスの非植民地化の過程は，人民自決の原則に従って完了したとは言えないとした。第二の点と同様に，この点も，これまでのICJ の先例では論点となってこなかったものである。

(2) 対世的義務の違反の結果

　本勧告的意見では，人民自決の権利の原則の内容に関する判断に加えて，この原則の違反の結果についての判断も注目される。前款で指摘したように，勧告的意見で ICJ は，英国が対世的性格を持つ人民自決の権利の尊重義務に違反したと判断し，パレスティナの壁事件の意見と同様に，その義務違反の英国及び他の諸国に対する法的効果に関する意見を示している。さらに，モーリシャスの非植民地化の完了に関する総会の任務についてより詳細な記述をし，非植民地化の完了の確保に総会が果たすべき役割を明らかにした。また，ICJ は人民自決の権利の行使に従った非植民地化の過程における総会の監督権限にも言及している。そして，英国がモーリシャスの独立前に分離したチャゴス諸島に施政を行い続けていることが人民自決の原則に違反すると判断した。

　こうした ICJ の判断は，先例で示された立場を受け継いだものと言えよう。東ティモール事件では人民自決の権利が対世的権利であることが認められた[17]。また，パレスティナの壁事件の勧告的意見では[18]，人民自決の権利の侵害の法的結果として，すべての国が，壁の建設の結果生じている違法な状況を承認しないこと，及びその結果の継続に支援又は援助を与えないことという義務を負っており，壁の建設の結果生じているパレスティナの人民が自決の権

---

(17)　*I.C.J. Reports 1995*, p. 102, para.29.
(18)　*I.C.J. Reports 2004*, p. 199, para. 155.

利を行使することを害するいかなるものについてもこれが終了することをすべての国が注視しなければならないと述べた[19]。そして，国連，特に総会と安保理は，勧告的意見を考慮し，壁建設から生じた違法な状況を終了させるために必要なさらなる行動を検討しなければならないとの見解を示した[20]。

セプテンデ裁判官とロビンソン裁判官は，ICJ は，人民自決の権利が対世的権利であるだけでなく，強行規範であることを明確に認定すべきだったという意見を付しているものの[21]，これまでの先例と同様に，ICJ の多数意見はこの点についての判断を示していない。

本件の勧告的意見には，人民自決の権利に関する国際法規則と国連総会の役割について従来の先例に依拠しつつ，一定の論点について従来の判断よりもさらに踏み込んだ意見を示した部分も見られることは，今後の人民自決の権利に関する議論に資するものとなって行くだろう[22]。しかし，英国がこの勧告的意見手続に同意の意思を表示していない中で，本勧告的意見が，英国の継続的な施政が違法であり，英国はその違法な施政を行うことを終了しなければならないとの立場を示したことは妥当だっただろうか。この勧告的意見を示すことは，ICJ の裁判所としての役割の点から妥当だったと言えるのだろうか。特に，勧告的意見を要請した総会の活動を援助するための意見であるという ICJ 自身の説明は妥当なのだろうか。次節では，この点についての ICJ の見解を検討する。

III 勧告的意見手続における ICJ の管轄権と裁量権

1 勧告的意見手続と国家の同意

国連総会により ICJ に勧告的意見が要請される場合，まず国連憲章第 96 条 1 項に基づき，ICJ が勧告的意見を与える管轄権を有するかが検討される。そ

---

[19] *Ibid.*, p. 200, para. 159.
[20] *Ibid.*, para. 160.
[21] Separate Opinion of Judge Sebtende, paras. 25-46 and Separate Opinion of Judge Robinson, paras. 70-82.
[22] S. Allen, "The Chagos Advisory Opinion and the Decolonization of Mauritius," *ASIL Insights*, Vol. 23, Issue 2 (2019), https://www.asil.org/insights/volume/23/issue/2/chagos-advisory-opinion-and-decolonization-mauritius, lastly accessed on 8 October 2019.

して，ICJ は，管轄権があると判断する場合でも，事案の性質によってその管轄権の行使が妥当かを判断する裁量権も有するとされる。PCIJ がこの裁量権を行使した東部カレリア事件以外は，この裁量権によって勧告的意見の要請が退けられた先例は存在しない。東部カレリア事件では，勧告的意見の要請の背景に二国間の紛争があることを考慮し，その一方の当事国である旧ソ連がPCIJ 規程の当事国でなく，また勧告的意見の要請に反対している状況では，勧告的意見を示すことが適切ではないとされた[23]。二国間紛争が背景にある勧告的意見の要請においては，紛争当事国の同意なしに勧告的意見を示すことができないという東部カレリア原則が確認されつつも，西サハラ事件，ナミビア事件，及びパレスティナの壁事件等のその後の先例では，背景に二国間紛争があり，その一方の当事国が勧告的意見手続に反対している状況でも，ICJ は，裁量権の行使によって，勧告的意見を与えることが妥当であると判断してきた経緯がある。ICJ が勧告的意見を示さないという裁量権を行使するのは，説得力のある理由（compelling reasons）があるときに限られるとされてきている[24]。

2 チャゴス諸島事件における管轄権行使の妥当性に関する議論

ICJ は，国連総会による勧告的意見の要請を受けて，国連加盟国，及び関係する国際組織に意見を求めた。チャゴス諸島の帰属に関する二国間紛争の当事者であるモーリシャスと英国は書面手続と口頭手続の両方でかなりの分量の主張を行った[25]。また，チャゴス諸島の中のディエゴ・ガルシア島に基地を置いている米国も書面手続と口頭手続の両方で意見を表明している[26]。これら

---

[23] P.C.I.J. Series B, No. 5, pp. 27-29.
[24] A. Zimmermann, et al. (eds.), The Statute of the International Court of Justice: A Commentary (OUP, 2006), pp. 1410-1415.
[25] モーリシャス（https://www.icj-cij.org/files/case-related/169/169-20180301-WRI-05-00-EN.pdf and Verbatim record 2018/20, pp. 32-45, paras. 1-17, https://www.icj-cij.org/files/case-related/169/169-20180903-ORA-01-00-BI.pdf）。英国（https://www.icj-cij.org/files/case-related/169/169-20180215-WRI-01-00-EN.pdf and Verbatim record 2018/21, pp. 25-41, paras. 1-32, https://www.icj-cij.org/files/case-related/169/169-20180903-ORA-02-00-BI.pdf）。
[26] モーリシャスの独立の際にチャゴス諸島が分離される扱いになった背景に，米国がディエゴ・ガルシア島を基地として使う意思があったという事情がある（supra, note 1, paras. 31-37 and 94-130）。勧告的意見を示すことについての米国の意見については，Written Statement of the United States of America, pp. 2-16, paras. 2.1-3.32, https://

Ⅳ　国際紛争と国際法

の３か国以外で意見を表明したその他の諸国又は国際組織の立場は大きく２つに分かれる。アジア，アフリカ，及びラテンアメリカ地域を中心とする諸国は，モーリシャスの人民自決の権利について ICJ の勧告的意見が示されるべきであるとの立場をとっている[27]。これに対し，本件での ICJ の管轄権の行使や裁量権についての意見を示した諸国もあった。オーストラリアとイスラエルは ICJ が勧告的意見を示すことは妥当ではないとの意見を，フランスは，本件の本質は二国間の紛争であるとの意見を示した[28]。ドイツの，ICJ が勧告的意見を示すにあたり，その意見の内容が国連の活動の指針となるものに限定されるべきであって，国家間の紛争に関連する論点についての意見を示すべきではないとの立場は注目に値する[29]。韓国は，本件は ICJ が勧告的意見を示す際の

---

　　www.icj-cij.org/files/case-related/169/169-20180301-WRI-01-00-EN.pdf and Verbatim record 2018/24, pp. 24-30, https://www.icj-cij.org/files/case-related/169/169-20180905-ORA-01-00-BI.pdf。

(27)　書面により意見を表明した諸国のうち，ICJ が勧告的意見を与えることを支持し，あるいはこの点に明確な立場を示すことなく，人民自決の権利についての意見を中心とした書面を提出した国又は国際組織は，ベリーズ，キプロス，オランダ，セルビア，ロシア，セイシェル，インド，チリ，ブラジル，マダガスカル，中国，ジブチ，モーリシャス，ニカラグア，グァテマラ，アルゼンチン，レソト，キューバ，ベトナム，南アフリカ，マーシャル諸島，ナミビア，及び AU である（https://www.icj-cij.org/en/case/169/written-proceedings）。リヒテンシュタインは，ICJ が勧告的意見を示すべきだとする意見のみを書面により提出した（https://www.icj-cij.org/files/case-related/169/169-20180220-WRI-01-00-EN.pdf）。口頭手続で勧告的意見を示すことを支持し，あるいはこの点に明確な立場を示さずに，人民自決の権利についての意見を述べた国又は国際組織は，南アフリカ，アルゼンチン，ベリーズ，ボツワナ，ブラジル，キプロス，グァテマラ，マーシャル諸島，インド，ケニア，ニカラグア，ナイジェリア，セルビア，タイ，バヌアツ，ザンビア，及び AU である（Verbatim record, 2018/21, 2018/22, 2018/23, 2018/24, 2018/25, 2018/26, and 2018/27, https://www.icj-cij.org/en/case/169/oral-proceedings）。

(28)　オーストラリア（https://www.icj-cij.org/files/case-related/169/169-20180227-WRI-06-00-EN.pdf and Verbatim record 2018/22, pp. 49-67, https://www.icj-cij.org/files/case-related/169/169-20180904-ORA-01-00-BI.pdf）とイスラエル（https://www.icj-cij.org/files/case-related/169/169-20180227-WRI-04-00-EN.pdf and Verbatim record 2018/25, pp. 9-21, https://www.icj-cij.org/files/case-related/169/169-20180905-ORA-02-00-BI.pdf）は書面手続と口頭手続で，フランス（https://www.icj-cij.org/files/case-related/169/169-20180227-WRI-03-00-FR.pdf）は書面手続でのみ，意見を提出した。

(29)　https://www.icj-cij.org/files/case-related/169/169-20180115-WRI-01-00-EN.pdf and Verbatim record 2018/22, pp. 19-33, https://www.icj-cij.org/files/case-related/169/169-20180904-ORA-01-00-BI.pdf。

裁量権についての判断基準を明確にする機会となるとの意見を示した[30]。

英国及び後者のグループの諸国の意見の中心となったのは，英国とモーリシャスの間のチャゴス諸島をめぐる領土問題がある中での国連総会による勧告的意見の要請に ICJ が応えることが適切かどうかという点であった。モーリシャスが国連海洋法条約（以下，UNCLOS）附属書 VII の下での仲裁を利用したチャゴス海洋保護区事件で，仲裁裁判所は同国の 4 つの申立のうち，第一と第二の申立は，チャゴス諸島に対する主権の問題に関わるものであるから UNCLOS の解釈又は適用に関する紛争とは言えないとして，管轄権の行使を否定した[31]。この判断から見れば，チャゴス諸島の帰属について，両国間で紛争があることは否定できない。そうした二国間の紛争が存在する状況で，国連総会は勧告的意見を要請したのである。

3　勧告的意見手続における管轄権と ICJ の裁量権

本件で ICJ は，まず管轄権についての判断を示した。諮問された問題の法的性質に関し，2 つの問題がともに，国際法に従って状況を検討することを要請するものであり，法律問題に関するものであると述べている[32]。また，諮問された問題は，実際には表面的な問題とは別の問題に関する意見を求めるものであり，明確な内容となっていないし，真の論点を反映したものではないとの意見が示されたことについて，ICJ は，規程第 65 条 2 項の下での「意見を求める問題の正確な記述を掲げる請求書」という要件に関わる問題であることを理由として，勧告的意見を示す管轄権が奪われるわけではないとし，問題が不明確な場合に必要な解釈による明確化がしばしばなされてきたとしている[33]。これらの理由により，ICJ は本件において管轄権を有するとの結論を出した[34]。

次に，ICJ は，勧告的意見を示すことの妥当性についての裁量権に関わる問題を詳細に検討した。ICJ はこの裁量権について，国連の主要な司法機関としての司法機能の完結性（judicial integrity）を守るために存在する権限であると

---

(30)　https://www.icj-cij.org/files/case-related/169/169-20180228-WRI-04-00-EN.pdf.
(31)　*Chagos Marine Protected Area Arbitration (Mauritius v. United Kingdom), Arbitral Award of 18 March 2015*, paras. 209-220 and 230.
(32)　*Supra*. note 1, para. 58.
(33)　*Ibid.*, paras. 60-61.
(34)　*Ibid.*, para. 62.

Ⅳ　国際紛争と国際法

しつつ，勧告的意見の要請に応えることは国連の活動への参加を意味するものであり，原則として拒否されるべきではないとの先例の立場を引用している。ICJ は，「説得力のある理由」がある場合にのみ，勧告的意見を示すことを拒否しうるというこれまでの先例の立場にも言及し，本件において司法機能を適切に行使しなければならないとし，説得力ある理由が存在するかについて慎重な考慮をしなければならないとしている[35]。

ICJ は，この裁量権に関する判断を以下の4つの論点に分けて検討している。第一に，勧告的意見手続が複雑で議論のある事実に関する論点の判断に適切かどうか，第二に，ICJ の勧告的意見が総会の機能を補助するものとなるかどうか，第三に，チャゴス海洋保護区事件の国連海洋法条約附属書Ⅶ の下での仲裁裁判によって解決されたと言われる問題を ICJ が再検討することが適切か否か，第四に，勧告的意見が要請された問題は ICJ による紛争解決に同意を与えていない二国間の係争中の紛争に関連するものか否か。

第一の点については，国連，及び書面手続と口頭手続に参加した諸国とアフリカ連合から提出された情報で十分な判断ができるとした[36]。第二の点について，勧告的意見の有用性を決定するのは ICJ の側ではないとした[37]。第三の点については，既判事項の原則によって勧告的意見を示すことが妨げられるわけではないし，チャゴス海洋保護区事件の仲裁判断で決定がなされた論点は本件における論点と同じではないとした[38]。

ICJ が最も詳細に議論したのは，第四の論点である。これは，次款で示すように少数意見の主要な論点の一つとなった。本件の背景に英国とモーリシャスの間のチャゴス諸島についての主権に関する紛争があることを理由とする議論が出されたためである。この点についての判断の最初に，ICJ は，国家は同意なしに自国が紛争当事国となっている紛争が司法的解決に付託されることを許容する義務を負わないという原則を迂回する効果を勧告的意見がもちうる場合，そのことが勧告的意見の要請を却下する説得力ある理由となりうるという点を

---

[35] *Ibid.*, paras. 64-66.
[36] *Ibid.*, paras. 73-74.
[37] *Ibid.*, paras. 76-78.
[38] *Ibid.*, para. 81.

想起している[39]。その上で、ICJ は、本件では、国連総会は二国間の領域紛争を解決するために勧告的意見を要請しているわけではなく、むしろモーリシャスの非植民地化に関しての機能（function）を果たすための指針となりうるような補助を得ることを目的としていると指摘している。総会は、国連創設時からの植民地制度を終了させるために長期的かつ一貫した活動を行ってきており、非植民地化の問題に積極的に関与してきたとする。そして、本件では国連の特別な関心事項である非植民地化という事項について勧告的意見が要請されたとしている。さらに、ICJ は、勧告的意見が要請された法的問題について多様な見解がありうることを指摘するものの、モーリシャスと英国の間で意見が異なる法的論点に ICJ が意見を示さなければならないかもしれないという事実は、ICJ が要請に応えることによって二国間の紛争を扱うことを意味するものではないと述べている。これらの事情から見て、ICJ は本件において勧告的意見を示すことが、他国との紛争を司法的解決に付託することについての国家の同意の原則を迂回する効果を持つとは考えないとする。以上により、ICJ は、勧告的意見を示さないことについての裁量権を行使する説得的な理由があるとは考えないと結論づけるのである[40]。

4 裁量権に関する少数意見の立場

勧告的意見を与えることの妥当性に関する議論をその意見で取り上げた裁判官は以下のような点を指摘している。

岩澤裁判官は、同意原則との関係について、勧告的意見が、詳細な説明を付さずに、モーリシャスの非植民地化が人民自決の権利に合致する方法で完了されなければならないと述べた点に関し、モーリシャスの非植民地化の完了を確保する方法が、非植民地化に関する機能を果たす総会の権限の下にあることを ICJ が強調しており、チャゴス諸島の終局的な（eventual）法的地位を決定したわけではないし、自決の権利の行使が実施されるべき詳細な方法についても述べていないとする。そして、これらの特徴ゆえに、英国とモーリシャスの間の領域紛争に関する判断ではなく、総会が非植民地化のために果たす機能を補

---

(39) *Ibid.*, para. 85.
(40) *Ibid.*, paras. 86-91.

Ⅳ　国際紛争と国際法

助するために必要な範囲での意見を示したと述べている(41)。シュエ裁判官は，本件で意見が要請されたチャゴス諸島の分離に関する問題は，モーリシャスの非植民地化の過程に関するものであり，同国と英国の間の領域紛争を解決するためのものではないとし，多数意見の立場に賛成であると述べている(42)。

　ゲボルギアン裁判官は，英国の継続的な施政は違法行為を構成し，国家の国際責任が生ずると判断した点について，結論の内容には反対しないものの，この部分は，勧告的意見手続における管轄権と争訟事件手続における管轄権を区別するきわどい線（thin line）を超えているとの意見を付している。そして，本件がナミビア事件とパレスティナの壁事件とは事情が違うことを指摘している(43)。トムカ裁判官は，本件の勧告的意見の要請まで，総会が 50 年間，チャゴス諸島の問題を扱ってこなかったことを指摘する。また，モーリシャスと英国の間で，チャゴス諸島について長年の紛争があり，この紛争こそが勧告的意見の要請を生んだこと，モーリシャスの要請によって，2016 年にチャゴス諸島の問題が総会の議題になったことを指摘している。そして，2016 年から 2017 年にかけての，UNCLOS 附属書Ⅶ の仲裁裁判，モーリシャスと英国の交渉，総会での議事の進行に言及した上で，モーリシャスの起草による勧告的意見の要請の草案が，アフリカ連合によって正式に総会に提出されたと述べている。トムカ裁判官は，多数意見が，総会には植民地の終了を求める長く一貫した記録があると述べていることに対し，そうした総会の努力の中で，モーリシャスの独立以降，チャゴス諸島の問題に触れられることがほとんどなかったことを指摘している。彼は，こうした経緯があるにもかかわらず，勧告的意見が総会の活動を補助することができると判断したことに疑問を呈していると言ってよい。彼は，ICJ は，国連憲章の下で総会に与えられた非植民地化の問題に関しての総会の議論の余地のない役割にもかかわらず，総会が 50 年間議事として扱ってこなかった論点について，総会に「助言（advice）」を与えたいと考えるのであれば，勧告的意見を要請している機関にとって厳格に必要かつ有用なものを超えるものとならないよう注意しなければならないと指摘する。また彼は，ICJ は管轄権を有さない二国間の紛争が背景にあることを忘れては

---

(41)　Declaration of Judge Iwasawa, para. 10.
(42)　Declaration of Judge Xue, paras. 6-21.
(43)　Declaration of Judge Gevorgian, paras. 5-7.

ならないとも述べている[44]。さらに，トムカ裁判官は，勧告的意見を要請する問題の英語版とフランス語版の文言の違いにも着目し，本件で総会は，適用されうる国際法（ICJ はこれを自決権に関する法としている）に従って，非植民地化過程が完了したか否かについて関心を持っているのであって，施政を行う国の何らかの違法な行為についての意見を要請しているわけではない。彼は，フランス語版の文言によれば，このことが明らかであると指摘している。彼は，勧告的意見によって総会の活動を補助するために，問題(b)に対して国家責任の問題についての判断をする必要がなかったとの立場を示しているのである。彼は，チャゴス諸島に関する非植民地化の過程は，重要なアクター，特にモーリシャスと英国の交渉によってのみ，成功裡に完了されうるものであると述べている。また，モーリシャスが，チャゴス諸島がモーリシャスの実効的な支配に置かれるとしても，ディエゴ・ガルシア島の基地の存続を認める意向を示したにもかかわらず，ICJ がこの点に何ら触れていないとも指摘している[45]。

　ドナヒュー裁判官は，反対意見を付した唯一の裁判官である。彼女は本件において，ICJ は，管轄権がある場合でも裁量権を行使して勧告的意見を示さないという判断をすべきであったとしている[46]。そして，人民自決の権利に関連する規則の形成への総会の貢献を評価するとしつつ，本件での勧告的意見の要請は，英国の同意なく二国間の紛争についての判断する効果を持つので，意見の要請を却下する裁量権を行使するための説得的な理由があるとの意見を示すのである。彼女は，二国間の紛争の内容，英国が紛争を裁判に付することへの同意を一貫して拒否してきたこと，及びそのような二国間の紛争と要請された問題の間の関係にあまり言及していないことを指摘する[47]。彼女は，モーリシャスと英国の間の二国間の紛争の概要を説明し，モーリシャスがこの紛争を裁判に付託しようとしてきたのに対し，英国は一貫して国際裁判への同意を拒否してきたと述べている[48]。彼女は，勧告的意見の要請が主権に関する紛争についての裁判に関する同意の欠如を迂回しようとするものか否かの判断の

---

(44) Declaration of Judge Tomka, paras. 4-6.
(45) *Ibid.*, paras. 7-10.
(46) Dissenting Opinion of Judge Donoghue, para. 1.
(47) *Ibid.*, paras. 2-4.
(48) *Ibid.*, paras. 5-9.

Ⅳ 国際紛争と国際法

ためには，二国間の紛争の主題と勧告的意見の要請があった論点を比較する必要があるとする。そして彼女は，諮問された問題に「主権」という文言がないとはいえ，本件の要請の本質は主権に関する紛争であるとの立場を示している[49]。また，彼女は，西サハラ事件と本件の違いについても言及している。西サハラ事件では，モロッコとスペインの間で西サハラ地域に関する法的議論があるとはいえ，西サハラ地域における施政を行う国としてのスペインの権利を害することや存在している領域的権利や領域に対する主権についての判断をすることが要請されていないと，ICJが判断し，勧告的意見を示すことを拒否する説得力ある理由がないとした。これに対し，本件で諮問されている問題は，過去の英国の行為の合法性とその現在における効果を問うものである。そして，ICJはこれに全面的に応え，英国の行為の違法性とその継続的性格を認めた上で，英国がチャゴス諸島に対する施政をできるだけ早期に終了する義務を負っていると判断した点について，疑問を呈するのである。彼女によれば，勧告的意見では「主権」への言及は避けられているものの，モーリシャスが裁判をしたいと考え，英国がこれに同意しなかった法的論点についての判断をしたと言えるという[50]。

ドナヒュー裁判官は，本件では勧告的意見を示さないという判断をする形での裁量権の行使の他に，より限定的な内容の意見を示すことも可能であったのではないかとも指摘している[51]。また，争訟事件手続における法的紛争の解決機能と勧告的意見手続に応える機能の違いが尊重されるべきであり，争訟事件手続における管轄権への同意を克服する手段として勧告的意見手続が用いられることは，ICJの司法機能の完結性を害するであろうとも述べている[52]。

Ⅳ　結語に代えて
――国家間の紛争が背景にある場合のICJの勧告的意見手続の機能

本件において，ICJは，勧告的意見を与えることが妥当か否かの判断に関する裁量権の行使にあたり，その判断が先例の立場に従ったものであることを，

---

(49) *Ibid.*, paras. 10-16.
(50) *Ibid.*, paras. 17-19.
(51) *Ibid.*, para. 22.
(52) *Ibid.*, para. 23.

細心の注意を払って説明していると言ってよい。さらに，ICJ が勧告的意見を与えるという結論に至ったことは，勧告的意見の先例を熟知した上で作成した「法律問題」を総会に提案し，多数の国の支持を得る努力を行った，モーリシャスの訴訟戦略の勝利によるものであるとも言えよう。

こうしたことを考慮したとしても，本件で ICJ が勧告的意見を出すことが妥当だったかどうかについては議論の余地があるように思われる。1970 年のナミビア事件の勧告的意見は，この裁量権について，勧告的意見を出さないという判断をする場合，「説得力のある理由」があることが求められるとし，この事件の場合は，勧告的意見の要請に応えることが司法機関としての性格を持つことに求められる要請に誠実であるだけでなく，国連の主要な司法機関としての機能を果たすことであると述べている[53]。さらに，1975 年の西サハラ事件の勧告的意見で，ICJ は，関係国の同意は勧告的意見を出すか否かの判断においても，司法権の適切な行使 (judicial propriety) の観点から重要であると述べた。そして，特定の状況では，利害関係国の同意がないことにより，勧告的意見の要請に応えることが ICJ の司法機関としての性格と合致しないものとなりうるとも述べている。ICJ は，勧告的意見を出すことが，国家はその同意なく，自国の紛争が司法的解決に付託されることを認める義務を負っていないという基本原則を迂回する効果を持ちうるような事情が明らかになる場合がこれに当たるとした。そして，規程第 65 条 1 項の下での裁量権によって，この基本原則の尊重が確保できるに足る法的な手段を与えられていると述べている[54]。

これらの 1970 年代の先例で示された「説得力のある理由」，あるいは，「司法的解決への紛争付託についての国家の同意原則を迂回することに当たると判断される特定の状況」がどのように判断されるべきかが改めて問われた先例がパレスティナの壁事件であったと感じる。この事件で，ヒギンズ裁判官と小和田裁判官は，それぞれ個別意見を付し，勧告的意見を出すことの妥当性について ICJ の裁量権の行使のあり方を論じるとともに，ICJ が意見を出す場合に，その意見が国連の活動の指針や補助となることの意味を論じている[55]。ICJ は，

---

(53) *Namibia, I.C.J. Reports 1970*, p. 27, para. 41.
(54) *Western Sahara, I.C.J. Reports 1975*, p. 25, paras. 32-33.
(55) *Construction of Wall, I.C.J. Reports 2004, Separate Opinion of Judge Higgins* and

Ⅳ 国際紛争と国際法

 今回の勧告的意見で，問題(b)についての結論として，英国の継続的な施政について人民自決の原則という対世的義務の違反を認め，この国際法違反の施政をできる限り早期に終了する義務を英国が負っていることと，他の国連加盟国がモーリシャスの非植民地化過程の完了のために協力しなければならないとの意見を示した。人民自決の権利の尊重義務の違反に関する判断としての限りでは，この判断はパレスティナの壁事件の勧告的意見の人民自決の原則の違反の結果に関する意見と類似している。しかし，チャゴス諸島事件の勧告的意見では，この部分が実質的に唯一の論点である。ICJ の制度上は，勧告的意見には法的拘束力がなく，また，ICJ は問題(b)に応えるに当たり，この問題は，二国間の紛争についての意見を問うものではなく，1965 年から 1968 年の間にモーリシャスの非植民地化の過程で生じた特定の出来事の検討を要請するものであると述べている[56]。しかし，英国の国際法上の義務の違反の認定とその結果に関する結論は，英国の立場から見れば，実質的に争訟事件の判決と同じような意味を持つものではないだろうか。さらに，この結論が国連，特に国連総会の活動にどのような指針を与えるような役割を果たすと考えられるのだろうか。こうしたことを考えると，パレスティナの壁事件のヒギンズ裁判官と小和田裁判官の意見，チャゴス諸島事件のゲボルギアン裁判官，トムカ裁判官，及びドナヒュー裁判官の意見は注目されるべき論点を示していると言えよう。

 勧告的意見が要請される場合，国連の主要な司法機関としての ICJ ができる限りその要請に応えるべきであるという立場は，その任務のあり方に関する判断として十分に理解できるところである。他方，国際法規則の中に，対世的義務や権利を定めるものであることが認められるものが見られるようになった現在，本質的には国家間の紛争であるにもかかわらず，管轄権の制約等のゆえに争訟手続に付託できない事情があり，かつ国際組織の機能と関係づけることが

 Separate Opinion of Judge Owada. ヒギンズ裁判官は，裁量権の行使についての意見（pp. 207-210, paras. 1-13）を示した上で，個々の法的論点についても意見を付している（pp. 210-, paras. 14-40）。小和田裁判官も，裁量権の行使についての意見（pp. 260-265, paras. 1-14）を示した上で，司法権の適切な行使における公平性の維持（maintenance of fairness in its administration of justice）の重要性を強調し，出されるべき勧告的意見の内容や範囲が真に総会の活動に指針を与えるものでなければならないと指摘している（pp. 265-271, paras. 15-31）。

(56) *Supra.* note 1, para. 136.

できる側面を持つようなものである場合，当該紛争の特定の側面に着目した法律「問題」が意図的に作成され，勧告的意見の要請が可能になる事例が増える可能性があるように思われる。今後も，勧告的意見手続に二国間の紛争を背景とする事案が付託される場合のICJの判断に注目していきたいと考えている。

21 裁判管轄権と適用法の関係：
国連海洋法条約における司法裁判および仲裁裁判

兼 原 敦 子

I はじめに
II 管轄権と適用法の関係に関わる諸問題
III LOSC293条1項にいう「国際法」
IV 法を「適用する」ことと「管轄権を行使する」こと
V おわりに

I はじめに

　国連海洋法条約（以下，LOSC）287条に規定する国際海洋法裁判所（ITLOS），国際司法裁判所（ICJ）および仲裁裁判所（以下，誤解を生じない場合には，とくに実践の集積しているITLOSと附属書VIIの仲裁裁判所の両者の意味で，LOSC 裁判所と記す）は[1]，288条1項により，LOSCの解釈適用に関する紛争について管轄権をもつ[2]。ITLOS規程21条と22条は，LOSCの解釈適用に関する紛争にその管轄権を限定していない[3]。けれども，それは，紛争当事国がかかる管轄権に別途に合意する場合である。LOSC第XV部の下で，強制的に管轄権をもつ裁判所は，LOSCの解釈適用に関する紛争についてのみ，管轄権をも

---

(1) 287条は，ITLOS，ICJ，附属書VIIにより設立される仲裁裁判所，および特別仲裁裁判所を挙げる。
(2) 条約の解釈適用に関する紛争について，Atsuko Kanekaha, "Determination of the Dispute in the Southern Bluefin Tuna Case," *St. Paul's Review of Law and Politics*, Vol. 60 (2002), pp. 103-156.
(3) ITLOS規程21条は，裁判所に管轄権を与える「他の取決め」を規定し，同22条は，LOSCの「適用の対象となる事項に関連する現行の条約の解釈又は適用に関する紛争」について，当該条約のすべての当事国が合意する場合には，その合意により，裁判所に付託できると規定する。

Ⅳ　国際紛争と国際法

つ[4]。そして，そのような管轄権の限定があるからこそ，LOSC293条1項で[5]，LOSC裁判所がLOSC以外の国際法を適用する（shall）ことと，LOSC裁判所の管轄権との関係が，たとえば事項につき一般的な管轄権をもつICJとを比較すると，一層浮き彫りになるのである[6]。端的にいえば，適用法を通じ

---

(4) いうまでもなく，強制解決といっても，LOSCの強制解決の制度に，諸国はLOSCの当事国となることにより合意しているのであり，純粋な意味での，強制解決ではない。

(5) 293条1項は，「この節の規定に基づいて管轄権を有する裁判所は，この条約及びこの条約に反しない国際法の他の規則を適用する」とする。紛争当事国，とくに原告が，LOSC以外の国際法の適用を回避し，LOSC裁判所の管轄権の対象として紛争の争点を構成しようとして，紛争の実体からは乖離してLOSCの条文を請求の根拠とすることがありうる。LOSC条文を根拠として援用するだけで，争点といえるかについては，Duzgit Integrity号事件で，サントメ・プリンシペは，マルタは，LOSCの条文を援用しているだけであり，LOSC条文と事実との「真の実質的な関係（real and substantial connection）」を説明していないとした。仲裁裁判所は，この点について直接にはこたえず，マルタの請求について，これを理由としては，受理不能とはしなかった。Duzgit Integrity Arbitration (Malta and the Democratic Republic of São Tomé and Príncipe), Award of 5 September, 2016, https://pcacases.com/web/sendAttach/1915 (as of 31 July, 2019), paras. 127, 164.

(6) LOSC裁判所が，LOSC以外の国際法を適用することにより，LOSCの解釈適用に関する争点とは異なる争点にまで管轄権を行使する，ということが，本稿が問題とする想定である。これに比較して，紛争の実質に照らして，LOSC裁判所の裁判管轄権とLOSCが適用法であることの双方に，疑問が生ずる場合がある。たとえば，紛争当事国が，紛争がLOSC裁判所の管轄権の対象であることを確保するために，紛争を，LOSCの解釈適用の争点をあえて用いて定式化して，LOSC裁判所を活用しようとすることがある。そこでは，紛争の実質に照らすと，紛争の実質から，いわば乖離した争点構成が行われており，LOSC裁判所の管轄権にも，適用法としてのLOSCにも，疑問が提起されることがありうる。前注(5)の例に加えて，いわゆる混合請求（mixed claims）ないしは混合紛争（mixed disputes）については，このような疑問が生じうる。チャゴス海洋保護区事件における同様の趣旨のイギリスの主張について，James Harrison, "Defining Disputes and Characterizing Claims: Subject-Matter Jurisdiction in the Law of the Sea Convention Litigation," *Ocean Development & International Law*, Vol. 48 (2017), p. 277. チャゴス海洋保護区事件，Chagos Marine Protected Area Arbitration (Mauritius and United Kingdom), http://www.pcacases.com/pcadocs/MU-UK%2020150318%20Award.pdf (as of 31 July, 2019), paras. 169-174. 具体的には，領域主権に係る紛争につき，LOSC裁判所は，管轄権をもたない。そこで，領域主権に係る紛争やそれを背景とする紛争をそれとして定式化しないで，LOSCの条文を根拠として争点を定式化し，LOSC裁判所に提訴する場合がある。南シナ海紛争も，その典型的な例である。The South China Sea Arbitration (Philippines v. China) Award on Jurisdiction and Admissibility of 29 October, 2015, https://pcacases.com/web/sendAttach/2579 (as of 31 July, 2019); South China Sea Arbitration (Philippines v. China), Award on Merits, 12 July, 2016,

て，LOSC が認めておらず，紛争当事国の合意にも根拠を求めることのできない管轄権を，LOSC 裁判所が行使するのか[7]，という問題である[8]。

　より根本的には，国際社会においては，現在に至るまで，強制的裁判管轄権は成立していないことも，本稿の論題を検討するに際しては，留意すべきである。LOSC 裁判所における「強制」解決というのも，LOSC 当事国は，かかる強制解決を規定する LOSC に合意しているのであり，その合意を根拠として，LOSC の「強制」解決手続が適用される。LOSC 当事国は，純粋な意味で，LOSC 裁判所の「強制」管轄権に服するわけではない。強制裁判管轄権が成立していない国際社会においては，裁判管轄権は主権国家の合意によってのみ成立する。それゆえに，適用法を利用して，実質的には管轄権を拡大することは，いわば，back door jurisdiction であり，裁判管轄権の合意原則という，国際紛争の裁判解決について，最も根本的な原則に違反することになる。この点は，LOSC 裁判所であろうと，国際法の事項に一般的に管轄権をもつ ICJ であろうとも変わりはない。

　すでに，LOSC 裁判所の先例では，主として，執行措置に伴う武器使用に関する国際法の適用と管轄権の関係が議論されてきた[9]。それにとどまらず，最近では，人権保障に関する国際法の適用と管轄権の関係も生じてきている[10]。

---

　　https://pcacases.com/web/sendAttach/2086.
（7）　本稿では，「管轄権を行使している」ということの意味は，法を「適用する」ことと「管轄権を行使する」こととの対比という観点からという限定のもとに，後に検討する。
（8）　ICJ においても，ICJ 規程 38 条の規定する適用法を適用するに際して，係争している紛争の主題であり，当事国が合意する ICJ の管轄権の対象となる紛争の主題とは，異なる事項について審理・決定しているのではないか，という問題は生じうる。つまり，紛争当事国が合意している管轄権を超えて，ICJ が管轄権を行使しているのではないかという問題は生じうる。
（9）　管轄権と適用法の問題について先例を考察したものとして，たとえば，Peter Tzeng, "Jurisdiction and Applicable Law under UNCLOS," *The Yale Law Journal*, Vol. 126（2016），pp. 248-255; by the same author, "Supplemental Jurisdiction under UNCLOS," *Houston Journal of International Law*, Vol. 38（2016），pp. 520-526.
（10）　たとえば，Arctic Sunrise 号事件，Duzgit Integrity 号事件，Norstar 号事件がある。前二者の事件については，後述する。Norstar 号事件では，パナマは，申述書では人権保護その他の国際法の違反認定も求めていたが，最終申立においては人権侵害に関する申立てをおこなわず，ITLOS は，人権侵害に関する争点については，審理しなかった。The MV "Norstar" Case (Panama v. Italy), Judgment of 10 April 2019, https://www.itlos.org/fileadmin/itlos/documents/cases/case_no.25/Judgment/C25_Judgment_10.04.

そこで，本稿では，管轄権と適用法の関係について，LOSC 裁判所の事例を素材として，いくつかの問題について検討する。

ところで，管轄権と適用法という問題は，国際海洋秩序における LOSC の位置づけは何か，LOSC の規定する強制的裁判解決を促進すべきかそれともかかる促進には慎重であるべきかといった，国際法学にとって根本的な問題に深く関わっている。これらの根本的な問題についての立場を前提としてこそ，管轄権と適用法という問題について，最終的な結論を導くことができるのであろう。けれども，これらの根本的な問題について，一つの立場をとると，それに基づいて，いわば論理必然的に，実証的な観点や解釈論を必ずしも重視せずに，適用法と管轄権の問題に結論を導いてしまう危険は否定できない。

そうであるとしても，LOSC 裁判所の管轄権を論ずる際に，それに関連している根本的問題を明確に認識することは重要である。その上で，LOSC 裁判所の管轄権と適用法という問題それ自体をそれとして検討するためには，関連させられやすい根本的問題から，さしあたりは切り離すという方針を，本稿では採用する。ここに説明した趣旨で，管轄権と適用法という問題を考えるための前提的考察という範囲に限定してではあるが，最初に，いくつかの根本的な問題をとりあげて，簡潔に論じておく。結論を先取りすれば，それらの問題について，国際社会の一般的合意が成立しているとは，必ずしもいえない段階にある。

II　管轄権と適用法の関係に関わる諸問題

1　LOSC の「包括性」の議論と LOSC の強制解決の適用範囲との関連

(1)　LOSC は，いわゆる「海の憲法」といわれることがある[11]。LOSC 前文は，LOSC の規定により規律を受けない事項については，一般国際法により規

---

pdf (as of 31 July, 2019), paras. 64, 146.

(11)　The title of remarks by Tommy T. B. Koh, President of the Third United Nations Conference on the Law of the Sea that introduce the LOSC in the first edition published by the United Nations. Cited by Bernard H. Oxman, "Complementary Agreements and Compulsory Jurisdiction," *American Journal of International Law*, Vol. 95 (2001), p. 279, footnote 7. LOSC が包括的規範（a comprehensive code）であること，その統一性（integrity）を述べる例として，Alan E. Boyle, "Dispute Settlement and the Law of the Sea Convention: Problems of Fragmentation and Jurisdiction," *International Comparative Law Quarterly*, Vol. 46 (1997), p. 38.

律されることを規定している。一方で，そこに見出せる発想は，LOSC と一般国際法により，およそ海洋事項を包括的に規律することの期待かもしれない[12]。他方で，前文が LOSC の規律が及ばない事項の存在を明記しているのであるから，LOSC に規律事項の点での「包括性」はないことを，LOSC 自らが宣言しているともいえる[13]。

　LOSC の前文以外にも，LOSC の規定以外の国際法の原則や規則により，特定の海洋事項が規律されることを明示に規定する条文がある[14]。前文とこれらの規定を含めて，本稿では，LOSC による他の国際法の原則や規則への renvoi と表現することにする[15]。このような LOSC の前文や実体規定群による renvoi は，293 条 1 項が，LOSC287 条が規定する裁判所が，LOSC に反しない限りで，多様な国際法の原則や規則を適用するとしていることと対応していよう。

　LOSC による renvoi からは，海洋に関する国際法秩序における LOSC の位置づけにつき，少なくとも二つの異なる考え方を導くことができる。

　第一には，LOSC は renvoi により，LOSC 以外の国際法の原則や規則に，該当する海洋事項に対する規律を委ねていることを強調する考えである。これによれば，LOSC とそれ以外の条約や慣習国際法の総体によってこそ，国際海洋秩序が構築されると考えられる。LOSC はその一部をなす。LOSC による renvoi は，海洋事項のすべてについて，LOSC が規律してはいないという意味

---

(12)　いわゆる南シナ海紛争において，仲裁裁判所は本案裁定で，LOSC の「包括性 (comprehensiveness)」を主要な論拠として，LOSC の排他的経済水域に関する規定から逸脱する中国の主張する歴史的権利につき，これは，中国の LOSC 批准の時点で無効となったと判示した。この仲裁裁判所が提示した「包括性」概念の意味の検討や，その論理に関する批判的考察については，Atsuko Kanehara, "Validity of International Law over Historic Rights: The Arbitral Award (Merits) on the South China Sea Dispute," *Sophia Law Review*, Vol. 61 (2017), pp. 48-69. It is also available in *Japan Review*, Vol. 2, (2018) https://www.jiia-jic.jp/en/japanreview/pdf/JapanReview_Vol2_No3_02_Kanehara.pdf (as of 31 July, 2019), pp. 13-24.

(13)　LOSC 前文や LOSC の規定が他の国際法に言及し参照することの意義については，後に，適用法と管轄権の関係を考察する際にも，その視点からあらためて検討する。

(14)　これは，60 を超える数である。Tzeng, *supra* 9 (Supplemental…), p. 535.

(15)　便宜的に renvoi という表現を用いるが，それは，厳密な意味での revoi の法的効果を述べたり，LOSC が他の国際法の原則や規則に言及している場合に，それらの法的効果が同一であり，かかる法的効果を統一的に表すことを意図するものではない。

IV 国際紛争と国際法

で，LOSC の包括性を否定する証左となる。それは，LOSC が「傘条約」とか「枠組条約」と呼ばれることの意義にも関わる[16]。

第二には，LOSC の renvoi は，LOSC こそが国際海洋秩序の根幹にあり，たとえば，LOSC の関連条文の解釈適用において，他の国際法の原則や規則を反映したり考慮することを通じて，LOSC が他の国際法の原則や規則の内容を，自らの中にとりこんでいくといった考え方である。そして，その限りで，LOSC 以外の国際法が，LOSC の中に「内在化ないしは統合される（integrate, incorporate）」という表現もありえよう[17]。

(2) さらに，293 条 1 項および LOSC による他の国際法の原則や規則への renvoi と，LOSC の強制解決手続についての考え方との間に，緩やかにではあるが関連を求めて議論することができる。次のような二つの異なる見解がありうる。以下の第一と第二の見解は，ここで説明した，LOSC による renvoi から考えられる国際海洋秩序における LOSC の位置づけについての二つの考え方に，緩やかにではあるが，対応する。

第一に，LOSC の強制解決は，LOSC の解釈適用に関する紛争の解決手続の中で，とくに優先的ないしは原則的地位をもたず，解決手続の選択の自由という原則に従って，一つの選択肢を提供しているという見解がある[18]。

LOSC の強制解決手続は，LOSC の解釈適用の紛争について適用がある[19]。LOSC が規律していない海洋事項については，LOSC の強制解決手続の適用はない[20]。この第一の考えによれば，LOSC の解釈適用に関する紛争についてであっても，LOSC の強制解決手続が優先性ないしは原則性を持つ必然性はない。LOSC の強制解決は，あくまで，選択肢の一つである[21]。たとえば，

---

(16) 拙稿「国家管轄外の海洋生物多様性に関する新協定——公海制度の観点から——」日本海洋政策学会誌 6 号（2016 年），19 頁，注(12)参照。
(17) Renvoi により，LOSC が他の国際法を内在化ないしは統合していくという点については，LOSC の適用法という観点から後述する。
(18) ただし，これは，LOSC 第 XV 部が規定する限りで，LOSC の強制解決がもつ地位を否定する趣旨ではない。
(19) LOSC288 条 1 項。
(20) ただし，ITLOS 規程 21 条，22 条参照。
(21) LOSC が紛争の強制解決手続をもつとしても，第 XV の全体で，「手続の選択」が担保されていることを強調する見解として，Helmut Tuerk, "The Work of the International Tribunal for the Law of the Sea," *Ocean Yearbook*, Vol. 26 (2012), p. 182.

LOSC281条1項や282条は，LOSCの強制解決の適用要件を規定する。それらの規定は，紛争解決手続の選択の自由の原則を反映しており，LOSCの強制解決も，一つの選択肢であることを確認する規定として解釈される[22]。さらに，LOSC第XV部の解決手続は，他の解決手続により紛争が解決されない場合の，いわば，残余の（residual）手続であるという見解にも，これと同じ趣旨をみることができよう[23]。

この第一の見解は，次のように，LOSCのrenvoiによるLOSCの国際海洋秩序における位置づけに関する，第一の考えと結びけることができる。LOSCは他の国際法の原則や規則に，海洋事項に対する規律を委ねているのであり，国際海洋秩序において，LOSCはその一部を形成するが，それ以上の地位はもたない。293条1項に基づき，LOSCの他の国際法の原則や規則を，LOSC287条の規定する裁判所が適用することも，いずれかの裁判所が解決手段の一つとして紛争当事国に選ばれた場合の，強制解決におけるそれらの適用という以上の意味はもたない[24]。次の第二の見解にみるように，国際海洋秩序におけるLOSCの根幹といった枢要な地位が強調されると，LOSCの強制解決を可能な限り広く適用して，かかる枢要なLOSCの解釈適用を統一するという動機が芽生えうる。しかし，LOSCは国際海洋秩序の一部をなす以上でも以下でもないと考えれば，そのような動機は作用しない。

第二に，LOSCの強制解決手続を，可能な限り広く適用することで，LOSCの解釈適用と，それにとどまらず，LOSCだけではなく，LOSCがrenvoiする国際法の原則や規則，そして，293条1項により適用のある国際法の解釈適用について，可能な限り統一をはかるという見解がありえよう[25]。293条1項

---

(22) Oxman, *supra* 11, p. 290.
(23) Donald R. Rothwell, "International Tribunal for the Law of the Sea and Marine Environmental Protection: Expanding the Horizons of International Ocean Governance," *Ocean Yearbook*, Vol. 17 (2003), p. 31.
(24) ITLOSによる解決は，海洋法に関する紛争解決において，多数ある手続のうちの一つにすぎないとするものとして，Zou Keyuan, "International Tribunal for the Law of the Sea: Procedures, Practices, and Asian States," *Ocean Development and International Law*, Vol. 41 (2010), p. 136.
(25) LOSCが膨大な海洋事項についての規律をはかっており，公序（public order）をなしていることから，LOSCの強制解決手続はその公序の一部をなすという主張として，Oxman, *supra* 11, p. 279; by the same author, "The Rule of Law and the United

Ⅳ 国際紛争と国際法

にいう「適用」の意味は後に検討するが,LOSC が renvoi する国際法の原則や規則が,LOSC 裁判所により「適用」されるのか,それとも,考慮されるのか,LOSC の規定上の概念の明確化なのか,といった問題は残る。いずれにせよ,293 条 1 項に基づいて,LOSC 裁判所が,LOSC 以外の国際法の原則や規則の意味を論じたり確認したりすることは排除されないであろう。この第二の見解は,これらの作用が実現する限りにおいてではあるにしても,LOSC と LOSC 以外のおよそ海洋事項に関わる国際法の原則や規則の,解釈適用の統一をはかろうという発想に発展しやすい。このように,LOSC を軸として,他の国際法の解釈適用が LOSC 裁判所により行われるのであり[26],第二の見解は,

---

Nations Convention on the Law of the Sea," *European Journal of International Law*, Vol. 7 (1996), p. 367. 本文で述べたような議論は,ITLOS が設立された時期に,学説において,国際裁判所の数の増加により,国際法の解釈適用における fragmentation が危惧されたこととも密接に関連する。ここでは,国際法の fragmentation の問題には踏み込まない。ただ,次の点は述べておきたい。たしかに,異なる裁判所によって,同じ国際法の原則や規則の解釈適用が異なれば,国際法による統一的な規律という観点からは望ましくないであろう。けれども,長期的視点にたてば,国際法の fragmentation は,国際法の発展を促す可能性もある現象となる。各裁判所や紛争解決手続が,国際法の原則や規則について異なる解釈適用をすれば,紛争当事国は,そのいずれが自らの利益に資するか,また,説得力があるかという観点から,紛争解決手続(forum)を選ぶ。学説は,事例の評価を通じて,どの解釈適用がより正しく,また,説得力があるかを評価し主張する。それを受けて各裁判所や紛争解決手続は,一層,国際法の解釈適用の洗練した実践を示そうとし,それによって,紛争当事国に紛争の付託を動機づけようとする。かかる過程を考えれば,国際法の fragmentation は,国際法による規律の不統一による国際法の弱化というだけではなく,国際法の発展を促す現象とみなすこともできるのである。筆者と同様の見解と解される例として,Tullio Treves, "Conflicts between the International Tribunal for the Law of the Sea and the International Court of Justice," *New York University Journal of International Law and Politics*, Vol. 31 (1999), p. 810; Karin Oellers-Frahm, "Multiplication of International Courts and Tribunals and Conflicting Jurisdiction – Problems and Possible Solutions," *Max Planck Yearbook of United Nation Law*, Vol. 5 (2001), p. 80.

(26) 「内在化ないしは統合」という表現を用いるならば,これは,LOSC という条約においての,国際法の一つの「内在化ないしは統合」といえる現象である。これに比して,ウイーン条約法条約 31 条 3 項(c)によれば,多様な条約が,関連する国際法によって解釈を「統一」される可能性がある。前者を,一つの条約における多様な条約の「垂直的」統合ないしは内在化とすれば,後者は,関連する国際法が構築する国際法の総体への「水平的」統合ないしは内在化といえるかもしれない。条約法 31 条 3 項(c)について,松井芳郎「条約解釈における統合の原理——条約法条約 31 条 3(c)を中心に」坂元茂樹編『国際立法の最前線(藤田久一先生古希記念)』(東信堂,2009 年);

LOSC が，国際海洋秩序において枢要な地位をもち根幹をなすという考え方と結びつきやすい。

　LOSC の解釈適用の統一性 (integrity) を主張する考え方は，この第二の考えと同じ趣旨であろう[27]。もっとも，LOSC287 条が，四つの裁判所を規定しており，その点で，LOSC の解釈適用における統一性には疑問もありうる[28]。LOSC それ自体が，異なる裁判所により，LOSC についても，あるいは，LOSC 以外の国際法についても，その解釈適用の統一性をはかるという意図を有していないといえるのである。

　第二の見解では，LOSC の強制解決は，可能な限り広く適用されることが望ましい。そのような見解は，LOSC 第 XV 部の第一節の解釈において，強制解決の適用要件を広く解釈したり，同第三節の解釈において，強制解決の制限や限定を狭く解釈することに根拠を与えよう。

(3) LOSC が多様な国際法の原則や規則へ renovi を規定していることの意義，あるいはより特定して，その法的効果を確定することは容易ではない。ここで説明したように，LOSC の renvoi に注目して，国際海洋秩序における LOSC の地位について，異なる複数の見解がありうる。そして，それらは，LOSC の強制解決手続の適用範囲をいかに考えるかについての見解と，少なくとも何がしかは結びつく。

　ただし，国際海洋秩序において LOSC が持つ地位をいかにとらえるか，そして，LOSC のもつ地位と連動しながら，LOSC の強制解決手続が優先性をもつかそうではないのか，といった問題については，容易には，結論を導くことができない。いずれかの「価値観」を論ずることは，できるであろう[29]。しかし，LOSC の解釈論に基づいて結論を導くためには，LOSC のあらゆる関連

Campbell MacLachlan, "The Principle of Systemic Integration and Article 31 (3) (c) of the Vienna Convention," *The International and Comparative Law Quarterly*, Vol. 54 (2005), p. 280.

(27) LOSC 条文の統一性 (integrity) を論ずるものとして，たとえば，Boyle, *supra* 11, p. 38.

(28) ITLOS とは異なり，ICJ による国際法の統一性 (unity) を論ずる例として，たとえば，Oellers-Frahm, *supra* 25, pp. 91 *et seq.*

(29) たとえば，Tzeng は，公序 (public order) を導入して，293 条 1 項の解釈論に結論を導こうとする。Tzeng, *supra* 9 (Supplemental...), p. 515.

IV 国際紛争と国際法

規定の解釈を点検することが必要となる。さらには，LOSCと他の海洋法（条約や慣習国際法）との関係という，国際海洋法秩序全体の在り様について結論を導くためには，それらの関連国際法の総体が，いかなる相互関連により構成されているかについての分析と評価を必要とする。そして，明らかなことは，いずれかの立場が，国際社会で一般的な承認を得ているといえる段階にはないということである。よって，これらの根本的問題についての一つの結論を前提として，論理必然的な結論を導出することは可能ではなく，むしろ，さしあたり，根本的問題についての立場からはいったん切り離して，LOSC裁判所の管轄権と適用法という問題それ自体に焦点をあてて論ずることに意義があるといえよう。

つぎに，LOSC強制解決の促進的適用かあるいは慎重な適用かという問題は，国際社会における裁判管轄権，とくに，強制裁判管轄権をいかに考えるかという問題にいきつく。LOSCの関連規定に注目するという限定を付して，これもついて検討を加えておきたい。

2 強制解決推進論

(1) 国際紛争解決における一般論として，およそ強制的解決が望ましいという考え方はありえよう。そのような一般論に照らせば，LOSCの強制解決手続が，LOSCの解釈適用に関する紛争に限定してではあるものの，可能な限り多くの紛争について適用されることが是とされるであろう[30]。LOSCの強制解決の適用範囲という観点に限定して，LOSCの趣旨を確認すると，次の点は明確に認識すべきである[31]。

---

(30) 後に裁判実践をみるように，293条1項により，LOSCの他の国際法の原則や規則を，LOSC287条の規定する裁判所が適用する場合には，LOSCの解釈適用の紛争に限ることなく，それら国際法の原則や規則の解釈適用に関する紛争についても，当該裁判所は管轄権持つ，という見解はありうる。それによれば，LOSCの他の国際法の原則や規則の解釈適用に関する紛争についても，LOSCの強制解決手続が，可能な限り広く適用されることが望ましいという結論となろう。
(31) 諸国のLOSCにおける強制解決に関する態度を，統計も含めて分析するものとして，Robin Churchill, "The general Dispute Settlement System of the UN Convention on the Law of the Sea: Overview, Context, and Use," *Ocean Development & International Law*, Vol. 48 (2017), pp. 216 *et seq.* 297条及び298条についての諸国の態度からみて，LOSCの強制解決手続は，比較的，諸国によく受け入れられているという評価として，

LOSC は，たしかに，強制解決手続を採用した点で，特筆すべき条約である。けれども，強制解決には，いくつかの制限ないしは例外がある。297条は，LOSC 自体が，強制解決手続からの除外を認める。298条は，LOSC 当事国の宣言によって，一定の紛争について，強制解決手続からの除外を認める。こうした例外や除外を LOSC 自らが認めていること自体から，LOSC の解釈適用に関する紛争には，強制解決を優先的ないしは原則的に適用するという結論を，必然的に導くことはできない。もっとも，LOSC 自体が，強制解決手続からの例外や除外を認めているとしても，あくまで強制解決が優先性ないしは原則性をもち，それからの例外や除外は，まさに，例外や除外にすぎないとする反論は可能ではある。

　これらを念頭において，LOSC の関連規定に照らして，さらに，検討をすすめる。

　(2) LOSC は強制解決に優先性ないしは原則性を認めるかについての考え方は，たとえば，第一節の強制解決適用のための要件を規定する条文を，厳格に解するかそれとも緩やかに解するかについての，主たる決め手となる。このことは，第三節の強制解決への制限に関する規定についても同様である。

　LOSC の強制解決の適用要件を定める規定として，281条および282条に注目する[32]。281条1項も，282条も，紛争解決手続選択の自由を反映しており，「手続の選択（choice of forum）」をその趣旨とするという解釈がある[33]。ミナミマグロ事件（管轄権）において，仲裁裁判所は，281条1項の解釈について，「当該紛争」に特定して，「当該紛争」について，関連条約の紛争解決条項が「他の手続の可能性を排除していない」ことを，LOSC の強制解決から免れるための要件とはしなかった[34]。その意味で，281条1項による LOSC の強制解決

　　Justinas Linkevicius, "International Tribunal for the Law of the Sea: The Limits of Compulsory Jurisdiction," *Baltic Yearbook of International Law*, Vol. 11 (2011), pp. 160-162.

(32) 281条の詳細な解釈論として，Bing Bing Jia, "The Curious Case of Article 281: A 'Super' Provision within UNCLOS?" *Ocean Development & International Law*, Vol. 46 (2016), pp. 266 *et seq*.

(33) Bernard Oxman, "Courts and Tribunals: The ICJ, ITLOS, And Arbitral Tribunals," Donald R. Rothwell, *et al* ed., *The Oxford Handbook of The Law of the Sea* (Oxford University Press, 2015), p. 402.

(34) Southern Bluefin Tuna (New Zealand-Japan, Australia-Japan), Award of 4

Ⅳ　国際紛争と国際法

からの逸脱を緩やかに認めたのであり[35]，学説には批判もある[36]。

これに比して，MOX工場事件（暫定措置）でITLOSは，282条の規定する他の条約が，LOSCの解釈適用に関する紛争解決を規定しているのでない場合には，LOSCの強制解決が適用される，つまり，そのような場合には，282条の適用はなく，LOSCの強制解決からの逸脱は認められず，管轄権を肯定されるとした[37]。そもそも，LOSC以外の条約の定める紛争解決条項が，当該条約ではなく，LOSCの解釈適用に関する紛争についての解決権限を規定していることを求めるのは，相当に，例外的な場合を想定することになろう。そうであるとすれば，ITLOSは，LOSCの強制解決の適用を除外する場合を規定する282条を，相当に厳格に解している[38]。いいかえれば，ITLOSは，LOSCの強制解決の適用範囲を広く確保しようと，282条を解釈したといえる[39]。南

August 2000, *Report of International Arbitral Awards*, Vol. XXIII, (United Nations, 2006), paras. 56-58.

(35)　ミナミマグロ事件における，日本の主張も仲裁裁判所の判断も注目すべきであるが，これらは，281条1項の解釈においてだけではなく，およそ，LOSCの，強制解決手続には限らない，LOSCの定めるすべての解決手続の優先性ないしは原則性という点にも関わるので，あらためて後述する。

(36)　ミナミマグロ事件が，LOSCの紛争解決レジームの包括性に疑問提起したかというのは，誤ったとらえ方であり，LOSCは包括的であり，第XV部はLOSCの解釈適用に関する紛争のすべての適用されることを強調する見解として，Oxman, *supra* 33, p. 415.

(37)　The MOX Plant Case (Ireland v. United Kingdom), Provisional Measures, Order of 3 December, 2001, ITLOS, https://www.itlos.org/fileadmin/itlos/documents/cases/case_no_10/published/C10-O-3_dec_01.pdf (as of 31 July, 2019), paras. 48-53; Order No. 3 of 24 June, 2003, Permanent Court of Arbitration, http://www.worldcourts.com/pca/eng/decisions/2003.06.24_Ireland_v_United%20Kingdom.pdf (as of 31 July, 2019), para. 18. Statement of President Mensah, 13 June 2003, http://pcacases.com/web/sendAttach/877/ (as of 31 July, 2019), para. 5.

(38)　ミナミマグロ事件で仲裁裁判所が281条1項を緩やかに解釈して，強制解決の回避を広く認めたことに比較して，MOX工場事件（暫定措置）でITLOSが282条を厳格に解釈して，強制解決の回避を狭く解釈したことについて，Donald R. Rothwell, "Building on the Strengths and Addressing the Challenges: The Role of Law of the Sea Institutions," *Ocean Development and International Law*, Vol. 35 (2004), pp. 141-143.

(39)　MOX工場事件についての評釈として，M. Bruce Volbeda, "The MOX Plant Case: The Question of Supplemental Jurisdiction for International Environmental Claims under UNCLOS," *Texas International Law Journal*, Vol. 42 (2006), particularly, pp. 219-228.

シナ海紛争で仲裁裁判所（管轄権）は，条約の並行的存在を肯定して，事項が重なっているというだけでは，一方の LOSC 以外の条約（生物多様性条約）について 281 条を適用することにはならないとした[40]。そして，生物多様性条約は LOSC 第 XV 部の紛争解決手続に訴えることを排除していなしとし，第 XV の手続の排除を認めるためには，明らかな除外が必要であるとした[41]。

こうした 281 条 1 項や 282 条を解釈した代表的な事例や，それらを論ずる学説に鑑みると[42]，先例では，281 条 1 項や 282 条が，choice of forum を認めているとしても[43]，それを広く認めるか否かについて，まだ，一貫した結論が出せる段階ではない[44]。

つぎに，LOSC の強制解決手続の例外を規定した 297 条に注目する。297 条の構造は複雑であって，LOSC の強制解決の適用がある紛争を規定するとともに，適用を除外する紛争も規定している[45]。

297 条 1 項の解釈において，同項が LOSC の強制解決に優先性ないしは原則性を与えるか否かについては，解釈が分かれうる[46]。一方で，強制解決を限定的にとらえる見解によれば，297 条 1 項に規定のある紛争に限って，拡大し

---

(40) 南シナ海紛争（管轄権），*supra* 6, para. 285.
(41) *Ibid.*, para. 268.
(42) ミナミマグロ事件（管轄権）における 281 条 1 項の解釈と，MOX 工場事件における 282 条の解釈を比較するものとして，Julian Seymour, "The International Tribunal for the Law of the Sea: A Great Mistake?" *Indian Journal of Global Legal Studies*, Vol. 13 (2006), pp. 30-31.
(43) 281 条と 282 条は，異なる裁判所間の管轄権の衝突回避のための規定であるという評価として，Oellers-Frahm, *supra* n. 25, pp. 89-90.
(44) 282 条が，forum shopping や並行手続を実効的に回避しているという見解として，Zhou Zhonghai, "On the Jurisdiction of the International Tribunal for the law of the Sea," *China Ocean Law Review*, Vo. 2005 (2005), p. 275.
(45) 297 条 1 項は，「主権的権利」および「管轄権」と規定しているため，拡大した海域（大陸棚，EEZ）についての権利が対象であると解釈できる。たとえば，領海については，沿岸国の「主権」が及ぶため，297 条 1 項の対象にはならない。ここでは，この指摘にとどめる。297 条 1 項は，海域の区別なく（領海も含み）適用されるという見解として，Oxman, *supra* 33, p. 404.
(46) この点につき，Stephen Allen, "Article 297 of the United Nations Convention on the Law of the Sea and the Scope of Mandatory Jurisdiction," *Ocean Development & International Law*, Vol. 48 (2017), pp. 316-319.

Ⅳ　国際紛争と国際法

た海域に関する主権的権利や管轄権をめぐる紛争は，強制解決に服する[47]。他方で，これに対して，チャゴス海洋保護区事件で仲裁裁判所は，主権的権利や管轄権をめぐる紛争も，他の紛争と同様に，288条1項の原則の適用があれば，強制解決に服するとした。仲裁裁判所は，それゆえに，288条1項によりLOSC裁判所の管轄権が確定できれば，297条1項の検討は，いわば，完全を期する意味をもつにすぎない，という趣旨の判断を示した[48]。つまり，288条1項が原則であり，同項により強制解決手続の適用があり，297条1項は，主権的権利と管轄権をめぐる紛争について，強制解決の適用を確認しているにすぎない，ということである。

　297条1項のこのような解釈が，LOSC当事国により受け入れられるか否か，先例として確立していくか否かは，今後の実践を待つ必要がある。確かなことは，このような297条1項の解釈をめぐる見解の相違には，同項の解釈という問題には解消されない問題，すなわち，LOSC上の強制解決に優先性ないし原則性を認めるか否かという問題が背景にあることである。この点については，日本が経験したミナミマグロ事件において，日本の示した見解に注目することができる。日本の主張は，281条1項を根拠として，仲裁裁判所の管轄権を否定するものであったが，281条1項の解釈論にとどまらず，LOSCの強制解決，さらには，LOSC第XV部の設定する紛争解決手続の位置づけについての主張をも含んでいる。

　ミナミマグロ事件において日本は，仲裁裁判所の管轄権を否定するために，281条1項を援用した。日本の基本的立場は，ミナミマグロに関する紛争は，ミナミマグロ条約上の紛争であり，LOSC上の紛争ではないという点にあった[49]。そして，仮にLOSC上の紛争で（も）あるとしても，ミナミマグロ条約16条という紛争解決条項の存在を根拠に，281条1項により，仲裁裁判所

---

(47)　Robin Churchill and Vaughan Lowe, *The Law of the Sea*, 3rd ed., (Manchester University Press, 1999), p. 455.
(48)　チャゴス海洋保護区事件，*supra* 6, paras. 317, 319. 同事件における仲裁裁判所の297条の起草過程を含む検討，*ibid.*, particularly paras. 308-317.
(49)　ミナミマグロ事件（管轄権），*supra* 34, para. 38 (a). この点で，仲裁裁判所は，紛争は一つ（a single dispute）であり，一つの紛争が，LOSC上の紛争であると同時に，ミナミマグロ条約上の紛争であるとした，*ibid.*, para. 54。この点の分析として，Kanehara, *supra* 2, pp. 122-128.

は管轄権をもたないというのが，日本の主張であった[50]。それに際して日本は，多くの漁業協定を含む海洋法関連の条約が，それ自体の紛争解決条項を持つことを事実として強調した。かかる事実を背景として，日本は，いかに多くの海洋法関連の条約が，それ自体の紛争解決条項をもつか，海洋法関連の条約の解釈適用の紛争については，諸国は，当該条約の定める手続による紛争の解決を意図しているかを強調した[51]。それは，LOSC の強制解決手続，さらには LOSC の紛争解決手続が，当然に優先性ないしは原則性をもつものではないという主張である。

しかも，かかる主張を日本は，論理として，281条1項の解釈論としてのみ導いたのではない。日本は，海洋法関連の条約を事実として示したのであり，諸国の国際実践をその証左として，自らの主張を展開した。これは，281条1項の問題にとどまらず，LOSC の強制解決手続，さらには LOSC の紛争解決手続の優先性ないしは原則性への反論であったともいえる[52]。日本が証拠として挙げた多くの海洋法関連の条約のもつ事実としての重みは，国際社会の規範意識の証拠として重要である。そして，仲裁裁判所は，上述のように，281条1項により，自らの管轄権を否定した。

もっとも，ミナミマグロ事件（管轄権）は，LOSC の紛争解決手続の位置づけという観点から，一般化できる先例では必ずしもなく，とくに，漁業紛争に限定しての先例として評価されるという指摘もある[53]。また，南シナ海紛争（管轄権）で仲裁裁判所は，281条について，LOSC が統合的（integral）な性質をもち，LOSC の紛争解決制度からの逸脱は，明示に意思表示されなければな

---

(50) ミナミマグロ事件（管轄権），*supra*, 34, para. 38 (h) and para. 39 (b).
(51) *Ibid.*, para. 38 (i). 仲裁裁判所も，管轄権なしという判断を支持する事実として，この点を挙げた，*ibid.*, para. 63.
(52) この点についての批判的考察として，日本が挙げた多くの条約は，LOSC の解釈適用に関する事項に関わらない，LOSC の実施を目的としてはいないなどの理由が挙げられている。Oxman, *supra* 11, p. 299. 日本の主張に対して，原告は，そのような主張によれば，LOSC の強制管轄権の規定が，「雨に溶ける紙の傘（a paper umbrella which dissolves in the rain）」になるとして批判している。ミナミマグロ事件（管轄権），*supra* 34, para. 41 (k).
(53) 奥脇直也「海洋紛争の解決と国連海洋法条約──東アジアの海の課題──」『国際問題』No. 617（2012年）21頁。

Ⅳ　国際紛争と国際法

らないとした[54]。

(3)　関連して漁業に関する紛争に注目すると，297条3項(a)第一文は，漁業に関する紛争は，強制解決に服することを規定している。これは，297条3項(a)の第二文以降が，とくに，排他的経済水域（EEZ）における漁業に関する沿岸国の主権的権利のいくつかの行使態様について，強制解決からの除外を規定していることと，対照的である。それゆえに，297条3項(a)の第一文は，公海漁業に関する紛争を主として想定しているとも解される[55]。もっとも，297条3項(a)の第二文は，強制解決から除外する紛争で，EEZ沿岸国の漁業に関する主権的権利のいくつかの行使態様についての紛争を例示していると考えられるのであり，それには該当しないEEZ沿岸国の漁業に関する主権的権利についての紛争がありうるとすれば，かかる紛争も，297条3項(a)の第一文により，強制解決に服する。

297条3項(a)の第一文の主たる想定が，公海漁業に関する紛争であるとすると，たとえば，現在では，三つの条約が，LOSCの紛争解決手続の適用を規定している[56]。その一つは，1995年公海漁業協定である。これらのLOSC以外の漁業条約がLOSCの紛争解決手続の適用を規定している点を強調して，公海漁業に関する紛争は，LOSCの強制解決に服するのが原則であり，LOSCの強制解決の優先性ないしは原則性をここにもみることができる，という主張はありえよう。

けれども，公海漁業協定は，LOSCの実施協定である。LOSCと実施協定との関係に鑑みれば[57]，同協定に関する紛争が，LOSCの紛争解決手続に服することは，いわば，LOSCとその実施協定との解釈適用の統一性（integrity）

---

(54)　南シナ海紛争（管轄権），supra 6, 225.
(55)　Boyle, supra 11, p. 43; Bernard H. Oxman, "The Rule of Law and the United Nations Convention on the Law of the Sea," *European Journal of International Law*, Vol. 7 (1996), p. 368.
(56)　公海漁業協定（30条），中西部太平洋まぐろ類条約（31条），北太平洋公海漁業資源保存条約（19条）。その他の条約例も含めて，この問題について，Tullio Treves, "A System for Law of the Sea Dispute Settlement," in David Freestone *et al* eds., *The Law of the Sea – Progress and Prospects*, (Oxford University Press, 2006), pp. 420-422.
(57)　公海漁業協定4条は，LOSC上の権利義務に影響を及ぼすものではないこと，LOSCの範囲内で，同協定をLOSCと適合するように解釈し，また，適用することを定める。

確保のために，自然であり，合理的である[58]。そして，いわば「反対解釈」としては，LOSC の実施協定の地位を持たずに，独自に展開している漁業協定は，自らの紛争解決条項により，当該条約に関する紛争の解決を意図しているともいえる。したがって，公海漁業に関する紛争については，LOSC の強制解決に優先性ないしは原則性を認めるという結論は，297 条 3 項(a)第一文の解釈として，当然には導くことはできない。ただし，とくに北太平洋公海漁業資源保存条約のように，LOSC の実施協定ではない漁業条約でも，LOSC の紛争解決手続を適用することを規定しているという事実は，LOSC の解釈適用の紛争以外の紛争についてであっても，公海漁業紛争における LOSC の解釈適用手続の優先性ないしは原則性を認める実践であることも，否定できない。

(4) 以上，LOSC 裁判所の管轄権と適用法という論題を考察するにあたり，これに密接に関わる根本的ないくつかの問題を簡潔に検討してきた[59]。また，いわゆる混合紛争ないしは混合請求 (mixed disputes, mixed claims) の問題は[60]，LOSC287 条の規定する裁判所が，LOSC の解釈適用ではない紛争には，管轄権をもたないことに関わる。それらの裁判所が，LOSC の解釈適用の紛争をいかに限定しているか，そうであるとしても，実質的には，LOSC の解釈適用に関する紛争以外の紛争にまで，管轄権を行使しているとすれば，それは，LOSC 強制解決の拡大的利用ではないかという問題である。その意味で，混合紛争ないしは混合請求の問題は，LOSC 強制解決の優先性ないしは原則性の問題に関わるが，本稿では，これについて，本稿の論題に関わる限りにおいて，後に検討する。

---

(58) これに比して，中西部太平洋まぐろ類条約は，LOSC の実施協定ではないが，2 条の目的において，LOSC と公海漁業協定との結びつきが明確であり，いわば，中西部太平洋における LOSC と公海漁業協定の実施協定ともいえる。そうであるならば，同条約が，LOSC の紛争解決手続を援用することも理解できる。北太平洋公海漁業資源保存条約は，公海という点で公海漁業実施協定との共通性はもつ。しかし，それ以上には，なぜ同条約が LOSC の紛争解決手続を援用するかは，説明しにくい。

(59) ここで論じた以外にも，298 条の解釈論として，LOSC が強制解決から除外している紛争の類型から，LOSC の強制解決の位置づけを論ずることにも意味がある。南シナ海紛争を素材として，歴史的権原に焦点を当てた考察であるが，この点について，Kanehara, *supra* 12, pp. 71-74.

(60) 紛争の性質づけと主題に依拠する裁判管轄権について，Harrison, *supra* 6, pp. 269 *et seq.*

Ⅳ 国際紛争と国際法

　これまで検討してきた問題は，LOSC 裁判所の管轄権，そして，管轄権と適用法の関係を論ずるに際して，重要な背景をなす根本的問題であるものの，それらについて，いわば決め手となる結論を直ちに導くことはできにくい[61]。それゆえに，以下の考察に際しては，LOSC の国際海洋法秩序における地位や，LOSC 強制解決の優先性ないしは原則性の有無について，一つの立場を想定することはしない[62]。根本的問題についての一つの立場を前提として，その是否はともかく，そこから論理必然的に結論を導くのではなく，適用法と管轄権の問題それ自体に注目して，関連規定や実践および学説を検討する。

Ⅲ　LOSC 293 条 1 項にいう「国際法」

1　293 条 1 項にいう「国際法」の紛争当事国に対する拘束力

　293 条 1 項により，LOSC 裁判所は[63]，LOSC 以外の国際法であっても，LOSC に反しない（incompatible）限り，適用する。LOSC 裁判所が適用する LOSC 以外の国際法は，紛争当事国に対して拘束力のある国際法に限られるのであろうか[64]。

　慣習国際法であれば，一貫した反対国をのぞけば，紛争当事国を含めてすべ

---

(61)　LOSC の強制解決に限らず，国際裁判に一般的に該当するが，裁判管轄の合意原則が厳然と効力を有している以上，主権国家の合意を得られなければ，裁判所の機能は実現も発展もしない。よって，LOSC 当事国も含めて諸国が，強制裁判解決を是とする国際社会の規範意識の成立を確認できない限り，強制解決の優先性ないしは原則性を前提とした議論は，実施可能性を欠く危険性がある。

(62)　この点で，LOSC が強制解決を除外する 298 条において，LOSC 当事国がそこに規定する宣言を出しているかというと，数の点では多くはない。それは，LOSC の強制解決の促進を肯定的にとらえる根拠になるかもしれない。297 条及び 298 条についての諸国の態度からみて，LOSC の強制解決手続は，比較的，諸国によく受け入れられているという評価として，Linkevicius, *supra* 31, pp. 160-162. けれども，そうした当事国の実践の欠如は，むしろ，別の実際的理由，たとえば，他国の動向を確認してから，自国の態度を決めるといった，実際的理由に求められる面もあろう。

(63)　正確には，LOSC 287 条が規定する裁判所のすべてについて，その適用法を論ずる必要があるが，本稿では，LOSC 裁判所として，先に述べたように，ITLOS と LOSC 附属書Ⅶの仲裁裁判所を想定して議論を進める。

(64)　293 条 1 項にいう LOSC 以外の「国際法」が，293 条 1 項を通じて，LOSC に内在化ないしは統合される（integrate）か，それゆえに，LOSC 以外の国際法は，LOSC とみなされることになるかという点については，別途，後に検討する。

ての国家を拘束するので，この問題はさしあたり該当しない[65]。しかし，LOSC 以外の条約を LOSC 裁判所が適用するとき，紛争当事国が当該条約の当事国であり，当該条約が紛争当事国に拘束力があるとは限らない。

　これまでに，293 条 1 項により LOSC 以外の国際法の適用が問われた実践をみると，武器使用に関する原則，武力不行使原則，国際人権規約，生物多様性条約などである。これらのうち，慣習国際法であるか，条約であってもその慣習国際法化が一般的に認められている国際法については，紛争当事国が当該条約の当事国ではなくても，慣習国際法としてこれらの国際法に拘束されるから，さしあたり，検討の対象からは除外できる[66]。

　293 条 1 項の国際法が紛争当事国に対して拘束力をもつ国際法[67]である必要があるかについては，次のように解する可能性がないとはいえない。LOSC 当事国は 293 条 1 項に合意している。そして，その合意をもって，LOSC 裁判所が LOSC 以外の国際法を適用することに合意している。293 条 1 項の規定振りからは，そこにいう国際法は，紛争当事国に拘束力のある国際法に限定するとは読めない。ゆえに，紛争当事国となった場合に，LOSC 当事国は，自らが当事国ではない条約を，LOSC 裁判所が当該紛争に適用することに合意しているという解釈である。

　そのような解釈の適否を判断するためには，293 条 1 項にいうもう一つの要素である，法の「適用」の意味を確認しなければならない。なぜなら，「適用」により，紛争当事国がいかなる法的効果を受けるかを考慮しなければ，293 条 1 項への合意によって，LOSC 当事国が合意している内容の重みを判断

---

(65) 以下は，紛争当事国がその当事国ではない条約が，293 条 1 項に基づいて，LOSC 裁判所により適用されることを想定して考察するが，これは，紛争当事国が一貫した反対国であり，慣習国際法の拘束を受けない場合に，当該慣習国際法についてもあてはまる考察である。条約の当事国か否かの判断に比べて，慣習国際法に対する一貫した反対国であるか否かの判断は，容易ではない場合もあることはいうまでもない。

(66) 南シナ海紛争（本案）では，生物多様性条約，海上衝突の防止の国際規制に関する条約（COLREG）が仲裁裁判所により参照されたが，それぞれが，紛争当事国の両者を当事国としているし，CORLEG については，裁判所が明示にそのことを確認している．南シナ海紛争（本案），*supra*. 6, para. 1081.

(67) 誤解を生じない限り，条約のうち紛争当事国がその当事国となってはおらず，紛争当事国を拘束しない条約を想定して，単に，紛争当事国に拘束力をもたない国際法と記す。

Ⅳ 国際紛争と国際法

することはできないからである。

　ところで, 293条1項にいう法の「適用」の意味を同定するためには, LOSC 裁判所が, 紛争当事国の別段の合意がない限り, LOSC の解釈適用に関する紛争ないしはその争点についてしか管轄権をもたないことを, 同時に想起する必要がある。換言すれば, 次の問題に答えない限り, 293条1項にいう法の「適用」の意味を, 十分に同定ないしは限定することはできない。かかる問題とは, 293条1項による法の「適用」は, LOSC 裁判所の管轄権の範囲を超えて, LOSC 裁判所は LOSC 以外の国際法の解釈適用に関する紛争についても管轄権を行使することを認めるのか, それとも, LOSC 裁判所は LOSC の与える管轄権を行使する範囲においてのみ, LOSC 以外の国際法を適用することができるのか, という問題である。この問題は, 項をあらためて, 法を「適用すること」と「管轄権を行使すること」の関係という問題として, 後に検討する[68]。それに先立ち, ここでは, 293条1項にいう「国際法」の範囲と併せて考えるという視点に限定して, 同項のいう「適用」から考えられうる意味を検討しておく。

2　293条1項にいう国際法を「適用すること」の意味

　(1)　LOSC 裁判所が LOSC 以外の国際法を適用する場合に, 紛争当事国にとって, 自らが当事国ではない条約が適用されることによって生じうる効果は何か。その効果は, 法の「適用」の意味によって異なる。293条1項にいう法の「適用」については, 学説や裁判実践から, 次の意味を導くことができる。第一に, LOSC 以外の国際法が, LOSC の規定の意味や内容を与える場合, 第二に, LOSC 以外の国際法が, LOSC の規定の解釈において考慮される場合[69],

---

(68)　本稿では, 管轄権と適用法の問題を検討しているのであるから, 法の「適用」といっても, 一般論として法を「適用する」ことの意味を検討するのではない。「管轄権を行使すること」との関係で, 293条1項にいう「適用」の意味を明らかにするという趣旨である。

(69)　Alexander Proeless, "The Contribution of the ITLOS to Strengthening the Regime for the Protection of the Marine Environment," Angela Del Vecchio and Roberto Virzo eds, *Interpretation of the United Nations Convention on the Law of the Sea by International Courts and Tribunals* (Springer Nature Switzerland AG, 2019), p. 103.

第三に，適用される条約それ自体の違反認定が行われる場合[70]，のいずれかである[71]。第三の場合が，紛争当事国にとっては，最も深刻な効果をもたらすことは明らかである。

法の「適用」の意味を，ここにのべた第一と第二の意味でとらえるとすれば，それは，LOSC裁判所がもつ管轄権の行使としての，LOSCの解釈適用の権限の行使として説明することができなくはない[72]。かりにそのように想定すると，紛争当事国を拘束しない国際法をLOSC裁判所が適用する場合に，慎重な検討を要するのは，第三の意味でのLOSC以外の国際法の「適用」になる。そこで，法の「適用」について，第三の意味に限定すると，次の状況が生ずる。293条1項により，紛争当事国を拘束しない国際法をLOSC裁判所が適用して，紛争の全体ではないかもしれないが，紛争を構成する争点が審理され決定されることになる。この争点が「審理され決定されること」は，当該国際法の違反認定が行われることと言い換えることもできよう。そして，当該争点に関する決定は，判決の法的拘束力を通じて，紛争当事国を拘束する。その意味で，紛争当事国は，自らが拘束されない国際法の効果を受ける[73]。

293条1項にいう法の「適用」が，このような第三の意味の「適用」を含み，LOSC当事国がLOSC293条1項に合意していることが，ここに述べた国際法の効果を受けることについての合意を含意しているといえるであろうか。それ

---

(70) 違反認定を行う管轄権は，293条1項の適用法規定を根拠としては導けないことは，後に，裁判実践で明らかにする。

(71) 293条1項にいう法の「適用」には，それ以外の意味もあるかもしれない。また，たとえば，第一と第二の意味は相互に排他的か，あるいは，相互に区別できるかという問題もあろう。これらについては，裁判実践を検討する際に，留意することにする。ここでは，さしあたり，三つの意味を293条1項にいう法の「適用」の意味として想定しておく。

(72) 第一と第二の意味でLOSC裁判所がLOSC以外の国際法で紛争当事国を拘束しない法を適用すれば，たとえば，紛争当事国は，自らが拘束を受けない国際法上の概念によってLOSCの関連規定が解釈され，その解釈には，LOSC裁判所の決定を通じて，拘束されることになる。しかし，これは，LOSC裁判所の管轄権に基づく解釈適用の権限として説明できると考えられる。また，これらの場合をすべて否定すれば，そもそも，293条1項の意義や，LOSC当事国が同項に合意していることの意義が失われるであろう。

(73) ここでは，自らが当事国である紛争の争点について，自らが当事国ではなく拘束されない条約の適用により決定されることを，当該条約により「拘束される」とは表現せず，効果を受けると表現した。

とも，法の「適用」が第三の意味である場合には，LOSC 当事国は，自らが拘束される国際法に限って，293条1項により LOSC 裁判所が LOSC 以外の国際法を適用して，当該紛争ないしその争点を審理・決定することを認めていると解するべきであろうか[74]。

(2) ここでまさに，適用法の問題が管轄権の問題に関係することに目を向けて，その視点から，法の「適用」を考察する必要が生じてくる。そして，293条1項が，LOSC 以外の国際法を適用して，LOSC 以外の国際法に関する紛争ないしその争点についても，LOSC 裁判所が審理し決定することを認めているかが問われなければならない。それは，293条1項という適用法規定により，LOSC 裁判所は，LOSC288条1項が与えており，かつ，限定している，LOSC の解釈適用に関する紛争についての管轄権を超えて，LOSC 以外の国際法の解釈適用に関する管轄権を持つかということである。

この問題は，LOSC 以外の国際法が，紛争当事国を拘束しない条約である場合であっても，紛争当事国を拘束する条約である場合であっても，同様に生ずる。紛争当事国を拘束する条約であっても，かかる紛争当事国は，LOSC 裁判所の管轄権に合意して，その管轄権の範囲で紛争を付託している。よって，紛争当事国か，LOSC 裁判所が LOSC 以外の条約を適用するときに，同条約の当事国であるという事実は，LOSC 以外の条約の解釈適用に関する紛争についての LOSC 裁判所の管轄権に合意することを当然には意味しない。LOSC 裁判所が，紛争当事国がその当事国となっている条約の解釈適用に関する紛争に管轄権を行使するとすれば，そのような管轄権は293条1項をそのように解することによって根拠づける可能性を探ることになる[75]。ゆえに，LOSC 裁判

---

[74] 第一と第二の法の「適用」の意味についても，厳密には，同じ考察が必要であるかもしれない。ここでは，先に述べたように，LOSC 裁判所が LOSC 以外の国際法を，第一か第二の意味で「適用」することは，LOSC 裁判所の解釈適用の権限の範囲内として説明できることの指摘にとどめる。なお，裁判実践で，第一と第二の意味で293条1項の法の「適用」を論じている例については，後に取り上げる。

[75] 紛争当事国が拘束される条約については，当該条約の解釈適用についての紛争について，LOSC 裁判所の管轄権を認めてもよいという，293条1項の解釈論はありうる。しかし，適用法と管轄権の関係についての検討から導かれうる結論，すなわち，「LOSC 以外の国際法の解釈適用の紛争についての管轄権は，293条1項からは導けない」という結論が導びかれるとすれば，それは，そのような293条1項の解釈に優位すると考えられる。なぜなら，後に説明するように，管轄権と適用法の問題については，管轄権の

所がLOSC以外の条約を適用するとき，紛争当事国が当該条約の当事国がそうでないかにかかわらず，ここで設定した問題は問われなければならない。

　もし，以下で行う検討の結果，293条1項が，LOSC以外の国際法の適用により，LOSC以外の国際法に関する紛争について，審理し決定する管轄権の根拠にはならないという結論に至れば，そのことにより，293条1項にいう法の「適用」はその意味を限定される。すなわち，仮に293条1項にいう「適用」を第三の意味でとらえても，実際には，LOSC裁判所の管轄権の限界ゆえに，そのような法の「適用」を，LOSC裁判所は行えない。

　論理的には，293条1項はそのような法の「適用」を認めているが，LOSC裁判所の管轄権の限界によって，実際上は，かかる「適用」はできないという説明もできるし，あるいは，そもそも，293条1項は，そのような法の「適用」を認めていないという説明もできる[76]。が，いずれの説明にせよ，第三の意味で，293条1項にいう国際法の「適用」は，紛争当事国がそれに拘束される国際法にせよ，そうではない国際法にせよ，LOSC裁判所によって行われないという結論は同じである。

　そのような法の「適用」に限界をもたらすのは，LOSC裁判所の管轄権における制限である。これこそが，LOSC裁判所が，LOSC以外の国際法を「適用する」ことと，「管轄権を行使すること」との区別が，決定的な意味をもつ状況である。「管轄権の行使」とLOSC以外の国際法の「適用」とを同じ意味に解するのであれば[77]，293条1項が認めるLOSC以外の国際法の適用により，LOSCの解釈適用に関する紛争以外の紛争ないしその争点についてまで，

　　問題が先行するのであり，最初にLOSC裁判所の管轄権が認定されて，その管轄権行使の範囲で，適用法が論じられうるからである。よって，以下で，管轄権と適用法の関係を検討し，そこから得られる結論は，LOSC裁判所が適用するLOSC以外の国際法が，紛争当事国を拘束する場合であっても，そうではなくても，同じである。
（76）　後述のように，管轄権と適用法の問題を，論理的な順序でとらえて，管轄権が認定されて初めて，（その管轄権の行使の範囲内で）法の適用が定まると考えれば，管轄権の問題と適用法の問題は相互に独立に考えられる。それに従えば，293条1項に，管轄権の問題からの独立性を認めて，前者の論理が適当であるということはいえるかもしれない。
（77）　このような解釈においては，法を「適用すること」と「管轄権を行使すること」との区別は意義をもたない。

Ⅳ 国際紛争と国際法

LOSC 裁判所が管轄権を拡大できると考えられる[78]。293 条 1 項の適用法に関する規定に，そのような管轄権拡大の機能を与えることは，293 条 1 項の解釈として，それが確立する場合でない限り，当然には，認めることはできない[79]。

以上をふまえて，つぎに，法の「適用」の第一と第二の意味を，裁判実践で具体的に確認するとともに，第三の場合の意味での法の「適用」は，LOSC 裁判所の管轄権の限定によって，許されないといえるかについて検討する。

Ⅳ 法を「適用する」ことと「管轄権を行使する」こと

1 293 条 1 項の適用法と管轄権の関係

管轄権の問題と適用法の問題が区別されることは，先例でも学説でも一般的に確立している。この点について，先例として最も明確であるのは，MOX 工場事件で ITLOS が出した手続第三命令であり，それによれば，この二つの問題の間には，明確な区別（cardinal distinction）がある[80]。後続の裁判実践として，Arctic Sunrise 号事件（本案）で，仲裁裁判所も同じ理解を示している[81]。学説においても，二つの問題の区別を述べる例は多い[82]。さらに，二つの問題が区別されることには，論理的な説明もある。それは，管轄権の問題が先行し，管轄権が存在することが確定してから，適用法を論ずることができるという論理である[83]。たしかに，LOSC 裁判所が，ある紛争について管轄権を持つかを決定しなければ，そもそも，裁判所の適用法は何かという問題は生じないし，論ずることはできない。

このように，管轄権と適用法の問題を区別すること，その区別は，論理的に

---

(78) 裁判実践では管轄権と適用法の区別を認めていながら，293 条 1 項により，LOSC 裁判所が LOSC 以外の国際法に関する紛争ないしはその争点を審理・決定する管轄権をもつかについては，明確ではない裁判例もある。これについては，後述する。

(79) 293 条 1 項により，LOSC 裁判所が，LOSC 以外の国際法に関する紛争について管轄権を持つことを認めるとすれば，諸国は，LOSC の当事国になることで，293 条 1 項に合意し，かつ，293 条 1 項のかかる解釈をとることにより，LOSC 裁判所のそうした管轄権に合意するということになる。

(80) 手続第三命令，*supra* 37, para. 19.

(81) Arctic Sunrise Arbitration (Netherlands and Russia), Award of 14 August 2015, https://pcacases.com/web/sendAttach/1438 (as of 31 July, 2019), paras. 192, 198.

(82) たとえば，Proeless, *supra* 69, p. 101; Oxman, *supra* 33, p. 414; Tzeng, *supra* 9 (Jurisdiction...), p. 246.

(83) たとえば，Proeless, *supra* 69, p. 101; Tzeng, *supra* 9 (Jurisdiction...), p. 247.

説明できることに，疑問はない。すでに，法を「適用すること」については，293条1項によりLOSC裁判所が適用するLOSC以外の国際法の紛争当事国への拘束力の有無という問題との関連から，第一，第二，第三の意味が考えられることを説明した。そこでつぎに，293条1項により，LOSC裁判所は，LOSCが与える管轄権を超えて，LOSC以外の国際法の解釈適用の紛争に管轄権をもつかという観点から，「管轄権を行使する」ことの意味みていく。それと関連させながら，293条1項にいう法を「適用すること」の意味も，あらためて，明らかにする。

2 「管轄権を行使すること」の意味

(1) 「管轄権を行使すること」と法を「適用すること」を区別する場合に，一方の極として明確であるのは，次の場合には，「管轄権を行使」したといえることである。それは，ある法の違反認定をする場合である。その法が，LOSC以外の国際法である場合には，LOSC裁判所は，LOSCにより与えられている管轄権，すなわち，LOSCの解釈適用に関する紛争についての管轄権を超えて，管轄権を行使したといえるのである。

この点は，学説も認めている[84]。裁判実践では判断が分かれているが，最近の実践では，LOSC以外の国際法の違反認定の管轄権を否定している。

サイガ号事件では，船舶の拿捕における武器の使用（the use of force）に関してLOSCは明文の規定はもたないが，293条によって適用できる国際法があるとし[85]，ギニアの違反を認定した[86]。したがって，明言はしていないが，ITLOSは，LOSC以外の国際法の違反認定をする管轄権を，293条1項を根拠に認めていると解される。同様に，ガイアナ対スリナメ事件では，ガイアナが主張した国連憲章と一般国際法の武力による威嚇禁止原則の違反について，ス

---

(84) たとえば，上注(82)の文献参照。

(85) The M/V "SAIGA" (No.2) Case (Saint Vincent and the Grenadines v. Guinea), Judgment of 1 July, 1999, https://www.itlos.org/fileadmin/itlos/documents/cases/case_no_2/published/C2-J-1_Jul_99.pdf (as of 31 July, 2019), para. 155. ITLOSは，武器使用は可能な限り回避されるべきであるとし，不可避の場合には，合理性と必要性を超えてはならないことと，人道の考慮に言及した。

(86) *Ibid.*, para. 159

Ⅳ　国際紛争と国際法

リナメは仲裁裁判所のかかる違反認定をする管轄権を否定する主張をした[87]。これに対して仲裁裁判所は，サイガ号事件のここに確認した言及を引用して，293条がLOSC以外の国際法を適用する権限（competence）を与えているとし[88]，スリナメは国連憲章と一般国際法の武力による威嚇禁止原則に違反したと認定した[89]。さらに，Virginia G号事件でITLOSは，やはりここに確認したサイガ号事件の言及を引用して[90]，ギニアビソウは，サイガ号事件でITLOSが言及した国際法の規則に違反してはいないと認定した[91]。

　これらに対して，以後の裁判実践では，管轄権と適用法を区別して，293条1項による国際法の適用は，管轄権の拡大を認めないという立場をとっている。MOX工場事件のITLOS手続第三命令では，上記のように明確に管轄権と適用法を区別したが，本案に至らなかったので，違法認定に係る判断は行っていない[92]。チャゴス海洋保護区事件では，紛争当事国の両方が293条は管轄権を付与しないことにおいて概ね一致していた[93]。Arctic Sunrise号事件（本案）で仲裁裁判所は，国際人権規約の違反認定ができるかについて，293条1項は管轄権を拡大しないとした[94]。南シナ海紛争（本案）で注目すべき点は，

---

(87) ガイアナ対スリナメ事件，Guyana v. Suriname, Award of 17 September, 2007, https://pcacases.com/web/sendAttach/902 (as of 31 July, 2019), para. 402.

(88) *Ibid.*, paras. 405-406, 487 (ii).

(89) *Ibid.*, para. 488 (ii). 管轄権と適用法を区別して，仲裁裁判所は，管轄権については，293条ではなく288条を適用すべきであったという批判として，Jianjun Gao, "Comments on Guyana v. Suriname," *Chinese Journal of International Law*, Vol 8 (2009), pp. 199-200.

(90) The M/V "Virginia G" Case (Panama/Guinea-Bissau), Judgment of 14 April, 2014, https://www.itlos.org/fileadmin/itlos/documents/cases/case_no.19/judgment_published/C19_judgment_140414.pdf (as of 31 July, 2019), para. 359.

(91) *Ibid.*, para. 362.

(92) ARA Libertad号事件（暫定措置）で，多数意見は，軍艦の免除に関する慣習国際法が，LOSC32条に統合（incorporate）されたとした。The "ARA Libertad" Case (Argentina v. Ghana), Provisional Measures, Order of December 15, 2012, https://www.itlos.org/fileadmin/itlos/documents/cases/case_no.20/published/C20_Order_151212.pdf (as of 31 July, 2019), paras. 60-67. ボルフラム判事とコット判事共同分離意見は，明確に，管轄権と適用法の問題を区別し，かかる統合（incorporation）を否定している。https://www.itlos.org/fileadmin/itlos/documents/cases/case_no.20/published/C20_Wolfrum_Cot_151212.pdf (as of 31 July, 2019), para. 7.

(93) チャゴス海洋保護区事件，*supra* 6, para. 181.

(94) Arctic Sunrise号事件（本案），*supra*, 81, para. 188. 拙稿「排他的経済水域の沿岸

568

仲裁裁判所が，海上衝突の防止の国際規制に関する条約（COLREG，紛争当事国の双方がその当事国）はLOSC94条に統合（incorporate）されており，中国を拘束するとし[95]，中国はCOLREGに違反し，したがって（as a consequence）LOSC94条に違反したと認定した点である[96]。

Duzgit Integrity号事件でも仲裁裁判所は，一般国際法にいう合理性と必要性の基準は，すべての法執行に適用があり，LOSC293条１項はこれらの適用を要請しているとし[97]，基本的人権に関する義務の違反は認定できないが，合理性と必要性の基準の違反の認定はできるとした[98]。その前提として，仲裁裁判所は，293条１項は，裁判所の管轄権を拡大しないと明言し，LOSCに完全な効果（full effect）を与えるとし[99]，この目的でLOSCのある規定は国際法の他の規則を直接に統合（incorporate）しているという[100]。また，仲裁裁判所は，LOSCに基づかない義務の違反認定（determine breaches）をする管轄権はないと明言している[101]。Duzgit Itegrity号事件の仲裁裁判所判断は，293条１項が管轄権を付与しないことを明言しているものの，合理性と必要性基準が，すべての法執行に「適用がある」として，その違反認定をしており，論旨が一貫しているかは，必ずしも明確ではない。合理性と必要性基準がLOSCに統合されて，つまりは，LOSCとなり，LOSCの違反認定をしたと解せるかもしれないが，そうした明確な説明はない[102]。いずれにせよ，Duzgit Integrity号事件では，違反認定することが，「管轄権を行使すること」のメルクマールであることが明確になっている。

　国の権利——Arctic Sunrise号事件を素材として——」『上智法学論集』大60巻（2017年）256-259頁。
(95) 南シナ海紛争（本案），*supra* 6, para. 1083.
(96) *Ibid.*, para. 1109.
(97) Duzgit Integrity号事件，*supra* 5, para. 209.
(98) *Ibid.*, para. 210.
(99) *Ibid.*, para. 208. これは，Arctic Sunrise号事件（本案）での仲裁裁判所の言及と同じである，*supra* 81, para. 188.
(100) これも，Arctic Sunrise号事件（本案）での仲裁裁判所の言及と同じである，*ibid*. Duzgit Integrity号事件，*supra* 5, para. 208. ここで，仲裁裁判所は，LOSC74条や311条２項を例示している。
(101) *Ibid.*, para. 207.
(102) Tzengは，仲裁裁判所は，49条３項の違反認定をしたと解している，*supra* 9, (Jurisdiction...), p. 255.

Ⅳ　国際紛争と国際法

　以上より，最近の裁判実践では，239条1項が管轄権を付与しないとする傾向を示している[103]。この実践が定着していくとすれば，紛争当事国が，LOSC以外の国際法に根拠を求めて紛争の争点を構成し，それについての審理・決定をLOSC裁判所に請求するのであれば，LOSC裁判所は，そのような請求を審理し決定する管轄権はないとして，請求を却下すべきである[104]。

　Arctic Sunrise号事件では，原告の申立が，LOSCの規定に関連させながらも，LOSC以外の国際法への参照を含んでいた[105]。オランダは，ロシアによる個人に対する執行措置の態様について，国際人権規約を参照した。海上で船舶を拿捕し個人を拘束することは，LOSCの規定の規律が及ぶが，同時に，国際人権規約の規律も受ける。しかし，オランダは，国際人権規約についての，ロシアの違反の認定を仲裁法廷に求めたわけではない。この点は，原告オランダの請求[106]においても，上述のように，仲裁裁判所の判断でも明らかである。

　(2) つぎに，先に想定した，第一と第二の意味での法の「適用」について，293条1項に基づき，LOSC裁判所がLOSC以外の国際法を適用する態様を確認しておく。それは，第一に，LOSC以外の国際法が，LOSCの規定の意味や内容を与える場合であり，第二に，LOSC以外の国際法が，LOSCの規定の解釈において考慮される場合である。

　上述のように，第一と第二の意味の「適用」は，管轄権との関係で問題を生じにくい。なぜなら，これらの意味での「適用」は，LOSC以外の国際法の解釈適用について「管轄権を行使すること」にはあたらず，LOSC規定を解釈適用するLOSC裁判所の権限であり，LOSC裁判所が有しているLOSCの解釈

---

(103)　後に，とくにサイガ号事件のITLOS判決が，後続の事例によってはLOSC以外の国際法を適用して，違反認定した事例とは解されていないことを指摘する。

(104)　裁判実践では，受理可能性を判断している例もある。MOX工場事件における手続第三命令でITLOSは，管轄権と適用法の問題を区別した上で，アイルランドの請求は，LOSCに基づく請求でなければ受理不能（inadmissible）としたが，上述の282条の解釈に基づいて，管轄権は肯定した。*supra* 37, para. 19. Statement of President Mensah, *supra* 37, para. 5

(105)　兼原「前掲論文」258-259頁。

(106)　Arctic Sunrise号事件で，オランダは，暫定措置請求の段階では，ロシアによる国際人権規約違反を主張していた。Eva Reiter, "The Arctic Sunrise Case (Netherlands/Russia) (ITLOS)," *International Legal Materials*, Vol 53 (2014), p. 603. その後，オランダの請求は，国際人権規約の違反を求めるものではないというように限定されていったことについて，兼原同上。

適用に関する管轄権に，その根拠を求めることが可能であるからである。
第一の例としては，南シナ海事件（本案）で，仲裁裁判所は，LOSC194条5項との関係で，生態系についてLOSCは明確な定義をもたないために，生物多様性条約（紛争当事国の双方がその当事国）を参照した[107]。かつ，192条と194条5項の内容を与えるとして，ワシントン野生動植物取引規制条約（紛争当事国の双方がその当事国）も参照している[108]。「第二」の例としては，Arctic Sunrise号事件（本案）で仲裁裁判所は，本件でのロシアによる執行措置や人の逮捕や抑留が，合理的で均衡がとれているかを決定（determine）するために，人権に関する一般国際法を考慮（have regard to）することができるが，これは，関連ある規定を特定の文脈で解釈することであるとする[109]。また，仲裁裁判所は，LOSC293条に従い，LOSCの規定の解釈適用を助ける（assist）のに必要な程度において，国際人権基準を含む慣習国際法を考慮する（have regard to）することができるともいう[110]。しかし，仲裁裁判所は，ロシアの執行措置にそもそも法的根拠はないと判断して関連するLOSC諸規定の違反認定に至ったため，執行措置の合理性や均衡性等について判断はしなかった[111]。

　以上に挙げた裁判例では，紛争当事国がその当事国ではない条約，つまり，紛争当事国が拘束力を受けない国際法が考慮されたり，LOSCの意味の明確化に用いられてはいない。もっとも，上述のように，紛争当事国を拘束しない国際法を，第一および第二の意味でLOSC裁判所が「適用」しても，それはLOSCについての解釈適用権限であり，LOSC裁判所がLOSCにより付与された管轄権の行使として説明できる。

　注意すべきは，先に検討した，293条1項への言及の有無にかかわらず，LOSC以外の国際法の違反認定をした先例が，後続の実践では，LOSCの解釈適用のためにLOSC以外の国際法を考慮した先例として評価されていることである。Arctic Sunrise号事件（本案）で仲裁裁判所は，サイガ号事件のITLOS判決で先に確認した言及を引用して，293条により認められることと

---

[107]　南シナ海紛争（本案），*supra* 6, para. 945.
[108]　*Ibid.*, para. 956.
[109]　Arctic Sunrise号事件（本案），*supra* 81, para. 197.
[110]　*Ibid.*, para. 198. 同様の趣旨は，293条への言及とともに，武器使用に関する国際法についても述べられている．*ibid.*, para. 191.
[111]　*Ibid.*, para. 333.

Ⅳ　国際紛争と国際法

して，ITLOS は，武器使用に関する一般国際法を「考慮した（take into account）」と評している[112]。Duzgit Integrity 号事件でも，仲裁裁判所は，Arctic Sunrise 号事件の言及を繰り返している[113]。端的にいえば，LOSC 以外の国際法の「違反認定をした」ことが，それを「考慮した」と評されているのである。

　裁判実践では，最近の事例では，管轄権と適用法は区別すること，293 条 1 項は管轄権を拡大しないことについて，定着してきている。けれども，それには該当しない先例を，同じ判断をした先例として評価することには疑問が残る[114]。なぜなら，第一や第二の意味での「適用」と，第三の意味での「適用」を混同する危険性があるし，何よりも，第三の意味で LOSC 以外の国際法を「適用」し，管轄権を拡大した先例に対する，正確な認識と適切な批判が阻まれる危険性があるからである。

　(3)　最近の裁判例の傾向が定着すれば，293 条 1 項を根拠にして，LOSC 裁判所が LOSC 請求ではない，非 LOSC 請求について，LOSC 以外の国際法の違法認定をする管轄権は認められない。ただし，このような管轄権の制限を受けない方法が一つある。それは，「LOSC 以外の法」を LOSC に内在化ないしは統合し（integrate）[115]，かかる法を，LOSC とみなすことである。

　この可能性について，適用される「法」における，LOSC と LOSC 以外の国際法との区別を検討しておく[116]。

---

(112)　*Ibid.*, para. 191.
(113)　Duzgit Integrity 号事件，*supra* 5, para. 208.
(114)　このような，後続の実践による，先例の不適当ともいえる統一的な評価をもたらす理由の検討として，Tzeng, *supra* 9 (Jurisdiction...), pp. 256-258.
(115)　内在化ないしは統合するという表現の内容は，必ずしも一義的ではない。ここでは，LOSC 以外の国際法が，LOSC の一部となり，その解釈適用について，LOSC 裁判所の管轄権が問題にならない場合を想定している。Duzgit Integrity 号事件はこの点で，論旨が明らかではない。本件で仲裁裁判所は，293 条 1 項は管轄権を拡大するのではなく，裁判所が LOSC に完全な効果（full effect）を与えることを可能にする，この目的で，LOSC は，直接に，他の国際法規則を統合（integrate）しているという，*supra* 5, para. 208.
(116)　上記 3.(1) で，293 条 1 項にいう国際法として，紛争当事国がそれに拘束されない国際法を含むかを考察した。その関連で，適用される「法」について考察した。ここでの検討は，別の観点から，つまり，LOSC 裁判所が LOSC 以外の国際法の解釈適用を行ってはいないかを判断するための，前提としての適用「法」の検討である。

3　293条1項にいう LOSC 以外の国際法と LOSC との関係

　LOSC を適用しているのか，LOSC 以外の国際法を適用しているのかは，常に明確であるとは必ずしもいえない。とくに，LOSC が，他の国際法を内在化ないしは統合している（integrate）という議論にてらすと，そのような問題が生ずる。

　この点で特徴的であるのは，南シナ海紛争（本案）における仲裁裁判所のLOSC94条の違反認定である。先にみたように，仲裁裁判所は，COLREG はLOSC94条に統合（incorporate）されており，中国を拘束するとし[117]，中国はCOLREG に違反し，したがって（as a consequence）LOSC94条に違反したと認定した[118]。

　また，LOSC は LOSC 以外の国際法への renvoi の規定をもつ。本稿では，renvoi の法的効果を，この法概念がもつその法的効果に厳密には限定しないで，およそ LOSC が他の国際法に言及している場合をもって，renvoi と表現している[119]。

　LOSC による renvoi は，LOSC 以外の国際法を LOSC に内在化ないしは統合するのであり，その意味は，LOSC 以外の国際法が LOSC の一部をなすことである，という見解はありえよう[120]。もし，renvoi により，LOSC 以外の国際法が LOSC の一部をなすのであれば，そのような LOSC 以外の国際法をLOSC 裁判所が適用しても，それは，「LOSC の適用」である[121]。したがって，そのような国際法の違反認定をしたとしても，それは，LOSC 裁判所が LOSCに規定する管轄権を超えて，管轄権を行使したことにはならない。少なくとも

---

(117)　南シナ海紛争（本案），*supra* 6, para. 1083.
(118)　*Ibid.*, para. 1109.
(119)　上注(15)参照。
(120)　そのように解せる学説として，Sir Michael Wood, "The International Tribunal for the Law of the Sea and General International Law," *The International Journal of Marine and Coastal Law*, Vol. 22（2007），p. 358.
(121)　LOSC の renvoi 規定によって，LOSC 以外の国際法で，LOSC とみなされることになる国際法は，その特定性の程度において，多様である。たとえば，一方で，74条1項や83条1項は，一般的に国際法をさす。他方で，LOSC 第 XII 部の多くの規定で，規定ぶりには若干の差異はあるものの，当該事項を規律する，権限ある国際機関が採択した規則等に言及している。これらも renvoi の中に含めるとすれば，これらの renvoiは，ある程度には特定された国際法を指す，Oxman, *supra* 33, p. 404.

Ⅳ 国際紛争と国際法

論理的には，そのようにいえる[122]。

このようなLOSC以外の国際法はLOSCの一部となすという考え方は，先に議論したように，LOSCの「包括性」を肯定し強調する見解と親和的であろう。それは，LOSC以外の国際法が，LOSCのrenvoiを通じてLOSCの一部となり，そうして内容が豊かになるLOSCによって，可能な限り多くの海洋事項が規律されるという期待を示していよう[123]。

しかし，このようなLOSCのrenvoi規定の効果は，60を数えるLOSCのrenvoi規定[124]のすべてについて，一義的に論ずることはできない。たしかに，LOSCの個々のrenvoi規定の中には，LOSC以外の国際法をLOSCに内在化ないしは統合すると解される規定があり，その場合には，LOSC裁判所はかかる規定を根拠として，LOSC以外の国際法の解釈適用についての管轄権を持つということはできよう[125]。ただし，それは，LOSCのrenvoi規定に基づくLOSC裁判所の管轄権であって，293条1項がかかる管轄権を与えているわけではない。293条1項は，LOSCがrenvoi規定をもつ事実に対応する規定であるとはいえる。しかし，293条1項をして，60を超えるLOSCのrenvoi規定がその対象とするLOSC以外の・すべての・国際法の解釈適用についての管轄権を，LOSC裁判所に与えているとは解せない。LOSCのrenvoi規定のそれぞれについて，renvoiに対象となる国際法の解釈適用について，LOSC裁判所が管轄権を持つかを精査するべきであろう[126]。そこでは，LOSCの当該条文の

---

(122) チャゴス海洋保護区事件で仲裁裁判所は，297条1項(a)(b)(c)は，明示に，LOSCを超えた法的文書の違反（認定）へと，裁判所の管轄権を拡大するという，*supra* 6, para. 316.

(123) 海洋事項を直接に規律する国際法だけが，LOSCのrenvoiの対象となっているわけではない。たとえば，一般的な国際法へのrenoviとしては，74条1項や83条1項がある。また，実際に293条1項に基づいてLOSC以外の国際法の適用が問題となった事例では，対象となったのは，執行措置に伴う武器使用に関する原則や武力不行使原則と国際人権規約がある。かりに，LOSCの規定が規律する海洋事項との連結が担保されるとしても，海洋法の分野を少なくとも直接の規律対象としない国際法を，LOSCが内在化ないしは統合するといえるかについては，慎重な判断を要しよう。

(124) Tzeng, *supra* 9 (Supplemental…), p. 535.

(125) Kate Parlett, "Beyond the Four Corners of the Convention: Expanding the Scope of Jurisdiction of Law of the Sea Tribunals," *Ocean Development & International Law*, Vol. 48 (2017), pp. 291-296.

(126) たとえば，LOSC2条3項にいう「国際法の他の規則」について，チャゴス海洋保

規定振りや renvoi の態様，LOSC と renvoi の対象となる国際法との関係などの要因に照らして，LOSC が他の国際法を内在化ないしは統合しているかを判断することになろう。

また，LOSC の renvoi 規定がなくても，LOSC 以外の国際法を LOSC が内在化ないしは統合しており，LOSC 裁判所がこれを適用し違反認定も行うという場合もある[127]。かかる国際法の適用は，内在化によって LOSC となったのであるから，LOSC の違反認定を行う LOSC 裁判所の管轄権に疑問はないということになる。

裁判実践をみると，先に引用した南シナ海紛争（本案）における仲裁裁判所の COLREG の LOSC94 条への統合の例は，LOSC の renvoi 規定についての実践ではない。LOSC の renvoi 規定を根拠とはせずに，LOSC 以外の国際法について，それを LOSC に内在化ないしは統合して，LOSC の一部として適用するという言及や実践としては，上述のように，Arctic Sunrise 号事件[128]，これを引用した Duzgit Integrity 号事件がある[129]。これらは，LOSC と LOSC 以外の関連する国際法との関係において，そのLOSCへの内在化を論

護区事件で仲裁裁判所は，その規範的意義を肯定して，それについての遵守の義務があり，つまりは，国際法の他の規則の違反認定をする管轄権を肯定した。チャゴス海洋保護区事件，*supra* 6, paras. 501-514.
(127) Virginia G 号事件で ITLOS は，授権された同定できる官憲によってのみ執行措置がとられるという一般国際法は，LOSC の 110 条と 224 条に内在化（incorporate）されたとし，本件で問題となる，EEZ での 73 条 1 項に基づく執行措置には適用がないとするが，判決主文では，110 条と 224 条の違反はないと認定している。この論理では，ITLOS は当該一般国際法が LOSC に内在化されたと判断していることは明確であるが，かかる EEZ での執行措置には適用がないとしているので，なぜ，110 条及び 224 条の違反認定（「違反はない」）を行っているのか，理解しにくい，*supra* 90, paras. 342, 348, 452(12)。また，同事件で ITLOS は，サイガ号事件で 293 条により適用できる国際法として，船舶の拿捕に伴う武器使用を規律する国際法と人道の考慮に言及した箇所（155-156 パラグラフ）を参照した上で，ギニアビソウの措置はこれらの基準に適合していると判断した，*ibid.*, paras. 362, 452 (13)。ここでは，かかる国際法と人道の考慮が，LOSC に内在化されたという論理は介在させていていない。しかし，サイガ号事件で ITLOS は，執行措置に伴う武器使用を規律する国際法や人道的考慮を参照する際に 293 条に言及しており，ITLOS は Virginia G 号事件でその箇所を引用しているものの，ギニアビソウによる措置が，これらの基準に適合しているという判断，つまり，違反ではなく遵守の認定を行う管轄権の根拠が，293 条 1 項であるという説明もない。
(128) Arctic Sunrise 号事件（本案），*supra* 81, para. 188.
(129) Duzgit Integrity 号事件，*supra* 5, para. 210.

Ⅳ　国際紛争と国際法

じたり，そのLOSCとしての適用を行っているのであり，それゆえに，293条1項を根拠として，LOSC以外の国際法の解釈適用を行い，違法認定を行う管轄権を行使しているわけではない。

　Arctic Sunrise号事件（本案）では，仲裁裁判所は，LOSCにLOSC以外の国際法を統合するという言及を行っているが，同事件では，ロシアの執行措置がそもそも法的根拠を欠くと判断されたため，ロシアの執行措置についての当該国際法の違反認定には至らなかった。Duzgit Integrity号事件では，仲裁裁判所の論理に，不明確さが残る。仲裁裁判所は，一般国際法にいう合理性と必要性の基準は，すべての法執行に適用があり，LOSC293条1項はこれらの適用を要請しているとし[130]，基本的人権に関する義務の違反は認定できないが，合理性と必要性の基準の違反の認定はできるとした[131]。その前提として，仲裁裁判所は，293条1項は，裁判所の管轄権を拡大しないと明言し，LOSCに完全な効果（full effect）を与えるとし[132]，この目的でLOSCのある規定は国際法の他の規則を直接に統合（incorporate）しているという[133]。また，仲裁裁判所は，LOSCに基づかない義務の違反認定（determine breaches）をする管轄権はないと明言している[134]。同事件の仲裁裁判所判断は，293条1項が管轄権を付与しないことを明言しているものの，合理性と必要性基準が，「適用がある」として，その違反認定をしており，論旨が一貫しているかは，必ずしも明確ではない。合理性と必要性基準がLOSCに統合されて，つまりは，LOSCとなり，LOSCの違反認定をしたと解せるかもしれないが，そうした明確な説明はない[135]。

　いずれにしても，これらの実践は，293条1項により，およそLOSCの規定がrenvoiするすべての国際法について，その解釈適用の管轄権をLOSC裁判

---

[130]　*Ibid.*, para. 209.
[131]　*Ibid.*, para. 210.
[132]　*Ibid.*, para. 208. これは，Arctic Sunrise号事件（本案）で仲裁裁判所の言及と同じである，*supra* 81, para. 188.
[133]　*Supra* 5, para. 208. ここで，仲裁裁判所は，LOSC74条や311条2項を例示している。
[134]　*Ibid.*, para. 207.
[135]　Tzengは，仲裁裁判所は，49条3項の違反認定をしたと解している，*supra* 9, （Jurisdiction...）, p. 255.

所に与えるという実践ではない。むしろ，これらは，LOSC の renvoi 規定のそれぞれについて，あるいは，LOSC の規定と他の国際法との関係や LOSC の規定振りなどにより，個別に判断するという実践であろう。

4 LOSC 裁判所の管轄権の拡大の手法

ここまで，293 条 1 項により，LOSC 裁判所は，LOSC が与える管轄権を超えては管轄権をもたないことを論じてきた。このように 293 条 1 項の「適用」を限定することは，その限りで，同項の意義を減殺するといえるかもしれない。けれども，最近の裁判実践と多くの学説で明確な傾向となっている解釈として，293 条 1 項の「適用」は，LOSC 以外の国際法の違反認定を含まないのである。

293 条 1 項の限界を除去するために，一つの方法としては，LOSC 裁判所の管轄権を広げることがありうる。たとえば，LOSC の解釈適用に密接に関連し付随する（closely linked or ancillary to）争点については，LOSC 裁判所は審理・決定できるという見解がある[136]。その争点が，LOSC 以外の国際法の解釈適用に関する点である場合は，もちろん，ありうる。そのような見解は，293 条 1 項により，LOSC 裁判所に，LOSC 以外の国際法の解釈適用の管轄権を認める解釈にも親和的であろう。

このような議論は，主に，いわゆる混合請求をめぐって行われている[137]。

---

(136) 典型的には，ボルフラム ITLOS 裁判所の声明，Statement by ITLOS President Wolfrum before the UN General Assembly (8 December, 2006), para. 7, 海洋境界画定紛争と領域紛争について，同声明は，海洋境界画定紛争に，密接に結び付き付随する（closely linked or ancillary to）争点については，ITLOS はこれを審理・決定する管轄権を持つと述べている。それは，298 条 1 項(a)(i)で強制解決からの除外を宣言していない場合の，反対解釈からも導かれる管轄権であるとされる。http://www.itlos.org/fileadmin/itlos/documents/statements_of_president/wolfrum/ga_081206_eng.pdf (as of 31 July, 2019); Oxman, *supra* 33, p. 400.

(137) チャゴス海洋保護区事件で仲裁裁判所は，288 条 1 項は，管轄権を，裁判所が扱う紛争を解決するのに必要な，法の付属的（ancillary）決定にまで広げているとする，*supra* 6, para. 220. また，288 条 1 項においては，権利義務の決定に必要な先決問題（necessary precondition to a determination of rights and duties）として，裁判所はどこまで決定できるか，という言及もある，*ibid*., para. 206. 同事件でのカテカ判事とボルフラム判事の共同反対意見では，LOSC 第 XV 部の管轄権行使への制限は，請求と LOSC との間の関連（nexus）を担保するとし，本件の争点（question）と LOSC との間に関連（nexus）が存在するとした。Dissenting and Concurring Opinion by Judge James Kateka and Judge Rüdiger Wolfrum, https://pcacases.com/web/

Ⅳ　国際紛争と国際法

それは，LOSCの強制解決の促進を是とする見解の一例ともなろう[138]。重要なことは，「密接に関連し付随する争点」を同定する基準があるかという点にある[139]。「価値観」に基づいて，LOSC裁判所の強制解決の管轄権を拡大するのではなく，実践の積み重ねにより，「密接に関連し付随する」論点を同定する基準や判断の手法の確立をまつのが望ましい。

　ここまでは，主に，LOSC以外の一次規則をLOSC裁判所が適用する例を挙げてきた。293条1項によりLOSC裁判所が適用するLOSC以外の国際法としては，二次規則である，条約法や国家責任法がある[140]。LOSC裁判所が国家責任を認定する管轄権については，LOSC304条のrenvoiにより，国家責任法がLOSCに内在化ないしは統合されており，それをLOSC裁判所が適用

---

sendAttach/1570 (as of 31 July, 2019), paras. 44-45.
(138)　LOSC298条1項(a)(i)で，強制解決からの除外を宣言していなければ，混合紛争について，強制解決の管轄権が認められるという，同項の反対解釈を論ずる例として，Tullio Terves, "What Have the United Nations Convention and the International Tribunal for the Law of the Sea to Offer as Regards Maritime Delimitation Disputes?" Rainer Lagoni and Daniel Vignes eds., *Maritime Delimitation*, (Koninklijke Brill N. V. Printed, 2006), p. 77; Irina Buga, "Territorial Sovereignty Issues in Maritime Disputes: A Jurisdictional Dilemma for the Law of the Sea Tribunals," *International Journal of Marine and Coastal Law*, Vol. 27 (2012), p. 66. これに比して，LOSC当事国は，LOSC298条1項(a)(i)により大陸又はあるいは島の領土に対する主権その他の権利に関する未解決の紛争についての検討が必要となる紛争については，強制調停から除外されることから，「陸は海を支配する」の原則により，同項にいう宣言により，混合紛争についての強制解決を回避できるという主張として，Bing Bing Jia, "The Principle of the Domination of the Land over the Sea: A Historical Perspective on the Adaptability of the Law of the Sea to New Challenges," *German Yearbook of International Law*, Vol. 57 (2014), pp. 22-23.
(139)　この問題は，領域紛争を背景にもつ紛争のLOSC裁判所への付託だけではなく，ICJの先例でも，たとえば，訴訟当事者が適当であるかが問われた事例でも検討されている。貨幣用金事件の「紛争の主題」論や，東ティモール事件での「先決事項 (a prerequisite)」論が想起される。ここでは，詳細な検討には立ち入らないが，「先決問題」をなす場合とそうではない場合を実際に区別することに困難はありえよう。East Timor (Portugal v. Australia), Judgment of 30 June, 1995, *ICJ Reports 1995*, paras. 33-35. Buga, *supra* 138, pp. 79-80.
(140)　Arctic Sunrise号事件（本案），*supra* 81, para. 190. 仲裁裁判所は，概括的な規定振り (broadly worded) の条文や一般的条文の解釈適用のためには，一次規則 (primary rules) にも依拠することが必要であるとする，*ibid.*, para. 191. Duzgit Integrity号事件も，この点を繰り返している，*supra* 5, para. 208.

〔兼原敦子〕 21 裁判管轄権と適用法の関係：国連海洋法条約における司法裁判および仲裁裁判

したということはできる[141]。あるいは，国家責任の認定は，LOSC の解釈適用の争点において違反認定が行われるのに付随して（incidentally），国家責任の認定が行われるとして，LOSC 裁判所の管轄権を説明することもできるであろう[142]。

条約法の，とくに解釈規則が，ITLOS によって参照される例は多いが，条約法の解釈規則自体の違反認定は考えにくい。条約法条約の適用との関連で，LOSC 裁判所の管轄権が問題となりうるのは，条約法 31 条 3 項(c)を通じて[143]，LOSC 以外の国際法が，争点となっている LOSC 規定の解釈において考慮される場合である。そのような考慮は，LOSC293 条 1 項によっても根拠づけられうる。この場合には，違反認定は当該 LOSC 規則について行われるのであって，LOSC 以外の国際法規則の違反認定とはいえない。LOSC 裁判所が，LOSC の解釈適用において，LOSC 以外の国際法を考慮することは，本稿で整理した，第一ないしは第二の意味での法の「適用」である。これについては，上述のように，LOSC 裁判所の管轄権を基礎とする，裁判所の LOSC の解釈適用権限の行使として説明することができよう。

V おわりに

293 条 1 項が，LOSC288 条 1 項で LOSC 裁判所には LOSC の解釈適用に関する紛争についてしか管轄権を与えていないのに，いかなる趣旨で，LOSC 以

---

(141) サイガ号事件では，ITLOS は，国家責任の認定を行うに際して，LOSC304 条を確認した後（169 パラグラフ），ホルジョウ工場事件を参照して，ITLOS は国際義務違反に賠償義務が伴うのは国際法のよく確立した規則であるとし（170 パラグラフ），国連国際法委員会が起草している国家責任条文案にも言及した（171 パラグラフ）。304 条の renvoi により国家責任法が LOSC に内在化ないしは統合したという論理を明確にしているわけではない。Norstar 号事件でも，これらのサイガ号事件の言及を参照して，賠償認定を行っている。*supra* 10, paras. 307 *et seq.*
(142) ホルジョウ工場事件（管轄権）で常設国際司法裁判所は，条約違反に対する賠償に関わる紛争は，条約の適用に関わる紛争であるとして，ジュネーヴ条約 23 条が条約の「解釈と適用から生ずる意見の相違」について常設国際司法裁判所の管轄権を認めていることから，条約の賠償に関する紛争についても，管轄権を肯定した。ホルジョウ工場事件（管轄権），Case Concerning the Factory at Chorzów (Germany v. Poland), Judgement on Jurisdiction of July 26th, 1927, Series A. No. 9, pp. 20-21.
(143) ウィーン条約法条約 31 条 3 項(c)を通じた解釈により，解釈される国際法は，国際法体系へ統合されるという指摘として，MacLachlan, *supra* 26, p. 280.

579

Ⅳ　国際紛争と国際法

外の国際法の適用をこれらの裁判所に認めているかは明らかではない。起草過程からも明確な説明は得られないし，解釈としても定説はない[144]。ただ，起草過程で，同項の述語が，should から shall に変わったことは明らかである[145]。Shall という，条約用語としては強い表現になったのであれば，293条1項は，LOSC 裁判所に，LOSC 以外の国際法の適用を，認めているだけではなく，要請しているとすらいえる。そうであるとすると，一層，288条1項に規定する LOSC 裁判所の管轄権との関係が整理されるべきであったといえる[146]。

　学説では，293条1項が，LOSC 裁判所の管轄権を拡大することはない点で一致している。裁判実践では，293条1項を根拠として管轄権を拡大したと解せる先例についての，後続の実践による評価には，疑問なしとしない点があった。というのは，293条1項により LOSC 以外の国際法の「違反認定」をしたと読める先例が，後続の実践では，LOSC 以外の国際法を「考慮した」裁判例として評価されているからである。つまり，本稿で整理した，第一あるいは第二の意味での「適用」は，293条1項のもとで LOSC 以外の国際法について許されており，裁判実践は，一貫してこの意味での「適用」を行ってきており，第三の意味での「適用」，すなわち，LOSC 以外の国際法の違反認定は，LOSC 裁判所の管轄権を超えることになるから，行ってきてはいないということである。見方を変えれば，後続の実践は，先例の評価をいわば操作することによって，後続の実践の採用する，293条1項は管轄権を拡大しないという原則が，裁判実践を通じて一貫しているのであり，これこそが確立した原則であることを示そうとしたといえなくもない。

　そうであるとしても，残る課題は，第一の意味と第二の意味（LOSC の内容を，LOSC 以外の国際法を参照して明確にすること，LOSC の解釈適用において，LOSC

---

(144) ヴァージニアコメンタリーは，起草過程を簡潔に説明するものの，293条1項の趣旨や目的については述べておらず，また，同項の各要素についての解釈も論じてはいない。Myron H. Nordquist (Editor-in-Chief), Shabtai Rosenne and Louis B. Sohn (Volume Editors), *United Nations Convention on the Law of the Sea 1982 – A Commentary*, Vol. V, (Martinus Nijhoff Publishers, 1988), pp. 72-73.

(145) *Ibid.*

(146) 293条1項は，「管轄権のある裁判所は」という表現なので，管轄権と適用法の関係についての論理的説明として上述したように，LOSC 裁判所が管轄権を持つことが先決であり，その管轄権の限定のもとで，LOSC 以外の国際法の適用が要請されているという解釈はありえよう。

〔兼原敦子〕 *21* 裁判管轄権と適用法の関係：国連海洋法条約における司法裁判および仲裁裁判

以外の国際法を考慮すること）での法の「適用」については，その態様が十分に確立しているとはいえない点にある。Duzgit Integrity 号事件では，LOSC 以外の LOSC 以外への国際法の内在化ないしは統合を述べており，そうであるならば，かかる国際法は LOSC としての適用が可能であるが，同時に，管轄権と適用法の区別という原則を繰り返してもいる。その論理は明確ではないのである。したがって，第一と第二の意味で，LOSC 以外の国際法を「適用」する態様が，今後の実践を通じての，一層の確立が必要である。

　さらに，LOSC 以外の国際法を LOSC に内在化ないしは統合するというときに，その基準についても，まだ，十分なそれを見出すことはできない。LOSC の renvoi 規定については，個々の renvoi 規定ごとに解釈をし，当該規定と LOSC 以外の国際法との関係，当該規定の規定振りなどの要因を考慮して，LOSC 以外の国際法の LOSC への内在化ないしは統合を判断することになろう。さらに，裁判実践でその例をあげたように，renvoi 規定ではなくても，LOSC が LOSC 以外の国際法を内在化ないしは統合している場合もある。LOSC 以外の国際法を LOSC に内在化ないしは統合してしまえば，かかる国際法は LOSC として解釈適用されるのであるから，LOSC 裁判所の管轄権は問題にならないことになる。そして，そうであるがゆえに，LOSC 以外の国際法の内在化や統合には，慎重な判断が必要であり，適当な判断を伴わずに，実質的には LOSC 以外の国際法の解釈適用へと，LOSC 裁判所の管轄権が拡大することは，回避しなければならないのである。

　本稿では，管轄権と適用法の関係という問題にかかわる根本的問題をいくつか確認して，それらについての一義的な立場を前提とはせず，それによる論理必然的な結論を導くことを回避した。管轄権と適用法の関係という問題それ自体に焦点をあてて，検討を行った。そこで浮かび上がってきたのが，ここに述べた，残された課題である。それらについて，実践と学説による発展が不可欠であることはいうまでもない。

　そして，国際海洋秩序や強制解決についての，国際社会の規範意識が成熟して，一定の価値判断や立場が確立するのであれば，それに基づいて，実践や解釈論をもふまえながら，残された課題についての解決，さらには，管轄権と適用法の関係についてのあるべき解決を導くことになろう。本稿は，その前提として不可欠な作業である。国際社会の規範意識の動向を注視しながら，さらに

Ⅳ 国際紛争と国際法

検討を続けていくことにしたい。

22 国連海洋法条約の紛争解決手続における客観訴訟の可能性

玉田　大

Ⅰ　はじめに
Ⅱ　前提的考察
Ⅲ　学説・判例の分析
Ⅳ　おわりに

Ⅰ　はじめに

　国際司法裁判所（ICJ）では，一定の条件下で客観訴訟が認められる[1]。すなわち，特定の多数国間条約が当事者間対世的義務（obligation *erga omnes partes*）を含む場合，当該義務の違反国に対して，すべての締約国が個別に当該違反に起因する責任を追及するスタンディング（原告適格，*locus standi*）を有する。この場合，責任の内容に関して，責任追及国は義務違反国に対して違法行為の中止（違法行為が継続している場合）と再発防止保証を求めることができる[2]。以上の点を前提として，本稿では，国連海洋法条約（UNCLOS）の紛争解決手続において客観訴訟が可能か否かを検討する。以下では，前提的な論点を検討した上で（Ⅱ），関連する学説と判例を分析する（Ⅲ）。その上で，理論的問題と実践的問題について結論を述べる（Ⅳ）。

---

(1)　玉田大「国際裁判における客観訴訟論」国際法外交雑誌116巻1号（2017年5月）1-28頁。
(2)　国家責任条文48条2項(a)を参照。実際の裁判例においても，原告国の請求内容は同条に則ったものに限定されている。ただし，後述のように，ITLOS海底紛争裁判部の判断（2011年勧告的意見）は，金銭賠償（compensation）を容認している点で，同条の枠組みに収まらない。

Ⅳ 国際紛争と国際法

Ⅱ 前提的考察

1 概念整理

まずは本稿で用いる概念の整理をしておこう。第1に，次の2つの訴訟類型が区別される。「主観訴訟」とは，訴訟当事者が自ら被った権利侵害の回復を目指す訴訟類型である。伝統的に国際裁判（特に ad hoc 仲裁）は二辺的な国家間紛争を処理する手続であり，主観訴訟の性質を有する。他方で，「客観訴訟」（民衆訴訟 actio popularis を含む[3]）とは，一般的利益や法秩序そのものの保護を目指した訴訟類型であり，原告適格を得る際に，原告には自己の権利や利益の侵害が求められない。

第2に，「訴えの利益」概念は次の2つの類型に分類される。「訴えの主観的利益」は，原告国が「個別的利益」を有するか否かに関連する。通常，原告国が訴えの個別的利益（法的利益又は権利）を有することが求められるが，客観訴訟ではこの個別的利益が要求されない。「訴えの客観的利益」は，訴えが「具体的利益」を有するか否かに関連する。特に裁判手続では，抽象的・アカデミックな紛争を除外するために，具体的紛争の存在が求められる。本稿で検討する当事者適格（主に原告適格）は，訴えの主観的利益に関する問題である。訴えの主観的利益（原告適格）が否定された例として，南西アフリカ事件（ICJ 第2段階判決1966年）とバルセロナ・トラクション事件（ICJ 本案判決1970年）がある[4]。他方，具体的紛争の欠如は「訴えの客観的利益」の問題として位置付けられる。裁判例としては，北カメルーン事件（ICJ 先決的抗弁判決1963年)[5]

---

(3) 南西アフリカ事件（第2段階判決，1966年）において ICJ は，「民衆訴訟」（actio popularis）と互換可能な概念として，「公益侵害に際して法的行動をとる（to take legal action）といういずれの共同体構成員にも認められる権利」と表現している。I.C.J. Reports 1966, p.47, para.88. なお，学説上，「民衆訴訟」という表現に加え，「公益訴訟」（public interest litigation）や「共同体利益訴訟」（community interest litigation）という表現も用いられているが，内容上の相違があるわけではない。

(4) The Barcelona Traction, Light and Power Company, Limited (New Application: 1962) (Belgium v. Spain), Second Phase, Judgment of 5 February 1970, I.C.J. Reports 1970, p.51, para.102. 本件における ICJ の結論は，「原告適格（jus standi）が認められない」というものである。

(5) The Northern Cameroons (Cameroon v. United Kingdom), Preliminary Objections, Judgment of 2 December 1963, I.C.J. Reports 1963, p.34. ICJ によれば，「判決は，当事国の既存の法的権利義務に影響を与え得るという意味で実際的帰結（practical

がある。

第3に,判例上,紛争概念とスタンディング概念は区別されており,前者が管轄権要件として処理されるのに対して,後者は受理可能性要件として処理される。ただし,両者は重複する部分を有するため,峻別し得ない場合がある。例えば,(後述する)沖ノ鳥島の法的地位を巡る見解対立の場合,日本と中国・韓国の間で「紛争」の存否が争われているため,外見上は管轄権紛争が生じている。ただし,内容的には,中国・韓国が(沖ノ鳥島の法的地位に対して)直接的・個別的な法益を有するか否かという「訴えの主観的利益」の問題と解される。管轄権と受理可能性のいずれに分類されるかは,訴訟当事国(被告国)の主張構成に依存する[6]。

2 前提条件──対世的権利義務

判例上,適用法規(実体法)の対世性(*erga omnes* character)が客観訴訟の成立条件とされている。この点で,UNCLOSにおいても,一般的利益に基礎づけられる法概念が内包されている。第1に,UNCLOS前文は,「人類全体の利益及びニーズ」に言及している。第2に,UNCLOSは「人類の共同の財産」概念(深海底及びその資源。UNCLOS 136条)を内包しており,対世的権利義務関係が設定されている。第3に,UNCLOSには,公海自由原則や環境保護義務のような一般的利益保護のための規定が設けられている。これらの規定は,UNCLOSの「解釈又は適用に関する紛争」(287条)を事項的管轄権とするUNCLOS紛争解決手続において,客観訴訟を成立させる要素となる。

3 ICJとの比較

ICJで客観訴訟が容認されたことは,国際法の諸分野に示唆を与えた[7]もの

---

consequence)を有さなければならない」という。
(6) 沖ノ鳥島の法的地位を巡って,中国又は韓国が日本を相手にUNCLOS附属書Ⅶ仲裁裁判所に事件を付託し,日本が管轄権抗弁(「紛争」の不存在)を提起した場合,仲裁裁判所が「管轄権」問題としてこれを処理する可能性がある。また,本案に密接に関連する問題であることから,本案併合(先決性否認)手続が適用される可能性もある。玉田大「フィリピン対中国事件(国連海洋法条約付属書Ⅶ仲裁裁判所)管轄権及び受理可能性判決(2015年10月29日)」神戸法学雑誌66巻2号(2016年)158-160頁。
(7) 例えば,世界遺産条約4条に依拠してICJでの客観訴訟の可能性を論じるものとし

Ⅳ 国際紛争と国際法

の，自動的に「UNCLOS 紛争解決手続においても客観訴訟が認められる」ことにはならない[8]。「訴えの利益」概念は，個々の裁判機関の機能・作用に直結しており，スタンディングの認否は，個別機関の設立条約と判例に依存する[9]。この点で，客観訴訟を直接的・明示的に根拠付ける手続規定は UNCLOS には存在しない[10]。また，手続的な点で見れば，ICJ と UNCLOS 紛争解決手続の間には類似点[11]と同時に相違点も多い。そこでまず，ICJ と UNCLOS 紛争解決手続の異同について検討しておこう。

第1に，ICJ では一般的な強制的管轄権が確立しておらず，管轄権の同意原則が厳格に適用される。これに対して，UNCLOS 紛争解決手続では，事実上，附属書Ⅶの仲裁裁判所[12]に強制的管轄権が付与されており，管轄権設定が自動化されている（UNCLOS 287 条 3, 4, 5 条）。ただし，UNCLOS 紛争解決手続にも多くの制約・限界が存在するため[13]，安藤仁介が指摘するように，UNCLOS 紛争解決手続は「すべての UNCLOS 締約国に対して拘束的な決定を伴う包括的な強制的管轄権制度を確立していない[14]」と解される。例えば，

て以下を参照。Sebastián A Green Martínez, 'Locus Standi Before the International Court of Justice for Violations of the World Heritage Convention', *Transnational Dispute Management*, vol.10, no.5（2013），p.10.

(8) ただし，両者を区別せずに原告適格を論じるものもある。Philippe Gautier, '*Locus Standi* and Breaches of the United Nations Convention on the Law of the Sea: Some reflections in light of the decision of the ICJ in the case concerning *Questions relating to the obligation to prosecute or extradite (Belgium vs Senegal)*', in A.L. Kolodon and S.M. Dunžin（eds.），*Meždunarodnoe morskoe parvo: stat'i pamjati A.L. Kolodkina: essays in memory of A.L. Kolodkin*（2014），pp.119-139.

(9) Farid Ahmadov, *The Right of* Actio Popularis *before International Courts and Tribunals*（2018），pp.144-146.

(10) R. Magnusson, *The Continental Shelf Beyond 200 Nautical Miles: Delineation, Delimitation, and Dispute Settlement*（2015），p.243.

(11) UNCLOS 287 条（手続選択）では，ITLOS（287 条(a)）に加えて ICJ（287 条(b)）が選択対象に含められているため，本来，「ICJ と UNCLOS 紛争解決手続」という二項対立は成立しない。そのため，ここでは主に ICJ と附属書Ⅶ仲裁裁判所の比較検討を行う。

(12) 本稿では，公定訳に従い，附属書Ⅶによって組織される「仲裁裁判所」（287 条 1 項(c)）と訳す。

(13) Dai Tamada, 'The UNCLOS Dispute Settlement Mechanism: Effectiveness and Limitations', *Kobe University Law Review*, vol.51（2018），pp.32-38.

(14) Nisuke Ando, 'The Southern Bluefin Tuna Case and Dispute Settlement under

ミナミマグロ事件で日本政府が主張したように[15], UNCLOS 281 条により, 当事者間の任意的紛争解決手続が UNCLOS 紛争解決手続に優先すると主張される[16]。また, その他にも強制管轄権の例外[17]が存在することを勘案すれば, ICJ との相違は決定的ではないと言えよう。

　第 2 に, 附属書Ⅶ仲裁裁判所の性質が問題となる。上記のように, UNCLOS では附属書Ⅶ仲裁裁判所に事実上の強制的管轄権が付与されているものの, その性質上, 同裁判所は *ad hoc* 仲裁と解されるため, 客観訴訟（一般利益保護のための訴訟類型）との適合性・整合性が問われる。この点で, 国際海洋法裁判所（ITLOS）は手続規則と運営規則（附属書Ⅵ＝ITLOS 規程）を有する常設裁判所であるが, これとは対照的に, 附属書Ⅶ（仲裁規則）は簡略な手続規定を設けるに過ぎず, 多くの手続は個別事件毎に（主に）仲裁裁判所自身が定める[18]。特に注意すべき点として, 訴訟参加や訴訟併合の規定が存在しておらず[19], 複数当事者による多辺的な紛争の付託は想定されていない。このように, 附属

---

　　the United Nations Convention on the Law of the Sea: A Japanese Perspective', in Malick Ndiaye and Rüdiger Wolfrum（eds.）, *Law of the Sea, Environmental Law and Settlement of Disputes. Liber Amicorum Judge Thomas A. Mensah*（2007）, p.876.

(15)　口頭弁論における裁判官質問 9（「日本の挙げる多数の海洋法関係条約は, 当事国が海洋法の分野の問題について強制的紛争処理手続に基本的な重要性を認めていないこと, を示すのか」）に対して, 以下のように回答している。「日［日本］　そのとおりである。日本の挙げる多数の条約に裏付けられた国家実行は, 海洋法分野の問題はとくに高度の技術性・科学性のゆえに, 任意的紛争処理手続が好ましいことを示すものである」。安藤仁介「みなみまぐろ仲裁裁判事件の先決的抗弁——口頭弁論手続における主張の分析——」国際法外交雑誌 100 巻 3 号（2001 年）108 頁。

(16)　ただし, ミナミマグロ事件で示された 281 条の解釈は, その後, 南シナ海事件（2015 年）において覆されている。PCA Case N° 2013-19, in the matter of an arbitration before an arbitral tribunal constituted under Annex VII to the 1982 UNCLOS between the Republic of the Philippines and the People's Republic of China, Award on Jurisdiction and Admissibility（29 October 2015）, para.223.

(17)　UNCLOS 紛争解決手続（特に附属書Ⅶ仲裁）においても, 「先決的」問題（管轄権又は受理可能性に関する問題）は生じる。例えば, UNCLOS 281, 282, 283, 297, 298 条は, 管轄権設定要件として機能する。この意味で, UNCLOS 紛争解決手続が完全な強制的管轄権制度を整備している訳ではない。

(18)　附属書Ⅶ 5 条は, 「紛争当事者が別段の合意をしない限り」, 仲裁裁判所が「手続を定める」（shall determine its own procedure）と規定する。

(19)　UNCLOS 附属書Ⅶにおける訴訟参加規定の欠如（を如何に解すべきか）は, 南シナ海事件で争点となったが, 最終的には解決されなかった。玉田・前掲注(6), 147-148 頁参照。

Ⅳ 国際紛争と国際法

書Ⅶ仲裁裁判所は伝統的な二辺的国家間仲裁 (*ad hoc* 仲裁) を UNCLOS に導入したものであると言えよう。ただし，附属書Ⅶ仲裁裁判所の二辺的性質は，多かれ少なかれ ICJ においても見られる性質であり，両者の間の決定的な相違（客観訴訟を否定する根拠）とはなり得ない。例えば，上記の論点に関して言えば，UNCLOS 附属書Ⅶにおいて訴訟参加や訴訟併合が禁止されているわけではないため，具体的事件において必要となった場合，仲裁裁判所の裁量判断に委ねられると解される[20]。

以上のように，UNCLOS 紛争解決手続の基本的性質や附属書Ⅶ仲裁裁判所の二辺性から，直ちに客観訴訟を否定する結論を導くことはできない。そこで以下，学説・判例を通じて，UNCLOS 紛争解決手続における客観訴訟の可能性を検討しよう。

Ⅲ 学説・判例の分析

1 学説（2002年）

UNCLOS 紛争解決手続における客観訴訟（民衆訴訟）を巡る論争は，他国による延長大陸棚の限界設定に対して，UNCLOS 各締約国が UNCLOS 紛争解決手続においてこれに異議を唱えることができるか（スタンディングを有するか）という文脈で生起している。管見の限り，最初に民衆訴訟容認論を展開したのは Nelson であり，その主張によれば，「人類の共同の財産」である深海底の侵食（encroachment）に関しては，国際海底機構および大陸棚限界委員会（CLCS）が（裁判上の）当事者適格を有さないため，UNCLOS の各締約国にスタンディングが認められるという[21]。その後，延長大陸棚に関する ILA 報告書（2004年）も同様の見解を示しており，以下のように述べる。深海底の資源の探査及び開発に関しては，国際海底機構に加えて「諸国家が個別に（individually）利益を有する。加えて，諸国家は，自国管轄権の限界を超える

---

[20] 「二を超える紛争当事者が関係する紛争」の場合，仲裁人の人数や選定方法が問題となるが，適用し得る規則は附属書Ⅶには存在せず，類似の規定を「可能な最大限度まで適用する」という柔軟な対応が定められている（附属書Ⅶ 3 条(h)）。この点で，多辺的・多数当事者訴訟が附属書Ⅶ仲裁裁判所において不可能な訳ではない。

[21] L.D.M. Nelson, 'The Continental Shelf: Interplay of Law and Science', in N. Ando, E. McWhinney and R. Wolfrum (eds.), *Liber Amicorum Judge Shigeru Oda* (2002), p.1252.

海底及び地下において公海自由を行使し得る（UNCLOS 87条）。こうした公海自由の存在から，［他国による国家管轄権の］限界の設定について，個別の国家が法益（a legal interest）を与えられる。国家は，当該限界が UNCLOS 76条の実体的又は手続的要件に則って設定されていないとみなすことができ，これは UNCLOS 279条にいうところの紛争を構成するであろう[22]」。

ILA 報告書によれば，他国の大陸棚限界設定に対して，個別の UNCLOS 締約国間が「法益」を有し，さらに締約国間で UNCLOS 第15部の「紛争」が発生するという[23]。この主張は，直接的には「紛争」概念の拡張と解されるところ，個別国家の「法益」を認める点で客観訴訟（民衆訴訟）容認説と捉えることが可能である[24]。その後，UNCLOS 上の民衆訴訟を肯定する学説が続く。例えば Wolfrum は，深海底の資源開発に関して個別国家が法益を有すると述べた上で[25]，国家責任条文48条1項(b)に触れている[26]。このように，2000年代初頭から，UNCLOS 上の客観訴訟を肯定する説が登場していることが分かる。

2　ITLOS 海底紛争裁判部（勧告的意見，2011年）

UNCLOS 上，国際海底機構（the International Seabed Authority）理事会は ITLOS 海底紛争裁判部（seabed disputes chamber）に対して勧告的意見を要請することができる（UNCLOS 191条，ITLOS 規則131条）。この手続に基づき，理事会から海底紛争裁判部に対して勧告的意見が要請され，深海底における開発事業に UNCLOS 締約国が「保証」を与え（出資参加 sponsorship of activities

---

(22) ILA Report "Legal Issues of the Outer Limits of the Continental Shelf" (Berlin, 2004), p.8. なお，ILA の当該委員会の委員長が Nelson であることから，上記の Nelson の所説（2002年）が直接的に反映されたものと考えられる。

(23) なお，ILA 報告書では，対世的義務や民衆訴訟といった概念は用いられていない。Signe Veierud Busch, *Establishing Continental Shelf Limits Beyond 200 Nautical Miles by the Coastal State: A Right of Involvement for Other States?* (2016), p.209.

(24) 特に，上記の引用箇所の直前の箇所において，UNCLOS 上の民衆訴訟の認否を巡る学説対立に触れていることから，ここでの議論が民衆訴訟に関連したものであることは明らかである。

(25) Rüdiger Wolfrum, 'The Role of International Dispute Settlement Institutions in the Delimitation of the Outer Continental Shelf, in Rainer Lagoni and Daniel Vignes (eds.), *Maritime Delimitation* (2006), p.21.

(26) *Ibid.*, p.30.

Ⅳ 国際紛争と国際法

in the Area) し，さらにそこで深海底の環境汚染が生じた場合，如何なる主体が如何なる責任（liability）を負うかという問題が諮問された[27]。この諮問に対して，裁判部は以下のように判断している。第1に，本件の適用法規（UNCLOS 139条，235条，附属書Ⅲ 4条4項）においては，responsibility が一次義務を意味し，liability が二次義務（一次義務の違反の帰結）を意味する[28]。第2に，深海底開発に際して被保証主体が UNCLOS に違反した場合，保証国の責任（liability）の範囲はどこまでかという問題（第2諮問）につき，裁判部は次のように回答している。すなわち，保証国の責任が生じるのは，① UNCLOS 上の自らの義務（responsibilities）を保証国が履行せず，②損害（damage）が発生している場合である[29]。第3に，②の損害要件に関して，裁判部は一般法（損害が責任発生の要件とされない）の例外であると位置付けた上で，当該損害についての賠償請求主体について次のように述べる。「UNCLOS のいかなる規定も，国際海底機構が当該賠償請求を行うことを明示的に認めるものとは解されない。他方，UNCLOS 137条2項は，国際海底機構が人類を『代表して』行動すると定めるため，そのような［賠償請求を行う］権限の付与が黙示されていると考えることもできる（it may be argued）。加えて，UNCLOS の各締約国も，公海及び深海底の環境の保全に関する義務の対世的性質（the *erga omnes* character）に鑑みて，金銭賠償（compensation）を請求することが認められ得る[30]」（傍点玉田）。

以上のように，裁判部は深海底（及び公海）における環境保護義務を（当事者間）対世的義務と捉えた上で，「すべての UNCLOS 締約国」に「金銭賠償を

---

(27) *Responsibilities and Obligations of States Sponsoring Persons and Entities with respect to Activities in the Area (Request for Advisory Opinion Submitted to the Seabed Disputes Chamber)*, Advisory Opinion (February 1, 2011). 具体的には，「UNLCOS 153条2項(b)に基づいて保証を受けた主体が UNCLOS 条項に従わなかった場合，締約国の責任（liability）の範囲はどこまでか」（第2諮問），および「UNCLOS 139条等の UNCLOS 上の責任を果たすために保証国がとらなければならない必要で適切な措置は何か」（第3諮問）が諮問されている。

(28) *Ibid.*, para.66.

(29) *Ibid.*, paras.172, 176.

(30) *Ibid.*, para. 180. 'Each State Party may also be entitled to claim compensation in light of the *erga omnes* character of the obligations relating to preservation of the environment of the high seas and in the Area'.

請求する」権利を認め，その根拠として国家責任条文48条（ただし1項のみ）を引用する[31]。一見すると，UNCLOS 上の当事者間対世的義務の違反に対して客観訴訟を容認したものと解し得るが，以下の点に留意する必要がある。第1に，裁判部は，個別のUNCLOS 締約国が金銭賠償を請求することができる根拠として，「国家責任条文48条」を示し，同1項を引用しつつ，48条2項には触れていない。48条2項(a)では，対世的義務違反に対する責任追及に関して，違法行為中止と再発防止保証の2つが認められているが，金銭賠償（compensation）は除外されている。そのため，裁判部の判断と48条2項の関係は明確でなく，この意味で金銭賠償請求権の根拠は明確ではない[32]。第2に，勧告的意見における金銭賠償の判断は，損害が生じる場合の責任（liability）の追及という特殊な文脈で示されている。そもそも裁判部は，本件で問題となる「責任」（liability）は，損害発生が要件とされる点で一般法（慣習国際法）上の責任概念と異なることを確認している[33]。

　以上のように，UNCLOS 各締約国による金銭賠償請求権に関しては，その根拠につき難点が残っており，さらに一般法である国家責任法との異同も明らかではない。とは言え，勧告的意見第180項は，客観訴訟を容認したものと解されており[34]，さらに，後の ICJ 判決（引渡訴追義務事件，2012年判決）に影響を与えたと評されている[35]。

---

(31)　*Ibid.*, para. 180.
(32)　なお，国家責任条文48条2項(b)では，「義務の受益者のために」，「前諸条に従った回復の義務の履行」を請求することが認められる。裁判部が48条2項(b)の適用を想定していた可能性も否定できないが，この場合は，同項の慣習国際法としての位置付けが問題となる。
(33)　Advisory Opinion of 1 February 2011, para.178. 国家責任法上，「損害」が責任発生の要件となっていない（国家責任条文2条）のに対して，UNCLOS 139条2項の「責任」（liability）は損害発生を要件としている。保証国制度を導入した賠償責任制度が UNCLOS に固有の制度であるという点につき，以下を参照。薬師寺公夫「深海底活動に起因する環境汚染損害に対する契約者と保証国の義務と賠償責任──国際海洋法裁判所海底紛争裁判部の勧告的意見を手がかりに──」松井芳郎他編『21世紀の国際法と海洋法の課題』（2016年）169頁．
(34)　Farid Ahmadov, *supra* note 9, pp.151-152.
(35)　Yoshifumi Tanaka, 'The Impacts of the Tribunal's Jurisprudence on the Development of International Law', in *The Contribution of the International Tribunal for the Law of the Sea to the Rule of Law: 1996-2016* (2018), pp.169-170.

Ⅳ　国際紛争と国際法

3　大陸棚限界委員会（沖ノ鳥島，2008〜2012年）

　沖ノ鳥島の法的地位については，日本の延伸大陸棚申請（沖ノ鳥島が EEZ と大陸棚を有する島であることを前提とする）に対して，中国・韓国が異議を唱えている（沖ノ鳥島は EEZ と大陸棚を有さない岩であると主張）。この対立は，大陸棚限界委員会（Commission on the Limits of the Continental Shelf: CLCS）において問題となった争点であり，UNCLOS 紛争解決手続を検討対象とする本稿の射程に入るわけではない。ただし，上記の問題は，なぜ遠く離れた中国・韓国と日本の沖ノ鳥島との間に「紛争」が生じ得るのかという点を考えれば，本稿と無関係なわけではない。まず確認しておくべき点は，中国も韓国も沖ノ鳥島から 400 海里以上離れており，日本との間で海洋境界画定が問題となり得る状況（権原の重複）は存在しない。このように，両国とも沖ノ鳥島の主権（日本の領土主権が及ぶ）と海洋境界画定については争っていないため，一見すると，沖ノ鳥島の海洋地形に関して，中・韓には直接的な法的利益が認められないよう見える。この点について，中国は以下のように主張している。「UNCLOS 121 条 3 項の適用は，人類の共同の財産としての深海底の広さに関係し，国際社会の全体的利益に関係する（relates to the overall interests of the international community）ものであり，一般的性質を有する重要な法的問題である。沖ノ鳥岩［沖ノ鳥島・玉田注］から大陸棚を主張することは，人類の共同の財産である深海底に対する重大な侵食となる」（傍点玉田）[36]。中国の主張によれば，沖ノ鳥島の法的地位の決定は，「人類の共同の財産」である深海底の広狭を決めるものであり，国際社会すべての利益に関係する（従って中国にも関係する）ということになる。対する日本は，中国・韓国両国には沖ノ鳥島の法的地位に関する「直接的利益」が認められないため，CLCS 手続規則にいう「紛争」が存在しないというものであった。日本は以下のように主張している。すなわち，中韓両国は「いずれも沖ノ鳥島に対する主権を主張しておらず［…］当該島の沿岸線から生み出される海域と重複する近接海域を有していない。従って，両国が提起している問題は，CLCS 手続規則附属書Ⅰ第 5 項(a)における『陸地又は海域の紛争』（land or maritime dispute）とはみなされ得ない。［…］もしそのような［中国・韓国の］主張が認められる場合，論理的帰結として，直接的

---

(36)　CML/59/2011（3 August 2011）.

利益 (direct interest) を有さないいかなる国であっても，他国が提出した申請についての委員会の審査を恣意的に妨害することができることになってしまう(37)」。

　日本の立場は，海域権原の重複が存在しない以上，(境界画定の可能性はないため) 日本と中国・韓国の間に「紛争」は存在し得ないというものである。これは，CLCS 手続規則上の障害(「紛争」が存在する場合は CLCS が審理を行えない(38)) を回避するための主張であるため，「紛争」の不存在に力点が置かれているものの，実質的には，中韓両国に「直接的利益」が存在しないという主張である。上記の争点につき，CLCS は直接的な回答を示さなかった。一方で，南硫黄島海域（MIT）と四国海盆海域（SKB）の 2 つの申請区域について日本の延長大陸棚申請を認めたものの，他方で，九州パラオ海嶺南部海域（the Southern Kyushu-Palau Ridge Region: KPR）については判断を保留し，手続を停止したためである。KPR に関して，CLCS は以下のように述べている。「委員会［CLCS］は，KPR に関して小委員会が準備した勧告について行動をとらなければいけないか否か (whether it shall take action) 検討し，行動しないことを決定した (decided not to do so)。委員会は，当該口上書［中国と韓国が提出した口上書］で言及された問題 (the matters) が解決される時まで，KPR に関する勧告を行うための行動をとるべき立場にない (it will not be in a position to take action)(39)」。

　CLCS の結論に関しては，次の点を指摘し得る。第 1 に，CLCS は日本と中国・韓国の間に「問題」(matters) があるために「行動をとらない」と述べ，

(37)　Note Verbal from the Permanent Mission of Japan to the United Nations to the Secretary-General of the United Nations, PM/12/078 (9 April 2012).

(38)　CLCS 手続規則の附属書 I は，紛争海域における延長大陸棚申請に関する附属書 (Submissions in case of a dispute between States with opposite or adjacent coasts or in other cases of unresolved land or maritime disputes) であり，第 5 項(a)は次のように規定している。'In cases where *a land or maritime dispute* exists, the Commission shall not consider and qualify a submission made by any of the States concerned in the dispute. However, the Commission may consider one or more submissions in the areas under dispute with prior consent given by all States that are parties to such a dispute' (emphasis added).

(39)　Summary of Recommendations of the Commission on the Limits of the Continental Shelf in Regard to the Submission Made by Japan on 12 November 2008 (19 April 2012), para.20.

Ⅳ 国際紛争と国際法

勧告見送りという不規則な判断を示している。一見すると，CLCS 手続規則上の「紛争」の存在を認定しているようにも見えるが，「紛争」の認定自体は回避されている[40]。第 2 に，他方で，当該「問題（matters）が解決され」て審理が再開されるためには，（日本が態度変更しない限り）中韓の同意（沖ノ鳥島の法的地位に関する両国の見解の変更）が条件とされていることから，実質的には，関係国間に「紛争」が存在するために日本の延長大陸棚申請を検討しないことと同様の状態に置かれていると言えよう。

4 南シナ海事件（管轄権及び受理可能性判断，2015 年）

上記のように，CLCS は沖ノ鳥島の法的地位を巡る「問題」が日本と中国・韓国の間に存在することを認めたものの，関係国間に「紛争」が存在するとは判断せず，日本の延長大陸棚申請（KPR）についての CLCS の手続を停止している。他方，沖ノ鳥島を巡る議論は，CLCS とは全く異なる文脈で脚光を浴びることになった。南シナ海事件において，原告国フィリピンが沖ノ鳥島の法的地位を巡る中国の立場に依拠したからである。フィリピンは，中国の選択的除外（298 条(1)(a)(i)の「海洋の境界画定に関する紛争」の除外）を回避するために，本件紛争が海洋地形の「権原取得紛争」（entitlement dispute）であり，この紛争が「海洋境界画定紛争」（maritime delimitation dispute）とは別個独立に存在し得ると主張した。この主張を根拠付けるために，フィリピンは中国の主張を援用し，次のように主張している。「中国は自ら教科書的事例を我々に提供している。[…] 沖ノ鳥島に関して，中国は日本の CLCS への申請に反対している。[…] 中国の沿岸は沖ノ鳥島から極めて遠く，境界画定問題は一切考えられていない。[…] 中国は，権原取得と境界画定が根本的に異なることを認めている[41]」。このように，沖ノ鳥島に関する中国の主張を根拠として，海洋境界画定紛争から権原取得紛争を切り離し得ると主張したのである。

UNCLOS 附属書Ⅶ仲裁裁判所は，このフィリピンの主張を全面的に受け入

---

(40) CLCS の判断が手続規則に従っていないという問題点について，以下を参照。西村弓「大陸棚延伸と大陸棚限界委員会手続規則の問題点——日本の延伸申請を素材として——」松井芳郎他編『21 世紀の国際法と海洋法の課題』（2016 年）398-416 頁。

(41) Hearing on Jurisdiction and Admissibility, Day 2 (8 July 2015), Professor Oxman, pp.41-42.

れ，権原取得紛争に関する裁判管轄権を設定した。裁判所は次のように述べている。「海域に対する権原の存在に関する紛争は，当事国の権原が重複する場所での当該海域の境界画定に関する紛争とは別である（is distinct from）。［…］海洋境界線は相対する又は隣接する沿岸を有し，権原が重複する国家間においてのみ画定され得る。対照的に，権原取得（entitlements）に関する紛争は，重複がなくても存在し得る。例えば，ある国がある海域での海洋区域を主張しているが，他の国にとっては，UNCLOS 上，公海又は深海底を構成すると捉えられているような場所である(42)」。このように，附属書Ⅶ仲裁裁判所によれば，海洋境界画定（maritime delimitation）が海域重複を前提とするのに対して，権原取得は権原重複を想定せず，境界画定の可能性がなくても存在し得ることになる。また，例示的に，ある国が海洋区域を主張し，他国が公海又は深海底であると主張する場所で権原取得紛争が発生し得ると述べる(43)。この判断は，重要なインプリケーションを有している。第1に，上記の仲裁裁判所の判断は，「紛争」の性質に拘わるものであり，「管轄権」の文脈で示されている。そのため，スタンディング（受理可能性）の問題に直結するか否かは定かではないものの，実質的には「訴えの主観的利益」の問題と置換可能である。第2に，上記の判断箇所（para.156）には明示されていないものの，仲裁裁判所は沖ノ鳥島を想定した判断を示している。換言すれば，仲裁裁判所は，沖ノ鳥島の法的地位を巡る問題が「権原取得紛争」（entitlement dispute）であることを，間接的・黙示的に認めたと言えよう。第3に，沖ノ鳥島に関する権原取得紛争が生じ得ることから，以下の点が導かれる。すなわち，特定の海洋地形に関する権原取得が公海や深海底の広狭に拘わることを理由として，全ての国が当該権原取得の有無に関する法的利害関係を有することになり，紛争解決手続におけるスタンディングを有することになる。沖ノ鳥島の文脈で言えば，中国・韓国だ

---

(42) PCA Case N° 2013-19, In the Matter of An Arbitration before an Arbitral Tribunal Constituted under Annex VII to the 1982 United Nations Convention on the Law of the Sea between the Republic of Philippines v. The People's Republic of China, Award on Jurisdiction and Admissibility (29 October 2015), para.156.

(43) 同様の見解として，Philippe Gautier, *supra* note 8, p.138. ただし，Gautier は該当部分において，非常に弱い表現（'it would be reasonable', 'may be considered', 'most visible'）を用いており，深海底に関する義務を根拠としてすべての UNCLOS 締約国のスタンディングが認められるという点について断言を避けているように見える。

Ⅳ 国際紛争と国際法

けでなく，他の如何なる国であっても，日本との間に当該海洋地形の法的地位・権原取得に関する見解相違が生じた場合には，権原取得紛争が発生することになる。

5 アークティック・サンライズ事件（本案判決，2015年）

アークティック・サンライズ事件において，原告オランダは，自国の原告適格（standing）を正当化するために当事者間対世的義務を援用した。管見の限り，UNCLOS紛争解決手続（国家間訴訟）において当事国がこの主張を展開したのは，本件が最初である[44]。本件において，附属書Ⅶ仲裁裁判所は管轄権を認めた後（2014年）[45]，本案判断（2015年）[46]においてオランダの主張を扱っている。

第1に，原告オランダは，自国の直接的及び間接的な侵害を根拠としたスタンディングを主張し，さらに，「（当事者間）対世的スタンディング」（standing *erga omnes (partes)*) という用語を用いて自国のスタンディングを正当化した[47]。その根拠としてオランダは，国家責任条文48条1項(a)を援用しつつ[48]，航行の自由が（当事者間）対世的性質を有しているという。すなわち，「航行の自由を尊重する義務は，オランダを含むすべての国（all States）に対して，ロシ

---

(44) なお，チリがEU（当初はEC）を相手にITLOSに提訴した事件において，チリは公海漁業に関連するUNCLOS上の義務（116-119条および64条）にEUが違反したと主張した。チリが個別利益の侵害を主張したと理解することも可能であるが，公海自由原則との関係で，客観訴訟の要素を含んでいたと解する余地もある。Farid Ahmadov, *supra* note 9, p.149. ただし，訴えが取り下げられたため，ITLOSは一切判断を示していない。The Conservation and Sustainable Exploitation of Swordfish Stocks in the South-Eastern Pacific Ocean (Chile/European Union), ITLOS List of cases: No.7, Order of 16 December 2009.

(45) An Arbitral Tribunal Constituted under Annex VII to the 1982 UNCLOS between the Kingdom of the Netherlands and the Russian Federation, Award on Jurisdiction (26 November 2014). この管轄権判断は，紛争の存在を認める判断に止まり，受理可能性については本案判断に先送りされていた。

(46) An Arbitral Tribunal Constituted under Annex VII to the 1982 UNCLOS between the Kingdom of the Netherlands and the Russian Federation, Award on the Merits (14 August 2015).

(47) *Ibid.*, para.180.

(48) *Ibid.*, para.181.

アが自国の EEZ 内で負う」と主張している[49]。第 2 に，上記の主張に加え，オランダは，被告ロシアによる「基本的人権」(basic human rights)（本件では，表現の自由，恣意的逮捕からの自由，出国の自由）の侵害も主張し，人権保護も同様に（当事者間）対世的性質を有するとして，対世的スタンディングの根拠としている。なお，オランダは，基本的人権の根拠として自由権規約（ICCPR）を援用した上で，「規約の違反について，［オランダが］規約の一締約国であることを根拠として，ロシアの国際責任を追及することができる」と主張した[50]。

本件では被告ロシアが欠席したため，オランダの主張に対するロシアの反論は示されていない。附属書Ⅶ仲裁裁判所はまず，「ロシアが UNCLOS 上で直接的にオランダに対して負う義務違反についての国際責任を追及するスタンディングをオランダは有すると結論付けている[51]」と述べた上で，「オランダが対世的又は当事者間対世的スタンディングを有するか否かを検討する必要はない[52]」と述べ，オランダの主張した「対世的スタンディング」についての判断を回避した。一見すると，仲裁裁判所が「対世的スタンディング」概念に消極的であるようにも解される。ただし，仲裁裁判所の判断の根拠は他に求めるべきであろう。上記のように，オランダは「対世的スタンディング」の根拠として，人権侵害（ICCPR 違反）を主張していたが，UNCLOS 紛争解決手続では，UNCLOS 以外の国際法規範の適用可能性に関して従来から議論が多く[53]，仲裁裁判所はこの点に関する判断を回避する必要があった。実際に，仲裁裁判所は，自由権規約（ICCPR）上の義務違反から生じる国家責任について，最終的に判断を示すことを控えている[54]。従って，オランダが主張した「（当事者間）

---

(49) *Ibid.*, para.182.
(50) *Ibid.*, para.183.
(51) *Ibid.*, para.185.
(52) *Ibid.*, para.186.
(53) Dai Tamada "UNCLOS Dispute Settlement Mechanism: Contribution to the Integrity of UNCLOS", *Japanese Yearbook of International Law*, vol.61 (2018), pp.147-151. UNCLOS 紛争解決手続における適用法規条項（293 条）では，A court or tribunal [...] shall apply this Convention and other rules of international law not incompatible with this Convention. と規定されている。そのため，従来の判断例においても，国連憲章 2 条 4 項を直接的に適用した例が見られる。他方で，事項的管轄権（jurisdiction *ratione materiae*）が UNCLOS に関する紛争に限定されていることを根拠として，適用法規の拡張に対する批判も多い。
(54) Award on the Merits, para.197-198. 仲裁裁判所は，一般国際法や自由権規約の直

IV 国際紛争と国際法

対世的スタンディング」について判断を回避したのは，手続的観点（訴えの利益の有無）というよりは，実体的観点（適用法規の問題）からのものであったと評すべきであろう。すなわち，対世的スタンディングに関して，仲裁裁判所は特定の立場を示していないと解するべきである。

6 南シナ海事件（本案判断，2016年）

上記の管轄権判断（2015年）とは別に，南シナ海事件の本案判断（2016年）においても，本稿との関係で重要な判断が示されている。本件でフィリピンは，中国が南シナ海において海洋環境保護及び保全の義務（UNCLOS 第12部）に違反したと主張した（第11，12申立）。附属書Ⅶ仲裁裁判所は，当該義務が「あらゆる海域」(in all maritime areas) で適用されると判断し，その帰結として，フィリピン沿岸から200海里以遠の海洋地形においても中国の UNCLOS 義務違反を認定している。すなわち，被告国（中国）の UNCLOS 上の義務違反について，原告国（フィリピン）に直接的損害が生じていないにも拘わらず，義務違反認定を行った（客観訴訟を容認した）と言えよう。以下，本件の判断内容を詳しく検討しよう。

第1に，フィリピンは，中国による環境保護義務違反を主張したが（第11，12申立），提訴時点での対象海域は限定されていた。すなわち，第11申立では，スカボロー礁とセカンド・トーマス礁において，中国が海洋環境保護・保全義務に違反したと申立て，第12申立では，ミスチーフ礁における中国の占拠及び建設活動が同様の義務に違反すると申立てた。これらの3つの海洋地形（スカボロー礁，セカンド・トーマス礁，ミスチーフ礁）はいずれもフィリピン沿岸から200海里内にある。ただし，仲裁裁判所は，これらの海洋地形の法的地位が異なれば，裁判管轄権の根拠が異なるという点を指摘した上で（管轄権判断2015年）[55]，以下のように説明している。第11申立に関しては，フィリピン又は中国の（あるいは重複する）領海又は EEZ で行われた行為であることを前提として議論を進める。第12申立に関しては，ミスチーフ礁の法的地位に依

　　接適用を避け，これらの規範を「顧慮する」(have regard to) に留めている。この点で，本件の仲裁裁判所の判断は，先例上の積極的姿勢（一般国際法や国連憲章の直接適用）とは一線を画している。

(55) Award of 2015, para.408.

存するため，本案で取り扱う[56]。こうして仲裁裁判所は，海洋地形の法的地位に関しては管轄権段階での判断を避け，フィリピンのEEZ内に入ると仮定して議論を進めている。

　第2に，本案段階に入り，突如，フィリピンは第11申立に関する対象海域を2か所から8か所に拡大した[57]。この点に関して，仲裁裁判所は次のように述べる。「仲裁裁判所は，クアルテロン礁，ファイアリ・クロス礁，ジョンソン礁，ヒュージ礁，北ガベン礁，スービ礁[58]を包含するよう第11申立を改訂することをフィリピンに認めた。この判断は，これらの海洋地形における大規模な島造成行動に関する証拠——申述書の時点では入手できていなかったもの——に照らしたものである。［…］当該改訂は，当事国間に新たな紛争を持ちこむものではない（did not involve the introduction of a new dispute）[59]」。このように，仲裁裁判所は紛争の同一性が維持されることを理由として，フィリピンによる申立の大幅な改訂（対象海域の拡張・追加）を許可している。同様に，フィリピンの第12(b)申立[60]（中国による人工島造成行為による環境保護義務の違反の認定）については，第11申立と同じ海域（8か所）が問題になることから，仲裁裁判所は申立の改訂につき，「当初の申立に関連し，付随したものである」ことを認め，「新たな紛争を持ち込むものではない[61]」と結論付けている[62]。

---

(56)　Award of 2015, para.409.
(57)　提訴時の2か所（スカボロー礁とセカンド・トーマス礁）に対して，本案口頭陳述中に対象海域が6か所（クアルテロン礁，ファイアリ・クロス礁，ガベン礁，ジョンソン礁，ヒュージ礁，スービ礁）追加され，合計8か所となっている。Award of 2016, paras.815, 820.
(58)　クアルテロン礁，ファイアリ・クロス礁，北ガベン礁，スービ礁は，フィリピンの基線から（及び中国の基線からも）200海里以遠にある。従って，仮にこれらの海洋地形において中国による海洋環境保護・保全義務の違反があったとしても，フィリピンが直接的な損害を被ることはない。Yoshihumi Tanaka, 'Reflections on *Locus Standi* in Response to a Breach of Obligations *Erga Omnes Partes*: A Comparative Analysis of the *Whaling in the Antarctic* and *South China Sea* Cases', *The Law and Practice of International Courts and Tribunals*, vol.17 (2018), pp.547-548.
(59)　Award of 2016, para.933.
(60)　仲裁裁判所は，第11申立と第12(b)申立（人工島造成行為による環境保護義務違反）を同時に検討し，第12(a)申立と第12(c)申立から切り離している。Award of 2016, paras.994-995.
(61)　Award of 2016, para.820.
(62)　ここで仲裁裁判所は，フィリピンの第11申立と第12申立が同じ海域を対象として

Ⅳ　国際紛争と国際法

　第3に，仲裁裁判所は，フィリピンの主張よりもさらに地理的適用範囲を拡張する判断を示す。すなわち，「UNCLOS第12部における義務は，すべての国［UNCLOS締約国］に対して，その国家管轄権の内外を問わず，あらゆる海域における (in all maritime areas) 海洋環境に関して適用される[63]」（傍点玉田）という。すなわち，潜在的に，中国は「あらゆる海域」（フィリピン沿岸から200海里以遠の海域を含む[64]）において海洋環境保護・保全義務を負うことになる[65]。

　第4に，実際に，仲裁裁判所は以下のように義務違反の認定を行っている（表1参照）。第11申立に関しては，まずはスカボロー礁とセカンド・トーマス礁の2か所における中国の192条及び194条5の違反を認定した上で[66]，スプラトリー全域（across the Spratlys）においても同様の義務違反を認定して

　　いると捉えている。これは，人工島造成行為（island-building activities）による海洋地形の恒常的破壊が行われる数か月前に，中国漁船によって，当該海洋地形における生物資源の採取が行われたためである（仲裁判断 para.965 参照）。すなわち，海洋生物資源保全義務に関する海域（第11申立に相当）は，島造成行為による海洋環境保全義務に関する海域（第12申立に相当）と必然的に合致する。そのため，第12(b)申立の対象海域が拡張されたことに伴い，自動的に，第11申立の対象海域が拡張されたものと推察される。

(63)　Award of 2016, para.940. 原文は以下の通り。'At the outset, the Tribunal notes that the obligations in Part XII apply to all States with respect to the marine environment *in all maritime areas, both inside the national jurisdiction of States and beyond it*' (emphasis added). この判断につき，以下が引用されている。Request for an Advisory Opinion Submitted by the Sub-Regional Fisheries Commission (SRFC), Advisory Opinion of 2 April 2015, *ITLOS Reports 2015*, para. 120.

(64)　南シナ海事件では争点となっていないものの，「すべての海域」には領海が含まれる（領海内においても海洋環境保護義務が生じる）。この点は，日本の商業捕鯨（領海とEEZで実施）に関連する。すなわち，領海内の商業捕鯨であっても，UNCLOS 192条と194条5項が適用され，義務違反が生じ得る。

(65)　仲裁裁判所は，自国籍船舶に対する中国（政府）の「管轄権と管理」（jurisdiction and control）に言及した上で，中国の「管轄権下及びコントロール下」にあるすべての場所で海洋環境保護義務が課されると判断している（para.965）。ここでは，中国による旗国管轄権の行使が想定されているが，その前提として，本件では，自国船舶に対する旗国管轄権を有する中国が，環境破壊を防止する義務（相当の注意義務）を負うという法的構成が採用されている（para.956）。そのため，中国籍船舶が出現し，海洋環境破壊を行い得る場所（「すべての海域」）において，中国が海洋環境保護・保全の義務を負うことになる。

(66)　Award of 2016, para.964.

〔玉田　大〕　*22* 国連海洋法条約の紛争解決手続における客観訴訟の可能性

いる[67]。第12申立（人工島造成）に関しては，7つの礁（Seven Reefs in the Spratly Islands）について検討し，UNCLOS上の義務違反を認定している[68]。

表1　フィリピンの第11・12申立と仲裁裁判所の判断

比の申立	内容	違反条文（仲裁認定）	提訴時点の対象海域	仲裁判断時点の対象海域
11	中国船の漁獲・採取行為：海洋生物資源保護義務の違反	192, 194(5)	スカボロー礁，セカンド・トーマス礁	（「あらゆる海域」）：スカボロー礁，セカンド・トーマス礁，スプラトリー諸島の他の地形[69]
12	島造成行為：環境保護義務の違反	123, 192, 194(1), 194(5), 197, 206	ミスチーフ礁	7海洋地形：クアルテロン礁，ファイアリ・クロス礁，北ガベン礁，ジョンソン礁，ヒュージ礁，スービ礁，ミスチーフ礁[70]

以上のように，フィリピンは自国の200海里以遠の海域において，中国が海洋環境保護・保全義務に違反したという主張を展開した。ここで，仲裁裁判所は中国による当該義務の違反を認定しているが，フィリピンには，（自国沿岸から200海里以遠の海域において中国が海洋環境保護・保全義務に違反したとしても）直接的な損害が生じていない。従って，上記の判断箇所は，（明示されていないものの）客観訴訟であると解さざるを得ない。なお，仲裁裁判所は，

---

(67) Award of 2016, para.965.
(68) Award of 2016, paras.983, 991.
(69) 第11申立に関する結論部分は，以下の通りである。'The Tribunal finds that China has, through its toleration and protection of, and failure to prevent Chinese fishing vessels engaging in harmful harvesting activities of endangered species at Scarborough Shoal, Second Thomas Shoal and *other features in the Spratly Islands*, breached Articles 192 and 194(5) of the Convention'（emphasis added）. Award of 2016, para.992.
(70) 第12(b)申立に関する結論部分は以下の通りである。'The Tribunal further finds that China has, through its island-building activities at Cuarteron Reef, Fiery Cross Reef, Gaven Reef (North), Johnson Reef, Hughes Reef, Subi Reef and Mischief Reef, breached Articles 192, 194(1), 194(5), 197, 123, and 206 of the Convention'. Award of 2016, para.993. 第11申立の対象海域は8か所であるが，第12(b)申立では7か所となっている。これは，後者でスカボロー礁が除外されているためである。

Ⅳ　国際紛争と国際法

UNCLOS 第 12 部の環境保護義務の法的性質について言及していないが，当該義務を当事者間対世的義務と捉えたものと解される[71]。その上で，（フィリピンの 200 海里以遠の海域における）中国の義務違反に対して，フィリピンがその責任を追及するスタンディングを有すると判断したものと解される[72]。

Ⅳ　おわりに

本稿の検討の結果，以下の点を指摘し得る。第 1 に，UNCLOS 紛争解決手続における客観訴訟の可能性に関して，確定的・決定的な判断を示した先例は存在しない。ITLOS 海底紛争裁判部の勧告的意見（2011 年）は最も示唆的な判断ではあるが，争訟手続に適用し得る決定的な根拠とは言えない。第 2 に，とは言え，全般的な議論動向は客観訴訟を肯定する方向性を明確に示しており，直接的な契機さえあれば，客観訴訟が認められる素地は整っている。

以上の結論は，とりわけ日本にとって実際的かつ実践的な意味を有する。第 1 に，沖ノ鳥島の法的地位に関する紛争（権原取得紛争）が，UNCLOS 紛争解決手続（附属書Ⅶ仲裁裁判所）に付託される可能性がある。原告国（主に中国と韓国が想定される）が沖ノ鳥島の法的地位に関する紛争を附属書Ⅶ仲裁裁判所に付託した場合，南シナ海事件の仲裁判断（2015 年）を踏まえると，当事国間に「紛争」（権原取得紛争）が発生していると判断されることが予想される。当該「紛争」の存在は，原告国がスタンディングを有することを同時に意味する。第 2 に，商業捕鯨が UNCLOS 上の義務に反するか否かに関する紛争が，UNCLOS 紛争解決手続（附属書Ⅶ仲裁裁判所）に付託される可能性がある。日本は 2019 年 6 月 30 日に国際捕鯨取締条約（ICRW）から脱退し[73]，2019 年 7

---

(71)　田中嘉文は以下のように指摘している。「健全な環境が生命体の生存基盤であることを考えれば，海の生態系を含む海洋環境の保護は，国際共同体の共通利益に関わるといっても過言ではないであろう。[…] 中国による海洋環境保護義務の違反の認定は，国際共同体の共通利益の保護としての側面を持つといえよう」（傍点玉田）。田中嘉文「南シナ海仲裁裁判本案判断に関する一考察——歴史的権利と国連海洋法条約第 121 条 3 項の解釈を中心に——」国際法外交雑誌 117 巻 2 号（2018 年）3 頁。

(72)　Yoshihumi Tanaka, *supra* note 58, pp.551-552; P. Chandrasekhara Rao and Philippe Gautier, *The International Tribunal for the Law of the Sea: Law, Practice and Procedure*（2018），p.327.

(73)　外務省「国際捕鯨取締条約及び同条約の議定書からの脱退についての通告」（2018 年 12 月 26 日）（https://www.mofa.go.jp/mofaj/press/release/press4_006938.html）。

月1日に商業捕鯨を再開したが[74]、UNCLOS 上の義務には引き続き拘束される[75]。仮に、反捕鯨国が日本を相手に UNCLOS 紛争解決手続（附属書Ⅶ仲裁裁判所）に紛争を付託した場合、南シナ海事件の仲裁判断（2016年）を踏まえると、当事国間に「紛争」（海洋環境保護・保全義務の違反を巡る紛争）が発生していると判断されることが予想される。また、当該紛争に対して、UNCLOS 加盟国が個々にスタンディングを有すると解される。

最後に、司法積極主義の弊害という観点から、客観訴訟が抱える問題点に触れておこう。安藤仁介は、ICJ のニカラグア事件の評釈において、ICJ の司法積極主義に対する懐疑的な見解を示していた。すなわち、「長期的には裁判所の機能と司法的解決の有用性、ひいては国際社会における法の支配にとって、どのような影響を与えるかにつき、［…］十分な配慮が尽くされていたと言い切れるであろうか」との疑問を提起している[76]。上記のように、ICJ は客観訴訟を容認したが、他方でその反動が生じている。第1に、南極捕鯨事件の後、被告国であった日本は、ICJ 選択条項受諾宣言に新たな留保を付し、「海洋生物資源」紛争を管轄権対象から除外した[77]。第2に、核軍縮交渉義務事件の後、被告国であった英国とパキスタンは、それぞれ ICJ 選択条項受諾宣言に新留保を付している[78]。これらの事実が示すように、客観訴訟の進展に対して、関係国は ICJ の管轄権範囲を狭めることによって対抗していることが分かる。

---

(74) 水産庁「商業捕鯨の再開について」（2019年7月1日）（http://www.jfa.maff.go.jp/j/press/kokusai/190701.html）。

(75) 再開された商業捕鯨は、日本の領海と EEZ に限定して実施されている。第1に、EEZ の商業捕鯨に関しては、56条、61条2項、64条1項、65条の適用が想定される。第2に、海洋環境保護に関しては、192条、194条5項の適用が想定される。南シナ海事件（2016年判断）で示されたように、後者の地理的適用範囲は「あらゆる海域」であるため、日本の領海における商業捕鯨であっても、義務違反が生じる可能性は否定できない。

(76) 安藤仁介「ニカラグア紛争と司法的解決——政治的紛争と ICJ」国際問題339号（1988年）38頁。

(77) 外務省「我が国による強制管轄受諾宣言」（https://www.mofa.go.jp/mofaj/files/000103330.pdf）。玉田大「日本の ICJ 選択条項受諾宣言と留保」国際法学会エキスパートコメント No.2016-2（2016年5月）1-4頁（http://www.jsil.jp/expert/20160505.pdf）。

(78) 国際司法裁判所判例研究会「核軍備競争の停止と核軍備の縮小に関する交渉義務事件（マーシャル諸島対英国）（先決的抗弁判決・2016年10月5日）」国際法外交雑誌116巻2号（2017年）113-114頁。

Ⅳ　国際紛争と国際法

　一見すると，上記の状況は，ICJ と国家の間の利益対立状況に見えるものの，他方で，ICJ における司法積極主義と諸国家の利益保護の間の均衡点を生み出すメカニズムとして作用していると評することができる。これに対して，UNCLOS 紛争解決手続では，この均衡点を生み出すメカニズムが欠けている。というのも，UNCLOS 紛争解決手続には，選択条項受諾宣言留保のような管轄権の制約制度が組み込まれておらず[79]，締約国が管轄権範囲を縮小させる方策が存在しないからである。すなわち，UNCLOS 締約国側から見た場合，客観訴訟の成立を阻止する方策が存在しないため，客観訴訟を回避するためには，UNCLOS からの脱退というラディカルな手法しか残されていない。以上の点を勘案した場合，安藤仁介が指摘するように，客観訴訟の認否に関して，UNCLOS 紛争解決手続には ICJ よりも慎重な態度（「司法自制[80]」）が求められると言えよう。

---

[79]　UNCLOS 309 条において留保が禁止されている。紛争解決手続との関係では，締約国の裁量に委ねられているのは，298 条の選択的除外に限られる。

[80]　安藤仁介・前掲注(76)，38 頁。

23 ICSID 条約仲裁廷の管轄権における国内法の適用の意味と役割について

森 川 俊 孝

Ⅰ　はじめに　　　　　　Ⅲ　管轄権における国内法の適用の意味と役割
Ⅱ　管轄権における適用法　Ⅳ　終わりに

Ⅰ　はじめに

　ICSID 条約第 42 条は紛争の本案の適用法規に関する規定であって管轄権の適用法を定めている規定ではない。管轄権の適用法に関する規定は ICSID 条約にはおかれていないが，第 25 条にセンターの管轄権に関する規定がある。また，投資紛争が BIT などの投資条約の投資紛争解決条項に従って ICSID 仲裁に付託された場合には，仲裁廷の管轄権の基礎は当該投資条約に基づく締約国と投資家の仲裁同意である。投資条約に基づく ICSID 仲裁廷の管轄権は，一般に，ICSID 条約第 25 条および投資条約によって規律されているとするのが仲裁判例においても学説においても支配的な見解である[1]。しかしながら，条約仲裁廷の管轄権の適用法は ICSID 条約と投資条約であることを認めているにもかかわらず，管轄権に含まれる特定の問題または争点については，国内法が適用法であると主張する有力な学説がある[2]。例えば，シュロイエル（C.

---

(1) Christoph H. Schreuer with Loretta Malintoppi, August Reinisch and Anthony Sinclair, *The ICSID Convention: A Commentary*, 2nd ed. (2009), pp. 248-249, 552. また，本稿Ⅱ参照。
(2) ダグラスは『投資請求の国際法』の中で，規則 4 において，「投資財産を構成する財産権の存在または範囲に関する争点に適用される法は国際私法の規則を含む受入国の国内法である」，また規則 7 では，「申立人が締約国の国民であるかどうかの争点に適用される法は投資条約および締約国の国内法である」と規定している。Zachary Douglas, *International Law of Investment Claims* (2009), pp. 52 and 77; 彼の基本的見解はすでに以下の論文の中で示されている．"The Hybrid Foundations of Investment Treaty

Ⅳ　国際紛争と国際法

Schreuer）は，投資条約仲裁廷の管轄権を規律している法はほとんどが「BITとICSID条約である」ことを認めている[3]。しかし他方で，投資財産（investment）の適法性，投資家の国籍および財産権の存在のような管轄権に関係する問題に関しては，「関係条約は国内法に照会している」とするとともに[4]，それらの問題は「国内法によって規律されている」と論じている[5]。それは，管轄権におけるそれらの問題の適用法は国内法であることを示唆しているようにみえるけれども[6]，そのことの意味は必ずしも明らかではない[7]。管轄権の適用法はICSID条約とBITであるとする支配的な見解に対して国内法を適用法とすることの理由または意図は何であるのか。それを解明するためには，国内法は条約仲裁廷の管轄権の問題においてどのような役割を果たしているのかを明らかにすることが必要な作業となるであろう。ここでは，そのような視点から，管轄権に含まれる問題としてシュロイエルの検討している三つの問題をとりあげて[8]，それぞれの代表的な判例を分析することによって管轄権における国内法の適用の意味とその役割について検討する。それにより，条約仲裁において国内法がはたしている役割の検討についての一助としたい[9]。

　　Arbitration," *British Yearbook of International Law*, Vol. 74（2003），pp. 211.
（3）　Christoph Schreuer, "Jurisdiction and Applicable Law in Investment Treaty Arbitration," *McGill Journal of Dispute Resolution*, Vol. 1（2014），pp. 6, 24.
（4）　*Ibid.*, p.6.
（5）　シュロイエルは，管轄権の問題は本案に適用される法によって規律されているのではなくて，「管轄権を確立している法的文書に照会することによってかつ一般国際法によって決定されなければならない」とした後に，「投資財産の適法性，投資家の国籍および財産権の存在のような管轄権に関係する問題は国内法によって規律されている」と論じている。*ibid.*, p. 24.
（6）　シュロイエルは，管轄権に関連する問題が国内法によって規律されていることについて，「これは通常管轄権を定めている条約における国内法への照会（reference）の結果である」とも論じている。*ibid.*, p. 4.
（7）　Weinigerは投資条約仲裁において国内法が主要な役割をはたしている問題として，個人または会社の国籍の決定，保護される投資財産の範囲の決定，および，収用が存在しているかどうかを評価する場合における財産権の存在の決定の3つの問題を挙げている，これらの問題はいずれも管轄権に関する問題である。Campbell McLachlan, Laurence Shore and Matthew Weiniger, *International Investment Arbitration: Substantial Principles*, 2nd ed.（2017），p. 73.
（8）　これらの問題を検討している論稿として，伊藤一頼「投資仲裁の対象となる投資家／投資財産の範囲とその決定要因」RIETI Discussion Paper Series 08-J-011（2008）。
（9）　投資条約仲裁における国内法の解釈・適用に関する法的問題を検討したものとして，

606

II 管轄権における適用法

　ICSID 条約仲裁廷の管轄権の適用法は ICSID 条約 25 条および BIT の規定であるとするのが仲裁判例および学説において支配的な見解として認められている。しかし，実際には，被申立国による管轄権の抗弁において，管轄権の問題は国内法によって規律されるという主張が ICSID 条約第 42 条や BIT の適用法の規定に基づいてしばしば提起される。例えば，アルゼンチンは CMS 事件において，第 42 条に基づいて紛争の実体の解決に関してのみならず管轄権の問題に関してもアルゼンチン法が適用法であると主張した[10]。この主張に対して，CMS 仲裁廷によれば，「第 42 条は主に本案に関する紛争解決のために作成されており，そのようなものとして，それは原則として管轄権に関する決定とは独立している。管轄権はもっぱら ICSID 条約第 25 条および該当する他の同意文書の規定，本件においては BIT の規定によって規律されている[11]」。このようにのべて，第 42 条は紛争本案の適用法に関する規定であって管轄権の適用法規ではないこと，そして，管轄権の問題については第 25 条および BIT の規定によって規律されていることを明確にしている。エクアドルもアルゼンチンと同様に，第 42 条に従ってエクアドル法が管轄権を規律することを主張してきたが，Nobel Ventures 対エクアドル仲裁廷は次のように論じてその主張を否定した。管轄権は第 42 条によってではなく，「ICSID 条約第 25 条によって規律されている」として[12]，CSOB 対スロバキア仲裁廷の次のような意見を引用して支持している。「当事者が ICSID 仲裁への同意を有効に表明しているかどうかの問題は国内法への照会によって回答されるべきではない。それは ICSID 条約第 25 条(1)に定められている国際法によって規律されてい

　坂田雅夫「投資協定仲裁における国内法の位置付け——事実論を再考する——」『国際法外交雑誌』第 117 巻第 4 号（2019 年 1 月）参照。

(10) *CMS Gas Transmission Company v. The Republic of Argentina*, ICSID Case No. ARB/01/8, Decision of the Tribunal on Objection to Jurisdiction, 17 July 2003, para. 87. 仲裁判断の出典を明示していない場合，Investment Treaty Arbitration 〈https://www.italaw.com〉参照。

(11) *Ibid.*, para. 88.

(12) *Noble Energy, Inc. and Machalapower Cia. Ltda. v. The Republic of Ecuador and Consejo Nacional del Electricidad*, ICSID Case No. ARB/05/12, Decision on Jurisdiction, 5 March 2008, para. 57.

Ⅳ 国際紛争と国際法

る⁽¹³⁾」。そこでは，管轄権の適用法としての国内法が明確に否定されている。

また，アルゼンチンは Siemens 事件において，アルゼンチン・ドイツ BIT 第 10 条の適用法の規定が BIT，国際法の一般原則とともに国内法に基づいて紛争を決定することを規定していることを理由に，紛争はもっぱらアルゼンチン法によって規律されており，アルゼンチン法が契約上の争点および Siemens の請求の基礎にあるアルゼンチン法人に対する投資家の地位に関する争点の適用法であると主張した⁽¹⁴⁾。Siemens 仲裁廷は，「これは ICSID 仲裁廷であるので，その管轄権は ICSID 条約第 25 条および ICSID 仲裁への両当事者の同意を表明している文書の条項すなわち条約第 10 条によって規律されている」とのべて⁽¹⁵⁾，CMS 仲裁廷と同様の見解を示している。

他の ICSID 条約仲裁廷も一貫して本案と管轄権の適用法とを区別してきており，また，仲裁廷の管轄権は ICSID 条約 25 条および BIT によって規律されていることを認めてきた⁽¹⁶⁾。また国内法は管轄権の適用法としては認めら

---

(13) *Ceskoslovenska Obchodni Banka, A.S. v. The Slovak Republic*, ICSID Case No. ARB/97/4, Decision of the Tribunal on Objection to Jurisdiction, 24 May 1999, para. 35.
(14) *Siemens A.G. v. The Argentine Republic*, ICSID Case No. ARB/02/8, Decision on Jurisdiction, 3 August 2004, para. 29.
(15) *Ibid.*, para. 31.
(16) そのような仲裁廷の決定について，さしあたり以下のものをあげておく。*Azurix Corporation v. Argentine Republic*, ICSID No. ARB/01/12, Decision on Jurisdiction, 8 December 2003, paras. 48-50; *Enron Corporation and Ponderosa Assets, L.P. v. The Argentine Republic*, ICSID Case No. ARB/01/3, Decision on Jurisdiction, 14 January 2004, para.38; *SGS Société Générale de Surveillance S.A. v. Republic of the Philippine*, ICSID Case No. ARB/02/6, Decision of the Tribunal on Objections to Jurisdiction, 29 January 2004, para.26; *AES Corporation v. The Argentine Republic*, ICSID Case No. ARB/02/17, Decision on Jurisdiction, 26 April 2005, paras. 34-39; *Camuzzi International S. A. v. The Argentine Republic*, ICSID Case No. ARB/03/2, Decision on Objections to Jurisdiction, 11 May 2005, paras. 15-17；*Jan de Nul N.V. Dredging International N.V. v. Arab Republic of Egypt*, ICSID Case No. ARB/04/13, Decision on Jurisdiction, 16 June 2006, paras. 65-68; *Saipem S.p.A. v. People's Republic of Bangladesh*, ICSID Case No. ARB/05/07, Decision on Jurisdiction and Recommendation on Provisional Measures, 21 March 2007, paras. 68-70; *Burlington Resources Inc. v. Republic of Ecuador*, ICSID Case No. ARB/08/5, Decision on Jurisdiction, 2 June 2010, para. 101; *Daimler Financial Services v. Argentina*, ICSID Case No. ARB/Award, 22 August 2012, para. 50.

III　管轄権における国内法の適用の意味と役割

　この章では，管轄権における投資家の国籍，投資財産の適法性および投資財産としての財産または権利の存在の問題に関する代表的なケースにおいて，管轄権における国内法の適用の意味と役割について仲裁廷によってどのように議論されてきたかを検討する。具体的には，仲裁廷によって審理されている主要な論点についての仲裁廷の見解を取り出して，それを分析するという方法をとっている。主要な論点として，国内法の適用と仲裁廷の権限の問題を取り上げて，前者については照会による国内法の適用およびその適用の方法を，後者については仲裁廷の権限の内容および国内機関の権限との関係を主要な論点として分析し検討する。

1　投資家の国籍
(1) Soufraki 仲裁廷の決定

　Soufraki 対 UAE 事件において，申立人 Soufraki がイタリア国籍を有しているかどうかが争点となった[17]。関係する UAE・イタリア BIT によれば，自然人は「締約国の法に従ってその国の国籍を保有する自然人」（第 1 条(3)）を意味すると定義されていた。Soufraki が 1991 年にカナダ国籍を取得する前にイタリア国民であったことは争われていない。しかし，彼がカナダ国籍の取得の結果として，1912 年のイタリア法によりイタリア国籍を喪失した[18]。彼がイタリア国民であるためには，その後に再びイタリア国籍を取得していることが条件となる。そのためには，1992 年のイタリア法に従って 1 年以上イタリア

---

(17) このケースを論じたものとして次のもの参照。Christoph Schreuer, "Criteria to Determine Investor Nationality (Natural Persons)", in Meg Kinnear, Geraldine R. Fischer, Jara Mínguez Almeida, Luisa Fernanda Torres and Mairée Uran Bidegain (eds.), *Building International Investment Law: The First 50 Years of ICSID* (2016), pp. 153-161.

(18) 仲裁廷によれば，Soufraki はカナダ国籍を放棄する意思はなかったし，それを喪失したことを認識していなかったが，1912 年のイタリア法の条項の文言は明白であり，彼がカナダ国籍の取得の結果としてイタリア国籍を喪失したことについては疑問の余地はないとしている。*Hussein Nuaman Soufraki v. The United Arab Emirates*, ICSID case No. ARB/02/7, Award (hereinafter *Soufraki I*), 7 July 2004, para. 51-52.

Ⅳ 国際紛争と国際法

に居住していることが必要であった[19]。

Soufraki はイタリア国民であることを認めているイタリア機関が発給した国籍証明書，旅券等の公的文書を提出したにもかかわらず，仲裁廷は彼にはイタリア国籍がないと決定した。従って，ここでの主要な争点は，イタリア政府機関の発給した国籍証明書等の公的文書が Soufraki のイタリア国民であることの確定証拠を構成するかどうかということであった。あるいは，仲裁廷はイタリア政府機関の発給した国籍証明書や旅券等の文書において示されている国籍とは異なる決定を行うことができるかどうかが争点となった。

申立人のイタリア国籍を決定するときに，仲裁廷がイタリア法を適用しなければならないことについては当事者間に争いはなかった。しかし，申立人はイタリア国籍法を解釈するのはイタリア機関であって，仲裁廷はその結論を適用すべきであると主張した[20]。仲裁廷はその主張を退けて次のようにのべている。

> 「国籍は国の国内管轄権内にあり，国が自国の立法によってその国籍の取得（および喪失）に関する規則を定めていることは，国際法において承認されている。BIT の第 1 条(3)はこの規則を反映している。しかし，国際的な仲裁手続または司法手続において，人の国籍が争われているときには，国際仲裁廷はその申立てを決定する権限があることも同様に承認されている。それは当該国の国籍法ならびにその機関によるその法の解釈および適用に大きな重要性を与えるであろう。しかし，それが最終的には，その前にある事実および法に基づいて，国籍が問題となっている人が当該国の国民であったかどうか，それはいつなったか，そしてその認定から何が生ずるかを独自に決定するであろう。本件におけるように，国際仲裁廷の管轄権が国籍の問題によって左右される場合には，国際仲裁廷はその問題を決定する権限があり，実際そうする義務がある[21]」。

ここには，国籍の決定における仲裁廷の権限およびその決定におけるイタリア法の適用についての仲裁廷の見解が端的に示されている。第 1 に，国籍の取得・喪失の問題が国の国内管轄事項であることは国際法において認められており，各国は自国の立法によって国籍の取得・喪失に関する規則を定めている。第 2 に，国際手続において人の国籍が争点になっている場合特に国際仲裁廷の

---

(19) 1992 年の法は 1912 年の法では認められていなかった 2 重国籍を認めていたので，1912 年の法の下でイタリア国籍を喪失した人に一定の条件の下でその再取得を認める規定をおいていた。
(20) *Ibid.*, para. 54.
(21) *Ibid.*, para. 55.

管轄権が国籍の問題によって決定される場合には，仲裁廷はその国籍を決定する権限または義務を有する。第3に，仲裁廷は国籍の決定の際に，問題となっている国の国籍法およびその国の機関による国籍法の解釈および適用に「大きな重要性（great weight）」を与えるとしている。最終的には，仲裁廷に提出された事実および法に照らして，国籍が争点となっている人が関係国の国民であるかどうかを仲裁廷が決定するとしている。

　上述のように，仲裁廷は申立人の国籍について独立の決定を行うことができることを認めることによって，それは国籍証明書や旅券のような公的文書による国の機関の決定に拘束されるものではないことを指摘している。また，仲裁廷は国籍の決定における国内法の適用についても，関係国の国籍に関する国内法および当該国の機関（裁判所，行政機関）によるその解釈および適用に「大きな重要性」を与えるとした。しかし，申立人はこれらの争点に関する仲裁廷の決定を争いその取消を特別委員会に求めた。

(2)　Soufraki 特別委員会——仲裁廷の国籍決定の権限

　Soufraki 特別委員会は，仲裁廷において主要な争点となった仲裁廷の国籍決定の権限および国内法の適用の問題について詳細な分析を行っている。ここではそれらの争点に関する委員会の見解を検討する。

　特別委員会は仲裁廷と同様に，裁判所は紛争に対して管轄権を有するかどうかを決定する権限を有することを定める ICSID 条約第 41 条に従って[22]，仲裁廷は申立人の国籍の存在を決定する権限を有することを認めている。仲裁廷のかかる権限に関して，特別委員会は国籍の「附与（granting）」と「承認（recognition）」とを区別して論じている。すなわち，問題は申立人のイタリア国籍を附与することではなく国際仲裁のために彼のイタリア国籍を承認するかどうかであるとして，次のようにのべる。「国内レベルにおける国籍の<u>附与</u>——それは<u>創設的行為である</u>——と国際レベルでの国籍の<u>承認</u>——それは<u>確認的</u>

---

[22]　特別委員会によれば，国際仲裁廷が権限の権限（*compétence-compétence*）を有することは国際法の一般原則であり，ICSID 条約第41条はそれを反映した規定である。*Hussein Nuaman Soufraki v. The United Arab Emirates*, ICSID case No. ARB/02/7, Decision of the *Ad Hoc* Committee on the Application for Annulment of Mr. Soufraki, 5 June 2007（hereinafter *Soufraki II*）, para. 50.

Ⅳ　国際紛争と国際法

行為である——との間には重要な相違がある。国際的レベルでの確認的行為の有効性は，国籍の附与が国籍国の国内法および実効性のような国際法の要件の双方と一致（conformity）していることを条件としている。国際仲裁廷は一貫してこのアプローチに従っており，——主権国家に完全に留保されていると考えてきた——国内法上の国籍の決定と国際仲裁制度における例えば管轄権のために国籍決定の国際的効果とを区別してきた。そして，それは一定の限定された事情において国際仲裁廷による審査に従うとみなしてきた[23]」。このように，特別委員会は国内法に基づく国籍の決定（国籍の附与）とその決定の国際的効果（国籍の承認）とを区別して論じている。すなわち，仲裁廷が国内法に基づく国籍の決定に国際的効果を与えるためには，国籍の附与が国内法の要件のみならず国際法の要件に従っていなければならない。したがって，国際仲裁廷は国内法に基づく国籍の附与が国内法に合致しているかどうかのみならず国際法の要件[24]（例えば実効性の原則）に合致しているかどうかを立証することによって，国籍を決定（承認）するのである。このような意味において，国際仲裁廷は国籍を決定する権限を有するのである[25]。

　さらに，仲裁廷の有するかかる権限に関して，仲裁廷が特定の人の国籍について国内法の適用による国内機関の見解を審査して国内機関とは異なる結論に達することができるかということが問題となる。特別委員会によれば，「国内法の解釈に関する問題が国際仲裁廷に提起されるとき，国は最終的な決定権をもたないことは一般原則である」と判示する[26]。国の機関による解釈は国際条約仲裁廷を拘束するものではないし常に仲裁廷の決定となるものではない。こうして，仲裁廷は国籍法令等の国内法の適用に関する国の機関の見解とは異なる結論に達することができることを認めている[27]。

---

(23) *Ibid.*, para. 55.
(24) 仲裁廷は，実効性の原則の他に，国際レベルでは詐欺および錯誤が国内法によって附与された国籍を無視するための根拠として認められる可能性があることを指摘している。*Ibid.*, para. 71.
(25) 特別委員会は，国籍の争点を決定する権限と義務を有するとした仲裁廷の決定（*Soufraki I*, para. 55.）は一般原則を正しく述べたものとみなしている。*Soufraki II*, para. 56.
(26) *Ibid.*, para. 59.
(27) 仲裁廷によれば，「国際仲裁廷は，それ自身の管轄権を確認するために，当事者が主張する国籍を有しているかどうかを決定する権限があり，かつ，その決定および確認

(3) 国内法の適用

　特別委員会においても，当事者間において国籍の決定にイタリア法を適用しなければならないことについて争いはなかったが，申立人はイタリア機関だけが国籍に関するイタリア法を適用することができるにすぎないのであって，従って，イタリア国によってイタリア法に従って附与された国籍証明書がイタリア国籍の存在を確定するものでなければならないと主張した[28]。その意味において，仲裁廷はイタリア法に「大きな重要性」を与えたにすぎず，適切な法 (proper law) を適用しなかったとして仲裁廷の権限踰越を主張している[29]。この主張に関連して，申立人は仲裁廷の仲裁判断のパラ 55 におけるイタリア法および国の機関によるその解釈および適用に「大きな重要性」を与えるという表現について[30]，イタリア法は単に大きな重要性を与えられるにすぎないものではなくその適用が決定的なものであるべきであると主張した。それに対して，特別委員会は「仲裁廷は<u>実際に</u>イタリア法を適用した」のであって，パラ 55 の表現は，仲裁廷は「<u>当該国の国籍法を適用し，その機関によるその法の解釈および適用に大きな重要性を与えるであろう</u>」ということを意味すると理解されるべきであるとのべて，仲裁廷がイタリア法を適用したことは明らかであるとしている[31]。また，その表現を委員会は，「それは <u>ICSID 仲裁のために</u> Soufraki 氏がイタリア国民とみなされうるかどうかを最終的には独自に決定する」との趣旨をのべているものと解するとしている[32]。ここでも仲裁廷の国籍決定の権限を確認していることに留意することが重要である。委員会はいずれの論点についても基本的に仲裁廷の見解を支持し確認している。

　申立人は仲裁廷がイタリア法をイタリア裁判所が適用してきたように適用しなかったと主張する。この主張に対して，特別委員会は次のように論じている。

　　を行うときに国の国籍証明書，旅券またはその他の文書に拘束されない」ことは確立した原則であるとし，それは国際仲裁廷の判例および学説によって支持されているとしている。*ibid.*, para. 64.
(28)　*Ibid.*, para. 58.
(29)　申立人は申述書において，イタリア国籍の附与と承認はイタリア機関の排他的な権限内にあるイタリア法の問題であると主張している。*ibid.*, para. 79.
(30)　*Soufraki I*, para. 55.
(31)　*Soufraki II*, para. 93.
(32)　*Ibid.*

Ⅳ　国際紛争と国際法

「イタリア法を適用する国際仲裁廷の義務は，誠実にならびに国内判例および国の司法機関によって与えられた支配的な解釈に一致するように，その法を適用しようと努める義務である。国の国籍法は立法および行政規定ならびに最高裁判所によるそれらの規定の拘束力のある解釈からなっている。……特別委員会は，国内法を適用するとき，国際仲裁廷は法規定を権限のある司法機関によって解釈されているように，そして，国の『解釈機関』によって理解されているように適用しようと努めなければならないということに同意する(33)」。そして，これらの原則は常設国際司法裁判所（PCIJ）の判例法に深く根差している(34)。したがって，国籍の決定に国内法を適用する場合には，「仲裁廷は，国の最高裁判所によって解釈されているようにそして解釈（すなわち執行および行政）機関と調和するように法を適用しようと努めなければならない」のである(35)。

(4)　公的文書の証拠価値

国の発給した国籍証明書，旅券，外務省からの書簡等の文書の証拠価値について，仲裁廷はそれらの証拠を他の証拠とともに審査されるべき<u>一応の</u>（*prima facie*）証拠として認めるけれども，確定的かつ拘束力のあるものとはみなさな

---

(33)　*Ibid.*, para. 96.
(34)　特別委員会は，PCIJ がセルビア公債事件およびブラジル公債事件において，国内法を適用して国内法の意味と範囲について決定しなければならないときに行った次のような考察を引用している。「裁判所（PCIJ－筆者）自身が現存する国内裁判所の決定を棚上げして，国の最高裁判所によってそのような国内法に与えられてきた解釈を否定する危険を伴うような国内法の独自の解釈を企図することは，裁判所が設置された任務と矛盾するであろう…。…フランス法を現実に構成しているのはフランスにおいて適用されているようなフランス法である。」*Case Concerning the Payment of Various Serbian Loans Issued in France*, Permanent Court of International Justice, 12 July 1929, PCIJ Reports, Ser. A., No. 20, 1929, p. 46.「裁判所が特定の国の国内法を適用すべきであるという結論に達したならば，それはその国において適用されているようにそれを適用しようとしなければならないということは疑問の余地がないように思われる。その法が施行されている国において適用されている方法とは異なる方法で裁判所がそれを適用するとすれば，それは国の国内法を適用していないことになるであろう。」*Case Concerning the Payment in Gold of Brazilian Federal Loans Contracted in France*, Permanent Court of International Justice, 12 July 1929, PCIJ Reports, Ser. A., No. 21, 1929, p. 124.
(35)　*Soufraki II*, para. 97.

いとした[36]。特別委員会は仲裁廷の意見を支持して次のように論じている。「国際仲裁廷は自己の管轄権を確認するために，当事者が主張している国籍を有するかどうかを決定する権限を与えられており，その決定および確認を行うときに国家の国籍証明書または旅券その他の文書によって拘束されないという原則は実際十分に確立している[37]」。このように，委員会によれば，仲裁廷はICSID条約およびBITの管轄権の要件が満たされているかどうかを決定する際に，政府の公式文書の存在にもかかわらず当事者の国籍についてそれ自身の調査を行う権限を有することを確認している[38]。

(5) まとめ

Soufraki特別委員会は主要な争点に関する仲裁廷の見解を支持し確認している。それを簡潔にまとめるならば以下の通りである。国の国内法が国籍を決定することは国際法の確立した原則である。仲裁廷は投資家によって主張されている国籍の国の国内法を適用して国籍を決定する。しかし，国内法に従って国により附与された国籍の国際的効果は国際法によって決定される[39]。仲裁廷は国内法に基づいて国籍のために必要な要件を満たしているかどうかを独立に決定する権限があり，国内機関とは異なる決定を行う権限を有する。仲裁廷は国内機関の決定に拘束されるわけではない。国籍証明書等の国の公的文書は，主張される国籍の一応の証拠を構成するが，投資家が当該国の国内法に従って当該国籍を保有していることの仲裁廷による独立の審査に従う。要するに，仲裁廷は国内法に基づく国籍の附与とともに国際法の定める他の要件に照らして国籍の決定を行うのである[40]。特別委員会によって明確にされたかかるアプ

---

(36) *Soufraki I*, paras. 58-81.
(37) Soufraki II, para. 64.
(38) *Ibid.*, para. 76; Micchael Waibel, "Investment Arbitration: Jurisdiction and Admissibility", in Marc Bungenberg, Jörn Griebel, Stephan Hobe and August Reinisch (eds.), *International Investment Law* (2015), pp. 1245-1246.
(39) Puriceによれば，Soufraki特別委員会の結論は，仲裁廷における争点はSoufrakiのイタリア国籍を「附与」するかどうかではなくICSID条約に基づく請求を提起するためにイタリア国籍を「承認」するかどうかの問題であるとの立場に基づいている。Matei Purice, "Natural Persons as Claimants under the ICSID Convention", in Crina Baltag (ed.), *ICSID Convention after 50 Years: Unsettled Issues* (2017), p. 147.
(40) リードとデイヴィスも仲裁廷は国の国籍法のみならず国際投資条約の条件を解釈す

ローチは，その後の条約仲裁廷によっても支持されてきている[41]。また，学説によっても支持されている[42]。したがって，国内法の適用に基づく国籍の附与は仲裁廷による国籍の決定または承認の基礎にある重要な要素であるけれども，それが仲裁廷の最終的な決定となるものではない。

2 投資財産の適法性

(1) 「国内法令に従った」投資財産の意味

投資条約に定められている投資財産（investment）の定義規定には，投資財産が「国内法令に従って」いることを定めているものがある。この種の規定は，投資財産を構成する財産や権利が国内法令に従っていることが投資財産に含まれることの条件であり，その結果条約の保護を受けることができることを意味する。このような「国内法令に従った」規定は条約自身が新たに定める条件であって，国籍の問題のように国内管轄事項として本来的に国内法によって決定されている問題とは異なる。投資財産に国内法令の遵守を要求しているかかる

ることが求められているとのべ，さらに，「国内法は国籍の規準を定めている一方，仲裁廷は管轄権のためにかかる規準に照らして事実の審査に基づいて申立人の国籍についてそれ自身の決定を行う権限を有する」と論じている。Lucy F. Reed and Jonathan E. Davis, "Who is a Protected Investor?", in Marc Bungenberg, Jörn Griebel, Stephan Hobe and August Reinisch (eds.), *International Investment Law* (2015), p. 620.

(41) *Waguih Elie George Siag and Clorinda Vecchi v. The Arab Republic of Egypt*, ICSID Case No. ARB/05/15, Decision on Jurisdiction, 11 April 2007, paras. 143-145; *Victor Casado et Fondation "Presidente Allende" c. Republique du Chili*, Aff. CIRDI N° ARB/98/2, Sentence Arbitrale, 8 mai 2008, paras. 319-320; Ioan Micula, Viorel Micula, *S.C. European Food S.A, S.C. Starmill S.R.L. and S.C. Multipack S.R.L. v. Romania*, ICSID Case No. ARB/05/20, Decision on Jurisdiction and Admissibility, 24 September 2008, paras. 94-96.

(42) オッペンハイムは国による国籍の一方的な附与の国際的な効果は国際法によって決定されるべきことを次のようにのべている。「国籍の附与は各国家がその国内法に従って独自に決定することであるけれども，この一方的な行為の他国に対する結果は国際的なレベルで生じるし，国際法によって決定されるべきであるという理由から，そのようなコントロールが必要とされる。」Robert Jennings and Arthur Watts (eds.), Oppenheim's International Law, Vol 1, Peace, 9th ed. (1992), p. 853; シュロイエルも同様の見解を次のようにのべている。「人が特定の国の国民であるかどうかは，まず第1に，国籍が要求されている国の法によって決定される。……しかし，国際仲裁廷はあらゆる事情のもとで問題となっている国内法によって拘束されるわけではない。」Schreuer, *supra* note 3, p. 265.

規定は条約仲裁廷の事項管轄を制限するものであり，したがって，管轄権における問題としてその性質および範囲が争われてきた[43]。

この種の規定の意味について，それは投資財産の定義ではなく適法性（legality）に関する規定であるとするのが支配的見解である。適法性説を明確にした Salini 対モロッコ仲裁廷によれば，この規定は「二国間条約が，特に投資財産は違法であるという理由により，保護されるべきでないものを保護することを禁止している」と判示している[44]。定義説に従って，投資条約によって保護される投資財産が国内法令に従って定められるとすれば，投資財産の範囲は国内法によって定められることになる。条約の保護する投資財産の範囲が締約国によって一方的に決定されることは条約の趣旨および目的に反することになるであろう。多数の条約仲裁廷は，条約の定めるこの要件は受入国の国内法に違反する投資財産は条約によって保護されないとする適法性の要件を定めている規定であるとして，その要件の内容および範囲を具体化してきた。ここではそのような立場からの影響力のあるケースとして Fraport 対フィリピン事件[45]をとりあげて，Fraport I 仲裁廷の見解を中心に検討する[46]。

---

(43) この問題を取り扱っている次の論稿参照。坂田雅夫「投資協定の『国内法に従った』投資条項を巡る解釈対立の意義」新世代法政策学研究第4号（2009）327-363頁；石川知子「我が国の投資協定における『投資財産』の定義（下）」『国際商事法務』Vol. 41, No.4（2013），539-542頁；玉田大「投資仲裁の適用法規——delocalisation と localisation の相克」『国際商取引学会年報』第17号（2015年），134-45頁。Katharina Diel-Gligor and Rudolf Hennecke, "Investment in Accordance with the Law", in Marc Bungenberg, Jörn Griebel, Stephan Hobe and August Reinisch (eds.), *International Investment Law* (2015), pp. 566-576；Ralph Alexander Lorz and Manuel Busch, "Investment in Accordance with the Law – Specifically Corruption", in Marc Bungenberg, Jörn Griebel, Stephan Hobe and August Reinisch (eds.), *International Investment Law* (2015), pp. 577-597；Campbell McLachlan, Laurence Shore and Matthew Weiniger, *supra* note 7, pp. 241-246.

(44) *Salini Costruttori S.p.A. and Italstrade S.p.A. v. Kingdom of Morocco*, ICSID Case No. ARB/00/4, Decision on Jurisdiction, 16 July 2001, para. 46.

(45) このケースを取り扱った最近の論稿として次のもの参照。Jean Kalicki, Dmitri Evseev and Mallory Silberman, "Legality of Investment", in Meg Kinnear, Geraldine R. Fischer, Jara Mínguez Almeida, Luisa Fernanda Torres and Mairée Uran Bidegain (eds.), *Building International Investment Law: The First 50 Years of ICSID* (2016), pp. 127-

(46) 二つの Fraport 仲裁廷はともにこの規定が適法性の要件を定めている趣旨の規定であるとの理解を示している。*Fraport AG Frankfurt Airport Services Worldwide v. The*

Ⅳ 国際紛争と国際法

(2) 適法性の要件の内容と範囲

フィリピン・ドイツ BIT 第1条(1)は投資財産を,「投資財産とは締約国のそれぞれの法令に従って承認されたあらゆる種類の資産をいう」と定義している[47]。Fraport I 仲裁廷はこの規定の意味について,次のような法的規準（legal standards）を定めたものとして解釈している。第1に,国内法遵守の要件は投資財産の「開始（initiation）」あるいは「受入（entry）」のときに適用されるのであって,受入後の投資活動の過程において生じた国内法令違反は含まれない[48]。第2に,エストッペルの原則が適用されるべきであるとしている。すなわち,「公正の原則は,政府が国内法の違反を認識しながらそれを見逃し,国内法に合致しない投資財産を容認したときには,管轄権の抗弁として当該国内法の違反を提起することは禁止されると判示することを仲裁廷に要求すべきである[49]」。仲裁廷はこれらの規準の他にも,投資財産の合法性の指針となるものとして,信義誠実（good faith）の原則[50]および違反の重大性[51]を挙げている。

(3) 国内法の適用

仲裁廷は投資財産の適法性の問題に適用される法的規準を提示した後に,投資家 Fraport の投資財産がフィリピンの国内法令に従っているかどうかの争点について検討する。この事件では,Fraport が1999年に締結した秘密株主

Republic of The Philippines, ICSID Case No. ARB/03/25, Award, 16 August 2007 (hereinafter *Fraport I*), para. 340; *Fraport AG Frankfurt Airport Services Worldwide v. The Republic of The Philippines*, ICSID Case No. ARB/11/12, Award, 10 December 2014 (hereinafter *Fraport II*), paras. 323-324.

(47) BIT ではこの規定の他に,第2条(1),議定書の追加第2条および批准書に国内法令遵守に関連する規定がおかれている。フィリピンの国内法では憲法において,外国投資家には土地所有を禁止するとともに土地を取得することのできる会社の株式の40%までを所有することが認められていた。*Fraport I*, paras. 335-338.

(48) *Ibid.*, para. 345. 後者の投資財産受入後の投資活動から生ずる国内法違反については紛争の本案に関係するとされる。

(49) *Ibid.*, para. 346.

(50) *Ibid.*, para. 396.

(51) 違反は単なる不注意な違反ではなく重大または悪質な違反であることが必要であることについては,*Ibid.*, paras. 396-397.

協定がフィリピンの ADL（Ant-Dummy Law）[52] に違反したかどうかが争点となった。

　フィリピン国内法の適用の前提としての国内法への照会について，仲裁廷は「BIT はなるほど国際文書であるが，その第1条および第2条並びに議定書追加第2条は国内法への『照会 (renvoi)』を生じさせている」とのべて[53]，条約の関連規定が照会というメカニズムを生じさせていることを指摘している。また，仲裁廷は条約により照会されている国内法として ADL の関連規定を適用して[54]，この争点についての仲裁廷の決定を下している[55]。仲裁廷による ADL の適用に関して注意する必要のあることは，仲裁廷は両当事者の主張，提出された証拠に基づいて当該法の内容の検討を行い，それを適用していることである[56]。そのような国内法の適用の方法は国内裁判所を含む国内機関による法の適用の方法とは異なり間接的である。また，Fraport 特別委員会は，仲裁廷が国内法を国内機関によって適用されているように適用しようとしなければならない旨の原則を確認している[57]。

　国内法の適用に関連して，申立人はフィリピン法が遵守されたかどうかという争点は国内法上の意味をもちうるにすぎないのであって国際的な法的意味をもつことはできないと主張した。仲裁廷はそのような主張を退けて，「条約が照会している国内法を遵守しないことは国際的な法的効果をもつであろう」と

---

(52)　Anti-Dummy Law の正式名称は，An Act to Punish Acts of Evasion of the Laws on the Nationalization of Certain Rights, Franchises or Privileges である。Ibid., para. 349.
(53)　仲裁廷によれば，照会のメカニズムについて，それは「条約において珍しいことではないし，実際ワシントン条約において行われている。」Ibid., para. 394.
(54)　Ibid., paras. 349-356.
(55)　仲裁廷は株主協定がフィリピン会社に対する経営支配を確保するものであったとして ADL に違反することを認めている。
(56)　仲裁廷は，当事者によって提出された ADL の解釈に関する証拠すなわち Fraport が専門家から受けた法的助言に関する文書（報告書）および ADL 違反の国内手続に関する主任検察官のファイルといった証拠に基づいて ADL の解釈について審理している。Fraport I, Part V Section C.
(57)　Fraport AG Frankfurt Airport Services Worldwide v. The Republic of The Philippines, ICSID Case No. ARB/03/25, Decision on the Application for Annulment of Fraport AG Frankfurt Airport Services Worldwide, 23 December 2010. para. 236, note. 364.

IV 国際紛争と国際法

判示している[58]。このことは，仲裁廷が国内法令違反を決定した場合には，条約の定める適法性の規則に違反する可能性があることを意味している。しかしながら，そのような決定だけでは必ずしも適法性の規則に違反するという仲裁廷の最終的な決定となるわけではない。仲裁廷は適法性の規則の内容を構成している法的規準すなわち投資財産の受入の時点における重大な違反の存在，エストッペルの原則や信義誠実の原則などを適用して，国内法令違反がそれらの法的規準に合致しているかどうかの検討を行うのである。そのような法的規準と合致している場合に，国内法令違反の国際的な効果が認められるのである。

(4) 仲裁廷の権限

投資財産の適法性に関する仲裁廷の権限に関して，仲裁廷は Inceysa 仲裁廷を引用して，「投資の適法性は本仲裁廷の管轄権にとって前提であるので，そのような適法性の決定は事件を審理する仲裁廷すなわち本仲裁廷によってのみ行うことができる」ことを確認している[59]。また，この争点に関するフィリピンの主任検察官の決定に関連して，「さらに，国内法機関（municipal legal institutions）の決定事項（holdings）は，適切に本仲裁廷の管轄権内にある事項に関しては拘束することはできない」とのべて[60]，国際裁判所としての条約仲裁廷は，関連する国内法に基づく国内機関の決定に拘束されないことを確認している。仲裁廷はその争点に関してそれ自身の決定を行うことができるし，またそうすることを求められているのである[61]。

(5) まとめ

Fraport 事件では適法性の要件が条約に規定されていることから，条約規定が国内法への照会を指示しているとして，国内法の適用それ自体が重要な争点となることはなかった[62]。ここでは，この要件に関する仲裁廷の権限に関し

---

(58) *Fraport I*, para. 394.
(59) *Inceysa Vallisoletana, S.L. v. Republic of El Salvador*, ICSID Case No. ARB/03/26, Award, 2 August 2006, para. 209.
(60) *Fraport I*, para. 391.
(61) Katharina Diel-Gligor and Rudolf Hennecke, *supra* note 43, p. 572.
(62) Fraport II 仲裁廷はこの争点について次のようにのべている。「仲裁廷は，BIT がかかる規定へ照会しているか否かにかかわらず，フィリピン法がその管轄権を決定するた

て以下の2点を指摘しておく。第1に，国内法違反に関して国内法を適用して下された国内機関の決定は裁判所や行政機関の決定であっても条約仲裁廷を拘束することはできない。仲裁廷は当該争点を国内機関とは異なる独自の決定を行う権限を有する[63]。第2に，仲裁廷が投資財産の適法性の問題を決定するとき，投資財産の国内法令違反は確かに最も基礎にあり重要な要件である。しかし，仲裁廷による投資財産の適法性の決定は，国内法令の違反の存在だけではなく条約の定める法的規準を適用して下される。国内法令の違反とともにそれらの国際的な法的規準が条約の定める投資財産の適法性の規則の内容を構成しているとすれば，投資財産の適法性の問題の適用法は国内法ではなく条約であると解するのが適当であろう。

投資財産の適法性は条約が定めている規則である。しかし，それは条約に明示の規定のない場合であっても投資財産の適法性は適用されるべきであるとの見解が判例や学説によって主張されている[64]。Fraport II 仲裁廷は，投資条約に明示の規定が存在しない場合においても適法性の要件を適用して審理することが適当であるとしている[65]。

3 財産または権利の存在

(1) 収用請求における権利の存在

投資家は投資条約の規定する投資財産を構成する財産または権利を保有していることが，投資条約の実体規定による保護を受けるためには必要である。管轄権の段階で，そのような財産または権利が存在しないことを理由に投資財産の存在に関する抗弁が提出されることがある。特に，投資条約に基づく収用請

　　めに関連している条件を定めている範囲において，フィリピン法の規定を適用する」。*Fraport II*, para. 298.
(63) この点について Soufraki 特別委員会の見解と同様である。前掲注(27)参照。
(64) *Plama Consortium Limited v. Republic of Bulgaria*, ICSID Case No. ARB/03/24, Award, 2 August 2008, para. 139; *Phoenix Action, Ltd. v. The Czech Republic*, ICSID Case No. ARB/06/5, Award, 15 April 2009, para. 101; *Gustav F W Hamester GmbH & Co KG v. Republic of Ghana*, ICSID Case No. ARB/07/24, Award, 18 June 2010, paras. 123-124. 他方，反対意見をとるものとして，*Mr. Saba Fakes v. Republic of Turkey*, ICSID Case No. ARB/07/20, Award, 14 July 2010, para. 112.
(65) *Fraport II*, para. 332; 支持する学説として Campbell McLachlan, Laurence Shore and Matthew Weiniger, *supra* note 6, p. 245.

Ⅳ　国際紛争と国際法

求の場合に，収用することのできる財産または契約上の権利が存在しているかどうかが仲裁廷において議論されてきた。ここでは，そのような例としてEmmis 対ハンガリー事件[66]をとりあげて，管轄権における投資財産を構成する財産または権利の存在に関する問題における国内法の適用の意味と役割について検討する[67]。

　申立人（オランダ法人およびスイス人が支配するハンガリー会社）が完全に所有しているハンガリー法人 Slàger Rádio は 1997 年 11 月 7 日に締結されたハンガリーの国家放送委員会（National Radio and Television Broadcasting Board: ORTT）との放送協定により 7 年間の FM 放送の免許（license）が附与されその後 2009 年まで更新された。申立人によれば，放送免許によって付与された権利には放送免許の更新を求める競争入札において現行の免許保持者に優先権が与えられていたとして，2009 年 11 月 18 日の放送協定の期間満了後も免許の更新を受ける権利があると主張した[68]。その主張は認められなかったため，申立人は免許の更新拒否によってかかる権利が収用されたとして ICSID 仲裁廷にオランダ・ハンガリー BIT およびスイス・ハンガリー BIT に基づく収用請求を提出した[69]。

---

(66)　このケースについては，Zachary Douglas, "Property Rights as the Object of an Expropriation", in Marc Bungenberg, Jörn Griebel, Stephan Hobe and August Reinisch (eds.), *International Investment Law* (2015), pp. 331-348. 参照。

(67)　シュロイエルは権利の存在の問題を管轄権の問題としてのみならず条約請求における国内法の付随的適用の問題として議論しているが（Schreuer, *supra* note 3, pp. 17-20.），ここでは前者の問題として検討する。

(68)　事実関係については以下参照。*Emmis International Holding, B.V., Emmis Radio Operating, B.V., Mem Magyar Electronic Media Kereskedelmi és Szolgáltató Kft. v. Hungary*, ICSID Case No. ARB/12/2, Decision on Respondent's Objection under ICSID Arbitration Rule 41(5), 11 March 2013, paras. 27-31.

(69)　仲裁廷によれば，ここでの問題は「申立人が 2009 年 11 月 18 日の Slàger の放送免許の満了の前に，新しい放送免許の付与に関するハンガリー法上の財産または資産を構成しうる契約上の権利を保有していたかどうかである」としている。*Emmis International Holding, B.V., Emmis Radio Operating, B.V., Mem Magyar Electronic Media Kereskedelmi és Szolgáltató Kft. v. Hungary*, ICSID Case No. ARB/12/2, Award, 16 April 2014, para. 170.

(2) 二段階アプローチと国内法の適用

仲裁廷はこの収用請求に対する管轄権の問題に取り組むにあたって，収用することのできる権利の存在の問題とそのような権利が条約により保護されている投資財産を構成しているかどうかの問題とを区別して分析している(70)。すなわち，申立人が所有すると主張する「そのような権利が投資条約およびICSID条約に基づく管轄権のために収用の請求を生じさせうる投資財産を構成することができるかどうかを決定する前に，そのような権利の存在および性質が，まず第1に，ハンガリー法への照会によって決定されなければならない」とのべる(71)。すなわち，権利の収用請求においては，仲裁廷は先ず収用の対象となる投資財産としての権利の存在を決定しなければならない。そして，そのような権利の存在はハンガリー法へ照会して決定されなければならないとしている。これが第一段階である。次に，権利が存在すると決定された場合には，そのような権利が収用請求を生じさせうる投資財産を構成することができるかどうかを決定する。そのような決定は投資条約とICSID条約第25条に基づいて行われるとしている。これが第二段階である(72)。管轄権のレベルで投資財産の存在を決定する場合に，投資財産を構成する権利の存在については国内法への照会によって，その権利が投資財産を構成しているかについてはBITとICSID条約への照会によって決定されるとしている(73)。したがって，

(70) このアプローチはダグラス（Z. Douglas）によって主張され，その後の仲裁廷の決定にも影響を与えている。彼の見解については，前掲注(2)参照。
(71) *Emmis International Holding, B.V., Emmis Radio Operating, B.V., Mem Magyar Electronic Media Kereskedelmi és Szolgáltató Kft. v. Hungary*, ICSID Case No. ARB/12/2, Decision on Respondent's Application for Bifurcation, 13 June 2013, para. 44.
(72) 両当事者も申立人の投資財産の決定に関して，権利の存在についてはハンガリー法への照会による適用によって決定されるべきこと，その権利が投資財産を構成しそして収用請求を生じさせうるかどうかの問題はBITおよびICSID条約第25条を含む国際法によって規律されるということについて合意していた。*ibid*., para. 38.
(73) このような2段階アプローチをとっているケースとして，*Generation Ukraine, Inc. v. Ukraine*, ICSID Case No. ARB/00/9, Award, 16 September 2003, paras. 8.5-8.14; *Mr. Saba Fakes v. Republic of Turkey*, ICSID Case No. ARB/07/20, Award, 14 July 2010, paras. 123-147. また，条約請求の下でも，「投資財産または収益（…）の収用が存在していたというためには，影響を受ける権利がそれを創設する法のもとで存在していなければならない。」とのべているEncana仲裁廷も同様の方法に従っていると解することができるであろう。*Encana Corporation v. Republic of Ecuador*, UNCITRAL, Award, 3 February 2006, para. 184.

Ⅳ　国際紛争と国際法

　この仲裁廷の分析の方法の特徴は，投資財産の存在の問題には権利の存在とそれが投資財産を構成しているかという二つの争点が含まれており，それぞれの争点に異なる法に照会されそして適用されるとしていることにある。しかも，管轄権の問題であるにもかかわらず，前者の争点の適用法は国内法であるとしているのである。そのことから，管轄権の争点における適用法として，BITおよびICSID条約に加えて照会によって適用される国内法を挙げていると解される。仲裁廷は後の仲裁判断（Award）において，管轄権の争点の適用法として[74]，「仲裁廷はその管轄権の争点の決定はハンガリー法および国際公法のそれぞれへの照会を順に必要としていると決定した」とのべている[75]。

　仲裁廷はまた財産または権利の存在という争点における国内法への照会の理由および国内法と国際法の役割について，次のように論じている。「投資家／申立人が投資財産を構成する財産または権利を保有しているかどうかを決定するためには，まず第1に，受入国の法に照会することが必要である。国際公法は財産権を創設しない。むしろ，それは国内法に従って創設された財産権に一定の保護を与えている[76]」。すなわち，財産または権利の存在の争点に国内法に照会する理由として，財産権を創設するのは国内法であって国際法ではない。そのような財産権の存在を決定するためには，それが創設され存在している国内法に従って決定されなければならないからである。他方，国際法はそのように国内法によって創設された財産または権利について一定の保護を与えるという役割をはたしているとしているとしている。

(3)　仲裁廷の権限

　投資財産を構成する権利の存在は仲裁廷が管轄権を決定するためには必要不可欠な争点である。そのような争点については，仲裁廷は管轄権の段階で決定しなければならないとして次のように論じている。

　　「当事者によって提起された争点に不可欠な国内法の問題が仲裁廷の決定のために提出されている場合，仲裁廷は<u>評価と決定の独立の権限を保有していると</u>

---

(74)　仲裁廷は仲裁判断のⅥ.B.3.において，"Law applicable to jurisdictional issue"の問題として論じている。
(75)　Emmis v. Hungary, *supra* note 69, para. 149.
(76)　*Ibid.*, para. 162.

〔森川俊孝〕 *23* ICSID条約仲裁廷の管轄権における国内法の適用の意味と役割について

<u>同時に，（適用される‐筆者）法の内容に関しておよびその法が国内裁判所によって理解され適用されている方法（manner）に関して提出された証拠に従って適用される法の内容を決定しようとしなければならない。このことは，同一の事実から直接に生ずる国内裁判所の決定が必然的に国際仲裁廷における問題を決定するであろうということを言おうとすることではない。仲裁廷は国内法の証拠を含む仲裁廷に提出された証拠の証拠価値を判断する独立の権限を有している。しかし，それにもかかわらず，申立人が認めているように，国内裁判所が適用する権限のある国内法の内容に関するその決定は国際仲裁廷にとって大いに助けとなるであろう</u>[77]」。（下線‐筆者）

仲裁廷によれば，第1に，仲裁廷の管轄権を決定するために必要不可欠な権利の存在のような争点に国内法が照会により適用される場合，仲裁廷はそのような国内法の問題について「評価と決定の独立の権限を保持している」とのべて，仲裁廷が権利の存在の争点を決定する独立の権限を有することを確認している。第2に，仲裁廷は適用される国内法（適用法）の内容を決定しなければならない。適用法の内容は，その内容に関してのみならずそれが国内裁判所によって理解され適用されているような方法に関しても[78]，仲裁廷に提出された証拠に従って決定されなければならない。ここで注意しておかなければならないことは，適用法の内容の決定方法についてである。適用法の内容は当事者の提出する証拠に従って決定されなければならない。同様に，適用法を当事者の提出する証拠に従って国内裁判所によって適用されているように適用しなければならないとしていることである。第3に，同じ争点について国内法の適用による国内裁判所の決定は国際仲裁廷における争点を決定することを意味しない。仲裁廷は提出された国内法および裁判所の判決などの証拠を評価して，国内裁判所とは異なる独自の決定を行うことができるのである。国内法の内容に関する国内裁判所の決定は国際裁判所（仲裁廷）にとっては大いに参考になるけれども，仲裁廷は国内法の内容および国内裁判所の判例に関して提出された証拠の証拠価値を評価して決定する独立の権限を保持していることを認めている。仲裁廷の権限に関するかかる見解は，上述のSoufraki仲裁廷および

---

(77) *Ibid.,* paras. 175-176.
(78) 適用法の内容は国内裁判所によって適用されているような法を適用しようとしなければならない点については，Fraport特別委員会の決定とともにPCIJのセルビア公債事件およびブラジル公債事件を引用している。*ibid.,* para. 175, note 291.

Ⅳ　国際紛争と国際法

Fraport 仲裁廷と基本的に同様の見解を示していると解することができる。

　仲裁廷はこのような考え方に立って，ハンガリー法上の財産権の法的特徴を検討した後に申立人の主張する財産権を分析している。その結果，申立人の有していた唯一の財産権は 1997 年に取得した放送権であるが，それは期間限定の権利であって 2009 年 11 月 18 日に失効したと結論した[79]。

(4) まとめ

　Emmis 仲裁廷は，管轄権における権利の存在という争点を決定する権限があること，この争点に国内法が適用されること，その場合にはそれは裁判所のような国内機関によって適用されているように適用すること，しかし，仲裁廷はその争点について国内機関とは異なる独自の決定権を有することを認めている。その点では，基本的に，Soufraki 仲裁廷および Fraport 仲裁廷と同様の見解を示している。それらの仲裁廷との大きな相違点としては，管轄権における適用法として国内法を挙げていることである。

　それでは，国内法を適用法とすることの理由または意味はどこにあるか。投資財産の存在という問題における権利の存在という争点に国内法が適用されるというだけでは，Soufraki 仲裁廷および Fraport 仲裁廷によって国籍の存在や投資財産の国内法遵守の争点に国内法が適用されていることと何ら相違はない。それらの争点に国内法が適用されることについては一致しており，共通の特徴でもある。しかし，他の仲裁廷はそれだけで国内法を管轄権の適用法とはしていない。他の理由として何が考えられるか。国内法の適用による権利の存在の争点に関する仲裁廷の決定は，それが仲裁廷の管轄権に関する決定となるような，仲裁廷の管轄権の決定それ自体に決定的な影響を及ぼしていることが認められるであろうか。確かに，Emmis 事件におけるように収用の対象となる権利の存在が認められない場合には，収用請求に対する管轄権は存在しないことになるであろう。その場合には，国内法に基づく権利の不存在の決定が仲裁廷の管轄権に関する決定となり，国内法が投資財産の存在という問題を決定することになる。このような場合には，国内法が仲裁廷の管轄権の問題を決定するという意味において，それが管轄権の適用法とされる可能性があるかもしれな

---

[79]　*Ibid.*, para. 255. 仲裁廷は申立人の収用請求は管轄権がないとして却下した。

い。

　そのような観点から考察するときに，コンセッションによって取得された権利が国内法上の理由によりたとえ無効であると主張されても，エストッペルの原則の適用によって，そのような主張が認められずに権利の存在が認められたケースがあることに注意する必要がある。例えば，Kardassopoulos 対ジョージア（グルジア）において，ジョージアはそのエネルギー省の一部門（当初は国有石油会社）が締結した合弁事業協定（Joint Venture Agreement: JVA）およびコンセッションは権限を逸脱して締結されたとして最初から無効であると主張したが，仲裁廷はそのような主張を認めなかった。それによれば，JVA およびコンセッションの交渉には政府の最高の地位にある者が深く関与していたこと，それらの協定の有効性は政府自身によって保証されていたこと，国の機関であるエネルギー省によって署名批准された後も何年もの間ジョージアはこれらの協定がジョージア法上違法であると抗議も主張もしなかったことを指摘している[80]。このような事情において，仲裁廷は，「被申立国は，JVA およびコンセッションはジョージア法上<u>最初から</u>（<i>ab initio</i>）無効であったということを理由に，ECT および BIT に基づく仲裁廷の事項管轄に異議を申し立てることは禁止される」と決定した[81]。このことは，たとえ国内法上は違法または無効であるとして権利の存在が否定されるとしても，そのような国内法に基づく決定はエストッペルの原則の適用によって否定される可能性があることを示している。このように，国内法に基づく決定は国際法の規準の適用によって否定されうるということは，権利の存在という争点においても国内法に基づく決定が当事者を最終的に拘束する仲裁廷の決定となるわけではないことを示すものである[82]。その意味においては，管轄権の適用法は国内法であるとする

---

(80) *Ioannis Kardassopoulos v. Georgia*, ICSID Case No. ARB/05/18, Decision on Jurisdiction, 6 July 2007, paras. 191-192.
(81) *Ibid.*, para. 194.
(82) ニューカムおよびパラデルも，投資財産の権利の存在と範囲に関する問題に国内法が適用されるのは，国内法の適用が全く不合理でない場合または国際法に反する結果にならない場合であるとしている。そのような例として挙げているのは，受入国が一定期間投資契約の効力を認めそれから利益を享受しながら後に国内法に基づいて当該契約の効力を否定するような場合である。この場合には，条約仲裁廷は信義誠実およびエストッペルといった国際法原則に訴えることによってそのような議論を否認することができるとしている。Andrew Newcombe and Lluís Paradell, Law and Practice of

ことにはまだ課題が残されている。

Ⅳ 終わりに

　これまで，投資家の国籍，投資財産の適法性および投資財産としての権利または財産権の存在の問題について代表的な仲裁判例をとりあげて，管轄権の問題における国内法の適用の意味と役割について検討してきた。ここで検討したケースはしばしば引用される主要なケースではあるとしてもそれらはきわめて限られたケースにすぎないので，ここでの考察を深化させるためには，より詳細な判例および学説の分析が必要である。しかし，ここでの分析から国内法が関係する問題に関する仲裁廷の管轄権の決定において，国内法の適用の問題に関する仲裁廷の分析の方法，アプローチには，重要な論点において共通の傾向あるいは特徴が存在することを指摘することができる。第1に，これらの問題のいずれにおいても，仲裁廷の管轄権を規律している法すなわち適用法がICSID 条約と投資条約（BIT）であることは争われていない[83]。投資家の国籍や投資財産の概念はICSID 条約第25条やBIT の定義条項に規定されており，国籍や投資財産の存在を決定することが仲裁廷の管轄権にとって不可欠の条件である。投資財産の適法性は投資条約に規定されている要件であるが，投資財産が条約の保護を受けるためには国内法を遵守していることが必要な条件となっている。この条件を満たしていない投資財産は締約国の仲裁同意が与えられていないとして管轄権が否定されるのである。したがって，仲裁廷はここで取り扱ったいずれの問題も管轄権の問題として決定をしなければならない。このような管轄権の問題に適用される法がICSID 条約と BIT であるとされてきたが，Emmis 仲裁廷はそれらに加えて国内法を適用法として言及している。しかし，国内法の適用の方法や仲裁廷の権限に関する同仲裁廷の見解は他の仲裁廷の見解と相違するものではなかった。

　第2に，仲裁廷は管轄権のいずれの問題においても関連する国内法への照会（reference, renvoi）という方法に従っている。照会という法技術が用いられる

Investment Treaties: Standards of Treatment (2009), pp. 97-98.
(83) *Soufraki I*, para. 21; *Fraport I*, para. 305; *Emmis v. Hungary*, supra note 71, para. 38.

ことは投資条約において珍しいことではない[84]。AAPL 対スリランカ仲裁廷は，投資条約はそれ自身の定める規則だけではなく，「黙示的編入」や「直接の照会」といった法技術によって種々の法が適用される法制度であることを指摘している。

> 「二国間投資条約は，直接適用可能な実体的実質的規則を定めることに限定された自己完結的な閉鎖的な法制度ではない。それは他の法源からの規則が黙示的編入（implied incorporation）の方法を介して，あるいは，一定の補充的規則への直接の照会（direct reference）によって統合されているより広い法的文脈において考察されなければならない[85]」。

このように，投資条約ではしばしば照会によって国内法が適用されている。投資条約の定める適法性の規則については，投資財産が国内法令に従っている旨の要件を条約それ自身が定めており[86]，その意味において条約が直接に国内法に照会している。他方，ICSID 条約や投資条約に規定されている国籍や財産・権利は国内法によって創設されて存在しているのであって，国際法によって創設されているものではない[87]。したがって，条約に明示の規定がない場合には，それらが創設され存在しているかどうかは，それらが存在する国内法に従って決定することができるにすぎないのである。Kardassopoulos 仲裁廷が述べているように，「国内法への照会によって意味を与えられることができるにすぎない国際協定の規定があることも十分に確立されている」のである[88]。このように，ここで取り扱った問題においては，国内法への照会によって国内法が適用されているのである[89]。

---

(84) *Fraport I*, para. 394.
(85) *Asian Agricultural Products Ltd. (AAPL) v. Republic of Sri Lanka*, ICSID Case No. ARB/87/3, Final Award, 27 June 1990, International Legal Materials, Vol. 60, 1990, p. 587, para. 21.
(86) シュロイエルによれば，「管轄権を附与している条約が仲裁廷に投資財産の適法性の問題に受入国の法を適用することを指示している」。Schreuer, *supra* note 3, p.5.
(87) 締約国の国民または投資家（自然人）の定義について，例えばECT 第1条(7)(a)(i)には締約国の「関係法令に従い（in accordance with its applicable law）」その国籍を有する自然人をいう旨の規定がある。UAE・イタリア BIT 第1条(3)も同様の規定である。それらの規定については，国籍は国内管轄事項であるとしてその取得・喪失は国内法によって規定されている旨の国際法の原則を反映した規定であると考えられる。
(88) *Kardassopoulos v. Georgia, supra* note 80, para. 145.
(89) Schreuer, *supra* note 3, p. 4.

Ⅳ 国際紛争と国際法

　第3に，管轄権の問題において国内法が適用されるのは，それぞれの問題において国籍が附与されているかどうか，投資財産が国内法に従っているかどうか，権利が有効に取得され存在しているかどうかの争点に対してである。これらの争点が国内法に基づいて仲裁廷によって決定される。それらの争点の決定のために適用される国内法の内容または条件を，ここでは，国内法の要件とよぶことにするが，国内法はこの要件を満たしているかどうかを決定する際に適用される規準でもある。

　これらの争点を決定するときに，仲裁廷は適用される国内法の内容を，両当事者の主張，提出する証拠，専門家の意見等に基づいて決定している[90]。また，仲裁廷がこれらの争点に受入国の国内法を適用するときには，国内裁判所や行政機関によって解釈されているように国内法を適用することが求められている[91]。この原則については，Fraport特別委員会[92]およびEmmis仲裁廷[93]によっても支持されており，しかもいずれもPCIJの二つのケース（セルビア公債事件およびブラジル公債事件）を引用して，それはPCIJの判例法に深く根付いている原則であるとしている。

　このような方法に従って，仲裁廷は国内法の要件を満たしているかどうかを国内法に従って決定するのであり，しかも，国内機関によって適用されているような方法で国内法を適用して決定するのである。従って，この要件を満たしているかどうかを決定する場合において国内法のはたしている役割は決定的に重要である。ケースの事情においては，その決定がその問題に対する仲裁廷による管轄権の決定となる場合があるであろう。しかし，注意すべきことは，これらの争点における仲裁廷の決定は必ずしも常に仲裁廷の最終的な決定となるわけではないことである。

　第4に，仲裁廷は，投資家の国籍や投資財産の適法性および財産・権利の存在に関する管轄権の問題についてそれぞれ独立の決定をする権限があることを認めている。この権限には前述の国内法の要件および国際法の要件または法的規準に関する仲裁廷の決定権限が含まれている。前者の国内法の要件に関して，

---

[90] *Emmis v. Hungary, supra* note 69, para. 175.
[91] *Soufraki II*, paras. 96-97.
[92] *Fraport v. Philippines, supra* note 57, para. 236.
[93] *Emmis v. Hungary, supra* note 69, para. 175.

同一の争点に関する国内裁判所や行政機関などの国内機関の決定は条約仲裁廷を拘束することはできない。条約仲裁廷は，同一の争点について国内法を適用して，国内機関の決定とは異なるそれ自身の独立の決定を行う権限を有している。いずれの仲裁廷もその原則を認めており，実際，同一の争点に関して仲裁廷は国内機関の決定とは異なる決定を下してきている[94]。

後者の国際法の要件に関しては，仲裁廷は個々の事件の事情に応じてさまざまな要件または法的規準を明らかにしてきた。たとえば，投資財産の適法性の内容および範囲を明確にしてきたFraport仲裁廷によれば，それは投資財産の開始（受入）時点において適用される要件であること，エストッペルの原則の適用，違反は重大な違反であること，そして信義誠実の原則の適用などの規準を含むことを示してきた。ここで取り扱った問題について，それぞれ，今後さらに新たな規準が提示される可能性があるであろうし，現在はそのようなルールが判例によって形成されつつある段階であるということができるであろう[95]。このように，仲裁廷は国際的な観点から国内法に基づく決定の効果を制限する種々の要件または法的規準を明らかにしてそれを適用してきた。仲裁廷は国内法の要件だけではなくそれらの国際法の要件をも適用することによって管轄権の問題に対する決定を下しているのである。したがって，仲裁廷は国内法の要件と国際法の要件のそれぞれが満たされているかどうかを決定しなければならない。国内法に基づく決定は国際法の定める要件または規準と合致していることが必要である。それが管轄権の問題において国際法が要求している条件であるということができる。

最後に，これまで，管轄権の問題における仲裁廷の分析の方法を明らかにすることによって，国内法の適用の意味と役割を考察してきた。それらの問題において国内法を適用して決定される争点（国内法の要件）は，それぞれの問題全体における最も基礎にある重要な争点であるけれども，他の国際法の要件とともに決定される一つの争点にすぎない。それらの争点における国内法の適用の結果はそれだけでは管轄権の問題に対する仲裁廷の最終的な決定となるもの

---

(94) *Soufraki II*, para. 59; *Fraport I*, para. 391; *Emmis v. Hungary*, supra note 69, para. 175.

(95) *Soufraki II*, para. 71; *Fraport I*, paras. 335-338, 346, 369-367; *Kardassopoulos v. Georgia*, supra note 80, para. 194.

ではない。それが条約の定める規則を含む国際法上の原則からなる国際法の要件を満たしていない場合には,当該問題に対する仲裁廷の管轄権は認められないのである[96]。管轄権の問題における一つの争点に適用される法が国内法であるということから,それだけで国内法が管轄権の適用法であるということは適当ではないであろう。

---

(96) ビショフとハップは,投資家の権利が存在するかどうかを決定するために受入国の法が適用されるという学説および判例法における支配的な見解に反対して,国内法への自動的な照会（*renvoi*）は正当と認められないという。資産（権利）の存在を決定するために適用される法は投資条約に適用される法従って一般に国際法でなければならないと主張している。Jan Asmus Bischoff and Richard Happ, "The Notion of Investment", in Marc Bungenberg, Jörn Griebel, Stephan Hobe and August Reinisch (eds.), *International Investment Law*, 2015, pp. 524-525.

V
条約と国際機構

24 条約法条約第18条に定める義務の不確実性
―― CTBTとの関係を素材に

浅 田 正 彦

Ⅰ はじめに
Ⅱ CTBTと条約法条約第18条
Ⅲ 条約法条約第18条の慣習法性
Ⅳ 条約法条約第18条の義務の存続期間
Ⅴ おわりに

Ⅰ はじめに

　1996年9月24日に署名に開放された包括的核実験禁止条約（CTBT）は，その第1条1項において「核兵器の実験的爆発又は他の核爆発」（以下では，単に「核実験」ということがある）を禁止している。現在，184カ国によって署名され，168カ国によって批准されているが，未発効である[1]。原因は，その極めて厳格な発効要件にある。同条約第14条1項によれば，CTBTは「条約の附属書2」に列挙される特定44カ国（発効要件国）がすべて批准してから180日後に発効するものとされるが，列挙された44カ国には5核兵器国のほか，インド，パキスタン，イスラエル，北朝鮮などの国が含まれており，CTBTの発効がいかに困難であるかを示している。

　もちろん，こうした厳しい発効要件となったことに理由がない訳ではない。核兵器不拡散条約（NPT）の当事国である非核兵器国は，そもそも核兵器の保有が禁止されているのであるから，核兵器の保有が前提である核兵器の実験も基本的に行うことができない。したがって，核実験の禁止が実際に意味を持つのは，そうした禁止が及ばない核兵器国とNPT非当事国たる非核兵器国との

---

[1] See https://www.ctbto.org/ (accessed on 17 April 2019). 発効要件国で未批准の国は，アメリカ，中国，エジプト，イラン，イスラエル，インド，パキスタン，北朝鮮の8カ国である（最後の3カ国は未署名）。

V　条約と国際機構

関係においてであり，それらの国が加わらないままに CTBT が発効しても意味がない，ということなのである[2]。

いかなる理由があったにせよ，CTBT は極めて発効困難な条約となった。したがって，CTBT が発効しない場合に，それが法的にいかなる意味を持ちうるのかが問われることになる。未発効の CTBT が法的な意味を持つとすれば，それは未発効条約の法的な意味ということになる。この点については，未発効条約に定める規則の慣習法化の可能性と，未発効条約の署名国・批准国の義務を定める 1969 年のウィーン条約法条約第 18 条が関係する。前者については，CTBT に定める規則が慣習法となったという証拠はなく，むしろそれを否定することとなる証拠は存在する[3]。他方，後者の条約法上の規則は CTBT が発効するまで妥当するのであり，したがって，ここでは後者の問題に限定して論ずる。この点については以前にも取り上げたことがあるが[4]，その後，条約法上興味深い展開がみられるので，本稿ではその点を中心に検討することとしたい。なお，論文の構成の必要上，前稿と若干重複する部分がある。

II　CTBT と条約法条約第 18 条

条約法条約第 18 条によれば，①未発効条約の署名国は，「条約の当事国とな

---

(2) こうした立場をとったのは，イギリス，ロシア，中国，パキスタン，エジプトなどの諸国である（最後の2国はそれぞれインドおよびイスラエルの参加を確保しようとしたといわれる）。他方，アメリカやフランスは，特定の国が条約を人質に取る形で発効が遅延することがないように，より柔軟な発効条項を主張した。Rebecca Johnson, *A Comprehensive Test Ban Treaty: Signed but not Sealed*, Acronym No. 10 (Acronym, 1997), pp. 62-63; idem, "The Role of Civil Society in Negotiating the CTBT," in Mordechai Melamud, Paul Meerts and I. William Zartman (eds.), *Banning the Bang or the Bomb?: Negotiating the Nuclear Test Ban Regime* (Cambridge U.P., 2014), p. 115. アメリカの批准の遅れで CTBT が発効していないのは皮肉である。

(3) 例えば，後述の CTBT 発効促進会議の最終宣言は，2017 年の段階でも，核実験モラトリアムの維持などを要請すると同時に，それらの措置は「核兵器の実験および他のすべての核爆発を終了させる同じ永久的かつ法的拘束力ある効果」を有さないのであって，「それは［CTBT］の効力発生によってのみ達成可能である」ことを強調するとしている。CTBTO Doc. CTBT-Art.XIV/2017/6 (20 September 2017), 16 November 2017, para. 5. 同様の文言は，2016 年の安保理決議 2310 (2016) にも見られる。UN Doc. S/RES/2310(2016), 23 September 2016, para. 4.

(4) 浅田正彦「未発効条約の可能性と限界——CTBT を素材として——」山手治之・香西茂編集代表『現代国際法における人権と平和の保障』（東信堂，2003 年）381-421 頁。

らない意図を明らかにする時」までの間（第18条(a)），②未発効条約の批准国は，「条約が効力を生ずる時」までの間（ただし「効力発生が不当に遅延する場合」を除く）（第18条(b)），「条約の趣旨及び目的を失わせることとなるような行為を行わないようにする（refrain from acts which would defeat the object and purpose of a treaty）」義務（以下，このような内容の義務を「18条義務」という）を負うものとされる。

　この義務との関係で第一に検討すべきは，CTBTの文脈で「条約の趣旨及び目的を失わせることとなるような行為」とは，いかなる行為をいうのか，である。この点については，CTBT採択後ほどない時期に，一部の署名国によって次のような主張が行われた。すなわち日本政府（河村武和外務省軍備管理・科学審議官）は，1997年に行われたCTBTの国会審議において，条約法条約第18条に言及しつつ（日本は同条約の当事国），「条約の趣旨，目的を失わせるという行為は，このCTBTについて当てはめますれば核実験を行うこと」であると述べている[5]。また，アメリカのオルブライト国務長官は，1999年の上院による批准承認拒否の直後に，

　　「私はアメリカが署名国としての国際法上の義務に従って引き続き行動することを保証したい（I want to assure you that the United States will continue to act in accordance with its obligations as a signatory under international law）」

との書簡（以下「オルブライト書簡」という）を主要国宛に送ったが[6]，その後ホラム国務省上級顧問が，CTBTとの関係で条約法条約第18条に定める規則に言及しつつ，「これは恐らく署名でさえ［核］実験に対する法的な障害を創設することになるということを意味すると思う」と述べている[7]。こうして両国は，CTBTとの関係における18条義務に関して概ね同様な見解を有していると考えることができる。両国はCTBTの起草において極めて重要な役割を果たしたのであり，その意味でこれらの見解には重いものがあるが，他の諸国も同様の見解であるのかについては必ずしも明確でなかった。しかし近年，この点に関して極めて重要な展開がみられる。

---

(5) 『第140回国会参議院外務委員会会議録』第15号（1997年6月5日）22頁。
(6) "The Imperial Presidency," *Washington Times*, 5 November 1999.
(7) Federal News Service, "Transcript: Foreign Press Center Briefing by John Holum on the Comprehensive Test Ban Treaty," 9 November 1999.

Ⅴ　条約と国際機構

　2016年9月15日，5核兵器国による共同声明が発表され，CTBTの発効までの間，核実験モラトリアムを維持することを再確認すると共に，「核兵器の実験的爆発または他の核爆発はCTBTの趣旨および目的を失わせることとなる（would defeat the object and purpose of the CTBT）」ことを認識して，他の諸国も同様にするよう要請した[8]。上記引用部分は，その後同月23日の安保理決議2310（2016）の本文において，5核兵器国が「特に（inter alia）」留意したとして直接引用され，共同声明自体も安保理によって留意（note）された[9]。この安保理決議は，45もの国によって共同提案され[10]，賛成14，反対0，棄権1（エジプト）で採択された。エジプトの棄権は，上記の点とは無関係な事項を理由とするものであったし[11]，安保理の議論においても，上記の点に対する異論は出されなかった。その意味では，上記の点に関しては安保理においてコンセンサスがあったものと考えることができよう。

　もちろん，5核兵器国の共同声明にも安保理決議2310（2016）にも法的拘束力がある訳ではない[12]。しかし，法的拘束力のない文書であっても条約解釈の際に考慮されるという規則の存在を想起すれば[13]，それらが18条義務との

---

(8) "Joint Statement on the Comprehensive Nuclear-Test-Ban Treaty by the Nuclear Nonproliferation Treaty Nuclear-Weapon States," 15 September 2016, available at https://2009-2017.state.gov/r/pa/prs/ps/2016/09/261993.htm（accessed on 9 May 2018）.
(9) UN Doc. S/RES/2310（2016）, op. cit., para. 4.
(10) 共同提案国のリストにつき，see UN Doc. S/PV.7776, 23 September 2016, p. 2.
(11) エジプトが棄権した理由は，次のようなものであった。CTBTO準備委員会の存在に照らして安保理はCTBTの問題を議論する適切な場ではない，決議の本文においてNPTが完全に見過ごされている，核軍縮問題が十分に扱われていない，核兵器国とNPT非当事国は特別な責任を負うべきである，などの諸点であった。Ibid., pp. 4-6.
(12) 決議2310（2016）は，憲章第7章の下における決議ではないし，平和に対する脅威等の存在の認定もなく（単に大量破壊兵器とその運搬手段の拡散は国際の平和と安全に対する脅威を構成することを再確認しているのみである），当該パラグラフも単に「留意する」と述べるのみである。
(13) 条約法条約第18条との関係ではないが，それに類似したものとして，条約解釈における後の合意や後の慣行の法的性格が参考になる。条約法条約第31条3項(a)および(b)は，条約解釈の要素として，「後にされた合意」と「後に生じた慣行であって，条約の解釈についての当事国の合意を確立するもの」に言及しているが，これらの合意は一般に法的拘束力がなくてもよいとされ，国際法委員会で採択されたこの点に関する文書においても同様である。Text of the Draft Conclusions on Subsequent Agreements and Subsequent Practice in relation to the Interpretation of Treaties, Commentary to

638

関係で全く無意味であるということにはならないであろう。むしろそれらは，特に利害関係のある国[14]を含む多数の国が共同提案国となりまたは支持した決議（の規定）として，CTBTの文脈における18条義務との関係で重要な解釈上の要素と考えるべきであろう。

III 条約法条約第18条の慣習法性

未発効の条約から法的な権利義務は原則として生じないことから，未発効条約との関係における「条約の趣旨及び目的を失わせることとなるような行為を行わないようにする」義務は，当該条約自体からではなく条約法条約第18条に定める規則から導かれるものである[15]。したがって，CTBTの文脈におけ

Conclusion 10, para. 1, in UN Doc. A/73/10, 2018, pp. 75, 77-79. See also Anthony Aust, *Modern Treaty Law and Practice*, 3rd ed. (Cambridge U.P., 2013), pp. 213-214. もっとも，こうした「合意」や「慣行」は，すべての当事国の間の合意やすべての当事国の合意を確立する慣行であるとされており，これをCTBTの文脈における18条義務との関係に当てはめれば，すべての署名国・批准国が5核兵器国共同声明ないし安保理決議2310（2016）の関連部分に賛成していなければならないことになる。当該部分に対する明確な反対論は管見の限り国家レベルでは存在しないようであるが，他方，当該部分の理解にすべての署名国の合意がある訳ではなく，また，そのような合意が確立されているかといえ，さほどの明確な証拠がある訳でもない。その意味では，厳密にいえば，この問題は条約法条約の第31条というよりも第32条（解釈の補足的な手段）に，より関係しているということになろう。See Text of the Draft Conclusions on Subsequent Agreements and Subsequent Practice in relation to the Interpretation of Treaties, Conclusions 2.4 and 4.3, in UN Doc. A/73/10, op. cit., p. 13. なお，国際法委員会で採択された文書の結論2（一般的な規則および条約解釈の手段）および結論4（後にされた合意および後に生じた慣行の定義）では，条約法条約第32条にいう解釈の補足的な手段について，「後に生じた他の慣行（other subsequent practice）」（結論2.4），「条約の適用における一または二以上の当事国による行為（conduct by one or more parties）からなる」（結論4.3）と表現し，あたかも「合意」を含まないかのような規定振りとなっている。しかし，具体的なケースにおいては「慣行」と「合意」とは区別できないこともあり，ここでいう「慣行」には一部の当事国の間の合意も含まれるとされる。Ibid., p. 30, paras. 11-12. See also Mark E. Villiger, *Commentary on the 1969 Vienna Convention on the Law of Treaties*, (Nijhoff, 2009), pp. 429, 446.

(14) もっとも，通常の条約解釈の場合と同様，同一の国であっても政府の変更（例えばアメリカにおけるオバマ政権からトランプ政権への政権交替）の結果として，この点における解釈が変わるという可能性を排除することはできない。それは，望ましいことではないが，違法であるともいえない。

(15) See Ian Sinclair, *The Vienna Convention on the Law of Treaties*, 2nd ed. (Manchester U.P., 1984), p. 86.

Ⅴ　条約と国際機構

る 18 条義務が前章で述べたようなものであったとしても，CTBT の署名国・批准国がそのような義務を負うこととなるためには，それらの国が同時に条約法条約の当事国であるか，18 条義務が慣習法となっている必要がある。アメリカ，フランス，イスラエルなど，いくつかの関連諸国が条約法条約の非当事国であることを想起するならば，18 条義務が慣習法であることの重要性が理解されよう。

　もっとも，この点については多くの検討を要しないように思える。条約法条約の作成前後の時期こそ異論も散見されたが[16]，条約法条約の発効から 40 年が経過し，今や 116 カ国がその当事国となっており[17]，しかもその非当事国も第 18 条の規則を受け入れているように思える（後述参照）し，学説上も第 18 条の規則の慣習法性を認めるという点においてほぼ一致しているからである[18]。この点は CTBT との関係においても確認することができる。

---

(16) See, e.g., Shabtai Rosenne, *Developments in the Law of Treaties 1945-1986* (Cambridge U.P., 1989), pp. 148-149; Sinclair, *The Vienna Convention on the Law of Treaties*, 2nd ed., op. cit., p. 43; D.P. O'Connell, *International Law*, Vol. 1, 2nd ed. (Stevens & Sons, 1970), p. 223; Hans Kelsen, *Principles of International Law*, 2nd ed. (Holt, Rinehart and Winston, Inc., 1966), pp. 466-468.

(17) See https://treaties.un.org/Pages/ViewDetailsIII.aspx?src=TREATY&mtdsg_no=XXIII-1&chapter=23&Temp=mtdsg3&clang=_en (accessed on 22 May 2019). 条約法条約の加盟国数は国連加盟国の 193 と比較すると決して多くないが，それは，条約法条約の定める規則の多くが慣習法を反映している（慣習法となっている）し，同条約の規則は基本的に当事者が別段の合意をしない場合に適用される補充的（residual）な性格のものであることなどから，同条約の当事国となることへの誘因も緊急性も低いことが原因なのであって，同条約の内容が支持されていないということではないように思われる。Cf. John Carlson, "Comprehensive Nuclear-Test-Ban Treaty: Possible Measures to Bring the Provisions of the Treaty into Force and Strengthen the Norm against Nuclear Testing," Vienna Center for Disarmament and Non-Proliferation, 29 March 2019, pp. 12-13.

(18) Oliver Dörr, "Article 18: Obligation not to Defeat the Object and Purpose of a Treaty prior to its Entry into Force," in Oliver Dörr and Kirsten Schmalenbach (eds.), *Vienna Convention on the Law of Treaties: A Commentary*, 2nd ed. (Springer, 2018), p. 245; Robert Kolb, *The Law of Treaties: An Introduction* (Edward Elgar, 2016), p. 45; Laurence Boisson de Chazournes et al., "1969 Vienna Convention Article 18: Obligation not to Defeat the Object and Purpose of a Treaty prior to its Entry into Force," in Olivier Corten and Pierre Klein (eds.), *The Vienna Conventions on the Law of Treaties: A Commentary* (Oxford U.P., 2011), pp. 380-383; Villiger, *Commentary on the 1969 Vienna Convention on the Law of Treaties*, op. cit., pp. 252-253; Edward T.

CTBT は，第14条2項において，署名開放後3年を経過しても条約が発効しない場合には，批准国による会議を開催し，早期発効の促進のための措置について決定する旨を規定する。これは，早期発効が困難であることを条約自体が想定するという意味で珍しい規定であるが，それはともかく，この規定に基づく会議（以下「発効促進会議」という）は1999年以降2年ごとに開かれており，2017年までに10回開催されている。1999年の第1回会議には92の署名国・批准国が参加し，

　「発効までの間，条約の趣旨および目的を失わせることとなるような行為を行わないとの我々の約束を再確認する（reaffirm our undertaking）」（傍点引用者）

との文言を含む最終宣言を採択した[19]。上記引用部分は条約法条約第18条をそのまま再録したものであるが，この文言にはいずれの参加国も反対しなかったし，参加国の中には30カ国以上の条約法条約非当事国が含まれていた。

Swaine, "Unsigning," *Stanford Law Review*, Vol. 55, No. 5 (May 2003), p. 2065, n. 20; Jan Klabbers, "Strange Bedfellows: The 'Interim Obligation' and the 1993 Chemical Weapons Convention," in Eric P.J. Myjer (ed.), *Issues of Arms Control Law and the Chemical Weapons Convention: Obligations* Inter Se *and Supervisory Mechanisms* (Nijhoff, 2001), pp. 12-13; Joni S. Charme, "The Interim Obligation of Article 18 of the Vienna Convention on the Law of Treaties: Making Sense of an Enigma," *George Washington Journal of International Law and Economics*, Vol. 25, No. 1 (1991), pp. 77-78, 85, 113; Mark E. Villiger, *Customary International Law and Treaties* (Nijhoff, 1985), pp. 318, 321; Paul V. McDade, "The Interim Obligation between Signature and Ratification of a Treaty: Issues Raised by the Recent Actions of Signatories to the Law of the Sea Convention with respect to the Mining of the Deep Seabed," *Netherlands International Law Review*, Vol. 32, Issue 1 (1985), pp. 13, 25, 28; Michael J. Glennon, "The Senate Role in Treaty Ratification," *American Journal of International Law*, Vol. 77, No. 2 (April 1983), pp. 274-275; Martin A. Rogoff, "The International Legal Obligations of Signatories to an Unratified Treaty," *Maine Law Review*, Vol. 32, No. 2 (1980), pp. 271-272, 284, 287. See also Curtis A. Bradley, "Treaty Signature," in Duncan B. Hollis (ed.), *The Oxford Guide to Treaties* (Oxford U.P., 2012), pp. 212-213; Bin Cheng, *General Principles of Law* (Grotius Publications, 1987), pp. 111-112, n. 28; The American Law Institute, *Restatement of the Law Third: The Foreign Relations Law of the United States* (American Law Institute Pub., 1987), Vol. 1, p. 172; McNair, *The Law of Treaties* (Oxford U.P., 1961), pp. 199, 204; Dionisio Anzilotti (traduction par Gilbert Gidel), *Cours de droit international* (Sirey, 1929), pp. 372-373.

(19)　CTBTO Doc. CTBT-Art.XIV/1999/5, 8 October 1999, Annex, para. 8.

V 条約と国際機構

もっとも、厳密にいえば、発効促進会議はCTBT批准国の会議であり、署名国の会議ではない。たしかに署名国も会議に参加してはいるが、彼らは「オブザーバー」として参加しているだけである[20]。署名国が会議で表明した見解も考慮されるが、会議の手続規則によれば、彼らは最終宣言の採択を含む決定手続には参加しないものとされる[21]。したがって、上記の18条義務の再確認は、厳密にいえば批准国のみによるものということになろう。そして、第1回会議に参加した批准国は41カ国（うち条約法条約非当事国は11カ国）であった。

しかしこの点は、いわば数の問題ともいえるのであって、その後の発効促進会議における批准国たる参加国の増加を受けて、条約法条約非当事国である批准国の最終宣言への参加国数も増加しているし[22]、前述の安保理決議2310（2016）の共同提案国の中にも多数の条約法条約非当事国が含まれており[23]、それらの諸国がいずれも18条義務に特に異論を提起していないという事実は、その慣習法性を背景としていると考えることができよう。しかし、発効促進会議の実行がより注目されるのは、18条義務の存続期間との関係である。

Ⅳ　条約法条約第18条の義務の存続期間

1　発効の不当な遅延（批准国（および署名国）の義務の終了）

Ⅱにおいて述べたように、18条義務は、①署名国が「条約の当事国とならない意図を明らかにする」か、②批准国については「効力発生が不当に遅延する場合」には、終了するものとされる。これらの終了事由との関係で、CTBTにかかる実行が注目すべき展開を示している。

まず、②効力発生の不当な遅延という終了事由については、条約法条約の起草過程から、そのあいまいさが指摘されてきた。条約法会議において、不当な

---

(20) CTBT第14条4項。
(21) 発効促進会議の手続規則30によれば、「[CTBT]第14条2項にいう措置に関する決定は、会議において署名国の表明した見解に可能な最大限の考慮を払って、批准国のコンセンサスによって行われる」ものとされる。CTBTO Doc. CTBT-Art.XIV/2017/1, 30 June 2017, Rule 30.
(22) 例えば、2011年の第7回会議には92の批准国が参加し、うち23カ国が条約法条約の非当事国であった。
(23) 45の共同提案国中、条約法条約非当事国は13カ国であった。

〔浅田正彦〕　**24　条約法条約第18条に定める義務の不確実性**

遅延とはどの程度の期間かと問われたのに対して，顧問専門家として会議に参加していたウォルドック（国際法委員会で条約法の特別報告者であった）は，「それは個々の事情に照らしてのみ答えることができる問題である」と回答している[24]。

しかしCTBTとの関係では，2年ごとに開かれるCTBT発効促進会議が，この点で極めて重要な役割を果たしている。先に述べたように，定期的に開かれる発効促進会議が18条義務を「再確認」する最終宣言を定期的に採択するとすれば，今やCTBTの発効は「不当に遅延」しているので18条義務は終了した，とする主張を効果的に否定することができるからである。

もっとも，発効促進会議の最終宣言を仔細に見るならば，その文言が微妙に変化していることが分かる。1999年の第1回会議から2011年の第7回会議までは，条約法条約第18条の文言（「条約の趣旨及び目的を失わせる」）がそのまま用いられていた[25]。ところが，2013年の第8回会議で文言の変化があり[26]，2017年の第10回会議までそれが踏襲されている。2013年以降の最終宣言で用いられているのは次のような文言である。

---

[24] *United Nations Conference on the Law of Treaties, Second Session, Vienna, 1969, Official Records* (United Nations, 1970), p. 29, paras. 27-28.

[25] CTBTO Docs. CTBT-Art.XIV/2001/6 (13 November 2001), 15 November 2001, Annex, para. 13; CTBT-Art.XIV/2003/5 (5 September 2003), 11 September 2003, Annex I, para. 8; CTBT-Art.XIV/2005/6 (23 September 2005), 26 September 2005, Annex, para. 8; CTBT-Art.XIV/2007/6 (18 September 2007), 22 September 2007, Annex, para. 8; CTBT-Art.XIV/2009/6 (25 September 2009), 8 October 2009, Annex, para. 8; CTBT-Art.XIV/2011/6 (23 September 2011), 13 December 2011, Annex, para. 4.

[26] CTBTO Doc. CTBT-Art.XIV/2013/6 (27 September 2013), 10 October 2013, Annex, para. 4. なお，厳密にいえば，2003年の第3回会議と2011年の第6回会議においても若干の変化があった。2003年～2009年の最終宣言は，「我々は，条約の基本的義務に対する我々の約束（commitment）を再確認し，すべての国に対しその効力発生までの間，［包括的核実験禁止］条約の趣旨および目的を失わせることとなるような行為を行わないようにするよう要請する」（傍点引用者）と述べていたし，2011年の最終宣言は，「包括的核実験禁止条約の効力発生までの間，我々は，2010年のNPT再検討会議の結論で表明された，……CTBTの趣旨および目的を失わせることとなるようないかなる行動も行わないようにするという我々の約束（commitment）を再確認し，そのような行動を行わないようにするようすべての国に対して要請する」（傍点引用者）と述べていた。

643

V　条約と国際機構

「我々は，2010年のNPT再検討会議の結論で表明された我々の約束を再確認し（reaffirm our commitments），すべての国に対し……CTBTの趣旨および目的ならびにその規定の実施を損なうこととなるようないかなる行動（any action that would undermine the object and purpose and the implementation of the provisions of the CTBT）も行わないようにするよう要請する[27]」（傍点引用者）。

このように，1999年と2013年の最終宣言を比較すれば，CTBTの趣旨および目的に関連して，1999年には「批准国」の約束が再確認されていたものが，2013年には「すべての国」への要請に変わっているが，我々の関心から最も注目すべき変化は，「失わせる（defeat）」から「損なう（undermine）」への変化である。この変化の理由や意図，背景は必ずしも明らかではない。しかし，文言解釈と状況証拠からは，対象となる核実験の範囲を爆発実験から非爆発実験をも含むものへと拡大しようとしたのではないかと推測される。

まず文言の観点からは，趣旨および目的を「損なう」行為は，趣旨および目的を「失わせる」行為よりも明らかに広い[28]。5核兵器国の共同声明や安保理決議2310（2016）のいうように，CTBTの趣旨および目的を「失わせる」こととなるような行為が「核兵器の実験的爆発または他の核爆発」，すなわち核爆発を伴う行為であるとすれば，CTBTの趣旨および目的を「損なう」こととなる行為として，より広い文言で禁止を求める最終宣言は，爆発を伴わない核兵器実験をもその禁止の範囲に含めることを意図したものと考えることができよう。

この点については，文言変更が行われた2013年の発効促進会議の共同議長の一方がインドネシアであったという事実[29]も，一定の状況証拠を提供する[30]。

---

(27)　CTBTO Docs. CTBT-Art.XIV/2015/6 (29 September 2015), 27 October 2015, Annex, para. 5; CTBT-Art.XIV/2017/6, op. cit., Annex, para. 5.
(28)　「失わせる（defeat）」が無にすることを意味するのに対して，「損なう（undermine）」とは弱めること，徐々に破壊することを意味するとされる。See *Oxford English Dictionary*; *Webster's New World College Dictionary*.
(29)　CTBTO Doc. CTBT-Art.XIV/2013/6, op. cit., para. 9.
(30)　この点は，同じ2013年のCTBTに関する国連総会決議が，前年までと同様，「失わせる（defeat）」という文言を引き続き使用している（その後もそうである）ことと対照的である。UN Doc. A/RES/68/68 (5 December 2013), 11 December 2013, para. 4. 同年の国連総会決議はオーストラリアが提案したものである。UN Doc. A/68/417, 22

644

インドネシアは，CTBT 交渉において，未臨界実験（非爆発実験）の禁止を強く主張していたが[31]，条約の成立のためにその主張を撤回したという経緯がある[32]。インドネシアが，CTBT 交渉において実現できなかった自己の主張を，CTBT 発効促進会議の最終宣言において実現しようとした，と考えることも，あながち現実離れしたものともいえないのではなかろうか。

いずれにせよ，未発効である CTBT の署名国・批准国による核実験を法的に禁止するという観点からは，条約法条約第 18 条の文言を正確にそのまま用いることによって，最終宣言と第 18 条との法的なリンクを明示し，そのうえで第 18 条に基づく彼らの法的な義務を再確認する方が望ましいであろう。異なる文言を用いれば，最終宣言と第 18 条との法的なリンクを希薄化させる（少なくともそのような外観を帯びる）恐れがあるからである。

もっとも，上記の文言の変化（名宛人の変化も含め）によって，最終宣言との関係における 18 条義務の意味が失われることになったかといえば，それはそうではなかろう。というのも，「損なう」は「失わせる」よりも広い概念であるから，前者は後者を含むものと解することができる。また，「失わせる」から「損なう」への変更の意図は，禁止の範囲を拡大させることにあり，それを縮小させることではなかったと考えられることからは，変更によって変更前に存在した禁止の意味が失われることにはならないともいえる。加えて，変更後の最終宣言は，「2010 年の NPT 再検討会議の結論で表明された約束を再確認」しているが，2010 年の NPT 再検討会議の結論には，「包括的核実験禁

November 2013, para. 5.
(31) 1995 年にオーストラリアが，CTBT の禁止範囲に関して，「締約国は核兵器の実験的爆発または他の核爆発を実施しないことを約束する」という文言を提案したのに対して，インドネシアは，爆発と非爆発の双方を含むすべての核兵器実験技術の禁止を求めるとして，「爆発」に角括弧（合意がないことを示す）を付けるよう主張した。Jaap Ramaker, *The Final Test: A History of the Comprehensive Nuclear-Test-Ban Treaty Negotiations* (Preparatory Commission for the Comprehensive Nuclear-Test-Ban Treaty Organization, 2003), p. 65.
(32) インドネシアは，CTBT 採択後に実施されたアメリカの未臨界実験に懸念を表明する文書において，CTBT 交渉では「妥協の精神から」未臨界実験も禁止すべきという自国の立場を撤回したと述べている。また，インドネシアが同じ文書において，未臨界実験は「CTBT の趣旨および目的を損なう（undermine）」として，2013 年の発効促進会議最終文書で用いられたのと同じ文言を用いていた点も注目すべきであろう。CD Doc. CD/1469, 24 July 1997, p. 2.

V　条約と国際機構

条約の効力発生までの間，すべての国は，条約の趣旨および目的を失わせることとなるような行動（any action that would defeat the object and purpose of that Treaty）を……行わないようにすることを約束する（commit）」という文言が含まれていたことにも留意すべきであろう(33)。

　以上は，批准国（および署名国(34)）の18条義務が終了することとなる「効力発生が不当に遅延する場合」との関係における議論であるが，条約法条約第18条は，署名国との関係で，署名国が「条約の当事国とならない意図を明らかにする」場合にも18条義務が終了することを規定する。この署名国の一方的な行為による18条義務の終了は，CTBTの発効促進会議の最終宣言を繰り返すことによっては防止することができない。署名国の義務の終了に関しては，1999年のアメリカの議会上院によるCTBTの批准承認拒否以来，さまざまな論点について，主としてアメリカ国内において議論が行われてきたこともあり，次に，アメリカの事例を素材としてそれらの論点について検討することにしよう(35)。

---

(33)　NPT Doc. NPT/CONF.2010/50 (Vol. I), 2010, p. 23, Action 11.
(34)　条約法条約第18条では，「ただし，効力発生が不当に遅延する場合は，この限りでない」という但書きは，批准国との関係でのみ規定されている（同条(b)）が，これを批准国との関係のみに限ると理解するのは合理的でなかろう。たしかに署名国は，「条約の当事国とならない意図を明らかにする」ことによって18条義務から解放されることができるが，条約の発効が不当に遅延した場合に，批准国は18条義務から解放されるが，署名国は条約の当事国とならない意図を明らかにしない限り18条義務から解放されないとすることは，批准国の方が署名国よりも条約に対してより強いコミットメントを行っていることからしても，正当化が困難であろう。
(35)　アメリカ等において，18条義務を終了させることとなる「条約の当事国とならない意図を明らかにする」行為を「署名撤回（unsigning/withdrawal of signature）」と表現することがあるが，これは正しくない。上記の意図を明らかにした国も，署名国であることに変わりはなく，その後署名国としてその条約を批准することもできるし，署名国として例えば条約機関の準備委員会の活動に参加することもできる。実際アメリカは，ライス国務長官がカイル上院議員宛に，アメリカにはCTBTの署名から生ずる義務はない旨の書簡を送った後の時期にも，CTBTO準備委の活動に参加しているし，国連のウェブサイトにも署名国として掲載されている。See CTBTO Docs. CTBT/PC-29/1 (14 November 2007), 19 November 2007, para. 3; CTBT/PC-31/1 (18 November 2008), 24 November 2008, para. 2; http://disarmament.un.org/treaties/t/ctbt (accessed on 1 April 2019).

2 当事国とならない意図の表明（署名国の義務の終了）
(1) アメリカと18条義務

アメリカと18条義務との関係に関してまず確認すべきは，それがアメリカに適用されるのか，という点である。というのも，アメリカは条約法条約の当事国でないだけでなく，同国が同条約の当事国となっていない理由が第18条と無関係ではないからである。

アメリカでは，条約法条約は1971年11月に批准承認のために議会上院に送付された。上院外交委員会は，1972年9月に条約法条約の批准に関する決議を採択したが，そこには「いかなる条約……も，合衆国上院が当該条約に対してその助言と同意を与え……るのでなければ，アメリカについて有効とはならないし，そのような条約について合衆国の同意を与えることはできない」との「了解と解釈（understanding and interpretation）」が付されていた[36]。しかし国務省は，こうした「了解と解釈」は拘束力ある国際協定を締結する大統領の権限を著しく制約するとして反対を表明した。そのため条約法条約の承認プロセスは停止したままとなっている[37]。外交委員会が念頭においていたのは，上院の承認なくしてアメリカを拘束することとなるいわゆる行政協定であったが，外交委員会の議論は18条義務との関係でもそのまま当てはまるであろう[38]。

もっとも，アメリカ政府は，18条義務は慣習法であり，アメリカを拘束するとの立場のようである。例えば，核不拡散に関する大統領特別代表である国務省のシャインマンは，前述の安保理決議2310（2016）との関係で，アメリカは条約法条約全体が慣習法であると考えている訳ではなく，第18条だけであ

---

(36) U.S. Department of State, *Digest of the United States Practice in International Law* (1974), p. 195. この「了解と解釈」は条約法条約第46条との関係で付されたものである。なお，「了解と解釈」は「解釈と了解（interpretation and understanding）」として言及されている箇所もあり，必ずしも正確なところが明らかでない。

(37) 上院外交委員会は，1986年に再度条約法条約の公聴会を開いたが，結果は変わらなかった。Congressional Research Service, *Treaties and Other International Agreements: The Role of the United States Senate (A Study Prepared for the Committee on Foreign Relations, United States Senate)* (U.S. Government Printing Office, 2001), pp. 48-49.

(38) 実際，2016年9月に上院外交委員会で開かれたCTBTに関する公聴会において，ラドメーカー元国務次官補は，本文で引用した上院の「了解と解釈」の文脈において条約法条約第18条に言及している。"Transcript: Senate Committee on Foreign Relations Holds a Hearing on a Resolution for the Comprehensive Nuclear Test-Ban Treaty," 7 September 2016.

V 条約と国際機構

る、と述べている[39]。同じく決議2310（2016）との関係で、上院の承認なくしてアメリカに核実験に関して法的制限を課する決議を採択することに反対していたコーカー上院外交委員長でさえ、条約法条約第18条について、アメリカに対する拘束力ある制限を課する慣習法として累次のアメリカ政府によって認められてきた、と述べている[40]。コーカー委員長の見解が外交委員会全体としての見解を反映しているとすれば、外交委員会の見解には、上院の承認の必要性との関係で一貫性に欠けるところがあるように思えるが[41]、とにかく条約法条約第18条の規則がアメリカに適用されるという点について、アメリカ政府と上院外交委員会との間に見解の相違はないようである。しかし両者は、条約の当事国とならない意図を明らかにする権限の所在については全く立場を異にしており、1999年の上院によるCTBTの批准承認拒否の際に、この点に関する鋭い見解の対立が顕在化した。

(2) 条約の当事国とならない意図を明らかにする権限の所在

すでに述べたように、1999年の上院によるCTBTの承認拒否の後、オルブライト国務長官は、アメリカはCTBT署名国としての国際法上の義務に従って引き続き行動する旨の書簡を諸外国に発出した。これに対して上院のロット共和党院内総務は、上院が批准に同意を与えない場合には、その条約は国際法上アメリカについて何らの地位も有さないのであって、そうした上院の表決は、署名国としてのいかなる義務からも解放させることになる、と述べている[42]。

---

(39) "Stimson-ACA Event -- 20 Years Later: The United States and the Future of the CTBT," 13 September 2016, available at https://www.armscontrol.org/printpdf/7644 (accessed on 16 October 2018).

(40) Letter from Chairman Bob Corker to President Barack Obama, 12 August 2016, link available at https://www.corker.senate.gov/public/index.cfm/2016/9/corker-warns-against-obama-u-n-plan-to-endorse-nuclear-test-ban-treaty-click-here-or-on-the-image-above-to-view-video (accessed on 10 October 2018).

(41) 上院は、一方で行政協定については、上院の承認なくしてアメリカを拘束することになるものとして否定的な姿勢を示しつつ、他方で条約法条約第18条との関係では、上院の関与なくして18条義務がアメリカを拘束することとなることを受け入れているように思えるからである。もっとも、行政協定の締結という実行はアメリカの実務において定着している。

(42) "Lott Hits Clinton's Stance on Nuke Pact; Says He's Risking Ties with Senate," *Washington Times*, 3 November 1999.

また，上院のヘルムズ外交委員長も，「［条約法］条約第18条は，署名国の義務はその国が『条約の当事国とならない意図を明らかにする』場合には終了することを明らかにしている。……上院は条約締結において［大統領と］同等であり，その上院が圧倒的にCTBTを拒否したのであるから，当事国とならない意図は明々白々である」と述べた[43]。

　しかし，彼らの主張は国際法の観点からは首肯できないであろう。当事国とならない意図を明らかにする機関についての規定が条約法条約にない以上，この点はそれぞれの国の国内事項であるということになろうが，この点について各国の憲法や法令に規定があるようには思われない。とはいえ，当事国とならない意図を明らかにする機関は，当事国となる意図を明らかにする（拘束されることについての同意を表明する）機関と同じであると考えるのが合理的であろう。この後者の点についてはアメリカ合衆国憲法に規定があり，「大統領は上院の助言と同意を得て条約を締結する権限を有する」（傍点引用者）とされる[44]。だとすれば，アメリカにおいては，条約の当事国となる意図を明らかにしたり，当事国とならない意図を明らかにする権限は，大統領にあると考えることができる[45]。当事国となる意図を明らかにする場合とは異なり，合衆国憲法には，当事国とならない意図を明らかにする際に，上院の助言と同意が必要であることを示唆するものは何も見当たらない。のみならず，条約の当事国とならない意図が明らかにされたこれまでの例においても上院の関与は見られず，行政府が単独でそうした意図を表明しているのである。

　例えばアメリカは，2002年に国際刑事裁判所（ICC）規程との関係で，ボルトン国務次官がアナン国連事務総長（寄託者）宛に書簡を送り，「合衆国はこの条約の当事国となる意図を有さない。したがって，合衆国は2000年12月31日の署名から生ずるいかなる法的義務も有さない」と述べている[46]。また

---

(43) Ibid.
(44) アメリカ合衆国憲法第2条2節2項。
(45) 実際大統領は，上院がその批准に助言と同意を与えた場合であっても，当該条約を批准しないことが少なくない。Samuel B. Crandall, *Treaties: Their Making and Enforcement*, 2nd ed. (John Byrne & Co., 1916), pp. 97-99; Congressional Research Service, *Treaties and Other International Agreements*, op. cit., pp. 147, 152-153.
(46) United Nations, *Multilateral Treaties Deposited with the Secretary-General*, Chap. XVIII, No. 10, available at https://treaties.un.org/Pages/ViewDetails.aspx?src=

V 条約と国際機構

アメリカは，2017年に環太平洋パートナーシップ（TPP）協定との関係で，条約名と署名日のみ異なる形で上記と同文の書簡を協定の寄託者たるニュージーランドに送付しているが，この書簡は大統領府の通商代表代行によって署名されている[47]。このように実行上も，条約の当事国とならない意図の表明は，上院ではなく大統領（ないしその指示を受けた行政府の高官）によって，しかも特段の上院の関与なく行われているのである。

では，アメリカは現在，CTBTとの関係でどのような立場にあるのか。この点に関しても近年，興味深い展開が見られる。

(3) 現在のアメリカのCTBT上の地位
① CTBTとの関係における18条義務の有無

すでに繰り返し述べたように，1999年にオルブライト国務長官は，アメリカがCTBT署名国としての国際法上の義務に従って引き続き行動する旨の書簡を諸外国に送付していた。しかし，その後，カイル上院議員を始めとする上院議員が，CTBTに否定的な政策をとるブッシュ政権に対して，オルブライト書簡を否認するよう強く迫った[48]。これに応じてライス国務長官は，2008年にカイル議員に対して，

「合衆国には，1996年のCTBTの署名から生ずる国際法上の義務はない。そのような義務は，合衆国によって同条約が批准されない限り生ずるとは考えない」

と述べる書簡を送った[49]（以下「ライス書簡」という）。

TREATY&mtdsg_no=XVIII-10&chapter=18&clang=_en#12（accessed on 24 April 2018).

(47) "Letter to the Trans-Pacific Partnership Depositary," 30 January 2017, available at https://ustr.gov/sites/default/files/files/Press/Releases/1-30-17%20USTR%20Letter%20to%20TPP%20Depositary.pdf（accessed on 16 August 2017). See also https://ustr.gov/about-us/policy-offices/press-office/press-releases/2017/january/US-Withdraws-From-TPP（accessed on 16 August 2017).

(48) Stephen G. Rademaker, "The Administration's Proposal for a U.N. Resolution on the Comprehensive Nuclear Test Ban Treaty," Committee on Foreign Relations, U.S. Senate, 7 September 2016, p. 6.

(49) "Secretary Rice's Response to Senator Kyl's Questions of July 17, 2006 on the CTBT," dated 5 July 2008, in *The Administration's Proposal for a U.N. Resolution on the Comprehensive Nuclear Test-Ban Treaty: Hearing before the Committee on Foreign*

このライス書簡から，アメリカはCTBTの当事国とならない意図を明らかにしたと結論づけることができるか。ライス書簡はそのことを肯定するが[50]，書簡にはアメリカがその旨の通告をCTBTの寄託者たる国連事務総長に送付したとの情報は含まれていないし，管見の限りそのような情報が他に存在するという訳でもない。

さらに問題を複雑にしているのが，次のオバマ政権がCTBTに関してブッシュ政権とはまったく異なる政策をとったことである。オバマ大統領は2009年のプラハ演説において，「核実験の世界的な禁止を達成するために，私の政権は，アメリカによる包括的核実験禁止条約の批准を即時にかつ果敢に追求する（immediately and aggressively pursue）」と宣言した[51]。もっともオバマ政権は，上院にCTBTの批准の承認を求めることはせず（承認が得られないと考えたと憶測される[52]），代わりに国際的には前述の安保理決議の採択を追求し[53]，国内的にはケリー国務長官がコーカー上院外交委員長に書簡を送るという対応をとった（以下「ケリー書簡」という）。ケリー書簡は次のような内容を含んでいた。

「国際法の問題として，条約の署名国はその条約の当事国とならない意図を明らかにしない限り，条約の趣旨および目的を失わせることとなるような行為を行わないようにする義務を負っている。将来の政権は，合衆国が［包括的核実験禁止］条約の当事国となる意図をもはや有さないことを明らかに

Relations, United States Senate, 114th Congress, 2nd Session, 7 September 2016, p. 47, Question 9.
(50) Ibid., pp. 46-47, Questions 1, 2 and 7.
(51) The White House, "Remarks by President Barack Obama in Prague as Delivered," 5 April 2009, available at https://obamawhitehouse.archives.gov/the-press-office/remarks-president-barack-obama-prague-delivered (accessed on 16 October 2018).
(52) Rademaker, "The Administration's Proposal for a U.N. Resolution on the Comprehensive Nuclear Test Ban Treaty," op. cit., p. 7.『京都新聞』2016年9月15日，Dan Joyner, "UNSCR 2310 and the CTBT: Some Thought," *Arms Control Law*, 17 October 2016. See also UN Doc. S/PV.7776, 23 September 2016, p. 8 (Russia).
(53) オバマ政権は，当初，核実験の禁止に関して国連憲章第7章の下における法的拘束力のある安保理決議の採択も視野に入れていたが，国内（上院）と国外（ロシア・中国）の双方からの反対を受けて，決議2310（2016）は非第7章決議となった。『読売新聞』2016年9月24日，Josh Rogin, "Obama Will Bypass Congress, Seek U.N. Resolution on Nuclear Testing," *Washington Post*, 4 August 2016.

V 条約と国際機構

することができ,その場合には,合衆国はもはやそのような義務を負わないことになる[54]」(傍点引用者)。

書簡のこの部分は,アメリカが条約法条約第18条の定める規則の慣習法性とその自国への適用を認めていることを示しているだけでなく,アメリカがCTBTとの関係でその当事国とならない意図をまだ明らかにしていなかったことを示唆しているように思える。ライス書簡とケリー書簡のいずれが正しいのか。あるいは,両者を整合的に理解する考え方がありうるのであろうか。

ライス書簡は,アメリカがCTBTの当事国とならない意図を明らかにしたとして,CTBTO準備委員会(以下「CTBTO準備委」),国連総会第一委員会,NPT再検討会議,NPT再検討会議準備委員会等における「[アメリカには] CTBTの批准について再検討する予定はない」とか「アメリカは[CTBTを]支持しないし,その当事国にもならない」といったアメリカ代表の発言に言及している[55]。これらの発言は,ICC規程やTPP協定との関係におけるアメリカの対応とは大きく異なる。第一に,手続の観点から,後者の各例ではアメリカは各条約の寄託者に対して正式な書簡を送付しているが,CTBTとの関係ではそのような書簡は送付されていないようである。第二に,内容においても,それらの書簡の文言は条約法条約第18条から取られたことが一目瞭然であり,しかも当事国とならない意図を明らかにしたことの法的効果にまで言及しているのに対して,CTBTとの関係における発言はその点がかなりあいまいである。

とはいえ,条約法条約第18条は,当事国とならない意図を明らかにする手続を明示している訳ではなく,したがってその点を当該国に委ねていると考えることができる。加えて,同条の起草過程で,「最も明確な表現で(in the clearest terms)[条約の当事国とならない]意図を表明する」ことを求めるマレーシア修正案が採用されなかったという事実からは[56],逆にそこにはかな

---

(54) "Secretary of State John Kerry's Response to Senator Bob Corker's Letter of August 12, 2016, dated September 7, 2016," in *The Administration's Proposal for a U.N. Resolution on the Comprehensive Nuclear Test-Ban Treaty*, op. cit., p. 44.

(55) "Letter from Secretary of State Condoleezza Rice to Senator Jon Kyl, July 5, 2008," in ibid., p. 45-46.

(56) *United Nations Conference on the Law of Treaties, First and Second Sessions, Vienna, 1968 and 1969, Official Records, Documents of the Conference* (United Nations, 1971), pp. 131, 132.

りの裁量が認められていると考えることもでき，少なくともアメリカの ICC 規程や TPP 協定に対するような対応が必須である，ということにはならないように思える。標準的な条約法条約の注釈書においても，そうした対応が必須とはされておらず，批准しないという正式な意図の対外的な表明があれば，それで十分であるというのが一般的な理解であるように思われる[57]。

そうであれば，そしてアメリカは CTBT との関係でそうした意図を対外的に幾度となく表明しているのであるから，同国は第 18 条(a)に定める規則に従い，CTBT の趣旨および目的を失わせることとなるような行為を行わないようにする義務から解放されたと考えることができよう。もっとも，いつの時点でアメリカがその義務から解放されたのかの特定は困難であるし，そうしたあいまいな対応が条約法の観点から望ましいとも思えない。

ではなぜアメリカは，自国が ICC 規程との関係でとったような対応をとらなかったのであろうか。その理由については，アメリカの政策決定に関する一次資料にアクセスできない限り正確なところを知ることはできないが，おそらくアメリカがそのような顕著な行動をとった場合の影響を懸念したのではないかと思われる。ICC 規程の場合と同様に，CTBT の寄託者である国連事務総長に対して当事国となる意図がないことを明らかにし，署名から生ずる義務がないことを表明する書簡を送ったならば，事務総長は寄託者として，その書簡を他のすべての署名国に回章するであろう[58]。そのことは，一部の署名国，さらには一部の批准国による同様の行動を誘発することにもつながりかねず，その結果，発効しないままでも事実上機能してきた[59] CTBT 体制や CTBTO 準備委の体制が事実上崩壊するということにもなりかねない。それはアメリカの望むところではあるまい[60]。それゆえアメリカは，CTBT との関係では

---

(57) Dörr, "Article 18," op. cit., pp. 251-253; Boisson de Chazournes et al., "1969 Vienna Convention Article 18," op. cit., pp. 393-395. See also Hans Blix, "Developing International Law and Inducing Compliance (Friedmann Award Address)," *Columbia Journal of Transnational Law*, Vol. 41, No. 1 (2002), p. 5. 他方，黙示的な意図表明でよいかについては，必ずしも見解は一定しない。See, e.g., Villiger, *Commentary on the 1969 Vienna Convention on the Law of Treaties*, op. cit., p. 250; Dörr, "Article 18," op. cit., pp. 251, 252.
(58) 条約法条約第 77 条 1 項(e)参照。
(59) この点につき，浅田「未発効条約の可能性と限界」参照。
(60) アメリカは CTBTO 準備委の活動そのものには反対しておらず，むしろトランプ政

Ⅴ 条約と国際機構

ICC 規程や TPP 協定の場合とは異なる不明確な方法をとったのではなかろうか。

② 18条義務のスイッチの「入切」の可能性

では、先に掲げた問題、すなわちライス書簡とケリー書簡のいずれが正しいか、あるいは両者を整合的に理解することは可能か、という問題はいかに考えるべきであろうか。少なくとも、ライス書簡とケリー書簡がともに、それぞれ当時のアメリカの公式の立場を反映したものであることは間違いなかろう。いずれも一国の政府の公式の立場を反映したものであるとすれば、まずは両者を整合的に捉えることができる可能性を追求すべきであるということになろう。

ライス書簡はアメリカに18条義務はないと明言し、ケリー書簡はアメリカに18条義務が存在することを前提にしている。この両者を整合的に捉えることができるとすれば、論理的には、ライス書簡のときには18条義務はなかったが、ケリー書簡のときにはあったということになろう。そうすると18条義務は、恰もスイッチを入れたり切ったりするかのように[61]、終了させたり再度引き受けたりすることができるということになりそうであるが、そのようなことは許容されるのであろうか。

この問題は、アメリカが安保理決議2310（2016）の草案を検討する過程で、上院外交委員会での公聴会においてラドメーカー元国務次官補が提起した問題でもある[62]。そのようなことは18条義務の精神、すなわち条約に署名したり条約を批准した国は条約が発効するまでの間、条約が発効した時にはその目的が失われているといったことにはならないように、そうしたこととなるような行為を行うべきではないという考え方や、国際法の基本原則である信義則などと合致しないと考えられるかもしれない。とりわけ、一旦 CTBT の「当事国

権下の2018年の「核態勢見直し（NPR）」においても、「包括的核実験禁止条約機関の準備委員会ならびに関連する国際監視制度および国際データセンターを引き続き支持する」旨を明記している。US Department of Defense, *Nuclear Posture Review 2018* (Office of the Secretary of Defense, February 2018), pp. XVII, 72.

(61) これはラドメーカー元国務次官補の表現である。Rademaker, "The Administration's Proposal for a U.N. Resolution on the Comprehensive Nuclear Test Ban Treaty," op. cit., p. 7.

(62) Ibid., p. 7.

とならない意図」を明らかにしてCTBTにかかる18条義務を終了させた後，核実験を実施して必要な知見や技術的情報を得て，その後再び第18条の義務に復帰して他の署名国にも18条義務の遵守を求めるといったようなことは，18条義務の存在をほとんど無意味にしかねない不誠実な態度と見られるであろう。

しかし，とはいえ，国際法上そうしたことを禁止する規則が存在するかといえば，存在しないのも事実である。のみならず，既発効の条約であっても同様のことが禁止されている訳ではない。まったく同じという訳ではないが，類似の事例としてよく知られているのが，トリニダード・トバゴと個人通報に関する自由権規約第一選択議定書（以下「議定書」という）との関係である[63]。

トリニダード・トバゴは，すでに発効していた議定書に1980年に加入した。しかし，その後1994年にジャマイカに関する事件において，英国枢密院司法委員会（ジャマイカやトリニダード・トバゴにおける裁判の上訴先）が，その宣告から5年以上経過して行う死刑の執行は「非人道的もしくは品位を傷つける刑罰その他の扱い」に該当し，ジャマイカ憲法に違反するとの判決を下したことから，同国と類似の憲法規定を有するトリニダード・トバゴは，自由権規約委員会における個人通報手続の遅れから憲法違反を犯すこととなるのを懸念し，同委員会に対し8ヵ月以内の手続完了の保証を求めたが，その保証は得られなかった。そこで同国は，1998年に議定書を廃棄すると共に，廃棄が発効する日に新たな留保（委員会は死刑囚からの個人通報を受理・検討する権限を有さない旨）を伴って議定書に再加入するとの手続をとった[64]。その後，トリニダード・トバゴ国民であるロウル・ケネディがトリニダード・トバゴを相手に委員会に個人通報を行ったケネディ事件において，自由権規約委員会は，トリニダード・トバゴが1998年に付した留保は無効であると判断したが，それは一定の範疇の個人を通報手続から排除することは自由権規約および議定書の基本原則に反する差別に当たり，議定書の趣旨・目的と両立しないことを理由とす

---

[63] United Nations, *Multilateral Treaties Deposited with the Secretary-General*, Chap. IV, No. 5, available at https://treaties.un.org/Pages/ViewDetails.aspx?src=TREATY&mtdsg_no=IV-5&chapter=4&clang=_en#1 (accessed on 24 April 2018).

[64] UN Doc. A/55/40 (Report of the Human Rights Committee), Vol. II, 2000, pp. 263-265.

V　条約と国際機構

るものであって，一旦加入していた議定書から脱退して，新たに留保を付して再加入したこと自体を問題とするものではなかった[65]。同様に一旦議定書を廃棄して，留保付きで議定書に再加入したという例は他にもある[66]。

　こうして，すでに発効している条約の当事国となった後でさえ，それから脱退して，その後再度その条約に加入することが可能であるとすれば，署名しているがなお批准前であり，その意味で当該条約に対するコミットの程度が相対的に低い署名国が，一旦署名国の義務から脱し，その後再度その義務を引き受けるということは，より強い理由をもって許容されるということになろう。

　実際，ライス書簡もそのような前提で書かれていたと思われる。同書簡は，合衆国にはCTBTの署名から生ずる国際法上の義務はないとしつつ，「そのような義務は，合衆国によって同条約が批准されない限り生ずるとは考えない」と述べていたからである。つまり，署名国が18条義務から脱した後に，同じ条約を批准することによって18条義務が再度生ずると述べることで，18条義務のスイッチを入切できるということが前提とされていたと考えることができるのである。

　以上を前提とすれば，アメリカは，ライス書簡とケリー書簡の間の期間（おそらくオバマ政権の時期）に18条義務を再度引き受けるという措置をとっていたことになる。しかし，管見の限り，そのような顕著な行為を見出すのは困難

---

(65)　Ibid., pp. 265-266. なお，7ヵ国がトリニダード・トバゴの留保に異議申立て等を行ったが，それらは，主として留保の内容や条約加入後には留保を付すことができないという条約法の規則を潜脱するものであることを理由とするものであって，一旦廃棄した条約に再加入すること自体を問題とするものではなかった。United Nations, *Multilateral Treaties Deposited with the Secretary-General*, Chap. IV, No. 5, available at https://treaties.un.org/Pages/ViewDetails.aspx?src=TREATY&mtdsg_no=IV-5&chapter=4&clang=_en#1 (accessed on 24 April 2018).

(66)　例えばガイアナも1999年にトリニダード・トバゴと同様に，自由権規約第一選択議定書を廃棄すると同時に，留保付きで同議定書に再加入するという手続をとった。United Nations, *Multilateral Treaties Deposited with the Secretary-General*, Chap. IV, No. 5, available at https://treaties.un.org/Pages/ViewDetails.aspx?src=TREATY&mtdsg_no=IV-5&chapter=4&clang=_en#2 (accessed on 24 April 2018). 3ヵ国がガイアナの留保に対して異議申立て等を行ったが，その理由もトリニダード・トバゴの留保に対するものと同様であった。See ibid. オーストも，留保手続との関連でこうした実行は法的に疑問であるとしているに留まる。Aust, *Modern Treaty Law and Practice*, 3rd ed., op. cit., pp. 142, 268.

である。せいぜい，オバマ大統領が2009年のプラハ演説において「包括的核実験禁止条約の批准を即時にかつ果敢に追求する」と述べたことが，CTBTとの関係で想起される程度である。しかし，18条義務への言及も18条義務を示唆するものも何もないこの声明[67]で，18条義務という新たな義務を引き受ける結果となることを意図したとは考えがたいであろう。あるいはオバマ政権としては，ブッシュ政権下でのアメリカ政府の発言をもって，アメリカが18条義務から解放されたとは考えていなかったのかも知れない。

いずれにせよ，「将来の政権」が当事国とならない意図を明らかにする場合には，CTBTにかかる18条義務が終了するとするケリー国務長官の書簡からは，現在はそのような義務がアメリカにかかっているというのがアメリカの立場だということになろう[68]。また，安保理決議2310（2016）に引用された2016年の5核兵器国の共同声明の理解が正しいとすれば，そのような義務とは「核兵器の実験的爆発または他の核爆発」を実施しない義務ということになる[69]。

しかし，18条義務は法的な義務である[70]。その存否は他の諸国が明確に判別できるものでなければならない。さもないと法的明確性や法的安定性が害さ

---

(67) オバマ演説は核実験については，本文に述べた点のほか，「50年以上の交渉を経て今や核兵器の実験を最終的に禁止すべきときである」と述べるに留まっている。

(68) トランプ政権における（CTBTO準備委の扱い（上記）とは異なり）CTBTそのものの扱いは必ずしも明確ではない。上記の2018年国防総省「核態勢見直し（NPR）」では，「合衆国は，包括的核実験禁止条約の上院による批准を求めることはない（will not seek）」と述べられているが，これをもって18条に基づく意図表明であるといえるかは微妙である。US Department of Defense, *Nuclear Posture Review 2018*, op. cit., pp. XVII, 63, 72. CTBTとの関係における18条義務の存在を否定したライス書簡は，「国連や他の政府に対して」そのような意図を明らかにしたと述べており，当事国とならない意図は対外的に表明する必要があることを示唆している。そのような前提であれば，NPRをもって第18条(a)にいう意図の表明であるとはいい難いであろう。

(69) この理解が正しいとすれば，そうした義務はアメリカ以外の183のCTBT署名国にも同様にかかっているということになろう。

(70) Boisson de Chazournes et al., "1969 Vienna Convention Article 18," op. cit., p. 397. なお，ILCにおける条約法条約第18条の起草過程では，当初の特別報告者ブライアリーは，この義務を法的ではなく道義的な義務としていたが，次の特別報告者ラウターパハトからはこの義務を法的な義務として捉えた。See Bradley, "Treaty Signature," op. cit., p. 214; Villiger, *Commentary on the 1969 Vienna Convention on the Law of Treaties*, op. cit., p. 246.

V 条約と国際機構

れることになる。その意味では，CTBT との関係におけるアメリカの 18 条義務に関する実行は望ましいものとはいえず，同国の ICC 規程や TPP 協定との関係における実行の方が（手続的には）望ましい対応であるといえよう。そして実際，そうした方向での実行の蓄積も見られる[71]。

V　おわりに

条約法条約第 18 条は特別な規則を定める。条約は（少なくともその実体規定は[72]）発効するまでいかなる法的効力も有さないとの国際法上の一般的な常識に反して，同条は未発効の条約がその署名国や批准国に対して一定の法的義務を課することを定める。

しかし，この規則は多くの不明確性や脆弱性を伴う。第一に，実体的な観点からの不明確性である。18 条義務とは「条約の趣旨及び目的を失わせることとなるような行為を行わないようにする」義務をいうが，抽象的にはともかく，個々の条約においてそれが具体的にどのような義務をいうのかは必ずしも明確ではない。そもそも当該条約の「趣旨及び目的」は何かという点についてさえ，一致した見解が得られるとは限らないし，そのような趣旨および目的を「失わせることとなるような行為」とは何かという点は，さらに論争的でありうる。もっとも，CTBT との関連ではこの点は比較的明確であり，一部の署名国や 5

---

(71) ICC 規程との関係で，イスラエル（2002 年 8 月 28 日），スーダン（2008 年 8 月 26 日）およびロシア（2016 年 11 月 30 日）が 国連事務総長宛に，規程の当事国とならない意図を明らかにする書簡を送っている。See United Nations, *Multilateral Treaties Deposited with the Secretary-General*, Chap. XVIII, No. 10, available at https://treaties.un.org/Pages/ViewDetails.aspx?src=TREATY&mtdsg_no=XVIII-10&chapter=18&clang=_en#4; https://treaties.un.org/Pages/ViewDetails.aspx?src=TREATY&mtdsg_no=XVIII-10&chapter=18&clang=_en#10; https://treaties.un.org/Pages/ViewDetails.aspx?src=TREATY&mtdsg_no=XVIII-10&chapter=18&clang=_en#9 (accessed on 24 April 2018). 2019 年 4 月 26 日，トランプ大統領は，全米ライフル協会の年次大会（インディアナ州）で演説し，オバマ政権が 2013 年に署名した武器貿易条約（ATT）について，「国連はほどなくアメリカがこの条約を拒否するとの正式な通知を受け取るであろう」と述べるとともに，この条約の批准プロセスを停止するよう求める上院へのメッセージに署名した。Jeff Abramson and Greg Webb, "U.S. to Quit Arms Trade Treaty," *Arms Control Today*, Vol. 49, No. 4 (May 2019), pp. 26-27. 実際にそうした行動がとられるとすれば，同大統領が具体的にどのような手続をとるかが注目される。

(72) 条約法条約第 24 条 4 項参照。もっとも，同項の適用は手続的規定に限定される訳ではない。

核兵器国が異口同音に，CTBT との関係における 18 条義務は核実験（核兵器の実験的爆発または他の核爆発）を行わないことであるとしており，そのような内容を含む安保理決議も多数の国の共同提案により採択されている。

　第二に，手続的な観点からの脆弱性である[73]。18 条義務は，条約が（当該国について）発効するまでの義務であるという点において時限的であるが，同義務は終了する（させる）ことがある（できる）という意味においても時限的でありうる。すなわち，署名国は，「条約の当事国とならない意図」を明らかにすることによって 18 条義務を終了させることができるし，批准国（および署名国）との関係では，条約の発効が「不当に遅延」することで 18 条義務は終了することがある。もっとも，CTBT との関係では，後者の終了については，2 年ごとに開かれている発効促進会議で，18 条義務を再確認する内容の最終宣言が採択されており（文言には若干の変遷がある），これをもって CTBT の発効はもはや不当に遅延したとして 18 条義務の終了を主張することに対して効果的に反駁することができるように思える。

　しかし，発効促進会議とその最終宣言では，署名国が CTBT の当事国とならない意図を明らかにすることによって，18 条義務を終了させることを防止することはできない。この点に関するアメリカの実行は，18 条義務のさらなる不確実性を示している。すなわちアメリカは，ブッシュ政権で CTBTO 準備委などの場において，CTBT を批准する意図がないことを幾度となく明らかにし，国内においてもライス国務長官がアメリカは署名国としての義務を負っていない旨の書簡を上院に送付していた。しかし，次のオバマ政権のケリー国務長官は，アメリカが現に 18 条義務を負っていることを前提とした書簡を上院に送付しており，政権の交替で 18 条義務の有無に関する立場が 180 度変わっているのである。両政権の立場自体に誤りはないとすれば，ブッシュ政権が第 18 条(a)に従い CTBT の「当事国とならない意図」を明らかにした後，オバマ政権が再度 18 条義務を引き受けたと考えるほかない。厳密にいえば，このように一国が 18 条義務を終了させた後，再度それを引き受けることは違

---

[73]　軍縮関連条約の文脈で，軍縮関連条約は脱退の通告から脱退の発効まで一定の期間があるのが通常であるが，18 条義務から逃れる通告は瞬時に発効する点が指摘されることがある。Lisa Tabassi, "The Nuclear Test Ban: *Lex Lata* or *de Lege Ferenda*?," *Journal of Conflict and Security Law*, Vol. 14, No. 2 (2009), pp. 320-321.

法とはいえないであろう。しかし，ブッシュ政権がいつの段階でCTBTとの関係における18条義務を終了させ，オバマ政権がいつの段階でその義務を復活させたのかは，必ずしも明確ではない。18条義務が法的義務であることを想起すれば，こうした実行は決して望ましいものとはいえない。

　こうして，CTBTとの関係における18条義務の重要性は否定できないものの，本稿で考察したような18条義務の不明確性・脆弱性，すなわちその不確実性を考慮するならば，CTBTの効力発生こそが重要であるということになろう。

25 国際組織設立条約の解釈における「後に生じた慣行」の意義

植 木 俊 哉

Ⅰ　はじめに——条約の「解釈」をめぐる問題の意義と重要性
Ⅱ　条約解釈に関する条約法条約の規定と残された検討課題
Ⅲ　「後にされた合意及び後に生じた慣行」に関するILC「結論草案」の採択
Ⅳ　国際組織設立条約の解釈における「後に生じた慣行」の位置づけ
Ⅴ　条約解釈における「後に生じた慣行」——条約法条約第31条3項(b)及び第32条
Ⅵ　「後に生じた慣行」と「国際組織の慣行」——両者の異同とその相互関係
Ⅶ　「(国際)組織の関係規則」と「後に生じた慣行」の関係
Ⅷ　おわりに——条約の「解釈」をめぐる国際組織の貢献の一側面

Ⅰ　はじめに——条約の「解釈」をめぐる問題の意義と重要性

　条約の「解釈」をめぐる問題は，国際法の中で最も重要な課題の1つである。もちろん国際法に限らず国内法の各分野においても，条文の「解釈」をめぐる問題は重要な課題として理解されているが，成文法である条約と不文法である国際慣習法を二大法源とする国際法においては，条約が成文法規範として国際法規範全体の中で極めて重要な位置を占める。その結果として，条約の「解釈」をめぐる法的諸問題は，国際法の中で極めて重要な実質的意義を有することになる。また，二国間条約と多数国間条約のいずれに関しても，二国間や多数国間での外交交渉の結果，ある種の妥協の産物として形作られる場合が多い条約の条文に関しては，立法機関が制定する国内法規の場合と比較すれば，「解釈」に委ねられる部分がより広く残されている場合が少なくない。このことが，条約の「解釈」をめぐる問題が国際法において非常に重要な意義を有す

ることの実質的な根拠となると理解することができよう。

　本稿では，このような条約の「解釈」をめぐる諸問題の中で，国際組織の設立条約という類型の条約を具体的な考察対象として，条約法条約採択以降の最近の状況，とりわけ2018年に国連の国際法委員会（International Law Commission; 以下ILCと略記）が採択した「条約の解釈との関係での後にされた合意及び後に生じた慣行」(Subsequent agreements and subsequent practice in relation to interpretation of treaties) に関する「結論草案」(Draft conclusions) の条文とその作成過程での議論等を素材として検討を行うこととしたい。

II　条約解釈に関する条約法条約の規定と残された検討課題

　条約の「解釈」をめぐる国際法規則に関しては，1969年に採択された条約法に関するウィーン条約（以下，「条約法条約」と略記）の作成過程において，同条約の草案を起草したILCを中心にさまざまな議論が行われた。その結果として採択された条約法条約は，第三部「条約の遵守，適用及び解釈」（第26条〜第38条）の中の第三節「条約の解釈」に第31条〜第33条の3つの条を設け，条約の「解釈」に関する規則を明記した。このうち第33条は，複数の言語（二以上の言語）により確定された条約の解釈という特殊な問題に関する規則を定めた条文であるため，条約の解釈全般に関する規則を定めた条項は，第31条と第32条の二ヵ条である[1]。第31条は「解釈に関する一般的な規則」(General rule of interpretation)，第32条は「解釈の補足的な手段」(Supplementary means of interpretation) という見出しが条約自体に付されており，条約解釈に関する「一般的な規則」を第31条が定め，それに続いて第32条が条約解釈に関する「補足的な手段」を定める，という両者の関係性が条約中に明示されている[2]。

---

(1)　ILCは，1966年の第18会期において条約法条約の草案を採択したが，現在の条約法条約第31条と第32条の規定は，1966年にILCが採択した草案では第27条と第28条とされていた。このILC草案第27条及び第28条の条文とそれに関する注釈に関しては，*Yearbook of the ILC, 1966, Vol II, Part Two,* pp.217-223. 参照。

(2)　条約の解釈に関する規則としての条約法条約第31条と第32条の関係性——第31条が解釈の「一般規則」(general rule) であり第32条が「補足的な手段」(supplementary means) であるという関係性——については，本稿で取り上げたILCの「後にされた合意及び後に生じた慣行に関する結論草案」の「結論2」(Conclusion 2) においても，明

〔植木俊哉〕　**25　国際組織設立条約の解釈における「後に生じた慣行」の意義**

　1969年に採択された条約法条約は，その後1980年に発効し，日本も翌1981年に同条約に加入した。しかし，同条約の発効によって条約の解釈をめぐるすべての法的諸問題が解決したと理解することはできない。条約法条約，とりわけ同条約第31条及び第32条の規定は，いくつかの課題を積み残し，またいくつかの新たな問題を提起することになった。条約法条約が積み残した課題，あるいは新たに提起した問題にはいくつかのものがあるが，その中で特に注目される点は，同条約第31条3項(a)～(c)で提示された3つの概念をめぐる問題であろう。

　条約法条約第31条3項は，「文脈とともに，次のものを考慮する。」として[3]，(a)「条約の解釈又は適用につき当事国の間で後にされた合意」，(b)「条約の適用につき後に生じた慣行であって，条約の解釈についての当事国の合意を確立するもの」，(c)「当事国の間の関係において適用される国際法の関連規則」，の3つを列挙している。

　このうちの(c)の「国際法の関連規則」（relevant rules of international law）は，ILCの「国際法のフラグメンテーションに関するスタディグループ」（Study Group on the Fragmentation of International Law: Difficulties arising from the Diversification and Expansion of International Law）の「結論」（Conclusions）の中でも，国際法の断片化と分断化が進む中での「体系的統合」（Systemic integration）や「体系的な統合としての解釈」（Interpretation as integration in the system）を図るための重要な概念として，検討が行われ一定の結論が提示された[4]。

　これに対して，条約法条約31条3項(a)が規定する「後にされた合意」（subsequent agreement）及び同項(b)が規定する「後に生じた慣行」（subsequent practice）に関しては，これらの概念が条約解釈に際して重要な意義を有する確に確認がなされている。

(3)　なお，ここで言う「文脈」とは，条約法条約第31条1項で「解釈に関する一般的な規則」として明示された解釈の4つの基準，すなわち，①「文脈」による，②「趣旨及び目的」に照らす，③用語の「通常の意味」に従う，④「誠実に」解釈する，のうちの第1の基準である。

(4)　"Conclusions of the works of the Study Group on the Fragmentation of International Law: Difficulties arising from the Diversification and Expansion of International Law", *Yearbook of the ILC, 2006, Vol. II, Part Two*, p.180.

V 条約と国際機構

ことが専門家の間では広く理解されながら，これまで系統だった総合的検討は必ずしも十分に行われてこなかった。条約法条約の草案起草に際してILCが作成した条文案の注釈においても，条約法条約第31条（ILC草案では第27条）3項(a)の「後にされた合意」及び同項(b)の「後に生じた慣行」については，これらが条約解釈に関係した国際判例として，前者の「後にされた合意」に関して1952年の国際司法裁判所（以下，ICJと略記）アムバティエロス事件（ギリシア対イギリス）先決的抗弁判決[5]，後者の「後に生じた慣行」に関して1922年の「国際労働機関の権限」に関する常設国際司法裁判所勧告的意見[6]及び1949年のICJコルフ海峡事件（イギリス対アルバニア）本案判決[7]がそれぞれ紹介されるにとどまり，これらの概念に関する詳細な理論的検討は行われていなかった[8]。

III 「後にされた合意及び後に生じた慣行」に関する ILC「結論草案」の採択

以上のような条約法条約で定められた条約解釈に関する規則の問題と関連してILCは，2008年の第60会期において「時間が経過した条約」（Treaties over time）をその検討課題に加えることを決定し[9]，翌2009年の第61会期からGeorg Nolte委員を議長とするStudy Groupが活動を開始した。その後ILCは，2012年の第64会期にこのテーマを「条約の解釈との関係での後にされた合意及び後に生じた慣行」（Subsequent agreements and subsequent practice in relation to interpretation of treaties）に変更した上で，翌2013年の第65会期から正式の議題として取り上げることを決定し，Nolte委員を同議題の特別報告者（Special Rapporteur）に任命した。その後，特別報告者Nolteは，2013年の第65会期に第1報告書，2014年の第66会期に第2報告書，2015年の第67会期に第3報告書，2016年の第68会期に第4報告書をそれぞれ提出し，2016年のILC第68会期において第1読の「結論草案」（Draft Conclusions）が採択

---

(5) *Ambatielos Case (Preliminary Objection), ICJ Reports, 1952*, p.43, p.75.
(6) *PCIJ Series B, No.2*, p.39.
(7) *The Corfu Channel Case (Merits), ICJ Reports, 1949*, p.25.
(8) *Yearbook of the ILC, 1966, Vol II, Part Two*, pp.221-222.
(9) *Yearbook of the ILC, 2008, Vol. II, Part Two, Annex I*, Treaties over time in particular: Subsequent Agreement and Practice, pp.152-163.

された。その後，各国政府や関係の国際機関等に対して同結論草案に対する意見が求められた後，2018年のILC第70会期において最終的な「結論草案」（Draft Conclusions）が採択され，この結論草案とそれに付された注釈は，2018年12月20日に採択された国連総会決議73/202の添付文書とされ，条約解釈を行う各国や関係者の参考として供されることとされた[10]。

ILCが採択した「結論草案」（Draft Conclusion）という形式の文書の作成が，いかなる法的効果ないしは法的意義を有するのか等に関しては，批判的な見解も含めさまざまな議論が行われており，また同「結論草案」の内容がどの程度まで国際社会の実行を反映したものであり，また法規範として確立したものであるのか等に関しても，多くの検討課題が残されているところである[11]。他方で，これまで条約解釈においてその重要性が認識されながら具体的に検討されることが少なかった「後にされた合意」及び「後に生じた慣行」に関して，体系的な検討を行って一定の結論を取りまとめた上記の「結論草案」には，その討議の過程を含めて考察対象として取り上げる一定の価値があるものと思われる。

Ⅳ 国際組織設立条約の解釈における「後に生じた慣行」の位置づけ

それでは，ILCが2018年に採択した前述の「結論草案」の中で，国際組織設立条約（国際組織の設立文書である条約）の解釈に関して「後にされた合意」

---

[10] 以上のようなILCの第65会期～第70会期における本議題に関する議論の紹介に関しては，国際法委員会研究会「国連国際法委員会第65会期の審議概要」『国際法外交雑誌』第112巻4号（2014年）79-82頁（寺谷広司教授執筆），同「国連国際法委員会第66会期の審議概要」『国際法外交雑誌』第113巻4号（2015年）158-163頁（竹内真理教授執筆），同「国際法委員会第67会期の審議概要」『国際法外交雑誌』第114巻4号（2016年）101-104頁（吉田脩教授執筆），同「国連国際法委員会第68会期の審議概要」『国際法外交雑誌』第115巻4号（2017年）79-81頁（福永有夏教授執筆），同「国連国際法委員会第70会期の審議概要」『国際法外交雑誌』第117巻4号（2019年）151-154頁（中山雄亮氏執筆）参照。

[11] 例えば，本結論草案の審議がILCにおいて実質的にスタートした2013年の第65会期の段階で寺谷教授は，本結論草案が「条約法条約から読みとれる内容しか示さないのであれば，そもそも本議題を論ずる意義は減少し，その有用性や必要性が疑わしくなる」と指摘する一方で，本作業は条約法条約の「改正」を目指しているわけではない以上，一定の内在的制約があることを指摘している。前掲注(10)（国際法委員会研究会「国連国際法委員会第65会期の審議概要」）81-82頁。

V 条約と国際機構

及び「後に生じた慣行」はいかなる法的効果ないし法的意義を持つものとして位置づけられているであろうか。

「条約の解釈との関係での後にされた合意及び後に生じた慣行」に関する結論草案では,「結論12」「国際組織の設立文書」(Constituent instrument of international organizations) として以下のような規定が置かれた。

結論12 国際組織の設立文書
1. 第31条及び第32条は,国際組織の設立文書である条約に適用される。従って,第31条3項の「後にされた合意」(subsequent agreements) 及び「後に生じた慣行」(subsequent practice) 又は第32条の「後に生じた慣行」は,そのような条約の解釈の手段となり得る。
2. 第31条3項の当事国の「後にされた合意」及び「後に生じた慣行」又は第32条の「後に生じた慣行」は,設立文書の適用に関する「国際組織の慣行」(the practice of an international organization) から生じる (arising from) ことがあり,又はそれに表わされる (be expressed in) ことがある。
3. 設立文書の適用に関する「国際組織の慣行」(practice of an international organization) は,第31条及び第32条を適用する場合の当該文書の解釈に寄与することがある。
4. 1~3の規定は,国際組織の設立文書である条約の解釈に適用されるが,いかなる「組織の関連規則」(any relevant rules of the organization) の適用も妨げるものではない[12]。

なお,上記「結論12」の1項~4項の中で言及された「第31条」「第32条」は,条約の解釈の関する一般的な規則と補足的な手段を定めた条約法条約の第31条と第32条を指すものであることを,ここで改めて確認しておきたい。

この「結論12」の条文に関して注目される点は,「後にされた合意」(subsequent agreements) と「後に生じた慣行」(subsequent practice) との相違である。すなわち,前者の「後にされた合意」は,条約解釈に関する一般的な規則を定めた条約法条約第31条のみに関係するのに対して,後者の「後に

---

[12] 本文に掲載した「結論12」の条文中の「 」は,いずれも各条文の理解を得やすくするため筆者が加えたものであり,各条文の原文にはないものである。

生じた慣行」(subsequent practice) は，条約解釈に関する一般的な規則を定めた条約法条約第31条に関係する場合と，条約解釈に関する補足的な手段を定めた条約法条約第32条に関係する場合の双方がある。換言すれば，条約解釈に関する「後に生じた慣行」は，条約法条約第31条に基づいて「条約解釈に関する一般的な規則」として参照される場合と，条約法条約第32条に基づいて「条約解釈に関する補足的な手段」として参照される場合の2つの異なる場合があるということである。しかし，条約法条約の条文上「後に生じた慣行」という文言が明記されているのは，同条約第31条1項(b)のみであり，同条約32条の条文上は「後に生じた慣行」という文言は存在しないのである。それでは，どのような理由あるいは根拠に基づいて「後に生じた慣行」が条約法条約第32条に基づく「解釈の補足的な手段」として用いられるのであろうか。次にこの点について検討を行うこととしたい。

V 条約解釈における「後に生じた慣行」
―― 条約法条約第31条3項(b)及び第32条

　この点に関しては，前述の「結論草案」の別の条文，すなわち「結論2」「条約解釈の一般的な規則及び手段」の4項と「結論4」「後にされた合意及び後に生じた慣行」の3項が，これら2種類の「後に生じた慣行」の区別を明らかにしている[13]。

　まず，「結論2」の4項は，「第32条の下での解釈の補足的な手段として，条約の適用における<u>他の</u>後に生じた慣行に依拠することができる」(Recourse may be had to <u>other</u> subsequent practice in the application of the treaty as a supplementary means of interpretation under article 32.)（傍線筆者）と規定する。「条約解釈の一般的な規則」の1つとされる条約法条約31条3項(b)が規定する「後に生じた慣行」は，「条約の解釈についての当事国の合意を確立するもの」(establishes the agreement of the parties regarding its interpretation) であることが条約法条約の明文上必要とされているが，「結論2」の4項が定める「条約

---

[13] 「結論12」の注釈参照。Draft conclusions on subsequent agreements and subsequent practice in relation to the interpretation of treaties, with commentaries, 2018, *ILC's Report submitted to the General Assembly for its work of the seventieth session (A/73/10)*, p.97, para.(12).

Ⅴ 条約と国際機構

解釈の補足的な手段」としての「他の後に生じた慣行」(other subsequent practice)（傍線筆者）は，単に「条約の適用における」(in the application of the treaty)「後に生じた慣行」であれば足り，「当事国の合意を確立するもの」(establishes the agreement of the parties) であることは必要とされない。

　この点について，「結論2」の注釈によれば，条約法条約第31条3項(b)の「後に生じた慣行」の要件とされる「条約の解釈についての当事国の合意を確立するもの」(which establishes the agreement of the parties regardingits interpretation) という場合の「当事国の合意」とは，「当事国」の英語正文が"the agreement of the parties"と定冠詞の付された複数形になっていることからも明らかなように，「『すべての』条約当事国の合意」を意味する。これに対して，条約法条約第32条の「条約解釈の補足的な手段」に該当する「後に生じた慣行」は，このような「条約の解釈についての（すべての）当事国の合意を確立するもの」である必要はなく，当該条約の「一部の」当事国（"one or more" parties）の合意に基づく慣行であっても足りるものとされる[14]。また，条約解釈におけるこれら2種類の「後に生じた慣行」の相違点として，第31条3項(b)の「後に生じた慣行」は，条約解釈に際して考慮に入れなければならない義務的な性格（mandatory character）のものであるのに対して，第32条の「後に生じた慣行」は，条約解釈に際して考慮に入れることができるという裁量的な性格（discretionary character）のものであると理解されている[15]。

　以上の点をさらに明確に規定しているのが，本結論草案「結論4」の条文である。「後になされた合意及び後に生じた慣行の定義」(Definition of subsequent agreement and subsequent practice) と題する「結論4」は，1項～3項の3つの条文からなり，1項は「後にされた合意」，2項は条約法条約第31条1項(b)が定める「解釈の一般的な規則」としての「後に生じた慣行」，3項は条約法条約第32条が定める「解釈の補足的な手段」としての「後に生じた慣行」のそれぞれについて，その定義を規定するものである。

　ILCが作成した注釈によれば，「結論4」2項が規定する条約法条約第31条3項(b)の「後に生じた慣行」は，「狭義の」(in a narrow sense)「後に生じた慣行」であるのに対して，「結論4」3項が規定する条約法条約第32条の「後に

---

(14) *Supra note 13*, p.20, para.(8).
(15) *Ibid.*, pp.20-21, para.(9).

生じた慣行」は，「広義の」（in a broad sense）「後に生じた慣行」である，とされる[16]。そして，「結論4」2項は，このうちの前者，すなわち狭義の「後に生じた慣行」について，条約法条約第31条3項(b)の「解釈の真正な手段の1つ」（an authentic means of interpretation）としての「後に生じた慣行」は，条約締結後の「当該条約の解釈に関する（すべての）当事国の合意を確立する」（establishes the agreement of the parties regarding the interpretation of the treaty）ような「条約の適用についての行為」（conduct in the application of a treaty）からなる，と定義している[17]。これに対して，「結論4」3項は，後者，すなわち広義の「後に生じた慣行」について，条約法条約第32条の「解釈の補足的な手段」としての「後に生じた慣行」は，条約締結後の「条約の適用についての1又は2以上の当事国の行為」（conduct by one or more parties in the application of the treaty）からなる，と定義されている[18]。

このようにして，条約解釈において参照される「後に生じた慣行」には2つの類型のものがあり，すべての当事国の合意を確立するような「後に生じた慣行」（狭義の「後に生じた慣行」）は，条約法条約第31条3項(b)に基づいて当該条約の解釈において"authentic"な効果を持つものとされるが，一部の条約当事国の行為に基づく「後に生じた慣行」（広義の「後に生じた慣行」）は，条約法条約第32条に基づいて当該条約の解釈における「補足的な手段」として参照されることがあり得るという効果を持つに過ぎない，と整理されているのである。

Ⅵ 「後に生じた慣行」と「国際組織の慣行」
―― 両者の異同とその相互関係

それでは，本稿の考察対象である国際組織設立条約（国際組織の設立文書である条約）の解釈において，以上のような「後に生じた慣行」はどのような法

---

(16) *Ibid.*, p.31, para.(16).
(17) 「結論4」2項の条文は，次の通りである。「第31条3項(b)の解釈の権威的な手段としての後に生じた慣行は，当該条約締結後の条約の解釈に関する（すべての）当事国の合意を確立する条約の適用についての行為からなる。」*Supra note 13*, p.27.
(18) 「結論4」3項の条文は，次の通りである。「第32条の解釈の補足的な手段としての後の慣行は，当該条約締結後の条約の適用についての1又は2以上の当事国の行為からなる。」*Supra note 13*, p.27.

V 条約と国際機構

的意義を有するであろうか。

　先にⅣで紹介したように，ILC が作成した「条約の解釈との関係での後にされた合意及び後に生じた慣行に関する結論草案」では，「結論12」に「国際組織の設立文書」に関する条文が置かれている。ここで，国際組織の設立文書である条約の解釈に関連して特に注目する必要がある概念として，「国際組織の慣行」（practice of international organization）という概念がある。この点に関して，「結論12」の3項は，「設立文書の適用に関する国際組織の慣行（practice of an international organization）は，第31条及び第32条を適用する場合の当該文書の解釈に寄与することがある。」と規定している。そして，この「国際組織の慣行」という概念と条約法条約31条3項(b)又は32条の「後に生じた慣行」との相互関係について，「結論12」の2項は，後者（条約法条約31条3項(b)又は32条の「後に生じた慣行」）は前者（設立文書の適用に関する「国際組織の慣行」）から「生じることがある」（may arise from）し，あるいは前者は後者によって「表わされることがある」（may be expressed in），と規定する[19]。

　国際組織の設立文書である条約の解釈に関して，これら2つの概念，すなわち「国際組織の慣行」と「後に生じた慣行」という2つの概念の異同と相互関係を考察する場合，前者の「国際組織の慣行」とは<u>国際組織自身の「慣行」</u>（practice）を意味するのに対して，前者の「後に生じた慣行」とは（当該国際組織の加盟国である）<u>国家による「慣行」</u>（practice）を意味し，その観点からこの両者は法的に区別されるものである，という点が非常に重要であると考えられる。「結論12」3項の注釈によれば，同項で規定された「国際組織の慣行」とは，当該組織の加盟国の慣行とは区別された「組織の慣行<u>そのもの</u>」（the practice of the organization *as such*）「それ<u>自身の慣行</u>」（its "own practice"）を指すものとされ，従って当該組織の加盟国の慣行とは区別されるものとされる[20]。そして，このように国際組織の設立条約の解釈に関して各国際組織に独自の「慣行」が存在することについては，国際司法裁判所（以下，ICJ と略記）の多くの勧告的意見において既に明確に承認されてきた（1950年の「国家の国連加入に関する総会の権限」に関する勧告的意見，1989年の「国連特権免除条約第6条

---

(19)　なお，「結論12」1項～4項の条文に関しては，本稿Ⅳ参照のこと。
(20)　*Supra note 13*, p.101, para.(26).

670

22項の適用可能性」に関する勧告的意見)[21]。このような「国際組織自身の慣行」の存在は，国連のような一般的権能を有する国際組織のみならず，特定の分野の専門的権能を有する国際組織（例えば，各種の専門機関）の設立条約に関してもも認められるところである（1960年の「政府間海事協議機関（IMCO）海事安全委員会の構成」に関するICJ勧告的意見)[22]。また，国際組織の設立文書の解釈との関係で問題とされるこのような「国際組織（自身）の慣行」とは，当該国際組織の「特定の機関」の慣行を意味する場合があることをICJは認めている（1962年の「国連のある種の経費」に関する勧告的意見)[23]。他方で，「結論12」の2項及び3項が規定する「国際組織の慣行」とは，あくまで組織自体の「慣行」（当該国際組織全体について確立している「慣行」）であって，国際組織の特定の機関の「慣行」ではないことにも留意する必要がある[24]。例えば，加盟国の一部が反対票を投じながら賛成多数で採択されたような国際組織の特定の機関の決定（例として国連総会決議）がここでいう「国際組織の慣行」を確立するものと解釈できるか否かに関しては，慎重な検討が必要になるものと思われる[25]。

　以上のように，国際組織の設立文書である条約（国際組織設立条約）の解釈にあたっては，国際組織の加盟国である国家により形成された「後に生じた慣行」と国際組織自身が形作った「国際組織の慣行」との相互関係をどのように捉えるか，またこの両者の異同をどのように理解するかが，極めて重要な点であると評価することができよう。

---

(21) *Ibid.,* pp.101-102, paras.(27)-(28). *Competence of Assembly regarding admission to the United Nations, Advisory Opinion, ICJ Reports.,* 1950, p.9; *Applicability of Article VI, Section 22, of the Convention on the Privileges and Immunities of the United Nations, Advisory Opinion, ICJ Reports.,* 1989, p.194.
(22) *Supra note 13,* p.102, para.(29). *Constitution of Maritime Safety Committee of the Inter-Governmental Maritime Consultative Organization, Advisory Opinion, ICJ Reports.,* 1960, p.169.
(23) *Supra note 13,* p.102, para.(30). *Certain Expenses of the United Nations (Article 17, paragraph 2, of the Charter), Advisory Opinion, ICJ Reports.,* 1962, p.168.
(24) *Supra note 13,* p.104, para.(36).
(25) ICJも，2004年の「パレスチナ占領地域における壁建設の法的効果」に関する勧告的意見の中で，いくつかの具体的な国連総会決議を挙げてこの点を検討している。*Legal Consequences of the Construction of a Wall in the Occupied Palestinian Territory, Advisory Opinion, ICJ Reports.,* 2004, p.149.

V　条約と国際機構

Ⅶ　「(国際) 組織の関係規則」と「後に生じた慣行」の関係

　国際組織の設立文書である条約の解釈に関して，以上Ⅵで検討した「国際組織の慣行」と並ぶもう１つの重要な法的概念として，「(国際) 組織の関係規則」(relevant rules of the organization) が挙げられる。ILC が作成した「結論草案」の「結論12」の４項は，「１項～３項は，国際組織の設立文書である条約の解釈について適用する。ただし，当該国際組織の関係規則の適用を妨げるものではない。」(Paragraph 1 to 3 apply to the interpretation of any treaty which is the constituent instrument of an international organization without prejudice to any relevant rules of the organization.) と定めている[26]。

　ILC により作成されたこの「結論草案」は，条約の解釈について条約法条約第31条及び第32条に規定された条約の解釈に関する規則が適用されることを前提として，そこにおいて「後に生じた慣行」及び「後になされた合意」が果たすべき役割や内容等について詳細に定めたものである。条約法条約に規定された解釈原則が「国際組織の設立文書である条約」にも適用されることは，条約法条約第５条に明記されているが，他方で条約法条約第５条はその但書で「ただし，当該国際機関の関係規則の適用を妨げるものではない。」(without prejudice to any relevant rules of the organization) とも定めている[27]。一見して明らかなように，「結論12」の４項は，条約法条約第５条の文言をそのまま引き写したものである。条約法条約自体が，その第５条において，条約法条約の規定する条約に関する諸規則（条約法条約第31条及び第32条が規定する条約の「解釈」に関する規則もこれに含まれる）が「国際組織の設立文書である条約」に対して適用されるのは，「当該国際組織の関係規則」の適用を妨げない範囲内においてであり，従って国際組織の設立条約の「解釈」に関しても，「当該国際組織の関係規則」が別段の定めを設けている場合には，そちらの規則が条約法条約の規定する解釈規則よりも優先して適用され得ることがそこでは含意されている。

---

(26)　*Supra note 13*, p.93.
(27)　なお，条約法条約の日本語正文は，"international organization" の日本語公定訳として「国際組織」ではなく「国際機関」を用いているため，本稿でもここでは「国際機関」という公定訳に従った表記を用いた。

このように条約法条約第5条但書と「後にされた合意及び後に生じた慣行」に関するILCの「結論草案」の「結論12」4項に規定された「(国際)組織の関係規則」（relevant rules of the organizations）という概念は，ILCがこれまでに起草してきた国際組織に関係する他の条約や条文等の中でも，重要な役割を担う概念として位置づけられてきたものである。

　例えば，条約法の分野に関して1986年に採択された「国と国際組織との間又は国際組織相互の間の条約についての法に関するウィーン条約」（Vienna Convention on the Law of Treaties between States and International Organizations or between International Organizations；以下，「国際組織締結条約法条約」と略記）は，国家間条約に関する規則を定めた条約法条約が1969年に採択された後，ILCが条約法条約に倣う形で——国家間条約に関して適用される規則を国際組織締結条約に関しても原則として適用する形で——国際組織が締結する条約（国際組織締結条約）に関する規則を条文化したものである[28]。この1986年の国際組織締結条約法条約と1969年の条約法条約の規定を対比した場合，条約法条約の第27条「国内法と条約の遵守」や第46条「条約を締結する権能に関する国内法の規定」における「国内法」（internal law）に対応するものとして，国際組織締結条約法条約の第27条「国内法，国際組織の規則及び条約の遵守」や第46条「条約を締結する権能に関する国内法及び国際組織の規則」では，（「国内法」という概念とともに）「(国際)組織の規則」（the rules of the organization）という概念が用いられている。そして，この「(国際)組織の規則」の定義として，1986年の国際組織締結条約法条約は，同条約第2条1項(j)において，「『組織の規則』とは，特に，設立文書，当該文書に従って採択された決定及び決議並びに当該組織の確立した慣行をいう。」と定めている[29]。

---

(28) 1986年に採択された国際組織締結条約法条約は，国家間条約に関する規則を定めた1969年採択の条約法条約との「パラレリズム」を基本として1971年から1982年までILCで草案作成の作業が行われたが，このような方法論の内容と問題点に関しては，植木俊哉「国際立法における国家と国際組織の『パラレリズム』の機能と限界——ILCによる条約法と国際責任法の立法作業を素材に——」岩沢雄司・森川幸一・森肇志・西村弓編『国際法のダイナミズム（小寺彰先生追悼論文集）』（有斐閣，2019年）217-239頁参照。

(29) 同条約2条1項(j)の英語原文は，次の通りである。"'rules of the organization' means, in particular, the constituent instruments, decisions and resolutions adopted in accordance with them, and established practice of the organization."

V　条約と国際機構

　本稿の検討対象である「後に生じた慣行」との関係では，この国際組織締結条約法条約における「組織の規則」の定義の中に「当該組織の確立した慣行」(established practice of the organization) が含まれている点が特に注目に値する。

　また，国際責任法の分野においても，ILC は 2001 年に「国家責任条文」(Articles on Responsibility of States for International Wrongful Acts) を採択した後，国際組織が国際法上の責任主体となる場合に関する規則をまとめた「国際組織責任条文」(Draft Articles on the Responsibility of International Organizations) を 2011 年に採択した。この国際組織責任条文においても，「組織の規則」(rules of the organization) という概念が極めて重要な役割を果たしている[30]。例えば，「組織の規則の関連性」(Relevance of the rules of the organization) と題する国際組織責任条文第 32 条は，国家責任条文の第 32 条「国内法の無関係性」(Irrelevance of internal law) に対比される条項であるが，1 項で「責任を国際組織は，この部の下での義務の不履行を正当化する根拠として当該組織の規則を援用することができない。」と規定する一方で，同条 2 項では「1 は，国際組織とその加盟国又は加盟組織との間の関係についての当該組織の規則の適用を妨げるものではない。」と規定している。これは，国際組織の国際法上の責任に関して，当該組織の対外的な責任（組織外の第三者に対する責任）の問題に関しては「組織の規則」を援用して国際組織が責任を免れることはできないが，当該組織の内部的な責任（国際組織の加盟国に対する責任等）に関しては「組織の規則」がこれを規律する，ということを定めるものである。また，国際組織責任条文第 64 条は，同条文全体が補充的な性格のものであり，「組織の規則」が同条文の条項よりも優先的に適用される可能性を認めている[31]。この国際組織責任条文では，このような「組織の規則」の定義に関して，同条文 2 条(b)

---

(30) この点に関しては，植木・前掲論文（注(28)）237-239 頁，また植木俊哉「国際責任法の新たな展開——国際組織の責任に関する法典化作業とその理論的意義」植木俊哉編『グローバル化時代の国際法』（信山社，2012 年）307-309 頁参照。
(31) 国際組織責任条文第 63 条「特別法」(*lex specialis*) は，次のような条文である。「本条文は，国際違法行為の存在に関する条件又は国際組織の国際責任若しくは国際組織の行為に関連する国の国際責任の内容若しくはその実施が，国際法の特別の規則によって規律される場合には，その限りにおいて適用しない。これら国際法の特別の規則は，国際組織とその構成員との間の関係に適用される『組織の規則』(the rules of the organization) の中に含まれ得る。」（『　』は筆者）

において「『組織の規則』とは，特に，設立文書，当該文書に従って採択された国際組織の決定，決議及び他の法規並びに当該組織の確立した慣行をいう。」と定めている[32]。この国際組織責任条文における「組織の規則」の定義においても，「当該組織の確立した慣行」が「組織の規則」の中に含まれている点が注目される。

　国際法上同一の法的権能を有する国家の場合とは異なり，国際組織は多様な目的と機能を有し，同時にさまざまに異なる権限を有する多様な存在である。以上で取り上げた「（国際）組織の規則」ないしは「（国際）組織の関係規則」という概念は，このような国際組織の「多様性」を反映した柔軟な法的対応を可能とするための「調整弁」としての機能を営むものであると考えられる。国際組織の設立文書の解釈に関して，「後に生じた慣行」（subsequent practice）が当該条約の「解釈」というプロセスにおいて参照されるのに対して，この「後に生じた慣行」が「当該組織の確立した慣行」（established practice of the organization）という段階にまで成熟した場合には，これを「当該組織の（関係）規則」と捉えることによって，場合によっては条約法条約第31条及び第32条が定める解釈規則よりも優先させて適用する余地があると解することができる。「結論草案」の「結論12」4項の注釈によれば，国際組織の設立文書の解釈に関する「当該組織の規則」に該当する事例として，「世界貿易機関（以下，「WTO」と略記）を設立するマラケシュ協定」の第9条2項がマラケシュ協定の解釈を採択する排他的権限をWTOの閣僚会議及び一般理事会に付与することを明記している例が挙げられている[33]。

Ⅷ　おわりに——条約の「解釈」をめぐる国際組織の貢献の一側面

　以上，本稿では，2018年にILCが採択した「後にされた合意及び後に生じた慣行」に関する「結論草案」の条文及びその起草過程での議論を手がかりとして，特に国際組織の設立文書である条約の解釈において「後に生じた慣行」

---

(32)　国際組織責任条文第2条(b)の英語原文は，次の通りである。"'rules of the organization' means, in particular, the constituent instruments, decisions, resolutions and other acts of the international organizations adopted in accordance with those instruments, and established practice of the organization."

(33)　*Supra note 13*, pp.104-105, para.(40).

V 条約と国際機構

がいかなる法的意義を有するかという点を中心に検討を行った。ILCの「結論草案」は，条約の解釈一般において「後に生じた合意」と「後に生じた慣行」がどのような法的意義を有するかに関して一定の整理を試みたものであるが，その中で特に国際組織の設立文書である条約（いわゆる国際組織の設立条約）の解釈においては，「後に生じた慣行」というものが，「国際組織の慣行」という概念や「組織の（関係）規則」という概念とも関連づけられながら，一定の重要な役割を果たしていることの一端が明らかとなった。国家のみを法主体として捉える伝統的な国際法の理論は，国際法主体としての国際組織の役割が拡大するにつれ，一定の変容と発展を遂げつつあるが，「条約の解釈」という国際法上の重要な課題に関しても，国際組織はその規則の発展に対して大きな影響を与えているものと評価することができよう。

26 ILO 行政裁判所判決審査手続の廃止について

黒 神 直 純

I　はじめに
II　ILO 行政裁判所判決審査手続の設置と手続利用の実際
III　ILO 行政裁判所判決審査手続が抱えた問題点
IV　おわりに

I　はじめに

　国際労働機関（以下，ILO）に設けられた ILO 行政裁判所は，ILO 職員のみならず，他の国際機構（およびその他の国際団体）に勤務する職員の勤務関係に関わる不服申立てをも処理する司法機関である。この行政裁判所は，国際連盟に設けられていた国際連盟行政裁判所を引き継いで，1946 年に設置されたものである[1]。周知の通り，国際連盟と ILO は密接な関係にあり，国際連盟行政裁判所も，国際連盟と ILO の職員に関する訴訟を扱っていたため，連盟の解散後 ILO が同裁判所を引き継いだというのは自然な流れであったといえる。
　もともと ILO 職員からの申立て（設置当初は連盟時代に提出された連盟職員からの申立ても一部扱った）のみを処理することが念頭に置かれていたものの，1949 年の裁判所規程の改正により，広く他の国際機構の職員の申立てに対しても管轄権を有するようになった（ILO 行政裁判所規程 2 条 5 項[2]）。今日，ILO

---

(1) C.F. Amerasinghe, *The Law of the International Civil Service: As Applied by International Administrative Tribunals*, Vol.I (Oxford U.P., 1994), pp.49-53.
(2)　この改正で設けられた ILO 行政裁判所規程 2 条 5 項によれば，「裁判所はまた，この規程の付属書に規定する基準に見合う他のいかなる国際機構の職員の任用条件及び職員規則の規定の，実体又は手続における不履行を主張する不服申立ても審理する権限を有する。当該国際機構は，その設立文書又は内部行政規則及びその手続規則に従って，この目的のために裁判所の管轄権を認める宣言を ILO 事務局長に提出し，ILO 理事会がこれを承認する。」と規定される。もっとも，同規程付属書によれば，この規程に従っ

Ⅴ　条約と国際機構

行政裁判所の管轄権を認める国際機構は，実に 63 にも上る。また，今日までに ILO 行政裁判所が下した判決は，実に 4000 を超える（2019 年 4 月現在）[3]。

ILO 行政裁判所の手続で特徴的なものとして，同裁判所規程 12 条に定められた判決審査手続が挙げられる。同規定は次のように規定する。

「1. 国際労働事務局理事会又は年金基金管理委員会は，行政裁判所の管轄権を認める判決に異議を申立て，又は，とられた手続上の根本的な違反によって行政裁判所判決を無効と考える場合，同理事会は，行政裁判所が下した判決の有効性の問題を国際司法裁判所に勧告的意見を求めて提出する。

2. 国際司法裁判所が与えた意見は，拘束力を有する。」

また，この 12 条 1 項に関しては附属書が付されており，そこでは次のように規定される。

「ILO 行政裁判所規程 2 条 5 項に特定された宣言を行った国際機構の執行理事会は，行政裁判所の管轄権を認める判決に異議を申立て，又は，とられた手続上の根本的な違反によって行政裁判所判決を無効と考える場合，当該執行理事会は，行政裁判所が下した判決の有効性の問題を国際司法裁判所に勧告的意見を求めて提出する[4]。」

これらの規定は，ILO のみならず，ILO 行政裁判所の管轄権を認めた国際機構にも，ILO 行政裁判所判決に対する審査を国際司法裁判所（以下，ICJ）の勧告手続を利用して行うことを認めており，同時に，ICJ により与えられた意見は，法的拘束力を有することも認めている。後に見るように，これまでこの手続により，ICJ には 2 度の勧告的意見が要請された[5]。

　　て管轄権を認めた「国際機構（international organization）」とは，政府間国際機構か，または，次の 3 つの要件を満たすものを指す。すなわち，当該機構が，(a)加盟資格，構造および活動範囲に関して，明らかに国際的な性質を有していること，(b)職員との関係において，いかなる国内法の適用も求められてはならず，本部所在地国と締結した本部協定によって明示される通り，法的手続からの免除を享有すること，(c)国際的に永続性を有する任務を付与されており，かつ，ILO 理事会に対して当該機構の任務を遂行するための制度的能力があると十分保証するとともに，ILO 行政裁判所判決の履行を保証するもの，である。ILO Administrative Tribunal at https://www.ilo.org/tribunal/lang--en/index.htm (as of April 1, 2019).

(3)　*Ibid.*

(4)　C.F. Amerasinghe, *Documents on International Administrative Tribunals* (Oxford U.P., 1989), pp.30-35.

(5)　Jugements du Tribunal administratif de l'Organisation internationale du Travail

さて，この手続が 2016 年 6 月に廃止された。ILO の法務部の発表によれば，「これらの規定（12 条および付属書）は，司法への平等なアクセスおよび訴訟当事者平等の原則（principles of equality of access to justice and equality of arms）に反するものと批判されてきた」とのことである[6]。

ところで，同様の手続は，かつて国連行政裁判所においても存在した。1955 年に設けられて以来，その手続を用いて，ICJ に 3 度，勧告的意見が求められた[7]。しかし，同手続に関しては種々の議論があり，結局，同手続は 1995 年に廃止された[8]。つまり，このたびの ILO 行政裁判所判決審査手続の廃止は，国連でのそれから 20 年以上経って行われたということになる。

以上の状況を踏まえると，ILO 行政裁判所における判決審査手続が最近になって何故廃止されることになったのか，上述した ILO の発表による同手続に対する批判とはいかなるものであったのか，などの疑問が浮かんでくる。

そこで，本稿では，まず，ILO 行政裁判所判決審査手続の設置と同手続利用の実際について概観した後，同手続にいかなる問題点があったのかを考察し，最終的にこのたびの手続の廃止が，国際公務員の身分保障制度においていかなる意味を持つのかを検討したい。

---

　　sur requêtes contre l'Organisation des Nations Unies pour l'éducation, la science et la culture（Avis consultatif du 23 octobre 1956）, *CIJ Recueil* 1956, p.77-168 and Judgment No.2867 of the Administrative Tribunal of the International Labour Organization upon a Complaint filed against the International Fund for Agricultural Development（Advisory Opinion of 1 February 2012）, *ICJ Reports* 2012, pp.10-50.

（6）　廃止を決定した決議。International Labour Conference 105th Session, Provisional Record 9, pp.9/5-9/10. 法務部発表の 2016 年 6 月 14 日付記事については以下。https://www.ilo.org/global/about-the-ilo/how-the-ilo-works/departments-and-offices/jur/legal-instruments/WCMS_498369/lang--en/index.htm（as of April 1, 2019）.

（7）　Application for Review of Judgement No. 158 of the United Nations Administrative Tribunal（Advisory Opinion of 12 July 1973）, *ICJ Reports* 1973, pp.166-300, Application for Review of Judgement No. 273 of the United Nations Administrative Tribunal（Advisory Opinion of 20 July 1982）, *ICJ Reports* 1982, pp.325-552, and Application for Review of Judgement No. 333 of the United Nations Administrative Tribunal（Advisory Opinion of 27 May 1987, *ICJ Reports* 1987, pp.18-174.

（8）　拙著『国際公務員法の研究』（2006 年，信山社）136-154 頁。

II ILO行政裁判所判決審査手続の設置と手続利用の実際

1 手続の設置
(1) 国際連盟総会決議の採択

1939年末，国際連盟総会は，第2次大戦の勃発に伴って，連盟事務局とILO事務局の職員の規模縮小という必要に迫られた。同年12月14日に，連盟総会は，監査委員会の提案に基づき，行財政に関する第4委員会で議論を尽くした後，次のような一連の措置に関する決議を採択した。

まず，他所から動員されたり国家公務員の職に自発的に戻ることを望む職員は，その契約を停止された。他方，もはや勤務を必要とされない他の職員は，停職か辞職かの選択を迫られることとなった。前者を選んだ職員は，国際的職員としての資格と，機構から支払われる年金基金に対する資格を保持することとされた。後者を選択した職員には，それまでの勤務期間が7年を満たしているか否かに応じて，6カ月分か1年分の補償金が与えられることとされた。この補償金は，連盟およびILO双方の職員規則に定められたように，恒久任用職員が解任される場合の額に相当するものであった[9]。

しかし，全職員が停職か辞職という選択に応じるはずはない。実際に，当時の職員規則（連盟事務局職員規則18条および73条，またはILO職員規則19条および83条）によれば，任用が終了される場合には，6カ月前の通告が必要とされていたため，たとえ機構側が勤務を必要としなくとも，通告を与えられた後6カ月の期間は当該職員が残留することとなる。そこで，連盟総会は，次の内容の決議を採択した。すなわち，連盟総会は，職員の任用の終了に関して，上記該当規定も改正し，1カ月前の通告で足りることとした。また，解任に伴う補償金の支払いについても，一括払いの代わりに年賦で支払われるべきとしたのである[10]。

この状況下で，大多数の職員が自発的に辞職か停職かという上記の選択に応

---

(9) Note by the Acting Secretary-General on the Judgments pronounced by the Administrative Tribunal on February 26th, 1946, Concerning Certain Official Discharged in Application of the Emergency Measures Adopted by the 1939 Assembly, League of Nations, *Official Journal*, Special Supplement No. 194 (1946), Annex 23, pp.245-249.

(10) League of Nations, *Official Journal*, Vol. 20, Nos. 11-12 (1939), p.424.

じたものの，そうではない少数の職員は解任され，それらの職員には改正職員規則が適用されることとなった[11]。

解任された12名の連盟職員と2名のILO職員は，上記の職員規則の改正が任用契約違反であることを行政裁判所に申立てた。これらの申立てについては，国際連盟解散後の1946年2月26日に判決が下された。年金基金に関する付随的な請求を行った1件以外の13件の判決は，いずれも職員の解任に関するほぼ同内容のものであった[12]。ここでは，さしあたり判決番号の最も若いマイラス事件[13]を取上げることにする。

(2) マイラス事件

申立人のマイラスは，1921年3月7日から恒久任用の職員として連盟事務所での勤務を開始した。60歳まで恒久任用職員として勤務し，その後も1931年3月4日には任用契約を更新し勤務を継続していた。1939年12月20日の書簡において，人事部長は，マイラスに，一定の条件下での契約の停止かまたは辞職かいずれかの選択を求めた。しかし，マイラスがその申し出を断わったところ，同月29日の書簡で，人事部長は，1939年12月14日の連盟総会で決定された職員規則18条を適用し，マイラスの契約が1940年1月末に終了し，また，同改正73条により補償金が付与されることになることをマイラスに告げた。マイラスは，この人事部長から12月29日に通達された決定を争い，連盟行政裁判所に不服を申立てた[14]。

裁判所は，マイラスは任用契約によって既得権を有しており，改正後の職員規則18条および73条の規定は適用されえないこと，1939年12月14日の連盟総会決議によりマイラスが違法にも既得権益を奪われたことを認めた。結局，マイラスには，(1)6カ月前通告か，またはそれに代わる6カ月分の給与支払い，および(2)補償として遅滞なく1年分の給与支払いをそれぞれ受ける権利があ

---

(11) Memorandum by the International Labour Office, Effect of Awards of Compensation Made by the United Nations Administrative Tribunal, Advisory Opinion of July 13th, 1954, *ICJ Pleadings 1954*, pp.59-60.
(12) Tribunal administratif de la Société des Nations, Jugement No.24 (Myras)-No.36 (Kremer), at ILO Administrative Tribunal, *supra* note 2.
(13) Tribunal administratif de la Société des Nations, Jugement No.24 (Myras).
(14) *Ibid.*, pp.1-2.

V 条約と国際機構

るとした。以上から，マイラスの請求は認められたのである[15]。

(3) マイラス事件ほか一連の事件後の展開

改正職員規則諸規定の適用ができないと判断した行政裁判所の13の判決を受け，1946年の連盟総会第21会期の予算委員会は，以下の報告書を総会に提出した。すなわち，まず，予算委員会が任命した下部委員会の検討によれば，行政裁判所は，総会の決定を適用することはできても，そのことと，行政裁判所が総会の決定自体の有効性判断を行うこととは異なるし，行政裁判所がそれを設置した総会の優越した権能に服することとも異なる。すべての加盟国の約束は，個人の権利すら譲歩されなければならないような公共利益からの要請によって規律されており，すべての加盟国が連盟職員の任用条件を変更する最終手段としての権力を有しているのである[16]。

行政裁判所規程は，同裁判所を廃止する総会の権能を（明示規定はないものの）予定している。1927年に総会は，職員が有していた連盟理事会への不服申立手続を廃止したのと同様，1939年に総会は，行政裁判所を廃止することすらできたはずである。連盟の優位性は，職員との契約上の関係においてもそれが含意されている。行政裁判所は，改正職員規則を採択した1939年12月14日の総会決議の有効性を問題にすることはできない。裁判所は，その決議に効果を与える義務を負うに過ぎないのである[17]。

裁判所判決に対する通常の上訴制度はないものの，裁判所が総会の立法行為を無視しその立法行為の意思に関して誤った結論を導いたことを理由に，裁判所の下した判決が無効であると宣言するのは，自らの決議を最も良く解釈することができる総会の権限内のことであると考えられる[18]。

職員の大半が当時なされた決定に同調しただけでなく，1939年に世界が直面した重大な緊急事態に際して，大多数の者がその権利や利益の甚大な侵害に自発的に進んで従ったことに鑑みれば，総会が今回のような方策をとったことは正当化されうる。さらに，裁判所判決の履行およびそれを他の職員に拡張す

---

(15) *Ibid.*, pp.3-5.
(16) ILO *Official Bulletin*, Vol.XXIX (1946), pp.38-39, paras.1-2.
(17) *Ibid.*, p.40, para.5.
(18) *Ibid.*, p.40, para.6.

ることにより，必ず生じる連盟の予算状況への深刻な影響に左右されることがあってはならないのである[19]。

　以上の予算委員会下部委員会の結論に対して，若干の加盟国代表は反論した。彼らによれば，紛争当事者の一方の機関である総会が，自らが承認しない判決の履行に反対する権利を有すべきであったということは，法の概念や法の絶対性に真っ向から反対するように思えるとした。必要があれば総会が行政裁判所を廃止することまでできたはずであるということから，総会はそうはしないまでも行政裁判所判決の履行に反対はできたということには到底ならない。もしそうであったとしたら，行政裁判所を設置する意味がなくなるはずである。行政裁判所が設置され，かつかつて連盟理事会が行使した権能を付与された唯一の理由は，政治的機関を司法的機関に，また政治命令による決定を司法的決定に取って替えることが望ましいと考えられたからである[20]。

　以上のような反対意見があったにもかかわらず，結局，賛成16カ国，反対8カ国，棄権4カ国で，予算委員会は下部委員会の報告書を採択した。その結果，行政裁判所判決は履行されないこととなった。この予算委員会の報告書は，4月18日の総会に提出された。ベルギー，デンマーク，イラン，ルクセンブルグ，スウェーデンおよびスイスが当該決定およびその決定が根拠としたいくつかの検討に関して，公式の留保表明宣言を行った。総会は，その留保に留意した上で，報告書を採択した[21]。

　その後，連盟が直面したこのような一連の事態が将来発生するのを避けるために，ILOは，行政裁判所規程の改正を行った。それによれば，ILO理事会（または年金基金行政委員会）が，もし行政裁判所の管轄権を認める裁判所の判決を争う場合，または裁判所判決を，取られた手続における根本的な違反によ

---

(19) *Ibid.,* p.41, paras.8-9.
(20) *Ibid.,* p.41.
(21) *Ibid.,* p.42. この一連の出来事について，かつて太寿堂鼎は以下のように的確に評価している。すなわち，「かくして，行政裁判所が設置される時に，連盟は国際間の裁判制度を改善しようと目指しているのであるから，連盟内部の問題である事務総長とその部下との関係においても，法の支配を確立するのは当然である，といわれたような，輝かしい理念は影を潜め，国際連盟行政裁判所の運営の歴史は，竜頭蛇尾の結果に終わってしまったのである。」太寿堂鼎「国際公務員の身分保障と行政裁判所」『法学論叢』71巻4号（1962年）9頁。

V 条約と国際機構

り無効と考える場合，ILO 理事会は，ICJ の勧告的意見を要請できることとなった。この改正の意義は，行政裁判所判決の審査を加盟国代表から成る審議機関に委ねるのではなく，より上位の司法機関に委ねることにあった[22]。

新たに創設された行政裁判所規程13条（その後の改正により12条となる）は，以下の通りであった。

「13条　国際労働事務局の理事会又は年金基金管理委員会は，行政裁判所の管轄権を認める判決に異議を申立て，又は，とられた手続上の根本的な違反によって行政裁判所判決を無効と考える場合，同理事会は，行政裁判所が下した判決の有効性の問題を国際司法裁判所に勧告的意見を求めて提出する。

国際司法裁判所の与えた意見は，拘束力を有する[23]。」

2　ICJ 勧告手続利用の実際

ILO 行政裁判所判決の審査手続として，ICJ の勧告手続は，1956年と2012年に2度用いられた[24]。以下に，これらの事件について概観しておく。

(1)　1956年 ICJ 勧告的意見——その経緯と内容——
【ILO 行政裁判所判決——デュバーグ事件他3件——】
（事実）
まず，1956年の ICJ 勧告的意見請求に至った経緯について，ILO 行政裁判所判決の概要を振り返っておく。本勧告的意見の対象となった ILO 行政裁判所判決は，4件（1955年4月26日判決の，デュバーグ事件，レフ事件およびウィ

---

(22)　Memorandum by ILO, *supra* note 11, p.47. 同手続導入の経緯については，以下も参照。F. Gutteridge, "V. 2 The ILO Administrative Tribunal" in C. de Cooker ed., *International Administration: Law and Management Practices in International Organisations*（Martinus Nijhoff, 1990), p.V.2/3-6.

(23)　*Record of Proceedings of the XXIX International Labour Conference*（1946), pp.339-340. その後，冒頭で見たように，勧告的意見を要請できるのは ILO のみならず，ILO 行政裁判所の管轄権を認める他の国際機構に拡大された。

(24)　1949年に設立された国連行政裁判所にも，1955年の改正によって類似の手続が設けられていた（旧国連行政裁判所規程11条）。この手続を通じて，ICJ に3度の審査請求がなされ，勧告的意見が下された（注(7)参照）。参考までに，これらいずれの勧告的意見においても，行政裁判所判決が支持された。

684

ルコックス事件,ならびに同年6月28日にバーンスタイン事件[25]）であった。これらの事件の事実関係に関しては，4件ともほぼ内容は同一であるので最初のデュバーグ事件を取り上げる。

　アメリカ国籍のデュバーグは，1949年6月2日にUNESCOに期限付で任用された。本件解任決定が下されたときには，1年間の期限付任用契約を有しており，その任期は1954年12月31日に終了することになっていた。デュバーグは，1953年2月に，駐UNESCOアメリカ代表から質問票を受け取った。その情報は，同年1月9日の大統領令により国連事務総長にも利用可能となるとされていた。デュバーグは，その質問票に回答しなかった。

　1954年2月に，デュバーグは，行政命令により設置されたアメリカ公務員委員会の国際機構職員忠誠委員会から質問票を受け取るも回答しなかった。同年6月，彼は，パリのアメリカ大使館内の忠誠委員会への出頭命令を受けた。しかし，彼は，翌月その命令を自身の良心を理由として拒否した。

　その後8月13日に，UNESCO事務局長は，デュバーグに対して，彼が前記忠誠委員会に出頭しない理由を原因として，契約更新の申込みをしないことを告げた。デュバーグは，事務局長に当該決定の再考を求めたが，それも叶わなかった。

　1954年9月10日，事務局長は，忠誠委員会から報告書を受け取った。そこには，デュバーグには，アメリカ政府への忠誠に関して合理的な疑義のあることが，あらゆる証拠に基づいて決定されたと述べられていた。デュバーグにも，忠誠委員会から，当該決定が知らされるとともに，同報告書がUNESCO事務局長に送られたことも知らされた。

　デュバーグは，同年9月23日，UNESCO訴願委員会に，事務局長の契約不更新決定の取消しを申立てた。11月2日に同委員会は，決定が取消されるべきことを決定した。ところが，同月25日に，事務局長は，同委員会議長に対して，その意見に従わないことを通知した。

　1955年2月5日，デュバーグは，UNESCOを相手取り，1954年8月13日

---

(25) ILOAT Judgment No. 17 (Duberg v. UNESCO, 26/April/1955), ILOAT Judgment No. 18 (Leff v. UNESCO, 26/April/1955), ILOAT Judgment No. 19 (Wilcox v. UNESCO, 26/April/1955) and ILOAT Judgment No. 21 (Bernstein v. UNESCO, 29/October/1955).

V 条約と国際機構

のUNESCO事務局長による契約不更新決定の取消し等を求めてILO行政裁判所に提訴した[26]。

(判旨)

申立人デュバーグの契約不更新の理由は，本国政府がその若干の国民に関して実施した調査への協力を彼が拒否したこと，とりわけ自国への忠誠を調査する権能を政府から付与された委員会の前に彼が出頭することを拒否したことに基づく。事務局長は，この理由により，デュバーグには信用が置けず新規任用を付与することができないこと，また，彼の態度は，機構に任用される者に求められる最高水準の誠実とは相容れず，さらには機構の利益を害する恐れすらあると結論づける[27]。

国際機構の事務局長は，いずれかの加盟国政府当局の政策の実施に関与するならば，すべての国際的職員に区別なく課される義務を無視し，その結果，機構がそのもっぱら国際的な目的のためだけに付与された権限を濫用することになる。この事務局長の義務は，責任の国際的性質と地位の独立を定めたUNESCO憲章6条5項に定められている。

もし，UNESCOに加盟する72の国家や政府のうちのいずれかが自国職員に対して，不誠実を告発し同職員に調査に服するよう求める場合，事務局長がとった態度は，調査に手を貸すこと，さらには，同様の懲戒または規定上の処分，信用の失墜を必ず惹起する先例となる。そうであるなら，すべての国際的職員にとって，その良心に関わる問題において，その任務遂行に偏見を抱かせ，かつUNESCO憲章起草者の意図としても想像しえなかった国際行政への妨害を必ずや引き起こす不明確かつ不安定な状況をもたらすことになろう。

従って，任用更新に関する一般原則の例外を，申立人に適用することを正当化するために事務局長が挙げた唯一の理由，すなわち，申立人が自国政府の調査に反対したことは，まったく正当化されない。契約不更新の決定は取り消されなければならない。よって，差別的取扱いにより申立人が被った分の損害賠償額の支払いを命じる[28]。

---

(26) 本件事実については，以下参照。ILOAT Judgment No. 17 (Duberg v. UNESCO, 26/April/1955), paras.1-17.

(27) *Ibid.* para.A.

(28) *Ibid.* para.E.

以上のように，ILO行政裁判所は，デュバーグの申立てを認め，事務局長側に対して決定取消しと損害賠償支払いを命じたのであった。他の同様の3件（デュバーグ事件と同じ1955年4月26日に下されたレフ事件およびウィルコックス事件判決，ならびに同年10月29日のバーンスタイン事件判決）においても，申立人らが勝訴した。UNESCO事務局長は，これら一連の判決を不服として，判決の審査を求めてICJに勧告的意見を要請した。以下に見てみることにする。

【ICJ勧告的意見——UNESCOに対する異議申立てに関するILO行政裁判所判決——】
1955年11月30日付の書簡により，UNESCO事務局長は，ICJに対して同年11月18日の決議により，UNESCO執行理事会が，ILO行政裁判所規程12条の枠内で行動し，1955年4月26日のデュバーグ判決，レフ判決およびウィルコックス判決，ならびに10月29日のバーンスタイン判決を争い，それらの有効性の問題についてICJに付託することを決定した旨通告した。同年11月25日の決議により，UNESCO執行理事会は，以下のようにICJに勧告的意見を要請することを決定した。

「1. 行政裁判所は，その規程2条の下で，1955年2月5日にデュバーグ，レフおよびウィルコックス氏，ならびに同年6月28日にバーンスタイン氏からUNESCOに対して提出された不服申立てを審理する管轄権を有していたか。

2. 第1問への回答が肯定的である場合，
　(a) 行政裁判所は，期限付任用を更新しない事務局長の権能が機構の運営上の便益と利益のために行使されたか否かを決定する管轄権を有していたか。
　(b) 行政裁判所は，UNESCO憲章の文言の下で事務局長が加盟国との関係において，とりわけ加盟国政府当局の政策実施に関して保持すべき態度に基づいて判断を下す管轄権を有していたか。

3. 判決17号，18号，19号および21号のいずれの事件においても，そこで下された行政裁判所判決の有効性とはいかなるものか[29]。」

---

(29) *CIJ Recueil* 1956, p.78-79.

V 条約と国際機構

　ICJ は，行政裁判所の本案部分について意見を表明することを求められてはいない。本件申立ておよび意見要請は，行政裁判所判決が手続上の根本的な違反によって無効となることには言及していない。
　まず，勧告的意見を与えるべきか否かという点について，裁判所に付された問題は，法律問題である。ILO 行政裁判所規程 12 条の下で，ICJ の勧告的意見は，「拘束力を有する。」この規定は，ILO 理事会の行動原則なのであって，ICJ が機能する方法や勧告的意見の中で形成する理由づけまたは意見自体の内容に影響を与えるものではない。従って，勧告的意見が拘束力を有するということは，ICJ が勧告的意見の要請に応じない根拠を提供しているわけではない。
　勧告手続は，4 つの判決の上訴の目的で利用されているように見える。ICJ 規程 34 条 1 項の下では，「国のみが，裁判所に係属する事件の当事者となることができる。」ILO 行政裁判所規程 12 条において，行政裁判所判決を争うことができる権利は，理事会にのみ与えられている。この手続の特徴は，勧告手続が ICJ 規程の下ではありえない争訟手続として位置づけられていることである。
　ICJ は，その手続の実体またはその採用に至った理由を検討することを求められていない。ICJ の規程や司法的性格が，勧告的意見の要請に応じることによってこの手続に参加するというやり方に合っているのか否かという問題のみを検討しなければならない[30]。
　本件で開始された勧告手続には，この手続の起源と発展の双方において，UNESCO とその職員との間に一定の平等がない。第 1 に，理事会は法的救済手段を利用したものの，職員には行政裁判所判決に対する救済手段はない。行政裁判所規程 12 条は，この点において，理事会に排他的な権利を付与している。
　しかし，実際には，ここでいう不平等は，ICJ における不平等にはならない。それは，ICJ による問題の検討に先立つものであり，ICJ が検討を行うやり方には影響を与えない。また，本件において，当事者間の平等の欠如は，名目上のものである。というのも，職員は行政裁判所の手続において勝訴したのであり，従って職員の側では何らの不服もなかったからである。こうしたことから，

---

(30) *Ibid.*, p.83-85.

ICJ は行政裁判所規程 12 条の法内容について意見を表明する必要はない。この点において，理事会のみが本手続を開始する資格があることをもって勧告的意見の要請に応じない理由にはならないことを述べておけば十分である[31]。

UNESCO と職員との間の平等の問題は，再度 ICJ における実際の手続との関わりで生じる。ここでの平等の欠如は，行政裁判所規程からでなく ICJ 規程の諸規定に由来する。勧告手続の形で，ICJ は意見の要請を受け，その結果は，職員が行政裁判所判決の利益を得る権利とその判決に従う UNESCO の義務に影響を与える。ICJ の司法的性質から，この手続によって直接影響を受ける両当事者は，ICJ に彼らの見解と議論を提出する立場にあるべきである。UNESCO の場合は，この点何も障害はないが，職員の場合は異なる。

この困難に直面し，ICJ は，一方で，職員の見解を UNESCO を介して裁判所に提出させ，他方で，口頭手続はなしにした。職員の側からも同意があり，陳述書が UNESCO を通じて提出されたことによって，当事者平等の原則が損なわれることはなかった。口頭手続がないことについても，ICJ は十分な情報が利用できたので満足している。

以上より，ICJ は，勧告的意見の要請に応じるべきであると考える[32]。

ICJ に諮問された第 1 問について，行政裁判所の管轄権を決定するためには，援用された文言や規定が，職員の契約の不更新と，単に人為的でなく実質的な関係であるか否かを確認することが必要であるとし，行政裁判所規程や職員規則の関連諸規定と，不服申立ての内容について検討した。それらの検討から，任用条件の不履行であれ職員規則の不履行であれ，行政裁判所が管轄権の問題において与えた理由の中で述べたように，本件は，UNESCO 職員規則および細則の解釈適用に関する紛争の 1 つであり，結論として，行政裁判所がその管轄権を認めたことは正当化された[33]。

第 2 問について，当該諮問には，手続の根本的違反または管轄権を認めた行政裁判所の判断のいずれにも言及がない。これらの諮問は行政裁判所判決の本案に関して与えられた理由に関する問題である。この点に鑑みて，行政裁判所

---

(31) *Ibid.*, p.85-86.
(32) *Ibid.*, p.86-87.
(33) *Ibid.*, p.89-97.

Ｖ　条約と国際機構

規程12条の枠内において，ICJ は，第２問には回答することができない[34]。

　第３問について，ICJ は，UNESCO 執行理事会の唯一の主張である管轄権に関する主張を退けたのであるから，その結果として４つの判決の有効性を認める[35]。

　以上に見たように，デュバーグ事件他３件については，申立人らが ILO 行政裁判所で勝訴し，それを不服とした UNESCO 側が ICJ において行政裁判所の管轄権を争った。ICJ は，ILO 行政裁判所の管轄権を認めたことにより，結果として申立人らの権利救済が確定した。次に，2012年の ICJ 勧告的意見に関わる一連の経緯について見てみる。

(2)　2012年 ICJ 勧告的意見──その経緯と内容──
【ILO 行政裁判所判決──ガルシア事件──】
（事実）

　「深刻な干ばつ又は砂漠化に直面する国（特にアフリカの国）において砂漠化に対処するための国際連合条約」（1996年12月26日効力発生）の締約国会議は，グローバル・メカニズムを設立した。同メカニズムは，同条約の実施において，当事国を補助するために既存の財政メカニズムの実効性と能率を高める責任を負う。グローバル・メカニズムは，国連農業開発基金（以下，IFAD）に付設され，その組織態様や管理運営は，1999年11月26日に締約国会議と IFAD 間で署名された覚書に規定されている。覚書のⅡ. A によれば，グローバル・メカニズムは，基金の中の別個の実体性（separate identity）を有しつつ，IFAD 総裁直下に置かれ，その組織構造上の一部を構成する。覚書Ⅲ. A の４項によれば，グローバル・メカニズムの管理部長が同メカニズムの人事を含む作業計画および予算上の責任を負う。

　さて，申立人のガルシア（ILO 行政裁判所判決では「Mrs. A.T.S.G.」と記載）は，1958年ベネズエラ生まれである。2000年３月１日に，P-4 の等級でグローバル・メカニズムの企画官として，IFAD での２年間の期限付任用を付与された。2005年12月15日に，グローバル・メカニズムの管理部長は，ガルシアに対し，同メカニズムの予算削減に伴い，彼女（ガルシア）のポストが廃止され，彼女

---

(34)　*Ibid.,* p.98-99.
(35)　*Ibid.,* p.100-101.

の契約は，2006年3月15日に終了し更新されないことになると告げた[36]。

その後，ガルシアは，内部の和解手続に訴えたがそれも叶わず，2007年6月27日に，2005年12月15日の決定を不服として，内部の合同訴願委員会に申立てを行った。

2007年12月13日の報告書において，合同訴願委員会は，ガルシアの主張を認め，2年の期限付契約でグローバル・メカニズム内に再任用されることやグローバル・メカニズムへの賠償額の支払いなどを勧告した。

これに対し，2008年4月4日にIFAD総裁は，ガルシアに対し，他の職を探す猶予を付与するなど適正な手続を付与したことを理由に，その申立てを拒否すると通告した。

ガルシアは，これを不服として，ILO行政裁判所に，処分の取消し，再任，損害賠償等を求めて申立てを行った[37]。

（判旨）

ガルシアは，自身の期限付任用契約の不更新に関する内部不服申立てを却下するというIFAD総裁の決定を争っている。この決定は，合同訴願委員会の勧告にも反する[38]。

グローバル・メカニズムが条約の一部であり，締約国会議に責任を負うという事実によって，必ずしもそれが固有の法的実体性（legal identity）を有するということにはならない。むしろ，「グローバル・メカニズム」という用語が示唆するように，それは，締約国会議が，条約によって創出された一定の義務を果たすよう指定したメカニズムであることを示しているに過ぎない。グローバル・メカニズムが「別個の実体性」を有しているとの覚書の規定は，それが別個の法的実体性，より正確には別個の法主体性を有しているということを示してもいない。従って，グローバル・メカニズムは「基金の組織構造上の一部である」と解される。

覚書によれば，管理部長はIFAD総裁に報告を行う。責任系統は，管理部長から直接総裁，総裁から締約国会議へと続く。さらに，グローバル・メカニズムは財政的に独立していない。覚書にいう「IFADの組織構造上の一部」と

---

(36) ILOAT Judgment No. 2867 (Ms. A.T.S.G. v. IFAD, 3/February/2010), pp.1-2.
(37) *Ibid.*, pp.2-5.
(38) *Ibid.*, p.9, para.1.

V 条約と国際機構

いう文言は，あらゆる行政的目的のために設けられたIFADの種々の行政部署と同等であることを示している。この帰結として，グローバル・メカニズムの職員に関して管理部長がなした行政決定は法的にはIFADの決定である[39]。

IFADは，さらに，ガルシアがIFAD職員ではないがゆえ，裁判所に管轄権がないと主張する。しかし，IFADのレターヘッドの下に，「IFADとの2年間の期限付任用」と記載されている。2002年3月および2004年3月に，IFADのレターヘッドの下での書面による「IFADとの任用」更新の申込みを，ガルシアは受諾した。これらの書面による申込みと後の受諾は，明らかに彼女がIFAD職員であることを示している[40]。

管理部長がガルシアのポストを廃止した権限の問題は，覚書や締約国会議の決定によって黙示的に禁じられていたか否かにかかっている。2005年10月に，ガルシアのポストをはじめ9つの職員ポストを含む2006-2007年期の作業計画と予算が締約国会議に提出され，コア予算の削減はあったものの，提案された職員ポストは承認された[41]。

覚書によれば，グローバル・メカニズムは，締約国会議の権限の下で機能する。従って，同会議の決定がガルシアらの職員ポストの継続を要求したのであるから，ガルシアのポストの廃止は黙示的に同会議決定により禁じられていたという結論が導かれる。従って，それを廃止するという管理部長の決定は，権限のないままになされたことになる。管理部長には，申立人のポストを廃止する権限がないのであるから，その廃止に基づく契約不更新の決定は，法律違反に該当する。ガルシアの内部申立てを考慮する際に，IFAD総裁は，その認定をしなかったことに法律違反がある。2008年4月4日に，申立人の内部的訴願を退けた総裁の決定は，無効とされなければならない[42]。

以上の理由により，

1. 総裁による2008年4月4日の決定は無効とする。
2. IFADは，もし，申立人がその契約が2006年3月16日より2年間延長されたならば，受け取っていたはずの給与その他の手当に相当する

---

(39) *Ibid.*, pp.11-12, paras.6-7.
(40) *Ibid.*, pp.12-13, para.9.
(41) *Ibid.*, pp.14-15, paras.13-14.
(42) *Ibid.*, pp.15-16, paras.16-17.

物的損害を，その利子も含めて，申立人に対して支払うものとする。
3. IFADは，精神的損害として，1万ユーロを申立人に対して支払うものとする。
4. IFADは，裁判経費として，5千ユーロを申立人に対して支払うものとする。
5. 他の請求は棄却する[43]。

以上のように，ILO行政裁判所は，ガルシアの申立てを認め，IFAD側の決定の無効と損害賠償支払い等を命じたのであった[44]。IFAD側は，これら一連の判決を不服として，ICJに勧告的意見を要請した。以下に見てみることにする。

【ICJ勧告的意見──IFADに対する異議申立てに関するILO行政裁判所判決2867号──】

2010年4月23日付書簡により，IFAD総裁は，ICJに対してIFAD理事会はILO行政裁判所規程12条の枠内で行動し，2010年2月3日のILO行政裁判所判決2867号を争いかつ，同判決の有効性の問題をICJに付託することを決定したと通告した。提出された諮問は以下の通りであった。

「Ⅰ．ILO行政裁判所は，その規程2条の下で，2008年7月8日にA.T.S.G氏──IFADが単に拠点を提供する機構として行為する，「深刻な干ばつ又は砂漠化に直面する国（特にアフリカの国）において砂漠化に対処するための国際連合条約」のグローバル・メカニズムの職員──から，IFADに対して提出された不服申立てを審理する管轄権を有していたか。

Ⅱ．記録によれば，ILO行政裁判所判決2867号の基礎となる紛争の当事者がIFADとグローバル・メカニズムが別個の法実体であること，および申立人がグローバル・メカニズムの職員であることに合意していることに鑑み，かつ，すべての関連文書，規則および原則を考慮し，ILO行政裁判所がその管轄権を認める決定を支持して行った主張，すなわち，「グローバル・メカニズ

---
(43) *Ibid.*, p.18.
(44) なお，2010年4月に，IFADは，ICJに勧告的意見の要請を行った後，同年10月に，本行政裁判所判決の執行延期を求める申立てを行ったものの，それは却下された。ILOAT Judgment No. 3003 (6/July/2011).

V 条約と国際機構

ムがあらゆる行政的目的のために設けられたIFADの種々の行政部署と同等である」という主張，および，「その効果として，グローバル・メカニズムの職員に関して管理部長の下した行政決定が法的にIFADの決定となる」という主張は，ILO行政裁判所の管轄権外にあり，かつ／または，それがILO行政裁判所のとった手続において根本的な違反を構成したか。

Ⅲ．ILO行政裁判所がその管轄権を認める決定を支持して行った一般的な主張，すなわち，「グローバル・メカニズムの人員は，IFADの職員である」という主張は，ILO行政裁判所の管轄権外にあり，かつ／または，それがILO行政裁判所のとった手続において根本的な違反を構成したか。

Ⅳ．グローバル・メカニズムの管理部長による権限濫用を申立てる申立人の主張を審理する管轄権を認めたILO行政裁判所の決定は，ILO行政裁判所の管轄権外にあり，かつ／または，それがILO行政裁判所のとった手続において根本的な違反を構成したか。

Ⅴ．管理部長が申立人の契約を更新しないとした決定は法律違反を構成するという申立人の主張を審理する管轄権を認めたILO行政裁判所の決定は，ILO行政裁判所の管轄権外にあり，かつ／または，それがILO行政裁判所のとった手続において根本的な違反を構成したか。

Ⅵ．「深刻な干ばつ又は砂漠化に直面する国（特にアフリカの国）において砂漠化に対処するための国際連合条約」の締約国会議とIFAD間の覚書，同条約およびIFAD設立協定を解釈する管轄権を認めたILO行政裁判所の決定は，その管轄権を越え，かつ／または，それがILO行政裁判所のとった手続において根本的な違反を構成したか。

Ⅶ．IFAD総裁が，覚書の下で仲介的かつ補助的役割を果たすことによりIFADを代表して行為したと決定する管轄権を認めたILO行政裁判所の決定は，ILO行政裁判所の管轄権外にあり，かつ／または，それがILO行政裁判所のとった手続において根本的な違反を構成したか。

Ⅷ．グローバル・メカニズムの管理部長の裁量的決定を取消無効とする管轄権を承認したILO行政裁判所の決定は，ILO行政裁判所の管轄権外にあり，かつ／または，それがILO行政裁判所のとった手続において根本的な違反を構成したか。

Ⅸ．ILO行政裁判所がその判決2867号で下した判決の有効性とはいかなる

ものか[45]。」

1956年の意見で、2点が問題となった。すなわち、ICJへのアクセスの不平等と、ICJの手続における不平等である。ILO行政裁判所判決審査手続が開始された1946年以来、裁判所へのアクセスの平等原則の発展は顕著である。1984年の自由権規約委員会の一般的意見では、自由権規約14条1項を繰り返し、加盟国に裁判所への平等なアクセスを含む裁判所の前の平等を確保するよう報告を求めていたに過ぎなかった。これに対して、2007年の意見では、平等権とは、平等なアクセスと当事者間の平等を保障するものであるとし、当事者間の区別が客観的かつ合理的理由で正当化されない限り、手続的な権利がすべての当事者に与えられなければならないとされた。従って、本件ILO行政裁判所の場合、ICJは、任用者を有利にし職員を不利にする行政裁判所判決審査の規定に対していかなる正当性も見出しえない[46]。

もっとも、本件においては、以前の4つの国連およびILO行政裁判所判決審査請求と同様、ICJは、機構と職員の裁判所の前の不平等を2つの点において緩和した。第1に、IFAD総裁がガルシアの見解を示す声明をICJに伝達した。第2に、ICJは、個人が審理に参加できないことに鑑み、口頭手続を実施しないことを決定した。

ただし、この手続も問題なしとしない。第1に、ICJ規程65条2項により、「問題を明らかにすることができるすべての書類」の提出が期限内になされなかった。第2に、IFADがICJに行う手続的な要請をガルシアに対して時宜を得た方法で伝えていなかった。第3に、IFADが、ガルシアからの最初のいくつかの通達をICJに伝達できていなかった。もっとも、これらの問題を抱えながらも、最終的には、ICJは、提出された問題について決定するのに必要な情報を入手した。従って、IFADもガルシアも、自身の主張を表明する十分かつ大幅に平等な機会を保持し、本質上ICJの手続における平等原則が実現されたと結論づける。全体として本件の事情、特にICJの手続における不平等を減じるためにとられた方策を考慮し、ICJは、勧告的意見を与えることを控えるに至るほど十分に決定的事由があるとはいえないと考える[47]。

---

(45) *ICJ Reports* 2012, pp.15-16.
(46) *Ibid.*, pp.25-27, paras.36-39.
(47) *Ibid.*, pp.30-31, paras.45-48.

V　条約と国際機構

　ICJ に諮問された第 1 問について，2000 年 3 月 17 日にガルシアが受諾した任用の申込みは，IFAD を代表して人事部長が行った。後の契約更新についても，同じく IFAD 人事部の人事担当職員が署名した。IFAD は，人事案件に関してこれらの職員に付与された権限を問題にはしていない。これらの申込みは IFAD の人事政策マニュアルの一般原則に沿ってなされた。ガルシアと IFAD 間で任用関係が成立し，この関係は，彼女が IFAD 職員としての資格を与えるものであった。従って，彼女がグローバル・メカニズムの任務に関連した職務を遂行するよう配属されたという事実により，彼女が IFAD 職員とはなりえないということにはならない。IFAD は，専門機関特権免除条約に基づき本部所在地国における特権免除を主張する職員リストに，ガルシアの名前を含めていたという事実もある。彼女の IFAD との法的関係は，彼女がポスト削減や契約不更新の決定を争った不服申立てをめぐる事実によっても立証される。その申立ては，IFAD が設置した和解手続や合同訴願委員会のような内部手続で開始された。IFAD もガルシアがこれらの手続を用いたことに反対したという記録はない。以上のことから，ICJ は，行政裁判所が，2008 年 7 月 8 日のガルシアによる IFAD に対する不服申立てを審理する人的管轄を有すると結論する(48)。

　ILO 行政裁判所の事項的管轄権については以下の通りである。第 1 に，グローバル・メカニズム管理部長の決定に関する行政裁判所の管轄権に関して，同管理部長は IFAD 職員であったことから，ガルシアの契約不更新決定は，IFAD を代表して管理部長が行ったものであった。第 2 に，本件任用契約不更新決定が有効な根拠に基づかず，実体的または手続的違反があるとするガルシアの申立ては，ILO 行政裁判所の管轄権の根拠である同裁判所規程 2 条 5 項(49)にいう「職員の任用条件」に関する主張のカテゴリーに含まれる。第 3 に，ガルシアへの任命書と更新契約書には，明らかに彼女の任用が人事政策マニュアル（その後の改正も含む）および同マニュアル適用に関して適時発行された行

---

(48)　*Ibid.*, pp.41-42, paras.76-82.
(49)　「裁判所は，この規程の付属書に規定する基準に見合う他のいかなる国際機構の職員の任用条件及び職員規則の規定の，実体又は手続における不履行を主張する不服申立ても審理する権限を有する。当該国際機構は，設立文書又は内部行政規則及びその手続規則に従って，この目的のために裁判所の管轄権を認める宣言を事務局長に提出し，執行理事会がこれを承認する。」

696

政文書に従ってなされたことが明示されている。これらの文書の規定等の不履行については、ILO 行政裁判所規程 2 条 5 項により同裁判所において異議が申立てられうる。

従って、ICJ は、IFAD が提出した第 1 問に対して、ガルシアが IFAD の職員でありかつその任用が IFAD 職員規則および細則の規定によって規律されていたという事実に鑑み、ILO 行政裁判所はその規程 2 条による IFAD に対する申立てを審理する管轄権を有していたと判断する[50]。

IFAD からの第 2 問から第 8 問は、IFAD に対する申立ての検討において行政裁判所が犯したいかなる根本的な手続違反も特定していない。IFAD が ICJ に示した情報も行政裁判所判決の分析も、手続における根本的な違反を示していない。

IFAD からの第 9 問について、ICJ は、すでに第 1 問につき肯定的に回答し、行政裁判所が管轄権を認めたことが完全に正当化されかつ行政裁判所が犯したいかなる根本的な手続違反も見出さなかったと決定したので、ILO 行政裁判所がその判決 2867 号で下した判決は有効であると決定する[51]。

III ILO 行政裁判所判決審査手続が抱えた問題点

以上に、ILO 行政裁判所判決審査手続の設置と同手続利用の実際について考察してきた。ICJ の 2 つの勧告的意見でも指摘されたように、同手続には、大きく 2 つの問題点、すなわち、同手続へのアクセスの不平等と、ICJ 勧告手続における当事者間の不平等の問題が指摘される。これらの問題については、特に上に見た 2 つの意見において、裁判官が提出した個別意見や反対意見の中で指摘されてきた。従って、これらの見解を中心に、以下に順次検討していくことにする。

1 手続へのアクセスの不平等

ILO 行政裁判所判決審査手続の開始について、この手続を開始できるのは、国際機構のみである。すでに見たように、ILO 行政裁判所規程 12 条 1 項は、次のように規定した。

---

(50) Ibid., pp.45-48, paras.88-95.
(51) Ibid., pp.49, paras.98-99.

V 条約と国際機構

「1. 国際労働事務局理事会又は年金基金管理委員会は，行政裁判所の管轄権を認める判決に異議を申立て，又は，とられた手続上の根本的な違反によって行政裁判所判決を無効と考える場合，同理事会は，行政裁判所が下した判決の有効性の問題を国際司法裁判所に勧告的意見を求めて提出する。

2. 国際司法裁判所が与えた意見は，拘束力を有する。」

本規定によれば，ILO 行政裁判所判決の審査を求めて ICJ 勧告的意見を要請することができるのは，機構のみである。本稿Ⅱで見た手続導入の経緯から明らかなように，この規定は，行政裁判所判決に機構が異議を唱えるためにわざわざ設けられたものである。従って，行政裁判所におけるもう一方の当事者である職員はこの手続を利用することができない。実際に過去に利用された手続において，いずれも職員が勝訴し，それに対して機構がこの手続を利用して行政裁判所判決を争った。

この手続開始に関する当事者間の不平等は，ICJ の意見でも確認された。しかし，すでに見た通り，1956 年意見で，ICJ は，当該不平等を認めながらも，勝訴した職員の側には何らの不服もないことから，最終的には職員が同手続を開始することができないことを問題にはしなかった[52]。また，2012 年意見で，ICJ は，まず，近年の人権保障における平等権の発展を踏まえて当該不平等にはいかなる正当性も見出しえない[53]とした。しかし，手続の運用上，職員が機構を通じて自身の主張を ICJ に伝えたことから，最終的に職員が自身の主張を表明する機会を有し，実質上 ICJ の手続における平等原則が実現されたとした[54]。

しかし，このような ICJ の多数意見に対しては，批判も少なくなかった。ICJ へのアクセスに関する当事者間の不平等については，すでに 1956 年意見の際に，複数の裁判官がその個別意見や反対意見によって指摘していた[55]。2012 年の多数意見がいうように，勝訴した職員側から不服を申立てることは考えにくい。しかし，場合によっては，判決内容について不服――たとえば，

---

[52]　*CIJ Recueil* 1956, p.85-86.
[53]　*ICJ Reports* 2012, p.27, para.39.
[54]　*Ibid.*, p.30, para.47.
[55]　Opinion Individuelle de M. Winiarski, *CIJ Recueil* 1956, p.108, Separate Opinion of Judge Klaestad, *ibid.*, p.110-111, Dissenting Opinion of Judge Córdova, *ibid.*, p.167.

待遇や補償額に関する不服——がないわけではない。やはり，本来の一方の訴訟当事者である職員が参加できず，機構側のみICJに勧告的意見を求めることができるというこの手続には違和感が残る。2012年意見の際に宣言を付したグリーンウッド裁判官は，以下のように述べた。すなわち，IFADのみがICJにアプローチしたことにより，「結果がガルシアに直接かつ実質的な影響を及ぼすことになる手続において，彼女を参加者というよりもむしろ傍観者として扱うことになってしまった(56)。」

2 ICJにおける手続に関する当事者間の不平等

次に，ICJにおける手続に関する当事者間の不平等について見てみることにする。ICJ規程（特に34条1項および65条1項）は，争訟手続および勧告手続のいずれにおいても，個人が裁判所において当事者となることを予定してはいない。しかし，ILO行政裁判所判決審査手続では，職員側と機構側との間の争訟事件の形で争われた行政裁判所判決が，勧告手続に付される。その結果，当初行政裁判所において事件の当事者であった職員が，ICJにおいては当事者でなくなることになる。同手続の当事者でなくなった職員は，当然ICJにおいて自身の主張ができない。他方，国際司法裁判所規程66条は，加盟国または国際機構に対し，書面および口頭による陳述を行う権利を認めている。

では，職員個人はICJにおいて当事者となる資格を有していない以上，自己の見解をいかなる形でICJに伝えればよいのか。1956年意見でも明らかにされていたように，慣行により，まず書面手続については，機構側が書面による個人の見解をICJに伝達することになっている。しかし，いくら機構側が職員の書面による見解をそのままICJに伝達するとはいえ，行政裁判所判決の当事者の一方である機構側が，自身の主張のみならず，相手方当事者の職員の主張まで伝えるという奇異な現象が生じることになる。また，このことに関連して，口頭手続についても，ICJはいずれの意見の際にもそれをなしで済ませた。

この点に関して，1956年意見に付した個別意見の中で，クレスタッド裁判官は，職員の書面をユネスコが取り次いだことに対して，職員が行政裁判所判決の相手方当事者である機構に従属している以上，機構と職員との間に必要と

---

(56) Declaration of Judge Greenwood, *ICJ Reports* 2012, pp.95-96, para.4.

V 条約と国際機構

される地位の平等が確保されないことを指摘し，さらに，ICJ 規程 66 条に定められた通常のかつ有益な手続である口頭手続をなしで済ませたことも，一層深刻な問題であるとした[57]。また，ザフルラ・カーン裁判官も，その個別意見の中で，本件でとられた手続について，職員の側から異論がないからといって，ICJ が，当事者を平等な地位に置く責任から免れるわけではないことを指摘した[58]。

とりわけコルドバ裁判官は，その反対意見でこの手続を厳しく批判した。すなわち，ILO 行政裁判所規程 12 条によれば，ICJ の勧告的意見は，機構と職員に対して拘束力を有する。つまり，ICJ においても，争訟事件でないとはいえない。行政裁判所での当事者は，ICJ における当事者でもなくてはならない。行政裁判所判決は 1 審をもって終結するとはいえ，ICJ での手続は実質第 2 審なのである。本件において，当事者間の不平等は自明であり，それは，法の前の当事者間の平等を求める最も根本的かつ伝統的な原則の 1 つを ICJ が尊重できないことに由来するとした。また，機構側が自身の主張のみならず職員の主張までも ICJ に伝達した手続が極めて異例であり，異常な手続であるとした[59]。

このコルドバ裁判官の反対意見を受けて，2012 年意見で個別意見を付したトリニダーデ裁判官は，この手続における当事者間の不平等に関して，1956 年以来，56 年間も惰性と無気力が勝り，このような異常な手続がとられてしまったと痛烈に批判した[60]。

Ⅳ　お　わ　り　に

以上に，ILO 行政裁判所判決審査手続の設置と同手続利用の実際について概観し，当該手続に関して，実際にいかなる問題点があるかを検討した。そこには，当事者である機構と職員との間に，2 つの不平等が存在した。すなわち，手続へのアクセスの不平等と，ICJ における手続に関する当事者間の不平等であった。前者については，機構側のみが ICJ に勧告的意見を求めることができ

---

(57) Separate Opinion of Judge Klaestad, *CIJ Recueil 1956*, p.109-110, para.1.
(58) Separate Opinion of Sir Muhammad Zafrulla Khan, *ibid.*, p.114.
(59) Dissenting Opinion of Judge Córdva, *Ibid.*, p.163-166.
(60) Separate Opinion of Judge Cançad Trinidade, *ICJ Reports* 2012, p.68, para.48. ここから，彼は，本論から飛躍して国際裁判における個人の当事者適格ないし法主体性の必要性に関する持論を展開した。*Ibid.*, pp.71-93.

るという点，また，後者については，職員がICJにおいて書面であれ口頭であれ直接主張を行うことができない点が問題であった。これらの問題点については，ICJの裁判官からも多く批判がなされたのである[61]。

ところで，かつて同様の審査手続が国連行政裁判所にもあった。当時の国連行政裁判所規程11条1項は次のように規定した。

「加盟国，事務総長又は裁判所による判決が下された職員（当該個人の死亡によりその権利を相続したいかなる者をも含む）は，裁判所がその管轄権若しくは権限を踰越したこと又は裁判所が与えられた管轄権の行使を怠ったこと，国際連合憲章の規定に関連する法律問題についての判断を誤ったこと若しくは裁判の瑕疵を生じるような手続上の基本的な誤りを犯したことを理由として，判決に不服を申立てる場合，当該加盟国，事務総長又は個人は，判決の日から30日以内に，本条第4項によって設置される委員会に対し，この問題について国際司法裁判所の勧告的意見を要請することを求めて書面による請求を行うことができる。」

また，ここで言及された同条4項は次のように規定した。

「本条の目的のために，委員会を設置し，これに憲章96条2項に基づいて，国際司法裁判所の勧告的意見を要請する権限を与える。委員会は，総会の最近の通常会期の一般委員会に代表を派遣している加盟国で構成する。委員会は，国際連合の本部で会合し，その規則を定める。」

ICJは，この手続を用いてなされた3度の要請に対して勧告的意見を出した。もっとも，この手続に関しては，本稿の冒頭でも触れたように，ICJの内外で問題点を指摘する声があり，結局，1995年に同手続は廃止されたのである。

本稿で見たILO行政裁判所の手続と対比してみると，国連行政裁判所の判決審査手続では，①ICJの勧告的意見を用いた審査請求を行うことができるの

---

[61] ICJの裁判官以外にも，近年特に2012年意見後，手続の欠陥を批判したものとして以下がある。C. Vidal-León, "Inequality of the Parties before the International Court of Justice: Reflections on the Appellate Jurisdiction over ILOAT Judgments," *Journal of International Dispute Settlement* (2014), pp.406-430; D. Petrović, "Wrong Address? Advisory Opinion of the ICJ on the Judgment No. 2867 of the ILOAT upon a Complaint Filed against the International Fund for Agricultural Development" in R. Wolfrum, M. Seršić and T.M. Šošić (eds.), *Contemporary Developments in International Law: essays in honour of Budislav Vukas* (Brill, 2015), pp.729-754.

V 条約と国際機構

は，ILO 行政裁判所の手続とは異なり，機構（国連事務総長）のみならず，職員も，さらには加盟国まで認められていたこと，②審査請求は，ILO 行政裁判所のそれとは異なり，上記 11 条 4 項に定める政治的な委員会（いわゆる「行政裁判所判決審査請求委員会」）を通じて行われたことが指摘される。①について，本稿で見た ILO 行政裁判所の手続で批判されたような職員側に請求権がない点は，国連行政裁判所手続の場合存在しなかったものの，ILO の手続の方にはない，加盟国にも何故請求権が認められるのかという点が批判の対象とされた。また，②の点では，ILO の手続の場合，機構側から直接請求がなされたのに対し，国連の手続の場合は，司法手続に何故，加盟国から構成される政治的な委員会が関与するのか，という点が批判された。これら以外にもちろん，両者に共通な問題点は，ICJ の勧告的意見を用いることから生じる点，すなわち，本稿で見たように，ICJ における手続に関して当事者間に不平等があったことである。

　これらの点を問題視する声が次第に高まり，結局 1995 年に国連行政裁判所判決審査手続は廃止されたのである[62]。当時の裁判所長であったヒギンズ裁判官も，この手続廃止を歓迎したし[63]，先に見たトリニダーデ裁判官の 2012 年の個別意見も，ILO 行政裁判所判決審査手続が異常な形で存続していることを批判すると同時に，国連行政裁判所では手続が廃止されたことを肯定的に評価した[64]。

　その後，国連行政裁判所は，大きな事務局改革の流れの中で 2009 年に 2 審制を導入した。国連では，ICJ に頼らず，自前で真の上訴制度を設けることとなったのである[65]。この流れと並行して，国際社会では人権保障の観点から，裁判を受ける権利が重視される風潮が高まってきており，職員の身分保障制度

---

(62) 拙著『前掲書』（注 8）136-154 頁。
(63) R. Higgins, "A Comment on the Current Health of Advisory Opinions" in V. Lowe and M. Fitzmaurice (eds.), *Fifty Years of the International Court of Justice; Essays in Honour of Sir Robert Jennings* (Cambridge U.P., 1996) p.580.
(64) *Supra* note 60, pp.70-71, paras.53-56.
(65) 拙稿「国連行政裁判所の改革について——国連紛争裁判所と国連上訴裁判所の設立——」『法学と政治学の新たなる展開（岡山大学創立 60 周年記念論文集）』（有斐閣，2010 年）225-245 頁。

においても，その影響力が及んできた[66]。こうした傾向を踏まえると，今日，国際機構の職員の身分保障制度には，特に職員の側に十全な裁判を受ける権利を確保する必要性が求められているといっても過言ではない。

このような国際機構職員の身分保障制度を取り巻く動きの中で，このたびILO行政裁判所において，問題点を抱えてきた判決審査手続が2016年になって漸く廃止されたのである。本稿で検討してきたように，この手続の成り立ちを見れば，第2次大戦の勃発に伴い，事務局の規模縮小という非常事態からやむなく職員の解任措置がなされた。その職員を救済した行政裁判所に対して，機構が厳しい財政状況の中，急場しのぎの策として，判決を審査するための手続を設けたのである。それをその後も，制度の見直しもせずに維持し続けてきたこと自体が誤りであったといえる。その意味で，このたびの手続廃止は，国際公務員の身分保障制度の発展という観点からも歓迎すべき出来事であった。

もっとも，この手続の廃止を手放しでは喜べない。国連行政裁判所が判決審査手続の廃止から14年後に2審制を設けたことに鑑みれば，ILO行政裁判所においてもやはり同様の改革が急務であると思われる。ILO行政裁判所の今後のさらなる改革に期待したい。

---

(66) 拙稿「国際機構の免除と国際公務員の身分保障——欧州人権裁判所 Waite&Kennedy 判決が及ぼした影響——」『普遍的国際社会への法の挑戦（芹田健太郎先生古稀記念論文集）』（信山社，2013年）629-655頁。

27 ASEANの国際機構性と ASEAN Way

山　形　英　郎

I　はじめに
II　ASEAN Way の意義
III　ASEAN の国際機構性
IV　ASEAN の国際法人格
V　おわりに

I　はじめに

　東南アジア諸国連合（ASEAN）の誕生は，1967年のASEAN設立宣言（バンコク宣言）にさかのぼる。ASEANの正式名称である東南アジア諸国連合で使われる「連合」（association）は，何らかの団体を意味するとしても国際機構を連想させるものではない。事実，バンコク宣言は，設立条約という形式をとらず，政治文書の色彩が強かった。ヘンリーによれば，「バンコク宣言は……条約とは呼べない（non-conventional）合意文書」である[1]。ASEANの設立当初，ASEANは，ASEAN外相会議を定期的に開催してはいたが[2]，ASEANの日常的な業務を行う事務局を持ってはいなかった。加盟国（当初は，インドネシア，シンガポール，タイ，フィリピン，マレーシアの5か国）は国内事務局を設置し，次回外相会議を開催する国が1年おきに主催国となり，その主催国の国内事務局[3]が会議を開催するための事務局として機能する

---

(1) Laurence Henry, "The ASEAN Way and Community Integration: Two Different Models of Regionalism," 13 *Eur. J Int'l L.* 857, 876 (2007).
(2) ASEAN 設立宣言 3(a)。The ASEAN Declaration (Bangkok Declaration), Bangkok, 8 August 1967, available at https://asean.org/the-asean-declaration-bangkok-declaration-bangkok-8-august-1967/
(3) 国内事務局は，ASEAN加盟国の外務省内に設置される。アルファベット順のローテーションで主催国が決定され，主催国外務大臣及び主催国駐在ASEAN加盟国大使で構成されるASEAN常設委員会が，ASEAN外相会議その他のASEAN通常業務を執り

V　条約と国際機構

が(4)，ASEAN 独自の常設的な国際事務局は設置されていなかったのだ。つまり，ASEAN は，定例化された会議体ではあったが，国際機構と呼べるものではなかった。1976 年に事務局が設立され，事務総長が任命されるようになったが(5)，ASEAN 自身の意思形成の場は存在しなかった。ASEAN 事務総長を 1998 年から 2002 年の間つとめたセベリノが述べるように，「国際法上，法人格または法的地位を欠いている」のだ(6)。

その ASEAN が 2007 年に ASEAN 憲章(7)を締結し，憲章は 2008 年に発効した。ASEAN は国際機構として成長を始めたように思われる。ナラインが，1976 年の ASEAN 協約（バリ協約 I）以降，国際機構としての歩みを始めたと述べている(8)ように ASEAN は，ASEAN 憲章以前から国際機構として存在していたかもしれない。たとえそうであったとしても，ASEAN 憲章の中で ASEAN 自らが国際機構であると宣言したことは重要だ。

　　第 3 条　ASEAN は，政府間組織であり，ここに法人格が付与される。

このように国際法人格を有すると規定した ASEAN 憲章第 3 条は，ASEAN の国際機構性（international organization-hood）にとって決定的なように思われる。また，ASEAN 憲章第 4 章では，ASEAN 首脳会議，ASEAN 調整理事会，ASEAN 共同体理事会，ASEAN 担当大臣組織及び事務局が設けられ，国際機構としての機関を具備したように思われる。第 17 条では，ASEAN の特権免

　　　行う。Shaun Narine, *Explaining ASEAN: Regionalism in Southeast Asia* 16 (2002).
（4）　ASEAN 設立宣言 3(d)。
（5）　事務局が設立されるのは 1976 年のことである。1976 年 2 月 24 日 ASEAN 協約（バリ協約 I）に基づき，ASEAN 事務局設立条約の締結が宣言され，同条約により設置が決定された。ASEAN 協約 available at: https://asean.org/?static_post=declaration-of-asean-concord-indonesia-24-february-1976. ASEAN 事務局設立条約 available at: https://asean.org/?static_post=asean-secretariat-basic-documents-agreement-on-the-establishment-of-the-asean-secretariat-bali-24-february-1976-2.
（6）　Rodolfo Severino, "Framing the ASEAN Charter: An ISEAS Perspective," in Rodolfo Severino ed., *Framing the ASEAN Charter: An ISEAS Perspective* 3, 6 (2005). See also, Locknei Hsu, "Towards an ASEAN Charter: Some Thoughts from the Legal Perspective," Rodolfo Severino ed., *Framing the ASEAN Charter: An ISEAS Perspective* 45, 47 (2005).
（7）　The ASEAN Charter, available at https://asean.org/asean/asean-charter/charter-of-the-association-of-southeast-asian-nations/
（8）　Shaun Narine, *supra* note 3, at 23.

除が規定され，第41条7項では，条約締結権限が付与され，ますます国際機構としての性質付けを行うことが可能と考えて良さそうである。

　しかしながら，ASEANが一般的には国際機構とみなされてこなかった，そして今日でも懐疑的に見られている。憲章採択後であっても，チェスターマンは，「ASEANは存在するのか？」という問を発し，国際機構性の問題を論じている[9]。そうした主張の最も大きな理由は，ASEAN Wayにある。ASEAN Wayとは，一般には，「協議（*musjawarah*）とコンセンサス（*mufukat*）」を意味するものと理解されている。協議やコンセンサスは，会議における決定手続きを示す規則であり，国際機構における決定手続きとは相容れない要素を含んでいる。ASEAN Wayは，首脳同士の人間関係を基礎に構築される[10]インフォーマルな決定過程であり，法的あるいは立憲的要素に欠けている。ASEAN Wayは，ASEANを法的なそしてフォーマルな存在として存在することを拒否しているように思われるのだ。本稿では，ASEAN Wayを分析道具として利用しながら，ASEANの国際機構性に関し分析することとする。

II　ASEAN Wayの意義

　ASEAN Wayは，一般には，「協議とコンセンサス」を意味するものと知られている。協議もコンセンサスも，どちらも，マレー人の村落共同体で使用される言葉で，協議とは，「指導者は，恣意的に行動してはならず，自己の意思を押しつけてもだめで，共同体のしたがうべき道筋を優しく提案することが肝心で，他の参加者と絶えず協議することに意を払い，他者の意見や感情を考慮に入れ，その結果はじめて，皆の意見をまとめ上げた結論を下すことができる」ことを意味し，コンセンサスは，協議の目的であるとされる[11]。こうし

---

(9) Simon Chesterman, "Does ASEAN Exist?: The Association of Southeast Asian Nations as an International Legal Person," 83 *New York University Public Law and Legal Theory Working Paper* (2008); Simon Chesterman, "Does ASEAN Exist?: The Association of Southeast Asian Nations as an International Legal Person," in S. Tiwari ed., *ASEAN: Life after the Charter* 18 (2010).

(10) マクゴールドリックにいわせれば，ASEAN Wayは，「インフォーマルで人間関係重視の作業スタイルが特徴だ」。Dominic McGoldrick, "The ASEAN Charter," 58 *Int'l & Comp. L. Q.* 197, 199 (2009).

(11) Shaun Narine, *supra* note 3, at 31, citing Jorgenson-Dahl, *Regional Organization and Order in South-East Asia* 166 (1982).

Ⅴ　条約と国際機構

た村落共同体概念を国際関係に導入することについては，懐疑的な見解も存在している。ナラインによれば，第一に，国際関係における利害の性質やその複雑性は，村落環境の利害と比べようのないものであること，第二に，村落共同体の首長に与えられる権威は，国際社会で比肩できるものがないこと，第三に，ASEAN が強調する「協議とコンセンサス」は，東南アジア，またはアジア一般に特有のものとは言えないことを理由に，「協議とコンセンサス」を国際関係には導入できないという[12]。

　このような批判があることを認めつつ，ASEAN Way が ASEAN の指導原則であることは間違いない。例えば，シンガポール首相リー・クアン・ユーは，1982 年第 15 回 ASEAN 大臣会合において，次のような挨拶を行っている。

　　「ASEAN の進歩は，アジア的手法によるところが大である。法や規則によるものではない。協議（*musyawarah*）とコンセンサスによるものだ。最も重要なことは，ASEAN 加盟国が共通の問題に対して，一緒に取り組み，互いに協議する習慣を持つようになったことだ。」[13]

このように，「協議とコンセンサス」が，ASEAN 加盟国首脳によって共有され，実践されてきた事実を見過ごすことはできない。ASEAN Way が，ASEAN 内部における基本原則として確立していたことは，ASEAN 憲章自身による ASEAN Way の承認が雄弁に物語っている。

　　第 20 条　基本原則として，ASEAN における決定は，協議とコンセンサスを基礎にするものである。

ASEAN Way は，ASEAN の基本原則なのである。

　しかしながら，ASEAN Way の射程範囲については，論者によって異なっている。第一に，ASEAN Way を「協議とコンセンサス」の意味で理解するもの。すでに，リー・クアン・ユーの演説で見たように，このような意味で ASEAN Way が使われることは多い。その場合，主として政策決定に関する手続的な規範を指すことになる。第二に，もっぱら「不干渉」の文脈で理解す

---

(12)　Shaun Narine, *supra* note 3, at 32.
(13)　Opening Address by Lee Kuan Yew, 1982 Joint Communiqué of the 15th ASEAN Ministerial Meeting, Singapore, (Unofficial text, supplied by Center for International Law, NUS) available at: https://cil.nus.edu.sg/wp-content/uploads/formidable/18/1982-15th-AMMJC.pdf

るものがいる。ゴウは，ASEAN Way を不干渉の文脈で理解している。「協議とコンセンサス」を論じることなく，ASEAN Way と不干渉を別個の概念として区別化しようと努め，前者には ASEAN 加盟国の文化的共通性（個人的インフォーマルな政治風土）が含まれていることを強調している[14]。

　第三に，「協議とコンセンサス」及び「不干渉」と理解するものがある。マクゴールドリクは，明瞭性に欠くものの，「コンセンサス，協議及び妥協」をASEAN Way としつつ，ASEAN Way を「武力不行使及び内政不干渉規則 (rule)」としても理解している[15]。その一方，レビターによれば，ASEAN Way は二つの構成要素に分解でき，第一は，「正式の会合における集団としてのコンセンサスを促進させる外交官による非公式な協議を通した決定過程」とし，第二は，「1976年友好協力条約に規定されている6つの行動原則」を指すという[16]。この6つの原則とは，東南アジア友好協力条約（TAC）第2条が規定する原則のことであり，①主権尊重，②外部による干渉からの自由，③国内問題への不干渉，④紛争の平和的解決，⑤武力行使の放棄及び⑥加盟国の実効的協力である[17]。レビターは，「この原則の中で，国内問題に対する不干渉を加盟国は特に強調する」と述べている[18]。第一の考え方と第二の考え方を融合した考え方である。

　以上のように，ASEAN Way をどのように概念規定するかについても，定まったものはないと言えるが，本稿の目的からは，第一の意義で理解しておくことにする。このことは，第二及び第三の意義を否定するものではない。国内問題不干渉原則をはじめとする6つの基本原則は，ASEAN 憲章にも具体化されている。①は，第2条2項a，②は，第2条2項b，③は，第2条2項e，④は，第2条2項d，⑤は，第2条2項c，そして⑥は，第2条2項及び第1

---

(14)　Gillian Goh, "The 'ASEAN Way': Non-Intervention and ASEAN's Role in Conflict Management," 3 *Stanford J. East Asian Aff.* 113, 114-115 (2003).

(15)　Dominic McGoldrick, *supra* note 10, at 198-199. 彼の論文の第3節及び第4節のタイトルを参照せよ。

(16)　Lee Leviter, "The ASEAN Charter: ASEAN Failure or Member Failure?" *N.Y.U. Int'l L. & Pol.* 159, 161 (2010).

(17)　The Treaty of Amity and Cooperation in Southeast Asia, available at http://agreement.asean.org/media/download/20131230235433.pdf

(18)　Lee Leviter, *supra* note 16, at 161.

V 条約と国際機構

条の中で、いっそう具体化された原則及び目的として規定されている。したがって、ASEANの行動規範であることは間違いがない。しかし、こうした原則は国連憲章でも規定されており、ASEAN独自のものということはできない。また、本稿の目的との関係でいえば、国際機構性を論じる際に、国内問題不干渉原則は直接関係しないと考えられる。国際機構性を論じる際に重要な要素については、次章で検討する。また、第一の意義である「協議とコンセンサス」からは、インフォーマル手続きが重視されていることがわかる。フォーマルな国際機構にとって、あるいはフォーマルであるべき国際機構にとって、インフォーマルな要素は国際機構性を否定する作用がある可能性がある。コンセンサスとは、加盟国すべての意思の合致を必要としており、国際機構独自の意思ではなく、集団としての国家の意思しか存在していないとみることも可能であるからだ。そのため、第一の意義にフォーカスを当ててASEANの国際機構性を議論したい。

III　ASEANの国際機構性

1　国際機構の3要件

　国際法上、国家性（state-hood）とは、ある集団が独立を達成し国家となり、国際法上の主体としての性質を付与されるかどうかという問題である。その性質付与のためには、永続的住民、一定の領域、そして政府の存在が要件とされている。加えて、国際社会の構成員（既存の国家）からの承認を必要とするかどうかについては、依然として議論の的となっている。国際法上の「国際機構性」（international organization-hood）に関しては、ある団体が国際機構となるための要件を定める明確な国際法規則は存在しておらず、国家性同様、あるいはそれ以上に、曖昧性を残したままである。国際機構性に関する統一法典が存在していない以上、それぞれの国際機構の設立条約に依拠しながら、その中から、共通性を引き出してくるしかない状態である。国家性の議論において、既存の国家の様態を見比べながら、4要件が導き出されたのと同じように、国際機構においても、それぞれの国際機構が有する共通の要素から要件を導き出さざるをえない。

　国際機構とは、「条約に従って、または国際法の規律を受ける他の文書に従って設立され、独自の国際法人格を有する組織」であり、「国際機構は、そ

の構成員として，国家に加えて他の団体を含むことができる」と，一応定義される。これは，2011年に国際法委員会（ILC）が起草した「国際機構の責任に関する条文」第2条 a に採用された定義である[19]。この定義から，国際機構性に関する若干の要素を引き出すことができる。第一に，国際機構は主として国家を構成員として設立される。第二に，国際機構は国際法に従って設立される。第三に，「独自の国際法人格を有する」ものである。この定義は，国際機構に関する一つの定義に過ぎず，国際機構の責任に関する条文の適用上認められる定義でしかない（第2条本文）。国際法委員会自身が認めているように，「この定義は，あらゆる目的のために利用可能な定義として意図されているわけではない」のである[20]。

　国際機構性及び国際機構の国際法人格を検討する際には，第三の要件は役に立たない。国際法人格を有しているかどうかが問題となるとき，国際法人格の存在を前提に議論することは，トートロジーとなってしまう。その一方で確かに，国際機構の国際責任を論じる際には，独自の国際法人格は必要な条件となる。独自の国際法人格が存在していなければ，国際機構に国際責任を帰属させることができず，その構成員に責任を帰属させるしか他に手段がないからである[21]。その一方で，国際法委員会が「独自」という言葉を強調し，「構成員の国際法人格とは区別されたもの」[22]であることを要求していることは注目に値する。いずれにせよ，国際機構の国際責任に関する条文の定義をASEANにそのまま当てはめることはできないが，しかし国際機構の定義を考える際には有益な示唆を与えてくれている。

　ASEANは，最初の二つの要件を満たしていることは間違いない。現在10か国の加盟国を有しており，国家によって構成されている組織である。また，ASEAN憲章という条約によって設立されていることも事実である。ASEAN憲章以前にすでに国際機構性を有していたかどうかは議論の余地があるものの，今日ではASEAN憲章を，ASEANの設立文書とみなして問題はない。それでは，この二つの条件を満たすことで，ASEANを国際機構とみなすことがで

---

(19) UN Doc. General Assembly Resolution 66/100, adopted on 9 December 2011.
(20) 2011 ILC Yb. Vol. 2, Part 2, at 49, para. 1.
(21) Id., at 50, para. 10.
(22) Id.

V 条約と国際機構

きるのだろうか。その他の要件も必要とされるのであろうか。ASEAN 憲章第3条を文字通りに解釈し，国際機構性及び国際法人格を肯定することはできるのであろうか。こうした問に答えるためには，設立文書だけでなく，国際機構の共通法を検討する必要がある。つまり，学説や判例に依拠しながら，国際機構を律する何らかの共通規則が見いだされないかを考究する必要があるのだ。

国際機構性の要件として，例えば，クラバースは，国際機構を他の組織や団体と区別するために三つの要因を挙げている。国際機構は，①国家によって，②条約に基づき設立され，③独自の意思を有する機関を持っていなければならないという[23]。前二者の要件は，国際法委員会の定義と同じである。第三の要件については，国際法委員会が起草した国際機構の国際責任条文では明確にはふれられていない。しかし，同条文第2条cには，国際機構の「機関」に関する定義が与えられており，機関の存在が前提とされていると思われる。また，第2条aの3番目の要件にある「独自」という語を強調することによって，加盟国とは異なる別個の意思の存在を前提にしていたことも事実である。したがって，クラバースの定義は，国際法委員会の定義と大きく乖離しているわけではない。同様に，ブラウンリーも「機構と加盟国との間に，法的権限及び目的において，区別が存在」していなければならないという[24]。国際機構は，加盟国と区別される独自の意思を有するものでなければならないのである。

---

(23) Jan Klabbers, *An Introduction to International Organizations Law* 9-14 (3rd ed., 2015). ただし，別の論文では，要件③を二つに分けて，「少なくとも一つの機関を有すること」と「その機関が，加盟国の意思とは異なった意思を有すると考えられていること」としている。Jan Klabbers, "Formal Intergovernmental Organizations," in Jacob Katz Cogan, Ian Hurd & Ian Johnstone ed., *The Oxford Handbook of International Organizations*, (2016). バウエットは，国際機構の要件として四つの基準を挙げる。①構成員は，国家及び（又は）国際機構であること。②条約によって設立されること。③構成員の意思とは異なった自立した意思を有し，法人格が与えられていること。④加盟国に対して規範を採択することができること。Philippe Sands & Pierre Klein, *Bowett's Law of International Institutions* 16 (5th ed., 2001). 最初の3要件は，クラバースの要件と同じである。最後の要件④は，要件③の効果であるとみなすとすれば，クラバースの3要件と同じとなる。国際機構が，構成員とは異なる意思を有するとすれば，決定，決議，勧告その他の形式の意思形成を行うことができ，法的拘束力の有無にかかわらず，加盟国に対して規範形成を行うことができるはずである。

(24) I. Brownlie, *Principles of Public International Law* 677 (7th ed., 2008). See also, N. D. White, *The Law of International Organizations* 28 (1st ed., 1996).

シェルマーは，国際機構の要件として，①国際条約によって設立されること，②独自の意思を持つ機関を少なくとも一つ有すること，③国際法の下で，設立されることの三つをあげる(25)。しかし，要件③は，要件①が満たされれば自動的に満たされる。条約は，国際法に従って締結されるからである(26)。一方，国家によって構成されるという要件は，この定義の中には存在していない。しかし，シェルマー自身が述べるように，「条約は少なくとも２国以上の国家間で締結される」のであり(27)，「国際条約によって設立される」という第１の要件に，国家を構成員に含む含意があると思われる。以上のように，国際機構性の定義については，論者によって異なるところがあるが，おおむね一致しており，クラバースがまとめた三つの要件に従って，ASEANを吟味することができると思われる。

　その際に重要な要件は，「独自の意思を有する機関」を有しているかどうかである。前述のように，ASEANが国家を構成員としており，条約に基づいて設立されたことは間違いない。また，ASEANは，その機関としてASEAN首脳会議，ASEAN調整理事会，ASEAN共同体理事会，ASEAN担当大臣組織及び事務局を設置している（ASEAN憲章第4章）。問題は，加盟国とは区別される「独自の意思」を有するかどうかである。ASEAN Wayにしたがえば，コンセンサスが必要とされ，そのため，ASEANの意思とASEAN加盟国の意思が区別されうるかどうかが問題となる(28)。もしも区別されないとすれば，ASEANは，国際機構の容貌を有しているが，内実は，ASEAN加盟国10か国の集団でしかないことになる。あるいは，加盟国が参加する会議体でしかないことになる。

---

(25)　Henry G. Schermers & Niels M. Blokker, *International Institutional Law* 23-31 (3rd rev. ed., 1995).
(26)　*Id.*, at 32.
(27)　*Id.*, at 25.
(28)　リンは，「コンセンサス要件は，ASEANの特別な性格となっているが，加盟国からASEAN独自のアイデンティティーを区別することができなくなると批判される」という。Lin Chun Hung, "ASEAN Charter: Deeper Regional Integration under International Law," 9 *Chinese J. Int'l L.* 821, 828, para. 16 (2010).

2 ASEAN 意思決定過程と国際機構性

　ASEAN が国際機構であるかどうかという問題は，ASEAN が加盟国意思とは異なる意思決定を行いうるかどうかにかかっている。ASEAN 憲章第 20 条は，ASEAN Way を体現して，「協議とコンセンサス」原則を規定している。コンセンサス原則からすれば，ASEAN が何らかの決定を下すときには，すべての加盟国の同意が要求される。コンセンサスは，「投票することなく，したがって，意見が分かれることなく，多数国間会議に出席するすべての加盟国の合意を得る試みである」と定義することができる[29]。こうしたコンセンサス手続きは，いくつかのメリットを有している。第一に，少数派の意見が，最終的な結論に反映されるようになる。多数決に基づく投票の場合には，当然，多数派にしたがって決定が下されるが，その際少数派の意見が無視される傾向にある。また，多数派と少数派が固定されている場合，少数派の意見が考慮に入れられる余地はほとんどない。そして妥協を得ようという努力さえも意味がなくなる。コンセンサスでは，そうした事態を防ぐことができる。第二に，軍事大国，経済大国等の大国の意見が，コンセンサスでは考慮されうる。協議を通じて，大国の意見に耳を傾けられ，数にかかわらず，妥協が成立する余地がある。このようなメリットを持つコンセンサス方式は，国連総会をはじめとする国際機関や国際会議等でも利用されている。その一方，こうした方式は，参加者の「最大公約数」（the lowest common denominator）を汲み上げる試みでしかないと言える[30]。先鋭化した利害の対立はそのままにされ，まとまるところばかりが決定されることになる。問題の先送りといった側面も認められる。

　しかし国連総会等で利用されるコンセンサス方式は，多数決制度の下でのコンセンサス方式であり，ASEAN が採用した正式の手続きとしてのコンセンサスとは異なっている。ASEAN の場合，政府間協議が，単なる「おしゃべりの場」（talk shop）と揶揄されることもあるが[31]，年に 200 回以上の政府間協議

---

(29)　G. R. Berridge, *Diplomacy: Theory and Practice* 24 (3rd ed., 2005).
(30)　Eugene K. B. Tan, "The ASEAN Charter as 'Legs to Go Places': Ideational Norms and Pragmatic Legalism in Community Building in Southeast Asia," 12 *Singapore YB Int'l L.* 171, 181 (2008); Lee Leviter, *supra* note 16, at 161.
(31)　Chen Zhida, "ASEAN and Its Problematic Treaty-Making Practice: Can International Organizations Conclude Treaties 'on Behalf of Their Member States?" 4 *Asian J. Int'l L.* 391, 392 (2014).

が開催され，会合の頻度と濃密さから，「協議とコンセンサス」に基づく組織モデルが固まっているといわれる[32]。しかも，途上国においては十分な官僚組織が整えられているわけではなく，一部のエリートが，絶えず協議に顔を出すことによって，人的に緊密な関係が築き上げられている。そうした環境においては，イエスかノーかと言った二者択一的な割り切り方ができない複雑な利害が絡む問題については，メンツをつぶさないアジア的な価値観と一致した決定方法と言えるであろう。全員が一致する必要はない。ただ単に，明示的に反対の意思を表明する者がいなければ良いのだ[33]。

しかし，多数決を最後の手段として用意していないコンセンサスを基礎にした決定手続きは，参加者全員に拒否権を与えることになる[34]。実際，2012年7月9日，第45回ASEAN外相会議において，南シナ海問題に関する懸念を表明する一節を含む共同宣言案が，その時の議長であるカンボジア外相一人の反対によって葬り去られ，共同宣言なしという前代未聞の事態が発生した[35]。制度化されたコンセンサスは，意見の一致が得られない限り，何の成果も生まない。

そうした場合を想定して，ASEAN憲章第20条2項は「コンセンサスが得られなかった」場合の解決方法を規定した。つまり，「ASEAN首脳会議が，その決定をどのように行うかについて決定する」ことになる。この規定については，「協議とコンセンサス」というASEAN Wayを希釈化する措置として評価する向きがある[36]。事実，ASEAN憲章が起草される前段階において有識者会（EPG）が，ASEAN憲章締結に向けた報告書をまとめており，その中で，多数決制度の導入を主張していた。

---

(32) Miles Kahler, "Legalization as Strategy: The Asia-Pacific Case," 54 *Int'l Org.* 549, 552 (2000).

(33) 事務総長を努めたセベリノはいう。「ある提案についてコンセンサスが得られるには，十分な数の賛成があれば良いのだ。(10か国のうち) 6でも，7でも，8でも，9でも良い。……その問題について提案を阻止しようと強く思う者がいなければ良いのだ」（挿入筆者）。Rodolfo C. Severino, *Southeast Asia in Search of an ASEAN Community: Insights from the Former ASEAN Secretary-General* 34 (2006).

(34) Walter Woon, *The ASEAN Charter: A Commentary* 157 (2016).

(35) Bill Hayton, *The South China Sea: the Struggle for Power in Asia* 195-197 (2014).

(36) Lin Chun Hung, *supra* note 28, at 828, para. 16.

V 条約と国際機構

　「ASEAN の決定手続きは，一般的には，協議とコンセンサスに基づく。特に，安全保障及び外交政策の機微に触れる分野での決定については協議とコンセンサスに基づく。
　他の分野において，もしもコンセンサスが達成できない場合には，投票によって決定することができる。その場合，単純多数決によるか，3分の2の多数によるか，あるいは4分の3の多数による。」[37]

　しかし，ASEAN 憲章において多数決制度は導入されなかった。それに代わって，ASEAN 首脳会議による解決が認められたのである。コンセンサス方式の行き詰まりを解消する方策として，多数決ではなく，首脳会議による決定が案出されたのである。首脳会議は，首脳同士のコンセンサスにより，行き詰まりを解決するために，行き詰まりを見せた機関に対し多数決制度の導入を提案することもできるであろう。また，20条2項にある「その決定」（a specific decision）という文言からして，行き詰まりを見せた機関に代わって，首脳会議で決定を行うこともできるであろう。その意味では，ASEAN Way の緩和と位置づけることはできるかもしれない。

　しかしながら，ASEAN 首脳会議において適用される決定手続きも「協議とコンセンサス」である。例えば外相会議において1か国の強い反対によりコンセンサスが達成できなかった場合，ASEAN 首脳会議に付議されることになるが，ここでも「協議とコンセンサス」が要求され，外相会議における反対国は，ASEAN 首脳会議においても依然として反対国のままであろう。つまり，「ASEAN 首脳会議は，更なる協議とコンセンサスの場となる」だけであり，その結果，「行動をとれない」ということになるであろう[38]。ウーンが述べるように，第20条2項の規定は，まさしく「循環論法」（circular）である[39]。「協議とコンセンサス」で解決できなかったことが，「協議とコンセンサス」で解決できるわけがない。こうした状況の解決は，「法的」なフォーマルな方法というよりも，まさに「政治的」なインフォーマルな方法に依存することにな

---

(37) Eminent Persons Group (EPG), *Report of the Eminent Persons Group on the ASEAN Charter* 41, para. 63 (2006).
(38) Lee Leviter, *supra* note 16, at 199.
(39) Walter Woon, *supra* note 34, at 158. See also, Pavin Chachavalpongpun ed., *The Road to Ratification and Implementation of the ASEAN Charter* 39 [ASEAN Studies Center, Report No. 3] (2009).

るのである[40]。

ASEANの意思決定については，ASEAN Wayを具現化した「協議とコンセンサス」が原則として一貫して採用されている。ASEAN加盟国間の紛争が生じた際にも，その紛争は最終的には，ASEAN首脳会議での解決にゆだねられることになる（ASEAN憲章第26条）。その場合でも，紛争当事国が，「協議とコンセンサス」に基づくプロセスから排除されることにはなっていない。したがって，両紛争当事国の同意が得られない限りは，紛争も解決されないことになる。「協議とコンセンサスで要約されるASEAN Wayは，法を基礎とした組織と両立しうるのかどうか」という点に関して[41]，依然として疑問を差し挟まなければならない。ASEANにおいて，加盟国の意思とは独立した別個の意思が存在しうるのか，そして国際機構としての要件を満たすのか，未だ確定していないと言って良いだろう。ASEAN憲章によって国際機構という外皮をまとうことはできた。しかし，その内実において，国際機構性を獲得しているのか，ASEAN自身がそうしたビジョンを有しているのか，きわめて疑わしい。

IV　ASEANの国際法人格

1　国際法における国際機構の国際法人格

ASEAN憲章第3条は，ためらうことなくASEANを「政府間機構」と位置づけ，「法人格が与えられる」と宣言している。ASEANは，これにより，政府間機構であり，国際機構であると想定されている。加えて，法人格が与えられる政府間国際機構である。これを文字通りに解釈すれば，国際機構の国際責任条文が規定する国際機構の定義に合致する。ASEANは東南アジアの10か国を加盟国として持ち，ASEAN憲章という条約によって設立され，法人格が与えられているのである。しかしチェスターマンが述べるように，「このような条文がなくても，ASEANは国際法人格を有していなかったということにはならない」し，「こうした条文が存在するとしても，法人格を有するというのが何らかの意味を持つというわけでもない」[42]。しかも，同条は，単に「法

---

(40) Id.
(41) Simon Chesterman, *supra* note 9, at 205 (2008); 26 (2010).
(42) Id., at 200 (2008); 20 (2010).

V 条約と国際機構

人格」を与えるとのみ規定し,「国際法人格」を与えるとは述べていない。

ASEAN が,加盟国の国内法上,法人格を有するという点では争いはない。加盟国には「国際機構が実効的に機能するのに必要な国内法上の権限を与える黙示的な義務がある」[43]とまで言われている。ASEAN 憲章第3条が規定する法人格は,国内法の意味でとらえる限り,大変有益な概念である。特に,有識者会が,「ASEAN は法人格を有するべきで」あり,「加盟国領域内において,ASEAN の機能を行使し,その目的を達成するために必要な特権及び免除を有する」と提案していたように,第3条の目的は,加盟国の国内法上の法人格を付与することにあった。したがって,第3条から自動的に ASEAN の国際法人格が導き出されるわけではない。

国際司法裁判所は,損害賠償事件において,循環論法を使いながらこの問題にアプローチしている[44]。裁判所に要請された問題は,その当時非加盟国であったイスラエルに対して国際請求を行う権限を国連が有しているかどうかであった。この点,国連憲章は沈黙している。裁判所は以下のように判示した。

> 「裁判所の見解では,国際連合は,国際法人格を大部分有することを基礎にして初めて説明できるような機能や権利を行使し享有することが意図されており,実際上,行使しており享有している」[45]。

最初に,国際司法裁判所は,国連憲章によって与えられた機能や権利を基に,国連の国際法人格を推論した。その後で,国際法人格を基礎に,国際連合は「国際法の主体であり,国際法上の権利及び義務を享有することができ,国際請求を行うことによって自らの権利を保全する能力を有している」[46]と述べた。このように,設立文書によっていくつかの権限を与えられた国際機構は,国際法人格を有しているのを当然とし,その機構の任務及び機能を果たすために必要な能力が明示的に与えられていなくても,設立文書からの推論によって黙示的に与えられていると判断したのである。国際法人格の承認を経由して,明

---

(43) Dapo Akande, "International Organizations," in Malcolm D. Evans ed., *International Law* 248, 255 (4th ed., 2014).
(44) バウエットは,勧告的意見が循環論法に陥っており,論理的不整合性を有していると指摘している。Philippe Sands & Pierre Klein *supra* note 23, at 472-473.
(45) Reparation for Injuries Suffered in the Service of the United Nations, 1949 ICJ 174, 179 (Advisory Opinion of 11 April 1949).
(46) *Id.*

示されていない権限も明示されている権限から帰納したのである。

　学説を見てみると，客観説にしたがえば，ASEAN が国際機構性を有しているのなら，国内平面だけでなく国際平面において，法人格を有することになる。セイエステッドは，「国際機構は，国家と同様の法的権限を有する」と主張する[47]。「国際機構は，任務を遂行するために固有の権限を有しているとみなされる」とも述べている[48]。他方，意思主義からすれば，国際法人格は，創設者の意思に依存することになり，この意思は設立文書に反映されていると言うことになる。例えば，ツンキンは，「国家のみが，創設した国際機構の性質付けを行うことができ，機構が達成しようとする目的や当該機構が使うことができる手段を明定することができる」と述べる[49]。この理論からすれば，ASEAN は，加盟国間においてのみ法主体性を獲得するが，第三国との関係では，当該国家が明示的に又は黙示的に法人格付与について同意しない限り，加盟国間で付与された法人格は第三国に対抗力を有しないことになる。通説的な立場は，客観説と意思主義の間を行くものである。国際司法裁判所が損害賠償事件で確立した黙示的権限論に従い，国際法人格を決定する。例えば，シェルマースは，「国際機構は当然に国際法人格となるわけではない」のであって，「そうした地位が明示的に国際機構に与えられるか，あるいは設立文書が明示していない場合黙示的に与えられる」と述べる[50]。

　こうした通説的な立場にとりあえず依拠するとすれば，ASEAN の国際法人格を決定するためには，まず第一に，ASEAN に与えられている権限を検討しなければならない。次に，ASEAN に与えられている権限からして，ASEAN は国際法人格を有しているかどうかを検討しなければならない。そして最後に，その国際法人格は，第三国に対抗しうるものであるかどうかを検討する必要がある。

---

(47)　Finn Seyersted, "International Personality of Intergovernmental Organizations," 4 *Ind. J. Int'l L.* 1, 23 (1964).
(48)　*Id.*, at 22.
(49)　G. I. Tunkin, *Theory of International Law* 329 (translated by William E. Butler, 1974).
(50)　Henry G. Schermers & Niels M. Blokker, *supra* note 25, at 979.

Ⅴ 条約と国際機構

2 ASEANの条約締結権限

ASEAN は，ASEAN 憲章によって，以下の権限が明示的に付与されている。①第三国や他の国際機構との間で条約を締結する権限（第41条7項）が与えられ，②加盟国において特権免除を享有（第17条）し，③他国や他の国際機関と対外関係を構築すること（第41条1項），④第三国から大使の派遣を受けること（第46条）ができる。③との関係では，ASEAN は国連でオブザーバー資格が与えられている。最後の④に関して，現在 ASEAN は 92 か国及び EU から大使の派遣を受けている[51]。国際責任や国際請求に関する規定は置かれていないが，ASEAN が自らの独立した地位において条約を締結することができるのならば，独自に国際責任を負うことになるのは当然であり，他国から国際請求を受ける可能性もある。ここでは，条約締結権限に限定して，ASEAN が独自に国際法上の権利義務を創設できるかどうかについて検討する。

ASEAN 憲章第 41 条 7 項は，

> ASEAN は他国との間で，並びに小地域的，地域的及び国際的な組織並びに機関との間で，協定を締結することができる。こうした協定締結のための手続きは，ASEAN 共同体理事会との協議の上，ASEAN 調整理事会が定める[52]。

ASEAN は，条約締結権限を有している。ASEAN が ASEAN 加盟国以外と条約を結ぶことは，ASEAN の国際法人格にとってプラスに働く。第三国は ASEAN との条約締結を行うことによって，国際法人格を有する主体として ASEAN を承認したとみなすことができる。そうした意味で，条約締結実行は，ASEAN の国際法人格の認定において証拠を提供してくれるはずである。

しかしながら，ASEAN にはユニークな条約締結実行がある。ASEAN が条約を締結するときには，ASEAN それ自身が条約当事者となるのではなく，

---

[51] List of Ambassadors to ASEAN, available at: https://asean.org/storage/2019/09/List-of-NAAAs-4-September-2019.pdf. 大使を派遣している国は，ASEAN の国際機構性を「承認」したとみなすことができる。Walter Woon, *supra* note 34, at 77.

[52] ASEAN 国際協定締結手続規則は，2012 年 ASEAN 調整理事会によって定められた。Rules of Procedure for Conclusion of International Agreements by ASEAN, available at: https://www.asean.org/wp-content/uploads/images/archive/documents/ROP%20for%20Conclusion%20of%20International%20Agreements%20by%20ASEAN.pdf#search='ASEAN+Rules+of+Procedures+for+Conclusion+of+International+Agreements'

ASEAN加盟国がそれぞれ条約当事者となり権利及び義務を引き受けることになっているのである。条約の署名は10のASEAN加盟国代表が行い，ASEANそれ自身が条約当事者とはなっていないのである。例えば，「包括的な経済上の連携に関する日本国及び東南アジア諸国連合構成国の間の協定」[53]では，最後の署名欄を見ると，左側に10のASEAN加盟国代表の署名があり，右側に日本国代表の署名が記されている。このような条約締結方式からすれば，日本はASEAN加盟国と個別の条約を10件締結したのと同じである。またこの条約締結という事実から，日本はASEANを独自の法人格を有するものと認めたことにはならないであろう。この結論は，次の事実からも明らかだ。包括的連携条約第79条では，署名国は他の署名国に発効に必要な手続きが完了したことを通告しなければならないことになっており，「日本国及び少なくとも一のASEAN加盟国が通告を行った日から2か月目の最初の日に効力を発生する」ことになっている。この条約は，いわば，日本とASEAN加盟国との間の二国間条約を10件集めたものと言える。

　こうした締結方式は，日本に限られるわけではない。「経済的・政治的に重要な法的拘束力ある協定の場合，ASEAN加盟国が『集団としてのASEAN』（collectively ASEAN）名称を使うことが圧倒的である」と言われている[54]。その上でASEAN「加盟国は，対外権限をASEANに委譲しては来なかった」と結論づけられている[55]。しかもこうした締結方式はASEAN憲章発効前後で変化がない[56]。ASEAN加盟国及び日本をはじめとする第三国は，条約締結方式だけを見れば，ASEANにASEAN加盟国を代表させる資格を認めてはいないのである。万一条約違反が発生しても，それは国家対国家の関係で処理され，国際機構対国家の関係性が生じないのである。ASEAN憲章第1条15では，ASEANの「中心的存在性」（centrality）が規定されている。しかし，

---

(53) Agreement on Comprehensive Economic Partnership among Member States of Association of Southeast Asian Nations and Japan, available at: https://www.mofa.go.jp/policy/economy/fta/asean/agreement.html.
(54) Marise Cremona, David Kleimann, Joris Larik, Rena Lee & Pascal Vennesson, *ASEAN's External Agreements: Law, Practice and the Quest for Collective Action* 9 (2015).
(55) *Id.*, at 31.
(56) *Id.*, at 28.

V 条約と国際機構

　これは単に文言だけの規定であって，中心的存在として ASEAN 自身が振る舞っておらず，中心的存在の内実を伴っていないと思われる。
　いくつかの協定は，ASEAN 事務局が締結していると言われている。また，「ASEAN 加盟国を代表して ASEAN 加盟国のために」事務局が締結する条約もあると言われている[57]。しかしそこで示されている条約は，「了解覚書」(Memorandum of Understanding) であり，条約として認められるものであるかどうかは，慎重な精査が必要である。もし，条約とみなしうるのなら，ASEAN は事務局又は事務総長を通じて独自に条約を締結する実行を積み重ねていることになる。そうでないとすれば，ASEAN は，非加盟国との関係では，国際機構としての独自の法人格を主張することは少なく，国際機構としての実体が希薄だと言わなければならない。国際機構としての対抗力を第三国に対して主張していないのだ。ASEAN Way を，外部的な関係において適用したのが，「国際機構としての ASEAN」ではなく「集団としての ASEAN」による条約締結実践なのである。そこでは，加盟国が個別に第三国と条約を締結するのと法的効果の点では変わりないからである。

V　おわりに

　ASEAN は，国際機構としての外観を獲得した。ASEAN 憲章を有することで，法に基づいた国際機構を設立したように思われる。また，他国から大使を受け入れ，国際機構として外交関係を構築しつつあるように思われる。これは，ASEAN の「法化」現象ととらえることは可能である[58]。あるいは，立憲化の文脈で理解することも可能であるかもしれない[59]。しかし，その内実は，国際機構とはほど遠いものであり，タンが述べているように，「ハードローの外観」と「ソフトローの効果」を併せ持つ「ハイブリッド性」を有する組織と

---

(57)　Chen Zhida, *supra* note 31, at 392.
(58)　See Paul J. Davidson, "The ASEAN Way and the Role of Law in ASEAN Economic Cooperation," 8 *Singapore YB Int'l L.* 165 (2004). 参照，須網隆夫「東アジアにおける地域経済統合と法制度化」日本国際経済法学会年報 13 号（2004 年）。
(59)　See Diane A. Desierto, "ASEAN's Constitutionalization of International Law: Challenges to Evolution Under the New ASEAN Charter," 49 *Columbia J. Trans. L.* (2011).

位置づけるのが最も正確であろう[60]。ASEAN憲章及びその他の関連条約によってハードローの外観は獲得した。しかし，その内実と言えば，ASEAN Wayによって規定され，独自の意思決定手続きは薄弱であり，ASEAN独自の条約締結も未だ発展途上にある。ASEANに対して92か国が大使を派遣しているが，ASEANは，そういった国に大使を派遣しておらず，ASEAN加盟国の外交使節団の長が構成するASEAN委員会がASEANのために行動をとる（第43条1項）。92か国はASEANを承認していると思われるが，ASEAN自身が，国際機構性を否定しようとしているのだ。ASEANは，国際機構になりたがらない国際機構と呼べそうである。

しかし，少しずつではあるが，ASEANも国際機構への歩みを続けているように思われる。例えば，1995年に東南アジア非核地帯条約が締結されたが，その中に，「本条約に規定されている場合を除き，委員会の決定は，コンセンサスによって行う」が，「コンセンサスが得られない場合には，出席し投票する委員の3分の2の多数決で決定する」との条文が置かれた。条約上の制度としてではあるが，これは明らかにASEAN Wayからの遊離を示している。

また，ASEAN事務局は独自に「了解覚書」を締結してきている。個人で構成される組織体は，時には，設立条約に付与されている限定的な権限を越えて，機構のために行動することがある。ASEAN憲章によれば，事務局や事務総長は，第11条に規定された権限しか有していない。その中には，条約締結権限は含まれていない。しかし，国際司法裁判所が，ある種の経費事件で述べたように，「国連が，明示された目的を実施するために適切であると主張される行動をとる場合，そうした行動は権限踰越ではないとの推定が働く」[61]。同じことはASEAN事務局にも当てはまる。ASEANの目的を遂行するために，黙示的権限論に従って，ある種の任務を遂行することは許されている。こうした実践を通して，ASEANは，徐々に少しずつではあるが，規範を基礎にした組織へと変容していくことであろう。その際，ASEAN Wayをいかに克服していくかが，最大の鍵となる。

---

(60) Eugene K. B. Tan, *supra* note 30, at 186.
(61) Certain Expenses, 1962 ICJ 151, 168 (Advisory Opinion on 20 July 1962).

VI
領域と海洋法

28 領域の地位決定と人権
―― 境界画定により生ずる問題に関する一考察

櫻井利江

Ⅰ　はじめに
Ⅱ　ウティ・ポッシデティス原則
Ⅲ　国境画定に関する国際社会の実行
Ⅳ　水域における伝統的権利
Ⅴ　伝統的権利に関する国際社会の実行
Ⅵ　結　び

Ⅰ　はじめに

　自決権がすべての人民の国際法上の権利として発展したことにより，植民地人民はその地位を離脱して独立国その他の地位を獲得し，人権の国際的保障にとって最大の障害とみなされた植民地制度はほぼ消滅した。オッペンハイム『国際法第9版』は，領域主権の得喪に関する法への自決原則の取り込みは重要かつ革新的であり，この法的スキームに人民の権利概念が導入（infusion）されたことは，領域主権を規律する法の根本的な変化である[1]と論じた。この変化は非植民地化の枠組において顕著に現れた。

　1918年，ウィルソン米国大統領は，「人民と地域は，あたかもそれらが諸国家間の勢力均衡ゲームの駒のように，国から国へと交換されるべきではない」[2]として領域人民の意思を無視した領土的地位の変更を否定した。植民地の地位からの離脱は同人民の熱望であり，非植民地化においてほとんどの植民地人民は独立国の地位を選択した。ただし新独立国の境界線は，いくつかの例外を除き，人民の意思に基づいて画定されたものではない。

---
(1) Sir Robert Jennings and Sir Arthur Watts, eds., *Oppenheim's International Law*, Vol. I, *Peace*, 9th edition, London, 1992, 715.
(2) ウィルソン大統領一般教書演説4カ条第2条1918年2月11日：http://www.gwpda.org/1918/wilpeace.html.

VI 領域と海洋法

　新独立国の国境線はウティ・ポッシデティス原則（*uti possidetis juris*）を適用し，植民地行政的境界線を転用したものである。この境界線は植民地支配国が領域住民の意思を無視して恣意的に画定したものであり，かつ同境界線は不完全又は不明確な場合が多い。植民地時代には行政的境界線が不明確であっても大きな問題は生じなかったが，独立後は主権国家としての領土及び水域境界線を確定することが必要になり，境界画定をめぐり隣接国家間に紛争が発生した。

　国連の下で交渉，国際裁判又は準司法機関を通じた領土・国境紛争解決へのアプローチは促進し，多くの紛争が当事国の合意に基づき，紛争解決機関に付託された。主権国家間の領土・国境紛争解決にあたって適用される法は，基本的には伝統的な領域主権に関する法であり，自決権はそれらの伝統的規則に置き換えられてはいない。非植民地化以後の実行では，国境画定にあたっては関係人民の意思や人権は関連要因として考慮されてこなかった。クロフォード（James Crawford）は，アフリカ及び中米地域における領土紛争を含む最近の事例は，安定性の利益を考慮して自決原則の検討はすり抜けてきていると評している[3]。紛争解決の過程では，植民地支配国が合意した境界画定文書に基づく法的権原が，当事国の行為並びに関係人民の意思及び権利よりも優先されてきた。その結果，関係人民の意思又は行動と異なる境界，又は独立後の国家の管轄権行使の範囲と異なる境界が決定された。

　ウティ・ポッシデティス原則に基づく国境の画定により，国境地域に居住する人民は長い歴史を通じて育まれた集団及びその生活環境が分断され，多数の人民の権利及び利益が侵害されるという問題が生じている。領域国の政策又は国内法制度次第では，国境画定によって外国人又は少数者となった集団については，以下のような権利侵害又は不利益を被る恐れがある。第1に領域国により安全保障上のリスクとみなされて強制退去を命令され，第2に居住許可証，ビザ取得等，外国人に適用される負担を伴う義務を課せられ，第3に財産権をはく奪又は財産を喪失させられ，さらに第4に非友好関係にある国家間においては，相手国に帰属する自国領域内の少数者が，紛争の中ではあたかも人質のように扱われ，又は公用語を話すことができない少数者は領域国への忠誠心が

---

[3] James Crawford, "Democracy and International Law," 64 *British Yearbook of International Law*, 1994, 118.

ないとして危険人物とみなされることにより，当該少数者の地位と福祉の悪化をもたらしうる[4]。

国境は一度，当事国間合意により確定されると，安定性と最終性を有し[5]，国境不可侵原則に基づき，武力による又は強制的な変更は禁止され[6]，半永久的に固定することになる。国境再編について平和的手段及び当事国の合意に基づく場合には国際法は許容している[7]が，画定された境界の修正を当事国間で合意することは極めて困難であろう。

国際法における自決権の発展と共に国際人権法も発展し，内容的に充実し拡張した。人権法の発展は今日の国境画定及び領土紛争解決の場面において反映されているのか。国境画定により村落，集団及び生活環境が分断されてその生活と生計が脅かされ，関係人民がその意思に反して非友好的国家の領域的管轄権の下に従属させられるという問題について，人権保護の視点から解決する方法はあるのか。このような視点から以下，考察したい。

II　ウティ・ポッシデティス原則

1　国際法におけるウティ・ポッシデティス原則

19世紀，中南米地域が非植民地化する際にウティ・ポッシデティス原則が適用された実行はアフリカ地域においても踏襲され，アフリカ統一機構（OAU）決議16(1)（1964年）[8]はアフリカ諸国の独立の日における国境は明白な現実を構成するとみなし（前文第3パラグラフ），「独立達成時の現行の国境の尊重」（第2条）を約束した。

---

(4) Obenga Oduntan, "The Demarcation of Straddling Villages in Accordance with the International Court of Justice Jurisprudence: The Cameroon-Nigeria Experience," 5(1) *Chinese Journal of International Law*, 2006, 104-108.
(5) Temple of Preah Vihear (Cambodia/Thailand), I.C.J. Reports 1962, p.32; Territorial Dispute (Libyan Arab Jamahiria/Chad), I.C.J. Reports 1994, para.72, et al.
(6) 友好関係原則宣言（国連総会決議2625（XXV）1970年）武力行使禁止原則，ヨーロッパの安全保障及び協力に関する会議（CSCE）最終決定書（ヘルシンキ宣言1975年）国境の不可侵原則，等。
(7) Badinter Arbitration Committee, Opinion No.3, 1991, para.2; European Community, Declaration on the "Guidelines on the Recognition of New States in Eastern Europe and in the Soviet Union," 1991, para.3.
(8) OAU Resolution, AHG/Res. 16(I).

Ⅵ 領域と海洋法

　国際司法裁判所はブルキナファソ＝マリ国境紛争事件判決（本案判決1986年）において，ウティ・ポッシデティス原則はラテン・アメリカに固有の地域的国際法に留まるのではなく独立現象に関して普遍性と妥当性を持つ原則であるとした。すなわち，同原則は中南米スペイン植民地において非植民地化の際，新独立国家間の国境紛争の危険を防ぎ，新国家の独立と安定を維持することを目的として適用され，この実行はアフリカ大陸の非植民地化においても継承され，アフリカ大陸にとって特別の重要性を持つが，それだけではなく一般的に適用され，どこで現れるものであろうと独立現象に論理的に関係している[9]。そして同原則はアフリカ地域の新独立国にとって最も賢明な方法であると述べた。

　領土的現状の維持は植民地解放闘争により，かくも多大な犠牲を払って獲得した独立を保持し，その崩壊を回避するための最も賢明な方法であり，すべての分野において独立を揺るぎないものにするための安定という要請はアフリカ諸国に植民地境界線の尊重への同意を促した[10]。

　さらに法的権原と実効性との関係について，法（境界画定に関する条約・文書等）と国家の行為とが一致しない，すなわち法的権原が実効的支配を伴わない場合には，法的権原を有する国家に優位性が与えられ[11]，条約等の法的拘束力ある文書によってウティ・ポッシデティス原則に従った境界が結果的に証明されない場合には，他の原則及び規則の適用を許さなければならないが，その場合には実効性概念に焦点があてられる[12]と明確にした。この判示はその後の国境・領土的地位決定に関する判決でも引用されている。

2　ウティ・ポッシデティス境界の問題点

　ウティ・ポッシデティス原則は，前述のように，地域の平和と安全への脅威

---

(9) I.C.J. Reports 1986, paras.20-21.
(10) I.C.J. Reports 1986, paras.25-26. なお，ウティ・ポッシデティス原則のもう一つの役割として，事実上はスペインが先占していないものの，法律上先占したとみなすことにより，無主地の存在を否定し，植民地化を阻止することも指摘されている（コロンビア＝ベネズエラ国境紛争仲裁判決1922年 RIAA, Vol.1, p.228）。
(11) I.C.J. Reports 1986, para.63.
(12) I.C.J. Reports 1986, para.63.

の最小化を最優先して採られた方法[13]であった。そもそも植民地行政的境界線画定当時，将来，国際的境界として転用されることは全く画定当事者の念頭にはなかった。領土・島・海洋境界事件判決（エルサルバドル＝ホンジュラス，本案判決1992年）は「国際的境界線の問題などは行政的境界線を画定したスペイン国王の従者の頭をよぎることさえなかったであろう，ということは忘れるべきではない」[14]としてその点を指摘した。そのため同原則に基づく国境には問題がある[15]。

第1に，一部の例外を除き，植民地行政的境界線は現地住民の歴史，伝統，生活状況等は無視して，植民地支配国が恣意的に画定したものである[16]。境界は人々の生活基盤である村落及び民族集団を分断し，またその生活と生計維持のための基盤である農場，牧草地，耕作地，森林，水域等とを複数の国家管轄の下に分割することにより，関係住民に不利益をもたらす。

第2に，植民地支配国間で合意した時点での境界は多くが不明確かつ不正確である。植民地行政的境界線の地図又は文書での記載は正確な測量及び現地調査に基づくものではない。この点についてリビア＝チャド領土紛争事件においてアジボラ裁判官は個別意見で以下のようなソールズベリー卿の発言を引用した。

　これまで白人が全く足を踏み入れたことのない地域の地図に線引き作業をして，山，川及び湖を相互に取引きしてきた。しかし結局，これらの山も川も湖も正確には知らないという些細な障害に妨げられている[17]。

---

(13) Malcolm N. Shaw, "Peoples, Territorialism and Boundaries," 3 *European Journal of International Law*（hereinafter cited as "*EJIL*"）, 1997, 491.

(14) I.C.J. Reports 1992, para.43.

(15) Steven R. Ratner, "Drawing a Better Line: *Uti Possidetis* and the Borders of New States," 90(4) *American Journal of International Law*（hereinafter cited as "*AJIL*"）, 1996, 617.

(16) ショウによれば，例外的ではあるが，植民地行政的境界線画定にあたり，地方部族の住み分け（居住範囲）及びアフリカ人民の実態を考慮した事例があるとして，英仏条約（1890, 1898, 1904年），英＝ポルトガル条約（1891年），仏＝リベリア条約（1907年），伊＝エチオピア条約（1908年）等を挙げている（Malcolm N. Shaw, "Self-Determination, Human Rights, and the Attribution of Territory," in Ulrich Fastenrath et al. eds., *From Bilateralism to Community Interest: Essays in Honour of Judge Bruno Simma*, Oxford, 2011, 596-597）。

(17) Separate opinion of Judge Ajibola, Territorial Dispute (Libya/Chad), I.C.J. Report,

Ⅵ　領域と海洋法

　加えて行政的境界線は同一の基準に従って引かれたものではなく，複数の管轄権のそれぞれについて不整合な地理的範囲が設定されたことから，複数の文書又は地図の間に矛盾が生じていることもまた，新独立国の国境線に転用すべき植民地行政的境界線の特定を困難にしている[18]。

　第3に，法的権原に基づいて決定された境界と，植民地時代における管轄権行使又は独立後の国家の行為の領域的範囲とが抵触することにより，関係住民がその意思又は帰属意識と相入れない領域国の住民になるという問題がある。後述するエリトリア＝エチオピア，カメルーン＝ナイジェリア国境紛争においても，このような問題が生じた。このような場合に，文書等において法的境界が画定（delimitation）された後に，現地で物理的境界を設置（demarcation）する段階で，当事国が決定の受入れを拒否し，物理的境界画定の作業に着手できないという問題がある[19]。

　物理的境界に関連し，実際に標柱建造等により境界が現地に設置された場合でも，十分な維持管理ができないため正確な境界の位置が不明になるという状況も生じた[20]。アフリカ大陸では財源又は専門分野での人材不足等から，一部分を除き，現地での詳細な地理的測量及び調査に基づく正確な物理的境界線は設置されてこなかった[21]。

Ⅲ　国境画定に関する国際社会の実行

　領土・国境紛争をめぐる判例においては，法的権原の絶対的優位性が強調され，関係領域住民の意思や人権は領土帰属及び境界画定に影響を与える要因と

　　1994, p.53, para.9.
- [18]　Shaw, *supra* note (13), 489-490.
- [19]　上記の外，ケニア＝エチオピア，エチオピア＝スーダン，マリ＝モーリタニア間等についても紛争により物理的境界の設置が停滞している（Malcolm N. Shaw, *Title to Territory in Africa International Legal Issues*, Oxford/New York/Toronto, 1986, 262-263）。
- [20]　通常は主要な境界地点に標柱を設置し，標柱間に補完的に石塚（cairn）を設置する方法がとられたが，植物の繁茂や住民による石製標柱の利用等により消失したものも多い（Shaw, *supra* note (19), 261）。
- [21]　Oduntan, *supra* note (4), 80. アフリカ全域の陸地境界は総計17万キロ余り，そのうち物理的に境界が画定されたのは35％程度と推定されている（African Union Border Governance Strategy Draft, No. 2017, p.8）。

してはみなされてきていない。西サハラ事件勧告的意見（1975年）は「住民が
その意思の自由な表明により，その将来の政治的地位を決定する権利」を確認
した。ただしこの権利が認められるのは植民地及び外国の従属下の人民である
と解釈されている[22]。植民地の地位を離脱した主権国家間の領土・国境紛争
の解決にあたり，国際裁判所は境界画定関連文書の厳格な解釈から法的境界を
導くことに徹し，関係住民の権利や利益といった条約規定以外の要因は考慮し
ない対応を以下のように示してきた。

　チュニジア＝リビア大陸棚事件判決（1982年）は，大陸棚境界画定に関し
てではあるが，貧困，農業用資源及び鉱物資源のような経済的要因については，
考慮に入れることはできないとして，境界画定にとっては無関係な（extraneous）
要因とみなして検討から除外した[23]。

　ブルキナファソ＝マリ国境紛争事件判決は，「単に衡平な解決ではなく，適
用可能な法から導かれる衡平な解決」あるいは「承認された国際法概念である
法適用上の衡平」という意味で「法の下の衡平（*equity infra legem*）」を考慮す
ることができる[24]として，一方ではウティ・ポッシデティス原則以外の適用
可能な法に基づく解決の道の可能性を示唆した。しかしウティ・ポッシデティ
ス境界に「どのような欠陥があろうと，法の下の衡平でさえも，植民地時代か
ら承継され確立された国境を修正する目的では援用しえない」としてウティ・
ポッシデティス原則以外の法的根拠に基づく境界画定の可能性を否定した[25]。

　以下の判例において，経済的，人間的，その他の要因について，ウティ・
ポッシデティス原則に基づく境界の修正のために考慮することは否定した。し
かしウティ・ポッシデティス原則の境界は絶対的に不可変ではなく，当事国の
合意に基づく修正は可能であると認めている。また裁判所又は紛争解決機関に
おいて決定された境界により，権利を侵害され又は不利益を被る関係住民につ
いては，当事国がその救済のための措置をとることを合意している例がある。

---

(22)　I.C.J. Reports 1975, para.70.
(23)　I.C.J. Reports 1982, para.106.
(24)　I.C.J. Reports 1986, para.28.
(25)　I.C.J. Reports 1986, para.149.

Ⅵ 領域と海洋法

1 領土・島・海洋境界事件（エルサルバドル＝ホンジュラス）

両当事国間で結ばれた一般平和条約（1980年）は，同条約で合意に至らなかった部分の陸地境界，島及び海域の法的地位については，合同委員会が決定することとし，同委員会は境界画定にあたり，「両当事国によって提出され，国際法の下で受け入れられた法的，歴史的，人間的（human）又はその他のあらゆる証拠及び議論も考慮に入れる」と規定した（26条）。合同委員会は国境の物理的画定作業を進めることができず，特別協定を結び，紛争を国際司法裁判所に付託した（1986年）。

(a) ウティ・ポッシデティス原則の優位性

同判決（本案判決1992年）は，国境画定にあたり，まずウティ・ポッシデティス原則を実効性より優先するアプローチをとることを確認した。エルサルバドルは，ウティ・ポッシデティスは国境画定に最重要ではあるが唯一の法的要素ではないとし，人間性（human nature）の議論及び経済的要素，具体的には第1に同国の人口密度の高さ，この点に関連して人間にとって必須の必要性，第2にホンジュラスにおける天然資源の優位性といった要素も境界画定には考慮すべきであると主張した[26]が，判決は次のように述べて，人間の必要性を境界画定に考慮すべきとする主張を否定した。ブルキナファソ＝マリ国境紛争事件判決が，ウティ・ポッシデティス原則に基づく境界について，たとえどのような欠陥があろうと，植民地時代から承継され確立された境界を修正する目的では，法の下の衡平原則さえ援用することはできないと述べたことを想起し，第1の点については，「問題のこの側面を軽視しようとはしないが，直接的な法的関連性はない」[27]とし，また第2の点については，「チュニジア＝リビア大陸棚事件判決は海洋境界の判断において経済的要因は考慮しえないとした。ましてや陸地国境の画定についてはなおさらそうである」[28]と。

(b) ウティ・ポッシデティス境界の修正

以上のように，判決はウティ・ポッシデティス原則に基づく国境，すなわち法的権原の優位性を強調する一方で，当事者の合意又は黙認による境界修正の可能性を明らかにしているのである。エルサルバドルによる「他のあらゆる種

---

(26) I.C.J. Reports 1992, paras.57-58.
(27) I.C.J. Reports 1992, para.58.
(28) I.C.J. Reports 1992, para.58.

類の証拠と議論」(一般平和条約26条)に基づく領域主権の主張は認めなかったが,次のように合意により法的権原に従った境界が修正されうることを示唆した。

　裁判部はスペイン領アメリカにおけるウティ・ポッシデティスの適用の効果が,独立達成によって植民地行政的境界線から転用された新国家間の国境を永遠に凍結することになるとは考えていない。当事国間の合意による境界変更の道は明らかに開かれていた。何らかの作為又は不作為が,1821年当時の境界とは異なる境界の黙認に至ることもありうる[29]。

(c) 関係住民の人権

判決が決定した境界の物理的画定作業は境界画定特別委員会(special demarcation commission)に委ねることになっており,その任務として,「国境問題解決により生ずる関係国の人々への人間的,市民的,経済的問題解決のための調査と提案」をすることを両国大統領共同宣言は確認していた(1986年)[30]。

1992年判決により,紛争領域の約3分の2のホンジュラスへの帰属が決定され[31],同領域に居住する12,000人のエルサルバドル人が取り残され,エルサルバドル領となった領域には3,000人のホンジュラス人が取り残されることになり[32],移住先の領域における住民の権利,殊に土地所有権に関する問題が生じた。1982年ホンジュラス憲法によれば,中米諸国出身者については1年以上の居住を条件としてホンジュラス国籍を取得することができるが,二重国籍については,二重国籍に関する条約が存在しない限り認められない[33]。

1998年,両当事国は国籍及び土地所有権に関する協定[34]を結び,自国領域に居住する相手国国民の権利義務を確認し,自らの国籍を選択する権利を含め,

---

(29) I.C.J. Reports 1992, para.80.
(30) I.C.J. Reports 1992, para.66.
(31) エルサルバドルは紛争地域のうち第6区域についての判決を受け入れられないとして,2002年,同区域境界に関する1992年判決の再審請求をしたが,請求は受理されず(2003年),1992年判決における境界が確定した。
(32) Edgardo Ayala, "El Salvador-Honduras: Forgotten People of the Border Pact," IPS News: http://www.ipsnews.net/2011/03, accessed on August 28, 2018.
(33) Constitution of Honduras 1982 with Amendments through 2013, article 24.
(34) Convention on Nationality and Rights Acquired in the Zones, El Salvador and Honduras, 1998.

Ⅵ　領域と海洋法

土地の法的権原及び国籍の保障といった判決から生じた法的問題を両国間で解決することを合意した[35]。同時に物理的境界画定作業の着手にも合意した[36]。

2　エリトリア＝エチオピア境界画定事件

1998年5月，国境画定問題，殊に国境西部のバドメ（Badme）の領有権を巡りエリトリアとエチオピア間で武力衝突が発生した[37]。バドメ及びその周辺地域は，国連文書ではエチオピア領域に位置する食糧受給地として言及されていた[38]。1889年，エリトリアがイタリア植民地とされて以降，バドメ及びその周辺地域ではイタリアの行政権行使及び支配の事実は共に存在しない[39]。バドメ住民は1991年以降エチオピアでのすべての選挙に参加し，1998年5月

---

[35]　ホンジュラスでは2002年憲法改正により，国籍法の一部が改正されたが，2011年現在，ホンジュラス領域内のエルサルバドル国民の二重国籍は認められていない（Voices on the Border, The Communities Still Caught in the Honduran-Salvadoran Border Dispute: https://voiceselsalvador.wordpress.com/2011/03/30/the-communities-still-caught-in-the-honduran-salvadoran-border-dispute/, accessed on August 28, 2018）。

[36]　2000年9月までに374kmのうち232.5kmについて物理的境界が設置された（Joanne Maher, *Europa World Year 2004*, London, p.2012）。

[37]　国境周辺領域にはクナマ族，アファール族，イロブ族，チグレ族等が親族関係，生活様式，経済的利益等の共通要因を絆として結合し，農業，牧畜，交易等を生業として居住するが，部族境界線は安定的ではなく常に変化しており，植民地時代には明確な物理的境界は設置されていなかった（Kjetil Tronvoll, "Borders of Violence‐Boundaries of Identity: Demarcating the Eritrean Nation-State," 22(6) *Ethnic and Racial Studies*, 1999, 1037-1060; Jon Abbink, "Creating Borders: Exploring the Impact of the Ethio-Eritrean War on the Local Population," 56(4) *Africa: Rivista trimestrale di studi e documentazione dell'Istituto italiano per l'Africa e l'Oriente* (hereinatfter cited as "*Africa. Rivista*"), 2001, 447-458）。

[38]　2009年現在，エリトリア人口の約3分の2は食糧援助に頼っており（英国国境局『出身国情報レポート・エリトリア』2010年6月法務省入国管理局仮訳2.03），バドメはエリトリアへの食糧援助の拠点とされた。1994年度エチオピア国勢調査によれば，バドメ人口は892人とされる（Jon Abbink, "Badme and the Ethio-Eritrean Border: The Challenge of Demarcation in the Post-War Period," 58(2) *Africa. Rivista*, 2003, 223-224）。

[39]　エリトリアは1890-1941年イタリア植民地，1941-1952年イギリス植民地，1952年-1962年エチオピアとの連邦国家，1962-1991年エチオピアに併合された後，1991年独立宣言し，1993年エチオピアから国家承認され国連加盟した（拙稿「自決権の新たな展開——エリトリア分離独立を素材として——」（一）九州国際大学論集『法経研究』第5巻2号平成5年1-35，（二）『九州国際大学法学論集』第1巻1号平成6年，259-313）。

の紛争勃発まで，エチオピア通貨のみを使用し，エチオピアに実効支配され，エリトリアの統治下に置かれたことはなく，自身をエチオピア国民と認識していた[40]。

2000年12月，アルジェリア及びアフリカ統一機構の調停により包括的和平合意（アルジェ合意）[41]が結ばれ，同合意に基づき，2001年2月，エリトリア＝エチオピア国境委員会（EEBC）[42]が設置された。EEBCはエリトリア＝エチオピア間の法的境界画定及び現地での物理的境界画定の2つの任務を単独で負い，エチオピアとイタリア間で締結された3つの植民地境界条約（1900年，1902年，1908年）及び適用可能な国際法を準則とするが，「衡平と善（*ex aequo et bono*）」による決定を下す権限はない[43]。アルジェ合意においては，紛争地域住民個人への影響（consequences）を含め，領域的支配権の移譲によって生じる問題の解決促進は国連に要請すること（4条16項），またEEBCが決定する法的境界及び現地に設置される物理的境界が確定的であり，拘束力あることを認め，決定された国境を尊重すること（5条15項）が規定された。

2002年4月13日，EEBCは境界を3つのセクター（西部，中部，東部）に分けて画定した裁定[44]を全会一致で採択した。エチオピアは裁定を受け入れず，境界画定プロセスの各段階で異議申立て又は対案（2004年和平計画）提出等により抗議した。

---

(40) Abbink, *supra* note (38), 220-228; Sihamandla Zondi and Emmanuel Rējouis, "The Ethiopian-Eritea Border Conflict and the Role of the International Community," *African Journal on Conflict Resolution*, 2006,73.
(41) Agreement between the Government of the Federal Democratic Republic of Ethiopia and the Government of the State of Eritrea, 12 December 2000. 同合意は国連，OAU/AU，EU，アルジェリア及び米国が立会証人となった。
(42) Eritrea-Ethiopia Boundary Commission (EEBC) 委員としてエチオピアはBola Adesumbo Ajibola 及び Arthur Watts を，エリトリアはW. Michael Reisman 及び Stephen M. Schwebel を指名し，委員長として Elihu Lauterpacht が任命された。EEBCは常設国際仲裁裁判所を会場とし（アルジェ合意14条2項），EEBC手続規則は同裁判所の仲裁裁判選択規則を修正したものであるが，口頭弁論を含め，正規の訴訟手続きは行われていない。
(43) アルジェ合意4条2項及びEEBC手続規則（Eritrea-Ethiopia Boundary Commission Rules of Procedure, 11 April 2002）25条。
(44) Decision regarding delimitation of the border between Eritrea and Ethiopia, Decision of 13 April 2002, RIAA, Vol.25 (hereinafter cited as "EEBC 2002 Decision").

Ⅵ 領域と海洋法

(a) 境界画定
(i) 西部セクター

同セクターの境界は1902年条約により画定されたが,同年代及び20世紀初期の複数の地図は,相互に地名,河川名等で矛盾があり,地図座標第6-9地点に関して解釈が対立した[45]。エチオピアは1902年当時の地図[46]及び1935年以降のエチオピアの実行に基づき,バドメの領域主権を主張した[47]。

EEBC裁定は1935年には境界が結晶化したとみなし,1902年から1935年までの地図,公的文書,行政措置の実行を検討し,エチオピアによる行政権の行使は実質的には1951年以降のことであり,従って同国の主権行使の表示等の国家実行の証拠は1902年条約の下での境界の修正を正当化するのには不十分としてその主張を否定し[48],同条約当事国の意図[49]に基づいて,バドメの地名には触れず,座標点により当該領域のエリトリアへの帰属を表記した[50]。

(ii) 中部セクター

同セクターの境界は1900年条約において画定された。裁定は以下の部分に関し,同条約が画定する境界を当事国の行為及び同意を考慮して修正した。同条約によれば,Fort Cadorna及びTseronaはエチオピア領域内に位置する。しかしEEBCはエリトリアによる行政権行使の範囲,実質及び期間に関する証拠並びにエチオピアの同意に基づき,エリトリアへの帰属を決定した。

---

(45) 当時作成された複数の地図は相互に矛盾するため,正確な境界の位置を特定することは困難とみられた (Abbink, *supra* note (38), 224)。
(46) 1902年条約においては河川 (*Maiteb*) を植民地境界線とした。エチオピアは"Mai Daro"と呼ばれる地図に基づいて領土主権を主張した。
(47) EEBC 2002 Decision, paras. 5.82-5.90.
(48) EEBC 2002 Decision, paras. 5.44-5.90.
(49) EEBCは1902年条約における当事国の本来の意図は,クナマ族の主要部分がエリトリア境界内に含まれるように境界線を画定することであると解釈した (EEBC 2002 Decision, paras. 5.37-5.41)。
(50) EEBC 2002 Decision, paras. 5.92-5.95. なお,エチオピアは裁定の翌月 (2002年5月13日) 意見書 (「裁定の解釈,訂正及び協議に関する要請書」) を提出し,境界の調整を前提として裁定を受け入れたのであり,調整はないということであったならば同意しなかったとして,西部境界に関し,現地における物理的境界画定プロセスでの微調整 (refinement) を要請したが,EEBCは6月24日,要請を拒否した (Eighth Report of the Eritrea-Ethiopia Boundary Commission, para. 5, UN Doc. S/2003/257, 6 March 2003, Report of the Secretary-General on Ethiopia and Eritrea)。

1900年当時の地図には存在しない Zalambessa については，外交・準外交文書，エチオピアによる行政行為に関連する証拠，報告書及び覚書によるエリトリアの同意等に基づき，エチオピア領域内に位置するようにその外縁に沿って境界線を引いた[51]。

(iii) 東部セクター

同セクターについて裁定は1902年条約に従い，自然環境と地形の変化に沿い，海岸線と平行になるように境界を画定した。両当事国のチェックポイントが設置されている Bure については，同条約によればエチオピア側に位置するが，共通の境界を設置する旨の両国間合意及び報告書（1994年），公文書及び黙認等に基づき，両国の各チェックポイント位置からの二等分線が境界となるように修正した[52]。

(b) 関係住民の人権

EEBC 裁定の実施により，境界付近の住民の多くは生活の基盤となる河川，水源，耕作地，放牧地，市場等へのアクセスを喪失し，生計を脅かされることが懸念された[53]。境界画定が住民の人権に及ぼす問題について和平交渉では全く触れられず，アルジェ合意はそのような問題の解決を国連に委ねていた[54]。

EEBC の物理的境界画定指示書起草過程において，エチオピアは生計の糧を失うことによる困窮を軽減するように，現地での物理的画定はより実践的かつ柔軟にすべきであり，また EEBC は境界地域の人文地理学及び自然地理学を考慮に入れて地図座標点を調整すべきと主張した[55]。これに対し EEBC は村

---

(51) EEBC 2002 Decision, paras. 4.1-4.91. ソルト・レイク北部の広大な高地 Bada の一部地域について，エリトリアは領有権を主張したが，EEBC は同条約の解釈に従いエチオピア領土とした (EEBC 2002 Decision, paras. 4.32-4.68)。
　　エチオピアは意見書において，Fort Cadorna の位置の地理的誤りの訂正，及び Tserona と Zalambessa の外縁を明確にする基準確認のための協議を要請したが，EEBC は要請を拒否した (S/2003/257, 6 March 2003, para.5)。
(52) EEBC 2002 Decision, paras. 6.1-6.34. エチオピアは Bure に関する座標第40地点の正確な位置決定のための当事国との協議を要請したが，EEBC は拒否した (S/2003/257, 6 March 2003, para.5)。
(53) Abbink, *supra* note (37), 448; Oduntan, *supra* note (4), 88-89.
(54) アルジェ合意第4条16項は「両当事国は従来紛争地域に居住していた個人への影響を含め，領域的コントロールの移譲によって生じうる問題の解決促進を国連に要請する」と規定する。
(55) EEBC, Observations of 21 March 2003, addendum to the Progress Report of the

VI 領域と海洋法

落の分断により問題が生ずるとしても，同委員会には如何なる修正権限もなく，当事国の合意がある場合に限り，法的権原に基づく境界を修正しうるとし，当事国間交渉による解決を促した。

もしも境界線が町又は村を通過及び分断するときは，両当事国により明示の合意された請求がある場合に限り修正しうる[56]。

さらに EEBC は 2003 年 3 月，物理的境界画定プロセスに向けてのアプローチを示した所見（Observations）を表明し，国際慣習法の確立した規則として，画定者は法的境界を変更する権限を明示的に付与されることがない限り，たとえ境界線が町又は村を分断する場合でも，両当事国による明示的合意に基づくものでない限り，法的境界を変更することはできず，柔軟に画定することはできないとし[57]，また裁定に従った物理的境界の設置により，居住領域の帰属国家が画定前の行政管轄と一致せず，又は住民が国境の「誤った」側（'wrong' side of the boundary）に帰属する結果になることは予測していたが，そのような場合には問題は EEBC ではなく，国連決議に委ねることで合意があったと述べた[58]。

他方，物理的境界画定段階において，条約の用語又は地図の不明確性といった理由により，境界を示す標識等を現地に設置できない場合には，現地での境界設置作業での障害をできるだけ軽減し支障なく遂行できるように，境界を限定的に調整しうることを示唆した。

条約における画定に関する用語又は画定プロセスで使用された地図の縮尺及び正確性について裁量の余地（flexibility）を考慮できるように，また現地での物理的境界画定作業が不可能になることがないように，同作業担当者には限定的な範囲内で設置位置を判断する余地（a limited margin of appreciation）があろう[59]。

UN Secretary-General, S/2003/257, 6 March 2003.
(56) EEBC, Commission's Demarcation Directions of 8 July 2002, para. 14 A.
(57) EEBC Observations, *supra* note (55), para.3.
(58) EEBC Observations, *supra* note (55), para.9 (a).
(59) EEBC Observations, *supra* note (55), para.8. また 11 月 7 日付決定は，裁定に厳密に従った物理的境界設置が地理的に不可能であり，又は正確な位置に関する地理的地形的情報が不十分である等により，物理的境界が裁定に示された法的境界からやむを得ず反れる場合があることを認め，Tserona, Zalambessa, Bure 等の地域について法的境

エチオピアはEEBCの対応に抗議して協力を拒否し[60]，バドメ地域に対する支配を2018年まで継続した[61]が，同年6月5日，エチオピア政権はアルジェ合意及びEEBC裁定を完全に受諾・履行する旨決定した[62]。なおアルジェ合意は請求権委員会の設置を規定するが，境界画定によって境界周辺住民にもたらされた権利侵害及び不利益は同委員会への請求対象とはしていない[63]。

(c) ウティ・ポッシデティス境界の修正

EEBCは紛争解決機関が明示的に法的境界を修正する権限を付与されていない限り，関係住民の意思又は人権を考慮して法的境界を修正する権限はないと明示した。また基本的には境界条約に基づく法的権原を最優先し，法的権原が領域の範囲を正確に示すことができない場合には，実効性が本質的な役割を持つ[64]とするブルキナファソ＝マリ国境紛争事件判決のアプローチを採った。また物理的境界画定段階で実務的又は技術的な理由で現場での境界設置が不可能な場合には，やむを得ず法的境界から反れる場合があるが，それはあくまでも法的境界の調整であり，極めて限定的な範囲内であるとした。

一部境界については当事国の行為及び同意を根拠としてウティ・ポッシデティス原則に基づく境界を修正した。また当事国が黙示的又は明示的に合意すれば，当該条約に規定された境界を修正しうることを認めた。この点は同年10月，国際司法裁判所もカメルーン＝ナイジェリア境界画定事件判決において確認した。

界の修正を示唆した（Determinations, EEBC, 7 November 2002, p.1, para. 19）。

(60) 2003年開始が予定されていた現地での物理的境界画定を拒否し，安保理及びアルジェ合意証人国の協力要請をも拒絶した（EEBC, Twentieth Report of the Commission, S/2006/140 Annex II, para 2）。

(61) 2005年3月以来，物理的境界画定作業は中断した（Christine Gray, "The Eritrea/Ethiopia Claims Commission Oversteps Its Boundaries: A Partial Award?" 17(4) *EJIL*, 2006, 708）。

(62) 当事国間では2018年7月8日，平和友好共同宣言（於アスマラ，エリトリア），続いて9月16日，外交関係を正常化するための和平合意（於ジッダ，サウジアラビア）が署名され，両国関係は好転した（『毎日新聞』2018年9月19日朝刊）。

(63) 請求権委員会は，国際人道法又はその他の国際法違反，具体的には武力攻撃により生じた損失，損害，権利侵害に関して，当事国個人及び法人を含め，両国の国家及び国民が受けた損害を中立的な委員会を通じて相手国に請求する手続きを担う（5条）（Gray, *supra* note (61), 699-721）。

(64) I.C.J. Reports 1986, para.63.

3 カメルーン＝ナイジェリア境界画定事件

1884年，英国と旧カラバル王・首長（Kings and Chiefs of Old Calabar）との間で保護条約が結ばれた。同条約は被保護国の範囲を正確に定義していないが，旧カラバル王国はバカシ半島，ナイジェリア南東沿岸及び南部カメルーンを支配圏としており，1913年まで，英国がバカシ半島を含む旧カラバル王国全域を統治した[65]。1913年英独合意により，英国はバカシ半島をドイツへ割譲して境界を画定し，バカシ半島のドイツ領カメルーンへの編入を示す地図が作成された[66]。同合意に対する現地王・首長からの抗議はなく，1914年以降の英国及びドイツの地図はバカシ半島をドイツ領カメルーン領域内に位置付けていた[67]。

1919年，英仏宣言によりドイツ領カメルーンは英国とフランスとに分割されて国際連盟委任統治制度の下におかれた。バカシ半島は英領カメルーンの一部となるが，仏領カメルーンとの境界付近の住民のために分割後6カ月の猶予期間を設け，この間に意思表示により居住していない側の植民地行政区域に帰属することを認めた[68]。

国連信託統治制度への移行後，英領カメルーンは南北2つの植民地行政単位として統治されたことから，信託統治理事会視察団は非植民地化プロセスでの住民投票も南北での分割実施を勧告した[69]。住民投票により，北カメルーンはナイジェリア連邦への編入を選択し（1959年），南カメルーンはカメルーン共和国への編入を選択した（1961年）[70]。住民投票以後，外交文書はバカシ半

---

(65) Julius Ndumbe Anyu, "The International Court of Justice and Border-Conflict Resolution in Africa: The Bakassi Peninsula Conflict," 18(3) *Mediterranean Quarterly*, 2007, 41-44.

(66) W.V. Nugent, "The Geographical Results of the Nigeria-Kamerun Boundary Demarcation Commission," *Geographical Journal*, 1914, 630-651.

(67) Nejib Jibril, "The Binding Dilemma: From Bakassi to Badme – Making States Comply with Territorial Decisions of International Judicial Bodies," 19(3) *American University International Law Review*, 2003, 648.

(68) 関係住民は旧独領カメルーン分割がもたらす問題を認識していなかった（Mark Bolak Funteh, "The Concept of Boundary and Indigenous Application in Africa: The Case of the Bakassi Boarder Lines of Cameroon and Nigeria," 1(4) *International Journal of Humanities and Cultural Studies*, 2015, 228）。

(69) Report of the Visiting Mission, 1958, T/1446 and Add.i, para.170.

(70) 住民投票は南カメルーンでは1961年，バカシ半島を含む21か所の投票所において

島がカメルーン共和国に帰属することを明確にしていた。

1967 年,海底油田の発見を契機にナイジェリアとカメルーン間で対立が生じた。チャド湖地域のナイジェリア人入植地については,1987 年以降ナイジェリア軍駐留の下,ナイジェリアが統治した[71]。次いで 1993 年,ナイジェリアはバカシ半島へ派兵し,以後 2002 年まで同国による事実上の占有状態が続き,バカシ半島住民に関し主権者として行為した。バカシ半島をナイジェリア・カラバル地区の行政管轄下に置き,同住民にナイジェリア・パスポートを発行し,並びに徴税,ナイジェリア通貨の流通及び学校・保健所等の公的機関の運営について行政権を行使し,ナイジェリア法を適用して秩序を維持した。このようなナイジェリアの行為に対するカメルーンからの抗議はなかった[72]。バカシ半島住民の 90%は自身をナイジェリア人とみなしていた[73]。

両国間で署名されたヤウンデ第二宣言(1971 年)はバカシ半島のドイツ領カメルーンへの帰属を示す 1913 年英独合意の有効性を確認し,マロウア宣言(1975 年)はクロス川河口からバカシ半島西方までの海洋境界を画定した。ただしナイジェリアは陸地境界に関する合意文書を批准していない[74]。カメルーンは 1994 年,両国間の領土・海洋境界の画定を求めて国際司法裁判所に提訴した。2002 年 10 月 10 日,同裁判所はチャド湖周辺,チャド湖からバカシ半島まで,そしてバカシ半島の 3 部分に分けて陸地境界を画定した(本案判決)[75]。

実施され,73%がカメルーン共和国への編入を選択した(UNGA Res. 1608 (XV), 21 April 1961)。

(71) Joshua Castellino and Steve Allen, *Title to Territory in International Law: A Temporal Analysis*, Aldershot, Hants, 2003, 149.

(72) Piet Konings, "Settling border conflicts in Africa peacefully: Lessons learned from the Bakassi dispute between Cameroon and Nigeria," in Jan Abbink and Mirjam de Bruijn, eds., *Land, Law and Politics in Africa: Mediating Conflict and Reshaping the State*, Leiden, 2011,198.

(73) Anyu, *supra* note (65), 50.

(74) Anyu, *supra* note (65), 45; Egeran Tomwarri, "International Law, Boundary Dispute and Territorial Redistribution between Nigeria and Cameroon on Bakassi Peninsula: Limits and Possibilities for Nigeria," 7(7) *European Journal of Business and Management*, 2015, 206.

(75) Land and Maritime Boundary between Cameroon and Nigeria (Cameroon v. Nigeria: Equatorial Guinea intervening), Judgment, I. C. J. Reports 2002. 同判決はまたナイジェリアはカメルーン領域と判断された地域から,カメルーンはナイジェリア領域と判断された地域から,それぞれ自国の警察,軍隊,行政機関等の即時無条件撤収を命

Ⅵ　領域と海洋法

(a)　境 界 画 定
(i)　チャド湖地域

ナイジェリアはナイジェリア人の入植，歴史的凝固の理論及びカメルーンによる黙認に基づき，植民地行政的境界線の修正を主張した。判決は法的権原がカメルーンにあるとしても，カメルーンの行動からナイジェリアの領有権を黙認したとみなされる場合には，ナイジェリアの領域主権を認める余地があると解釈しうるとした。しかし権原の放棄とみなしうるカメルーンによる黙認はないと判断し[76]，実効性に対する法的権原の優位性を認めたブルキナファソ＝マリ国境紛争事件判決に言及し，カメルーンへの帰属を決定した。

(ii)　チャド湖からバカシ半島まで

同地域境界については3つのセクターに分け，第1セクターについてはThomson-Marchand 宣言（1930年），第2セクターについては英独合意（1913年4月12日）及び委任統治地域としての英領カメルーン境界を詳細に表記した英国枢密院令（1946年），第3セクターについては英独合意（1913年3月11日及び4月12日）を境界画定文書とし，両国間で争点となっている17の各座標点について慎重に検討した。するとウティ・ポッシデティスに基づく国境画定により国境線地域に位置する2村落——カメルーン人が居住する Turu（第4地点）及びナイジェリア人が居住する Kotcha（Koja，第6地点）——が分断されることが明らかであった。それでもなお裁判所はあくまでも境界画定文書に厳格に従って境界線を引いた。

Turu とその近隣地域において分水嶺を境界とすることについては争いはない。Thomson-Marchand 宣言によれば Turu 全域はカメルーン領域内に含まれる。ナイジェリアは同国作成の地図では Turu が実際にはナイジェリア領域にも拡張していると主張した。カメルーンは双方が作成した地図には分水嶺の位置に誤差があるが，Turu 付近の境界は同文書に従って分水嶺から外れるように画定すべきであると主張した。判決は「裁判所は境界画定文書の規定を解釈しうるが，（ウティ・ポッシデティス原則に基づく）境界線は裁判所によって修正されることはない」[77]と明示し，ナイジェリアが提出した地図をより信頼

令した。海洋境界についても画定した。
(76)　I.C.J. Reports, 2002, paras.68-69.
(77)　I.C.J. Reports 2002, para.107.

性ありとして証拠採用し，分水嶺に沿って境界を画定した。

Kotchaに関し，判決はTuruに関して示したのと同様に，ウティ・ポッシデティス原則に基づく境界に関する裁判所の修正権限を否定した。

　　Kotchaのナイジェリア人村落は境界線のカメルーン側に広がっている。裁判所は境界線の一方に位置する村の範囲がいかに境界を越えていようと，（国家間合意により）決定された境界を修正する権限はない[78]。

第10地点Sapeo地域については，領域権原の根拠となるThomson-Marchand宣言では記載が無く，その帰属が不明確であるが，同文書作成時の議事録（Logan-Le Brun procès-verbal, 1930年）においてナイジェリアに帰属するよう修正する旨記録され，同趣旨は地図（1931年）その他の関連文書にも記載された。その後の住民投票（1961年），カメルーンによる抗議の欠如等を含む関係国の75年間の実行に基づき，ナイジェリアへの帰属を判断した[79]。

(iii) バカシ半島

ナイジェリアは，保護条約締結後も，バカシ半島の領域主権は旧カラバル王・首長に残存し，英独合意のバカシ半島割譲関連の部分は無効であり，バカシ半島主権はドイツに移譲されておらず，ゆえにナイジェリア独立時点で，バカシ半島はナイジェリア領土の一部となったと主張した[80]。これに対してカメルーンは，バカシ半島においては旧カラバル王国による事実上のコントロールは無く，たとえ旧カラバル王国が実体とみなされるとしても，その性格と範囲の不明確性という理由により権原を有することはできず，バカシ半島の権原は英独合意によりドイツに移譲されていたと主張した[81]。

判決は以下のように，バカシ半島のカメルーンへの帰属を判断した。パルマス島事件判決及び西サハラ事件勧告的意見からすれば，保護条約の効果として英国はバカシ半島の主権を取得したとみることができ，よって英独条約において両国は植民地境界線を画定することができた[82]。また委任統治及び信託統治領土時代を通じ，国際社会からバカシ半島はカメルーンの一部として扱われ，

---

(78)　I.C.J. Reports 2002, para.123.
(79)　I.C.J. Reports 2002, paras.141-144.
(80)　I.C.J. Reports 2002, paras.201-204, 303.
(81)　I.C.J. Reports 2002, para.26, p.318.
(82)　I.C.J. Reports 2002, paras. 205, 209.

Ⅵ　領域と海洋法

1960年時点において英国統治下の南部カメルーンに属すると確認されたという実行は，バカシ半島がカメルーンの一部を構成するとみなされてきたことを証明する(83)。そして1960年当時の外交書簡，地図，関連文書においてはナイジェリア自身がバカシ半島をカメルーン領土であるとみなしており，国連総会決議案にナイジェリアが賛成票を投じたことは，バカシ半島のカメルーン帰属をナイジェリア自身が受け入れていたことを示している(84)。

(b)　関係住民の人権

判決により，チャド湖地域及びバカシ半島ではナイジェリア人が居住する33村落がカメルーンに，カメルーン人が居住する1村落がナイジェリアに帰属することになり，多数のナイジェリア人がその帰属意識とは異なる国家に取り残されることになった。またナイジェリア人の居住する4村落，カメルーン人の居住する3村落と1入植地が，そして1村落では住民の居住地とその耕作地とが，国境画定により2カ国に分断されることになった(85)。

裁判所は法的権原を優先して境界画定文書に厳格に従うことに徹し，関係住民の人権又は意思という要因も，また共同体の分断回避という要因も境界画定には無関係とした。その一方で，裁判所は口頭弁論でのカメルーン代理人による以下の陳述に注目した(86)。

　カメルーンに居住する300万人以上のナイジェリア人は，如何なる制限もなしに，様々な活動をし，カメルーン社会にうまく統合されている。厚遇と寛容という伝統的政策に忠実に従い，カメルーンはバカシ半島及びチャド湖地域に居住するにナイジェリア人への保護を継続する(87)。

判決は主文において「厚遇と寛容という伝統的な政策に忠実に従って，カメルーンへの帰属が決定された領域に居住するナイジェリア人を保護するというカメルーンの約束に留意する」と述べた(88)。同主文の趣旨はカメルーンへの

---

(83)　I.C.J. Reports 2002, para. 208.
(84)　決議案は GA Res.1608 (XV) (21 April 1961) として採択された (*ibid.*, paras. 210-217)。
(85)　Oduntan, *supra* note (4), 90. Narki（第1地点付近）は，カメルーンへの帰属が決定したが同住民の農地はナイジェリア領に位置している (*ibid.*)。
(86)　この約束への留意は当事国から裁判所への要請によるものではない。
(87)　I.C.J. Reports, 2002, para.317.
(88)　この約束への留意は当事国から裁判所への要請によるものではない。

帰属が確定した領域に取り残されることになるナイジェリア人の人権及び利益に配慮して待遇する旨，裁判所がカメルーンに勧告していると捉えることができる。この点についてショウ（Malcolm N. Shaw）は，判決主文でのカメルーンの約束への留意は権原所有国に課された拘束力ある義務を構成し，しかるべき状況においては裁判所によって強制することができるものであるとし，境界画定における地域人民の権利を考慮する必要性を示すと論じている[89]。

境界画定により他国領域内の少数者となる住民に生ずる人権侵害をはじめ，経済的，社会的，文化的不利益その他のリスクについては裁判所も認識していたであろう。判決は当該住民のそのような問題の解決は，裁判所の任務ではなく，当事国間で解決すべしと示唆した。

　万一 Turu が分水嶺を越えてナイジェリア領土内部まで及んでいると証明されることがあれば，現地住民の権利と利益の尊重を保障するために，国境画定によって生じた問題の解決を見出すことは当事国に委ねられることになろう[90]。

同様に Kotcha の分断に関連し，（国境画定によって）「生ずるどのような問題も，当該地域住民の権利利益尊重という視点から解決を見出すのは当事国の義務である」[91]と述べた。これらの判示は領域権原に基づく境界とは異なる場合であっても，当事国間の合意があれば，交渉過程又は第三者による紛争解決の段階で，関係住民の人権及び真正な意思，歴史的，民族的あるいは経済的その他の関連要因を考慮してウティ・ポッシデティスの境界を修正し，又は関係住民がその帰属国家を決定することを認めていると解釈することができる。

(c)　判決後の人権への対応

重ねて判決は境界画定が関係住民に及ぼす人権侵害及び不利益の問題について，自国領域内のナイジェリア人への保護という約束の履行をカメルーンに要請し，住民の権利及び利益尊重の視点から，当事国間で問題を解決するために協力する機会を与えるという判決の意義に言及した。

　現在享受している教育及び医療サービスと同等のサービスへのアクセスを継続的に享受できるように，関係住民の利益のために両当事国が協力すると

---

(89)　Shaw, *supra* note (16), 607.
(90)　I.C.J. Reports 2002, para.107.
(91)　I.C.J. Reports 2002, para.123.

Ⅵ　領域と海洋法

いう有意義な機会を，本判決が両当事国に付与することに留意する[92]。

判決後，混合委員会[93]が判決の具体的実施方法を協議し，陸地境界については 2006 年に画定小委員会及び共同技術チームが判決に従った物理的境界設置等の現地作業を完了した[94]。この過程で 2004 年及び 2006 年，境界沿いの村落がナイジェリア及びカメルーン間で交換された[95]。

バカシ半島に関し，判決が両当事国に命じた関係人民の保護，ナイジェリア行政機関，軍，警察のカメルーン領域からの撤退及びそれらの権限のカメルーンへの移譲作業等を平和裏に履行するため，国連の仲介によりグリーンツリー合意[96]が締結された。同合意は国境画定により影響を受ける人民の保護及び権利保障に関して以下のように規定する。

　カメルーンはナイジェリアからの権限移譲後，バカシ半島に居住するナイジェリア国民に国際人権法及びその他の国際法関連条文が規定する基本的権利及び自由を保障する (3.1)。

　殊にカメルーン政府は，バカシに居住するナイジェリア国民に対し，退去又は国籍変更を強制せず (3.2 a)，文化，言語及び信条 (3.2 b)，農業及び漁業活動継続の権利 (3.2 c)，並びに財産及び慣習的土地の権利 (3.2 d) を保護及び保障し，税金その他の賦課金の差別的な手段での徴収を禁止し (3.2 e)，

---

(92)　I.C.J. Reports 2002, para.316.
(93)　判決実施が進展しなかったことから，国連アナン事務総長の調停により，2002 年 11 月，当事国間の共同コミュニケとして，「判決実施方法の検討とプロセスの進行」を任務とする混合委員会 (Cameroon-Nigeria Mixed Commission / CNMC) の設置が合意された。混合委員会は，両当事国代表と国連専門家で構成され（議長は事務総長特別代表 Ahmedou Ould-Abdallah/ モーリタニア），判決実施の方法を見出し，実際に陸地及び海洋境界の画定プロセスを進める他，ナイジェリアの行政機関及び軍隊のカメルーン領域からの撤退，権限移譲，領域の非武装化，共同の経済新規開発事業と国境を超えた協力の実施に向けて活動した (Konings, *supra* note (72), 200)。
(94)　Aloysius P. Llamzon, "Jurisdiction and Compliance in Recent Decisions of the International Court of Justice," 18(5) *EJIL*, 2008, 836-838.
(95)　Ekpotuatin Charles Ariye, "Nigeria, Cameroon and the Bakassi Territorial Dispute Settlement: The Triumph of Bilateralism," 38 *International Affairs and Global Strategy*, 2015, 30.
(96)　Agreement between the Republic of Cameroon and the Federal Republic of Nigeria Concerning the Modalities of Withdrawal and Transfer of Authority in the Bakassi Peninsula, Greentree, New York, 12 June 2006, Treaty Series 2542 No. 45354. 同合意署名には国連事務総長及び独，米，仏，英国代表が証人として立会った。

ナイジェリア国民保護のために必要なすべての手段をとるものとする (3.2 f)。

以上のカメルーンの義務の履行監視のため，カメルーン，ナイジェリア，ドイツ，米国，フランス，英国及び国連からの10代表で構成されるフォローアップ委員会が設置される (6.1)[97]。

同合意に伴い，(1)ナイジェリア人が圧倒的多数を占める2島（Atabong and Akwabana）については2年間ナイジェリアが統治を継続し，(2)バカシ半島のナイジェリア人は，ナイジェリア市民としてバカシ半島での居住継続，カメルーン国籍取得又はナイジェリアへの移動のいずれかを2年以内に決定し，(3) 5年間の移行期間中はナイジェリア人のバカシ地域への自由なアクセスを認めることも両国間で約束された[98]。

本判決は関係住民の人権よりも法的権原を優先して境界を画定したが，その一方で関係住民の権利利益尊重という観点からの配慮を示した。また敵対関係にある両当事国間の紛争について，判決後，国際機構の関与により，判決に従った境界を物理的に画定し，境界画定により影響を受ける関係住民の保護への筋道を立てることができた。さらに関係国間の合意に基づくウティ・ポッシデティス境界の修正は可能であることを示唆した。しかし長年対立した両当事国が国境修正について合意を達成するのは極めて困難であろう。

IV 水域における伝統的権利

領土・国境紛争の事例と比較して水域に関しては，境界画定又は法的地位変更により人民の生計と暮らしが脅かされることがないように，伝統的生活様式をできる限り保全するよう配慮した諸国家の実行及び判例を多く見出すことができる。水域境界に関する裁判においてもほとんどの場合は，陸地境界の場合と同様に，関係人民の人権や利益といった要因は境界画定に関する考慮対象から排除されている。その一方で，水域境界又は水域の地位決定とは異なる次元で，判決により影響を受ける当事国人民の生計と利益が維持されるように配慮するアプローチが採られている。

---

[97] 2006年8月，ナイジェリア軍の撤退が開始され，2008年8月，カメルーン領において行使されてきたナイジェリア権限がカメルーンに引き渡された（Treaty of Calabar between Cameroon and Nigeria, August 14 2008）。

[98] Konings, *supra* note (72), 201.

Ⅵ 領域と海洋法

1 伝統的権利

　伝統的（traditional）の語は第3次国連海洋法会議及びコメンタリーでは，歴史的（historic）と同義で使用され，実際，伝統的漁業権（traditional fishing rights）の意味で歴史的権利（historic rights）の語が用いられることがある。歴史的権利については定義がなく，その意味は広義であるが，2つに大別することができる。1つは歴史的水域又は歴史的湾の根拠とされ，また水域の範囲画定に影響を与える要因としての意味で主張され，他の1つは領域主権を意図しない意味である。前者の意味の歴史的権利は対世的に適用されるのに対し，後者の意味の権利は，漁獲や漁場へのアクセスのように個別の行為について，特定の国家に対してのみ適用されるが，他国の漁業権を排除しない[99]。また対象となる範囲に関して前者は隣接性，すなわち沿岸国に隣接する水域に限定されるが，後者は隣接性は要求されず，公海や他国の排他的経済水域のような沿岸国から遠隔の水域に関しても主張される[100]。
　例えば，後述する漁業管轄権事件（本案判決1974年）において当事国が主張する歴史的権利は，後者の意味で用いられている。同判決は前者の歴史的権利と区別して「確立された（established）権利」という表現でも言及し，またデ・カストロ（De Castro）裁判官個別意見は，公海漁業に関する「関係諸国の歴史的権利は時効による海域取得を受容しない」[101]と述べて，伝統的漁業権の意味で使われている歴史的権利が領域主権の取得とは関連しないことを示している。本稿では後者の意味をもつ権利を伝統的権利，あるいはその多くが漁業に関することから伝統的漁業権と呼ぶ。
　伝統的漁業の意味も多様であるが[102]，FAOでは沿岸零細漁業（artisanal

---

(99)　伝統的漁業権は第三国又はその国民に移転することができず，また，第三国又はその国民との間で共有することもできない（国連海洋法条約51条1項）。
(100)　Clive R. Symmons, *Historic Waters in the Law of the Sea: A Modern Re-Appraisal*, Leiden/ Boston, 2008, 4-6.
(101)　Fisheries Jurisdiction (United Kingdom of Great Britain and Northern Ireland v. Iceland), ICJ Judgment of 25 July 1974, Separate Opinion of Judge De Castro, I.C.J. Reports 1974, p.90.
(102)　伝統的漁業は例えば，先住民族による漁獲，同一水域において数十年にわたり発動機のない小型船による漁獲を含め多様な意味で使用されるが，必ずしも自給目的には限定されず，共通するのは小規模漁業という点である（Polite Dyspriani, "Traditional Fishing Rights: Analysis of State Practice," Division for Ocean Affairs and the Law of

fishing）として類型化され，営利目的の大規模漁業と対照させて，小型漁船を使用し，沿岸から近距離海域で主として居住地域での消費を目的とする小規模の家内制漁業を指す[103]。

2 国連海洋法条約

国連海洋法条約（1982年採択）における伝統的漁業権への言及は，群島水域に関する条文にあり，同条約適用により新たに画定される群島水域に関して，群島国家は隣接国の「伝統的な漁獲の権利（traditional fishing rights）及び他の適法な活動を認める」（51条1項）と規定する。また伝統的権利への言及は「隣接国の伝統的な権利及び他のすべての適法な利益は存続」（47条6項）するとの条文にある。

同条約起草過程においては領海，漁業水域及び排他的経済水域に関する検討の中で，伝統的漁業権又はアクセス権の付与について提起されたが，排他的経済水域の制度化が優先された[104]。結果として排他的経済水域における余剰分の漁獲を他国に認めるにあたり，「伝統的に当該排他的経済水域で漁獲を行ってきた国」が考慮すべき関連要因とされたに留まる（62条3項）。

群島水域の場合を除き，ある水域が公海であった時代に長年の実行によって漁民が取得した伝統的漁業権に関し，沿岸国の排他的経済水域とされた後にも非沿岸国漁民の権利として存続するかどうか，という点について同条約では明確な規定がない。同条約における伝統的漁業権の解釈に関しては，以下のような否定的な解釈がある。伝統的漁業権への言及がないことから，1つのものの明記は他のものの排除を意味する（*expressio unius est exclusio alterius*）とする

---

the Sea Office of Legal Affairs, the United Nations New York, 2011, The United Nations-Nippon Foundation Fellowship Programme 2010-2011, 33-36)。

(103) 沿岸零細漁業は，必ずしも原始的又は古典的である必要はなく，条約により制限される場合もあるが，漁獲を商業目的で販売することも可能であり，この権利は国内集団間では譲渡できるが他国集団に対しては譲渡できない（David K. Schorr, "Artisanal Fishing: Promoting Poverty Reduction and Community Development Through New WTO Rules on Fisheries Subsidies," An Issue and Options Paper, UNEP, Geneva, 2005, 12-17)。

(104) R.P. Anand, "Origin and Development of the Law of the Sea," General editor, Shigeru Oda, *History of International Law Revisited*, Publications on Ocean Development, Vol. 7, The Hague/Boston/London, 1982, 186-187.

Ⅵ　領域と海洋法

解釈をとれば，締約国の排他的経済水域において他国の伝統的漁業権を承認する沿岸国の義務はないとの結論が導かれる。しかしこのような反対解釈が採られるのは専ら将来の権利の場合とされ，国際法は原則的に既存の重要な経済的権利を黙示的に消滅させていない[105]。グリスバダルナ事件判決（1909年）は「現実に存在しかつ長期にわたって存続してきた事態は可能な限り変更しないことが確立した国際法の原則である」と明言した[106]。

また伝統的漁業権の存続を否定する立場から，同条約における排他的経済水域の制度化により，同条約以前に公海において形成された第三国の伝統的漁業権は，同海域が沿岸国の排他的経済水域として包摂される場合には沿岸国の権利と両立しない，また沿岸国は排他的経済水域制度を受け入れたことにより，他国排他的経済水域での伝統的漁業権を放棄したとみなす見解がある[107]。しかし排他的経済水域制度に関しては，同水域での国家活動の一般原則として，他国の権利を考慮するよう定めているのである。すなわち56条2項は「沿岸国は，排他的経済水域においてこの条約により自国の権利を行使し及び自国の義務を履行するに当たり，他の国の権利及び義務に妥当な考慮を払うものとし，また，この条約と両立するように行動する」こと，また58条3項は「排他的経済水域においてこの条約により自国の権利を行使し及び自国の義務を履行するに当たり，沿岸国の権利及び義務に妥当な考慮を払う」と規定する。

伝統的漁業権について，リースマンとアルサンジャニ（W. Michael Reisman and Mahnoush H. Arsanjani）は私的所有権の一種とみなし，国家承継における法の一般原則を類推適用することにより，そして個人の所有権を保障し，個人財産の剝奪を禁止する国際人権法が機能することにより，水域の地位変更後も

---

(105)　W. Michael Reisman and Mahnoush H. Arsanjani, "Some Reflections on the Effect of Artisanal Fishing on Maritime," in Tafsir Malick Ndiaye, Rüdiger Wolfrum, Chie Kojima, eds., *Law of the Sea, Environmental Law and Settlement of Disputes: Liber Amicorum Judge Thomas A. Mensah*, Leiden/ Boston, 2007, 651-652.

(106)　The Grisbådarna Case, Norway v. Sweden, 23 October 1909, PCA, RIAA, Vol.11, p.6.

(107)　Leonardo Bernard, "The Effect of Historic Fishing Rights in Maritime Boundaries Delimitation," LOSI Conference Papers, 2012 "Securing the Ocean for the Next Generation" Papers from the Law of the Sea Institute, UC Berkeley-Korea Institute of Ocean Science and Technology Conference, Seoul, Korea, May 2012, 7-8.

非沿岸国漁民の伝統的漁業権は存続するとの解釈を示している[108]。

以下に見るように，諸国家の実行に関しては，国連海洋法条約採択以前において，長年継続された実行に基づいて形成された伝統的漁業権を認める先例がある。そして同条約成立以後においても，水域の地位又は境界画定には影響することなしに，領域主権の判断に関わることのない権利として伝統的漁業権を認める事例がある。

V　伝統的権利に関する国際社会の実行

1　先行事例

国連海洋法条約採択のはるか以前の時期において，国家間関係の変更又は植民地境界線画定に影響を受けることなく，長年にわたる慣行に基づく漁業権を認めた事例として以下の2例が挙げられる。1654年，イングランドはスウェーデンとの間で同盟条約を結び，次いで1656年，両国は通商関係を主とする条約を結んだ。このスウェーデン＝イングランド条約は，船舶数を1,000隻以下とすることを条件として，スウェーデン漁民の長年の実行に基づき，イングランド沿岸及び隣接海域における漁業及びその関連活動の権利をスウェーデン臣民（subjects）に付与した[109]。

英独協定（1913年）は，クロス川をアフリカにおける英独間の植民地境界とした。ただしバカシ半島の地元住民（native population）のクロス川河口における漁業権は境界画定前と同様に維持され（26条），同河川両岸の住民は平等の航行及び漁業権を有し，また同協定において画定された境界線に隣接するすべての海域及び河川流域は，地元住民のための共通の漁場を構成する（29条）と規定した[110]。

2　先住民族の権利

超記憶的時代から漁業資源を利用してきたという共通要因をもつ集団として

---

(108)　Reisman and Arsanjani, *supra* note（105），658-660.
(109)　スウェーデン漁民の権利としては漁獲，漁網の乾燥，漁業に必要物資購入の自由等を含む（Treaty between Sweden and England, 17 July 1656, George Charlmers, *Collection of Treaties between the Great Britain and Other Powers*, Vol.1, London, 1790, p.40, article X）。
(110)　Cited at Oduntan, *supra* note（4），91, note 28.

Ⅵ　領域と海洋法

は先住民族がある。ベーリング海オットセイ事件仲裁裁判（英国＝米国，1893年）において，米国はオットセイ資源保存を目的とし，プリビロフ諸島を中心とする公海を含む水域において外国船舶による捕獲を規制する権限を主張したが，同判決は米国領海3カイリ以遠における米国の管轄権を認めなかった。他方，当事国間では仲裁条約第7条に基づき，領海外を含む水域において，両当事国が従うべきオットセイ捕獲に関する規制措置が決定された（1892年）。ただし同規制は当事国海岸地域に居住する先住民族（Indians）には適用されない，として先住民族の伝統的漁法による漁業の継続を保障した[111]。

　国際裁判所は同様に，判決の影響により住民の生計と利益に危害が及ばないように伝統的漁業権の保護を含め配慮してきた[112]。国家実行としては，米国（1974年），ニュージーランド（1989年），カナダ（1999年），オーストラリア（1993年，2007年），ノルウェー（2008年）等が国内法，国内制度及び国内判決を通じて自国領域内の先住民族の伝統的漁業権を含む伝統的慣習の保護を図っている[113]。

　国連先住民族権利宣言（2007年）[114]は「伝統的慣習の尊重」及び「多様な歴史的及び文化的背景の重要性が考慮されるべき」ことを明記する（同宣言前文）。また伝統的「経済活動に自由に従事する権利」（20条1項），伝統的な方法で使用した「資源に対する権利」（26条1項），そして「その政治的地位を自由に決定し，並びにその経済的，社会的及び文化的発展を自由に追求する」権利である自決権（3条）を含め，先住民族集団の権利として広範な人権を保障する。先住民族の伝統的生活様式の保障は国際人権法の発展の一環であることから，先住民族に認められる伝統的漁業権は人権法の枠組みで説明されるであろう。

3　海洋境界条約

　先住民族権利宣言に謳われた「伝統的慣習の尊重」概念及び先住民族集団の生計に直接的に関連する権利は，同宣言採択に先駆けて結ばれた以下の海洋境

---

(111) Behring Sea Arbitration Award, Award between the United States and the United Kingdom relating to the rights of jurisdiction of United States in the Bering's sea and the preservation of fur seals, 15 August 1893, RIAA, Vol. 28, p.271, article 8.
(112) Oduntan, *supra* note (4), 91.
(113) Dyspriani, *supra* note (102), 13-24.
(114) 国連総会決議 A/RES/61/295, 2007年9月13日採択。

界画定に関する取極めにおいて，関係住民のために既に考慮されていたと捉えることができる。これらの合意文書では伝統的漁業権のみならず国家樹立以前の古代から継承された伝統的生活様式をも含め，関係住民の保護が図られている。

オーストラリア＝パプア・ニューギニア条約（1978年）は，伝統的地域集団の超記憶的時代から存在する生活様式と生計の保護を規定し[115]，オーストラリア＝インドネシア了解覚書（1974年）及び暫定漁業協定の実施に関する了解覚書（1981年）はオーストラリア海域における同国の漁業管轄権の行使はインドネシア伝統的漁民の伝統的漁業に影響しないと規定する[116]。同様に，インドネシア＝パプア・ニューギニア海洋境界条約（1980年），パプア・ニューギニア＝ソロモン諸島条約（1989年）においても関係地域住民の伝統的漁業権を含む伝統的生活様式の保護が合意されている[117]。

島の領域主権に関する条約において，係争島の主権を否定された当事国住民に同島へのアクセス権が認められた事例としてインド＝スリランカ海洋境界条約（1974年）[118]がある。同条約はポーク（Palk）海峡及びポーク湾の歴史的水域における境界に関し，基本的には等距離原則に基づいて画定し，同水域に位置するKachchativu島[119]についてはスリランカに帰属すると規定した。同時にインド漁民及び巡礼者は同島へのアクセスを享受し，これらの目的のための旅行文書又はビザの取得をスリランカから要求されないこと（5条），及び両国船舶は相手国の水域において伝統的に享受してきた権利を有すること（6条）を規定し，両国人民の伝統的権利を認めている。準備書面によれば同条約5条でインド漁民に認められる権利は漁網と漁獲の乾燥のためのアクセスとさ

---

(115) H. Burmester, "The Torres Strait Treaty: Ocean Boundary Delimitation by Agreement," 76 *AJIL*, 1982, 329-341.

(116) Jonathan I. Charney and Lewis M. Alexander, eds., *International Maritime Boundaries*, Leiden/Boston, 1993, 946-947.

(117) Dyspriani, *supra* note (102), 66.

(118) Agreement Between Sri Lanka and India on the Boundary in Historic Waters between the Two Countries and Related Matters, June 26/28, 1974, 1974, United Nations Office for Ocean Affairs and the Law of the Sea, Maritime Boundary Agreements (1970-1984), pp.225-227.

(119) Kachchativu (Kachchatheevu/Kachchathivu) 島は無人島であるが，スリランカのジャフナ司教が管理するローマ・カトリック教会がある。

Ⅵ 領域と海洋法

れ，6 条により認められる権利は船舶の航行権とされる。島の帰属に関する条約において，領域主権を有する国家以外の国民に伝統的権利を認めた点で，後述のエリトリア＝イエメン領域主権・海洋境界事件の先例とみることができる。

4 漁業管轄権事件（英国＝アイスランド）

1958 年，アイスランドは漁業水域を 4 カイリから 12 カイリに一方的に拡張し，1961 年，英国との交換公文により，漁業水域拡張から 3 年間，12 カイリ漁業水域内を含む水域での漁業活動の部分的継続の権利を英国漁船に付与した。1972 年，アイスランドは漁業水域の 50 カイリへの拡張及び同水域内のすべての外国船舶による操業を禁止する法令を公布した。英国はアイスランドによる 50 カイリ排他的漁業管轄権の無効等を求めて国際司法裁判所に提訴した。

英国は，12 カイリから 50 カイリまでの係争水域における長年にわたる一定量の漁獲，及び漁業が英国利益として存在することについてのアイスランドの認識を根拠として伝統的漁業権を主張した。同事件本案判決（1974 年）[120]は第 2 次国連海洋法会議における審議過程の検証等に基づき，国連海洋法条約適用以前の公海において一度確立した伝統的漁業権は，同海域の地位が沿岸国の排他的漁業水域とされた後も消滅することなく関係国間に存続するとの解釈を示した。

同判決によれば，アイスランドのような漁業に依存する沿岸国には 12 カイリ漁業水域の外側水域において優先的権利（preferential rights）を有することが国際社会に受け入れられつつあるが，ただし同権利は絶対的ではなく，英国の競合的権利を消滅させ，又は英国の漁業活動を排除するものではない[121]とし，この点は，第 2 次国連海洋法会議（1960 年本会議）において，漁業資源に関する沿岸国の優先的権利について議論されたとき，同時に，同一の漁業資源開発に関する他国の利益にも言及されており，この経緯は明らかに，沿岸国の

---

(120) Fisheries Jurisdiction (United Kingdom v. Iceland), Merits, Judgment, I.C.J. Reports 1974. なお，同時期に，西ドイツからもアイスランドに対する同内容の提訴があり，ほぼ同様の判決が示された（Fisheries Jurisdiction (Federal Republic of Germany v. Iceland), Merits, Judgment, I.C.J. Reports 1974)。

(121) I.C.J. Reports 1974, paras.58-62.

優先的権利と他国の確立された権利とが，原則として，継続的に共存すべく考慮されていたことを示している[122]とした。

そして判決は係争水域において「英国人民の生計及び経済的福利が漁業資源に依存」していることを認め[123]，また英国の伝統的漁業権を含む歴史的かつ特別の利益が係争水域に存在するとアイスランド自身が認識していたことについて，1961年交換公文の全体，殊に同文書最終規定が漁業水域拡張の際の英国への事前通告を認めていること，両国間の議論及び同首相の声明において示唆されている[124]とした。以上のように，英国による係争水域での長年の漁業実績，海洋法をめぐる当時の国際社会の動向及びアイスランドの明示的・黙示的同意に基づき，英国の伝統的漁業権が「確立された権利」として存在することを認めた。

5 カシキリ／セドゥドゥ島事件（ボツワナ＝ナミビア）

カシキリ／セドゥドゥ島の法的地位及び両当事国間の国境を巡る問題に関し，国際司法裁判所判決（1999年）は植民地時代に締結された英独条約（1890年）の解釈に基づいて，同島がボツワナ領であると判断した。同島は英独条約が「南西アフリカにおいてドイツが影響力を保有する範囲」（3条2項）の境界線とするチョベ（Chobe）川内に位置し，北側水路と南側水路の2つの水路で囲まれている。同条項が境界として規定する「チョベ川の主要水路（main channel）」の「中央（centre／英語版）」又は「タールウェーク（thalweg／ドイツ語版）」（3条2項）に関し，判決は今日の科学的知見の考慮，報告書その他の証拠に基づいて解釈し，北側水路の中央を境界とした[125]。なお，ナミビアによる「マスビア族の多年にわたる平和的で公然とした島の利用」に基づく同島の取得時効の主張に関しては，主権者としての行為に関する明確な証拠を示していないとして否定した[126]。

判決は同島の領域主権の判断には影響することなしに，両当事国首脳による

---

(122) I.C.J. Reports 1974, para.69.
(123) I.C.J. Reports 1974, para.79.
(124) I.C.J. Reports 1974, para.65.
(125) Case concerning Kasikili/Sedudu Island (Botswana/Namibia), I.C.J. Reports 1999, para.100.
(126) I.C.J. Reports 1999, para.99.

カサネ宣言（Kasane Communique, 1992）及び同趣旨のボツワナによる口頭審理での証言に言及した[127]。カサネ宣言は，既存のナミビア及びボツワナ人民相互の社会的交流は継続すべきこと（同宣言パラグラフ c），漁業のような経済活動は継続すべきこと（同 d），そして船舶の航行は，旅客の自由な移動を含め，従来通り妨げられてはならないこと（同 e）を決定したが，ボツワナは，船舶の登録及び環境保全を条件として，ナミビア船舶の航行の自由を認めるとする同宣言に沿った政策を陳述した[128]。

　判決は同島の主権及び境界画定の判断とは別の文脈で，同島周囲の 2 水路において，ボツワナ及びナミビア国民及び船舶による平等の内国民待遇の享受を全会一致で承認したと明記する[129]。チョベ川両岸に生活する人民による長年にわたる河川全域での伝統的漁業活動及び船舶の航行の実行に基づき，判決によりボツワナ帰属とされた水域において，従来通りの利用ができるように領域の地位確定前と同様の生活様式の維持をナミビア国民のために保障したのである。

6　エリトリア＝イエメン領域主権・海洋境界事件

(a)　伝統的漁業制度

　同仲裁裁判は第 1 段階（1998 年）で係争諸島の領域主権について判断し，第 2 段階（1999 年）で海洋境界を画定した。第 1 段階判決は紅海南部の中央海域に位置する諸島（アルタイル島，ズバイル諸島，ズカール島及びハニーシュ諸島）について，イエメンへの帰属を認めた[130]。同時にイエメン帰属とした同諸島及びその周辺海域において伝統的漁業制度（traditional fishing regime）の永久化を認めることにより，エリトリア漁民の零細漁業権[131]を保障した。すなわ

---

(127)　I.C.J. Reports 1999, para.102.
(128)　I.C.J. Reports 1999, paras.102-103. なお，複数国を流域とする水路における関係国国民と船舶に対する内国民待遇の保障は，国際河川の非航行利用に関する国際法の現代的傾向とされている（Peter H.F. Bekker, *World Court Decisions at the Turn of the Millennium, 1997-2001*, The Hague/ New York, 2002, 207-208）。
(129)　I.C.J. Reports 1999, para.104.
(130)　Eritrea-Yemen Arbitration Phase I: Territorial Sovereignty and Scope of Dispute, RIAA, Vol.22, 1998 (hereinafter cited as "Award I"), paras.503-507.
(131)　前掲注(103)参照。

ちイエメンに認められた領域主権は紅海地域の伝統的漁業制度の永久化を伴うものであり，同国はこれらの諸島での主権行使にあたり，この貧しいが勤勉な人々の生活と生計に資するために同制度の保護を保障しなければならないと判示した[132]のである。

同判決によれば伝統的漁業制度とは，両当事国漁民が零細漁業及びその関連活動に従事することを意味する。具体的には，判決によりイエメン領域となる諸島及び周辺海域において，イエメン漁民と同様にエリトリア漁民も自由なアクセス及び通航を享受し，零細漁業及びそれに関連する通過，一時的避難，修理及び水産物乾燥目的での自由な使用の権利を維持し，一方の国民は相手国の港において平等の条件でかつ差別なしに，水産物を市場内で販売，洗浄，保管するという権利を含む。この権利は同漁民自身による紛争解決制度（acquil/aq'il system）とともに永久的に維持され保全される[133]。イエメンは伝統的漁業制度に影響する如何なる行政措置もエリトリアの合意なしにはできない[134]。

因みに伝統的漁業制度はイエメンに認められた領域主権を上記の範囲で制限する。この点について第1段階判決は，伝統的漁業制度の承認は古典的イスラム法概念を根拠とするものであり，伝統的漁業活動は歴史的凝固プロセスを通じてある種の歴史的権利を創設し，同権利は両当事国に有利に働きうる重要な要素であると論ずる[135]。古典的イスラム法概念についてはヨーロッパ諸国間で発展し，西洋国際法の基本的特徴となった領域主権原則を無視するものとの見解を示している[136]。

同判決について，リースマンとアルサンジャニは，水域が万民共有物（res communis）であった時代に獲得した零細漁業権が水域の地位変更後も存続す

---

(132) Award I, paras. 526-527.
(133) Eritrea-Yemen Arbitration Phase II: Maritime Delimitation, RIAA, Vol.22, 1999 (hereinafter cited as "Award II"), para.107; Award I, paras. 337-340.
(134) Award II, para.108.
(135) Award I, paras.126-130. 伝統的漁業制度の理論的根拠としてイスラム法に言及した理由として，同制度は国家を主体とする国際法システムとは異なる伝統的な社会的枠組みにおいて形成されており，ゆえに国際法から離れる必要があったとする見解がある (Nuno Sergio Marques Antunes, "The 1999 Eritrea-Yemen Maritime Delimitation Award and the Development of International Law," 50 *International and Comparative Law Quarterly*, 2001, 316)。
(136) Award I, para.130.

ることを国際慣習法事項として確認したとの見解を示す[137]。同様の視点からアンチュネス（Nuno Sergio Marques Antunes）は超記憶的起源をもつ生活様式（*modus vivendi*）を有する集団の零細漁業権は，できる限り保全され，境界画定によって影響を受けないとする認識を深めた判決と捉え，この点で国際法の発展に貢献したと評価する[138]。

(b) 関係住民の人権

第2段階判決（1999年）は，伝統的に継承された漁業の実行は海洋境界画定の関連要素ではないと明言した[139]。すなわち伝統的漁業制度は領域主権決定にもまた海洋境界画定にも影響されることのない制度として永久的に存続することを明らかにしたのである。

紅海地域漁民の今日の生活様式は近代国家樹立のはるか昔から継承されてきたものである。第1及び第2段階判決を通じ，紅海漁民の立場からこのような生活様式の保全及び伝統的漁業活動の死活的重要性が強調された。伝統的漁業制度は超記憶的時代から存続する同漁民の生活の一部とみなされたと言えよう。

前述のようにリースマンとアルサンジャニは，伝統的漁業権の保全について人権法の視点から説明できるとするが，また現代国際法における人民のための関心の高揚という視点からも論じている。現代国際法は人民のための気遣い（concern）及び思いやり（sensitivity）を深めてきており，新たな海域の地位創設によって不利益を被る人民に心を配っている。私法上の権利である通行地役権（easement of accesss）及び用益権を漁民のために認めることにより，沿岸国の排他的経済水域の利益を保全しながら，同時に零細漁民の保護とを両立させることができるであろうとの見解を示す[140]。

VI 結 び

自決権を援用して植民地の地位を離脱し，独立を達成した新独立国の国境線の多くは領域住民の真の意思に沿ったものではなかった。国境は地域の平和と安全への脅威の最小化を最優先して採用されたウティ・ポッシデティス原則に

---

(137) Reisman and Arsanjani, *supra* note (105), 663.
(138) Antunes, *supra* note (135), 243.
(139) Award II, paras. 62-69, 72-74, 109-110.
(140) Reisman and Arsanjani, *supra* note (105), 665.

基づき，植民地行政的境界線が転用されたものであり，多くの問題を内在していた。それにより非植民地化以後の独立国家間に領土・国境紛争が生じている。

これらの紛争解決にあたった機関は，植民地支配国が合意した境界画定文書を最優先し，ウティ・ポッシデティス境界が不明確な場合には実効性を考慮して境界を画定した。当事国による合意又は黙認によりウティ・ポッシデティス境界を部分的に修正した場合もあるが，基本的にはこのアプローチに倣ってきた。

関係領域人民の人権と意思，人口密度及び天然資源等の要因，並びに陸地での線引きによって生ずる共同体の分断，住民とその生活基盤である土地及び水域との分断といった不利益は境界画定には無関係とし，領土帰属及び境界画定に影響を与える要因としてはみなしていない。その結果，関係人民の意思又は行動と異なる境界，又は独立後の国家の管轄権行使の範囲と異なる境界がしばしば決定され，他国領土内の少数者となる人民は人権侵害をはじめ，経済的，社会的，文化的不利益その他のリスクを被ることになった。

紛争解決機関は境界画定によってリスクを被る関係人民の問題については，国際機構及び当事国に解決を一任してきた。カメルーン＝ナイジェリア境界画定事件判決は境界画定により影響を受ける住民に配慮し，紛争領域の帰属を認めたカメルーンによる同領域内のナイジェリア人を保護するとの約束に注意を払った。このような留意は関係人民への対応に関する人権の視点からの発展の兆しと見ることができる。

紛争解決機関は当事国の黙示的又は明示的合意により，境界画定条約に基づく境界を修正しうると認めている。当事国間の合意による境界の修正は許容されているとしても，長期にわたり国境画定をめぐって激しく対立してきた紛争当事国間で，関係人民の人権及び利益を考慮した境界修正を合意することは現実には極めて困難であろう。これに関連し，関係領域に居住する集団の分断や不利益を回避するための国境モデルとして，飛び地方式の不連続かつ複雑な形状の境界線，又は共同統治形態等もある[141]が，このような国境モデルを非植民地化を経験した地域で採用するのは非現実的であろう。

水域境界又は水域の地位決定に関する国際社会の実行においては，水域の地

---

(141) Oduntan, *supra* note (4), 94-98.

位変動にかかわらず，水産資源に依存する関係人民の伝統的漁業権を保護する条約及び判例，並びに先住民族の伝統的生活様式を法的に保護する事例が多数存在する。漁業管轄権事件判決では伝統的漁業権が認められた。その後の判例においては，伝統的漁業権の承認に限ることなく，領域の地位決定又は境界画定とは別の次元で，境界画定により影響を受ける人民の権利及び利益を考慮するアプローチが採られている。カシキリ／セドゥドゥ島事件判決は，漁業資源の利用のみならず，関係水域における船舶の航行，人と船舶への内国民待遇等を含む広範な権利を両当事国国民に認め，またエリトリア＝イエメン領域主権・海洋境界事件判決は関係人民の生活様式を含む伝統的漁業制度について，関係人民のために永久的に保障すべきであると判示した。水域に依存する人民の権利及び生活様式の保護に関する国際法は発展している。

　このような関係人民の権利及び利益を考慮する水域境界・地位に関する裁判でのアプローチは，領土境界・領土的地位を巡る紛争解決にあたり参考に値する。境界画定・領域的地位変動の結果，集団及び生活圏の分断その他の死活的影響を受ける関係人民のために，伝統的生活を維持する環境や資源の保全，国境・水域境界を超える自由なアクセス等を含め，その生計と福祉の保障という側面が人権法の視点から注目されている。

29 コンドミニウムをめぐる国際法と外交

中 谷 和 弘

Ⅰ　はじめに　　　　　　　Ⅲ　コンドミニウムの実例
Ⅱ　コンドミニウムの特徴と分類　Ⅳ　省　　察

Ⅰ　はじめに

　本稿では，2以上の国家[1]がある領域を共同領有するコンドミニウム（condominium）について検討する。コンドミニウムは，稀ではあるものの，これまで[2]一定数の実例が存在し，現存しているものもある。コンドミニウムの概念は一様ではなく混乱が見られるため，まずⅡにおいてコンドミニウムの特徴を多少とも明確化した上で分類を行う。その上で，Ⅲにおいてコンドミニウムの主な実例（提案されたが実現しなかった例も含む）について陸域と水域に分けて概観し，実際上の問題点を探る。これらの考察をした上でⅣにおいては，

---

(1)　3カ国が共同領有する場合は，tridominium と呼ばれ，実例としては，1815 年のウィーン会議で創設され，ロシア，プロシア，オーストリアが3国で共同統治を1846 年にオーストリアによって併合するまで行ったクラクフ自由市（Free City of Kraków）が挙げられる。

(2)　世界初のコンドミニウムとしては，7世紀から10世紀にかけてのキプロス（ビザンチンのユスティニアヌス2世がウマイヤ朝の初代カリフであるウマイヤ1世に対してキプロスの税収について共同主権を提案し，3世紀にわたりこの体制が続いた）だと指摘されることがあるが，これをコンドミニウムと呼ぶのはミスリーディングだとの指摘もある。Luca Zavagno, At the Edge of Two Empires: The Economy of Cyprus between Late Antiquity and the Early Middle Ages（650s-800 CE), *Dumbarton Oaks Papers*, Vols. 65 and 66 (2011-2012), pp.121-122, 133-134. オランダの County of Friesland (1165 年から 1493 年まで）が最初のコンドミニウムであった（Count of Holland と Prince-bishop of Utrecht を共同主権者とする）とする説もある。Condominium, Encyclopdia Princetoniensis, at https://pesd.princeton.edu/?q=node/2

コンドミニウムは過去の遺物・暫定的な制度にすぎないのか，領域紛争の解決案として将来勘案することは非現実的であるのか，コンドミニウムの運営が首尾よく行くための条件は何か，という論点について若干の検討を行う[3]。

　我が国もコンドミニウムと全く無縁という訳ではない。ⅢのE.でみるように樺太は遅くとも 1867 年から 1875 年までの期間は日本とロシアのコンドミニウムであったと考えられる。2016 年 10 月 17 日の日本経済新聞朝刊[4]は，「日本政府がロシアとの北方領土問題の打開策として日ロ両国による共同統治案を検討している」と報じたが，菅官房長官は同日午前の記者会見において「そうした事実はない。全く考えていない」としてこれを否定した[5]。

Ⅱ　コンドミニウムの特徴と分類

　O'Connell は，コンドミニウムの制度は国際法のテキストにおいて不十分な待遇しか受けて来なかった，またコンドミニウムは定義し難いとして，学説の星雲状況を指摘し，コンドミニウムが古典的な国家概念や主権概念で説明できるか疑わしいとする[6]。さらに，O'Connell は，コンドミニウムは共同所有の

---

(3)　コンドミニウムについては，以前，ごく簡単に検討したことがある。拙稿「国際法における『境界』の位相」塩川伸明・中谷和弘編『法の再構築Ⅱ 国際化と法』（東京大学出版会，2007 年）62-66 頁。

(4)　「北方領土に共同統治案」日本経済新聞 2016 年 10 月 17 日朝刊 1 面。

(5)　http://www.kantei.go.jp/jp/tyoukanpress/201610/17_a.html　なお，大野正美「ロシアの北方領土政策と共同経済活動」『海外事情』2017 年 5 月号 25 頁は，1998 年 11 月の日ロ首脳会談の際にコンドミニウムを南クリルに導入する案がロシア側の 1 つの考えとして日本側に伝えられたと指摘した上で，現在のロシア政府筋は，「98 年当時は南クリルに関するロシアの法律が未整備で『法の空白』という状態からコンドミニアムという考えも出てきたのだろう。だが，南クリルの問題は，今は完全にロシアの法律の枠内に入った。2016 年 12 月の首脳会談で協議入りが合意された日ロ共同経済活動がコンドミニアムのような統治形態を取ることは，ロシアの国民にも政治家にも，もはや通用しない。」との見方を示していると指摘する。共同経済活動に関しては，拙稿「『共同経済活動』の一形態としてのバーゼル・ミュールーズ空港」『国際法研究』第 6 号（2018 年）121-128 頁参照。

(6)　D. P. O'Connell, The Condominium of New Hebrides, BYBIL 1968-69, p. 79. O'Connell は，コンドミニウムの法的性質についての学説には，権能の混合を強調する説，共同統治の不可分の性格を強調する説，共同主権の国家的性格を指摘する説，その国際的・共同体的性格を指摘する説，国家理論から説明する説，国際社会理論から説明する説，共同領有領域の共同統治への服従に注目する説，各当事者の国民に対する管轄権の留保に注目する説，二当事者の機関を通じての支配を強調する説，領域が自身の機関を

私法アナロジーで説明できるか疑わしいとして、次のように指摘する。①共同所有者は他のパートナーの同意なしに自分の持分を処分できるのに対して、コンドミニウムの締約国はもしそのようなことを行うと条約上の義務違反となってしまう。②コンドミニウムを創設する条約は各当事国の個別の所有権の法的基礎となるわけではなく、領域全体に影響を与える問題については共同行動が必要である。③英国がニューヘブリデスにおける自国の利益をフランスの同意なしに第三国（例えばオーストラリア）に委ねることは想定し難い[7]。

　コンドミニウムの外縁をめぐっては次の4点を指摘しておきたい。

　第1に、condominium（共同領有）は概念上は coimperium（共同統治）とは区別されるものである。Kaczorowska-Ireland は、コンドミニウムは2以上の国家が同一の領域及びその住民に対して共同主権を行使するものであり、コンドミニウム下にある領域は国際法人格を有しないとする。代表例として英仏のコンドミニウムであるニューヘブリデスを挙げる。これに対して、コインペリウムの好例は1945年以降のドイツであり、戦勝国は、併合や国際領域創出はせずに、別個の国際的実体として共同に統治することを決定し、4つの占領ゾーンに分割した。ドイツ国は解体されず、コインペリウムの間の状況は緊急時における代理に近いと指摘する[8]。

　この点に関連して、O'Connell は、コンドミニウムの概念は神聖ローマ帝国の後期に登場し、2以上の主権君主によるある町や土地に対する所有権の共同行使という意味で用いられた。ところが、19世紀においてはこの概念は所有

有することを認める説、主権の不可分性を強調する説、その一体的性質を強調する説、領域はいずれの当事者にも属しないとする説、両当事者に属するとする説、所有のアナロジーを除外する説、それを移入する説、等があるとする。

(7) O'Connell, *supra note* 6, p. 80.
(8) Alina Kaczorowska-Ireland, *Public International Law* (Routledge, 4th ed., 2010), p. 183. もっとも、ニューヘブリデスでは英国人は英国の行政に、フランス人はフランスの行政によってのみ統治され、両者は限定された主題に関してのみ共同の行政に服するという意味で対人管轄権の行使を基礎とする「分割管理」がなされたが、このようなニューヘブリデスをコンドミニウムの典型例と措定してよいかには疑問が残る。現地の政府による共同直接統治の例も（アンドラのように）当然に存在するからである。Alain Coret, *Condominium* (L.G.D.J., 1960), p. 16 は、コンドミニウムが領域的側面に過度に依拠して理解されることを批判し、コンドミニウムは公役務に関連した対人的権能である旨を指摘するが、これはニューヘブリデスをコンドミニウムの典型例とするという前提に基づいている。

Ⅵ 領域と海洋法

とは切り離されて、2以上の主権国家が領土を共同で統治する状況に用いられるようになった。これは正確には、コインペリウムと呼ぶべきものであったと指摘する[9]。

　第2に、Coret は、コンドミニウムを構成国間の法的及び機能的平等によって特徴づけられると指摘する[10]が、他方、O'Connell は、コンドミニウムという概念は、平等を基礎とするか否かにかかわりなく、主権の共同行使のあらゆる体制について用いられるようになったと指摘する[11]。現実には、後述するスーダンのように、構成国が享受する権利が平等でないコンドミニウムも存在している。

　第3に、Barberis は次のように指摘する。①2つの共同主権国による立場の同等性がない場合にはコンドミニウムとは呼べないとして、租借地であった香港のように一方（中国）が主権を保持し他方（英国）が主権以外の権限（租借権）を保持する領域や、ⅢのA.でみるアンドラのように2主権国による共同領有とはいえない領域はコンドミニウムではない[12]。アンドラは、以前はコンドミニウムの例として考えられたが、1993年に国家として独立し、但し、フランス大統領とウルヘル大司教が共同元首であり続けているという独自の領域である。② Mundat の森のように、一国（フランス）のみが領土の主権者であって他方の国（ドイツ）は私権を有するにすぎない領域や、Tiwinza のように一国（ペルー）の民法によって他国（エクアドル）の所有権を承認するが、前者（ペルー）の領域主権に影響しない領域はコンドミニウムではない[13]。③単なる境界画定未決の領域はコンドミニウムではない[14]。

---

(9) O'Connell, *supra note* 6, p. 77.
(10) Alain Coret, Le statut de l'Île Christmas de l'Ocean Indien, *AFDI 1962*, p. 209.
(11) O'Connell, *supra note* 6, p. 77.
(12) Julio A. Barberis, Quelques Considérations sur le Condominium en droit international public, *in* Marcelo G. Kohen (ed.) *Liber Amicorum Lucius Caflisch* (Martinus Nijhoff, 2007), pp. 678-679. これに対して Wolff は、アンドラを最古のかつ最も成功したコンドミニウムだとする。Stefan Wolff, *Disputed Territories* (Berghahn Books, 2003), p. 197.
(13) Barberis, *supra note* 12, p. 679.
(14) Barberis, *supra note* 12, p. 682. 南極条約第4条において領土権・請求権の凍結を規定して未決の状態が継続している南極を事実上のコンドミニウムとする見解もない訳ではないが、妥当ではない。またⅢのE.でみるように、「日露雑居の地」と言われた1855乃至1867年から1875年にかけての樺太はコンドミニウムと考えられる。

第4に，コンドミニウムと国際的領域行政，保護国との相違について。①コンドミニウムとザール（Saar），ダンチッヒ（Dantig），メーメル（Memel）のような国際的領域行政（international territorial administration）の違いにつき，Stahn は，前者は，主権の所有としてのガバナンス概念であり，自己中心的な権力共有の構造（self-centred power-sharing structure）であるのに対して，後者は，信託を受けて行動する外国の利益に関連した性質（fiduciary and foreign interest-related character）を有するものである点が異なると説明する[15]。国際領域行政の場合には施政国は当該領域に対して領域主権を通常有しない。例えば，タンジール（Tangier）は1924年から1956年までタンジール国際地帯として，フランス，スペイン，英国（後に，ポルトガル，イタリア，ベルギー，オランダ，スウェーデン，米国が加わる）が共同統治したが，あくまでモロッコの主権下にあった。②保護国との関係については，O'Connell は，保護国の場合，領域は既に確立された法的実体であり，その権限は保護する国によって行使され，権限の程度と質は従属国の憲法によって決定されるとし，スーダンのようにいくつかのコンドミニウムは保護国に近いが，ニューヘブリデスは明らかに保護国とは異なると指摘する[16]。

　さらにコンドミニウム全般に関して，ここでは次の5点を指摘しておきたい。

　第1に，コンドミニウムのあり方については，関係国の自由度は大きいといえる。合意すれば様々な形態・内容が可能である。コンドミニウムの大半は複数国が同時に共同領有するものであるが，領有を時間的に交代するという形をとる（半年はA国領，残りの半年はB国領とする）こともある（ⅢのF. でみる会議島がそれに該当する）。

　第2に，コンドミニウムにおいては，両国家が拒否権を有する。そのため，他方の国家の共同主権者の同意なしにコンドミニウムに関連する権利を第三者に移譲することはできない。これは，他の共同所有者の同意なしに権利を第三者に移譲することを認める国内法とは異なる。拒否権を持たせないような合意も可能だが，その場合には分割した管轄となるゆえ，そもそもコンドミニウム

---

(15) Carsten Stahn, *The Law and Practice of International Territorial Administration* (2008), p. 48.

(16) O'Connell, *supra note* 6, p. 81.

Ⅵ　領域と海洋法

には該当しない[17]。

　第3に，コンドミニウムは，領域的法制度を構成するものであり，それゆえ第三者対抗力を有する（第三国といえども確立されたコンドミニウムを尊重しなければならない）と解することが，法的安定性を担保し国際関係における混乱を防ぐために重要かつ合理的である。

　第4に，コンドミニウムの存在は推定されない。1923年9月25日のドイツのライヒ裁判所（刑事部）判決では，コンスタンス湖の法的地位はコンドミニウムか中間線での分割かについては論争があるとした上で，国際法の一般ルールはコンドミニウムの観念を支持しないと判示した[18]。また，1957年11月16日のラヌー湖事件仲裁判決では，「国家主権に対する制限は明確で説得力ある証拠がある場合にのみ認められる」とし，コンドミニウムのようなある領域に対する共同の管轄権の事案は例外的である旨，判示した[19]。

　第5に，明示的な国家間合意がなくてもコンドミニウムが存在する場合もない訳ではない訳ではない。例えば，オランダとドイツの間にあるEms-Dollart河口は，ここをコンドミニウムとする両国間の明示的合意は存在しないが，両国は黙示的にコンドミニウムとして運用してきた[20]。

　筆者なりにコンドミニウムを分類すると，次のような分類が可能であると思われる。

　第1は，陸域の共同領有か水域の共同領有かに基づく分類である。第2は，（旧）植民地領域か否かに基づく分類である。（旧）植民地領域のコンドミニウムの代表例は，後述するスーダンとニューヘブリデスである。第3は，一定の領域を複数国が同時に共同領有する通常のコンドミニウムと複数国が交互に領有するコンドミニウムの区別である。後者の実例は会議島に限定されているが，

---

(17)　Barberis, *supra note* 12, p. 654; O'Connell, *supra note* 6, p. 80.

(18)　*Entscheidungen des Reichsgerichts in Strafsachen*, vol. 57(1924), pp. 368-370; *Annual Digest of Public International Law Cases*, vol. 2(1923-24), pp. 102-103; Green Haywood Hackworth, *Digest of International Law*, vol. 1(1940), pp. 615-616.

(19)　*ILR*, vol. 24, pp. 127-130. なお，Barbara Janusz, *The Caspian Sea :Legal Status and Regime Problems* (Chatham House, 2005), p. 5. 参照。

(20)　この点につき，Harry H.G.Post, Dutch-German Boundary Relations in the Eems-Dolland (Ems-Dollard) Estuary:An Implicit Condominium ?, in Matteo Nicolini et al (eds.), Law, Territory and Conflict Resolution (Brill Nijhoff, 2016), pp. 346-361 参照。

〔中谷和弘〕　　　　　　　　　*29*　コンドミニウムをめぐる国際法と外交

非常に興味深いものである。第4は，(本質的な区別ではないが)，現存するコンドミニウムと過去に存在したコンドミニウムの区別である。

A. 現存するコンドミニウム，B. 第2次大戦後に存在したコンドミニウム，C. コンドミニウムとして提案されたことのある領域のリストは，次の通りである[21]。

A. に該当するものとしては，陸域のものとして，会議島（フランスとスペイン（のコンドミニウム，以下同様）），ブルチコ（Brčko，ボスニア・ヘルツェゴビナとスルプスカ（Srpska）共和国），水域のものとして，フォンセカ湾の一部（エルサルバドルとホンジュラスとニカラグア），チチカカ湖（ペルーとボリビア），モーゼル川の一部（ルクセンブルクとドイツ）[22]，パラナ川の一部（ブラジルとパラグアイ）[23]がある。なお，コンスタンス湖（オーストリアとスイスとドイツ）に関しては，オーストリアは3か国のコンドミニウムであると主張しているのに対して，スイスは湖の中間に境界が存在するとの見解であり，ドイツは公式の立場を表明していない[24]。Baldacchinoは，コンスタンス湖を「事実上のコンドミニウム」と呼び，欧州で唯一境界が存在しない領域であるとする[25]。

---

(21) Wikipedia, Condominium (international law) を参考に筆者作成。なお，第二次世界大戦時までに存在したコンドミニウムのうち比較的知られたものとしては，中立モレネ（オランダ（後ベルギー）とプロシア，1816-1919)，オレゴン（英国と米国，1818-1846)，サモア（ドイツと英国と米国，1889-1899)，シュレースヴィヒ・ホルシュタイン（オーストリアとプロシア，1864-1866)，トーゴランド（英国とフランス，1914-1916）等がある。

(22) モーゼル川に関しては，ドイツとルクセンブルクの沿岸の約36キロの河川部が両国のコンドミニウムになっている。1816年6月26日にプロシア・オランダ間で署名されたエクス・ラ・シャペル条約（*British and Foreign State Papers*, vol. 3, pp. 720-736) においてその旨が規定され，さらに1976年9月14日のドイツ・ルクセンブルク間で署名されたモーゼル川の維持・修復・運営に関する条約において両国の責任配分についての詳細が合意された。*UNTS, vol. 1045, p. 284* (No.15740); Maria Querol, *Freshwater Boundaries Revisited:Recent Development in International River and Lake Delimitation*, (Brill, 2016), p. 19, note 65.

(23) パラナ川に関しては，1973年4月26日の両国間の条約の1条において，両国は両国によって共同領有されるパラナ川の Salto del Guairá からイグアス川の河口までの水資源を共同所有して水力発電用に利用することに合意している。*United Nations Treaty Series*, vol. 923 p. 92 (No. 13164).

(24) Ken Jennings, The Borderless Black Hole in the Middle of Europe (2014), at https://www.cntraveler.com/stories/2014-06-16/lake-constance-maphead.

(25) Godfrey Baldacchino and Contributors, *Solution Protocols to Festering Island*

769

Ⅵ　領域と海洋法

　B.に該当するものとしては，陸域のものとして，スーダン（英国とスーダン，1899-1956），ニューヘブリデス（英国とフランス，1906-1980），カントン・エンデベリー島（英国と米国，1939-1979），ナウル（英国とオーストラリアとニュージーランド，1923-1942及び信託統治領として1947-1968），Hadf（オマーンとUAEのアジマン首長国，1960-終了年不明），水域のものとして，Walvis Bay（ウォルビス湾，南アフリカとナミビア，1992-1994）がある。

　C.に該当するものとしては，陸域では，ジブラルタル（英国とスペイン，2002年のレファレンダムでコンドミニウム案を否決，ⅢのH.参照），ハンス島（カナダとデンマーク，交渉中），香港（1983-1984の返還交渉において英国が英国と中国のコンドミニウムを提案したが中国が拒否し，1997年に中国に返還），北アイルランド（1984年にNew Ireland Forumが英国とアイルランドのコンドミニウムを提案したが英国が拒否）が，水域では，カスピ海についてロシアやイランが沿岸5か国（ロシアとイランとカザフスタンとアゼルバイジャンとトルクメニスタン）のコンドミニウムを提案したことがある（ⅢのK.参照）。さらにエルサレムやアビエイのコンドミニウムを提案する論者もいる[26]。

Ⅲ　コンドミニウムの実例

　以下，コンドミニウムに関連する実例として，陸域では，A.アンドラ，B.スーダン，C.ニューヘブリデス，D.カントン及びエンデベリー島，E.樺太，F.会議島，G.ブルチコ，H.ジブラルタルについて，水域では，I.フォンセカ湾，J.チチカカ湖，K.カスピ海について概観することとしたい。このうち，アンドラはⅡでふれたように厳密な意味ではコンドミニウムではないが，長期間にわたる共同統治の成功例としても注目されるものである。「日露雑居の地」であった樺太がいつコンドミニウムとして確立したかは不明確であるが，日本に関連した実例ということで見ることとしたい。ジブラルタルはコンドミ

　　　Disputes (Routledge, 2017), p. 83.
(26)　John V. Whitebeck, The Road to Peace Starts in Jerusalem : The "Condominium" Solution, *Catholic University Law Review*, vol. 45(1996), pp. 781-793; Jordie Saperia, Jerusalem:Legal Status, Condominium and Middle East Peace, *Journal of East Asia and International Law*, vol. 3 (2010), pp. 175-198; Jack McNeily, A Condominium Approach to Abyei, *Chicago Journal of International Law*, vol. 13 (2912-2013), pp. 265-290.

ニウムの提案がレファレンダムによって否決された例であり、コンドミニウムの限界を示す実例でもある。カスピ海は境界未画定であるが、ロシアとイランがコンドミニウムの提案をしたことがある水域である。

A. アンドラ

ピレネー山脈にあるアンドラ（Andorra）はフランスの君主（以前は国王、後に大統領）とスペインのウルヘル司教が共同統治してきた。アンドラでは1278年の仲裁判断（Pareatage）がコンドミニウムの原型を定めたとされる。即ち、ウルヘル司教とフォア伯爵との間で統治権をめぐる紛争が発生したため、1278年の仲裁判断においてアンドラにおける両者の共同行政が定められ、徴税権、裁判権、徴兵権といった封建領主権を共有する対等の宗主契約が締結され、両者は共同領主となった[27]。その後、共同領主としてのフォア伯爵の地位はフランス国王、フランス大統領に承継された。1993年にアンドラは国家として独立した[28]が、フランス大統領とウルヘル司教が引き続き共同元首である。

Crawford は1977年の論文において、アンドラを保護国やコンドミニウムとして説明することは適当ではなく、強いていえばフランス主権者の二重の役割に鑑みると同君連合（personal union）が近いものの、ウルヘル大司教の地位を説明できず、結局、独自の存在であると言わざるを得ないとする[29]。欧州人権裁判所は1992年6月26日の Drozd and Janousek v France and Spain 事件判決においてアンドラはフランス・スペインのコンドミニウムではないと判示した[30]。

コンドミニウムはしばしば一時的又は緊急の解決策と指摘されてきたが、アンドラは700年以上にわたって安定的な運営がなされてきたという点で注目すべきである。アンドラのコンドミニウムがなぜ長続きしたかにつき、Perkins

---

(27) H. A. Angelo, Andorra: Introduction to a Customary Legal System, *American Journal of Legal History*, vol. 14 (1970), pp. 96-97；外務省ホームページ「アンドラ基礎データ」http://www.mofa.go.jp/mofaj/area/andorra/data.html

(28) 日本は1993年12月にアンドラ公国を国家承認し、1995年10月に外交関係を開設した。

(29) James Crawford, The International Legal Status of the Valleys of Andorra, *Revue de droit international de sciences diplomatiques*, vol. 55 (1977), p. 266.

(30) A/240, [1992] ECHR 52, paragraph 89.

Ⅵ 領域と海洋法

は，第1の説明として，アンドラは2つの「主権国家」によるコンドミニウムではなく，フランスのみがアンドラに対する国際的責任を負ったため，外交政策をめぐる争いが共同統治者の間で生じなかったこと，また長らく中立を保ってきたこと，第2の説明として，アンドラは天然資源を有さず，耕作に適した土地も乏しく，またピレネー山脈近くの孤立した環境にあったため，近隣国の野心の対象とはならなかったこと，第3の説明として，近隣国の文化的影響力の希薄な領域であったこと，を挙げる[31]。Jessup と Taubenfeld は，「アンドラがユートピアかオペラ・ブッフ（opera bouffé）かはわからないが，模倣できない特殊な例である」と指摘する[32]。

B. スーダン

スーダン（Sudan）は1899年から独立する1956年まで英国とエジプトのコンドミニウムの下におかれたとされる。但し，1899年1月19日のスーダンの将来の行政に関する英国・エジプト協定[33]中にはコンドミニウムという用語はない。同協定の2条は，「スーダンの陸地及び水域においては，英国旗とエジプト旗がともに使用される（但し Soukin ではエジプト旗のみが使用される）」と規定し，英国は，「同条が英国とエジプトの共同主権の根拠となる」との見解であったが，これに対してエジプトは，「英国はスーダンの行政機構に一定のシェアを有するが主権は有しない」との見解であった。エジプトのパシャ首相は1947年8月5日の国連安保理第175回会合において，「英国は1899年協定の締結以来，同協定の意味を広げようとして，コンドミニウムという同協定中のどこにもない用語を常に使用して，スーダンの主権をエジプトと共有するという考え方を伝えようとしてきた」と批判した[34]。なお，1910年4月2日のエジプト混合裁判所判決（Bencini and Quitas v Egypt and Sudan

---

(31) Taylor Calvin Perkins, Edification from the Andorran Model, *Indian Journal of Global Legal Studies*, Vol. 21 Number 2 (2014), pp. 659-661.
(32) Philip C. Jessup and Howard J. Taubenfeld, *Controls for Outer Space and Antarctic Analogy* (Oxford University Press, 1959), p. 24.
(33) *British and Foreign State Papers*, vol. 91, pp. 19-21.
(34) Faisal Abdel Rahman Ali Taha, Some Legal Aspects of the Anglo-Egyptian Condominium over Sudan : 1899-1954, *BYBIL 2005*, pp. 338-339.

Governments)⁽³⁵⁾では，1899年協定の効果は征服国の利益のためにコンドミニウムを確立し，スーダンを「エジプトとは別の新たな実体」として創設することであったとする。ここで留意すべきは，裁判所はスーダンを主権国家とみなした訳ではないということである⁽³⁶⁾。

JessupとTaubenfeldは，「スーダンは真の共同統治の例とはいえず，あたかも英国の植民地のように運営された」と指摘する⁽³⁷⁾。もし構成国の対等性をコンドミニウムの要件と考えるのであれば，スーダンは英国の優位ゆえにその要件を満たすものではなかったと言わざるを得ない。1899年協定の3条は，「スーダンの最高の軍事及び民生の指揮権は総督（Governor-General）と呼ばれる1人の官吏に付与される。総督は英国政府の推薦に基づきKhedive（オスマントルコが派遣したエジプト副王）によって任命される，英国政府の同意に基づきKhediveによって罷免される」と規定する。最高権力者である総督には常に英国人が就任した⁽³⁸⁾。立法権についても英国に優位が付与されていた。1899年協定の4条は，「法律は総督の布告によって制定・改廃される」と規定する。エジプトはエジプト側の同意なしに法律の制定・改廃がなされたことに立腹して，「エジプトの事前同意を要する」と批判した⁽³⁹⁾。

---

(35) *AJIL*, vol. 4 (1910), pp. 745-751.
(36) Ali Taha, *supra note* 34, pp. 339-340. 英国はスーダンやニューヘブリデスを主権国家とはみなさず，英国外務省法律顧問Beckettはこれらを「別格の地位（in a class by themselves）」であるとした (p.340, note 11)。
(37) Jessup and Taubenfeld, *supra note* 32, p. 24.
(38) このことにエジプトは不満を募らせたが，1936年8月26日の英国・エジプト同盟条約（*Treaty Series No.6*）11条1項においても，「両締約国は，将来において1899年協定を修正して新たな条約を締結する自由を留保しつつも，スーダンの行政は同協定から生じるものであり続ける。総督は同協定によって付与された権限を行使し続ける」旨，規定された。但し，「両締約国はスーダンにおける行政の第一の目的はスーダン人民の福祉でなければならないことに合意する」という新たな規定が挿入された。エジプトのファルーク国王は1939年にエジプト人の副総督の指名を提案した。国王は総督の「代役」となるエジプト人がいないと「真のコンドミニウム」とはいえない英国大使に述べたが，英国は国王の提案を拒否した。Ali Taha, *supra note* 34, p. 343。
(39) 英国法務総裁Shawcrossは，1948年3月17日に英国外務省法律顧問Beckettに対して，1899年協定の意図は立法権を共同領有者（co-domini）から総督への委任を創出するものであるから，共同領有者であるエジプトの同意なしに英国は立法権を移譲・共通・行使することはできないとし，もしこの問題がICJに付託されたらICJはエジプトの解釈が正しいと判示するだろうと指摘した。Ali Taha, *supra note* 34, pp. 343-347.

C. ニューヘブリデス

英国とフランスは，ドイツの進出に対抗することを主な目的として，1906年10月20日の条約において，ニューヘブリデス（New Hebrides）をコンドミニウムとした[40]。同条約の1条では，ニューヘブリデスは共同影響地域（region of joint influence）を形成し，英仏は自国民に対して管轄権を保持すると規定する。1914年の議定書では，「自国民に対して管轄権を保持する」という文言を「自国民及び自国で合法的に設立された会社に対して主権を保持する」という文言に修正がなされた。ニューヘブリデスのコンドミニウムは，英仏両政府の対等性と各管轄権の共存を特徴とし，コンドミニウムの管轄に服する事項としては，郵便・電信，公共事業，港湾，浮標・灯台，公衆衛生，共同裁判所，共同刑務所，財政，土地登記，行政地区サービス，測量，官報，警察（英仏両警察が共同行動する場合），英仏の両総督が合意した他のサービスが挙げられる[41]。裁判システムについては，コンドミニウムの事項については共同裁判所が管轄を有するが，これとは別個に英国の裁判所とフランスの裁判所が並存し，英仏の裁判官は自国の裁判所の裁判官をつとめると同時に共同裁判所の裁判官もつとめた。共同裁判所に係属した事案の大半は，土地に関する紛争であった。共同裁判所は裁判長（中立国国民でなければならずスペイン国王が任命）と英仏両政府が任命した裁判官から構成された。2代目の裁判長の引退がなされたのは第2次世界大戦直前であり，フランスとスペイン（フランコ政権）の関係は悪化していたため，英仏両政府は，裁判長の職務は英国人判事とフランス人判事が共同で担うこと，判決において意見が一致しない場合には裁判長が復帰するまで判決を下さないことで合意した。裁判長はその後選任されることはなく，それゆえ裁判が機能しない場合もあった。共同裁判所が適用した法は，土地及び原住民の雇用については議定書の条項，原住民と非原住民との間の事案については非原住民の国内法，原住民間の事案については原住民の慣例であり，適当な事案においては法の一般原則，衡平，適当な契約法，被告の国内法及び共同規則を適用した。第1審裁判所の質の低さは嘆かわしいものであったとされ

---

(40) *British and Foreign State Papers*, vol. 99, p. 229. ニューヘブリデスのコンドミニウムに関する最も精緻な分析は，O'Connell, *supra note* 6, pp. 71-145 においてなされている。

(41) O'Connell, *supra note* 6, pp. 93-95.

る[42]。ニューヘブリデスは複数の民族集団を異なる管轄下に置くという意味での被領域的な分離に特徴があった[43]。

ニューヘブリデスにおけるコンドミニウムにおいては、英国、フランス、合同という3つの行政庁による行政運営という複雑さも相俟って、しばしば混乱が生じた[44]。ニューヘブリデスは、1980年7月30日にバヌアツ共和国として独立することによって、74年に亘るコンドミニウムに終止符を打った。Jessup らはニューヘブリデスのコンドミニウムは失敗であったとし[45]、O'Connell はコンドミニウムは創設するのは容易だが解散するのは困難であり、植民地独立という最終決定後も法体系、社会構造及び知的環境における共同統治行政の後遺症が残るだろうと指摘した[46]。

D. カントン島及びエンデベリー島

ハワイの南方沖約3000キロにあるカントン島及びエンデベリー島 (Canton and Enderbury Islands) は、航空輸送の離発着にとって重要な価値を有することから英米両国が関心を有し、1939年4月6日の両国間の合意によりコンドミニウムとなった[47]。同合意では、両国は両島に対する共同管理 (joint control) に合意する (1項)、両島は特別の共同のアドホックな体制 (spacial joint ad hoc regime) に服する (3項)、両島は国際航空用の空港として利用されるが米国または英連邦において設立された航空会社のみが使用を許可される

---

(42) O'Connell, *supra note* 6, pp. 122-125.
(43) Wolff, *supra note* 12, p. 208.
(44) ニューヘブリデスにおける行政の実態については、Brian J. Bresnihan and Keith Woodward(eds.), *Tufala Gavman: Reminiscences from the Anglo-French Condominium of the New Hebrides* (Institute of Pacific Studies, University of the South Pacific, 2002) 参照。
(45) Jessup and Taubenfeld, *supra note* 32, p. 17.
(46) O'Connell, *supra note* 6, p. 141. もっともこの指摘はバヌアツ独立後に大混乱は生じなかったという事実に鑑みると、必ずしも的を得たものではなかった。さらに O'Connell は、英国は従属領域は人民の便益のために行政運営されるべきだとの哲学を有してきたのに対して、フランスはニューヘブリデスにとどまりたかったのであって、ニューヘブリデスは主にフランスの経済的利益の問題であったと指摘する (pp.142-143) が、この指摘には英国人ならではのバイアスが多少ともあったことは否定できないであろう。
(47) 同合意につき、J.S. Reeves, Agreement over Canton and Enderbury Islands, *American Journal of International Law*, vol. 33 (1939), pp. 521-526.

(4項),空港は米国会社によって建設・運営され,英国の航空機・航空会社は対価の支払と引き換えに米国の航空機・航空会社と同じ条件で利用できる(6項)と規定した。合意の有効期間は50年とされたが(7項),1979年7月12日にキリバスが独立し,同年9月20日の米国とキリバスとの友好条約1条において,米国は両島に対するキリバスの主権を承認したため,ここに40年に亘るコンドミニウムは終了した。Jessupらは,両島におけるコンドミニムを成功例として指摘する[48]が,空港という単一目的のためのコンドミニウムであったこと,ほぼ無人地帯であったこと,英国と米国という基本的な価値観を共有しまた同一の法圏に属する国家間のコンドミニウムであったことが,成功要因と考えられる。

E. 樺太

1855年2月7日に署名された日露通好条約(下田条約)2条においては,樺太は「日本国と魯西亜国との間に於て界を分たす是迄従来の通たるへし」と規定された。帰属未決の地とされた樺太が既にこの時点でコンドミニウムに呼べるかどうかには異論もあろう(この点に関連して,Ⅳ参照)。1867年3月18日に締結された日露間樺太仮規則では,前文において,ロシアの主張(①亜庭海峡をもって両国の境界とし,樺太全島をロシア領とする。②樺太での日本の漁業を従来通り認める。③ウルップ,チルポイ,ブラツ・チルポイ,プルトンの各島の日本への割譲を認める)につき日本が承諾しえないため,「樺太島は是迄の通り両国の所領と為し置き」と規定され,さらに細目が規定されたため,遅くともこの時点においては樺太は明確にコンドミニウムになったといえる。その細目には,争論・不和の裁断は双方の役人に任せる(1条),両国民とも全島往来が自由であり,建築も基本的に自由である(2条)といった規定も含まれた。樺太は,両国民(及び先住民)が雑居する中で,両国それぞれの機関が統治するという形態のコンドミニムであった[49]。「日露雑居の地」といわれた樺太は法秩序の確立が困難な治安の悪い土地でもあった。1875年5月7日に署名された樺太千島交換条約により,樺太はロシア領となり,コンドミニウムとしての法

---

[48] Jessup and Taubenfeld, *supra note* 32, p. 18.
[49] 柳原正治「幕末期・明治初期の『領域』概念に関する一考察」松田竹男・田中則夫・薬師寺公夫・坂元茂樹編『現代国際法の思想と構造Ⅰ』(東信堂,2012年) 64頁。

的地位は終了した。

F. 会議島

　フランス南西部のアキテーヌ地方とスペイン北西部のバスク地方の国境にあるビダソア (Bidasoa) 河の中州である会議島 (Île de la Conférence)（ファザン島 (Île des Faisans, Isla de los Faisanes) とも呼ばれる）は，両国の王族の社交の場として利用され，1659年11月7日の仏西平和条約（ピレネー条約）の署名地としても知られているが，複数国がある領域を同時に共同領有するという通常のコンドミニウムではなく，時間的に区切って交互に領有するという形でのコンドミニウムの唯一の例として注目されるものである[50]。

　ピレネー条約では同島の法的地位自体は規定されなかったが，同島は両国の共同領有だと認識されるようになった。共同領有であることを明記したのは1856年12月2日の仏西境界画定条約（バイヨンヌ条約）[51]であり，同条約9条では，同島は両国に属し続けると規定し，また27条では同島はフランスとスペインに共有され，国境を接する両当局が同島での犯罪の抑圧のため協調し，また両政府は同島を破壊から守るために一致して措置をとると規定した。さらに，1901年3月27日の同島の管轄権の行使に関する仏西条約[52]では，1条において，同島における警察権はフランスとスペインが交互に6ヶ月毎に行使すると規定され，抽選で8月12日から2月11日まではフランスが，2月12日から8月11日まではスペインが警察権を行使することとなった。2条では，同島におけるフランス人及びスペイン人による違反に対しては，各本国の裁判所によって裁判されると規定する。3条では，いずれかの国民の犯罪は同島において違反時に警察権を有する国の裁判所において裁判がなされるが，フランス人又はスペイン人が共同で行った事件においては，本国の裁判所が裁判を行うと規定する。同島は無人状態であり，一般の立入は禁止されている。両国は単に同島を管理する以上のことは行っていないが，1世紀以上にわたって輪番

---

(50) 同島につき，Luis Careaga, *L'île des Faisans ou de la Conférence* (Casa Editorial Orrier, 1932); Jacques Descheemaeker, Une frontière inconnu, les Pyrénées de l'Océan a l'Aragon, *RGDIP*, vol. 49 (1941-45), pp. 248-252 参照。
(51) *Consolidated Treaty Series*, vol. 116, pp. 85-94.
(52) *Consolidated Treaty Series*, vol. 189, pp. 311-313.

制で交互に管理がなされてきた同島のユニークな存在自体が，国際関係における新たなコンドミニウムの可能性を示唆するものである。

G. ブルチコ

ボスニア・ヘルツェゴビナ北部の都市であるブルチコ（Brčko）の法的地位は，ボスニア・ヘルツェゴビナ内戦の和平合意である1995年11月21日のデイトン合意の附属書2（主体間の境界線及び関連問題に関する合意）の第5条（ブルチコのための仲裁）において，「当事者はブルチコにおける主体間の境界線の係争部分につき拘束力ある仲裁に合意する」（1項）とされ，3名[53]の仲裁人からなる仲裁廷において決定されることとなった。仲裁手続はUNCITRAL規則に従ってなされ（3項），決定は終局的で拘束力を有し，当事者は遅滞なく決定を履行しなければならない（5項）。

仲裁廷は1999年3月5日，終局判断[54]を下した。そこで特に注目されるのは，ブルチコ地域をいずれもボスニア・ヘルツェゴビナ共和国の下部機関であるスルプスカ共和国（セルビア系住民は多数）とボスニア・ヘルツェゴビナ連邦（ムスリム系及びクロアチア系住民が多数）のコンドミニウムだと判示したことである。即ち，「新たな地域の確立により，その境界内のすべての領域（つまり，戦前のブルチコ自治体）は，スルプスカ共和国とボスニア・ヘルツェゴビナ連邦の両主体による同時的なコンドミニウムの下におかれることとなる。スルプスカ共和国の領域もボスニア・ヘルツェゴビナ連邦の領域もブルチコ自治体全域に及ぶ。しかしながら，両者は，同地域に境界内においていかなる権能も行使せず，単一の政府として同区域の施政を行う。同地域内では既存の法律が，監督者又は地域総会によって修正されない限り，適用され続ける。主体間の境界線は，監督者が法的地位を失い存在しなくなったと決定しない限り，存在し続ける。何らかの民族的基礎に基づく同地域のいかなる細分化も許容されない」（Ⅱ-11）。この仲裁判断は，陸域の帰属をめぐる紛争の解決策としてコ

---

(53) 同条2項に従い，ボスニア・ヘルツェゴビナ連邦が選任した1名，スルプスカ（Srpska）共和国が選任した1名，両者による合意が成立しなかったためICJ所長が選任したOwen（米国）の3名からなり，Owenが主任となった。

(54) Arbitral Tribunal for Dispute over Inter-Entity Boundary in Brcko Area, Final Award, available at http://www.ohr.int/?ohr_archive=arbitral-tribunal-for-dispute-over-inter-entity-boundary-in-brcko-area-final-award

ンドミニウムを決定した初めての国際判例としても注目されるものである[55]。さらに，ブルチコは経済的にも安定し，2003年までにはボスニアにおける1人当たり収入が最高の地区となった[56]。コンドミニウムが首尾よく行った注目すべき例として挙げることができよう。

H. ジブラルタル

欧州とアフリカの結節点であるジブラルタル（Gibraltar）は，スペイン継承戦争の講和条約である1713年のユトレヒト条約によって英国領となった。長年に亘りスペインは返還を求めてきたが，1967年のレファレンダムでは住民の圧倒的多数は英国への帰属を支持した。2002年11月7日に「ジブラルタルを英国とスペインのコンドミニウムにする」という両国の提案に関してレファレンダムが行われた。その結果，賛成は僅か187，反対17900であり，約99％の圧倒的多数でこの提案は否決された[57]。大多数の住民が反対の意思表示をした要因としては，コンドミニウムは恒久的なものではなく，いずれはジブラルタルをスペインの主権下におきたいというスペインの意向に住民が用心して反対したと考えれるが，同時にコンドミニウムという「未知」の制度に対する不安があったことも否定できないと思われる。

I. フォンセカ湾

中米のフォンセカ湾（Gulf of Fonseca）については，国際司法裁判所（小法廷）が1992年年9月11日の「陸・島・海洋境界事件」（エルサルバドル対ホンジュラス，訴訟参加ニカラグア）判決において，エルサルバドル，ホンジュラス，ニカラグラのコンドミニウム（及び歴史的湾）であると判示したことによって注目された。同判決では，1917年3月9日の中米司法裁判所判決（エルサルバドル対ニカラグア）において，境界画定がなされていないからといって常に共

---

(55) 同仲裁判断につき，Peter C. Farrand, Lessons from Brčko, *Emory International Law Review*, vol. 15 (20019, pp. 529-591; Christoph Schreuer, The Brčko Final Award of 5 March 1999, *Leiden Journal of International Law*, vol. 12 (1999), pp. 575-581.

(56) R.Judy Harry, The Brčko Arbitration, in Ulf Franke et al. (eds.), *Arbitrating for Peace* (Wolters Kluwer, 2016), p. 185.

(57) このレファレンダムにつき，Peter Gold, *Gibraltar: British or Spanish ?* (Routledge, 2005), pp. 310-318.

同体となる訳でないが，フォンセカ湾における共同体は沿岸国の継続的かつ平穏な利用によって存在し続けてきたとして，フォンセカ湾を3か国のコンドミニウムとする旨を判示したことを指摘し，ICJ自身もこの中米司法裁判所判決と同じく，フォンセカ湾を歴史的湾かつ3か国の共同主権に服するとする[58]。

J. チチカカ湖

ボリビアとペルーに接するチチカカ湖（Lago Titicaca）については，1955年7月30日の両国大統領の共同宣言において，両国はチチカカ湖の水域について分割不能の共同領有権を有し，両国間での明示された合意によってのみ利用できると述べた。両国大統領は「水域の使用のための予備的研究」の準備を二国間委員会に命じた。1957年2月19日の協定において，この目的のための協定が両国間で署名された。同協定では，このコンドミニウムを分割不能かつ排他的なものであると定義し，両国は利用の便益を平等な割合で配分しなければならないことで合意する。また，同協定では，相手国に比して大きな便益が生じた場合に備えて補償基準を確立している。ペルー議会は同協定を同年に批准したが，ボリビア議会が批准したのは1986年末であり，同協定の発効は1987年2月20日であった[59]。

K. カスピ海

1991年末のソ連崩壊まではイランとソ連が沿岸国であったカスピ海（Caspian Sea）においては，船舶の航行及び漁業については両国間で一定の合意はあったものの，カスピ海の法的地位そのもの（及び鉱物資源）については未決であった。この未決状況は現在も続いている[60]。ソ連崩壊後は，沿岸国はイラン，

---

(58) *ICJ Reports 1992*, pp. 593-601. なお，陸地と違って海域においては，*uti possidetis juris* 原則に従って水域を分割する試みはなされなかったと指摘される（pp.601-602）。フォンセカ湾におけるコンドミニウムにつき，Christopher R. Rossi, *Sovereignty and Territorial Temptation* (Cambridge University Press, 2017), pp. 194-232.

(59) Mario Francisco Revollo, Maximo Liberman Cruz and Alberto Loscano Rivero, *Lake Titicaca Experience and Lessons Learned Brief* (2006) at http://www.worldlakes.org/uploads/23_Lake_Titicaca_27February2006.pdf; Querol, *supra note* 22, p. 19, note 66.

(60) カスピ海の法的地位につき，拙稿 Oil and Gas in the Caspian Sea and International Law, *in* Nisuke Ando, Edward McWhinney and Rüdiger Wolfrum (eds.), *Liber*

ロシア（ソ連と継続性を有する同一の国家），カザフスタン，アゼルバイジャン，トルクメニスタン（3国はソ連からの独立国）の5か国が沿岸国となった。ロシアとイランは当初，カスピ海のコンドミニウムを主張したが，ロシアはカスピ海北部（ロシア沿岸の沖）にも石油・ガスが埋蔵されていることが判明すると態度を豹変して隣接国と境界画定合意を行うに至った。カザフスタンとアゼルバイジャンは隣接国とカスピ海の境界画定の合意を行い，積極的に海底油田・ガス田の開発を行ってきた。イランもかつてのコンドミニウムの主張は和らげ，カスピ海全体の20％のシェアが得られれば分割に同意する姿勢を示したこともある。22年に亙る交渉の末，2018年8月12日には沿岸5か国間でカスピ海の法的地位に関する条約が署名されたが，同条約では，境界画定については国際法に留意して合意により行うと規定する（8条1項）のみであり，境界画定自体はなされていない[61]。いずれにせよ，カスピ海がコンドミニウムとなる可能性は低いが，ロシアがカスピをコンドミニウムとすべきと当初主張した理由は，そうしないとカスピ海の環境保護が図られないというものであった[62]。しかしながら，共有地にしないと環境保護が図られないという主張は詭弁以外の何物でもない[63]。

IV 省　察

以上を踏まえた上で，以下の8点を指摘しておきたい。

第1に，El Erianが既に1952年の著作[64]で正しく指摘したように，「コンドミニウムは一時的な解決であって，時代遅れのシステムである」という時になされる指摘は当を得たものとはいえない。ⅢのA.でみたアンドラは700年以上，中立モレネ（注21）は1815年から1919年までの104年間，ⅢのF.の

Amicorum Judge Shigeru Oda, Vol. 2(Kluwer, 2002), pp. 1103-1114; Barbara Janusz-Pawletta, *The Legal Status of the Caspian Sea* (Springer, 2007).

(61) 同条約につき，拙稿「カスピ海の法的地位に関する条約」ジュリスト1524号（2018年）62-63頁。

(62) UN Doc.A/49/475 (5 October 1994).

(63) 尾篭な比喩だが，家庭のトイレと共同トイレのどちらが汚いかを比較すれば，環境保護が懸念されるのは共有地に「しない」場合ではなく「する」場合であることは明らかであろう。

(64) Abdalla A.El Erian, *Condominium and Related Situations in International Law* (Fouad I University Press, 1952), pp. 4-5.

Ⅵ　領域と海洋法

会議島は 160 年以上，Ⅲの C. のニューヘブリデスは 1906 年から 1980 年の 74 年間，コンドミニウムであった。必ずしも時代遅れのシステムではないことについては，G. ブルチコの実例が示している通りである。

　第 2 に，コンドミニウムの運営は，陸域よりも水域の方が，また有人地域よりも無人地域の方が，首尾よく行く可能性が高いと一般には考えられる。Núñez は，コンドミニウムは無人領域の場合や有人領域であっても特有の理由がある場合（例えば，河川の両岸の住民の経済的交流が強いゆえ共同領有が両国にとって経済的利益となる場合）に限ってのみ合理的な解決になるかもしれないと指摘する[65]。陸域や有人地域の方が，水域や無人地域よりも，より多くの活動が行われため，共同領有国間での摩擦も増大することは半ば当然ともいえる。もっとも陸域かつ有人地域におけるコンドミニウムであっても，状況次第では首尾よく行くことも同時に指摘しておくべきであろう。Ⅲでみた陸域のコンドミニウムの諸例のうち，A. アンドラ，D. カントン島及びエンデベリー島，F. 会議島，G. ブルチコがうまく運営された例といってよいが，このうち A. と G. は有人地域，D. は無人に近い地域，F. は無人地域であった。陸域の有人地域におけるコンドミニウムが首尾よくための不可欠な前提条件としては，①共同領有国間及び住民間の全般的な関係が友好的であること，②法の支配が尊重されること，の 2 点が満たされていることだと考えられる。

　第 3 に，コンドミニウムの確立時点について。Ⅲの E. で樺太についてみたように，ある領域が境界未画定，共有，雑居の状態にあることだけをもってコンドミニウムとして確立したといえるのか，そうではなくてコンドミニウムの確立には具体的に共同行政について何らかの一定の合意がなされることを要するのかという問題が存在する。この問いに関する明確なルールは存在しないと思われるが，前者に関しては，「未成熟のコンドミニウム」乃至「コンドミニウムの可能性」にとどまり，とりわけ単に境界未画定の状況でコンドミニウムが確立されたとは到底言えない。この時点でコンドミニウムとして確立したといえるためには，共同主権を行使することについての両国家の意思が立証でき

---

[65] Jorge E. Núñez, *Sovereignty, Conflict and International Law and Politics* (Routledge, 2017), pp. 91-92.「河川の両岸の住民の経済的交流が強いゆえ共同領有が両国にとって経済的利益となる場合」の例としては，Ⅱでふれた Ems-Dollat 河口，モーゼル川，パラナ川等が挙げられよう。

ることが必要である。この意味で，確立時点は基本的に後者（「真のコンドミニウム」といってよい）を基準として考えるのが妥当乃至安全であり，樺太については1855年ではなく1867年に確立したと解せられる。別の例を挙げると，サウジアラビアとクウェートの国境地帯にある中立地帯（Neutral Zone）は，1922年12月2日の両国間の境界に関する協定（Uqair Protocol）[66]において，「両政府間でシェアされるものと考えられる」と規定した。その後，サウジアラビアは共同行政の具体案（①両国から2名ずつからなる行政理事会を創設し，各理事は本国に責任を有する，②行政理事会は安全，司法，出入国等，すべての分野において政府権能を有する，③両政府は同数の裁判官及び官吏を任命する）をクウェートに提示したが，クウェートは複雑かつ非現実的だとしてこれを拒絶し，結局，1965年7月7日に両国は中立地帯を分割する合意に署名した。Al-Baharnaはサウジアラビアの提案を「真のコンドミニウム」のシステムを確立しようとしたものであったと指摘する[67]。

第4に，Wolffは，コンドミニウムを「共同主権（型のもの）」と「分割主権（型のもの）」に分けて次のように説明する。前者は，アンドラのように現地の政府による共同直接統治であるのに対して，後者は，ニューヘブリデスのように各コンドミニウム権力が（領域分割はしないものの）各々の市民・臣民に対して至高の権限を有し（属人主義），他の住民は自らが望む方の管轄に服するか共同統治に服するかを選択できるとする。Wolffは両者の相違を検討し，コンドミニウムは領域紛争を伴う民族自決をめぐる紛争の潜在的解決になりうると指摘した上で，領域紛争がより重要であって重大な民族紛争がない場合や領域的自治政府の創設で紛争が解決できる場合には，前者の「共同主権」モデルが有用であるとし，他方，民族紛争がより重要であって領域的自治の安定的な合意が達成できない場合には，後者の「分割主権」モデルの方がよいと指摘する[68]。非常に興味深い見解ではあるが，現実には，小規模の領域であったり無人地帯であったりしない限り，共同主権国間の諸利害の調整の結果としてコ

---

(66) *UNTS*, vol. 1750, p. 533 (No.1083).
(67) Husain M. Al-Baharna, *The Arabian Gulf States : Their Legal and Political Stutus and Their International Problem* (Second revised edition, Librairie du Liban, 1975), pp. 272-273.
(68) Wolff, *supra* note 12, p. 208.

VI 領域と海洋法

ンドミニウムが合意される以上，領域紛争，民族紛争いずれの要素がより強い場合においても，後者のモデルが採用される可能性の方が高いと考えられる。

　第5に，コンドミニウムは，領土紛争解決の手段として議論されることはこれまでほぼ皆無であったが，21世紀の領土紛争解決の一手段となる可能性を空想的だとして切って捨てることは控えるべきであろう。Ⅲでみた陸域のコンドミニウムの諸例のうち首尾よく行ったもの（A. アンドラ，D. カントン島及びエンデベリー島，F. 会議島，G. ブルチコ）やⅡでふれた Ems-Dollat 河口，モーゼル川，パラナ川等の成功例は，一縷の望みを抱かせ得るものである。もっとも，ⅢのC. のニューヘブリデスにおける運営の混乱，B. のスーダンの偽装された植民地，H. のジブラルタルにおけるコンドミニウム構想の挫折に鑑みると，コンドミニウムを外交政策のオプションとして考えることにはよほど慎重でなければならない。ブルチコのコンドミニウムは首尾よく運営がなされてきたが，多民族が同居する地域において民族間の潜在的対立がある領域で安易にコンドミニウムを導入すると，ボスニア・ヘルツェゴビナがかつてのユーゴ内戦において経験したような「民族浄化」が生じかねず，結局「救済的分離」を要するという事態にも至りかねないため，「第2に」において指摘した前提条件が満たされない限り，コンドミニウムは採用すべきではない。

　第6に，国際裁判におけるコンドミニウムの認定について。既にⅢのI. でみたように水域ではフォンセカ湾が，ⅢのG. でみたように陸域ではブルチコが，国際裁判においてコンドミニウムとして認定された。特に後者は，訴訟当事国のいずれも当該領域をコンドミニウムとするよう求めていないのに国際裁判所が職権でコンドミニウムと認定した例としても注目される。もっとも，領域の帰属や境界の画定を求められた国際裁判所がこのような判断をすることが裁判所の管轄外の行為とならないかどうかは，裁判付託合意次第でもある。また，判決本文においてではなく，傍論においてコンドミニウムを望ましい解決策として言及（勧告）することも考えられよう。

　第7に，Ostrom の学説について。Samuels は Ostrom の学説を引いて，共同プール資源（common pool resources, CPR）の運営が成功した4か国の集落（スイスの Torbel，日本の平野村，長池村，山中村，スペインの Valencia, Morica/Orihuela, Alicante，フィリピンのいくつかの灌漑共同体）に共通する8つの原則（①明確に範囲が画定されている，②占有・提供ルールと地域条件とが適合している，

③集合的選択の取り決めがある，④モニタリングがなされている，⑤段階的制裁がある，⑥紛争解決メカニズムがある，⑦組織化する権利の最低限の承認がある，⑧多層的に張り巡らされた事業となっている）が国家間のコンドミニウムにおいても参考になるとする[69]。興味深い見解ではあるが，Ostrom の公共財・CPR の自主管理の長期間持続する制度の 8 条件をコンドミニウムにそのままあてはめるのは楽観的すぎる。たとえ 8 条件を一応満たす場合であっても，政治体制や経済条件の異なる国家が共同主権者である場合には，コンドミニウムはおよそうまく運営できないという明白な事実を何ら説明していないのであり，8 条件は必要条件ではあっても十分条件ではないと考えるべきであろう。

　第 8 に，コンドミニウムの「罠」について。政治体制や経済体制の異なる国家間でコンドミニウムにつき合意することは容易ではなく，たとえ合意したとしても運営が首尾よく行くことは一層難しい。さらに注意しなければならないことは，そのような異質の国家とともにコンドミニウムを運営するとなると，法の支配があり経済状況が進んだ国家の側がコンドミニウムの運営をめぐる諸問題のために結局，巨大なコストを負担することになりかねないということである。国家責任の観点からは，多くの場合において共同責任を負うことを覚悟しなければならない。「第 4 に」でみた「共同主権」型コンドミニウムの場合は勿論のこと，「分割主権」型のコンドミニウムであっても，相手国のみに責任があるという抗弁が認められる（第三者対抗力を有する）保証はない[70]。外交政策の選択肢としてコンドミニウムを検討する場合には，このような「罠」にも十分留意することが求められよう。

---

(69)　Joel H. Samuels, Condominium Arrangements in International Practice: Reviving an Abandoned Concept of Boundary Dispute Resolution, *Michigan Journal of International Law*, vol. 29 (2008), pp. 770-771. Ostorum の著作は，Elenor Ostrom, *Governing the Commons* (Cambridge University Press, 1990), pp. 58-102. なお，Ostrom は 2009 年ノーベル経済学賞受賞者である。

(70)　この点に関して注目されるのが，コンドミニウムについてではないが国際共同事業から生じる国家責任が問題となった 2007 年 1 月 30 日の「ユーロトンネル事件」仲裁判決である。同判決では，英仏の国際共同事業であるユーロトンネルの事業運営に関して，一見すると自国（英国）には責任はなく専ら相手国（フランス）のみが責任を負うと思われる状況においても，双方に国家責任が生じる（但し賠償額は異なる）とした。同判決につき，拙稿「ユーロトンネル事件仲裁判決」『東京大学法科大学院ローレビュー』第 9 巻（2014 年）184-194 頁。コンドミニウムの場合には，一層，共同責任が認定される可能性が高いといえよう。

30 公海上の干渉行為に関する条約方式の原型
―― 19 世紀前半における奴隷取引取締条約の発展

森 田 章 夫

  I　はじめに　　　　　　III　諸条約における主要な法的機能
  II　19 世紀前半の概況　　　IV　結　び

I　はじめに

　安藤仁介教授の最大の貢献の一つが国際人権法における業績・実務にあることは誰しもが認めるところであろう。本稿においては，しかし，国際人権法の素材を正面から取り上げることは，筆者の能力の限界と時間の制約ゆえになしえないところである。そこで，今日，再び脚光を浴びている奴隷問題[1]の一端を異なる角度より取り上げること，すなわち，公海上の奴隷取引[2]取締問題の歴史的発展を，国際法上の観点から辿ることで，その責めを果たしたい。

　海洋法上，最初の本格的な法典化として成功した公海条約は，いくつかの奴隷取引関係の規定を置いている。まず，船舶による奴隷運送の禁止を定め（第 13 条[3]），さらに，奴隷取引に従事している船舶に対して，臨検を限度とした

---

(1)　ここでは，この問題の泰斗とも言える，Jean Allain 教授の著作の一部と業績を紹介するにとどめる。Allain, J., *Slavery in International Law: Of Human Exploitation and Trafficking* (Hereinafter referred to as Allain, *Slavery in International Law*), 2013; idem, *The Law and Slavery: Prohibiting Human Exploitation*, 2015. 同教授の業績に関しては，https://www.researchgate.net/profile/Jean_Allain (as of 1 June 2019).
(2)　"Slave Trade" は，海上奴隷取引を意味することが多い。この訳語としては，一般用語としての「奴隷貿易」とは異なり，海洋法関係の条約上は「奴隷取引」が用いられているため，本稿での「奴隷取引」の用語も，海上奴隷取引を意味するものとして用いる。
(3)　第 13 条
　　いずれの国も，自国の旗を掲げることを認めた船舶による奴隷の運送を防止し及び処罰するため，並びに奴隷の運送のために自国の旗が不法に使用されることを防止するため，実効的な措置を執るものとする。いずれの船舶（旗国のいかんを問わない。）に避

Ⅵ　領域と海洋法

干渉行為を認め，その要件・効果等を，干渉行為についての一般規定の中で定めている（第22条[4]）。国連海洋法条約においても，奴隷運送禁止条項や臨検規定の基本的枠組についてはそのまま引き継がれ（第99，110条[5]），現在では，専門家にとってはこれら条項は当然とさえ見えるようになっている。しかし，その形成過程においては，極めて厳しい葛藤が存在し，また，この奴隷取引船舶への干渉行為をめぐる国家実行こそが上記の諸条文の重要な基盤を形成したことは，その重要性に比して十分には知られていなかった[6]。これは，公海条

難する奴隷も，避難したという事実によって自由となる。
(4)　第22条
　　1　条約上の権限に基づく干渉行為の場合を除き，公海において外国商船に遭遇した軍艦がその商船を臨検することは，次のいずれかのことを疑うに足りる十分な根拠がない限り，正当と認められない。
　　(a)　その船舶が海賊行為を行なっていること。
　　(b)　その船舶が奴隷取引に従事していること。
　　(c)　その船舶が外国の旗を掲げているか又はその船舶の旗を示すことを拒否したが，実際にはその軍艦と同一の国籍を有すること。
　　2　軍艦は，1(a)，(d)又は(c)に定める場合において，当該船舶がその旗を掲げる権利を確認することができる。このため，軍艦は，嫌疑がある船舶に対し士官の指揮の下にボートを派遣することができる。書類を検閲した後もなお嫌疑があるときは，軍艦は，その船舶内においてさらに検査を行なうことができるが，その検査は，できる限り慎重に行なわなければならない。
　　3　嫌疑に根拠がないことが証明され，かつ，臨検を受けた船舶が嫌疑を正当とするいかなる行為をも行なっていなかった場合には，その船舶は，被った損失又は損害に対する補償を受けるものとする。
(5)　臨検事由については増加し（(c)当該外国船舶が許可を得ていない放送を行っており，かつ，当該軍艦の旗国が前条の規定に基づく管轄権を有すること。(d)当該外国船舶が国籍を有していないこと。），起草上の調整を加えているものの，それ以外の内容はほぼそのまま，第110条に引き継がれている。
(6)　この面での代表的な先行業績は，以下の通りである。邦文献では，山本草二「海上犯罪の規制に関する条約方式の原型」『海洋法の歴史と展望──小田滋先生還暦記念』(1986年) 245-287, 特に250, 280-281頁。薬師寺公夫「公海海上犯罪取締りの史的展開──公海海上警察権としての臨検の権利を中心に──」栗林忠男・杉原高嶺編『海洋法の歴史的展開』(2004年) 195-247頁，奴隷取引に関しては特に215-223頁参照。20世紀も含めた通史としては，杉原高嶺「奴隷輸送の防止と条約制度の史的展開──公海上の臨検制度を中心として──」『新海洋法制と国内法の対応　第3号』(1988年) 21-35頁，深津栄一「奴隷貿易の国際的規制」『国際人権年記念論文集』(1968年) 456-482頁。「臨検」の面からの説明として，林久茂「公海上における外国船舶に対する干渉」『海上保安大学校研究報告（第1部）』昭和39年度173-177頁も参照。秀逸な外国文献は数多いが，19世紀を主な対象とする通史としては，Wilson, H. H., "Some Principal Aspects of

約の起草に関わった国際法委員会や 1958 年ジュネーヴ海洋法会議において，この分野において最大で，かつ，19 世紀の到達点である，1890 年「Bruxelles 一般議定書（Acte général de la conférence de Bruxelles）」[7] にのみ言及されるにとどまることが殆どで，それ以前の分析が十分でないことが大きな原因であろう。筆者は，既に，20 世紀以降の法典化作業，さらに遡って，英米，英仏関係を中心とした，19 世紀の歴史的展開を明らかにしてきた[8]。本稿は，それ

British Efforts to Crush the African Slave Trade, 1807-1929 (Hereinafter referred to as Wilson, "British Efforts")," *AJIL*, Vol. 44 (1950), pp. 505-526; Allain, J., "Nineteenth Century Law of the Sea and the British Abolition of the Slave Trade (Hereinafter referred to as Allain, "Nineteenth Century")," *BYIL*, Vol. 78(2008), pp. 342-388 (reprinted also in idem, *The Law and Slavery, op. cit.*, pp. 46-100); Grewe, W. G., *Epochen der Völkerrechtsgeschichte*, 2 Aufl. (1988), S. 651-672（英訳として，Grewe, W. G. translated and revised by Byers, M., *The Epochs of International Law*, 2000, pp. 554-569); Kern, H. L., "Strategies of Legal Change: Great Britain, International Law, and the Abolition of the Transatlantic Slave Trade," *Journal of the History of International Law*, Vol. 6 (2004), pp. 233-58. 20 世紀をも含む通史としては，Allain, *Slavery in International Law*, pp. 57-104; Gidel, G., *Le Droit international public de la mer*, t. I (1932), esp. pp. 389-410; Verzijl, J. H. W., *International Law in Historical Perspective*, Vol. 5, pp. 238-263, esp. 246 ff; Sohn, L. B., "Peacetime Use of Force on the High Seas," *International Law Studies*, Vol. 64 (The Law of Naval Operations), 1991, pp. 39-59.

(7) Acte général de la Conférence de Bruxelles, 2 July 1890, Annexe 1 au Protocole n° XXXIII, *Actes de la Conférence de Bruxelles (1889-1890)*, 1890, pp. 641 ff. 原当事国は，オーストリア・ハンガリー，ベルギー，コンゴ，デンマーク，フランス，ドイツ，英国，イタリア，オランダ，ペルシャ，ポルトガル，ロシア，スペイン，スウェーデン・ノルウェー，トルコ，米国，ザンジバル，であった。Ibid. ただし，権利義務の内容は，フランスが行ったような留保に基づく修正により，締約国により微妙に異なっている場合がある。

(8) 国際法委員会での作業も含めて，20 世紀における法典化作業の経緯と争点については，拙稿「奴隷取引船舶に対する干渉行為──20 世紀における法典化の展開──」（以下，拙稿「奴隷取引船舶」）」中野勝郎編『境界線の法と政治』（2016 年）74-103 頁参照。19 世紀における歴史的発展に関しては，拙稿「英米臨検権論争の国際法上の意義」（以下，拙稿「英米臨検権論争」）柳原正治編『変転する国際社会と国際法の機能　内田久司先生追悼論集』（2018 年）101-129 頁，同「奴隷取引船舶への干渉行為──19 世紀英仏間関係を中心として──」（以下，拙稿「英仏間関係」）『国際法のダイナミズム』（2019 年）335-352 頁，idem, "Interference with Ships on the High Seas: Historical Development Hidden in the 'Right of Visit' Argument," (Hereinafter referred to as Morita, "Interference with Ships on the High Seas"), *JYIL*, Vol. 61 (2018), pp. 4-38.

VI 領域と海洋法

ら別稿では十分に説明しきれなかった 19 世紀前半に焦点を定め[9]，締結された諸条約が，1890 年「Bruxelles 一般議定書」の「原型」を形成する過程を主として取り上げる。このことにより，公海条約・国連海洋法条約等諸条文に対してのみならず，さらに合わせて，その他の国際法上の様々な分野にも与えた重要な影響という意味での，先例的意義を明らかにするものとする。

II 19 世紀前半の概況

奴隷取引船舶の抑止・鎮圧の本格的な試みは，19 世紀冒頭に始まったが，そこで主導的役割を果たした英国は[10]，公海上の奴隷取引船舶の利用に関して極めて厳しい政策を採用した[11]。その代表的な政策は，奴隷取引を海賊行為とみなすもので，この「みなし海賊行為」は，「国際法上の海賊行為（piracy jure gentium; piracy by the law of nations; piraterie du droit des gens）」と対照される。「類推による海賊行為（piracy by analogy; piraterie par analogie）」の典型である[12]。

しかし，ナポレオン戦争が一段落すると[13]，「戦時」における捕獲を用いる

---

(9) 本稿では，1840 年代前半までを主たる対象とするが，紙幅の関係上，その範囲でさえも包括的には取り扱えず，特に英米，英仏関係については，上記拙稿を参照されたい。なお，時期的な分類には，様々なものがあり得るが，本稿では，内容的な発展を重視した。本稿と異なる分類としては，例えば，Early Ninteenth Century, Mid-Ninteenth Century, Late Ninteenth Century とに分類するものとして，United Nations, Economic and Social Council, Ad Hoc Committee on Slavery, *The Suppression of Slavery: Memorandum submitted by the Secretary-General*, 1951（ST/SOA/4）.

(10) 関連の条約・国内法の一次資料検索に関して，最も参考となるのが，*Hertslet's Commercial Treaties: A Complete Collection of the Treaties and Conventions, and Reciprocal Regulations, at Present Subsisting between Great Britain and Foreign Powers*（Hereinafter referred to as HCT）で，概観の把握としては，Vol. 22（Index to Vols. 1-21, 1905, esp. pp. 1025-1062）; Vol. 31（Index to Vols. 23-30, 1925, esp. pp. 555-556）掲載のリストが極めて有用である。また，英国から見た一次資料の簡潔な整理がなされている有益な文献として，McNair, A. D., *International Law Opinions*, Vol. 2, 1956, pp. 77-97.

(11) このような政策の背後には，人道的要素が一貫して存在したが，それ以外にも様々な要因が複合的に存在したと考えられる。実利的要因については，歴史学上も様々な見解があり，本稿の課題を超えるため，ここでは立ち入らないが，例えば，以下を参照。Grewe, a.a.O., S. 653 (p. 555); Allain, "Nineteenth Century," pp. 346-348.

(12) これらの用語に関しては，拙稿「英米臨検権論争」104-105 頁参照。

(13) ナポレオン戦争中の奴隷取引取締に関する簡略な説明として，Kern, op. cit., pp.

ことができなくなり，英国は，国内判例においても，特に外国船舶に対しては[14]，干渉行為を正当化できる判決が得られなくなった[15]。そのため，国際的に，海上奴隷取引を海賊行為とみなすよう呼びかけたが，多数国間では，1815年2月8日ウィーン会議宣言（DECLARATION des 8 Cours, relative d l'Abolition Universelle de la Traite des Nègres）[16]を受けた1822年Verona会議及び決議においても，はかばかしい成果は得られなかった[17]。

以上のような状況に鑑み[18]，それ以前から徐々に締結し始めていた二国間

234-241.
(14) 例えば，スウェーデン船舶が問題となった，The Diana 号事件（21 May 1813, 1 Dodson 95; 165 English Reports 1245）。最も有名なのは，Le Louis 号事件英国海事高等法院（High Court of Admiralty）判決であり，裁判官であった Sir William Scott（later Lord Stowell）の権威も相まって，後に，英国の臨検政策の批判を行う際に，頻繁に引用されたことでも重要である。15 December 1817, 2 Dodson 210; 165 English Reports 1464. これは，フランス船舶が英国により拿捕されたケースである。本判決は，いわゆる「実証主義（positivism）」の方法論を採用した判決としても有名であるが（2 Dodson 249-250; 165 English Reports 1477），本稿ではこれについては立ち入らない。本判決についての邦文献としては，西本健太郎「海洋管轄権の歴史的展開(三)」『国家学会雑誌』125巻9・10号（2012年）430-432頁，薬師寺，前掲論文，201-202頁も参照。
(15) Allain, "Nineteenth Century," pp. 349-354. 米国をも含めて，国内判例の概観としては，Fischer, H., "The Suppression of Slavery in International Law," *The International Law Quarterly*, Vol. 3 (1950), pp. 30-39. 邦文献としては，西本，前掲論文，428-430頁も参照。
(16) British and Foreign State Papers（Hereinafter referred to as BFSP), Vol. 3 (1815-16), pp. 971 ff. なお，本論文では，読者にとっての参照の容易さと紙幅の制約により，英国政府資料は，BFSP を主として用いる。
　同宣言は，後に，1815年6月9日「ウィーン会議最終議定書（Final Act of the Congress of Vienna）」Annex XV に具現化される。特にフランスの反対が顕著であるが，フランス，ポルトガル，スペイン以外の諸国はいずれも重要な海洋帝国ではなく，ウィーン会議でも，奴隷取引に関する英国提案に対しては，それら諸国はフランスに比して好意的であったとの指摘として，Martinez, J. S., *The Slave Trade and the Origins of International Human Rights Law* (Hereinafter referred to as Martinez, *The Slave Trade*), 2012, p. 32.
(17) BFSP, Vol. 10 (1822-1823), pp. 95-100, 109-110. 概要については，Rubin, A. P., *Ethics and Authority in International Law*, 1997, pp. 120-124.
(18) 条約締結の必要性を示した文書として，時代が下がるものの，例えば，F.O. 83/2346 (1832-1835): Law Officers' Reports: Slave Trade, Vol. 4, 444 (January 18, 1832), reprinted in Parry, C. ed., *Law Officer's Opinions to the Foreign Office 1793-1860*, Vol. 70 (1970), pp. 250-254, esp. 253-254 (Sir H. Jenner, K. A.), also reprinted in A. D. McNair, *The Law of Treaties* (1961), pp. 686-687; F.O. 83/2347 (1836-1838): Law

Ⅵ　領域と海洋法

条約に，干渉行為を相互主義で認める規定を挿入して，できるだけ多くの国と締結するという政策に転換し，多くの場合，これに成功した。締結された条約は多数あるが[19]，代表的なものとして，オランダ（以後，「蘭」とする）[20]，スウェーデン（以後，「瑞」とする）[21]，ポルトガル（以後，「葡」とする）[22]，スペイン（以後，「西」とする）[23]等[24]と締結した諸条約がある。しかし，海上での

Officers' Reports: Slave Trade, Vol. 6, 559 (January 30, 1836), reprinted in Parry, op. cit. in this note, Vol. 71 (1970), pp. 5-6, esp. 6 (Sir J. Dodson, K. A.).

(19)　関連の条約に関しては，HCT の他に，以下を参照した。(Great Britain,) *Treaties, Conventions, and Engagements for the Suppression of the Slave Trade*, 1844; (Great Britain, Admiralty,) *Instructions for the Guidance of Her Majesty's Naval Officers employed in the Suppression of the Slave Trade*, 1844 (Hereinafter referred to as *Instructions 1844*). *Instructions 1844* は，本稿が対象とする時期における，本問題に関する英国法制度の到達点を集大成したものと言える。そこでは，各 Instructions が再掲され，それぞれの要点が示されており，締結された条約・関連国内法を所収しており，極めて重要である。英国議会にも提出され，House of Commons Parliamentary Papers, 1844 [577], L.1 として公開された。作成の経緯に関しては，Bethell, L., *The Abolition of the Brazilian Slave Trade: Britain, Brazil and the Slave Trade Question* (Hereinafter referred to as Bethell, *The Abolition*), 1970, p. 199; Lloyd, C., *The Navy and the Slave Trade: The Suppression of the African Slave Trade in the Nineteenth Century*, 1949, p. 39. さらに，1890 年 Bruxelles 議定書締結後，大幅に改訂したものとして，*Instructions for the Guidance of the Captains and Commanding Officers of Her Majesty's Ships of War employed in the Suppression of the Slave Trade*, 2 Vols, 1892.

　なお，以下での条約の引用は，紙幅の制限のため，Parry, C. ed., *The Consolidated Treaty Series* (Hereinafter referred to as Parry, CTS) において，締結年月日により容易に検索ができるものについては年月日のみを記すものとし，再掲については，紛れの無い限り，適宜，名称，ANNEX 名，月日を省略する。

(20)　1818 年 5 月 4 日，1822 年 12 月 31 日締結 1818 年条約「説明・追加条項」，さらに，1823 年 1 月 25 日締結「再追加条項」，1837 年 2 月 7 日締結 1818 年条約「追加条項」，1848 年 8 月 31 日締結 1818 年条約「追加条項」。

(21)　1824 年 11 月 6 日，1835 年 6 月 15 日締結 1824 年条約「追加条項」。

(22)　1815 年 1 月 22 日，1817 年 7 月 28 日締結 1815 年条約追加協定，同年 9 月 11 日「別条項」，1823 年 3 月 15 日締結 1817 年 7 月 28 日条約「追加条項」。しかし，いずれも，例外を残したという限界があった。この点を克服するために締結されたのが，1842 年 7 月 3 日の新条約であった。より詳細には，Morita, "Interference with Ships on the High Seas" 参照。

(23)　1817 年 9 月 23 日，1822 年 12 月 10 日締結 1817 年条約「説明条項」，1835 年 6 月 28 日。

(24)　極めて重要な二国間条約として，1862 年 4 月 7 日英米条約があるが，19 世紀後半締結のものであり，詳細については拙稿「英米臨検権論争」125 頁参照。

　その他の極めて興味深い実行として，ブラジル問題もある（後述）。条約としては，1826 年 11 月 23 日のみで，それ以前に締結された，上記英葡条約の遵守を確認するもの

実力とその利害関係から，フランスと締結した条約がより重要であるため，以下では，フランスとの関係を，若干敷衍する。

フランスは，前述のウィーン会議以後も，英国の海上覇権の野心を疑い，英国とは干渉行為を規定した二国間条約を長らく締結せず，1817-1831年の間は，アフリカ西岸において，自国籍船の取締を行ったのみであった。このため，他国船舶が奴隷取引を行う際，フランス旗が最も頻繁に利用されたため，英国としては，フランスとの条約締結が焦眉の急となったのである。他方，フランス側としても，7月革命の後，英国との協調が必要な状況となっていた[25]。

その結果が，1831年（11月30日）条約の締結であった。そこでは，海域を限定しながらも（第1条），「臨検・捜索（visite）」[26]，裁判権を旗国に留保するものの「捕獲（capturer）」までをも含む広範な干渉行為を認めたのであった（第6, 7条）。さらに，これを補足する1833年（3月22日）条約は，「装備条項」（第6条）及び「装備」を有していた場合の「拿捕（detention）[27]」によって生じた賠償を請求できないという条項（第7条）を有している（これらについては後述）等，革新的なものであった[28]。さらに，この英仏1831年・1833年条約には，デンマーク（1834年7月26日），サルディニア（同8月8日，12月8日），ハンザ同盟（1837年6月9日），トスカナ（1837年11月24日），両シチリア王国（1838年2月14日），ハイチ（1839年12月23日）が加入し，実質的な多数国間条約体制を形成したことも，極めて重要な点である[29]。

このような経緯を経て，1841年12月20日に，英国とオーストリア，プロ

であった（第2条）。
　また，国際法史の観点からは，英国とアジア・アフリカのnative chiefとの間で締結された「条約」も極めて興味深いが，今後の課題として割愛する。
(25)　拙稿「英仏間関係」339頁参照。
(26)　ここでは，臨検と捜索は，概念上，区別されていない。これを特に区別するのは，英米間での「臨検権論争」以降で，かつ，無条約国間の場合である。「臨検権論争」については，拙稿「英米臨検権論争」，Morita, "Interference with Ships on the High Seas" 参照。
(27)　今日的な「拿捕（seizure）」（例えば，国連海洋法条約第105条）との正確な異同は，将来の検討課題とした上で，detain, detentionは，本稿では，「拿捕」と訳すこととする。Instructions 1844においても，detain（detention），seize（seizure），caputreの異同は明確ではなく，停止と拿捕等，文脈により，訳し分ける必要があろう。
(28)　Gidel, op. cit., p. 393.
(29)　また，英国が締約国でないが類似の条約として，1836年5月21日仏瑞条約もある。

Ⅵ 領域と海洋法

シャ，ロシア，フランスとの間で，「五国条約（The Quintuple Treaty: Treaty between Austria, France, Great Britain, Prussia and Russia for the Suppression of the African Slave Trade）」が締結された[30]。本条約の意義は，何よりも，欧州主要列強間で多数国間条約が成立したことで[31]，これが，19世紀前半の到達点となったのである。そこでは，奴隷取引を海賊行為と認め，さらに，奴隷取引従事船舶は国旗の下での保護権を喪失するとし（第1条），一定海域で，奴隷取引に従事していると疑われる合理的な根拠がある場合には，締約国船舶への「捜索（search; visiter）」と「拿捕・引致（detain, and send or carry away; arrêter, et envoyer ou emmener）」を認め（第2条），さらに，「装備条項」（後述）をも含む（第2条，詳細には第9条），極めて強い干渉行為権を定めたものであった。

以下では，これら諸条約の主要な機能について，個別に説明することとする。

Ⅲ　諸条約における主要な法的機能

以上のようにして締結されてきたこれら諸条約が，今日の「先例」として，実際にどのような具体的法的機能を果たし得たかが，法的分析としては，より一層重要である。それらは極めて多種多様なものがあるため[32]，包括的ではないことを断った上で，以下では，諸条約における代表的な法的機能を分析することとする[33]。

---

(30) オーストリア，プロシャ，ロシアは，列強としての威厳のため，英仏条約への加入よりも，英仏と同等の立場での別条約を望んだとされる。Gidel, op. cit., p. 394.
(31) ベルギーも後に加入する。1848年2月24日。ドイツ帝国全体への拡張合意は，1879年3月29日。
(32) 機能的分類にも様々なものがあり得るが，従来の分類の一例として，Bruxelles会議に提出された文書がある。Actes internationaux et Documents relatifs à la législation des pays d'orient, en matière de la Traite des Esclaves en Afrique, présentés à la Conférence réunie à Bruxelles du 18 novembre 1889 au 2 juillet 1890, Publication officielle du Ministère des Affaires Etrangères de Belgique, 1889, reprinted in Martens, G. Fr. de et Stoerk, F., *Nouveau Recueil Général de traités et autres actes relatifs aux rapports de droit international*, 2è ser., t. 16 (1891) (Hereinafter referred to as Martens, NR), pp. 38-57.
　本稿では，これを参考として，今日の関心から，さらに若干の加除を行い，整理した。
(33) 本稿ではこのように，主として具体的な法的機能に着目するため，当時の条約作成に関して非常に重要であったが，海域の限定問題には触れない。これについては，

〔森田章夫〕　　　　*30*　公海上の干渉行為に関する条約方式の原型

1　基本的性質

　まずもって，英国が目指したのは，奴隷取引を海賊行為と同視することであった（「みなし海賊行為」）[34]。これを受けた主要な機能が[35]，奴隷取引の締約国刑法による禁止[36]と，旗国による保護の喪失（下記，五国条約参照），である。

　海洋法上重要な点である後者も含めて，五国条約を例に挙げると，締約国は，「それぞれの臣下による場合，それぞれの旗の下での場合，それぞれの臣下に属する資本による場合，いずれについても，あらゆる奴隷取引を禁止し，そのような取引を海賊と宣言することを約束する。さらに，奴隷取引を行おうとするいかなる船舶も，その事実のみにより，それぞれの旗の保護に関するすべての権利を失うことを宣言する（Their Majesties...engage to prohibit all Trade in Slaves, either by their respective subjects, or under their respective flags, or by means of capital belonging to their respective subjects; and to declare such Traffic piracy. Their Majesties further declare, that any vessel which may attempt to

---

　　　Martens, NR, pp. 43-45. 20世紀以降の法典化においては，拙稿「奴隷取引船舶」も参照。
(34)　国際的には，まず，上記1822年Verona会議で提案したが，失敗に終わった。その結果，二国間条約への挿入を目指すこととなった。英国が「主権国家」間の条約と見ていたかどうかには問題があるが，最も初期のものとして，1817年10月23日Engagement between Great Britain and Madagascar（第4条）。"as if" という若干異なる規定方式として，1847年5月27日英・ボルネオ条約（第11条）も参照。
　　　欧米諸国間では，発効しなかったものの，1824年3月13日英米条約がある（第10条）。United States Congressional Serial Set Vol. No. 108, Session Vol. No. 1, 18th Congress, 2nd Session, S. Doc. 1, p. 20. 発効したものとしては，1826年11月23日対Brazil条約（第1条）が嚆矢と考えられよう。その他には，1840年11月16日英・テキサス条約がある（第1条）。これは，後述の五国条約に類似しており，その意味で注目される。さらに，奴隷取引に対する重罰を規定するという実質的な効果として注目されるのが，1842年英葡条約で，そこでも「みなし海賊行為」条項が取り入れられた（第15条）。
(35)　当初，英国が望んでいたかもしれない海賊視の効果について，捕獲国裁判所の管轄下に置くこと，「合理的な理由の嫌疑（probable cause of suspicion）」があった場合の捜索・拿捕について，結果として無実であった場合も賠償・補償等を回避すること等を指摘するものとして，Wilson, "British Efforts," p. 511, n. 36.
(36)　「みなし海賊行為」条項と共に，国内法化ないし国内法上の取締を約束するとの文脈では，前記，1842年英葡条約（第1, 15条），加えて，自国船舶，自国民との関係での約束が主たる効果と考えられるものとして，1839年5月24日英・アルゼンチン条約（第2条），1840年9月25日英・ボリビア条約（第2条），1841年5月24日英・エクアドル条約（第2条），がある。

carry on the Slave Trade, shall, by that fact alone, lose all right to the protection of their flag.)」と規定された（第1条）。ここでは，全体の二国間条約中ではそれほど多くはない「みなし海賊行為」とその具体的な効果が規定された点が，極めて注目すべき進展であったと評価できよう。

しかし，より一層重要な点とも考えられるのは，各条約において，干渉行為に関して詳細な法的規制を施した点である。以下では，これらについて，順次，説明しよう。

2　臨検・拿捕と関連事項

英国が最も関心を有したのが，臨検，さらには拿捕（関連の裁判所への引致も含む）である。そのため，これらと関連する事項も含めて，各条約において詳細な規定が置かれた[37]。以下では，これらをさらに細分化して説明する。

(1)　臨検・拿捕

「臨検・捜索（visit）」[38]・「拿捕（detain）」・「引致（send or carry away）」の先行例として挙げられるのは，以下の条約である。まず，英蘭間で，1818年条約（第2条），1822年「説明・追加条項」（第2条），1823年「再追加条項」（後述）において規定され，英瑞1824年条約でも，「臨検・捜索」・拿捕（第2条）が規定された。さらにフランスが締約国という意味で重要な条約として，1831年英仏条約（第1条。1836年5月21日仏瑞条約（第1条）も参照）に加え，1835年英西条約（第4条），1842年英葡条約（第2条）と，主要な二国間条約での採用が続いた。そして，この潮流が五国条約にも反映されたのである（"...those of their ships of war...may search every merchant vessel belonging to any one of the High Contracting Parties...may detain, and send or carry away such vessels in order that they may be brought to trial in the manner hereafter agreed upon." 第2条）。

なお，ここで特に注目すべきなのが，「装備条項（Equipment Article(s); equipment clause(s)）」[39]である。これは，奴隷をその時点で実際に運送してい

---

(37)　Martens, NR, pp. 40-48.
(38)　前述したように，この時期の条約では，臨検と捜索は，概念上，区別されていない。
(39)　諸条約のリストとして，Martens, NR, pp. 46-48.

ないとしても，通常の船舶では存在しないような，海上奴隷取引用の装備（equipment）・構造（construction）（例えば，開放格子蓋のハッチ，奴隷ベッドのための木板，手錠，足枷，乗員に必要な量を超える食糧や水等）を有する場合，奴隷取引船舶であるとの「一応の証拠（*primâ facie* evidence）」とされ，取締可能とする条項である。

本条項が挿入されるに至るまでには，以下のような歴史的な発展があった。当初は，奴隷の実在を要求する条約が存在し（例えば，1817年英西条約第10条, Instructions[40]第1条，1817年英葡条約Instructions第1条），これがさらに，船上に奴隷が存在した「合理的根拠（reasonable grounds）」により（1818年英蘭条約第2条）又は航海中に奴隷が船上に存在した「明白かつ決定的な証拠（clear and undeniable proof）」（代表的なものとして，1822年英西「説明条項」，1822年英蘭「説明・追加条項」第1条，1823年英葡「追加条項」第1条）が存在する場合には拿捕できると強化されたものの，事態は改善されなかったという[41]。そのため，さらにより一層，取締りの抜け穴防止を強化し[42]，1823年英蘭条約「再追加条項」に採用されたのが，この「装備条項」の嚆矢[43]とされる。その後，1824年英瑞条約（第7条），1833年英仏条約（第6条。なお，1835年英西条約（第10条），1836年5月21日仏瑞条約（第14条）も参照），1842年英葡条約（第9条）と，代表的な二国間条約に取り入れられると共に[44]，五国条約に採用されることとなったのである（第9条）。

(2) 取締機関

臨検等の取締機関につき，「軍艦（vessels of war）」への限定を図ることにより（士官の階級に関する規定も多いが，今日との関連性から，省略する），濫用を

---

(40) "Instructions for the British and Spanish Ships of War employed to prevent the illicit Traffic in Slaves" である。条約中に，このようなInstructionsが付属書として添付され，条約と一体のものとされた。以下で言及する同様の条約でも，"Instructions" と省略する。

(41) Wilson, "British Efforts," p. 510, n. 25.

(42) Allain, *Slavery in International Law*, p. 67.

(43) Martens, NR, p. 47.

(44) ブラジルとの間で，混合裁判所の解釈により認められたという例外的取り扱いもあるが，解釈として確立したわけではなかった。詳細には，Bethell, *The Abolition*, Chap. 5, esp. pp. 194 ff. さらに，以下も参照。Martinez, *The Slave Trade*, p. 75, n. 52; p. 92.

Ⅵ 領域と海洋法

防ぐことを目的とした条項が当初より見られた（例えば，1817年英西条約第9条）。特に，フランス関係では，1831年英仏条約が同様に，主体については，軍艦のみが実施しうるという規定を置いた（第2条。1836年仏瑞条約第2条も参照）。

このような条約の蓄積を経て，五国条約は，軍艦を取締機関として明示したのである（第2条）。

この点，公海条約第22条2項も同様に，「軍艦」を取締機関として明示しており，この点は1890年「Bruxelles 一般議定書」第42条を踏襲したものと考えられるが，五国条約は既にその原型を構築しているものとして，極めて興味深いものと言えよう。

(3) 免除船舶

別途，興味深い点は，捜索・拿捕の対象から免除される船舶を規定した点である。

1831年英仏条約は，軍艦に対する捜索を禁止する（第8条）。同様に，五国条約は，軍艦を捜索の対象外とした（第4条2項，ANNEX B: Instructions§8）。また，ここでは，Russian-American Company の船舶も一定の条件を明示して同様としており，この点は，いわゆる非商業目的政府船舶に関する今日の議論から見ても興味深い。

この点について，公海条約第8, 9条は，軍艦といわゆる非商業目的政府船舶に関する免除を定めるが，上記の例は，その歴史的沿革として注目されよう[45]。

(4) 拿捕船舶の裁判権

次に，実務的にも理論的にも極めて重要なのが，「裁判権（jurisdiction）」[46]条項である[47]。すなわち，拿捕された船舶の裁判権を，どの国に委ねるかは，関係諸国にとって極めて重要な問題であったからである。この点，諸条約では，

---

(45) ちなみに，1890年「Bruxelles 一般議定書」は，この点，対象船舶を500トン未満に限定しているため（第23, 42条），明示的な条項を必要としなかったのではないかと推測される。
(46) "jurisdiction" は多義的であるが，ここでは，内容に則して，「裁判権」と訳すこととする。
(47) Martens, NR, pp. 49-52.

裁判権を「混合裁判所・委員会（mixed courts of justice or mixed commissions）」に委ね，国際化することもしばしば行われた[48]。代表的な条約として，1818年英蘭条約（第7条[49]），1824年英瑞条約（第4条），1835年英西条約（第7条[50]）が挙げられる。これら「混合裁判所・委員会」は，二国間で，船舶の送致に便利な場所の選定，裁判官・委員の選出等を行い，設置された（重要な拠点例として，Freetown (Sierra Leone), Rio de Janeiro, Havana, Surinam, Cape of Good Hope, Spanish Town (Jamaica), Luanda (Angola), Boa Vista (Cape Verde Island), New York が挙げられる）[51]。具体的な裁判は，適法な捕獲として，船上に奴隷がいた場合には解放するか，責任なしとして，船舶と奴隷を所有者に返却することとした。ただし，所有者や船長，船員に対しては裁判権がなく，個人の処罰等は所属国に委ねられた[52]。

しかし，これに対して，1831年英仏条約（第7条）のように，裁判権を所属国裁判所に委ねる例もあった（the jurisdiction of the nation to which they belong）[53]。五国条約も，フランスとの条約例に倣い，裁判権は「所属国・旗

---

(48) 詳細には，Bethell, L., "The Mixed Commissions for the Suppression of the Transatlantic Slave Trade in the Nineteenth Century (Hereinafter referred to as Bethell, "The Mixed Commissions")," *Journal of African History*, Vol. 7 (1966), pp. 79-93; Martinez, *The Slave Trade*, esp. Chap. 4.

(49) その他に，"Regulations for the Mixed Courts of Justice, which are to reside on the Coast of Africa, and in a Colonial Possession of His Majesty the King of the Netherlands" も参照（以下，他の条約も含めて，同種の Regulations を「混合裁判所規則」とする）。

(50) 英蘭条約第7条を「複製した (reproduit)」とされる。Martens, NR, p. 50.

(51) 英国は，殆どの場合，「植民地海事裁判所 (vice-admiralty court)」の存在した，Freetown を選んだ。一覧表として簡便なものとして，http://www.pdavis.nl/SlaverBackground.htm (as of 1 June 2019).

(52) Bethell, "The Mixed Commissions," p. 80.

(53) また，混合裁判所等も，実績がふるわず，19世紀後半には，廃止され，各裁判所に委ねられることもあった。1862年英米条約への1870年6月3日追加協定（規定された裁判所か旗国艦船に引き渡される。第1-3条），1871年7月18日英葡条約による1842年条約の混合委員会の廃止（旗国裁判所を原則として，「植民地海事裁判所」か旗国艦船に引き渡される。第1-3条）後，徐々に廃止されることとなった。スペイン，ポルトガル船舶に関する事情の一つとしては，英国が各国との条約締結を進めるにつれ，所属国の厳格な規制が進み，奴隷取引船舶は，国旗や書類を持たないことで「無国籍」として扱われ，英国「植民地海事裁判所」下での判決に服する方が緩やかとして，英国軍艦による拘留と植民地海事裁判所への移送をむしろ選んだことが重要な原因とされる。

Ⅵ 領域と海洋法

国（the country to which she belongs; the country under whose flag the vessel is sailing）」の「管轄裁判所（the competent Tribunals）」に留保したのであった（第10条[54]，Instructions）。

4 「支払責任（liable）」条項

濫用があった場合への対処として，「支払責任（liable）」[55]条項が挿入されることが多かった点も注目される。これには，裁判で奴隷取引について責任がないとされた場合と，裁判所に引き渡されなかったが，取締の際に濫用があった場合とがある。なお，ここでは，以下で見るように，私人への直接の支払いを定めていることも注目されよう[56]。

(1) 裁判で奴隷取引について責任がないとされた場合

裁判において船舶が奴隷取引について責任がないとされた場合に，同一裁判所において，損害填補の請求と支払いを受ける旨を規定した代表的な条約として，1818年英蘭条約（第4条，混合裁判所規則第5条），1824年英瑞条約（第5条，ANNEX D: 混合裁判所規則（以下，「混合裁判規則」とする）§5）がある[57]。ただし，1833年英仏条約は，「支払責任（liable）」を規定した上で[58]（第8条。英国が当事国でない，1836年仏瑞条約（第16条）も参照），さらに，上記の発展を反映した規定も置いている。すなわち，「装備（equipment）」が船上に存在した場合には「賠償（compensation; dédommagement）」を行わないと規定した点（第7条）が注目される（1835年英西条約（第11条），1842年英葡条約（第10

Bethell, "The Mixed Commissions," p. 91.
(54) ただし，没収については，捕獲国に代金の処分権が委ねられ，船舶は捕獲国海軍のために先買権が認められていた（第12条）。
(55) Martens, NR, pp. 52-55. なお，"illegal" 以外に，"arbitrary" な拿捕等にも言及されており，今日的な観点からすると，違法行為に対する「賠償」に限定されるか，不当な行為に起因する損失の「補償」をも含むかは，より一層の研究を将来の課題としたい。
(56) この点に関する軍艦の司令官・士官等とその所属国との関係は複雑である。被害船舶等への支払責任，最終的な分担等，国際法史としても興味深い点であるが，今日との関連性から，本稿ではこれ以上は立ち入らない。
(57) 下記の1833年英仏条約以後も，例えば，1835年英西条約（第6条），混合裁判所規則第5条，1842年英葡条約（第4条），混合裁判所規則第5条が同様の条文を規定する。
(58) 裁判所も，混合裁判所ではなく，各所属国裁判所となることにも注意が必要である。

800

条）も同様である。英国が当事国でない，1836年仏瑞条約（第15条）も参照）。

　五国条約は，このような発展を受けて，以下のように規定した。拿捕された商船が奴隷取引に従事しておらず，そのような装備も施していなかった場合，船舶は適法な所有者に返還される。さらに，違法に，あるいは十分な嫌疑がないのに，捜索・拿捕されたことや，捜索や拿捕が濫用されたことが手続において証明された場合には，軍艦司令官等が，費用と損害を船長と船舶・積荷の所有者に対して，「費用と損害（costs and damages）」の「支払責任（liable）」を負うことと，最終的には，所属国による一定期間内の支払義務（shall pay）が規定されたのである（第13条）。ただしここでも，「装備」が存在した場合には賠償も支払われないことが合わせて規定されている（第11条）。

　これらと比較すると，1890年「Bruxelles一般議定書」にも，船舶の違法な拿捕・奴隷取引への不関与が判決により確定した場合の損害賠償規定が存在し，この延長線上にあることが理解できる（第58条）。

(2) 裁判所に引き渡されなかった場合の濫用への対処

　裁判所への引き渡しが上記のようには義務づけられていない今日の状況においては，より関連性があるのは，以下に見るような，裁判所に引き渡されなかった場合である。これに関しては，客観的な認定方法も含めて，濫用への対処が別個に必要とされることが容易に理解できよう。

　これらについては，実際に，1818年英蘭条約（第8条），1824年英瑞条約（第6条），1835年英西条約（第9条），1842年英葡条約（第8条）[59]と，代表的な二国間条約で規定された。ここでは，条約規定からの逸脱行為に対する賠償請求権の存在，被請求国政府が当該行為の調査を行い，場合によっては捕獲者に刑罰を科すこと等が規定されている。

　また，フランス関係の1833年英仏条約（第9条），1836年仏瑞条約（第17条）では，さらに詳細な規定が置かれた。これらのフランス関係の規定が五国条約に反映されたと考えられるため[60]，以下では，五国条約の説明を行うこととする。そこでは，商船の捜索や拿捕につき濫用が生じ，自国裁判所の裁判権に委ねられなかった場合，船長は，濫用の主張と要求する「費用と損害

---

(59) 英蘭条約を「複製した（reproduit）」とされる。Martens, NR, p. 55.
(60) 上記2つは，下記五国条約と同一と評価されている。Martens, NR, p. 55.

Ⅵ　領域と海洋法

(costs and damages)」の宣言を行い，その宣言が検証等の手続を経て外交手続で捕獲国に伝達される。これに対して，当該司令官所属国が審査を開始し，それが確認された場合には，当該政府は，「費用と損害」を船長，所有者等に支払われるように取り計らうとされたのである（第14条）。

　1890年「Bruxelles 一般議定書」にも，船舶の違法な拿捕・奴隷取引への不関与が調査機関により確定した場合の損害賠償規定が存在し，こちらも，この延長線上にあることが理解できる（第53条）。

5　船上に拘束された奴隷の解放

　船上に拘束されている奴隷が発見された場合の解放については[61]，多くの条約がこれを規定した。これに関しては，当初は，混合裁判所の関与（解放証書（certificate of emancipation）の発行とその後の裁判所所在国政府への引き渡し）を規定していた。例えば，1818年英蘭条約（混合裁判所規則第6条），1824年英瑞条約（混合裁判所規則第6条[62]），1835年英西条約（第13条，ANNEX C: Regulations for the good treatment of liberated Negroes も参照。これに倣った同様のものとして，例えば，1839年1月19日英・チリ，同5月24日英・アルゼンティン）が，軒並みにこれを規定する。

　これに対して，混合裁判所ではなく，自国裁判所を予定するのが，フランスが締約国となった，1833年英仏条約（第11条。1836年仏瑞条約（第19条）も参照）である。そのため，五国条約も，フランスが採択に関与したため，このタイプの規定が反映されたと考えられるのである（第16条，具体的な手続きとしては，Annex B: Instructions, §4）。

　公海条約第12条2文の沿革となった1890年「Bruxelles 一般議定書」が[63]，それ以前に犯された犯罪・不法行為に対する管轄権を留保しながらも，即時・無条件の解放を規定する（第28条）のと比較すると，ここではまだ，やや重い手続的要件が付せられていることが看取される。

---

(61)　Martens, NR, pp. 55-57.
(62)　上記条文が「複製された（se trouve reproduit）」とされる。Martens, NR, p. 55.
(63)　本条約を参照していることについては，例えば，以下を参照。Commentary to the articles concerning the law of the sea, Article 37, *Yearbook of the International Law Commission* (1956), Vol. II, pp. 281-282.

IV 結　び

　本稿の結びとして，第一に指摘すべきは，今日の海洋法への影響として極めて注目される以下の点である。すなわち，まず，今日の海洋法規定につながるものとして，干渉行為について，濫用防止のための損害賠償規定の他，軍艦の権限行使に関する主体の限定，軍艦等を対象とした免除規定を含めた詳細な手続規定が，その内容についてはより一層の洗練を待たなければならない部分もあることに注意が必要なものの，既にこの時期に「原型」として整えられていたことが看取できることである。同様のことは，船上奴隷の解放規定についても指摘できよう。このことは，英国が二国間条約の経験を積み重ねてきたことに加えて，さらに，当時，第二の列強であったフランスが締約国としてないしは条約作成に参加したことが大きな要因となったことが指摘できよう。本稿で見たように，1831年・1833年英仏条約は実質的な多数国間条約を形成し，それが1841年五国条約の数多くの規定に反映されたのである(64)。

　しかし，他面では，その限界も同時に指摘しなければならない。すなわち，英国は，奴隷取引行為を「海賊行為」と「みなす」ことを目指したが，理論的に見れば，その面では失敗に終わったことを端的に示すこととなった。まず，「みなし海賊行為」条項は，すべての条約に挿入できたわけではないことが確認できる。また，より重要な点として，挿入に成功したとしても，「国際法上の海賊行為」のすべての効果が認められたわけではない(65)。例えば，前述の

---

(64)　この点，フランスが，五国条約のみならず，1890年「Bruxelles 一般議定書」に至る経緯において，英国の主張を客観化する方向で，多数国間の規制内容を強く規定した点については，拙稿「英仏間関係」参照。

(65)　興味深い事例として，ブラジルがある。いわゆる "Lord Aberdeen's Act"（8 August 1845, 8° & 9° Vict. cap. CXXII）による取締等の圧力に屈し，ブラジルは，取締りを本格化することとなった。本法に関しては，Jones, W. D., "The Origins and Passage of Lord Aberdeen's Act," *Hispanic American Historical Review*, v. 42 (1962), pp. 502, 512-20; Bethell, *The Abolition*, pp. 242-266. 英国は新条約の締結を呼びかけたが，ブラジルは拒否し続け，条約の関連規定が1845年に終了すると主張したのに対し，英国は，1826年条約を再解釈し，海賊視条項を援用して，国内法的な正当化基盤として上記の法律を制定して，ブラジル船舶への干渉行為を開始した。BFSP, Vol. 34 (1845-1846), pp. 708 ff.; ibid, Vol. 40 (1850-1851), pp. 342 ff. しかし，他の条約との整合性からも，国際法上の解釈としては問題があると考えられ，一般化はできない。ブラジル問題については，上記の Bethell, *The Abolition* が最も包括的な著作であるが，簡潔な記述と

VI 領域と海洋法

五国条約を例にとると，拿捕された船舶，船長，乗員，積荷，奴隷等は，締約国が指定する場所へ引致されることとなっており，裁判権は，旗国裁判所に留保される原則となっていた。ただし，このことは，今日の観点からすると，海賊行為と奴隷取引との機能分化を示す証拠として，注目される点であることも銘記されよう[66]。

第二に，一般国際法への影響も見逃してはならない。19世紀前半の奴隷取締関係条約は，まず，国際法の基本的な手法や構造に本質的な影響を与えた。すなわち，「国際立法」の手法として，英国は，二国間条約を網の目のように形成するという，その後の同様の手法の原型を生み出すこととなった[67]。さらに20世紀においては，米国がこのような手法を受け継ぐこととなった。海洋法に限定しても[68]，例えば，禁酒法に基づく公海上の密輸船舶取締の二国間条約（いわゆる liquor treaties）[69]，さらに近時では，二国間乗船協定（麻薬等[70]，

して，Wilson, "British Efforts," pp. 516-519. Morita, "Interference with Ships on the High Seas," p. 24 も参照．

(66) このような機能分化に基づく概念分化については，拙稿「英米臨検権論争」，特に127頁参照．

(67) 国際関係論からの分析であるが，近時の研究として，Keene, E., "A Case Study of the Construction of International Hierarchy: British Treaty-Making Against the Slave Trade in the Early Nineteenth Century," *International Organization*, Vol. 61 (2007), pp. 311-339.

(68) 1934年互恵通商協定法に基づく互恵通商協定や，米国原子力法に基づくいわゆる双務協定もその例と見る可能性はあろう．

(69) "liquor treaties" に関しては，Jessup, P. C., *The Law of Territorial Waters and Maritime Jurisdiction*, 1927, pp. 279 ff.; Dickinson, E. D., "Treaties for the Prevention of Smuggling," *AJIL*, Vo. 20 (1926), pp. 340-346.

(70) 嚆矢となった1981年英米協定とその後の二国間条約については，例えば，Marston, G., "United Kingdom Materials on International Law," *BYIL*, Vol. 52 (1981), pp. 471-473; Gilmore, W. C., "Narcotics Interdiction at Sea: UK-US Cooperation," *Marine Policy*, Vol. 13 (1989), pp. 218-230. 上記英米協定は，1924年英米間アルコール輸送規制条約を先例としているとの指摘は数あるが，初期の指摘として，Dupuy, R.-J. et Vignes, D. (éds), *Traité du nouveau droit de la mer*, 1985, p. 705 (Treves, T.). その他の条約を含めて，以下も参照．Kramek, J. E., "Bilateral Maritime Counter-Drug and Immigrant Interdiction Agreements: Is This the World of the Future?" *The University of Miami Inter-American Law Review*, Vol. 31 (2000), pp. 121-161. 坂元茂樹「排他的経済水域における違法行為取締りに関する米国の対応――米国沿岸警備隊の武器の使用をめぐって――」『排他的経済水域における沿岸国の管轄権の限界』（日本国際問題研究所，2003年）7-9頁．

PSI[71]）に見られるところである。

　最後に，1840年代初頭に，このような一定の成果を獲得した奴隷取引船舶への干渉問題は，なお大きな課題を残すこととなった。すなわち，この五国条約については，フランスを除く諸国が海洋に関して大きな利害関係を有していなかったため，問題はフランスの対応が焦点であった。他方で，この時期に海洋大国として急激に発展しつつあった米国は，英国との条約締結を頑なに拒否し，1842年に，臨検条項のない条約（英国外相と米国国務長官の名を冠して，いわゆるAshburton-Webster（Webster-Ashburton）Treatyと呼ばれる。締結地と年号により，The treaty of Washington, 1842とも呼ばれる）の締結に成功したのであった[72]。フランスは，議会で既に強い反対を受けていたが，このような英米間条約締結を見て，五国条約批准はより一層困難となり，結局，1842年の秋に批准を断念し，米国と同様の，臨検条項のない1845年条約の締結に進むこととなった[73]。

　このようにして，奴隷取引船舶への干渉制度の一般化には，さらに19世紀後半の歴史的展開を待たねばならなかったが，奴隷取引条約の「原型」を構成したのみならず，その後の諸条約の「基盤」を確立したことの重要性は，強く銘記されねばならないであろう。

---

(71)　諸条約については，https://findit.state.gov/search?query=+Proliferation+Security+Initiative+Ship+Boarding+Agreement&affiliate=dos_stategov&search=（as of 1 June 2019)。
　　二国間協定について，麻薬取締に関する乗船協定との類似性を的確に指摘するものとして，小寺彰「執行管轄権の域外適用と旗国管轄権」山本草二編『海上保安法制』（2009年）190-191頁。また，奴隷取引相互臨検を規定した二国間条約との類似性を指摘する，坂元茂樹「PSI（拡散防止構想）と国際法」ジュリスト1279号（2004年）60-62頁も参照。
(72)　今日，一般的には，Caroline号事件の解決で有名であるが，国境画定や本問題の処理も行われたのである。経緯の詳細については，拙稿「英米臨検権論争」参照。
(73)　この間の事情については，拙稿「英仏間関係」340-344頁参照。フランスの批准断念と他国の批准に関する諸"Protocole"については，Parry, CTS, Vol. 92, pp. 467-469。

31　いわゆるロックオール島紛争の史的考察
―― 国連海洋法条約の締結とイギリス前廊理論の終焉

吉　田　脩

I　はじめに
II　ロックオール島を巡る国際紛争の史的展開
III　イギリスの 'Roll-back' と国連海洋法条約第121条3項
IV　結びに代えて

I　はじめに

　主権国家による多数国間条約の締結という行為は、「国際社会の組織化」を促進するものと一応は考えられる。国際社会の組織化とは、安藤仁介先生によれば、「各時代時代で国際社会を構成していたいろんな国家の個別の利害を離れて、あるいはそのなかの特定のグループに属する国家を離れて、広く国際社会に参加しているすべての国家の利害を中心として個別国家の行動を規制する」ことであると観念される[1]。海の分野でのそうした国際社会の試みの断片が、ひとまずは、1982年の「海洋法に関する国連海洋法条約」（国連海洋法条約）の採択において収斂されたのは、周知のとおりである。

　もとより、1982年の時点においても、国連海洋法条約のある規定は、「法典化 (codification)」条約として、慣習国際法を具現化するものであったと言えようが[2]、同時に、一定の条文は、例えば、第121条3項[3]のように、慣習

---

(1)　安藤仁介「現代国際法と国家」矢野暢、柴田光蔵、山田定、青木保、安藤仁介、上山春平『いま、国家を問う』（大阪書籍、1984年）180頁参照（傍点ママ）。
(2)　水上千之「国連海洋法条約と国際慣習法の関係――両者における同じ規則の存在の観点から――」『広島法学』第24巻4号（2001年）11-34頁参照。
(3)　「人間の居住又は独自の経済的生活を維持することのできない岩は、排他的経済水域又は大陸棚を有しない。」と規定する。

国際法それ自体とは異なりうる内容を包含していたことも，看過できない[4]。第3次国連海洋法会議の第11会期（1982年3月8日〜同4月30日）においては，史的にはストーウェル卿（Lord Stowell, 1745-1836）によって展開された「前廊理論（Portico Doctrine）」[5]の立場を採っていたイギリスのように，「海域を目的に領域の異なる形態の間で区別を行う理由は存在しないのであって，国際法上，そのような区別の根拠は存在しておらず，国家の領域に関するその権利と矛盾する」[6]と指摘して，島についての従来の緩やかな定義・制度——たとえ無人の「岩」等であっても一国家の領域として「島」概念に包摂されうるという法解釈——の確保を視野に，第121条3項の削除を求める諸国も散見されてい

---

(4) See Sean D. Murphy, *International Law Relating to Islands* (Brill/Nijhoff, 2017), pp. 58-60; Clive R. Symmons, *Ireland and the Law of the Sea* (Round Hall Press, 1993), p. 83.

(5) 「仮に，海でせり出す島（island lying out at sea）がもつある種の法的効果というものが，全ての隣接する海域（immediate waters）は本土に供されるというものであれば，これらはフローニンゲン（Groningen）〔沿岸国〕に属するというほかない」（*Twee Gebroeders* case , in George Minot (ed.), *Reports of Cases in the High Court of Admiralty Commencing with the Judgments of the Right Hon. Sir William Scott by Christopher Robinson, Michaelmas Term 1798*, Vol. III (Little, Brown and Company, 1853), p. 336, at p. 340, in D. P. O'Connell, *The International Law of the Sea*, Vol. I (Clarendon Press, 1982), p. 186; The *'Anna'* case, in *English Reports* [Full Reprint 1220-1865], Vol. 165 (1752-1865), 809, at 815 ('there are a number of little mud islands composed of earth and trees drifted down by the river, which form a kind of *portico* to the mainland' [emphasis added]); D. P. O'Connell, 'The Commonwealth Fisheries Power and Bosner v. La Macchia', 3 *Adelaide Law Review* (1970), pp. 505-506; C. John Colombos, *The International Law of the Sea* (6th ed., Longmans, 1967), pp. 113-114; Donald R. Rothwell and Tim Stephens, *The International Law of the Sea* (2nd. ed., Bloomsbury, 2016), p. 32; 山本草二『島の国際法上の地位』（外務省海洋課，1991年）4-12頁参照（兼原敦子，森田章夫編『国際行政法の存立基盤』（有斐閣，2016年）所収）；河錬洙「国際法における『島』の法的地位に関する一考察——国連海洋法条約第121条の検討を中心に——」『龍谷法学』第34巻3号（2001年）352-354頁参照。

(6) See 'Third United Nations Conference on the Law of the Sea, 1973-1982 Concluded at Montego Bay, Jamaica on 10 December 1982, Document: A/CONF.62/SR.168, 168th Plenary Meeting', Extract from the Official Records of the Third United Nations Conference on the Law of the Sea, Volume XVI (Summary Records, Plenary, First and Second Committees, as well as Documents of the Conference, Eleventh Session), p. 91; Satya N. Nandan and Shabtai Rosenne (eds.), *United Nations Convention on the Law of the Sea 1982: A Commentary*, Volume III (Martinus Nijhoff, 1995), p. 338.

たのである⁽⁷⁾。また今日でも，同条3項に関係すると思料される国家実行には，実に様々なものが確認されている⁽⁸⁾。

　こうした中で，イギリスは，その漁業限界法（Fishery Limits Act 1976）に基づき，20年間にわたりロックオール（Rockall）島周辺に200海里漁業水域を設定してきたにもかかわらず⁽⁹⁾，1997年7月21日，国連海洋法条約の加入⁽¹⁰⁾に際し，「ロックオールは，〔国連海洋法〕条約第121条3項において，漁業水域についての妥当な基点ではないので，イギリスの漁業水域は，セント・キルダ（St. Kilda）に基づき，改めて定められる必要があるだろう」⁽¹¹⁾と述べて，ロックオール島が，事実上，国連海洋法条約第121条3項でいう「岩」に当たることを認めた⁽¹²⁾。本事例は，特定の海域につき，同条における基準を初めて公式に適用した 'rolling back' ないし 'pull back' という非常にまれな国家実行として注目され⁽¹³⁾，かつ，イギリス海洋法史の文脈でもしばしば参照されてきた⁽¹⁴⁾。

（7）河「前掲論文」（注5）366-367頁；栗林忠男「第Ⅷ部 島の制度」『新海洋法条約の締結に伴う国内法制の研究』第3号（1984年）115-118頁参照。もとより，同条3項に対し，屈強に反対してきた主たる国は，ロックオール島を取り巻く権益につき留意する，イギリスであった。See Roderick Ogley, *Internationalizing the Seabed* (Gower, 1984), p. 125.

（8）例えば，栗林忠男，加々美康彦「海洋法における『島の制度』再考」栗林忠男，杉原高嶺編『日本における海洋法の主要課題』（有信堂高文社，2010年）245-251頁参照。

（9）See E. D. Brown, 'Rockall and the Limits of National Jurisdiction of the UK: Part 1', *Marine Policy*, Vol. 2 (1978), pp. 300-301.

（10）1997年7月25日。

（11）See 'United Kingdom Materials on International Law', *British Year Book of International Law 1997*, Vol. 68 (1998), p. 599.

（12）See Clive Schofield, 'The Trouble with Islands: The Definition and Role of Islands and Rocks in Maritime Boundary Delimitation', in Seoung-Yong Hong and Jon M. Van Dyke (eds.), *Maritime Boundary Disputes, Settlement Processes, and the Law of the Sea* (Martinus Nijhoff, 2009), p. 29.

（13）See Robert W. Smith and Bradford L. Thomas, *Maritime Briefing - Island Disputes and the Law of the Sea: An Examination of Sovereignty and Delimitation Disputes*, Vol. 1, No. 4 (1998), p. 15; Clive R. Symmons, 'Ireland and the Rockall Dispute: An Analysis of Recent Developments', *IBRU Boundary and Security Bulletin* (Spring 1998), pp. 81-84.

（14）See David H. Anderson, 'British Influence on the Law of the Sea 1915-2015', in Robert McCorquodale and Jean-Pierre Gauci (eds.), *British Influences on International Law, 1915-2015* (Brill/Nijhoff, 2016), p. 187.

Ⅵ　領域と海洋法

　国連海洋法条約第 123 条の解釈論や係る国際判例の動向に関する研究は，'ever-growing literature' と形容されるほど[15]，枚挙に暇がないが[16]，個別の国家実行や事例に着目するものは必ずしも多くはない。本稿は，いわゆるロックオール島紛争に焦点を当て，国際社会の組織化の中で，同紛争が海洋法の実践と発展に対して持つ意義を理解しようと試みるものである。

Ⅱ　ロックオール島を巡る国際紛争の史的展開

　ロックオール島は，スコットランド西岸のアウター・ヘブリティーズ（Outer Hebrides）から約 190 海里に位置する，北大西洋における隔離された無人の花崗岩であり，その高さは高潮時に 70 フィートを計測し，624 平方メートルの周辺面積を有する[17]。1955 年，イギリスは，「仮にロックオールが『無主地（res nullius）』のままであるとすれば，ある非友好的な権力によって，そこに監置装置が設置されるかもしれない」という安全保障上の懸念から[18]，スコットランドのサウス・ウィスト島（South Uist）に自国のミサイル基地が設置されることになったとの声明を発表するとともに，ロックオール島を併合した[19]。

---

(15)　See David Anderson, 'Islands and Rocks in the Modern Law of the Sea', in Myron H. Nordquist, John Norton Moore, Alfred H.A. Soons and Hak-So Kim (eds.), *The Law of the Sea Convention: US Accession and Globalization* (Martinus Nijhoff, 2012), p. 312.
(16)　See, for example, Jon M. Van Dyke, 'The Romania v. Ukraine Decision and Its Effect on East Asian Maritime Delimitations', *Ocean and Coastal Law Journal*, Vol. 15 (2010), pp. 261-283. なお，南シナ海仲裁判断における解釈の態様につき，Nulifer Oral, 'The South China Sea Arbitral Award: Casting Light on Article 121 of UNCLOS', *The Law and Practice of International Courts and Tribunals*, Volume 16 (2017), pp. 354-364. なお我が国における最近の研究として，許淑娟「国際法上の島の定義と国内法制度」『論究ジュリスト』第 19 巻（2016 年）17-19; 西本健太郎「南シナ海仲裁判断の意義」『東北ローレビュー』第 4 巻（2017 年）45-51 頁参照。
(17)　See E. D. Brown, 'Rockall and the Limits of National Jurisdiction of the UK: Part 2', *Marine Policy*, Vol. 2 (1978), p. 289; Martin Klatt, 'Denmark-Iceland-Ireland-United Kingdom: Faroe Islands and Rockall Islet and Plateau', Emmanuel Brunet-Jailly (ed.), *Border Disputes: A Global Encyclopedia*, Vol. 2 (ABC-CLIO, 2015), pp. 575-576.
(18)　See Richard Schofield, *States Behaving Badly? The Unique Geopolitics of Island Sovereignty Disputes Environment, Politics and Development Working Paper Series* (Department of Geography, King's College London 2014), pp. 75-76.
(19)　See C. R. Symmons, 'Legal Aspects of the Anglo-Irish Dispute over Rockall', *Northern Ireland Legal Quarterly*, Vol. 26 (1975), p. 65.

また，1972年には，法制上の整備を目的として，「ロックオール島法」[20]を制定し，行政区画上，スコットランドに編入させた[21]。1974年には，イギリスは，1964年の大陸棚法第1条7項に基づく枢密院勅令（Order-in-Council）により，5万2千平方マイルにも及ぶ海底区域を含む「ロックオール海台（Rockall Plateau）」が天然資源の探査及び開発のための大陸棚であると，事実上の宣言を行ったのである[22]。

1977年1月24日の庶民院における外務・英連邦大臣の答弁によれば，「ロックオールは連合王国の一部であり，よって，イギリスの漁業水域はロックオールを取り囲み200海里又は中間線まで拡張する」[23]という。かようなイギリスの「島に関する論拠（island argument）」は，「国際法において，島の異なるカテゴリというものは区別されない」という[24]，島の一般的定義を包含しない伝統的な前廊理論の言わば残滓に当たるものであって，せいぜいのところ，同理論に一定の修正を施したとされる1958年の大陸棚条約を斟酌したに過ぎないと解することができよう[25]。

「ロックオール島法」の制定等を含み，イギリスが採った一連の海洋法政策に対し，隣接国のアイルランドは，当初，「アイルランド政府は『大西洋における無人の岩に過ぎないロックオールそれ自体に対するイギリスの主張には余り関わる立場にはない』ものの，「その隣接海に対し管轄権を行使しようとす

---

(20) Island of Rockall Act 1972, 10 February 1972, c. 2 (Eng.).
(21) 牛尾裕美「ロッコール島の領有権問題について」『東海大学紀要海洋学部』第4巻3号（2006年）155頁参照。
(22) See C. R. Symmons, 'Changing Ireland', *Irish Geography*, Vol. 8 (1975), p. 124.
(23) See Brown, *supra* note 17, p. 292.
(24) *Ibid.*, p. 294.
(25) *Ibid.*, pp. 291 et seq. とりわけ，第3次国連海洋法会議の第2会期（カラカス，1974年6月20日〜同年8月29日）において，無人の岩は大陸棚を有し得ないというアイルランドの立場を支持されるようになったことに即応し，イギリスは，「島に関する論拠」を補強するものとして，又は代替的に，併せて，「自然の延長（natural prolongation）」論も援用するようになった。すなわち，「1958年のジュネーヴ〔大陸棚〕条約における開発可能性の基準は，同条約の当事国の間でさえも，大陸棚が関わる海への拡張（seaward extension）に対するいかなる制限を課するものと，もはや見なすことはできない。大陸棚は，同国の陸領域の自然延長の全体を通じて，また海の下で，大陸縁辺部まで拡大する」。See Brown, *supra* note 17, p. 294.

VI　領域と海洋法

る，イギリスのいかなる主張にも断固として反対する」[26]とし，1974年には，「その大西洋上の指定海域は，『国際法の問題として (as a matter of international law)』『アイルランドの管轄権』に該当する区域を含み，『イギリスの沿岸よりもアイルランドの沿岸により近い』との抗議を行った[27]。その後も，アイルランドの公的声明によれば，「アイルランドは，ロックオールに対するいかなるイギリスの主張も正式に認めていないだけでなく，ロックオールは国際法上の意味の範囲内における『島』ではないので，それについては，いかなる『権利，区域または管轄権，あるいはいかなる類の主権』も見いだすことはできない」という[28]。また，周知のとおり，第3次国連海洋法会議において，アイルランドは，人が居住しない遠隔の小島は大陸棚を有さないという立場を採っていた[29]。

加えて，デンマークは，1974年に，自治領であるフェロー諸島に代わり，ロックオール海台北部は地質学的にフェロー海台と連結するとして，イギリスに対して抗議を行い[30]，1985年には，イギリス及びアイルランドがいう大陸棚指定区域と重複するロックオール海台の広大な区域を自国の大陸棚として指定し，その主権の存在を宣言した[31]。

---

(26) See C. R. Symmons, 'Legal Aspects of the Anglo-Irish Dispute over Rockall', *Northern Ireland Legal Quarterly*, Vol. 26 (1975), p. 66; 牛尾「前掲論文」(注21) 155頁。
(27) See Clive Ralph Symmons, *The Maritime Zones of Islands in International Law* (Martinus Nijhoff, 1979), p. 162.
(28) See Clive R. Symmons, *Ireland and the Law of the Sea* (Round Hall Press, 1993), p. 86.
(29) See 'Ireland: draft article on delimitation of areas of continental shelf between neighbouring States', A/CONF.62/C.2/L.43, *Official Records of the Third United Nations Conference on the Law of the Sea, Volume III (Documents of the Conference, First and Second Sessions)*, pp. 220-221; Brown, *supra* note 17, p. 294.
(30) See Clive Ralph Symmons, *The Maritime Zones of Islands in International Law* (Martinus Nijhoff, 1979), pp. 162-163; Brown, *supra* note 17, p. 295.
(31) See Clive Ralph Symmons, 'The Rockall Dispute Deepens: An Analysis of Recent Danish and Icelandic Actions', *International and Comparative Law Quarterly*, Vol. 35 (1986), pp. 347-349; 牛尾裕美「ロッコール島周辺の大陸棚境界画定問題」『東海大学紀要海洋学部』第5巻1号 (2007年) 2頁。

Ⅲ　イギリスの 'Roll-back' と国連海洋法条約第 121 条 3 項

　国連海洋法条約は，1982 年 4 月 30 日に採択され，12 月 10 日にジャマイカのモンテゴ・ベイで作成・署名開放されたものの，イギリスは採択に棄権し，また，同条約第 11 部に対する懸念により，米国やドイツらと同じく，署名には参加しなかった[32]。そして，第 121 条 3 項についても，1980 年代後半まで，イギリスは注意深い態度をとり続けたと言えよう[33]。イギリスが国連海洋法条約の加入に向けた本格的な準備を開始するのは，同条約の発効が第 308 条の要件が満たされることで 1994 年 11 月 16 日と定まり，また，1994 年 7 月に国連海洋法条約第 11 部実施協定が採択[34]された後のことである[35]。

　イギリスが国連海洋法条約への加入という決断を引き延ばす直接のきっかけとなったのが，前述の 1950 年代以後におけるロックオール島を巡る隣接国との紛争であって，「不十分に起草された (poorly drafted)」とも言われる[36]第 121 条 3 項の現実的な適用問題である。1996 年 7 月 5 日，イギリスの国連海洋法条約の加入につき，外務・英連邦閣外大臣のチョーカー男爵 (Baroness Chalker of Wallasey) は，貴族院において，以下のとおり，回答した。

> 「漁業問題に関する状況における多くの継続する不確実性に鑑みて，政府は，今が国連海洋法条約に加入する上で適当な時期ではないとの結論に至った。〔…〕ロックオールからイギリスの漁業水域を設定することは，人間の居住又は経済的生活を維持することのできない岩は排他的経済水域を有さないという同条約の規定と整合的ではないと信じられて (believed) いる。」[37]

---

(32) See Anderson, *supra* note 14, p. 185.
(33) See Jon M. Van Dyke, Joseph R. Morgan and Jonathan Gurish, 'The Exclusive Economic Zone of the Northwestern Hawaiian Islands: When Do Uninhabited Islands Generate an EEZ?', *San Diego Law Review*, Vol. 25 (1988), p. 454.
(34) See UNGA Resolution 48/263 (28 July 1994).
(35) See Anderson, *supra* note 14, p. 186; D. H. Anderson, 'British Accession to the UN Convention on the Law of the Sea', *International and Comparative Quarterly*, Vol. 46 (1997), pp. 762-763.
(36) See R. R. Churchill and A. V. Lowe, *The Law of the Sea* (3rd ed., Manchester University Press, 1999), p. 50. なお，栗林忠男「国際海洋秩序と日本の法的対応」栗林忠男，秋山昌廣編『海の国際秩序と海洋政策』(東信堂，2006 年) 11-12 頁も参照。
(37) House of Lords, Column WA120, 5 July 1996, available at <https://www.collinsdictionary.com/translator> (as of 10 December 2018). こうした立場には，「第

Ⅵ　領域と海洋法

　イギリスがロックオール島を同国に併合し，この島の周辺に200海里漁業水域を設定した1970年代には，同国では，「原則として，既存法の下，ロックオールは島であり，そういうものとして（as such）排他的漁業水域を創出する地位にある」[38]という学説が有力であり，その後は我が国においても，「同島が，人間の居住と経済生活の維持の可能性を欠く（英国は1972年に無人の灯台ビーコン設備を設置）にもかかわらず，岩ではなく島とみなされ，それ自体の周辺海域をもてる，という点は，注目に値する」とも評価されていた[39]。

　しかし，第121条3項において，「人間の居住又は独自の経済的生活」を維持できない岩は独自の排他的経済水域も大陸棚も有さないとの要件が採用されたことで，その直後から，学説上も，例えば，ダイク（Jon M. Van Dyke）らにより，「ブリテン諸島北西の荒海から突き出す，不毛で吹きさらしの岩構造物は，そこを取り囲む海洋空間に対する権利を巡る論争の主題である」などと批判され，ロックオール島が同条でいう「岩」に当たるという見方が次第に有力となった[40]。それゆえ，外務・英連邦大臣は，1997年7月31日，ロックオールを取り巻く大西洋周辺における主張を取り下げた経緯につき，次のように述べていた。「〔国連海洋法条約の〕加入前でさえ，ロックオールに基づく200海里の漁業水域というイギリスの主張は，相当に疑わしいものであった。ロックオール自体は，12海里の領海を有してスコットランドの一部に留まり，ロックオール堆（Rockall Bank）やロックオール東部における新たな深海漁業がそうであるように，イギリスの漁業水域の範囲に留まるであろう。我々の漁業水域を引き直すことで，ロックオール東部における我々の大陸棚には，何ら

　　　121条3項は慣習国際法の規則を象徴していない」という暗黙の仮説がある。See Robin Churchill, 'United Kingdom's Decision to Defer Accession to the UN Convention on the Law of the Sea: A Convincing Move?', *International Journal of Marine and Coastal Law*, Vol. 12 (1997), p. 113.
(38)　See Brown, *supra* note 17, p. 301.
(39)　山本『前掲書』（注5）53頁参照。
(40)　See, for example, Barbara Kwiatkowska and Alfred H. A. Soons, 'Entitlement to Maritime Areas of Rocks Which cannot Sustain Human Habitation or Economic Life of Their Own', *Netherlands Yearbook of International Law*, Vol. 21 (1990), p. 161; Kwiatkowska and Soons, 'Some Reflections on the Ever Puzzling. Rocks – Principle under UNCLOS Article 121(3)', *The Global Community: Yearbook of International Law and Jurisprudence* 2011 (I), pp. 111 and 149; R. R. Churchill and A. V. Lowe, *The Law of the Sea* (New Revised ed., Manchester University Press, 1988), p. 42.

の影響は生じない」(41)。

　かような政策転換について、条約の解釈論という点から見て重要なのは、アウデ・エルフェリンク（Alex G. Oude Elferink）が指摘したように、イギリスは、たとえ国連海洋法条約の当事国の国家実行を考慮したとしても、どう見ても、ロックオールが第121条3項の適用範囲に収まるであろうとの結論に至ったことである(42)。フランスなどは、同国の散在諸島のいずれの島にも12海里の領海を設け、かつ、1978年2月3日のデクレ第78-146号に基づき200海里の排他的経済水域を設定するなど、同条3項でいう「岩」に該当すると思われる無人島を「島」として扱っており(43)、また、今日でも「島」に関する国家実行には様々なものがあることに鑑みると(44)、このイギリスの立場は注目に値すると言えよう。

　さらに、イギリス国内においても、ロックオール島が大陸棚を有するという政府の立場については、距岸距離上、同島がスコットランド西岸のアウター・ヘブリティーズから200海里内に位置することから、ロックオール東部の海底区域がイギリスに帰属すると解するとともに、大陸棚に「二本建て」の範囲を設ける国連海洋法条約第76条(45)の適用問題として捉え直し、実際のところ、

---

(41) House of Commons, Column 481, 31 July 1997, reproduced in 'United Kingdom Materials on International Law', *supra* note 11, p. 600, available at <https://publications.parliament.uk/pa/cm199798/cmhansrd/vo970731/text/70731w17.htm> (as of 10 December 2018).

(42) See Alex G. Oude Elferink, 'Is it Either Necessary or Possible to Clarify the Provision on Rocks in Article 121(3) of the Law of the Sea Convention?', in M. A. Pratt and J. A. Brown (eds.), *Borderlands under Stress* (Kluwer Law International, 2000), p. 391.

(43) 加々美康彦「遠隔離島の管理政策——アメリカとフランスの実行を題材に——」『沖ノ鳥島の維持再生に関する調査研究報告書』（海洋政策研究財団　平成18年度事業報告書、2007年）37-38頁参照。ほかに、小規模の研究者・軍人などが居住する島に排他的経済水域を設定した事例として、アベス島（ベネズエラ）、レビジャヒヘド諸島（メキシコ）、ミッドウェー環礁、クレ環礁、フレンチ・フリゲート瀬（北西ハワイ諸島）、クローゼ島、ケルゲレン島、アムステルダム島（フランス南方・南極領土）など、数多く存在するという。中島明里「島の定義に関する国際法上の諸問題」『沖ノ鳥島の維持再生に関する調査研究報告書』（海洋政策研究財団　平成20年度事業報告書、2009年）32頁参照。

(44) 栗林、加々美「前掲論文」（注8）229-267頁；Murphy, *supra* note 4, p. 58 参照。

(45) 山本草二『海洋法』（三省堂、1992年）74-75頁参照。

Ⅵ　領域と海洋法

さしたる実益はない（little or no difference）とも指摘された(46)。また，1988年のイギリスとアイルランドとの間における大陸棚境界画定協定の締結に際し，イギリス政府がロックオールは等距離線の基準として援用されるべきではないと認めていたことや(47)，大陸棚の境界画定に際して小島の効果がしばしば考慮されない点に照らし，ロックオール島に対する第121条3項の適用問題が当該海域における未決の境界画定交渉につき重要な意味を持つことはないであろうとも暗示された(48)。

　最後に，ロックオール島周辺海域における水産資源という争点を検討してみよう。ロックオール島を排他的経済水域の基点としては諦め，第121条3項でいう「岩」として再画定を行うと，イギリスは6万平方マイルとも言われる広大な漁業水域を失うこととなる(49)（以下の【地図】参照）。しかし，この点に関しても，チャーチル（Robin Churchill）は，とりわけイギリスの漁師たちにとっては，ロックオールが必ずしも恵まれた漁場ではなく(50)，たとえ損失があるとしても，それは排他的経済水域に関する諸権利（国連海洋法条約第5部）の行使の機会をイギリスが国家全体として喪失してしまうこととは，均衡し得ないという(51)。つまり，「客観的に見て，ロックオールが排他的経済水域又は大陸棚を創出できないことから生ずる損失は，確かに小さなもの」であって，それは，「今や幅広く批准されている条約〔国連海洋法条約〕の当事国となることで得られる利益」や，「EC加盟国との潜在的な紛争を避けること」よりも

---

(46) See Churchill, *supra* note 37, p. 115.
(47) See Charles Lysaght, 'The Agreement on the Delimitation of the Continental Shelf between Ireland and the United Kingdom', *Irish Studies in International Affairs*, Vol. 3 (1990), p. 97.
(48) See Churchill, *supra* note 37, p. 115.
(49) See Robin Churchill, 'United Kingdom: Accession to the UN Convention on the Law of the Sea', *International Journal of Marine and Coastal Law*, Vol. 13 (1998), p. 272.
(50) 例えば，コダラ（Haddock）その他の商業漁獲を指すものと思われる。See A.W. Newton, K.J. Peach, K.A. Coull, M. Gault and C.L. Needle, 'Rockall and the Scottish Haddock Fishery', *Fisheries Research*, Vol. 94 (2008), pp. 133-140.
(51) See Churchill, *supra* note 49, p. 272. なお，チャーチルは，イギリス政府が国連海洋法条約の加入を延期した背景にスコットランドにおける選挙という国内政治——ロックオール周辺の200海里水域を手放すことで同時に議席も失ってしまう——が影響した可能性を指摘している。See Churchill, *supra* note 37, p. 120.

〔吉田 脩〕　　　　　　　　　　31　いわゆるロックオール島紛争の史的考察

【地図】ロックオール島からの 'Roll-back'

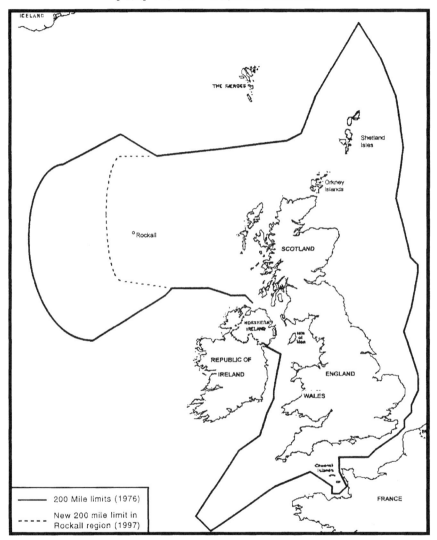

出典：Clive R. Symmons, *Ireland and the Law of the Sea* (2nd ed., Round Hall Sweet & Maxwell Duclin, 2000), p. 153.

VI 領域と海洋法

重要で価値があることとは，思料できないのである[52]。総じて，イギリスは，前廊理論のフィロソフィーに基づく伝統的な島の地位に固執するよりも，次第に国際社会で受容されるであろう国連海洋法条約の総体的なルールの中で自国の利益を新たに切り開くことこそが法政策としては疑いなくベターな選択であり，かつ，アイルランドやデンマークを含む，隣接国との紛争回避にも資するとの結論に至ったと言えよう。

IV　結びに代えて

　上述のとおり，「島」に関する国家の実行には様々なものが存在するにもかかわらず，係るプラクティスを考慮したとしても，実際のところ，ロックオールが国連海洋法条約第121条3項の適用範囲に収まるとの判断に至り，それが「島」として独自の周辺海域を持つのだという，イギリスが20年以上にもわたり堅持してきた立場を改めたことは，非常にまれなケースではあるものの[53]，海洋法史における一つの事例として注目に値する。このことは，かつてアンダーソン（D. H. Anderson）が指摘したように，「海洋の利益（maritime interests）」となり[54]，引いては，海洋法の制度上は，安藤先生がいうところの「国際社会の組織化」[55]にも寄与しうるであろう。

　しかしながら，1997年におけるイギリスの 'Roll-back' という大きな政策転換によって，同国と隣接国との間におけるロックオール紛争そのものが終結したわけではなく，2009年3月31日，イギリスは「大陸棚の限界に関する委員会」（CLCS）に対して「ハットン／ロックオール海域」（Hatton-Rockall Area）

---

(52)　See *ibid.*, p. 121.
(53)　See also Symmons, *supra* note 13, p. 86.
(54)　See Anderson, *supra* note 35, p. 779.
(55)　「I　はじめに」参照。なお，アロットは，国連海洋法条約は，全体として見れば，契約上の取決め（contractual arrangement）というよりも，むしろ，「公法システム（public law system）」を形成するという。Philip Allott, 'Mare Nostrum: A New International Law of the Sea', in Jon M. Van Dyke, Durwood Zaelke and Grant Hewison (eds.), *Freedom for the Seas in the 21st Century: Ocean Governance and Environmental Harmony* (Island Press, 1993), p. 67. なお，奥脇直也「海洋秩序の憲法化と現在国際法の機能——『海を護る』（"Securing the Ocean"）の概念について」栗林，秋山『前掲書』（注36）28-33頁も参照。

の大陸棚限界延長申請を行い[56]，同日，アイルランドも同様の措置を採った[57]。さらに，2010年12月2日には，デンマークが「フェロー／ロックオール海台区域」(Faroe-Rockall Plateau Region) について CLCS に申請を行ったものの[58]，CLCS は，国連海洋法条約附属書Ⅱ第9条及びその手続規則のため，これら「ハットン／ロックオール海域」ないし「フェロー／ロックオール海台区域」に関する申請を検討することができず[59]，現在，イギリス，アイルランド及びデンマーク，またアイスランドも含み，この境界画定紛争についての交渉に取り組んでいる。「自然延長」の概念につき各国それぞれが異なる解釈論を援用する中[60]，今後はこうした関係国間における交渉の進展も注目されよう[61]。

---

(56) See the United Kingdom of Great Britain and Northern Ireland, *Submission to the Commission on the Limits of the Continental Shelf pursuant to Article 76, paragraph 8 of the UN Law of the Sea Convention in respect of the Hatton Rockall Area, Part I: Executive Summary*, available at <http://www.un.org/Depts/los/clcs_new/submissions_files/gbr09/gbr09_exsum.pdf> (as of 10 December 2018).

(57) See Ireland, *Submission to the Commission on the Limits of the Continental Shelf pursuant to Article 76, paragraph 8 of the UN Law of the Sea Convention in respect of the Hatton Rockall Area, Part I: Executive Summary*, available at <http://www.un.org/Depts/los/clcs_new/submissions_files/irl09/irl09_exsum.pdf> (as of 10 December 2018);『大陸棚の延長に伴う課題の調査研究報告書』(海洋政策研究財団，2013年) 57-59頁。

(58) See *Partial Submission of the Government of the Kingdom of Denmark together with the Government of the Faroes to the Commission on the Limits of the Continental Shelf, The Southern Continental Shelf of the Faroes Islands, Executive Summary* (November 2010), available at <http://www.un.org/Depts/los/clcs_new/submissions_files/dnk54_10/SFM-Executive_Summary_secure.pdf> (as of 10 December 2018).

(59) See 'Statement by the Chairperson of the Commission on the Limits of the Continental Shelf on the Progress of Work in the Commission', Commission on the Limits of the Continental Shelf, Twenty-Seventh Session in New York, 7 March-21 April 2011, CLCS/70 (11 May 2011), p. 9; Ronán Long, 'North-East Atlantic and the North Sea', in Donald R. Rothwell, Alex G. Oude Elferink, Karen N. Scott and Tim Stephens (eds.), *The Oxford Handbook of the Law of the Sea* (Oxford University Press, 2015), p. 657.

(60) 「自然の延長」を中心として，科学的要因を含む用語については，科学の分野で見解の多様性が存在するという。兼原敦子「200海里を越える大陸棚の限界設定をめぐる一考察」村瀬信也，江藤淳一編『海洋境界画定の国際法』(東信堂，2008年) 119頁参照。

(61) See Alex G. Oude Elferink, 'Causes, Consequences, and Solutions Relating to the Absence of Final and Binding Outer Limits of the Continental Shelf', in Clive R. Symmons (ed.), *Selected Contemporary Issues in the Law of the Sea* (Martinus Nijhoff,

Ⅵ　領域と海洋法

　〔付記〕本稿は，国際法事例研究会における海洋法の個別的な研究テーマに取り組む中で生まれた問題意識をまとめたものである。日頃より親身のご指導をいただいている同研究会の諸先生方には，心から感謝申し上げたい。

2011), pp. 259 et seq.; Constantinos Yiallourides, 'It takes Four to Tango: Quadrilateral Boundary Negotiations in the North-East Atlantic', *Marine Policy*, Vol. 87 (2018), pp. 78-83.

32「海洋の衡平利用原則」の構想
—— 2015 年チャゴス仲裁と 2018 年チモール海調停を手がかりに

繁 田 泰 宏

Ⅰ はじめに——「海洋の衡平　　　　する「海洋の衡平利用原則」
　利用原則」を構想する意義　　　　　——国際河川法からの類推
Ⅱ チャゴス仲裁　　　　　　　Ⅴ おわりに——今後の展望と
Ⅲ チモール海調停　　　　　　　　課題
Ⅳ 権利利益の衡量を本質と

Ⅰ　はじめに——「海洋の衡平利用原則」を構想する意義

　安藤仁介先生は，カフリッシュ教授らが編集代表を務められた国際河川法の本に，国際河川の汚染問題を扱ったご論文を寄稿されておられる[1]ことからも分かるように，国際河川の水利用の問題に早くから関心を持たれた，わが国では数少ない研究者の一人であった。したがって，本稿が，安藤先生のご関心につながるテーマであることを祈念する次第である。

　英国の元海外領土であったモーリシャスが，英国によるチャゴス群島付近での海洋保護区設置が国連海洋法条約に違反するとして訴えたチャゴス群島事件に関する 2015 年 3 月 18 日の仲裁判決[2]は，禁反言の原則との関係で大いに注目され，2016 年度の日本国際法学会においても，その観点からの報告が既になされている[3]。また，2017 年 6 月 22 日に，国連総会が，モーリシャス独立

---

(1) Nisuke Ando, "The Law of Pollution Prevention in International Rivers and Lakes", in Ralph Zacklin and Lucius Caflisch (eds.), *The Legal Regime of International Rivers and Lakes* (The Hague: Nijhoff, 1981), at 331.
(2) Award, *The Chagos Marine Protected Area Arbitration* (Mauritius/UK, 18 March 2015), https://files.pca-cpa.org/pcadocs/MU-UK%2020150318%20Award.pdf.
(3) 櫻井大三教授（学習院女子大学）による「国際法における禁反言の概念」報告。

の過程でなされたチャゴス群島の英国への分離が，特に植民地人民の自決権の観点から国際法に違反するかという問題に関する勧告的意見を国際司法裁判所（ICJ）に要請する決議を採択したことにより，本件は，自決権との関係で再び注目を集めることとなった[4]。

しかしながら，本件の主たる争点は，英国による海洋保護区設置が国連海洋法条約違反かどうかという点であり，国際環境法的観点からの分析が不可欠と思われるところ，少なくとも我が国の国際法関係者の間では，この観点からの検討が十分になされているようには思われない。また，これは筆者の個人的な関心からであるが，2017年度より3か年間，筆者が研究代表者となり，科研プロジェクトとして，「『水資源』の衡平利用と損害防止法理の再構築：河川・海洋をめぐる法原則の新展開」というテーマの下，共同研究を開始することとなった[5]。河川に関しては，「国際河川の衡平利用原則」が，慣習国際法上確立しており，同原則と損害防止義務との関係についても既に数多くの研究がなされてきている[6]。しかし，海洋については，領海，排他的経済水域（EEZ），公海，大陸棚，深海底といった海洋区分毎に異なるレジームが適用され，全ての海域に適用され得る「海洋の衡平利用原則」といった統一的法概念を議論する余地すらなかったというのが正直なところであろう。本件仲裁判決は，後で見るように，領海とEEZとに等しく適用される「海洋の衡平利用原則」につながる諸要素を示しており，本問題を考える上で格好の手がかりを与えている[7]。

他方，2018年5月9日のチモール海調停については，同年8月19〜24日の

---

(4) 本件仲裁判決では，チャゴス群島に対するモーリシャスの主権問題については判断されなかったため，モーリシャスは本問題を国連総会に提起し，国連総会はICJの勧告的意見を求めた。2019年2月25日の勧告的意見では，チャゴス群島の分離に続くモーリシャスの非植民地化過程は，1968年にその独立が認められた時点では合法的に終了してはおらず，したがって英国はできるだけ早期にチャゴス群島の統治を終了させる義務を負っているとの見解が示された。

(5) 17K03398（基盤研究(c)）。本論文は，本科研の成果物の一部である。

(6) 例えば，鳥谷部壌『国際水路の非航行的利用に関する基本原則——重大損害防止規則と衡平利用規則の関係再考——』（大阪大学出版会，2019年）

(7) 本件の仲裁裁判官（Ivan Shearer [President], Christopher Greenwood, Albert Hoffmann, James Kateka, Rüdiger Wolfrum）は5人とも，国際海洋法裁判所（ITLOS）の裁判官経験者である国際海洋法の権威達であり，本判決は国際法学上，大きな先例的価値を有するものと考えられる。

国際法協会（ILA）シドニー大会において詳しい報告がなされた[8]ものの，わが国においては，まだ国際法関連学会で正面から取り上げられてはいない。本件は，日中間の東シナ海ガス田開発[9]と非常によく似た状況でありながら（後に見るように，東チモールは日本と同様に中間線を，オーストラリアは中国が沖縄海溝までの「自然の延長」を主張するのと同じくチモール海溝までの「自然の延長」を，大陸棚境界画定において主張していた），日中間の交渉が未だ進展を見ていないのとは対照的に，両国間の合意による大陸棚境界画定・合同開発・利益配分へと導くことに成功した。本件は，「共有天然資源の衡平利用原則」の具体的な適用が見られた事例であり，「海洋の衡平利用原則」を構想するにあたっても，多大な示唆を与えるものである。

さて，ここで「海洋の衡平利用原則」を構想する意義について，一言述べておきたい。国連海洋法条約においては，「衡平」の考慮は，種々の海域で見られるし（例えば，大陸棚の「衡平原則」による境界画定や深海底を「人類の共同遺産」とするなど），他国の権利利益を考慮する必要性も，群島水域[10]，EEZ[11]，大陸棚[12]，公海[13]，深海底[14]に関して明示的に言及されている。しかし，海

---

(8) "REFLECTIONS ON *TIMOR-LESTE v AUSTRALIA* CONCILIATION EXPERIENCE
　Chair: Professor Natalie Klein, UNSW Sydney, Australia;
　Speakers: Sir Michael Wood, 20 Essex St Chambers, UK; Gitanjali Bajaj, DLA Piper, Australia; Professor Donald Rothwell, Australian National University, Australia; Amelia Telec, Attorney-General's Department, Australia; Justin Whyatt, Department of Foreign Affairs and Trade, Australia".
(9) この問題については，坂元茂樹「海洋境界画定と領土紛争」同『日本の海洋政策と海洋法』（信山社，2018 年）第 10 章，321 頁，342〜343 頁を見よ。
(10) 51 条 1 項：「群島国は，（中略）群島水域内の一定の水域における自国に隣接する国の伝統的な漁獲の権利及び他の適法な活動を認める。（下線筆者）」
(11) 56 条 2 項：「沿岸国は，排他的経済水域において（中略）他の国の権利及び義務に妥当な考慮を払う。（下線筆者）」その他，62 条 2 項・3 項，69 条 1 項・2 項，70 条 1 項・3 項も見よ。
(12) 78 条 2 項：「沿岸国は，大陸棚に対する権利の行使により，この条約に定める他の国の航行その他の権利及び自由を侵害してはならず，また，これらに対して不当な妨害をもたらしてはならない。（下線筆者）」
(13) 87 条 2 項：「1 に規定する自由は，すべての国により，公海の自由を行使する他の国の利益及び深海底における活動に関するこの条約に基づく権利に妥当な考慮を払って行使されなければならない。（下線筆者）」
(14) 142 条 1 項：「沿岸国の管轄権の及ぶ区域の境界にまたがって存在する深海底の資源

Ⅵ　領域と海洋法

域別アプローチを超えて，海洋を一体のものと見る必要性（例えば，「生態系アプローチ」[15]の観点）も指摘されるようになっている。また，従来は，「海洋の利用」に関しては，主として「資源の利用」に関して「衡平」が論じられる傾向があった（例えば，他国と隣接する大陸棚の石油・天然ガスの開発に関しても主張される「共有天然資源の衡平利用原則」[16]や他国EEZ内の漁業資源への「衡平なアクセス」[17]など）。それに対して，「空間の利用」に関しては，船舶や航空機の航行・飛行が議論の中心であり（例えば，公海の自由通航権，領海の無害通航権，国際海峡の通過通航権など），それ以外は，せいぜい公海や他国の領海・EEZ内での特定の活動の許容性（例えば，公海に影響が及ぶ核実験[18]や他国EEZ内での海洋科学調査[19]など）が問題となる程度であった。しかし最近，自国の

の鉱床に関する深海底における活動については，<u>当該沿岸国の権利及び正当な利益に妥当な考慮を払って行う。</u>（下線筆者）」

(15)　例えば，大久保彩子「生態系アプローチに関する国際規範の発展と日本の国内実施」児矢野マリ（編）『漁業資源管理の法と政策――持続可能な漁業に向けた国際法秩序と日本――』（信山社，2019年）69頁。

(16)　山田中正（外務省参与，国連国際法委員会（ILC）委員［当時］）「地底・海底共有天然資源の管轄――東シナ海海底資源開発問題をにらんで――」（第30回海洋フォーラム，平成17年［2005年］11月10日），https://www.spf.org/_opri_media/projects/information/forum/backnumber/pdf/30_03.pdf. See United Nations Environment Programme (UNEP), *Environmental Law Guidelines and Principles on Shared Natural Resources* (Nairobi: UNEP, 1978), Principle 1: "[I]t is necessary that <u>consistent with the concept of equitable utilization of shared natural resources</u>, States co-operate with a view to controlling, preventing, reducing or eliminating adverse environmental effects which may result from the utilization of such resources.（下線筆者）" https://dirittointernazionaledellambiente.files.wordpress.com/2010/03/1978-unep-principles-shared-resources.pdf. なお，UNEPは，次の5つのものを「共有天然資源」の例として挙げていたが，そこには，他国と隣接する大陸棚の石油・天然ガスは含まれていなかった。①国際水路システム（地表水と地下水の両方を含む），②一地域の大気又は気団（限られた数の諸国の領域上に存在するもの），③閉鎖海又は半閉鎖海及び隣接沿岸水，④移動性の種（数ヵ国の水又は領域を移動するもの），⑤特別の生態系（山脈，森林又は特別自然保全区域のような，2又はそれ以上の国家間の領域にまたがるもの）。*Co-operation in the Field of the Environment Concerning Natural Resources Shared by Two or More States*, UNEP/GC/44 (20 February 1975), at 40-41.

(17)　国連海洋法条約のEEZ関連諸規定（特に56条2項，62条2項・3項，69条1項・2項，70条1項・3項）を見よ。

(18)　ICJ核実験事件（特に1973年仮保全措置命令）を見よ。

(19)　坂元茂樹「排他的経済水域での沿岸国の同意なき海洋の科学的調査と資源探査――政府公船の場合の対応措置」同『日本の海洋政策と海洋法』（前掲注(9)）第4章，101

領海やEEZ内での活動により他国の航行以外の空間利用が妨げられるという事態が多く見られるようになった。その最たる例が，チャゴス事件で見られたような，自国の領海やEEZ内での「海洋保護区」の設置である。さらに，最近では，海洋の利用方法が多様化し，海洋深層水の汲み上げ[20]や海洋でのCO_2回収・貯留（Carbon dioxide Capture and Storage: CCS）[21]といった，海水自体の利用という現象も見られる。その結果，全ての海域における空間・資源の利用を規律する「海洋の衡平利用原則」というものを，「国際河川の衡平利用原則」のアナロジーとして構想する実際的な必要性が生じてきているようにも思われるのである[22]。

頁，和仁健太郎「国連海洋法条約における『軍事調査』の位置──「海洋の科学的調査」との関係──」『阪大法学』66巻3・4号（2016年）613頁。
(20) 「海洋深層水とは，水深200m以下の層にある海水のことです。（中略）深層の海水は，表層の海水のように波が立たないことから，ずっと一定のまま動かないようなイメージがありますが，実は，ゆっくりと世界中の深層を流れているのです。表層から深層に下りてきた海水は，北大西洋のグリーンランド沖から，北米大陸，南米大陸に沿って南下し，南極付近で新たに深層の海水と合流します。ここで，さらに巨大な海流となります。そしてさらにニュージーランドの南方から赤道を超えて北太平洋へとたどり着きます。ここで深層水は上昇し，表層の海流となるのです。こうしてゆっくりと世界の海の深層を循環しているのが，海洋深層水なのです。ここまで流れつくのには，なんと約2000年の年月がかかるといわれています。（中略）海洋深層水の特徴として，次の4点が挙げられます。①無機栄養塩類が豊富に残っている。②表層から沈降してきたミネラルが多種類，豊富に含まれている。③汚染の心配がない，きれいで安全な水である。④水温は四季を通じて低温で安定している。」『海洋深層水研究会HP』https://www.shinsousui.com/shinsousui/about/definitionhtml.html。
(21) 「海洋汚染防止のための国際条約（ロンドン条約）は，廃棄物等の海洋投棄を原則禁止しています。同条約の1996年の取り決め（ロンドン条約96年議定書）の2006年11月の改正で，CO_2が『海洋投棄を検討することができる廃棄物』として追加されました。日本も2007年に海洋汚染防止法を改正して，この条約を批准しました。これによりCO_2は禁止廃棄物の例外となったわけですが，同議定書附属書Ⅰでは『海底下地層への地中貯留に限定』としており，事実上の地中貯留のみが容認されている状態です。海水中にCO_2を送り込む海洋隔離については，生態系への影響など未解明な部分が多く，さらなる影響評価や技術開発が必要とされています。」（国立研究開発法人）国立環境研究所『環境技術解説：CO_2回収・貯留（CCS）』http://tenbou.nies.go.jp/science/description/detail.php?id=27。
(22) ひるがえって見れば，「国際河川の衡平利用原則」も，当初は航行という空間利用を規律する原則として誕生した（1929年常設国際司法裁判所（PCIJ）オーデル川事件判決を見よ）が，今では取水や汚染を伴う水利用などの非航行的利用，すなわち資源利用をも規律する原則へと発展している。したがって，全ての海域における空間・資源の

Ⅵ 領域と海洋法

それでは，以下，公海は当然として自国領海・EEZ内でも他国の権利利益を考慮する義務があると判示したチャゴス仲裁判決について，まずは詳しく見ていくことにする。

Ⅱ チャゴス仲裁

1 事実経過と判決の概要[23]

本件仲裁裁判は，チャゴス群島周辺水域における海洋保護区を2010年4月1日に英国が宣言したことに関係している。インド洋の中央部に位置するチャゴス群島は，数多くのサンゴ礁により構成され，1965年以来，英国により英国インド洋領域として統治されてきた。1965年以前，チャゴス群島は，その当時のモーリシャス植民地の属領として統治されていた。

同群島は，1965年11月8日にモーリシャス植民地から分離されたが，それは，何人かのモーリシャス政治指導者との一連の会合の後になされ，最終的にはモーリシャス閣僚理事会の分離に対する合意へと至ったものであった。モーリシャスの合意と引き換えに，英国はいくつかの約束（1965年9月23日のランカスターハウス約束[24]）を行ったが，それには次のものが含まれていた。すなわち，英国はモーリシャスに補償を提供するであろうこと，漁業権は，実行可能な限りモーリシャスに利用可能であり続けるであろうこと，チャゴス群島は，防衛目的のためにもはや必要なくなった場合にはモーリシャスに返還されるであろうこと，そして，発見されたいかなる石油や鉱物の利益も，モーリシャスのために保全されるであろうこと，である。分離問題に関するモーリシャスの指導者達と英国との会合は，モーリシャス独立決定へと導いた1965年の憲法会議と同時期に行われたが，両当事国は，分離問題が独立と結びついていたか，

利用を規律する「海洋の衡平利用原則」を構想しても，それほど奇異とは思われないであろう。See Judgment (No. 16), *Territorial Jurisdiction of the International Commission of the River Oder, 1929, P. C. I. J., Series A, No. 23*, at 27: "This community of interest in a navigable river becomes the basis of a common legal right, the essential features of which are the perfect equality of all riparian States in the user of the whole course of the river and the exclusion of any preferential privilege of any one riparian State in relation to the others."

(23) See PCA Press Release (19 March 2015), https://pcacases.com/web/sendAttach/1566.
(24) *Chagos* Award, at 25-29, para. 77.

【地図】チャゴス群島の位置

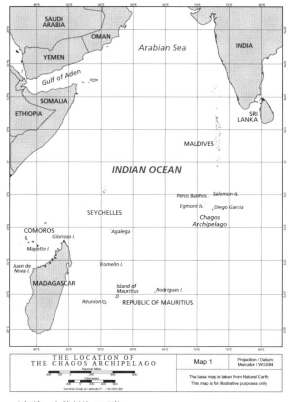

（出所：本件判決15頁）

またモーリシャスの分離への同意が自発的になされたものであったかについて，本件仲裁裁判の過程において意見が一致していなかった。

　モーリシャスは，1968年3月12日に独立した。チャゴス群島の分離に続き，チャゴシアンとの名で知られたチャゴス群島の住民は移転させられ，同群島は，ディエゴ・ガルシア島にある米軍事施設の用地となった。少なくとも1980年以降，モーリシャスは，その分離が不適切なものであり，モーリシャスはチャゴス群島に主権を有していると様々な場で主張してきたが，英国はこれらの主張を退けてきた。さらに，1975年以来，チャゴシアンの人々は，イングランドとウェールズの裁判所や欧州人権裁判所において，チャゴス群島からの移転

Ⅵ　領域と海洋法

に対する補償と戻る権利とを求めて，一連の法的請求を行ってきた。

　2009年初めから，英国は，そこにおいては全ての漁業が禁止されることになるチャゴス群島周辺水域における海洋保護区の宣言を考え始めた。提案された海洋保護区は，2009年9月のモーリシャス英国間の二国間対話の際や，モーリシャスがその提案に対する反対を表明した両政府間での外交的やり取りにおいて，限定的に議論の対象となった。2009年11月から2010年3月にかけて，英国は提案された海洋保護区に関する公開協議を行った。その公開協議の結果を受領した後まもなく，英国は2010年4月1日に海洋保護区を宣言した。2010年12月20日，モーリシャスは本件仲裁裁判を開始した。

　本件におけるモーリシャスの請求は，次の4点を裁判所が認定することを求めるものであった。

(1) 英国は，国連海洋法条約においては「沿岸国」ではないが故に，海洋保護区又は他の海域を宣言する権限を有しない。
(2) 英国がモーリシャスに対して行った約束を前提とするならば，モーリシャスは国連海洋法条約における「沿岸国」としての権利を有するが故に，英国は海洋保護区又は他の海域を一方的に宣言する権限を有しない。
(3) 英国は，モーリシャスがチャゴス群島に関して行ういかなる請求に関しても大陸棚限界委員会が行動することを妨げてはならない。
(4) 当該海洋保護区は，国連海洋法条約（特に2, 55, 56, 63, 64, 194, 300条）及び国連公海漁業実施協定（特に7条）上の英国の実体的・手続的義務と両立しない[25]。

　英国は，本裁判所がモーリシャスの4つの請求のいずれも検討する管轄権を欠くと主張し，また本案に関するモーリシャスの各主張に反対した。

　モーリシャスの第1と第2の請求に関して，裁判所は，それらの請求はチャゴス群島に対する同国の主権を確認することが主たる目的であり，国連海洋法条約の解釈適用に関するものではないとして，管轄権なしと判断した（共に3対2）。また，モーリシャスの第3の請求に関しても，英国が「主権の傘」（その請求が主権問題を害しないという合意）の下で大陸棚限界委員会に対してモーリシャスと共同請求を行うことに同意していたが故に，同委員会においてモー

---

(25)　*Id.*, at 69, para. 158.

リシャスが潜在的権利を失う危険はないと判断し、裁判所の管轄権行使を要求するような紛争は存在しないと判示した（全員一致）。

他方、モーリシャスの第4の請求に関して、裁判所は、国連海洋法条約288条1項及び297条1項(c)に基づき、同条約2条3項、56条2項、194条、300条と海洋保護区との両立性を検討する管轄権ありと判断した（全員一致）[26]。

本案に関して、裁判所は、1965年のランカスターハウス約束が、チャゴス群島分離の取引材料として持ち出されており英国を拘束する意図が示されていたこと、また、モーリシャス独立後に英国が何度も同約束を繰り返してきたことに鑑みて、禁反言の原則から英国は同約束の拘束力を否定することはもはやできなくなったとし、以下の3点を認定した。

(1) チャゴス群島における漁業権を実行可能な限り確保するという英国の約束は、領海に関する限り法的拘束力がある。
(2) 防衛目的のためにもはや必要なくなった場合にはチャゴス群島をモーリシャスへ返還するという英国の約束は、法的拘束力がある。
(3) チャゴス群島内又はその付近で発見されたいかなる鉱物や石油の利益をも保全するという英国の約束は、法的拘束力がある。

そして結論として、裁判所は、英国が、チャゴス群島周辺に海洋保護区を設置する際に、国連海洋法条約2条3項、56条2項及び194条4項の下での同国の義務に違反したと宣言した（全員一致）[27]。

2　判決で示された「衡平な利用」の考慮を要請する義務

判決において、「衡平な利用」の考慮を要請する義務が2つ示された。すな

---

[26] 国連海洋法条約63、64条と公海漁業実施協定については、漁業に関する措置であるので、その排他的漁業水域における適用においては、国連海洋法条約297条3項(a)により裁判所の管轄権から除かれると判示された。Id., at 117, para. 300. また、国連海洋法条約55条に関しては、それはEEZの定義に主として関連するものであり、同56条とランカスターハウス約束に従ってモーリシャスが主張した権利の範囲に加えるものは何もないと判示された。Id., at 118, para. 303.
[27] Id., at 215, para. 547. 国連海洋法条約300条については、海洋保護区設置に関して英国の隠れた動機や不適切な目的は示唆されなかったとし、英国の海洋保護区宣言が国連海洋法条約2条3項、56条2項、194条4項に合致していないと既に結論したので、同300条や権利濫用に関してそれ以上コメントする必要を感じないと裁判所は述べた。Id., at 212, para. 543.

VI 領域と海洋法

わち，領海に関しては，権利を有する国との関係で誠実に行動する義務であり，EEZに関しては，他国の権利に妥当な考慮を払う義務である。

(1) 領海——権利を有する国との関係で誠実に行動する義務

領海における「権利を有する国との関係で誠実に行動する義務」を導いた裁判所の論理は，以下の通りである。

国連海洋法条約2条3項は，「領海に対する主権は，この条約及び国際法の他の規則に従って行使される (is exercised)。」と規定する。英語正文からはそれが沿岸国に義務を課すものかどうかは不明確である[28]が，国連海洋法条約の趣旨及び目的——それは，条約前文に明示的に言及されている，「相互に密接な」関連性を有している海洋の諸問題が「全体として」検討されることの必要性と，「この条約を通じて海洋の法的秩序を確立することの望ましさ」である——や条約の起草過程に鑑みるに，この規定は沿岸国に義務を課すものである[29]。ここで問題なのは，「国際法の他の規則」が何を意味するかという点である[30]。国連国際法委員会 (ILC) のコメンタリーに鑑みるに，「国際法の他の規則」とは国際法の一般規則を指しており，二国間条約や地域的慣習は含まれない[31]。ランカスターハウス約束は，国際法の一般規則の一部を表してはいないが，一般国際法は，英国が，ランカスターハウス約束に関するものを含むモーリシャスとの関係で誠実に行動することを要求している[32]。

(2) EEZ——他国の権利に妥当な考慮を払う義務

他方，EEZにおける「他国の権利に妥当な考慮を払う義務」を導いた裁判所の論理は，以下の通りである。

国連海洋法条約2条3項とは対照的に，同56条2項の英文は，次のように沿岸国に明確に義務を課している。「沿岸国は，排他的経済水域においてこの条約により自国の権利を行使し及び自国の義務を履行するに当たり，他の国の

---

(28) *Id.*, at 196, para. 500.
(29) *Id.*, at 198, para. 504.
(30) *Id.*, at 201, para. 514.
(31) *Id.*, at 201, para. 516.
(32) *Id.*, at 202, para. 517.

権利及び義務に妥当な考慮を払うものとし（shall have due regard），また，この条約と両立するように行動する（shall act）。」[33]

　ここで問題は，「妥当な考慮」が何を意味するかである。「妥当な考慮」の通常の意味は，状況によってまたそれらの権利の性質によって要求されるような考慮をモーリシャスの諸権利に払うことを英国に要求している。この定式化においては，いかなる普遍的行動規則も見出し得ない。国連海洋法条約は，モーリシャスの諸権利のいかなる毀損をも回避するという画一的義務を課してはいない。同様に，同条約は，そのような諸権利に単に留意しつつ，英国が自分の好きなように進めて行くことを画一的に許可してもいない。むしろ，同条約が要求する考慮の範囲は，モーリシャスが持つ諸権利の性質，その重要性，予期される毀損の範囲，英国が企図する活動の性質と重要性，代替的アプローチの利用可能性に依存するであろう。大多数の場合，この評価には，権利保有国との少なくとも何らかの協議を必然的に伴うであろう[34]。

(3)　上記両義務の構成要素：協議と権利利益の衡量

　裁判所によれば，国連海洋法条約2条3項が英国に対し，領海におけるモーリシャスの諸権利に関して誠実に行動することを要求していることと，同56条2項が英国に対し，EEZにおけるモーリシャスの諸権利に妥当な考慮を払うことを要求していることとは，あらゆる意図及び目的の点で同等のものである[35]。

　裁判所は，この両義務が，少なくとも，協議と共にモーリシャスの権利利益と自国の権利利益とを衡量することを英国に要求しているとし，英国による米国の軍事的利益への高度な配慮とも比較して，英国は，モーリシャスに対して協議義務も権利利益衡量義務も果たさなかったと結論づけた[36]。

　ここで注目される点は，裁判所が，この協議義務と権利利益衡量義務とを手続的義務であるとしている点である。裁判所は，国連海洋法条約297条1項(c)に基づく管轄権を肯定する際，次のように述べる。

---

(33)　Id., at 202, para. 518.
(34)　Id., at 202, para. 519.
(35)　Id., at 203, para. 520.
(36)　Id., at 210, paras. 534-535.

VI 領域と海洋法

297条1項(c)における「国際的な規則及び基準」への言及が，実体的な規則及び基準にのみ言及することを意図しており，他国と協議したり他国の権利に妥当な考慮を払ったりする義務を含み得ないという議論に裁判所は説得されない。(中略) そのような手続的規則は，国際環境法の別の場所，例えば，大規模な建設計画の前に環境影響評価を実施するという一般国際法の要件の中に存在していることに裁判所は留意する。(中略) 裁判所の見解では，国連海洋法条約の複数の規定の中に定められた，他国と協議し他国の権利に妥当な考慮を払う義務は，まさにそのような手続的規則であり，その違反の申立ては，297条1項(c)の文言の中に正しく収まるものである[(37)]。

裁判所はこのように，協議義務と権利利益衡量義務とを手続的義務ととらえ，手続的義務の違反のみを認定した結果，英国が設置した海洋保護区自体が国際法違反であり一般的に無効である（又はモーリシャスに対しては対抗力がない）という結論には至らなかった。単に，英国とモーリシャス間での協議のやり直しが求められただけである。本判決後，両国間での協議が行われたが，協議はまとまらず，ICJへの勧告的意見要請という事態に至った。本件仲裁裁判が実際の紛争解決に与える影響の限界が見て取れるところである。

3 判決の意義

実際の紛争解決への貢献という観点はさておき，本判決には，国際環境法の発展という観点から，いくつかの注目すべき特色が存在する。

(1) 海域を超えた統合的アプローチの模索──「海洋の衡平利用原則」の構想へ

本判決の第1の特色は，領海とEEZに共通する「他国の権利に妥当な考慮を払う沿岸国の義務」の存在を認定し，その義務の中核的構成要素として，協議義務と権利利益衡量義務とを措定したことであろう。この「他国の権利に妥当な考慮を払う沿岸国の義務」は，EEZに関しては国連海洋法条約56条2項に明記されているが，領海に関しては明文の条文は存在しない。それにも拘わらず，裁判所は，統一的な海洋法秩序の樹立という国連海洋法条約の前文で言及された同条約の趣旨及び目的に鑑み，領海に関してもこのような義務の存在を導いている。この関連で注目されるのは，裁判所の次の言葉である。

---

(37) *Id.*, at 129, para. 322.

領海（2条3項），国際海峡（34条2項），EEZ（56条2項），大陸棚（78条2項），公海（87条2）のそれぞれが，諸国家が国連海洋法条約上の自国の権利を，他国の権利義務又は同条約自体を超えた国際法の諸規則に，従って又は考慮を払って行使するであろうという趣旨の規定を含んでいることに裁判所は留意する。これらの規定の言葉は調和していないが，国連海洋法条約を超える素材への送致（renvoi）は，上記全ての海域に関して一貫した形で解釈されねばならない(38)。

このような裁判所の考え方を敷衍するならば，協議義務と権利利益衡量義務とを中核とする「海洋の衡平利用原則」とでも呼び得るものが，全ての海域において適用されるという発想も，あながち的外れなものとは言えないように思われる。さらに，裁判所が一般国際法上の手続的義務であるとした環境影響評価義務や，事前通報・情報提供義務といった国際環境法上のその他の手続的義務も，「海洋の衡平利用原則」の中に取り込まれて行くことも，将来的には大いに考えられるであろう。もっとも，このような「海洋の衡平利用原則」が，実体的義務としてどのような機能を果たし得るのかについては，本判決からは読み取ることができないため，後に検討する「国際河川の衡平利用原則」からのアナロジーが有用となると思われる。

(2) 領海における漁業権の存在の確認と一般国際法上の信義誠実義務の適用

本判決の第2の特色として挙げられる点は，チャゴス群島周辺の英国領海内において，ランカスターハウス約束に基づきモーリシャスが漁業権を有すると認定しておきながら，直接そのランカスターハウス約束違反を問題にすることなく，一般国際法上の信義誠実義務を援用し，モーリシャスの漁業権に妥当な考慮を払わなかったとして，英国の信義誠実義務違反を認定したことである。このような判断の背景には，国連海洋法条約2条3項が言及する「国際法の他の規則」には，二国間条約や地域的慣習法は含まれず，一般国際法のみが含まれるとの裁判所の理解が存在する(39)。この点に関し，カテカ判事とヴォルフラム判事は，その共同個別意見の中で，裁判所の見解に次のように強く異を唱えている。

---

(38) *Id.,* at 197, para. 503.
(39) See *id.,* at 201-202, para. 516. これは英国の理解でもある。See *id.,* at 185, para. 467.

Ⅵ　領域と海洋法

　　ILC のコメンタリーを考慮に入れるならば，我々の見解では，「国際法の他の規則」への言及は，沿岸国による二国間的更には一方的な約束から生じる義務，並びに慣習国際法や国際機構の拘束的決定に基づく約束から生じる義務をも包含していることが含意される。それ故，ランカスターハウス約束における英国の約束は，国連海洋法条約 2 条 3 項に直接読み込まれねばならない[40]。

　もし，この両判事の見解の方が正しいとするならば，裁判所が強調する「海洋法秩序の統一性」の観点から，EEZ や公海を含むあらゆる海域において，「国際法の他の規則」は一般国際法だけでなく二国間条約や地域的慣習法も含まれると解釈されることになるはずである。その場合には，単に一般国際法上の手続的義務の違反に留まらず，二国間条約や地域的慣習法上の実体的義務の違反が認定され，海洋保護区自体の国際法上の有効性（又は対抗力）が問題となる余地が出て来るであろう。この点に関する更なるケースの集積が待たれるところである。

(3)　EEZ における漁業権の存在の不確認と国連海洋法条約違反の認定

　上記の領海の場合とは対照的に，EEZ に関しては，そこにおけるモーリシャスの漁業権の存在を確認することなく，国連海洋法条約 56 条 2 項に定める「他国の権利に妥当な考慮を払う義務」の英国による違反を裁判所は認定している。この点，裁判所の専らの関心事項は，領海におけるモーリシャスの漁業権であると裁判所は断言しており[41]，カテカ判事とヴォルフラム判事の共同個別意見にも，このような裁判所の見解に異を唱えている箇所は見られない。

　このような態度の背景には，国連海洋法条約 297 条 3 項(a)により，EEZ 内の漁業問題に関しては裁判所の管轄権が排除されているため，その問題を裁判所は検討しないとしていることが関係していると考えられる[42]。その結果，EEZ 内でモーリシャスが侵害されるおそれのある権利は，「防衛目的のために

---

[40]　Dissenting and Concurring Opinion by Judge James Kateka and Judge Rüdiger Wolfrum, at 24, para. 94.

[41]　*Chagos* Award, at 181, para. 455.

[42]　*Id.*, at 116, para. 297: 'The United Kingdom's undertaking with respect to fishing rights is clearly related to living resources and — insofar as it applies to the exclusive economic zone — falls under the exclusion from jurisdiction set out in Article 297(3)(a).'

834

もはや必要なくなった場合にはチャゴス群島をモーリシャスへ返還してもらう権利」と「チャゴス群島内又はその付近で発見されたいかなる鉱物や石油の利益をも保全してもらう権利」ということになる[43]。一見したところ，前者の権利は海洋保護区設置によって何ら影響を受けないように思われ，また後者の権利はその設置によって一層促進されるように思われるにも拘わらず，裁判所がこれらの権利の侵害の可能性を認めたことは，今後，海洋保護区設置によって生じる種々の権利侵害の可能性を考える上で，極めて示唆に富むものである。

Ⅲ　チモール海調停

本件調停は，東チモールが，国連海洋法条約附属書Ⅴに従い，オーストラリアを一方的に訴えたことにより開始された（強制調停）。当初，オーストラリアは，本件調停委員会の管轄権を否認し先決的抗弁を出したが，その抗弁が調停委員会により斥けられると，一転して本件調停に協力的態度をとるように

---

[43]　See id., at 116, para. 298: 'The United Kingdom's remaining undertakings, however, are evidently broader. In the Tribunal's view, the United Kingdom's undertaking to return the Chagos Archipelago to Mauritius gives Mauritius an interest in significant decisions that bear upon the possible future uses of the Archipelago. Mauritius' interest is not simply in the eventual return of the Chagos Archipelago, but also in the condition in which the Archipelago will be returned. In this respect, <u>the question of whether the Archipelago will or will not be covered by an MPA in the potentially extended period prior to its return significantly affects the nature of what Mauritius will eventually receive and the uses Mauritius will be able to make of it.</u>（下線筆者）The Tribunal does not accept the United Kingdom's argument that the MPA is irrelevant to the return of the Archipelago merely because the applicable regulations could potentially be undone. As the record of diplomatic correspondence in these proceedings amply demonstrates, the creation of the MPA was a significant political decision. If it were to remain and be developed over the course of many years, it could well become impractical or impolitic for Mauritius to adopt a radically different course. In short, the MPA's very existence bears upon the choices that Mauritius will have open to it when the Archipelago is eventually returned. In a like manner, <u>the Tribunal considers that the benefit of the minerals and oil in the surrounding waters, which Mauritius will receive when the Archipelago is returned, may be significantly affected by the MPA, in particular in light of the expansive objective of environmental protection declared by the United Kingdom.</u>（下線筆者）'

Ⅵ　領域と海洋法

【地図】東チモールとオーストラリア間のチモール海係争区域

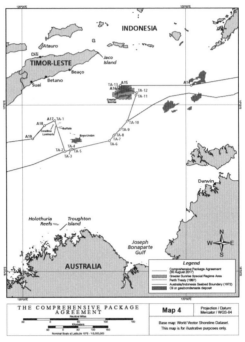

（出所：本件調停報告書79頁）

なった。その結果，2018年の本件調停委員会最終報告書[44]の提出を待たずして，両国間に和解合意が成立することとなったのである。

1　事実経過

1972年10月9日，オーストラリアとインドネシア間で海底条約が締結され，チモール海溝のすぐ南側で大陸棚の境界が画定されることとなった。1975年11月28日に，東チモールがポルトガルからの独立を宣言したが，その翌日にインドネシアが東チモールを併合した。1989年12月11日，オーストラリアとインドネシア間でチモールギャップ協定が締結され，大陸棚境界未確定区域

---

(44)　Report and Recommendations of the Compulsory Conciliation Commission between Timor-Leste and Australia on the Timor Sea, https://pcacases.com/web/sendAttach/2327.

836

における共同開発と，その開発から上がる収益を折半することが取り決められた。1997年3月14日，オーストラリアとインドネシア間でパース条約が締結された。同条約は，EEZ の境界画定を主たる対象とするものであり，両国からの中間線を境界線とするとしていた。同条約は，未批准に終わっているが，両国とも本条約に従った行動をその後とってきたとオーストラリアは主張している。

1999年8月30日，東チモールで国連主導の住民投票が行われ，独立賛成が多数を占めた。しかし，インドネシアはその独立に反対し，千人以上の東チモール人を虐殺するという事態に至った。その後，同年10月25日に採択された安保理決議1272により国連東チモール暫定行政機構（UNTAET）が設立され，2002年5月20日の東チモール独立の日まで統治を行った。2001年7月5日，東チモールとオーストラリア間でチモール海取極が締結され，従来のインドネシアとオーストラリア間での共同開発区域を共同石油開発区域（JPDA）とすること，及び同区域から上がる収益配分を東チモール：オーストラリア＝9：1とすること，が取り決められた。

2002年5月20日，東チモールがインドネシアからの主権回復（独立）を果たし，オーストラリアとの間でチモール海条約（恒久的な海洋境界確定までチモール海取極を実施するもの）を締結した。2003年3月6日，東チモールとオーストラリアとの間でユニット化合意（Sunrise と Troubadour という2つの鉱床をグレーターサンライズという1つの鉱区に統合し，グレーターサンライズからの生産の79.9%をオーストラリアに，残り20.1%を JPDA に帰属させるもの）が締結された。2006年1月12日，東チモールとオーストラリアとの間でチモール海海事取極（CMATS）が締結され，東チモールの JPDA 内の水域への管轄権を認めつつ，グレーターサンライズからの石油生産収入を両国で折半することとなった[45]。

2016年4月11日，東チモールがオーストラリアを相手に国際海洋法条約（附属書V）強制調停を申し立てた。2016年9月19日，調停委員会は，オーストラリアの先決的抗弁を斥け，自らの管轄権を認めた。2017年8月30日，東チモールとオーストラリアとの間で包括的パッケージ合意が成立し，2018年3

---

(45) See *id.*, paras. 20-38. ウイキペディア「東ティモール」も参照した。

Ⅵ 領域と海洋法

月6日，両国間で海洋境界条約が署名され，同年5月9日，調停委員会の報告書が公表された[46]。

2 調停の特色——法的立場の違いを不問とした，両当事国間の具体的な利害の調整

本調停の顕著な特色は，大陸棚の境界に関する両国の法的主張については最低限の判断しかしない一方で，両国（及び主としてオーストラリアで活動している共同事業体）の具体的な利害の調整に最大限の努力を傾注したことであろう。

本件において東チモールは，大陸棚の境界画定に両国間の中間線を用いることを主張していたのに対して，オーストラリアは，同国の大陸棚はチモール海溝まで延びているとし，「自然の延長」原則に依拠すべきことを主張していた。この点，国連海洋法条約の下，東チモールとオーストラリア間のように（また日中間でもそうであるように），400カイリ以内の距離にある向かい合う国同士の大陸棚に関しては，「自然の延長」はもはや意味を持たず，「関連事情」は考慮され得るとしても原則として距離基準（すなわち両国間の中間線）で境界画定が行われるべきとの主張の方が理にかなっているように思われる。しかるに，本件調停委員会は，上記の両国の主張については何らの判断も行っていない。

他方，同委員会は，両国間（及びインドネシアとオーストラリア間）の過去の境界画定条約は，本件の境界画定には影響しないと判断し[47]，東チモールの立場を明確に支持した。同委員会は，本件境界画定作業の前提となる争点については，法的判断を下しているのである。

なお，東チモールは，大陸棚とEEZに共通の単一境界線（すなわち中間線）を主張していた[48]のに対して，オーストラリアは，大陸棚については「自然の延長」に基づきチモール海溝までの線，EEZに関しては中間線，というよ

---

(46) See *id.*, paras. 2-7, 65, 219.

(47) See *id.*, para. 240: "[T]he Commission continued to emphasize five points, as follows: (b) that Timor-Leste's maritime entitlements could not be constrained by the boundaries of the JPDA or the 1972 Seabed Treaty boundary between Australia and Indonesia."

(48) *Id.*, para. 231: "Timor-Leste argued that this would entail the delimitation of a boundary for both the continental shelf and exclusive economic zone that would follow the median line between the coasts of Timor-Leste and Australia."

うに大陸棚と EEZ で別々の境界線を主張していた[49]。この点，同委員会は，両国に受け入れ可能な単一境界線を引くことを提案して[50]，両国間の妥協を促している。

　以上のように，本件調停委員会は，最低限の法的判断は行いつつ，両国間での核心的な争点についてはあえて判断を回避するという態度をとった[51]。実際，当事国とのやり取りにおいても，同委員会は，法的論点に関する議論よりも具体的な利害調整の方を重視する立場を鮮明にしている[52]。その結果，両国が

---

(49) *Id.*, para. 234: "Australia rejected Timor-Leste's account of the law on the delimitation of the continental shelf, and in particular that natural prolongation is no longer relevant to maritime boundary delimitation. Australia argued that the physical continental shelves of Australia to the south and Timor-Leste and Indonesia to the north are entirely separate, and that these significant factual characteristics geologically, geomorphologically and ecologically remained relevant in maritime boundary delimitation. As such considerations would not, however, be relevant to the delimitation of the exclusive economic zone, Australia proposed that there should be separate boundaries for the two regimes, arguing that international law does not require or prefer a single maritime boundary."

(50) See *id.*, para. 239: "In broad terms, the *Non-Paper* invited the Parties to consider a single maritime boundary as set out in an attached sketch map. In the east, the *Non-Paper* set out a seabed boundary that would extend beyond the confines of the JPDA, but would still partially run through Greater Sunrise and would leave the intersection with the 1972 Seabed Treaty for future determination. Although the 30 August Agreement differs in significant respects from the Commission's options and ideas in March, the Commission considers this process to have been wholly beneficial in concentrating the Parties' minds and enabling further discussions to engage with the merits (and demerits) of potential agreed outcomes, rather than adhering to rigid positions."

(51) See *id.*, para. 237: "The Commission informed the Parties that it did not consider that it would be beneficial for the Commission to express a definite opinion on certain issues of the law of maritime boundary delimitation on which the Parties had divergent—and deeply held—views."

(52) See *id.*, para. 119: "In early March 2017, (...) the Commission would endeavour to shift the Parties' focus away from seeking to reinforce their legal positions and towards a search for a potential settlement. The Commission would engage with the Parties to indicate where it found their positions not convincing, but would also provide the Parties with a paper outlining the Commission's own options and ideas."; para. 121: "Also on 9 March 2017, (...) the Commission noted that it intended to continue meeting separately with each Party and identified a number of issues that the Commission considered essential to explore further if the Parties were to find a

Ⅵ　領域と海洋法

受け入れ可能なオプション案の提示，そしてそれを基礎とする以下のような2017年8月30日の両国間合意へと至ったのである。

① 係争区域の南側では，原則として両国からの中間線を大陸棚・EEZ共通の単一境界線としつつ，係争区域の西側では，Buffalo油田を東チモールに，CorallinaとLaminaria油田をオーストラリアに割り当てるような大陸棚境界線を引き，さらに係争区域の東側にあるグレーターサンライズに関しては，東チモールに有利な形で分割する大陸棚境界線を引きつつ全体として共同開発区域とする(53)。

② 採掘した石油・天然ガスをパイプラインでオーストラリアに輸送するか東チモールに輸送するかは未決定としつつ，オーストラリアに輸送することに決定した場合は，収益配分を東チモールに多くする（東チモール：オーストラリア＝8:2）。東チモールへの輸送が決定した場合は，東チモール：オーストラリア＝7:3とする(54)。

---

potential agreement. The Commission also identified a number of issues on which it considered that it fully understood the Parties' respective legal positions and did not, for the time being, wish to explore further."

(53) See *id.*, para. 261: "The southern maritime boundary between the Parties would take the form of a single maritime boundary (except in the southwest, where the rights of Indonesia to the water column may be affected) and would partially follow the median line and partially run to the north of the median line along an agreed course."; para. 262: "The western boundary would be a continental shelf boundary only and would run to the west of the JPDA. This would allocate the Buffalo oil field—where recent reports indicate a new find estimated at 31 million barrels of oil—to Timor-Leste, and the Corallina and Laminaria fields to Australia for their remaining production life."; para. 263: "The eastern boundary would be a continental shelf boundary only and would run to the east of the JPDA and largely to the east of Greater Sunrise before turning back to run through Greater Sunrise and meet the 1972 Seabed Treaty boundary."; para. 264: "The eastern and western seabed boundaries would meet the 1972 Seabed Treaty boundary at points A16 and A17, respectively...." See also *id.*, para. 265, cited below.

(54) See *id.*, para. 265: "Greater Sunrise would be governed through a special regime, within the area of which the Parties would jointly exercise their rights as coastal States pursuant to Article 77 of the Convention. Upstream revenue from Greater Sunrise would be split on an 80:20 basis in favour of Timor-Leste in the event that that field was developed through a Darwin LNG concept, and on a 70:30 basis in favour of Timor-Leste in the event that the field was developed through a Timor LNG concept."

以上に鑑みるに，本件調停委員会は，法的観点に過度に拘泥することなく，実際的な利害調整に努力を注いだ結果，大陸棚の石油・天然ガスという「共有天然資源」の「衡平な利用」を実現することに成功したという評価がなされ得るであろう。

Ⅳ　権利利益の衡量を本質とする「海洋の衡平利用原則」
——国際河川法からの類推

これまでの考察から，権利利益の衡量を本質とする「海洋の衡平利用原則」を全ての海域に適用され得るものとして構想することが，海域別アプローチを採用する国連海洋法条約の下でも可能であり，また，同原則を大陸棚の石油・天然ガス開発に関して成功裏に適用することができたと考えられる事例も存在することが分かった。そこで以下では，国際河川法からの類推によって「海洋の衡平利用原則」の明確化が図れないか，検討してみることにする。

1　手続的側面：協議と，それに至る一連の手続（影響評価，通報，情報提供）

既に見たように，チャゴス仲裁判決では，「他国の権利利益を考慮する義務」は，手続的義務であり，その義務の中核は，権利利益の衡量と誠実な協議であるとされた。この言辞は，ラヌー湖仲裁判決を彷彿とさせる[55]。

---

(55) Affaire du *lac Lanoux* (Spain/France, 16 November 1957), 12 *Reports of International Arbitral Awards* (*RIAA*) 281, at 306-307, para. 11: "C'est pourquoi la pratique internationale recourt de préférence à des solutions moins extrêmes, en se bornant à obliger les Etats à rechercher, par des tractations préalables, les termes d'un accord, sans subordonner à la conclusion de cet accord l'exercice de leurs compétences. On a ainsi parlé, quoique souvent d'une manière impropre, de « l'obligation de négocier un accord ». (...) [M]ais la réalité des obligations ainsi souscrites ne saurait être contestée et peut être sanctionnée, par exemple, en cas de rupture injustifiée des entretiens, de délais anormaux, de mépris des procedures prévues, de refus systématiques de prendre en considération les propositions ou les intérêts adverses, plus généralement en cas d'infraction aux règles de la bonne foi."; at 315, para. 22: "Il faut tenir compte, quelle qu'en soit la nature, de tous les intérêts qui risquent d'être affectés par les travaux entrepris, même s'ils ne correspondent pas à un droit. Seule cette solution correspond … aux tendances qui se manifestent en matière d'aménagements hydro-électriques dans la pratique internationale actuelle.

Ⅵ　領域と海洋法

　現在の国際河川法においては，協議に至る過程で，環境影響評価，通報，情報提供といった一連の手続的義務が整備されてきており[56]，特に環境影響評価義務については，今や一般国際法上の要件と考えられるかもしれないし，環境影響評価を行わないと「相当の注意」を払ったことにはならないとICJパルプ工場事件判決で述べられるに至っている[57]。但し，同判決によれば，環境影響評価の内容は，国際法上明確には定まっておらず，各国が国内法で独自に定めれば良いとされていた[58]。もっとも，その後ICJサンファン川事件判決において，環境影響評価後の通報・協議義務についての言及がなされている[59]。

　(…) Le Tribunal est d'avis que l'Etat d'amont a, d'après les règles de la bonne foi, l'obligation de prendre en considération les différents intérêts en présence, de chercher à leur donner toutes les satisfactions compatibles avec la poursuite de ses propres intérêts et de montrer qu'il a, à ce sujet, un souci réel de concilier les intérêts de l'autre riverain avec les siens propres."

(56) 例えば，1997年国際水路の非航行的利用の法に関する条約（国連水路条約）第3部（計画措置）を見よ。

(57) Judgment, *Pulp Mills on the River Uruguay* (Argentina v. Uruguay, 20 April 2010), 2010 *ICJ Reports* 14, at 83, para. 204; "[T]he obligation to protect and preserve, under Article 41 *(a)* of the Statute, has to be interpreted in accordance with a practice, which in recent years has gained so much acceptance among States that it may now be considered a requirement under general international law to undertake an environmental impact assessment where there is a risk that the proposed industrial activity may have a significant adverse impact in a transboundary context, in particular, on a shared resource. Moreover, due diligence, and the duty of vigilance and prevention which it implies, would not be considered to have been exercised, if a party planning works liable to affect the régime of the river or the quality of its waters did not undertake an environmental impact assessment on the potential effects of such works."

(58) *Id.*, at 83, para. 205: "[I]t is the view of the Court that it is for each State to determine in its domestic legislation or in the authorization process for the project, the specific content of the environmental impact assessment required in each case, having regard to the nature and magnitude of the proposed development and its likely adverse impact on the environment as well as to the need to exercise due diligence in conducting such an assessment."

(59) Judgment, *Certain Activities Carried Out by Nicaragua in the Border Area (Costa Rica v. Nicaragua)* and *Construction of a Road in Costa Rica along the San Juan River (Nicaragua v. Costa Rica)* [16 December 2015], 2015 *ICJ Reports* 665, at 707, para. 104: "If the environmental impact assessment confirms that there is a risk of significant transboundary harm, the State planning to undertake the activity is required, in

このような国際河川法の発展に鑑みれば，「海洋の衡平利用原則」においても，環境影響評価，通報，情報提供，協議といった，一連の手続的義務の整備とその内容の明確化が，他の分野，特に国際河川法の分野を参照しつつ，図られていくことが期待される。もっとも，海洋の場合には，石油・天然ガスの開発が絡むことが多いため，影響評価に関しては，環境への影響だけでなく，社会的経済的影響を評価する必要性も，出てくるかもしれない。

2 実体的側面
(1) 「衡平な利用」に関連する諸要素の抽出

既に見たように，チャゴス仲裁判決は，英国が自国 EEZ 内での他国の権利に「妥当な考慮を払う義務」を有するとし，国連海洋法条約が要求する考慮の範囲は，「モーリシャスが持つ諸権利の性質，その重要性，予期される毀損の範囲，英国が企図する活動の性質と重要性，代替的アプローチの利用可能性に依存するであろう」と述べていた。同判決は，この「妥当な考慮を払う義務」が手続的義務であるとしたが，上記の諸要素自体は，下記で見る「衡平な利用」の外枠や内実の決定に関連するという意味において，「海洋の衡平利用原則」の実体的側面と見ることもできよう。

この観点からは，国連水路条約6条1項[60]に列挙された「衡平かつ合理的な利用に関連する諸要素」が大いに参考になるであろう。同項では，(a)自然的要因，(b)社会的経済的必要性，(c)依存人口，(d)他国への影響，(e)既存の及び潜

---

conformity with its due diligence obligation, to notify and consult in good faith with the potentially affected State, where that is necessary to determine the appropriate measures to prevent or mitigate that risk."

(60) "Utilization of an international watercourse in an equitable and reasonable manner within the meaning of article 5 requires taking into account all relevant factors and circumstances, including: (a) Geographic, hydrographic, hydrological, climatic, ecological and other factors of a natural character; (b) The social and economic needs of the watercourse States concerned; (c) The population dependent on the watercourse in each watercourse State; (d) The effects of the use or uses of the watercourses in one watercourse State on other watercourse States; (e) Existing and potential uses of the watercourse; (f) Conservation, protection, development and economy of use of the water resources of the watercourse and the costs of measures taken to that effect; (g) The availability of alternatives, of comparable value, to a particular planned or existing use."

在的な利用，(f)費用便益性，(g)代替措置の利用可能性，が挙げられている。今後，国際水路法での発展も参考に，「海洋の衡平かつ合理的な利用」に関連する諸要素のさらなる精緻化が期待される。

(2) 「衡平な利用」の外枠の決定

1997年ICJガプチコヴォ事件判決では，国際河川の水の80～90％の占有は「衡平かつ合理的な配分」の範囲を超えるものと判示された[61]。また，キシェンガンガ仲裁裁判（部分判決）では，慣習国際法に照らして，インドにはパキスタンに対してインダス川の水の最小流量を確保する義務があると判示された[62]。これらの判断は，短期間で補充され得る流体資源の「衡平な利用」の外枠を決定するものであり，その観点からは海水それ自体の利用（海洋深層水の汲み上げや海洋でのCO_2回収・貯留（CCS）など）に関する指針としても役立つものと考えられる。

他方，短期間では補充され得ない流体資源（大陸棚の石油や天然ガスなど）については，事物の性質上，より厳格な制限（例えば50％を超える占有の禁止）が適用されるべきと考えられるが，一方的に資源開発を行う国（中国など）を，何らかの制限に――いわんやそのような厳格な制限に――従わせるのは容易ではない。また，米国も，地下の石油・天然ガスの開発規制につながる条約には消

---

[61] Judgment, *Gabčíkovo-Nagymaros Project* (Hungary/Slovakia, 25 September 1997), 1997 *ICJ Reports* 7, at 50, para. 65: "[A] pontoon bridge was built over the Danube on Czechoslovak territory using river barges, large Stones were thrown into the riverbed and reinforced with concrete, while 80 to 90 per cent of the waters of the Danube were directed into the canal designed to supply the Gabčíkovo power plant."; at 56, para. 85: "The Court considers that Czechoslovakia, by unilaterally assuming control of a shared resource, and thereby depriving Hungary of its right to an equitable and reasonable share of the natural resources of the Danube ... failed to respect the proportionality which is required by international law."

[62] Partial Award, *The Indus Waters Kishenganga Arbitration* (Pakistan/India, 18 February 2013), at 168, para. 447: "India's duty to ensure that a minimum flow reaches Pakistan also stems from the Treaty's interpretation in light of customary international law." この点については，以下の文献を参照。鳥谷部壌「インダス川水系キシェンガンガ計画事件判決の国際法上の意義(一)，(二・完)」『阪大法学』64巻6号（2015年）1701頁，65巻1号（2015年）223頁。

極的である[63]。したがって，大陸棚の石油・天然ガスに関して，「衡平な利用」の外枠をはめるような条約や慣習国際法の形成は，近い将来には困難かもしれない。

(3) 「衡平な利用」の内実の決定——非司法的手続による利害調整メカニズムの有用性

「衡平な利用」の内実を決定するのは，国際河川法の分野でも非常に困難であり，実際には両当事国間での協議を通じて（そしてしばしば国際河川委員会などの第三者機関の助力を得て）決定がなされてきた。このような事情は，「海洋の衡平利用原則」についても同様に当てはまる。

既に見たように，チモール海調停が成功した背景には，法的判断を極力回避し，具体的な利害調整に徹したことが影響している。このような手法は，法に基づく決定を本旨とする国際裁判では困難である。国際裁判においても，両当事国の合意があれば「衡平と善」による決定も可能であるが，裁判所の独自判断によって法に基づかない決定がなされることには，当事国は躊躇しがちである。この点，ベーリング海オットセイ仲裁裁判[64]は，「衡平と善」による公海オットセイ保護規則の定立を両当事国が裁判所に求めた稀有な例と考えられる[65]。しかしながら，この事件では，英米両国とも公海でのオットセイ保護

---

(63) 「Q8：地下水については第一読会に送られるという話であったが，今後の見通し，タイミングについて伺えばと思う。すなわち，地下水が終わると自動的に天然ガスの問題に移ることになるのか，今後のILCの予定についてお話いただければと思う。A：手順としては，ILCが明年第一読条約草案を国連総会に提出し，総会は各国にコメントを求めることになる。一，二年でコメントが出揃えばILCは第二読会に入る。各国は石油，天然ガスを意識したコメントを出して来るであろうから，ILCの第二読会では，当然石油，天然ガスへの影響も考慮し越境地下水の条約草案を作ることになる。ILCは2009年または2010年には第2読条約草案を纏めることが出来るのではと考えている。その後，ILCが直ぐ石油，天然ガスの法典化に進むかどうかについては予断出来ない。アメリカは石油・天然ガスに触れるのを嫌がっているが，他方国連総会では多数の国が石油，天然ガスについても法典化すべしとの立場であると思う。」2005年第30回海洋フォーラムにおける山田中正氏の講演での質疑（前掲注(16)）。なお，現在までのところ，地下の石油・天然ガスに関するILCでの法典化の動きはない。

(64) *Behring Sea Fur-Seals* arbitration (US/UK, 15 August 1893), 28 *RIAA* 265.

(65) See Article 7 of the 1892 US-UK Washington Treaty: "If the determination of the foregoing questions as to the exclusive jurisdiction of the United States shall leave the subject in such position that the concurrence of Great Britain is necessary to the

VI 領域と海洋法

の必要性を認めていたという事情が存在していた。一方が資源開発を，他方が環境保護を求めるような事案において，同様な解決が可能とは到底思われない。

この観点からは，「海洋の衡平利用原則」の内実の決定にあたっては，国際河川委員会のような非司法手続による利害調整メカニズムを利用するのがふさわしいように思われる。したがって，米加国際合同委員会などの活動が，大いに参考とされるべきであろう[66]。但し，海洋紛争の場合，海洋境界画定を伴う場合が多いので，最低限の法的判断は必要になりがちである。その意味では，専門的・技術的な専門家だけでは不十分であり，東チモール調停のように権威ある国際法の専門家が関与すべきところである。

V　おわりに——今後の展望と課題

最後に，「海洋の衡平利用原則」に関する今後の展望と課題について触れておきたい。

まず，今後の展望についてであるが，深海底の鉱物資源は「人類の共同遺産」とされており，国際海底機構による開発管理体制がとられている関係で，「海洋の衡平利用原則」が独自に機能する余地はほとんどないように思われる。また，公海については，「公海の合理的利用の権利義務」と同一視されるため，「海洋の衡平利用原則」を論ずる実体的な意義に乏しい。さらに，国家管轄区域外の海洋生物多様性（marine Biodiversity of areas Beyond National Jurisdiction: BBNJ）[67]については，現在それに関する特別条約を作成中であるので，「海洋の衡平利用原則」をその条約とは別個に論ずる必要性に乏しい[68]。

---

　establishment of Regulations for the proper protection and preservation of the fur-seal in, or habitually resorting to, the Behring Sea, the Arbitrators shall then determine what concurrent Regulations, outside the jurisdictional limits of the respective Governments, are necessary, and over what waters such Regulations should extend."

(66)　鳥谷部壌「国際河川委員会における国際水紛争処理制度の意義と課題（一），（二），（三・完）——アメリカ＝カナダIJCの実践を手掛かりに——」『阪大法学』63巻5号（2014年）1525頁，63巻6号（2014年）1825頁，64巻1号（2014年）131頁。）．

(67)　この問題については，差し当たり次の文献を参照．第二次公海ガバナンス研究会『国家管轄圏海域外の海洋生物多様性（BBNJ）についての見解』（平成28年（2016年）3月25日）．https://www.spf.org/_opri_media/news/ObservaionBBNJ_j.pdf．

(68)　See Article 11（[Fair and equitable] sharing of benefits）of the 2019 Draft Text of an Agreement under the United Nations Convention on the Law of the Sea on the Conservation and Sustainable Use of Marine Biological Diversity of Areas beyond

したがって，今後「海洋の衡平利用原則」との関連で論ずべき分野としては，①隣接する大陸棚の石油・天然ガス，②領海・EEZ での海洋保護区設置，③領海・EEZ における海洋での CO_2 回収・貯留（CCS）や海洋深層水の汲み上げといった海水それ自体の利用，が考えられる。その他，④領海・EEZ での洋上風力発電といった海域の占有的使用についても，議論の対象が広がる可能性はあるであろう。

次に今後の課題についてであるが，第1に，「海洋の衡平利用原則」を実施するための手続的義務と第三者による紛争解決メカニズムの整備・拡充が求められる。その際，チモール海調停のような非司法的手続の有用性が認識されねばならない。また，本調停のように，たとえ国連海洋法条約下の強制調停という形態ではあっても，当事者の意向に沿った形での運用は可能である（第三国や国際社会の一般利益を保護する必要性は当然あるが）ことに留意されねばならない。

但し，第三者による紛争解決メカニズムも，当事国に紛争解決の意思がなければ十分に機能しない。チモール海調停の場合には，東チモールには，実際にグレーターサンライズを開発する資金や技術力がなく，その開発は，主としてオーストラリアで活動している共同事業体によって行われる必要があるという，東チモール側の弱みがあったことが，東チモール側の妥協を促した要因として存在していたと推測される。ひるがえって，日中ガス田問題の場合は，中国には一方的に開発を進める資金も技術力もある上，採算的にも開発のメリットがある。他方，日本側からの開発にはコストがかかり過ぎるため，日本企業の開発意欲は極めて低い。このような状況下では，日本側が不利になる条件でないと妥協は難しい。「海洋の衡平利用原則」の実現には，中国側に何らかの政治

National Jurisdiction: "[1. States Parties, including their nationals, that have [accessed] [utilized] marine genetic resources of areas beyond national jurisdiction [shall] [may] share benefits arising therefrom [in a fair and equitable manner] with other States Parties, with consideration for the special requirements of developing States Parties, in particular least developed countries, landlocked developing countries, geographically disadvantaged States, small island developing States, coastal African States and developing middle-income countries [, [in accordance with this Part] [and] [modalities to be determined by the Conference of the Parties]].]", A/CONF.232/2019/6, https://undocs.org/a/conf.232/2019/6.

的・経済的メリットを感じさせるような「ディール」を行う必要があるであろう。

　第2の課題として，「海洋の衡平利用原則」と損害防止義務との関係の明確化という点が挙げられる。国際河川法の分野でしばしば問題となってきたのは，損害の発生を衡平利用原則によって正当化し得るかという点であった。同様の問題は，「海洋の衡平利用原則」に関しても生じ得るであろう。この問題に関して現時点で予断を下すことはできないが，チャゴス仲裁判決は，下記のように別の視点から両者の関係を捉えており，非常に興味深い。

　裁判所はまず，海洋環境保護義務を定める国連海洋法条約194条が，同条5項に鑑み，単に汚染管理措置のみならず，生態系の保護及び保全措置——海洋保護区がまさにそれである——にも関係するものであることを確認する[69]。次に裁判所は，194条1項が，英国に特定の措置や期限を課すものでないことを理由に，同項違反はないとする[70]。他方，裁判所は，英国の194条4項違反を，次のような論理で認定している。

> 英国が「不当な干渉を差し控える」という要件は，56条2項に規定された「妥当な考慮」を払う義務や2条3項に由来する信義誠実義務と機能的に同じものである。これらの規定と同様，194条4項は，干渉の程度，代替措置の利用可能性，係争中の権利や政策の重要性の評価に基づく，競合する権利間での衡量行為を要求している。しかしながら，194条4項は，その権利自体というよりはむしろ，その権利に従って「他国が行う活動」にのみ表面的には適用されるという点で異なっている。同群島の最終的返還や石油と鉱物の利益に対するモーリシャスの権利は，その性質上，予測的なものであり，これらの約束に従って現在行われている活動はない。従って，194条4項は，モーリシャスの漁業権にのみ適用可能である。以下においては，領海に関する漁業権のみが考察の対象となる[71]。

　環境的考慮が，194条4項上，領海におけるモーリシャスの漁業権の侵害を潜在的に正当化し得る可能性は排除されない。しかしながら，そのような正当化は，当該措置の必要性を説明し，より制限的でない代替措置を探求することに，モーリシャスと大々的に取組むことを要求するであろう。この取組は，記録のどこにも明らかにされていない。したがって，そしてまた2条3項と56条2項の適

---

[69]　*Chagos* Award, at 211, para. 538.
[70]　*Id.*, at 211, para. 539.
[71]　*Id.*, at 211, para. 540.

用に際して大部分示された理由により，海洋保護区の宣言は，194条4項及び領海におけるモーリシャスの漁業権と両立していなかったと結論する[72]。

以上のように，裁判所は，海洋環境保護義務を定める194条4項の中に，権利利益衡量義務を読込み，領海でのモーリシャスの漁業権に妥当な考慮を払わなかったとして，権利利益衡量義務の違反と同時に海洋環境保護義務の違反も認定した。権利利益の衡量を本質とする「海洋の衡平利用原則」と，海洋環境保護義務の中核である損害防止義務との関係を考察する上で，非常に重要な視点を提供するものであると考えられる。

---

(72)　*Id.,* at 211-212, para. 541.

VII
武力紛争法と戦後処理

33 AIロボット兵器と国際法規制の方向性

岩 本 誠 吾

I　はじめに　　　　　　　　　　　　　適用論争
II　規制対象の限定化　　　　　　　V　LAWS特有の問題点
III　LAWSの規制交渉過程　　　　VI　人間と機械の相互作用
IV　兵器規制に関する法原則の　　VII　まとめにかえて

I　はじめに──現状と問題の所在

1　近年の戦闘傾向

　科学技術の発展は，戦闘手段である兵器の開発に多大な影響を与えてきた。その結果，戦闘状況は，開発された新兵器の導入により劇的に変容してきた。近年の戦闘傾向として，兵器の遠隔性 (remoteness)[1] と非人間化 (dehumanizaition)[2] が指摘される。前者に関して，敵戦闘員との至近距離での戦闘（白兵戦）は，味方戦闘員の犠牲を前提としなければならない。味方戦闘員の犠牲を低減化するために，戦闘形態は，おのずと，相手戦闘員の攻撃能力の射程範囲外からの攻撃（スタンド・オフ攻撃）や高高度からの空爆を可能とする兵器を開発し使用することになる。そのために，現代戦は，長射程の巡航ミサイルのように，攻撃命令地点と被害発生地点が地理的に遠く離れることになる（遠隔性）。

　後者に関して，レーダー，センサー及びコンピューターは，人間と比較して，敵対行為における一連の動作（標的の探索，標的化，追跡，攻撃）をより正確に

---

(1) Cf. Jens David Ohlin ed., *Research Handbook on Remote Warfare*, 2017, p.1.
(2) Cf. Wolff Heintschel von Heinegg, Robert Frau, Tassilo Singer Editors, *Dehumanization of Warfare: Legal Implications of New Weapon Technologies*, 2018, p. 1.

かつ迅速に実施できる。そのため，新たな兵器システムは，当該装置[3]を備えて，敵対行為の実施過程の中の一定部門を人間よりも装置の判断に依存する。海上のイージス・システムや陸上のペトリオット・システムのようミサイル迎撃システムは，標的の発見・追尾・迎撃など敵対行為の重要な部分において人間の役割（認識，評価，判断）を縮小させている（非人間化）。

近年，これら2つの特徴を有する新たな戦闘手段・方法として，武装ドローン，サイバー・オペレーション及び自律兵器（autonomous weapons）が，注目される。特に，非人間化を促進する自律兵器は，人工知能（artificial intelligence, AI）[4]の発展とともに，日々進化し，火薬・核兵器に続く「戦争における第3の革命（the third revolution in warfare）」[5]と称されるほど，兵器体系において画期的な技術革新をもたらしつつある。現代戦でもすでにその兆候は見られるが，近未来戦争は，自律兵器の劇的な進化により，人間対ロボット[6]又はロボット対ロボットの戦闘，すなわち，AIロボット戦争の様相を帯びると予測される。

というのも，米国は，2014年以降，「第三の相殺戦略（3rd Offset Strategy）」[7]に基づき，中国やロシアの軍事力の著しい向上に対する米国の技術的優位（無人システムなどの最新兵器）を確保し，そして，軍事的優位を維持する戦略を採

---

(3) 加藤朗によれば，兵器は，人類の農業時代の「道具（例えば，刀や銃）」から，工業時代の「機械（例えば，機関銃）」へ，さらに，情報時代の「装置（例えば，精密誘導兵器）」へと変容している。加藤朗『兵器の歴史　ストラテジー選書1』芙蓉書房出版 2008年11-14頁。

(4) 米コンピュータ研究者のレイ・カーツワイルは，AIが人間の知能を超える，いわゆる「シンギュラリティ（singularity，技術的特異点）」を2045年に迎えると予言した。参照，レイ・カーツワイル著NHK出版編『シンギュラリティは近い：人類が生命を超越するとき』NHK出版 2016年。

(5) Future of Life Institute, *Autonomous Weapons: An Open Letter from AI & Robotics Researches*, July 28 2015, https://futureoflife.org/open-letter-autonomous-weapons/

(6) ロボットとは，感知・認識するセンサー，考え判断するプロセッサー，そして行動を起こすエフェクターという3つの主要な構成要素からなる人工装置である。P.W. シンガー『ロボット兵士の戦争』NHK出版 2010年 103頁。感知・認識＋考え・判断＋行動の循環（sense-think-act cycle）とも定義される。平野晋『ロボット法――AIとヒトの共生にむけて』弘文堂 2017年 55頁。

(7) ロバート・マーティネッジ（訳者：松本裕児）「新たな相殺戦略に向けて――米国のグローバルな兵力投射能力を取り戻すために長期的優位事項を活用する――」『海幹校戦略研究』特別号2016年11月（通巻第12号）86-92頁。

用している。中国は，2017年7月に「次世代AI発展計画」を公表し，2030年までにAI理論・技術・応用で世界トップ水準に達し，世界の主要AI革新センターになると宣言している[8]。ロシアのプーチン大統領も，2017年9月1日に「人工知能の分野のリーダーになる者が世界の統治者になる」[9]と語り，AIロボットの開発を推進している。このように，米，中，露の3国間では，すでにAIロボット兵器の開発競争が激化している[10]。

2　ロボット兵器の現状

現時点でのロボット兵器の状況[11]を見てみよう。**表1**のように，第1に，遠隔操作ロボット兵器がある。これは，標的の選択及び攻撃の決定を遠隔操作する人間に依存する，いわゆる攻撃の意思決定過程の「輪の中に人間がいる (Human in the loop)」兵器である。すでに，陸上では，ロシアのウラン9のような無人戦闘車両がシリアで実戦配備され[12]，空域では，米国のプレデターやリーパーのような無人戦闘航空機（Unmanned Combat Aerial Vehicle, UCAV）が，中東地域における航空攻撃の一翼を担っている。

第2に，起動後に活動を停止させる権限を有する人間の監視下で，標的の選択及び攻撃の決定をすることができる半自律兵器（semi-autonomous weapons）がある。これは，人間が攻撃の意思決定過程を停止できるという意味において，当該過程の「輪の上に人間がいる (human on the loop)」兵器である。航空機，ミサイル，ロケット砲などの脅威から領域・車両・艦船の防護用の自動兵器防御システム（automatic weapons defense systems）が，現在，実戦配備されてい

---

(8) 人民網日本語版「中国のAI，2030年にはどこまで発展？」2017年7月21日，http://j.people.com.cn/n3/2017/0721/c95952-9244734.html
(9) "'Whoever leads in AI will rule the world': Putin to Russian children on Knowledge Day", 1 Sep. 2017, https://www.rt.com/news/401731-ai-rule-world-putin/
(10) 産経ニュース「核に代わる『人工知能の軍事利用』，米中ロ3国の開発レースの現状」，2017年9月21日付，https://www.sankei.com/wired/news/170921/wir1709210001-n1.html
(11) ロボット兵器の現状に関して，以下参照，岩本誠吾「致死性自律型ロボット（LARs）の国際法規制をめぐる動向」『産大法学』47巻3・4号2014年1月333-335頁，岩本誠吾「第12章　ロボット兵器と国際法」弥永真生・宍戸常寿編『ロボット・AIと法』有斐閣2018年289-291頁。
(12) スプートニク日本「メディアがロシアのロボット戦車を革命的兵器と呼んだ」2018年5月21日，https://jp.sputniknews.com/russia/201805214900730/

Ⅶ 武力紛争法と戦後処理

表1 【ロボット兵器の区分】

		大 ← 人間の関わり度 → 小又はゼロ		
		human in the loop 遠隔操作兵器	human on the loop 半自律兵器	human out of the loop 完全自律兵器
陸上	移動型	タロン（米） ガーディアム，ボーダープロテクター（イスラエル） ウラン9（露）	［領域防護］C-RAM, Patriot, THAAD, Aegis Ashore（米） Iron Dome（イスラエル） ［車両防護］ トロフィー（イスラエル）	現在，存在せず
	固定型	SGR-1（韓） Sentry Tech（イスラエル）		
海上		プロテクターUSV（イスラエル） シーハンター（米）	［領域防護］Aegis（米） ［艦船防護］CIWS ファランクス（米） ゴールキーパー（蘭）	現在，存在せず
海中		［機雷捜索・海底監視用］ 海翼（中）	PMK-2（露）	現在，存在せず
空域		［無人戦闘機］ プレデター，リーパー（米） 翼竜，彩虹（中） コルサル（露）	［遊弋突入自爆型無人機］ ハーピー（イスラエル）	現在，存在せず

る。これらは，対物破壊用の「防御型」半自律兵器である。対物破壊用の「攻撃型」半自律兵器として，音響信号により標的を認識し艦船等に魚雷を発射するPMK-2上昇カプセル魚雷型機雷（ロシア製）や目標地域の上空を長時間遊弋しつつレーダー発信源（レーダーサイト）を捕捉・追尾し，それに突入・自爆するハーピー（イスラエル製）がある。遠隔操作ロボット及び半自律ロボットは，現存する兵器であり，国際法上，その使用方法が違法であると論争になることがあるが，兵器自体の違法性が議論されたことはない。

　第3に，一旦起動すれば，人間の更なる関与なく，兵器自体が自律的に標的を選択し攻撃できる完全自律兵器（full autonomous weapons）が想定される。これは，攻撃の意思決定過程の「輪の外に人間がいる（human out of the loop）」兵器であり，現存しない。しかし，AIロボット兵器の急激な開発競争

により，完全自律兵器も，近未来，出現すると予測される。そのために，2013年11月の特定通常兵器条約（Convention on Certain Conventional Weapons, CCW）締約国会議[13]は，次年度の議題として「致死性自律兵器システム（Lethal Autonomous Weapons Systems, LAWS）分野における出現しつつある技術」を採択し，2014年以降，CCW枠内で本格的にLAWSの法規制問題が討議されるようになった。

本稿の目的は，CCW内での議論を中心に広く国際社会の動向を踏まえながら，第3のLAWSの法規制過程は，今後，どのような方向に進むのか，そして，その際の留意点として何があるのかを探ることである。

II 規制対象の限定化

本題に入る前に，表2の分類が示すように，CCW内でどのような部類の自律兵器が規制対象とされているのかを改めて確認する必要がある。CCW締約国会議では，2013年の最終報告書に言及されたように，「LAWS分野における出現しつつある技術（emerging technologies in the lethal autonomous weapons systems）」が議論される。第1に，「現存する（existing）」ではなく「出現しつつある（emerging）」という文言が使用されたことから，現存兵器である遠隔操作兵器も半自律兵器も，CCW内の規制対象に含まれない。これは，間接的に，当該ロボット兵器の国際法上の合法性を示唆しているようにも思える。

第2に，「致死性（lethal）」という文言から，規制対象は，戦闘用で対人殺

表2 【自律兵器システムの分類】

自律度		軍用（目的・用途）			
		非戦闘用（輸送・偵察）	戦闘用		
			対物破壊用	対人殺傷用	
				防御・反撃用	攻撃用
	完全自律型	合法	合法か？	合法か？	違法か？
	半自律型	合法	合法	合法か？	合法か？
	遠隔操作型	合法	合法	合法	合法

---

(13) *Final Report*, CCW/MSP/2013/10, 16 December 2013, par. 32.

Ⅶ 武力紛争法と戦後処理

傷用の自律兵器に限定される。換言すれば，軍用ロボット兵器は，非戦闘用（輸送・偵察用）であれば，完全自律型であっても，合法兵器であろう。戦闘用で対物破壊用の自律兵器は，対人殺傷用ではないので，規制対象外となる。もっとも，当該兵器は，後述する国際法上の法原則である区別原則の遵守に関連して疑わしい状況が想定され得る。というのも，それが軍事目標（戦闘員以外の軍艦，軍用機，軍用車両など）を選択し攻撃できる完全自律兵器であれば，その中にいる戦闘員が間接的に殺傷されるとしても，それは国際法上許容され得る。他方，それが区別原則の履行を確保できなければ，兵器自体の違法性の議論が生じるので，CCW 内の LAWS の議論とは別に，検討する必要がある。

第 3 に，「LAWS 分野における技術」という文言から，技術一般が規制対象となっていない。レーダー，センサー，コンピューター又は AI など情報処理に関連する科学技術は，軍民両用（dual-use）技術[14]である。自律性の向上に役立つ当該技術は，それ自体，国際法上の禁止・制限の対象ではない。大量の情報を精確かつ迅速に処理する AI 技術の活用は，民生用として大いに期待されるとともに，一定の軍事作戦においても人間（兵士）の判断や行動を補完するためにも積極的に推奨されるべきものである[15]。それは，ちょうどレーザー技術の事例と同様である。レーザー自体は，民生用（例えば，レーザーメス）に使用され，軍事用でも，国際法上の区別原則の適用を補完するもの（測遠機や目標指示装置）として利用されている。他方，対人の盲目化用に設計されたレーザー兵器は，1995 年の盲目化レーザー兵器議定書（CCW 第 4 議定書）により，不必要な苦痛を与える兵器として禁止された[16]。

それ故，CCW 内の議論は，AI を活用した自律性技術で軍事利用のどの部分を国際法規制の対象とするのかを明確に限定する必要がある。そうしなければ，AI の民生用技術も禁止・制限されることになる。2016 年に日本も，LAWS の規制議論は民生用のロボット工学や自律性技術に焦点を当てるべきでなく，

---

(14) デュアルユース技術とは，軍事技術の民生利用（スピンオフ）や民生技術の軍事利用（スピンオン）の双方向に使うことができる技術をいう。西山淳一「防衛技術とデュアルユース」『学術の動向』2017 年 5 月号（22 巻 5 号）48 頁。
(15) 米国によれば，「戦争法は，兵器システムにおける自律性の使用を禁止していない」。US Department of Defense, *Law of War Manual*, p. 329, par. 6.5.9.
(16) 岩本誠吾「盲目化レーザー兵器議定書に対する国際法的評価」『産大法学』38 巻 2 号 2004 年 9 月 1-3 頁。

LAWS は民生用のロボットに言及することを意味しないと主張した[17]。2017年の CCW の政府専門家会合（Group of Governmental Experts, GGE）では、「インテリジェント自律システム分野での技術の二重性を認識しつつ、GGE のマンデートの文脈でのその努力は、当該技術の民間の研究開発及びその使用での進展又はアクセスを阻害してはならない」と合意された[18]。

以下では、CCW 内での議論を、自律性技術そのものではなく、AI 技術を利用した対人殺傷用（防御用及び攻撃用）の完全自律兵器に限定して、その法規制問題を検討する。

III LAWS の規制交渉過程

1 LAWS 議論の経緯

自律兵器システムの法規制は、表3の年表が示すように、国連・国際機関・国家、非政府団体（NGO）及び AI・ロボット科学の研究者・学術団体・企業という3つの立場から相互に影響を及ぼしながら、幅広く議論されてきた。

当該議論の発端は、2007年に Noel Sharkey が殺傷行為を自ら決定する完全自律ロボットの開発に懸念を表明し、手遅れになる前に自律ロボットに関する国際規制及び倫理規範の創設を要請したことに始まる[19]。2009年に彼を含むロボット工学者たちが設立した NGO、ロボット軍備管理国際委員会（International Committee for Robot Arms Control, ICRAC）は、武装自律無人システムの開発、配備及び使用の禁止を議論するように提唱した[20]。その後、Human rights Watch（HRW）を含む多数の NGO は、各自で完全自律兵器の事前禁止運動を推進するとともに、2013年に結集して NGO 連合体である殺人ロボット阻止キャンペーン（Campaign to Stop Killer Robots, CSKR）を創設し、当該運動を世界的規模で精力的に展開している。

---

(17) 2016年4月の第3回 LAWS 非公式専門家会合での日本の声明（2016年4月7日付）、https://www.unog.ch/80256EE600585943/(httpPages)/37D51189AC4FB6E1C1257F4D004CAFB2?OpenDocument

(18) *Report of the 2017 Group of Governmental Experts on Lethal Autonomous Weapons Systems (LAWS)*, CCW/GGE.1/2017/3, 22 December 2017, par. 16(d).

(19) Noel Sharkey, "Robot wars are a reality," *The Guardian*, 18 Aug 2007, https://www.theguardian.com/commentisfree/2007/aug/18/comment.military

(20) ICRAC, *Mission Statement*, https://www.icrac.net/statements/

Ⅶ　武力紛争法と戦後処理

表3　【自律兵器システムの法規制動向年表】

年月日	国連・国際機関・国家	非政府団体	研究者・学術団体・企業
2007/8/18			Noel Sharkey が完全自律ロボット開発に懸念
2009/9		ロボット軍備管理国際委員会設立	
2010/8/23	国連人権理事会特別報告者 Alston 報告書		
/9			英国工学物理研究会議がロボ原則を公表
2012/11/19		HRW『失われつつある人間性』	
/11/21	米国防省指令3000.09「兵器システムにおける自律性」公布		
2013/4/ 9	国連人権理事会特別報告者 Heyns 報告書		
/4/23		殺人ロボット阻止キャンペーン発足	
/5/30	国連人権理事会で完全自律兵器を初議論		
/10/31	国連総会第1委員会で完全自律兵器を初議論		
/11/14-15	CCW 締約国会議：次年度に LAWS 非公式専門家会合の開催決定		
2014/2/27	欧州議会決議：完全自律兵器の開発・生産・使用の禁止要請		
/3/26-28		ICRC 主催の専門家会合（第1回）	
/5/13-16	LAWS 非公式専門家会合（第1回）		
/11/13-14	CCW 締約国会議		
2015/4/13-17	LAWS 非公式専門家会合（第2回）		
/7/28			国際人工知能学会 IJCAI で公表された公開書簡が自律兵器禁止要請
/11/4-18	アフリカ人権委員会の一般的意見		
/11/12-13	CCW 締約国会議		

年月日	国連・国際機関・国家	非政府団体	研究者・学術団体・企業
2016/2/4	人権理事会報告書		
/3/15-16		ICRC主催の専門家会合（第2回）	
/4/11-15	LAWS非公式専門家会合（第3回）		
/12/13			米国電気電子学会IEEE「倫理的に調和したデザイン第1版」公表
/12/12-16	CCW再検討会議：次年度に政府専門家会合（GGE）の開催決定		
2017/2/3			生命未来研究所FLI「アシロマの原則」公表
/2/16	欧州議会決議「ロボット憲章」採択		
/5/8	米国防省指令3000.09有効期限条項の削除		
/8/20			IJCAIでAI企業創業者116名署名のCCWへの公開書簡
/8/28-29		ICRC主催の専門家会合（第3回）	
/11/13-17	第1回GGE会合		
/11/22-24	CCW締約国会議		
/12/12			IEEE「倫理的に調和したデザイン第2版」公表
2018/4/9-13	第2回GGE（第1会期）		
/7/18			IJCAIでAI研究者や企業による「致死性自律兵器の誓い」公表
/8/27-8/31	第2回GGE（第2会期）		
/9/12	欧州議会決議「自律兵器システム」2018/2752		
/11/21-23	CCW締約国会議		
2019/3/25-29	第3回GGE（第1会期）		
/8/20-21	第3回GGE（第2会期）		
/11/13-15	CCW締約国会議予定		

Ⅶ　武力紛争法と戦後処理

それらの影響もあってか，国連人権理事会の特別報告者である Philip Alston や Christof Heyns が，国連の場で初めて致死性自律ロボットを取り上げ，その問題点を提起した[21]。しかし，自律兵器問題は，議論の場として国連人権理事会や国連総会第3委員会（社会，人道及び文化）よりも，国連総会第1委員会（軍縮及び国際安全保障）や特定通常兵器条約（CCW）の枠組みの方が適切であると次第に考えられるようになった。

前述の通り，2013年のCCW締約国会議が，次年度の議題として LAWS を取り上げたことで，2014年以降，LAWS 規制問題が CCW 枠内で正式に討議されるようになった。2014年から LAWS に関する非公式専門家会合が3回実施され[22]，2017年から非公式専門家会合から格上げされた政府専門家会合（GGE）が，現在まで2回開催された[23]。軍事的必要性と人道的考慮とのバランスを図ろうとする CCW が LAWS 問題を取り扱う適切な枠組みであることは，GGE 内で一般的に合意されている[24]。今後とも，LAWS 問題は，CCW の枠組みの中で GGE を中心として議論が進められる[25]。

2　LAWS 議論の特徴

CCW における LAWS に関する議論の特徴は，次の3点が指摘できる。第1に，特定兵器規制の事前・予防的な議論である。従来の兵器規制過程では，一般的に，ある現存兵器による戦闘員又は文民に対する深刻な人的被害が発生したために，当該兵器が国際法に違反すると疑われ，そして，その法規制問題が「現実的でかつ事後的に」議論されてきた。盲目化レーザー兵器は，実戦で使用されず多数の人的被害を引き起こす前にその使用が法的に禁止されたので，

---

(21)　*Alston Report*, A/65/321, 23 August 2010, *Heyns Report*, A/HRC/23/47, 9 April 2013.
(22)　LAWS 非公式専門家会合 2014年報告書（CCW/MSP/2014/3, 11June 2014），2015年報告書（CCW/MSP/2015/3, 2 June 2015），2016年報告書（CCW/CONF.V/2, 10 June 2016）
(23)　LAWS 政府専門家 2017年報告書（CCW/GGE.1/2017/3, 22 December 2017），2018年報告書（CCW/GGE.2/2018/3, 31 August 2018).2018年の第2回 GGE は，4月分と8月分の2週にわたって開催された。
(24)　CCW/GGE.2/2018/3, par.26 (j) and par.35.
(25)　CCW 締約国会議も GGE も，意思決定の手続き規則としてコンセンサス方式を採用する。Ibid., par. 37.

これに該当しないと言えるかもしれない。しかし，レーザー兵器は盲目化レーザー兵器禁止議定書の成立以前から現存し，被害事例も発生していた[26]ので，実戦使用での具体的な被害発生状況も予測可能であった[27]。他方，近未来兵器のLAWSは現存せず，当然，人的被害もなく，AIの発展予測が極めて困難であることから，その被害予測も不可能である。従って，その規制問題は，「想像的でかつ予防的に」議論せざるを得ない[28]。そのためか，CCW内での発言者間でまだ見ぬLAWSに関する共通認識を形成することが難しく，LAWSの暫定的な作業用定義ですら，CCW締約国間でもGGE会合内[29]でも，一般的な合意に至っていない。LAWSの共通認識の欠如は議論を妨げないとの意見もあるが，それが議論の進展に大きな障害となっていることは確かである[30]。

　第2に，国際人道法の適用の再確認である。従来の兵器規制の議論では，当然のこととして，国際人道法の適用が前提とされていた。しかし，起動後の完全自律兵器は，武力攻撃の意思決定過程において人間の意思が介在しないので，人間の意思が攻撃動作に直接反映される現行兵器と本質的に異なると考えられる。現行の国際人道法は，生身の兵士が，個人の判断で国際人道法を遵守しつつ戦闘行為を実施する。当該法に違反した場合には，国家の国際責任とは別に，個人責任を負うという国際法構造になっている。しかし，ロボット兵器は，国際人道法に違反した場合，だれが責任を負うのか，国際責任の所在が不明確であり，国際人道法を侵食することになる[31]。LAWS議論の当初には，そもそも，人間の判断や行動を基にした国際法が，機械が自ら判断するという自律兵器に適用可能かという疑問があった。2018年のGGE報告書は，その疑念を払

---

(26) 岩本誠吾「レーザー兵器の国際法的評価」『新防衛論集』21巻2号1993年82-85頁。
(27) 「前掲論文」90頁。
(28) 1976年の環境改変技術敵対的使用禁止条約は，未来兵器の環境破壊兵器を予防的に禁止したと言われる。しかし，本条約は，特定兵器を指定してその禁止を規定したのではなく，攻撃による軍事効果や被害を基準に「広範な，長期的な又は深刻な効果」をもたらす環境改変技術を禁止したのである。
(29) CCW/GGE.2/2018/3, par.27.
(30) フランス及びドイツは，現在LAWSの技術が存在していないので，包括的規制の可能性の議論は時期尚早であると主張する。CCW/GGE.1/2017/WP.4, 7 November 2017, par. 6.
(31) HRW, *Losing Humanity: The Case against Killer Robots,* 2012, p. 4.

Ⅶ 武力紛争法と戦後処理

拭するために,「国際人道法が致死性自律兵器システムの潜在的開発及び使用を含む,全ての兵器システムに完全に継続して適用される」(32)ことを改めて確認している。

　第3に,法規制の議論における新たな発言者(研究者や企業)の登場である。CCW 内での通常兵器規制の議論は,従来,国家,国際機関及び兵器規制運動の NGO が中心となって行われてきた。今回の LAWS 問題では,高度な科学技術が新兵器の製造に関連している。その技術を生み出す AI・ロボット研究者・技術者及び当該人物の所属団体である学術研究団体や AI 企業は,改めて科学技術の軍事利用問題を考慮せざるを得ない。その結果として,AI 科学者・技術者・企業は,「科学技術と戦争」に関する職業倫理的な信念を発信し,それが国家及び NGO の法的議論に少なからず影響を及ぼすことになる。

　例えば,2010 年に英国工学物理研究会議(EPSRC)は,ロボット原則として「1. ロボットは,専ら又は主として人を殺傷するために設計されてはならない」(33)と規定する。2015 年に国際人工知能学会(IJCAI)の学会初日に公表された「自律兵器:AI・ロボット研究者からの公開書簡」は,「軍用 AI の軍備競争を開始することは間違った考えであり,有意義な人間による制御 (meaningful human control) を超える攻撃的自律兵器の禁止によって防止すべきである」(34)と主張する。2016 年に米国電気電子学会(IEEE)は,「技術組織が,兵器システムの有意義な人間による制御が社会により有益であることを受け入れる」(35)ように勧告する。2017 年に AI 研究者だけでなく,広く,経済・

---

(32)　CCW/GGE.1/2018/3, 23 October 2018, par.26(a).

(33)　ロボット諸原則の5つの倫理規則の一つとして規定された。その後に「但し,国家の安全保障の利益の場合は除く」とも規定される。EPSRC, *Principles of robotics*, https://epsrc.ukri.org/research/ourportfolio/themes/engineering/activities/principlesofrobotics/

(34)　注5. 2018 年 10 月 1 日現在,約 4 千人の AI・ロボット研究者が署名している。2018 年には,AI・ロボット研究者たちは「致死性自律兵器の開発,製造,貿易又は使用に参加も支援もしない」と誓う書簡を発表し,研究者や企業等にこの書簡の署名に参加するよう呼び掛けている。Future of Life, *Lethal Autonomous Weapons Pledge*, https://futureoflife.org/lethal-autonomous-weapons-pledge/?cn-reloaded=1　2018 年 10 月 1 日現在,240 以上の企業及び 3 千人以上の個人の署名が集まっている。

(35)　IEEE, *Ethically Aligned Design: Version 1-For Public Discussion*, 13 December 2016, p. 68. *Ibid.*, *Version 2-For Public Discussion*, 12 December 2017, p. 113.

法学・倫理・哲学の専門家たちが公表した「アシロマAI諸原則」[36]は,「18. 致死性自律兵器における軍拡競争は回避されるべきである」と述べる。AI関連の研究者, 技術者, 学術団体及び企業による職業倫理規範としての要請は, 国家やNGOとは異なる第三の技術専門家としての立場からの意見表明として注目される[37]。

Ⅳ 兵器規制に関する法原則の適用論争

前述の如く, 国際人道法は, LAWSを含む全ての兵器システムに適用される。では, 国際人道法がLAWSに適用された場合, LAWSは具体的にどのように法解釈されるのか。兵器規制に関する国際人道法は, 兵器自体に関する兵器法 (weapons Law) と兵器使用に関する標的化法 (targeting Law) に区分される[38]。

兵器自体の合法性・違法性に関する兵器法には, 戦闘員保護のための不必要な苦痛を与える兵器の禁止原則 (1977年のジュネーヴ諸条約第1追加議定書35条2項), 文民保護のための無差別的性質を有する兵器の禁止原則 (同51条4項) 及び普遍的利益のための環境破壊兵器の禁止原則 (同35条3項) がある。弾薬の発射台 (プラットフォーム) であるLAWSは, 使用する弾薬にもよるが, 通常の弾薬を使用する限り, 不必要な苦痛を与える兵器や環境破壊兵器に該当しない。それ故, LAWSは, 不必要な苦痛兵器禁止原則や環境破壊兵器禁止原則に関連しない[39]。LAWSは, 自律的に標的を選択し攻撃することから, 標的の選択の精度が問題になるけれども, 当初から無差別兵器であるとは言えない。但し, 標的の選択能力が極端に低ければ, 兵器自体が無差別兵器に該当し, 国際法上, 違法兵器と評価される。

LAWSに関する国際人道法上の論点になるのは, むしろ, LAWSが兵器の

---

(36) Future of Life Institute, *Asilomar AI Principles*, https://futureoflife.org/ai-principles/

(37) 日本においても, 2017年の人工知能学会が, 人工知能学会会員は「他者に危害を加えるような意図をもって人工知能を使用しない」との倫理指針を規定した。人工知能学会倫理委員会,「『人工知能学会倫理指針』について」2017年2月28日, http://ai-elsi.org/archives/471

(38) William H. Boothby, *Weapons and the Law of Armed Conflict 2nd Edition*, 2016, p. 3. 2017年のGGEでのスイス作業文書CCW/GGE.1/2017/WP.9, 10 November 2017, par. 7.

(39) Boothby, *supra*. p. 253.

Ⅶ　武力紛争法と戦後処理

使用方法の合法性・違法性に関する標的化法の「区別原則（同 48 条）」,「比例原則（同 51 条 5 項(b)）」及び「予防原則（同 57 条 2 項）」を履行することができるか否かである。区別原則とは, 戦闘員と文民（同 48 条）, 戦闘員の中でも戦闘可能な戦闘員と傷病兵・投降兵（同 41 条）, 文民の中でも敵対行為に直接参加する文民と一般の文民（同 51 条 3 項）を区別し[40], それぞれ区別した前者のみ攻撃可能であり, 後者への攻撃は禁止されるというものである。比例原則とは, 常時変動する戦闘状況の中で攻撃前に予期される具体的かつ直接的な軍事的利益と付随的文民被害との比較において, 文民被害が過度になると予測される場合, 攻撃を控えるというものである。換言すれば, 比例原則は, 攻撃後の戦闘員被害者数と文民被害者数の結果に基づき攻撃の違法性を判断する（結果責任）のではなく, 軍事的利益と付随的損害の事前予測に基づき攻撃の違法性を判断する（過失責任）。比例性を評価する一般的に受け入れられた基準は, 合理的軍指揮官（reasonable military commander）が特定の攻撃を発射したか否かである[41]という。予防原則とは, 軍事目標の確認, 文民に対する付随的損害を最小限にするための予防措置の実施及び同一レベルの軍事的利益を得る複数の軍事目標から文民被害を最小限にする軍事目標の選択を実施することである。

　従来の兵器使用の場合, 人間の兵士が, 攻撃対象の敵戦闘員を識別し, 区別原則に基づき敵戦闘員であると判断した上で, 比例原則及び予防原則に従って敵戦闘員を攻撃する。LAWS の場合, 兵器自身が人間の実行していた識別と判断の部分を自律的に行うことになる。LAWS は, 人間の識別・判断の部分（標的化法の対象）と兵器自体の部分（兵器法の対象）を兼ね備えていることから, 標的化法の諸原則に基づいて兵器自体の合法性・違法性の判断がなされる。

　では, LAWS は, 人間の兵士と同等レベルの標的の識別能力や, 合理的な軍指揮官と同等レベルの軍事的利益と付随的文民被害との比較における評価能力をプログラムすることが可能か否か, LAWS 禁止規制の積極派と消極派と

---

(40)　Ibid, p. 255.
(41)　HRW, *Making the Case: The Dangers of killer robots and the Need for a Preemptive Ban*, December 9 2016, p. 6. 赤十字国際委員会（ICRC）の注釈によれば, 比例性の審査は主観的であって,「軍指揮官によって常識及び誠実の問題」であるという。ICRC, *Commentary on the Additional Protocols of 8 June 1977 to the Geneva Conventions of 12 August 1949*, 1987, par. 2208.

の間で激しい論争となっている(42)。特に，AIが発展しても，ロボット兵器は人間の判断能力を保有することは不可能であるとの意見に対して，人間と比較して自律性の低いLAWSでも，あまり複雑でない領域（海洋，砂漠）(43)や休戦地帯や国境地帯などへのLAWS投入は，区別原則による作業を平易にするとの反論もある。さらに，判断能力に関して，LAWSは，人間の感情（生存本能，恐怖心，狼狽，遺恨，偏見，復讐心，怒り）がない分，より冷静に適確に判断するという肯定的意見と，人間の別の感情（同情，憐憫，感情移入）がない分，殺傷行為に抑制が効かないという否定的意見が対立する(44)。このように，国際人道法がLAWSに適用されるけれども，現在，その法的評価は，合意に至っていない。

V LAWS特有の問題点

LAWSの定義問題や国際人道法の適用解釈のように，先鋭的な意見対立の見られる事項がある一方で，一般的な合意が成立している事項もある。その一つとして，機械に人間の生死の決定を委ねることは受け入れ不可能であること(45)が指摘される。それは，同時に，兵器システム及び武力行使に対する何らかの人間による制御（human control）が保持されなければならないことを意味する(46)。LAWSに対する新たな法規制に抵抗する英国(47)も，「兵器の運用は，兵器使用に関する人間による監視，許可及び説明責任の絶対的保証として常に

---

(42) HRW, *Making the Case*, pp. 4-8.

(43) *Report of the 2016 Informal Meeting of Experts on Lethal Autonomous Weapons Systems (LAWS)*, CCW/CONF.V/2,10 June 2016, par. 62.

(44) HRW, *Losing Humanity: The Case against Killer Robots*, November 19 2012, pp.4 and 37-39.

(45) CCW/CONF. V/2, par. 56. 機械は死ぬことができないので，人の生死を決定すべきではないという。

(46) ICRC, *Expert Meeting: Autonomous Weapon Systems Implications of Increasing Autonomy in the Critical functions of Weapons 15-16 March 2016*（以下，*2016 Report*と略す），p. 7. 他方，人間による制御の修飾語として合意された表現はなく，meaningful（有意義な），appropriate（適切な）又はeffective（効果的な）その他の文言が対立し，制御の方式及び程度も不明確のままである。

(47) 英国NGO共同書簡に対する英国回答書（2017年1月6日付），Article 36, "UK government: Defining 'human control' essential at killer robots talks in 2017," January 12, 2017, http://www.article36.org/autonomous-weapons/uk-govt-response-2017/

867

Ⅶ　武力紛争法と戦後処理

人間による制御の下に置く」という政策を採用している。換言すれば，これは，LAWS の武力行使の意思決定過程において人間による制御・人間の意思の介在を最低限度どの程度まで必要とするのか，半面，LAWS の自律性を最高限度どの程度まで認めるのか，という問題でもある。GGE を含む CCW 内の 2018 年以降の議論では，それが LAWS の武力行使における「人間と機械の相互作用（human-machine interaction）」をどう評価するか[48]という論点となっている。以下では，人間と機械の相互作用について，(1)倫理的観点，(2)技術的・軍事的観点，及び(3)国際法的観点から考察する。

1　倫理的観点

人は機械に人の生死の決定権を委ねてはならないという倫理的命題は，CCW 内での LAWS 議論の当初から，数多く主張されていた[49]。この主張を推し進めていけば，LAWS は，たとえ国際人道法に従って使用可能であるとしても，人道性原則や公共の良心（マルテンス条項）からの倫理問題が残る[50]という。すなわち，合法的な標的へ殺傷行為は，国際法上合法であるが，他方で，標的の殺害方法が問題であり，機械だけの判断による殺傷行為は，倫理上許されないというのである。

確かに，2013 年に実施された米国人への世論調査[51]によれば，戦時での完全自律ロボット兵器を使用する傾向について全体的には賛成 26％・反対 55％であったが，現役軍人は賛成 20％・反対 73％（強く反対 65％）であった。当該兵器の使用に反対する軍人の比率の高さは，機械対人間の戦いが正義にもとる（卑怯）という感情や機械による殺傷への軍人の嫌悪感が示しているのかもしれない。2015 年に 14 か国語で実施された 54 か国からの世論調査[52]においても，LAWS は攻撃目的に使用されるべきでない 85％，戦時は LAWS よりも

---

(48)　CCW/GGE.1/2017/3, par. 16 (g).

(49)　*Report of the 2014 informal Meeting of Experts on Lethal Autonomous weapons Systems (LAWS)*, CCW/MSP/2014/3, 11 June 2014, pars. 23-24.

(50)　ICRC, *Expert Meeting: Autonomous Weapon Systems Technical, Military, Legal and Humanitarian Aspects, 26-28 March 2014*, pp. 23-24.

(51)　Charli Carpenter, *US Public Opinion on Autonomous Weapons*, 2013.

(52)　Open Roboethics Initiative, *The Ethics and Governance of Lethal Autonomous Weapons Systems: An International Public Opinion Poll*, November 9th 2015.

遠隔操作兵器システム（Remotely Operated Weapons Systems, ROWS）を使用すべき71％，LAWSよりもROWSに攻撃される方がまし60％と，LAWSに対する感覚的な拒否反応が見られる。これらの世論調査に現れた倫理感覚は，国際人道法の欠缺や不明確な場合に戦闘行動に対する制約要因となる「人道の法則及び公共良心の要求（マルテンス条項）」[53]を反映し得るものと言える。

　この倫理問題は人間の尊厳（human dignity）に関わると，ICRCは主張する[54]。そして，人間の尊厳に関連する中核的議論は，人が殺傷されるか否か（if）ではなく，どのように（how）殺傷されるかであり，合法的な標的であっても標的とされた者（標的の戦闘員や付随的損害の危険に遭う文民）の尊厳が害されるか否かである。従来の兵器規制の議論は，兵器の効果（effects）に焦点を当てたものであるが，自律兵器の議論は，過程及び結果（process and results）に焦点を当てた倫理的関心事項が追加されているという。このような倫理的観点から，LAWSへの人間による制御の必要性が根拠付けられる。

2　技術的・軍事的観点

　AI搭載のLAWSは，配備前の訓練によるオフライン学習や配備後の経験によるオンライン学習という機械学習（machine-learning）をして，自ら標的を選択し攻撃する。この機械学習による意思決定は，入力するデータの内容及び量的制限によるバイアス問題が潜在し，そのために，開発者が意図しない方法での機械学習が行われる危険性が常に伴う[55]。LAWSは，それを配備し起動させる者が予測できないリスクを本質的に内包している。さらに，LAWSが国際法を遵守する予測可能性・信頼性は，表4に示されたように，当該兵器の特徴・性能及び使用環境によっても影響を受ける[56]。ロボット兵器の標的は

---

(53) 1899年の陸戦法規慣例条約前文第4項，1977年のジュネーヴ諸条約第1追加議定書1項2項及び同第2議定書前文に規定されている。但し，人道性原則や公共良心の要求から国際法上の義務を直接引き出す独自の法源としての機能は認められないという。江藤淳一「第2節　マルテンス条項——百年の軌跡」村瀬信也・真山全編『武力紛争の国際法』東信堂2004年78頁。

(54) ICRC, *Ethics and autonomous weapon systems: An ethical basis for human control?*, CCW/GGE.1/2018/WP. 5, 29 March 2018, pp. 2 and 10-11.

(55) Ibid., pp. 15-16.

(56) Ibid., pars. 57-64.

表4 【ロボット兵器の予測可能性・信頼性】

標的	任務	運用	領域	環境	可動性	範囲	稼働時間	予測可能性・信頼性
人	攻撃	複数	陸	複雑	可動式	広範	長時間	⇒低い
物	防御	単独	海空	単純	固定式	狭隘	短時間	⇒高い

　人か物か，人を標的とする場合に攻撃的か防御的（反撃に限定）か，複数（群れ[57]）で行動するか単体で行動するか，戦闘領域は陸地か海・空域か，陸上戦闘の場合に兵器の投入環境が文民も混在する市街地域のように複雑か文民が除外された戦闘地帯のように単純か，兵器自体が可動式か固定式か，可動式の場合に可動範囲が広範か狭隘か，兵器の稼働時間が長時間か短時間か。それぞれの選択肢の中での前者のロボット兵器は，兵器投入した軍指揮官にとってその行動の予測可能性が低くなり，LAWSによる国際法遵守の信頼性も，より一層，揺らぐことになる。

　軍指揮官は，兵士の行動や使用兵器の効果を十分予測し把握した上で，戦略的及び戦術的に軍事作戦を計画し，その指揮統制の下で遂行する[58]。兵士や兵器が予期せぬ行動や結果を惹起し，意図せざる友軍誤射（friendly fire）や紛争の開始・展開・拡大，さらに国際法違反を招くことは，軍指揮官にとって最も回避すべき事態である。完全自律兵器は，予測不可能な行動により戦略的・戦術的な不利益や国際法違反を招きかねないリスクを内包するので，軍指揮官にとって「使いにくい兵器」であるとも言える。LAWSを人間による制御下に置くことは，使いにくい兵器を使いやすい兵器に変換することになる。このような技術的・軍事的観点から，LAWSへの人間による制御の必要性が根拠付けられる。

---

(57)　ICRC, *2016 Report*, p.15 and CCW/CONF.V/2, par. 68. 2018年2月に開催された平昌五輪の開会式・閉会式では，多数のドローンが自律的に飛行間隔を維持しながら群れ制御飛行を実演した。これは，武装ドローンによる同時多数攻撃，いわゆる群れ攻撃（swarming attack）の可能性を例証するものである。

(58)　軍指揮官による兵器システムの制御は，軍隊にとって中核的権限であるという。Ibid., par.40.

3 国際法的観点

　LAWSの意思決定過程に人間による制御が介在すれば,「Ⅳ　兵器規制に関する法原則の適用論争」で述べた論点は解消される。換言すれば，LAWSは，人の意思の介在により，区別原則，比例原則及び予防原則の遵守を確保することができる。さらに，LAWSによる国際法違反の場合，その国際責任の帰属も，LAWSの意思決定に介在する人間の存在により，容易に確認できる。

　国際人道法の違反行為が発生した場合，違反行為の実行犯である戦闘員個人の刑事責任及び当該戦闘員を監督する指揮官の刑事責任（上官責任）が問われる。このように，個別の戦闘員及び指揮官の刑事責任を追及することで，他の戦闘員による戦争犯罪を抑止し指揮官による戦争犯罪の防止を促すという国際人道法の履行確保の仕組みが形成される。LAWSに関する当初の議論において，自律兵器による国際法違反の責任を負う者は軍指揮官か，プログラマーか，兵器製造者か，ロボット自身か，不明確であるとの主張があった[59]。そして，戦争犯罪の実行犯であるLAWSは，処罰（＝解体）しても，他のLAWSへの抑止効果が期待できないなど，LAWSの国際責任をLAWS自身に負わせることへの法的な躊躇が見られた。

　現在，武力紛争における兵器システム開発に関する国際責任は国家にあり，LAWSの違法行為についての法的責任は国家が負うと，一般的に合意されている[60]。さらに，指揮系統にいる人間[61]は，常に法的責任を負うという。これは，指揮系統の各段階にいる者の意思が介在しているからこそ，各段階での法的責任が発生するのである。このような国際法的観点から，LAWSへの人間による制御の必要性が根拠付けられる。

---

[59]　HRW, *Losing Humanity*, pp. 42-45.
[60]　CCW/GGE.1/2017/CRP.1, par. 16 (c) and Annex II Chair's summary of the discussion, par. 6.
[61]　米国防総省指令によれば，「自律・半自律兵器システムの使用を許可し，その使用を命令し，又はそれを運用する者」は，戦争法や関連条約などに従ってそのように行動しなければならず，戦闘司令部の指揮官たちも同様の責任を負う。US Department of Defense, *Directive 3000.09*, November 21 2012, 4 b and Enclosure 4 Responsibilities, 10 b. 本指令は，2017年5月8日に有効期限条項が削除されたので，期限付き指令でなくなった。

VI　人間と機械の相互作用

1　用語問題

　LAWSの意思決定過程に何らかの人間による制御が必要であることは，GGE内で合意されている。しかし，その制御の様式や程度は，不明確のままである。そのような状況の中で特筆すべき点は，2014年の第1回LAWS非公式専門家会合において，多くの発言者が，LAWSの自律性を考察する場合に有益な概念として，「有意義な人間による制御（meaningful human control, MHC）を指摘したことである[62]。それは，「自らを合法で許容可能とするLAWSの要因を確認する手段として役立つ」とも言われた[63]。MHCは，LAWSの許容条件となり得るかもしれない。前述のように，学術団体の国際人工知能学会での公開書簡（2015年）や米国電気電子学会による勧告（2016年）でも，MHCに言及している。国際人権法に関連する国際機関でも，バンジュール憲章4条（生命に対する権利）に関する一般的意見は，「人間の標的の選択又は武力行使での機械の自律性は，有意義な人間による制御に従うべき」[64]と規定した。国連人権理事会への報告書も，「有意義な人間による制御を全く必要としない自律兵器システムは禁止されるべき」[65]と勧告した。

　しかし，この用語は一般的にコンセンサスを得たわけではなく，現在，**表5**のように，様々な用語が提案されている。例えば，米国防総省指令は，自律兵器システムの武力行使に対する「適切なレベルでの人間の判断（appropriate levels of human judgment）」の必要性を規定している[66]。

---

[62]　CCW/MSP/2014/3, 11 June 2014, par. 20.
[63]　CCW/MSP/2015/3, 2 June 2015, par. 37(a)-(v).
[64]　African Commission on Human and Peoples' Rights, *General Comment No. 3 on the African Charter on Human and Peoples' Rights : the Right to Life (Article 4)*, 4-18 November 2015, par. 35.
[65]　A/HRC/31/66, 4 February 2016, par. 67 (f).
[66]　US DoDD 3000.09, November 21, 2012, 4(a).

表5 【人間と機械の相互作用に関する用語】

Maintaining Ensuring Exerting preserving	Substantive Meaningful Appropriate Sufficient Minimum level of Minimum indispensable extent of	Human	Participation Involvement Responsibility Supervision Validation Control Judgment Decision

＊上記の用語集は，LAWS の GGE 議長が 2018 年に人間と機械の相互作用に関する議論のために列挙したものである。CCW/GGE.1/2018/3, Annex III *Chair's summary of the discussion of the 2018 Group of Governmental Experts on emerging technologies in the area of lethal autonomous weapons systems*, p. 17.

2 タッチポイント（接点）

　用語問題と関連して，LAWS のどの段階で人間と機械の相互作用を必要とするのかというタッチポイントの問題がある。「説明責任（accountability）を機械に移行することができないので，人間が兵器システムの使用決定に関する責任（responsibility）を保持しなければならない」し，その人間の責任ついての考察は，「兵器システムの全ライフサイクル（the entire life cycle of the weapons systems）に及ぶ」[67]という。兵器システムのライフサイクルには，GGE 議長が例示したように（表6参照），第1に研究・開発段階，第2に実験・評価，検証・確認段階，第3に配備・指揮・統制段階，第4に使用・中止段階がある。

　GGE での議論[68]によれば，第1段階では，ソフトウエア開発者，ソフトウエア設計・訓練の担当技術者，ハードウエアとソフトウエア統合の担当技術者は，操縦者がシステム稼働中にそれを制御することができるようにしなければならない。第2段階では，兵器システムが国際人道法に従って使用されることを証明する必要があり，国際法に従って兵器システムを使用する技能を習得するための軍隊の慣熟訓練も重要となる。第3段階では，命令・服従の二重原則

---

(67) CCW/GGE.1/2018/3, par. 26(b).
(68) Ibid., Annex III *Chair's summary of the discussion of the 2018 Group of Governmental Experts on emerging technologies in the area of lethal autonomous weapons systems*, paras. 15-20.

表6 【LAWSにおける人間と機械のタッチポイント】

国内規制						
工業基準		国際規制			
1		2	3		4
研究・開発(R&D)		実験・評価(T&E) 検証・確認(V&V) 審査(R)	配備・指揮・統制 (D, C&C)		使用・中止(U&A)
工業基準			国際規制		
0	1	2	3	4	5
開発前の政治方向	R&D	実験・評価・認可	配備・訓練指揮・統制	U&A	使用後の査定

＊この表は，著者がGGE議長の作図した2枚のスライド（*Chair's summary of the discussion on Agenda item 6 (a) 9 and 10 April 2018, Agenda item 6 (b) 11 April 2018 and 12 April 2018, Agenda item 6 (c) 12 April 2018, Agenda item 6 (d) 13 April 2018*, p. 4 とCCW/GGE.1/2018/3, p. 14, 2018年8月会合用の改訂版）を合体し作成したものである。

を維持する兵器システムの必要性が強調された。その服従とは，兵器システムの任務の枠組み，再定義及び調整は人間が行い，武力行使の時期及び場所の具体的な決定は人間が行う必要があることを意味する。加えて，十分な制御を継続するために指揮系統と兵器システムとの間に通信経路も維持しなければならないという。武力紛争時の第4段階では，軍人は兵器システムを起動し，その機能ぶりを監視する。使用に対する制御には，戦闘状況の変化や誤作動などの事態の理解力と，必要な場合に標的化サイクルの全ての段階か又は少なくとも標的の選択・攻撃段階でシステムの無効化又は機械の操縦により適切に介入する選択肢という2段階アプローチで，システム制御を維持する手続的要件が含まれているという。機械は国際人道法を遵守するようプログラムできないので，人間による制御から離脱したLAWSによる無差別的行動や危害を防止するための積極的な措置が必要であるとも主張された。さらに，使用後の段階で，人間が説明責任を果たす必要性から，記録可能（recordable），検査可能（auditable），説明可能（explainable）な兵器システムの行動が要求されるかもしれないという。

3　各国の立場

このように，LAWS の研究・開発，制式兵器の採用・配備・訓練，戦場への投入・戦場での起動という一連の兵器のライフサイクルにおいて，人間の意思は常に介在する。各段階で検討すべき事項も，GGE の議論の中で明確になりつつある。米国防省指令は，それらを先取りするかのように，自律兵器システムが指揮官やオペレーターの意図と一致した一定の時間枠で交戦を完了できない場合に，人間のオペレーターが攻撃の停止か継続かを命令することにしている[69]。さらに，自律兵器システムは，意図せざる交戦や制御不能に備えて，安全装置や誤作動防止装置の装備化及び人間と機械のインターフェイスや制御を組み込んだ設計が要求される[70]。米国は，LAWS の研究・開発段階から起動後の交戦段階に至るまでの適切な判断を LAWS の許容条件として規定している。

2018 年の第 1 会期 GGE 会合でのイスラエル[71]によれば，LAWS に関する人間と機械のインターフェイスは，第 1 段階（当該システムの研究，開発，プログラミング，実験，技術的・法的審査，承認）と第 2 段階（LAWS の作戦計画と配備）に区分される。後者の段階で，任務を立案し，どこで，どのように兵器システムを配備し起動するか否かを決定するのは，人間である。その兵器使用を武力紛争法に従わせる責任は，その使用の決定をした軍指揮官にあるという。第 2 会期の GGE 会合では，「人間による判断は，LAWS に関するプロセスの不可欠な一部であり，そのライフサイクルすべてに適用され」，「LAWS は人間により設計されプログラムされたように稼働する」[72]という。イスラエルは，人間による判断が LAWS の研究段階から戦場での起動まで介在しているので，有意義な人間による制御（MHC）は不必要であると見なしている[73]。そして，イスラエルは，自律兵器の起動後における人間の意思の介在（稼働中の兵器システムの停止や変更）には一切言及していない。その沈黙により，起動後の自律兵器は，人間の意思が介在しなくても，合法兵器であり，完全自律兵器は許

---

(69)　DoDD 3000.09, 4.a (1)-(b).
(70)　Ibid., 4.a (2)-(a)(b).
(71)　Statement by Israel, 1st meeting of the GGE on LAWS, 11 April 2018.
(72)　Statement by Israel, 2nd meeting of the GGE on LAWS, 29 August 2018.
(73)　HRW, *Killer Robots and the Concept of Meaningful Human Control: Memorandum to Convention on Conventional Weapons (CCW) Delegates*, April 2016, p. 10.

Ⅶ　武力紛争法と戦後処理

容されるとの考え方をイスラエルは採用しているように思える。

　ロシア[74]は，機械に対する人間による制御を維持する必要があると認識しつつも，当該制御の特定の形態や方法を国家の自由裁量に任せるべきであるという。この立場では，人間による制御が実質的に不明瞭のままであり，ロシアは起動後に人間の意思の介在がない完全自律兵器を容認する余地を残しているようにも思える。

　他方，ICRC は，自律兵器システムを次のように定義する。「重要な機能（critical functions）において自律性を有する兵器システム。これは，人間の介入なく標的を選択（すなわち，捜索，検知，確認，追跡，選択）及び攻撃（すなわち，武力行使，無力化，損傷・破壊）することができる兵器システムである」[75] と。ICRC は，その定義に基づき，重要な機能（選択及び攻撃）に対する人間による制御の必要性が広く合意されている[76]と指摘する。ICRC は，自律兵器システムのライフサイクルを 1) 開発, 2) 展開・使用及び 3) 標的を選択・攻撃する作動に 3 区分する。最初の 2 段階での人間による制御は，最後の段階での人間による制御が最小限であるか又は全くない状態を克服するのに十分なのか，疑問が生じると指摘する[77]。換言すれば，ICRC は，自律兵器システムのライフサイクルにおいて，その起動前段階での人間による制御だけでは不十分であり，起動後の当該兵器による選択・攻撃に対する人的関与が必要であると主張している。「有意義な人間による制御の下にない兵器システムの禁止」を要請するアフリカ諸国を含む 26 か国は，この考え方に基づいていると思われる[78]。

　以上の議論から，人間と機械の相互作用に関して，2 つの立場が考えられる。第 1 に，イスラエルのように，LAWS の研究開発段階から戦場での起動まで

---

(74)　GGE でのロシアの作業文書，CCW/GGE.1/2018/WP.6, 4 April 2018, par. 12.
(75)　ICRC, *2016 Report*, p.8.
(76)　Statement of the ICRC, CCW Meeting of Experts on Lethal Autonomous Weapons Systems, Geneva, 13 April 2015, p. 3.
(77)　Views of ICRC on autonomous weapon system, CCW Meeting of Experts on Lethal Autonomous Weapons System, Geneva, 11 April 2016, p. 3.
(78)　アフリカグループの声明（2018 年 8 月 27 日）https://www.unog.ch/80256EDD006B8954/(httpAssets)/1A00319DEB57E173C12582FD003605CF/$file/2018_GGE+LAWS+2_6b_Benin_Africa+Group.pdf

の人的関与があれば，それで十分であり，兵器起動後の人的関与を不要とする考え方がある。第2に，米国のように，自律兵器の起動後に稼働中にその行動を監視し，介入の必要な場合にそれへの停止・変更の命令をするという現在使用中の対物破壊用で防衛的な半自律兵器と同様レベルの人的関与を LAWS の許容条件とする考え方がある。後者の場合，完全自律兵器は許容されないということになる。

Ⅶ　まとめにかえて——AI・ロボット兵器規制のアプローチ

　CCW において，人間の制御に関する具体的な内容論争と同様に，LAWS 規制のアプローチ論争（法的文書か否か，事前禁止か否か）も，非公式専門家会合3回及び政府専門家会合2回を含む5年間の審議を経ても，収斂しそうにない。以下では，LAWS 規制アプローチの観点から，CCW での AI ロボット兵器の法規制論議の今後の方向性を考察する。

　CCW 締約国は，規制アプローチに関して3つの立場に大別される。すなわち，1)CCW は法的拘束力を有する文書を目指し，LAWS 出現前の規制を提唱する禁止規制積極派，2)LAWS の審議継続に反対はしないが，LAWS は現行国際法で十分規制可能であり，新条約その他の措置を不要と考える禁止規制消極派，そして，3)LAWS の定義を含む LAWS に関する共通認識が十分醸成されていない現段階での法文書の作成は時期尚早であり，諸原則をまとめた政治宣言の採択を目指すべきという段階論的推進派，である。

　第1の禁止規制積極派として，オーストリア[79]は，「有意義な人間による制御下にない致死性自律兵器システムを禁止するために法的拘束力のある文書を確立すること」に賛成する。そして，「当該法的拘束力のある文書は，LAWS の運用前に制定されるべき」と主張し，「重大な機能に対する有意義な人間による制御なく作動する致死性自律兵器システムの禁止に関する法的拘束力のある文書の早期の交渉開始」を提言する。アフリカグループ[80]及び非同盟運

---

[79] オーストリアの声明（2018年4月9-13日）https://www.unog.ch/80256EDD006B8954/(httpAssets)/AA0367088499C566C1258278004D54CD/$file/2018_LAWSGeneralExchang_Austria.pdf

[80] 注(78)。

Ⅶ 武力紛争法と戦後処理

動諸国[81]が，オーストリア提案を支持している[82]。

　第2の禁止規制慎重派として，イスラエル[83]は，現在のLAWS議論が「1980年代にインターネットを議論しようと試みることに類似しており，現段階では知っていることよりも知らないことの方が多くあり，慎重なアプローチが必要」と述べる。さらに，LAWSの軍事的・人道的利点として，「付随的損害を最小限にし，戦闘員及び非戦闘員へのリスクを縮小させる標的化の精確性」を指摘する。韓国[84]も，「可能な攻撃を抑止することで紛争の敷居を上げるということを含めて防御的な自律兵器の役割に目を閉じるべきではない」と自律兵器の軍事的有用性を指摘する。明確に，英国[85]はLAWSの先制的禁止（pre-emptive ban）に反対し，現行国際法はLAWSを制御し規律するのに十分であると述べる。

　第1及び第2の立場の中間に位置する段階論的推進派として，フランス及びドイツ[86]は，LAWSの包括的規制の議論は時期尚早であり，先ず，将来のLAWSの開発や使用のための受入れ可能な基準を考慮する必要があるとして，

---

(81) 非同盟運動諸国の声明（2018年8月29日）http://reachingcriticalwill.org/images/documents/Disarmament-fora/ccw/2018/gge/statements/29August_NAM.pdf

(82) 殺人ロボット阻止キャンペーン（CSKR）によれば，中国を含む26か国が完全自律兵器の禁止を要請しているという。もっとも，中国は，完全自律兵器システムの「使用」禁止を要請するが，その「開発又は生産」の禁止を要請していないという。さらに，完全自律兵器の新国際法（新しい条約か又はCCW議定書）の交渉希望を表明した国家は，少なくとも33か国に上るという。CSKR, "Country Views on Killer Robots," 13 November 2018. また，欧州議会も，「自律兵器」決議（2018/2752(RSP), 12 September 2018）3項で，「致死性自律兵器を禁止する法的拘束力のある文書に関する国際交渉の開始」を奨励している。

(83) イスラエルの声明（2018年8月29日）https://www.unog.ch/80256EDD006B8954/(httpAssets)/7A0E18215E16382DC125830400334DF6/$file/2018_GGE+LAWS+2_6d_Israel.pdf オーストラリアの声明（2018年4月）も，兵器の技術的進歩が精確性を増し，指揮官が戦場での国際人道法上の義務を履行するのを支援するという軍事的利点及び自律性技術のデュアルユース面を指摘している。https://www.unog.ch/80256EDD006B8954/(httpAssets)/98023AD339EF9C30C1258274004219EB/$file/2018_LAWSGeneralExchange_Australia.pdf

(84) 韓国の声明（2018年4月9日）https://www.unog.ch/80256EDD006B8954/(httpAssets)/C4C9A800486BA81DC125827200572EE6/$file/2018_LAWSGeneralExchange_RoK.pdf

(85) 注(47)。

(86) CCW/GGE.1/2017/WP.4, 7 November 2017, par. 6 and 8.

「政治宣言（Political Declaration）」を共同提案する。その政治宣言は，「人間は致死的な武力行使に関する最終決定をすることが可能な立場であり続け，そして，致死兵器システムに対する十分な制御を行使し続けるべきであるという信念を締約国が共有すること」を確認する。そして，政治宣言が是認された段階で，次の措置として，将来のLAWSの開発・使用に関して政治的拘束力のある規則集を規定する行動準則（code of conduct）を開発できる[87]という。

第2回GGEの最終日（8月31日）の深夜まで及ぶ三つ巴の激しい論争の結果，GGEは，新たなマンデートが付け加えられることなく[88]，2019年に10日間会合することが勧告された[89]。当該報告書を受けたCCW締約国は，2019年に7日間（5日＋2日）のGGE会合の開催を決定した[90]。

2019年以降，CCWにおけるLAWSの議論が，コンセンサス方式による会議手続き規則の枠内で，どの方向に向かうのか（従来のままのマンデートで議論を継続するか，暫定的な政治宣言をまとめるか，法文書作成に向けた交渉を開始するか），予断を許さない。その方向性の是非を検討する上で参考になるのが，CCWが2度経験した規制積極派と消極派の対立事例（対人地雷及びクラスター弾の法規制問題）である[91]。

CCW枠内でコンセンサス方式により対人地雷使用を厳格に規制した改正第2議定書が1996年に成立した後に，法規制積極派はそれに満足せず，CCW枠外で有志連合方式による対人地雷禁止条約を1997年に作成した。対人地雷禁止条約に反対する軍事大国には，自ら合意した厳格な使用規制を提供する改正第2議定書を選択する受け皿があった[92]。

---

[87] Ibid., par.19.
[88] 様々な提案は，コンセンサス方式によるCCW手続き規則により否決され，GGE報告書が最終的に合意されたのは翌日9月1日午前1時15分であった。CSKR, "Majority call to negotiate a new treaty," August 31, 2018. https://www.stopkillerrobots.org/2018/08/sixthmeeting/
[89] CCW/GGE.1/2018/3, par.37.
[90] The Final Report of the 2018 Meeting of the High Contracting Parties to the CCW (CCW/MSP/2018/11, 28 December 2018), par.33. GGE会合予定日は，2019年3月25-29日及び8月20-21日とされた。Ibid., par.40.
[91] 岩本誠吾「特定通常兵器使用禁止制限条約（CCW）の現状と課題」『軍縮研究』5号 2014年 8-11頁。
[92] 対人地雷禁止条約に未加入の米・中・露は，現在，改正第2議定書に加入している。

Ⅶ 武力紛争法と戦後処理

　他方，クラスター弾の法規制に関して，法規制積極派は，CCW 枠内での議定書の成立を待つことなく，CCW 枠外で有志連合方式によりクラスター弾条約を 2008 年に採択した。その後，CCW 枠内でクラスター弾規制交渉が議論されるも，クラスター弾条約の形骸化を恐れた法規制積極派が当該交渉に反対したことから，クラスター弾議定書案の交渉は中断を余儀なくされた。従って，クラスター弾条約に反対する軍事大国には，自ら合意した法規制の選択肢がなく，軍事大国によるクラスター弾使用は，特定の法文書による法規制が存在しない無法状態と言える。

　法規制積極派は，CCW 枠外での有志連合方式による成功体験（対人地雷禁止条約）を CCW でのクラスター弾議定書の成立前に持ち込むことで，クラスター弾規制の最低限の底上げを阻止し，法規制の漸進的発展を阻害したように思われる。

　現在，CCW 内での LAWS 法規制がクラスター弾規制と同じ轍を踏むことなく，先ずは，CCW 枠内で軍事大国を含むコンセンサスによる法文書又は政治宣言の作成を目指すことが，LAWS 法規制の漸進的発展にとって最優先事項であろう。AI ロボット兵器を開発中の軍事大国[93]を含まない CCW 枠外での法文書が作成されたとしても，その実効性が大いに問われることになる。

　その場合，法文書よりも法文書に至る暫定的な政治宣言や行動準則の作成を目指す方が，より現実的な選択肢である。法規制消極派の英国も，「兵器運用は人間による制御の下に置く」政策[94]を採用していることから，仏独共同提案の政治宣言を受け入れる心理的障害は低いと思われる。

　AI・ロボット技術が急激に発展している現代社会において，CCW での軍事・兵器の審議だけでなく，広く，欧州での民生用ロボットの法規制動向及び AI・ロボットに関連する学術団体・企業の行動準則動向にも注目しながら，AI・ロボット兵器の法規制の内容及び方向性を検討していくことが必要であろう。

---

(93) 現在，少なくとも 381 種類の部分的自律の兵器及び軍用ロボットシステムが米，露，中，英，仏，イスラエルを含む 12 か国で配備され開発されているという。Mattha Busby, "Killer robots: pressure builds for ban as governments meet," *The Guardian*, 9 April 2018.
(94) 注(47)。

34 武力紛争下における文民の保護
—— 憲章第 7 章下で平和維持活動に与えられる任務と権限をめぐって

楢 林 建 司

I　はじめに
II　「文民の保護」と「保護する
　　責任」の区別
III　平和維持活動による文民保

護任務の履行促進にむけた議
論
IV　おわりに

I　はじめに

　国際連合（国連）の安全保障理事会（安保理）は，1999 年以来，「武力紛争下における文民の保護」というテーマで，自由参加の審議を続けてきている。本稿筆者は，国連憲章第 7 章の下で平和維持活動（PKO）に与えられる武力行使権限がどの程度のものと想定されているのか，武力行使権限に裏打ちされた任務を，国連または PKO がいかに実効的に達成しようとしているのか，武力行使が PKO の文民保護戦略の中でどのように位置づけられているのかという視点から，安保理でのこの議論に対して関心を持ち続けてきた[1]。

　しかしながら，2010 年代半ば頃から，そうした視点に立つ安保理での議論は停滞している。これは，憲章第 7 章下で PKO に与えられる権限と任務につき，諸国の見解の間にある溝が埋まらない，あるいは溝が拡大していることを，大きな原因とするものである。諸国間に根深い見解の相違ないしは対立が残ったまま，マリやコンゴ民主共和国等では，文民保護の任務やそれと関連付けられている「テロリスト」や武装集団への対応への任務に関し，PKO 要員がよ

---

(1)　拙稿 "Protection of Civilians in Armed Conflict : Interaction between thematic debate in the Security Council and activities in the field"『愛媛法学会雑誌』第 39 巻第 1・2 号（2012 年），45-51 頁。同「武力紛争下における文民の保護——2011 年秋以降の安保理における議論状況——」同前 41 巻第 1・2 号（2015 年）127-133 頁。

Ⅶ　武力紛争法と戦後処理

り危険な状態に置かれるようになっている。南スーダンでは，文民保護任務に失敗したとして，ケニア人の PKO 司令官が更迭され，それに反発したケニアが部隊を撤収させるという事態が生じている。それと同時に，世界各地で多くの文民が武力紛争の犠牲となり続けている。こうした状況が憂慮されるものであることには，多言を要しない。

　本稿では，「文民の保護」をよりよく実現することに向け，憲章第 7 章下で PKO に与えられる任務と権限について，どのような共通理解の枠組みを設定すべきかを検討したい。以下ではまず，2011 年 11 月から 2014 年 2 月の安保理における議論を主たる素材に，「文民の保護」と「保護する責任」を，別の概念として明確に区別すべきことを主張する。その後，本稿における関心に照らして興味深い指摘や提言を行っている，国連内部監査部報告書[2]，国連ハイレベル独立パネル報告書[3]，ルワンダが発表した「文民保護に関するキガリ諸原則」[4]を題材として，共通理解の枠組みがどうあるべきかを考える。内部監査部報告書は，文民保護を任務とする PKO が武力行使権限を活用していないことを問題視するものである。それに対し，ハイレベル独立パネル報告書は，非軍事的手段や関係国の政治的関与の重要性を強調している。「キガリ諸原則」は，要員派遣国の誓約という形で打ち出されたものである。

Ⅱ　「文民の保護」と「保護する責任」の区別

　「武力紛争下における文民の保護」をテーマとする，2011 年 11 月の安保理会合においては，同年のリビアに対する北大西洋条約機構（NATO）等の軍事行動[5]につき，各国の主張が激しく対立した。その対立は，NATO 等の軍事行動が，安保理決議 1973（2011）によって与えられた任務と権限を超えたもの

---

[2]　A/68/787 "Evaluation of the implementation and results of protection of civilians mandates in United Nations peacekeeping operations".
[3]　A/70/95-S/2015/446 "Report of the High-level Independent Panel on Peace Operations on uniting our strengths for peace: politics, partnership and people".
[4]　"The Kigali Principles on the Protection of Civilians" (http://civilianprotection.rw/wp-content/uploads/2015/09/REPORT_PoC_conference_Long-version.pdf).
[5]　この事例等の評価をめぐる安保理における各国の対立については，立山良司「体制移行期における内戦と『保護する責任』：リビアとシリアの比較」日本国際問題研究所『アラブの春の将来』（平成 24 年度外務省国際問題調査研究・提言事業，平成 25 年 3 月）147-159 頁。

であったか否かをめぐるものであったのと同時に,「保護する責任」や「文民の保護」という概念に対する理解につき,各国の間に不明確な点や不一致があることを示すものだった。

　介入の正当性を訴える国には,「文民の保護」に言及する国,「保護する責任」に言及する国,「文民を保護する責任（responsibility to protect civilians)」に言及する国があり[6],少なくとも用語法は統一されていない。また,「文民の保護は,保護する責任と分けて考えることはできない」と,両者の関連性を強調する国もあった[7]。

　これに対し介入を非難する国のなかでは,例えばインドは,「文民の保護」という名目で体制変更をもたらすことを批判しつつ,「文民の保護」という概念を明確にすべきと主張している。またベネズエラは,「保護する責任」のイデオロギー性を正面から批判し,ブラジルは,「保護する際の責任（responsibility while protecting)」という文書を提出している[8]。

　このような状況を前にして,国連事務総長は,2012年5月の報告書において,2011年のリビアに対するNATO等の軍事行動につき,「文民の保護」という目的を超えたものであるという懸念を有する国があること,また,「文民の保護」というアジェンダへ意図しない悪影響を与えていることを指摘したうえで,「文民の保護」と「保護する責任」という2つの概念が混同されていると述べ,両者を区別するよう主張した[9]。

　事務総長によれば,2つの概念の根本的な相違は,次の2点にある。第1に,「文民の保護」は,国際人道法,国際人権法,国際難民法に根拠をもつ法的概念であるのに対し,「保護する責任」は,2005年の世界サミット成果文書に表れた政治的概念だという点である。第2に,前者が,武力紛争という状況下における国際人道法や国際人権法の違反に関するものであるのに対し,後者は,そうした状況にあるか否かにかかわらず,戦争犯罪,人道に対する罪,ジェノサイド,民族浄化を対象とするものだという点である。

---

(6) 「文民の保護」：アメリカ〔S/PV. 6650 p.20〕,「保護する責任」：ドイツ〔ibid., p.28〕,「文民を保護する責任」：フランス〔ibid., p.19〕等。
(7) ノルウェー〔S/PV.6650（Resumption1）p.13〕。
(8) インド〔S/PV.6650 p.18〕,ベネズエラ〔S/PV.6650（Resumption1）p.26〕,ブラジル〔A/66/551-S/2011/701〕。
(9) S/2012／376 para.21.

Ⅶ　武力紛争法と戦後処理

　これに対し，「文民の保護」と「保護する責任」の共通性を強調するある論者は，次のように述べる(10)。

　事務総長は「保護する責任は政治的概念であり，文民の保護は法的概念である」と言うが，後者にも政治的な意味合いは残っている。そして，実際の活動において「平和維持」と「平和強制」の境界があいまいになってきていると指摘したうえで，受入国の同意によって「保護する責任」とPKOによる「文民保護」を区別しようとする主張に対しては，同意は往々にして強いられたものであってフィクションであり，また憲章第7章の援用により，同意は，少なくともPKOの任務更新までは，法的に無意味なものとなると反論する。

　本稿筆者は，2つの概念を区別すべきという立場をとりつつ，区別の基準を同意の有無に求めるべきだと考える(11)。主な理由は，次の3つである。

　第1は，「文民の保護」という概念は諸国に広く受け容れられているが，「保護する責任」に対しては「南」の諸国を中心として根強い疑念が抱かれていることである。こうした状況の下では，両概念の共通性を強調するのではなく，相違点を明確にすることが，建設的な議論を進展させるために必要である。「武力紛争下における文民の保護」をテーマとする安保理での審議において，想定される武力行使の範囲がPKOによるものに限定されたうえで，議論が続けられてきたという経緯(12)は，そうした必要性の認識を反映したものであろう。

　第2は，同意原則がPKOの根本原則だということである。PKOと性格づけられる活動における武力行使と，それを超えた武力行使とを法的に区別するための基準は，同意の有無に求める以外にない。PKOに第7章下で伝統的な自衛の範囲にとどまらない武力行使権限が与えられていても，それはあくまで同意原則の枠内にあるものと考えるべきである。たとえそうした武力行使権限

---

(10) Scott Sheeran and Catherine Kent "Protection of Civilians, Responsibility to Protect and Humanitarian Intervention: Conceptual and Normative Interactions" in HAIDI WILLMOT, RALPH MAMIYA, SCOTT SHEERAN AND MARAC WELLER (eds.) 'PROTECTION OF CIVILIANS', OXFORD UNIVERSITY PRESS, 2016, pp.29-62.

(11) DPKO/DFS Policy "The Protection of Civilians in United Nations Peacekeeping", Ref. 2015.07, Ralph Mamiya "A History and Conceptual Development of the Protection of Civilians" 注(10) pp.63-87.

(12) 注(1)拙稿 "Protection of Civilians in Armed Conflict" p.50.

を与えられているものであっても、PKO は、受入国政府の同意や紛争当事者の協力を前提に派遣され活動するものである。

　たしかに、実際の活動において「平和維持」と「平和強制」の区別が不明確になっている事例も見受けられる。例えば、PKO が対テロ軍事作戦の一翼を担うことにより、そうした区別があいまいになっている事例として、国連マリ多角的統合安定化ミッション（MINUSMA）が挙げられる[13]。2013 年に設立された MINUSMA は、安保理決議 2100（2013）によって、憲章第 7 章の下で、「文民の保護」に関する任務や主要な居住区の安定化に関わる任務等を与えられている。さらに、MINUSMA と対テロ軍事作戦を行うフランス軍等との連携が進められ、安保理決議 2423（2018）では、前述の 2 つの任務が、「非対称的脅威への対処を含む、文民の保護と安定化」という形で統合されている。

　しかしながら、PKO が軍事的な対テロ活動に乗り出すことの適切さには、大きな疑問符がつくと言わざるをえない。2015 年に出された国連ハイレベル独立パネル報告書では、PKO は、そうした活動に必要な、装備、情報、後方支援、特殊な軍事的手段などの能力を欠いており、そうした活動には向いていないと指摘されている[14]。別の論者は、ある紛争当事者をテロリストと性格づけることは、紛争を過度に単純化し、国連の公平性を危うくすると指摘する[15]。MINUSMA 要員に多くの犠牲者が出ていること[16]を見ても、この事例から導かれる教訓は、「平和維持」と「平和強制」の区別を維持することの重要性である。

　もし MINUSMA がテロ軍事作戦の一翼を担い続けるのであれば、ミッション全体を後述する「介入旅団」のような形に衣替えすべきだと考える。

　また、PKO による武力行使が体制変更につながった事例として、国連コー

---

(13) 本事例については、"Protection of Civilians by the UN Peacekeeping Mission in Mali"（https://www.stimson.org/sites/default/files/file-attachments/Stimson_MINUSMA_BriefingNote_17Oct16.pdf）等を参照。
(14) 注（3）para.119.
(15) "United Nations peace operations in complex environments: charting the right course"（https://www.saferworld.org.uk/resources/publications/1183-united-nations-peace-operations-in-complex-environments-charting-the-right-course）.
(16) MINUSMA は、「最も死者の多い PKO」、「最も危険な PKO」と呼ばれている。https://www.washingtonpost.com/sf/world/2017/02/17/the-worlds-deadliest-u-n-peacekeeping-mission/?noredirect=on&utm_term=.4298c7d6c48a 等。

Ⅶ 武力紛争法と戦後処理

トジボワール活動（UNOCI）が挙げられる[17]。UNOCI については，安保理決議 1975（2011）により，憲章第 7 章の下で，差し迫った物理的暴力の危機にさらされている文民を保護するために，文民に対する重火器の使用を防ぐことを含め，必要なあらゆる手段をとることが確認されている。他方，同決議が採択された安保理の審議においては，PKO が中立原則を厳守することの重要性を指摘する意見や，PKO が体制変更の道具になってはならないことを強調する意見も表明されている[18]。

同決議の採択後，UNOCI は，フランス軍との共同作戦を実施して，紛争当事者であるはずのバボ「大統領」派の重火器等を無力化する軍事行動をとり，その結果，同派は排除されることとなった。PKO の武力行使により紛争当事者の一方が排除されたという経緯に着目すれば，「平和維持」と「平和強制」との境界線が不明確になったと評価されうる。

しかしながら，こうした軍事行動につき，事務総長は，「国連は紛争の当事者になってはおらず，武力行使は純粋な自衛としてのものであり，文民の保護という任務にしたがったものである」と説明している[19]。別の言い方をすれば，結果としてバボ「大統領」派が排除されたのは，あくまで PKO としての UNOCI の行動により生じた「副産物」だと事務総長は主張しているのである。そうだとすれば，事務総長は，「平和維持」と「平和強制」の区別を前提としたうえで，UNOCI の行動が前者の枠組みに入るものだと述べていることになる。

国連コンゴ民主共和国安定化ミッション（MONUSCO）と介入旅団（Intervention Brigade）に関する事例[20]は，「平和維持」と「平和強制」の区別があいまいになった事例と性格づけるより，介入旅団の活動が長期化することによって，ミッション全体が，前者から後者へ変質したものと評価すべきであ

---

[17] 本事例については，望月康恵「『保護する責任』の適用における国連の活動の展開と課題」『法と政治』第 63 巻第 3 号（2012 年）1-37 頁，佐藤章「コートジボワール紛争にみる『保護する責任』の課題」『アフリカレポート』No.51（2013 年）1-15 頁等を参照。
[18] 中国〔S/PV.6508 p.6-7〕，インド〔ibid., p.3〕。
[19] "Statement by the Secretary-General on the situation in Côte d'Ivoire" 4 Apr. 2011.
[20] 本事例については，山下光「MONUSCO 介入旅団と現代の平和維持活動」『防衛研究所紀要』第 18 巻第 1 号（2015 年）1-30 頁等を参照。

る[21]（本稿第3節(1) a 参照）。

　もともと介入旅団を設立した安保理決議においては，「平和維持」と「平和強制」を区別しようとする意識が表れていた。MONUSCO は，2010年の安保理決議1925（2010）によって設立されて以来，憲章第7章下で，文民保護の任務と権限を与えられている。2013年になって，安保理は，決議2098（2013）を採択し，その第9項において，武装集団を無力化するための攻撃作戦を実施するため，MONUSCO のなかに介入旅団を創設することを許可したが，それはあくまで「例外であり先例を構成するものでなく，PKO の諸原則を害するものではない」と述べられている。言い換えれば，安保理は，こうした軍事行動が PKO としての武力行使を超えるものであることを認めたうえで，介入旅団の創設が，介入旅団以外の MONUSCO 部隊が有する PKO としての性格を変えるものではない旨を表明していたのである。また，同決議では，武力集団を無力化するという介入旅団の任務は，文民を保護することと関連するものと意識されているのと同時に，「文民の保護」という任務とは別立てのものとなっていた[22]。

　もっとも，介入旅団を PKO である MONUSCO の一部として設立したこと[23]の適切さについては，大きな疑問が呈せられるし，介入旅団要員とその他の MONUSCO 要員の並存が常態化していることも，決して望ましいものではない（本稿第3節(1) a 参照）。

　国連南スーダン共和国ミッション（UNMISS）と地域保護部隊（Regional Protection Force）に関する事例[24]においては，「平和維持」と「平和強制」の概念を区別する姿勢が維持されている。南スーダンにおいて，2016年7月，首都ジュバにおいて治安情勢が急激に悪化したことをうけ，安保理は決議2304（2016）を採択し，UNMISS のなかに地域保護部隊を設置し，必要な場合に強硬な行動（robust action）をとる等の権限を付与した。同決議では，当事

---

(21) Conor Foley 'UN Peace-keeping Operations and the Protection of Civilians' Cambridge University Press 2018 (Paperback), p289.
(22) 安保理決議2348（2017）以降は，「文民の保護」の任務の中に「介入旅団による武装集団の無力化」が含められるようになっている。
(23) 介入旅団が MONUSCO の一部として設立された経緯やデメリット等については，注(20) 17-22頁を参照。
(24) 本事例については，注(10) pp.324-339 等を参照。

VII　武力紛争法と戦後処理

者の同意を含むPKOの基本原則が確認されつつ，それぞれの平和維持ミッションの任務は，関係国の必要と状況に応じて，それぞれ独特のものであるという認識が示されている。つまり，同決議では，おそらくは先述した介入旅団の例を意識しつつ，地域保護部隊の活動は，あくまでPKOの枠内のものであって，強制措置として実施されるものではないという立場が示されているのである。

以上をまとめれば，MINUSMAのように，「平和維持」と「平和強制」の境界があいまいになっている事例はたしかに存在するが，それが一般的な傾向になっているとは言えず，また望ましい結果を出しているわけでもないのである。

第3は，受入国政府等の同意を引き出すために，さまざまなアメとムチが用いられることは当然であり，それが同意をフィクションにするものではないことである。むしろ，受入国政府の同意を含め，文民の保護や紛争の解決に向けた政治的枠組みをできるかぎり確固としたものとするために，安保理常任理事国や関係諸国等による影響力を，より有効に行使することが求められていると考える。

もっとも，「文民の保護」と「保護する責任」の区別，あるいは「平和維持」と「平和強制」の区別の意識が，安保理の審議において，諸国に広く共有されているとまでは言えない。2013年2月に発表された安保理議長声明2013／2では，「2005年の成果文書に盛り込まれた保護する責任を再確認する」という旨が述べられるにとどまっている。2014年2月の安保理の審議では，国連事務次長（PKO担当）が，「国連平和維持活動と保護する責任の第3の柱の下における強制的介入とを，混同してはならない」と明言した[25]が，同会合で発表された議長声明[26]には，こうした点に関する言及はない。

今後の重要な課題の1つは，こうした区別を定着させつつ，文民保護のために憲章第7章下での武力行使権限を与えられたPKOが，その任務をより有効に果たすための諸方策を検討し続けることだと考えられるが，「武力紛争下における文民の保護」をテーマとする安保理の審議においては，2014年2月を最後に，こうした課題についての議論は残念ながら活発に行われていない。以下においては，安保理外での興味深い議論をとりあげる。

(25)　S/PV.7109 p.7.
(26)　S/PRST/2014/3.

III 平和維持活動による文民保護任務の履行促進にむけた議論

1 2つの国連報告書
(a) 国連内部監査部報告書（2014年）

　PKOによる文民保護任務に関する議論として，2014年3月に国連内部監査部（Office of Internal Oversight Services）が提出した報告書「国連平和維持活動における文民保護任務の履行と結果に対する評価」に，まず着目したい。同報告書は，現状分析とそれを踏まえた勧告で構成されており，附属文書として，報告書に対するPKO局とフィールド支援局の共同コメント等が掲げられている。以下においては，同報告書の概要を紹介した後に，筆者なりの評価を示す。

　本報告書が検討の対象としたのは，当時，文民保護任務を与えられ活動していた9つのPKOのうち8つ，すなわち，国連レバノン暫定軍（UNIFIL），国連リベリアミッション（UNMIL），国連コートジボワール活動（UNOCI），国連ハイチ安定化ミッション（MINUSTAH），国連コンゴ民主共和国安定化ミッション（MONUSCO），ダルフール国連アフリカ連合合同ミッション（UNAMID），国連アビエ暫定治安部隊（UNISFA），国連南スーダン共和国ミッション（UNMISS）である。国連マリ多面的統合安定化ミッション（MINUSMA）については，設立後間もなかったので調査・検討の対象外とされている[27]。

　文民保護の包括的戦略は，政治プロセスを通じた保護，物理的暴力からの保護，保護に資する環境の確立の3つの層により構成されていると一般に言われるが，本報告においては，第1と第2の層，とりわけ物理的保護と最後の手段としての武力行使に焦点が当てられている。その理由としてあげられているのは，PKOが，物理的暴力から文民を保護することに，比類のない（unique）責任を有していることである。

　報告書が最大の問題として指摘しているのは，文民が攻撃されているにもかかわらず，ミッションが武力による介入をしないということである。2010年から2013年の国連事務総長報告書では，文民を巻き込む507件の事例が報告されているが，そのうちミッションが即時に政治的または軍事的な対応をした

---

[27] 国連中央アフリカ多面的統合ミッション（MINUSCA）は，報告書公表当時，未設立であった。

のは 101 件のみであるとされる。対応しなかった事例の大半においては，文民への攻撃がなされたとき，その場にミッション要員がいなかったとされている。こうした事例での文民の犠牲は深刻である。

　さらに，軍事要員を含むミッション要員が現場にいたときであっても，武力はほとんど行使されたことがないことが指摘されている。なされた対応の例としては，現地治安部隊を支援すること，安全な場所へ文民を移送すること，文民を国連の敷地内にかくまうこと，人道支援の提供に資する環境を創出すること等が挙げられている。もっとも，国連の基地の内部または周辺に文民が逃れて集まっている状況下で，戦闘員を基地に近づかせないため，PKO の軍事要員が自衛として発砲した事例は，少数ながら存在すると述べられている。

　ミッションに文民保護任務が与えられ，しかも武力行使権限を有しているにもかかわらず，武力行使がなされない原因として，報告書では 6 つが挙げられている。

　第 1 は，武力行使に関する見解が諸国の間で分かれていることである。いくつかの安保理理事国は，文民の生命を守るために武力行使をする必要性を指摘し，ミッションの消極的姿勢に落胆を示している。他方，部隊派遣国からは，PKO 要員に対する危険が徐々に増大しており，負担できる危険水準を超えているとの指摘がなされている。多くの部隊派遣国は，PKO としての活動と安保理決議 2098（2013）で許可された介入旅団のような活動との区別を維持すべきと主張している。

　報告書では，安保理決議 2098（2013）が採択されて以来，文民保護のための武力行使の解釈に関する見解の相違が，より明白に，より大きくなっているとの見方が示されている。同決議で与えられたような任務は，PKO の 3 原則，つまり，紛争当事者の同意，公平性，自衛以外での武力不行使を超えるものだとの懸念が表明されており，PKO は強制にまで拡大されてはならないという見解が，PKO 部隊のなかで今なお有力であるとの認識が示されている。

　第 2 は，武力行使に関する事実上の二重の指揮系統が存在することである。調査で実施したインタビューによると，武力行使の可能性を排除する通告（明文または不文）を自国部隊に出している部隊派遣国が存在する。また，ミッションの命令に反してでも，自国政府からのアドバイスにしたがって行動する司令官もおり，文民が攻撃されている現場へ故意に遅れて到着するという事例

もまれではない，と指摘されている。そして，ミッション司令官からの命令が履行されなかった場合であっても，安保理へ報告されたり，PKO局への定期的報告書に記載されたりすることはない。ミッションの将校は，問題を上層部に報告するより，部隊間の「調和的関係」を重視すると言われている。これが事実なら，報告義務違反となる。

　第3は，受入国政府が文民保護に関する第一次的責任を果たせない場合における，ミッションの行動する責任が，ミッション内部でよく理解されていないことである。政府軍が文民を攻撃している場合には，武力行使は非現実的だとみなされる。これは活動上の制約や政治的制約によるものだが，行動する法的権限および任務とは調和しない。受入国の能力や意思が明らかに欠如し，ミッションの介入が正当化される場合でも，文民を攻撃する武装集団にミッション部隊単独で立ち向かうこと等につき，司令官は上層部での判断を求め，対応の遅れが生じる。

　第4は，ミッションが自らを無力な存在で，武力行使は紙の上の選択肢に過ぎないと見ていることである。第5は，過度に武力行使をした場合に受ける処罰のおそれである。逆に，行動しなかった場合の処罰はない。第6は，現地の複雑な状況に対応した，作戦レベルでの手引が整備されていないことである。

　以上のような分析を踏まえたうえで，報告書は，文民が攻撃されているのにPKOが文民を保護するために武力を行使せず，多数の犠牲者が出ているという状況を改善するための提言を示しているが，とくに次の3点が注目される。

　第1に，部隊派遣国，受入国，安保理，事務局等の間における，率直な対話が必要であり，国連の主たる審議機関である総会の関与も求められると述べている点である。第2に，武力行使に関する安保理決議の真の意図を決定できるのは安保理のみであることを確認しつつ，決議2098（2013）がPKOによる武力行使の先例とはならないのであれば，安保理は，現在PKOに与えている任務をより実効性あるものにする方策を検討すべきだと述べている点である。第3に，最重要の勧告として，「PKO局は，指揮統制面での義務を強調し，文民保護任務に関する命令や指示を履行しなかった部隊につき，事務局へ報告すべきである。不履行が組織的または重大であれば，安保理への報告も検討されるべきだ」ということを挙げている点である。

　こうした報告書の内容に対し，PKO担当事務次長とフィールド支援担当事

Ⅶ 武力紛争法と戦後処理

務次長は，附属書において次のようにコメントしている。

　報告書は，最後の手段である武力行使に力点を置きすぎている。ミッションは，文民保護のための手段を幅広く有しており，武力行使はごくまれなものであると考えられるべきだ。また，武力行使の定義も狭すぎる。「現地治安部隊を支援すること，安全な場所へ文民を移送すること，文民を国連の敷地内にかくまうこと，人道支援の提供に資する環境を創出すること」等が，定義から除外されている。

　最重要の勧告として示されたものは，PKO の実績を改善するには役立たないと，我々は強く信じる。報告書は，効果的な活動が「調和的関係」の犠牲になっていると示唆しているが，我々の見解は異なる。指揮統制面での問題が生じることはまれであり，生じた場合には，関係国との協議により，すぐ対処が図られる。任務遂行に関する特定の問題を提起する場として，安保理が適切な場かどうかは大いに疑問である。部隊派遣国，事務局，安保理の間で現在進められている協議が，任務の全体像とその履行方法に対する共通理解を確立するために，不可欠な役割を果たす。

　報告書の内容につき，まず注目されるのは，多くの部隊派遣国が「PKO としての活動と安保理決議 2098（2013）で許可された介入旅団のような活動との区別を維持すべき」という認識を示したことである。前述のように，同決議には，強制措置としての介入旅団の活動と，PKO としての MONUSCO 一般の活動に一線を画そうとしている面がある。

　しかし，介入旅団は，MONUSCO の一部として創設されている。しかも，同決議では，介入旅団につき「明確な出口戦略を有する」と述べられているにもかかわらず，今なお出口を見出せていない[28]。つまり，MONUSCO のなかに介入旅団要員とその他の要員が並存するということが，常態化しているのである。そうであれば，介入旅団に許可された軍事行動のゆえに，その他の MONUSCO 要員も紛争当事者となり，国連要員等安全条約の保護対象から外

---

(28) 介入旅団は，政府軍を支援して，M23 という武装集団を 2013 年 11 月に制圧し，当面の目的を果たした後，他のさまざまな武装集団に対する軍事行動をとるようになっている。注(20) 280 頁等。

れ，国際人道法上の合法な攻撃対象となりうると考えられる[29]。

　こうした事態から生じる危険を防ぐためには，介入旅団とMONUSCOを別組織としたうえで，介入旅団の軍事行動を短期間で終了させるか，またはMONUSCO全体に介入旅団と同じく軍事的強制措置としての性格を与え，それにふさわしい体制を整えるかのどちらかが必要であった[30]。

　次に注目されるのは，報告書が最重要と位置づけた勧告である。この勧告は，文民保護のため安保理決議でミッションに与えられた武力行使権限が十分に活用されておらず，もっと積極的な武力行使をすべきという立場から，義務違反への対処をはじめ，各国部隊へのPKO局や安保理による統制を強化すべきというものである。

　この点についてまず問題となるのは，各国部隊がどの程度の「義務」を負っているかということである。各国部隊が武力行使義務を負っていると主張するある論者は，次のように述べる[31]。

　文民保護任務に優先性を与える決議を採択することにより，安保理は，少なくとも文民への組織的な攻撃に対し，国連部隊が対応するよう期待していることを表している。「その能力と駐留の範囲において」という限定条件は，受入国領域の全体において常に文民保護を実現できるものではないという現実を認めたものではあるが，任務達成のためにあらゆる必要な手段をとる義務を，部隊に免れさせるものではない。

　このような主張については，なぜ国連部隊への「期待」から具体的な「義務」が導き出されるのかが不明である，という問題点が指摘されよう。さらに，武力行使義務を強調することは，各国にPKO参加への躊躇を憶えさせ，要員確保が難しくなるという結果につながりかねない。さまざまなPKOにおいて文民保護任務に優先性が与えられていることは確かであるが，その任務を達成

---

(29) Scott Sheeran and Stephanie Case "The Intervention Brigade: Legal Issues for the UN in the Democratic Republic of Congo" International Peace Institute 2014, p.9 等。
(30) M23制圧の約1年後に発表された，国連事務総長のMONUSCOに関する報告（2014年12月30日）では，MONUSCOの指導部や外交団の構成員が，介入旅団とその他のMONUSCO部隊との区別を取り去ることが必要だとの認識を持っていると伝えられている。S/2014/957 para.31.
(31) Mona Ali Khalil "Legal Aspects of the Use of Force by United Nations Peacekeepers for the Protection of Civilians" 注(10) pp.205-223.

するための手段として武力行使がどのように位置づけられているのか，どのような状況に対してどのような形で武力行使がなされるべきかにつき，幅広い共通理解は未だ存在しないと考える。また，訓練や装備が不十分な部隊による武力行使は，部隊要員のみならず保護しようとする文民等の犠牲者を増大させることにつながりかねない。

武力行使義務を強調する立場に対し，手続的義務の設定を重視する主張もある。ある論者[32]は，ジュネーブ諸条約共通第1条「締約国は，すべての場合において，この条約を尊重し，且つ，この条約の尊重を確保することを約束する。」に表れている緩やかな義務等に着目したうえで，このような義務は明確さを欠いており強制できるものではないが，少なくとも問題についての議論がなされるよう確保することにつながるものだと述べる。

そのうえで，文民の保護という責務を果たすためには，PKOが文民保護戦略を作成し，それを実施すること，また実施できなかった場合には，その理由を示すことが必要で，文民保護戦略の作成や実施のためには，ミッションは少なくとも，文民への脅威をモニターし，脅威に対する自らの対応を文書化し，上層部へ報告しなければならないと述べる。そして，このような手続が整えられなければ，ミッションの対応は場当たり的なものにとどまり，積極的に行動する責務を果たすには不十分であると主張する。

こうした考えは，武力行使義務を強調する主張と比べ，現状を改善していくことに着実に貢献する可能性を持つものであろう。PKOに関する説明責任を充実させるという観点からも，肯定的に評価される。もっとも，こうした手続的義務が安保理や国連事務局によって一方的に設定されるのであれば，部隊派遣国の理解が得られないおそれが大きい。

以上の検討からは，部隊派遣国，事務局，安保理等の間において，武力行使権限や手続整備，また文民保護任務の遂行につき必要である訓練や装備をいかに確保するのかなどに関する率直な対話を通し，共通理解を深めてゆくことがまず求められると言える。こうした対話の重要性については，内部監査部もPKO局やフィールド支援局も認めるところである。そしてこうした共通理解のうえに，安保理がPKOに対し，要員の安全に配慮しつつ，実現可能な最大

---

[32] Siobhán Wills "International Responsibility for Ensuring the Protection of Civilians" 同前 pp.224-252.

限で文民保護任務を与えるということが必要である。

(b) 国連ハイレベル独立パネル報告書（2015年）

2014年10月，バン国連事務総長（当時）は，「今日の国連平和活動及び将来において生じるニーズにつき総点検すること」を目的として，東チモールのホセ・ラモス・ホルタ氏を議長とするハイレベル独立パネルを立ち上げた。そして，同パネルは，2015年6月に「我々の力を平和のために結集する」と題する報告（以下「ホルタ報告」）を提出した。ちなみに同年は，「ブラヒミ報告」[33]の15周年にあたる。

平和活動という用語は，2つの報告書ともにおいて見られる。「ブラヒミ報告」によれば，平和活動とは，紛争予防と平和創造，平和維持，平和構築という3つの部門を柱とするものとされる[34]。「ホルタ報告」によれば，それは，PKOから特別政治ミッション，周旋や仲介の試みにまでわたるものとされている[35]。両者を比べれば，前者は3部門の区別を基本的に維持しようとするものであるのに対し，後者はさまざまな活動の連続性を重視するものだという相違点も指摘できようが，PKOに認められる武力行使権限を超えた軍事的強制措置を，平和活動とは別の枠組みにあるものと考えるという点においては一致している。

「武力紛争下における文民の保護」というテーマに関する議論の推移という観点から見れば，「ブラヒミ報告」が発表されたのは，当該テーマにおける論議が1999年に安保理で開始され，当該テーマに関する初の安保理決議1296(1999)が採択されて間もない時期においてである。この時期とは，文民保護が国連の諸活動への信頼性にとって重要な意味をもつことや，「国際の平和と安全の維持」と文民保護とが密接に関連するものだということにつき，広く認識が共有されるようになり，文民保護に関する行動志向（proactive）のアプローチということが，強調され始めた時期である。

「ブラヒミ報告」では，文民の保護に関する独立した項目が設けられているわけではないが，上述の動向はその内容に反映されている[36]。同報告は，(1)

---

(33) A/55/305-S/2000/809.
(34) Ibid., para.10.
(35) A/70/95-S/2015/446 para.2.
(36) A/55/305-S/2000/809 paras.62-63.

Ⅶ　武力紛争法と戦後処理

安保理決議1296を引用しつつ，現地に国連平和活動が展開済みである場合，文民保護はその責任となりうるので，これに備えておくべきだと指摘し，(2)平和維持要員は，軍事要員であれ警察要員であれ，文民に対する暴力を目撃した場合は，これを制止する権限を有すると推定すべきだと述べている。同時に同報告では，国連部隊による文民保護任務の遂行には限界があるとの現実的な認識の下，白紙委任の形で文民保護任務を与えることにより，国連部隊への期待とその能力との間にギャップが生じることへの懸念が表明されている。もっとも，こうしたギャップを埋めるための措置として明示されているのは，「任務を遂行するために必要な具体的手段が，平和活動に与えられるべき」ということにとどまる。

こうした「ブラヒミ報告」と比較して，「ホルタ報告」は，「文民の保護」というテーマにつき，どのような特色を持つのであろうか。

「文民の保護」の位置づけにつき注目されるのは，「文民の保護」というタイトルの独立した項目[37]が設けられていることである。文民保護の手段としては，まず武力を用いない戦略の重要性が強調されている。PKOは政治的道具であり，暴力的紛争の終結や和平プロセスの進展を図るために活動すべきとされる。そして，「国連ミッションは，受入国政府やさまざまなコミュニティに対し，文民保護に資する環境を改善するために支援を与えるのだ」という視点が明らかにされている[38]。

より具体的には，ミッション指導部が事務総長や安保理の十分な支援を得て，文民の保護のために，政治的影響力を行使し啓発活動を行うことをはじめ，人権要員が行う監視報告活動により，人権侵害の責任追及や防止を促進すること，行政要員が地方の紛争を見つけ緩和すること，適切な場合には人道援助諸機関と連携すること等が挙げられている。

このように「ホルタ報告」では，武力を用いない文民要員の活動により，文民保護に関する現地関係者の意思と能力を強化するということが重視されている。こうした視点は，「ブラヒミ報告」において，差し迫った身体的危機に瀕

---

[37]　A/70/95-S/2015/446 pp.36-42.
[38]　もちろん，そうした支援を与える際には，「人権に関する相当の注意政策」が守られなければならない旨も，あわせて述べられている。Human Rights Due Diligence Policyについては，A/67/775-S/2013/110を参照。

する文民の保護につき，PKO の軍事要員や警察要員の役割に焦点が当てられていたのとは対照的である。2000 年には，頻発する文民への攻撃を目の前にして，「文民保護のためには武力行使も辞さない」という視点が重視されていたのに対し，2015 年には，それまでの経験に基づき，「武力で達成しうることには限界がある」との意識が，より前面に打ち出されているのである。

つづいて「ホルタ報告」は，武力を用いない戦略が奏功せず，文民が差し迫った脅威にさらされた場合，武力行使の権限と能力をもった平和維持軍は，文民を攻撃から守る責務を有すると述べる。それと同時に，こうした責務を全うするために，同報告は以下の 5 つの課題があると指摘する。

第 1 は，脅威の評価と計画立案についてである。脅威の評価は，武装集団等の類型，暴力の形態，大量虐殺の危険性，自己防衛に関する地域住民等の能力を含むもので，文民保護の計画は，そうした現地の個々の状況に対応したものでなければならない。事務局は現地の状況と必要とされる能力に関する率直な評価に基づき，安保理に明確な選択肢を提示せねばならない。

第 2 は，任務遂行能力についてである。国連加盟国は，ミッションがその任務を履行するのに適切な能力を提供せねばならず，安保理は，事務総長がそれを確保できるよう支援しなければならない。平和維持軍の武装要員が身体的保護を与えるためには，適切な地上部隊と十分な機動能力が必要である。しかし，保護責任を有するミッションの多くにおいて，そのための装備が不足している。任務遂行に必要な能力を確保できない場合には，展開計画や活動概念は修正されるべきで，事務局は，安保理に対し任務の変更などを勧告すべきである。

第 3 は，情報とコミュニケーションについてである。国連ミッションには，地域住民との信頼関係を構築することが求められ，そうした関係に基づく双方向的なコミュニケーションが，住民のニーズを把握すること，国連の能力の限界を伝えること，危機の際に適切な情報を提供することにつながるとされる。もちろん，政府当局ともあらゆる脅威につき，継続的に意思疎通を図らねばならない。そして，こうして得られた情報は，事務局を通じて適時に安保理に提供されねばならず，安保理は，理事国毎にあるいは全体として，文民保護を目的とした影響力を紛争当事者に行使すべきである。「確固たる政治的関与は，軍事作戦に勝る」ということが強調されている。

第 4 は，リーダーシップと訓練についてである。これについては，まずミッ

Ⅶ　武力紛争法と戦後処理

ション指導部のリーダーシップと，有効な指揮命令系統に重要性が指摘されている。軍事要員は，共通の活動概念に基づき，共通の姿勢で文民保護にあたらねばならない。そのためには，事前の訓練にも目を向けるべきである。事務局は，想定されたシナリオに基づく訓練教材を作成しているが，こうした訓練が効果的に行われたことを確認するメカニズムは不在であると述べられている。

第5は，任務と期待についてである。まず，保護任務が政治的解決と明確に関連付けられるべきだと指摘されており，ここでも政治の役割の重要性が強調されている。

そうした前提の下で，ミッションがいかに最善を尽くしても，すべての文民を常に保護することは不可能であるとの現実認識が示されている。そしてこうした観点から見て，ミッションの保護能力に対する期待が，過大なものになっていると述べられている。この点につき，ミッションと受入国政府や地域住民との率直な対話により，非現実的な期待が抱かれないよう努めることに言及された後，現地の期待を現実的なものとすることにつき，安保理が主要な責任を負っていることが確認されている。

他方で，文民が大量殺戮の危険にさらされている場合には，安保理が傍観することは許されないとも主張されている。PKOが成功しえない事態に対しては，国連憲章第7章の下での多国籍軍等への「許可方式」による対応が想定されている[39]。この点に関し，いかなる場合にそのような「許可方式」が認められるのかを明確にすること，および，派遣される軍隊の安保理に対する明確な説明責任と報告の要件を確立することが重要だと述べられている。

以上に示したように，「ホルタ報告」では，「ブラヒミ報告」でも指摘されていた「期待と能力とのギャップ」への対処につき，3つ点でより踏み込んだ指

---

(39) 平和維持軍による武力行使と軍事的強制措置の下での武力行使の区別につき，報告は次のような線引きをしている。前者は，文民や国連要員を脅威から保護するため，行動志向的（proactive）で先制的（pre-emptive）な戦術的な武力行使を含むものであるが，後者は，敵対者を，弱体化，無力化または打倒するための攻撃的な武力行使であり，両者は全くタイプの異なるものである。後者の例としては，1993年のソマリアの事例（筆者注：安保理決議814に基づくものであろう）と2013年のコンゴ民主共和国の事例（同：安保理決議2098に基づくものであろう）が挙げられている。A/70/95-S/2015/446 p.45 para.121．こうした区別は，「ブラヒミ報告」等においても見られるものである。松葉真美「国連平和維持活動（PKO）の発展と武力行使をめぐる原則の変化」『レファレンス』No.708（2010年1月）34頁。

摘がなされている。

　1つめは，平和維持軍等のミッションが，任務遂行に必要な能力を持てるよう確保せねばならないということである。これは，「ブラヒミ報告」でも打ち出されていた方向性であるが，「ホルタ報告」は，それを実現するための課題を，装備，訓練，指揮命令系統につき，より詳細に指摘している。

　2つめは，文民保護任務の設定についてである。「ブラヒミ報告」でも，白紙委任の形で文民保護任務を設定することに懸念が表明されていたが，「ホルタ報告」はより踏み込んで，安保理への情報提供に関する事務局の責任に言及するとともに，現地の期待を現実的なものとするようコントロールすることにつき，安保理が主要な責任を負うとし，場合によっては，達成不能な任務を，確保できたミッションの能力に合わせて縮小することにつき，事務局の勧告に基づき安保理が決定すべきとの立場を示唆している。

　このような主張は，事務局と安保理の責任を強調し，国連本部が自らの責任をはたさず，困難な問題への対処を現場に「丸投げ」することを戒めたものと評価されよう。こうした立場は，多国籍軍に対する「許可方式」につき，いわゆる「丸投げ」を許さず安保理の責任を確保しようとする姿勢ともつながっている。

　3つめは，ミッションと現地住民等との双方向的コミュニケーションを重視することである。「ブラヒミ報告」では，この点につき，文民保護任務との関係では直接に言及されておらず，ミッション一般に関する広報活動の重要性が述べられているにとどまる[40]。

　本稿の主たる関心に照らせば，「ホルタ報告」は，文民保護任務の達成につき，介入する平和維持軍の能力を，装備，訓練，活動に関する共通概念等の面で，向上させる必要性にも言及しているが，非軍事的手段の重要性，また文民保護に向けた政治の責任を，より強調していることが注目される。さらに，文民保護に関する現地の能力を促進することや，ミッションと住民や政府等とのコミュニケーションを重視していることも特徴的である。

　これは，過去15年の経験をもとに，十分な能力を持った平和維持軍を編成するのが実際には困難であること，また仮に平和維持軍が望ましい能力を持っ

---

(40)　A/55/305-S/2000/809 para.146.

Ⅶ　武力紛争法と戦後処理

たとしても，軍事的手段で達成できることには大きな限界があるとの認識が反映されたものであると評価される。「ホルタ報告」は，人道的危機に際し「何かしているふり」をするために平和活動を派遣することを排し，安保理の常任理事国や紛争当事者に影響を与えうる国等が，その政治的責任を果たすべきことを強く訴えているのである。

2　「文民保護に関するキガリ諸原則」(2015年)

　ルワンダ政府は，2015年5月28日～29日に，「平和維持活動を通しての文民保護：任務設計から実施へ」をテーマとする国際会議を，首都キガリにて開催した(41)。会議には，PKOへの軍事要員および警察要員の派遣数上位30ヶ国の代表，同じく資金提供額上位10ヶ国の代表，国連の専門家，研究者，その他の関係者が参加した。

　こうした会議が開かれ，多くの参加者を得た背景には，相互に関連する2つの事情がある。第1は，2014年に国連内部監査部が提出した前述の報告書にも示されているように，PKOがその文民保護任務をあまり達成しえていないという批判が聞かれるということである。第2は，他方で，平和維持部隊のなかでは，「現地の複雑で困難な状況を理解しない者によって，自分たちがスケープゴートにされている」と不満が高まっているということである。このような事態を改善ないしは解決することをめざして，会議の目的として掲げられたのは，「武力紛争下における文民保護任務を，どうすれば国連平和維持要員が効果的に達成しうるかにつき，より深い理解を得ること」である。

　そして会議の終わりに，ルワンダ政府は，あるべき共通理解を「要員派遣国の誓約」という形で18項目にまとめた，「文民保護に関するキガリ諸原則」を提示した。2018年7月18日現在，同諸原則に対する支持を表明した国は，欧州，米州，アジア，アフリカ，オセアニアに広がる47ヶ国である(42)。そして国連事務総長は，同諸原則を支持するよう，各国に訴えかけている(43)。

　以下では，諸原則の内容を紹介したうえで，その内容を整理しつつ，諸原則

---

(41) この会議の概要については，注(4)に掲げたサイトを参照。
(42) 支持を表明した国については，http://www.globalr2p.org/resources/1007 を参照。
(43) 国連事務総長報告書で訴えかけた例として，S/2017/414 para.59。安保理において訴えかけた例として，S/PV.7951 p.4。

全体の構造に関する筆者なりの理解を述べたい。

　我々，部隊要員および警察要員の派遣国は，(中略)，次のことを誓約する。
1. 我々のすべての部隊に，ミッションへ派遣される前に，文民保護の訓練を施すこと。
2. 我々の地区および部隊の司令官，またミッション指導部への我々の候補者が，PKO，特に文民保護に関する高度な訓練を受け，十分な準備ができているよう確保すること。
3. 必要に応じて，また任務と整合する形で，文民を保護するため武力を行使する準備すること。そうした行動には，抑止のために武力を示すこと，武装勢力と文民との間に我々の部隊を介在させること，文民を害する明確な敵対的意図を有する武装勢力に対し直接の軍事行動をとることが含まれる。
4. 文民を保護する我々の責任を任務にしたがって果たすことを妨げる，派遣部隊等への通知や他の制限をしないこと。
5. 文民を保護する我々の能力を阻害する，あらゆる資金や手段の不足をつきとめ，国連に報せること。
6. 文民保護をより効果的にするために有益な手段（ヘリコプター等）を，可能な範囲でPKOに提供すること。
7. 緊急の場合に文民を保護するために武力を行使する権限を部隊司令官に付与し，本国政府との協議の必要をなくすことによって，文民保護における不当な遅延を避けること。
8. 文民を保護する責任の履行につき，受入国政府が対応しないか前向きの姿勢を示さない場合には，交戦規則にしたがいつつ，文民を保護する行動をためらわずにとること。
9. 国連およびミッション指導部に対し，どのような状況における武力行使が適当なのかを含め，交戦規則の明確性を求めること。
10. できるだけ早い段階で，文民に対する潜在的脅威をつきとめ，積極的にそうした脅威を軽減する措置をとるか，文民である住民の脆弱性を低減するよう努めること。
11. 迅速な展開に向けた用意を促進すること。これには，国連の待機軍制度を全面的に再検討すること，ミッション派遣用の部隊または警察のユニットを

指定すること，アフリカ連合とその地域経済共同体など地域的機構とのパートナーシップの活用を進めることが含まれる。
12. 我々の要員が任務を遂行している地域において，人権侵害や暴力の予兆を監視し報告するよう注意を怠らないこと。
13. 我々の要員が，必要かつ可能な状況において文民を保護する行動をとらなかった場合には，懲戒処分を講ずること。
14. 我々の要員が文民を保護しえなかった場合には，原因についての我々自身の再検討を，他の事後的再検討と並行して行い，そうした失敗の再発を防ぐためにカギとなる教訓を明らかにし共有すること。
15. 我々の要員に最高の行動基準を維持させ，要員による人権侵害に対しては，精力的に真相究明し，適当な場合には訴追すること。
16. 文民保護任務を履行し我々の責任を果たすため，平和維持ミッションへの任務付与にあたり，我々は，より良好で定期的でかつ広範囲の協議を要請する。平和維持ミッションの任務が再検討され変更されうる場合には，安保理は，ミッションに部隊や警察を派遣しているすべての国と協議するよう義務付けられるべきである。我々は，そうした協議において，文民保護任務の履行を強化しうる，我々自身のアイデアと解決策を提示することを約束する。
17. 任務と必須の資金とを適合させるよう確保し，また，いくつかのミッションにおける現在の深刻な資金不足に対処するプロセスを支持することを約束するよう，安保理に促すこと。我々は，資金と任務のよりよい調整を確保しうる，より段階的な任務付与プロセスを支持する。
18. よく計画された任務であっても，機動性や後方支援その他の支援が不十分であれば，その履行が害されることに留意し，緊急事態計画を含め，すべての軍事計画に対する効果的な支援を要請すること，そして国連事務局とともに，現在の支援取極を再検討すると約束すること。この再検討には，より多くの後方支援機能に関する権限を，適当な場合には軍事部門に移譲する可能性に関する事項が含まれる。

周知のようにルワンダは，1994年に同国でジェノサイドが発生した際，国連ルワンダ支援団が大幅に縮小される等，国際社会に放擲されてしまった経験をもつ。そしてこの悲惨な経験をもとに，同国は復興後，国連やアフリカ連合

の平和維持活動に積極的に参加してきた実績がある。こうした経験と実績を有するルワンダは，武力紛争下における文民保護の現状に対して強い危機感を抱くゆえ，この国際会議を開き，キガリ諸原則を発表したものと考えられる。

　その内容については，PKOによる文民保護が少なくとも十分には達成されていない現状を分析し，改善が必要な点をできるだけ具体的に明らかにしたうえで，改善に向けての要員派遣国の前向きな姿勢を示したものだと，肯定的に評価できる面がある。

　しかしながら，18の原則がお互いにどのように関係づけられるのか，諸原則全体がどのような構造になっているのかは，自明でない。以下においては，キガリ諸原則の全体的構造に関する筆者なりの理解を示したい。

　同諸原則で最も目を引くは，文民保護のための武力行使に躊躇しない姿勢が示されていることである（原則3，8）。原則8にいう行動（action）は，武力行使に限定されるものではないだろうが，「交戦規則にしたがいつつ」という文言が挿入されていることから，武力を用いることが主として想定されていることは疑いない。

　もっとも，文民保護につき，軍事要員の役割のみを強調するのは適切でないだろう。警察要員や文民要員，またミッション上層部を含むミッション全体が，統一された文民保護戦略に基づき，それぞれの役割を果たさねばならない。そうした戦略には，原則10から汲みとることができるように，住民の危機回避能力等を高めることも含まれるであろう。原則12が掲げるように，治安情報等を早期に収集し共有することも欠かせない。さらに，諸原則には掲げられていないが，安保理事国をはじめ，紛争当事者に影響を与えうる諸国が一致して，文民保護に対して強いコミットメントを示すことも必須である。

　また，原則3で言及されている「文民を害する明確な敵対的意図を有する武装勢力に対する直接の軍事行動」は，あくまでPKOの枠組み内のものであり，武装勢力を弱体化，無力化または打倒するための攻撃的な武力行使を含まないと理解すべきであろう。そうした理解を前提としたうえで，武力行使が必要となるケースを可能なかぎり少なくしつつ，やむを得ない場合には，効果的で抑制のきいた形で武力行使をすることが求められる。

　そして，こうした行動を可能とするためには，いくつかの条件が満たされねばならない。

Ⅶ 武力紛争法と戦後処理

　まず，文民保護に関するミッションの任務，権限，戦略につき，関係諸国の共通理解が確立していることが必要となる。この点に言及したのが，原則9と16である。安保理，国連事務局，ミッション指導部，要員派遣国の対話を深めることは不可欠である。

　つぎに，ミッションの権限と任務にふさわしい数と質の要員を早期に確保し，十分な資金や装備を提供することが必要となる。この点に言及したのが，原則1，2，5，6，11，17，18である。この点については，要員派遣国の自助努力と相互協力も必要であるが，それと同等以上に先進国の果たすべき役割が強調されるべきである。PKOにおける先進国要員の比率が高くないことを考えると，資金や装備や訓練の提供に関する道義的責任は大である。

　これまでに述べた条件を確保したうえで，現場にいる要員が迅速に行動することを可能とするには，原則4と7に掲げられた措置が必要となる。派遣部隊の行動に対する本国政府からの隠された制限や，文民に対する危急の事態において，派遣部隊が対応する方法につき本国政府の許可を得なければならないことは，しばしば，必要な行動がとられない原因や口実となっていると批判されてきた。こうした批判には一面の真理があるが，より根本的な問題は，上述の条件が満たされず，要員が過度の危険にさらされるおそれが大きいことであると考える。こうした条件が整えられれば，原則4と7で指摘されているような問題は，解消してゆくと期待される。

　そして，以上のすべてが実現された後で，原則13に示された懲戒による抑止が効果を持ちうるようになると考える。この順番をまちがえれば，最前線に立つ要員を，「過度の危険か，懲戒か」という，非人間的なジレンマに直面させることになる。

　また，要員に対する懲戒が，「トカゲの尻尾切り」とならないようにするため，原則14に掲げられた，原因の究明と教訓の共有も重要となってくる。責任を個人に押しつけるのではなく，失敗の構造的原因を明らかにしたうえで，再発防止策を練ることが求められる。

　原則15に示されたことは，要員の非行による信頼失墜を防ぐために不可欠である。

　PKOによる文民保護能力を向上させるためには，上に示したような形でキガリ諸原則の全体構造を理解することが求められる。注目を集めがちな原則3，

8, 13のみが強調されるようでは，逆効果となるであろう。

Ⅳ　おわりに

　憲章第7章下で与えられた文民保護任務を，PKOが現在より少しでも高い水準で実施するためには，国際社会における幅広い積極的な連携を進めることが不可欠である。本稿では，そうした連携を実現するために必要な共通理解の枠組みにつき検討してきた。

　まず「文民の保護」と「保護する責任」とが別の概念であると区別したうえで，PKOによる文民保護任務の履行促進に向け，安保理理事国をはじめとする諸国の関与をしっかりと確保し，国連事務局を交えながら要員派遣国等との対話を深めることが必要である。そうした対話のテーマとして挙げられるのは，いかにして非軍事的手段で文民保護を可能なかぎり達成するのか，やむを得ずPKOとしての武力行使をするのはどのようなケースなのか，その武力行使を抑制的かつ効果的にするために求められる準備とは何か，その準備をいかにして実現するのか，文民保護任務に関わる説明責任をどのように確保するのか，PKOによる文民保護が奏功しない場合にどのような形で「平和強制」に移行するのか等である。

　ある論者は，「文民保護任務がPKOにおいて絶対的な優先性を与えられているのは，安保理が分裂し，政治問題に取り組むのが困難になってきていることを，覆い隠すためのものなのかも知れない」という趣旨の指摘をしている[44]。こうした指摘を真摯に受け止め，上述のような対話を進めるためには，「文民の保護」をどれほど重要な課題と考えるのか，「文民の保護」を促進するために財政面での負担や安全面でのリスクを引き受ける用意がどの程度あるのかという問いに対し，各国が真正面から向き合う必要がある。

---

(44)　Jean-Marie Guehénno "The United Nations and the Protection of Civilians" 注(10) pp.257-274 の p.274.

35 プロクシ(Proxy)を通じた占領

新 井 京

I　はじめに
II　プロクシを通じた武力紛争・占領の可能性
III　プロクシを通じた占領に関する判例の動向
IV　プロクシを通じた占領の条件
V　むすびにかえて

I　はじめに

　現代国際法の下，武力紛争当事国は，軍事占領（Belligerent Occupation）を設定することにより広範な法的責任を負う。1907年のハーグ陸戦条約付属の陸戦の法規慣例に関する規則（以下，ハーグ規則）および1949年の文民の保護に関するジュネーヴ第4条約（以下，文民条約）といった占領法規が占領国に義務を負わせるのみならず，今日の国際人権条約関連の諸機関が示した見解によれば，人権条約当事国が自国の領域外において軍事占領を敷いていれば，占領地域内において人権保障義務を課せられる[1]。占領国が負担しなければならないのは，実定法上の義務だけではない。1974年の「侵略の定義決議」（国連総会決議3314）は，「一時的なものであっても……［一国の兵力による他国領域への］侵入もしくは攻撃の結果として生じた軍事占領」もまた，侵略行為に該当しうるものとした（3条(a)号）。こうした様々な責任を負わせ，または「違法」であるとのスティグマを与える占領国としての地位は，武力紛争当事国からみれば，多くの場合に自認することを回避したいものとなるのも当然であろう[2]。

---

(1) *Al-Skeini et al. v. the United Kingdom*, ECtHR Application No. 55721/07 [Al-Skeini Case], paras.138-140, 143-150.
(2) Eyal Benvenisti, *The International Law of Occupation*, 2nd ed. (Oxford UP, 2012),

Ⅶ　武力紛争法と戦後処理

　もちろん，今日の国際人道法の適用は，事実に基づき決定されるため，占領国であるかどうかを「自認する」ことは大きな法的意味を有さない。しかし，殊に占領法規に限れば，その適用排除を可能とする事実的・非事実的（法的）要素がいくつか存在し，他国領域に軍事的に侵入したものの占領法規の適用を回避したい国家はそのような要素を援用し，占領状態の成立自体を否定しようとする。例えば，当該領域が従前敵国に不当に占拠されていただけであって「本来自国領域であった」とする「正当な」領域権原の主張がありうる[3]。また，領域国の同意をでっち上げること（engineering）により，軍事占領が同意に基づく平和的なものであるという主張も繰り返されてきた[4]。

　以上のような「法的（非事実的）」要素と同様にしばしば見られるのが，ハーグ規則42条が規定する軍事占領の要件，すなわち当該領域が「事実上敵軍ノ権力内ニ帰シタル」こと，あるいは当該領域に占領国が「権力ヲ樹立シタル且之ヲ行使シ得ル」事実の否定である。確かに，今日の占領法規では，占領国の意図的怠慢によって人道的保護が失われることを防止するため，軍事占領の事実的条件である当該領域の「実効的支配」は，現実に権力が行使されている場合のみならず，「権力行使が可能な状況」であれば十分であると考えられている[5]。しかし，今日では，他国に軍事的に介入した国家が当該地域に所在した

---

　　　pp.167-169.
(3)　この点で，エリトリア・エチオピア請求権委員会は，「他の締約国によって武力紛争勃発まで平和的に統治されていた領域」は占領国による領有権の主張にも拘わらず占領地域とみなされることを明確にした（Eritrea-Ethiopia Claims Commission, *Partial Award, Central Front‒Ethiopia's Claim 2*, Decision of 28 April 2004, 26 Reports of International Arbitral Awards 154, 170, paras. 27-29）。興味深いのは，この請求権委員会を創設したアルジェ協定（Algiers Agreement of 12 December 2000, 2138 UNTS 94）自体が，エリトリア・エチオピア間の境界画定委員会も創設しており，一部の領域をめぐって領有権をめぐる紛争が存在することが請求権委員会にとって自明であった点である。See also, Kyo Arai "Between Consented and Un-Contested Occupation," *Israel Law Review*, Vol.51, No.3 (2018), pp.376-377.
(4)　Arai, supra note 3, pp.372-378.
(5)　拙稿「占領の定義について」『同志社法学』69巻7号（2018）491-495頁。なお旧ユーゴスラビア刑事法廷（ICTY）のナレティリッチ事件判決では，占領の要件を列挙し，その1つとして「文民たる住民に対して自らの指令を発し，強制していること（the occupying power has issued and enforced directions to the civilian population）」を挙げた（*Prosecutor v. Naletilic et al.*, Case No. IT-98-34-T, Judgment, 31 March 2003 [Naletilic Trial], para.217）。これは占領国による権限の現実の行使をも必要としており，

地域的統治体を利用し，またはそのような組織を設置し，さらには領域国政府に敵対しつつ介入国に協力的な組織的武装集団などを通じて行う「間接占領」を利用することで，自国軍隊による直接占領を避ける事例が多々見られる。実際に現地で領域や住民を実効的に支配しているのは，そのような「プロクシ」[6]である点で，介入国が自らの軍隊により支配を行っているという要素（「直接占領」）を否定することができる。他方で，介入国がプロクシに対して及ぼしている支配の程度によっては，当該介入国による直接占領と同一視されるべき状況もある。その場合には，プロクシを通じた占領は，介入国が占領国としての義務から免れる隠れ蓑に他ならないことになる。

今日，キプロス北部に対するトルコの，アゼルバイジャン領域内ナゴルノ・カラバフおよび周辺地域に対するアルメニアの，モルドバの沿ドニエストル地域ならびにジョージアのアブハジアおよび南オセチアに対するロシアの「占領」がプロクシを通じた占領であると指摘される[7]。いずれの事例においても，国際機関や他国からは介入国による占領が成立している（にも拘わらず占領国

通説的理解に合致しないと批判される（拙稿「前掲論文」注5，494頁）。しかし，ICTYは2017年のプルリッチ事件控訴裁判部判決（*Prosecutor v. Prlic et al.*, Case No. IT-04-74-A, Judgment, 29 November 2017 [Prlic Appeals]）において，ナレティリッチ事件判決の示した占領の諸要件に依拠しつつも，上記引用部分については，「占領国は権限を行使する立場にある（in a position to exercise its authority）」のみで十分であるというハーグ規則42条の伝統的な解釈に則したものであるとの説明がなされており，ICTY判例としては，通説的理解との一貫性が保たれているものと思われる（paras.320-322）。

(6) 本稿は，プロクシと介入国との間に存在する多様な関係を横断的に評価するものであるため，包括的な概念として現地の勢力・組織を指して「プロクシ」と呼んでいる。上記のような含意を持つ適切な日本語訳は存在しない。

(7) なお，ロシアによるクリミア併合の過程も同様にプロクシを通じた占領の例として挙げられることもあるが，クリミアを「併合」したロシアが直接支配を行う状況に至っており，ロシアによる占領状態であるとの批判はあるものの（Office of the Prosecutor, *Report on Preliminary Examination Activities*, November 2016, §168），ここではプロクシを通じた占領の一例には含めないものとする。

またロシア・ウクライナ関係では，東部ウクライナへのロシアの介入が問題となるが，国際刑事裁判所（ICC）検察局の報告書によれば（Ibid., para.169），東部ウクライナにおいて親ロシア派民兵とウクライナ政府との非国際的武力紛争，およびウクライナと介入したロシアとの間の国際的武力紛争の発生は認められるが，ロシアによる民兵への全般的支配の欠如，民兵による領域支配が実効的になされているとは言えないことから，ここでは，プロクシを通じた占領の一例としては扱わない。

としての義務が果たされていない）という批判が向けられる一方で，介入国は，軍事介入の事実そのものは否定しないものの，現実の統治はプロクシが行っており占領状態にはないと反論し，占領法規の遵守が確保されない状況となっている[8]。これらの事例では，いずれの介入も，被占領地域住民を保護する名目で行われており，住民とプロクシの間に利害の不一致がないのかもしれない。しかし，本稿でも取り上げる，ボスニア・ヘルツェゴビナ（以下，ボスニア）やコンゴ民主共和国（以下，DRC）の事例のように，住民が現実に統治を行うプロクシ（とその背後にある介入国）と敵対的な関係に立たされ，占領法規による人道的保護が必要となることもある。さらに，占領法規が適用されないことは，適用法規・保護のギャップを生み出し，法的な空白地帯を作り出す可能性もある。そこで本稿では，「プロクシを通じた占領」が国際法的に存在しうるのならば，プロクシと介入国の間にはどのような関係性が必要とされるのかを検討する。

II　プロクシを通じた武力紛争・占領の可能性

そもそも，軍事占領は一武力紛争当事国の正規軍自体による直接占領に限定される概念なのであろうか。この点で，文民条約自体は明らかに正規軍以外の「他者」を通じた占領を想定していると考えられる。同条約29条は以下のように規定する。

　　「被保護者を権力内に有する紛争当事国は，その機関（agents）がそれらの被保護者に与える待遇については，個人に責任があるかどうかを問わず，自らその責任を負う。」

本条に関して，赤十字国際委員会（ICRC）が作成した1958年のコメンタリーは次のように述べる。

　　「ここでいう機関とは，方法または資格のいかんを問わず，締約国の業務を行

---

[8]　国際機関や諸国の実行に基づき紛争の性格付け（classification）を行っているジュネーヴ国際人道法・人権法アカデミーのプロジェクト RULAC: Rule of Law in Armed Conflicts <http://www.rulac.org>（本稿における，すべてのウェブサイトの最終訪問日は 2019 年 3 月 31 日である）によると，これらの例はいずれも介入国による軍事占領とみなされるべきだとされる。なお，北キプロス，沿ドニエストル，ナゴルノカラバフに関しては，本稿IV 4(3)を参照のこと。

910

う全ての人を包摂する……。ハーグ陸戦条約3条が『其ノ軍隊ヲ組成スル人員』について交戦国の責任が生じると述べているが，機関の語は，同条よりは広い範囲をカバーする。……機関の国籍はここでは無関係である。この点は占領地域において特に重要である。すなわち，占領当局は，被占領国国籍の現地雇用の機関の行為についても責任を有することを意味するからである。……占領国は自己の決定を現地当局または傀儡政権によって実行させることがある。当該人員により引き起こされる犯罪の責任を免れるような状況を回避するため，（正規軍構成員かどうかという）形式的条件を排除する必要があった。」[9]

このような立法趣旨からすると，文民条約29条が占領国の「機関」として想定するのは，武力紛争法上，または国内法上の（de jure な）軍隊構成員とみなされる者に限定されないことは明らかであろう。特に，「傀儡政権」による占領国権力の実行に明示的に触れていることから，本条をもって，国家が他国の領域についてプロクシを通じて占領することが条約上根拠づけられるという見解もある[10]。ICTY ダディッチ事件第一審裁判部も，文民条約29条のコメンタリーが説明する「事実上の組織または機関と外国との関係性には，外国が現地の事実上の組織または機関を通じてのみ一定領域を『占領し』または当該領域で活動している状況を含む（強調オリジナル）」[11]と述べている。

タディッチ事件控訴裁判部判決は「他者を通じた」戦争・占領の意味合いを概念上拡張した。まず，「ある国の領域内で国内的武力紛争が生じている状況において，(ⅰ)他国が自国軍隊により当該紛争に介入する場合，または(ⅱ)当該国内的武力紛争のいずれかの当事者がその他国のために行動している場合には，紛争は国際的なものになる（または，状況によっては国内的武力紛争と並行的に国際的な性質をも有することになる）」と述べた[12]。さらに(ⅱ)の方法で非国際的武力紛争が国際化するためには，組織された武装集団に関しては，「単なる資

---

(9) Jean S. Pictet, ed., *Commentary, Geneva Convention (IV) relative to the Protection of Civilian Persons in Time of War* (ICRC, 1958) [Pictet Commentary], pp.211-212.

(10) Tom Gal, "Unexplored Outcomes of Tadic: Applicability of the Law of Occupation to War by Proxy," *Journal of International Criminal Justice*, Vol.12 (2014), p.65. Alexander Gilder, "Bringing Occupation into the 21st Century: The effective implementation of occupation by proxy," *Utrecht Law Review*, Vol.13, No.1 (2017), p.63.

(11) *The Prosecutor v Dusko Tadic*, Case No. IT-94-1-T, Judgment, 7 May 1997, para.584.

(12) *The Prosecutor v Dusko Tadic*, Case No. IT-94-1-A, Judgment, 15 July 1999 [Tadic Appeals], para.84.

金および装備の提供を超えて，軍事活動の一般的計画を調整し支援することによって『全般的支配』を及ぼす必要」があるとした[13]。このような関係性が成立するには，国際司法裁判所（ICJ）のニカラグア事件本案判決[14]で示されたような「個々の軍事活動に関連して具体的な命令や指示を発出する」までの（実効的）支配は求められない。この「全般的支配」基準は，2007年にICJのジェノサイド条約適用事件判決[15]において，国際責任法上の帰属の原則としては否定された。しかし，ICTYおよびICCが援用し続けたことにより，判例上は，「ある軍隊が外国のために行動しているかどうかを決定するためには全般的支配基準が用いられなければならない」[16]との考え方が定着した[17]。

武力紛争国際化要件としての全般的支配基準の「定着」をうけて，その「論理的な帰結」として，ある国において一定領域に対する実効的支配を及ぼす組織的武装集団に対してある外国が全般的支配を及ぼしている場合に，当該武装集団と領域国との間の紛争が国際化するのみならず，介入国が現地の組織的武装集団を通じて占領を行う占領国となりうるという主張が現れた[18]。全般的支配基準が武力紛争国際化要件として確固たる地位を占めるのであれば，現地のプロクシを通じた間接統治を介入国による占領とみなさないことは論理的一貫性を欠くと考えられたのである[19]。他方で，ICJはジェノサイド条約適用事件において，「全般的支配」の行使は，支配された集団の行為を介入国に帰属

---

(13) Tadic Appeals, para.131.
(14) *Military and Paramilitary Activities in and against Nicaragua (Nicaragua v. United States of America), Merits, Judgment. I.C.J. Reports 1986*, p. 14 [Nicaragua Case].
(15) *Application of the Convention on the Prevention and Punishment of the Crime of Genocide (Bosnia and Herzegovina v. Serbia and Montenegro), Judgment, I.C.J. Reports 2007*, p. 43 [Genocide Case].
(16) *The Prosecutor v. Thomas Lubanga Dyilo*, Case No. ICC-01/04-01/06, Decision on the confirmation of charges, 29 January 2007 [Lubanga Confirmation], para. 211, *The Prosecutor v. Thomas Lubanga Dyilo*, Case No. ICC-01/04-01/06, Judgment pursuant to Art. 74 of the Statute, 14 March 2012 [Lubanga Trial] para. 541.
(17) Tristan Ferraro, "The ICRC's legal position on the notion of armed conflict involving foreign intervention and on determining the IHL applicable to this type of conflict," *International Review of the Red Cross*, Vol.97 (900) (2015), p.1237.
(18) International Committee of the Red Cross, Commentary on the First Geneva Convention (Cambridge UP, 2016) [ICRC Commentary], paras.328-332.
(19) Vaios Koutroulis, "The Beginning and End of Occupation," *UN Audiovisual Library of International Law* <http://legal.un.org/avl/ls/Koutroulis_LAC.html>.

させ，その国際責任を生じさせるには不十分だと判示した。したがって，武装集団に全般的支配を及ぼしているに過ぎない介入国が，（少なくとも国家責任法の観点から）自己の行為とは言えないプロクシの行為を根拠として占領国と見なされうるのかについて異論もある。このようなプロクシを通じた占領に関する議論では，いずれの立場も ICTY や ICJ の判例を「根拠」としてそれぞれの論を展開している。そこで以下では，プロクシを通じた間接的統治に関するそれら諸判例の動向を再検討する。

Ⅲ　プロクシを通じた占領に関する判例の動向

1　ICTY

(1)　ブラスキッチ事件第一審裁判部判決

ICTY では，タディッチ事件控訴裁判部判決に続いて，2000 年のブラスキッチ事件第一審裁判部判決[20]が，現地の組織に対して介入国が全般的支配を行い紛争が国際化している状況において，当該現地組織（プロクシ）を通じた占領が成立するかを検討した。ブラスキッチ事件において検討されたのは，クロアチアによるボスニアへの介入の過程において，クロアチア軍自体による直接介入とならんで行われた，現地の組織的武装集団「クロアチア防衛共同体（HVO）」による領域の実効的支配であった。この HVO 支配地域で行われたジュネーヴ条約の重大な違反の訴追の前提として，同支配地域における占領の成立が争われたのである。そこで次のように判示された。

> 「当該占領地域は，……HVO により支配されていた場所である……そこでは，HVO に対する全般的支配，支援および密接な結びつきを通じて，クロアチアが占領国の役割を果たしていた。よって，紛争の国際的性質の立証に適用されるのと同じ根拠に基づいて，クロアチアが HVO に及ぼした全般的支配によって，被害を受けたボスニア・ムスリムらの財産はクロアチアの支配下，すなわち占領地域に所在したことになる。」[21]

(2)　ナレティリッチ事件第一審裁判部判決

ところが，2003 年のナレティリッチ事件第一審裁判部判決は，この見解に

---

(20) *Prosecutor v Tihomir Blaskic*, Case No. IT-95-14-T, Judgment, 3 March 2000 [Blaskic Trial].

(21) Blaskic Trial, paras.149-150.

異を唱えた。同様の HVO 支配地域に関する事例において裁判部は以下のように述べた。

> 「裁判部は，適用される法に関する裁判所の判例が一貫していないと考える。本件の文脈では，ブラスキッチ事件第一審裁判部判決の立論には同意できない。同判決で示された<u>全般的支配の基準は，占領の存在の決定には適用できない。本裁判部の見解では，占領状態の決定と国際的武力紛争の存在の決定との間には本質的な相違が存在する。全般的支配の基準は後者に適用されうる。占領の存在には更なる程度の支配が必要とされる。</u>占領とは，軍事的侵入の後，敵対行為停止の合意に至るまでの間の移行期と定義される。この相違に基づき，占領国は国際的武力紛争の当事者に比べてより重い義務を課せられるのだ。(強調引用者)」[22]

この見解は，プロクシを通じた占領の議論を複雑化した。ICRC 法律顧問のフェラーロは，この判決を端的に，占領状態の確立要件である「領域に対する実効的支配」とプロクシと介入国の関係（帰属）に関わる「実効的支配」とを混同していると批判する[23]。国際法の基本的な論点に関して国際裁判官が「誤解」していると批判するには相当な根拠が必要であろうが，フェラーロ自身は，タディッチ事件控訴裁判部判決において全般的支配基準の武力紛争国際化要件としての妥当性が確定しており，その論理的帰結としてプロクシを通じた占領も同様の支配関係の存在があれば認められるべきだとの演繹論的「根拠」しか示しておらず，この後判示された ICJ コンゴ領域武力行動事件判決[24]がこのような考え方を裏付けると述べるのみである。

ナレティリッチ事件第一審裁判部判決における上記論旨の前後関係から判断すると，フェラーロの言うような「誤解」の可能性があるのかどうか判然としない。この法廷が判決中でも確認した弁護側の主張は，(1)「占領は，侵入段階 (invasion phase) と区別され，敵国領域が侵入した軍隊の権限下に実際に置かれたときに存在する」のであって，(2)「占領は単なる軍隊の駐留以上のもので

---

(22) Naletilic Trial, para.214.
(23) Tristan Ferraro, "Determining the Beginning and End of an Occupation under International Humanitarian Law," *International Review of the Red Cross*, Vol.94(885) (2012), p.159, n.78.
(24) *Armed Activities on the Territory of the Congo (Democratic Republic of the Congo v. Uganda), Judgment, I.C.J. Reports 2005*, p. 168 [Congo Case].

あり，外国がその軍隊によって領域を統治していること（強調引用者）」が示されねばならないというものだった[25]。裁判部は，ブラスキッチ事件第一審裁判部判決に依拠した検察側の反論を受けて，上記見解を示した。確かに，弁護側の挙げる(1)「侵入段階と占領状態との区別」は，単なる軍隊の外国領域への侵入のみならず領域に対する実効的支配を確立しているかが問題になるため，裁判部の「誤解」の誘因となったようにみえる。他方で，(2)「外国がその軍隊によって領域を統治すべし」という主張に対するものとすれば，HVO を通じてクロアチアによる占領が確立するためには，両者間に「更なる支配関係」が必要だという見解は有効な回答となる。

本判決に積極的意義を見いだそうとする論者も存在する。ベンヴェニスティは，占領国としての責任には，自軍やプロクシの行為についてのみならず，占領地域にある第三者に関する／対する責任も含まれており，その場合には単なる全般的支配を超える「更なる支配」が必要であるとする[26]。また，サッソーリは，オックスフォード大学出版から公刊された（後述の ICRC 編さんのコメンタリーとは別の）ジュネーヴ諸条約コメンタリー（以下 OUP コメンタリー）において，全般的支配しか及ぼしていないプロクシを通じて，自らの軍隊を送り込んだこともないような領域について介入国が占領国とみなされるという不条理を生むとして，ブラスキッチ事件第一審裁判部判決を批判し，ナレティリッチ事件第一審裁判部判決を支持している[27]。

(3) プルリッチ事件第一審裁判部・控訴裁判部判決

しかし ICTY は，クロアチアと HVO との関係が問題になった 2013 年のプルリッチ事件第一審裁判部判決，および 2017 年の同事件控訴裁判部判決において，再び「全般的支配を受けるプロクシを通じた占領」を是認した[28]。

本件の弁護人は，ナレティリッチ事件第一審裁判部が「国際的武力紛争の存

---

(25) Naletilic Trial, para.212.
(26) Benvenisti, supra note 2, p.62.
(27) Marco Sassoli, "The Concept and the Beginning of Occupation," Andrew Clapham, Paola Gaeta, Marco Sassoli (eds.), *The 1949 Geneva Conventions: A Commentary* (OUP, 2015) [OUP Commentary], pp.1399-1400 [MN22].
(28) *Prosecutor v. Prlic et al.*, Case No. IT-04-74-T, Judgment, 29 May 2013 [Prlic, Trial], vol.1, para.96., Prlic Appeals, para.322.

Ⅶ　武力紛争法と戦後処理

在と占領の存在は別々の問題であること，および占領の存在の証明には，全般的支配を超える更なる程度の支配が必要である」と述べたことを想起して，「検察官は，当該時点に，当該地域において<u>外国軍による実際の支配および実際の権限</u>（actual control and actual authority）が存在したことを証明しなければならない（強調引用者）」と述べた。弁護側も，当時クロアチア政府がHVOに一定程度の影響力を持っていたことは認めるものの，クロアチアがHVOを通じてボスニア領域を占領していたわけではないと主張する。なぜなら，弁護側によれば，ICJのコンゴ領域武力行動事件判決の多数意見は，外国軍による反乱団体に対する実効的支配か，外国軍による当該領域に対する直接的な実効的支配を要求しているが，HVOによる支配地域においてクロアチアがそのような支配を確立していたわけではないからである[29]。

　それに対して，裁判部は以下のように述べた。

　　「本裁判部は，紛争の国際的性質を決定するために適用される基準に関する裁判所の判例法は明確だと考える。外国が紛争当事者の1つに全般的支配を及ぼしている場合に，当該紛争は国際的性質を持つことは確立している。したがって，検察官が，外国による全般的支配の下にある武力紛争の当事者が［領域の実効的支配の］基準を充足していると証明できるときには，当該領域の占領状態が証明される。」

　本事件の控訴裁判部判決においてもこの問題が争われた。控訴裁判部において，弁護側が第一審裁判部の誤りの1つとして指摘したのは，第一審裁判部が，ボスニア各地域を支配したHVOがクロアチアの機関（agent）であることを証明できていないこと[30]，およびそれら地域が「HVOによって占領された」と認定したのみで，クロアチア自身による占領を認定していない点であった[31]。これについて控訴裁判部は，クロアチアが，クロアチア軍を通じて直接介入しHVOとともに戦っていたこと，クロアチアの支配がHVOに対する全般的支配に達していたことを確認したうえで，第一審裁判部は明確に述べていなかっ

---

(29) Transcripts, 17 February 2011, <http://www.icty.org/x/cases/prlic/trans/en/110217IT.htm> pp.52439-52440.

(30) *Slobodan Praljak's Revised Public Redacted and Corrected Reply Brief with Annexes*, para.15.

(31) *Slobodan Praljak's Revised Public Redacted Appeal Brief with Annexes*, paras.49, 51; *Bruno Stojic's Appellant's Brief: Corrigendum to Public Redacted Version*, para.422.

916

たものの,「判決を全体として読めば, <u>クロアチアが HVO を通じて占領国となっていたことを意味していたのは明らか（強調引用者）</u>」であるとした。さらに, プロクシを通じた占領について明確に次のように述べた。

> 「占領国としての権限は, プロクシによっても, すなわち組織化されハイエラーキカルに構成された事実上の集団を通じても行使されるが, このような解釈は, 国家が自己の占領法上の義務をプロクシの利用によって回避することを許されるべきではないという考え方に基づくものである。これは, ICJ によって黙示的に認められており, 多くの第一審裁判部判決で ICTY がとってきた立場である。」[32]

このようにプルリッチ事件控訴裁判部判決において, プロクシを通じた占領の要件については一定の結論をみたように思われる[33]。しかし, ICTY の判例は同じクロアチアによる HVO を通じた占領の評価についてさえ一貫性を欠いてきた。プルリッチ事件におけるナレティリッチ事件第一審裁判部判決の否定に影響を及ぼしたのは, 2005 年の ICJ コンゴ領域武力行動事件判決であるが, この ICJ の判決はプロクシを通じた占領の存在の根拠, 特に全般的支配を前提としたそれの根拠としてどれほど決定的なのであろうか。プルリッチ事件控訴裁判部判決は, ICJ の判決が「黙示的に」プロクシを通じた占領を認めているとした。しかし, プルリッチ事件第一審裁判部において弁護側は, ICJ はむしろナレティリッチ事件第一審裁判部判決と同様の結論を示しているとした[34]。そこで次節では, ICJ コンゴ領域武力行動事件判決を, プロクシを通じた占領の観点から再検討する。

2 DRC 領域のウガンダによる「占領」

(1) ICJ コンゴ領域軍事活動事件（2005 年）

DRC が, 自国に対する侵略, 武力行使, 干渉およびその過程における国際人道法違反に責任を有するとしてウガンダを訴えたコンゴ領域軍事活動事件に

---

(32) Prlic Appeals, para.322.
(33) ロンゴブラードは, この判決により, ICTY が明確にプロクシを通じた占領を認めたと評価している（Marco Longobrado, *The Use of Armed Force in Occupied Territory* (Cambridge UP, 2018), p.30）。
(34) Transcripts, supra note 29.

Ⅶ 武力紛争法と戦後処理

おいて[35]，ICJ は，ウガンダが占領国として占領地域において行われた略奪等について責任を負うかどうかを議論する前提として，DRC 領域内におけるウガンダによる軍事占領の存否を検討した。

この点に関して，ウガンダは，自国軍（Uganda Peoples' Defence Force, UPDF）の DRC 領域内への「自衛目的」での侵入は認めたものの，UPDF の兵力は DRC が申し立てるような広大な領域を実効的に支配するには小規模であること，現実の領域統治は DRC 内の反政府武装集団であるコンゴ解放運動（Mouvement de libération congolais, MLC）やコンゴ民主連合（Rassemblement

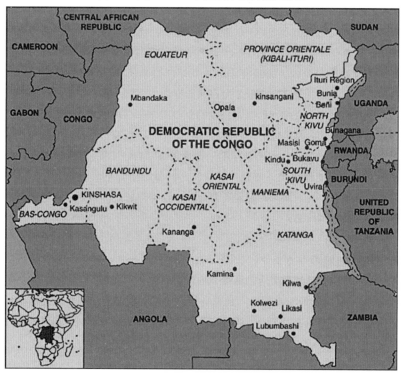

図1　当時のコンゴ民主共和国行政区分図

Elizabeth Wilmshurst, ed., *International Law and the Classification of Conflicts* (Oxford UP, 2012) p.146 より転載

---

(35) Congo Case.

congolais pour la démocratie, RCD) が行っていたこと，自衛のために行動する UPDF には現地勢力による統治に対する不干渉を命じていたことなどを根拠に，ウガンダが占領国であることを否定した[36]。それに対して DRC は，「ハーグ規則において占領概念の基準となっているのは，占領国軍隊の遍在ではなく，権限を行使する占領国の能力」であると指摘し，UPDF がコンゴ領域において「直接的および間接的に」統治を行っていたとした。具体的には，ウガンダと接する東部の北キヴ州やオリエンタル州のみならず，UPDF が進軍したエクアトゥール州にいたるまでの広範な DRC 領域においてウガンダが占領国であったことを主張した[37]。UPDF による直接的な統治として，DRC は，ウガンダが DRC の北東部オリエンタル州の一部（上部ウエレ地区とイトゥリ地区）を分離させ「キバリ＝イトゥリ州」を創設し（図 1 で Ituri Region と記載のある部分のこと。元はオリエンタル州の一部であった），ウガンダ軍の司令官が新設した同州の知事を任命したこと，さらにその後の同州における地域政治への介入，地方選挙への介入などを挙げる[38]。また DRC は，間接的支配の証拠として，UPDF と MLC や RCD との密接な関係を強調する。すなわち，UPDF が MLC を設立したことをはじめとして，その他の多数の現地軍事集団に対する軍事的，政治的，外交的支援を行い，それら集団の組織化および機能に重要な役割を果たしたことが主張された[39]。

ICJ は，ハーグ規則 42 条にしたがって，「当該地域において，占領国としての権限が介入国により実際に確立され行使されているかを……，本件ではコンゴ領域にあるウガンダ軍が特定の場所に駐留しているだけではなく，自己の権限により DRC の権限を代替しているかどうかを確認しなければならない」[40]として，DRC が一例としてあげたイトゥリ地区における地域政治への直接の関与をもって，同地域において，直接的なウガンダの権限が行使された軍事占

---

(36) Congo Case, para.170. *Rejoinder submitted by the Republic of Uganda*, Vol. I, 6 December 2002, paras.170-172.

(37) Congo Case, paras.167-169. *Réplique de la République démocratique du Congo, Volume I, Réplique*, Mai 2002, paras.2.77-2.85. DRC が主張するウガンダによる占領地域の範囲については CR 2005/12, p. 52, para. 24 (Corten).

(38) Congo Case, para.168.

(39) *Réplique de la République démocratique du Congo*, paras.2.95-2.147.

(40) Congo Case, paras.172-173.

領が存在すると判示した[41]。

他方で間接的支配については，次のように述べた。

> 「DRC はコンゴの様々な反乱勢力を通じた『間接的統治』および UPDF 支配下の地域における地方選挙に対するウガンダ要員による監視について主張した。しかし，DRC はイトゥリ地区以外の地域におけるウガンダ軍による権限行使を示す具体的な証拠を提供していない。……また，ウガンダがコンゴ反乱勢力により支配統治されていたイトゥリ地区以外の地域について占領軍であったという DRC の主張を認めることもできない。すでに述べたように（160 項），それら反乱集団がウガンダの支配下にあったことを示す証拠はない。」[42]

このように，裁判所はウガンダによる現地反乱勢力を通じた「間接的統治」の可能性を示唆したものの，十分な証拠が存在しないことを理由として，ウガンダが直接支配したイトゥリ地区以外の占領の存在を否定している。先に挙げた ICTY プルリッチ事件におけるコンゴ領域武力行動事件に基づく議論において，控訴裁判部判決が「黙示的に」プロクシを通じた占領を認めたというのは，ICJ が上記多数意見 177 項において証拠が整えば間接的統治がありうると「示唆」したことを意味するのであろう。他方で，プルリッチ事件で弁護側が ICJ はプロクシを通じた占領の可能性を否定していると述べたのは，ICJ が実際にはウガンダによる直接的支配が行われたイトゥリ地区の占領のみを認めたことをもって，占領の成立のためには「介入国の軍隊」そのものが占領地域を直接統治している必要があると解釈したからであろう。

前者の立場から，フェラーロは，この 177 項は，裁判所が ICTY により展開された立場を支持し，間接的実効支配を通じて占領がなされうる可能性を受け入れたことを意味すると評している[43]。しかしこの見解には疑問がある。第 1 に，本件において，ICJ は ICTY が援用する全般的支配に基づくコンゴ紛争の国際化の有無について全く検討する必要がなかった。国際人道法違反を検討するに際して，他の周辺諸国とならんでウガンダ自身による直接介入により，

---

(41) Congo Case, paras.175-176.
(42) Congo Case, para.177.
(43) Ferraro, supra note 23, p.159, fn.79. Vaios Koutroulis, *Le début et la fine d l'application du droit de l'occupation* (Pedone, 2010), p.32, Marten Zwanenburg, "The Law of Occupation Revisited: The Beginning of an Occupation," *Yearbook of International Humanitarian Law*, Vol.10 (2007), p.119.

イトゥリ地区を含むコンゴ東部地域においてDRCとウガンダの間に国際的武力紛争が存在することは明らかだった。第2に，多数意見の177項が「反乱集団がウガンダの支配下にあったことを示す証拠はない」と断定する際に言及している160項は，以下のように国家責任条文の構成に基づき，実効的支配の有無を検討するものの，全般的支配の有無に関心を払っているとは言えないからである。

「MLCの行為は，(国家責任条文4条にいうような) ウガンダの『機関』としてのそれではなく，(5条が言うような) ウガンダのために政府機能を果たす実体でもない。さらに，MLCの行動がウガンダによる『指示または指揮もしくは支配の下で』行われたかを検討したが，そのような証拠もなかった。」[44]

(2) 国際刑事裁判所 (ICC) の諸判例

上述のように，ICJはウガンダによる武装組織に対する支配関係について，実効的支配と呼べるほどの密接な関係があったかどうかを証拠の不在を理由に否定し，全般的支配に関しては何の判断もしていない。コンゴ北東部におけるウガンダとMLCやRCDなどの組織的武装集団との関係については，ICCが，このイトゥリ地区における戦争犯罪の訴追の過程において検討を行った。関係する被告人は，RCDの分派の1つRCD解放運動派 (RCD-ML) からコンゴ愛国連盟 (Union des patriotes congolais, UPC) とその軍事部門コンゴ解放愛国軍 (Forces patriotiques pour la libération du Congo, FPLC) のリーダーとなったルバンガ，同じくFPLCリーダーのンタガンダ，UPC/FPLCと敵対するイトゥリ愛国抵抗軍 (Force de résistance patriotique de l'Ituri, FRPI) のリーダーであったカタンガの3名である。

彼らの裁判における決定・判決を時系列的に概観すると，最初の判断はICC規程61条に基づくルバンガに関する公判前犯罪事実確認 (confirmation of charges) に関する予審裁判部の2007年決定である[45]。同決定は，ICJコンゴ領域武力活動事件判決に大きく依拠しながら，2002年7月から2003年6月のウガンダ軍撤退までの間，イトゥリにおいてウガンダは占領国であり，その結果としてイトゥリにおける武力紛争を国際的なものであったと信ずるに足る

---

(44) Congo Case, para.160
(45) Lubanga Confirmation, paras. 211-220.

Ⅶ　武力紛争法と戦後処理

実質的な理由があったと述べた。翌2008年のカタンガに関する犯罪事実確認決定でも，UPDFによる直接介入および武装組織の行う戦闘への参加，各派への兵器弾薬の供給を根拠に同様の判断を下した[46]。

しかし，第一審裁判部判決の段階になるとより慎重な判断が示されるようになった。2012年のルバンガ事件第一審裁判部判決は，問題となる犯罪に関係する武力紛争は，ウガンダによる直接介入・占領により生じたDRC＝ウガンダ間の国際的武力紛争とは別の，並行して生じた非国際的武力紛争であるとした。すなわち，UPDFがイトゥリのいくつかの箇所を占領していたこと，ウガンダがUPC/FPLCに対する訓練や武器の提供を行っていたことなどは認められるものの，UPC/FPLCの軍事活動を組織，調整，計画する役割を負っていた，すなわち全般的支配を及ぼしていたという証拠は存在しないと判断した[47]。2014年のカタンガ事件第一審裁判部判決[48]，およびンタガンダに関する予審裁判部犯罪事実確認決定も[49]，この判断を踏襲した。

(3)　小　　括

ICTYプルリッチ事件判決は，プロクシを通じた占領の前例として，ICJコンゴ領域武力活動事件判決に依拠した。ICJが，結論としては証拠が不十分なために介入国ウガンダと現地武装勢力の間に行為帰属に係る支配・従属関係を証明できなかったものの，「間接的支配」という概念に言及したからである。しかし，当時ウガンダが武装組織に対して全般的支配を及ぼしていた事実は存在しなかったことが，ICCにより確認されている。したがって，むしろ，コンゴ領域武力活動事件においては，ICJがウガンダによる「直接的支配」の及ぶ

---

[46] *The Prosecutor v. Germain Katanga and Mathieu Ngudjolo Chui*, Case No. ICC-01/04-01/07, Decision on the confirmation of charges, 30 September 2008, para.240.

[47] Lubanga Trial, paras.557-561.

[48] *The Prosecutor v. Germain Katanga*, Case No. ICC-01/04-01/07, Judgment pursuant to Article 74 of the Statute, 7 March 2014, para.1213.

[49] *The Prosecutor v. Bosco Ntaganda*, Case No. ICC-01/04-02/06, Decision Pursuant to Article 61(7)(a) and (b) of the Rome Statute on the Charges of the Prosecutor against Bosco Ntaganda, 9 June 2014, paras.31-33. ルバンガ控訴裁判部判決では紛争の性質に関する議論はなされていない（*The Prosecutor v. Thomas Lubanga Dyilo*, Case No. ICC-01/04-01/06, Judgment on the appeal of Mr. Thomas Lubanga Dyilo against his conviction, 1 December 2014）。

範囲に限って占領の確立を認めた事実こそが重要であり、プロクシを通じた占領を否定的に捉える材料になるとも考えることができる。また、このとき ICJ はウガンダの国家責任を問題にしていたこともあり、ウガンダと武装勢力との関係として、国家責任条文 4 条に基づき武装勢力がウガンダの国家機関化しているかどうかと、同条文 8 条に基づきウガンダによる武装勢力への指示または指揮統制の存否など、全般的支配基準よりも強い関係性の有無を検討していた。したがって、コンゴ領域武力活動事件は、全般的支配の下に置いたプロクシを通じて介入国が占領を確立しうることの決定的な証拠とまでは言えないように思われ、このことは ICTY プルリッチ事件判決の妥当性にも疑いを生じさせるのである[50]。

IV　プロクシを通じた占領の条件

1　学説の対立

前章で述べた判例の錯綜は、プロクシを通じた占領に関する議論の対立を招いた。この対立は、ジュネーヴ諸条約に関して 2015 年と 2016 年に相次いで出版された二種類のコメンタリーの全く異なる記述に象徴的に現れている。

2016 年に刊行が始まった ICRC 編さんの 1949 年ジュネーヴ諸条約コメンタリー（以下、ICRC コメンタリー）は、介入国による全般的支配の下にあるプロ

---

[50]　なお、コンゴ領域武力活動事件におけるコイマンス判事の個別意見は、多数意見が「コンゴ反乱団体がコンゴ北東部諸州を支配下に置くことを可能にしたのはウガンダ軍の侵入」であるという事実を十分考慮していないことを批判した。彼は、それがなければ DRC 政府は反乱団体に対抗するよりよい立場にあっただろうという意味で、ウガンダの侵入は、武力紛争の展開に決定的影響を及ぼしていたことを重視する（Congo Case, Separate Opinion of Judge Kooijmans, para.48.）。その上で「ウガンダが直接権限を行使したか、その多くを現地当局に委ねたかは法的には重要ではなく、DRC 政府の権限に服すべき場所を実効的に占領している限り、ウガンダは実効的な権限（事実としての権限）を有していたと言え、軍隊の人員数が足りなかったから実効的占領ではなかったという議論は支持しない」と結論している（Ibid., para.49）。しかし、彼は、ウガンダが現地武装勢力にどの程度の支配を及ぼしていたのかを明確にすることなく、間接的占領の可能性をも確認するべきだと述べたに過ぎない。ウガンダが現地武装勢力の軍事活動に及ぼしていた影響については、全般的支配の関係ではなく、より広く彼らによるコンゴ北東部諸州の支配を可能にしたウガンダの前提的役割が重視された。したがって、コイマンス判事の個別意見もまた、介入国によるプロクシへの全般的支配を通じた占領の可能性を直接根拠づけるような意見とは言えない。

クシを通じた占領を明確に肯定する。同コメンタリーは，ジュネーヴ諸条約共通２条に関して，上述の法律顧問フェラーロの論稿[51]をなぞりながら，次のように述べる[52]。

> 「1990年代の旧ユーゴスラビアでみられたような状況では，自国の（国内法上定義された）軍隊を現地に展開させることなく，自国のために活動する武装組織を通じて，他国の領域において行動しうることが示された。……よって，国家は，ある領域の全部または一部を実効的に支配している現地の事実上の当局などの組織された集団に対して，全般的支配を行使するときに占領国とみなされる。」[53]

他方で，上述のジュネーヴ大学教授のサッソーリは，OUPコメンタリーの中で，フェラーロとICRCコメンタリーの立場を否定している。サッソーリも，事実主義に基づきプロクシが介入国のために権限を行使する場合に，理論上，介入国が占領国とみなされうることを認める[54]。しかしそのために必要とされる介入国によるプロクシに対する支配の程度について，紛争国際化の敷居の理論的帰結として演繹されるものではなく，ナレティリッチ事件第一審裁判部判決に従って，別の考慮が必要だと主張する。ここでサッソーリが「更なる」程度の支配として想定するのは，領域に対する実効的支配を及ぼす武装組織に対して介入国が実効的支配を及ぼしていることである。

さらに例えば欧州人権裁判所のロイジドウ事件[55]において，全般的支配があれば北キプロス当局による人権侵害の責任をトルコに負わせるのに十分だと認められていることと，プロクシによる占領の場合との次のような相違を指摘

---

(51) コメンタリーの記述は，本稿で言及する一部の食い違いを除き，フェラーロの論稿（Ferraro, supra note 23, pp.159-160）とほぼ同一内容である。

(52) ICRC Commentary, paras.328-332.

(53) ICRCコメンタリーは，この理論がタディッチ事件やブラスキッチ事件第一審裁判部判決により裏付けられているとする。ただし，ICJのコンゴ領域武力活動事件については，占領が領域に対する間接的な実効的支配を通じて実行される可能性を認めたように見えるが，それは国家が問題となる武装組織に対して「実効的支配」を行使していることを条件としていたと指摘している。このICJの多数意見177項に対する態度は，コメンタリーのこの節の記述の中では珍しく，フェラーロ個人の評価（上述）と異なっている部分である。

(54) Sassoli, supra note 27, p.1399 [MN22].

(55) *Loizidou v Turkey*, ECtHR, Application no. 15318/89, Judgment (Merits), 18 December 1996 [Loizidou Case], para.56.

する[56]。すなわち，北キプロス当局が人権保障の義務を「自らの領域」に対して負うのと違って，占領においては「外国による」領域支配が決定的な要素となるということである。結論として，「ある国家が他の国の未承認当局に対して全般的支配を行っていることは，当該国をして人権侵害について責任を負わせるには十分であるが，占領法を適用するためには，占領法を適用可能ならしめる行為に対する実効的支配が必要である」とする[57]。

このように，現地の組織的武装集団に対する全般的支配を及ぼしているに過ぎない介入国は占領国たり得ないとするサッソーリの立場は，現地の組織的武装集団が支配地域住民に対して「外国性」[58]を有さないのではないかという疑念，さらに真に「外国性」を有するはずの介入国自体が当該領域において占領法上の義務を果たすことが不可能なのではないかという疑念に基づくものである[59]。

2 「更なる程度の支配」？

介入国による全般的支配を受けたプロクシは，自国民・自国領域との関係でも「外国軍隊」として，ハーグ規則42条に言う「敵軍」となりうるのか。ICRCコメンタリーの理解によると，全般的支配の帰結として，介入国は既存の紛争の当事者となり，当該紛争は完全に国際的性質を帯びることになる。こ

---

(56) ただし，欧州人権条約にしたがってプロクシを通じて介入国の管轄を及ぼしうることとプロクシの行為が介入国に帰属するかどうかの問題は，別の概念と捉えるべきであろう（*Jaloud v. The Netherlands*, ECtHR Application No. 47708/08, Judgment, 20 November 2014, para.154. See also, Remy Jorritsma, "Unravelling Attribution, Control and Jurisdiction: Some Reflections on the Case Law of the European Court of Human Rights," Hélène Ruiz Fabri, ed., *International Law and Litigation: A Look into Procedure*（Nomos, forthcoming）; Marko Milanovic, "Jurisdiction, Attribution and Responsibility in Jaloud,"（EJIL: *Talk!*, 11 December 2014）<https://www.ejiltalk.org/jurisdiction-attribution-and-responsibility-in-jaloud/>）。

(57) Sassoli, supra note 27, p.1400 [MN23]．もちろん，北キプロスの事例でもトルコという外国軍による間接的支配を問題にしうるため，サッソーリの比較は不正確であるが，プロクシに外国性がないことについての指摘としては正鵠を得ているように思われる。

(58) ベンヴェニスティは占領法による規制が求められるのは，統治者と被統治者の間の利益の本質的衝突であり，ハーグ規則42条が「敵（の）」と表現する，このような住民との利益の衝突が生じる統治者の属性を一般的に「外国性（foreignness）」と表現している。Benvenisti, supra note 2, pp.59-60.

(59) Ibid., pp.61-62.

れに対して，全般的支配基準が占領に必要なプロクシに対する支配として不十分であるとして，「更なる程度の支配」が必要だとも主張されている。それでは，「更なる程度の支配」としてどのような支配が想定されうるのか。

(1) 責任帰属要件との関係

サッソーリの立場は，全般的支配によって武力紛争が国際化されたとしても，そのような支配を受けたプロクシの「占領行為」を「介入国による行為」とはみなしえない場合があるのではないかという懸念を示す。よって，この論争は，全般的支配基準の紛争国際化要件としての妥当性のみならず，ジェノサイド条約適用事件において示された国際人道法における紛争国際化要件と国家責任法における帰属の要件との「機能上の差異化（functional differentiation）」の妥当性にも関連している[60]。

ICJ ジェノサイド条約適用事件判決は，タディッチ事件控訴裁判部判決が示した全般的支配基準を帰属要件としては排除したものの，紛争の性質決定のための基準としての妥当性についての判断は避けた。したがって，ICJ の判例上は，両基準が理論上「同一である必要はない」と述べたにとどまる。しかし多くの学者が，ICJ の示したいわば司法的深慮とも言うべき判断回避を超えて，機能上の差異化の必然性（異なるべし）を実質的な根拠を挙げて支持している。ミラノヴィッチは，二次規則である帰属のルールが一次規則である国際人道法の適用範囲を決定することは概念的に誤りであり，国際人道法自体が，非国際的武力紛争の国際化を引き起こしうる国家と非国家主体の関係を規律すべきだと述べている[61]。カロンは，二次規則は一次規則の違反の効果を規律する目的があり，それが同時に一次規則の適用範囲を決定するとすれば循環論法に陥

---

(60) これらの問題は，介入国がプロクシによる占領行為に対して負うべき法的責任の如何という国家責任法の議論に関連することになる。「占領法規は占領国の対象領域に対する義務を，領域国のそれに近いものにまで強めるが，そのことにより，占領国が有する国際法上の義務に違反する行為の帰属に現実的な影響を及ぼすことになる。」（Nicolas Haupais, "Les obligations de la puissance occupant au regard de la jurisprudence et de la pratique recentes," *Révue generale de droit international public*, Tome 111, No.1 (2007), p.121）。他方で，一次規則である紛争国際化のルールと二次規則である帰属のルールは原理的に区別されるべきだと主張する論者もある。

(61) Marko Milanovic, "The Applicability of the Conventions to 'Transnational' and 'Mixed' Conflicts," OUP Commentary, p.36 [MN 31].

ると指摘する[62]。

　他方で，ICTY タディッチ事件控訴裁判部判決にしたがって，両基準を同一化させて捉える必要があるとの主張も根強い[63]。ICRC コメンタリーは，プロクシを通じた占領の文脈で全般的支配を要件とするにとどまらず，全般的支配に依拠した国際化要件と帰属要件の「機能上の同一化（functional equivalence）」を主張している[64]。ICRC コメンタリーによると，「武力紛争が国際化するために問われるべきなのは，（武装集団の）ある行為が介入国の行為とみなされる理由があるかどうかである」。さらに，「介入国が，（プロクシを自国のために戦わせながら）プロクシのヴェールに隠れて国際人道法から生じる義務と国際責任を回避することを防止」しなければならないため[65]，「ある行為が国際的武力紛争の法に規律されるものの国家には帰属しない」という支配，保護，責任の「ギャップ」は避けなければならないとする[66]。その上で，「非国家主体と外国の密接な関係を国際人道法の下で性格づけるためには，武装組織と外国との関係の現実をよりよく反映する全般的支配の基準が妥当であり，このことは帰属の目的においてもあてはまる」と述べた[67]。

---

(62)　Djemila Carron, "When is a conflict international? Time for new control tests in IHL," *International Review of the Red Cross*, Vol.98, No.3 (2016), p.1026. さらにカロンは，実質的にも，紛争の国際化は重大な帰結，すなわち膨大な国際的武力紛争に適用される規範の適用と当事者の地位の変化を引き起こすが，帰属のためにはそのような事情を考慮する必要がないため，両者の基準を同一化して捉えることは難しいとも指摘する。See also, Katherine Del Mar, "The Requirement of 'Belonging' under International Humanitarian Law," *European Journal of International Law*, Vol. 21, No. 1 (2010), pp. 108-109.

(63)　Marina Spinedi, "On the Non-Attribution of the Bosnian Serbs' Conduct to Serbia," *Journal of International Criminal Justice*, Vol.5 (2007), pp.829-838; Remy Jorritsma, "Where General International Law meets International Humanitarian Law: Attribution of Conduct and the Classification of Armed Conflicts," *Journal of Conflict & Security Law*, Vol.23, No.3 (2018), pp.411-412.

(64)　ジョリツマは，ICC が紛争国際化要件として ICTY の示した全般的支配基準を踏襲しているのみならず，判例においてタディッチ事件控訴裁判部判決を留保も付さず（ICJ ジェノサイド条約適用事件において部分的に否定されたことを明言せず）引用していることから，ICTY が前提とする両基準の「機能上の同一化」をも承認していると述べる（Jorritsma, supra note 63, p.427）。

(65)　ICRC Commentary, para.273.

(66)　ICRC Commentary, para.271.

(67)　ICRC Commentary, para.271.

Ⅶ　武力紛争法と戦後処理

このような議論はあるが，本稿の目的では，紛争国際化要件と帰属要件の完全な同一化（同じくあるべし）でも完全な差異化（異なるべし）でもなく，ICJジェノサイド条約適用事件判決が述べているように「必ずしも同一でなくてもよい」という捉え方をしておけば十分であろう。ICRCコメンタリーが指摘するギャップは，国際人道法の適用条件の改善という一次規則の整備によって解決可能であり，帰属要件との同一化が唯一の解という訳ではない。もちろん，プロクシの行為が介入国に帰属する場合には，当該紛争が国際化しているという十分条件となりうるであろうが，帰属が紛争国際化のための必要条件とは言えない。以下の「更なる支配」の要件の検討において，帰属要件と考えられているものが検討対象になるが，それはサッソーリの場合も含めて，帰属要件をプロクシを通じた占領基準または紛争国際化の要件のために借用・転用しているに過ぎないのである。

(2) 帰属要件の転用
① 実効的支配
　ナレティリッチ事件第一審裁判部判決は，プロクシを通じた占領の要件を非国際的武力紛争が国際化するとされる全般的支配の要件よりも厳格に捉え，プロクシに対して介入国が「更なる」支配を及ぼしていなければならないとした。サッソーリは全般的支配を超える「更なる」支配とは実効的支配を意味すると主張した。
　サッソーリの見解は，プロクシを通じた占領状態成立の敷居を当該プロクシの行為に関して介入国が国家責任を負う要件と一致させる解釈となる[68]。これは，ICJがジェノサイド条約適用事件で示した，紛争国際化要件と国家責任法における帰属の要件との「機能上の差異化」を維持しつつ，プロクシを通じた占領についてのみ支配のギャップを調整しようとするものである[69]。
　しかし，「更なる」程度のプロクシ支配として「実効的支配」を想定することには必然性がないように思われる。確かに，タディッチ事件控訴裁判部判決の影響により[70]，実効的支配と全般的支配が対置されて議論されることが多い。

---

(68) Koutroulis, supra note 43, pp.33-34.
(69) Jorritsma, supra note 63, pp.411-412.
(70) Tadic Appeals, para.116.

928

しかしミラノヴィッチが指摘するように[71]、「実効的支配」に初めて言及したニカラグア事件本案判決では、「実効的支配」を個人または組織されていない集団の行為の帰属に適用される基準と言及しているが、他方で組織された集団の行為の帰属に関しては「完全な依存（支配）」の基準を用いるべきだとしている[72]。その後のジェノサイド条約適用事件は、2001年に採択された国家責任条文の4条と8条の関係に照らして、通常は「完全な依存（支配）」による事実上の国家機関化（国家責任条文4条）により行為の帰属を考えるべきであるが、そのような関係が無い場合にも「実効的支配」があれば帰属がありうる（同8条）と整理した[73]。

いずれの判決においても、「完全な支配」による事実上の国家機関化は、ICTYが述べた「全般的支配」と同様に、当該集団の行為全体を包括的に帰属させる基準である一方で、個人や組織されない集団に対する「実効的支配」は具体的な行為に対する具体的な指示を要求する「個別的」帰属要件であると捉えている[74]。占領の確立のためには、領域と住民に対して権限を行使しうる組織的実体の行為を評価するのであるから、介入国が個々の行為に具体的な指示を行っているかという「個別的」視点での判断が困難なのは当然であろう。ICRCコメンタリーは全般的支配と実効的支配を対比させ、前者を帰属要件としても支持し、その根拠として、「実効的支配」は「作戦ごとの状況評価」を必要とし、組織的武装集団の行為の帰属要件として機能しないことを挙げる[75]。しかしこの批判は「完全な依存」関係にはあてはまらない。ナレティリッチ事件第一審裁判部判決が、プロクシを通じた占領の成立のためにはプロクシに対

---

[71] Marko Milanovic, "State Responsibility for Genocide," *European Journal of International Law*, Vol.17, No.3 (2006), p.576ff.
[72] Nicaragua Case, paras.109-110.
[73] Genocide Case, paras.384, 406.
[74] 浅田正彦「非国家主体の行為の国家への帰属：包括的帰属関係と個別的帰属関係をめぐって」『国際法外交雑誌』111巻2号（2012年）22-26頁。
[75] 全般的支配の意義として、ICRCコメンタリーは、「個々の交戦行為に関して具体的な指示を外国から得ていないとしても、武装組織が外国に従属しうる状況がありうることを示す」点、さらに、「事実上の実体または非国家武装組織全体への支配の程度を評価することができる点」を挙げる。後者の意義は、「実効的支配基準に依拠すると、個々の作戦ごとに紛争の再評価が必要となり、非現実的である」という批判に基づくものである。ICRC Commentary, para.271.

する全般的支配を超える「更なる」支配関係が必要だと述べるとき，帰属の要件を転用するのであれば，適切な概念はむしろ「完全な依存」の関係だったとも言える。

② 「完全な依存（支配）」関係

それでは，「完全な依存」とはどのような支配関係であろうか。ニカラグア事件本案判決では，「コントラと米国との関係が一方の依存＝他方の支配というものであり，法的観点からコントラが米国政府の機関（organ）と同一視できるか，米国政府のために（on behalf of）行動している」場合を指すものとされた[76]。ICJ がこの完全な依存状態を確認するために検討したのは，米国による(i)コントラの創設，(ii)すべての面に及ぶ支配，(iii)コントラのリーダーの選任，配置，給与支払いといった要素であった[77]。また ICJ は，米国がコントラを組織し，訓練し，コントラのために物資を供給し，装備を提供したこと，および米国の支援がコントラの活動遂行にとって決定的役割を果たしたことは，それ自体では完全な依存の証明にはならないと述べた[78]。完全な依存とは，結局のところ，プロクシに「真の自立性（real autonomy）」が存在していない状態で，介入国が自国軍隊や自国機関と同種かつ同程度の支配を及ぼしていることが必要だとされたのである[79]。

このような完全な依存の関係にあるプロクシは，介入国の事実上の国家機関となり，その行為すべてについて介入国が責任を有することになる。そのため，ミラノビッチによると，介入国の法律上の（de jure な）機関との相違は，国内法上の根拠があるか否かという点だけになる[80]。国家責任条文においては，そのような事実上の国家機関は，4条に規律されることになる。ILC のコメンタリーによれば，同2項が「(国の) 機関は，当該国の国内法に従ってそのような地位を有するいかなる人又は団体も含む（強調引用者）」と規定するのは，逆説的にそのような事実上の国家機関をも取り込む趣旨だとされる[81]。

---

(76) Nicaragua Case, para.109.
(77) Nicaragua Case, paras. 93-94, 109, 112.
(78) Nicaragua Case, paras.110, 115.
(79) Nicaragua Case, para. 114.
(80) Milanovic, supra note 71, p.577.
(81) James Crawford, *The International Law Commission's Articles on State Responsibility: Introduction, Text and Commentaries* (Cambridge UP, 2002), p.98.

ただし，武力紛争国際化の要件として，あるいはプロクシを通じた占領の基準として，全般的支配基準に代わって「完全な依存」基準を用いることには，その現実的妥当性の観点から懐疑的にならざるをえない。非国家主体や組織的武装集団に対して外国がそのような強い役割を果たしていることを証明するのは，完全な支配よりも緩やかな実効的支配の場合ですら多大な困難が伴う[82]。実際上，介入国がそのような完全な支配を及ぼし得るのは法律上の（de jureな）機関のみとなりかねず，プロクシの行為の帰属要件としては不条理だとの批判もある[83]。タルモンは，このような完全な支配の存在は「証明は不可能でないにしても困難」だと評し，それゆえに通常は実効的支配の基準のみが検討されることになると指摘している[84]。

③　帰属要件の部分的借用の問題点

武力紛争の現実を考慮すれば，武力紛争国際化要件は包括的関係性を前提としたものであるべきだというICRCコメンタリーの趣旨は首肯できる。その点で個別的帰属要件である実効的支配基準が，紛争国際化要件としてはもとより，プロクシを通じた占領の要件としても現実的ではないのはICRCの指摘の通りであろう。しかし，ICJが包括的帰属要件として示した完全な支配基準は，武力紛争国際化の要件として用いるには厳格過ぎる。

さらに，いずれの帰属要件を借用するとしても，武力紛争国際化要件とは別に，占領についてのみ（部分的に）プロクシに対する支配関係のより高い敷居を設定することには根本的欠陥があるように思われる。占領についてのみ「更なる程度」の支配が求められる根拠について一貫性のある説明を欠くからであ

---

(82) Jörn Griebel and Milan Plücken, "New Developments Regarding the Rules of Attribution? The International Court of Justice's Decision in Bosnia v. Serbia," *Leiden Journal of International Law*, Vol. 21, No. 3 (2008), p.613.

(83) Hervé Ascensio, "La responsabilité selon la Cour internationale de Justice dans l'affaire du génocide bosniaque," *Revue Générale de Droit International Public*, Tome 111, No. 2 (2007), pp.290-292.

(84) Stefan Talmon, "The Responsibility of Outside Powers for Acts of Secessionist Entities," *International and Comparative Law Quarterly*, Vol.58 (2009), pp.501-502. また，ICRCコメンタリーの上述部分においても，完全な依存／支配関係は脚注において言及されているが，実効的支配以上に強い関係を求めることが現実的ではないとの前提で，実効的支配基準のみを検討しているように思われる。このことはコメンタリーの基盤となったフェラーロの論稿の関連箇所（Ferraro, supra note 17, p.1238, fn.32）においてより強調されている。

る。ICTYやICCの判例に従うならば，プロクシに対する全般的支配のみで介入国は国際的武力紛争の当事国となっており，占領状態が確立する以前から，例えばいわゆる侵入段階などにおいても，プロクシを通じた戦闘行為は国際的武力紛争の一部になる。例えば，文民条約の規定の中には，「侵入段階」においても適用されうるものがあるとされる。それらの規定は，文民が国籍を共有しない（またはそれに対して忠誠関係を有さない）当局の権力内に陥れば直ちに適用されなければならない[85]。プロクシの戦闘行為，特に文民の保護に直接関わる行為に対する国際人道法と，同じく占領地住民（文民）の保護に関わる占領法規の場合について，適用条件として介入国による支配の程度に差を設けることは，どのような根拠で正当化されるのであろうか。国際人道法上，国際的武力紛争の存在と占領状態の存在とは別個の敷居に基づいて判断されるが，それらの状態ごとに紛争当事者・行為主体の側のあり方を区別する根拠を見いだすことはできない。

3　全般的支配基準の再検討
(1)　全般的支配基準への批判

　サッソーリは，プロクシを通じた占領の成立のため必要な外国による支配の要件として，全般的支配基準の妥当性を疑問視している。彼のこの疑念は，介入国による全般的支配を受けるにすぎないプロクシが「外国性」を十分に有するかという点に向けられているが，根本的に見れば，占領に固有の問題というよりも，紛争国際化要件としての全般的支配の妥当性そのものに対する疑いであるように思われる。すなわち，外国による全般的支配が武装集団を国際的武力紛争の当事者（外国軍）に変化させる効果を持つことそのものへの疑いである。

　そもそも，ICJにより全般的支配が帰属の要件として緩やかすぎると考えられたのは，「国家は自己の行為，すなわち根拠の如何を問わず自己のために行動する個人の行為にのみ責任を負う」という国家責任法の基本原則に抵触するからである[86]。この批判が正しいのであれば，非国際的武力紛争の国際化の要件として，すなわち「介入国のために行動する」プロクシを定義するための

---

(85)　Pictet Commentary, p.60.
(86)　Genocide Case, para.406.

基準としても全般的支配の基準には疑わしさが伴うように思われる[87]。

このような観点から，ジェノサイド条約適用事件を受けて全般的支配の帰属の要件としての妥当性が否定されるのみならず，判例上広範に承認されている紛争国際化要件としての妥当性にも疑いを投げかける論者が存在する。このような疑いは，戦闘の方法手段の規制や文民の人道的保護などの文脈において，国際的武力紛争に適用される国際人道法を武装集団に適用しようとする場合には先鋭化しないのかもしれない。国際的武力紛争に適用される法と非国際的武力紛争に適用される法の「同一化」傾向が進む今日であればなおさらであろう[88]。しかし，国際的武力紛争の当事者のみに認められる占領国としての権限行使が，外国から全般的支配を受けるに過ぎない武装集団に認められるかどうかという問題に直面することで，全般的支配基準の妥当性そのものが疑われることになったのである。例えば国際的武力紛争に固有の問題に関わる類例として，反乱団体の構成員が外国による全般的支配を受け，捕虜条約や第一追加議定書の要件を充足するだけで，捕虜資格を有するようになるかを問い直すならば，同様に強い疑念が生じるのである[89]。

(2) 「武力行使との一体化」基準

全般的支配や実効的支配（さらには完全な支配）といった既存の基準に代わって，武力紛争国際化の現実に適合的な関係性の基準として最近の学説で主張さ

---

(87) Dapo Akande, "Classification of Armed Conflicts: Relevant Legal Concepts," in Elizabeth Wilmshurst, ed., *International Law and the Classification of Conflicts* (Oxford UP, 2012), pp.57-62, Del Mar, supra note 62, pp.105-124. Noam Zamir, *Classification of Conflicts in International Humanitarian Law: The Legal Impact of Foreign Intervention in Civil Wars* (E. Elgar, 2017), p. 122-134; Sandesh Sivakumaran, *The Law of Non-International Armed Conflict* (Oxford UP, 2012), pp.225-228. ザミールは近年の国家実行を検討して，全般的支配の基準が独立した基準として慣習法を反映したものであるかどうか疑問があるとした（Zamir, supra note 87, p.127）。

(88) 例えば，ICC の手続でも，検察官が1つの戦争犯罪を訴追する際に，国際的武力紛争に係る規程8条2項(b)と非国際的武力紛争に係る同項(e)の両方を援用することは可能であるし，裁判所細則（Regulations）55条によれば，第一審裁判部での審理中に裁判部の決定により戦争犯罪等の訴追に関係する事実の性格付け（legal characterization of facts）の変更は可能である。

(89) Andrew Clapham, "The Concept of International Armed Conflict," OUP Commentary, p.18 [MN44]; Zamir, supra note 87, p.124.

Ⅶ　武力紛争法と戦後処理

れるのが「国家による武力行使とプロクシとの一体化」である[90]。その共通の出発点は，タディッチ事件控訴裁判部判決におけるシャハブディーン判事の次のような指摘である。

> 「仮説によれば，武力紛争は武力行使を伴う。よって，ユーゴ連邦とボスニアの間に武力紛争が存在したかという問題の答えは，ユーゴ連邦がスルプスカ共和国のボスニア・セルビア軍を通じてボスニアに武力を行使していたかどうかに依拠する。」[91]

シヴァクマランは，このような「真の」プロクシ的関係がある場合にのみ，国家と武装集団との間の紛争が国家間の紛争に変質しうるとするが，彼の観点からは完全な依存関係では厳格に過ぎ，プロクシの軍事活動を組織し調整するに過ぎない全般的支配の関係では緩やかすぎると評価される[92]。そこでこれらの2つの基準に代わる関係性の指標として，判例を分析しつつ彼が挙げるのは，介入国による武装組織の創設，介入国から武装集団への指揮官の派遣，介入国による武装集団幹部の任命，部隊の共有，資金援助，介入国による武装集団構成員への給与支払い，介入国と武装集団間での軍事的目的や戦略の共有，介入国と武装集団間での組織構造や階級の同一化，介入国による武装集団への指示・監督・指令，武装集団の決定の調整，武装集団の介入国への依存などである[93]。

この「武力行使との一体性」基準が判例で繰り返し承認されている全般的支配の基準からどの程度乖離しているのか，そのlex lataとしての性質については疑問の余地がある。ここで挙げられている要素は，確かに完全な支配よりは緩やかであるが，全般的支配としてタディッチ事件控訴裁判部判決により定式

---

(90) Akande, supra note 87, pp.61-62; Zamir, supra note 87, pp.127-128, Sivakumaran, supra note 87, p. 227.

(91) Tadic Appeals, Separate Opinion of Judge Shahabuddeen, para.7. シャハブディーン判事は，ブラスキッチ事件第一審裁判部判決に付した宣言で，より明確に，肝心な問題は「問題となっている国家が，問題となっている外国の軍事組織という媒介者を通じて他国に対して武力を行使することをどのような場合にも実効的に可能にする程度の支配」が存在するかどうかだと指摘した（Blaskic Trial, Declaration of Judge Shahabuddeen）。ただし，シャハブディーン判事が適切な支配の程度としてここで具体的に示しているのは実効的支配基準である。

(92) Sivakumaran, supra note 87, p.227.

(93) Ibid., pp.227-228.

化された関係を上回る程度の関与を求めているのは明らかである。しかし，組織体の行為を全体として考慮する包括的関係性を指向している点で，実効的支配基準よりも紛争国際化要件として適切なものであろう。シヴァクマランが上記の要素を，タディッチ事件，ブラスキッチ事件，ナレティリッチ事件などに依拠して抽出していることからも分かるように，ICTY で議論されたボスニアにおけるクロアチアと HVO の関係やセルビアとスルプスカ共和国軍（VRS）との関係を考慮した場合に，ICTY 自体は「全般的支配」と呼んでいるものの，多くの例で，上記「武力行使との一体性」基準をも充足しているのではないかとも思われる。したがって，HVO によるボスニア諸地域の実効的支配はクロアチアによるプロクシを通じた占領に該当するとの評価自体は，いずれの「基準」を採用するとしても妥当な判断と言える。その意味で，ICTY/ICC のこれまでの判例と実質的に調和を図ることも可能である一方で，サッソーリの懸念も払拭できる基準となりそうである。他方で「武力行使との一体性」基準と帰属要件との関係については，明確な評価はできないように思われる。本基準が，完全な支配基準や全般的支配基準とは重ならないのは，シヴァクマランにより指摘されるところであるが，実効的支配要件との関係は明らかではない。ただし，仮に「機能上の同一化」の観点から帰属要件としてもその妥当性を検討するとしても，ICRC が唱える全般的支配による同一化に比べると，より問題の少ない解釈であるように思われる。

4　保護・責任のギャップを埋めるもの？

　プロクシを通じた占領に関する議論は，紛争の国際化要件そのものに関する大がかりな議論を引き起こしている。ここまで検討したように，ICRC コメンタリーの結論は，国家責任法における帰属要件の見直しを迫るものであった。他方で，前節にみたような「武力行使との一体性」の主張は，実質的に国際刑事法廷による全般的支配基準の適用の状況と整合させることは容易かもしれないが，少なくとも通説的な全般的支配の理解を超えるものである。したがって，lex lata としては，帰属要件と紛争国際化要件との「機能上の差異化」を前提として，紛争国際化要件として全般的支配基準を適用し続ける必要があるのかもしれない。そうであるならば，プロクシを通じた占領において，ICRC コメンタリーが懸念しているような保護・責任のギャップが，あるいは占領法規が

Ⅶ　武力紛争法と戦後処理

適用されない結果として適用法規の真空状態が生まれないようにするには、どのような方策があるだろうか。

(1)　プロクシに占領者としての責任を負わせられるか？

マチャクは、プロクシを通じた占領において、介入国ではなく、プロクシ自体を占領者（occupying power）と見なすべきだと主張している。彼によると、介入国による全般的支配を受けているために紛争自体は国際化しているが、他方でプロクシの行為について介入国の責任を引き起こすには至っていない状況（介入国による実効的支配や完全な支配を受けていない状況）では、プロクシが有する「自主性」ゆえに、占領者となるのはプロクシそのものであるべきだとされる[94]。ナレティリッチ事件第一審裁判部判決が述べるように、紛争当事者の同定と占領者の同定は異なる問題であり、プルリッチ事件第一審裁判部判決が、繰り返し「HVOによる占領」という表現を用いていることから、この立場が裏付けられるという。

しかし、紛争が国際化しているにも拘わらず介入国ではなくプロクシが占領者となると主張するには、理論的に相当な難点があるように思われる。また、マチャクの主張を支えていたプルリッチ事件第一審裁判部判決は、2017年の控訴裁判部判決により修正され、HVOを通じた占領により占領者（占領国）となったのはクロアチア自身であることが明確にされた。

責任・保護のギャップを作らないため、ガルは、マチャクと同様の観点から、一定領域を実効的に支配する組織的武装集団を交戦団体承認することにより、プロクシ自体に責任を負わせることを提案する[95]。伝統的国際法における交戦団体承認の要件は、(ⅰ)武力紛争の存在、(ⅱ)反乱団体による国家領域の実質的部分の占領、(ⅲ)支配地域における秩序ある統治措置、(ⅳ)反乱団体による戦争法の遵守の4点あるとされる[96]。プロクシを通じた占領の文脈では、(ⅰ)から(ⅲ)の要件は満たされていることになり、概ね交戦団体承認が行われうる状況であ

---

[94]　Kubo Macak, *Internationalized Armed Conflicts in International Law*（Oxford UP, 2018）, pp.228-230.

[95]　Gal, supra note 10, pp.78-80.

[96]　Valentina Azarova, Ido Blum, "Belligerency," *Max Planck Encyclopedia of Public International Law [MPEPIL]*, para.2.

ること言えるだろう。また，領域国や第三国にとっても，プロクシに「占領地域」に対する一定の責任を負わせる利益も存在する。このように，交戦団体承認制度に基づいてプロクシによる占領を国際人道法の規律対象とすることは，理論上は可能であると思われる[97]。しかし，よく知られているように，正式な交戦団体承認は1899年以来行われておらず，制度として放棄されたのではないかとも主張されている[98]。それでも，保護・責任のギャップを埋める1つの法的枠組として注目される制度ではあるだろう[99]。

(2) 国際人道法の尊重を確保する義務？

プロクシに対して全般的支配を及ぼすにとどまり，帰属の関係はない介入国が，プロクシによる戦闘行為についてどのような法的責任負うかについて，しばしば強調されるのがジュネーヴ諸条約共通1条および第一追加議定書1条の「全ての場合において……この条約（議定書）の尊重を確保する」締約国の義務である[100]。

この「尊重を確保する義務」について，起草者は，締約国が自国軍隊要員のみならず自国民全体によって条約が尊重されるよう確保すべき義務という内的側面を意図していたが[101]，ジュネーヴ諸条約発効後の事例は一貫して，「他者による条約の尊重」を確保するという外的側面を認めている[102]。義務の内実としては，ICJがかつて判示したような「条約違反に当たる行為を助長しない」義務や[103]，「違反の帰結を承認しない」義務[104]のような消極的義務のみならず，より積極的に，他者による「違反を回避する（既遂の違反を繰り返させない）」ために相当の注意を払う義務も含むと考えられる[105]。ここで言う他

---

(97) Macak, supra note 94, pp.227-228.
(98) Ingrid Detter, *The Law of War*, 2nd ed. (Cambridge UP, 2000), p.43.
(99) Gal, supra note 10, p.80.
(100) Clapham, supra note 89, p.18 [MN46].
(101) Robin Geiß, "The Obligation to Respect and to Ensure Respect for the Conventions," OUP Commentary, p.117 [MN 10]; ICRC Commentary, para155.
(102) Geiß, supra note 101, p.121 [MN18]; ICRC Commentary, para.155.
(103) Nicaragua Case, para.220.
(104) *Conséquences juridiques de l'édification d'un mur dans le territoire palestinien occupé, avis consultatif, C.I.J. Recueil 2004*, p.136 [Wall Case], paras.158-159.
(105) ICRC Commentary, paras.158-173.

者は，いずれのICJの事例でもそうであるように非国家主体をも含み得るものである。

　ジュネーヴ諸条約共通1条と同様に「ジェノサイドを防止する義務」を締約国に課したジェノサイド条約1条に関して，ICJは，それが「ジェノサイドを回避するために合理的に利用可能な全ての措置をとる義務」であり，国家が可能な措置をとることに「明白に」失敗した場合に国家責任が生じると述べた[106]。またICJは，このような注意の相当性を判断するパラメーターとして，ジェノサイドを実行する可能性のある（または実行した）者の行為に実効的に影響を及ぼす国の能力を挙げ，当該国家と犯罪実行地との地理的距離，実行者と国家の間の政治的その他のつながりの強さなどにより，実効的影響力が決定されるとしている[107]。

　ジュネーヴ諸条約共通1条についても同様のパラメーターを適用することが可能であると思われるが，特に締約国が他者とともに共同作戦を遂行しているような場合には，パートナーによる条約尊重を確保する義務は強まることになる[108]。締約国がプロクシに対して全般的支配を及ぼしている（紛争が国際化している）場合には，当該国はプロクシの行為に対してかかる影響を及ぼしうる特別な地位にあり，プロクシによるジュネーヴ諸条約および追加議定書の遵守を確保する重い責任を負うと思われる[109]。

　この「尊重を確保する義務」については，「この義務に基づいて具体的にどのような行動が締約国に求められるのか想像できない」として法的意義を否定する見解もあるが[110]，ここで問題にしているようなプロクシに対して全般的支配を及ぼしている国家には，プロクシの行為が当該介入国に帰属せず，プロクシが介入国の事実上の国家機関と見なし得ない状況であっても，高い程度の注意義務を課しうるものと考えられる。ただし，相当の注意義務の違反は行為帰属のルールとは異なり，また，その違反（相当な注意を明白に怠ったこと）の立証は，違反を申し立てる側（被害国であれ，被害者個人であれ）に課されるこ

---

(106)　Genocide Case, para.430.
(107)　Ibid.
(108)　ICRC Commentary, p.53, para.167.
(109)　Clapham, supra note 89, p.18 [MN46].
(110)　Wall Case, Separate Opinion of Judge Kooijmans, paras.46-50.

ととなるため、ここで問題となっているような保護・責任のギャップの完全な補塡となり得るわけではない[111]。

(3) プロクシを通じた「占領」と国際人権法の適用

人権条約は締約国の領域内に属地的に適用されることが原則であるが、例外として、領域外であっても締約国自体が直接の軍事占領下に置いている地域に関して、当該締約国が人権条約上の義務を負いうることは広く認められている[112]。それでは、プロクシを通じた「占領」についても、国際人権法が適用され介入国は人権保障の義務を負わされるのであろうか。

本稿の冒頭でプロクシを通じた占領の実例としてあげた、北キプロス、沿ドニエストル、ナゴルノカラバフに関して、ヨーロッパ人権裁判所は、介入国であるトルコ、ロシア、アルメニアの管轄下にあり、ヨーロッパ人権条約の適用を認める判決を下している。その立論は、本稿で検討してきた占領法規適用根拠をめぐる議論とは異なる様相を見せている。

キプロス島北部に関しては、ロイジドゥ事件において、プロクシである「北キプロストルコ共和国（TRNC）」に対してトルコが「全般的実効的支配（overall effective control）」を行っていることが認定された。トルコがTRNCの政策や行動にどの程度細かな支配を及ぼしているかは問題とされず、キプロス島北部に多数のトルコ軍が駐留している事実から、全般的実効的支配があるのは明らかであり、その支配ゆえに、TRNCの政策・行動に影響される個人はトルコの管轄下にあると判断された[113]。

モルドヴァの沿ドニエストル地域に関して、イラシュク事件では、プロクシである「沿ドニエストル・モルダヴィア共和国（MRT）」がロシアの支援により設立されており、ロシアの実効的権限の下に、少なくともその決定の影響（decisive influence）の下に置かれていること、またMRTがロシア連邦の軍事的、経済的、財政的および政治的支援によってのみ生存しうることから、申立

---

(111) Jorritsma, supra note 63, p.424.
(112) Al-Skeini Case, paras.138-140, 143-150. イスラエルによる占領下にあるパレスチナに関する自由権規約の適用可能性について、CCPR/CO/78/ISR, para.11 参照。See also, Wall Case, para.111.
(113) Loizidou Case, para.56.

Ⅶ　武力紛争法と戦後処理

人の運命とロシア連邦の責任との継続的かつ中断されないつながりが存在することを認めた。沿ドニエストル地域におけるロシア軍人員は減っているが、兵器の同地域内での貯蔵などにより、ロシアが引き続き軍事的影響力を維持しているとも判示した[114]。

　ナゴルノカラバフに関するチラゴフ事件では[115]、ハーグ規則42条に基づいて占領を定義し、外国軍隊の物理的存在が占領の必須条件であり[116]、地上軍の展開（boots on the ground）なしの占領は想定し得ないとの原則が示された。しかし、判決の中では、具体的なアルメニア軍人員の規模や支配の実態、すなわち実際に領域と住民に対して実効的支配を行っているのがアルメニア軍自体であるのかプロクシである「ナゴルノカラバフ共和国（NKR）」であるのかなどを明確にすることなく、アルメニアがナゴルノカラバフ紛争に重要な関与を行っていること、ナゴルノカラバフ地域とその周辺諸州を実効的に支配し、占領していることを認定している。先の沿ドニエストルの事例と同じく、NKRがアルメニアの軍事的、政治的、財政的その他の支援によってのみ生存しうること、さらにNKRとアルメニア軍が重要な側面において統合されていること（例えば、徴兵した兵士の相互利用など）が、そうしたアルメニアによる実効的支配の根拠とされた[117]。

　これらのヨーロッパ人権裁判所の判例は、いずれも介入国とプロクシの間の個別具体的な指示の存在は考慮せず、組織間の包括的な支配依存関係を重視しているように思われる。いずれの事例もヨーロッパ人権条約１条の「管轄」の問題を検討しているため、プロクシの行為の介入国への帰属に関する検討は行われていないが、国家責任法における「完全な依存（支配）」関係にあると立証できるレベルにはないように思われる。またこれらの判断と介入国による軍事占領の存否との関連も不明確である。チラゴフ事件では、外国軍隊の直接の駐留が占領のためには必要であるとしながらも、プロクシと介入国の「高度な統合」と介入国の軍事的影響力の強さという曖昧な論拠で、申立人の権利に影

---

(114) *Ilascu et al. v. Moldova and Russia*, ECtHR Application No.48787/99, Judgment, 8 July 2004, para.387.
(115) *Chiragov et al. v. Armenia*, ECtHR Application No.13216/05, Judgment, 16 June 2015.
(116) Ibid., para.96.
(117) Ibid., para.186.

響を及ぼした行為が介入国アルメニアによるプロクシを通じた占領の下で行われたことを是認している。イラシュク事件では，ロシア軍の実際の駐留規模や現実の権限行使の程度（直接的なものであれ，プロクシに対する支配によるものであれ）は明確にはされず，ロシア軍の過去におけるプロクシに対する影響力の強さ，さらには潜在的に維持されている影響力の大きさがロシアによる実効的支配の立証根拠となった。この「決定的影響」の基準は，責任帰属の要件はもちろんのこと，本稿で検討してきた紛争国際化要件にも，プロクシを通じた占領の要件にも満たない程度の関係にとどまるように思われる。

このように，ヨーロッパ人権裁判所の判例は，占領や帰属の概念を超えて人権条約上の義務を介入国に課しているが，その結果，プロクシを通じた領域支配が国際人道法上の武力紛争国際化要件や占領の要件に合致しない状況においても，人権条約が介入国を規律する可能性を示していると言えよう[118]。

V　むすびにかえて

今日，介入国がプロクシを通じた占領の手法を好むことには明白な理由がある。本稿で確認したように，プロクシと介入国との間に後者の国際責任が生じるような関係性を立証することは，法的にも事実の問題としてもハードルが高い。介入国は，このような法的間隙をついて，自己のために行動するプロクシを利用しうるわけである。他方で，判例によれば，介入国がプロクシに対して行為帰属要件を満たさない全般的支配の関係しか持っていない状況であっても，非国際的武力紛争が国際化することになっており，理論上はそこに国際的武力紛争に適用される国際人道法が適用されることになる。ところが，プロクシを通じた占領をめぐる論争は，国際的武力紛争に適用される国際人道法が「プロクシによる戦争」に「全面的に」「完全に」適用されるという紛争国際化の「帰結」が武力紛争や占領のリアリティを必ずしも反映していないのではないか，少なくとも外国とプロクシとの関係が全般的支配にとどまる場合に各国が紛争国際化の「すべての帰結」を承認しているとは言えないのではないかという疑問をあらためて投げかけるのである。

ここで問い直されているのは，占領法規が適用される占領とはどのような状

---

(118)　Marko Milanovic, *Extraterritorial Application of Human Rights Treaties: Law, Principles, and Policy*（Oxford UP, 2011）, pp.142-144.

Ⅶ　武力紛争法と戦後処理

況であるべきかという問題でもある。ハーグ陸戦規則以来の占領の定義は，占領軍による領域の「実効的支配」を要求するが[119]，占領軍による領域支配は，まず①領域国の権力行使が排除されていることが必要であり，同時に②占領国の権力が領域国のそれに代替する（代替可能な状況である）ことが必要とされる[120]。プロクシを通じた占領が多用される現実は，今日の紛争当事国にとって，領域国権力排除（①）に成功することが，自軍による権力行使（②）に直結しないことを意味している。かつては，占領国としての義務・責任を代償として占領の「果実」を得ることが，自国軍による直接的権力行使（②）のインセンティブとなり得たが，今日では，このような「果実」が存在するのかどうか疑問であること，または，ありうるとしてもそのような「果実」に比して占領国の義務が過剰となっていることが，介入国が直接的に権力を行使しない誘因となっていると思われる。本稿において言及した，ICJのコンゴ領域武力活動事件におけるコイマンス判事の個別意見は[121]，領域国DRCによる権力行使の排除（①）に対してウガンダが決定的な影響を与えたことを重視して，ウガンダによる占領の確立を認めようとした。また，ヨーロッパ人権裁判所におけるイラシュク事件判決およびチラゴフ事件判決も，ロシアやアルメニアといった介入国自体の権力行使（②）ではなく，介入国の介在が領域国の権力行使の排除（①）に及ぼした影響を重視して，介入国に対する人権条約の適用を認めた。このような理解によると，領域国から占領国への統治主体の移行がもたらす国家的な利益への影響に大きな関心を払う占領法規は，今日では，対象領域住民の保護のために統治に責任を負う主体が紛争当事者のいずれかに確定されていなければならないという観点から再構成されなければならないことになる。かかる観点からは，例えばイスラエルがガザ地区からの地上軍の撤退後に生み出しているような権力の意図的空白を回避し，介入国自体によってであれ，プロクシを通じてであれ，「権限を行使しうる主体」が対象地域を「占領する義務」を課されるべきだという主張につながる[122]。

---

(119) 拙稿「前掲論文」（注5）489-495頁。
(120) UK Ministry of Defence, *The Manual of the Law of Armed Conflict*（Oxford University Press, 2004）, para.11.3; see also, Naletilic Trial, paras.217.
(121) 前掲注(50)を参照のこと。
(122) Benvenisti, supra note 2, p.54.

しかしながら，本稿での議論を踏まえると，このような「占領への機能的アプローチ」[123]が定着したとは言えず，占領者（occupation power）の同定においては，より形式的で慎重な解釈が今なお説得力を失っていないように思われる。介入国の直接統治が行われず，かつ両者の間の関係性が十分強くないために介入国によるプロクシを通じた占領という図式も成り立たない場合には，たとえ紛争自体が国際化されていても，プロクシによる統治に関して介入国は責任を負わず，ICRCが懸念した介入国によるプロクシのヴェールに隠れた責任逃れ（保護・責任のギャップ）が生じうるのである。このようなギャップは，プロクシを通じた占領に限らず，占領法規そのものの前時代性を意味しているのかもしれない。例えば，国際人道法自体の「人道化」（主たる存在意義の国家的利益の保護から人道的保護への転換），非国際的武力紛争に適用される法の発展，非国際的武力紛争の「事実主義的」基準による国際化（交戦団体承認などの主観的認定に基づかない客観的な国際化）の実現，人権条約の武力紛争時における適用可能性と域外適用可能性の承認などは，占領法規が確立した1907年または1949年には存在しなかった考慮要素である。これらの発展の結果，プロクシのヴェールに隠れて紛争当事国が占領国としての責任を果たさない状況を許容してはならないという解釈が指向された。しかし，プロクシを通じた占領の要件を厳格に捉える論者が依拠するのは，占領とは「外国軍による支配」であるという占領法規の伝統的な基礎であった。現行の占領法規の下では，この「外国軍」の同定は，統治者（プロクシ）と被統治者（住民）の間の実質的・事実的な対立関係よりも，領域国と敵対する武力紛争当事国による支配とみなしうるかという形式主義（formalism）的要素に依拠して行われる[124]。介入国とプロクシとの関係が，法的に厳密に検討されるべきだと主張されるのは，ここに原因があるが，一見すると，このような形式主義的要素の残存は，国際人道法の「事実主義的」「客観主義的」指向と整合していないとも言える。本稿において検討したプロクシを通じた占領に関する論争は，このような占領法規の「本質」と国際人道法の発展との間に十分な相互参照がなされず，法の発展において偏りがあったことの結果とも言えよう。したがって，以上の検討から，

---

(123) Aeyal Gross, *The Writing on the Wall: Rethinking the International Law of Occupation* (Cambridge UP, 2017), pp.52-55.

(124) Arai, supra note 3, pp.365-388.

Ⅶ　武力紛争法と戦後処理

現代における国際法および国際人道法の発展の中で占領法規の意義および位置づけを再検討する必要性があらためて明確になったのである。

36 日本の降伏および連合国による日本占領管理の法的性質──安藤仁介教授の理論の検討を通じて

小 畑 　 郁

I　はしがき
II　日本の降伏およびその占領についての安藤理論
III　連合国による日本占領管理体制の規範的枠組みと実態
IV　おわりに──世界秩序構想の中の日本占領管理

I　はしがき

　私たちの畏敬する安藤仁介教授は，2016 年 12 月，現役のまま逝去された。安藤教授の主著は，1991 年にオックスフォード大学出版会から刊行された『国際法における降伏，占領および私有財産──日本における米国の実行の評価』[1]（以下，安藤『降伏』ということがある）であり，この著作は，日本の降伏と連合国による日本占領管理を法的に評価するために，引用・参照の必要な標準的文献として不動の地位を確立しているものといって間違いない。

　ところで，この著作については，このように国際的学界では，新たな貢献として十分に受け止められているが[2]，日本の国際法学界におけるそれへの応答

---

[1] Nisuke Ando, *Surrender, Occupation and Private Property in International Law: An Evaluation of US Practice in Japan* (Oxford UP, 1991). 以下，この著作からの引用は，原則として本文中にページのみを示す。

[2] 占領に関わる国際法文献として，see, e.g.: Eyal Benvenisti. *International Law of Occupation*, 2nd ed. (Oxford UP, 2012), esp. pp. 159-162; Yutaka Arai-Takahashi, *Law of Occupation* (Nijhoff, 2009), esp. pp. 29-30; Andreas Carcano, *Transformation of Occupied Territory in International Law* (Brill, 2015), esp. pp. 61-68. 書評として，see: Jessica Heslop and Jol Roberto, *American Journal of International Law*, Vol. 84 (4) (1993), pp. 684ff.

Ⅶ　武力紛争法と戦後処理

は活発とはいえず(3)，ましてや評価が固まる状況にはほど遠い。この遺憾な状況についての責任の一端は，本稿の筆者にもある。筆者は，大学院在学中より安藤教授の学恩を受けてきたが，国際法と国内法の関係という理論的関心から，2006年頃より，「占領」初期の日本の法状況について，いくつかの論稿を発表してきた(4)。もちろん本著作は引用してきたが，本著作で展開されている議論を十分咀嚼してきた上で，自らの議論を展開してきたわけではない。安藤教授とは，その後も比較的濃密な交流があったが，日本の降伏と連合国による占領管理を法的にどう評価するかという問題については，私の議論についての評価をも含めて，ついにお聞きする機会を逸してしまった。安藤『降伏』の検討が不十分であることは自覚しており，自らの関連研究の進捗は思ったよりはかばかしくなかったので，後回しにしてしまったのである。痛恨の極みとはまさにこのことである。

　筆者としては，せめて安藤教授がまとまった形でその見解を示しておられる本著作をとりあげ，その理論的特徴を明らかにするとともに，近年さらに明らかになった連合国による日本占領管理の実態を踏まえて，安藤理論をいわば現代の世界秩序構想のなかに位置づけるとともに自らの立場を明確にしたい。

　おそらくは，安藤教授の伝記的研究を踏まえて，また，研究史的アプローチからのものを含む占領法のさらなる発展を踏まえて，本著作および安藤理論の本格的研究があとに続くであろう。本稿がそのための捨石の一つとなれば，私の深い悔悟の念を埋めるにはほど遠いが，安藤教授にはこれまでの失礼へのお詫びとともに，お別れと今後も書物を通じてのお教えを請うことができる。

---

(3)　国際法外交雑誌にも，本著作の紹介は見当たらない。次は，管見の限りでは，例外的文献である。新井京「暫定統治型の平和活動における占領法規の適用可能性」安藤仁介先生古稀記念『21世紀国際法の課題』(有信堂，2006年) 461頁以下 (491頁註59)。

(4)　Kaoru Obata, "Historical Functions of Monism with Primacy of International Law – A View Based on the Japanese Experience during the Early Period of the Allied Occupation" *Japanese Annual of International Law*, No. 49, 2006 (2007), p. 1ff.; 小畑郁「日本の占領管理と『革命』に対する官僚法学的対応」思想1020号 (2009年) 76頁以下；同「占領初期日本における憲法秩序の転換についての国際法的再検討」法政論集 (名古屋大学) 230号 (2009年) 65頁以下；同「降伏と占領管理の中の秩序思想」酒井哲哉編『日本の外交　3　外交思想』(岩波書店，2013年) 203頁以下。

II 日本の降伏およびその占領についての安藤理論

1 戦時占領理論の組換え

　安藤『降伏』が，日本の学界で十分な応答をうけてこなかったのには，この著作の目的が，「第2次世界大戦後の敵対行動の停止に続く日本の占領中の，いくつかの連合国による，とりわけ米国による，日本人の私有財産の取り扱いを，国際法の立場から評価すること」(p. 1) であるとされていることとも関係があろう。これは，占領下の私有財産処理の合法性，という一見地味な問題設定である。しかし，実際には，米国の実行の評価に直接当てられている箇所は，本編[5]125 頁のこの著作中，20 頁ほど（pp. 102-122）にすぎない。つまり実際には，それを評価するための尺度たる法理の解明に，著作の実質のほとんどが当てられているのである。

　さらに，この法理については，結局のところ，ハーグ規則（1907 年の陸戦の法規慣例に関する規則）[6]の妥当を肯定した上で，特別法としてのとりわけ降伏文書（資料1・397 頁[7]）による修正を全面的に認める（esp. pp. 102, 108f.）ので，この形式的枠組みをみる限りでは，新しさは感じられないのである。これまでも，このような考え方は，むしろ通説であったと考えられる[8]。このような枠組みの下で，結論的には，日本人の私有財産に対する占領下での米国の措置は，部分的に違法の疑いがありその場合責任を負うべきであるが，対日平和条約（日本国との平和条約，1951 年，翌年発効）[9]により，責任追及の道は閉ざされた，

---

(5) 安藤『降伏』には，本編のほかに，とくに日本以外では容易には参照できないものが多いことにおそらく鑑み，関連文書が付録として 60 数頁にわたって収録されており，資料・文献目録とともに，とくに英語圏読書に，本問題について客観的な研究をさらにすすめるための基礎を提供している。

(6) 205 Consolidated Treaty Series 277.

(7) 山極晃・中村政則(編)『資料日本占領1　天皇制』（大月書店，1990 年）397 頁。以下，同書からの引用は，本文中に記載の要領で略記する。なお，連合国の日本管理に関する基礎資料（ただし，1946 年まで）の英語原文については，その選択には当事者の意識が反映していると思われるが，次の資料集がまとまっており，きわめて便利である。United States Department of States, *Occupation of Japan; Policy and Progress* [1946] (reprint, UP of the Pacific, 2004).

(8) さしあたり見よ：高野雄一「無条件降伏論争」国際研究論集（八千代国際大学）1 巻 1=2 号（1988 年）41 頁以下（63-64 頁）。

(9) 136 United Nations Treaty Series 1832.

Ⅶ　武力紛争法と戦後処理

とされる (pp. 113f., 117f., 120)。この結論も，決して目を見張るようなものではない。

しかし，まず，日本の「占領」について，はたしてハーグ規則が適用されるべきかどうか，問題がある。そもそも，同規則は，ある国の領域が一時的に敵の権力下に入るが，決して敵の領域となるわけでないという，特殊な国際法制度である「戦時占領」に適用されるものであるが，日本の「占領」が占領地の法的状況を保全するようなものではなかったことは明らかである。したがって，この「占領」を戦時占領とは異なる特別なものとみる学説が，かなり有力であった[10]。この特別性の法的基礎は，降伏文書であるから，この文書の適用可能性は，あらゆる立場のむしろ前提である。であれば，むしろ直截に，日本の「占領」には，ハーグ陸戦規則は適用されない，というのが素直かもしれない。

さらに，一般法としてのハーグ規則の妥当を肯定するとしても，後で述べるように降伏文書については，その文理解釈によっても，その規律範囲は，きわめて広範であるので，＜特別法は一般法を破る＞という法格言にそって，それによる修正は，全面的である。同規則は，15か条の第3款全部を戦時占領制度にあて，詳しい規定をおいているが，これらの規定がそのまま適用される余地はほぼないといってもよい。したがって，一般法／特別法関係を認めても，降伏文書のみを法的基礎と考えても，ほとんど変わりがないと考えられているのである[11]。

だとすれば，安藤がハーグ規則の妥当に固執するのは，戦時占領制度の基本

---

[10] たとえば，見よ：松下正寿「保障占領の世界史的意義」法律時報17巻7号（1945年）2頁以下；安井郁「連合国の日本占領の本質」（初出1945年）安井『国際法学と弁証法』（法政大学出版局，1970年）387頁以下；宮崎繁樹「占領に関する一考察」法律論叢（明治大学）24巻1=2号（1950年）116頁以下。

[11] 見よ：松井芳郎『現代日本の国際関係──安保体制の法的批判』（勁草書房，1978年）58頁。なお，註(8)およびそれを付した本文でみたように，高野雄一は，1988年の段階ではハーグ規則適用を認めているが，1947年の論稿では，「〔日本の〕占領は合意〔降伏文書〕に基くものでハーグ条約〔に付属するハーグ規則〕の規定に基くいわゆる戦時占領とは基礎を全く異にする」と述べていた（高野雄一「日本の国際的地位」東洋文化研究（東京帝国大学東洋文化研究所東洋学会）5号（1947年）1頁（5頁註5））。高野が「占領」下でのさまざまな措置に対する評価をほとんど変えていないことも，本文中に述べたことを裏付ける。

948

原理が，事実的状況により修正を施されつつも，降伏文書を解釈・適用する場合の指導原理として，なお適用されることを認めるからにほかならない。かかる基本原理として，安藤が提示するのは，「不確定性原理 principle of precariousness」と「人道性原理 principle of humanity」である (p. 36)。戦時占領制度をこの二つの原理により導かれるものとするのは，安藤の独自の見解である[12]。

「不確定性原理」は，主としてフェイルシェンフェルトの見解[13]を参照しつつ提示されたものであり，「一時的占領者が占領地の基本的諸制度に介入することを防ぐことによって，正統な主権者の利益を保護しようとする」(p. 36) もの，と定式化される。戦時占領制度が，このような内容の考慮に支えられていることは，一般に認められている。しかし，それを不確定性 precariousness という言葉で，実定的諸規則群から一旦離れて，抽象的・一般的に捉えるという態度は，安藤が引き継いだ，フェイルシェンフェルトの真骨頂といわなければならない。

フェイルシェンフェルトは，1898年ドイツに生まれ，後に米国に亡命した法学者であり，経済的リベラリズムの世界的危機・世界戦争の時代状況を強く意識したエミグレの一人であった[14]。彼は，したがって，不確定原理が今後関連法制度の中で引き継がれていくかどうかについては，懐疑的な立場である。安藤が，彼を明示的に引用して，ハーグ規則に具体化されている基本原理の一つであるというとき，それは，その価値を現状では相対的にしか認めない立場であるはずである。しかし，他方で，それを一般的には妥当する原理として提

---

(12) もっとも，人道性原理との関係で安藤も引用する (p. 36) クインシー・ライトは，ハーグ諸条約およびジュネーヴ諸条約の規則のうちで，占領者の地位の不確定性 (precariousness of an occupant's position) から生ずるものと，人道性の考慮から生ずるものを区別するのが有用と述べている。Quincy Wright, [Statement of,], January 9, 1947, in: *World Polity: A Yearbook of Studies in International Law and Organization*, Vol. 1, 1947, p. 199ff. at p. 201.

(13) Ernst H. Feilchenfeld, *International Economic Law of Belligerent Occupation* [1942] (reprint, Hein, 2000), para. 11 at p 5; paras. 44-46 at p. 11f. 彼は，doctrine of precariousness という表現は用いているが，principle という位置づけはしていない。したがって，「不確定性原理」という定式化は，安藤の独創である。

(14) 彼自身のこのような時代状況認識およびその戦時占領制度との関連については，see: *ibid.*, paras. 67-85 at pp. 17-21.

Ⅶ　武力紛争法と戦後処理

示するのであれば，むしろその原則性・永続性を認めることになっている。したがって，安藤は，ここでは，事実状況に応じた相対化の余地を認めながらも，保守的な立場をとっているようにみえる。

　人道性原理を，他ならぬ戦時占領制度の基本原理と認めるのは，独自の見解といってもいいであろう[15]。人道性は，戦闘外におかれた者の保護をはかる，いわゆるジュネーヴ法では，基本的原理として強調されてきたし[16]，害敵手段の規制が，人道的要素と軍事的必要性のバランスにより成り立っているとはいわれてきた[17]。しかし，戦時占領制度に関するハーグ規則は，もっぱら占領地住民の経済的利益の保護について語っており，そのほかにはわずかに，「家の名誉及権利」・生命・信教の自由を保護するに過ぎず（46条），人道性原理から考慮すべき利益全般を扱っているとはとてもいえない，というのが，素直な理解であろう[18]。したがって，安藤が人道性原理を基本原理の一つとして語るとき，それはハーグ規則がその歴史的背景を有する19世紀後半期の経済的リベラリズムをそのまま表現したものではなく，むしろ未来志向的に，「占領」制度一般に今後も妥当すべきものとして提示したものというべきである。

　そのことは，安藤もハーグ規則の妥当を認めないドイツの占領についても，人道性原理の適用を認めていること（p. 77），日本に対する措置を評価する際，決め手として用いている尺度が，自決原理とならんで，人道性原理であることからも明らかである（pp. 110f., 113, 124）。

　要するに，安藤は戦時占領制度の存続を認めながらも，その理論を大きく組み替えようとしていたのである。この点で，もちろん漸進主義的ではあるものの，単純に保守的であるとはいえない。

---

(15)　安藤自身は，註(12)に述べたように，ライトを引用している。
(16)　戦争法（武力紛争法）について，現在，国際人道法という名称が用いられること，およびいわゆるジュネーヴ法については，参照：藤田久一『新版　国際人道法〔再増補〕』（有信堂，2003年）2, 25-29頁。
(17)　参照：田岡良一『国際法Ⅲ〔新版〕』（有斐閣，1973年）348-349頁。
(18)　もっとも，ハーグ規則を添付するハーグ条約は，前文で「締約国は，其の採用したる条規に含れざる場合に於ても，人民及交戦者が依然文明国の間に存立する慣習，人道の法則及公共良心の要求より生ずる国際法の原則の保護及支配の下に立つことを確認するをもって適当と認む」（カタカナをひらがなにし，濁点をおぎなった）とは述べている。

950

2　日本降伏に関する法的状況への適用

　安藤が，ハーグ規則を直接的に日本「占領」を評価する基準として用いず，むしろ同規則に反映された基本原理を抽出して，それを出発点として考えようとしたのは，日本の降伏が生み出した法的状況が一般的な戦時占領よりも複雑な事態である，ということを深刻に受けとめての戦略的選択であった。

　安藤は，日本「占領」を，「無条件降伏から生じた，敵対行動終了後の，軍隊による敵国領土の占領」（p. 2）と規定する。「敵対行動終了後 post-hostilities」という形容は，一方では，まだ平時ではなく，したがっていわゆる平時占領[19]とは異なることを示していると同時に，他方では，典型的な戦時とも異なることをも示すものである。ここでは，この事実に関する評価という要素を法的に取り込んで，戦時占領制度を修正する必要性が認識されていることが分かる。

　きわめて形式的にいえば，法的な意味では戦争は終了していないのであるから，構成要件上は戦時占領制度が適用されるべき状態であり，ハーグ規則の無条件の適用が主張されうる。とくに第2次世界大戦後の実行からは荒唐無稽とも考えられるが，ハーグ規則よりも占領地住民に厳しい休戦条件の適用可能性については，消極的に解する考え方もあったのである[20]。安藤理論は，戦時占領制度の事実状況に応じた修正の可能性を認めるものということができる。

　ここで，効果を発揮するのが，戦時占領制度から抽出された二つの基本原理の論理構造を明らかにし，それらの基礎が現実の事実状況との関係でどれほど妥当性を有しているか，という考察である。この点，一方の人道性原理については，いわばいかなる事実状況であっても適用されるものとされる。したがって，文字通りの無条件降伏であった，そしてハーグ規則の妥当そのものが否定されたドイツについても[21]，人道性原理は適用されるのである。

---

(19) これについては，参照：信夫淳平『戦時国際法講義』第1巻（丸善，1941年）595-603頁。

(20) Feilchenheld, *supra* note 13, para. 407 at p. 114.

(21) 降伏後のドイツ占領に対してハーグ規則の妥当が認められなかったことについては，pp. 73-76. ドイツの法的地位については，領域取得の権原ともなる征服の客観的要件は充足しており，併合は可能であったところ，四か国は，より小さい権限行使で満足し，ドイツの国家としての地位を維持し，暫定的な最高権力掌握のみにとどめた，と説明している（p. 75f.）。つまり，安藤は，降伏後のドイツの地位をもはや戦時占領制度の枠組みの下では理解していないことになる。ということは，人道性原理は，一方でハーグ規則から抽出されたものであると同時に，およそ他国住民への権力行使が認められる場

Ⅶ　武力紛争法と戦後処理

　他方の不確定原理については，この原理の適用の基礎となるような事実的状況がどこまであるか，が考察の対象となるのであろう。ここでは，しかし，安藤は，純事実的状況そのものよりも，降伏文書およびそれに基づく実行から確定できる日本の地位から，議論をすすめているように思われる。たしかに，ドイツとは異なり，日本については，降伏文書が，連合国側が日本に対して履行すべき条件を含むようなものとなったことについては，日本との戦闘の長期化とそれに伴う米国側の犠牲についての懸念という要因が強調されている（pp. 6, 91）[22]。つまり，ここから，少なくとも日本がポツダム宣言（資料1・364頁）を受諾した時には，事態はなお流動的であり，正統な主権者の利益を守るべき状況があった，という議論をすることも可能であったように思われる。しかし，安藤が依拠するのは，むしろポツダム宣言と降伏文書の，とくに文言である。

　安藤は，『降伏』では，無条件降伏概念それ自体を否定しないが[23]，それは純軍事的なものであり（p. 63），したがって，政治的条件がそれと同時に約束されることを排除するものではない，という（p. 65）。日本の場合は，無条件降伏は，ポツダム宣言（13項）およびそれを組み込んだ降伏文書（4項）により適用対象が明示的に軍隊に限定されている（同）。その上で安藤がまず第1に強調するのは，ポツダム宣言が，まさに降伏後における日本政府の協力を確保するために出されたものであることである（p. 91）。同宣言（10, 13項）でも降伏文書（6項）でも日本政府の存続は予定されているのは当然のことにほかならない。

　安藤が第2に強調するのは，降伏文書は，日本政府側にのみならず連合国側にも履行すべき条件を課しており，その意味で日本の「占領」は契約的な基礎に基づいていることである（pp. 86-95）。したがって，連合国側の条件違反があるとき，日本は正当にこうした行為に対して抗議できるということになる

　　　合に妥当する，より一般的な原理と理解されていると解するほかはない。
(22)　このような日本の降伏の経緯の理解は，安藤と近しい立場に立つ次の文献では一層強調されている。五十嵐頭真『米国の日本占領政策——戦後日本の設計図　下』（中央公論社，1985年）131頁以下。
(23)　この点，安藤の日本語の著作では，端的に，日本では無条件降伏方式は適用されなかった，とされている。安藤仁介「日本の敗戦および連合国の占領と国際法——とくに占領の性格と占領政策をめぐる法的な問題について——」（初出1972年）安藤『実証の国際法学』（信山社，2018年）505頁以下（510頁）。

(p. 92)。たしかに，次のような降伏文書末項にしたがって，連合国最高司令官（SCAP）に，日本政府の国家統治の権限は従属する。

> 「天皇及日本国政府の国家統治の権限は本降伏条項を実施する為適当と認むる措置を執る〔SCAP〕の制限の下に置かるる〔subject to,に従属する〕ものとす」[24]

しかし，この従属は，安藤によれば，SCAPが「降伏条項を実施」する目的の措置をとっている限りのものである（pp. 98f., 109f.）。以上との関連で，連合国軍によるコントロールが，日本政府を介した間接的なものとなるのは，ポツダム宣言・降伏文書に基づく要請であると理解されていることも注目される（p. 88, 100）。

しかしながら，以上のような枠組みの下で，実際に連合国がとった措置が違法なものとされる範囲については，安藤は，きわめて限定的に解し，また違法性の程度についての言い回しもごく慎重なものとなっている[25]。結局，戦時占領制度から抽出された「不確定原理」が，特別法たる降伏文書にもかかわらず，生き延びて効果を発揮する局面は，ごく限定的なのである。日本国家の「主権」性は，「占領」下でも形式的には維持された，ということの確認にとどまっているといえばいいすぎであろうか。

Ⅲ　連合国による日本占領管理体制の規範的枠組みと実態

1　いわゆる「間接管理」の法的根拠と実態

安藤『降伏』における日本「占領」の法的性質の議論を評価する前提として，「間接管理」といわれるシステムをどう理解するか，という問題がある。近年の日本の研究でも，この観念が議論の中心となっており，そこでは共通して，間接管理というものは，留保付きでしか語れないとされている[26]。

---

[24]　官報掲載の公定訳をテキストとして用いているが，カタカタ混じり文をひらがな交じり文に，改めた。

[25]　これについては，安藤の日本語の著作でも，東京裁判についての評価が加えられているほかは，それほど変わりがない。安藤・前出註(23)論文，515-518頁。

[26]　古関彰一「象徴天皇制の成立過程(1)」法律時報52巻7号（1981年）92頁以下（96-97頁）；荒敬「第1章　占領軍と横浜」横浜市総務局市史編集室『横浜市史Ⅱ』2巻（下）（横浜市，2000年）3頁以下（30-32頁）；栗田尚弥「直接軍政から変則的間接統治へ」社会科学研究所年報（中央大学）8号（2003年）241頁以下。

Ⅶ 武力紛争法と戦後処理

　これらの研究により，留保が必要とされているのは，SCAPが，米国によって，直接行動権を認められていたことである。1945年8月30日の「敗北後における米国の初期の対日方針」（SWANCC150/3改訂版）は，次のように述べている。

　　「〔SCAP〕は，……天皇を含む日本国統治機構および諸機関をつうじてその権限を行使するものとする。〔中略〕ただし，〔上〕の方針は，天皇または日本国の他の権力者が降伏条項の実施について，〔SCAP〕の要求を十分に満たさない場合においては，〔SCAP〕が統治機構または人事の変更を要求し，もしくは直接に行動する権利と義務によって制限されるものとする。」（資料1・394頁）

　国際法的な問題は，この直接行動権が，降伏文書と両立するものであるかどうかである。

　上に述べたように，安藤は，降伏文書から日本政府の必要的介在が導かれると考えている。すなわち，ポツダム宣言には，降伏条件を実施する手続きについて規定されていないので，その欠缺を埋めるために，降伏文書に，次のような日本政府の存在を前提とする実施規定たる末項（前引）が設けられたというのである（p. 97）。しかし，これはやはり決定的な理由とはならないであろう。降伏文書末項は，降伏条件を実施するための手続規定という形式をとっておらず，むしろ日本国政府が従うべき一般原則を提示しているように思われるし，もし手続規定であったとしても，降伏条件の実施は，もっぱら，ここに表現された手続に従うべきである，という意味には読めないからである。ここでは，続けて安藤が強調するように，主権は制限されているが保持されている，という原理（p. 98），敷衍して述べれば，主権制限は推定されない，という解釈原理を補充的に援用することによって，根拠づけられているとみなければならない。

　このように，直接行動権の否定について，国際法上の保障があったとは断定しがたい。実態といえば，「間接管理」という理解があまりにも一般化されているので，ほとんど意識にのぼらないが，直接行動権の明確な発動例ですら，少なからずあった[27]。1946年2月19日のSCAPの「刑事裁判権の行使」

---

(27)　いわゆる東京裁判もSCAPの制定した極東軍事裁判所条例に基づき，SCAPの任命した裁判官・検察官によるものであるので，直接行動の例といえるだろう。しかし，これについては，降伏文書に取り込まれたポツダム宣言10項という別の独立の法的根拠があった。

954

(SCAPIN756) は，占領目的阻害行為については，日本の裁判権を否定したうえで，占領軍事裁判所（占領軍裁判所）による裁判を規定した[28]。これらの行為については，占領軍は，自ら逮捕する権限を有していると解していたと考えられ，実際にそれを行使したとみられる例がある[29]。

直接行動の例として，もっとも顕著なものは，いわゆる阪神教育事件に際して，1948 年 4 月 24 日夜に神戸の占領軍司令官により発動された非常事態宣言である[30]。この年の新学期を期して，占領軍の指示により，朝鮮人学校については，閉鎖が命令された。これに対しては，各地で抵抗が試みられたが，阪神地区は，それがもっとも激しい地域の一つであった。閉鎖に抵抗する在日朝鮮人連盟（朝連）を中心とする人々は，同日，兵庫県庁を数千人で取り囲み知事室を占拠して知事に閉鎖命令を撤回させるに至った。同日夜兵庫県知事，関係自治体警察長を含む関係者は，占領軍神戸基地憲兵司令部に呼ばれ，神戸基地司令官の名で，神戸基地管内（神戸，芦屋，西宮，甲南，鳴尾）に「非常事態宣言」が発せられたことを告げられ，同時に，各警官が，憲兵司令官の指揮の下に入る，と言い渡された。占領軍憲兵隊が，翌 25 日未明から，日本の警察

---

[28] つまり，占領目的阻害行為そのものについては，次註に述べるように，日本法上の犯罪とされる部分があるとしても，実態としてその禁止は，日本法を超える規範の効力により，日本領域内の私人をも拘束していたのである。

[29] たとえば見よ：川島高峰（編集・解説）『米軍占領下の反戦平和運動──朝鮮戦争勃発前後──』（現代史料出版，2000 年），とりわけ 2，55，153 頁。なお，占領軍を直接害する行為を除く占領目的阻害行為については，「昭和 20 年勅令第 542 号ポツダム宣言の受諾に伴ひ発する命令に関する件に基く連合国占領軍の占領目的に有害な行為に対する処罰等に関する勅令」（1946 年勅令 311 号，同年 6 月 12 日公布，7 月 15 日施行）により，日本法上の犯罪とされ，起訴法定主義がとられたが，これについても占領軍事裁判所への移送の可能性が認められている。参照：出口雄一「『占領目的に有害な行為』と検察官の起訴猶予裁量──占領下における刑事司法の管理と法制改革の交錯」桐蔭法学 12 巻 1 号（2005 年）1 頁以下（33-35, 48-53 頁）。

[30] この例については，荒敬「占領下の治安対策と『非常事態』──神戸朝鮮人教育擁護闘争を事例に」（初出 1990 年），同『日本占領史研究序説』（柏書房，1994 年）67 頁以下。事実関係については，次が詳しい。金賛汀『非常事態宣言 1948──在日朝鮮人を襲った闇』（岩波書店，2011 年）。以下の記述は，これら二つの文献による。また，これらの研究に照らして，資料が補充される必要があるが，次は，今日でもなお貴重な資料をまとまった形で提供しており，引き続き有用である。金慶海（編）『在日朝鮮人民族教育擁護闘争資料集 I 4・24 阪神教育闘争を中心に』（明石書店，1988 年）。なお，国際法研究者による同時代の論稿として，横田喜三郎「朝鮮人学校の問題」日本管理法令研究 23 号（1948 年）23 頁以下，がある。

Ⅶ　武力紛争法と戦後処理

の協力を得て，朝鮮人集住地区で朝鮮人を徹底的に捕縛したほか，支援していた共産党の現地幹部も検挙された。29 日に，同宣言の解除がなされたが，結局約 2,000 人が検挙されたという[31]。

　この「非常事態宣言」は，神戸基地司令官が，合衆国第 8 軍司令官アイケルバーガーから，24 日午後，「『占領に有害な行為』を防止する権限を委ねられた」ことを根拠とするが，この授権は，最高司令部参謀部が同日直接介入を指示したことを背景としており，徹底的な措置がすでに占領当局上層部により決断されていた[32]。「非常事態」の正確な意義は，はっきりしないが，占領軍憲兵隊が，大規模にかつ公然と私人に権力行使をすること，また，日本警察の責任者を通じてではなく，警官を直接憲兵隊の指揮下におくこと，という効果を伴ったことは明らかである。

　このように，直接行動は，日本政府との事前の交渉を必要とすることなく，発動できるものであったのである。「間接管理」という枠組みは，実態を覆い隠すイデオロギーの要素を強く持つことは明らかであろう。

2　直接軍政の試みとその撤回をめぐって

　日本占領管理が「間接管理」であったという理解を批判する論者は，SCAP が，1945 年 9 月 2 日の降伏文書署名直後に，直接軍政の導入を試みたことを引証する。実際，同日，日本側に一旦手交された布告 1〜3 号（占領史録・上 271 頁[33]）は，日本帝国政府の一切の権能が SCAP の権力の下で行使されること（1 号 1 条），英語の公用語化（同 5 条），降伏文書または SCAP の命令に反する占領軍軍事裁判所での裁判（2 号），占領軍の発行する軍票（いわゆる B

---

(31) 結局，ほとんど釈放されたが，39 人は，占領軍軍事裁判所による軍事裁判にかけられて最高刑重労働 15 年の刑を受けた。

(32) 荒・前出註(30)論文，83-84 頁。なお，神戸基地司令官が受けた授権の前段には，荒の引用によると，「占領軍の生命と財産が危険にさらされたときにのみ警察行動をとり」という文言があったが，事件の状況からして，当時具体的に「占領軍の生命と財産が危険にさらされた」ようなことはなかった。この授権の文言は，権限を規定するにはあまりにも一般的で，占領軍の行動の規律一般を示しているだけのように思われる。実際には，むしろ，アイケルバーガーは本件について直接介入を口頭で指示していたのではないだろうか。

(33) 江藤淳(編)『占領史録〔新装版〕』（講談社学術文庫，1995 年）上，271 頁以下。同書からの引用は，この要領で，原則として本文中に記す。

円）を法貨とすること（3号）を定めていた。

しかしこの布告を発出することは，3日の重光葵外相のマッカーサーとの会談を含む日本側の説得もあって，すぐに撤回された[34]。管見の限りでは従来指摘されていないが，この布告1号1条の文言が示すように，日本政府の利用は既定路線であったのである。問題は，すでに，どの範囲で，既存の日本政府の機構を利用するか，ということに移行していたのである。むしろ重光らとの会談によって，明らかになったのは，「占領」の範囲をどのようにするか，ということである。

実は，1945年7月26日のポツダム宣言は，日本管理の「基本的目的を確実に達成するために」「連合国の定める日本国領域内の諸点は……占領される」（7項。下線は引用者）としていたのである。これを素直に解せば，日本領域全部の「占領」は予定されておらず，「諸点」の直接軍政を担保にとることによって（12項も参照），連合国が課す条件の履行を，日本政府に間接的に強制することが予定されている，ということになる[35]。いわば，「ヨコ」からの監視システム，と定式化できる。

ところが，このような表現にもかかわらず，米国政府内における全土占領方針はきわめて根強かった。この点については，1945年7月30日の米国国務省の会議で検討された「〔ポツダム宣言〕と国務省政策の比較」と題する文書は，「占領されうる地点の数についての制限は述べられていない。もし十分に多くのものであれば，かかる占領により，日本全土が実効的に支配され，全土の軍政が可能であろう」[36]と述べている。いわば全土占領＝（直接）軍政の構想であり，これは，ポツダム宣言にもかかわらず可能であるという認識である。

他方，日本政府にとって，この占領地点の数と大きさの問題は，大問題であった。8月16日のスイス政府を通じた連合国への申入れでも明示的に地点

---

(34) 見よ：重光葵『昭和の動乱』（下）〔1952年〕（中公文庫，2001年）337-337頁。

(35) とりわけ，実際の占領管理体制が整うまでの文献において，「保障占領」という用語が用いられるのは，ポツダム宣言のこの側面に引きずられている面があるように思われる。

(36) Department of State Memorandum, [Undated, July 1945], *Foreign Relations of the United States* [hereinafter cited as *FRUS*], The Conference of Berlin 1945, Vol. II, p. 1284ff. at p. 1286.

VII 武力紛争法と戦後処理

の数を限定するよう要請されており[37]，マニラ会談を控えても，これが指定されるものとの前提で行動している[38]。しかし，米国の方からは，この件については，何の反応もなかった。

この間，「ヨコからの監視」とは異なるもう一つのツールが導入されていた。第1回目の「聖断」でポツダム宣言の受諾を決定した日本政府は[39]，なおも8月10日，天皇の国家統治の大権が変更されないことの確認を求めた（資料1・374頁）。これに対し，米・英・ソ・中政府の名の下に翌日なされた回答（いわゆるバーンズ回答）は，前引の降伏文書末項の内容，すなわち，天皇と日本政府のSCAPへの従属を規定するものであった（同376頁）。8月14日のポツダム宣言受諾通告は，このやりとりに言及している（同386頁）。つまり，ここでは，「タテの（間接）管理」というものが導入されていたのである。

日本政府は，この新しいツールについて，危機意識を十分にもつことができなかった。より正確にいえば，「ヨコからの監視」が軍政という形をとる範囲と規模を限定しようとすることが最優先され，「タテの管理」の相当程度の強度を受け入れることは，その取引材料とされた。しかも，軍政の限定の約束は，前項でみたところで明らかなように，実態としても得られていない。重光らとの会談により，日本全土の，日本政府を利用する管理型の「占領」という方式が確定したのである。

日本政府は，占領当局にとって，いつでもバイパスできる存在であるとともに，自らの事実上の下部機関としていつでも利用できる存在であった。実態としては，国際的権力による支配が貫徹したのである。日本「政府」機構は，単なる蜃気楼ないしエージェントではなく，「政府」として存在していることを示そうとしたのであるが，そのために実際上とり得た立場は，占領当局に「自発的」に協力することだけであった。

---

[37] The Swiss Chargé (Grässli) to the Secretary of State, 16 August 1945, *FRUS* 1945, Vol. VI p. 668f. at p. 669.

[38] 見よ：外務省政務局「当面の要準備事項」（1945年8月15日），占領史録・上46頁以下（47頁）；外務省条約局（?）「連合国側がポツダム宣言の諸条項を実施する為必要なる（降伏）条項中に挿入せしめんことを予想せらるる非軍事的事項に付ての意見」（同日），同・上53頁以下（54頁）。

[39] 敗戦の経緯については，次の著作が近年の研究水準を表している。吉見直人『終戦史——なぜ決断できなかったのか』（NHK出版，2013年）。

3　日本の国際的地位の「物権的」変動

　不確定性原理を強調する安藤理論の枠組み，さらには，およそ，占領管理下日本の状況についてのハーグ規則の適用可能性を認める枠組みにおいては，そこで，日本の国際的地位が変動するということは考えられない。

　日本政府の法制官僚たちも，当時そのように考えていたと思われる。憲法担当の国務大臣であった金森徳次郎（元・法制局長官）は，貴族院で宮沢俊義の質問に答えて，ポツダム宣言の受諾により，日本の根本建前は変化すべき状況になったが，これは債権的であって，物権的に変化したわけではない，と述べた[40]。これは日本国内の統治原理の変化について述べたものであるが，対外的地位についても同様に考えていたことが伺える。

　これに対して，横田喜三郎は，1945年12月に書かれた論稿で，日本は，なお国家ではあるが，主権の通常の語義からすれば，主権を失った，と述べた[41]。これは，日本の国際的な地位の変化を語っている。横田は，降伏文書からこの結論を導き出しているのであるが，古典的国際法の戦時／平時の区別構造が貫徹するとは理解していないのである。

　安藤と横田がともに重視する降伏文書末項は，連合国側がきわめて巧妙に起草したもので，当時の日本政府は，これが天皇・政府の存続のサインとしてのみ受け取った節があるが，実際には，「タテの（間接）管理」の受け入れを意味していた。しかもここでは，「本降伏条項を実施する為必要と認むる措置をとる（such steps as he deems proper）〔SCAP〕の制限の下におかれるものとする」と書かれており，第1に，必要かどうかの判断権までSCAPに認め，第2に，「措置をとる限りにおいて，その制限の下におかれる」とは書かれておらず，単にSCAPというものは，そのような措置をとるものだとしか書かれていない。つまり，SCAPは，広い裁量を有し，しかも彼への従属は，降伏条項を実施するための措置をとっている限りにおいてではない，と読むことのできるテキストなのである。

---

(40)　第90帝国議会貴族院議事速記録23号（1946年8月26日），24頁。なお，これについての宮沢の反論は，次にある。宮沢俊義「日本国憲法生誕の法理」（初出1955年）宮沢『憲法の原理』（岩波書店，1967年）375頁以下（395頁）。

(41)　横田喜三郎「日本の法的地位」日本管理法令研究1巻1号（1946年）11頁以下。この論稿が書かれた時点については，参照：横田喜三郎『私の一生』（東京新聞出版局，1976年）187頁。

VII 武力紛争法と戦後処理

　安藤も，ある箇所では，このようにSCAPの裁量が広いことは認めている（p. 110）。しかし，結局，SCAPの措置の目的，つまり降伏条件の実施に制約されるとするのである（p. 98f.）。横田の降伏文書末項解釈は，ちょうど，この強調を逆にしたものということができるであろう[42]。安藤の解釈は，安藤が考える文脈を重視したものということができる。とすれば，問題はむしろ，日本の敗戦時点での，国際法の構造をどのように考えるか，ということに帰される。

　この点に関連する実行として，本稿の筆者が重視してきたのは，中立国を含む第三国との一切の関係が1945年11月末には断たれた[43]ことである[44]。つまり，中立国との回路が断たれたことにより，連合国と日本との間のいかなる紛争も，第三者的解決に付す可能性がなくなったのであり，このことにより，連合国に従属する非主権国家としての日本の地位は，事実上貫徹した，と考えているのである。

　安藤は，他ならぬこの外交関係断絶という事態を，自らの降伏文書解釈を理由付ける過程で引証している。安藤は，結局SCAPは，日本政府の行動を通じてそうした措置を実施した，というのである（p. 100）。安藤のこの引証は，本稿筆者にとっては依然謎であるが[45]，筆者の立場からいえば，問題は，連合国と日本政府との間に債権債務関係があったかどうか，ということではなく，その前提としても，物権的な地位の変化があったかどうかであり，それを決定づけるのは，当事者間関係ではなく，第3者からみて，地位の変化があるように振る舞ったか，また，第3者がどのようにその行動を性格づけたか，ということにあると思われる。この点については，なお中立諸国の外交史料の分析が必要であるが，中立国との関係の徹底的断絶は，日本に対する連合国の支配を対外的に明確にしたものということができよう。

---

[42] 横田，前出註(41)論文，18-20頁。
[43] 参照：川島慶雄「わが国と諸外国の外交関係断絶の経緯」国際法事例研究会編『日本の国際法事例研究(2) 国交回復・政府承認』（慶應通信，1988年）301頁以下。
[44] 小畑・前出註(4)論文（思想），79-80頁。
[45] 実際，安藤も後の論文では，日本の「占領」が日本との契約的基礎に基づくものではない，という合衆国政府の立場に基づく措置として，日本政府の外交権停止を扱っている。見よ：安藤仁介「国際社会と日本——日本国憲法と国際協調主義——」（初出1998年）安藤・前出註(23)書，5頁以下（10頁）。

Ⅳ　おわりに——世界秩序構想の中の日本占領管理

　安藤が，特別法として降伏文書（およびそれに取り込まれたポツダム宣言）による修正をこうむることにより具体的措置についての法的評価が決定的に異なってくるとは言い難いにもかかわらず，日本の「占領」についてのハーグ規則の一般法としての適用にこだわったのは，どうしてであろうか。それは，戦時法の基礎的枠組みは，特別法による修正にもかかわらず，原則として適用されるべきであると考えたからと理解するほかない。実際，安藤は，ハーグ規則の基礎には，不確定性原理と人道性原理があると考え，基本的にはそれらにそって具体的措置の評価を下そうとしている。

　それは，安藤のいわば世界秩序構想に根ざしている。というのは，安藤は，対日平和条約により，違法であると評価できる措置であっても，もはや連合国に対して責任が追及できないことを自覚しているからである。その意味では，安藤は，未来志向的な議論を展開したのである。

　ここで註釈が必要なのは，不確定性原理の適用についてである。安藤は，ハーグ規則が適用される日本「占領」のような場合，この原理が適用され，基本的には占領地の基本的制度の維持義務が課され，ドイツのようなハーグ規則が適用されない場合には，そうした義務はない，という二分法を維持している（p. 124）。したがって，日本の基本的制度の変更は，占領軍の介入が決定的影響をもつ場合は，一般法上は，違法と評価されることになる。もちろん，ポツダム宣言および降伏文書により認められている場合は別である。この点で，安藤は，これらの文書を日本は自らの意思で受け入れたことを強調している[46]。他方，「占領」当局による変革が許されているドイツの場合も，「占領者が，社会的変革の実施にあたり，できる限り，現地住民の意思に従うよう求めることは，政治的に賢明で法的にも支持しうる」（p. 124）と述べ，人民の自決の原則を援用するのである。ということは，人民の自決の原則，つまり具体的にいえば，人民の民主的意思の尊重の要請は，日本についても，妥当すると考えなければ，論理的に辻褄があわない。

　結局，安藤は，少なくとも「あるべき法」としては，他国に対する権力行使

---

(46)　同上，12頁。

Ⅶ　武力紛争法と戦後処理

を抑制する原理として，人道性原理と自決原理を中核として理解していることになる。さらに踏み込んでいえば，これらの原理を基礎とする世界秩序を構想しているといってもよいであろう。人道性原理は，より明確に人権尊重原理と再定式化されなければならないであろうが，こうした構想には，本稿筆者も基本的には同意する。

　安藤理論の問題は，第 1 に，こうした構想を，すべての被抑圧人民の状況にあてはまる法理から導き出していないことである。同じく無条件降伏概念の適用可能性がいわれたドイツと日本とでも，上に述べたように，人道性原理・自決原理が導き出される回路が異なっており，その回路に依存して，具体的措置についての評価が異なりうることが認められている。安藤『降伏』では，ハーグ規則からの，あるいはそれを通じての，諸原理の役割が重視されているのであるが，単純な植民地支配や国連の統治については，少なくとも一般的には，戦時占領の法理がそのまま適用されるとは認めがたい。もし，征服の縮小的適用がなされたドイツとは異なり，日本の抵抗が激しかったためにハーグ規則が適用されることになり，それが人道性原理や不確定性原理によるコントロール可能性を高めた，というなら，特攻作戦や一般住民を巻き込んだ沖縄戦の戦闘といった，人道性とは全く正反対の行動を正当化しかねない。

　第 2 に，日本の主権が保持された，という安藤理論を受け入れるとしても，沖縄については，まったく実態が異なっていたことは明らかである[47]。法制面でも，合衆国軍が制定した布告・布令・指令が，住民に直接に適用され，他の法形式を圧倒する効力をもった[48]。沖縄は，文字通り軍事占領の下にあり，ハーグ規則の適用も疑われないにもかかわらず，日本のいわゆる残存主権は別として，不確定性原理も人道性原理もその当時ほとんど効力をもたなかった，ということになる。安藤理論においては，救われたはずの日本の主権は，沖縄やシベリア抑留には，まったく無力であった。その意味では，ドイツの状況と比較してどれほど幸福な事態であったかは，きわめて怪しい。こういった抑圧に対する抵抗に武器を提供するためには，あるいは今でも周辺化された人々と連帯して闘い続けるためには，単に日本のあるいは中小国のそれぞれの主権を

---

(47)　合衆国の統治の下の沖縄については，次の記述がまとまっている。百瀬孝『事典　昭和戦後期の日本　占領と改革』（吉川弘文館，1995 年）1-31 頁。

(48)　同上，27-30 頁。

確保することだけでは足りない。

　第3に，このこととも関わるが，日本の国際的地位は変動しない，変動するとすれば，それは日本の自主的な選択の結果である，という日本「占領」についての法的枠組みの理解は，ほとんどフィクションである。実際には，日本政府と天皇が連合国との関係でほとんど独立性を有しておらず，いつでも迂回されうる，その意味できわめて観念的な存在であったというのが，近年の研究が明らかにしているところである。それは，天皇と日本政府が，敗戦後も自らが統治権能を有している，ということを自ら言い聞かせて納得する枠組みに過ぎないように思われる。法的・形式的性格づけと自覚しているとしても，その実質を問うことなく，戦後日本が最初から独立国家であった，と言い立てるのであれば，その後の従属性は不問に付すことになろう。

　このような問題は，安藤理論にとっては，単に結果論ということかもしれない。筆者としては，最後に，戦後日本の主流国際法学に存在した，次のような問題点を取り上げたい。これについて安藤がどのように取り組んだのか，という点に，安藤理論のエッセンスがあり，そしてそこに安藤理論の限界もまたあると考えるからである。

　日本主流国際法学が多かれ少なかれ共有していた問題とは，占領管理下日本で，権限をもっていたのは，日本（政府）か，連合国か，形式的に問う姿勢である。これを問うても，実践的にはほとんど意味をもたなかった。直接行動権がなかったとしても，実際には，直接行動はなされ，直接行動の脅迫の下で日本政府機構が動かされることを防ぐ余地はなかった。連合国の行動を，将来に繋がるように，（あるべき）一般法の視点から批判をしていくとすれば，むしろそれがどのような目的のための直接行動（の脅迫）であったか，という観点を決定的に強める必要があろう。この点で，安藤は，ハーグ規則から導きだされた原理，とりわけ人道性原理を，国際的統治をコントロールするものとして，強調したのである。

　ところが，安藤が人道性原理を導くときに引用しているライトは，むしろ「人権」原理と表現し，かつ，国際法上の犯罪としての人道に対する罪などとパラレルに位置付けている[49]。つまり，安藤は，ポツダム宣言とそこに埋め

---

(49)　Wright, *supra* note 12, at p. 200.

Ⅶ　武力紛争法と戦後処理

込まれた連合国の戦争「目的」としての人権を積極的に援用することを，意識的に避けているのである。

　しかし，今日に至る戦後の国際秩序から（あるべき）一般法を展望するなら，連合国が戦争目的として掲げた人権や領土不拡大原則を，その要素が強くあるとしても，単なる「勝者の裁き」という偽善[50]として排斥することは適当ではないであろう。敗戦国としては，ポツダム宣言の人権や民主主義の要請を，戦争犯罪人の処罰とならんで，（あるべき）一般法の現れとして受け止め，そうした原理にも訴えかけて，連合国に対するコントロールをはかるほかはなかったのではないか[51]。それは，今日においては，事実上，単独では独立の確保が困難な中小国が，自らに対する権力の行使について，現実的にとりうる戦略の一つではないであろうか。つまり，大国の圧倒的な影響力の行使を，国際社会の要請に基づくもの（としてのみ合法的なもの）とみなし，したがって，公共的権力の行使に伴って求められる人権や民主主義による制約を，国際社会の要請として援用していく戦略である。

　安藤がこうした戦略から身をかわすのは，そのような大国の偽善に対する根本的な不信からであろう。そのような醒めた評価を継承していくことは，引き続き重要であろう。しかし，大国主導の構造が容易に崩れないとすれば，大国の横暴に対しては，中小国の人民が連帯しつつ対抗していくほかはない。連合国の戦争目的が，国際連合の制度として具体化された上は，その枠組みの下で，共存や人権といった諸価値に沿った世界秩序を展望していくことは，決して非現実的なものではないであろう。

　日本の占領管理の経験には，繰り返してはならない不幸な要素もたくさんあったが，そこから積極的なものを引き出すことのできる余地も決して小さくない。安藤もおそらくは最終的には同意するそのような立場から，日本占領管理についての研究は，さらに進められなければならないであろう。

---

(50)　安藤がRichard H. Minear, *Victors' Justice* を邦訳したときに付した訳者あとがきには，戦争への協力にもかかわらず，戦後豹変して「ポツダム民主主義」の称揚者となった者たちへの怒りが吐露されている。見よ：リチャード・H・マイニア，安藤仁介訳『東京裁判』（福村出版，新装版2版，2001年）213-214頁（該当箇所は1972年執筆）。

(51)　本稿筆者が，戦直後の横田喜三郎や外務省の一部にみられた，上位国際法秩序に呼びかけて，占領管理体制をコントロールしようとした試みを評価するのは，このような観点からである。見よ：小畑・前出註(4)論文（日本の外交），214頁。

◇ 追悼の部 ◇

1 安藤仁介先生追悼の記

大 谷 　 實

I　安藤先生との出会い

　京都大学名誉教授，瑞宝重光賞，世界人権問題研究センター名誉所長の安藤仁介先生は，国際法学の泰斗として，国際法学の研究・教育に多大なるご業績を上げられたことは，改めて紹介するまでもないが，私は，先生の晩年に格別の御交誼を頂戴したので，その辺の事情を述べて追悼の記としたい。

　安藤先生との出会いは，先生が1998年3月に京都大学法学部教授を退官され，同年4月1日に同志社大学法学部教授として赴任して来られた時に遡る。先生は，1935年のお生まれで私の1歳年下ということもあり，また，先生の研究室が私の研究室の北隣であったことから，新任のご挨拶に来室された折，昼食をお誘いしたところ，大変お喜びになられ，早速，京都ホテル（今の「京都ホテルオオクラ」）にまいりました。先生は，和食がお好のようでしたので，「今日は先生の歓迎会にしましょう」ということになり，知り合いの中居さんにお願いして和室の部屋に案内してもらい，「昼酒も楽しいですね」などと，くつろいだ気分で日本酒を飲みながら大いに歓談した次第。だいぶ酔いが回り，「日本酒はこれくらいにして，ワインはいかがですか」とおすすめしたところ，「赤ワインがいいですね」とおっしゃり，しばらくグラスを交わしているうちに，二人ともすっかり出来上がり，中居さんに起こされるまで，寝込んでしまったという次第。誠に懐かしい想い出である。

II　世界人権問題研究センターと安藤所長

　私は，2001年から学校法人同志社総長に就任したが，同じ年に安藤先生は，同志社大学教授との兼務で，世界人権問題研究センターの所長に就任された。

同センターは，平安建都1200年の記念事業として1994年11月に創設されたのであるが，安藤先生は，その設立構想の当初から関わられ，初代の田畑茂二郎先生の後を襲われて2代目の所長に就任されてから，研究体制・組織の構築に注力され，①国際人権保障体制，②同和問題，③在日外国人の人権問題，④女性の人権問題，⑤人権教育の理論と方法といった5部門体制として人権研究を推進され，世界人権問題研究センターの確固たる基盤を築かれたのである。

一方，安藤先生は，研究センターとしての研究事業にとどまらず，研究成果の市民への還元についても指導性を発揮された。月例の「人権大学講座」や「人権ゆかりの地講座」の開催を通じて，種々の人権問題を分かりやすく解説したり，京都の名所旧跡を人権の視点から説明する仕事を主導されたのである。さらに，人権ガイド養成センターを開設，年報や紀要のほか旬刊誌「グローブ」の発行，人権関係のテーマに関する講師派遣・紹介などを手掛けられた。その功績が讃えられ，2012年には京都新聞文化学術賞を受賞された。安藤先生は，日本を代表する国際法学者であったこと，地球規模で国際的に大活躍されたことと併せて，公益財団法人世界人権問題研究センターの顔として，人権研究の推進のために尽力されたことを改めて力説しておきたい。

Ⅲ　安藤先生を頼る

2014年9月，私は，当時の世界人権問題研究センター理事長の上田正昭先生から，米寿になったら引退するので，その後任の理事長を引き受けて欲しいと懇願された。上田先生は，古代史研究の第一人者として，研究・教育はもとより多方面で活躍された碩学であり，しかも先生は，平安建都1200年記念事業推進協議会において，「21世紀は人権文化の輝く世紀となるべきである」と力説され，世界人権問題研究センターの設立に心血を注がれた，センターの生みの親ともいうべき功労者である。したがって，一刑事法学者に過ぎない私に務まる筈はないと考え，直ちに固辞した次第である。

しかし先生は，私が推進してきた犯罪被害者支援活動を引き合いに出され，また，法務省の人権問題推進審議会委員であったことに触れられ，「これからは，新しい人権問題に取り組む必要があり，犯罪被害者の人権を提唱された大谷さんが最適任者である」と強く申された。そこで，このご様子では簡単に諦めてはもらえないと考え，畏友安藤先生にご相談してから決断しようと考えた。

そこで，行き付けの料亭で会食しながら，私の胸中を申し上げご意見を頂戴することになった。ところが先生は，座席につかれると「実は半年ほど前に胃がんの手術で胃を全部取りました」と，例の笑顔で泰然自若と話されたのである。私は，先生のご病気のことは全く知らなかったので，大変驚き，料亭にお出でいただいたことをお詫びしたところ，ビール大瓶一本までは大丈夫と申されますので，飲食をおすすめしながら，理事長就任の件をご相談することにした。上田先生は，既にご意向を伝えておられたようで，「自分がしっかりとお手伝いし，お守りするので，ぜひ理事長を引き受けて欲しい」ということだった。そこで，「安藤先生を頼りにし，また支えとすることにして，止む無くお引き受けすることにします。」とお答えすると，安心されたご様子でしたが，「それでは，これからカラオケはいかがですか」と申されたのには改めて驚き，かつ，先生のお気遣い，ご配慮に，ただただ敬服するばかりであった。

Ⅳ　最後のお言葉

　かくして，私は2015年4月1日にセンター理事長に就任し，安藤先生を頼りにし，ご相談しながらセンターの運営に当たっていたが，先生は2016年の夏頃から体調を崩され，当センター所長を辞任したいというお申し出があった。私としては理事長就任からわずか1年余が経過したにすぎず，先生がお辞めになった後が大変不安であり，辞任を思いとどまってもらいたいと思い，辞任の手続を遅らせていたが，見るからに衰弱されてきたご様子なので，ご家族にもご相談して辞任願を受理することにした。

　その時，私に対して，「大谷理事長をお守りするという約束」だったので，それが果たせず，残念だと何度も繰り返して申されたので，非常に恐縮した次第であるが，お亡くなりになる10日ほど前に，お見舞いに病院にお伺いした時，すでに終末期に至っておられ朦朧状態の中，消え入るようなお声で，しきりに「申し訳ない」と繰り返し詫びておられたのである。約束を果たせなかったことを気にされていたようである。剛毅であるとともに，律儀な先生の面目躍如というところである。安藤先生の晩年を共にすることができた者として，改めて哀悼の意を表し，ご冥福をお祈りしたい。

2 安藤仁介先生の想い出

柳 井 俊 二

　安藤仁介先生との最初の出会いは，先生が京都大学教養学部助教授，私が30歳位で外務省条約局（現国際法局）事務官の頃だったと思う。京都大学の田畑茂二郎教授の下で，長年にわたって土曜日に国際法の勉強会が開かれていた。詳しい経緯は覚えていないが，私は東京の人間であるにも拘らず，ある時何故かこの会に出席することを許された。そこでは，現実の国際関係で生ずる国際法の問題について真剣な議論が戦わされていたが，勉強会の後には，無類のビール好きだった田畑先生主催で，楽しい飲み会が待っていた。安藤先生との最初の出会いは，このような場だった。東京にはこのような勉強会がなかったので，実に羨ましく思った。勉強にもなり，楽しくもあったので，私が条約局の課長になった後も時々この土曜勉強会にお邪魔した。もちろんインターネットなどというものが発明される以前のことだったから，私はその時々に外交上生ずる国際法の問題について，できる限り多くの資料をコピーして勉強会に持って行った。ようやくゼロックスが普及し始めた大昔，石器時代のお話である。国際法の理論や国際判例等については，先生方に教えて頂くことが圧倒的に多かったが，私としては生の材料を提供することで幾分貢献できたのではないかと思う。また，主催者の田畑先生もこの点を評価して下さった。安藤先生とは，その後長きにわたって国際法の様々な問題について一緒に勉強する機会に恵まれたが，当初から飲み会が付きものだった。

　その後も，条約局の課長や事務官達とともに，安藤先生と同世代の国際法学者と交流を深めた。折に触れて勤務時間外に夕食会等を設けては，私達実務家と先生方との意見交換の機会を持った。そこでは，外務省条約局の担当者が日々取扱い，かつ，悩んでいる具体的な問題を提起し，先生方からは学説・判

例に基づく意見を頂戴し，難問の処理を助けて頂いた。他方，このような機会は，学者の先生方にとっても，実際の国際関係の中で起こる生の事象に直接触れ，また，一次資料の入手にもお役に立てたのではないかと思う。議論は，いつも談論風発で時には奇抜な意見も出たが，おおむね建設的だった。私達の側から提起する問題は，交渉中又は検討中の問題が多く，中にはかなり機微な情報もあったが，議論はもちろん完全オフレコだった。この点において，絶対的に信頼できる先生方に出会えたのは，真に幸運だった。そして，議論が進み，夜が更けるにつれ，国際法の議論から自然と飲む方に重点が移っていく。私達，条約局内では，このような先生方との意見交換を「夜の国際法」と呼んでいた。むろん，その意味するところは，平時国際法，戦時国際法というような意味合いとは違い，何も夜の世界に適用される国際法ということではなく，仕事が終わり夜になってから簡単な食事をしたり，飲んだりしながら自由に国際法について意見交換をする場のことだった。

　実をいうと，私は若い頃，国際法学者といえば「純粋法学」を追求する先生方が多いと思っていた。もちろん若干の例外はあるにせよ，先行論文や外国の学説を「原書購読」で勉強し，自分の理論を組み立てていくのが大多数の学者だと思っていた。しかし，安藤先生に出会い，また，同世代の先生方と知り合うにつれ，私はこのような偏見を改めるようになった。安藤先生は，田畑先生の土曜研究会や「夜の国際法」の機会に私達実務家の方から提起する国際法の諸問題に真剣に耳を傾けて下さり，国際法に照らしてしばしば具体的な解決策を提案して下さった。安藤先生の実証的な取組み姿勢は，問題解決の立場から大変有難かったし，新鮮でもあった。後に，安藤先生の世代の学者に同じような立場をとる先生方があり，知り合うことができたのは私にとって極めて幸運だった。後の経歴が示すように，安藤先生は，自由権規約委員会委員，同委員長，国際通貨基金行政裁判所裁判官，世界人権問題研究センター所長，常設仲裁裁判所裁判官等を歴任され，実務にもしっかりと軸足を置かれるようになられた。先生は，更に国際海洋法裁判所（ITLOS）における裁判でも活躍されることになる。ニュー・ジーランド（NZ）と豪州は，1999年に南太平洋におけるマグロの漁獲量を巡り，我が国を相手取って「ミナミマグロ事件」を提起した。詳細を述べることは避けるが，この事件は，ミナミマグロの漁獲量に関し

て，日本と NZ・豪州との間で紛争が生じ，両国はこの紛争の解決を国連海洋法条約付属書 VII に基づく仲裁裁判所に付託するとともに，仲裁裁判所が構成されるまでの間における暫定措置を命令するよう ITLOS に要請するという事件だった。この事件で安藤先生は，日本側の弁護人として活躍された。これこそ，実際の国際問題に真っ向から立ち向かう安藤先生の面目躍如たるものであった。

　国際法学会や「夜の国際法」等の機会に安藤先生をはじめ同年代の先生方と自由な意見交換を重ねる中で，欧米の主要国のように国際法に関する自国の国家実行をまとめた書物を我が国でも作るべきだとの意見が次第に浮かんできた。1980 年頃，安藤仁介先生，芹田健太郎先生，栗林忠男先生から，鈴木勝也法規課長（当時）と私（当時条約課長）に対し，戦後日本の国際法事例を研究する会を立ち上げたいが，協力してくれるかとの具体的打診があった。鈴木君も私も，このような研究を進め，研究成果を書物にまとめて出版する必要性をかねてより痛感していたので，即座に賛成し，必要な資料を提供するとともに，必要に応じ，できる限り我が国実行の背景説明等を行うこととした。このようにして日本の国際法事例を研究する会が立ち上がり，前述の先生方のほか川島慶雄，中村道，広部和也，村瀬信也，横川新，横田洋三の諸先生も加わって研究が進み，1983 年には最初のテーマである「国家承認」に関する研究成果が出版された。2015 年までに「国交再開・政府承認」，「領土」，「外交・領事関係」，「条約法」，「戦後賠償」の各テーマに関する研究成果がまとめられ，出版された。安藤先生がこれらの著作に大きな貢献をなされたことはいうまでもない。その後，この研究会は，次の世代に引き継がれた。私達外交の実務家は，実際に生起する国際問題に国際法を適用して解決し，或いは条約の締結等によって国際立法を行っているが，常に目前にある無数の案件処理に追われていて，その成果を分析し，取りまとめる余裕がない。安藤先生をはじめ国際法事例研究会の先生方が日本の事例を冷静に分析して文書に取りまとめ，出版したことは，非常に大きな功績であると思う。

　私の夢は，このような日本の国際法事例に関する研究成果を英訳して世界に問うことであったが，これには技術的・財政的な制約が伴うほか，阪神・淡路

大震災で英文原稿が失われるという不幸も重なった。このため未だ実現していないのは残念であるが，いずれ翻訳されることを願っている。ただ，日本の近隣諸国，特に中国及び韓国には日本語の読める人が多いので，日本の国際法事例研究はかなり読まれているようである。更に，これら諸国との外交交渉の中で，出版された事例研究に基づき相手国から我が国の事例が引用されることもあった。このことは，限定的とは言え，事例研究会の成果が既に若干の国際的影響を及ぼしたとも言えよう。

　安藤先生との最初の出会いから約半世紀，国際法の様々な問題についての真剣な議論や飲み会での楽しい会話を通じて先生から多くのことを学んだ。最近では，常設仲裁裁判所の我が国裁判官団の会合でお会いする機会があった。また，2020年に国際法協会（ILA）の日本支部が京都でILA世界大会を主催することになったが，その準備の初期段階で先生のご意見を伺ったこともある。ILA京都大会が開かれる2020年は，日本支部発足100周年に当たる重要な節目の年であり，これから加速する準備に際して安藤先生のご助言も色々と仰ぎたいところであったが，もはやそれが叶わず，無念でならない。それでも，安藤先生の温顔は，いつまでも心に浮かぶ。

3　安藤仁介先生の思い出

兼原信克

　1999年7月，突然，豪州から，ハンブルグに所在する国際海洋法裁判所に対し，日本の南半球でのマグロ漁がみなみまぐろ保存条約に違反するとの提訴があった。豪州の最初の要求は仮保全措置であり，日本のみなみまぐろ漁の中止であった。十分な準備を経た豪州の提訴は，日本側の夏期休暇シーズンを狙い澄ましたような日取りだった。

　当時，私は，外務省条約局法規課長（現在の国際法局国際法課長）を務めていた。日本にとっては，戦後初めての国際訴訟である。明治から数えても，マリア・ルース号事件，家屋税事件に次ぐ，三回目の国際訴訟であり，戦後初めての国際訴訟であった。日本は，織田萬・安達峰一郎・長岡春一常設国際司法裁判所判事以来，田中耕太郎国際司法裁判所判事，小田滋国際司法裁判所判事，山本草二国際海洋法裁判所判事，小和田恒国際司法裁判所所長，柳井俊二国際海洋法裁判所所長等，名だたる国際裁判所判事を輩出してきたが，国としては，国際裁判の経験が豊富とは決して言えなかった。豪州は，国力が小さい分，紛争の平和的解決，国際裁判にかける思いが強く，また，経験も豊富だ。相手方の訴訟指揮は，手練れのキャンベル法務省国際訟務局長が取っており，首席弁護人は，後に国際司法裁判所判事となるジェイムズ・クロフォード・ケンブリッジ大学教授だった。

　訴訟を打たれて直ぐに，資料の残る唯一の前例ともいえる家屋税事件のファイルを外務省の書庫から引き揚げてはみたが，達筆の筆書きに朱の入った古色蒼然としたファイルであり，みなみまぐろ裁判の参考としては使い物にならなかった。私は，日本国際法学会に総力を挙げての助力をお願いしようと決心し，当時，国際法学会理事長を務めておられた安藤仁介同志社大学教授にご連絡申し上げた。安藤先生は，国連の自由権規約委員会の仕事で国外におられたが，

突然の無理なお願いにも拘わらず「わかった」と即答され，言下に重責をお引き受けいただいた。

その後，私は，状況をブリーフするために，成田空港のゲートで帰国される安藤先生を待ちかまえていたが，うかつなことにウィングを間違えてしまい，長いフライトの後で疲労困憊しておられた安藤先生を，1時間以上も立ったままお待たせしてしまった。申し訳なく，小走りに駆け寄る私を見て，安藤先生は破顔一笑され，嫌な顔一つされず，車に乗り込まれた。そして，成田から東京までの車中，熱心に私の話に耳を傾けて下さった。

その後，幾度となく開かれた外務省での作戦会議に，わざわざ京都からお出ましいただいた。安藤先生の他にも，エリウ・ロウターパクト・ケンブリッジ大学教授，ヴォーン・ロウ・オックスフォード大学教授，杉原高嶺京都大学教授，薬師寺公夫立命館大学教授，坂元茂樹関西大学教授，林司宣早稲田大学教授，兼原敦子立教大学教授，高田映東海大学助教授に顧問団をお願いした。外務省を代表する国際法の専門家である故小松一郎条約局審議官からも，折に触れ，暖かいご指示と励ましをいただいた。

仮保全措置を巡っては，残念ながら，豪州側の勝訴に終わった。被告にとって，仮保全措置は時間との勝負である。長い時間をかけて周到に準備した原告側の訴えに対して，被告側が僅かの時間で十分な反論を準備するのは至難の業である。大部な英語の原告側書面を一週間で読み込み，一週間で反論を考え抜いて，最後の一週間で周到に反論を立論の上，英仏語に翻訳し，書面を裁判所に送付せねばならない。みなみまぐろの生態の科学的側面に係る本件訴訟の資料を短期間で読み込むのは苦労の多い作業であった。環境問題に敏感な国際世論も豪州の味方であった。

翌年，国連海洋法条約附属書Ⅶに従って，裁判は，ワシントンの仲裁裁判所に移った。日本からは故山田中正国連国際法委員・早稲田大学特任教授が裁判官として加わった。

安藤先生は，ワシントンの法廷で弁護に立たれ，「みなみまぐろ保存条約」に基づく日本の漁業活動が，いかに科学的根拠に基づく合理的なものであるかを説明するために，事実関係中心の弁論を展開された。国際裁判を専門とされる杉原教授が，外務省での最初の作戦会議で喝破されたように，裁判は「論より証拠」である。

〔兼原信克〕　　　　　　　　　　　　　　　　　　　　3　安藤仁介先生の思い出

　原告は，日本の漁業活動が如何に無法なものであるかを，ありとあらゆる側面から立証しようとする。日ごろの友好国とは思えない一方的な批判が浴びせられる。裁判とはそういうものである。原告の主張に対抗し，裁判官の心証を有利に形成するには，裁判官の良心に訴えるような事実関係の構成が必須である。裁判官の裸の正義感，リーガルマインドに響くような事実関係の説明ができなければ，どんなに精緻な法律論を立てても，裁判官の心は動かない。ワシントンでの口頭弁論期間中，外務省，水産庁，顧問団の先生方と毎日，早朝から深夜まで，作戦会議を開催した。安藤先生は，水産庁チームと，連日遅くまで，入念な打ち合わせを行っておられた。

　幸い，兼原敦子教授が発案した裁判管轄権に関する先決的抗弁を，ロウターパクト教授が見事に展開して，日本を勝利に導いた。豪州側は，みなみまぐろ保存条約は合意によって強制的な裁判管轄権を排除しており，かつ，国連海洋法条約は海の憲法であり，その強制的紛争解決手続が全ての二国間条約の上位にある紛争解決手続であるという主張を行っていた。これに対し，日本側は，豪州の主張は国家間の合意を基盤とする実定国際法の枠をはみ出しており根拠がないので，当該仲裁裁判所は本件に対して管轄権を持たないと主張したのである。裁判は，日本の勝利に終わり，本案の審理を待たずに終結した。

　「日本勝訴」の知らせが届いた日，直ちに京都の安藤先生に御連絡申し上げた。安藤先生は，いつもと変わらない飄々とした口調で，「あんた，ようやったで」と仰って下さった。電話口の向こうに，いつもと変わらず，優しく微笑んでおられる安藤先生のお顔が浮かんだ。

　裁判終結後，数年して，私はワシントンの日本大使館に赴任した。その折，仲裁裁判の裁判長を務められたスティーブン・シュベーベル判事に，市内のとあるクラブへ昼食にお招きいただいた。シュベーベル判事は，米国務省の法律顧問を経て，国際司法裁判所所長を務めた実務家である。その時，シュベーベル判事が，「みなみまぐろ保存条約事件で日本が勝訴したことについて，自分も各方面から随分色々と批判されたが，実定法に照らせば，日本の主張の方が正しかったのだよ」と静かに述べられたことを覚えている。

　安藤先生には，1980年代の後半，私が未だ条約局法規課で駆け出しの課長補佐の時代から可愛がっていただいた。国際法事例研究会に加えていただき，何度も泊まり込みの研究会に呼んでいただいたことは，今でも楽しい思い出で

ある。毎回，前日の夕食会で豪快にお酒を召し上がり，次の日には，朝早くから緻密な議論で研究会を主宰される安藤先生には，何度も驚嘆させられた。

　1990年代の後半，私が，国連代表部に勤務している頃，安藤先生も，よく人権委員会のお仕事でニューヨークを訪問された。安藤先生と，行きつけの寿司屋で一献傾けながら，色々なお話を伺うことは，私にとって，大きな楽しみであった。また，歌の大好きな安藤先生とは，ニューヨークのカラオケで，深夜までよく一緒にマイクを握った。安藤先生の持ち歌である「琵琶湖周航の歌」が始まると，度々，店内が大合唱になった。安藤先生が，他のお客さんのテーブルを回りながらマイクを向けると，皆，楽しそうに歌い出した。楽しい思い出である。

　敬愛する安藤先生の深い学識とお人柄に支えられて，みなみまぐろ事件を共に戦い，勝利することができたことは，私にとっても，日本国にとっても，誠に幸いであり，終生，忘れ難い思い出となった。先生が余りに早く冥府に旅立たれたことが残念でならない。先生のご冥福を衷心よりお祈りいたします。

4 三都物語——紐育，東京，寿府

嘉治美佐子

　私は自国の学術機関に出向経験を持つ日本の外交官ですが，安藤仁介先生は，私のこれまでのキャリアの要所要所に，世界の異なる場所で，予期せぬ形で登場され，教え導いて下さいました。それがどんな風にであったかご紹介し，安藤先生への花向けの大きな束に，ささやかな一輪を添えたいと思います。

　マンハッタンはイーストリバー沿い，万国旗のはためく国連本部ビルは，今は少しく改修されていますが，1947年起工，1952年に完成されたものです。完成に先立つ1948年の第三回国連総会で採択された世界人権宣言は，国家や社会が個人をどのように扱うかについて国際社会が共通の規範を確認し，国家がその促進を誓約するという画期的なものでした。その内容は，二分された形でしたが法的拘束力のある自由権規約と社会権規約として夫々1966年採択され，1976年発効したのでした。安藤先生は，自由権規約の締約国の規約履行の番人たる委員会の委員を，委員長を含め，1987年から二十年間務められました。安藤先生に引き続いて委員に選出され，やはり委員長も務められた岩沢雄治先生のお仕事をも拝察するに，人権条約の委員会委員は，学術的な見識のみならず，外交的なセンス，高度な総合力が求められる職責であることが看取されます。

　1998年から2000年，国連ビルの隣のビルにある国連日本政府代表部で社会部の参事官だった私は，同僚たちと共に，委員会での一日を終えられた安藤先生をお迎えし，薫陶を受けたものでした。思い返せば，人権保護という理念に根ざす問題がしばしば国際政治に翻弄される現実を，先生は体験しておられたことでしょう。欧米諸国は，武力による介入を通じて政治支配，次に構造調整などを通じて経済支配，さらには人権を主張して価値を押し付ける，といった

追悼の部

被害者意識が開発途上国で抱かれることがある，との先生のふとしたご指摘には，国連第三委員会などの現場でその後何度も思い当たるところがありました。また，先生の御薫陶は，国際人権のみならず，カラオケにも及んでいました。国連ビル近くの小さなビストロ風のお店では，いつの間にか先生は周りのよその客にも，あなた，歌いなさい，と指示をされ，最初はためらっていた多国籍の知らない人たちも，やがて楽しい宴に巻き込まれて行くのでした。

　2003年から2004年，私は外務省の人権人道課長の任にありました。人権諸条約に基づく個人通報制度の検討のため，安藤先生，坂元茂樹先生，薬師寺公夫先生には，定期研究会をご指導いただいていました。法務省も参加したこの研究会は，国際的な実務に携わる第一線の先生方による，内容的に充実したもので，日本政府が自由権規約の個人通報について規定した第一選択議定書に未加入であることへの規約委員会からの勧告や内外のNGOなどからの批判に応えるとの意味合いもありました。当時私にとって，各国の事例などの分析は興味深く，短時間なりとも安藤先生の直直の教え子になれたような貴重な機会ともなりました。
　その後内外のポストを経て，2012年から14年に外務省から東京大学に出向を命じられた私は，慣れない教育業務に直面しつつも，学生たちに国際政治の中での国連の位置付けということを伝えようとしていました。武力行使の違法性が阻却される集団安全保障と個別的・集団的自衛権について，複数の書籍や文献を探し回った末，すっと核心をつく解りやすい記述に辿り着きました。それが，久しくお会いしていなかった安藤先生の2004年の編著，「21世紀の国際機構：課題と展望」（東信堂）の中の先生の著された章，「国際連合の活動と日本の対応――国際平和・安全の維持に関わる実行を素材として」であることを知り，木漏れ日の差す駒場の研究室で一人感慨を覚えたのでした。

　出向を終え赴任を命じられた在ジュネーブ国際機関日本政府代表部においては，人権理事会で日本政府を代表するのが私の任務の一つでした。人権理事会では，日本とEUの共同提案により北朝鮮の人権状況に関する決議が毎年採択されて来ていましたが，2015年春，日本政府代表部では，訓令に基づいて，北朝鮮による邦人拉致についてさらに国際社会に訴え解決策を探求するため，

拉致被害者の家族の方も出席するパネルを企画していました。人権理事会の正式な議題の下で人権蹂躙の直接の被害者が登壇するという設定には，あまり前例もないとして，当初は理事会の事務局の積極的な協力は得られませんでした。折しもその頃，安藤先生からジュネーブ来訪を計画しているとのご連絡がありました。規約人権委員会時代の旧知の人たちとの食事の機会も，と言うご希望があり，ご指名のあった人権高等弁務官事務所の職員に声をかけたところ，安藤先生のお弟子さんなのですね，と言って，以後，そこはかとなく親しみを持って接してくれるようになりました。人権高等弁務官事務所は，規約委員会のみならず，人権理事会の事務局でもあるのです。2015年9月の人権理事会で北朝鮮人権状況パネルは無事開催されました。残念ながら安藤先生はドクターストップにあい，御来訪はキャンセルされてしまったのですが，先生はその存在の予感だけで，世界の人権の保護と促進に貢献されることになったのでした。

ジュネーブ代表部で私はまた，薬師寺先生を，強制失踪条約委員会の委員として定期的にお迎えしていました。坂元先生は人権理事会諮問委員会委員，そして「ハンセン病者・回復者およびその家族に対する差別撤廃のための原則とガイドライン特別報告者」を務められたところ，やはりお迎えする機会がありました。こうして安藤先生の愛弟子の先生方から，人権に関する夫々の主題の国際場裏での様々な局面について率直にお話を伺い，その薫陶を受けることが出来たのは，学恩というものが，伝承され，時空を超えて広がることの証なのだと思いました。サヴァティカルで巴里におられた岩沢先生にも，時折寿府にお越しいただきました。

冷戦後の世界では，平成の三十年を経た今日に至って，国際法に基づく秩序が揺らぎ，21世紀の国際機構も，上記御編著の中で展望されているのを超えた挑戦を受けているように感じられます。こういう時こそ法の支配に基づく国際協調を，しぶとく推し進めて行かなければなりません。安藤先生は，世界のどこかの四つ目の都市においても，きっと私のところに予期せぬ形で登場され，貴重なご示唆を与えてくださることでしょう。

5 安藤仁介先生と日本の国家実行

濱 本 幸 也

　職場で古い資料を見ていたら安藤仁介先生のお名前を見つけた。光華寮事件の際に安藤先生が作成し，京都地裁（差戻し前の第一審）に提出された鑑定書に関連した資料である。大学の学部の1回生のとき，まだ国際法の教科書を満足に通読したことがなかったときに安藤先生の光華寮事件についての論文を読み，北白川にある実際の建物を探しに行ったことを思い出した。
　光華寮事件に限らず，安藤先生は日本という国が国際法と接点を持つときに多大な貢献をされた。日本の国家実行を大切にしていただいた。生きた国際法に日本政府がどう向き合うかという場面で助けていただいた。

　外務省の国際法課には泥臭い農耕民族が住んでいるといわれている。事件が起きるたびにその場限りの都合の良い法的な主張を展開する訳にはいかない。解釈に一貫性を持たせようとすると役所の先人が築きあげたファイルの山と格闘しなければならない。不思議な解釈だと思われることにはそれなりの理由があることが多く，掘ってみると様々な経緯が出てくることがある。また，社会が変わって法も変わるときには，思い切って解釈も変えなければならないことがあるが，そのためには時代遅れとなった解釈がどのように形作られたのかということを理解した上で，どのように変えるか考えなければならない。先人から引き継いだ国家実行という畑を耕し続けるのは地道で孤独な作業であり，例えば首脳外交に携わっている同僚がやっている仕事と比べれば，必ずしも格好良くない。しかし安藤先生にはそのような作業に関心を持っていただいた。日本が国際法をどのように解釈してきたのか，そしてこれからどのように考えていくべきか，親身になって一緒に考えていただいた。以下，網羅的ではないが，安藤先生に指南していただいた場面をいくつか紹介したい。

追悼の部

　安藤先生は国際法事例研究会の活動に尽力された。手元に約40年前に法規課長（現在の国際法課長）が作成した手書きのメモがある。安藤先生が他の2名の先生と一緒に条約課長と法規課長に対して，日本の戦後の国際法事例を研究するグループを作ることなどを相談した経緯が記されている。1980年に発足した研究会は1983年に初めの成果となる『国家承認』（日本国際問題研究所）を出版したが，その序文は，「国際法学においては，理論的な研究と並んで，国家の国際法上の実践に関する研究がきわめて重要な役割りを果たす」としており，研究会の目的を「日本の国際法上の実践を蒐集・整理することを通して，わが国における国際法研究に一層の実証的基礎を提供する」としている。

　法規課長のメモには若干の不安も記されている。すなわち，研究会のメンバーは今は若手であるものの，やがては国際法学界を背負って立つ人物であり，各大学において重責を担うこととなるので，研究会の活動に費やし得る時間が限られるのではないかという懸念である。しかし，研究会は順調に成果を上げ，『国交再開・政府承認』（慶應通信，1988年），『領土』（慶應通信，1990年），『外交・領事関係』（慶應義塾大学出版会，1996年），『条約法』（慶應義塾大学出版会，2001年），『戦後賠償』（ミネルヴァ書房，2016年）が刊行された。安藤先生は国家承認から戦後賠償まで，一貫して研究会を牽引された。

　同じように過去の日本の国家実行を明らかにする試みとして，安藤先生には外務省が主催した「國際法先例彙輯」研究会に中心人物として参加していただいた。これは外務省が1933年頃から1943年頃までの間に作成した国際法に関わる実行を収集・整理した資料集を読み解き，資料としての価値を明らかにする研究会であり，2000年から2003年まで開催された。その成果は『外交史料館報』第18号（2004年）に収録されており，安藤先生には全般的報告を書いていただくとともに島嶼先占や国家承認・政府承認についてもまとめていただいている。

　安藤先生にはそのほかにも外務省が有識者に参加をお願いする様々な研究会にもわざわざ関西から出席していただいた。私は，特に条約局長・国際法局長が主催し，その時々の国際法上の問題を議論する研究会を担当する課長補佐として安藤先生にお世話になった。畏れを知らない頃のことでもあり，私は議論

が一段落するのを見計らって果敢に細かい愚問をぶつけたが，安藤先生にはいつも丁寧に，そして大所高所から答えていただいた。

　安藤先生には，日本が当事国となった国際裁判でも助けていただいた。みなみまぐろ事件は 1999 年 7 月にオーストラリアとニュージーランドが国連海洋法条約に基づく仲裁裁判の手続を開始した事件である。日本にとっては 1905 年の家屋税事件以来となる仲裁裁判であり，ほぼ知見の蓄積がないところから対応が構築された。暫定措置を巡る口頭弁論はハンブルグの国際海洋法裁判所で 1999 年 8 月に行われ，日本が提起した先決的抗弁を巡る口頭弁論はワシントンの投資紛争解決国際センターで 2000 年 5 月に行われたが，安藤先生にはその両方で弁論をしていただいた。具体的には，暫定措置についての口頭弁論では，国連海洋法条約上の紛争か否かということや暫定措置を命じるための要件が満たされていないこと等の法的な論点を担当していただいた。また，先決的抗弁での口頭弁論では，紛争は国連海洋法条約の解釈又は適用に関するものではなく，みなみまぐろ保存条約の解釈又は実施に関わるものであること等の主張を担当していただいた。国際裁判で展開される主張は日本の国際法の解釈を表すこととなり，国家実行として記録に残る。安藤先生にはそのような直接的に日本の国家実行が形作られる場に立っていただいた。

　どの組織でも有能な人材を採用することは重要である。外務省についていえば，国際法の素養を持っている者を採用することは，その後，在外公館で外交官が国際法を踏まえた対応を行うために必要であるし，本省で職員が国際約束を締結する事務に携わったり，国際法の解釈・実施を行うためにも必要である。安藤先生にはこの面でも助けていただいた。安藤先生には，1997 年から 2000 年にいわゆる外交官試験の試験委員を，そして外交官試験が国家公務員試験に統合された後の 2001 年から 2006 年までは国家公務員試験の試験委員を務めていただいた。

　安藤先生には国際場裏での役職も務めていただいた。様々な条約はその実効性を確保したり紛争を解決するために，個人の資格で構成される委員会を設置したり，仲裁人等を指名する制度を持っている。そのような委員や仲裁人は，

条約上，その分野において能力を認められている者や，公平であり，有能であり誠実であることについて最高水準の評価を得ている者である必要がある。

　安藤先生は1987年から2006年まで国連の自由権規約委員会委員を務められた。このうち1993年から1995年までは委員長の重責を果たされた。また，2001年から2016年までは常設仲裁裁判所の裁判官として日本の国別裁判官団の一員となっていただいた。さらに，2000年から2016年までは安藤先生を国連海洋法条約附属書VIIに基づく仲裁人の名簿に載せさせていただいた。

　最後に全くの私事になるが，私は1995年にエジンバラ大学の大学院（LLM）に留学した。入学の審査には推薦状が3通も必要であると言われて困ったが，安藤先生はゼミ生でもなかった私の推薦状を書いてくださった。公私にわたり，本当にお世話になった。心よりご冥福をお祈り申し上げる。

6 安藤さんのこと

芹田健太郎

　僕たち，松井芳郎（名古屋大学名誉教授）と故金東勲（龍谷大学名誉教授）の3名が大学院に入学した1963（昭和38）年4月には，直ぐ上の修士2年に家正治（神戸市外国語大学名誉教授），川岸繁雄（神戸学院大学名誉教授），そして博士1年に故藤田久一（元東京大学教授）が居られたが，安藤さんはフレッチャー・スクール・オブ・ロー・アンド・ディプロマシーに留学中との由，博士課程の故月川先輩（京都産業大学名誉教授）等から聞かされており，大学院は，いわば僕たちの天下であった。大学院の田畑ゼミには，太寿堂，香西の両先生が出席され，テキストには，J. L. Brierly, The Law of Nations Sixth Edition edited by Sir Humphrey Waldock (Oxford U.P. 1963) が用いられ，各院生に10頁ほどが割り振られ，原著註の判例等を調べ，要約とともに発表していた。刺激された僕たちは院生のみの判例研究会を立ち上げた。後日『ケースブック国際法』（有信堂）が計画された折，太寿堂教授が取り上げてくださり，執筆に加えていただいた。そうこうするうちに，安藤さんが留学から戻られ，大きなアメ車を船便で送られ，気さくで小柄な安藤さんは僕たちを乗せ，東山通りを走った。日本車は小さく，こんな大きな車に乗るアメリカ人と戦って勝てるわけがないなどと妙に感心したものである。

　土曜日午前のゼミが終わると，午後からは旧楽友会館の一室で毎週，田畑先生中心の国際法研究会が行われ，高林秀雄，山手治之ほかの旧制組の先輩，竹本正幸，小川芳彦ほかの新制組の先輩方が参加しておられた。僕たちは，海洋法や法源論や戦争法や条約法など，自分たちでは追い付かない専門分野に関して，誰それの，こんな論文を研究会で紹介してください，と頼み込み，貪欲に先輩方から学んだ。安藤さんは，京大教養部の講師になり，ガルシア・アマドールの国家責任案を取り上げていたので，人権をテーマにしていた僕は，し

ばしば教養部の研究室にお邪魔し，アマドール案の翻訳についても議論した。田畑会の研究者の多くの方々は，民主主義科学者協会（民科）法律部会の会員であったが，安藤さんと故中村君と僕の3人はそうではなく，しかし，安保問題とくに自衛権の議論になると，安藤さんはやや保守的になり，実証的根拠なく論じることがあり，実証的でない，と僕が反論したりしたことを思い出す。研究会では安藤さんはノートを英語でとっていた。僕が感心すると，安藤さんは，インド人たちは英語で詩を書くけど僕にはできない，と謙遜していた。僕など頑張ってもRousseau先生やReuter先生の講義でさえ，フランス語で全部をノートすることはできず，最後まで日本語がまじった。ゼミとなると発言を準備している間に話題が変わることがしばしばであった。僕がパリにいた71年に安藤さんはフレッチャー・スクールから博士号を取得し，帰途パリに寄ってくれた。安藤さんは学位論文にもう少し資料を足して出版したい，と語っていたが，そんなことをしていたらいつまでたっても出版できない，すぐにでも出すべきだ，と迫ったことを思い出す。僕の方はパリで博士の学位を取るべく，Reuter教授の承認も受け，論文テーマも大学に届け，口頭試問のため再度パリに来る費用まで約束されていたのに，果たせなかった。

　小川さん，安藤さんは田岡ゼミであった。田岡先生は，僕が学部生のとき，小川さんとともに関西学院大学に移られ，大学院ではRenouvinの国際関係史の仏書を基に講じておられたので，66年に神戸商船大学助手になった僕は，これに参加させていただいた。こうして小川さん，安藤さんとともに田岡先生にも可愛がっていただいた。1973年に出版された『国際法Ⅲ（新版）』（有斐閣）の新版準備の話があり，小川さんが田岡先生との共著を出されたばかりで，安藤さんが在外であったことから，僕にお鉢が回ってきてお手伝いすることとなり，69年にパリに発った僕はその準備もした。71年秋の日本への帰途，カイロに立ち寄り，アラブ連盟本部でヒアリングをしたり調査もした。

　ところで，安藤さんの責任感とリーダーシップについて思い出すことがある。国際法学会は伝統があるだけに若手の発表の機会が少なかった。そこで，学会の研究大会の折に集まる若手の研究者が互いに発表・議論する若手研究会を立ち上げたとき，安藤さんは責任者を引き受けてくれた。これは故大沼教授の助手論文の発表の場ともなった。また，国際法事例研究会の設立について，79年2月の東京での日本海洋協会の研究会終了後，故栗林忠男教授と僕と二人で

〔芹田健太郎〕

打ち合わせをし，次の段階として僕から，京都での研究会後，安藤さんと協議することとし，目的や原則のほか，メンバーについては昭和二桁世代とすること等，国際法事例研究会を立ち上げることを説明した。そして，最後に，代表を置くわけではないが，外部からは安藤さんが代表とみなされることになるが，それでも引き受けてくださるか，と問うた。これまでの先例研究や英語での日本の慣行の取り纏めがあったこともあり，やや逡巡されたかに思えたが，きっぱりと引き受けてくれた。こうして 1980 年春国際法事例研究会が発足した。

81 年 4 月に安藤さんも僕も神戸大学教授に就任した。国際法事例研究会の第 1 巻は 83 年に刊行されたが，皆さんの最終原稿を，僕の研究室で，安藤さん，中村君の三人で，とくに参考文献にあげた Keesing's Contemporary Archives の引用個所については，三人の誰かが英語で読み上げ，残る二人でチェックし夜半に至ることがしばしばであった。時には阪急六甲駅傍の地下の飲み屋で喉を潤し，安藤さんは好んで水前寺清子の三百六十五歩のマーチを歌った。時には国鉄（JR）六甲道の商店街まで足を延ばし遅い夕食をとった。慶応義塾大学の折には，三田のほか渋谷までも足を延ばした。神戸大学でご一緒したのは 10 年足らずであったが，国際法事例研究会の僕たちの最後の第 6 巻『戦後賠償』は 2016 年に刊行されたので，50 年にも及ぶお付き合いであった。想い出は尽きない。

7 国際法事例研究会における
安藤仁介先生のご業績

横 田 洋 三

I　はじめに——安藤先生と私

　安藤仁介先生とは，お互いに大学院生であった1960年代後半のころからのお付き合いで，かれこれ半世紀の長きに及んだ。当時，安藤先生は田畑茂二郎先生，私は高野雄一先生のご指導のもとで，それぞれ国際法の研究に従事していた。当初は，京都と東京というお互いの活動の場の地理的，心理的な距離もあり，安藤先生は私にとってはお名前を知っている程度の方であった。当時年2回開催されていた国際法学会の研究大会において，顔を合わせ言葉を交わすことはあったが，それ以上の深いお付き合いはなかった。しかし，その後，幸運にも，さまざまな場面において先生との接点が増え，学問的にも，また個人的にも，親しい関係をもつようになった。

　私が東大の大学院で学んでいた60年代末，大学院の大先輩の筒井若水先生が中心になって，東京周辺の大学の大学院で国際法，国際政治学，国際関係論などを専攻する院生を中心に，自主的な研究活動の場として国際法政研究会が立ち上げられた。その事務局の手伝いをしていた私は，京都大学の国際法若手研究者の中心におられた安藤先生との交流がはじまった。またそのころ，アメリカのブラウン大学・フレッチャー法律外交大学院のレオ・グロス教授が東大に客員教授として来日され，私は助手としてお手伝いをした。同教授は安藤先生のアメリカ留学時代の指導教授ということもあり，同教授を介して，安藤先生と私とのつながりも深まった。

　1980年代末，私は国連の人権関係の活動に関わるようになった。それは，当時学習院大学教授であった故波多野里望先生のお声掛けがきっかけであったが，ジュネーブの国連差別防止少数者保護小委員会（のちに「人権促進保護小委

員会」と改称され 2006 年の国連人権理事会の発足により親委員会の人権委員会とともに役目を終えて解散した）の代理委員に就任した際には，前任の安藤先生から，代理委員としての心構えをいろいろと丁寧に教えていただき，国連の人権関係の会議についてはまったくの素人であった私にとっては，とても心強いアドバイスになった。

II 国際法事例研究会における先生のご業績

　安藤先生とはその後もさまざまな場面で学問的，個人的にお付き合いをいただいたが，そのなかでも私にとってもっとも密度が濃く，思い出深いものは，1980 年に始まり，メンバーが少しずつ交代しつつも今日まで続いている国際法事例研究会である。この研究会は，「国際法を，所属大学や専門分野の枠を超えて，単に理論だけでなく実践面にも目を向け，おもに日本の事例の分析を通して，生きた国際法を学び，理論としての国際法を深めるとともに，日本の国際法実務に役立つ学問にする」という理念に共鳴する関東，関西の若手の国際法研究者の有志が集まって，国際法学会の折などを利用して年に数回集まり，また，時には数日の合宿を有馬温泉，紀州白浜，軽井沢，箱根などで行い，自由な雰囲気のなかで闊達な議論を行い親交を深めてきた。

　この研究会は，外務省条約局法規課（現在は「国際法局国際法課」）を中心に外務省の関係各部署のご協力も得て，これまでに『日本の国際法事例研究』全 6 巻を刊行するという大きな成果をあげてきた。この研究会の発足とその後の発展は，安藤先生の卓越した指導力と幅広い人脈，そして暖かく親しみやすいお人柄がなくしてはあり得ないことであった。

　そこで，安藤先生の追悼論文集に寄せる小稿として，先生が『日本の国際法事例研究』（以下『事例研究』と略す）の各巻に書かれた研究ノートないし分担されたご論稿の紹介とその意義に関する若干の私のコメントを書かせていただくこととした。

　『事例研究(1)』は「国家承認」をテーマとするものである。その中で安藤先生は，「国際機構の加盟手続と国家承認」と題する，おそらくこのテーマを正面から扱ったものとしては日本で最初の論稿を発表された。この論稿において，安藤先生は，〈国際機構の加盟手続と国家承認の関係については，相互に無関係とする説と一定の関係があるとする説とが理論上はあり得る〉としたうえで，

このことが問題になるのは，数ある国際機構の中でも技術的・専門的な国際機構よりは政治的・包括的な国際機構であるとして，具体的に国際連盟と国連をとりあげてその実際の状況を検討された。また，その際，日本の実践にも分析の目を向けられた。結論としては，「国際機構の加盟手続と国家承認とがあらゆる場合にまったく無関係であるとか，両者があらゆる場合に完全に関係し合うとか，断定することは不可能であって，個々の事例につき，それぞれが処理された考え方を確かめる以上のことはできないように思われる。」とし，日本の実行もこの結論に沿うとした。この結論自体は，必ずしも目新しいものではないが，この結論を国際連盟や国連，さらには日本の実践を詳細に検討した結果によって裏付けられたということに，学問的には大きな意義がある。

『事例研究(2)』は，第二次世界大戦によって途絶えていた日本と多くの国との間の国交を戦後再開した事例と，戦後できた新しい政府に対する日本による承認の事例を扱っている。国交という用語については，必ずしも厳格な定義が存在するわけではないが，安藤先生は，一応「一般的には，平和状態を前提とした外交関係を意味する」としたうえで，狭い意味での外交関係に限定せず「領事関係，条約関係，承認以後の関係など，国家間のいかなる公的な関係（official relations）をも含む」広い概念として扱われた。そして最初に，幕末から第二次世界大戦までの日本の国交関係を，(1)幕末に日本が開国に同意させられた二国間条約（いわゆる「不平等条約」）に基づく関係，(2)それ以外の二国間条約に基づく外交関係，(3)領事関係，(4)新国家承認に基づく関係，(5)その他，に分けて事例を概観している。そのうえで，第二次世界大戦開戦によって日本と各連合国との間の国交は断絶ないし停止したが，それが戦後どのように再開されたかを，その態様によって，(1)外交関係，(2)領事関係，(3)対日平和条約批准書寄託，(4)戦争状態終結宣言，の四つに分類して詳細に検討されている。内容的には，安藤先生ご自身が，「事実を蒐集・整理したものにすぎない」と謙遜して書いておられるが，実際は，幕末から開国，さらに第二次世界大戦と，日本と世界各国との公式の外交・領事関係がどのように処理され変遷してきたかを理解するうえで，極めて有用で明快な枠組みを示されているという点で高く評価される。

『事例研究(3)』は，日本の領土を対象としている。ところで，この巻は，凡例において解説されているように，『事例研究(1)』，『事例研究(2)』とは異なり，

対象としている日本の領土に関する実践について，性質上，画一的・様式的に分類・整理することが困難とされた。したがって，(1)及び(2)のように，事例を取り上げたうえで研究ノートを各メンバーが責任をもって執筆するという体制をとらなかった。むしろ，これまで日本の領土問題として国際法上取り上げられてきたものを，「1. 朝鮮」，「2. 台湾」，「3. 新南・西沙」，「4. 租借地」，「5. 委任統治地域」，「6. 千島・樺太」，「7. 沖縄・奄美」，「8. 小笠原」，「9. 尖閣」，「10. 竹島」，「11. 南極」，に分けて，一応分担者名は最後に明記されているが，記述内容は分担者の単独作業ではなく，全員による共同作業であった。そのため，安藤先生のご業績として取り上げることのできる単独の研究ノートのようなものは，掲載されていない。

『事例研究(4)』は，外交関係と領事関係を扱っている。この巻は，日本の外交関係と領事関係について，「第1章：外交・領事関係の略史」，「第2章：外交関係開設と外交使節団の設置」，「第3章：外交使節団の構成と任務」，「第4章：外交使節の任務の開始と終了」，「第5章：外交使節団の公館」，「第6章：通信の自由と文書の不可侵」，「第7章：特権免除の人的範囲及び享有期間」，「第8章：外交官の不可侵と活動の自由」，「第9章：裁判権免除」，「第10章：租税免除」，「第11章：領事関係」，「第12章：国際機構の地位，特権及び免除」の12章建てとなっていて，各章を研究会のメンバーが分担している。安藤先生は，第11章の領事関係を担当されている。この章において，安藤先生は，領事関係を規律する国際法について，領事関係に関するウィーン条約，慣習国際法のほかに日米，日英，日ソ（日ロ）の二国間領事条約をあげたうえで，外交関係との相違，領事関係の開設・運用・終了，領事官の任命・承認，役務・機能，便益・特権免除，などに関する日本の事例を51件取り上げて紹介している。事例の紹介が中心の論稿であるが，従来の国際法の教科書等では記述されていない具体的な事例が豊富に紹介されており，国際法を学ぶ人たちに生きた国際法を知るよい機会を提供しているとともに，領事関係を扱う国際法研究者にとっては，極めて有用な研究材料が示されている。

『事例研究(5)』は条約法に関するもので，「第1章：条約法条約の適用範囲と用語」，「第2章：条約締結に関する国内手続」，「第3章：同意表明の方法」，「第4章：留保」，「第5章：条約の効力発生および暫定的適用」，「第6章：条約の遵守，適用および解釈」，「第7章：条約と第三国」，「第8章：条約の改正

および修正」,「第9章：条約の無効」,「第10章：条約の終了および運用停止」,「第11章：条約法条約に対する日本の立場」,「第12章：国際機関締結条約に関する日本の実行――国際機関条約法条約に対する日本の立場を含めて」,「第13章：条約の承継に関する日本の実行」の全13章から成る。この中で安藤先生は「第4章：留保」を担当された。この章において，安藤先生は，「留保と解釈宣言」,「二国間条約の留保」,「留保に対する異議」などに関する日本の実行例を紹介・検討し,「留保・異議およびその撤回と国会承認」の問題にも言及し，最後に，安藤先生が長年委員（そして一時期委員長）を務められた自由権規約委員会の留保許容性の判断権をめぐる同委員会と国際法員会との見解の相違について紹介しておられる。

『事例研究⑹』は，第二次世界大戦後の日本の賠償問題を扱っており,「第Ⅰ部：総論――第二次世界大戦後の賠償・請求権処理」,「第Ⅱ部：各論――主要相手国別の処理問題」,「第Ⅲ部：補論――従軍慰安婦問題」の三部から成る。安藤先生は，その中で，本巻の全体を概観する中核的な部分である「第Ⅰ部：総論」を担当された。この論稿において，安藤先生は，本書で扱う「賠償・請求権」を狭い意味での「賠償」,「請求権」に限定せず，それらを含む対日平和条約に規定する「補償」,「責任」等の「あらゆる財産関係の処理」を対象にするとしたうえで,「占領期間中の処理」,「対日平和条約に基づく処理」,「その他の処理」，の実際を詳細に紹介・検討し，最後に，他の枢軸国，とくにイタリアおよびドイツの場合と日本の場合とを比較して，それぞれに異なる事情や背景があることを考えると，とくに「ドイツと日本の対応を比較する作業は慎重の上にも慎重を期すべきであろう。」と指摘される。また,「なお，主としてアジア諸国を対象とした第二次世界大戦後の日本の賠償・請求権処理については，それが過去の行為に対する賠償というよりも，未来を見据えた開発援助という性格を次第に強くもつようになっている事実にも注目すべきである。」と指摘されている。最近の「徴用工」問題にも関係する論点を洞察する見解と言える。

Ⅲ　むすび

私の安藤先生とのお付き合いは，大学院時代からはじまる私の国際法研究者としての活動時期とほぼ重なる。その間，私は学会活動を通して，また，とくに国際法事例研究会での緊密な交流を通して，数多くの刺激を受け，教えられ，

追悼の部

励まされた。国際法研究者の一人として私が今日あるのは，安藤先生のご薫陶，ご指導によるところが大変大きい。深い感謝をもって本稿を先生にお捧げする。

8 世人研所長の安藤仁介先生を偲んで

坂 元 茂 樹

　世人研とは，1994年に平安建都1200年を記念し，京都府，京都市，京都商工会議所の支援を受けて設立された公益財団法人世界人権問題研究センターを指す。安藤仁介先生は，世界人権問題研究センターの設立構想の当初から関わられ，2001年から2016年まで所長を務められた。2012年には京都新聞大賞「文化学術賞」を受賞するなど，安藤先生はまさしく世界人権問題研究センターの顔としてご活躍された。

　そのご活躍は国内にとどまらず，1987年から20年にわたり，国連の自由権規約委員を務められた（1993年から2年間は委員長）。この他にも，国際通貨基金（IMF）行政裁判所，常設仲裁裁判所の裁判官としてもご活躍された。1999年にオーストラリアとニュージーランドが日本を訴えた「みなみまぐろ事件」は，日本が国際裁判の当事者となった戦後初の事例であったが，安藤先生は，日本政府代表団顧問・保佐人として口頭弁論に立つ活躍を見せられ，先決的抗弁において日本を勝訴へと導かれた。安藤先生と親しくお付き合いした方々は，先生のカラオケ好きをご存じだと思われるが，みなみまぐろ事件の口頭弁論が終わった夜も，当時，日本政府の代理人であった谷内正太郎氏（前国家安全保障局長）や代表団顧問に名を連ねていた薬師寺公夫立命館大学特任教授（世界人権問題研究センター理事）や私らとワシントンのお店でカラオケを楽しまれた。もっともお疲れであったであろう安藤先生が，みなさんに見せた気遣いでもあった。

　安藤先生が日本を代表する国際法学者であったことは，国際法の世界にいる者で知らぬ者はいない。先生が1991年にオックスフォード大学出版会から出版された Surrender, Occupation, and Private Property in International Law と題する著作は，先生の国際法研究の金字塔をなすものである。同時に，後に

追悼の部

も先にも，このオックスフォード国際法選書シリーズに名を連ねた日本人国際法研究者はいない。2005年に，世界中の国際法学者があこがれる万国国際法学会（IDI）の正会員に選出されたのも，いわば当然のことであった。先生は，ご多忙の中，世界各地で開催されるこのIDIの会議に足繁く出席されていた。2014年10月には，胃の手術直後にもかかわらず，IMF行政裁判所のお仕事でカタールに出発された。私には止められると思われたのか，ご出張の事実を知ったのは出発後であった。

このように，安藤先生はその強靱な精神力と責任感で公務をこなしておられた。ご自分にできる精一杯の努力を傾ける姿勢は，センターの所長としてのお仕事ぶりにもいかんなく発揮されていた。ある時など，京大病院退院直後に，センターの役員会議に出席されたことがある。ふらつく体にもかかわらず，所長としての責任を果たそうとする先生のお姿を終生忘れることはないであろう。

先生の後を継いで所長の職を務めているものの，先生の代わりは務まるはずもなく，今は問題に直面するたびに先生であればどのように対処されたであろうかと思いをめぐらすばかりで，気軽にご相談できない現状に心細く感じるばかりである。相談を兼ねて，「安藤先生，またご一緒にカラオケに行きましょう」と言えないのが残念である。

9 ジュネーブ留学中の安藤先生の思い出

薬師寺公夫

　2011年に，強制失踪条約に基づき設立された強制失踪委員会の委員を務めることになり，2期目の任期が終わる2017年までの6年間毎年2回ジュネーブに出張した。同委員会は，10人の委員で構成される小さな委員会で，委員会の会合は，会期によりパレ・ウィルソンとパレ・デ・ナシオンで交互に開かれた。パレ・デ・ナシオンでの会合は会期ごとに異なる部屋が使用されたが，私にとっては懐かしい思い出の部屋が二つあった。ひとつは，新館の例年国連国際法委員会（ILC）が開かれる部屋であり，もうひとつは安藤先生が自由権規約委員会（CCPR）の委員をされていたときに，同委員会による国家報告の検討を傍聴させていただいた旧館3階の部屋である。2011年に強制失踪委員会第1会期のためパレ・デ・ナシオンに到着したとき，イラクの第3回国家報告の検討に際して安藤先生が同国代表団に質問されておられた20年前の懐かしい光景がつい昨日のようによみがえったことを思い出す。

　安藤仁介先生は，1987年から自由権規約委員会の委員を務められており，人権条約に対する留保・解釈宣言の研究から次第に国際人権保障制度全般に研究領域を広げようとしていた私は，京都の国際法研究会，世界人権問題研究センターをはじめ，さまざまな機会に，安藤先生から自由権規約委員会の機能や先例法理について教えをいただき，外国の自由権規約委員会の委員が関西に来られるときには夕食会などにも参加させていただくことが多かったが，実際に自由権規約の活動がどのように行われているのかについてはまだ見たことがなかった。その機会をつくっていただいたのも安藤先生であった。

　ちょうど1990年から1991年にかけて，私は，外務省条約局法規課から，当時国連国際法委員会（ILC）で「国及びその財産の裁判権免除（主権免除）」条文草案の特別報告者を務められていた小木曽本雄大使の助手としてジュネーブ

追悼の部

でILCの第42会期と第43会期を傍聴する機会を頂いた。この機会に可能であれば是非自由権規約委員会の審議の模様も傍聴してみたいと思ったが，ILCの会期は当時5月初めから7月中旬までの長丁場で，自由権規約委員会の7月会期とは殆ど会合の日程が重なっていたこと，1990年と1991年のILCの会期は裁判権免除条文草案第2読作業の最終盤であったことから，主権免除条文草案の採択を補助する作業に全力を尽くし，その完了後にもし機会があれば国家報告の検討作業を傍聴させてもらうことにした。幸いなことに，主権免除第2読草案は，1991年6月7日にILCで最終的に採択され，特別報告者小木曽大使の作業を讃える決議が採択された。ILC同会期での最大の業務が無事に終わり，その後の他の議題に関する傍聴の作業も完了し，後はILC第43会期の閉会式のみを残すことになった7月18日，午後の空いた時間を利用して，かねて安藤先生からうかがっていた自由権規約委員会におけるイラクの第3回国家報告の検討について傍聴する機会を得た。安藤先生には無理にお願いをして，大学で国際人権法教育の教材とし，あるいは，人権条約実施機関の活動を一般に紹介するための映像資料として活用する目的で，自由権規約委員会の国家報告審査の模様をビデオ撮影することを事務局に特別に許可いただいた。

1991年7月18日のイラク第3回国家報告の審査は，国連安保理決議678に基づく多国籍軍の軍事行動によってイラクがクウェートから撤退し，安保理決議687に基づく停戦が成立してまだ間もない時期に行われたこともあって，会場には一種の政治的緊張感が漂っていた。同会期は時間が足らなかったこととイラク代表団が委員の質問の重要部分について明確な回答を示さなかったこともあって，最終的には自由権規約第6条，第7条，第9条及び第27条の一部しか検討することができず，残りは次会期に検討が持ち越された。自由権規約委員会の委員がフセイン政権による強制失踪，違法な処刑，拷問，政治囚の拘禁などの重大な人権侵害及びクウェートへの武力侵攻以降に行われた重大な人権侵害の実態について情報を求めたのに対して，イラク代表団がまともに回答せず，イラクの人権の困難な状況は安保理決議に基づく対イラク制裁にあるとする立場を表明したため議論がかみ合わなかった。しかし，湾岸戦争直後の政治的な緊張の下でも，委員の質問と政府の回答が，規約条文の意味やその国内実施の状況，さらに寄せられた情報に照らした事実の確認や明確な説明を求める冷静で淡々としたやりとりとなっていることに個人資格の委員によって行わ

れる検討手続の一種の専門性を垣間見る思いがした。現在のようなウェブの実況中継がまだない時代に録画された委員会の国家報告検討手続の一コマは、その後何度も国際人権法の講義や講演で使用させていただいた。それから20年を経た2011年、私自身が安藤先生と同じ部屋で強制失踪委員会の委員として条約実施の仕事の一端を担わせていただいているのかと思ったときは、1991年の安藤先生の発言の姿を思い出して実に懐かしい思いがした。いつだったかはっきり記憶していないが、強制失踪委員会と自由権規約委員会の会合がパレ・ウィルソンの1階と2階で並行して行われていたとき、たまたま昼食時に強制失踪委員会のデコー委員長に私を昼食時食堂で談笑されていた自由権規約委員会のシャネー委員に紹介いただく機会があったが、安藤先生はお元気かと尋ねられ、お元気で活躍されていますと答えたら、懐かしそうにCCPRでともに活動されたときのことを話された。他の委員にも信頼されていた先生の様子がよくわかるひとときであった。

1990年7月末同年のILCの会期が終わった頃、自由権規約委員会第39会期のためにジュネーブに来られていた安藤先生、当時人権関係の担当をされていた田内正宏検事（現ノルウェー大使）、人権担当の専門調査員をされていた立松美也子先生（現共立女子大学教授）とともにジュネーブ近郊で食事をしながら国連の国際人権保障制度について話に花を咲かせたことも今では懐かしい思い出となっている。また1990年秋から1991年1月にかけて家族とともにジュネーブに戻り留学生活を送っていたときには、安藤先生に、家族ごとお世話になったことがある。1990年10月には、自由権規約委員会第40会期出席のためにジュネーブに出張された安藤先生に、激務の合間をぬって、私の家族全員を、先生の運転でレマン湖のフランス側の水で有名なエビアンと花の美しいトノンの町に連れて行っていただいた。楽しい一日だった。3週間の会期の終わり頃に、アパートに先生を招待して夕食会を行い、夜遅くまでビール、ワイン、日本酒を飲みながら、時間の立つのも忘れて自由権規約委員会の国家報告や個人通報をめぐるさまざまなエピソードについて窺い、ついには隣の部屋の住人から壁越しにどんどんと抗議を受けてお開きにしたこともあった。

こうしたご縁もあって、安藤先生には、その後個人通報研究会、難民参与員、世界人権センター、滋賀権の人権施策推進懇話会などの仕事をご一緒させていただくだけでなく、国際法研究会の後にはしばしばカラオケにもご一緒するこ

とになるが，人権条約の解釈・実施においても常に実態に即して現実的な解決が何かをめざす実証的なアプローチの方法は，人権条約の国際的及び国内的実施の具体的問題に対応するに際しても，今なお大いに参考にさせてもらっている。安藤先生のご逝去の1年ほど前，先生が国際法研究会や世界人権問題研究会あるいは難民参与員の審尋に出席された時の姿には病を押してでも研究や職務を全うする強い信念を感じるときが幾度かあった。そうした先生の姿勢もまた先生の我々に対する無言の教えなのかも知れない。先生の学恩に感謝するとともに，ご冥福をお祈り申し上げます。

10 安藤仁介先生と私

岩沢雄司

　安藤仁介先生と初めて親しく交わらせていただいたのは1983年5月のことである。私は前年4月に大阪市立大学法学部に助教授として赴任したばかりで，20代だった。当時47歳の先生は，細谷千博・大沼保昭両教授と共同で，東京裁判に関する国際シンポジウムを企画された[1]。シンポジウムには東京裁判の最年少の判事であり当時76歳のレーリンク・グローニンゲン大学教授が招聘されていた。大阪で開かれた教授を囲む夕食会に，先生は駆け出しの研究者である私にも声をかけてくださったのである。レーリンク教授と少人数で話す機会を与えていただき，とてもありがたかった[2]。

　安藤先生はこの時点で既に，フルブライト留学生としてフレッチャー・スクールに2年，フルブライト研究員としてアメリカに1年，ブリティッシュ・カウンシル・フェローとしてロンドン大学に2年，計5年の留学・在外研究を経験され，ジュネーブで国際法委員会のオブザーバーを2度務めるなど，国際経験が豊かな国際法学者として活躍されていた。私もハーバード大学に1年の留学経験があり，英語には自信があったが，先生の流暢な英語に圧倒された。私はその後，留学や在外研究の経験を積み重ね，47歳の時点で計6年と先生を少し上回った。

　レーリンク教授との会合からしばらく後，先生の温かいご配慮を再び賜ることになった。田畑茂二郎先生が主宰する国際法研究会に入会させていただいた私は，初めての報告を国家免除について行った[3]。国家免除は日本では太寿堂

---

(1) 細谷千博＝安藤仁介＝大沼保昭（編）『東京裁判を問う』（講談社，1984年）。
(2) B・V・A・レーリンク（小菅信子訳）『東京裁判とその後』（中央公論新社，2009年）も参照。
(3) 法学協会雑誌の99巻12号（1982年）から101巻3号（1984年）まで6回に分けて

追悼の部

鼎先生が研究してきたテーマで，泰斗の先生の前で報告することに緊張したが，太寿堂先生は会合を欠席された。出席し，質問もしてくださった安藤先生は，私が太寿堂先生の研究テーマを先生不在の会で報告したことを気にされ，私のレジュメを太寿堂先生に届けるなどの配慮をしてくださった。安藤先生の細やかな気配りはありがたかった。

＊　　＊　　＊

　国際法学会は 1997 年に 100 周年を迎えた。学会の中心メンバーになっていた安藤先生は様々な記念行事で重要な役割を果たされた。中でも重要な貢献は，1997 年 9 月に京都国際会館で開かれた国際シンポジウムの実行委員長として企画運営を担ったことだろう。18 名の報告者のうち日本人は 7 名だけだったが，先生は当時 42 歳の私を指名してくださった。このシンポジウムの成果は先生によって編集され，英文書籍として刊行された[4]。私は「経済」のセッションでの報告を依頼された。2 年前に WTO に関する研究書を刊行したからと思う[5]。しかし当時私は，同書の刊行を終え，国際人権法の研究に取り組んでいるところだったし[6]，別のテーマで報告したかったので，国家免除を題材に日本と国際法の関わりについて考察することを提案した。企画趣旨とは異なっていたと思うが，受け入れてくださった[7]。

　シンポジウムの 1 月後に先生は国際法学会理事長に就任された。62 歳だった。20 年後に私も国際法学会代表理事に就任した。同じく 62 歳だった。先生はまた，国際法学会が総力をあげて作成し 2005 年に出版した『国際関係法辞典第二版』の編集代表を務めた。私も編集委員としてこの事業に関わった。

　　　発表した「条約の国内適用可能性」に関する研究の概要は，田岡良一先生が主宰する国際問題研究会で報告した。国家免除に関する研究は，その後書物にまとめた。岩沢雄司『外国国家・国有企業との国際取引上の問題点──国家の裁判権免除』（総合研究開発機構，1987 年）。

(4)　Nisuke Ando (ed.), Japan and International Law: Past, Present and Future (The Hague: Kluwer Law International, 1999).

(5)　岩沢雄司『WTO の紛争処理』（三省堂，1995 年）。

(6)　Yuji Iwasawa, International Law, Human Rights, and Japanese Law: The Impact of International Law on Japanese Law (Oxford: Clarendon Press, 1998).

(7)　Yuji Iwasawa, Japan's Interactions with International Law: The Case of State Immunity, in Japan and International Law: Past, Present and Future 123 (Nisuke Ando ed., 1999).

〔岩沢雄司〕

＊　＊　＊

　安藤先生は1984年から国連人権委員会・差別防止少数者保護小委員会の代理委員を務め，1987年に自由権規約委員会委員に就任された。51歳だった。自由権規約委員は，5期20年，2006年まで務められた。先生が委員を退いた後，私が代わって委員になった。就任時の私は52歳，先生とほぼ同じ歳だった。このように自由権規約委員や国際法学会代表理事などに関して，私はまさに先生の跡を追ったのである。委員の候補として私に白羽の矢が立ったのは，先生のご推薦があってのことと聞く。重要な自由権規約委員会の後継者として私をご推薦くださったことに深く感謝している。

　安藤先生は，1987年3～4月に2週間ニューヨークの国連本部で開かれた自由権規約委員会の第29会期に初めて参加し，帰国後に国際法研究会で「規約人権委員会第29会期会合に出席して」と題して報告された。私は前年4月にニューヨークを訪れ，委員会の会合を実際に傍聴していたので，先生の報告は大変興味深く，詳細にメモをとりながら拝聴した。先生は，個人通報の審査について，「面白い。法律の知識が活かせる」といわれた。委員会はこの会期に，オランダの社会保障制度における男女差別に関する事件を検討し，自由権規約26条は社会権を含むあらゆる権利に適用されるという画期的な解釈をとった[8]。先生は委員としての最初の会期にこの重要な事件に関わったのである。先生は「少数意見を付ける権利を留保した」といわれた。しかし結局意見は付けられなかった。最後に，委員会は「西欧主導で進んでいる」という感想を述べられた。

　自由権規約委員会の選挙運動のために，私は2006年3月にニューヨークに赴き，自由権規約委員会の第86会期の一部を傍聴し，安藤先生の仕事ぶりを間近で拝見した。国連日本政府代表部が自由権規約委員を招いて開いたレセプションで，先生は私を同僚委員に紹介してくださった。

　自由権規約委員に当選した直後の2006年10月に開かれた国際法学会の折りに，先生は委員の引き継ぎを理由に食事に誘ってくださった。柳井俊二先生と3人で夜遅くまで話をした。安藤先生は相当酔われ，帰りは私がホテルの部屋

---

[8]　ブルックス対蘭，1987年4月9日，Report of the Human Rights Committee, 47 GAOR, Supp. No.40, A/42/40, p.139（1987），薬師寺公夫ほか（編）『判例国際法』（3版，2019年）86A など。

までお連れすることになった。

　先生の業績は国際法の広い分野にわたる。極めて重要な論稿を数多く発表し，学会に大きな影響を与えた。先生の研究は，国際法の歴史的及び理論的研究を踏まえつつも，実証的かつ実践的なものだった。国家責任法と国際人権法が研究の中心だったといってよいが，私は自由権規約委員としての職務を遂行する上で，自由権規約に関する業績を特に参考にさせていただいた。重要なものをいくつか紹介する。報告制度については，「国際人権規約委員会による当事国報告の審査について」（1988 年）や，「規約人権委員会による国家報告審査方法の進展」（2005 年）がある。個人通報制度については，「B 規約人権委員会の個人通報審査」（1991 年）や，「自由権規約選択議定書に基づく『見解』の実効性確保について」（2002 年）がある。後者は，見解のフォローアップ手続の発展をたどり，その実効性を検討したものである。個別問題については，「人権関係条約に対する留保の一考察——規約人権委員会のジェネラル・コメントを中心に」（1996 年），「規約人権委員会による自由権規約第 26 条の解釈・適用とその問題点」（2002 年），「条約承継条約と最近の国家実行——とくに自由権規約の承継に関連して」（2003 年）が重要である。「人権の制限事由としての『公共の福祉』に関する一考察」（1995 年）では，日本国憲法が規定する「公共の福祉」を，自由権規約が規定する人権の制限事由に照らして解釈すべきことを提唱した。「チェコの没収私有財産返還・補償措置と規約人権委員会の対応」（2006 年）は，私が委員に就任した後も，委員会が同様の事件を検討したので，大いに参考にさせていただいた。先生の体験をまとめた「自由権規約および選択議定書と規約人権委員会——同委員会委員 20 年の体験から」（2008 年）も，特記すべき文献である。

　先生は 1993～94 年に自由権規約委員会の委員長を務めた。この重要な委員会の委員長を務めたのは日本人では安藤先生が初めてである。2004 年には先生は，委員会を代表して，委員会の 25 周年を祝う英文書籍を編集し刊行した[9]。私も先生に続いて 2009～11 年と 2017～18 年の 2 回，委員長を務めた。自由権規約委員長についても，私は先生の跡を追ったわけである。私の場合，

---

(9) Nisuke Ando (ed.), Towards Implementing Universal Human Rights: Festschrift for the Twenty-Fifth Anniversary of the Human Rights Committee (Leiden: Nijhoff, 2004).

〔岩沢雄司〕

1回目は，懐疑的な委員を説得して簡易報告手続の採用にこぎつけ，また留保について国際法委員会に書簡を送るなどした[10]。2回目は，条約の事後の慣行について国際法委員会に書簡を送るなどした。自由権規約委員会は一家言あり，なかなか妥協をしようとしない専門家の集まりである。そのような集団を率いるのは本当に大変である。委員長を務めてみて，先駆者の安藤先生の苦労が偲ばれた。

　先生は，ジュネーブの国連人権高等弁務官事務所の職員の間で名声を博していた。多くの職員に安藤先生を知っているかと聞かれ，そのたびに誇らしい気持ちで「もちろん」と答えた。私は自由権規約委員としての職務を遂行する際，先生の論文だけでなく，個人通報の個別意見もしばしば参照した。

＊　　＊　　＊

　私が自由権規約委員に就任すると，先生は所長を務めていた京都世界人権問題研究センターの研究員に誘ってくださった。京都で開かれる研究会に年1～2回出席し，自由権規約委員会の動向について報告することを10年以上続けた。研究会の議論も参考になったが，後の懇親会が楽しみだった。安藤先生，薬師寺公夫教授，坂元茂樹教授を初めとする関西の友人たちと定期的に意見を交換し親交を深めることができたのは，ありがたかったし楽しかった。安藤先生は胃の全摘手術を受けた後も，私が報告した後の懇親会にはほとんど参加してくださった。

　2010年に先生は京都国際人権問題研究センター所長として，「自由権規約委員会のフォローアップ手続の実効性——アジアのいくつかの国の総括所見及び個人通報の事例研究」という国際シンポジウムを主催された[11]。自由権規約委員長の私も招聘してくださった。シンポジウム終了後，外国人を多く含む報告者は下鴨の料亭でもてなしを受けた。食事や舞妓の踊りなどを満喫した。先生はこの料亭と懇意にしているとのことだった。先生の交友の広さに感心した。

　2006年に私が選挙運動でニューヨークを訪れた際，先生はカラオケが歌え

---

(10) 岩沢雄司「自由権規約委員長としての2年を振り返る」国際人権22号（2011年）3頁。
(11) Effectiveness of the Human Rights Committee's Follow-Up Procedure: Case Study of Some Asian Countries' Concluding Observations and Individual Communications: Proceedings of the International Symposium (Kyoto: Kyoto Human Rights Research Institute, 2010).

るクラブに日本政府代表部の職員とともに私を誘ってくださった。先生はニューヨークでもジュネーブでも夜はかなりの頻度で出歩いているとのことだった。委員の職務をいとも簡単にこなし，余裕があるように見受けられた。ところが実際に委員になってみると，委員の仕事はとても大変なことがわかった。宿舎に帰ってからも書類を読まないと追いつかなかった。週末も宿舎にこもって書類を読んで過ごすことが多かった。時代が変わった面もあるが，先生はよく毎日のように出歩くことができたものだと感心した。

　先生のカラオケ好きは有名である。私も何度もご一緒した。先生のおはこは水前寺清子で，振りをつけて豪快に歌われた。そして先生は，見ず知らずの人に気軽に声をかけ，すぐに仲良くなってしまう類い稀な特技を持っていた。ニューヨークのクラブでは演歌をプロのように歌う黒人の人と一緒になった。その人とも仲良くなった。

＊　　＊　　＊

　先生は2015年8月に，エストニアでの万国国際法学会総会出席とジュネーブ訪問を計画された。ジュネーブでは国連人権高等弁務官事務所の多くの関係者と面談の約束が整っていた。しかし先生は体調がすぐれず，直前に旅行を取り止められた。元自由権規約委員会事務局長のEric Tistonet氏を初め多くの関係者が，先生と再会できなかったことを大変残念がった。私は翌年12月にこれらの人に，心苦しくも先生のご逝去をお知らせする仕儀となった。皆が先生のご逝去を深く悔やみ悼んだ。安藤先生はジュネーブでも人望が高かった。

11 安藤先生との思い出さまざま脳裏をよぎるとき そのお人柄を偲ぶ

森 川 幸 一

　「体調がすぐれず京都に戻ったので明日の学会には行けません。一緒にカラオケに行くのを楽しみにしていたのですが，本当に申し訳ない」安藤先生からこうお電話をいただいたのは，専修大学での世界法学会研究大会を翌日に控えた 2016 年 5 月 13 日の夜 10 時を回った頃であった。安藤先生とは，その 3 週間前の 4 月 23 日，先生が長年携わってこられた国際法事例研究会の懇親会でご一緒させていただき，研究会での思い出話しなどを伺いながら楽しいひと時を過ごさせていただいていた。その際，世界法学会にいらっしゃる折には，懇親会終了後にカラオケの席を設けるので是非おいでくださいとお誘いし，先生も大変お喜びになり参加をお約束してくださったのだった。この時の電話が，私が安藤先生と直接お話をすることのできた最後の機会となった。

　安藤先生との出会いも，この時より 23 年ほど前に遡る一本の電話から始まった。1993 年 5 月，私は国際法学会春季研究大会で，初めての学会報告の機会を与えられた。「国際連合の強制措置と法の支配──安保理の裁量権の限界をめぐって──」と題した報告は，ヨーロッパでの冷戦が終わり，国連安保理の機能が「活性化」し始めた湾岸戦争後の国際環境の変化を踏まえて，安保理による強制措置発動権限に対する法的制約の可能性を論じたものであった。この報告は，当時の国際法外交雑誌の編集委員会から一定の評価を得て，幸運なことに原稿執筆の依頼を受けることとなった。私は当然のことながら原稿の執筆をお引き受けしたのだが，それが私の苦悩の始まりだった。

　東京大学の助手時代から国連の集団安全保障の研究をしていたとはいえ，当時は安保理が強制措置を乱発するようになるなど想像すらできなかった。そのため，安保理の強制措置発動権限に対する法的コントロールを扱った先行研究などほとんどなく，研究報告の前年に出されたばかりのロッカービー事件に関

追悼の部

する国際司法裁判所の仮保全措置命令と，村瀬信也先生の計らいで入手した報告直前の4月のアメリカ国際法学会の様子を録音したカセットテープをわずかな手掛かりに学会報告は何とか乗り切ることができた。しかし，いざそれを論文にしようとすると，枠組みから独自に構築せざるを得ない状況で，あれこれ考えを巡らせ呻吟しているうちに原稿の提出期限を大幅に徒過してしまっていた。

そうした中,「安藤先生という方からお電話です」という妻の呼びかけに，日曜日の夕食後のしばしのくつろぎの刻が恐怖の刻へと一変し，冷や汗が一気に噴き出したのだった。安藤先生が国際法外交雑誌の編集主任をされていたことは存じ上げていたが，それまで一度もお話したことはなく，その風貌からきっと怖い先生だろうと勝手に想像していた私は，怒られることを覚悟して恐る恐る受話器を手にとり，ただひたすら自分の非力をお詫びした。ところが，先生の反応は私が予想していたものとはまったく異なるものであった。先生は一言も叱責されることなく,「どこで悩んでいるのですか？」と真剣に私の話を聞いてくださり，方向性は間違っていないのだから頑張って書き上げるようにと激励してくださったのだ。編集主任の先生に話を聞いていただいたことで，私の迷いも吹っ切れ何とか原稿を仕上げることができた。国際法外交雑誌に掲載されたこの時の論文で，私は第29回安達峰一郎記念賞を受賞することになり，ようやく研究者としてやっていける自信を持つことができるようになった。これもひとえにこの時の安藤先生との出会いのお陰だと，今でも心から感謝している。

また，私自身，その後，国際法外交雑誌やJapanese Yearbook of International Lawの編集に携わるようになり，数えきれないほどの原稿の催促をする立場になるのだが，執筆者に寄り添って励まし，原稿の完成を後押ししてくださった安藤先生のお姿は，編集に携わる者としての私の理想形になった。もとより，私自身がそうした理想的な編集者になれているかと言えば，それは心許ない限りではあるが。

その後も安藤先生には，私にとっては2回目の国際法学会での研究報告となった2002年度秋季研究大会での「『対テロ戦争』における*jus in bello*と*jus ad bellum*の交錯」と題した報告の座長として会員からの質問を手際よくさばいていただいたり，外務省，赤十字国際法委員会，国際法学会の共催で2007

〔森川 幸一〕　11　安藤先生との思い出さまざま脳裏をよぎるときそのお人柄を偲ぶ

年8月に開催された「慣習国際人道法東京セミナー：新たな展開と挑戦」の第1セッション「慣習国際法研究概要」で，ヘンカーツ（Jean-Marie Henckaerts）ICRC本部法律顧問の報告に対する私のコメント（「ICRC『慣習国際人道法研究』の『方法論』について」）に際して流暢な英語で司会を務めていただいたりと，研究面でも度々お世話になることになった。

　もっとも，こうした研究面での公式な関わりを通しては知ることのできなかった先生のお人柄のもう一つの側面に触れることになったのは，その年3月に発生した東日本大震災の余波で研究大会の開催自体が危ぶまれていた2011年5月の明治大学での国際法学会春季研究大会の時であった。大会前日の理事会終了後，当時の理事長だった柳原正治先生と開催校の責任者だった故間宮勇先生と私の三人で，水道橋にある私の行きつけの店で飲んでいた際，安藤先生はカラオケがとてもお好きなので，翌日の学会の懇親会後の2次会をその店で開けないかという話になり，通常は休店日の土曜日にもかかわらず，店を貸し切で開けてもらうことになった。

　翌日の研究大会と懇親会は間宮先生の万全の準備のお陰でつつがなく終了し，予定通り安藤先生を2次会の店にお連れする運びとなった。私の心配は，休日返上でわざわざ店まで開けてもらっているにもかかわらず，参加者が少なかったらどうしようというものだったが，安藤先生を慕う二十数名の先生方が東西の垣根を越えて参加してくださり，これはまったくの杞憂に終わった。私にとって安藤先生と面と向かってお話するのはこの時が初めてだったが，国際法外交雑誌への寄稿に際しては大変ご迷惑をおかけし，またお世話になった旨のお話をすると，そのことはよく覚えていてくださっており，「待った甲斐があったよ」と大変勇気づけられるお言葉をかけてもらったことを今でも鮮明に覚えている。

　堅苦しいご挨拶はそこまでで，あとはみんなでカラオケに興じることになったが，うわさには聞いていたものの，先生のエンターテイナー振りは私の想像をはるかに超えるものであった。時を忘れてカラオケに興じたのち，安藤先生は一足先にお帰りになることになったが，別れ際に「森川さん，今日は本当に楽しかったよ。ありがとう。またこんな機会があるといいですね」とおっしゃり，過分のお心付けを置いてタクシーで颯爽とお帰りになった。

　その後，安藤先生には色々な場でお気に掛けていただいたが，そのご厚情に

追悼の部

報いたいと，5年越しのお約束を果たそうと企画したのが，冒頭のカラオケのお誘いだった。前日までお元気で上京されていながら，急遽，体調不良を訴えられ京都にお帰りになったとのこと，それにもかかわらず，お電話をくださった先生の律義さには，今にして思うと本当に頭の下がる思いがする。この時のカラオケ大会は残念ながら幻に終わったが，先生とのさまざまな思い出は今でも私の脳裏をよぎりそのお人柄が偲ばれる今日この頃である。

　安藤先生のご冥福を心よりお祈り申し上げる。

12　安藤仁介先生を偲んで

浅 田 正 彦

　安藤仁介先生は，2016年12月6日に逝去された。享年81歳であった。大学院に入学して以来，極めて懇意にしていただいた者の一人として，先生のご業績を振り返ると共に，若干の個人的な出来事に触れることで先生のお人柄を偲ぶことにしたい。

　安藤先生は，1935年8月6日に京都府綴喜郡八幡町（現八幡市）でお生まれになり，洛北高校を経て，55年に京都大学法学部に入学された。59年には大学院に進学され，田岡良一・田畑茂二郎両先生の下で研究生活を開始された。博士後期課程に進学されると，2年目の62年8月から2年間，フルブライト留学生として米国のフレッチャー・スクールに留学され，後に博士号を取得された。大学院に復帰されて半年後の65年4月には，京都大学教養部（現総合人間学部）に講師として採用され，教育の道に入られた。その後，81年から9年間の神戸大学法学部ご勤務を経て，90年には京都大学法学部に戻られ，98年3月の退官まで勤務された。京大ご退官後は，2006年3月まで同志社大学法学部で勤務された後，長らく兼務されていた世界人権問題研究センターの所長職に専念され，16年6月まで務められた。

　この間，安藤先生は極めて多くの公職に就かれた。国際法学会の理事および理事長，世界法学会の理事，国際法協会日本支部の理事として，各学会の発展に寄与されると共に，司法試験考査委員，外務公務員Ⅰ種試験委員，国家公務員Ⅰ種試験委員，人権擁護推進審議会委員，難民審査参与員などを歴任され，とりわけ人権分野における我が国の取組みに多大の貢献をされた。先生の人権分野におけるご活躍は国際的であり，国連人権委員会小委員会に代理委員として参加されたのを皮切りに，87年からは20年もの間，自由権規約委員会の委員（93年から2年間は委員長）として活躍された。こうした人権分野での功績

から08年には瑞宝重光章を受章されている。安藤先生の海外でのご活躍は人権分野には留まらない。国際通貨基金（IMF）行政裁判所，常設仲裁裁判所，国連海洋法条約仲裁裁判所など多くの国際裁判所の裁判官として活躍されたほか，日本が約1世紀ぶりに国際裁判の本格的な当事者となった「みなみまぐろ事件」では，日本政府代表団顧問・補佐人として日本を勝訴へと導かれた。

こうしたお忙しい公務のなか，安藤先生は国際法の研究においても大きな足跡を残された。先生の研究対象は国際法のほぼ全分野に亘っているが，最初の大きな研究は，71年にフレッチャー・スクールから博士号を授与された，Surrender, Occupation, and Private Property in International Law と題する論文である。この論文は，それまで世界の国際法学界で常識とされていたドイツと日本における無条件降伏の類似性を，丹念な考証をもって覆した画期的な論文であり，その着眼点の独創性のゆえに，後にオックスフォード大学出版局から公刊されるに至っている。それは今日に至るまで，「オックスフォード国際法選書シリーズ」で日本人の手になる唯一の書物であり続けている。

しかし，先生の一貫したご関心は国家責任法の分野にあったように思える。法の裏づけとなる社会的な「力」の集中を欠く国際社会では，違法行為を行った国の法的責任を問うシステムの研究が根本的な重要性を有するとの認識から，この研究を進められたとお聞きしたことがある。まさに国際法の本質に迫るテーマである。そのほかに取り組まれた研究テーマは，領域法，承認法，承継法，条約法，人権法，投資法，裁判法など多岐に亘る。出版社から依頼があったにもかかわらず，先生が国際法の体系書を著されなかったのは誠に残念である。しかし，こうしたご研究が評価されて，05年には世界の著名な法学者からなる万国国際法学会（IDI）の正会員に選出された。当時，日本人の正会員は先生を含めて3人を数えるのみであった。

このように偉大な先生であるにもかかわらず，安藤先生は気遣いと誠意の人であった。田畑先生が創始主宰された毎週土曜日開催の国際法研究会には，外国からを含めゲスト・スピーカーが多く来られた。安藤先生はそのたびに研究会「後」のことを気にしておられた。ご自身が出席されたときは，よく行きつけの木屋町四条上るスナック「吉冨」に連れて行かれ，そこでカラオケを「楽しませる」のが趣味であった。外国人も例外ではなく，1999年5月に来日した私も旧知のキングズベリー・ニューヨーク大学教授が，「吉冨」でカラオケ

を「歌わされていた」のを鮮明に覚えている。「みなみまぐろ事件」裁判の折には，ワシントンでしばしばカラオケ会を開かれていたと聞く。

　先生はお気遣いから無理をされることも少なくなかった。07年11月に国際海洋法裁判所のヴォルフルム所長が来日されたときは，IMF行政裁判所の仕事先の米国から帰国された文字通りその足で，歓迎の宴を主催された。14年10月には，胃癌の手術をされたばかりであるにもかかわらず裁判所の仕事でカタールへ出張に行かれたりもした。亡くなられた16年の4月には，先生を中心に80年に発足した国際法事例研究会の6冊目の成果物の出版記念会を東京で開催した折に，お誘いすると先生は体調不良を押して参加され，その由来を含め研究会の意義を熱く語られた。こうしたご無理が体を傷つけていたのではないかと悔やまれる。にもかかわらず，お電話を頂いたときにはいつも「あんたも大変やなー」と口癖のように言われていた。お気遣いに癒されたものである。

　安藤先生は，若手の教育にも極めて熱心であった。神戸大学に移られて大学院生を持たれたのを機に，京大，阪大，神大の院生を集めて毎週水曜日に神戸大学で洋書の読書会を開いて頂いたし，修士課程の頃であったと思うが，京都で学会が開催された折に，東京の同年代の院生も誘われて，当時行きつけのお店で交流の場を設けて頂いたこともある。最近では，土曜日の国際法研究会にほぼ毎回出席され，的確かつ示唆に富んだコメントをして頂き，特に若手の報告に対しては配慮に溢れたコメントをされていた。先生は，お亡くなりになる2ヶ月前の10月1日に，最後となってしまった研究会報告をされたが，外国出張のため拝聴できなかった。痛恨の極みである。

　先生はご自身の生き方について，『有信会誌』第41号（1999年）で30年余りの京都大学での歳月を振り返って，「私としては与えられた条件のもとで，自分にできる精一杯の努力を傾けてきたまでであり，そのことが『思い出』として残っているだけである」と書かれている。私も「斯くありたい」と思う。

（『有信会誌』第65号（2017年）より許可を得て転載）

13 安藤仁介先生の想い出

中 谷 和 弘

　安藤仁介先生には研究会で直接ご指導頂くという機会はございませんでしたが，学会（特に国際法学会）において暖かいご指導とご配慮を頂きました。
　もう30年近く前になりますが，国際法学会でのデビュー報告を国際法外交雑誌にまとめ，拙稿の抜刷を安藤先生にお送りした後，国際法学会の懇親会において先生にお目にかかった際に，先生から，「良く勉強してちゃんとまとめてあるけど，これからはもっと自由に好きなように書いていいんだよ。年取るとみんなそうなるけどね」というお言葉を頂きました。少なくとも当時は，オリジナリティなど考える余裕はなく，勉強したことをまとめて書くことに必死でした。先生のお言葉はまさに至言であり，時々思い返しております。
　安藤先生とは，1996年3月にアトランタで開催された日米加の国際法学会のシンポジウムにご一緒させて頂きました。人権条約への留保に関する流暢な英語でのご報告と質疑応答における堂々とした態度に，さすが安藤先生という感を強くしました。
　安藤先生が国際法学会理事長の時のことです。戦前からの国際法外交雑誌のバックナンバーは私の研究室でお預かりしていましたが，年々どんどん増えていき，部屋はパンク状態になってしまいました。そこで安藤理事長に窮状をご相談申し上げ，先生のご高配で文生書院がバックナンバーを預かってくれることになりました。本当に助かりました。
　2000年頃には，小田滋先生の英文祝賀論文集に寄稿するよう編者のお一人である安藤先生からお誘い頂き，寄稿させて頂くことができて光栄でした。
　2008年には，国際法外交雑誌に安藤先生古希記念論文集の紹介をさせて頂きました。同年秋の学会で先生にお目にかかった際に，「原稿をやっと提出させて頂きました」とお伝えした所，「ご多忙なのにありがとうございます」と

言われて恐縮したことを覚えています。紹介の中にも書きましたが，この珠玉の論文集の執筆者達を育てた安藤先生はまさに素晴らしい教育者でもあったと強く感じた次第です。

　安藤先生は2015年度まで国際法協会日本支部の理事をつとめられました。春と秋の理事会におこし下さり，お目にかかることができましたが，私は庶務の仕事に忙殺され，残念ながら先生と会話を楽しむ余裕はありませんでした。

　その他，京都で学会があった際に，懇親会の後に祇園のカラオケバーに連れて行って下さったことがあります。安藤先生はたしか石原裕次郎の歌をうたわれたと思いますが，私自身酩酊して曲名までは覚えておりません。

　安藤先生，まことにありがとうございました。この場をお借りして厚く御礼申し上げますとともに，心よりご冥福をお祈り申し上げます。

14 安藤先生からのメッセージ

村田晃嗣

　安藤仁介先生に最初にお目にかかったのは，私が神戸大学大学院法学研究科博士課程前期に在籍していた時だから，1987年か88年であろう。30年ほど昔である。私は同志社大学を卒業して，神戸大学大学院に進んだ。私の専攻した国際関係論の分野では，当時としては例外的に，神戸大学には教授が3人おられた。しかも，日本政治外交史や国際法という近接分野も充実していた。私は学部時代にはアメリカ外交史を中心に勉強してきたので，より視野を広げようと，安藤先生の国際法の演習を受講したのだった。

　国際法に何の素養もない調子のいい闖入者にも，安藤先生は寛大に門戸を開いてくださった。私以外の受講生はみな，国際法を専攻していたと記憶する。国際法のどういう分野に興味があるかと先生に問われて，国際海洋法と私は答えた。格段の理由があったわけではなく，国際関係や安全保障を学ぶ上でも国際海洋法の知識が必要だろうと漠然と思ったからである。あるいは，高坂正堯先生の『海洋国家日本の構想』を学部時代に読んでいたことに影響されたのかもしれない。因みに，高坂先生と安藤先生は高校，大学と先輩，後輩の関係にあった由である。

　安藤先生は私の希望を叶え，国際海洋法の英語文献をテキストに選んでくださった。大いに感謝して，本来なら人一倍勉強すべきところである。しかし，愚かにも私は塾の講師のアルバイトに精を出し，十分な予習もせずに演習に臨むことが多かった。しかも，専門知識を欠いている。英語もさることながら，頻出するラテン語の引用に悩まされた。当然，私の発表の番になると，輪読のペースは遅れがちであった。安藤先生は何度も助け舟を出してくださったが，ついには「もっとしっかり準備をしなさい」とお叱りを蒙った。それでも，先生は寛大にも私に過分な成績をつけて下さった。だが，かえって申し訳ない思

追悼の部

いもあり，その後キャンパスで先生をお見かけしても，敬して遠ざかることになった。まさに忘恩である。

その後，私はアメリカに留学し，広島大学総合科学部で5年間教鞭をとって，母校の同志社に戻った。2000年10月のことである。すると，法学部教授会に安藤先生がおられた。京都大学を定年前に退官され，同志社で国際法を講じておられたのである。新任教員の歓迎会の席で，私は安藤先生に恐る恐るご挨拶した。幸いなことに，先生は大学院時代の私のことを覚えておられなかった。むしろ，神戸大学大学院出身ということで，二次会にお誘い下さった。もちろん，カラオケである。

安藤先生のカラオケ好きは，つとに有名であった。大学院で私の指導教官だった木村修三先生もカラオケの達人で，「津軽海峡冬景色」を青森弁で滔滔と歌われた。安藤先生と木村先生はカラオケ仲間であった。さすがに，院生時代には安藤先生とカラオケをご一緒する機会はなかったが，同志社では何度も先生のお供をさせていただいた。安藤先生は実に明るく，周囲の人びとを巻き込んで，楽しい時間と空間を創出されていた。京都大学のご出身らしく，「琵琶湖周航の歌」をよく歌っておられたことを，懐かしく思い出す。後年，私は木村先生を神戸から京都にお誘いして，安藤先生と三人で会食，カラオケという企画を立てた。お二人はほぼ10年ぶりの再会ということで，たいへん喜んでいただけた。私にすれば，大学院時代の不行跡への，せめてもの罪滅ぼしであった。

やがて，2006年3月に安藤先生が同志社を退職されると，当然のことながら，先生にお目にかかる機会は少なくなってしまった。共通の教え子の結婚式で久しぶりにお会いした折には，安藤先生はすでに奥様を亡くしておられたが，夫婦の絆について温かいスピーチをなさった。また，学界や政府への長年のご功績から，先生が瑞宝重光章を授章された際に，同志社大学の関係者でささやかなお祝いの会をもった。先生は二次会でのカラオケを期待しておられたが，私は出張のために一次会だけで失礼しなければならなかった。「残念やなあ」と，安藤先生は言われた。まさにそうであった。私が先生とカラオケをご一緒する機会は，もうなかったのだから。

2013年4月から3年間，私は同志社大学の学長を務めた。学長就任が決まった直後に，私の携帯電話に安藤先生からの着信履歴があるのに気づいた。短い

〔村田晃嗣〕 *14 安藤先生からのメッセージ*

　メッセージが残されていた。「これからたいへんやろうけど，村田君はまだ若いから精一杯がんばってください」という趣旨であった。私もすぐに先生に電話を差し上げたが，あいにく先生は電話に出られず，今度は私がお礼のメッセージを残すことになった。

　日本を取り巻く国際環境は，一層厳しいものになっている。安藤先生は安全保障にも強い関心と高い見識をお持ちであった。先生が司会をされた京都防衛協会主催のシンポジウムに，私もパネリストの末席に加えていただいたこともある。昨今の国際情勢や安全保障問題に，安藤先生や高坂先生ならどのような卓見を示されたであろうか。もう安藤先生からのメッセージは届かない。先生のご業績に学びながら，われわれ一人ひとりが考えていくしかないのである。

15 安藤仁介先生との思い出

小坂田裕子

　安藤仁介先生との出会いは，私が京都大学法学部の学生時代に遡る。当時，私は「人権」を更に学びたくて，大学院進学を考えていたが，憲法にすべきか，国際法にすべきか迷っていた。結果的に，国際法で進学することを決めたのだが，それは安藤先生の国際法の講義を受け，その論理的で分かりやすい説明に感銘を受け，国際法という学問を面白いと感じたからである。不真面目な学生であったが，1限に開講されている安藤先生の授業を受けるため，神戸の自宅を6時半過ぎに出発し，すべて出席をした。講義を受けるために，そんな努力をしたのは，恥ずかしながら先生の講義くらいだった。

　その後，安藤先生の許可を得て，先生のゼミにオブザーバー参加させていただくようになった。ゼミで最初に発表したテーマは，国際人権の慣習法化について。私としては，とても頑張ったが，先生のコメントは「そんなことやって，何になるんや」という辛辣なものだった。次に発表したテーマは，政府承認について。何とか挽回しようと前回以上に頑張った。先生からは，「思っていたより，よかった」というコメントをいただけた。その一言は私にとって，少しの自信となった。安藤先生は，とてもうまく飴とムチを使いこなされ，私を含む，学生たちを指導されていたなぁと，大学教員となった今，しみじみ思う。

　ゼミでは，安藤先生とお酒を飲む機会も多くあった。先生の行きつけのカラオケ・スナックに学生たちを連れて行って，飲み代はすべて先生もち！（だったと記憶している。）場末感満載のスナックに，戸惑う学生を前に，先生は迷わず軍歌を歌い，続いて学生の名前を入れて替え歌を熱唱されていた。「やんちゃ」という言葉の似合う先生。そんな安藤先生のことが，ゼミ生は皆，大好きだった。

　最後のゼミの日，安藤先生が珍しく真面目に私たちに2つのことを語られた。

追悼の部

　一つは，法を学ぶ意味について。「法のために人があるのではなく，人のために法があるのだ」という基本的であるが，法学者が時に忘れがちな大切なこと。もう一つは，生きることについて。「戦争時代の苦労を思えば，今の時代の苦労などたいしたことはない。とにかく生きよ。」ということだった。いずれも，何かあった折には，私の脳裏によみがえってくる大切な言葉となっている。

　その後，先生は同志社大学に移られたが，京都大学で開催される国際法研究会などを通じてご指導をいただいた。先生は報告中，寝ているように見えるのだが，報告が終わるといつも的確な指摘をしてくださった。私は大学教員を始めて10年ほどたつが，未だにその技はマスターできない。

　大学院時代の安藤先生との一番の思い出は，私がオランダのユトレヒト大学に留学中，ジュネーヴを案内していただいたことである。先生は，当時，自由権規約委員会の委員を務めておられ，ジュネーヴにいらっしゃっていた時に，2人の日本人大学院生と一緒に，先生を訪ねた。まずは国連で先生のお仕事ぶりを拝見。流暢な英語で，国際的にも高く評価されている先生は，大学でお会いするのとは違い，少し近寄りがたい感じがしたのを覚えている。その後，「ジュネーヴの奴らは運転が荒いんや」と言いながら，負けずに荒い運転で，レマン湖の周りをドライブに連れて行ってくださった。とてもかわいらしい古い街並みをバックに先生と2人で撮った写真は，2人とも満面の笑みで，アナログだったが，データ化して大切に保存している。

　私が結婚したときには，先生からありがたいお言葉を個人的にいただいた。結婚のご報告を先生にさせていただいた際，安藤先生は夫に「この子のいいところを探してやってください」とおっしゃられた。その時は，「いやいや，私にいいところが無いみたいだし」と内心思ったが，あれから10年ほどたち，結婚生活の中でお互いのいいところを忘れずに見つけていくことは，夫婦円満の秘訣だと思うようになった。飲み会の後，夫と共に祇園の高級カラオケ・スナックに連れて行っていただいたのも，いい思い出である。

　安藤先生とのことで一つ悔やんでいることがある。在外研究に行く前，安藤先生にジョージ・ワシントン大学に行くことをお伝えしたところ，「ジョージ・ワシントン大学のダイナ・シェルトン（Dinah L. Shelton）はよく知っている。安藤の弟子だと言えば，よくしてくれるはずだ。不正確かも知れんが，似たようなもんだし，いいやろ。」とおっしゃってくださった。残念ながら，私

〔小坂田裕子〕

の在外研究中，シェルトン教授はサバティカル中でお会いすることはできなかったのだが，安藤先生のお心遣いがとても嬉しかった。在外研究から晩夏に帰国後，先生にご挨拶をと思っていたが，秋に研究会報告をされていたので，お元気なのだと思い込み，忙しさにかまけて，お電話をしなかった。安藤先生の訃報が届いたのは，その年の暮れである。安藤先生に感謝の気持ちを伝えることは出来なかった。

　こうやって安藤先生との思い出を文字に起こしていると，もう先生がいらっしゃらないという事実が再確認され，とても寂しく，心細い気持ちになる。しかし，先生はそういうセンチメンタルなことは望んでいらっしゃらないだろう。安藤先生のような偉大な研究者，教育者になることは到底出来ないが，先生に教わったことを少しでも生かしていけるよう，これからも研鑽を積んでいきたい。最後に，安藤先生，本当にありがとうございました。

16 一院生から見た安藤先生の同志社時代

坂 田 雅 夫

　私が安藤先生と出会ったのは 1998 年のことです。先生が京大を退職され，同志社に移られた年に，私は同志社大学大学院法学研究科へと進学しました。私自身の大学院生活は，ほぼ先生の同志社時代に重なっていますので，その頃の先生について書いてみたいと思います。カラオケや飲み会の席の話は山ほどあるのですが，他の多くの方もその点は触れられるでしょうから，ここでは個人的な思い出を語ります。

　1998 年の 4 月，それまで先生に面識を得ていなかった私は，大学院の授業が始まる前に一度ご挨拶せねばと思い，学部の講義の部屋を調べて授業後に教壇の先生のもとに向かいました。簡単な自己紹介で研究者を目指していると話をすると，それではこの後のゼミに来なさい，と一言いわれ，そのままゼミの TA として採用されました。その週の土曜日，大学院の最初の授業の際に，この後京大で研究会があるから出るように，といわれ，午後には京大に行き，そして伝統ある京大国際法研究会に入会の推薦を頂きました。その日，私は何も知らずにポロシャツで研究会に参加してしまい，諸先輩から忠告を頂きました。さらに後日京大以外の大学の学生が修士課程から入会するのは大変珍しいと多くの先輩から聞き，すごいところに来てしまったと思ったものでした。

　先生が，同志社に来られたときには，まだまだ体力に満ちあふれておられました。ある日，ゼミの前に先生と打ち合わせをしていたおり，ゼミの開始時間が迫ったために別校舎の教室へと走ることになりました。ゼミの部屋は 4 階にあったのですが，先生はためらわれることなく階段を走って登られました。いつもはエレベーターを使う私も合わせて階段を駆け上がり，教室に着くときには息絶え絶えという感じでしたが，先生は息を乱すことなくゼミを開始されました。またソフトボール大会があると必ず選手として出場され，塁に出ると，

追悼の部

時にはヘッドスライディングもなされ，見ていた我々はハラハラしておりました。

同志社大学大学院へは，全国から先生の指導を希望して多くの学生が進学してきました。外交官試験についても，先生の指導学生の中から外務専門職へ数多く合格し，私どもは「安藤マジック」と呼んでいたものでした。ただ，何人かの学生が修士課程を終えたあとに博士課程へと進学したいと相談に伺うと，それに対して先生は他大学の院への進学をお勧めになるのが常でした。研究者の就職の厳しさ，また安藤先生の同志社での定年などをお考えになられてのことだと思われます。先生が，同志社時代で博士課程への進学を許されたのは，私と今は近畿大学にいる瀬岡さんだけでした。

研究者の就職は厳しく，私と瀬岡さんの就職もかなり遅くなり先生にはご心配をおかけしました。大学院生活も長くなり奨学金の期間を過ぎた私は，ある年の夏，生活のためにアルバイトにいそしみ論文の執筆をおろそかにしてしまいました。夏を過ぎて，秋の講義が始まったときに，授業後，話したいことがあると呼び出され，空いている別の教室で，なぜ論文を持ってこないのだ，と厳しく叱責を頂きました。いろいろと細かいことではお叱りを頂いていた私ですが，このときの先生の怒りは激しく，今でも思い出しては怖くなります。その場で深くお詫びし，すぐに書きかけの論文の完成を急ぎました。その数年後，現在の職場への就職が決まり，また同じ年に結婚したのですが，妻共々お招きくださり，祝の席を設けて頂きました。あのときの先生の顔は本当に楽しそうで，やっと先生の御負担を少しは減らせたかと私も安堵しました。

先生がお亡くなりになった年の4月に瀬岡さんの就職が決まりました。このことを先生は本当に喜ばれていました。飲み会の後に安藤先生をタクシーでお送りしていた際に，瀬岡さんの話になり，「本当に良かった。これで私の仕事は終わった」といわれていたことを，今でも涙と共に思い出します。

ある酒席で先生は，いずれ全ての公職を退いたら，中国の古典を読む生活をしたいといわれたことがありました。実際の先生は，同志社退職後も世界人権問題研究センターの所長など要職を歴任され，引退にはほど遠い毎日を過ごされていました。どんな古典を読みたいと思っておられたのか，もう少しお伺いしていたらと悔やまれます。論語や孟子などは柄ではないといわれるのでしょうか。歴史書だったのでしょうか。ご命日には，私も何か漢籍を繙いて先生を偲びたいと思います。

17　我が師，安藤仁介先生

瀬 岡　　直

　私は，学部時代からおよそ20年間にわたり一貫して安藤仁介先生の御指導を賜った。先生との出会いは，同志社大学法学部3回生の時に先生の国際法ゼミを受講したことがきっかけである。今出川キャンパスのクラーク記念館で行われた最初のゼミでの先生の印象は，温和な好々爺というものであった。すでに還暦を過ぎておられた先生は，ゼミの方針をゆっくりとした静かな語り口で説明されていたのを今でも覚えている。当時の私は，恥ずかしながら，このとき，先生が世界的に有名な国際法の研究者であることを全く知らなかった。安藤ゼミを選んだのも，細かい議論になりがちな国内法よりも世界に目を向ける国際法を勉強するのも悪くないなという，きわめて安易な気持ちからであった。
　ところが，安藤先生の温かくも厳しい御指導は，それまでの先生の印象はもちろん，国際法ひいては法学そのものに対する私の向き合い方をも一変させたのである。先生はゼミ生の報告や質問に対してゆったりとした絶妙の間で事の本質を分かりやすく話して下さった。そうしたお話を通じて，先生は国際法を学ぶ重要性と奥深さを少しずつ教えて下さったのである。それだけではない。先生のお話は，国際法の専門的な知識はもちろん，政治，経済，哲学，歴史，地理，ときには文学にまで及び，ゼミ生は皆わくわくしながら先生のお話に聞き入った。こうしたダイナミックで知的刺激にあふれた先生のゼミは，私を大いに魅了した。安藤先生のお話を一言一句聞き漏らさないように全神経を集中して参加したゼミは誠に至福の時間であった。少しずつではあるが，国際法の研究を通じて「学問をするということの楽しさ」を感じ取ることができるようになったのも，その原点は安藤ゼミの学生のひとりとして先生の謦咳に接することができたことにあると確信している。
　学問の厳しさや研究者としての生き方を教えて下さったのも，他ならぬ安藤

追悼の部

先生であった。私は，先生の御指導の下，2年間のゼミの総仕上げとして，「人道的干渉と国際法」と題する論文を公表した。論文執筆の直接の契機は，1999年に勃発したNATOのコソボ空爆であった。武力行使禁止原則，内政不干渉原則，人権の国際的保障といった国際法の根本的な諸原則が密接に絡み合う人道的干渉の問題は，国際法を学んで間もない私に，法の根本問題たる秩序と正義の相克を最も鮮烈な形で突きつけたのである。先生は，論文完成に四苦八苦している私に，国際法の根幹に触れる問題にどのように取り組んでいけばよいかについて数え切れないほど多くの深い洞察に満ちたお言葉をかけて下さった。先生は，卒論指導を通じて，私に，学問として国際法を研究していくうえでの厳しさや難しさをそれとなく気づかせて下さったのである。この時，私は，他でもない安藤先生の下で研究者の道を歩もうと決心したのである。今思えば，私が専門ゼミを選ぶ3回生の時に，先生が同志社大学に赴任されたことは，私にとって運命的な出会いであり本当に幸運なことであった。

　安藤先生は，大学院時代の私が研究テーマで悩んでいるときにも，私の興味関心がどこにあるかを第一に重視したうえで，親身にアドバイスをして下さった。私は，武力紛争における自然環境の保護をテーマとする修士論文を提出したあとも，それが自分の本当に取り組んでみたいテーマなのか，何か少し違うのではないかと，もやもやとした気持ちをぬぐい去ることができないでいた。先生は，研究テーマについての私のこの違和感を敏感に感じ取って下さったのであろう，「君の学部時代から一貫した問題関心は武力行使，とくに人道的干渉の問題にあるのではないか。もう一度，人道的干渉の問題に取り組んでみてはどうか」とおっしゃったのである。以後，博士課程では人道的干渉の問題に正面から取り組む覚悟を決めた私は，先生の御推薦で京大の国際法研究会に入会を許され，何度も報告させていただいた。先生は，たとえどんなに忙しくとも，必ず私の報告を聞きに来て下さった。先生は研究会の場ではあまり私の拙い報告にコメントなさらず，研究会終了間際に，「今日色々な先生方からいただいた御指摘，御批判をしっかり受け止めて，もう一度しっかり考え直しなさい」と述べられることが多かった。こうして先生の御指導の下，試行錯誤を繰り返しながら，すべての時間と労力を注ぎ込んで数年かけて書き上げたのが「国連集団安全保障体制における秩序と正義の相克――NATOのコソボ空爆を素材として――」（『同志社法学』）と題する論文である。先生は最後の校正段階

でこの論文を意外にも褒めて下さった。もっとも，後にも先にも，先生がはっきりと私の論文を褒めて下さったのは，私の記憶が正しければ，このときだけである。

　学部生時代の先生との出会いが私の第一の幸運であるとすれば，もうひとつの幸運は，先生の御自宅と私の実家が，偶然にも，ともに大津市内の，車で15分くらいの距離にあったことである。瀬田の唐橋を渡り，瀬田川を左手に見ながら松尾芭蕉の幻住庵を過ぎ，東海自然歩道近くの，杉木立に囲まれた細い山道を抜けていくと先生の御自宅が見えてくる。国際法の研究を始めたばかりの，まだまだ浅学非才の私にそのような風景を楽しむ余裕もなく，先生からどのような御指導ときには御叱責を受けるのだろうかと大変緊張しながらハンドルを握っていたことを忘れることはできない。先生はいつも笑顔で玄関に出てこられ応接間やときにはリビングに通していただくわけであるが，御自宅で私の拙い論文原稿や研究計画に対して，あるいは国際法の研究姿勢に対して厳しくも温かい御指導をいただいたことは，私の人生において何物にも代えがたい大きな財産である。

　安藤先生は，私の目を広く世界に向けるきっかけを作って下さった恩師でもある。先生は，とかく内向きな私の背中を押すように，フルブライト奨学生への応募を何度も強く勧めて下さった。2008年，フルブライト奨学生としてNew York University School of Law の International Legal Studies（LL.M.）コースに留学する機会を得たことは，私のそれまでの人生にはない，貴重な経験となった。帰国後取り組んだ拒否権研究の出版の際には，いろいろと御尽力いただいたばかりか，「推薦のことば」まで頂戴した。私には身に余る光栄であり，先生の学恩に少しでも報いるべく，努力を続けねばとの思いをますます強くした。

　こうして振り返ってみれば，安藤先生には，1998年に同志社大学で初めてお目にかかってから，2016年に先生が亡くなられる直前までお世話になり続けており，その学恩は計り知れない。国際法研究において何が重要であるか，どのような研究態度が必要であるかも御教示いただいてきた。それは，あるときは先生の御自宅で，またあるときには，研究会や飲み会の帰りに御一緒させていただいた電車やタクシーの中でであった。先生はしばしば次のような点を強調された。「国際社会は矛盾に満ちた灰色の世界である。したがって，あま

りにも白黒はっきりと割り切った議論の進め方は国際社会の現実を歪めることになる。国際法研究の悩みどころは、複雑に絡み合う国際社会の矛盾をあるがままに認めながら、それでもなお、その矛盾の中から国際社会のあるべき方向性を、たとえわずかであろうとも、浮き彫りにするよう努めなければならない点である。こうした高い緊張感を保ちながら研究を進めることはきわめて困難なことであるが、それを覚悟して真摯に研究に取り組まなければならない。」

　きわめて示唆に富む先生のこのお言葉は、私の国際法研究の根本的な姿勢を決定づけるものであり、研究に行き詰まっているときに、常に立ち返る原点となっている。この度、安藤先生の追悼論文集に掲載された拙稿「政府承認論の最近の展開――『シリア人民の正統な代表』としての『シリア国民連合』の承認の意味合い――」を書き上げるに当たっても、先生のこのお言葉の趣意を自分なりに理解して表現しようと努めたつもりである。しかし、拒否権制度であれ、政府承認制度であれ、研究を進めれば進めるほど、先生がおっしゃった通り、諸国家の国益が激しくせめぎ合う国際社会の現象を国際法の観点から分析する難しさを痛感しているというのが正直なところである。1980年代半ばに「政府承認に関する最近の傾向について」という論文を公表された先生が、今なお御元気でいらっしゃったなら、この拙稿についてどのような御指摘をいただけただろうか。

　2016年10月1日、京都大学での国際法研究会において、安藤先生が「私の見る『世界人権宣言』の構造」というテーマで報告された。御報告に先立ち、先生は、いつも通りのゆっくりとした、しかし、力強い口調でこうおっしゃった。「この京大研究会は世界的にも有名なので、メンバーの皆さんはそういう気概を持ってしっかりと研究に取り組むように」と。このようなお話をされることはほとんどなかったので、私は、不思議に思い、「いつもの先生と何かちょっと違うな」と感じたことを今でもはっきりと覚えている。研究会終了後は、いつものように、帰りを御一緒した。「術後のお体の具合はいかがでしょうか」とおたずねすると、先生は、「胃の摘出後ようやく食事が楽しくなってきた」とおっしゃった。それが周囲に心配をかけまいとされる先生の優しさから出たお言葉であることに気づけなかった私は、鈍感にも、先生は元通りお元気になられるものと思い込み、安堵した。JRの車内でも先生は、私の研究の進展状況や勤務校での教育のことなどを色々と気に掛けて下さった。石山駅で

御一緒に下車し，ホームの階段をゆっくりと上がり，改札口のところで「今後とも御指導の程よろしくお願いいたします」と御挨拶をした。先生は笑みを浮かべて手を少し挙げたあと，改札口を出ていかれた。それが先生との最後のお別れとなった。

わずか2ヶ月後の12月6日，安藤先生は亡くなられた。私はいても立ってもいられなくなった。御葬儀が終わり霊柩車が国道をゆっくりと進みだした。私は遠く離れた沿道から，安藤先生に深く一礼し黙祷を捧げた。今はただ先生の学恩に少しでも報いることができるように，先生のお教えを常に心に留めつつ，国際法研究に邁進するのみである。

安藤仁介先生追悼

実証の国際法学の継承

2019（令和元）年12月1日　第1版第1刷発行
8080：P1060 ¥23000E 012-040-008-N20

編集　芹　田　健太郎
　　　坂　元　茂　樹
　　　薬　師　寺　公　夫
　　　浅　田　正　彦
　　　酒　井　啓　亘

発行者　今井 貴・稲葉文子
発行所　株式会社 信 山 社
〒113-0033　東京都文京区本郷 6-2-9-102
Tel 03-3818-1019　Fax 03-3818-0344
info@shinzansha.co.jp
笠間才木支店　〒309-1611　茨城県笠間市笠間 515-3
Tel 0269-71-9081　Fax 0296-71-9082
笠間来栖支店　〒309-1625　茨城県笠間市来栖 2345-1
Tel 0296-71-0215　Fax 0296-72-5410
出版契約 2019-8080-7-01011　Printed in Japan

Ⓒ 編・著者, 2019　印刷・製本／ワイズ書籍（M）・牧製本
ISBN978-4-7972-8080-7 C3332 分類329.100

JCOPY 〈(社)出版者著作権管理機構 委託出版物〉
本書の無断複写は著作権法上での例外を除き禁じられています。複写される場合は、そのつど事前に、(社)出版者著作権管理機構（電話03-5244-5088, FAX 03-5244-5089, e-mail: info@jcopy.or.jp）の許諾を得てください。また、本書を代行業者等の第三者に依頼してスキャニング等の行為によりデジタル化することは、個人の家庭内利用であっても、一切認められておりません。

◆後世に伝える安藤仁介先生著作集◆

実証の国際法学

安藤 仁介 著

〈編集委員〉芹田健太郎・薬師寺公夫・坂元茂樹・浅田正彦・酒井啓亘
〈編集協力〉新井京・黒神直純・竹内真理・玉田大・濱本正太郎・前田直子・水島朋則・山田卓平

＜目　次＞
◆Ⅰ　国際法と日本
第1章　国際社会と日本
第2章　国際連合の活動と日本の対応
第3章　人権の制限事由としての「公共の福祉」に関する一考察
第4章　国際人権保障の現状と課題

◆Ⅱ　人　権
第1章　国際人権保障の展開と問題点
第2章　自由権規約委員会による国家報告審査方法の進展
第3章　自由権規約選択議定書に基づく「見解」の実効性確保について
第4章　自由権規約委員会による自由権規約第26条の解釈・適用とその問題点

◆Ⅲ　承認と承継
第1章　国際機構の加盟手続と国家承認
第2章　中国代表権の交代と国際法上の諸問題
第3章　政府承認に関する最近の傾向について
第4章　条約承継条約と最近の国家実行

◆Ⅳ　国家責任
第1章　国際法における国家の責任
第2章　国家責任に関するガルシア・アマドール案の一考察
第3章　国家責任に関する国際法委員会の法典化作業とその問題点
第4章　国際法上の国家責任にかかわる「過失」の実態

◆Ⅴ　国際紛争と国際法
第1章　フォークランド（マルビナス）諸島の領有権紛争と国際法
第2章　ニカラグア紛争と司法的解決
第3章　みなみまぐろ仲裁裁判事件の先決的抗弁

◆Ⅵ　戦後処理
第1章　第2次世界大戦後の賠償・請求権処理
第2章　日本の敗戦および連合国の占領と国際法
第3章　光華寮事件をめぐる国際法上の諸問題

信山社